Annie McKee

【美】安妮·麦基 著　　赵伟韬 译

管理学

聚焦领导力

Management A Focus on Leaders

格致出版社　上海人民出版社

译者序

2012 年夏天，一次偶然的机会，格致出版社向我推荐了安妮·麦基（Annie McKee）教授的著作 *Management：A Focus on Leaders*。我简单地翻看了一下，立刻就被这本书翔实的内容和新颖的视角所吸引了，当即表示愿意承担这本书的翻译工作。这一方面是基于自己的专业背景，同时也是一次挑战自我、更新知识的全新尝试，本书的翻译工作由此启动。

当今的世界政治和经济格局正在发生着深刻而深远的变化，如何在风云变幻的发展过程中审时度势，应时而变，创造突破传统而又顺应需求的变革是所有具有强大的内在动力和责任感的领导者面临的难题，也是那些希望培养优秀领导者的教育机构必须面对的挑战。例如，哈佛商学院的使命是"致力于培养能改变世界的领导者"，斯隆管理学院的使命是"培养能推动世界进步的有原则、有创新力的领导者，并产生推进管理实践的思想"，而我所在的复旦大学管理学院的使命是"扎根于进步的中国，致力于创新性研究，培养既具国际视野又深谙中国国情的管理专才、学术精英和社会领导者"。可见，在管理教育中着力于领导力的开发和培养是当代商学院应当肩负的责任和使命。

麦基教授的这本书正好呼应了这样的需求。正如作者本人所言，本书为教师和学生提供了基础性和开创性的材料，以适当的篇幅介绍并阐释了管理学中的诸多重要概念和相关理论。领导力是该书的中心主题，每一章节都有论述。同时，本书也整合了当今世界广受关注的一些话题，如商业伦理、社会责任、科技创新、组织转型以及全球化，等等。除此之外，本书还提供了很多相关的访谈和案例，叙述方式生动有趣。与其他教科书相比，本书特别设置的"观点""学生的选择""HR 能做什么？"以及"最热门讨论题"等栏目，都是它可能更吸引读者的原因所在。简言之，这本书向未来的管理者展现了如何在一个纷繁复杂而又令人振奋的全球化环境中做一名优秀的领导者的图景。虽然本书主要针对商科的 MBA、EMBA 和本科学生，但同样也为其他各领域、各层级的管理人员提供了实用的学习内容。

本书的翻译过程可谓充满了艰辛。在内容方面，本书篇幅较大，涵盖内容广泛，且涉及政治、科技、哲学、心理学等诸多知识领域，对译者的自身素质和知识储备是一次不小的考验。一些译名不得不查阅大量资料，甚至是请教有关领域的专家方才得以确定。译稿在原书的基础上进行了必要的增删和修改，以更加贴合国内读者的需求。在翻译进度方面也是困难重重，在承接了本书翻译工作的半年之后，我又承担了部分行政管理工作，因此翻译时间更难以保证，翻译的进度一拖再拖。在陆续翻译了大半部分之后，复旦大学的龚萍、李俐两位老师和乔雪华、孙春霞、刘春容、李娅和王文仪五位同学也先后参与了部分章节的初译工作，他们及时有效的工作是译稿得以完成的基础。格致出版社编辑忻雁翔、程倩等为本书的出版给予了很大帮助，在此向他们表示由衷的感谢。

如前所述，本书篇幅大、内容广，尽管在翻译、统稿和校稿过程中投入了很多时间和精力，但因本人水平所限，译文不当之处仍在所难免，敬请广大读者和同仁不吝指正。

赵伟韬

2017 年夏于复旦大学

前言　世界已经改变

过去十年,世界和组织变化的步伐之快,范围之广都是史无前例的。与此同时,各经济体力量的平衡也经历了巨大转变。世界上许多大型经济体产生波动,其他经济体则继续增长、积聚能量,带来了繁荣,产生新的世界秩序。而该秩序会带来教育的发展,带来机会,带来更好的工作条件,让世界数以百万计的人们更好地生活。然而,未来要继续走这条路,还存在分裂的风险,会导致恐惧和愤怒——这些情绪大多会带来麻烦。我们站在时代前列,让学生在工作、管理以及领导力方面做好准备,这个任务充满挑战,甚至让人退缩。

由于经济体系结构承受的巨大压力使这些挑战被放大了百倍,因而导致长期发展的不确定性,带来经济灾难,造成全球多国、多个产业、诸多公共机构的不稳定。多数人认为这是领导力失败的直接结果。

社会经济变化正动摇着世界。面对改变所带来的机遇和挑战时,我们需要反思如何经营商业,以及全球范围的组织之间有什么关联。我们需要找出合作共事的新方法,有些机构为适应全新的全球环境而进行重大改变,我们也需要对它们进行引导。简而言之,我们需要了解如何在这个充满挑战而又让人振奋的新纪元中实现有效领导。

世界变化的同时,人们在陌生的环境中挣扎着寻找应对方法,从而了解如何管理自己的组织,以及领导其他组织。近年来,这样的例子数不胜数,优秀的人和企业被迫做出不道德举动和违法行为,给数百万企业带来了伤害,也摧毁了许多曾经的大机构。人们不会再继续支持这样的行为,部分原因是如今获得信息的途径非常多。另外,越来越多的人意识到其实人与人之间相互连接,一个人的行为会对其他人产生影响。世界各地的人们都在要求企业服务于社会,而不是社会服务企业。由于人们渐渐要求企业透明,企业实践应当符合伦理规范。越来越多的人认识到经济、社会以及环境可持续的不可或缺。综合考虑,世界经济实力的再平衡,道德领导力的需要,以及对可持续的关注,这三者是社会和商业产生深远改变的因素。

我们相信这些变化可能是一生才有一次的召唤,全世界的教育者们应当把握这个机会,承担起储备未来领导者的责任。在危机和社会转型中出现了新一代组织,现在的学生在这些组织中工作,进行管理、领导时,既需要清理过去的一片混乱,还得在全新未知职责的汪洋中航行。新的世界秩序给员工、组织和社会提供的巨大机会是史无前例的,这要求各方以全新方式相互关联,实现自我管理和机构管理,最重要的是,对各个层次的商业和社会各阶层进行强有力的领导。

近几年,我们做了大量研究,与诸多教师、院长、企业领导者等讨论当今世界发生的点点滴滴。我们和同事探讨过现在管理课都在教什么内容,以及应该教什么内容,也问过其他人在储备未来领导者时需要作出哪些调整。总体看来,我们得到了相同的信息:"虽然过去的一些理论和视角和现在仍然相关，但现在所教的内容、进行的测试并不是教他们如何领导。如果各个层次的学生都想要学会领导，我们需要对工作、管理以及领导力相关的教学内容进行调整。"因此，为了服务教育者和学生，我们已经着手开始一项勇敢而振奋的项目。2009—2010年间，我们与美国各大规模的大学和学院的管理学教授以及世界其他地方的管理学教授讨论出版一本强大的教科书，有利于引导大学课程里管理和领导力的教学内容。

愿景

我们的愿景是将管理学有条不紊地融入当今社会中。本书为教师提供基础性、开拓性材料，帮助他们成为杰出教师。除此之外，本书还将提供相关想法、模型、理论、案例以及故事，叙述的方式十分有趣，富有吸引力，学生一定会喜欢。本书及附录部分直接提出瞬息万变的世界所面临的挑战和机遇，从而更好地储备未来的领导者。

主题

承接该项目时，我们认识到所面临的任务十分艰巨。首先，我们需要将领导力放在最中心的位置，同时还要说服学生，做领导者并不是以后才发生的事情，而是现在就必须开始。其次，我们还需要囊括领域内最佳基础研究和基本模型，以及其他领域的最新研究，如管理学、神经心理学、社会学以及信息技术。另外，在我们看来，理解管理和领导力的真正关键——整合管理学的传统观点也会囊括在本书当中。毕竟，在如今这个复杂多变的全球化世界中，与计划、组织、管理和领导相关的活动从来不是孤立的。最后，我们意识到，绝大多数学生伴随着网络成长，他们习惯了简短的对话，语言不那么正式，比较生动活泼，而这是许多教科书所欠缺的。因此，我们要写的这本书应当有趣，有吸引力，读起来不会乏味。

为了实现这些目标，我们一直将下面的主题铭记在心：

领导力——领导力是本书的中心主题，每一章节都有详述。组织里各个层级都强调领导力的重要性，既要求学生机智应对，也要激发他们学习和发展的欲望。实现领导力的方法包含在最好、最新的研究之中，这些方法具有实际操作性：我们想让学生学习如何在充满挑战而又令人振奋的全球环境中发挥领导力。

当传统遇上现状——我们的目标是以一种学生们可以将所学应用到现实生活和职业生涯中的方式教授相关理论与研究。我们曾学习、复习、重读，接着对研究有了新的发现，让其重见光明，然后反问自己：这有联系吗？这项研究有理有据吗？这样理解领导力和组织，学生现在能用得上吗？以后呢？另外，旧的模式和研究概念仍然适应如今截然不同的世界吗？事实上，尽管许多过去的理论仍然相关，但并不是教学生如何在复杂的组织中获得成功。在本书案例中，我们会给学生展示，在决定采用何种模式以及注意哪些因素时如何运用自己的判断。

本书中，我们将过去的最佳理论与现在的最佳理论相结合，提供坚实的知识基础、开创性工作以及实践应用，所有这些都将给学生的生活和工作提供支持。

整合如今最重要的话题——我们认为如今的组织中存在一些研究领域和生活领域,必须要整合到管理学之中。其中关键的话题如下所示:

- 道德伦理,负责任地使用权力
- 社会、技术和组织变化
- 创新需求
- 全球化——众人生活的现实因素
- 人口多样化的力量
- 社交智商和情商驱动的各个层次的共鸣领导力
- 集中创造可持续组织和社区,以支持更大规模的全球社区,保护自然环境

这些话题会在某些章节中进行详述,其余章节也会涉及。

吸引眼球的结果导向型写作风格——写这本书时,我们力图让学生发挥自己的心智,将重心放在学问上以及友好的语气,有吸引力的内容。学生会理解管理和领导力等概念,并应用到现在和将来的生活和工作中。我们采取结果导向的方式,关注现在的学生在这门课中如何应用知识、理论和概念。

教师其实都了解,将学术著作用通俗易懂的语言表达出来并不容易。为了支持教师的工作,我们承担了这一任务,希望本书的风格能够帮助学生更多地阅读,掌握语言,即便再复杂的话题,他们也能加以讨论,并在课堂上融入更多的讨论和活动。

支持学生参加和学习的美学——我们注意到,太多的课本是各种东西的"杂糅":方格、图片、图表以及大段的文本。教师和学生们反映,这其实会分散注意力,而且这么多的材料也会导致课本价格很高。考虑到这些,我们决定使内容最少化,而且排版更讲究。本书只包含那些能增加学习经验的图表和插画。除了支持研究和模型的图表外,本书中还囊括了一些"特殊"视觉模型,帮助了解最重要的概念。图 0.1 融合了管理模型、领导力模型,放在每一章节的开头,该图表明传统的管理功能其实与领导力相互联系。本书还包含了一些插画,提醒学生社交智商与情商的重要性。图 0.3 和图 0.4 展示了人力资源在支持企业和组织上愈发重要的领导力。

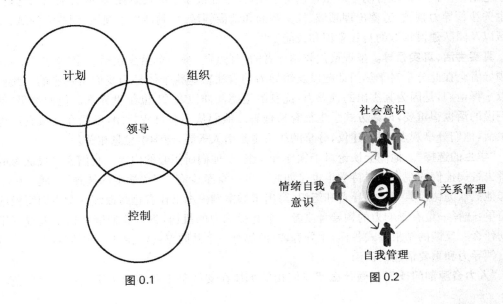

图 0.1

图 0.2

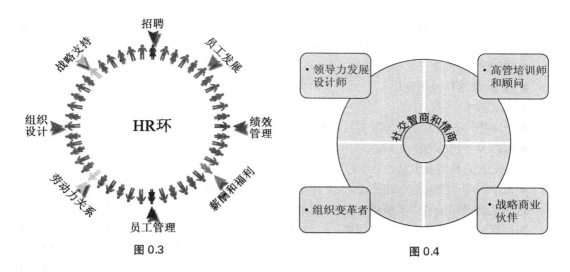

图 0.3

图 0.4

　　每一章结尾都有一幅引人注目的视觉概述图,能有效帮助学生学习,另外还包含关键词,学生就不需要在课本里到处找。

章节专题特征

　　我们使本书的内容尽量生动,让学生阅读时能看到自己的影子。除了直截了当、富有个性的写作风格外,本书还有一些其他特征,能帮助学生专注真实世界的同时,也有利于他们的学习。这些特征如下:

　　"我们能够做些什么?" 每一章结尾都包含一节:"我们能够做些什么?"清楚说明关键实践课与章节内容的关系。学生可以将学过的内容加以整合,看看现在以及将来如何使用这些信息。书中包括一些最佳传统行动导向型理论与模型,并增加最新思维及研究,将两者加以结合,帮助学生关注领导力领域、道德伦理领域、社交智商和情商领域、批判性思维领域、创造力领域、交际领域以及团队建设领域的自我意识和技能发展。

　　真实生活,真实领导。 呈现最优秀领导者的"观点"。每一章至少包括一个"观点"专题,杰出领导者会在此分享对于热门话题以及领导力的看法。这些个体是为我们所熟悉的。我们之所以选择他们,是因为其杰出的领导力,优良的道德品质以及 21 世纪世界观。他们都很特别。他们说的话也很重要,说话方式学生很容易理解。他们从不会自我封闭,不躲在高级套房里谈论生活,他们分享观点,提出建议,分享的故事也是引人入胜,与学生息息相关。

　　"学生的选择"。 他们会谈论对于领导者和组织,他们所担心的内容。我们会寻找优秀的领导者去咨询他们的观点。对待学生也是如此。每一章至少有一个"学生的选择"专题。由学生选择他们认为比较典型的领导者和组织,写出来的案例由本书作者进行改编。学生们要做的十分简单:选择一位有影响力的领导者或者一个有影响力的机构,告诉我们能从这个人或者组织学到什么。反馈的结果各式各样,十分有趣,但都有一个共同点:这反映出学生们对于当今世界杰出领导力和重要话题的认识。

　　"人力资源部门(HR)能做什么?" 我们相信 HR 在支持员工和组织中扮演特殊的角色。因为 HR 职业人员是改变主动性的关键，也能改变管理者和领导者如今面对的诸多挑战。除了传统的"HR 环"以及该环所提供的技术支持，HR 的领导角色也是至关重要。HR 职业人员需要去领导——给予建议，提供培训，成为变革的推动者，建造一座学习的城堡，人们能够在这里学会领导。为实现这一点，本书每一章都会提到 HR 如何从总体上支持员工和组织，以及实现方法：准备好流程、项目及活动，他们需要同领导力、组织、计划、变革、引导或高效管理员工活动相关。

通过一组"最热门问题"把学习变得更具个性。本书通篇引导学生关注概念、模型以及理论对现在的自己有何影响，以及未来这些材料对其生活的重要性。为了实现这一点，主要章节结束后都会设置一些发人深省的问题，学生会因此联想到自己的经历，进行深入思考，再分析问题。这些问题有助于学生的学习以及教师的教学。教师在大组讨论时布置下去，或者用于小组讨论、辩论。

每一章有何特点？

管理课程以及其他基础课程中囊括了许多传统话题，有影响深远的尖端研究作为支撑，而这些话题全部收录在本书之中。当然，我们还添加了许多如今尤其重要的话题，比如道德伦理、社交智商和情商、批判性思维、创造力、可持续性以及虚拟世界工作。每一章都包含了特殊内容，有利于学生的当前发展，也有利于他们以后在组织里有效工作和领导他人。

第 1 章——今天的管理和领导：新规则　第 1 章以本书的基本信念开始：今天，每个人都要成为领导者。接着提出了问题：管理和领导力有何不同？我们的解释是，两者尽管有不同，但管理者和领导者两个角色却并非截然不同。大多数员工要同时去管理和领导，而且两者都要做好。

第 2 章——必要的领导力：一切由你决定　第 2 章通篇讲述领导力：领导力是什么，如何发展领导力，有哪些理论可以帮助我们理解领导力。本章开头提到的是有效型领导力、影响型领导力和责任型领导力的秘诀：发展社交智商和情商，使用权力需理智谨慎，始终关注伦理和价值。

第 3 章——动机和意义：什么驱使人们想要工作？　第 3 章中囊括了所有的动机理论，尤其注重模型是否有研究作为支撑，以及这些模型在组织内明确使用或隐性使用的程度。本书注重从整体上理解动机，并指出有必要寻找工作的意义。工作时需要有热情、有重心、有创造力。

第 4 章——沟通：共鸣关系的关键　第 4 章关注人类交流沟通的方法（比如口头、非口头、手势）以及如何使用沟通技巧营造充满活力的积极环境，以促成有效结果，否则就适得其反。我们分享分析情绪、事实、观点的技巧，以及如何通过语言和手势管理形象。此外，我们提出了一些沟通方面的问题，这些问题在技术导向的多样性工作场所和社区显得十分重要。

第 5 章——规划与战略：将愿景变成现实　本章关注的是，在变数较大的环境中制定规划，需要哪些必要的技能和工具。人们对未来有何愿景，如何制定出可以应时而变的规划。如果规划没有建立在强大的愿景之上，对组织内的个体没有任何意义的话，就算再好也有不足。战略被定义为动态过程，全面考虑多方情况才能保证最终的胜利。

第6章——规划中人性化的一面:决策制定和批判性思维　第6章非常特殊,因为它远远超越传统的理性决策。除了决策过程中的常规步骤,我们还对认知因素、感知因素和情感因素进行探索,这些因素会影响人们理解、分析以及使用信息的能力。我们还关注直觉的重要性,信息不完备的情况下要如何磨砺决策的艺术和科学(信息完备才是如今工作生活的常态)。后半部分放在另一重要研究领域:批判性思维。除了社交智商和情商外,许多组织还认为批判性思维是员工、管理者以及领导者最需要具备的技能。

第7章——变革:聚焦适应性和灵活性　第7章很实用。本章关注如何应对变革,以及变革对于所有人(员工、管理者和领导者等)的重要性,学习如何实现自我变革,如何妥善处理社会变革和组织变革。例如,我们提出了一些社会变革,如工作场所的多样性,经济权力的动态平衡。我们关注革命性的变革、进化的变革,这对传统的观念构成挑战。传统认为逐渐变革的危险总是比较小的。最后,我们介绍了一些旧的和新的变革模型,为员工及组织积极有力地面对变革提供实用的方法。

第8章——职场要素:创造力、创新和企业家精神　第8章关注的是不同组织如今有何需求:新视角、处理事情的新方法、创新以及企业家精神。本书钻研神经科学,通过对人们熟知的认知和情感过程进行解释,来解密创造力。每个人都可以有创造力,这不是天才或者某类人的专利。本书还对创新进行了探索,展示了组织创新的模样。最后,本书分享了支持自主创业的模型和过程,对企业家精神进行探索。接着,本书还研究了所有组织都希望自己的员工拥有的企业家能力:热情、判断力好、敢于冒险,以及能说服别人采纳自己的主意。本书还囊括了社会企业家精神——世界经济愈发重要的因素。

第9章——为复杂的世界进行组织:结构与设计　第9章中会提到,如果将层级、角色以及责任等因素考虑进去,许多组织结构直截了当,简单易懂。接着进一步讨论:使用新的方式去理解员工、工作、功能和过程之间的相互协调,正式与非正式组织结构都是员工行为和组织结果的强大驱动因素。透过系统视角,学生很容易就能够搞明白。文中对话很实用,包括讨论商业与组织的法律结构,描绘当代组织结构。

第10章——团队与团队建设:如何与他人高效合作　本章呈现了关于团队发展的重要研究,以及一些深入研究的新模型。本书关注团队多样性的方方面面,这些方面在如今的组织中作用巨大:以社会智商和情商为基础,创建团队规范的重要性;社会角色的权力;团队中的地位和权力如何处理;视角多样性是团队工作中的强大力量。此外,我们探讨冲突,将信任作为解决冲突和否定的基础来研究。本书还考虑如何使团队高效合作,如何以全新视角处理学校、工作和社区中的常见问题。简而言之,本书就如何建设共鸣有趣、高效、多产的团队给出直接的建议。

第11章——在虚拟世界中工作:技术成为一种生活方式　第11章探讨的是在愈发虚拟的世界中,工作所存在的机遇和挑战。本章我们对技术进步进行历史回顾,通过回顾第一次工业革命,第二次工业革命和现在的第三次工业革命,看看那时候的西方以及世界其他工业国家(如印度、中国、非洲)发生了什么。本书还囊括了近些年来信息通讯技术方面的进步,这对我们工作地点、工作方式产生了革命性的影响,还讨论如何在虚拟团队中建立信任和关系。此外,本书还探索了虚拟组织的构成,管理和领导,以及如何处理生意。本章中的讨论十分直接,都是关于新型工作环境下存在的一些固有挑战,一方面学习新技能,但始终铭记即便身处虚拟环境,员工仍然是组织成功的核心。

第12章——组织控制:人员、过程、质量与结果　写这本书时,我们与许多教师讨论过,他们提到,"控制"对于学生而言是参与最少,难度系数最大的。但是,就我们商业工作中的发现来看,控制处在许多公司诸多考虑的首位。为了核实这一点,本章开头便对管理进行历史回顾,这样学生可以了解如今的流程是怎么演化过来的。接着使用真实案例和直白的语言解释如何在组织中运用控制,及其优势和不足。此外,本章还囊括一些当代质量控制系统和流程,同样也是说明了优势和不足。本章还关注任何组织中最重要的控制流程之一——自我管理。

第 13 章——文化的力量　纵观本教材,我们将学生的关注点聚焦在学生自己身上:他们的生活、工作以及对未来的梦想。本章,我们通过探索个人的态度及行为规范进而讨论文化。如果了解这些因素如何影响自己以及他人的行为,我们就能更有意识地做出判断,更好地管理自身以及工作中的人际关系。我们继续学习当代文化方面的一些基本研究,同时通过当今的案例分析,学习文化是怎样随时间推移而变化的。我们也会分享一些看待文化的新方法以及一些有力的模型帮助学生"诊断"文化。这样学生就能更好地理解在组织中哪些是有效的、哪些是没用的。接着,我们分析当下各种组织正在努力营造的几种文化类型(例如伦理),并探讨包容性的文化是如何使组织更有效的(实际上是受法律管制的)。

第 14 章——全球化:在全球经济环境中有效管理　本章是对相互联系的世界的历史及现状的综合概述。我们关注经济因素以及社会问题,并探讨我们为什么必须了解全球经济内在的复杂性、机遇及挑战。我们把这些信息呈现给学生并激发他们的兴趣。本章,我们将重点关注古今事件以及新兴经济体的力量——特别是巴西、俄罗斯、印度以及中国。这些国家(以及其他少数国家)正经历着史无前例的经济增长,正在改变全球经济及政治面貌。学生需要知道世界发生了什么事,也必须明白未来的可能性和挑战。为此,我们关注的是学生需要做些什么以提高自身的能力,以便在全球环境下更好地工作。

第 15 章——可持续性与企业社会责任:未来的保障　环境、社会以及经济的持续性是当下政治、经济以及组织中讨论最多的话题,因此我们已经用一整章节的篇幅讨论这些话题。现今的学生也参与这些讨论之中,我们希望能够分享各种各样的观点、事实、争论以及我们应该把握的多种可能性。因此,本章将探索能对个人、组织以及国家产生影响的环境变化、经济发展以及各种社会问题。我们选取一些比较难解决的问题:全球变暖、社会/经济问题(例如童工、奴役制)以及短期利益与社区和组织的长期健康之间的紧张关系。慈善事业、企业的社会责任是怎样的? 企业的社会责任对组织和员工的意义是什么? 这些也是我们要关注的内容。本章节,学生的关注点聚焦为:他们在以上问题中扮演怎样的角色;为了融入这些讨论,当下他们能做什么?

致谢

　　本书在创作过程中，获得了许多帮助。在此，我向帮助我的所有人表示最真挚的感谢。是你们的无私奉献，让我们一步一步前行；你们的理念、见解、知识、热情和支持是我最宝贵的财富，感谢你们。尤其感谢你们对学习和教育充满热情，你们为改变世界而恪守职责，你们为创造和分享知识无私奉献，这些知识必将有助于未来的领导者。

　　感谢我的编辑团队：Laura Town 和 Chris Allen。你们的创造力和追求卓越的精神鼓舞人心。为完成本书，你们不断地编写、编辑、调研、思考，这本书的完成离不开你们孜孜不倦的付出。为此，向你们表示我深深的感激和谢意。

　　Laura Town，Williams Town Communications 创始人，营销编辑

　　Chris Allen Thomas，泰里欧斯领导力学院（Teleos Leadership Institute）经理

　　同样感谢 Williams Town Communications 团队专业而出色的工作。感谢 Sarah Wagner 以及 Rachael Mann。

　　本书的编辑评审委员会为本书提供了全方位的建议。他们的出色工作包括撰写、调查、编辑、指导、反馈以及提供建议。非常感谢他们的辛苦付出，尤其感谢 Jim LoPresti 和 Steven Stovall 为本书做出的杰出贡献！除了我们的核心编辑评审委员会，也非常感谢我的编辑支持团队，他们的才智、学识以及热情让人钦佩。

　　Stephen Adams，索尔兹伯里大学（Salisbury University）

　　Frances Johnston，泰里欧斯领导力学院

　　Bella L.Galperin，坦帕大学（University of Tampa）

　　Martha A.Hunt，新罕布什尔州技术研究中心（New Hampshire Technical Institute）

　　Mary Jo Jackson，南佛罗里达大学（University of South Florida）

　　William T.Jackson，南佛罗里达大学（University of South Florida）

　　Mary Beth Kerly，希尔斯波洛社区学院（Hillsborough Community Colleage）

　　Delores Mason，2 Yourwell-Being

　　Eddy Mwelwa，泰里欧斯领导力学院

　　Jim LoPresti，科罗拉多大学波德分校（University of Colorado at Boulder）

　　Clint Relyea，阿肯色州立大学，琼斯伯勒（Arkansas State University，Jonesboro）

　　Suzanne Rotondo，Teleos Leadership Institute

　　Mike Shaner，圣路易斯大学（Saint Louis University）

　　Steven Austin Stovall，威尔明顿大学（Wilmington College）

　　Charlotte D.Sutton，奥本大学（Auburn University）

Gabriela Albescu,罗马尼亚布加勒斯特经济研究院(外国语),AIESEC International 校友(Academy of Economic Studies in Foreign Languages, Bucharest, Romania, Alumni of AIESEC International)

Ondrej Gandel,捷克布拉格经济大学,AIESEC International 校友(University of Economics, Prague, Czech Republic, Alumni of AIESEC International)

Carloyn Merritt,阿卡迪亚大学(Arcadia University)

Bobbie Nash,泰里欧斯领导力学院

同样感谢我的编辑审稿团队。你们对各章节内容提出的反馈信息大有裨益。作为一名作家,我真正认识到外部审核的重要价值。你们在审稿工程中投入了大量精力及时间,你们做出了杰出的贡献。对于你们的评审和反馈建议,我十分感激并严格执行!非常感谢沃恩学院(Vaughn College)的 Stephen Braccio、天普大学(Temple University)的 Kathleen Davis、布莱恩特及斯特拉顿学院(Bryant and Stratton College)的 Janice Ferguson、哥伦布州社区学院(Columbus State Community College)的 Chuck Foley、东南社区学院(Southeast Community College)的 Pat Galitz、北阿拉巴马大学(University of Northern Alabama)的 Dan Hallock、佛罗里达大西洋大学(Florida Atlantic University)的 David Hearst、伊利诺伊大学(University of Illinois)的 Deborah Windes、温斯洛普大学(Winthrop University)的 Syed Kazmi、Brown Mackie—Fort Wayne、Martha Spears。

培生教育(Pearson Education)团队同样为本书出版付出了孜孜不倦的努力,感谢你们。我十分赞赏你们的高见、学识以及专业意见。尤其感谢 Sally Yagan 的远见;感谢 Kim Norbuta 把这种远见融入现实;感谢 Blair Brown 的艺术天赋。

感谢培生团队成员:高级艺术总监及内封面设计 Blair Brown、创意总监 John Christiana、开发部主管 Steve Deitmer、编辑项目经理 Claudia Fernandes、市场助理 Ian Gold、市场经理 Nikki Ayana Jones、市场总监 Patrice Lumumba Jones、高级总编辑 Judy Leale、组稿编辑 Kim Norbuta、编辑助理 Carter Anderson、编辑服务总监 Ashley Santora、主编 Eric Svendsen、运营专员 Arnold Vila 以及编辑主任 Sally Yagan。

同样感谢业务拓展及战略联盟主管 John Makheta、人才评估主管 Judy Chartrand 以及他们的培生人才透镜评估小组的工作团队。

同样感谢 S4Carlisle Publishing Services 的全体团队,特别是高级项目编辑 Heather Willison、页面编辑 Laura Davis、索引编辑 Beverlee Day、编辑助理 Susan Konzen、插图剪辑 Kim Weinschenk、文字编辑 Lorretta Palagi 以及编辑校对员 Julie Lewis 和 Mark Kwicinski。

本书旨在将"真实生活"带进课堂。由衷感谢付出时间、才智,悉心提供指导并通过自身故事向我们分享真实体验的领导者们。参与其中的领导者包括:Bonaventure Agata,杰特贝林;Dolores Bernardo,谷歌,Vittorio Colao,沃达丰集团(Vodafone Group Plc.);Carol de Wet,富克林与马歇尔学院(Franklin and Marshall College);Lawton Fitt,汤森路透(Thomson Reuters)董事会成员;Niall FitzGerald,汤森路透董事会成员,John Fry,德雷塞尔大学(Drexel University)校长;Michael Gaines,杰特贝林;Gail Goodman, Constant Contact; Jill Guindon-Nasir,丽思卡尔顿酒店(Ritz-Carlton Hotel Company); Rachel Kamau, Signature HealthCARE; Karen Lombardo,古驰集团(Gucci Group); Mark McCord-Amasis, GlaxoSmith Kline; Mary McNevin,麦当劳(McCain Foods); Rafidah Mohamad Noor, AKEPT Malaysia; Peter Oliver,英国电信集团(British Telecom Group); Luis Ottley, Fieldstone Middle School; Gavin Patterson,英国电信集团;Spencer Phillips, MINI Cooper 经销商;Charles H.Ramsey, Philadelphia Police Department;

Sheila Robinson, Diversity Woman; Joe Steier, Signature HealthCARE; Kathleen and Rhett Reddell, R&R Fitness; Dato' Nooraishah Ahmad Tajuddin, AKEPT Malaysia; ChadeMeng Tan, 谷歌; and Dan Teree, Ticketfly.

同样深深感激做出贡献的学生干部们, 感谢你们对"怎样才能成为一个伟大的领导"以及"怎样才能成为一个成功的组织"这些问题分享了自己的看法和观念。未来掌握在你们手中! 感谢分享了精彩案例的你们: 阿肯色州立大学(University of Arkansas)的 Leah Despain, Ryan Killgore, Mindy Walker, Julie Lessiter, Leonard Mesa 和 Shaun Hatch; 科罗拉多大学(University of Colorado at Boulder)的 Bob Kern, Emily King 和 Sean Planchard; 赞比亚大学(University of Zambia)Chikasha Muyembe、Mwitwa Muyembe 和 Mulenga Mwenda; 爱荷华大学(University of Iowa)的 Ben Parker; 宾夕法尼亚大学(University of Pennsylvania)的 Chris Allen Thomas; 波士顿大学(Boston University)的 Juliance Wigsten 以及宾汉姆顿大学(University of Binghamton)的 Spenser Wigsten 等。

感谢泰里欧斯领导力学院的同事们为帮助他人成为最优秀的自己而付出的努力。你们为追求伟大领导能力以及共鸣团队、组织和社区而恪守职责, 让人深受鼓舞! 感谢我们的核心团队以及优秀的合作人。他们是 Frances Johnston, Marco Bertola, Eddy Mwelwa, Bobbie Nash, Suzanne Rotondo, Alberto Castigliano, Lee Chalmers, Fiona Coffey, Kaye A. Craft, Delores Mason, Cordula Gibson, Shirley Gregoire McAlpine, Ellie Hale, Ian Hale, Judy Issokson, Janet Jones, Jeff Kaplan, Hilary Lines, Jochen Lochmeier, Gianluca Lotti, Delores Mason, Robert McDowell, Michael McElhenie, Nosisa Mdutshane, Bill Palmer, Laura Peck, Linda Pittari, Gretchen Schmelzer, David Smith, Felice Tilin, Kristin von Donop, Lothar Wüst, Chantelle Wyley, Christina Yerkes, Greg Yerkes 和 Amy Yoggev。

感谢为完成本书而出谋划策以及进行调查研究工作的朋友们和同事们。我深信, 你们的贡献已经开花结果。尤其感谢我的朋友 Richard Boyatzis、Peter Cappelli, Daniel Goleman, Peter Kuriloff, Greg Shea 和 Kenwyn Smith。同样感谢在我思考领导力这一问题时, 给我启发和影响的身边以及远方的同事, 他们是 Darlyne Bailey, Ann Baker, Laura Mari Barrajón, Diana Bilimoria, Susan Case, Cary Cherniss, Judy Cocquio, Luigi Cocquio, Harlow Cohen, David Cooperrider, Charlie Davidson, Arne Dietrich, Christine Dreyfus, Charles E. Dwyer, Ella L. J. Edmondson, Rob Emmerling, Jim Fairfield-Sonn, Ingrid FitzGerald, Mary Francone, Ronald Fry, Jonno Hanafin, Hank Jonas, Lennox Joseph, Jeff Kehoe, Toni Denton King, David Kolb, Lezlie Lovett, Carolyn Lukensmeyer, Doug Lynch, Tom Malnight, Jacqueline McLemore, Cecilia McMillen, Mary Grace Neville, Ed Nevis, Roberto Nicastro, Eric Nielson, John Nkum, Dennis O'Connor, Joyce Osland, Asbjorn Osland, Arjan Overwater, William Pasmore, Mary Ann Rainey, Peter Reason, Leslie Reed, Ken Rhee, Craig Seal, Joe Selzer, Dorothy Siminovitch, David Smith, Melvin Smith, Gretchen Spreitzer, Sue Taft, Scott Taylor, Ram Tenkasi, Tojo Joseph Thachankary, Felice Tilin, Lechesa Tsenoli, Bill van Buskirk, Kees van der Graaf, Susan Wheelan, Jane Wheeler 和 Judith White。

最后, 感谢我的家人, 是你们鼓舞着我! 衷心感谢 Eddy Mwelwa, Rebecca Renio, Sean Renio, Sarah Renio, Andrew Murphy, Toby Nash, Murray R. Wigsten Sr., Carol Wigsten, Murray R. Wigsten Jr., Matthew Wigsten, Mark Wigsten, Lori Wigsten, Jeff Wigsten, Samantha Hagstrom, Bobbie Nash, Mildred Muyembe, Ginny Lindseth, Jon Lindseth, Rita MacDonald, Warren Wigsten, Betty Wigsten, Ellie Browning 和 Buzz Browning。

目　录

1

今天的管理和领导：新规则

1.1　管理者为什么要成为领导者？

近几十年来，我们亲眼目睹了环境、技术和社会变革对全世界的个人、家庭、社区和政府所产生的深远影响。这些变革影响了企业和组织设计、规划、管理和领导的方式，同时也影响了把人们的工作方式以及与工作伙伴联系在一起的方式。伴随这些变革而来的是，领导者、管理者和员工需要承担新的责任。

1.1.1　今天，每个人都要成为领导者

在今天的组织里，每个人都要成为领导者。我们面临着巨大的挑战和机遇。我们中的每一个人必须贡献出自己的全部力量——才干、技能和创造力——需要我们做出合乎道德和负责任的业务决策去解决问题。越来越多的人都可以获得信息和技术，都能过上更好的生活。今天我们还需要应对富有挑战性的全球经济和社会变革，例如：

- 世界经济和政治权力的平衡正在转变，导致产生很多动荡和不确定性，同时也带来极大的希望。
- 人口正以前所未有的速度不断增长，部分原因是人类能够更加方便地获得食物、清洁用水和医疗保健，而人们对资源的需求（例如土地、水、教育和工作）也在不断增长。
- 尽管电脑的使用和通讯的迅速发展意味着全世界的人比过去更为紧密地联系起来，但不断加速的工业化和全球化也意味着环境资源受到威胁。同时，全球气候的不断变化也令人担忧。
- 尽管已有很大进步，但积极的经济变革、更佳的通讯方式和先进的信息技术带来的进步和益处，一些群体和个人仍然有可能无法享受到。

诚如上述各点所述，今天的世界是错综复杂的。我们的组织和企业也是如此。过去，有的人领导，有的人管理，其他人盲目服从命令的日子已经一去不复返。在你现在从事的工作和未来的职业生涯中，你需要做三件事：领导、管理和服从。

1.1.2　成为一个领导者对你来说意味着什么?

在工作场所,这些变革对你来说意味着什么? 简单地说,你需要按道德要求,积极有力地响应世界上发生的多种变革。你需要明确自己的价值观和你所在组织的道德准则。你需要能够做出正确的决策——有时需要在没有完整信息的情况下迅速做出。为此,在依靠直觉做判断时,你还要知道如何辩证地思考。你需要与别人建立稳固的、相互信任的关系,并且能够与组织中各个层面的人进行良好的沟通。为此,你要提高自我意识,提高引发共鸣的能力以及在高压下进行自我管理的能力。你还需要理解并管理好自己和他人的情绪。(这通常被称为情商。)[1]自我意识、自我管理、引发共鸣以及其他的技能,这些都能帮助你鼓舞他人,建立强大而高效的团队,处理冲突,以及指导他人。[2]

每天,你都需要选择做什么,包括如何践行自己的价值观以及如何影响他人。不管你在组织中是什么职位,你总会有机会来领导他人。想一想你自己的经历:工作中你有没有碰到过对你每天所做的事进行指导的管理者? 你受到过同事或上司的老板的影响吗? 有时你会管理自己吗? 要说你的所有指导都来自你的管理者,或者你只受到你的上级的影响,或者你对其他人完全没有任何影响,这都不太可能。相反,你会受到周围所有人的影响,同样别人也会受到你的影响。

谷歌全球多样化和包容性部门经理多洛雷斯·贝尔纳多(Dolores Bernardo)就是一位优秀的年轻领导者,她的任务是维护谷歌独特多元的创新文化。她负责激励所有的谷歌员工在自己的工作中展现自己的最佳水平,并尽其所能成为最优秀的领导者。让我们看看她对于今天的领导者有何看法。

~~~~~~

观点

在我看来,领导是一个动词——采取行动。它其实就是激励他人和你一起行动,花时间进行思考,花时间与他人建立关系,这样别人会相信你在尽全力做事,并且信任你。

在谷歌,任何人都可以成为领导者。这也是今天任何一家公司可以获得成功的唯一途径。如果每位谷歌人都能够进行创新,创造新的产品并且改善现有的产品,我们不仅能够跟上这些发生在我们周围的变革,而且我们自己也会成为这样的变革。我们每个人都需要这样思考:我们不仅要响应变革,还要领导变革。我们的成功取决于我们有能力去了解所有成千上万的谷歌用户的需求。正是"每个人都能成为领导力量"的独特观点,才使得谷歌的产品能够为我们多样化的用户群体提供服务。

资料来源:作者与多洛雷斯·贝尔纳多的私人访谈,2009。

~~~~~~

但是如果我们每个人都意识到了这样的情况,并且都认为自己是领导者,那该怎么办呢? 如果现在你已经决定要真正地把自己当作领导者,而不是坐等被提升到资深的职位,又该怎么做呢? 如果我们都严格承担责任,激励他人,反思自己的行为,建立积极稳定的关系,结果又如何呢? 最后我们会达成共识:如果我们都以这样的方式做事,在面临组织、社会和世界上的诸多挑战和机遇时,就会有更好的机会利用自己的智慧。

然而,仍然有很多人并未以领导者身份来要求自己。为什么会这样呢? 部分原因是在我们小时候,就被灌输了这样的想法——领导才能和权威是伴随着某些特定角色的,比如父母、校长、企业所有人。当然,这种说法无可厚非:所有这些角色都需要领导才能。而今天的不同之处在于，我们无法藏在角色之后依靠他人的领导——相反，领导依靠我们所有人。因此，关键是我们需要改变自己的认识，改变对成为管理者和领导者的意义的认识。

最热门»讨论题

1. 想象一下你自己是团体中的一员，包括那些与你的家庭、朋友、学校和工作相关的团体。在这些团体中，有谁依赖于你的领导？他们想要从你这里得到什么？你如何激励他们服从你的领导？

2. 思考多洛雷斯·贝尔纳多的观点——"领导是一个动词"。对于这个观点，你有什么想法？

3. 完成"我在领导谁"的测试，它会帮助你认识到实际上你就是一个领导者（如表1.1）。

表 1.1　我在领导谁

团　体	角　色	角色描述	寻求帮助或指导的人和团体	从我身上学到的东西

资料来源：改编自 Annie McKee, Richard Boyatzis, and Frances Johnston, 2008, *Becoming A Resonant Leader*, Boston, Harvard Business School Press.

1.1.3　你在领导谁？

1. 在表1.1中，仔细思考并写出一些你所属的团体。尽量将这些团体细分（例如，不要直接写"家庭"，而是将家庭划分成各个分支和小团体；不要直接写"工作"，而是细化到你的直属团队，与之有关联的组织，以及你能接触到的团体或你负责的团体）。你还需要写出一些团体，在这些团体中，你的职权是非正式的，你的"职务"并不是你的权力的唯一来源。最后，想一想你有没有在其他方面为他人提供指导、建议和帮助。

2. 在每个团体旁边，标记或说明你的角色（例如，"姐姐/妹妹"或"哥哥/弟弟""表哥""团队领导者"等）。

3. 对于每个正式或非正式的职位，描述一下你的角色（例如，"如果家庭出现冲突，我就是那个大家都会来寻求帮助的人""我是那个认识教授的人""我是所指定的团队领导者"）。

4. 针对你的每一个角色，写出谁希望得到你的指导、帮助和想法，并且说明他们想从你身上得到什么，尽可能具体描述（例如"我的家庭希望我来解决问题……""我的团队希望我理解他们的需求、提供帮助、克服障碍，以及共享信息""我的老板希望我兑现承诺"）。

1.2　管理者和领导者之间的区别？

管理者和领导者之间的区别是什么？要回答这个问题，我们必须首先搞清楚每个字的意思。英文 manager(管理者)是动词 manage(管理)的派生词,它源于意大利语 maneggiare(操纵)。而在 16 世纪,这个词的意思是驾驭马匹。Maneggiare 的词根来源于拉丁语 manus(手)。需要注意的是,英文 handle(操纵)——意思是"控制"——从这个意义上来说,与之有类似的起源:从身体上而言,人类的手是控制环境的首要工具。这些字的意思最终引申到商业和资源控制上。

leader(领导者)一词可以追溯到古英语 lœdan 一词(指导;使其加入)。它还是 liðan(旅行)的一种形式。因此,领导者一词还可以解释成某人在旅途中为其他人领路。如你所见,这种方式将领导解读为影响,而不是强迫他人朝着一个特定的方向前进。

通过这些定义,**管理者**(manager)可以描述为负责制定计划,组织和管理员工、生产和服务,管理和配置资源的人。与之相对,**领导者**(leader)则是时时冲在前线,影响并激励员工服从其领导的人。[3]我们没有任何理由认为,管理者不能成为领导者,或者领导者不能管理。事实上,近几十年的政治、社会和技术变革需要我们两者兼顾。

观点

下面是费城德雷克塞尔大学(Drexel University)校长约翰·弗雷(John Fry)关于领导和管理的看法:

我们必须专注于实际做事和鼓励他人做到最好。为了实现重大变革,你必须真正了解机构的运作。你必须理解这些:这个地方的财务工作怎么样?你必须理解这个结构:各种团体,比如教师、员工和学生,他们彼此之间是如何交流的?你还必须了解一些需要处理的具体细节问题。

但是这不仅仅是管理:领导者的工作是扫清前进道路上的障碍。你需要关注他们本质上的过人之处,因为他们可以处理一些有难度的问题。你不要试图为一个有影响力的领导者创造光环,而是要为一个有影响力的团体创造光环。一旦奏效,就算你离开,这个团体也会继续成功自信地走下去。

最糟糕的领导者是,如果他/她离开,这个团体就会土崩瓦解。为了避免出现这种情况,你需要激发员工学会共同努力完成工作,以此来管理和领导员工。

资料来源:作者与约翰·弗雷的私人访谈,2009。

正如约翰·弗雷在他的观点中所强调的,我们都需要学会管理和领导。但是,大多数关于管理和领导行为的研究都佐证了这样一个假设:只有少数人(通常是组织中的高层)负责诸如战略规划、制定和沟通组织的愿景,或者激励员工实现组织目标等活动。如今,管理和领导之间的这种区分已经没什么用。

然而,我们仍然应该看看早期关于管理和领导之间区别的研究和观点。一旦我们理解了这些假设,我们就可以开始对他们进行调整,以适应今日世界的发展。

1.2.1 有关管理者和领导者的传统观点

传统上认为,管理者是能认识到组织需要管理、控制和维护的人。领导则被视为是可以看到"大局"的人,在大环境这样一块空白画布上,他们可以测试各种有创意的想法,推动组织走向成功。

人们始终鼓励管理者将精力集中在解决问题和控制资源上,同时鼓励领导者关注愿景和大环境。他们一直要求管理者看到与其部门或职能单位相关的任务和责任的独立性，而领导者则需要查看和监督组织中所有任务、所有员工以及职能部门的相互依赖性，而不是将他们看成是孤立、自给自足的"孤岛"。

管理者应该讲究战术，要像优秀的士兵一样，完成其领导者的战略愿景。管理者负责建立秩序和管理控制，减少错综复杂的状况。相比之下，领导者则应该处理骚乱，并为组织构建一个独特的愿景。研究已经清楚地表明管理和领导之间的区别（如表1.2）。

表1.2　有关管理者和领导者职责的传统观点

管理者往往会……	领导者往往会……
● 控制资源。 ● 成为解决问题能手。 ● 寻求高效。 ● 坦然面对秩序。 ● 关心事情如何完成。 ● 尽量争取时间并延迟重大决策。 ● 寻求妥协。 ● 识别出于某种需要而产生的目标。 ● 对目标采取客观的态度。 ● 协调并平衡反对意见。 ● 避免出现孤立行为。 ● 从低风险职位的工作做起。 ● 避免表现出同理心。	● 通过动机创造并提供资源。 ● 坦然面对不确定性。 ● 在混乱的环境中运作良好。 ● 关心事件和决策对员工的意义。 ● 寻找不需要妥协的解决方案。 ● 对目标采取高度个性化的态度。 ● 识别出于私欲而产生的目标。 ● 激发强烈的情感。 ● 坦然面对孤独。 ● 从高风险活动做起或找出这类活动。 ● 拥有十分有意义的、高度个性化的师徒关系。 ● 善于理解并积极解读他人的情绪信号。

资料来源：改编自 Zaleznik，Abrahan，1992，*Managers and Leaders：Are They Different*？Harvard Business Review（March-April）：126—135。

总之，我们可以认为，按照传统观点，管理者应该专注于维持原状，以及如何在这些范围内工作。而另一方面，领导者则要提出有关组织未来的重要问题："我们的未来在哪儿？""我们如何实现？"以及"如果成功了又该怎么做？"此外，传统上，人们认为管理者是"正确地"做事的人，而把领导者刻画成要"做正确的事"的人。

1.2.2　管理者实际上做什么？

那么管理者究竟做什么？20世纪七八十年代，著名学者亨利·明茨伯格（Henry Mintzberg）打算回答这个问题。他对工作中的管理者进行了跟踪并记录了他们的日常活动。明茨伯格的调查结果非常重要，并且在今天看来仍有重大意义。在此调查之前，最普遍的观点是认为管理者的行为无非就是周全缜密地计划活动，每天小心谨慎地执行活动，而明茨伯格发现，管理者的工作排满了各种会议，面临汇报绩效结果的压力，以及一大堆"救火事件"，或者是不停地解决意外事件。根据明茨伯格的调查，管理者不仅工作时间长，而且工作节奏非常快。[4]

基于此项研究，明茨伯格为管理者的"岗位描述"提出了一个可靠的大纲（如表1.3所示）。信息角色、人际角色和决策角色，这三大类角色中的每一类都包含了多种相关联的角色。其中，信息角色包括监督者、信息传播者和发言人；人际角色包括挂名首脑、领导者和联络人；而决策角色包括企业家、故障排除者、资源分配者和谈判人。[5]

表 1.3 亨利·明茨伯格书中的管理角色

类 别	角 色	组织职能	活动示例
信息角色	信息监督者	负责并理解组织内部和外部环境有关的信息	处理往来信件和信息,比如行业、社会和经济新闻,以及竞争对手信息
	信息传播者	负责信息收集和整合,并转发给组织中的其他成员	发送信息邮件;在会议、电话会议、网络广播中分享信息
	发言人	向外部人员传递组织政策、计划、结果等信息	参加管理层会议;维护组织和利益相关者之间的关系网
人际角色	挂名首脑	涉及社会和法律事务的象征性领导责任	参加庆典;欢迎访客;组织并与顾客、客户、银行家等一起参加各种活动
	领导者	促进、激励和指导员工的行为;提供培训机会;支持合适的人员配备	与员工建立相互信任的关系;组建高效团队;管理冲突
	联络人	建立并维护组织和外部团体的关系	从事外部社交活动;创建并维护与利益相关者之间的(现实和虚拟的)社交网
决策角色	企业家	寻找组织环境的机遇;培养创造力和创新	参加新项目或持续改进的战略和评审会议
	故障排除者	管理组织问题和危机	参加涉及问题和危机的战略和评审会议;直接介入关键议题,与重要人物直接交流
	资源分配者	负责所有类型组织资源的分配	规划工作时间表;请求授权;参加预算活动
	谈判人	在任何重大谈判中代表组织	与卖方和客户谈判;解决资源分配相关的争端

资料来源:Mintzberg, Henry, 1975, *The Nature of Managerial Work*, New York, Harper & Row。

　　明茨伯格的这部著作意义非凡,主要是因为其认真观察了管理者的实际行为,并且提出了有关管理角色和管理活动的有价值的见解。这项研究中还有一点同样重要并且值得注意,那就是,很多角色和活动都期望更多人的加入,然而这些人可能并未被正式称为"管理者"。这是因为在过去的 20 年里,很多企业和组织都已简化了自己的运营和决策。过去只有管理者,甚至很多时候只有高级管理者,才能做诸如传播信息、培养创新精神或合同谈判之类的事情,如今非管理者也经常会被授权去做这些事。

　　正如你将在第 2 章"必要的领导力:一切由你决定"中看到的,关于领导行为我们已经进行了大量研究。领导力的早期研究观察的是个人的性格,以及生理、智力和心理特征。而后期的研究则关注领导行为和风格,以及能够根据特定的情况调整做事方式的重要性。最近,研究的重点则是将不同领域的研究结合起来,帮助我们理解什么是高效领导。例如,管理学、心理学和神经学方面的研究能够帮助我们认识到,领导能力、社交智商和情商、道德以及负责任地使用权力都是优秀领导者的关键。而这项研究也让我们更好地认识到,优秀领导者的基础之一就是自我认知:思考能力、表达能力、理解别人情绪的能力、思维方式以及对某些状况的生理反应(比如压力)。在整本书中,我们会鼓励你形成自我认知。如果想要知道一位高效成功的领导者会对这个话题有什么看法,那就看看书中的"观点"专栏吧。

观点

吉尔·金敦-纳斯里（Jill Guindon-Nasir）主管丽思卡尔顿酒店（Ritz-Carlton）的领导力中心。丽思卡尔顿酒店是世界上最有名、最高档的酒店品牌之一。但是，它还因其他方面而闻名：每位员工，不管自己在组织中的角色如何，都会提供优质的客户服务。丽思卡尔顿酒店的领导力中心是其中一个场地，它为员工以及其他公司提供培训——这非常好。吉尔在这里谈了自我认知对领导力来说十分重要的原因：

> 引发共鸣的领导力和情商作用巨大。员工想要成为一位真正的领导者，他必须真诚、可靠、有爱心，且容易沟通。为了成为领导者，你需要成为这样的人。你需要了解你自己，了解自己的价值观，并且让别人知道你的主张。你需要充满热情，让别人能够看到你的热情。他们不需要一个"花言巧语"的领导者，他们想要的是一个持之以恒的领导者。你需要清楚知道并坦诚地陈述你的主张，并且乐于让别人知道你的主张。你需要有一份职业和事业，因为人们想要知道你是谁，以及你的主张是什么。同时，你还是一个风险承担者。有时你还会独自挣扎。如果人们看到你毫无畏惧地做着你曾经说过会做的事，他们就会追随你。
>
> 最后，在你可以领导别人之前，你必须对自己忠实。首先，你要做的是领导你自己。

资料来源：作者与吉尔·金敦-纳斯里的私人访谈，2009。

在这一节中，我们回顾了有关管理者和领导者做事的传统观点，并且认为，在工作中每个人都需要成为管理者和领导者。我们要学习各种技能，从而使自己能够计划、组织员工和资源，并且控制流程。我们还需要学会向别人展示我们是谁，以及我们的主张是什么，学会展示技能和才干，以激励他人服从你的领导。最后，我们还需要学习如何服从他人。领导并不是单行道。我们都要领导，同时我们也都要服从。

最热门»讨论题

1. 想一想上次你和工作中或学校中的团队一起从事的某个项目。你和其他人做了什么可以被称为"管理"行为的事？你和其他人又做了什么可以被称为"领导"行为的事？

2. 思考一下明茨伯格列出的管理角色（如表1.3所示）。这些角色中，有哪些角色你可以很快地掌握，或者自然而然地学会？你认为还有哪些角色需要你进一步地学习或学会如何做得更好？

3. 思考一下吉尔·金敦-纳斯里的观点："最后，在你可以领导别人之前，你必须对自己忠实。首先，你要做的是领导你自己"。你对这句话有什么看法？

1.3 领导力的另一面是什么？

没有追随者，也就没有领导者。因此，一方面我们必须努力地提高自我认知，形成自己的价值观和道德，并且培养负责任地领导他人的能力，但是同时我们也需要学习如何服从他人。[6]书店和各种研讨会里都能找到关于如何成为一位优秀的领导者的信息，但很少能找到关于如何成为一位高效的追随者的信息。部分原因是在美国和其他许多国家的文化里，追随力一词有深刻的负面含义。[7]在与这些追随者的关系中，"墙头草"这个词你听到过多少次？这种态度是个大问题，在今天这种更加扁平化和网络化的组织里，谁领导和谁服从的界限已经不再那么泾渭分明了。[8]

哈佛商学院的芭芭拉·凯勒曼（Barbara Kellerman）提出，这不仅仅可以用来评价领导者是否高效。[9]她认为，这样的方式对追随者也同样适用。试想一下你自己的经历：可能出现的情况是，你身处一个职位并试图领导一个团体，但团体中有一个或多个成员并不想服从你。他们想要做自己的事，拒绝受到别人的影响，甚至会在团体中制造混乱。很多时候，这种情况不会出现，这是因为人们根本就不同意别人对自己有所要求——他们只是不希望其他人指导自己的行动。在今天这样一个紧密联系的复杂组织里，这种态度没有任何好处。在凯勒曼看来，优秀的追随者会花时间、花精力来弄清所有关于他们的领导是谁以及领导什么的问题。[10]

凯勒曼还提出一个模型，有助于看到我们自己在追随他人的时候是如何行事的。在她的模型里，优秀的追随者积极支持优秀的领导者，并且对糟糕的领导者做出合适的反应。可以在表1.4中看到，追随者可以分成五种类型：孤立型追随者、旁观型追随者、参与型追随者、主动型追随者和顽固型追随者。

表1.4 追随者的类型

- **孤立型追随者**（isolates）：孤立型追随者不会对领导者做出反应，或者会表现得漠不关心。通常在大型组织中会看到这类人。他们做着自己的工作，不会努力让自己显得异常出色。
- **旁观型追随者**（bystanders）：旁观型追随者，顾名思义，他们不会参与到这个组织的生活中。他们更像是观察者和旁观者，而不是积极的参与者。他们被动地做着自己的工作，很少会提供积极的支持。
- **参与型追随者**（participants）：参与型追随者积极参与组织活动，并努力支持和影响组织发展。如果他们赞同某位领导者，就会支持他/她。如果不赞同，则会反对他/她。
- **主动型追随者**（activists）：主动型追随者对组织和领导者的感情比参与型追随者更为强烈，行动也更积极。如果支持某位领导者，他们会热情地、充满活力地参与其中。如果他们对某位领导者的做法表示强烈反对，则会直接说出来并且采取行动。
- **顽固型追随者**（diehards）：顽固型追随者对想法、人或这两者都充满激情，并且会倾其所有给予支持。如果他们认为某些东西是非常值得的，那么他们就会全心奉献。

资料来源：Kelleman, Barbara, 2007, What Every Leader Needs to Know about Followers, Harvard Business Review, 85(12)：84—91.

其他领导力学者正开始注意了解不同类型的追随者的重要性。例如，世界上最著名的领导力学者之一沃伦·本尼斯（Warren Bennis）注意到，领导力和追随力的特点可能会因为文化的不同而有所差异。[11]随着各种组织在全球的联系变得越来越紧密，这些文化差异可能也会越来越重要。

大型组织是复杂的系统，在全球竞争的环境下，它们的命运很可能取决于组织领导者如何很好地理解并响应基层员工的需求，以及如果在情况发生了变化、"规则"都变得不同的条件下，我们如何学会服从。[12]

实际上人们一直忽视对追随力的研究或学习，直到最近，情况才有所改变。追随者自身拥有的独特力量对于组织的高效运转非常重要。沃顿商学院（Wharton School）的迈克尔·尤西姆（Michael Useem）教授在他的《领导上级：如何领导你的上司并实现双赢》（*Leading up：How to Lead Your Boss So You Both Win*）一书中有助于我们了解这种力量。[13]其他学者也给出了一些提高高效追随力的方式，比如学习有效抵制，与上司打交道，这对我们所有人来说都是十分有用的。[14]**向上管理**（managing up）是用来描述追随者是如何影响领导者的。

因此，虽然我们在本章节开头就说"今天，每个人都需要成为领导者"，但现在我们还要加上"……并且，每个人都需要成为高效的追随者。"

最热门»讨论题

1. 你曾在什么时候做过一位优秀的追随者？是什么激励或鼓励你积极地接受这个角色？

2. 什么时候你会觉得，追随他人对你来说是一件困难的事？为什么会觉得困难呢？那你是怎么做的？

3. 你想要追随某人时，发现他/她做的是错的或者能做得更好，面对这样的情况你会怎么做呢？从你作为追随者的角度来看，如何高效地影响他人？你怎样可以做得更好？

4. 你还能想出其他方法成为更优秀的领导者吗？成为更优秀的管理者或追随者呢？

1.4 结束语：改变世界，改变对管理者和领导者的预期

在本章中，我们已经解释了如何成为一名优秀的领导者、管理者和追随者。今天的世界需要我们所有人都能做到这一点。世界各地的人们面临着巨大的挑战和机遇，企业发挥着重要作用，帮助我们创造更好的生活。

在此，我们以一位享誉世界的著名领导者纳艾尔·菲茨杰拉德（Niall FitzGerald）曾说过的话结束本章。从 2007 年开始，随着世界金融服务行业的大融合，纳艾尔·菲茨杰拉德开始思考，商业人士和企业领导者有责任创造一个更好的世界。他曾谈到今天我们所面临的危机和机遇，以及我们需要做的事。下面就是他曾经说过的一段话：

> ……这个危机影响广泛：年轻人找不到工作；退休或即将退休的人发现退休金越来越少；慈善机构发现它们的投资在贬值；房地产商的欠款比他们建筑的房屋价值还多。然而，对企业领导者来说，仍然存在一种"褒奖失败"的文化，他们不愿意承认自己在危机中需要承担部分责任。这些所谓的领导者拒不承认自己的责任。这是一种经济上的，同样也是道德上的失败……
>
> 重要的是，我们研究了更多关于企业运作方式的基本概念，以及与周围世界协调运作的方式……
>
> 因此，我要谈谈自由和责任的经验教训，谈谈企业如何获得自由并通过负责任的行为保持这种自由。我会解释负责任的行为对企业战略至关重要的原因……
>
> 而且，我还会提出建议，使用更广泛的标准来评价企业领导者，而不仅仅是盈利状况；同时，企业领导者的行为对社会造成的影响，他们自己需要承担责任。
>
> 简单地说，企业领导者必须举止适当……然而，企业在初创时并不存在道德问题。他们的经营方式在我们看来或许可以评价成有道德的或是不道德的，但他们的首要目标是创

造财富……问题是我们怎么做才能使企业以持续有益的方式运作?

企业领导者必须认识到存在的问题,并且向重建企业信任方面发展。信任是不能用金钱买到的财富,它是必须靠努力才能获得的品质。一生中我们可能会有很多次机会获得别人的信任,可是一旦他们对我们失望,就很难再次获得信任。有人曾经说,"失去信任如快马飞驰,获得信任如步履蹒跚……"这就是企业如何重建信任的——都是一砖一瓦慢慢砌成。这或许是一个缓慢的过程,但这个过程也是值得的。

那么促进信任的原则是什么?最主要的原则大概能在世界上所有伟大的宗教理念里有所体现,即我们如何对待别人,那么别人也会这么对待我们……

企业(领导者)表现得好是有道理的……他们以社会所能接受的负责任的表现方式行事,这并不是因为他们认为自己这样做可能会显得引人注目或看起来廉洁正直,而是因为这完全符合长期的企业利益。如果一个企业想要长期可持续发展下去,它需要一个运转良好的社会做支撑。情商高的企业领导者会意识到,他们有责任建立并维护这样的社会。

不要认为这很简单。商业决策并不一定会带来显而易见、不容置喙的社会利益。商机和社会影响之间的关系比较紧张,因此必须进行艰难的权衡……

因此,让我们为公司建立自己的价值观和行为标准,并以符合公司文化的方式广泛应用,随后准备好向其他人解释他们也必须这么做的原因……

从现在开始,企业和客户之间开始寻找可以相互信任的伙伴。

社会有权要求更好的领导力。[15]

本章总结和关键词

1. 管理者为什么要成为领导者?

概述:对你来说,重要的是知道领导力对你自己意味着什么。在今天的组织里,每个人都必须成为领导者,因为全球范围内,需要面临很多社会、政治和经济变革。整个工作中,你会被要求做出最佳决策,做出有道德的行为,并且激励他人。

关键词:无

2. 管理者和领导者之间的区别?

概述:传统而言,管理者和领导者是不同的。传统认为管理者是减少错综复杂状况的人,而领导者则应该"处理骚乱"。然而,事实是每个人都需要提高管理和领导技能,都要能够看到"大局",并且能够计划、组织和管理员工和资源。

关键词:

管理者(manager):负责制定计划,组织和管理员工、生产和服务,管理和配置资源的人。

领导者(leader):时时冲在前线,影响并激励员工服从其领导者的人。

3. 什么是领导力的另一面?

概述:所有的领导者都需要能够服从,所有的追随者都需要能够领导。事实上,我们无法想象工作或社会上的任何角色能不以某种方式领导和追随。对今天的管理者来说,将领导力和追随力作为需要提高的技能是一项非常重要的挑战。此外,"向上管理"的概念提醒我们,负责任的领导力包括能够帮助上司成为更好的领导者。

关键词：

向上管理（managing up）：一种追随力方式，使追随者能够影响领导者。

孤立型追随者（isolates）：孤立型追随者不会对领导者做出反应，或者会表现得漠不关心。

旁观型追随者（bystanders）：旁观型追随者不会参加活动。

参与型追随者（participants）：参与型追随者积极参与组织活动，并努力支持和影响组织发展。

主动型追随者（activists）：主动型追随者对组织和领导者的感情比参与型追随者更为强烈，同时他们的行动也更积极。

顽固型追随者（diehards）：顽固型追随者对想法、人或这两者都是充满激情的，并且会倾其所有给予支持。

4. 结束语：改变世界，改变对管理者和领导者的预期

概述：今天的世界要求我们所有人，包括员工、管理者和领导者，都能对自己的组织行为负责。社会要求企业和我们以符合社会要求的负责任的方式进行领导。

关键词：无

2

必要的领导力：一切由你决定

2.1 领导力：由谁掌控？

企业和组织的高级主管知道如何领导，这本应是理所应当的。但近几年，我们看到太多商业人士作为领导者的失败案例。比如，从安然公司（Enron）和世界通讯（世通）公司（WorldCom）的内部腐败与丑闻、伯纳德·麦道夫（Bernie Madoff）设计的庞氏骗局和崩溃的次级抵押贷款中，我们都能看到领导者滥用权力，在贪欲驱使下的越发无能，而且性格中还存在缺陷，价值观和道德观也已经坍塌。这些丑闻（及丑闻的制造者们）摧毁了生活，并让整个经济陷入衰退和混乱。

但关键在于，这种程度的破坏不是一两个害群之马就能造成的。大多数情况下，欺诈案的设计者和非伦理行为的直接参与者都只占少数，间接参与者和预感到灾难性事件会发生的人却数目众多。因此，应该由谁来确保人们能负责任地行使权力、能运用良好的领导力，同时还能秉持道德原则呢？

为了更切实地回答这个问题，我们得回顾曾经与领导共事的经历。比如，回想下你做过的工作、参与过的团队和上过的学校。因为在这些情境下，你都可能有机会近距离领略领导力。在你遇到过的老板、团队领导、老师或顾问中，有多少人是优秀的领导者呢？又有多少人是平庸的，甚至是糟糕的领导者呢？大多数时候，当我们向组织内人员询问这个问题时，他们所记得的平庸的或糟糕的领导者远多于优秀的领导者。这在当今社会是无法让人接受的，因为如今的企业、机构和社区要求人人都得具备领导力，而且是优秀的领导力。这个世界充满了各种机会，但更多的还是挑战，因此所有人都有必要学习如何负责任地行使权力，如何使用技能，如何在价值观和伦理观的指引下生活。

现在，回顾一下你在工作、团队和社区的表现吧。你肯定也曾正式或非正式地领导过他人，那你曾留心学习有效行使权力的方法，并施以积极的影响吗？你能保证一直在践行自己的价值观吗？你有意识地培养过领导力吗？或许你也同大多数人一样曾下定决心要做好这些事，甚至努力成为一名优秀的领导者，但是或许因为工作的压力，也或许是因为"研究"自身行为存在困难，你对提高自身领导力的关注总达不到期望值。或许你已经意识到一些情况（或部分情况）让你感觉不适，因为它们与你的价值观不符，但你却绝口不提。这种情况每个人都会经历。优秀领导力的关键在于，要明白每个人都有义务去负责任地行使权力、去研究自己的领导行为、去努力提高自己，并一直践行引导个人和组织的价值观及伦理观。

劳顿·菲特（Lawton Fitt）是汤森路透（Thomson Reuters）董事会的杰出成员，因其优秀的金融能力和卓越的领导力而得名。在"观点"专栏中，你能看到她关于当今领导力的看法，这是值得大家学习的宝贵经验。

2.1.1 所有人都有必要成为优秀的领导者

劳顿·菲特知道，在当今充满挑战的企业界，没有哪种行为或价值观是领导者所独有的。成功的组织中，每个人都知道自己的工作和公司的战略息息相关。此外，由于成功的组织往往更加复杂，具有更强的适应性，因此需要更多的人去激励他人，描绘具有吸引力的未来，融入激情，提高工作热情，引导他人工作。

不管我们处在公司的哪个层级，都会遇到一些新挑战，对此我们要知道应该如何应对。以"变化"为例——变化无处不在，而且经常在组织中发生。因此，期望连贯性和稳定性的员工通常没有工作效率，也不会成为优秀的领导者。但如果你将变化视为机会，并怀揣着热情和希望去迎接它，那么你就会被认为是杰出的领导者。

观点

劳顿·菲特辉煌的事业仍在继续。她年纪轻轻就成为高盛（Goldman Sachs）投行团队的重要成员，不久后更是成为公司最成功的领导者之一。她如此形容优秀领导力：

> 对我而言，做企业不仅仅是让员工有效地完成任务。他们将生命投入工作，而作为领导，你得建立一个具有远见和使命的组织让他们感到自豪，并热情澎湃地投入到组织工作中。这是你不能回避的任务。对公司和工作有感情是非常重要的，这能给员工带来极大的满足感，也能让他们竭尽全力做到最好，做出让自己和他人都自豪的决策。
>
> 最优秀的领导者也是人。但他们有深刻的自我认识，会从经验中学习成长，并愿意分享自己的知识。他们关心自身行为的长远结果——尤其是涉及员工利益的结果。
>
> 如果你竭尽全力想要攻占山头，但却没有考虑这会给员工带来什么样的结果，那么你的领导生涯也不会长久。或许在攻占第一座或甚至第二座山头时，员工还会跟着你，但如果他们看出你并不关心和尊重他们，他们也不会再追随于你。

资料来源：作者与 Lawton Fitt 的专访，2009。

有的人依靠管理者或他人"做对的事"，而自己做事时却靠走捷径完成目标。这样的人往往更容易做出非伦理的决策，甚至更容易用恶劣的态度对待他人，从而营造出不健康、不协调的工作环境，降低组织内工作效率。不过，你可以形成自己的价值观和伦理观来指引你做出选择。你也可以学习如何使用权利，如何影响个人和团体，从而让每个人变得更好。最重要的一点是，如果你正在努力学习领导方法、培养领导才能、提升自我意识，那么你很可能已经踏上了成为一名优秀领导者的道路。

2.1.2 领导力可习得

好消息是，你可以通过学习成为一名优秀的领导者。不管你听说过什么，你都得明白领导者都不是天生的，而是后天培养的。我们可以通过积累经验，通过有意识地提高领导才能，通过学习负责任地行使权力和培养价值观来学习如何领导，从而作出伦理决策。通过获取学习经验和培养远见卓识、激励能力及影响力，管理者和员工都可以（也必须）成为领导者。这需要勇气，因为以"他们"——即高高在上的领导者（值得称赞，抑或应受到指责）为目标总是比较容易，但现实中却没有"他们"，只有"我们"。

如今不比过去，每个人都更有必要去学习如何领导他人。这就是本章的内容，即（作为个人、员工或管理者的）你如何能成为一名优秀的领导者。首先，你会发现成为杰出的领导者具有三个秘诀：

- 情绪能力和社交能力：有效型领导的秘诀
- 权力：影响型领导的秘诀
- 伦理观：责任型领导的秘诀

你也会学习到几个关于领导力的理论，其中重点是变革型领导。然后了解 HR 如何为优秀的领导行为提供支持。最后，你会看到，我们需要做哪些事才能在工作和生活中成为一名优秀的领导者。

最热门»讨论题

1. 如今，为什么每个人都应该成为一名优秀的领导者？
2. 回顾你曾经遇到过的老板、教练和老师。在"差老板"和"好老板"的标题下，列出几个相对应的人的名字。然后进行头脑风暴，选一些形容词来描述每一类人，从这些描述中你能得出什么结论呢？
3. 回顾你曾经的领导经验，选一个你从中获益最多的经验。你从中学到了什么呢？你是如何学习这些经验教训？

2.2 有效型领导的秘诀是什么？

有效管理和有效领导的秘诀是我们必须掌握社交智商和情商相关的能力。**能力素质**（competencies）包括思考能力和行为能力，以及可以直接与个人在任务或工作中的表现好坏挂钩的能力。[1]谈及管理能力和领导能力，这两种产生影响的能力素质与社交智商和情商相关。社交智商和情商是一种与自我意识、自我管理、社会意识和关系管理相关的能力。在深入探讨社交智商和情商之前，我们得先定义能力素质，看看它为什么对工作的人来说很重要。

2.2.1 能力素质定义

学者戴维·麦克利兰（David McClelland）在 1973 年发表了一篇颇具影响力的文章，他在文章中主张，当我们试图预测学生或员工的潜力时，比起智商，我们更应该关注的是能力素质。[2]麦克利兰和同事之所以会探究智商以外的因素，是因为他们意识到智力测试往往存在文化偏见，从而导致主流文化外的测试者得分不准确。而且，他们有证据证明这种测试并不能准确预测职业上的成功。事实上，1959 年就已有研究指出，智力测试得分的高低与工作的成功与否几乎不存在任何关联。[3]

因此麦克利兰和著名学者理查德·博亚特兹（Richard Boyatzis）开始探究在工作中取得成

功的真正相关因素。他们发现当一个人展示出一种能力时，他或她是有意识地采用一种能成功完成任务的方式。比如，一位管理者与员工正在进行一场关于业绩表现的谈话，那么如果这位管理者是①打算引导或指引这名员工追求更有效的业绩，更好的成长和发展；②给予具体的、具有建设性的反馈，并表达对员工成长的积极期望，[4] 那么这位管理者所展示的能力就叫做"培养他人"。能力素质也包括影响思考和行为的其他不同层次的个人特征，如动机、持久的人格特质、自我概念、知识和技能。从图 2.1 中能看出，知识和技能是最易被人察觉。正因为这个原因，知识和技能是培训项目中的重点。动机、特质和自我概念在"水位线以下"，比起知识和技能，更不容易培养。但是为了培养综合能力，不同层次的特征都需要兼顾。事实上，如果能力的深层次特征未得到培养，提高综合能力的可能性就会降低。那我们就来仔细看看能力素质的各个方面吧。

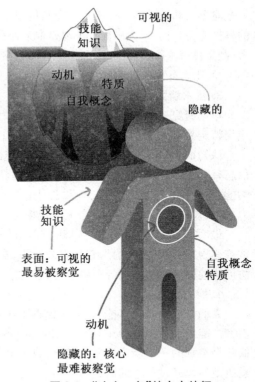

图 2.1 "冰山一角"的个人特征

1. 能力素质的五个组成部分

动机是促成行动的必需品或动力。动机与麦克利兰的三个需要激励理论（将在第 3 章进行讨论）密切相关。麦克利兰认为，人通常被三种需要所推动：即实现个人目标，具有影响力和与他人建立积极的关系。特质是心理或生理特征和/或采用一贯的方式对情况做出反应。比如，赛车手的眼手协调能力很强，他们更能在高压情况下保持冷静。自我概念包括态度、价值观和自我形象——它们都能有力地促进行动。比如，一个有自我概念的人如果重视诚信，那么当他或她遇见非伦理行为时更有可能采取行动。

知识是一个人所能支配的信息，或是在必要时获得信息的能力。比如，当你完成本门课时，你将获得关于管理和领导的信息，学会如何评估管理和领导的相关理论，还会学会如何用研究来加强理论应用。

最后，技能是可习得的能力，是完成任务所必备的能力，比如打字技能、为研究进行网络搜索的技能和分析金融数据的技能。很多职业都要求独特的知识和技能。比如，外科医生需要熟练运用手术设备，他们必须对人体解剖学了如指掌。同样地，会计需要熟练运用电子表格程序和了解税法。

2. 基准性能力和区别性能力

一些能力是做一份工作所必需的能力（基准性能力），而另一些能力则能让人表现更为优异（区别性能力）。基准性能力包括基础的专业知识、经验和认知能力。[5] 比如，餐馆经理的基准性能力包括计算每月所需食物和饮料数量的能力，为服务员排班的能力，及使用电子表格程序的能力。

社交智商和情商、模式识别和系统思考等能力可将高级管理者和普通领导者区别开来（这将在本章后面部分得到论证）。回到餐馆经理的例子上，区别性能力包括：在出事时管理个人情绪的能力和用光明的前景激励员工的能力。

基准性能力和区别性能力曾是对高级管理者的要求，而在最近几年，也几乎已经成为对所有工作者的要求。比如，几乎所有职员都得会打字。令人难以相信的是，打字这一项能力曾经一度只是对秘书和助手的工作要求。在其他技术性能力中,每个人还应掌握一般性软件程序和网络的操作能力。如今,大多数工作都要求某种程度的系统思考能力和认知能力,从而进行批判性思考,制定良好决策。而且,相比过去,老板直接管辖下属工作的情况越来越少,所以一些关系能力必不可少,比如自我管理能力和理解及影响他人的能力,这样才能设定目标,并和同事一同达成目标。

3. 技术能力、认知能力和关系能力

早期研究表明,能力分为三类:技术能力、认知能力和关系能力。拥有娴熟技术的人能熟练应用特定领域的工具和步骤。技术能力在工程、金融和信息技术领域尤为重要。

认知能力包括在团队、组织等系统中窥出"宏图"的能力。能够看出宏图说明你意识到各种信息并非相互独立,而是形成一种模式(这就叫做模式识别)。认知能力还可以指分析复杂情况的能力,并明白事物之间、人与人之间是如何相互关联的(这就叫做系统思考)。这两种认知能力(模式识别和系统思考)在今天的很多工作中都很重要。[6]

最后,关系能力指的是与同事、上司、管理层和客户发展稳固工作关系的能力。这种能力通常被称为"人际交往能力",包括自我意识、自我管理、同理心和鼓舞人心的领导力。关系能力能协助构建团队、培训、指导业绩和提供反馈。

4. 能力素质模型

人们需要培养诸多能力,从而提高工作效率,保证有效的领导,此时就有必要构建能力素质模型。**能力素质模型**(competency model)指与工作中的成功直接相关,并且被分成与工作相关的多个类别的一组能力素质。如今,成千上万的能力素质模型在组织中得到应用。最好的能力素质模型都经过严谨的研究,并以员工、工作和组织环境的相关研究为基础。图 2.2 呈现的是

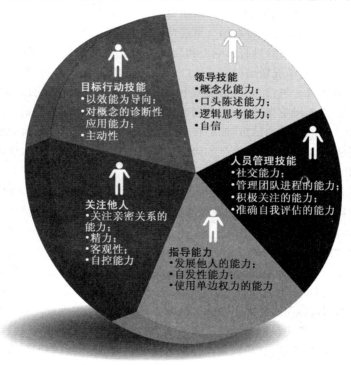

资料来源:Based on Boyatzis, Richard E. (1982), *The Competent Manager: A Model for Effective Performance*, Hoboken, NJ: Wiley-Interscience。

图 2.2 综合管理能力五集群

一个早期的复杂模型，由理查德·博亚特兹创建。[7]该模型以广泛的研究为基础，包括 2 000 多次采访，其中采访对象是私营及公共部门的管理者。该研究表明一些能力将高级管理者同普通员工区分开来。博亚特兹的模型将这些能力分成五个集群：行动技能、领导技能、指导技能、人员管理技能及关注他人。[8]

在最初的研究实施多年之后，博亚特兹和同事再次扩大研究规模，研究涉及世界各地各行各业的员工。他们得出的结论是，在众多能力中，与社交智商和情商相关的能力对领导力具有非凡意义。[9]

2.2.2 社交智商、情商和共鸣式领导

情商一词由丹尼尔·戈尔曼（Daniel Goleman）于 1995 年推广开来，而最近**社交智商和情商**（social and emotional intelligence）则指与自我意识、自我管理、社交意识和关系管理有关的能力（如图 2.3 所示）。这些能力让人们在社会交往中了解和管理自己或他人的情绪。[10]

资料来源：Boyatzis, Richard E., (2008), "Competencies in the 21st century(Guest Editorial)", *Journal of Management Development*, 27(1):5—12 以及 McKee, Annie, Boyatzis, Richard, Johnston, Frances, 2008, *Becoming A Resonant Leader: Develop Your Emotional Intelligence, Renew Your Relationships, Sustain Your Effectiveness*, Boston: Harvard Business Press.

图 2.3　社交智商和情商让人们在社交中了解及管理自身或他人的情绪

社交智商和情商也有助人们在人际关系、团体和组织中创造共鸣。**和谐式组织**（resonant organizations）的特点是具有强有力的积极文化，人们得以拥有共同的激动感才和努力实现共同目标的责任感。**和谐式领导**（resonant leaders）指善于交际的、情商高的并且富有远见的领导，其领导和管理方式使每个人都能有最佳表现。[11]

关于社交智商和情商的研究源于能力、多元智商（智商可通过多种途径得到展示）、个性研究、情绪心理学和神经系统科学等相关研究。[12]近几年，这个概念在组织内普遍盛行，因为该研究强调情感能力和社交能力与（作为领导、管理者或员工的）个人效率间的关系。[13]这些能力帮助我们创造和谐式环境，让员工们处于最佳状态。[14]

比如,**自我意识**(self-awareness)是注意并且了解自己的情感及这些情感所产生的影响的能力。我们都曾遇到过没有这种能力要素的人:朋友朝我们吼,"我没有生气!"或老板脸上乌云密布,却说道,"今天天气真好,不是吗?"这类互动让人困惑,甚至具有破坏性。同一个老板,如果能有效运用自我意识,他就会意识到自己可能在为上班路上轮胎漏气一事生气。他知道自己情绪会影响员工,所以在进入办公室之前会花几分钟时间平复自己的情绪。他也有可能会说:"不好意思,我知道我看起来很心烦——因为今早我太不顺心了。"

照顾自己或他人的情绪对领导力至关重要,其中一部分原因是因为情绪与清楚思考问题的能力、做好决策的能力及集中精力完成任务的能力都有关联。我们的大脑结构复杂,而且神经生理学(关于大脑如何运作)、心理学(关于个性、动机及特质)和价值观(始终坚持的信念,指导我们如何实现理想)三者间还存在着重要关系,[15]关系图如图2.4所示。

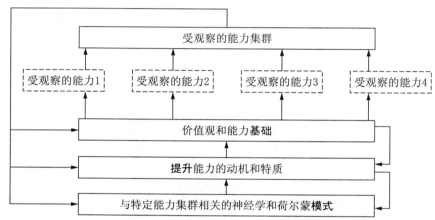

资料来源:改编自 Boyatzis, Richard E. 2008,"Competencies in the 21st Century(Guest Editorial)",*Journal of Management Development*,27(1):9。

图2.4 神经生理学、个性、动机、特质和价值观都和能力的关系图

我们来看看在一个假设的经历(但是是常见的经历)中,社交智商和情商是如何起作用的。你走进了一间拥挤的房间,尽管房间里没人说话,但你还是感觉到事情不对劲。当你觉察到房间里的不安氛围时,你或许会决定做一些不一样的事,而不是假装一切都很平静或是乐观向上。

有人将之称为直觉,但其实这种感觉是能力的复杂结合体,且事实上情绪是会传染的。当你仔细观察一些细小的线索时,比如人们的面部表情、身体语言、谁和谁坐在一起等,你就用了一种社会意识能力——同理心。而决定做一些平时不做的事,你用的就是情感自控能力。如果你察觉到,在进入房间的一刹那你开始变得焦虑(不是因为个人原因),那么或许你一直在应用情感自察能力。

我们总能感觉到他人的情绪。**边缘共鸣**(limbic resonance)指情绪富有感染力,是对人的感觉、想法和行为具有的强大的驱动力。[16]安妮·麦基、理查德·博亚特兹和弗朗西斯·约翰斯顿三位学者这样阐述道:"就像[情绪]如电流般在我们的大脑和体内流动一般,情绪在人与人之间也会快速传递……我们常常会沉浸到旁人的情绪中,这会影响感觉、思考和做事的方式。"[17]

回到之前的例子——在一种不安的氛围中,通过情感自察、自我管理和同理心等能力,你就能提高以下情况发生的可能性:①能避免受他人负面情绪的影响;②准备好处理团队中的冲突或麻烦;③提前一步掌握团队里发生的事,并意识到你应该采取行动解决团队中的问题。

2.2.3　自我意识：社交智商和情商的基础

自我意识是社交智商和情商的核心，而社交智商和情商则是优秀领导力的核心。如果要成为一名优秀的领导者，你必须着重培养自我意识。那你能怎么做呢？首先，问问你自己：

- 我有什么感觉，这些感觉如何影响我思考和行动的？
- 什么样的价值观对于我来说是重要的，我是如何通过价值观来作决策的？
- 我觉得自己强大吗？为什么？

继续学习本章内容，你就有机会将文中描述的概念有意识地应用到自己身上，从而培养自我意识。比如，在下一小结中，你有机会反思自身的影响力：你是如何影响他人的？当他人企图影响你时，你又作何反应？之后我们将讨论伦理观，届时你可以反思你的伦理观和价值观。这种反思可以提高你的自我意识及社交智商和情商，从而才能成为一名更有效的领导者。

最热门»讨论题

1. 复习图 2.2 中的能力素质模型。你在团队中工作通常会用到哪些能力？描述你是如何培养和提高其中两种能力的。
2. 作为领导者，你认为自己做得最好的是哪一次？发生了什么事？你做了些什么？结果如何？复习图 2.3 中的社交能力和情感能力。在这一情景中，你展示了其中哪些能力？
3. 回想一个你曾"察觉"到他人情绪的情景。对你产生了什么影响？你能控制自己什么时候受影响，什么时候不受影响吗？

2.3　影响型领导的秘诀

有效行使权力是影响型领导的秘诀。**权力**（power）指影响他人或通过他人施加影响的能力。权力指的是改变他人想法、感觉或行动，使其做自己想做的事的能力。因为所有人都有必要在工作中成为领导者，所以我们得了解如何行使权力。这似乎显而易见，但人们却经常低估自己的权力或乱用权力，甚至错误应对他人的权力，而且这些情况多到令人吃惊。其中一个原因是很多人对行使权力一事非常反感，也反感别人用权力来影响自己。人们对权力感到紧张的另一个原因是社会普遍认为伴随"权力"而来的是犯罪行为。换句话说，人们得时刻保持警惕，防止滥用权力。有时人们行使权力时也有困难，因为权力与文化息息相关，你将在第 13 章中看到相关内容。文化不同，对权力的看法、使用和分配也会不同。在今天的多元文化组织中，培养对权力的理解能力、管理能力和使用能力都很重要，而且培养方式还要被不同文化背景的人们所接受。[18]

权力的研究者总结出，所有人都有必要了解自己的权力和他人权力的来源，从而最有效地进行工作，实现自身目标和组织目标。[19]如果你清楚地了解权力是如何在组织中行使的，那么你就更有可能作出伦理决策，影响他人，并处理好具有破坏性的组织政治。**组织政治**（organizational politics）涉及很多方面，包括内部竞争和在损害他人或组织利益的情况下追求个人目标。尽管很多人都厌恶组织政治，但它普遍存在于多数组织中。如果你不了解组织政治，你就不能改善这种状况,甚至还有可能成为破坏性政治动态的受害者。

权力是一种存在于组织社会生活中的既定事实。管理者和领导者都需要了解如何行使权力,如何让员工、组织和组织服务的对象及社区都得益。图 2.5 是有助于了解权力的实用框架。该框架描述的是权力的五大来源,即法定性权力、奖赏性权力、强制性权力、专家性权力及参照性权力。若是你想影响别人,不妨加以利用。

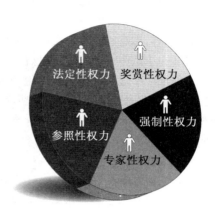

法定性权力——指通过组织内职位的权力、办公司的权力及正式权力影响他人的能力。

奖赏性权力——指通过提供或扣缴奖励(如工资、晋升、假期、具有吸引力的项目、学习经验等)来影响他人的能力。

强制性权力——企图通过惩处来影响他人。

专家性权力——通过特殊知识和/或技能影响他人的能力。

参照性权力——该权力来源于个人特征。人们看重此类个人特征,所有争相效仿,并能引发人们的尊敬和钦佩之情。

图 2.5　影响他人的五个权力来源

2.3.1　不同形式的权力来源

法定性权力(legitimate power)指由于某人在组织中的地位、部门所拥有的或正式授权而拥有的影响他人的能力。比如,在学校,包括校长、院长、教师等在内的许多人都拥有法定性权力。这些个人都有权力对他人和流程施加影响。比如,教师的权力就包括在课程大纲中制定考勤制度,要求学生出席所有的课程。

奖赏性权力(reward power)指通过给予或扣留奖励(例如工资、升职、休假、有吸引力的项目、学习机会等)来影响他人的权力。奖赏的形式还包括认可、赞扬、关注和尊重。管理者如何通过奖励来激励员工和团队士气呢?当我们感受到管理者是以公平公正的方式发放奖励时,我们的积极性往往更高。反之,当我们认为管理者奖励的方式不公或用奖励来控制我们时,我们往往会消极怠工,而且士气快速滑落,甚至还会反抗管理者的影响力,不愿卖力工作。

强制性权力(coercive power)指试图通过处罚影响他人。强制性权力另一个比较容易理解的称呼可能是腐蚀性权力。因为这种权力来源可能(且一般情况下)会有极强的破坏性。惩罚不能起到激励作用,相反会对被惩处的个人、团队及员工和管理者间的关系造成严重的负面影响。但有时实施强制性权力和惩罚是有必要的,比如有员工行为不当、性骚扰其他员工、不能或不愿改正自己严重的业绩问题,这时就极有必要。在这些情况或其他更严重的情况下,解聘或降职等惩罚措施或许是最终的必要解决方法。

但管理者和领导者过分地使用强制性权力的例子实在是太多。产生这种现象的原因有很多,包括管理者和领导者的无能、他们没有安全感等。但不管是什么原因导致这种现象,结果都是一样的:员工变得恐惧、气愤或憎恨,他们只在必要时才服从,工作环境不和谐,这会降低员工的创造力和适应力。[20]

专家性权力（expert power）指通过结合专业知识和/或技能影响他人的能力。比如，毕业于美国特拉华大学（University of Delaware）的科林·布朗（Colin Browne）是一名高级木匠。做大项目时，比如扩建房屋或改造厨房，他通常会雇佣一些行业内受人尊敬的专家，包括建筑师、电工、画师和其他木匠。因为科林在木工活方面是知名专家，而且还是一名注重美学效果的艺术家，所有施工队成员会定期向他进行专业咨询，并乐意接受他的建议。因为专家性权力，科林有效地影响了他人——他总是尊重他人，从不表现出比同事技高一筹的姿态，而且还会用一种鼓舞人心的方式分享自己的工作热情。

跟科林一样，很多人都是在职业生涯中培养了专长。但值得注意的是，专家性权力对新进职员或刚上任的管理者来说也尤为重要。因为此时的职位还不大可能允许他使用法定性、奖赏性和强制性权力，而挖掘自己的专长，并利用专长去协助他人则能帮助他变得更有效率。

参照性权力（referent power）指因人们重视并想要模仿，以及会让人感到尊重或敬仰的个人特质而形成的权力。当员工感受到管理者或领导者关心，并认为他们值得钦佩，同时还发现即使要承担个人风险他们也要做对的事时，员工通常会产生强烈的忠诚感，并自愿选择追随他们。

参照性权力同专家性权力一样在职业生涯早期十分有用。新进职员和刚上任的管理者没有奖赏性、强制性和法定性权力，只得依靠个人特征和自身专长来赢得他人的注意和尊重。参照性权力在职业生涯后期同样也很重要。以西南航空公司（Southwest Airlines）现任名誉总裁科琳·巴雷特（Colleen Barrett）为例，她在公司的晋升经历令人惊叹——从法务秘书、助手到公司秘书，再到副总裁，到 2001 至 2008 年期间担任总裁。巴雷特缔造了西南航空公司成功的商业模式和以员工和顾客为重的传奇企业文化。

巴雷特在西南航空获得了法定性权力，也行使了奖赏性权力。但见过她的人都知道，是她的参照性权力（对人尊重、具有幽默感，并集中精力做最正确的事）让她成为了与众不同的领导者。换言之，人们追随科琳·巴雷特是因为他们自愿如此。[21]而且科琳也和他人分享权力——这就叫做授权。

2.3.2　授权

也许行使权力最重要的方法之一就是分享权力。因为没有哪个人知道所有问题的答案或者制定所有的决策。有效地运营组织需要所有人的知识和良好判断。优秀的管理者会设法提高每个人的参与度，从而保证每个人的付出都有价值。这就是所谓的授权。

授权（empowerment）指信任员工自己作出决策并对其决策和行动负责的行为。[22]著名学者格雷琴·施普赖策（Gretchen Spreitzer）指出授权可被视为一种组织民主形式。[23]在民主社会中，人们贡献时间、才能、精力和想法。他们通过选举、表达关切和为社区做贡献等方式参与政府的治理。在组织中也一样，授权促进民主化参与，成员能进行自我管理、表达关切和出谋划策。正如第 3 章所说，参与和授权也是激励的重要组成部分。[24]

1. 被授权的员工和授权的组织

被授权的员工对如何做事有话语权——即他们在工作中有话语权，并能行使话语权。[25]因为他们受到鼓励，可大胆地指出问题，所以被授权的员工往往能加速工作进程。如果他们拥有一些产品和服务的控制权，他们就会被激励，为决策做贡献，从而提升工作设计质量、生产进程和产品质量。他们也会承担起组织工作、设定个人目标或团队目标的责任。被授权的员工往往参与度更高、责任心更强，从而追求更卓越的表现。

　　授权组织具备提高员工参与度的系统和流程，比如建议计划、道德热线电话和质量圈（旨在检验和加快工作进程的结构化团队）。授权组织也具备支援方案，比如调节过程或求助监察员，让员工能直接应对冲突。除此之外，授权组织通常还具备支持协作和质量的薪酬方案，比如利润分享计划。

　　最后，授权组织不鼓励微观管理。**微观管理**（micromanagement）指过度管理他人及其工作，并且过度关注细节以及员工如何完成工作的行为。微观管理很普遍，并极具破坏性，会耗费员工和管理者的时间，还会引发员工的负面情绪，比如怨恨、沮丧、觉得不受尊重——从而导致效率低下，企业文化不和谐。

　　授权组织会鼓励管理者和领导者学习新的管理技能，其中包括良好的沟通技能、准确评估员工能力的技能、引导团体和团队的技能及营造良好工作环境（即充满信任、责任感和渴望学习的环境）的技能。[26]这些技能可以让管理者避免进入微观管理的陷阱。看看"学生的选择"专栏中莱纳德·梅萨（Leonard Mesa）的看法，你就知道授权是如何真正起作用的。

学生的选择

小城镇工厂中的大城市领导者

　　2000年的秋天，山姆开始在美国最大的大米零售商 Riviana 工作，担任德克萨斯州休斯顿的生产工厂的主管，负责监管一批在生产线上工作的员工，并维护环境卫生和安全要求。休斯顿的生产工厂距离公司总部只有10英里，所以副总裁甚至 CEO 都会经常顺道来工厂视察，和主管们谈谈话。山姆从不担心他们的拜访，反而将其视为自己绽放光彩的机会。

　　在他和其他管理者营造的工作环境中，员工们必须要作出选择时，他们有权快速坚定地采取行动。所以由山姆管理的员工工作都很愉快，而且都有较强的工作动力，愿意努力工作。四年后，山姆得到一次晋升机会，可以到另外一个部门担任管理者，但该部门在阿肯色州卡莱尔的一个小乡镇。和妻子及卡莱尔工厂的管理者讨论后，山姆决定接受这次晋升，因为他认为这对家庭和职业生涯来说都是最好的决定。

　　到新的地方工作让山姆感到很兴奋，在去新工厂之前，他就下定决心在彻底了解员工和运营状况之前绝不做大变动。第一天，他借机见了全体员工。他邀请员工详细介绍自己、介绍他们的职责，并请他们提问。前两个月他都待在新的工作地点，学习新工厂的文化和流程，了解工厂同组织其他部门的关系。最重要的是，他了解了每一个工厂员工。山姆和机器操作员及其他管理者建立了稳固的关系，这让他有机会了解新工厂的文化。同时，他也了解了工厂面临的特殊挑战。

　　在新环境下带领一批新员工是困难的。在休斯顿工厂，他管理的员工会畅所欲言，不怕作决策。而这批新员工虽然有动力，工作也努力，但是他们几乎不提改进建议，也不会独立行动。之前他们从未拥有过权力，所以现在他们对权力也不抱期望。为了改变这种状况，山姆开始联合其他管理者，因为这些管理者在实施变革方面具有最强的影响力，而且在员工授权方面，也和山姆持相同的想法。他们在建立员工信任上做了很多工作，并实行本地化政策以鼓励员工互相交流，制定决策。不到一年，这些小小的变化产生了巨大的影响：旷工率和人员流失率降低了，工伤情况减少了，工作产出质量提高了。一些管理者开始对山姆与众不同的工作方式产生兴趣。山姆发现其实管理者们都希望做到最好，只是没人鼓励他们去大胆尝试不同的领导风格。

通过授予员工更多的权力，山姆和其他管理者才能对工厂环境卫生、文档和生产的处理途径实施大的变动，同时提高了工厂产品的质量。总的来说，他们已经能够实施一些必要的变动，以此提高组织效率和优化组织文化。

资料来源：改编自莱纳德·梅萨的一个案例。

2. 授权及 XYZ 理论

研究人员已经关注员工参与和授权多年。在 19 世纪 60 年代，道格拉斯·麦克雷戈（Douglas McGregor）和威廉·大内（William Ouichi）先后提出 XYZ 理论，描绘了人们对工作责任感三种完全不同的态度。[27]以下是对各个理论的阐述。

X 理论（Theory X）认为普通员工趋向懒惰，没有雄心壮志，无责任心。以这种态度对待员工会导致微观管理（授权的对立面）。除了会引起侮辱言行外，还会恶化管理者与员工的关系，导致工作氛围不和谐、不愉快，最后管理者也会精疲力竭。管理者不可能指导员工做每一件事，也不可能时刻准备着对员工的行为进行奖励或处罚。这在今天的职场是行不通的。

Y 理论（Theory Y）认为员工本就具有雄心壮志，有责任心，工作勤勉，他们会努力工作，帮助组织实现目标。该立场营造的工作环境有利于员工的融入、参与度和决策制定——总而言之，即授权。在这样的环境中，大多数人都能发展得很好。

Z 理论（Theory Z）认为在有强大关系文化的组织中，员工在本地决策中有不受限制的自由，可以信任其自主工作。换言之，他们得到了授权。

尽管从表面看，秉承 Z 理论的组织看似最完美，但大内指出，今日的组织具有一个特征，即组织很难愿意雇佣终身员工。秉承 Z 理论的组织被认为是仁慈的，但采用的却是家长式作风。[28]在这样的组织中，领导者友善但喜欢指导，他们会掌控最重要的流程和决策。时间一长，这反而会导致意想不到的结果，因为这会让员工队伍过度依赖管理层。尽管有这样的缺陷，Z 理论还是能激励士气、建立忠诚。采取仁慈的家长式作风的领导者是真心实意地关心员工，所有员工都会报以忠诚。而且，研究表明，仁慈的家长式作风存在于很多企业文化中，了解这一事实在今天的全球化环境中非常重要。[29]

3. 当今的授权活动

近几年，给组织人员授权日趋流行，产生此类现象的原因有很多。首先，大多数组织的层级划分不如从前明显——即今天的组织更加"扁平"。**扁平式组织**（flat organizations）指几乎没有层级划分，需要更多的人参与作出决策的组织。其次，组织更加精简，这意味着与从前相比，员工的数量减少，所以工作强度增加。所有的决策都让管理者或领导者来制定是不现实的。如果组织工作得当，员工能处理好日常工作，能有权力作一些决策，高管就能将精力花在更重要的事宜上，比如发现行业趋势、营造激发热情的和谐环境、创造卓越的业绩表现等。

授权行动也颇得人心，因为紧跟工作流程的员工所做的决策通常明显好于远离工作流程的管理者或领导者。最后，今天的授权比以往任何时候都重要，因为雇佣合同的性质一直在变。过去的就业合同是这样的："我即将参加工作，我将竭尽全力达成组织的期望；相反，组织尊重我、提供我合理的报酬、优越的工作环境和终身雇佣的承诺。"而今天的合同更多地是这样的："只要我能获得合理的报酬、学习和成长的机会，以及发展前途，并且觉得自己的贡献有价值，那么我就会将自己的才能和专长贡献给组织。"[30]如果这些条件得不到满足，他们就会离开，而且他们也可以选择离开。

工作中的授权对组织有利。布鲁金斯学会(Brookings Institution,知名的智库)的学者整合所有关于授权的研究后发现,"总结起来,员工的参与对商业成功的影响是积极的,几乎没有中立及负面影响。"[31]

最热门»讨论题

1. 对你经历过的滥用权力的情况进行讨论。权力是如何被滥用的,给你和其他人带来了什么样的后果?

2. 列举一个曾直接影响过你的领导。他用了哪些权力来源?他使用的这些权力来源对你产生了哪些影响?

3. 对被授予权力的员工队伍的利弊进行讨论。用你的工作经验或学习经验来论证这些利弊。

4. 授权是如何支持民主化流程的?工作中的参与、授权和民主化流程如何影响人们工作外的行为?

2.4 责任型领导的秘诀是什么?

责任型管理和领导的秘诀是伦理观。领导力和伦理观之间的关系很简单:我们如何领导取决于我们重视什么。任何个人的行为(在企业、政治、医药、法律等任何其他领域)取决于他信奉的价值观、原则和信念,这些也决定了他的伦理准则。

组织也有显性和隐性的伦理。本节我们首先来看看人们如何培养价值观和伦理观。之后,你会看到个人无视价值观和伦理观时会发生什么。为了进一步探讨伦理观如何影响工作,我们将审视伦理的各个层次和商业伦理的重要组成部分。最后再看看人们如何合理化非伦理行为,以及你如何根据伦理处理日常决策。

2.4.1 培养价值观和伦理观

伦理观(ethics)是指导个人或团体行为的一套价值观和原则。"ethics"一词来源于希腊语中的"ethos",意思是"品德"或"风俗"。亚里士多德认为伦理观的形成极大地得益于内在的自控和品德。[32]圣奥古斯丁则认为伦理观是我们的"内在住所",是我们的心。[33]这座内在住所装载着我们对生活的基本取向,包括价值观。

价值观(values)是个人或群体认为是正确或错误、好或坏、受欢迎或不受欢迎的理念。价值观是相信事情该如何或不该如何。它影响我们的行为,是形成伦理准则的基础。**伦理准则**(ethical code)指的是"管理道德和行为举止的原则系统"。[34]领导者的伦理准则对一个组织有着至高无上的重要性。我们在生活和工作中都尊重我们的领导,而且很多学者认为领导树立的榜样是组织"伦理军火库中最重要的武器"。[35]

领导使用两种价值观,即最终价值观和工具价值观。**最终价值观**(terminal values)指我们为自己制定的,关系到自己人生目标的个人承诺。这类价值观是我们在生活中为自己或他人寻求的价值观,比如自由、智慧、爱、公平和世界和平。最终价值观还包括幸福、快乐、自尊、内在和谐和家庭安全。[36]

　　工具价值观（instrumental values）指实现终极价值观的首要行为或方式。工具价值观包括抱负、能力、创造力、诚实、诚信和智力等。

　　我们该如何培养和使用价值观及伦理观呢？价值观和语言一样可以习得。孩提时我们能很快意识到，好行为可以得到奖励，坏行为会受到惩罚，这是我们道德发展的开始。我们从父母、朋友、老师和精神领袖身上学习价值观和伦理观，我们甚至也会从书和电影中学习。我们还会从工作中学习组织信奉的价值观和伦理观，并效仿领导者的行为和价值观。

　　在这个全球动荡不安的年代，对价值观的看法和实践价值观的方法这两者间的关系比以往任何时候都更加密切。研究工作中的个人价值观和伦理观极其重要——这也是本书中最重要的话题。过去十年，社会各个行业道德犯罪猖獗，背信弃义的现象屡见不鲜。现在我们每个人都有责任改变这种状况——为此，你得先从自身做起，必须清楚地知道哪些价值观你绝不会放弃。

2.4.2　伦理观层次

　　学者埃德温·爱泼斯坦（Edwin Ipstein）指出与商业相关的伦理分为四个层次：个人伦理、职业伦理、组织伦理和社会伦理。[37] 每个伦理层次都会对我们的行为产生极大的影响。正如搞清楚"什么是正确的事"一样，我们得了解每个伦理层次，了解它们如何影响我们。

1. 个人伦理

　　个人伦理（individual ethics）指与他人打交道时个人的行为准则。个人的伦理准则在他或她的社会环境中形成，并受社会环境影响。这个社会环境包括家庭、朋友、学校、宗教组织等。尽管个人伦理源于个人的价值观，但事实上是，人们会有多个自我定位，在意识形态上分别与职业、雇主和社会相关。伦理观的其他层次，如图 2.6 所示，对人们的工作行为有着深远影响。

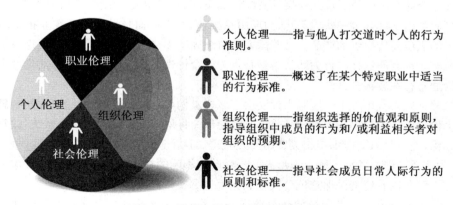

个人伦理——指与他人打交道时个人的行为准则。

职业伦理——概述了在某个特定职业中适当的行为标准。

组织伦理——指组织选择的价值观和原则，指导组织中成员的行为和/或利益相关者对组织的预期。

社会伦理——指导社会成员日常人际行为的原则和标准。

图 2.6　影响人们行为的伦理观层次

2. 职业伦理

　　你所选择的职业自身可能就拥有一套道德标准。**职业伦理**（professional ethics）概述了在某个特定职业中适当的行为标准。职业伦理通常为明确的成文准则。比如，美国培训与发展协会、美国经济咨询局、美国财务会计准则委员会、美国医学协会和工会都有明确的职业伦理准则。而有一些组织的伦理准则十分冗长，如美国注册会计师协会（AICPA）。AICPA 的部分准则如下：

美国注册会计师协会的职业行为准则的原则确定了该职业对公众、客户和同事负有责任，在职业责任方面引导成员，确定道德行为和职业行为的基本原理。这些原则倡导，即使牺牲个人利益也要始终坚持高尚的行为。[38]

当然，谈及职业伦理时通常会引发冲突和异见。比如，我们很多人都了解，医疗领域的伦理就极为复杂。并不是每个人都能就每件事达成一致。一些伦理问题，比如协助自杀就极具争议，并不好解决。

当你选择一个职业时，你也选择了它的伦理准则。择业是一个重要的决定，需要你了解自己的价值观，这样你才能选择一个与你信念相匹配的职业。选择组织也是同样的道理。

3. 组织伦理

组织伦理（organizational ethics）指组织选择的价值观和原则，指导组织成员的行为和/或利益相关者对组织的预期。组织伦理通常已经渗透到企业文化中，并成为使命。它常常能反映出一个企业的信仰、价值观，以及是如何对待职员、顾客和工作环境的。

比如，非法倾倒化学废料的成本要低于使用恰当的处理方法所花的成本，但是一个企业的伦理立场会促使管理者决定提高成本，而不是选择破坏环境。同样地，美国的一家公司发现国外劳动力更加便宜，可以为公司节约成千上万的资金，但是该公司的组织伦理会让管理者在决定迁移业务之前先考虑工作环境问题。这样的伦理情景就会造就组织和组织名声。

4. 社会伦理

最后，**社会伦理**（societal ethics）是指导社会成员日常人际行为的原则和标准。社会伦理与文化相关，有时受法律、社会习俗，甚至语言的影响。社会伦理通常包括信仰、价值观，和与以下问题相关的行为，比如公正、个人自由、公平、获得公平就业机会的权力和企业如何影响环境等。

社会伦理属于"宏观的"伦理划分层次。在该层次上，处在指导行为的特定政治文化意识形态下的社会个体会因价值观彼此连接。有些情况下，某些社会伦理能得到所有人的强烈拥护。比如，美国、英国、德国（等一些国家）认为雇用童工违背伦理，而且越来越多企业拒绝购买那些雇用童工的供应商所提供的产品。某些国家的组织确实存在雇用童工的情况，但这不代表这些国家的所有人都赞同这样的行为或认为这种行为符合伦理，这是因为社会内部对伦理和符合伦理的行为通常存在着很多分歧。

如果社会中某些伦理不被所有人接受会怎样？例如，美国长期讨论的医保问题就是一个关于社会伦理的争论。早在1964年，前议员爱德华·肯尼迪就号召构建一个系统，让每个人都能获得医保，而不是只让能承担相关费用的人获得。这个问题涉及太多伦理困境，争论也尤为激烈，因为这至少涉及两种不同意识形态——受政府影响的社会公平和自由市场资本主义。争论的双方围绕美国政府就医保这项公民福利应承担哪些责任阐述了不同观点。

关于伦理的争论在社会中开始凸显或变得激烈时，这预示着社会即将发生变化。正如第13章所示，价值观与文化及文化变化密切相关。处理伦理争论最好的方法或许是在社会层次公开透明地展开争论，尽可能让更多的人参与进来，发表更多不同的观点。

2.4.3 商业伦理是复杂的

既然我们已经了解了个人伦理、职业伦理、组织伦理和社会伦理各个伦理层次，那么现在我们来想想伦理如何影响商业。商业伦理很复杂，比如，不同的利益相关者对企业该如何制定价值观和伦理观通常持不同的想法。**利益相关者**（stakeholder）可以是企业内部或外部的任何一个组织、团体或个人，他们与企业的成败存在利益关系。比如，在一家能源企业，一批利益相关者认为企业应该给多数人提供最便宜的能源，这意味着使用已有的能源（比如煤），而投入极少的资金研发可替代能源；而另一批利益相关者则希望企业不仅要投资研发可替代能源，而且还要找到可替代能源，并立马投入使用。这两批人都认为自己的立场符合伦理。

商业伦理很复杂的另一个原因是商业越发全球化。很多公司在两个、四个甚至一二十个国家开展业务。这些国家的伦理观相互冲突是很正常的。全球化还导致价值观、文化和忠诚度发生着无法预料的变化。

不同文化间的价值观、规范和行为存在着所谓"不可消减的"差异。[39]有时人们对是非对错存在分歧，很难找到共同的立场。遇到这种情况时，或许人们能采取相对途径——即容忍广泛的伦理观点，其结果很可能是形成了一套统一的伦理准则。要不就是在不确定的情况下作出道德选择，抵制与之相矛盾的伦理准则。[40]对于个人来说，这意味着你必须不时审视伦理准则，从中选出你要信奉的那一个。[41]

1. 商业中的伦理和法律的作用

在一些情况下，如果人们就行为的伦理性不能达成一致，那么这会让员工和公司很难作出决策，并采取恰当的行动。此时法律就起作用了。今天关于商业伦理的法律有很多，比如有针对欺诈和贿赂的法律。一个公司如何对待员工或客户是由法律决定的，而且工作环境也受法律保护。所有这些法律以这样或那样的方式牵涉到社会价值观和伦理观。

（1）违背伦理背后通常是法律的制裁

社会普遍认为商业行为的公平公正性存在边界，一旦超出该边界，新立法就会以某种形式产生。比如，2002 年，美国泰科公司（Tyco）、安然公司（Enron）、安达信会计师事务所（Arthur Andersen）、阿德尔菲亚通信公司（Adelphia）和世通公司（WorldCom）爆出丑闻，美国国会便通过了《萨班斯—奥克斯利法案》（Sarbanes-Oxley Act，该法案正式名称为《2002 年上市公司会计改革和投资者保护法案》）。[42]该立法确立了新标准，完善了适用于全美上市公司董事会、管理层及会计事务所的原有标准。尽管没有立法能确保安然或世通公司等类似丑闻不会再度发生，但新法律确立了更加严格的指导方针和监管机制，尽可能减少非伦理行为的发生。

（2）法律促使人们改变：《2002 年反腐败及有效管理国际法》

你要求员工遵循公司的伦理准则及管理法则，但如果这与他们自己的伦理准则相违背，此时又会怎么样呢？这个问题成为了很多跨国公司的最高议程，因为在美国，关于反腐的法律越发普遍——甚至在美国境外也是如此。美国国务院网站上如是写到：

> 国会于 2000 年 10 月 5 日通过《2000 年反腐败及有效管理国际法（IAGGA）》（公法106—309 页）。此法旨在"确保美国的辅助程序，通过协助其他国家打击社会腐败，来提高各级政府和私营部门的透明度，健全问责制度，从而推动有效管理。"[43]

这听起来还不错，不是吗？确实也是如此。但想想这得多难啊，而且还会一直难下去。因为很多公司存在以下情况，即当公司在本地开展业务时，不管员工的家庭成员合格与否，都会优先录取他们，而且这样的事被认为是符合情理的（随便说一句，这叫做裙带关系）。如果行贿成为商业的正常现象呢？这些挑战都真实存在，近期还得不到解决。

还有一点也很重要，即负责商业伦理的法律同样适用于组织和组织领导者。在 19 世纪 70 年代以前，关于商业伦理的研究和分析都只关注个人；之后，研究重点开始转向组织。同个人一样,组织也有价值观、思维定式、文化、目标和宗旨。因此,在伦理方面,组织在概念和法律上应该同个人受到同等对待。

商业伦理是复杂的,因为社会是复杂的。这意味着我们必须学习如何处理生活和工作中的伦理困境。

2. 处理工作中的伦理困境

如你所见,遵循工作中的价值观和伦理观并不总是很容易,而且该采取什么样的行动也不明朗。事实上,每个人都会遇到**伦理困境**(ethical dilemmas)——指遵循伦理会阻碍实现目标的情况。比如,假设你目击了一场车祸:车翻了,虽然驾驶员是清醒的,但他自己却无法从车中脱身,而此时汽车正不断地滴着汽油,你询问驾驶员的感受,他说他的背麻木了,头也很痛。你想把他从车中拉出来,以防汽车爆炸或燃烧。但是你又担心在拉他的过程中会对他造成二次伤害——如果真是这样,你可能会遭到起诉。你知道一些州有"好撒马利亚人"(Good Samaritan)法保护这种情况下的施助人,但是你不知道你所在的州是否有这样的法律。此时你该怎么做呢?

又比如,曾听说有人请假去参加宗教活动被拒绝了。主管们作这样的决定,并不是因为心存恶意,或有意歧视——但还是拒绝了这样的请求。而且有时候即便是好意(如为其他员工抱不平)也仍然会导致非伦理行为甚至非法行为。

在很多情况下是很难判断"对错"的,尤其是在情况扑朔迷离,充满各种看法和异见时。只有进行沟通才能提出解决伦理困境的最佳方法。沟通者会想,哪种方法会对所有人都有益。事实上,学者们认为只有在伦理问题出现并作为复杂问题而被讨论时,伦理观才会起作用。[44]从以上的例子中不难看出,沟通能促进正确的决策:即允许员工请假参加宗教活动。我们再来看一个充满争议的情况,即一位女士如何处理充满风险的伦理困境。

商业案例

《华盛顿邮报》
关于持久性影响力的一课

凯莎琳·葛兰姆(Katharine Meyer Graham,1917—2001)人称"凯"(Kay),在她掌管《华盛顿邮报》期间,邮报刊登文章,揭发了臭名昭著的水门事件丑闻,使《华盛顿邮报》获得了普利策"公共服务奖"。在1998年,她凭借传记《个人历史》也获得了普利策奖。在她众多的挑战和胜利中,葛兰姆(被认为是20世纪最有影响力的人之一)一直是强大的、纯粹的道德领袖典范。[45]

虽然凯莎琳·葛兰姆最终因其出色领导力获得了世界的称赞,但她这一路走得也并不容易。她父亲去世之后,家族报业的掌控权落到了她的丈夫菲利普身上。1963年,菲利普自杀身亡,葛兰姆便承担起家族报业的责任——这是她始料未及的事。[46]她这样写道:

> ……我开始学习。其实我做的不过就是一步一步向前走,闭着眼睛,跨过边缘。令人惊讶的是,我居然安然无恙地落地了。[47]

正如很多成功人士一样,凯将问题视为有待解决的挑战。[48]在她出乎意料地担任报业领导后,她面临更多艰难的选择,其中就有是否要刊登以五角大楼秘密文件为基础的系列文章(已由

《纽约时报》率先发表）。她最终鼓起勇气，坚定伦理立场，决定刊登。这些文章回顾了美国在1945 年至 1967 年间对越南的政治和军事进行的干涉行为。之后，在她的领导下，邮报刊登了鲍勃·伍德沃德（Bob Woodward）和卡尔·伯恩斯坦（Carl Bernstein）关于水门事件的文章，并导致尼克松政权倒台。

不用说，刊登这些文章是有风险的。凯及其董事会都承担了巨大的压力，甚至有人感到困惑，她为什么愿意处在争议的中心。[49]凯说这源自于热情、目的和对价值观真正负责的态度："爱你所做的，并认为它很重要——还有什么比这更有意思的吗？"[50]

葛兰姆为工作的意义而活。意义感和目的感让领导者觉得他是重大事件的组成部分，能帮助形成一种长期的奉献精神和重要感。反过来，这会形成一种强化的良性循环，持续形成更强的意义感。[51]意义感也会促成强烈的责任感，以确保意义感的正确性，还有利于形成对组织伦理观和目标的忠诚。这种责任感具有感染性；人们能感觉到它，希望拥有它，并将它传递给所有人。

意义是凯的领导核心，愿景则给予她力量和决心，促使她将落后的《华盛顿邮报》发展成极具全国吸引力的现代化报纸。凯的愿景简单而具有吸引力，即致力于服务人民、组织和社区，为他们诉说真相。[52]凯不断地传递她的见解："她在报纸上宣扬，通过钱财去宣传，还以身作则去诠释。最重要的是，她的传递方式还优雅体面。"[53]

凯莎琳·葛兰姆的领导力遗产给我们很多人上了一课：只要对我们的价值观负责，并在极具吸引力的愿景中融入强烈的目的感就能改变世界。

3. 通过领导力定义伦理

同今天最优秀的领导者一样，凯莎琳·葛兰姆影响了公司伦理。很多公司将领导者所坚信的伦理行为规范化。比如，谷歌的行为准则起源于一句话"不作恶"（don't be evil）。谷歌联合创始人谢尔盖·布林（Sergey Brin）和拉里·佩奇（Larry Page）要求员工不作恶的同时，进一步阐述了他们对员工的期望：

> "不作恶"三个字总的来说指的是我们对用户的服务方式，但"不作恶"远不止这些。是的，它指的是让我们的用户公平地访问信息，关注用户需求，尽全力为用户提供最好的产品和服务。更广泛地说，它还指要做对的事——遵守法律、举止得体和尊重他人。
>
> 谷歌的行为准则是我们实践"不作恶"的方式之一，它是围绕以下共识形成的：任何事，只要与谷歌工作相关，都将会用、也应该用商业伦理行为的最高标准进行衡量。[54]

不用说，"不作恶"谈起来容易，做起来难。谷歌同其他任何公司一样都面临着伦理困境。一些情况是，人们对公司行动的好坏存在着严重的分歧。但我们仍然看到谷歌的领导者们设立了一个他们引以为傲的极高标准。谷歌的每个人都了解这个准则，而且真正做到作决策时考虑这个准则。当领导者勇于设立如此高的标准，并尽力遵循这个标准时，整个世界都知道员工们会为他们效力的公司感到自豪。

2.4.4　如何制定日常的伦理决策

规则、规范，甚至是鼓舞人心的行为准则也不能指导我们走好每一步，最终还是需要依靠个人和自己所作的决策，换言之，依靠的是你自己，是你的价值观、伦理准则、决策和行为。

在分享如何制定日常伦理决策的建议之前,我们得先看看当我们违背了自己的伦理观时会发生什么情况,也得看看和伦理相关的最大问题:将非伦理的行为合理化。

1. 出事时情况如何:滑坡谬误

如果你不知道你的"底线"是什么,你就很有可能在不经意间做出极糟糕的决策,或参与到一些你并不感到自豪的事件中去。我们来看看下面这个例子,主人公被很多人认为是一个伟大的人,但是他却逾越了伦理底线,欺骗了他人,违反了法律。

2009 年之前,伯纳德·麦道夫(Bernie Madoff)是一位受人尊敬的著名金融家。但多年来,他精心谋划了一场庞氏骗局,蓄意欺骗他人。[55] 庞氏骗局包括从投资人(这些人认为自己是合法投资)身上募集资金,再将新投资人的资金作为红利(而不是收益)回报给旧投资人。事情是这样的:麦道夫从朋友、慈善机构和普通人——甚至是他熟识的人身上募集资金。[56] 他告诉朋友和客户他将他们的资金投资于股市,但他并没有这么做。他每月会发表伪造的声明,虽然有人对此表示怀疑,但这些危险信号还是被忽略了。[57] 麦道夫密切保护的金融交易记录引起了《巴伦》周刊 Barron's 研究员的关注,但也没有得出什么结果。[58] 麦道夫的计谋多年来一直很成功,他曾成功躲过美国证券交易委员会(SEC)六次拙劣的调查。一直到他承认了对两个儿子实施的犯罪行为之后才被抓捕。[59] 2009 年 3 月 12 日,麦道夫承认 11 项重罪指控。检察官估计欺诈金额达 648 亿美元,其中包括伪造收入和近 4 800 投资者达 180 亿美元左右的实际损失。

一个人若是没有任何帮助,能完成这样一起巨大的诈骗案吗? 这是不可能的,截至本书撰写时,证据都还在审查中。但是我们所能确定的是人的伦理居然能沦丧至此,反复欺骗他人多年,造成了可怕的后果。

虽然很多人不会像麦道夫一样牺牲自己的价值观和伦理观,但是在你生命中的某个时刻很有可能就会面临各种选择,挑战你对是与非的认知。很多人不愿违背自己的伦理准则,但想想以下这些常见的状况:

- 某门课程你写过一篇优秀论文,而它非常适合作为另一门新课程作业。尽管新课程任课老师明确要求论文要有原创性,但你还在考虑是否要用以前那篇论文。
- 你偶然听到你的朋友或同事在为旷课或旷工的原因撒谎。但当你的老师或老板以开玩笑的口吻问你他真正旷课或旷工的原因时,你决定不"告密"。
- 你和一帮朋友在开另一个人的玩笑,你发现事情的发展开始不受控制,所以你选择不再多言,但也没有试图去阻止事情的走向。
- 你找到了一份很适合自己的工作,工作要求是你要具有学位。你知道自己要在几个月之后才能拿到学位,于是你打算表明你已经获得学位,而不是将要获得学位。

2. 非伦理行为合理化

安然公司前任首席财务官安德鲁·费斯托(Andrew Fastow)被联邦法院起诉的那天,安然的会计事务所——安达信会计师事务所的一些员工正忙着处理掉重达一吨的指控文件。[60] 这一欺诈和企图掩盖犯罪的行为不仅构成了犯罪,同时也促使了安达信会计师事务所的倒闭。最终,成千上万的人丢了工作,而更多的人则没了钱。但是作为美国最老牌、最受尊敬的会计事务所之一,其员工怎么会使犯罪行为合理化呢?

人们会有很多理由去将非伦理行为合理化,其中一个常见的理由就是每个人都会有违背伦理的时候,这没什么大不了的。而且很多人认为他们不会被抓住,或者认为就违背了一次,不会有人因此受到伤害。事实虽然如此,但这些能成为正当理由吗? 或许不能。首先,一个人说他有价值观和伦理观,但怎么能故意不坚守呢? 安然公司的领导者怎么想呢? 他们找到其他合理的理由了吗？"我老板让我这样做的。""如果我不这样做，我就会被开除。""我真不知道我处理掉的是什么文件。""没有法律会管我处理掉文件的事。"

就社会层次来说，历史上的每一次种族屠杀都会有人违背伦理观和价值观。比如，在德国纳粹集中营里执行那些可怕的命令时，在残酷的独裁政权下军官们屠杀柬埔寨几百万人时，在暴民蜂拥至卢旺达的乡村企图开始另一场种族屠杀时，士兵们肯定都曾扪心自问事情的伦理性。虽然这些士兵提出了质疑，但是他们终究违背了自己的价值观和伦理观。毋庸置疑，找借口是肯定的："为了达到目标，我们必须这么做。""他们是威胁；他们不虔诚、是邪恶的；他们没有人性。"不管是哪种借口，实施暴行的人不得不寻求方法让自己远离真相——也远离他们真实的感受。

在组织中，人们通常也会用相似的借口："我们得这样做，否则我们就不会赢。""方法不重要，重要的是结果。""如果我不这样做，我就会被开除。"另一个常见的借口是，如果行为是合法的，那么它也是符合伦理的。但事实并非如此，尽管总的来说，规则和法律遵循社会标准而不是凌驾其上。

非伦理行为合理化的另一个借口则很老套："他们都这么做，如果我不这样做，我就不合群。"这叫做多数无知（pluralistic ignorance），一些学者认为这是目前导致企业伦理丑闻的根本原因。[61]这似乎是加勒特·哈丁（Garrett Hardin）的论文《公地悲剧》（*The Tragedy of the Commons*）的重塑。这篇论文很有影响力，描述的是以下情况中发生时会出现的情况：一方企图获得最多的资源，从而最大化个人、组织或国家的利益，并认为其他人也做着相同的事。[62]在这种情况下，有限的公共资源会被快速耗尽。公地悲剧的例子有很多，比如围绕美国西部用水问题的行为和争论，或者"谁该'使用'巴西雨林：农民、伐木工，还是谁都不行？"这样的问题。

列举些贴近生活例子。看看下面这些将非伦理行为合理化的借口："我只喝了一两杯啤酒，开车没问题。""我打电话请了病假——当然我没有真生病，但我们偶尔会这样做。""我只从网络上下载了一篇文章，我不经常这样干的，但没办法，这门课我一定得过。"这些借口管用吗？

违背伦理最悲哀的理由或许是有些人压根就没想过伦理问题。这样的人不知道自己是谁，也不知道该坚持什么。

3. 当所有的事都说好、做好，是否采取伦理行为由你决定

现在你已经了解了人们非伦理行为合理化的方式，那么你应该也更清楚地认识自己。你并不孤独，其实大多数成年人都经历过这样的情况，即牺牲了自己的价值观，不按自己的伦理准则行事。如果你不想将来也经历这样的事，首先你得弄清楚自己的信仰。这在本章已提过多次，而且还会反复强调：审视你的价值观、形成自己的伦理准则，并在工作和生活中遵守这些指导方针。

清楚自己的价值观和伦理观有助于你分辨出，在哪些情况下你更易逾越底线。有社会压力时你会逾越底线吗？如果发现底线是错的，你还会继续遵循吗？当你害怕失败时又会怎么样呢？又或者当"奖励"正是你想要的东西时，你会牺牲一点点底线吗？如果你了解了哪些情形会让你置身险地，你就能努力去避免这些情况。最好是能试着去了解为什么在这些情况下你会有这样的感受，然后做出改变。

作伦理决策是日常生活和工作的一部分。虽然"黄金法则"是很好的指导方针，但作伦理决策时你应该自问一些基本问题。比如，如果我受到这样的对待，我会有什么感觉？我有信心将自己做的决策告诉老板、家人、朋友和整个社会吗？面对镜子时，我可以问心无愧，告诉自己所做的决策符合伦理，和自己的价值观相符吗？如果你对这些问题的答案仍旧困惑，那再多想想

吧,要么去和人交谈、去征询你信任的人的建议或去寻求支持。只有拥有自我意识、清晰的思路和勇气,行为才能一直都符合伦理。因为正如你所了解的,优秀的领导者要作艰难的决策。

最热门»讨论题

1. 回想一家你最爱的餐馆。这个餐馆有清晰的价值观和伦理观吗?是什么呢?员工是如何诠释它们的呢?

2. 你就读的大学有正式的学生行为准则吗?如果有,请朗读出来。其中哪些部分与你个人的价值观和伦理准则相符呢?有与你价值观相冲突的部分吗?冲突是什么,你又会如何调解冲突呢?

3. 你曾将(你自己的或其他人的)非伦理行为合理化吗?为什么?你是怎么做的?

4. 想想你曾遇到过的伦理困境。是什么让这个情境变得难以处理?

2.5　理论和模型如何解读管理和领导?

目前,我们已经讨论了出色领导力的要点:社交智商和情商、权力的有效使用和伦理观。现在我们要开始关注过去 75 年来,影响学者和从业者管理理念和领导理念的几个主要的理论。作为学习管理的学生或生活工作中负责任的领导,你都必须了解并能论述这些理论,了解它们的局限性,知道哪些模型没有研究基础,哪些模型如今仍然最具有相关性。

2.5.1　领导力特质理论

特质(traits)指能是通过遗传、学习或自我发展而获得的持久的、突出的个人特征。特质包括心理特质,比如乐观、悲观、自信、社交性,也包括生理特征,比如精力和耐力。人的特质还包括智力、成熟度和诚信等。

19 世纪早期,领导力特质理论很出名。特质理论模型是通过连接生理、心理和社会特征,及能力、知识和专长来解释领导效能。很多案例中,早期的理论家着重研究能成为卓越领导者的个人,所以这个研究方法又叫做"伟人特质研究法"(Great Man Approach)。事实上,很多这类研究都只关注人,而且很多情况下过度关注特征,比如高度、"举止"(如军姿)和整洁度。[63]这些研究存在重大缺陷,而后续研究也未发现特质和成功的领导力两者间存在关系。[64]很多这类理论存在一个错误的假设,即所有的特质(生理或心理等特质)是不变的。事实上,相关研究员认为特质随着时间推移,也会发生改变。

特质理论的应用是隐性而有力的,这是由人们对领导力的看法决定的。不幸的是,多数人对领导力特质的看法没有研究基础,只是一些习俗,甚至文化上的固有思维。比如,问三个人,"什么是优秀领导者最重要的特质?"你很有可能得到五花八门的答案,而其中只有少数与领导力有关。而且这三个人不可能在最重要的特质上达成一致——一个人认为的前五个最重要的特质可能会是另一个人的最后五个,而研究人员则可能说他们所说的没一个重要。所以,重要的是要了解你所形成的隐性特质模型,并与研究人员所提出的特质进行比较。

尽管关于特质的大量研究存在缺陷,但其中几个关于特质或特征的分类确实与领导力相关。多年来关于领导力特质的研究不计其数，研究结果如表 2.1 所示。这些特质或特征可分为六类：个性、生理特征、智力和能力、社会背景、与工作相关的特征及社会特征。[65]

表 2.1　研究确定的领导力特质[66]

个　　性	生理特征	智力和能力	社会背景	与工作相关的特征	社会特征
情商 情感控制/稳定性 同理心 诚信/诚实 责任心 自我监控 灵活性/适应性 开放性 对不确定性/混乱安心 发散思维 独断/具有侵略性 外向 热情 自信	年龄 精力充沛 外表/整洁美观	认知能力 智力 知识 创造力 理解力 口头和书面表达能力	教育 社会地位 流动性	受成就驱动 受责任感/权力驱动 成为领导的动机 视野 管理工作 以任务/表现为导向 有企业家特征 显性/隐性的商业知识 能力专长 管理专长	影响和劝说他人的能力 鼓舞他人的能力 领导魅力 授权他人 委任的能力 管理专长 信任/可信性 灵活变通 表达欣赏 渴望服务他人 以团队为导向

表 2.1 中的一些特征实际上是特质，但其他更多的特征则是知识、能力或专长。尽管每个特征都会影响领导力，但几乎没有哪一位优秀的领导者能拥有表中所列的所有特征。而且，有些人虽然拥有其中很多特征，但却不是有效的领导者。这是因为单靠特质或特征不足以解释个人作为领导的效能。所以，19 世纪 60 年代中期，研究人员开始将目光转向领导者的行为而不是只关注他们所拥有的品质。

2.5.2　行为模型和获得领导力的方法

学习和了解领导效能的行为方法远不止个人特征和特质，而应该看看领导者在引导和指引他人时的真实行为。此类模型依据社会学、心理学、人类学等学科审视组织环境中人们的互动行为。

1. 俄亥俄州立大学的研究：关怀和倡导

20 世纪中期，俄亥俄州立大学的研究员对领导者进行调查，确定了领导行为的两大维度：关怀和倡导。[67] **关怀**（consideration）指以人为本的行为，比如尊敬他人、对员工想法持开放态度，以及关心员工身心健康。强调关怀的领导者会创造值得信赖、提供支持的和融洽的工作环境，并以开放的交流和团队协作为特征。

倡导（initiating structure）指以任务和目标为导向的行为，例如提供明确清晰的指导，监督员工绩效，计划并设定工作时间表和截止日期。强调倡导的领导更易强调效率和有效性，明确员工需求，从而支持员工在工作或任务中取得成功。俄亥俄州立大学的研究开启了关注"最佳"风格的潮流。[68]

2. 密歇根大学的研究：生产导向行为和员工导向行为

俄亥俄州立大学的研究进行之际，密歇根大学的研究员也开始研究有效管理者的行为，[69]确定了领导行为的两种维度。第一种维度是生产导向行为，该维度关注效能、成本、计划的遵循和限时完成工作的情况。此类管理者将精力放在工作任务和工作程序上,他们将员工视为最终达成工作目标的手段。

偏好生产导向行为的管理者,其效率往往低于偏好员工导向行为的管理者。偏好员工导向行为的管理者对员工提供支持、强调员工—雇主关系、通过制定并帮助完成高业绩目标来提高员工参与度。该研究表明员工普遍偏好员工导向行为,所以当管理者采取该行为方式时,员工会表现得更好。

3. 领导力方格(Leadership Grid)

德克萨斯大学的研究员罗伯特·布雷克(Robert Blake)和简·莫顿(Jane Mouton)在密歇根大学和俄亥俄州的研究基础之上开发了领导力方格。[70] 1964 年,他们提出,可以通过横竖坐标轴绘制管理行为,以此计量对员工的关心和对生产的关心,从而划分出管理风格或领导风格,即领导力方格。该模型沿用至今,并定期更新。[71] 图 2.7 展示的是五种著名的领导风格。如图所示,竖轴计量的是对人的关注度,横轴则计量的是对生产的关注度。尽管每种风格的积极意义在该模型都有所体现,但研究小组认为团队管理风格表现最佳。[72]

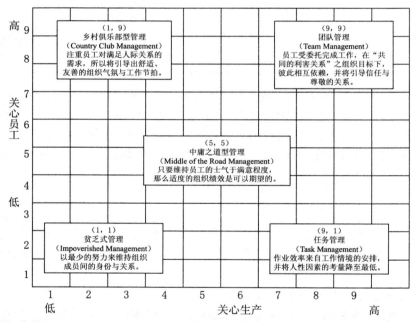

资料来源:获得 Harvard Business Review 的许可,改编自 Robert R. Blake, Jane S. Mouton, Lowis B. Barnes 和 Larry E. Greiner, 1964, "Breakthrough in Organization Development", President and Fellows of Harvard College:136。

图 2.7 领导力方格反应出五种领导风格

2.5.3 领导力的权变方法

领导力的权变方法(contingency approaches to leadership)是基于一种领导和管理模式无法适应所有情况而形成的,即是考虑到领导行为,组织情况的各个方面和/或追随者特征的领导力模型和理论。换言之,情况不同,方法就不同。比如,创业型公司中小团队的领导方法和跨国公司中大部门的领导方法就不同。创业型公司,靠的是交际沟通力、良好的个人关系和通过描绘光明的发展前景来激励员工的能力。而在大部门，不可能跟每个人都建立起良好的个人关系，所以需要通过其他的方式接近员工，比如网络会议、演讲、邮件等，也需要通过组织流程和组织文化引导员工行为。权变模式强调存在多种不同的变数；它还强调每种情况都是特殊的，需要特定的解决方法。在以下四个部分，我们将看到几种领导力的权变方法。

1. 费德勒权变理论

费德勒权变理论（Fiedler's contingency theory）由弗莱德·费德勒（Fred Fiedler）于1967年提出，是认为领导力效能依赖于领导者特点和情境特点的理论。[73]费德勒提出领导风格要么是任务导向，要么是关系导向。**关系导向型领导**（relationship-oriented leaders）指强调和谐关系，深受员工喜爱的领导。**任务导向型领导**（task-oriented leaders）指关注成绩并努力保证员工在工作中表现出色的领导。该理论还认为改变一个人的领导风格是很难的。因此，效能的高低取决于领导风格与情境的匹配度。[74]

2. 情景领导理论

情景领导理论（situational leadership theory）将领导风格和被领导者的任务准备度相联系。该模型由保罗·赫塞（Paul Hersey）和肯·布兰查德（Ken Blanchard）提出，关注被领导者的工作准备度，以及领导者对此关注和采取相应变动的责任。[75]准备度（readiness）指的是员工的能力、信心及完成任务的意愿或在工作中良好表现的程度。这些因素可让领导者确定员工所需的引导和方向。

该模型指出，当领导者考虑到这些因素时，他们能改变对任务和关系行为的关注度，选择应用以下四种领导风格中的一种。赫塞和布兰查德对四种领导风格的定义如下：

- **告知型领导风格**（telling style）：当被领导者不能、不愿意或没有安全感——他们需要清晰的指导、密切的监督和引导时适用。
- **推销型领导风格**（selling style）：当员工不能完成任务，但他们有意愿和/或有信心完成时适用。
- **参与型领导风格**（participating style）：当员工有能力完成，但不愿意或没有安全感时可用。
- **授权型领导风格**（delegating style）：当员工有能力、有意愿或有信心完成时可用。

情景领导理论具有吸引力是因为它关注被领导者和他们的竞争力、能力，以及从不成熟到成熟的过程。领导者若能正确判断被领导者准备度，他就更有可能将自己的领导行为和员工的需求相匹配。这就是说，该模型认为领导者能够准确地识别出被领导者的准备度。但不幸的是，事实并非总是如此。你或许就经历过领导者的风格和你的准备度不匹配的情况。比如，你在一个团队里工作，团队的领导会给你很多的指导，就好像你不知道自己在干什么一样。顺便提一句，这是刚上任的管理者常犯的错误。他们认为自己必须对每件事做指导，但却忽略了他们应该根据员工和情况调整自己的行为。

3. 路径—目标理论

路径—目标理论（path-goal theory）认为领导有责任激励员工达成目标。[76]路径—目标理论是以第3章的动机期望理论为基础。在该模型中，有效领导会通过以下两种方式激励员工（以及提升效能）：阐述组织和个人目标达成的路径；将奖励和目标达成相结合。领导者必须保证通往目标的道路没有困难，保证目标有意义，奖励丰厚。路径—目标理论认为领导者能改变他们的行为和风格。[77]如图2.8为员工与目标相关的需求、期望。根据该理论，领导者可根据这些需求和期望选择四种行为方式。

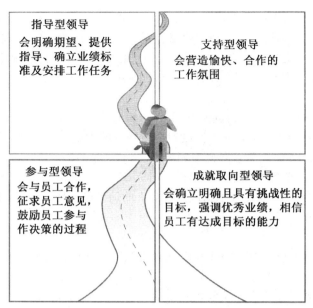

资料来源:House, Robert J., and T.R.Mitchell, 1986, "Path-goal Theory of Leadership", *Decision Making: An Organizational Behavior Approach*, J.M.Pennings, Princeton, NJ: Markus Wiener Publishers.

图 2.8 路径—目标理论:选择一种领导风格帮助达成目标

4. 领导替代模型

领导替代模型(leader substitutes model)认为具有某些特点的员工或具有某些特征的情况不再需要直接领导力。[78] 比如,如果员工具有丰富的知识,受过良好的训练,工作积极性高,那么他们不需要密切的监管,因为他们能自我管理,并将工作做好。

该理论十分实用,因为它对传统观点提出了挑战。传统观点认为人一定要受管理和领导,否则他们就会忽视工作或不尽力工作。人需要被哄、被告之、被控制的观念深深影响了许多早期关于管理和领导的理论。今天,多数人都认为他人是有意愿和有能力的,此时清晰的目标、具有吸引力的前景和授权的和谐文化就有可能"取代"人的领导。

今天通过权变方法获得领导力很流行,而且该方法的很多演变和模式在组织中都已经得到了应用。对于学管理的学生来说,最实用的课程或许是了解培养自身领导行为,关注情况和关心员工能力、信心、自我效能及动机的重要性。明白这些维度有助于人们决定如何影响、融入和支持他人。

2.5.4 领导力研究仍将继续

从解读领导力理论和模型的讨论中看出,这个话题的关注度很高。它受到关注是有原因的:如果我们能更好地明白如何引导、指导和影响他人,组织的效率就会更高,愉悦的工作场所也会增多。本小节你所学的每个理论都有智慧的一面。但是如果你想运用这些理论,你得识别出,这些理论哪些部分能应用到今天的工作和组织中。这意味着你得成为一个具有洞察力的知识型消费者——仔细评估你学过的隐性和显性模型。你还需识别出他人和组织运用的是什么模型。这些模型通常不明显——而是嵌入到组织文化和系统中,因此很难判定哪个或哪些模型在起作用。但是如果你能识别出来,那么你就能更好地了解到驱使组织内行为的动力所在。

最热门»讨论题

1. 学习表 2.1 中常见的领导特质。你觉得哪些特质对领导力的形成很重要？为什么？你觉得有跟领导力无关的特质吗？是哪些？你具备哪些特质？
2. 哪些领导理论和今天的商业环境最相关？请做出解释。
3. 回想你曾担任领导的情况。用权变理论描述你喜欢用什么方法获得领导力，了解环境（如人、团体或组织正在经历的事）、他人的能力和做任务时的工作意愿。

2.6 支持变革型领导的时机到了吗？

变革型领导（transformational leaders）指有社交智商和情商、能够激励他人寻求非凡愿景的人。相反，**交易型领导**（transactional leaders）指遵循传统管理方法的人，在这种管理方法中，领导者和下属之间是一种互利的交易行为（如"你做我分配给你的工作，我就给你应得的奖赏"）。[79]

从讲社交智商和情商及授权的章节中看出，最有效的领导者远远不只是用利益交换的方法进行领导——他们关心人。变革型领导重视人，关注员工对个人发展和激励的需求。变革型领导对所做的事充满热情，并和所接触的人分享他们的热情。人们觉得变革型领导具有吸引力。最重要的是，变革型领导以对的方式做对的事，正如埃德·布林（Ed Breen）在泰科公司（Tyco International）所做的。

2002 年 7 月，埃德·布林接受了企业界最艰难的任务：担任泰科国际的主席和 CEO。在此之前，泰科公司因其贪婪和欺诈而臭名昭著。前 CEO 丹尼斯·科兹洛夫斯基（Dennis Kozlowski）因侵吞公司财产获刑 25 年。科兹洛夫斯基任职期间，不仅有顶级管理者参与了可疑的非伦理活动中，而且公司也因负债累累进行了近 400 起并购。布林面临着巨大的挑战，这个挑战在某个小插曲中体现得淋漓尽致：某次员工大会上，一位女职员站起来说道，穿着泰科公司的 T 恤去参加孩子的足球比赛，她会觉得难为情。他告诉她："我不怪你。"[80]

在泰科公司的第一周，布林做出了一个具有变革型领导力的决定。公司 300 位高级管理者，他解雇了 290 位。然后他又将目光转向董事会，他请他们自己辞职或放弃连任——如此大规模的人员变动还从未在任何一个公司中发生过。布林关闭了泰科在曼哈顿昂贵的办公室，将其迁至新泽西州的西温莎。通过整合，布林还清了泰科 280 亿美元的债务中的 110 亿。

布林认为，在制定和执行艰难的变革型决策时，各个层级的 CEO 和管理者必须想到两个词——热情和同情："这两个词时刻在我心中，即使它们在强硬的 CEO 看来是两个温柔的词。"布林说同情很重要，因为"当你向前进时，你得具有团队精神，得关心他人，否则你无法前进……相信我，人有明辨是非的能力，他们知道哪些人具有团队精神，哪些人以自我为中心。"[81]

在布林这样变革型领导者的带领下，员工会热情接纳组织的愿景和目标，并成为自己愿景的一部分。[82]这是因为变革型领导的追随者在领导的远见中看到比自己更有意义的东西。他们看到了对他们有意义的愿景——一个激励着他们积极迈向未来的愿景。[83]

常常伴随变革型领导者一个词叫做"魅力"。魅力型领导者自信但不自大，会诚恳地与员工交往，与员工进行明确的沟通，而且还拥有强烈的存在感。研究员描述了魅力型领导者的五种行为要素，这决定其变革型领导风格：[84]

- 远见和表述清晰性（vision and articulation）；
- 对环境的敏感性（sensitivity to the environment）；
- 对员工需求的敏感性（sensitivity to people's needs）；
- 愿意承担个人风险（personal risk taking）；
- 展现不寻常的行为（unconventional behavior）。

变革型领导者也有较高的社交智商和情商。他们有自我意识，因为他们知道自己的情绪会影响自己和他人，而且他们会用自己的情绪去带动和谐、兴奋和乐观的情绪。变革型领导者具有远见卓识，他们知道自己的远见怎样才能让人备受鼓舞和承担责任。变革型领导者就是引领变化的人。

在本小节，我们介绍了一种思考领导力的方式，这种思考方式是今天不同层级的人都需要掌握的。变革型领导要求你提高社交智商和情商，了解并实践自己的价值观和伦理观，以及明智地使用自己的权力。或许不久之后你会去学习这种领导方式，这很好，但如果你现在就开始学习或许会更好。

最热门»讨论题

1. 描述变革型领导和交易型领导的区别。
2. 成为变革型领导的重要性是什么？为什么？用你自己的经验来支持你的观点。
3. 想想你的领导力，尤其是社交智商和情商，你是如何激励他人的？如果希望更频繁、更有效地使用这些技能，你需要做些什么？

2.7 支持优秀的领导伦理，HR 需扮演什么角色？

人力资源（HR）对领导力的作用总结起来就是一个词：支持。这种支持有多种形式，有技术性的，有战略性的。在本小节，我们将看到描述 HR 职责的传统模型，之后是关于 HR 的最新概念：他们如何通过扮演重要角色在实践中（和在战略上）为领导者提供支持。

2.7.1 HR 环

如图 2.9 所示，HR 需要对许多重要活动负责。这些活动通常属于专业技术领域，由 HR 进行管理，从而对组织提供支持。其中各个领域都将在后面有所讨论，并配以示例说明 HR 是如何通过培训处理领导伦理相关问题：

招　　聘：处理员工选拔、聘请、继任计划和组织内外人员雇用问题等事务。

员工发展：通过一系列途径，如培训项目、学费报销、研讨会、交叉培训、在线学习及不同形式的自主学习，来培养员工的领导力，并提供与工作或职业相关的培训。

绩效管理：提供流程和项目，为员工的技能发展进行判定、评估和规划。

薪酬福利：提供模式和技术流程，支持员工的薪酬福利，比如卫生保健、灵活的休假时间、灵活的工作安排、旅游、公司用车、主管盥洗室、角窗、状态、目的感等。

员工管理：通过组织发展和战略项目等活动管理员工队伍的规模和形成。

劳动关系：管理内部团体和外部团体（如工会）的关系，建立员工处理标准。

组织设计：研究组织设计问题，创建或再建工作描述、工作设计、组织结构及组织内关系。

战略支持：开展研究，并为与人相关的问题提供支持。

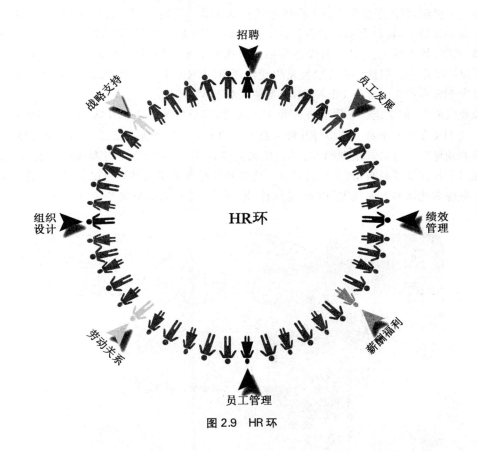

图 2.9　HR 环

　　HR 为优秀的领导提供支持，其作用不容小觑。在本节，我们将关注 HR 在以下方面最重要的作用：培养及支持领导伦理。

2.7.2　领导伦理的形成

　　作为管理员工培训和发展的组织职能部门，HR 有责任开展项目，解决与领导伦理相关的问题。这些项目的设计必须明确组织的伦理准则、强调职业伦理的重要性，同时在组织的各个层级渗透领导伦理。公司可以通过不同的方式形成组织伦理。比如，员工可以在培训项目中学习公司的伦理准则，寻找自己的价值观及职业伦理、组织伦理和社会伦理。学习这些话题不容易，而授课式项目又不管用，所有为了让项目更加成功，这些项目应该：

● 与员工的经验相关；

● 着重提高判断力；

● 着重反思和对话；

● 得到管理层充分明显的支持。

在下一小节,我们将换种方式看 HR 如何支持领导伦理及 HR 专业人士如何担任领导者角色。

2.7.3 HR 的领导者角色

在上个世纪,HR 专业人士很大程度上还被认为是"后勤部门"。在很多情况下,战略问题不会咨询 HR 员工,连负责 HR 的高管也不会咨询。HR 职能部门(通常称为"人事部")只提供与招聘、薪酬、培训员工、与工会打交道等相关的技术服务,而不参与重大决策的制定或提供除技术建议外的服务。但这种观点已经发生变化,所有 HR 专业人士扮演的角色也在改变。这些角色要求 HR 专业人士变革 HR 职能,改变他人对 HR 的认知。

职业生涯中,你必定会在很多方面和 HR 交道,甚至可能加入 HR 队伍。如图 2.10 所示,你可以从 HR 专业人士身上获得好几种振奋人心的方法支持和提升自己。[85] 今天的 HR 专业人士扮演的领导角色有高管培训师和顾问、战略商业合伙人、组织变革者及领导力发展设计师。这为探讨 HR 提供了新视角,而我们对这一视角的阐释将贯穿全书。现在我们要关注的是 HR 如何在伦理文化培养方面成为战略商业伙伴,即创建及管理有奖举报者计划。

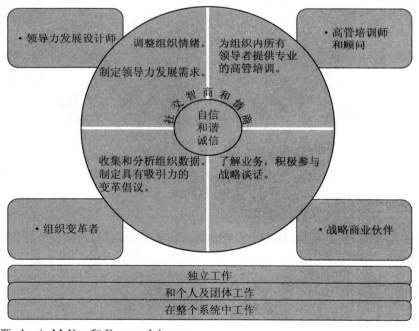

资料来源:Annie McKee 和 Frances Johnston。

图 2.10　四种 HR 的领导角色[86]

保护举报者

虽然行为准则培训和伦理培训很管用,但是这并不能保证伦理问题不会发生。为了确保组织能在战略上处理好伦理行为,HR 必须经常提供文化支持机制,提供鼓励个人改变自身行为的机制。比如，一个公司希望培养符合伦理的行为，但是人们却不敢发声，那么这个公司可以设立有奖举报者计划。

世通公司（WorldCom）前内部审计副总裁辛西娅·库珀（Cynthia Cooper）是举报者的典型例子。2002年，她和她的团队在夜间秘密工作，准备揭露组织内涉及几十亿美金的欺诈行为。完成调查后，她揭露了此次丑闻。她告知世通公司董事会成员，公司通过记假账隐瞒了38亿美元的损失。[87]举报者指的是向其他内部员工或外部组织和权威揭露公司内部非法和/或非伦理行为的员工。

当然，很多文化都不提倡"告密"。想想你的童年吧，比如，告密的孩子不就被人骂、被人孤立吗？在组织内也一样，组织内有着强大但隐性的规则抵制揭露可疑流程的行为。但如果员工不揭露，还有谁能揭露呢？

保护告密者，不将他们视为不忠的员工对公司是有利的。但很多人认为有些信息员工自己知道就好；而且，有时人们会因为告密而受到惩罚。幸运的是，美国有法律保护告密者。1912年通过了该领域的第一部联邦法律。[88]但2006年，美国最高法院极大地削弱了该法案的威慑力，规定告密者不享有《宪法第一修正案》（First Amendment）的保护以防雇主的报复。[90]作为回应，国会议员起草了《2007年告密者保护增强法案》（HR 985），在本书撰写之时（2010年）该法案获得了两党的支持，但还未正式通过成为法律。[91]

告密者的行为违反了忠诚——但他们不忠的对象是因违反组织伦理和法律而受到不利影响的利益相关者。为了支持员工做正确的事，HR有责任①了解法律；②确保有机制支持员工指认并上报违背伦理的行为和可疑行为（比如匿名热线、监察员计划等）；③让员工使用这些计划，保护他们免受伤害。

最热门»讨论题

1. 你经历过人们违背伦理或打算违背伦理的情况吗？你想过告密吗？为什么？

2. 你觉得HR如何能建立起一种文化，让人们在揭露非伦理行为时有安全感？

2.8 如何成为伟大的领导者？

当斯坦福商学院咨询委员会成员被问及领导者最重要的能力是什么时，他们的答案几乎一致：自我意识。[92]要想了解我们的世界观如何影响我们在世上的地位，我们就得了解成就我们的所有事物，并对其保持警觉。这就是自我意识的一部分。

作为人，我们所学的是什么，我们又是谁，这些都是"第二天性"，而且通常没有得到我们的审视。这是因为，我们很小的时候就开始培养信念和道德原则，而这些信念和道德原会塑造了我们的人生。我们的父母、宗教信仰、老师、朋友和广泛的社交圈都将影响我们个人的伦理准则，帮助我们建立做决策的标准——既是个人的标准，也是往后我们承担责任时对他人的标准。培养自我意识有助于我们在任何情况下都对自己的坚持和行为保持清晰的认识，并拥有勇气践行自己的核心价值观，毫不妥协。

正如你在本章所学到的，很多与社交智商和情商相关的能力是优秀的领导者所必需的（如

图 2.11 所示),而我们将在整本书中提高你对这些能力的关注度。但在本小节中,我们主要关注其中的两个能力:自我意识和激励型领导。

社会意识

• 情感自我意识

• 同理心
• 组织意识

情感自我意识

关系管理

• 积极的前景
• 成就导向
• 适应力
• 情感的自我控制

• 鼓舞人心的领导
• 团队协作
• 培训和指导
• 影响力
• 冲突管理

自我管理

资料来源:Boyatzis,Richard E.,2008,Competencies in the 21st century(Guest Editorial),*Journal of Management Development* 27(1):5—12。

图 2.11   社交智商和情商让人们在社会交往中了解和管理自己及他人的情绪

在本章,你已经反思过自己的能力、价值观和行为。当你更深入地认识自我时,你会发现在各种关系中你更加真实,更能够获得信任。你甚至发现更多的自我认识能让你变得更加自信,在面对挑战时能展现出勇气和诚信。接下来我们看看真实、信任、诚信和勇气如何能让你成为更好的领导者。

2.8.1   有自我意识的领导者是真实的

真实性(authenticity)指对一个人的想法、感觉和信仰的真实陈述。这个特征被无数的研究员认为是必备的领导力特质。[93]真实性需要较高的自我意识,因为如果你连自己都不了解,你又如何能表现真实呢? 真实的领导者对自己和周围的人都很坦诚。因为真实的领导者重视真理,所有他们的行为和话语充满幽默,让人精神振奋。

与真实性相关的通常是自尊。自尊心较弱的人更易曲解自己的感受,尤其是负面情绪,部分原因是他们害怕拒绝,没有安全感。[94]但较强的自尊心则能让人敢于毫不抗拒地公开表现自己的想法、感受和信念,让其他人感受到他的真实性。所以,如果你想要提高自我意识和真实性能力,方法之一就是提升自尊。重要的是要认识到自己拥有别人所没有的特殊才华和能力,通过这些才能成为一个更好的人或领导者。

2.8.2   有自我意识的领导能赢得信任

就领导力而言,信任是指员工期望领导者的行为符合道德规范,始终将员工的利益放在心上,并努力实现组织的目标。[95]关于信任的研究为我们如何在工作中与他人建立信任提供了一些建议。

学者们还提出，领导者与追随者之间的信任是基于以往对彼此的能力、仁慈之心和诚信的看法。此外，研究表明，下属对领导的信任度与工作绩效和满意度、对组织和目标的承诺以及对信息真实性的信心等因素呈正相关。

一项研究发现，团队成员的信任主要通过三种途径提升：就相关决策咨询团队成员，沟通团队愿景，价值观的统一。[96] 没有了信任，每个人都守口如瓶，首先满足自己的需求，他们就变得不合作、防备心强、疑神疑鬼。如果没有赢得下属的信任，那么从长远看领导者也难以取得成功。

2.8.3 激励型领导：诚信、勇气和领导伦理

公司的伦理很大部分取决于员工、管理者和领导者在日常所做的选择和决策。作出伦理决策需要诚信，执行这些决策则需要勇气。因此，诚信通常被视为领导伦理的起点。正如莫里哀（Molière）所写的："如果每个人都以诚信为衣裳，如果每颗心都是坦诚、善良的，那么其他品德就毫无用武之地。"[97]

但伦理中诚信是什么呢？ **诚信**（integrity）源于拉丁词 integrare，意思是"保持完整"（to be whole），字典上诚信与伦理相关的典型解释是指坚定不移地坚持高度的道德原则和职业标准的品质。诚信与诚实、真实、可靠性等概念相关，所有这些品质都会影响伦理决策的制定和执行。事实上，一些学者直接将诚信定义为"原则行为"（principled behavior）。[98]

全球领导力和组织行为有效性（GLOBE）项目是一项关于领导效能的全球研究（你将在第13章中获得关于此项目的详细信息）。该研究表明，在所有文化中，领导者的诚信认知对领导效能十分重要。[99]一些学者也认为，如今的诚信领导比以往任何时候都重要，因为今天的知识经济充满生态的不稳定性和政治的不确定性，这意味着如果我们想要做正确的事，我们的诚信就要不断受到挑战。[100]

最后，一些研究认为诚信是言行一致（与虚伪相反），诚信领导的结果是信任、诚信互惠和对领导者及其领导绩效的满意态度。[101]

有诚信的领导者为自己的行为负责，具有原则性和透明度，言行一致，而且从不牺牲自己的伦理观。这样的领导者是可信的。人们相信他们，相信他们说的话，相信他们的远见，相信他们的承诺，相信他们会做正确的事。但是践行诚信不易，因为总有强大的力量促使我们妥协，而勇气则能防止这种情况发生。

什么是勇气？ 勇气不是不恐惧，而是战胜恐惧。[102]在一个人的行为准则里，他做或不做某事很大部分原因是因为恐惧。勇气意味着无论如何都要直面恐惧，做正确的事。但恐惧并不是获得勇气的最大障碍，服从才是最大障碍。正如评论员吉姆·海托华（Jim Hightower）所写的："连死鱼都会随波逐流呢。"[103]也许你曾经历过必须服从的巨大压力，尽管你知道服从意味着违背自己的伦理准则。和其他情况下的勇气一样，领导力中的勇气意味着要承担包括反抗众人在内的许多风险。**勇气**（courage）指不放弃任何自己认为必要且正确的做法，不放弃面对恐惧、危险、不确定性或者痛苦的意愿和能力。

每个伟大的人都需要勇气，力排众议去做对的事。这很难，甚至是痛苦的，[104]但这却是值得的。当你面对不公、伤害或错误行为时，你作出了勇敢的决策，并采取了行动（承担风险，直面状况，并勇于做出改变），那么你就是一名真正勇气可嘉的领导者。[105]

最热门»讨论题

1. 有时我们认为自我意识是了解自己的头脑(智力)、身体(生理)、内心(情绪)和精神(价值观)的能力。就以上每个方面,举两到三件事来说明你是个什么样的人。

2. 当领导一个团队时,你如何在自己和他人之间建立信任? 又是如何在团队成员间建立信任的?

3. 讨论诚信在校园生活中的作用,包括课内外生活。

4. 思考人们的服从倾向。事实上,想融入团队是非常正常的。想想自己:你在什么时候想要服从,什么时候坚持自我? 结合自我意识和激励型领导举例说明。

2.9 结束语:谈领导力

全书都在强调,只要有意愿,人人都是领导者——或都能成为领导者。每天我们都在影响他人,你也能这样做。在本章中,你有机会思考领导力的几个重要方面,比如你需要培养的社交智商和情商、如何有效地使用权力、如何确保你的价值观和伦理观处于领导核心。这些都是"成功的关键"——也是成为变革型领导的关键。

你也学习了一些在过去几十年发展起来的领导理论。了解这些理论,并知道如何对它们加以评估有助于你成为一名见多识广的公民和领导者。

接下来你将涉猎更多与领导和管理相关的话题,到时你可以经常回顾本章内容,将你的所学和如何成为一名杰出的领导者结合起来,你必将受益良多。

本章总结和关键词

1. 领导力:由谁掌控?

概述:在今天的组织中,不管处于哪个职位,学习如何领导他人和负责任地使用权力对每个人来说都很重要。这是因为我们都有责任去确保权力行为的公正性和伦理性。好消息是领导力是可习得的,尽管获得领导力的过程充满挑战,但是你可以从现在做起——你无需等到有较高的工作职位时才学习。但是我们有必要同工作和同事建立起情感联系,营造健康的组织环境,让我们做好互相引领、迎接挑战的准备。

关键词:无

2. 有效型领导的秘诀是什么?

概述:为了成为一名有效的领导者或管理者,拥有良好的社交智商和情商(与自我意识、自我管理、社会意识和关系管理相关的能力)是必不可少的。同其他的能力一样,社交智商和情商决定了一个领导者的工作效能,决定了他能如何有效地利用动机、特质、自我概念、知识和技能等领导者必备的工作要素。能力分两种层次(一种是工作必需的能力;一种是获得杰出业绩表现的能力）、三种类型，细分为技术能力、认知能力和关系能力。但无论我们怎么划分能力，研究已经表明，社交智商和情商在个人建立共鸣性关系、有效沟通和感知环境等方面是最重要的。作为社交智商和情商的基础，自我意识尤其值得重视。

关键词：

能力素质（competencies）：包括专注能力和行为能力，以及可以直接与个人在任务或工作中的表现好坏挂钩的能力。

能力素质模型（competency model）：指与工作中的成功直接相关，并且被分成与工作相关的多个类别的一组能力素质。

社交智商和情商（social and emotional intelligence）：则指与自我意识、自我管理、社交意识和关系管理有关的能力，这些能力使人能够在社交互动中了解并管理情绪。

共鸣式组织（resonant organizations）：特点是具有强有力的积极的文化，人们拥有共同的激动感和努力实现共同目标的责任感。

共鸣式领导（resonant leaders）：指善于交际的、情商高的并且富有远见卓识的领导，其领导和管理方式使每个人都能表现最佳。

自我意识（self-awareness）：是注意并且了解自己的情感及其影响的能力。

边缘共振（limbic resonance）：这指情绪是富有感染力的，是对人的感觉、想法和行为具有强大的驱动力。

3. 影响型领导的秘诀是什么？

概述：权力的有效使用是有影响力领导的关键。权力有多种形式：合法性权力、奖赏性权力、强制性权力、专家性权力和参照性权力。每种权力形式都有其地位和作用，其中一些权力形式可产生更为持久的积极结果。通过授权分享权力是保证建设性使用权力的重要方式。授权不仅能让员工独自管理工作，而且对今天更加扁平和精简的组织来说也是必不可少的，因为这样的组织要求员工承担更多的责任。

关键词：

权力（power）：指直接或间接影响他人的能力。

组织政治（organizational politics）：涉及很多方面，包括内部竞争和在损害他人或组织利益的情况下追求个人目标。

合法性权力（legitimate power）：指由于某人在组织中的地位、职务或正式授权而拥有的影响他人的能力。

奖赏性权力（reward power）：指通过给予或扣留奖励（例如工资、升职、休假、有吸引力的项目、学习机会等）来影响他人的权力。

强制性权力（coercive power）：指试图通过处罚影响他人。

专家性权力（expert power）：指通过结合专业知识和/或技能影响他人的能力。

参照性权力（referent power）：指因人们重视并想要模仿，以及会让人感到尊重或敬仰的个人特质而形成的权力。

授权（empowerment）：指信任员工自己作出决策并对其决策和行动负责。

微观管理（micro management）：指过度管理他人及其工作，并且过度关注细节以及员工如何完成工作的行为。

X 理论（Theory X）：一种信仰体系，认为普通的雇员趋向懒惰，没有雄心壮志，无责任心。

Y 理论（Theory Y）：一种信仰体系，认为工人本就具有雄心壮志、有责任心、勤勉，他们会努力工作以帮助组织实现目标。

Z理论（Theory Z）：一种信仰体系，认为在有强大关系文化的组织中，员工在本地决策中有不受限制的自由，可以信任其自主工作。

扁平式组织（flat organizations）：指几乎没有层级划分，需要更多的人参与作出决策的组织。

4. 责任型领导的秘诀是什么？

概述：责任型领导需要我们践行自己的价值观和伦理观。个人伦理、职业伦理和社会伦理通常决定了我们的道德标准，决定了我们在组织及整个社会中的表现。商业伦理尤为复杂，这是由很多因素造成的，其中包括和个人价值观的冲突、组织成员间不同的伦理责任及政府的规则。说到底，做对的事很难，但是作为领导者，你必须了解自己的价值观，践行让自己引以为傲的伦理准则。

关键词：

伦理学（ethics）：是指导个人或团体行为的一套价值观和原则。

价值观（values）：是个人或群体相信是正确或错误、好或坏、受欢迎或不受欢迎的理念。

道德准则（ethical code）：指的是管理道德和行为举止的原则系统。

最终价值观（terminal values）：指我们为自己制定的关系到自己人生目标的个人承诺。

工具价值观（instrumental values）：指实现最终价值观的首要行为或方式。

个人伦理（individual ethics）：指与他人打交道时个人的行为准则。

职业伦理（professional ethics）：概述了在某个特定职业中适当的行为标准。

组织伦理（organizational ethics）：指组织选择的价值观和原则，指导组织中成员的行为和/或利益相关者对组织的预期。

社会伦理（societal ethics）：是指导社会成员日常人际行为的原则和标准。

利益相关者（stakeholder）：可以是公司内部或外部的任何一个组织、团体或个人，他们与公司的成败存在利益关系。

伦理困境（ethical dilemmas）：指如果按照道德标准行事会阻碍实现目标的情况。

5. 理论和模型如何解读管理和领导？

概述：描述伟大领导者特征的理论已有多年历史，它们以各类品质为依据，比如不可变的生理特征、责任心和自信心等。尽管其中很多理论不以事实为依据，但很多人依旧对其持认同态度。行为模型也在试图解释成就有效领导者的因素，该模型强调与工作、同事和下属交往的行为和方式，是比较切中要点的模型。而权变理论则更胜一筹，它强调除特征和行为外的情景因素和个人能力。但是没有哪一个单一理论或模式能完全解释领导力。一位明智的领导者有很多激励来源。

关键词：

特质（traits）：指能通过遗传、学习或自我发展而获得的持久的、突出的个人特征。

特质理论模型（trait theories models）：是通过连接生理、心理和社会特征，及能力、知识和专长来解释领导效能。

关怀（consideration）：指以人为本的行为，比如尊敬他人，对员工想法持开放态度，以及关心员工身心健康。

倡导（initiating structure）：指以任务和目标为导向的行为，例如提供明确清晰的指导，监督员工绩效，计划并设定工作时间表和截止日期。

领导力的权变方法（contingency approaches to leadership）：指考虑到领导行为，以及组织情

况的各个方面和/或追随者特征的领导力模型和理论。

费德勒权变理论（fiedler's contingency theory）：是认为领导力效能依赖于领导特点和情境特点的理论。

关系导向型领导（relationship-oriented leaders）：指强调和谐关系，深受员工喜爱的领导。

任务导向型领导（task-oriented leaders）：指关注成绩并努力确保员工在工作中表现出色的领导。

情景领导理论（situational leadership theory）：将领导风格和被领导者的任务准备度相联系。

路径—目标理论（path-goal theory）：认为领导有责任激励员工达成目标。

领导替代模型（leader substitutes model）：认为具有某些特点的员工或具有某些特征的情况不再需要直接领导力。

6. 支持变革型领导的时机到了吗？

概述：变革型领导者有社交智商和情商，能通过愿景来激励他人。此类领导往往能激发员工的热情、赢得他们的信任，营造共鸣式的工作环境，并将价值观、伦理观和负责的权力应用结合起来，有效地激励员工。

关键词：

变革型领导（transformational leaders）：指有社交智商和情商、能够激励他人寻求非凡愿景的人。

交易型领导（transactional leaders）：指遵循传统的管理方法的人，在这种管理方法中，领导者和下属的行为是一种互利的交易行为。

7. 支持优秀的领导伦理，HR 需扮演什么角色？

概述：HR 有责任在各类技术领域和战略领域（如招聘优秀的员工、管理任人程序、与行业组织保持积极关系、提供领导力发展和培训及提供人事相关的战略支持等）为领导者提供支持。HR 专业人士通过扮演高管培训师、战略商业伙伴、变革者和领导力发展设计师来发挥自己的领导作用。HR 还可通过伦理培训和有奖举报者计划来维护行为伦理和领导伦理。

关键词：无

8. 如何成为伟大的领导者？

概述：自我意识是成为一名伟大的领导者的关键因素之一，因为通过自我意识，我们能明确自身定位，具备勇气毫不妥协地践行自己的核心价值观。有自我意识的领导者是真实的，能赢得被领导者的信任。当面对伦理困境时，他们能展现出诚信和勇气。培养自我意识确实不易，因为你需要将自己伦理观和是非观置于流行观点之上，但践行自己伦理观和鼓励他人践行伦理观所得到的回报是值得付出努力的。

关键词：

真实性（authenticity）：指对一个人的想法、感觉和信仰的真实陈述。

诚信（integrity）：指坚定不移地坚持高度的道德原则和职业标准的品质。

勇气（courage）：指不放弃任何自己认为必要且正确的做法，面对恐惧、危险、不确定性或者痛苦的意愿和能力。

9. 结束语：谈领导力

概述：只要我们想，我们都有成为领导者的潜力，因为我们都有意或无意地影响着周围的人。提高社交智商和情商对我们所有人来说都是有益的，了解各类领导力理论是达成这个目标的第一步，而另一步就是要了解自己的价值观和伦理观。当你学习了其他的管理类话题后，你需要时刻牢记它们与领导力之间的关系，并学习如何将它们不断地融入到你所做的事情中去。

3

动机和意义：什么驱使人们想要工作？

3.1 什么是动机？

　　一生当中，我们差不多三分之一的时间都在工作。我们扮演的角色包括学生、员工、木匠、舞蹈家、音乐家、电工、小商户、艺术家、职业运动员、农民、咨询师、会计、看护，应有尽有。我们每个人都要工作，并且工作量很大。包括学校在内，多数人会在一项技能上花费 60 年甚至更久。这可以很好地解释什么激励我们做到最好，以及我们如何在工作中寻找意义和满足感。如果你碰巧是一名老师、一位家长、一位管理者或者一位领导者，那么你需要搞清楚哪些因素可以激励人们对家庭、团队或者组织做出最好的贡献。

　　动机，究竟是什么？**动机**（motivation）是一系列复杂的心理影响和外部力量或者条件作用的结果，导致人有了某种表现行为，同时保留一定程度的努力和坚持。[1]例如，以你自己为例——你正在阅读本章内容，为上课做准备。你学习的原因可能是你被告知必须如此。又或许你在为考试临时抱佛脚，需要考个好成绩。抑或是你的自我激励，因为你很享受这门课程，并且对管理和领导很好奇。这也是心理层面的原因，因为好奇，你愿意为此付出努力，并坚持不懈。

　　本章中，无论你是学生、员工、管理者、正式或非正式领导者，我们会着眼于如何让自己和别人保持热情，参加到有意义的工作之中并有动力产生结果。你将学习为什么意义对人们的生活和工作如此重要，为什么工作不只是达到目的的手段。你还将学习关于动机的基本事实：要全心热情投入到工作之中，这需要个人的努力、杰出的领导力以及积极的环境。

　　许多理论试图去解释人类动机。本章将会对诸多动机理论进行讨论。除此之外，本章内容还包括 HR 如何为积极进取的员工提供支持，我们如何支持动机并创造有意义的工作。

最热门»讨论题
1. 列举你从事过的所有工作，不论有无薪水，包括学生这份"工作"。所列工作中，你觉得哪一种是你最享受的，为什么？
2. 描述一个你必须激励别人的场景。你会怎么做？

3.2 什么让工作变得有意义?

1963 年,维克多·弗兰克尔(Victor Frankl)写下了他被关在纳粹集中营中的生活。[2]弗兰克尔并没有忽略集中营里的恐惧,他认为在日常活动中寻找意义,找到控制感是存活的关键,能超越这种态度和精神自然更好。这种强有力的反思有助于我们了解,不论何时,不论生活有多糟糕,找寻存在的意义至关重要。弗兰克尔的例子说明,这事关生死——找到生命的意义和控制感使他活了下来。

尽管多数人现在不需要为生存拼搏,但他们还是要找寻工作的意义。什么是有意义的工作? 有一个家喻户晓的故事是这么说的:有三个人拿着锤子砸碎石头。有人问他们在做什么,第一个人回答:"把大石头砸碎成小石头。"第二个回答说:"养家糊口。"第三个说:"建造一座教堂。"[3](见表 3.1)不论你做的是什么,只要坚信所做的事情充满意义——就像这三个人那样——所有的付出都是值得的:你会充满好奇,会热情高涨,会坚守自己的承诺。你会充满能量,富有激情,利用自己所有的才能。你会有工作的动力,并为之努力。

表 3.1　什么让你的工作变得有意义?

故事中,三个人对于所做的表述截然不同。我们假设每一个都找到了工作的意义。
- 为什么"将大石头碎成小石头"是有意义的?
- 描述"养家糊口"的意义所在。
- 为什么建造教堂有意义?

这些例子中,意义或许来自于艺术工作、手艺、爱、责任或者精神信仰。或许你还有其他答案。这些答案对你有什么意义吗? 如果有,那就是你觉得有意义的线索。
- 回想你在学校或社区做过的你认为有意义的工作。为什么这份工作对你而言有意义?(比如,它很有趣? 你学习到了东西? 你帮助了别人?)

3.2.1 沉浸体验

维克多·弗兰克尔进行关于意义的写作同时期,诸如米哈里·契克森米哈(Mihaly Csik-szentmihalyi)等研究人员开始着眼于研究特别满意的工作。[4]当我们全情投入与自己技能相匹配、完全符合自己才能的任务时,当挑战的级别完全是我们所想所需的时候,我们就会经历契克森米哈所言的"**沉浸**"(flow)。有时候我们又把这称作"**巅峰状态**"。处在这个状态之下,人们可以长时间高效率工作,甚至忽略饥饿、口渴、疲倦还有分心。

你有过沉浸体验吗? 你可能还记得,在你写论文的时候——你已做过研究,话题本身十分有趣。你忽略了必须完成长篇论文所带来的焦虑,一头扎了进去。不久,你完全投入进去,在写作和资源之间来回穿梭,还会上网核查事实。你感觉活力十足,进程也完全在你的掌控之中。期间,你或许从你集中的注意力下"苏醒"过来,意识到好几个小时已经过去了。你甚至已经一两顿饭没有吃,或者没有听到电话铃响。那就是"沉浸"! 又或许你在画画、跳舞、运动的时候体验了沉浸。每一件事好像都在正轨——你的意识、身体、情绪完全同步。你的努力成果也不可思议:论文不同凡响,画作非常漂亮,舞蹈跳得完美而鼓舞人心,或者你在某个领域的表现都前所未有的优秀。

契克森米哈及其同事将以下条件与沉浸相关联:

- 全情投入;
- 感受到行动与任务步调一致;
- 对行动的控制感;
- 时间流逝而没有察觉;
- 专注于活动本身,而非渴望产生的结果。[5]

如果工作能一直处在"沉浸"状态不是很好吗?当我们全情投入到有意义的工作之中,我们会变得更坚定、更灵活,甚至更具创造力,适应速度更快。我们可以更"聪明地"工作——不仅仅是更高效,也要更有效。

3.2.2 动机:取决于你

本章中,你将发现动机与心理学联系在一起,许多心理学理论力图对工作的动机加以解释。但是,研究之前,我们先来思考一些基础的概念。首先,人类思想、情绪和行为是动机的核心。最终结果就是,不论周遭发生什么,你都会激励自己。第二,领导者对员工在工作场所的积极性有极大的影响。最后,最重要的工作环境(对环境的心理状态和情感态度)影响人们高效工作的欲望、工作能力和动机。就让我们一起来看看"观点"专栏中这位令人钦佩的领导者如何找寻工作的热情。

观点

博纳旺蒂尔·阿加塔(Bonaventure Agata)的生活十分引人注目。他在肯尼亚出生、上学,他对人类卫生事业十分热心。之所以如此,可能是因为他所居住的地方,太多人没有办法享受医疗保健。又或许是因为他的父亲是一名物理学家,曾告诉他进医学院会有适当的医疗保健和药品,他的父亲(博纳旺蒂尔的祖父)就可以活得更久。博纳旺蒂尔将一生都奉献给了医疗保健(当然还有他的家庭)。关于工作中的领导力、意义和热情,他是这么说的:

> 你必须要热爱你所做的事情。你的理想和价值必须与组织相一致,否则你就不该出现在那里。你要确保别人明白你来自何处——你需要坦诚相待。如果他们不相信你,他们就不会跟随你的脚步。你还需要明白其他人来自何处——他们是谁,他们的动机是什么,他们的驱动力是什么。如今,你必须对自己所做的事热情满满。同时,你需要精力充沛——做好行动的准备。当你在做某件事的时候,你需要全身心投入,积极主动。这与热情相关。你必须找到做事的感觉。

资料来源:2009 年博纳旺蒂尔·阿加塔的个人采访,记者为安妮·麦基。博纳旺蒂尔·阿加塔的评价及其视角为个人观点,不代表 CSL Behring 公司观点。

博纳旺蒂尔·阿加塔给我们上了一节很有影响力的课。首先,得由我们自己来发现自己的热情所在,找到自己擅长的领域。没有哪一份工作完美无缺,但如果我们清楚地知道激励我们的是什么,我们更可能(1)选择正确的职业和工作;(2)找到任何一份工作的方方面面发挥自己的热情。这需要自我意识——情商的基础。自我意识能让我们做出好的选择,并且找到方法将意义、热情、快乐、成果注入工作之中。

3.2.3　伟大的领导者鼓舞激励着我们

要想激励别人，自我意识很重要。作为领导者，你可以通过自己的表现影响个体、团体甚至整个组织。你会产生巨大的影响，要么激发人们的动机，鼓励他们积极参与到工作中，合力完成目标；要么抑制他们的动机。对于非正式领导者以及有职位或扮演着某个角色的人来说，事实就是如此。你的所做、所说、所感对于别人而言非常重要。事实上，他们甚至会采纳你的态度、信念，模仿你的行为，不论好坏。当你了解自己以及明白别人怎么看，你就知道你会对周围的人产生什么样的影响。运用你的领导力，去营造一个能让人有最佳表现的环境，一个成熟的，充满希望、鼓舞和共鸣的环境。

你要怎么告诉别人你想要产生什么样的影响呢？公司每年斥巨资聘请咨询师和指导人员，帮助领导者识别并理解如何影响工作环境，如何影响其他人的动机以及责任。但如果自我意识成为领导者能力不可或缺的一部分，那不是更好吗？

作为领导者，你可以发展自我意识。你也可以学习如何鼓舞别人。鼓舞激励人的方法之一就是让他们觉得未来充满希望。提到激励，希望就显得尤为重要。灵性文学、哲学、心理学中，希望已经被无数次谈及。当提及工作和动机，**希望**（hope）是一种心理状态，包括认为未来充满挑战但却很现实的乐观主义，以及我们可以做任何事尽力达成这种愿景的信念。[6]当人们感受到希望，不论心理上还是身体上都恢复得更快，变得更加坚定，更能想象如何实现目标。[7]充满希望的思想状态支撑着人们在处理工作任务的同时，还能管理动机、精力以及努力。

对于管理者和领导者而言，所面临的挑战就是要在员工之中营造一种希望。营造的方式有好几种，比如给他们描绘一个明晰且具有吸引力的愿景，或者确保员工能看到他们的贡献起了作用。除此以外，领导者可以帮助员工将目光锁定在成功以及可以做到的事情上，以此来培养一种成功感，而不是一味的指出问题。但是记住——愿景必须要现实。如果只是描绘不切实际的未来图景，试图以此激起希望，终将事与愿违。

作为领导者，你可以影响人们努力工作的动机，这在合适的环境中很容易实现。[8]个人、团体、组织的"气氛"会对我们产生深远的影响。关于这一点，你大概从你个人的经验已经得知——在关系轻松的环境中工作，氛围都是乐观向上、充满希望的，这有助于我们做到最好。好的领导者知道必须要营造这样的工作环境。他们知道需要在关系网、团体以及组织中创造一种所谓"共鸣"。[9]工作中的**共鸣环境**（resonant environment）特点是充满激情、富有活力、乐观向上、有效率并且充满希望——这是一种积极且强大的情绪。积极的情绪至关重要，因为情绪会影响到自我激励与激励别人的能力。

下一节，我们将会着眼于影响动机的其他心理条件。

最热门»讨论题

1. 什么样的工作你觉得有意义？请详述。
2. 你何时经历过"沉浸"？对于这样的经历，你感觉如何？
3. 假设你现在是一位领导者。你想要产生什么样的影响？你将如何有效地激励别人，怎么获得成功，以及你在哪些方面还能做得更好？
4. 想想你的情绪何时影响动机。描述该经历以及你的反应，包括结果。

3.3 动机和心理学之间有何联系?

为了理解动机,我们需要对人有一些了解:我们接受激励是为了实现一种满意的内部状态吗? 这种叫做内部动机。或者我们受到外部的激励,寻找切实的成果,从而为外部的自己所见所量吗? 我们控制行为和环境跟动机有什么样的联系? 人格的哪些方面会影响动机? 以下几小节会对这些问题作出回答。

3.3.1 内部动机

契克森米哈的"沉浸"主要集中在**内部动机**(intrinsic motivation),指从工作本身中获得的内在满足感,和/或甚至在没有外部奖励的条件下渴望参加活动来感受满足感,渴望使用、提高个人能力或渴望学习。[10]当一个人的行为受到内在激励,他或许对任务产生浓厚的兴趣,寻找一种成就感,或者想要对其他人或者组织作出值得的贡献。

内部动机的基础是**自我决定理论**(self-determination theory),该理论由爱德华 · 德西(Edward Deci)和理查德 · 瑞安(Richard Ryan)共同发展而来。[11]自我决定理论涉及员工授权(有能力,且有一定程度的自主权)以及相互关系需求(关心他人,与他人产生联系)。研究表明,为培养自我决定的管理者工作时,员工工作得十分积极。[12]而那些大权在握,总是控制别人的管理者,他们的员工则更消极。允许甚至鼓励员工决定自己的工作环境,允许他们自主行动,并且积极寻求与他人的相互关系时,他们会更满意、更受鼓舞。

自我决定理论研究支持的观点为,内部动机对人们的工作行为和表现会产生巨大的驱动影响。[13]工作中的内部动力因素包括有趣而兼具适当挑战的工作,学习机会,以积极的方式做出贡献并影响别人和社会的机会。对于学生而言,内部动机可能包括:在关系良好和成果丰硕的班级中有机会分享自己想法,或者在高效团队里有机会自己领导项目。

自我决定理论认为,满足能力需求、自主需求、相互关系需求会对内部动力产生积极影响。这些因素都具备时,我们甚至要更重视外部动机。[14]但是外部动机是什么? 有哪些共同的外部动机因素?

3.3.2 外部动机

外部动机(extrinsic motivation)指自身外部的力量或吸引产生的激励,例如物质奖励、社会地位或规避不满意的结果。工作中外部动机因素的例子包括薪水、利益、工作保障。对于学生而言,外部动机因素可能是好成绩或者老师的认可。[15]表 3.2 说明了其他共同的外部动机因素,并列举了内部动机因素作为对比。

表 3.2　内部和外部动机因素

内部动机因素	外部动机因素
出色完成任务的满足感	薪水以及其他物质奖励
有趣而兼具适当挑战的任务	避免被辞退
自主权/授权	人们的认可
学习	社会地位
以有意义的方式为他人作贡献	声望
相互关系	分数

让我们来看看谷歌公司员工如何将动机因素付诸实践。

商业案例

谷歌
激励创新

谷歌向来以专注创新而闻名。最近，谷歌在另一领域受到称赞：工作场所的激励。谷歌成功背后究竟隐藏着什么？为什么多数人愿意为它工作？

说到总公司，谷歌绝对首屈一指。它坐落在加利福尼亚的山景城，距海岸线公园湿地咫尺之遥。[16]园区内自行车遍布，方便"谷歌人"到处活动。沙滩排球场、游泳池、体育馆、诸多咖啡馆、几十处配备小吃的微型厨房，这些仅仅是公司提供给员工的一部分附加福利。[17]对于一个提供娱乐、锻炼、美食的公司，谁不愿意为之工作呢？

尽管设施完备、免费就餐是谷歌成为最佳工作场所的原因之一，但还不止如此。[18]最突出的莫过于谷歌的领导者明白共鸣环境是创新和成功的关键。他们意识到员工的斗志和创新不仅仅来自于华而不实的工作场所或者逐步增长的奖金制度。同样重要的是公司的领导者确保员工受到内在激励，员工能够自主参与，工作起来充满热情。

为了实现这个目的，谷歌在普林斯顿和3M公司也采取了同样的策略。此策略旨在释放员工的创造性，让他们作出最好的贡献。[19]该策略大致如下：

- 70％的工作时间用在核心工作任务上。
- 20％的工作时间用在与核心任务相关的项目上。
- 10％的工作时间用在于核心任务不相关的项目上。这段时间谷歌员工可以深入发掘新事物，一些可能有所作为的事情。[20]

谷歌公司最成功、最具创新的项目，如谷歌地球、谷歌新闻、谷歌本地搜索，都是由此而来。[21]为了实现这样的成果，我们可以假设：(1)除了指定的项目，员工还要进行额外工作；(2)员工往往对这些新事物充满热情，充满创造性；(3)公司投入资源、设立支持框架，允许员工从事这些项目。

由此谷歌旗下百花齐放，他们可以精心挑选哪些需要收割。公司CEO埃里克·施密特(Eric Schmidt)解释道："创新从来都是由充满新想法并坚持追随的个人或者小团队推动的……重压之下，创新才会来到。"[22]谷歌鼓励员工开始创造性的项目，开发并发布项目计划，并且有勇气接受最终的结果——成功当然是他们所希望的，但挫折也可以容忍。这是一个很大的感悟：对于那些真正受到激励、抓住机会研发新项目的员工而言，必须让他们知道失败也未尝不可。

谷歌的成功秘诀简单明了：创造有利于员工身心健康的工作环境；创建鼓励分享好想法、发挥创造性的机制；提供良好服务的同时，让员工的精神自我参与到工作中，不断追求工作成就。这就是动机的所有内涵。

你只需想想是什么激励你，让你意识到内部动机和外部动机都是自己的行为、努力和坚持的驱动因素。你可能为考试而刻苦学习，因为你想取得高分以及老师的认可(外部动机)。你也可能就是享受学习的过程(内部动机)。工作也是如此：内部动机因素、外部动机因素都是行为的重要驱动因素。作为管理者、小组领导者或同事,知道如何激励别人至关重要。这样他们不仅能取得个人成就,还能为小组的成就、组织的目标作出贡献。因此,你需要了解外部动机、内部动机的影响因素有哪些。有一个心理学上的概念与内部动机、外部动机都有联系,它叫做控制点,接下来我们会详述。

3.3.3 控制点

控制点(locus of control)这个概念是心理学家朱利安·罗特(Julian Rotter)于 1954 年提出来的。顾名思义,控制点指我们对生活中事件发生的控制度的感知。[23]通过此概念,我们可以将自己和他人放置在对我们行为、结果和命运可感知控制区间内。区间的一端是内部控制点,另一端就是外部控制点。

如果你拥有高度的内部控制点,这意味着你相信自己可以影响周遭的环境和自己的命运。你会对自己的行为结果负责。相反,拥有高度外部控制点的人会相信他人以及环境对自己以及自己努力的结果影响巨大。如果事实如此,你可能不会对自己的行为负责,或者你不会努力尝试,去实现想要的结果。如果你觉得自己的努力起不了什么作用,你怎么会努力尝试呢? 多数人都知道人们总是放弃的太快,总喜欢去指责别人。这些人并不积极,也不鼓舞人心,与他们一起共事十分困难。

而与那些拥有高度内部控制点的人一起共事则更愉悦。他们相信自己能完成任务,并承担责任,一般看上去也更积极。你觉得你的控制点是处在内外连续体的哪一端?

自我感觉对于结果控制的程度会影响我们的精力和动机。影响动机的其他性格方面接下来会进行讨论。

3.3.4 动机与大五人格维度

为了了解动机理论的发展过程,我们需要对心理学和人格的某些方面有所了解。本节将专注于所谓"大五"人格维度。[24]该维度来源于诸多早期研究,其中一项研究包括 18 000 项人格特征。[25]而说英语的人平均词汇约有 17 000,所以那么一长串的人格特征就不怎么实用。[26]研究者们致力于巩固人格特征描述符号,因此缩短了许多。[27]最终,他们确定了 16 项人格特质,叫作"大五"理论。[28]这些特质在表 3.3 中有所总结。

表 3.3 大五人格维度

- 经验开放性(VS 随大流,思想保守):丰富的想象力、接受新观念、好奇心
- 尽责性(VS 无序性):自律、计划和成就
- 外向性(VS 内向性):追求他人的欲望,拥有积极的、有活力的、社会性的态度和情感
- 亲和性(VS 敌对性):同情心、合作、愿意妥协
- 情绪稳定性(VS 神经质):心情和情绪的心理一致

资料来源:Copyright © 1963 美国心理协会,经许可后复制。Norman, W. T. 1963. Personality measurement, faking, and detection: An Assessment Method for Use in Personnel Selection, *Journal of Applied Psychology*, 47(4):225—241。使用美国心理协会信息并不表明获其赞助。

研究已经检测出这些人格维度对领导力和动机的影响。例如,研究表明外向性格与鼓舞人心的领导力和动机有关。[29]在一项关于销售代表的研究中,研究者发现外向的人更可能接受激励,获得好状态和能量,有助于他们成为优秀的销售代表。而非常尽责的员工会接受激励完成

任务,工作表现也会越来越好。[30]

现在,让我们从综述开始,探索过去几年里发展的一些动机模型。阅读接下来几节内容时,仔细思考哪些模型对你最为重要。

最热门»讨论题

1. 内部动机与外部动机有何不同?

2. 如何在项目团队里提升一个人的内在动机?哪些外部动机因素可能鼓励人们全身心参与到团队中?

3. 控制点如何影响大学时候的你?

3.4　哪些动机理论比较重要,需要了解?

接下来几小节,你将会学习几种主要的动机理论,这些理论力图解释为什么人们能够受到驱动,产生预期的表现。记住:这些理论和模型不同程度上都有研究支撑。奇怪的是,一些缺乏研究支撑的动机理论却在组织里广为教授和引用。正因如此,我们将指出它们有研究支持——或者说缺少研究支持,那么你就可以形成有根有据的观点。你无需全盘接受本章中描述的所有理论——但你应当有所了解,那么你就能理解这些理论在工作、学校以及团队中的应用。

许多动机理论出现在 20 世纪。表 3.4 显示的是后面几小节介绍到的理论的时间线,图 3.1 总结了每一理论的主要关注点。

表 3.4　动机理论:时间线

年　份	学说创立人	理　论
1953	伯尔赫斯·弗雷德里克·斯金纳(B.F.Skinner)	操作性条件反射理论
1954	亚伯拉罕·马斯洛(Abraham Maslow)	需要层次理论
1959	弗雷德里克·赫茨伯格(Frederick Herzberg)	双因素理论
1961	戴维·麦克利兰(David C.McClelland)	三种需要理论
1963	约翰·斯塔西·亚当斯(John Stacey Adams)	公平理论
1964	维克托·弗鲁姆(Victor Vroom)	期望理论
1968	埃德温·洛克(Edwin Locke)	目标设定理论
1969	克莱顿·奥尔德弗(Clayton P.Alderfer)	ERG 理论
1977	阿尔伯特·班杜拉(Albert Bandura)	社会学习理论
1985	德西和瑞安(Deci and Ryan)	自我决定理论

需要层次理论
基础层次和较高层次需要激励行为,呈逐级上升趋势

ERG理论
生存需要、相互关系的需要、成长发展的需要都能立即起到刺激的作用

双因素理论
较高层次因素起到激励作用,保健因素不足会导致不满

三种需要理论
成就需要、归属需要、权力需要驱动想法、感觉和行为

公平理论
投入、产出以及感知公平可以作为公式决定动机的水平

期望理论
努力影响绩效,绩效受产出的感知价值影响

目标设定理论
目标明确、可以测量、能够实现、结果导向、有时间限定,会有激励作用

自我决定理论
权力、相互关系需要有助于激励作用的发挥

操作性条件反射理论
通过反应强化可以激励别人

社会学习理论
学习并改变行为的动机与自我效能和替代性学习相关

图 3.1　动机理论视觉概述

作为一名学生、员工或是一位管理者,你需要了解每一种动机理论对应的是哪种人类行为。你还需要了解研究表明了哪些内容:这些理论真的可以解释动机吗?如果可以,解释到了什么程度?个体如何使用这些理论?和他人一起又该如何使用?你已经读过德西和瑞安的自我决定理论,因为它同内部动机有关。接下来几小节里,我们会详细探讨其他主要的动机理论。

最热门»讨论题

1. 什么激励着你上大学?
2. 你将要学习 9 种动机理论。这需要努力和坚持。花几分钟,列举一些内部和外部动机因素,有助于阅读时保持专注。

3.5　基础层次需要和较高层次需要的动机理论是什么?

需要理论假定的是人们参加活动是为了满足某种需要和欲望。因此,马斯洛的需要层次理论、奥尔德弗的 ERG 理论以及赫茨伯格的双因素理论都能解释动机与人的生理需要、心理需要之间的相互作用。这三种理论都关注基础层次需要,例如我们的生活要求,以及更高层次需要——让生活变得有意义的事情。

3.5.1　需要层次理论

亚伯拉罕·马斯洛的**需要层次理论**（hierarchy of needs）是最著名的动机理论之一。[31]该理论假定人受到激励是为了分别满足生理需要、安全需要、爱和归属需要、自我尊重需要，最后是自我实现需要，正如图 3.2 所示。自我实现需要描述了一种追寻真理、完美和意义的状态，这是许多人毕生所追求的。

图 3.2　马斯洛的需要层次理论

全世界许多课程和培训项目都曾涉及该理论的教授，或许是因为它简单易懂。当然，并不一定因为某种理论轻松简单就会采用。马斯洛的理论并无很好的研究（或者常识）作为支撑。该理论常受诟病的一点就是必须先满足基础层次需要之后才能满足较高层次需要。另一个经常提到的问题就是一旦某个需要得到满足，它就不再是激励因素。另外，需要层次理论认为人只有在其余需要都满足的情况下才能追寻自我实现的满足，这一点也遭到抨击。

如果你曾经历过贫穷或者历经自然灾害，你可能会意识到马斯洛理论的缺点。当你还在担心没钱买食物、担心付房租问题时，你难道就不关心朋友和所爱之人吗？即便因为社区遭遇风暴，你感受不到安全感，你就不会继续寻找意义、真理和生活之美吗？你难道不会寻找众所周知的"一线希望"吗？如上所述，人是复杂的，马斯洛需要层次理论过于简单，无法解释激励我们的所有事情。

马斯洛确定的这些需要对于人类来说仍然很重要。作为一名管理者或者团队组员，你必须认识到这些需求何时会影响他人。然后，你就可以了解，如果满足了这些需要，人们是否能够致力于自己的工作。

3.5.2　ERG 理论

克莱顿·奥尔德弗发展的 ERG 理论是建立在马斯洛的理论基础之上。该理论认为人们接受激励是为了满足生存需要、相互关系的需要、成长发展的需要,而且这些需要可以同时实现激励。[32]根据奥尔德弗,这些需要是人们想要满足的,尽管人们会迫切满足生存需要,但相互关系的需要、成长发展的需要也可以同时实现激励(见图3.3)。

图 3.3　ERG 理论关注生存需要、相互关系的需要、成长发展的需要

3.5.3　双因素理论

同马斯洛和奥尔德弗一样,弗雷德里克·赫茨伯格力图解释满足需要的欲望如何成为激励因素。他还关注哪些因素会导致不满,会转移动力。赫茨伯格的**双因素理论**(two-factor theory),有时候又称作**激励—保健理论**(motivator-hygiene theory),该理论认为两个明显的因素——激励因素和保健因素影响工作满意、动机或者工作不满。[33]直到赫茨伯格提出这一理论,多数人才发现工作满意与工作不满是区间的两端。赫茨伯格认为满意和不满是两种完全不同的尺度,在决定人们对工作是否满意、能否在激励之下做好自己的工作时,需要将两者分开讨论(见图3.4)。

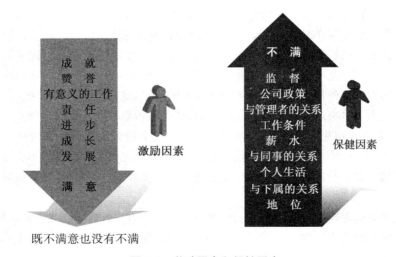

图 3.4　激励因素和保健因素

赫茨伯格将促进工作满意的因素命名为**激励因素**(motivator)。刺激因素是较高层次需要,比如认知需要、成就需要、成长与发展机会需要。这些因素具备时,人们是满意的,会发挥工作

热情(具体见图 3.5)。

高度积极性:基本无抱怨

⇑⇑ **保健**+⇑⇑**激励因素**=理想状态是员工拥有高度积极性,基本不抱怨工作条件。

⇑⇑ **保健**+⇓⇓**激励因素**=员工基本不抱怨工作条件,但是工作积极性不高(工作只是一份"薪水")。

或

⇓⇓ **保健**+⇓⇓**激励因素**=员工工作积极,但是时常抱怨工作条件。工作本身十分刺激,具有挑战,但薪水和工作条件在平均水平以下。

⇓⇓ **保健**+⇓⇓**激励因素**=员工没有积极性,对工作条件有诸多抱怨。

无积极性:诸多抱怨

图 3.5　保健因素和刺激因素由弗雷德里克·赫茨伯格提出

　　保健因素(hygiene factor)并不具备激励作用,但是会影响对工作的不满程度。保健因素包含了会导致不满的生理和心理方面因素,包括薪水、工作条件、监督、与同事的关系和工作安全度。要解释这一点如何运作,不妨想想上一次你加薪的时候。每周的净加薪为多少? 计算结果足够激发你的工作热情,让你准备好在接下来的 52 周内做到最好吗? 如果你同大多数人一样,那么加薪只能给你带来短暂的兴奋感。然而,如果你发现工作十分无聊,没有一点成就感,即便加薪幅度再大也不能成为长远有力的动力因素。

　　同马斯洛的分层需要理论一样,尽管多数情况下,赫茨伯格的双因素理论不受研究支持,但它也在管理培训课程之列。[34]该理论仍然有所帮助,因为赫茨伯格是研究白领的首批研究者之一。他专注于工作设计和工作改进方面。[35]这两个话题在后面几小节中会进行讨论。

最热门»讨论题

　1. 回想一下,生理或安全需要对你的生活而言非常重要是什么时候。与此同时,其余需要,比如友情和爱的需要也很重要吗? 为什么?

　2. 回想一份工作或者志愿者工作,你的保健需要没有满足。这对你的动力有何影响?

　3. 赫茨伯格提到的这些激励因素中,哪些对你而言最为重要? 为什么?

3.6　为什么三种需要理论、公平理论、期望理论、目标设定理论受人追捧?

　　随着对动机的研究不断发展,一些理论开始崭露头角:三种需要理论、公平理论、期望理论、目标设定理论。这些理论受到广泛研究,十分受人追捧。

　　尽管这些理论彼此差别较大,但它们都关注目的、行为、努力和结果。许多以这些理论为基础的设想都影响着现代组织对于激励的看法。本节分别探索这些理论,以及如今这些理论如何对你产生影响,如何应用到你的工作中。

3.6.1 三种需要理论

戴维·麦克利兰的**三种需要理论**(three-needs theory)关注人的成就需要、归属需要、权力需要。[36]麦克利兰和其他心理学家经常将这些需要称作动力。他广泛研究这些需要,并在全世界范围内有诸多研究者追随。[37]许多研究将管理者包括在内,研究结果因此尤为重要。让我们分别看看这些需要,然后再考虑它们在工作场所的相关性(见图 3.6)。

成就需要:
渴望参加有挑战的活动,实现并超出个人目标,追求卓越

- 将成功定义为达到个人的卓越标准
- 表现为永不间断的成功欲望
- 喜欢定期反馈

归属需要:
渴望获得温暖,完满和亲近的人际关系

- 将时间经历花在人际交往上
- 关心别人的感觉、欲望和需要
- 避免矛盾冲突

权力需要:
渴望拥有影响,控制以及责任,不论是直接获得还是通过社会地位彰显

- 寻求控制和社会地位
- 晋升、职位以及权力象征会使其愉悦
- 不易受伴随着权力和责任的压力影响("权力压力")[38]

图 3.6 麦克利兰的三种需要理论

1. 成就需要

成就需要(need for achievement,nAch)指渴望参与有挑战性且复杂的活动,满足并超越自己的目标,并且获得杰出的成就。成就需要包括比别人做得更好的渴望,但成就需要高的人往往寻求实现个人的卓越标准。他们也喜欢定期反馈,并且不断渴望获得成功,而不论以何种方式。成就需要是一个强有力的积极力量,因为它会驱使人成为最优秀的人,表现也要最佳。

研究表明成就需要高的人在事业早期做得很好,因为这时候强调个人贡献。[39]然而,如今很少有工作只需要个人贡献。甚至入门级的工作也要求团队在处理复杂项目时要进行合作。任务和责任协商一致,目标和标准必须统一。如果团队成员有很强的成就需要,这一点就很难实现。

后来,随着个体获得越来越多的责任,并开始管理别人,成就需要就会成为绊脚石。这是为什么呢?当卓越成为目标,用个人标准衡量成功,管理者无法一直容忍别人的处事方法,尤其是当别人还处在学习阶段的时候。管理者们通常更喜欢员工能准确且高效完成工作,而不是对他们进行培训。最糟糕的是,成就需要高的人会成为微观管理者。**微观管理者**(micromanager)会试着自己完成所有的事,而且批评其他人的努力。很明显,这将营造一个消极的环境,导致人们不愿意全力以赴。因此,尽管个人的高标准和对成功十分有价值,但成就需要高的人必须注意别让它破坏人际关系或者团队合作。

2. 归属需要

归属需要(need for affiliation,nAff)指渴望温暖的、令人满足的、亲密的个人关系。归属需

要高的人会在乎别人的感觉、欲望和需要,会把大把时间和精力花在建立信任关系上。这些人重视友谊,会经常尝试着在工作中创造一种团队精神。他们会尽力避免冲突,热衷于解决冲突,让人际关系完好无损。

归属需要高的人是很棒的同事,因为他们趋向于营造一种相互关心、相互同情、拥有同理心的环境。许多人都能在这种环境中获得成长。但是,如果强烈归属需要驱动着员工或管理者一直避免打破人际关系的话,也会产生问题。长远来看,这会导致毁灭性的后果。例如,归属需要高的管理者会避免对员工表现给出直接的反馈意见,那么表现的问题会一直存在。或者,管理者可能会压制冲突,而冲突恰恰是不同观点的合理表达。还有一种可能性,归属需要高的管理者可能会与一些员工(尤其是有相似需要的)建立深厚友谊,而忽略其余的员工,这会导致不公平、恶性竞争,激化内部矛盾。

3. 权力需要

权力需要(need for power,nPow)指渴望直接或通过社会地位拥有影响力、控制权和责任感。研究表明,权力需要同承担重要职责的职位相关,比如高管人员的工作。权力需要高的人寻求控制权和社会地位,晋升、职位等会使其愉悦。他们也不易受到"权力压力"的影响——慢性压力:领导者和管理者如今都面对长期不断的压力、沉重的责任和长时间繁重的工作。[40]

那么权力需要高又有什么坏处呢?在如今的组织中,只为控制他人的单一抱负破坏力极强。这种管理者和领导者会制造不和谐,给团队和组织带来浩劫。然而,奇怪的是,这些人又十分具有吸引力,因为他们浑身散发出自信和力量。因此,何时、以何种方式管理我们自己以及他人的权力需要的不足,意识到这一点至关重要。

4. 个人权力与社会化权力

管理强烈权力需要的方法之一就是有意识地将其引导至集体的利益,而不仅仅是个人的得失。事实上,麦克利兰及其同事对个人权力和社会化权力作出了区分。[41]拥有强烈**个人权力**(personalized power)的个体一般通过武断的或挑衅的行为寻求控制权,通常是为了个人利益。[42]然而,拥有强烈**社会化权力**(socialized power)的个体一般愿意支持他人、群体、社会或公益福利。他们会通过亲社会行为改变环境。[43]**亲社会行为**(prosocial behavior)指任何试图保护社会福利或共同利益的行为。[44]受到社会化权力激励的人通过他人的成就获得满足,避免让自己声名狼藉。举个例子来说,管理者的快乐来自于看着员工使用自己教过的技巧获得成功。

5. 社会化权力、亲社会行为和乌班图

随着服务、持续性以及企业社会责任成为组织愿景和战略的主要方面,社会化权力、亲社会行为也越来越受欢迎。尽管"社会化权力"和"亲社会行为"这两个术语相对来说比较新,但是这两个概念却由来已久。例如,在一些文化中,如撒哈拉以南非洲的文化,集体利益高于个体需要或者欲求。用一个词总结的话就是乌班图(Ubuntu)。乌班图是恩古尼语,但也能在祖鲁文化和科萨文化以及其他南非国家的文化中找到。乌班图可以粗略的翻译为"我因你们而存在"(I am because you are)。祖鲁和科萨分别有句谚语总结了这一生活哲学和关系哲学:"人之所以为人,全在于他人。"祖鲁谚语——"Umuntu,ngumuntu,ngabantu",科萨谚语——"Umntu,ngmntu,ngabanye abantu"。2008 年,纳尔逊·曼德拉(Nelson Mandela)如此描述乌班图:

> 乌班图并不意味着人们不该充实(照顾)自己。问题是:你满足自己的需要是为了能够使你周边的社区也得以改善吗?生活中,这一点很重要。如果能够做到,你就完成了一件很重要的事,应当受到赞赏。[45]

乌班图激励着人们为集体利益而奋斗。如今,诸如芭芭拉·努斯鲍姆(Barbara Nussbaum)等学者正将这一理论应用到商业。[46]乌班图哲学有助于人们理解如何共事,如何将"我"的需要与"我们"的需要联系起来。自觉关注"我/我们"困境有助于融入社会化权力——确定能对集体和组织产生积极影响。[47]

6. 测量成就需要、归属需要和权力需要

麦克利兰于动机理论的另一贡献就是关于如何测量成就需要、归属需要和权力需要。[48]为了评估哪种需要会影响人的思想过程和目的,麦克利兰使用了一种工具,叫做**主题统觉测验**(TAT)。[49]该测验是投射性质的测验:参加测验的人需要看一些图片,图片中会有一些单独的个体或者一群人,然后参与者需要写一个小故事,来描述图片中发生的事情。不同的人对于同样的图片会有不同的想法,而这些不同则可以追溯到人的成就需要、归属需要和权力需要。[50]训练有素的研究者会阅读这些故事,并测量象征着这三种需要的想法、感觉和行为。然而,有一点需要指明,许多投射测验(包括 TAT)的可靠性和有效性并不高,即测试并不会测量人格的"真相",或者本案例中的"需要"。但这些测试仍有助于探索人如何思考,从而了解什么对我们是重要的。

麦克利兰及其同事对于帮助我们理解心理需要如何影响动机,如何测量我们的需要作了巨大的贡献。现在,让我们来看看另一种理解动机的方法——公平理论。

3.6.2 公平理论

约翰·斯塔西·亚当斯的**公平理论**(equity theory)指出我们每个人都在心里记一笔账,比较个人的投入与产出,同时也将自己的努力与报酬同他人的努力与报酬做比较。[51]该理论有关人们对于公平的感觉:我的贡献(投入)与我收获的结果(产出)跟别人一样吗?我得到了自己应得的了吗?这些问题的答案影响着我们的动机。

为了阐明公平理论,我们先来考虑这个例子:两个应届毕业生在一家咨询公司里担任分析师。两人都以优秀成绩毕业于名校,工作职责、报酬和职位(分析师)也相同。在头六个月的工作中,其中一人每天上午 8:00 上班,下午 5:00 下班。另一位分析师来得更早,当他觉得有需要时,他会迟于 5:00 下班。有时候甚至加班到晚上 8:00 或者 9:00,甚至好几周都连续上班。他并不厌恶自己的工作,事实上,他很喜欢,并感觉到了成就感。然而,随着时间的推移,当他发现自己跟另一位伙伴仍然拿同样的薪水,部门管理者对待他们也没有任何区别,他有了一种挫败感。他觉得不平衡、不公平。这种不公平的感觉让他变得焦虑、紧张,压力很大,渴望恢复平衡。

公平理论认为分析师(当然也指所有人)将会以下面四种方式来应对这种情况:

- 第一,他可能直接忽略不公平的感觉,选择面对因不公而产生的压力。
- 第二,他可能选择不再辛勤工作(即他可能改变投入)。
- 第三,他可能要求加薪或者想办法让他的管理者意识到他付出的努力,并且通过特殊任务给他奖励(即他可能试着改变产出)。
- 第四,他可能选择换个角度看问题(即改变对于他和同事的投入、产出的看法)。例如,分析师可能会发觉他的同事事实上跟他的工作量一样,完成质量也一样。他只是在工作时间休息的比较少。

本案例中,分析师将自己与其他个体相比较,这个个体就是参照对象。参照对象可以是个人,可以是集体,也可以是某个情景中的自己。上面的这个例子中,分析师将自己与确定的同事做比较。他可能会同另一家公司的分析师抱怨自己的薪水,或者将自己在这个职位上的经历同

自己在其他职位上的经历比较。例如,你有没有接受一份新工作,工作内容跟以前从事过的类似,但是薪水却更低呢?此时,你自己就是参照对象,因为你把自己现在的投入—产出比与过去的做比较。参照对象还可以是个人的价值信念,它可以是从家庭、老师以及老板那里学习而来。但愿,这些信念是由自我意识支配。

现在你知道为什么自我意识如此重要:太多人对于自己的贡献价值认识不准确。如果他们夸大了的话,他们会始终觉得没有获得应得的。和这种人共事会很不愉快。另一方面,如果觉得自己的投入没有达到实际标准,他们会常常缺乏自信。这也是一个问题,因为自信是工作成功至关重要的一部分,人们要足够胆大才能自行做出决定。

再举一个例子,看看公平如何影响一个人。想象你在地上捡到你同事的工资存根,你俩的工作内容完全一样,但是她的工资却比你高出好几千美元。你会怎么做?如果你仅仅为她感到高兴,这很让人怀疑。根据公平理论,你可能会以以下四种方式重新获得公平感:主观上忽略它;减少投入以使付出同薪水吻合;要求加薪;寻找原因改变对这种情况公平性的认知。

让我们换过来看看。如果工资存根显示你的工资比你的同事要高,你会怎么办?你会找你的老板要求给你减薪吗?不可能。你如果觉得不舒服,想要恢复平衡,你可能会开始给你的同事提供更多帮助,甚至建议老板给她加薪。

1. 公平理论和认知失调

本例中,你认为自己的投入与同事的投入相近,但是你的工资更高,看上去似乎不公平。你会经历内心斗争,这就叫认知失调。**认知失调**(cognitive dissonance)指在处理有冲突的想法、态度或信仰的过程中出现的一种心理压力状态。[52] 为了缓解认知失调,你可能会改变投入感知。或许你会选择相信你的贡献事实上比别人多,或者某个方面你比别人"更好",因此薪水更高是你应得的。

认知失调会带来一些问题。这种情况下,我们有时候会说服自己相信一些并不真实的事情。正确地看待自己、看待别人、看待世界对于领导力来说至关重要。学者认为,随着时间的推移,能够管理认知失调的领导者们更有可能维持伦理领导。[53] 这某种程度上同社交智力能力和情商能力的自我意识、同理心和组织意识相关。我们需要正确认识自己。为了正确看待公平期待,我们还需要看清情况。

公平理论有助于我们理解人的认知和行为之间的联系,以及它如何影响动机。该理论也为管理者提供了激励员工的重要路线图:管理感知的投入—产出比率。当人们觉得投入—产出之间是公平的,他们会愿意付出努力,作出贡献。相反,如果他们觉得投入—产出不平衡,就会产生认知失调或者改变行为,影响产出的质量,不利于团队合作,阻碍目标的完成。

2. 如今公平理论重要吗?

公平理论如今尤为重要。许多组织里,人们比以往更加辛勤工作。组织一直都在要求更多的人如此。"较少的资源做更多的事"成为共同准则。许多公司多次裁员,但是需要完成的业务规模不变。1990年,研究表明,美国人每年需要工作满月的次数比20年前更多。[54] 不幸的是,从那以后,事情变得更糟。[55] 人们起早摸黑,周末甚至假期还要工作。尽管美国人工作量更大,但多数情况下,报酬却没有得到相应的提升。

对于许多人来说,情况存在不公时,他们觉得需要恢复平衡。然而,很少有人找管理者,然后跟他说:"不好意思,我觉得这不公平,所以我再也不会像现在这样努力工作了。"一般人们会选择更微妙的方式恢复平衡,然而这些方法对于组织而言极其不利。比如,有些人认为花很多时间发短信或者上社交网站合情合理,因为他们觉得自己的薪水付的不够多,所以"有权"这么做。然后,就有一些人会出现在工作场所,但是做的工作最少。这些员工不过是人在心不在。

再说得远一点,这样的工作环境具有潜在的破坏性。情绪是会感染的,消极、被动和失调会一直伴随传播开来的不公平感,深深影响每一个人。[56] 即便对于自己投入—产出比感到公平和平衡的员工在这样的工作环境下也会变得士气低落。

3. 恢复公平:管理者可以做些什么?

作为管理者,你必须对不公平感保持敏感——尤其是在所有人都奋力工作的环境里。观察员工对于自己或他人贡献和报酬不满的迹象,与他们进行交谈,了解他们的想法和感受。如果你发现员工感觉不公平,要找出确切的原因。如果他们是对的,你需要通过改变投入和/或产出来恢复公平感,以恢复平衡。

如果公平确实存在,你需要帮助员工重新构建公平状况,改变他们的感觉。例如一位管理者从办公室八卦中得知,员工们认为他在安排加班的时候厚此薄彼。事实上,该管理者并未如此。然而,他意识到这种看法传得就跟真的一样,他需要找一个合适的时机证明他处事公平。接下来的一周,他把所有符合条件的员工名单放在一个碗里。休息间隙,他喊了一位员工抽出几个名字,让他们完成下周的加班工作。结果就是:选择过程非常公平,流言也就不攻自破了。

这位管理者耳聪目明,能够觉察到员工的不满。但是,仅仅依赖办公室八卦是不够的。想要了解不公平感,管理者需要与员工进行真诚可信的沟通。太多管理者都避免接触这些难度大却非常有价值的讨论。最棒的管理者和领导者无论何时都勇于找出事实真相,并依此行事。

如果认为多数管理者无所不能,这是不切实际的。迫于经济压力,多数组织需要员工努力工作,专业人员的工作时间通常很长。另外,要给员工加薪也不太可能。生活费补贴或定期涨薪都已经是过去时了。要改变公平局面,使用具体的奖金报酬比较困难。

仍然有一些管理者找到了创造性的方法,力图平衡这种局面。比如,奢侈品公司的一位领导者非常烦恼,因为她无法满足优秀员工的涨薪要求,但她又认为涨薪要求很合理。她是怎么处理的呢? 首先,她告诉员工,她非常重视他们,涨薪是应该的,希望他们留下来,快乐的工作。然后,她从一家高级餐厅买来了寿司,并邀请每个人进入陈列室,一起喝酒、吃饭、娱乐。另外,她同意给优秀员工延长假期。她这么告诉他们:"我给不了你们钱,你们也知道,关于这一点我真的很抱歉。但是我可以给你们时间。你们可以带薪享受圣诞节和新年,带薪请假过生日。现在刚好是夏天,那么不妨以后每周五下午 4:00 就下班。"该管理者使尽浑身解数恢复公平感:赞誉和认可、娱乐机会、带薪休假。

3.6.3 期望理论

期望理论高于公平理论,因为它关注人们重视投入产出的程度。该理论由耶鲁大学教授维克托·弗鲁姆(Victor Vroom)提出。他和许多人深入研究个人努力(投入),绩效,报酬(产出)以及产出的感知价值(效价)之间的关系。[57] 期望理论认为动机受到个人努力和绩效、绩效和产出、产出的感知价值之间的关系影响。让我们来看看该理论的各个部分:

- **努力**(effort):指个人的投入,这会受到个人关于投入精力是否能使绩效达到可接受水平的认识的影响。
- **绩效**(performance):指任务或工作成功完成的程度。
- **工具性**(instrumentality):指个人认为绩效达成度将会影响实现某些产出的程度。
- **效价**(valence):附加在产出上的价值。产出可以是外在的,比如金钱,也可以是内在的,比如成就感。[58]

得到的公式如下所示：

$$动机＝效价×绩效×工具性[59]$$

举例说明期望理论如何在现实中运作。比如，你的老师给你们布置了一份小组作业：选出一位你崇拜的领导者；分析他/她的领导能力；写一篇论文，做几张幻灯片，在课上展示。第一次小组会议上，你发现四位小组成员都认为自己可以独自胜任这个项目。你还发现，其中两位小组成员擅长写作，另外两位电脑技能、绘图技能突出。所有人都喜欢展示，并且以前有过成功的展示经历。

第一次小组会议后，你很有信心。如果每个人都努力准备，你们小组就能写出好的论文，幻灯片会做得很好，班级展示也会很棒。换言之，大家共同努力能创造出完美的表现，对此你有很高的期望。到目前为止，你都在积极完成这项作业。

但是，如果你以前听说过这位教授，知道他很少给学生打 A，你会怎样？你们小组成员都想得 A——这个分数对你们所有人来说都是渴望的产出，具有很高的效价。在这样的情况下，你对于优秀的任务绩效（优秀的论文和展示）以及渴望的产出（得 A）之间的联系并非正相关。你觉得自己的努力不会帮助自己实现想要的产出。因此，根据期望理论，你就不会积极完成这项任务。

再举一个例子。假设一个消费产品公司的高管决定未来三年内美容产品业务的收入要增加 12 个百分点。经过层层划分得出，每一品牌各地的收入要增加 8—20 个百分点，这要依赖于特定地理区域才可以完成该指标。高管们对于这个目标十分兴奋。他们多数都拥有很强的成就需要，因此该目标令他们兴奋不已，激发了他们的积极性——他们甚至对某些地理区域的事实视而不见。

随着战略计划的推出，某些区域的管理者们提出了反对意见，其中最主要的原因就是近期的萧条极大地影响了美容产品的销量。管理者无视这些反对意见，也不管许多区域销量下滑，他们只知道要完成总部下达的目标。让我们跟随其中一位管理者的想法和行动，看看该计划实施得如何。

比尔相信他的公司，相信产品，相信他部门的能力。他想要实现这个目标有几个原因。他想看看公司和各部门的成长。他也期望通过这个机会升职，而他知道小组薪酬与新的金融目标的实现直接挂钩。因此产出对于比尔来说有很高的效价。短时间内，他自己尽可能和团队成员一起奋力拼搏。他们投资新的市场计划，雇用新的广告公司，甚至改变了部分核心产品的外包装。他们加班加点，但毫无怨言。比尔连续工作好几个星期，连假期都没有休息。以往，比尔和团队的努力都会带来很好的结果，他们期望这次同样如此。

可是这次结果却不顺心如意。无论团队如何努力，无论耗时多少，他们的绩效都达不到所有人的期望。新的市场计划刚刚实行一半，预算遭到削减。比尔被告知，四个区域中，只有两个区域可以继续实行广告投放。另外，新包装耗时也比计划的长，部分原因是强制裁员导致设计团队人手不足。比尔开始觉得他的团队不可能达成这次目标。随着时间推移，情况越变越糟，销量严重下滑。比尔的团队成员工作积极性骤减，因为他们觉得，即便努力也达不到期望的目标。

虽然这听起来有点牵强：成功的机会这么小，公司的高管们怎么会采取这样的策略呢？但是这种情节如今很常见。近年来，公开上市公司沉迷于短期增长（通常指季度增长）——为的是取悦投资者、分析师，等等。[60]许多情况下，这种模式导致管理者强迫组织和员工实现越发不切实际的目标。如此管理公司,势必会对业务的持续性发展和员工的健康福利不利。

由此,负责任的领导者必须问自己这样一个重要的问题:激励员工努力工作的目的是什么?本案例中,如果高管将公司的战略同它的使命连接得更紧密,他们可能不会执意要在下滑市场中求增长。相反,他们可能选择引导管理者和员工开发抑制萧条的产品或者找到更有效的方法生产现有产品。换言之,他们会激发员工的积极性,鼓励他们参与到不同的活动中,采用不同的绩效衡量方法,产生不同的结果。

3.6.4　目标设定理论

上一节中我们提到,一些目标(比如不切实际的销售目标)不足以激励人取得卓越成就——原因很简单,目标设定错误!但是,如果选择了正确的目标,又该如何去激励他人呢?

学者埃德温·洛克,加里·兰瑟姆及其同事对目标与动机之间的关系进行了深入研究。[61]目标是个人、团体或者组织力图实现、完成或者获得的结果。洛克及其同事研究目标设定过程,最终发展成为**目标设定理论**(goal-setting theory)。该理论认为,确定目标、实现目标的过程会激发人的积极性,目标特点对动机、绩效和结果会产生影响。[62]

明确性

可衡量性

可达成性

结果导向性

时间明确性

图 3.7　SMART 目标激励许多人

1. SMART 目标

比尔及其团队的例子中,并非所有的目标都有所帮助。最好的目标具备某些特点,比如够明确、有挑战性。我们来看个例子:两个朋友想塑形。其中一个对自己说:"我要吃的更好,还要锻炼。"另一个决定减掉 5 磅,觉得 8 周内跑 3 英里也很容易。她的具体目标包括:(1)每天早上锻炼半小时;(2)每天中午吃沙拉;(3)除周末外,其余时间在家做晚餐。你觉得哪一个目标更有可能激发积极性?第一人的目标十分模糊。要做些什么、如何衡量成功并不清晰。相比之下,另一个人的目标则很明确,有挑战,有结果。这个人其实就设定了一个 **SMART 目标**(SMART goals)。SMART 目标指的是明确性(specific)、可衡量性(measurable)、可达成性(achievable)、结果导向性(results-based)、时间明确性(time-specific),如图 3.7 所示。[63]符合 SMART 标准的目标比较容易激励人,与那些违背这些标准的目标相比,这些目标更易实现。

一旦设定了 SMART 目标,承诺、适当的难度和反馈就成了影响目标激励效果的三个重要因素。有了反馈,我们知道自己处在目标的什么阶段,距离目标的实现还有多远——就像是 SMART 目标导航。现在,我明白为什么承诺也是如此重要。承诺就像为动机准备的一个明显条件:谁会拼命实现一个自己根本不在乎的目标呢!令人惊讶的是,做出目标承诺常常为管理者所忽视。要说明这个问题,不妨想想在体育用品零售商店工作的塔尼娅。有一天,她收到经理发来的一封邮件,告诉她本月运动鞋的销量要比上月高出 10 个百分点,但没有解释实现该目标的原因,或者这个目标对于她个人而言有什么意义。塔尼娅成功或失败出现了结果空缺。而且,部门里的情况也遭到了忽略:一个销售员正在休产假,另一个还在度假。她凭什么要在乎这个新目标——而且还是凭空出现的目标呢?对于这个目标,她能做出什么样的承诺呢?

现在,想象塔尼娅的经理玛丽亚用不同的方式处理这个情况。她给塔尼娅开了一次特殊会议,可能是边喝咖啡边开的。她以轻松的方式表扬了塔尼娅在商店中的工作,分享了消费者对她明确、积极的反馈。她指出,因为塔尼娅的表现,管理部门想要她参加培训课程,为她升职做准备。然后,玛丽亚指出了几条建议举措,包括提高某品牌运动衣和运动鞋的销量。她问塔尼娅对此有何看法,包括她需要如何提升 10％的销量。这种情况下,难道塔尼娅会不对此目标做出承诺吗?

2."行动"和"成长"目标

目标设定作为一种激励手段为许多行业所拥护。然而,一些学者反驳,关于目标设定的诸多设想建立在 20 世纪早期的制造业模型上,该模型强调以机械化程式实现目标。[64]据此,典型的目标设定模式在所谓明确的"行动"目标下才起作用,(比如,"接下来一年提升 10% 的销量"),但是对于所谓"成长"目标则不太适用,因为该目标没有终点(比如,"成为更好的销售公司")。

SMART 目标更倾向于"行动"目标。与"成长"目标关注不间断的转型不同,SMART 目标锁定有限的终点。[65]如今知识型、创新型组织需要逐步变革和转型,而产业组织里行之有效的目标设定过程却没有囊括这一点。

三种需要理论、公平理论、期望理论和目标设定理论研究都十分透彻。它们会继续对组织产生重要影响。尽管这些理论有一些不足,但仍然十分有用。下一小节,我们会探讨另一种同样经过透彻研究的方法:学习理论。学习理论尤其有用,因为它们专注学习和变革,而这两者在当代组织里不可或缺。

最热门»讨论题

1. 哪种需要最影响你的积极性:成就需要、归属需要还是权力需要?
2. 想想你何时使用过社会化权力——你以强有力的积极方式影响别人,让别人获益。你做了什么? 有什么样的结果?
3. 关于公平,哪种结果对你来说最为重要(比如,金钱、尊重、学习机会)?
4. 你经历过认知失调吗? 为什么? 你怎么处理的?
5. 什么情况下,由于期望理论因素的影响,比如你的努力、绩效和产出价值程度三者之间的关系,你会有极高的积极性或者非常的不积极?
6. 目标会激发你的积极性吗? 为什么?

3.7 什么是学习理论?

学习理论与动机研究息息相关,因为这有助于我们了解人如何改变自己的行为。这些理论还能帮助我们明白人怎样因为经验、结果和实践产生积极性,改变自己的行为(学习)。操作性条件反射理论和社会学习理论两者为激发学习积极性提供了有用的指导。

3.7.1 操作性条件反射理论

操作性条件反射理论(operant conditioning theory)建立在一个前提之上,即若行为增强时,就会产生学习和行为变化;若行为并未增强或受到惩罚,则会最终停止。换言之,该理论认为学习通过强化发生。**强化**(reinforcement)指的是与行为有关的结果。行为心理学家伯尔赫斯·

弗雷德里克·斯金纳与该理论联系密切。[66]他的著作至今仍对心理学领域有着深远的影响,操作制约模型在许多组织进程中都可以见到。工作中最常见的应用包括正强化、负强化、消退、惩罚。表3.5对这些方法进行了总结。

表3.5　操作性条件反射:如何运作

强化类型	结果如何运用	实　例
正强化	预期行为发生后,给予积极的结果	每月销售最多的员工会获得奖金
负强化	预期行为发生后,排除消极的结果	一旦报告上交,管理者不再发送提醒邮件
消　退	某个行为发生后,保留其结果	新员工通常要求获得反馈,但当她没有获得任何反馈时,她会放弃
惩　罚	不期望的行为发生后,给予消极的后果	工厂工人没能完成生产量,遭到减薪

有关各个类型强化过程的例子在组织里都很好找,不过有两个例子特别重要:正强化和惩罚。之所以说它们重要,是因为这两者在许多组织里广泛使用,对于人的自我形象和动机有着深远的影响。

1. 正强化

正强化十分强大,因为它对于刺激人的积极性意义深远。想想你的亲身经历:当你因为工作完成出色而被表扬,或者获得奖金,或者奖励一天假期,你不会觉得自己很棒吗?会不会还想再次出色完成任务?你还有可能对老板和公司也产生好感。这就是为什么正强化在工作中的激励作用如此强大:它有利于创造一个共鸣环境,人在这样的环境中会觉得积极向上,充满能量,安全可靠。

以项目团队领导者为例——我们就叫他马尔科。马尔科每周五都要把进度报告发送给他的管理者西莉斯特。一般情况下,马尔科都是在下午5:30把报告发送给西莉斯特。某周,他上午就完成了报告,然后中午就发给了西莉斯特。西莉斯特非常高兴。她第一次不需要因为看进度报告加班。她很感谢马尔科,夸赞他高效的时间管理、体贴和专业,甚至还邀请他一起共进午餐。

马尔科很喜欢这样的赞誉和认同,中饭也吃得很开心。他和西莉斯特就项目遇到的一些难点进行了深入的交谈,并制定了一份计划。他们也更加了解彼此,两人对此都很开心。这愉快的经历激发了他的积极性,下一周他仍打算尽早完成进度报告。他做到了,在上午10:00就把报告发给了西莉斯特,再次收获了夸奖和午餐。

2. 惩罚

惩罚对于个人和组织环境而言具有极强的破坏力。尽管在组织非法、不道德或有害的行为上(偷窃、性骚扰等),惩罚是必要的。但是,不到最后还是慎用惩罚。接下来的几个例子说的就是错误的惩罚会导致什么发生,以及管理者该如何将消极影响降到最低。

(1)"我做错了什么?"

很不幸,人们常常会做一些不被接受的事情,仅仅是因为他们不了解规则或者还没有适应组织的工作进度、工作文化或不了解职业道德。他们常常在没搞清楚原因的情况下就受到惩罚,这真的很让人惊讶。这会导致不信任、怀疑和困惑——这绝不是人们能拿出优秀表现的最佳环境。作为管理者,如果你必须要采取惩罚措施,你必须清晰地将它与不期望的行为挂钩,确保员工明白自己做错了什么,为什么做错,以及不期望行为发生会有怎样的后果。

（2）"为什么是我?"

令人惊讶的是,管理者经常给非过错的人或者团队予以指责和惩罚。一个常见的例子就是"责备传讯者"症状。将坏消息告诉老板的人会"挨骂"。如果因为没有做过的事和/或不能控制的情况而遭到责备和惩罚,人们会觉得深深的不公。

这种情况下,我们会选择不再信任工作环境或者环境里的人。我们会有防守和自我保护意识。不用多说,这样的环境不利于自主性、创造性的发挥,不利于积极的承担风险——而它们都是现代组织中迫切需要的。所以,如果你必须要采取惩罚措施,要确保你知道不期望行为的真实来源。

（3）"我肯定很糟糕。"

惩罚会伤害自尊和自我形象。作为领导者,你一部分工作就是确保你的员工够自信,相信自己,对自己的贡献感到骄傲。这样的思想状态有助于生产力的提高和集体目标的实现。所以,如果你需要阻止某人的行为,而惩罚是唯一的措施,那么需要将他的行为（这个人正在做的错事或者做过的错事）与他的为人（他作为人类个体的全部:思想、身体、心灵和精神）分离开来。

举个例子:一位员工在组会上大发脾气,严重破坏了团队一起合作共事的能力。你已经跟当事人说过此事,并承诺如果表现好就会给予奖励,但是没有效果。最后,你决定把这个人从组里剔除（一项非常有价值的任务）。你没有提及他这个人的性格或者人格（比如,"你从来就控制不住自己"或者"你就是不适合这个团队"）。你尽可能客观且小心地说明发脾气对团队工作的影响。你很同情这个人,并给他提供帮助:联系人力资源部,让他继续接受指导和训练。

（4）"我不敢相信主管在所有人面前那么做。"

惩罚本身就已经很糟。通过在众人面前进行惩罚解决问题,这是行不通的。为什么? 这会导致目标几乎永远无法达成。若公开惩罚,多数人会感到被深深羞辱。羞辱会威胁其个人身份,多数情况下,他们会找机会进行报复。[67]一些人转至"地下活动",什么事情都藏着掖着,不让管理者知道。其余的人可能伺机报复,甚至对管理者、对团队、对组织进行攻击破坏。

惩罚不仅对个人的影响很消极,它还会影响在场的每一个人——甚至是许多听闻者。事实上,惩罚团队中某个人人就相当于惩罚每一个人。或许我们的错误或者缺点会被指出来。或许我们在组会时遭到严厉的批评。当你在众人面前遭到惩罚时,你会作何反应? 从你的人生经历、你的工作或者管理角色中你又能学到什么?

即便惩罚处理"得当",但试图以这样的方式去激发积极性要冒极大的风险。如你所见,组织应当训练良好的行为,而非总是惩罚不好的行为。

3. 操作性条件反射:它真的有用吗?

操作性条件反射（operant conditioning）在组织生活中随处可见,事实上,许多人可能认为它是激发积极性的核心要素。想一想:薪水、反馈和赞扬——这些都是工作中的操作性条件反射的例子。操作性条件反射真的能够激发积极性吗? 动机会跟该理论中的行为—结果公式一样简单吗? 虽然某些行为看上去是能够通过强化习得和改变,但是这个方法并不是万能的,甚至还会产生消极的后果。例如,几十项研究显示,对财务激励有所期待的人往往表现得不及那些没有期待的。[68]这就与一项争论联系起来了:外部激励不会影响情感或认知,尤其在缺乏内部激励时更是如此。

许多激励项目的致命要害就在于完全依赖外部激励因素。一旦这些因素没有了,期待行为会逐渐消失。为了确保绩效继续保持高水平,激励必须一直存在或者常常要有所提高。因此,一些组织将外在激励转换为内在激励,以此来转变员工行为,而这需要的不仅仅是一个细致规划的操作性条件反射项目。

这些发现应当严肃对待,它表明了操作性条件反射项目可能不会产生预期的动机和行为改变效果。接下来,我们来看看社会学习理论。它某种程度上解决了操作性条件反射存在的一些问题。

3.7.2 社会学习理论

阿尔伯特·班杜拉因其**社会学习理论**(social learning thoery)而闻名。[69] 社会学习理论阐明人通过观察其他人来学习新的行为,并且自我强化和自我效能为学习和行为变化提供支持。它有助于我们理解如何通过观察别人强化自身行为、相信自己可以获得成功进行学习。让我们看看该研究如何阐述应用到工作激励中的社会学习理论。

早期研究发现,人可以通过观察别人进行学习,而近距离接触管理者或领导者的员工会模仿他们的行为。[70] 这极大地影响了后来的学习理论家,如本章之前提到的控制点研究者朱利安·罗特。罗特认为,个人行为会影响到其他有相似行为的人的动机。[71] 通过观察别人行动的结果,他能计算出积极或者消极的结果,并采取相应行动。

1. 替代学习:波波玩偶实验

班杜拉以此研究为基础,进行了一系列有趣的研究。这项非常著名的波波玩偶实验表明人是如何复制他们观察到的行为。[72] 这项实验中,一组儿童看到的是大人们对充气娃娃(波波)表现出攻击性。而另一组儿童看到的则是大人们平静地参与到活动中,不具备一丝攻击性。观看了攻击性表现的儿童组随后更有可能复制攻击行为。他们模仿观察到的大人行为。这就叫作替代学习。

替代学习在工作中层出不穷。比如,制药公司里,新员工通常要跟在经验丰富的销售代表后面,观察他们如何在医生办公室以及医院进行拜访。新员工边看边听,学习如何与客户建立关系,如何鼓励他们尝试新药,如何管理时间。

2. 自我强化:不要等着别人奖励你

班杜拉的研究还表明,人会进行自我强化来激发积极性。[73] 比如,你可能向自己承诺,在读完本章之后就出去走走。工作中,当员工出色完成工作或者给团队订了一顿不错的午餐时,他们会有一种成就感,以此实现自我强化。

要在工作中实现自我强化并不容易,因为许多人都十分繁忙。进行实际的自我奖励耗时耗力。然而,如今自我强化日益重要,因为管理者们没有时间一直激励他人。在越发自主的工作中,我们需要找到自我激励的方式。

3. 自我效能

虽然替代学习和自我强化在学习和激励中很有价值,但自我效能可能是该理论中最为重要的概念。**自我效能**(self-efficacy)指一个人相信自己能够成功执行一个行为、完成一项任务或实现一个目标的程度。[74] 自我效能对动机起着关键作用,因为一个人越是相信自己能够完成任务,他或她会越有积极性,锁定目标,不断努力,坚持不懈,直到成功。[75]

自我效能对于学生和员工同样重要。研究表明,“有自我效能的学生学习更刻苦,坚持更长久，面对困难坚持不懈，非常乐观，很少焦虑，成就也更高。"[76] 工作中，自我效能发挥重要作用的例子很容易找到。比如，想象一下某人刚被录取进平面艺术业务市场部。他喜欢平面艺术，也很有天分——但这不是他自己的职责所在。他的工作内容是寻找潜在客户，给他们打电话，拜访他们，让他们对公司的活动产生兴趣。他完完全全是个销售人员。但是假设他认为，自己不论接受何种培训都不可能成为优秀的销售人员。大学期间，他给俱乐部拉赞助，但是没成功。据他描述，自己跟陌生人打交道会很害羞，不擅长闲聊。你能想象他会成为一名销售吗？

这个年轻人注定会失败吗？学者认为答案是否定的：自我效能是可以提高的。那么该怎么提高自我效能呢？首先，你可以主动去获得所需工作经验。然后，如果周围的人支持你、鼓励你，那自然更好。最后，如果你对自己的工作充满热情，那也是有帮助的。当你对自己做的事情有强烈的感觉，你的精力就会集中，工作热情也会大大提高。[77] 尽量别在学习的时候感到沮丧。多关注积极的方面，因为这会鼓舞创造力的发挥，恢复力也更强。[78]

总的来说，社会学习理论包含了关于自我动机和他人动机如何提升的重要信息。许多公司公开应用该理论，更多的则是悄悄进行。本节提到的销售代表的例子中，公司使用的就是社会学习理论原则。将新人跟老员工配对，有利于新人销售技能的提高以及自我效能的发展。除此之外，公司还派经验丰富、令人鼓舞的老师给新人上培训课程，传授经验。而主管也与新人及伙伴近距离接触，鼓励他们，产生正能量，乐观心态和积极的结果，同时也模仿其行为。如此运用社会学习理论可以极大地提高人的积极性，促进绩效的提升。

最热门»讨论题

1. 回想一下你在工作中经历过的奖励和惩罚或者其他强化措施。哪些会影响你的积极性，促使你开始学习或者改变自己的行为？
2. 回想你模仿别人的学习经历。这样的学习经历成功了吗？为什么？怎么做才能更成功？
3. 自我强化因素对你有用吗？为什么？它们是真的有帮助，还是有副作用，会产生不利影响呢？
4. 你如何发展自我效能？考虑你的家庭、学校、朋友、运动，等等。

3.8 如何整合各项动机理论？

对动机理论的应用已经数不胜数。那么，该从哪里开始呢？首先，如果你找到了相信并容易践行的理论，就用吧。但是，别以为某一种理论就能解决所有问题或者用在所有情况之中。你的工具箱内应该多放几种理论。如何整合这些理论，不妨看看下面"学生的选择"中兰斯·阿姆斯特朗的例子。你如何使用动机理论解释兰斯·阿姆斯特朗（Lance Armstrong）的成功？提示如下：他在骑车方面的成功与强烈的成就需要、自我效能感，以及目标设定项目的完美完成有关。他想让兰斯·阿姆斯特朗基金会获得成功，这一持续的动机则与他的社会化权力需要有关。你还能想出其他理论解释这个案例吗？

~~~~~~

学生的选择

兰斯·阿姆斯特朗和 *LIVESTRONG*

兰斯·阿姆斯特朗是一名运动员,是一位癌症患者,慈善家,也是一位领导者。他还是激励他人、给人以正能量的百万富翁。多数人听到他的名字,首先想到他是打破世界纪录的自行车手,但他战胜癌症的故事更让人十分惊讶。阿姆斯特朗并没有就此止步不前:他创立了基金会以示对癌症患者的同情和关心。

兰斯·阿姆斯特朗13岁开始了自行车生涯。16岁他就成为三项全能的职业运动员。到了20岁,他参加骑行比赛,赢得了一些奖项。短短两年后,他首次赢得环法自行车大赛。他的事业蒸蒸日上,一切皆有可能。很显然,那时他充满成功和赢得比赛的动力。

接着悲剧来袭。25岁那年,他被诊断为睾丸癌。手术后,医生告诉他只有50%的存活率。然而阿姆斯特朗仍然积极乐观,选择使用视觉表象来战胜疾病。经过集中化疗,癌症逐渐消退。阿姆斯特朗后来连续赢得6次环法大赛冠军。短暂退役后,38岁那年仍然荣获季军。

如果阿姆斯特朗就此选择享受他获得的殊荣:战胜癌症、卓越的骑行事业,这也是十分吸引人的。但是他想做更多跟生活相关的事。他提倡进行癌症研究,并设立了兰斯·阿姆斯特朗基金会。基金会为癌症患者提供教育项目和支持。基金会的宗旨就是:"团结就是力量,知识就是力量,态度决定一切。"[79]这不仅仅是口号而已:该基金会确实有一定影响力。它与耐克合作,发起了一项全球闻名的黄色腕带宣传活动,腕带上刻有"LIVESTRONG"(坚强活着)。这款黄色腕带风靡全球,象征着希望、知识和活下去的意念。销售活动共筹得几百万美元,用以完成基金会的使命。

阿姆斯特朗鼓励人要保持积极的态度,要永不言弃。他从未忘记自己与癌症的斗争,希望能以此鼓励、激励别人战胜疾病。兰斯·阿姆斯特朗是一个很好的示范:相信自己,展望未来。他对于治疗癌症的贡献是巨大的,令人振奋,鼓舞人心。[80]

资料来源:改编自曼迪·沃克(Mindy Walker)撰写的案例。

~~~~~~

最热门»讨论题

1. 你觉得是什么激励了兰斯·阿姆斯特朗? 综合运用三种需要理论、期望理论、目标设定理论给出你的答案。
2. 运用社会学习理论解释一位运动员如何激励自己和他人?
3. 兰斯·阿姆斯特朗激励到你了吗? 如何激励的? 为什么?
4. 挑选三种动机理论,并分别应用于让学生学习。

~~~~~~

3.9 HR在动机中扮演什么角色?

HR在组织中发挥"人力"职能,其核心职责之一就是确保员工充满活力、忠于职守、积极向上。HR 支持动机的重要方法有两种,一是制定并管理薪酬方案,这会影响外部动机;一是考虑工作的性质,这会影响内部动机。

3.9.1 薪酬计划和奖励机制

许多人非常看中金钱(期望理论称之为高效价)。金钱可以满足人的基本需求(马斯洛需要层次理论和 ERG 理论认为,这对动机而言不可或缺),薪酬是成功或地位的衡量标准(满足成就需要或权力需要)。人可以通过薪酬将自己的投入—产出与别人作比较,自己有机会衡量是否公平。薪酬还与目标达成情况紧密相连,还能成为积极的强化方式。金钱甚至能成为社会学习理论中的一个要素,因为人们强烈渴望去模仿那些薪酬高的人。

无论你从哪个方面看,金钱都是强有力的激励因素。HR 常常负责协助管理者决定薪水的发放形式、发放时间、薪水多少以及其他可行的薪水方式。薪水多少主要根据个人的绩效、团体绩效或者整个组织的绩效。薪酬计划包括以下几种:

- **个人薪酬**(individual compensation):薪酬由个人绩效决定的计划。人们能看清个人绩效与薪酬之间的联系,觉得这种方式公平,并且当他们有机会学习和提高个人绩效时,其工作效率最高,积极性也最高。
- **团体薪酬**(group compensation):基于一个或多个团体的绩效和/或整个组织的绩效发放个人薪酬的计划。在很难衡量个人绩效或者需要合力完成目标时,通常会采用团体薪酬方案。如果个人贡献、团体绩效以及薪酬之间的关系非常清楚,这些方案是最有效率的。如果团队运作良好,即团队有共同的目的,有建设性的规范以及良好的人际关系,此方案会更有效。有些研究者反驳道,采用这些方案的话,需要将个人主义与集体主义之间的文化态度考虑进去,进行协调。[81]
- **以业绩为基础的薪酬**(merit-based compensation):基于个人或团体的绩效水平决定的薪酬计划,反对工龄等因素。很少有薪酬方案单纯以业绩为基础。大多数公司需要平衡对业绩、绩效、任期和职位等因素的评价。还有很多组织采取业绩薪酬方案,管理者可以为特定员工发放薪酬,或给特定员工涨一定的薪水。比如,在大型服装连锁店中,某些工作的年薪约在 30 000 到 34 000 美元之间。招聘员工以及奖励绩效时,这个工资范围是管理者必须要掌握的。

金钱不是薪酬的唯一组成部分。人事经理必须要考虑员工能够获得的其他利益。薪酬包括任何货币化的东西。HR 经常负责制定**薪酬包**(compensation package)计划,工资、奖金和"附加"福利(比如医疗保险、退休金计划、休假、学费报销和股票期权)都货币化了。

如何发放薪酬也是 HR 需要考虑的。**薪酬发放计划**(compensation schedule)规定支付结构、支付条款(包括基本工资、佣金和奖金)和发放薪酬的方式。工资和薪金几乎是定期发放。许多公司的涨薪都是在可预测时间内发放。奖金和特定薪酬如销售佣金则会不定时或者间歇性发放,这通常由个人或集体绩效决定。

3.9.2 工作特征模型

知名学者理查德·哈克曼(J. R. Hackman)和格雷格·奥尔德汉姆(G. R. Oldham)提出一个模型,描述了激发工作绩效的内部动机的特定条件。[82]他们确定了三种变量:影响内部动机的心理状态、促进心理状态的工作特征以及决定能否对复杂和有挑战性的工作作出积极回应的个人贡献。该模型被称为**工作特征模型**(job characteristics model),它指的是一种框架,认为人在工作中需要某些品质,从而产生内部动机和工作绩效及满足感。此模型描述了五种工作特征,可以激发积极性,提高工作满意度和生产力(如图 3.8 所示)。

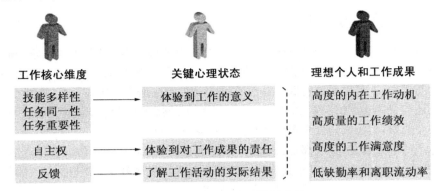

图 3.8　理想工作特征模型成果

作为工作设计人员,人事经理负责结合工作特征模型中各个核心维度,设立适度水平的工作,从而确保员工体验到工作的意义,对工作和成果负有责任,同时了解他们的付出会实际影响最终结果。工作特征能够强化个人及工作成果,比如动机、工作满意度、工作绩效。为了提升五大核心工作维度,HR 可以采取以下几种方式:

● **工作丰富化**(job enrichment):在工作结构中营造内部动机,例如学习机会,对任务如何完成施加更多控制,以及领导力机会。
● **工作扩大化**(job enlargement):指将几项简单的工作任务合并成一项大的工作任务。
● **工作轮调**(job rotation):为了提高满意度和生产力,将员工从一个工作岗位转换到另一个工作岗位,再换到其他的工作岗位。

这些工作特征可以增加工作的吸引力。然而,必须要谨记该模型并不认为"越多总是越好";它的建议是,适当程度可以激发积极性。例如,过度自由和自主性会让员工觉得没有受到支持。

想象一个例子。你刚刚成为某奢侈品公司的采购。今天第一天上班,你找到了办公室,跟周围几个人打了招呼,然后开始坐在座位上。雇用你的人——你的主管和人事经理——不见踪影。你尽可能地忙着,期待某人给你指示,但是指示一直没来。几小时后,人事经理给你发了封邮件,要你填完几张表格。当天下午,你的主管出现,跟你说:"你好! 非常高兴能在这里见到你! 今天还好吗? 好的,周五见。"然后,他就离开了。多数人肯定都觉得这太过于自主了! 这个模型中的其他工作特征也有可能会太"过"。

关于工作特征模型,还要再提最后一点:尽管该模型在组织中广泛应用,但它也有缺点。比如,有一项研究声称除了该模型中的五个特征之外,其他因素也能提高生产力,增加快乐指数,激发积极性。这些因素包括尊重需要,发展需要,可信的领导力,成为圈内一员的渴望,以及影响工作决定的渴望。[83]

最热门»讨论题

1. 薪水通常被认为是主要激励因素。对你而言是这样吗? 为什么? 运用本章中的理论支持你的立场。
2. 员工能够影响自己的工作计划吗? 如何影响? 请举例。

3.10 关于动机,我们能做什么?

你要怎样激励自己和他人,确保每个人的工作都是有意义的? 当然,你可以根据不同的人和具体的情况运用各种动机理论和概念。要做到这一点,你必须整合不同的动机理论和观点。除此之外,你还必须明白是什么激励着你、让你发现工作的意义。这是自我意识——基本的社交智商和情商能力。你还需要了解什么能激励别人,你必须知道如何回应他们的需求。这是同理心——另一个重要的社交智商和情商能力。接下来我们会讨论自我意识和同理心。阅读时请思考如何提升自己自我意识,培养同理心方面的技能,比如准确读出他人的情绪。

3.10.1 自我意识和动机

情绪自我意识是与社交智商和情商相关的一项能力。[84] 为什么需要发展关于动机的高度自我意识呢? 原因之一,最终还是你要对自己的动机负责。换言之,你必须知道哪些条件可以让你觉得可以参与到工作中,对工作产生兴奋的感觉。当你发现了这些条件,对于工作和事业,你的选择将会更理智。工作遭遇不顺的时候,如果你知道什么对于自己有意义、什么可以激发自己的积极性,你就能进行自我支持。还记得本章开始提到的纳粹大屠杀幸存者维克多·弗兰克尔吗? 集中营里的他们没有什么激励。然而,弗兰克尔找到了观察生活的办法,这让他日常生活有了一丝意义。如果你了解自己,无论面对多么困难的工作或是生活状况,你也可以像他一样做到。

了解感觉和心情也是有效领导力的重要方面之一。当你了解自己对于工作、努力、目标以及需要、欲求和期望的感觉时,你就能明白自己的动机(或者自己缺少什么动机)。有了自我意识,你可以监控自己的工作反应,然后相应地调整自己的立场。什么工作是有意义的,什么可以激发你的积极性,这需要你自己决定。你也可以去寻找这种工作,或者试着去罗列可以巩固自身动机的工作具备哪些特征。

3.10.2 同理心和动机

当我们与他人共事,管理他人或者领导他人时,我们要了解什么需要或欲求可能会影响他们,还需要知道他们的想法和感觉如何影响其行为。"解读"其他人的行为需要**同理心**(empathy)。同理心指准确解读他人的情绪、需求和渴望。[85] 研究表明,同理心是有效管理和领导的关键因素之一。[86] 当你与别人产生共鸣,你就能更好地与别人产生连接,并激励别人满足他们自己的需要、你的需要以及组织的需要。而且,当别人相信你能懂他们,也关心他们的期望、渴望和需要时,他们就会愿意加入你,在许多情况下会服从你的领导。

如今,不论国内外,多文化背景都极其普遍,同理心能力更显示出其重要性。不同文化对于工作和动机的体验都不一样。因此,我们必须能够读懂他人,能够解读他们的文化,从而知道可以应用哪些理论,知道如何加以运用。

多文化背景下,许多问题都会使激励变得复杂。首先,虽然本章中的许多理论都有价值,但这些动机理论多数带有决定性的西方倾向。[87] 价值观和社会准则的差异会影响人们对于适当管理行为、工作保障、薪酬结构、绩效评价、职业发展和动机策略的期待。在多文化背景或者跨文化背景下工作的人都必须了解自己及他人的文化对行为的影响。这要求我们必须发展社会意识能力,如同理心。

最热门»讨论题

1. 回想一下,你想要同学校同事或者工作同事改善关系。使用自我意识,想一想你在这段关系中的角色:你该怎么做才能改善?什么原因导致现在的问题?什么情绪让你产生该行为?

2. 同样情况下,使用同理心法。什么原因导致其他人的行为?什么导致他或她这样表现?他或她想要表达何种情绪?

3.11 结束语:工作的动机和意义

如你所见,解释动机的理论有许多。让自己和他人参与到工作中,保持工作热情时还需要考虑许多其他因素。随着你对于管理和领导的学习,探索工作的动机和意义越发重要,因为不论员工也好,管理者、领导者也罢,要做好一件事,必须要利用好自己的才能和精力。

或者,至少应该这样。本章开始我们讨论寻找工作意义的重要性。西格蒙德·弗洛伊德(Sigmund Freud)曾说:"爱和工作是人性的基石。"爱或不爱由你来决定。至于工作,我们一直强调,想办法利用自己的才能,热情参与,寻找有意义工作的路上找人作陪,这非常重要。你可以先从发展自我意识和同理心开始,不断加深对自我动机和他人动机的理解。

本章总结和关键词

1. 什么是动机?

概述:成年人醒着的时间有一半都花在事业上。因此,明白我们的动机是什么,明白如何能够让工作变得有意义、令人满意十分重要。动机是由于内部心理影响和外部力量造成。本章中许多理论力图解释动机来自哪里,动机如何运作。除了这些理论,你还将了解发现生活和工作的意义有多重要以及为什么激励自己和别人需要自身努力和领导力。

关键词:

动机(motivation):指一系列复杂的心理影响和外部力量或条件的结果,使得人们能够继续保持一定程度的精力和坚持不懈的精神以某种方式做事。

2. 什么让工作变得有意义?

概述:工作对于每个人的意义是不一样的,这取决于自身经历、需要以及目标。当你觉得工作有意义,你会发现自己完全投入其中,实现"沉浸"或者一种"巅峰"状态,这时你的积极性很高,完全可以面对挑战。动机是一种心理状态,至于如何通过有意思的方式将自己与工作连接起来,这就要看你自己了。这不是说领导力就不重要。相反,组织之所以雇用领导者,就是因为他们鼓舞别人、激励别人的能力。一位得力的领导者通过灌输希望实现该目的,从而营造一个共鸣工作环境。

关键词:

沉浸(flow):指高度集中和全情投入任务中的一种状态,同时充分利用个人的才能完成任务。

希望(hope):一种心理状态,包括认为未来充满挑战但却很现实的乐观主义,以及我们可以做任何事尽力达成这种愿景的信念;指期待一个可行的且充满吸引力的未来而产生的情绪体验。

共鸣环境(resonant environment):指一种充满激情的、富有活力的、乐观向上的、有效率的并且充满希望的工作环境。

3. 动机和心理学之间有何联系?

概述:激励工作动机的形式有两种:内部动机和外部动机。内部动机是我们给自己提供的,而外部动机则是指他人提供给我们的。自我决定理论检验内部动机与工作场所绩效之间的关系,并指出能力、自主权以及相互联系需要是该动机理论的核心。外部动机,如薪水和利益,也会鼓励我们做到最好,因为这些奖励认可了我们的辛勤工作。其他动机因素包括某些人格特征,比如控制点。拥有高度控制点意味着你相信自己的力量高于环境,因此你的行为是有意义的。高控制点的人鼓舞人心,也很享受工作,因为他们准备好为自己的行为负责。

关键词:

内部动机(intrinsic motivation):指从工作本身中获得的内在满足感,和/或甚至在没有外部奖励的条件下渴望参加活动来感受满足感,渴望使用、提高个人能力或渴望学习。

自我决定理论(self-determination theory, SDT):涉及员工赋权(感到有能力并且有合理的自主程度)需求及其关系(关心他人并与他人相联系)需求的动机理论。

外部动机(extrinsic motivation):指自身外部的力量或吸引产生的激励,例如物质奖励、社会地位或规避不满意的结果。

控制点(locus of control):指我们对生活中事件发生的控制度的感知。

4. 哪些动机理论比较重要,需要了解?

概述:动机理论主要有几种,每一种都对人类行为进行独特的解释。作为管理者,你需要熟悉这些理论,你就可以更好地了解什么能激励自我以及为你工作的人。你还需要明白哪些理论有研究支持,在组织中如何加以运用。

关键词:无

5. 基础层次需要和较高层次需要的动机理论是什么?

概述:需要理论认为人类动机是满足各种需要的渴望。我们都有这些需要,从最基础的生存需要(比如事物、水、安全、健康)到较高层次需要(自我实现和目的感)。其中很有影响力的理论就是马斯洛的需要层次理论,它认为人们会依次满足最基础的需要和工作需要以及更高层次需要。该理论没有研究支撑。另一影响深远的理论就是 ERG 理论,分别代表生存需要(existence)、相互关系需要(relatedness)、成长发展需要(growth)。该理论认为不同的需要可以同时激活。而双因素理论则反驳道:人会受到两组因素影响——激励因素和保健因素——两者对工作满意度、工作不满意度或者动机影响各不相同。动机因素,如认知需要,既影响动机也影响工作满意度,而保健因素,如工作条件,并不会影响动机——但是会影响工作不满意度。

关键词:

需要层次理论(hierarchy of needs):一种模型,认为人们受到激励,首先满足自己的生理需求,接着是安全需求,然后是爱和归属感,之后是自尊,最后是自我实现的需求,按此顺序。

ERG 理论(eRG theory):一种理论,认为人们受到激励,需要满足生存的需要、相互关系的需要和成长发展的需要,并且这三种需要可以同时起作用。

双因素理论(激励—保健理论)two-factor theory(motivator-hygiene theory):这个理论认为两个不同方面的因素(称为激励因素和保健因素)会对工作满意度、动机或工作不满意度造成影响。

激励因素(motivators):对动机产生积极影响的因素,比如认知需要、成就需要、成长与发展机会需要。

保健因素(hygiene factors):指工作中会导致不满意的生理和心理方面,包括工资、工作条件、监督管理、同事关系和工作安全的级别。

6. 为什么三种需要理论、公平理论、期望理论、目标设定理论受人追捧?

概述:一些动机理论——三种需要理论、公平理论、期望理论和目标设定理论——在组织中尤其受欢迎。尽管这些理论彼此都独一无二,但它们都关注目的、行为、努力和结果。

戴维·麦克利兰的三种需要理论告诉我们,成就需要、归属需要或者权力需要会激励个人。受成就需要驱动的人会寻求新挑战,会从实现个人成就中获得满足感;有归属需要的人会从与他人的关系中获得动力;受成就需要驱动的人会去控制和影响他人。然而,并不是所有的权力都有害处。权力可以给社会带来积极改变,并提高他人的福利;这就叫做社会化权力。例如,非洲乌班图就是为了集体的利益,通过权力激励人的一种心态。

平等理论基于心理"账目",将个人投入和奖励相比较,也是将个人努力和奖励与其他人相比较。根据该理论,当人们觉得情况公平公正时,积极性会被激发。当人们感觉自己的努力被低估或者高估时,就会产生认知失调,这时一方面试图处理矛盾的态度、信念和想法,另一方面又承受压力。认知失调迫使人们通过改变信念或者行为来解决内心的矛盾。

期望理论认为除了投入和产出,人们还会考虑对产出的重视程度(即"效价")。只要我们相信自己的努力对实现期待的结果有所帮助,高效价的产出就能激励我们更加辛勤工作。

最后,目标设定理论告诉我们"SMART"[明确性(specific)、可衡量性(measurable)、可达成性(achievable)、结果导向性(results-based)、时间明确性(time-specific)]目标激励许多人。当我们可以设定有意义、有挑战的目标时,许多情况下,我们就能提高积极性。

关键词:

三种需要理论(three-needs theory):这一理论阐述了人受到成就需要、归属需要、权力需要的激励。

成就需要(need for achievement, nAch):指渴望参与挑战和复杂的活动,满足并超越自己的目标,并且获得杰出的成就。

微观管理者(micromanagers):这类管理人员尝试所有的事都自己完成,而且批评所有人的努力。

归属需要(need for affiliation, nAff):指渴望温暖的、令人满足的和亲密的个人关系。

权力需要(need for power, nPow):指渴望直接或通过社会地位拥有影响力、控制权和责任感。

个人权力(personalized power):一种权力需求,它使得人们通过武断的或挑衅的行为寻求控制权，通常是为了谋私利。

社会化权力（socialized power）：对于基于支持他人、群体、社会或公益福利的愿望的权力的明确需要。

亲社会行为（prosocial behavior）：指任何试图保护社会福利或共同利益的行为。

平等理论（equity theory）：一种理论，认为个人的激励水平是将个人投入和成果相比较的结果，同时也是将个人努力和奖励与其他人相比较的结果。

认知失调（cognitive dissonance）：指在处理有冲突的想法、态度或信仰的过程中出现的一种心理压力状态。

期望理论（expectancy theory）：一种理论，认为激励受到努力与绩效的关系、绩效与结果的关系，以及看到的成果价值的影响。

努力（effort）：指个人的投入，这会受到个人关于投入精力是否能使绩效达到可接受水平的认识的影响。

绩效（performance）：指任务或工作成功完成的程度。

工具性（instrumentality）：指个人认为绩效达成度将会影响实现某些成果的程度。

效价（valence）：附加在成果上的价值。

目标设定理论（goal-setting theory）：一种理论，认为人们在确定并达成目标的过程中会受到激励，并且目标的特点会对动机、绩效和结果产生影响。

SMART 目标（SMART goals）：表述目标的术语，这些目标即明确性（specific）、可衡量性（measurable）、可达成性（achievable）、结果导向性（results-based）、时间明确性（time-specific）。

7. 什么是学习理论？

概述：学习理论回答了关于动机的诸多问题。比如，操作性条件反射认为我们学习以及改变行为取决于行为是否被强化、惩罚或者忽略。正强化是驱动个人绩效的强有力因素，也有助于营造共鸣环境。违法行为或者极端恶劣行为发生时，有必要采取惩罚措施，但这具有极大的破坏力，应尽量避免。操作性条件反射是许多组织激励项目的基础，但是它太过于简单，太过于依赖外部动机。

社会学习理论认为我们通过观察来学习。替代学习允许我们模仿他人的行为，并在观察他人行为结果的基础上作出选择。自我强化和自我效能——或者相信自己能做到某事的信念——是社会学习理论的重要组成部分。

关键词：

操作性条件反射理论（operant conditioning theory）：一种理论，认为若行为增强时，就会产生学习和行为变化；若行为并未增强或受到惩罚，则会最终停止。

强化（reinforcement）：指与行为有关的结果。

社会学习理论（social learning theory）：阐明人通过观察其他人来学习新的行为，并且自我强化和自我效能为学习和行为变化提供支持的理论。

自我效能（self-efficacy）：一个人相信自己能够成功执行一个行为、完成一项任务或实现一个目标的程度。

8. 如何整合各项动机理论？

概述：没有哪一种动机理论本身就完全有效，所以需要将多种理论运用到个人生活和职业生涯中。

关键词：无

9. HR 在动机中扮演什么角色？

概述：HR 在工作动机中起着重要的作用。一方面，HR 设立并且管理激励众人的薪酬包。他们需要将这些外部动机因素结合起来，加以适当公平管理，在招聘、留用优秀员工中发挥作用。不同形式的薪酬会产生不同的激励——比如，团体薪酬会激励团队工作和团队合作。薪酬包不仅仅包括金钱（还有比如医疗保险、地位、成就机会等）。HR 需要时刻关注，确保员工找到工作的意义，激发其工作积极性——比如通过鼓励终生学习、终身设计让他们获得内心的满足。事实上，工作特征模型认为，HR 对能带来满意的工作和更好的工作成果的工作因素加以关注，那么其领导力可以激发员工积极性。

关键词：

个人薪酬（individual compensation）：指薪酬由个人绩效决定的计划。

团体薪酬（group compensation）：指基于一个或多个团体的绩效和/或整个组织的绩效发放个人薪酬的计划。

以业绩为基础的薪酬（merit-based compensation）：指基于个人或团体的绩效水平决定的薪酬计划。

薪酬包（compensation package）：指将工资、奖金和"附加"福利（比如医疗保险、退休金计划、休假、学费报销和股票期权）发放给员工的计划。

薪酬发放计划（compensation schedules）：指确定支付结构和支付条款（包括基本工资、佣金和奖金）如何发放给员工的计划。

工作特征模型（job characteristics model）：指一种框架，认为人在工作中需要某些品质，从而产生内部动机，满意自己的工作。

工作丰富化（job enrichment）：指在工作结构中营造内在激励，例如学习机会，对任务如何完成施加更多控制，以及领导力机会。

工作扩大化（job enlargement）：指将几项简单的工作任务合并成一项大的工作任务。

工作轮调（job rotation）：指为了提高满意度和生产力，将员工从一个工作岗位转换到另一个工作岗位，再换到其他的工作岗位。

10. 关于动机，我们能做什么？

概述：激励自己以及与你共事的人是你的责任。要做到这一点，你可以先从了解本章提到的动机理论开始，整合这些不同的理论。你还可以从自我意识开始，发展自己的社交智商和情商。有了自我意识，关于如何选择有意义的工作，如何让工作更加令人满意，你就可以作出明智的决定。除此以外，你还需要明白如何通过同理心来激励他人。

关键词：

同理心（empathy）：指准确解读他人的情绪、需求和渴望。

11. 结语：工作的动机和意义

概述：做有意义的工作时，人们会倍受鼓舞，积极向上，热情高涨。随着你学习的管理和领导力知识越多，你会逐渐懂得，动机和寻找工作意义是很强大的因素。有了动机和工作意义，我们会精力充沛，技能和天分会有提高，真正做到工作高效。

关键词：无

4

沟通：共鸣关系的关键

4.1 为什么沟通是工作中有效人际关系的核心？

　　工作的成功，部分取决于你分享信息的能力以及对他人的影响力——这是职场中沟通的两个主要目的。工作的效能也包括分享个人价值观的能力，鼓舞他人的能力以及通过积极的沟通来建立共鸣关系的能力，而积极的沟通有助于营造一种良性氛围使每一个人都能尽最大的努力，做最好的自己。[1]

　　通过学习、工作以及生活上的经历，你已经掌握了向他人介绍自己，表达自己的需求以及想法和感受等能力。你已经学会运用多种沟通的方式，帮助你建立人际关系、处理矛盾、影响他人、分享知识以及同他人合作。好的领导者和优秀的员工把大量精力放在他们与人沟通的内容上。擅长沟通的人不仅关注沟通内容，同样也关注怎样去分享信息、展现自我、影响他人以及建立各种关系。现在让我们看看一名充满活力的领导是如何描述工作中沟通的重要性的。

观点

　　卡伦·隆巴尔多（Karen Lombardo）是位充满活力的领导，现担任 Gucci 集团全球 HR 执行副总裁。集团除了 Gucci 品牌外，还拥有 Bottega、Veneta、Yves Saint Laurent、Balenciaga、Stella McCartney 等八大奢侈品牌。由于各品牌领导者之间存在竞争，卡伦致力于促使各个品牌领导者们始终团结在一个共同的愿景和使命下。如卡伦所说：

　　　　总是有人感觉自己被隔绝孤立——但在公司里几乎没有什么是孤立的——或者在这个世上，就没有什么事是孤立存在的。回想一下金融界在 2008 年经济衰退前所做出的各种决策，例如，有关次级贷款以及高管们的丰厚红利，这些决策影响了数百万的人，而这些人和次级贷款毫不相关，也从未见过一分钱的奖励。

　　　　你所做的每一个决定都会产生连锁反应。你所说的话，所做的事都会以各种你难以想象的方式对他人产生影响。因此你必须明白,作为领导者,不同的沟通方式,其效果可能大相径庭——积极或者消极。一旦你偏离了自己的价值观,就会陷入麻烦之中。若你通过粉饰或掩饰真相来支持某个观点或支持某件事,这根本藏不住,别人一眼就能识破。如果你觉得别人都是傻子,你能掩饰真相,愚弄别人,那你自己就成了傻子。

说真话的人,会受到尊重。同样,如果你喜欢自己的工作并且总是勤恳自豪地去完成它,身边的人也会受到鼓舞和激励。如果你的言谈举止表明你把他们以及公司的最大利益时刻放在心上,他们就会信任你、追随你。工作如生活一样,你就是你,来不得半点伪装。你必须找到一种沟通方式,真实地告诉别人你是谁,你信任什么。如果你能够做到这些,你可以成功一个真正的领导。

资料来源:安妮·麦基于 2009 年对卡伦·隆巴尔多进行的专访。

卡伦·隆巴尔多的论述雄辩有力,正如她所说,在沟通过程中,我们的言行举止都意义重大。如果你告诉员工,你致力于他们每个人的成长并且有实际行动为证,这种信息会对其他人快速地产生连锁反应。如果你对所从事的工作充满热情,人们会感受到;如果你言行不一,人们也同样会知道。

Levi Strauss 公司的首席执行官罗伯特·哈斯(Robert Haas)评论当下商业环境时说:"这是一张相互负责以及相互合作交织在一起的无缝网,而我们在这张网的中心;这种无缝合作关系既包括相互关联又包括相互承诺。"[2]沟通就处在这张无缝关系网的中心位置。工作中我们通过沟通来传达信息、说服他人、启发他人以及激励他人。我们是建立还是破坏各种关系,这取决于我们相互之间沟通的方式和内容。

本章,我们将讨论一些方法,帮助你提高沟通技巧和增强建立共鸣关系的能力。**共鸣关系**(resonant relationship):一种活跃和支持关系,鼓励尊重、包容、开放和坦诚的对话。本章开篇,我们将首先探讨如何使用口头以及非口头语言表达我们的想法和感情。我们会介绍各种人际沟通模式,展示我们是如何传达以及接收信息的。你也会学习到如何通过沟通树立自己的工作及生活形象。然后,我们将讨论技术与沟通以及克服常见沟通障碍的秘诀。你将了解在今天这个社交多元化的机构中,沟通时所面临的各种特殊挑战,学习如何高效地驾驭沟通网络以及怎样把讲故事作为一种强有力的沟通工具。最后,你需要了解 HR 怎样改善各个组织之间的交流沟通,以及我们如何才能高效地沟通和建立共鸣关系。

最热门»讨论题

1. 卡伦·隆巴尔多说,"工作如生活一样,你就是你,来不得半点伪装。你必须找到一种沟通方式,真实地告诉别人你是谁,你信任什么。"你对此有什么看法?

2. 回想一下,曾经由于你说过的某些话而导致一些意外且不好的后果的情况。发生了什么事? 你当时能采取哪些措施避免产生这些不良后果?

3. 刚开始和一组人或一个团队合作时(例如,一个班级项目),你会采取哪些策略帮助大家互相认识并建立共鸣关系?

4.2 人类如何沟通？

沟通一词源于拉丁语"communicatus/communicare"，意思为"给予或分享"。[3] **沟通**（communication）：指信息从一个人或团体传达给另一个人或团体的行为。人类之间沟通的复杂程度难以想象。我们分享一切：分享自己的想法、希望、梦想、快乐、愤怒以及恐惧，我们分享方式多种多样，例如，谈论、唱歌、跳舞、绘画、写作、微笑、皱眉、哭泣、大笑、亲吻、拥抱，等等。我们通过话语沟通，既可以口头说，也可以书面写。我们也可以通过面部表情、姿势、手势等类似表达进行非言语沟通。下面将分类讨论各种沟通方式。

4.2.1 语言：人类的特有功能

许多动物的沟通系统也称得上"语言"，但是没有任何一种语言像人类的语言一样复杂，也没有任何一种动物能向人类一样创造性地使用语言。著名语言学家诺姆·乔姆斯基（Noam Chomsky）指出，人类对创造力、语言以及象征主义的认知能力是从我们近代祖先那逐渐进化而来，还未发现动物沟通系统中存在这种人类语言的创造功能。[4] 心理学教授迈克尔·科尔巴里斯（Michael Corballis）认为人类不同于动物，"人类不仅使用语言表达情感或主张领地范围，而且通过语言塑造彼此的头脑思维。"[5]

尽管没有人能够确定人类最初开口说话的确切时间，但似乎是出现在大约 5 万年前。学者们认为人类的语言能力和推理能力是同步逐渐进化的，语言和我们的思考能力息息相关，甚至最早期的语言形式很可能包括与人类思想和感情相关的手势和声音。[6]

1. 口头语言及手语

语言（language）：指由人们共同使用的一套语音和符号构成的一种系统的沟通形式。口头语言是各种声音的混合体，这些声音都是表达我们思想和情感的符号。例如，"桌子"（table）一词，包含的一组声音，对于说英语的人来说象征着一种顶端有平整表面的四条腿家具。而短语"我爱你"是一组包含三个发音，象征一种复杂的感情——吸引、尊重、责任以及保护等。

你可能疑惑字词是如何进化而来的。它们是否与物体、思想及情感相关或是用来描述这些物体、思想及情感？事实并非如此，除了一些拟声词（模仿各种声音的词），大部分字词都是任意的。这些声音混合体和我们的思想、情感以及观点没有相关性。例如，"桌子"一词和"马"这个词一样，没什么特殊。从表 4.1 可以看出，有许多种方式将声音结合从而创造出一些对我们有特殊意义的词。

表 4.1 "我爱你"在不同语言中的表达

英 语	I love you
德 语	Ich liebe dich
西班牙语	Te amo
菲律宾语	Mahal kita
日 语	愛しています（aishiteimasu）

（续表）

赞比亚加语 赞比亚本巴语	Nikukonda Nalikutemwa
印 地 语	Females to males： Maiṅ tumse pyār kartī hūṅ Males to females： Maiṅ tumse pyār kartā hūṅ
俄 语	я тебя люблю(ya tebya l'y bk'u)
美国标准手语	

　　手势也可以表达人们的思想及情感,这些手势称为手语。听力或说话有障碍的人以及这些人的朋友、家人和同事可以用手语沟通交流。

　　世界聋人联合会估算全世界约有 7 000 万聋人,其中 80％生活在发展中国家。[7]尽管全球有几十种手语和数百种方言,这些语言中被人们普遍使用的却仅仅只有几种。使用人数最多的手语是西班牙手语(2 800 万使用者),其次是中国手语(200 万使用者),再者是法国手语(160 万使用者)。[8]据英国聋人协会(British Deaf Association)统计,约有 25 万人使用英国手语。[9]据高立德大学(Gallaudet University)网站上的统计数据显示,在美国约有 50 万到 200 万人使用美国手语,加拿大也使用美国手语。各种统计数据差异很大,要统计出使用美国手语的确切人数,难度很大。[10]

　　从图 4.1 可以看出,尽管英国人和美国人都说英语,但两个国家的手语却完全不同。只懂美国手语或英国手语的人无法相互沟通。[11]

　　通过观察美国手语与英国手语的巨大差别,不难理解为什么要开发一套国际手语。国际手语(ISL)的正式开发始于 19 世纪,不同手语使用者之间的相互交流是国际手语产生的原因,同样也是混杂语形成的原因。[12]**混杂语**(pidgin)指一种使用来自不止一种语言的手势、词语或短语的语言,使人们在无需学习另一种语言的情况下也可以交流。

　　伴随着口头语和手语的出现,人们还发明了另一种方式来表现自己的思想感情:书面语。

2. 书面语

　　很难确定我们的祖先是什么时候开始使用书面符号来进行沟通交流。早在 25 000 年前,人类就开始在山洞的石壁涂鸦绘画;这些就是人类最初记下来的"书面"故事吗？ 这个问题很难回答。但可以确定的是,数千年来,人类就一直在石头、木头或其他物体上绘画或刮刻各种图案以表达及分享自己的想法及情感。据我们所知,文字书写可能出现在 7 000 年前,尽管无法确认。

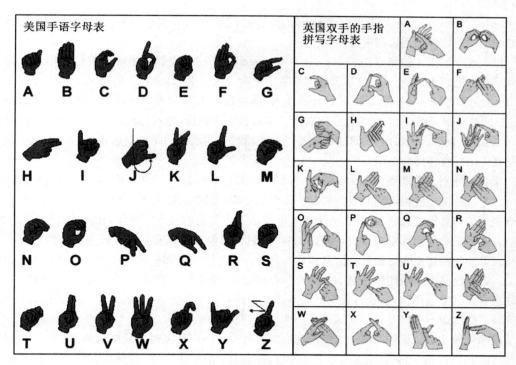

图 4.1 美国手语与英国手语的对比(字母表)

工作中,人们常用的书面沟通形式包括电子邮件、短信、备忘录、海报、手册、合同以及公司简报上的文章。当然,如今这些书面沟通形式都实现了网络在线。书面沟通的一个显著优势是能够永久保存。这为什么如此重要呢?

书面记录可供用于查找原始沟通资料,以便做澄清说明或是归纳争议。同样也可以让使用者准确简便地复制及传播原始信息。

书面沟通对于表达冗长详细的观点尤其有益。与口头表述相比,我们书面起草一则消息时,会花费更多的精力深入思考我们想表达的信息。同样,与直接的口头交谈相比,接到一则书面信息时,我们可以投入更多的时间思考这则信息对我们的意义或发信息的人想要表达的意思。

3. 外延和内涵

对于语言的各种形式,以下两个概念尤其重要:外延和内涵。**外延**(denotation):指一个词的字面意义或字典意义。外延看似仅指理解一个词的字面意义——其实含义更多。**内涵**(connotation):指一个词附带的联系、感觉和评价。理解词的内涵意义非常重要,因为沟通不仅限于简单的定义,也涉及个人、社会以及文化意义,这些意义无法从字典定义中获得。例如肥胖(fat)、丰满(chubby)、超重(overweight),在字典中查这些词时得到的解释基本相同,但每个词的内涵意义是不一样的。例如,形容一个人很强壮时,你可能会想到有力量的(powerful)、结实的(tough)或有弹性的(resilient)等词,这些形容词每一个都有不同的涵义。因此,用词不同,沟通的实际效果就不同,手势、语调以及其他非语言信号沟通也是如此。

4.2.2 非言语沟通:我们的肢体、声音以及节奏

除了用符号语、口头语以及书面语沟通,我们也可以传达非言语性质的信息。**非言语沟通**

(nonverbal communication):指有意或无意地通过任何手势、表情、肢体行为或语调、音高或音量来交流信息。非言语沟通极其重要。

据人类学家雷·伯德惠斯特尔(Ray Birdwhistell)的研究,我们沟通时所传达的信息只有约35%是通过语言表达的。[13]其他学者给出的数字更为惊人。例如,学者艾伯特·梅拉比安(Albert Mehrabian)和苏珊·费里斯(Susan Ferris)认为,语言仅占人际沟通中所传达的重要信息总量的7%。[14]回想一下,你和他人的最近一次对话。你是否注意到他/她看你时的神态?你是否注意到他/她的面目表情、手势、语调、语速的快慢以及谈话时你们之间的距离是远还是近?你觉得这个人的肢体语言在传递什么信息?

学会读懂别人的非语言行为并管好自己的非语言行为,这可能是你能学到的最重要的沟通技巧。非言语沟通能告诉别人我们的想法及感受。我们的非言语沟通所传达的信息远比我们用话语表达的信息更细致精确,这在一定程度可能是因为我们的情感影响我们的肢体行为。例如,我们有许多微小的面部肌肉来表现我们的各种感受,其他人可以看到并解读这些细微的面部变化从而得知我们想要表达的真实信息和真实感受。非言语沟通和一种被称为边缘性共鸣的过程相关。边缘性共鸣能描述各种复杂的神经和心理过程,能够帮助破译以及反映出他人的情感。[15]多注意自己的非言语沟通,这样就更能有意识地管控我们的边缘性共鸣过程,从而更有效监控及管理我们的沟通行为以及各种交际关系。

准确读懂非语言信号和一个人的同理心能力有关——一种关键的社交情商素质。学会管控你自己的非语言信号涉及情感的自我意识和自我管理——领导者需要具备的另外两种重要素质。

非语言行为自然而然地发生,有利亦有弊。好处是非语言行为使沟通更快、更准确。而弊端是,非语言行为传递给别人的信息,可能是你不打算让别人知道的或是和你想表达的信息有差异。在非言语沟通中,需要格外注意你的肢体语言、语调、音量、语速或说话时的节奏等。

1. 肢体语言

肢体语言(body language)包括手势、面部表情、眼神沟通、身体接触、贴近他人或其他能够传达意思的身体姿势。例如,当你在和对方交谈时,想让对方注意正走向房间的一位男士,你可能会朝着那个男士方向点下头,同时和交谈者保持眼神交流。你可能朝那个男士的方向指一下或扬起眉毛。你甚至可能用你的面部表情或手势告诉和你聊天的人,你对这位男士的看法和感觉。你的肢体语言的幅度大小也能帮你控制所传递的非语言信息量。例如,你大笑着用手指着别人,这可能表明你不在乎那个人的感受,也许你觉得自己比他更强大,或者通过你的面部表情告诉别人,你们是朋友。

我们也通过非语言方式回应别人的肢体语言。例如上面提到的那位进屋的男士,如果他认为你的手势是出于善意,他会向你挥手或也大笑起来告诉你,他知道你在让朋友注意自己。如果他觉得你是在有意取笑,那他可能立刻满脸谨慎和怒容。

2. 交流时的语调、音量以及语速

语调是说话时音高的起伏变化。说话时音高的变化表明你要说的内容需要特别注意,或表明你说的话的意义发生改变。举个简单的例子:在说"她真不错"这句话时,你强调哪个字,或是你的语调是怎样的,可以表达出完全不同意思。根据语调也能判断你是在陈述观点或是提出问题。语调可以表达惊讶、讽刺、不确定、愤怒、怜悯、同情以及其他各种感情。

音量也能表示你想表达的信息。你可以提高声音或压低声音来引起别人注意。在一些文化传统中,说话柔声细语表示恭顺、羞怯或无安全感。而在其他文化中,则象征着权势(即,你不需

要高声说话也能引起别人注意）。

　　你说话的快慢或是频率的变化幅度称为语速。像语调和音量一样，语速也能让别人注意你要说的内容以及你要表达的思想感情。例如，你可能放慢语速强调某项指令的重要性或确保别人能有机会提问。

　　语音变化也能帮助我们吸引别人的注意力。如果一个讲座从头到尾全是一个语调，很难让人集中精力去听讲座。如果声音没有轻重变化，便很难吸引别人。如果学会捕捉或保持人们的注意力，那你就会成为一名高效的沟通者。

　　在沟通中，肢体语言、语调、音量以及语速不是单独出现而是相互交织在一起。掌握表达或解读非言语语言的艺术，能让我们更善于沟通，因为我们能更有效地分享我们的想法和感情。擅长沟通的人能很好地运用语言的各个方面，包括口头语言和/或符号语言，同样也包括非言语语言。下一节，我们将学习复杂的沟通技巧，帮助我们在社交场合解读复杂信息和展现自我。

最热门»讨论题

1. 许多人在家或与朋友说话的方式和在学校或工作时的说话方式有所不同。你觉得人们为什么这么做？

2. 你是否会说多种语言？会说多种语言有什么好处吗？

3. 如果在新的社交背景下靠语言沟通交朋友，你会给自己的表现打几分？如果是职业社交背景下，又会打几分呢？

4. 你收到过别人对你的肢体语言的反馈吗？是怎样反馈的？这些反馈影响你对自己沟通能力的认识吗？

4.3　我们如何传达和理解复杂信息？

　　本小节将讨论和沟通有关的四个复杂的主题：通过非言语行为表达情感；理解各种情感、观点以及事实；表达"我们是谁"以及我们想让别人看到怎样的自我；理解客观及主观信息。

4.3.1　表达情感：非言语行为是如何泄露我们的真实情感的

　　沟通时，你是在向别人传达各种复杂信息，这些信息包含你的各种想法和情感。表达以及理解各种情感是人类与生俱来的能力，尽管这种能力的强弱因人而异。知名学者保罗·艾克曼（Paul Ekman）认为，来自不同文化的人能立刻识别至少六种基本的情感类型：快乐、悲伤、恐惧、愤怒、厌恶以及诧异。[16]许多其他情感，表现比较微妙或人们的表达方式具有特定的文化特点。通过学习正确的知识及实践，我们能有效地学会准确地解读他人的感受和情绪。[17]我们也能学会各种情感表达方式，让别人更好地理解我们。

　　最好的结果就是，我们能做到有意识地管理我们的情感表现，让我们表现出来的感情与说出的话保持一致。然而，通常情况下，在我们毫无意识或想极力隐藏真实情感的情况下，我们的非言语语言却在替各种情感"说话"。由于各种原因，人们不情愿透露自己的感情，所以他们会极力掩饰。[18]在许多文化中，在某些场合表达自己的内心感受是不被接受的。学者们注意到,有时我们希望表达自己的感情,但又退缩不前;这种情况发生时,别人就能看出我们在隐藏自己的情感。[19]

例如,你可能曾处于正在讨论一个决策的境况。你不认同话题的走向,对那群人将要做出的决定也十分不满。但好像其他所有人都很满意这个决定,于是你掩藏自己的真实想法。然而,在这种情况下,你的非言语行为完全有可能暴露出你的真实想法。那么你传达出来的非言语信息可能被别人准确地猜出来,若是没猜对的话,可能造成困惑和误解。例如,由于别人不知道你焦虑的原因,可能疑惑"她怎么了?"或是"她在生我的气?"

非言语行为也能暴露出与认知失调或撒谎相关的情感。[20]掩饰、掩藏或否认个人情感十分耗费精力——既不容易做又费神。事实上,人的多种社交和心理疾病都与隐藏真实感情所要承受的压力有关。[21]

4.3.2 一种复杂的技能:理解工作中的各种情感、意见和事实

准确表达及解读各种情感,对于生活和工作都十分必要。这对于一个机构的各层领导者尤其重要。因为人的情感能影响人的决策力、目标完成率以及工作关系的质量。[22]举一个例子:一个经理正在和员工开会讨论创建一种新的假期轮班机制,公司需要全年营业,而员工对加班时间已经怨声载道。一些员工非常讨厌假期加班,却总是被要求在假期加班工作。而其他员工则很少被要求假期加班,这就意味他们没机会获得加班费。

会议上,经理发现员工都很不满。她认为这些人是对她不满(她错了——他们只是对这种工作时间安排不满)。于是她选择忽视这些非言语信号。当有人想表达对这些问题的看法时,她就换话题。她害怕员工会对她言语攻击,那样她将控制不住会议场面。员工们注意到了她的抵触情绪,其中一些员工开始愤怒:"她难道不相信我们能进行理性讨论吗?"其他员工认为:"如果我们无法说出问题所在,无法表达我们的感受,我们将如何找到满意的解决方案?"而还有一些人会感到困惑:"这个经理怎么了?"这个会议开头就非常不好——也不会找到最好的解决方案。如果这个经理更自信点,更擅长读懂别人的心思,这个会议或许就会取得更好的效果。

从上面的例子可以得出几个结论:我们的情感随时可能流露出来;能准确地解读这些情感非常重要;我们都需要处理各种相互冲突的观点及不同的情感的技能。这个例子也展现出另一个和沟通相关的复杂论题:我们如何传达及维护自己的形象。这个经理忽视员工表现出来的情绪,部分原因可能她想维护好自己作为经理的形象,不能在会上失去掌控力。下面我们看一下,管理好自己的形象和身份在沟通过程中是如何的重要。

4.3.3 我们怎样在沟通中管理自己的形象

在日本有一种说法,每个人都有两张脸——一张是给自己看,另一张是给别人看。我们会选择不同的身份去适应不同的社会场合——领导、经理、学生、朋友或员工。为了扮演好每个角色,我们谨言慎行,努力维持好我们想要展现给别人的形象。[23]

我们在公共面前表现出来的身份称为面子。**面子**(face):指我们希望他人接受的代表自己身份某一方面的公共表征。[24]我们希望别人认同我们展现出的自我形象,或者至少不被挑战。[25]例如,你认为自己是一个忠诚的朋友。当有人遇到麻烦了,你会说"我到时一定帮你。"如果你的朋友确实很心烦,他可能说,"你没法帮我——你自己的事还忙不过来呢。"这就是在挑战你的形象——你想展现出的公共形象。如果这种身份对你来说很重要,你就会烦恼并希望向你的朋友证明你确实是个忠诚的朋友。

1. 挽回面子

当有人挑战你的形象时，你可能会采取措施"挽回面子"或避免"丢面子"。[26]在工作场合，维护面子是件特别复杂的事，因为人们常常同时要扮演许多角色。工作中，人们常常希望我们做一些和我们自身形象不相符的事或与我们想要展现的形象相违背的事。我们可能不得不改变自己的形象，做一些我们在其他情况下不会做的事。有些情况是明确要求我们去做这些违背我们自身形象的事（公开型），而其他情况则是间接性的（礼貌型）。

例如，你可能用一种间接性的，私下里的方式招募一名项目志愿者。你会说，"这个项目非常重要，我实在想按时完成，但我现在真的担心自己不能按时完成。"通过这种方式表达你的需求时，别人认为你是一个勤奋努力、想按时完成工作的人。这就是你想让别人看到和接受的"面子"。为了让你有面子，可能不用你直接问，就有人同意帮助你（这能表现他是好组员的形象）；或者，他可能说，"我希望我能帮上忙，但我帮不上，我就帮你找找其他人吧。"我们采取的许多沟通策略，都是类似这种私下里的请求，这种方式可以让双方都能维持各自的面子。

2. 挽回面子及维持好各种关系的策略

当有人发出明确而正式的请求时，双方很难保住各自的面子。有人可能不得不做出让步并且改变他们的公共形象。这种情况下，就需要找到一种策略让双方都能保住面子。研究者佩内洛普·布朗（Penelope Brown）和斯蒂芬·莱文森（Stephen Levinson）发明了一种模式，让我们理解"礼貌"是如何作为沟通策略的协助手段以维护各种关系的，不管这种沟通策略是间接的或直接的：[27]

- 积极礼貌：指我们主动向他人传达信息，表明我们尊重他人的颜面。在上一小节的间接请求的例子中，你的同事为表明尊重你的颜面，他可能会说，"我很乐意帮忙——我们都期望这个项目按时完成！"积极礼貌策略是强化共同价值观并寻求共同点的过程——在这个例子中，"对于这个项目，我们是一个团队"这种理念就是积极礼貌策略。
- 消极礼貌：是一种把别人的"领土"、自立性、时间以及资源等看作是私有和有价值的沟通策略。例如，当需要一种直接求助时，不要说，"我需要你帮我完成这个项目"，你可以说，"我需要你的帮助，但我知道你很忙。"那你的同事可能就会说，"谢谢你理解我的处境，让我看看能帮上什么忙。"

这样一来，每次沟通互动都在尝试着向别人展现我们优选的自我形象，同时也容许别人这样做。令人欣喜的是，在日常沟通中，不管这个过程如何复杂，我们确实取得了成功的沟通效果。我们能够获得成功，很大部分是因为我们理解这个社会环境下的沟通礼貌规则。

人们如何向他人介绍自己，如何礼貌地展现自己，这些都因文化而异。在跨文化交际中，即使再诚恳地表达自己的礼貌，冒犯别人或危及重要交际关系的风险还是会更高。高效的领导者意识到他们必须处理好这种复杂的社交关系，还必须使自己保持一种能影响他人的形象。

沟通是件很复杂的事，尤其是涉及情感和诸如个人形象、身份或与人互动的文化规则等重要信息时。我们怎样才能把所有这些信息都理清呢？让我们着眼于一种信息分类的方法，以使得我们可以有效地理解和运用各种复杂信息。

4.3.4 理清信息

学者肯·威尔伯（Ken Wilbur）已经提出一种归类方法，以对我们如何理解及分享信息进行分类。[28]通过威尔伯的模型，我们能将可能涉及的信息进行如下分类：

- 与个体相关(个体的)相对于与一个群体、组织或团体相关(集体的)
- 个体或群体内(内部的)相对于个体或群体外(外部的)。

从表 4.2 可以看出,这种归类方案是聪明之举,能让我们更清楚地看出信息是怎样"组合在一起"的。

表 4.2　威尔伯的归类模型:我们是怎样理解及分享信息的[29]

	内部的(主观的)	外部的(客观的)
个体的	我的观点	我的行为
集体的	我们的文化	我们通用的语言

威尔伯的模型在各种组织结构中尤其有用,它强制人们在传达或理解信息时要自律。为了阐明该模型是如何促进组织机构间的沟通交流,特举例说明:某公司的销售及市场部的高级管理者们决定,为了更有效且高效地追踪成本,需要采取一种更严格的流程追踪员工的商务差旅开支。管理者们购买了一套软件程序,可以让员工们输入差旅开支数据,包括各项具体开支明细(宾馆、饮食、加油费等)。通过对员工进行培训,希望员工能使用这种新的程序以便更好的追踪所有开销。

这个新程序对员工和公司来说都是一个很大的改变。在此之前,所有的开销都是通过一种诚信系统进行管理——每月月末,员工只需要简单列出开支清单并附上收据(如果有的话)就可以报销了。现在,他们不得不输入每一分钱,以便他人监控。

六个月后,高级管理团队开会讨论这项开支追踪程序的效用。其中的两名管理者是负责管理几乎所有需要使用这个新系统的员工,他们已经听到很多抱怨。他们非常肯定这个系统是注定会失败的,因为"所有"员工都讨厌这个系统。而管理团队里的另外两个来自财务部门的管理者却十分开心,因为他们现在能获得他们认为有用的开支信息。简而易见,这个管理团队将会为是否继续使用这个新系统而争论不休。

设想一下,如果这个团队根据威尔伯的四象限模式进行信息划分来组织会议。表 4.3 所示为该信息表的可能形式。

表 4.3　运用威尔伯模型评价这个新开支追踪系统

	内部(主观的)	外部(客观的)
个体的	1 "我感觉领导已经不再信任我了"或"这个系统可能对我们有用,但不容易操作。"	3 每月录入一次开支信息,取代所要求的每周一次。
集体的	2 认为这个系统既有好处又有坏处:它破坏了一些价值观(信任与守信)但有其他方面的好处(得到的数据报告更精确)。	4 每周按时上交开支报告的有 60%;无数据显示这些报告的准确性。

先讨论一下管理团队所了解到的员工的主观感受以及该系统运行效果的实际数据,经过这种分析讨论,会议将会呈现另外一种局面,而不至于出现这种"这个系统太糟"与"这个系统很棒"的极端争论。例如,讨论的重点可以是一些人对该系统的感受(栏 1)以及这个系统是否违背公司的组织文化(栏 2)。也可以针对清晰具体的事实信息进行讨论(栏 3 和 4):员工是怎样

使用这个系统的，使用这个系统的员工数量，使用的频率等。这种讨论更有利于发现这个系统的好处与坏处；解决一些软件故障，从而对系统的首次推行能提供极大的帮助。

截至目前，我们已经讨论什么是沟通，人们如何分享自己的观点、感受以及各种信息。下面将介绍研究者开发的几种模型，以了解人际交流的过程。

最热门»讨论题

1. 你认为别人能轻易地"读懂"你的情感吗？为什么能或为什么不能？举例说明。它能帮助你还是妨碍你的沟通和人际关系？

2. 你在学校的"面子"是怎样的？工作中呢？生活中呢？如果它们之间存在不同，解释一下原因。

3. 分析一下你近期与他人进行的一次沟通。描述一下你们是怎样维护各自的面子的，在交流中你是如何使用积极礼貌和消极礼貌的。

4. 思考一下你近期在学校或工作中遇到的一个有争议矛盾的事例。运用威尔伯模型"划分"一下这个问题的各种信息，包括你个人的内部及外部观点（感受和行为）以及内部和外部信息（文化和事实）。

4.4 人际沟通的过程是怎样的？

大多数人际沟通模型强调人们如何将信息传达给接收者。这些模型中，**发送人**（sender）：指通过沟通渠道编辑并发送**信息**（message）的人；**接收人**（receiver）：指接收并解码信息的人。**渠道**（channel）：指信息从发送人传递给接收人的媒介。

在与人沟通时，你首先要选择一条与人分享的信息。然后把这个信息转化成一种可共享的语言，即接收者可以理解的词句和非言语行为。当你把自己的想法和情感转化成信息时就是在编码。**编码**（encoding）：指在发送前将信息从一种格式转换成另一种格式的过程。为了解释什么是编码，设想一下你正在欣赏美丽的日落，你想和别人交流这个经历。你就把看到的视觉景象转化成文字来描述天空颜色、落日以及那时的景色——这就是进行信息编码。

信息编码完成后，你通过渠道将信息传达给接收人。你（发送人）可能选择通过短信把日落信息发给一个朋友（接收人）。当信息到达接收人后，他/她就会尝试着去理解发送人想表达的意思。这就叫解码。**解码**（decoding）：指将信息从一种格式转换成另一种格式以便理解的过程。

在沟通流程中，下一步就是反馈。**反馈**（feedback）：指接收人通过文字或非言语信号回复发送人，告知对方信息已收到或希望进行进一步交流的过程。反馈信息可能只是收到原始信息的一个简单的肯定——只是一个点头，一声"嗯"，对信息的复述或是发出的一些疑问等。**反馈回路**（feedback loop）：指在发送人和接收人之间来回共享信息的过程。当信息发送者及接收者认为信息已经被完全地表达和准确地理解，这才是一个完整的反馈回路。

现在你们已经了解了沟通过程的基本构成，接下来我们将分析三种沟通模式，细致说明一下这个沟通过程是如何开展的。

4.4.1　沟通模式

我们已经全面学习了沟通过程,现将至少通过三个不同的常用沟通模式解释沟通的开展过程。香农-韦弗(Shannon-Weaver)数学模式是一个早期的沟通模式,[30] 非常直观地展示出沟通的线性过程。施拉姆(Schramm)模式是基于申农-韦弗数学模式所构建的,表明沟通的交互特点。[31] 最后,贝罗(Berlo)模式囊括了诸如文化等各种复杂因素,这些因素已经被看作是沟通过程中的关键组分。下面将逐个讨论上述三种沟通模式。

1. 香农-韦弗沟通模式

香农-韦弗模式表明信息是怎样被发送人编码,经过各种渠道被传送,然后再经接收人解码。[32] 本模式指明信息怎样因受干扰而被曲解。**干扰**(noise):指干涉信息传递或接收的任何事物。干扰可能是指声音;也可能是含糊不清的话语、错误的语法表述或是和言语不一致的肢体语言等。为了减少干扰,我们需要学会听(真正地听)听取别人想和我们分享的信息。

原始的香农-韦弗模式指出沟通是单向进行的,即从输出者到接收者。这个模式存在争议,因为它无法代表人类实际的沟通方式,人类的实际沟通并不是严格的线性结构,而是受许多其他因素的影响,不只是"干扰"。[33] 再者,这个模式无法表明人们是如何区别重要信息、次要信息,甚至是废话的。[34] 该模式的后期版本把沟通描绘成双向的,以尝试弥补先前的不足(图 4.2)。

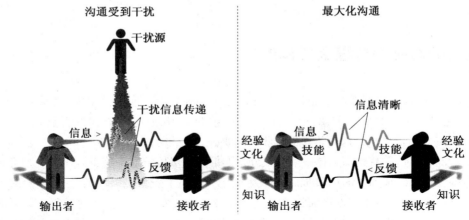

注:当"干扰"最小时,人际沟通方式更丰富多样,人们能向别人充分地表达自己。

图 4.2　沟通模式

2. 施拉姆沟通模式

1954 年,沟通学先驱威尔伯·施拉姆(Wilbur Schramm)介绍了一种简单的沟通模式,强调沟通是一种交互式过程。施拉姆模式将沟通视为双向过程(虽然仍是线性的),[35] 而不是简单的从接收人的单向模式。

3. 贝罗沟通模式

1960 年,大卫·贝罗(David Berlo)提出一种沟通模式,详细说明了信息编码及解码的过程。[36] 相比上述两个模式,贝罗模式的优势是其注意到了沟通技能、态度、知识、社会以及文化等因素在信息编码和解码中的重要性。

以上三个沟通模式均试图解释我们是如何发送及接收信息的、什么因素会阻碍沟通以及怎样更好地理解他人。下面我们来了解一种有效且高效的沟通,看一看信息或传播渠道的复杂性或多样性是如何影响沟通过程的。

4.4.2 有效及高效沟通

有效沟通(effective communication):指信息准确地从发送人传达给接收人的结果。如果沟通无效,可能会带来灾难性后果。例如,不幸的美国宇航局的火星气候轨道器,在 1988 年进入火星大气层时因为摩擦和压力而受到破坏。这个耗资 3.276 亿美元的项目以失败而告终,原因就在于两个项目团队的沟通失误:一个团队使用了公制单位,而另一个团队却用了美国常用测量单位(例如,英寸及磅)。结果,当轨道器进入火星大气层时就坠落了。尽管无效的沟通不一定总是造成这种可怕的恶果,却有可能会导致公司的业绩不佳、员工情绪低落以及使客户失望。擅长沟通的人能通过征求及听取听众的反馈信息,确保听众充分理解自己要传达的信息。

利用尽可能少的资源(时间、金钱和精力等)来共享信息就是**高效沟通**(efficient communication)。尽管我们应该尽力既要争取有效沟通又要取得高效沟通,但这两者却往往是相互冲突的。例如,当管理者与员工进行单独谈话,采用直接报告的形式进行信息沟通,这种沟通就更倾向于有效性,但却非常费时且效率不高。另一方面,简洁的公司内部邮件是一种高效的沟通手段,但这不能保证邮件接收者能完全理解发件人要表达的意思。实际上,所谓的高效沟通可能是非常有害的。例如,公司的某一位经理发了这样一封邮件,写着"由于销量下降,我们将裁员20%,甜甜圈在休息间!",想象一下,这种"高效信息"将会对公司的士气有多大影响。

上述示例表明,当决定如何平衡有效沟通和高效沟通时,我们必须考虑传达信息的渠道。一些渠道很"宽",意味着这类渠道可以让复杂的信息在和接收人之间来回传递。而另一类渠道则比较"窄",无法传递太多信息。

4.4.3 选择"宽"或"窄"的沟通渠道

不同的沟通渠道可以传递不同类型和数量的信息。[37]宽渠道较窄渠道可以传递更多信息,也不容易出现不明确和引起歧义的信息。[38]宽渠道适合特定的接收者,给接收者提供反馈的机会,能融合多种言语或非言语信息,这些都能帮助接收者充分地理解信息。宽渠道通常适合传达非例行信息以及包含情感因素的信息,或信息接收者进行信息解码时可能存在困难而容易产生困惑的信息。

最宽的渠道就是成对或成组地面对面沟通。如此一来,就可以进行非言语沟通和信息反馈。管理者之所以选择一对一谈话而不选择其他渠道,有很多充足的理由。例如,业绩不佳需要讨论,这是种非常私人且敏感的话题,如果通过电话讨论,可能会引起误解或损害工作关系。以此类推,许多人更喜欢分成小组,面对面地讨论比较复杂的问题,这种沟通方式灵活多样。

其他沟通渠道从宽到窄地逐渐变化。演讲报告相对交互式会议缺少个性化,其反馈回路可能更拘束。而另一方面,演讲报告能让输出者接触到更广泛的观众,这样就发挥面对面沟通的一些优势(例如,演讲者可以使用肢体语言)。视频会议也缺少一些其他沟通渠道包含的及时性,容易曲解或隐藏肢体语言,但视频会议能为公司省钱省时,如果参会人分布在不同的工作地点,视频会议就显得十分必要。同样,电话会议也不能使用肢体语言,但由于听出讲话人的语调和语速,所以电话会议也保留了面对面沟通的一些优点。

相对较窄的沟通渠道主要是各种类型的书面沟通。个体间的书面沟通,顾名思义,其优点在于能针对具体的接受者发送特定的信息。然而,电子邮件、书信,以及个性化的备忘录等这些最常用的个人书面沟通,缺乏许多与口头渠道相关的信号(例如,非言语信号),其反馈也比较困难,往往速度慢甚至无法反馈。尽管如此,由于信息的靶向性和低成本的特点,当我们需要高效地向特定的个体传达简单信息时,书面沟通也是一种比较合适的渠道。

所有沟通渠道中最窄的就是非个人的书面沟通,例如公司的内部通讯,既缺少非言语信号又没有反馈回路且受众较多。或许其对于传达那些简单明了而又不需要太多时间或其他资源的信息是最佳渠道。

沟通渠道和模式非常重要,因为它们能帮助分析人际沟通过程。这些理念最初用于说明直接的口头沟通或书面沟通(过去都是通过书面的形式分享)。然而,随着科技进步,沟通的渠道变得多种多样,我们可以通过写信、视频图像或语音等方式进行沟通。我们将在11章深入地讲解科技在工作中的作用。下一节,我们将关注科技是如何影响工作沟通的。

最热门»讨论题

1. 挑选一个近期你参与过的人际沟通实例。运用上述讨论的三种沟通模式描述一下事情发生的经过。

2. 沟通是一个线性过程——先向一个方向然后再反向?从你的经历中举例阐述你的答案。

3. 交谈时你如何进行反馈?例如,你使用肢体语言吗?你问问题吗?你会复述你所听到的内容吗?若你有与你所听到的类似经历,你会谈论你的经历吗?

4.5 我们如何将信息技术应用于工作沟通?

1855年,美国国会批准了一项有关使用骆驼从得克萨斯州向加利福尼亚运送邮件的研究。研究结果表明,这个方法行不通。使用公共马车远比骆驼要好,如果天气条件允许,马车可以在30天内将邮件运往美国各地。之后美国就兴起了第一个快速通信系统:驿马快信制度(Pony Express)。驿马快信是一种邮递系统,马车仅用几天就能跋涉将近2 000英里,可以从密苏里跑到加利福尼亚。这种邮递系统每10英里更换一次马匹,每100英里更换骑手。这种独创性的邮递系统维持了18个月,最后被横贯大陆的电报所取代。[39]

这个例子表明,科技从根本上改变了我们在生活及工作中的沟通方式。我们现在不用见面就能和人沟通,既能了解他人的职业情况又能知道他人信息。随着掌上电子翻译词典以及互联网翻译服务的出现,就连语言障碍都已被打破。科技也促使现代社会为适当的沟通行为制定相应的规则和惯例。例如,许多公司有电子邮件使用指南,而文本信息传送也衍生出自己的语言系统。[40]

4.5.1 电子邮件及手机短信

电子邮件和手机短信能让远距离的书面沟通在几秒内完成。[41]其益处显而易见:我们可以和远方的其他人进行实时书面信息共享,他人也可以根据我们信息及时给出反馈。许多人过去通过电子邮件和朋友及家人沟通,现在都转为发短信了。然而,在工作中电子邮件依然是主导者。大多人都会经常发送电子邮件，所以学会如何更专业地发送电子邮件非常重要：电子邮件应该包含令人舒适且稍显正式的问候语和结束语；要求语法准确、句子结构完整等，信息量也要适度。

然而，使用电子邮件及手机短信也会面临挑战：

- 电子邮件所包含的情感常常无法传达给接收人，接收人可能无法准确体会这些情感。
- 我们缺乏耐心去阅读较长的电子邮件，其意味着一些至关重要的信息常被忽视或漏读。
- 在接收人能及时回复的情况下，如果接收人沉默或无反馈，这便很难猜测接收人的态度。无应答的情况下，发送人可能会过早地得出错误结论。[42]
- 电子邮件容易催生懒惰的沟通者："转发""抄送"这些偷懒的捷径已经被人们过多地使用。
- 电子邮件和短信不是隐私性的，雇主或其他官方机构可以监控和截取这类信息。[43]

4.5.2　网络会议及视频会议

网络会议是结合电信和计算机技术，通过手机或视频与多人连接，能同时让参与者在线浏览同一份文件并一起进行文件操作。早期的网络及视频会议技术需要昂贵的设备、专门的技术员以及指定的地点。如今，只要双方都有网络摄像头和互联网服务就可以进行网络会议。网络会议和视频会议相比于电子邮件都是比较宽的沟通渠道——它们可以让参会者分享更多连贯信息和情感，能使用更多非言语行为。

随着这些以及其他新科技的应用，各组织结构的沟通方式更加丰富且具有创造性，这些正在推动人们工作沟通方式的革新。下面的一个"商业案例"展示 IBM 公司如何运用"虚拟世界"在员工及技术专家中进行信息分享和建立有效的工作关系。

商业案例

IBM 及其"第二人生"

2008 年，IBM 召开了一个为期三天的会议，有 200 多人参加。这个会议不同于以往，其会议地点是未来派——几乎是超现实主义的。没有饮料或点心，甚至没有洗手间。参会人员都便服出席。最不同寻常的是会上根本就没有"人"。相反，参会者是由像素和模块组成的虚拟人物。IBM 员工以及其他与会者都是通过"第二人生"（Second Life）的虚拟环境构成的虚拟人物参加会议。

"第二人生"是林登实验室（Linden Lab）开发的一个虚拟世界，为 IBM 提供一个虚拟会议空间。[44]在该虚拟世界中，员工可以通过各自的虚拟人物进行互动、参加主题报告及分会讨论、参观图书馆或者像一个社区一样聚集在一起。这种会议形式对 IBM 来说并不新鲜——该公司已经利用"第二人生"的虚拟环境进行员工上岗培训以及其他活动。[45]会议的规模、范围以及复杂程度令人印象深刻。[46]

该会议运用虚拟社交网络技术让大批领导聚集在一起，共同"讨论"、分享信息，互相学习以及建立交际关系——所有人都可以在各自的办公室参加会议。要研究虚拟现实对机构内部的沟通及对人际关系产生的影响，此类会议能为你带来启发和实践性知识。这种新型会议形式还有一定的经济效益——人们不用出差就能一起开会，节省了差旅费，这对于组织内的沟通和合作来说是一种重要的成本节约方式。[47]

这种虚拟世界沟通的益处日益明显,但是需要付出怎样的代价呢?在这种虚拟世界中,人们真的能够充分沟通吗?那些擅长虚拟人物操作的人会不会比不擅长这类技术操作的人拥有更多的沟通机会?塑造能真实地展现各个员工特性的"优秀的"虚拟人物是否要花费隐性时间成本?谁在控制这个虚拟环境?HR?管理者?还是员工自己?有什么规则吗,如果有,是什么?为了能将这种技术成功运用到商业环境中并大范围推广,必须处理好这些问题以及许多其他问题。

电子邮件、短信、网络视频会议、社交网络以及许多其他信息技术已经给我们的沟通方式带来了巨大改变。然而,尽管已经取得较大进步,在有效的工作沟通中,我们仍然会遇到各种显著障碍。

最热门»讨论题

1. 思考两种情境:一种是信息技术促进你建立人际关系,另一种是信息技术阻碍你的人际关系的发展。在第一种情境中,信息技术是起促进作用的,而在第二种情况下又是怎样起阻碍作用的?

2. 设想你的经理给你发了一个电子邮件,告诉你她对你提交的一份报告不满意,要求你"修改报告"。她没有给你具体的修改建议。你情愿她是打电话告诉你的,但现在她在出差,因此你只能使用邮件进行回复。起草一个邮件,以获得你想要的信息,并且避免引起领导的不满。

4.6 影响有效沟通的常见障碍有哪些?

沟通绝非易事。为了有效沟通,我们必须努力扫除影响有效沟通的一些最常见的障碍。本节中讨论的第一个沟通障碍就是语言本身是怎样妨碍沟通的。其次,我们将分析一些低效的沟通技能,并讨论由于人们之间的偏见,误会是怎样产生的。我们也会讨论权力及权威在工作沟通中的作用。

4.6.1 当语言妨碍沟通

如今,在许多公司中,人们可能使用多种不同的语言(甚至几十种)。大多数公司会选定一种语言作为标准语言(通常是英语)——并希望高层管理者及执行主管学习该语言。尽管这看似是解决问题的合理方法,但却是说起容易做起来难。即使是第二语言说得很流利的人,其对第二语言中更为细微的信息的理解能力也会存在差别,例如情感表达或幽默。

由于全球化及移民的影响,劳动力也越来越多元化。显然,语言障碍已成为潜在的沟通难题。没有共同的语言,沟通就很难实现,甚至会带来损害。例如,两位研究者描述了汽车制造厂的一位日籍经理和一名美籍员工之间的遭遇。这位日籍经理注意到这名员工工作非常努力,想使用一个常用的鼓励性词汇勉励该员工(日语原意为:"请加油"),但结果却表达为"你必须工作再努力点"。可以想象,这名美籍员工听后会有多么不安。[48]

在此类案例或无数种其他案例中,直译或近似于直译很少奏效或者会丢失大量的意义,结果可能导致丢失想要表达的意思或造成严重的误解。另一种造成误解的根源是人们使用的跨文化边界的幽默语言。幽默可能会让没理解幽默的人感到尴尬。

你可能会自言自语道，"他们为什么就不能买个电子翻译器呢?"这确实是个好办法并且确实有帮助。不同的语言代表着各种不同的文化,因此经过直译的字词在其他语言中常常表示完全不同的意思。例如,肯德基进入中国市场时,他们发现其标语"finger lickin' good"(好吃到吮指)直译出来成了"吃掉你的手指"。[49]

其他一些常见的沟通障碍也和语言有关。首先,对一些人来说,听懂别人的口音就是一大挑战。其次,说自己母语的人一般说话比较快且常常不遵守语言及发音规则。例如,美国人说英语时常常会省略以"ing"结尾的单词中末尾的"g",将一个词的音同下一次结合起来(例如,"going to"说成"gonna","should have"说成"shoulda")。这些习惯常常使得非母语交谈者很难跟得上母语交谈者的谈话。再者,整个过程中只能通过第二语言进行交流确实是件不讨好的事情,因为说话者必须时刻保持精神高度集中。最后,即使是同一种语言(例如英语),一个单词也可以包含多种不同的意义。

1. 方言

即使是说同一种语言,当使用不同的方言时也会出现问题。方言是指在某一特定地区人们所使用的一种语言的变体,例如美国的南方英语或在纽约市的五个自治区所使用的不同的英语变体。[50]方言也可指同一社会经济背景的人所使用的语言。例如,威廉·拉波夫(William Labov)对一家纽约百货商场中所说的语言进行研究后发现,说话人使用哪种方言与说话人的社会经济地位存在一部分关系。[51]不同的种族和民族也会使用不同的方言。

同一个国家的人可以使用不同的方言,但使用同一种语言的不同国家也可能使用不同的方言。例如,马德里人说的西班牙语就和墨西哥人说的西班牙语有所不同,而在美国、英国、加拿大、印度以及南非地区使用的英语方言存在显著差异。

2. 行业术语:虽是沟通捷径却往往适得其反

工作中,还有一种语言障碍完全是我们自己造成的:许多行业及机构形成了自己的次语言,称为行业术语。**行业术语**(jargon):指与某些活动、职业或团体有关的有详细定义的术语。根据术语的学术性程度,该团体或领域外的人几乎无法理解该领域的术语。[52]典型的例子就是医生、护士以及卫生工作人员所使用的医学术语,律师使用的法律术语,以及证券市场分析师使用的金融术语。

本教材会向你介绍管理领域的相关术语,这些术语会对你与管理、策略及领导力等领域的人员进行交流有所帮助。然而,如果在地方酒吧和朋友聊天时也使用这些术语,朋友们可能会一脸古怪,对你进行各种嘲笑和挖苦。商界中的其他常用术语包括圣牛(sacred cow),指在公司里职位最高的人,例如首席执行官以及首席财务官等。

除了术语,在许多公司中,人们可能使用各种首字母缩略词快捷地表达他们所做的事或做事方法。首字母缩略词是一个词组的各个单词的首字母缩写。例如,"ASAP"就是"越快越好"(as soon as possible)的缩略词;而"JIT"则表示"准时制生产方式"(just in time)用来描述一种特殊的存货控制流程。"SOPs"是"标准操作程序"(standard operating procedures)的缩略词,是一种操作规则。机构中的工作团队及部门名称常常使用首字母缩写词,例如将高管团队称为EC(Executive Committee)或称人力资源部(human resources)为HR。

语言关乎工作。因此,作为管理者或员工要牢记语言能促进沟通也能妨碍沟通。[53]仅限于一个小团体使用的语言(例如行业术语、一些方言或仅供高管们使用的语言)可能造成全公司性的难题。相对而言,语言也可以成为一种凝聚力——当人们能很好地使用同一种语言时,他们就可以顺畅且有效地分享信息。

4.6.2 缺乏沟通:时有发生

沟通能力指通过符合文化传统的方式编码信息以及解码信息的能力。能力包括谈话技巧等方面的知识,例如,什么时候适合交谈以及谈论多少内容。[54]出色的沟通者懂得语法规则,能清晰简洁地表达自己的想法,根据交际场合使用恰当的语言并且能恰如其分地抒发自己的情感。

拙劣的沟通技巧,常常使原本精心准备的信息不能被很好地表达。需要记住的是,通过对输出者和听众都有实际意义的方式进行信息编码是输出者的责任。这意味着我们需要学习如何使用别人能理解的语言来表达自己的想法、观点以及感受。我们也需要以别人可以理解的方式来组织自己的沟通方式。用词太简单或太难都不利于沟通,要根据听众选用合适的词语。你怎样决定说什么及怎么说呢? 这就需要用到同理心:通过简单准确地读懂观众的心思可以避免许多沟通障碍。

在工作中,我们使用的语法以及我们表达自己的方式都有重要意义。一封错字连篇、语法不通且没有标点的邮件,既损害了发件人的信誉,又迫使读者不得不花费额外的时间来解码信息。含糊不清或发音不对的交谈者也会给听众带来类似的困难。打断别人或不分享信息的人也同样不利于沟通进行。无论书面的、口头的或是签署的消息,若是丢失了重要信息或消息毫无意义都极有可能在工作中造成严重问题。

但沟通障碍并不都是输出者的错。接受者也有责任将沟通障碍降低到最小。尤其是当我们接收消息时,我们只需要去听,就能避免各种沟通问题。人们每分钟可以说 125 到 175 个单词(WPM),但每分钟却能听 400 到 800 个单词。[55]正是由于接收信息的速度比传达的速度快,别人说话时,我们很容易走神去想其他的事。解决这个问题的方法是关注说话者的非言语行为、文化信息以及情绪表现等。[56]

要做到对信息的充分关注,意味着既要听别人说的内容又要注意别人的非言语行为,同时还要在心里总结重点,探究这个人所分享的内容,并给出自己的理解,确定可能有用的其他信息。[57]这些活动需要注意力和精力,但一切都是值得的,因为语言听力不佳就会妨碍信息的准确理解,偏差及成见由此而生。

4.6.3 选择性感知及刻板印象:沟通之敌

输出者及接收人在编码或解码信息时都可能因为个人偏见妨碍沟通进程。偏见的一种表现称为选择性感知。**选择性感知**(selective perception):指自觉或不自觉地关注一个消息的某些部分,忽略其他部分。这时,人们可能只关注自己认为最有趣的信息或和他们观念一致的信息。或者,他们也可能更关注信息的消极或危险的方面,忽视其他方面。例如,假设你的经理说:"我真的很赞赏你这周付出的努力,你确实做得很好。但还有个小问题需要解决——这个报告的最后一部分还是不太准确,希望你再接再厉。"如果你和许多人一样,你会完全忽略前面对自己的表扬,只关注批评,这可能严重地误解了这位经理要表达的信息。

选择性感知能加深刻板印象。**刻板印象**(stereotypes):指根据在社会群体中的身份,对其进行僵硬的、且往往是消极且偏见的描述或评价。选择性感知及刻板印象常常伴随着偏见。例如,持有"年长员工抵制改变"这一观念的年轻管理者,可能总能留意到一名年长的员工反对一些新理念的情况，而完全忽视这类事件发生的概率大约只有十分之一的事实。如上文所述，当沟通中掺杂了刻板印象，有价值的信息就会丢失、被曲解或被弱化。

语言听力不佳、选择性感知以及刻板印象都是比较明显的沟通障碍。在组织机构中，我们还面临其他不太明显的沟通障碍：应对权力动态。

4.6.4　沟通与权力的较量

沟通会受到输出者及接受者权力大小及其所扮演的组织角色的影响。[58]例如，如果你喜欢及信任的同行说："我不能保证你给我的报告是否完整或准确"，你会认为这个信息诚恳且有益。如果你的经理说了同样的话，你很可能把它理解成相反的意思。你可能理解为批评、威胁或是对你的整体表现的含蓄评价。上述例子中，你的不同理解就是部分基于你与同行之间以及你与上级管理者之间的权力关系。回顾一下那个经理评论意见的例子，你可能会觉得害怕且变得很警惕。如果你把这些想法通过口头或肢体语言传达给你的经理，他会觉得你是不是不太对劲——沟通形势就开始盘旋向下了。

在沟通交流中掌控好在自己对权力的反应，这需要自我意识以及自我管理。当你理解你对掌权的人的即时反应时，你更有可能做出反应，从而保持健康的交际关系。同样地，当你掌权时，谨记"你的一声低语，别人听起来可能是一声大吼"才是明智之举。明了了这个道理，你就可以有意识地控制自己如何进行沟通，这样不容易做出积极或恐惧的回应。

权力可以作为控制沟通过程中各个因素的一种手段，包括有特权发送及接收信息的人。权力也非常重要，因为它常常决定了你的交际圈（"你认识谁"）。例如，在许多机构中，高管们有权接触到那些其他人接触不到的信息。但权力并不仅仅和正式的社会角色和等级有关——它也和社会团体相关。

在许多机构中，按照特定人口统计学结构线（例如，文化、种族、性别或民族）具有相似身份的人通常属于同一个交际圈。这些社交网络可能接触到或接触不到某些类型的信息，这意味着能否接触某些特定的理念或信息有时取决于是否是某个阶层、种族、性别或民族的一员。[59]最极端的是，这些关系网是封闭的——意味着除非你是这个团体的一员，否则你没有资格获得这个团体的信息；或者，即使你属于这个团体，但权力级别低，你也可能无法获得重要信息。这无疑会给组织结构带来问题，现在许多公司都在尽最大努力确保需要获得信息的人都能相互对话，每个人都能快速准确地获取信息。[60]然而，拥有共同利益的人组成的社交网络仍在不断发展，只有这些人一起追求这些利益才能达成交易。

高尔夫球场就是这种社交网络的典型标志。高尔夫球场一直被视为发展商业关系，达成合作交易的黄金地点。高尔夫以及私人会所与"老男孩俱乐部"相关，老男孩俱乐部是一种非正式社交网络，其会员往往都是有权有势。过去，像高尔夫球场及私人会所都是排外的：女性、有色人群以及其他团体是不受欢迎的，这表明他们也无法参与重要的商业会谈。这种情况在一定程度上依然存在。例如，受人尊崇的 Catalyst 调研公司专门研究职业女性。Catalyst 对在《财富》1 000 强企业工作的女性高管们进行调研，其中一项关键发现是：在 1996 年不对女性开放的非正式社交网络，即使是到 21 世纪仍然不接纳女性进入。[61]据对女性的调查数据显示，女性认为像高尔夫这种用来建立社交关系的活动对女性的排斥性是阻碍女性晋升到最高职位的第二大障碍。[62]

权力是机构多元化的一个方面，但权力绝不是影响沟通的唯一因素。下一节，我们将探讨在社交多元化的工作环境下，沟通所面临的挑战与机遇。

4.7 多元社交关系中的沟通为何面临挑战？

工作环境多元化是全球化带来的最大益处之一,也是沟通面临的一个重要挑战。语言和文化的差异会影响沟通,性别和年龄的差异也同样影响沟通。

4.7.1 沟通与文化

多元化工作环境中,文化的许多方面都会影响沟通。在本章中,我们已经讨论了与语言、选择性认知以及刻板印象相关的问题。我们也讨论了在跨文化交际中需要特别注意的非言语行为。

1. 跨文化交际中的非言语行为

跨文化交际面临的另一挑战是,可接受的非言语行为在不同的团体中标准不同。[63] 在跨文化交际中,需要注意别人的肢体语言。如果未能意识到这一点,将可能造成误解。例如,像握手这样简单的行为也是因国家而异的。在一些国家,握手甚至是非常不合适的。在美国经常使用的"竖起大拇指"手势以及"OK"手势,在其他一些地方则是一种猥亵手势。不同文化背景的人对个人空间的要求也不同。

语言和非言语行为与文化存在明显联系。在跨文化背景下,需要注意和管理语言及非言语行为。其他一些跨文化差异可能不太明显,例如群体认同的重要性。下面主要讨论群体认同力如何影响沟通风格。

2. 高语境文化和低语境文化中的沟通

人类学家爱德华·霍尔(Edward Hall)认为:沟通偏好因文化而异,文化有"高语境"和"低语境"之分。[64] 高语境文化的群体认同性强,文化边界相对封闭,其依靠共同的历史及价值观,这可能很难被外来人理解。因此可能出现跨文化沟通困难。由于低语境文化较少强调自身历史及身份,因而外来人和内部人比较容易沟通。

霍尔的理论虽有帮助,但存在一个问题:所有文化都有亚群,其语境或高于或低于标准语境。例如,美国被划分为低语境文化,但高语境的例子很常见。例如,按宗教或种族共性紧紧聚集在一起的社区,或某个使用特有缩略词和行业术语的职业。在其他案例中,我们经常在高语境和低语境沟通之间来回转换。别人开了个玩笑,你却没听懂;想了解朋友们讨论的一个故事,却换来一句"你经历过才能理解"。这种遭遇谁没遇到过呢?尽管高语境和低语境不是纯文化分类标准,但这个模式仍能帮助解释多元化工作背景下的沟通问题。

多元群体中的沟通非常复杂,也可能存在困难。但无论如何,我们必须学会有效沟通,因为不仅当今组织结构是多元的,其客户、消费者以及委托方也都是多元化。哈佛大学教授戴维·托马斯(David Thomas)认为,多样性将是组织战略取得成功的核心。须尽心尽责确保人员有效沟通。[65]须谨记:多样性不仅适用于不同文化背景的人;也适用于不同性别和年龄的人。

4.7.2 是的,男人和女人的沟通方式并不相同

我们都听到过这样的说法,有时觉得男人和女人是来自不同的星球。当谈到沟通方式时,这个观点所言非虚。性别影响我们的沟通方式。关于男人和女人沟通偏好的不同已经进行了大量的研究——而出现在畅销书、杂志以及网站上有关该话题的各种猜测则多不胜举。[66]

在看这些按性别区分所做的沟通调查之前,你必须明白沟通是后天的习得行为。这表明,无论我们关注哪个趋向,男人和女人并不是生来就是沟通方式不同的,并且每个人都可以学习新的沟通方法。这就是说,我们需要关注一些研究者所发现的与性别相关的共同趋势。

男人和女人在沟通时常常持有明显不同的价值观和意向。[67]一般而言,男人倾向于维护自己的独立性,所以他们通过沟通明确自己有别于他人的身份地位。女人倾向于寻找联系,所以她们更擅长通过沟通建立各种形式的关系。[68]

这些差异是如何转换成具体的沟通风格呢?男人更倾向于维护自己的所有权,男人害怕承认自己的软弱或错误,因此避免提问或道歉。男人也更可能提出真诚和直接的反馈。相反,女人不喜欢自大,她们更倾向于承认自己的不确定性、表达歉意和用积极的反馈缓和沟通过程。[69]

罗宾·莱考夫(Robin Lakoff,首批近距离研究性别与语言的语言学学者之一)认为,女人谈论的方式以及社会所期望的女性说话方式反映出一种对女性边缘化的态度。[70]对女性谈吐的社交训练在幼儿教育就开始了,对女孩的期望是说话礼貌——谈吐像淑女——不能说男孩们说的粗俗的语言。女孩也被训练学会使用语言表达不确定性,例如表达疑问。[71]德博拉·坦嫩(Deborah Tannen,一位研究性别差异的知名学者)认为,女孩认识到如果自己说话时听起来非常肯定,这会让她们不受欢迎;而男孩们则被允许用语言提升他们的地位。[72]女孩和男孩们也意识到女孩不应该像她们的男性伙伴那样争强好胜。

尽管越来越多的女性进入了最高管理层,管理学教授朱迪思·奥克利(Judith Oakley)注意到,在她所指的"行为双重束缚"下对女性的行为规范的期望是不同的。[73]双重束缚是指我们对一个人发出期望,而当他/她按所期望的去行动时,我们却批评他/她。例如,在许多产业中,人们对高级领导的期望是坚定、自信、有竞争力以及有进取心。但是,如果女性如此表现,则通常会被她的男性及女性同行、直接领导以及老板否定。然而,这些期望一直在不停地改变,部分原因是越来越多的人意识到与女性有关的沟通能力实际上正是现今组织中最急需的沟通行为。合作能力、灵活处事能力、同理心能力以及交际技能都被视为全球市场的资产。[74]

认识到男性和女性在沟通过程中存在普遍性差异这一点是十分重要的,同样避免将这些普遍性差异视为绝对的或一成不变也是至关重要的。[75]如果认为这种差异是绝对的或一成不变的,那么只能造成刻板印象,将会降低我们有效沟通的能力。

4.7.3 沟通和年龄因素

如同其他文化障碍一样,在工作中,存在于不同年代的人之间的差异有可能是妨碍沟通的

潜在因素。那些认为年长员工不乐意听取年轻员工观点的年轻员工,和那些认为所有年轻人都有主观自主权意识的年长员工一样,都陷入了刻板印象的偏见中。

年轻一代(有时也称千禧一代)是指出生在 1980 年到 1995 年前后的一代人。这代人正大批量地涌入工作领域——如同 20 世纪 60 年代至 70 年代时期的婴儿潮一代一样,他们在工作及社会上留下自己的足迹。

据许多学者研究,婴儿潮一代以及千禧一代之间的沟通存在一些困难。千禧一代比前一代人更直接,他们追寻的是清晰而直率的沟通,希望从领导那得到更多反馈。千禧一代希望以他们认为舒服的方式来更加灵活地工作和沟通交流,且习惯使用技术手段进行沟通。相比面对面沟通,他们更倾向于选择电子沟通方式。

经常能听到婴儿潮一代对千禧一代的抱怨,认为他们喜欢擅作主张,不喜欢做长期性的工作或投入长期精力。但美国任仕达机构(Randstad USA)的一项近期研究发现,尽管千禧一代争强好胜且沟通直率,但这一代员工能意识到自己的能力不足并且对质量求真务实,而质量在当今的工作领域是非常重要的。[76]

在本节中,你已经学习了多元化社交团体中沟通面临的挑战和机遇。接下来才是激动人心的时刻,我们将要学习在这个复杂且多元的环境中如何进行有效沟通。各组织机构,也应该针对新的社会环境和沟通方式做出调整,以分享和传播信息。

最热门»讨论题

1. 回顾一下你曾经加入过的一个社交背景多元化或其他因素多元化的团体。仔细思考:在这个团体中沟通时存在障碍吗?这些障碍是什么?这个团体是如何克服这些障碍的?这个团体的多元性对沟通的多样性起到怎样的作用?

2. 你认为自己所处的文化是高语境文化还是低语境文化?为什么?

3. 你在学校加入过某些排外的社团吗?这对你与社团外的其他人的交际关系有什么影响?

4. 描述一下你的性别是如何影响你的言语及非言语沟通的。

5. 你是否注意过你的年龄对你与他人或他人与你的沟通方式产生怎样的影响?描述并解释。

4.8 什么是组织沟通?

截至目前,在本章中,我们的学习主要集中在人际沟通上——各种思想及情感如何在人与人之间或在小团体内进行传播。在各组织机构中,沟通必然是通过多种渠道,以多向性的方式在很多人之间同时进行。要在一个 100 人的组织内进行有效且高效的沟通,其难度有多大?1 000 人呢?100 000 人呢?然而,这个问题难不难,全在于我们自己。有的方法行得通,有的行不通。本节中,我们将探究沟通在组织内部是如何进行的,包括沟通的信息流向、沟通网络、正式沟通与非正式沟通对比和危机时期的沟通等。本节的结尾部分将探索用于协调内部沟通的强有力方式:讲故事。

4.8.1　沟通的信息流向

　　在一个组织中，沟通可以朝着各个方向流动：向上、向下、交叉以及再绕回来。思考一下，一个经理指导员工完成一项调研项目。员工分头工作，完成各自的任务，然后再把数据整合成一个报告并提交给经理，经理可能还需要再向上提交报告。信息沿着多个方向进行流动，每个方向的目的都稍有不同。

　　在这个例子中，该项目以**下行沟通**（downward communication）开始（见图4.3），即是在组织层级结构中，信息从较高层向较低层的流动。组织中的下行沟通通常是经理给下级指引方向、提供信息或提供反馈。

经理

员工

图4.3　下行沟通的案例：一名经理向她的团队分享信息

　　上行沟通（upward communication）：指在组织层级结构中，从较低层级到较高层级的信息流动。向经理提交报告就是上行沟通的一个例子。在向高层级流动时，如果信息被筛选，则上行沟通可能被破坏。

　　筛选（filtering）：指信息的蓄意误传，包括改变或修改信息、清除信息或强化信息中的某些特定部分。人们为什么筛选信息？筛选信息的原因是人们害怕把全部的事实告诉给管理者，或是因为他们想进一步推动一项特殊事项。有时，我们筛选信息的方式是投其所好地告诉别人一些信息，或扭曲信息以便让其更有吸引力。

　　筛选信息的人可能是害怕接受者会"杀了信使"或他们不得不承认自己的错误抑或是他们仅仅为了让老板高兴。不管原因如何，被筛选过的信息几乎总是不准确的且常常是错误的。为了阻止筛选信息的行为,管理者以及领导者需要在他们和员工之间建立信任,确保沟通渠道是通畅且方便的;阻止形成员工利用他人或组织推进个人事务的不良风气。

组织也需要**横向沟通**(horizontal communication):指组织内的相同或类似层级的人员之间的信息交流(见图4.4)。在工作中,人们常常需要和组员或其他同事配合或合作。横向沟通不仅限于低层级员工之间的沟通,管理者也需要借助横向沟通进行项目协调、分配工作或咨询其他管理者。

图4.4　横向沟通是人员之间的信息交流

显然,组织中的沟通是多向的。通过以下实际案例,让我们来看看在现实生活中,它到底是怎么在 Liberty Building Systems 公司运作的。

学生的选择

安东尼·艾杜(Anthony Idle)和 Liberty Building Systems

2008 年,来自澳大利亚的安东尼·艾杜被 Liberty Building Systems 公司任命为总经理并调到田纳西州的孟菲斯市工作。[77] 该公司的母公司博思格钢铁(BlueScope Steel)近期收购了 Varco Pruden Buildings 公司,领导层希望艾杜监督两公司的运营及系统整合工作。

接任后,艾杜几乎没有时间适应岗位变动。他迅速进行了公司定位评估,设计了改组蓝图。接着召集自己的管理团队,说明他的工作计划和每个人的分工。他强调了需要即刻着手的几个重点项目(下行沟通)。[78] 这些项目的框架定下来后,艾杜和几个部门经理一起组建了各个项目组。该管理团队认真选出负责且专业知识强的员工,同时保证这个团队的每一个员工至少参与一个项目。[79]

团队组建和任务分配完毕后,艾杜每周与各个项目组召开周例会讨论工作进展,商讨如何在高生产力和高收益率条件下完成工作任务(平行沟通)。随着项目进行,艾杜定期与组长们见面,讨论各自的工作成果,评估对项目计划的修改建议,采用系统整合后产生的新想法(上行以及下行沟通)。[80]

接着,在 Liberty 的每月业务讨论会上,艾杜做了展示报告描述与总蓝图相关的所有项目的进展。他也与 Liberty 的所有员工分享了这个信息(组织内的下行沟通)。会议前,艾杜仔细分析了各组长及部门经理提交的信息和资源;会上,他分点阐述,肯定了各组工作的成果。当然,他也强调了未按预期完成的工作并表示继续支持这些项目。艾杜的领导能力以及所有 Liberty 改组成员的努力,让大家既看到了成果,又认识到有待改善的地方。

安东尼·艾杜在项目筹划及执行期间表现得积极主动。在每周例会以及每月的业务回顾期间,他投入了大量时间与员工和客户交流,获取他们对公司内部各种变动的反馈意见。一次,一名员工建议所有员工参观一个当地的工地现场以便更好地了解 Liberty Buildings 如何进行现场装配。该员工在当地找了一个工地现场,然后与承包商协调安排参观事宜,最后带领一群员工参观工地。艾杜也在参观中做笔记、拍照以用于日后培训和产品质量提升。参观员工询问业主、承包商以及外勤人员对该系统的反馈。并立足于客户角度,思考如何提高质量,同时也从公司角度思考如何降低成本。

回办公室时,艾杜会见了提议实地参观的这名员工,并讨论此次参观的收获。讨论主要集中在怎样更好地发现问题,将做得好的地方最大化并为客户提供更高质量的产品。该员工非常喜欢这种沟通方式,会议结束时他决心寻找更多提高业务的新方法。

资料来源:根据赖安·基尔戈尔(Ryan Killgore)的案例改编。

安东尼·艾杜懂得如何运用人际沟通和组织沟通支持自己对公司发展的看法。经过精心策划,他确保有信息需求的员工都能及时地获得所需信息(包括他自己)。在各种沟通过程(上行、下行以及横向沟通)中,他也使员工感受到自己受尊重、受重视并且有归属感。他也促进了与客户及其他利益相关者的沟通。

目前,本节讨论的大部分信息均与**内部沟通**(internal communication),或与组织内部结构有关的沟通。**外部沟通**(external communication),指组织成员和外部人员的沟通,同样是有效的组织沟通的关键部分。内部沟通和外部沟通均可按信息流动模式或沟通网络类型分类。

4.8.2　组织沟通网络

不考虑任何沟通类型的信息流向,一群人当中的沟通模式可通过其使用的**沟通网络**(communication network)解释。

轮形网络(wheel network)有时也称**轴辐式网络**(hub-and-spoke network):是一种由人作为所有信息的中心通道的通信网络(见图 4.5)。指导数名员工分工完成一个大型项目的经理就建

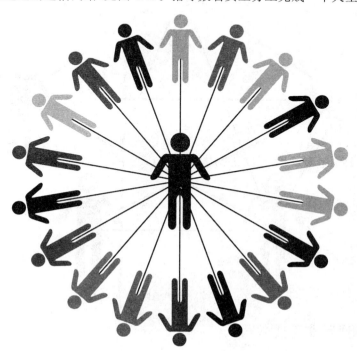

图 4.5　轮形网络有时也称轴辐式网络

立了一种轮形网络来管理沟通过程。由于这种方式有专人控制信息流动,所以非常有效,但若组员只和一个人沟通而不进行团队沟通,这种方式也可能造成组员工作孤立且受到限制。

　另一种常见的沟通模式是**链形网络**(chain network):在这个网络里,信息以有条理的顺序从一个人传到另一个人(见图4.6)。在链形网络中,沟通通常是按层级关系的特定顺序向下或向上进行。由于每个人必须等其他人完成各自的分工,因此这种沟通方式可能效率低。无论怎样,由于信息按线性流动,因此清晰的结构组成使沟通过程易于管理。

图4.6　链形网络:信息以有条理的顺序从一个人传到另一个人

　全通道网络(all-channel network)是一种根据需要,群体的所有成员都与其他人相互交流,实现信息流动最大化的交际网络(见图4.7)。全通道网络既有利也有弊。由于涉及人员众多,员工的责任感和参与度更高——人们感觉自己的贡献受到了重视。如果信息能自由流动,这种网络非常富有成效且高效。但其也可能效率低,因为信息(包括有矛盾的信息)的流动可能出现混乱无序。

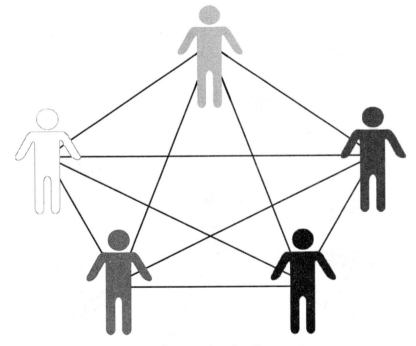

图4.7　全通道网络

4.8.3　正式沟通与非正式沟通

　一个组织的结构及其沟通网络往往决定其正式沟通的方式——谈话人、谈话内容、时间、地点以及方式。**正式沟通**（formal communication）：指在明确和众所周知的规则管理下的沟通，它规定谁可以与谁沟通以及如何沟通的问题。正式沟通经常与层级内正式权力关系相关。正式沟通包括：绩效回顾、HR下达的劳动政策指示、预定项目的更新信息（会议或电子邮件）、电子邮件、备忘录或向全体员工播放组织结构调整信息。

非正式沟通（informal communication）：指通过其他渠道，而非组织内部明确规定的渠道的沟通。非正式沟通经常与正式的组织结构外的社交网络相关。某位在公司自助餐厅随意讨论公司近期变化的同事，以及在电梯里碰到下属并问其项目进展的情况的经理，他们都是在进行非正式沟通。英国电信公司（British Telecom Group）的电视及在线服务业务首席运营官彼得·奥利弗（Peter Oliver）深谙非正式沟通在组织结构中的重要性。

观点

彼得·奥利弗是位英国电信公司年轻且非常有活力的领导。英国电信公司是英国一家大型电信企业。彼得肩负多种职责，他才能出众且领导能力强，受到员工、同行以及上级管理层的尊重。彼得取得成功的部分原因是他真正地理解公司中非正式沟通的重要性。他是这样说的：

> 我们在总部工作，离业务区很远。要了解实际情况、客户需求以及业务需求，必须在公司运营部门投入时间。必须走出去和别人见面：和他们讨论、了解他们的看法，换位思考。只坐在办公室等着从正式渠道传来的信息，你永远不会有深刻认识。
>
> 你要走出去，找到正在工作的人：端杯咖啡就和别人聊吧。哪些事情顺利？哪些事情遇到了困难？事情的发展状况怎样？员工不愿意用办公室语言与你讨论。他们想要在不受层级限制下进行真正意义上的谈话。这种类型的谈话非常融洽，拉近了彼此的关系并且体现了相互尊重。通过这种方式获得的信息是你永远无法从经理报告中得到的。

资料来源：安妮·麦基于2009年对彼得·奥利弗进行的专访。

彼得·奥利弗的建议告诉我们非正式沟通如此重要的原因：它是极好的信息收集及分享渠道，有利于建立交际关系。非正式沟通为人们提供了一种急需的社交圈。谈论一下家庭、新闻，甚至天气，这些都是人们白天重要的简单交际。非正式沟通也为人们分享信息、建立等级制度范围外的交际关系提供各种途径。在一些案例中，正如彼得·奥利弗指出的那样，收集有用反馈和信息，促进综合业务发展的最佳方式就是非正式沟通。另一个重要原因是有时正式沟通渠道不可用、无效或效率低。

非正式沟通本身没有好坏之分。当其对组织机构发挥有益作用时，能提高信息流动效率，帮助员工获得充分信息，提高创造力。另一方面，误用或乱用非正式沟通能引起不准确信息和不完整信息的迅速扩散。例如，关于即将裁员的虚假谣言无疑会影响员工的绩效，同样不准确的裁员信息也会影响员工绩效。

非正式沟通渠道的另一个通用名为"小道消息"。**小道消息**（grapevine）：指同事之间分享在组织发生的内部信息的一种非正式方式。传统意义上，小道消息都是口头相传。但如今，小道消息通过电子邮件、博客、短信、微博以及各种其他电子沟通方式广泛传播。讨论主题范围覆盖职业领域（例如，一个大账户的状态）及个人领域（例如，新任经理的约会习惯）。无论什么主题，组织机构人员获得的大量信息往往源于小道消息。

当然,小道消息并不完全可靠,但有时其准确性令人震惊。小道消息的准确程度往往取决于该组织。若组织结构中的领导对下属非常开明且坦率,传出的小道消息就比较可信。

无疑,像小道消息等这种非正式沟通网络在组织生活中有重要作用。一位学者甚至认为在许多组织中,大多数信息是通过小道消息传播的。[81]尽管无法准确计算到底有多少信息是通过这种方式传播的,但可以肯定的是其作用对管理者来说有重要意义。[82]

领导及管理者对小道消息应该怎样回应?首先,管理者应该接受小道消息而不是与之斗争。企图惩罚以小道信息作为沟通渠道的人将引起逆反效应。由于它是一种非常高效的沟通渠道,因而是一种快速传播信息的好工具。要利用好小道消息意味着要了解其在特定组织中的工作原理:大部分信息的传播者是谁?这些信息到底是怎样传播的?

管理者挖掘小道消息的一个方法是花时间与员工进行面对面、电话或网络视频进行即兴谈话。这有时也称为走动管理。这种非正式沟通清除了一些因身份差异而造成的沟通障碍,有助于信息沿阶级层向上流动。也为员工提供一种较为安全的反馈方式。管理者与员工加强沟通也使员工更自在,降低员工在交流中的警戒心理。

除了利用小道消息提高组织沟通外,好的管理者会提高小道信息的准确性并且控制负面谣言的影响。负面谣言有损员工的士气。该如何做?传播准确或至少是更完整的信息是一种措施。同样,增强信息沟通和交流也是一种处理方法。当人们认为一个组织开放且诚实时,他们对管理决策不会妄下结论。总体而言,传播准确信息是一种很好的管理方式,其在危机时刻更为重要。

4.8.4 每个管理者迟早要面对:危机沟通

约翰·肯尼迪(John Kennedy)总统曾引用希腊哲学家埃斯库罗斯(Aeschylus)的话:"在战争中,真相最先遇难。"[83]同样,在危机时期,组织结构中最先遇难是沟通。当重大事件发生,对组织造成威胁时,管理者如何保持沟通畅通且可信?如果此时管理者能保持冷静,集中精力收集尽可能详细的信息,坦诚地公开信息并且迅速应对危机,就能避免许多混乱或信息误传。

然而在危机时期,有时领导们可能过早地下结论或强装乐观来稳定人心。例如,在飓风卡特琳娜登陆新奥尔良后,乔治·W.布什(George W.Bush)总统告诉联邦应急管理署(FEMA)的署长迈克尔·布朗(Micheal Brown),"布朗尼,你做的已经够多了。"[84]事实上,联邦应急管理署采取的措施成效远不够。还有一个事例,2009年12月25日,在德尔塔航空公司的一架班机上有名乘客企图引爆爆炸装置,消息传出不久,美国国土安全部部长珍妮特·纳波利塔诺(Janet Napolitano)说,"防御系统确实发挥了作用"。[85]大多数人并不认同这种说法,因为显然有人企图在飞机上点燃爆炸装置。无疑,在这种危机关头,谁都不愿意制造这种错误信息——然而,类似的事却时有发生。

尽管飓风事件或国家安全问题这类危机事件不常发生。但大多数人都会经历危机并且要在危机发生前、发生时或发生后做到有效沟通。许多情况下,需要特别重视的危机沟通时期为:裁员前期、裁员中或裁员后;公司业务增长(或萎缩)超过预期速度;自然灾难对员工、公司或营业资产造成影响时。在危机关头取得有效沟通的诀窍是评估形势,保持冷静和清醒。这样才能取得或传播所需信息,解决危机。

由于并不是人人都能很好地处理危机且组织机构需要对外保持统一立场,沟通研究学者W.蒂莫西·库姆斯(W.Timothy Coombs)认为组织结构指定发言人有重要意义。发言人的首要责任是确保信息的准确性和一致性。当一个组织有多名发言人时,他们必须互相沟通及配合以确保信息的一致性,避免出现相互矛盾。库姆斯也强烈建议作为发言人,必须语言听力佳,反应能力快且受过媒体培训。[86]

由本节可以看出,组织机构的沟通十分重要。当然,如果一定要定义组织沟通到底是什么,其是指信息在人员中流动。学者卡尔·韦克(Karl Weick)注意到,尽管可用的沟通渠道以及信息技术非常多,但组织沟通的主要方式仍是面对面的交谈,这是人类的本性偏好。而韦克甚至说交谈是组织中的基本活动。[87]

韦克的上述观点有一定的前提条件:我们要了解组织学习以及组织沟通理论。要想取得有效沟通,人们必须首先建立联系。[88]与人建立联系,与人分享信息的一个强有力的方法就是讲故事。故事能激发人的想象力和注意力,是一种传达复杂信息的有效方式。

4.8.5 讲故事的力量

讲故事是一项编造或陈述故事的技艺。故事指的是和人相关,有学习意义或能被人记住的事。故事是有力的工具,因为故事的功能远远超过传达信息:故事是分享观点、经验以及价值观的一种有意义且有趣的方式。好故事有说服力,有吸引力,是培养企业文化的一种良好的方式(见表4.4)。[89]

有史以来,领导们采用讲故事的方式作为激励他人的一种有效手段,尤其是在不确定或快速变化时期。[90]故事要远比抽象的概念更有说服力,更有效。管理者或领导者不必再讲一些枯燥无聊的数据,他们可以采用讲故事这种能引起共鸣的方式传达重要的组织信息。这种方式能激发员工想象力,让员工更有责任感和激情,其原因是故事中含有情感因素,增加了沟通维度。故事能俘获我们的想象力,能唤起我们的视觉、听觉、嗅觉以及其他触觉体验。而抽象的概念或信息却不具备这些特点。

讲故事是应对主要(最困难)的领导力挑战的一种方法:发起行动、召集人员以及领导员工走向未来。在合适的时间讲合适的故事能帮助组织为接受新思想以及新措施做好准备。讲故事无需取代分析性思考,而是起到辅助作用,让我们有新视角,新发现。但怎样才能把故事讲好? 表4.5列举了一些基本规则,有助于取得最好的效果。

表4.4 故事是一种有说服力且有效的领导工具[91]

故事的特性	故事的作用
● 简单 ● 持久 ● 对整个组织内的人均有吸引力 ● 一种传达信息的有趣方式	● 组织文化的一部分 ● 一种有用的培训形式 ● 一种极好的授权方式 ● 一种传承企业文化和传统的好方法。

表4.5 讲故事的七条规则

1. 故事以真人为例。真人实例能让故事更可信。
2. 故事必须有强烈的时间和地点概念。这有利于将听众引入场景,方便记忆:"两年前,我是托莱多一家名为 Snuffy's Restaurant 餐馆的经理……"。
3. 故事应该有重点、简单且清楚。其情节过细或太长都会让听众失去兴趣。
4. 讲故事时,要使用有趣的、活泼的语言,这能引发听众想象力和兴趣。
5. 讲故事要加入感情。煽情、惊奇、有意义的见解、同情、甚至老练且适当的愤怒都能吸引听众的注意力。故事里的情感内容能使故事中的插图说明不再只是枯燥的数据。
6. 为表达情感,你也可以用手势去强调及营造戏剧效果。总之,讲故事是一门表演艺术。
7. 若想赢得他人的信任,就要表现得自然、真实且诚恳。

资料来源:改编自 Kouzes and Posner, 2002, *The Leadership Challenge*, 3d edition, San Francisco: Jossey-Bass.

如果能正确使用,讲故事确实是鼓舞他人肩负使命,共同为愿景奋斗的最有力、最有效的工具。故事有助于培养组织文化,而组织文化是组织的心脏和灵魂。

最热门»讨论题

1. 描述近期在学校或工作中,你遇到的下行沟通事例。它使用了哪些沟通渠道? 沟通效果怎样? 怎样可以提高效果?

2. 根据图 4.5、图 4.6 及图 4.7 的组织沟通网络,为本课程你和老师的沟通设计一个沟通网络。

3. 你的学校或公司是否有小道消息? 你在其中扮演怎样的角色?

4. 利用表 4.5 中的七条规则,编造一个你在学校或工作上成功完成的一个有难度的项目的故事。确保听故事的人都能从你的经历中有所收获。

4.9　HR 应怎样确保各个机构间的有效沟通及建立共鸣关系?

组织内,许多人员以及组织功能为确保有效沟通服务。大型组织机构通常有专门的部门负责内部及外部沟通;法律部也会在沟通中发挥作用。几乎在所有的组织中,HR 单独或与其他部门联合发挥沟通作用,角色十分关键。HR 通常负责确保组织中的每一个人都能充分了解以下信息:

● **劳动法**:指导招聘、解聘流程以及对待职工的方式方面的地方性、州际以及联邦法。

● **劳动力数据**:能对公司的存续造成影响的信息,例如劳动力储备信息、员工士气以及组织文化。

4.9.1　传播劳动法

在过去几十年中,有关劳动者保护的法律以及与劳动相关的条例已经广为传播。如第 13 章所介绍,美国有一套保护劳动者的完备法律体系,许多其他国家也是如此。HR 的两项职责是:(1)了解所有相关法律以及与劳动相关的条例;(2)确保各层员工以及管理层接受培训并了解有关法律。这些法律规定了员工及管理者必须履行的工作职责。劳务关系是 HR 对组织所做的一项重要技术支持。

但是知道相关法律才仅是第一步。HR 工作的真正挑战是将这些法律按员工能理解的方式传达给员工。可以想到,把所有法律文件通过电子邮件的方式发给员工是不可能帮员工学会如何应用这些法律的。有能力的 HR 专业人士会运用多种沟通渠道以及技术将相关劳动法传达给员工并教会他们应用。这些沟通渠道包括书面沟通、讲习班、小组研讨会、辅导,或直接通知管理者(特殊情况下)。

4.9.2　收集和传播员工参与度信息

HR 通常负责收集、整理以及传播有关人才储备、薪酬及员工技能信息。一些劳动力相关数据可能很难收集和管理,因此不同组织会借助于各种先进的软件应用系统。这些应用系统通常受 HR 管理。

通常受 HR 管理的其他信息有时也难以收集和应用:有关员工士气以及参与度信息。为了扮演好战略商业伙伴的角色,HR 专业人士对管理者和领导提供的建议必须基于真实信息,而不仅是基于他们对劳动力发展的主观观念。

员工士气(employee morale):指一个组织中的集体情绪或精神。员工士气影响员工的工作能力,也妨碍公司取得发展目标。士气高昂通常和热情、责任、信任、对公司发展使命和愿景的信念、团队精神、对领导层的信任有关。相反,士气消沉则表现为整体士气低迷,挫败感弥漫。士气消沉的典型表现是员工流动率大、旷工、疾病以及不良风气盛行和生产率低。收集员工士气信息复杂而不易。有时 HR 专业人士以交谈和观察员工和管理者工作的方式收集此类信息。这些道听途说的信息确实有用,但为了得到更准确的信息,就需要一些更为严格的数据收集方法。在一些情况下,HR 专业人士会使用**定性研究**(qualitative research):指收集并分析主观数据的过程,例如从对话、访谈或回答问卷中的开放式问题获得的信息。

另一种广为应用的方法是**定量研究**(quantitative research):指收集可被转化成数字的信息,然后利用统计及其他数学工具对其进行分析的过程。为了能通过该方式研究员工士气,HR 常常执行一些问卷调查,供员工从多方面评定士气等级,例如,他们对领导的信任程度、管理沟通的实效性、团队的成效程度等。这类问卷调查通常称为人员调查、员工意见调查、员工参与度调查或工作满意度调查。

由于问卷传播速度快,其优势是成本低(不同于耗时且昂贵的面谈和小组讨论)而且效率高。一份优秀问卷调查成果有两个:一个是 HR 专业人士获得大量信息;另一个是由于员工也能参与其中,其对问卷调查表现积极。一份设计优良的调查问卷也可以提供标杆信息。

标杆信息(benchmark information):指要求人力资源专员和管理人员将自己的评分与同类组织的平均分、高分和低分进行比较的信息。(在第 13 章中,我们将讨论两种广为应用的定性研究方法。)

不幸的是,这种衡量员工士气的方法存在一个很大的弊端:问卷调查只能衡量所问的信息。换句话说,如果问错了问题或问卷不全面,所得信息就失去了用处。更甚者,还可能有害,因为这类信息会给 HR 及管理者造成错误导向。问卷调查存在的第二大问题是其回收率低。不是所有人都愿意回答问卷。由于所评估的信息都来自愿意回答问卷的人,因此问卷结果可能存在偏差。例如,我们肯定对这种说法有所耳闻:只有不满的员工才会回答问卷。这就可能导致综合士气评估结果不准确。尽管存在这些弊端,问卷调查仍然是一种广受欢迎的方法。

最热门»讨论题

1. 你学校的 HR 是如何发布职位需求、劳动法律及雇用政策信息的? 这些沟通渠道是否恰当? 为什么?

2. 描述一种情景:士气对你的团队或组织效力起到重要作用。士气高或低有什么影响效果? 有人专门负责监控士气吗? 如果有,他们是怎样做的,以及他们是如何将信息传达给这个团队的?

4.10 我们如何在工作中提高沟通效率及建立共鸣关系?

尽管有效沟通存在很多障碍,但多数情况下我们仍然能够传达信息。我们是如何完成的?善意是开端。我们大多数人都希望被理解,也希望理解别人。此外,多数人都学会了有技巧的沟通,和在沟通发生之前预估可能发生的潜在问题。我们往往利用社交智商和情商进行沟通。例如,我们尽力与他人调整一致——这是同理心作用。在沟通时,我们控制自己的情绪——这是情绪上的自我意识和自我管理。我们也寻找和使用沟通网络——这是组织意识。在本节,我们将提出一些有助于良好沟通的建议。此外我们将讨论如何提交你的交际能力,使交谈富有成效。

4.10.1 几条基本准则:使你的信息清晰有力

关注沟通的基本要素有助于你成为一个高效沟通者,其对信息传达尤其重要。毕竟你能控制自己的沟通质量。你的任务是确保观众理解你的信息,因此要做到清晰简明,避免模棱两可;也要合理把握信息量,不宜过多或过少。

征求并听取他人的反馈能提高信息被理解的几率。在与同事或员工交谈后,优秀的管理者会巧妙地问几个问题,来检验他/她的信息是否被接受。一些情况下,某些员工无需激励措施就能提供这类反馈信息,或者通过非言语信号表明他们的理解(如点头)或困惑(如紧蹙眉头)。留心和关注信息反馈以及完成反馈回路的权力在信息发送人手中。为了确保信息清晰有力,易于他人理解,表 4.6 中的参考指南可供你参考。

表 4.6 有效沟通的要点清单

☑	明确你想要传达的信息。
☑	确定最佳传播渠道。
☑	简化你的语言以适应听众。
☑	记住,对受众而言不熟悉的术语会阻碍沟通效率,熟悉的术语会提升沟通效率。
☑	创建一种信任机制,使人们按照层级上下传递坏消息时感到舒适。
☑	注意,不要无意识使用或乱用不恰当的非言语行为。
☑	沟通时尝试运用同理心。准确读懂别人的反应会有助于帮助他们理解所传达的信息。

显然,这些指导准则有助于有效沟通。然而自相矛盾的是:最好的沟通者不仅遵守这些准则,而且知道何时打破这些规则。

4.10.2 何时打破准则

著名语言哲学家 H.保罗·格赖斯(H.Paul Grice)设计了一套四词格言或称为基本准则指导有效的交谈。格赖斯的四词格言如下:

● 质量:真实。

- 数量:适量分享信息。
- 相关性:要和当前的事相关。
- 方式:清晰明了,避免模糊不清或模棱两可。[92]

格赖斯指出这四条准则并非要时刻遵循。当然,其代表了我们在沟通过程中想要达到的结果。当这些准则中的一条或多条被违反时,这些违反行为的类型和形式包含了有关谈话者的价值、情感、动机等重要的信息。换句话说,我们要指导这些准则怎样被打破、何时被打破以及为什么被打破来搞清楚彼此的意思。

例如,当感觉某人不太诚实时,我们经常会想其中的原因。这个人有什么特殊目的吗?他或她害怕告诉我们真相吗?同样,当某人分享的信息量少时,我们可能质疑这个人的知识或能力或者同样怀疑他/她是不是有特殊的目的。另一方面,如果某人分享的信息量过大(没完没了地说同一个话题),我们可能思考为什么这个事情对他或她这么重要,或者质疑他/她的沟通技巧。最后,如果信息是模糊不清或不明确的,我们会常会怀疑,是否这个人在试图隐瞒什么。表4.7列出了人们违法格赖斯的准则的情形以及当违反行为发生时所隐含的意思。

表 4.7　　通过间接请求打破沟通准则[93]

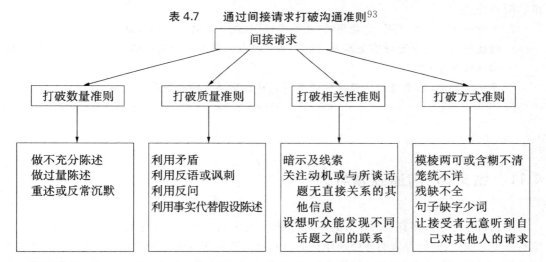

资料来源:Brown, Penelope, and Stephen C. Levinson, 1987, *Politeness: Some universals in language usage*, p.214, New York:Cambridge University Press.

举一个简单案例:大约下午1点钟,你正在拜访一个同事,此时你很饿。如果你遵照格赖斯的指导方针,你可能会说"我想要一些吃的东西"。你讲了实情,并发出了足够的信息。这也和许多人的午饭点都在这个时候有相关性。你表达的信息很明确。在有些情况下,这是一种恰当的沟通方法。

然而,你也完全有可能采取一种非常不同的方法。你可能会问你的同事是否他或她已经吃过午餐,或者你可能会随意地提及你没有吃早餐。这两种信息都不一定被理解为你需要食物,这会为你的同事留有反馈空间。这就打破了上述准则,质量准则,因为你没有告诉同事你饿了。数量那条准则也被打破,因为你实际上没提这个主题——你饿了。你也违反了相关性准则,因为你在下午1点钟提及了早餐。你的表达方式并不明确,因此你是间接表达的。

当然,虽然你违背了所有准则,我们能感觉到你的间接请求比直接表达显得更礼貌。你没有给出明确的需求,但是你在实际谈话中用一种能够被理解的方法进行暗示。这样,你的同事便能明白你的意思,并满足你的需求。如果因为某种原因你的同事不想吃午餐,或已经吃过午餐,或者不想与你共进午餐,他/她就不会感到尴尬,也能保住面子。你们的关系不会受到损伤。

上述例子表明,有时我们会故意打破沟通规则来维护彼此关系,引起共鸣。成功的领导懂得怎样沟通才能建立好的交际关系,取得共鸣效果。在这个环境下,通常不采用直接或威胁性请求。交际关系健康积极时,组织就能自行运转。

工作中,建立有效的沟通,人人有责。由于领导者及管理者有责任让所有人员获得所需信息,理解组织目标和价值并激励员工工作,所以以他们角色特殊。

对于各层领导来说,沟通意味着责任。和他人沟通时,我们是在影响、说服以及通知其他人。我们与他人沟通的内容和方式可以提供帮助,也可能造成障碍,影响他们工作,妨碍他们达到目标。我们能为他人提供支持,也能为他们带来障碍。当你与他人谈论生活、工作、政治、宗教、时事、交际关系或各种话题时,有一个问题值得思考:当你与他人分享自己的信息,试图说服别人或与人交谈时,你到底想达到什么目的? 许多沟通矛盾都是由于被误导或沟通能力欠缺而造成的,更糟的是,一些精通沟通技艺的人过去常常危害他人或以他人为代价达成自己的目的。

最热门»讨论题

1. 思考一下与人交流时,你使用的"消息发送"技能。你的强项和弱点是什么?

2. 回顾一个你故意打破有关质量、数量、相关性或方式准则的沟通场景。你为什么这么做,沟通结果怎样?

3. 下一次沟通时,有意识地监控你的意图。然后反思这些意图是如何影响你和他人的。

4.11 结束语:沟通及领导力

本教材介绍了许多有关领导力的不同的理论,其中几个理论相互之间完全不同。但所有理论有一个共同点:它们都表明各层领导有能力通过沟通构建或塑造组织内部的社交现实。[94]当把领导力视为控制沟通的能力时,你会发现,一些名义上是领导的人实际上拥有相对较小的领导力,然而一些在传统意义上不是领导的人(例如秘书或行政助理)却因他们在组织沟通网络中的职位便利而拥有很强的领导能力。[95]处于沟通网络中心的人通常拥有诸多积极的交际关系。他们能引起共鸣、获得或传达信息。不管他们的正式角色是什么,他们的影响力极大。在如今多元又全球化的组织中,懂得如何进行跨文化沟通且关系网广的人将是最成功的领导者。

本章总结和关键词

1. 为什么沟通是工作中有效人际关系的核心?

概述:沟通是你生活各方面人际关系的基础,是你和他人有效合作的中心。成功的领导者和员工对此非常了解并十分注意他们与人沟通的内容和方式,从而建立共鸣关系。这种共鸣关系能够建立尊重并且在矛盾出现时有助于找到有效的解决方案。

关键词:

共鸣关系(resonant relationship):一种活跃和支持关系,鼓励尊重、包容性以及开放和坦诚的对话。

2. 人类如何沟通?

概述:沟通的形式多种多样,包括言语以及非言语沟通。言语沟通由文字构成,方式为:口述、签字或书写。言语沟通既受文字实际意义的影响又受其隐含意义的影响。非言语沟通包括手势、面部表情以及声音的质感。非言语沟通更不容易控制,更微妙。学会控制及联合使用言语和非言语沟通能让别人更准确地理解以及相信你所表达的信息。

关键词:

沟通(communication):指信息从一个人或团体传达给另一个人或团体的行为。

语言(language):指由人们共同使用的一套语音和符号构成的一种系统的沟通形式。

混杂语(pidgin):指一种使用来自不止一种语言的手势、词语或短语的语言,使人们在无需学习另一种语言的情况下也可以交流。

外延(denotation):指一个词的字面意义或字典意义。

内涵(connotation):指一个词附带的联系、感觉和评价。

非言语沟通(nonverbal communication):指有意或无意地通过任何手势、表情、肢体行为或语调、重音或音量交流信息。

肢体语言(body language):指手势、面部表情、眼神沟通、身体接触、贴近他人或其他能够传达意思的身体姿势。

3. 我们如何传达及理解复杂信息?

概述:好的沟通者精通各种复杂的沟通技巧,例如在沟通过程中管理自己的情感。在沟通中,我们会进行许多情感交流,这对你的沟通效果以及你维系健康交际关系的能力有巨大的影响。

好的沟通者也认识到我们在时刻向别人展示一种形象——我们想要给别人看到的形象。因此挽回面子在交际关系中非常重要。好的沟通者处理信息的方式也比较复杂:按信息与个人或群体的相关性分类以及判别信息的主、客观性。

关键词:

面子(face):指我们希望他人接受的代表自己身份的一个方面的公共表征。

4. 人际沟通的过程是怎样的?

概述:最基本的沟通方式是:发送人将编码的信息通过一种途径传达给接收人,接收人解码信息,然后进行信息反馈。为分析沟通过程并解释造成误解的原因而设计的沟通模式有香农-韦弗模式、施拉姆模式以及贝罗模式等。无论运用哪种模式进行分析,沟通的效果和效率都是在设计信息以及选择宽沟通渠道或窄沟通渠道时所要考虑的重要因素。渠道越宽,信息越不容易被误解。

关键词:

发送人(sender):通过通信渠道编辑并发送信息的人。

消息(message):信息。

接收人(receiver):接收并解码信息的人。

渠道(channel):指信息从发送人传递给接收人的媒介。

编码(encoding):指在发送前将信息从一种格式转换成另一种格式的过程。

解码(decoding):指将信息从一种格式转换成另一种格式以便理解的过程。

反馈(feedback):指接收人通过文字或非言语信号回复发送人,告知对方信息已收到或希望进行进一步交流的过程。

反馈回路(feedback loop):指在发送人和接收人之间来回共享信息的过程。

干扰(noise):指干涉信息传递或接收的任何事物。

有效沟通(effective communication):指信息准确地从发送人传达给接收人的结果。

高效沟通(efficient communication):指利用最少的可能资源(时间、金钱和精力)共享信息。

5. 我们如何将信息技术应用于工作沟通?

概述:信息技术丰富了我们的沟通渠道(例如邮件、短信、网络或视频会议)。其益处是信息分享比以往更快、更方便。但当进行情感沟通,提供完整且可理解的信息以及控制沟通信息量时,邮件或其他技术手段就会遇到挑战,其弊端是增加了沟通的复杂性。

关键词:无

6. 影响有效沟通的常见障碍有哪些?

概述:即使沟通完全出于善意,沟通渠道再多,仍然会存在一些常见的沟通障碍。障碍之一是语言:即使说话人使用同一种语言,他们也可能说不通的方言、带有不同的口音或使用行业术语,这些都能引起问题。另一个常见障碍是信息发送人以及接收人沟通技能低。像选择性感知、刻板印象以及偏见等类似障碍也能妨碍沟通;同样,权力关系也会妨碍沟通。

关键词:

行业术语(jargon):指与某些活动、职业或团体有关的有详细定义的术语。

选择性感知(selective perception):自觉或不自觉地关注一个消息的某些部分,忽略其他部分。

刻板印象(stereotypes):根据在社会群体中的身份,对其进行僵硬的、消极且偏见的描述或评价。

7. 多元社交关系中的沟通为何面临挑战?

概述:不同文化背景的人要取得有效沟通可能比较困难,因为每个人的沟通技巧都是在各自的文化中形成的。语言能妨碍沟通,同样,对非言语行为的期望差异也能妨碍沟通。在多元化环境中,群体认同力的强弱也会影响沟通。性别和年龄也可能给沟通带来挑战,这主要是由于不同性别以及不同年代的人已经形成了不同的沟通方式。尽管沟通方式存在诸多差异,但重点是必须明白沟通是一种后天习得的能力。

关键词:无

8. 什么是组织沟通?

概述:组织沟通可分为上行、下行和/或平行沟通。组织沟通涉及数种沟通网络,包括轮型网络、链形网络以及全通道网络。正式沟通和非正式沟通都时常在组织内发生。小道消息是一种强有力的沟通方式。在组织结构中,许多领导者及管理者越来越热衷于使用讲故事这种有效的方式共享信息。

关键词:

下行沟通(downward communication):在组织层级结构中,从较高层向较低层的信息流动。

上行沟通(upward communication):在组织层级结构中,从较低层级到较高层级的信息流动。

筛选(filtering):指蓄意的信息错误传递,包括改变或修改信息、清除信息或改善信息中的某些具体部分内容。

横向沟通（horizontal communication）：指组织内相同或类似层级的人员之间的信息交流。

内部沟通（internal communication）：指通过其他渠道，而非组织内部明确规定的渠道的沟通。

外部沟通（external communication）：指组织成员和外部人员的沟通。

沟通网络（communication network）：指一群人之间的沟通模式。

轮形网络（轴辐式网络）（wheel network，hub-and-spoke network）：一种由人作为所有信息的中心通道的通信网络。

链形网络（chain network）：一种交际网络，在这个网络里，信息以有条理的顺序从一个人传到另一个人。

全通道网络（all-channel network）：一种根据需要，群体的所有成员都与其他人相互交流，实现信息流动最大化的交际网络。

正式沟通（formal communication）：指在明确和众所周知的规则管理下的沟通，它规定谁可以与谁沟通以及如何沟通的问题。

非正式沟通（informal communication）：指通过其他渠道，而非组织内部明确规定的渠道的沟通。

小道消息（grapevine）：指同事之间分享在组织发生的内部信息的一种非正式方式。

9. HR 应怎样确保各个机构间的有效沟通及建立共鸣关系？

概述：在大多数组织中，人力资源部门在传播与劳动法、劳动力数据以及各种人员有关的重要信息中扮演重要角色。HR 的工作不仅限于传达此类信息，也负责确保职员理解且懂得应用所得信息。HR 也同样负责评估员工士气以及参与度并担任此类信息的研究中心。

关键词：

员工士气（employee morale）：指一个组织中的集体情绪或精神。

定性研究（qualitative research）：指收集并分析主观数据的过程，例如从对话、访谈或回答调查中的开放式问题获得的信息。

定量研究（quantitative research）：指收集可被转化成数字的信息，然后利用统计及其他数学工具对其进行分析的过程。

标杆信息（benchmark information）：指要求人力资源专员和管理人员将自己的评分与同类组织的平均分、高分和低分进行比较的信息。

10. 我们如何在工作中提高沟通效率及建立共鸣关系？

概述：关注沟通基本要素是成为有效沟通者的最佳途径。说话清晰、简洁且不含糊都是好的开端。了解质量、数量、相关性以及方式准则，同时也知道如何以及何时打破这些准则也会提供有益帮助。工作中，沟通方式影响人际关系。你的重中之重是通过沟通增强人际关系网的共鸣效果。

关键词：无

11. 结束语：沟通及领导力

概述：最佳领导者能通过正式及非正式沟通建立强有力的共鸣关系和强大的社交网络。做到这些，你就能在当今的多元化组织中取得成功。

关键词：无

5

规划与战略：将愿景变成现实

5.1 人们如何规划未来？

你对未来有何设想？你能准确地预见若干年后自己会身处何方，与谁在一起以及会做什么吗？你会考虑将如何利用自己的价值观引导自己做选择，并确信一路上会遇到各种机会进而找到喜爱的工作，与亲朋好友建立美妙的关系，最终创造美好的生活吗？或者你考虑更多的是今天而非明天，关注当下有意义的活动而不是对未来的憧憬？

规划关注的是从现在你所处的位置发展到全然不同的未来这一过程。有趣的是，人们考虑未来的方式千差万别。有人关注结果：他们为自己（或许也为别人）设定目标，然后坚持不懈并专心致志地为实现这些目标而努力。也有人是以行动为导向的：他们满足于为当下努力工作，很少花心思去思考手头上的任务或项目之外的事情。还有一些人关注方向以及有意义的梦想：他们将自身和组织的未来作为一个整体来思考，认为这是对个人而言非常有意义的梦想的一部分，他们围绕着这些不那么具体却又引人入胜的憧憬协调各项活动。[1]

人们思考未来和规划未来的方式各不相同——这只不过是我们在讨论组织规划与战略时产生的诸多问题之一。大多数组织规划几乎完全专注于特定目的和目标，忽略或很少强调有意义的未来状态的图景，以及人们处于流畅状态中时——即全神贯注地沉浸在当下的创造性活动中时——会出现的喜悦与创造性。[2]

无论我们如何思考未来或规划，人类是有目的的生物。希腊词"teleos"（意为"终极完美"）准确地表达了我们的立场：我们有目的地朝更美好的明天迈进，那样的明天在我们看来不仅是有意义的，而且是完美且完整的。[3]这也是我们在组织中所做的事情：我们寻求鉴别崇高的目的、使命和愿景，并通过战略、目标和行动实现它们。如果你能首先掌握如何看待未来然后想方设法使其他人也参与规划流程的知识，你就会更加成功地管理各种动态关系，这些动态关系是伴随着工作、团队和组织中的规划制定与调整这一持久不变的过程而产生的。

但领导者和管理者们如何确保人们进行规划从而使其在战略上与组织的愿景、战略、目标和行动联系在一起呢？本章将回答这一问题。首先，你会学习到规划和组织中常用的各种规划类型。然后，你会审视组织的成功是如何开始于目标明确，包括明确为何这一目标存在，明确这一目标为谁服务，明确这一目标会产生何种效果。对大多数组织而言，这一目标明确地表达为使命陈述，并通过强有力的愿景使之充满活力。你也会学习到组织的使命和愿景如何通过战略规划得以实现，我们将通过六步骤流程来解释。最后，你会评估人力资源在规划过程中扮演的角色，以及我们大家能有何作为以确保使命明智合理、愿景无可抗拒，并具备根据战略规划采取行动的能力。

5.1.1 界定规划

那么，到底什么是规划，人们如何进行规划呢？**规划**（planning）是一种认知的、有创造力的行为过程，制定一系列旨在达成目标或奔向构想的未来状态的活动。学者们从许多不同的角度研究组织规划。大多数人都会同意学者亨利·明茨伯格（Henry Mintzberg）的观点，他认为规划是一种包括对理念进行分析、创造和综合的组织过程。这一过程帮助人们确认相关措施、活动和决策，并通过将它们整合起来使人们——并使组织——奔向理想的未来状态。[4]

不幸的是，这一观点中的一些关键要素在组织规划行为中常常会被忽视，如对理念的创造和整合。[5]制定目标往往是组织规划的首要动因，这比幻想未来和当下的创造力更为重要。这一问题之所以会出现，部分原因在于许多人认为短期可见且可衡量的目标是我们思考未来的方式，实际上情况并非总是这样。让我们看一看制定目标如何支持有些人对未来的规划，行动导向如何支持创造力以及定向型规划如何确保整体愿景不会湮没在这一过程中。

5.1.2 探索人们如何思考并规划未来

人类对未来形成概念的方式很复杂。我们如何规划部分地取决于某些个性特征，包括乐观或悲观的个性倾向。更为重要的是，我们如何思考未来并进行规划取决于我们从家庭、学校、文化乃至我们效力的组织所倡导的行为规范和惯常做法等方面所学到的内容。[6]换言之，我们从他人和周遭的社会环境——包括组织——学习与规划有关技能。让我们一起看一看用于描述规划的三种具体方式。

1. 目标导向型规划

设定目标的过程常常与规划混为一谈。实际上，设定目标只是规划过程的一个方面——这个方面关注的是明确描述的具体行为和结果，以使人们朝明确界定的终点前进，并为此努力。**目标导向型规划**（goal-oriented planning）涉及确定使我们从现有状态向明确界定的最终状态行动迈进的活动和措施。这一过程可能包括前推式规划（即设计一套实现目标的措施）、倒推式规划（即设计一套从目标到当前状态的措施）或两者兼而有之。

譬如，假设一家高端珠宝门店的经理希望在前台陈列柜设计崭新的陈列方式。前推式规划步骤可能包括清空陈列柜、打扫陈列柜、确定要陈列的珠宝、安装新的陈列架以及摆放展出的珠宝等。后推式规划则可能开始于经理对门店外观的想象，包括顾客如何向珠宝陈列柜靠近，如何观察并拿到珠宝。从一开始，经理可能就会考虑移动陈列柜、改变灯光效果、在陈列柜内部和周围使用特定的色彩设计。

2. 引导式规划

并不是所有的规划都是以目标为导向的。我们常常根据我们想要实现的基本方向以及我们偏爱的行为和行动来选择具体措施。**引导式规划**（directional planning）指识别出领域（活动的大致范围）和方向（首要的价值观和活动），而不是具体目标的过程。[7]这就意味着有些人作决策时——哪怕是日常生活中的决定——都是根据个人和组织的价值观来进行的。这些价值观是明确的行为指导原则以帮助制定实现某一愿景的路径。这种规划涉及一种截然不同的目标焦点，即与**重点目标**(destination goal)相对的**路径目标**(path goal)。

　　例如，上大学时（即"范围"），你有很多机会选择有趣的选修课并参加各种社团、社会活动、体育活动等等。对于选修课或社团会员身份将如何影响你的职业生涯，你或许并没有明确的规划。你不会将自己的行动与特定的目标直接联系到一起，但你确实是根据哪些活动符合你的价值观和偏好来做选择的。

3. 行动导向型规划

　　有些人逃避目标的制定，同时也不能确定未来的基本道路要怎么走。相反，他们的精力都倾注在当前的短期行动上。显而易见，过分强调当下的任务会干扰对未来的规划。但另一方面，**行动导向**(action orientation)，或将自己的全部注意力集中在手头上任务的能力又相当重要，并且也可以令人心满意足。譬如，你可在完成课程论文这样的事情上经常拖拖拉拉，但一旦开始行动，你就会全身心地投入其中。你这么做不是为了得到"优秀"的成绩，你甚至想都没想过这跟学有所成有何关系。你只是喜爱接受这项任务——而且你做得很不错——而这恰恰能使你朝美好的未来前进！

　　这三种规划的具体方式各有价值，你应该理解它们从而使你制定出能够赢得他人（包括你个人的）的兴趣和投入的规划。

　　规划不是人们偶尔为之的事情，也不是只有高层管理者或领导者才会做的事情。组织每天都在制定并实施规划，实际上是由每个员工进行的。当然，管理者被要求持续不断地进行规划。他们制定一些在一天内开始并结束的规划，也制定一些延续数年的规划。从规划预算和会议到为招聘人员及运营起草规划，管理者们同时面临着许多规划。规划是每个管理者日常工作中必不可少的一部分。那就是学习与规划有关的各种技能——展望未来、制定目标以及将行动与目标和愿景联系在一起——对每个人来说都很重要的原因。

　　如果个体的规划很复杂的话，试想一下为十几个人，或者几千人进行规划将意味着什么。在接下来的一节中，你会发现组织如何使用和误用规划，以及常常开发哪些类型的规划。

最热门»讨论题

　　1. 定义规划并解释为什么它既是一个理性思考的过程，又是一个创造性的过程。

　　2. 你倾向于采用哪种方式规划未来？你更关注于目标、愿景，还是目前的活动？

　　3. 你进行规划的方式对你在学业上的成功产生了何种影响？对你的工作有何影响？对你的社会生活呢？

　　4. 下列事项中，你认为哪些是你应该再多了解一些并进行实践的：制定目标、展望对自己有意义的未来或者是在从事工作或学校活动时找到处于"流畅状态"的途径？

5.2　组织中规划的具体表现形式如何？

　　简言之，组织中的规划是确定目标并为实现目标而绘制路线图的过程。实际上，制定目标常常被看作是在组织中进行规划的途径。然而，诚如你所了解到的，并不是所有人都是以目标为导向的。此外，组织极为复杂，特别是当涉及与技术、核心业务或文化有关的大规模变革时，更为复杂。重大的变革是当今组织的常态，这就意味着我们的愿景有意义，且具有稳定性。过度依赖制定目标会导致过分关注短期目标，也会导致过分强调与目标制定有关的技能，其代价是牺牲支持构想愿景和执行规划的能力。

5.2.1 规划：不只是目标和衡量标准

人们在努力创造变革时过度依赖制定目标和衡量标准会出现什么情况？让我们举例说明。最近，一家大型制造公司启动了一项全新大胆的规划，其目的是促使新兴市场上的人们能够通过支付价格公道的费用获得产品和服务。这项规划由新任首席执行官发起推行，他公开强力着手重新确定公司的使命。公司内部人员受到鼓舞，市场和公众反响也很有利。

这种变革要求组织文化和领导者实践进行重大的转变，所以首席执行官和他的团队委托人力资源领导者们开展一项"变革规划"。经过数月的努力，十几个人对公司需要改变的领导者实践、文化规范乃至价值观等方面进行了探索。他们首先制定了涉及到高层领导的流程，然后更多的其他员工探索新的愿景，同时也开展行动导向型项目以实现这一愿景。

变革规划实施六个月后最终破产。关注目的和行动的项目受到强烈的抵制——很大一部分原因在于这一变革规划并不符合典型的目标导向型流程。相反，这一规划是偶发的，并依赖于人们的感情投入，公司（包括首席执行官和他的团队）根本不能容忍任何模糊不清之处。取代变革规划的是一项更加典型的流程，该流程集中关注运营效率。（公司最终采纳的流程称为"精益管理"，第 12 章我们会讲到。）

这项新规划着手制定并衡量特定项目以及业务和财务目标的进展情况。尽管这很有用，但规划仅仅关注目标和衡量标准，而没有关注改变人们对公司新使命的理解，也没有关注他们可能需要对自己的日常活动和心态作出怎样的调整。结果，首席执行官推行其大胆的新愿景已经过去两年了，公司的变化却微乎其微。

这个组织最终选择的规划看起来很"好"——有明确的目的、目标、里程碑和行动步骤。项目经理千辛万苦地绘制电子数据表以概述行动过程和截止日期。任务和人员分工明确。结果与衡量标准联系在一起，以确保能够衡量目标完成的情况。但这一规划失败了，因为它并没有做到需要做到的事情：它没有改变领导者实践，也没有改变组织文化，更没有产生组织变革的效果以实现在新兴市场的新使命。这一失败部分原因在于，公司的领导者对如何转变组织看法过于简单。特别是他们将目标、衡量标准与强有力的规划混淆起来。

仅仅只是在多部门组织内部进行规划，其复杂性就已经令人望而生畏了。使组织行动并改变，规划必须既要有理性，又要有创造性，它们必须将使命与目的跟目标与活动有机联系起来。好的规划帮助人们始终如一地关注无所不包的愿景、目标与活动。只有目的和愿景还不够，只有目标和衡量标准也不够。此外，行动、活动和战略不应该是偶然发生的。

譬如，餐厅里新增的一道主菜并不是魔法般地出现在菜单上的。在增加菜品之前各项流程和举措就已经进行了，而这些是顾客永远看不到的。比如，经理牵头进行市场调研活动，为的是弄清楚这道菜顾客会不会很喜欢，会不会下单。他们也会监督菜单上的措辞，以确保主菜听起来就能使顾客充满食欲。他们与厨房员工一起确定什么时候采取何种方式订购配料，以及如何及时地烹饪这道菜。最终，他们通过新品上市后定期检查销售指标来评估其是否成功。

为什么要如此大费周章呢？"让我们在菜单上新增一道双层培根奶酪汉堡吧？"——就这样说一句难道不是更简单吗？这种方法的问题是在菜单上增加一道错误的菜品，就时间成本和金钱成本而言会是一项非常昂贵的决策。如果新汉堡不是本餐厅顾客会点的东西，储存配料、培训员工以准备这道菜、改变菜单等相关的成本就会造成沉重的负担。即使菜单选择不错——这意味着顾客很喜欢并下单——如果充分的规划没有完整地走一趟包括市场调研、广告、购买和储存原材料、教授烹饪技巧等环节在内的流程的话，餐厅不见得会从新增菜品中盈利。

错误的举措会产生微妙而严重的后果。让我们继续以此为例。比如说该餐厅以提供健康新鲜的美食闻名——实际上，这么做是公司使命的一部分。餐厅的顾客和员工等因此会产生健康美食的心理预期。当一道不符合餐厅形象的新菜增加上来之后（比如双层培根奶酪汉堡），这会使顾客感到失望或迷惑。员工们也可能怀疑公司的使命是不是在改变，他们也可能因为提供顾客们不喜欢的菜品而倍感沮丧。

我们进一步审视这个例子，就会发现增加新菜品实际上要求制定几种不同类型的规划。比如，新菜品可能与更宏大长远的规划融为一体，以扩大餐厅的吸引力并招徕新顾客。也有可能需要短期营销规划以及新品上市第一天的规划。在接下来的一节中，我们会考察组织中经常采用的规划类型。

5.2.2　组织中使用的规划类型

乍一看，所有的规划可能看起来都是一样的。然而，显著的区别存在于组织管理者常常使用的各种规划类型之中，如表 5.1 所示。我们以一家名叫"经典风格"（Classic Style）的虚构时装店为例来说明这些不同类型的规划。正如你在图表中所看到的，经典风格的各种规划在范围、时段以及它们使用的频率方面各不相同。

表 5.1　经典风格时装店的规划类型

规　划　类　型	定　　义	规　划　实　例
短期规划	通常为 1 年或少于 1 年的时间而制定；有明确的终结点	在 3 个月的时间跨度内招聘 2 名员工
长期规划	常常实施 3 年或 3 年以上；时间截点并不总是很明确；可能很复杂，而且要求有相当的资源投入	4 年内零售店数量翻一番的规划
一次性规划	仅为独特情况而使用一次	在公开交易市场上发行股票的规划
持久规划	为重复且正在进行的活动而设计	为准备每月预算报告而制定的规划
运营规划	如何实现规划的详细概要	为店长和店员进行销售培训、客户服务培训以及销售指标而制定的规划
战略规划	通常是影响深远的规划，清晰地阐述某一业务的发展并将以使命为驱动的战略目标综合进去	为从实体店销售向仅限网店销售转向而制定的规划
财务规划	为支持组织活动而提供财务资源的规划	为启动新的网络业务而提供资金支持的规划
应急规划	为应对危机或失败的规划而设计；"备用规划"	为防止遭遇交通罢工而增加库存的规划
项目规划	概述特定工作规划的具体行动、时段、角色、职责、目标和结果，这些工作项目由一人或多人完成	为帮助管理者更好地理解员工对于领导者实践的态度所制定的规划；在这种情况下，团队会概括出收集信息、分析数据、创建报告以及与管理者和员工分享结果的必要步骤

在任何给定时间内,公司都会有不同的规划类型。确保各种规划的目标不会相互矛盾,这对于管理团队而言很重要。如果规划在创建时——以及在改变时,谨慎地相互协调,那就更好了。许多组织规划在执行期间就破产,因为组织的各个部门看不到它们各自的规划如何与整体规划融为一体。

最热门»讨论题

1. 思考你所属的运动队、俱乐部或委员会。这些组织如何规划未来? 复习上一节并描述你所在的组织目前正在做的事情或过去曾经做过的事情。你和其他成员能做些什么以改善规划流程?

2. 开始考虑大学毕业后你的人生和工作绝不嫌早。你现在有什么样的短期规划与大学毕业后的生活有关? 你制定了什么样的长期规划?

3. 回想一下什么时候规划与你的设想不一致。你是如何反应的? 你做过什么? 你有应急规划吗? 它起作用了吗?

5.3　在充满不确定性的时代如何进行规划?

我们对规划一词早先的定义是"行动规划"或"设计"。"规划"(plan)源自15世纪的"plane"一词,意为"水平面"或"平坦的表面"。该词最早的记录见于1706年,其意义和起源使人联想到线性的过程,即从一种状态到另一种状态的清晰的二维变动。[8]但生活并不是这样进行的,也不是规划的真实状况。组织中的大多数规划都很复杂,与其他规划相互协调,而且往往不是线性的。规划不是——或者说不应该是——静止的或不可改变的。规划一旦变得僵化起来,它也就变得风马牛不相及了。那是因为情况在变,如果规划也不随之改变的话,很可能会失败。当然,心中牢记无所不包的目标、目的和愿景很重要。然而,随着个人、团队和组织向愿景迈进,他们几乎总是需要对自己的规划和目标进行调整。

5.3.1　创造能改变的规划:模块方法

保证规划是动态的且能随着改变而进行调整的最佳行动过程是:(1)清晰地将规划与使命和愿景联系起来;(2)包括多个相互分离、单独规划的子目标。[9]在本章,我们稍后会讨论使命和愿景。首先,让我们关注如何创造便于改变的动态规划。

规划听起来就很复杂,制定目标时需要认识到可能不得不对这些目标进行改变,其他相关的行动或子目标可能也需要嵌入规划之中。让我们看一看旅行的隐喻如何帮助我们制定可以改变的规划。

1. 目标、子目标、里程碑和行动步骤:为通往目的地的旅行制定路线图

首先,让我们考虑目标、子目标、里程碑和行动步骤的定义,探讨如何为通往目的地的旅行制定路线图:

● **目标**:根据《美国传统词典》(*American Heritage Dictionary*)的定义,目标是"努力所指向的目的;目标"。[10]目标一词的本义是"赛跑的终点",其词源可能是古英语的"*gal*"一词,意为

"障碍"。[11]具有 SMART 特点的目标(特别是子目标)具备明确性(specific)、可衡量性(measurable)、可达成性(achievable)、结果导向性(results-based)、时间明确性(time-specific)。[12]

● 子目标:子目标是为了帮助实现另外一个更宏大的目标而创造的目标。更宏大的目标可以分解为几个较小的子目标,它们更易于解决,而且往往比总体目标更具体。[13]

● 里程碑:里程碑一词起源于在古代的交通要道上每隔一定的距离("英里")就铺设石头以标记距离的做法。在现代公路上,里程碑已经被英里标志(mile marker)所取代,但概念在本质上是完全相同的。里程碑现在指的是抵达某处或标记已经经过的距离("抵达一个里程碑")。譬如,你或许给自己设定了以下目标:"本课程取得 A 等成绩"。标记向这一目标前进的里程碑在每个月的月底出现,那时你估量自己的课程出勤记录:"我连续两周没有旷过一次课!"里程碑帮助我们记录向目标或子目标前进的进度。

● 行动步骤:正如该词所暗示的,行动步骤是支持目标或子目标实现的单独行动。步骤一词暗含了一段时间以内的线性过程。然而,行动步骤并不总是按照时间顺序组织起来的,它们也不是线性的。譬如,为了实现"本课程得 A"的目标,你可能确定了与"期中考试得 A"的子目标相关的如下行动步骤,包括:整个学期都吃有营养的食物;只在周末晚上跟朋友们参加派对;每周学习课文和笔记;每节课都出勤。这些事情在各种不同的时间以各种不同的方式发生,并不遵循特定的顺序。执行这种非线性的规划很好,因为它是领导力领域备受推崇且极为有用的逻辑形式。

这里概括的四个定义是考查目标制定的一种方式。实际上,"目标是目的地"的隐喻是按照以下模式获得的:确定目的地(目标和子目标)、采取行动到达那里(行动步骤)以及标记进度(里程碑)。这好比你在进行一次旅行,诚如孔子提醒我们的:"千里之行,始于足下"。旅行这一比喻形象地向我们描述了规划允许我们做的事情:从此处到彼处。[14]

好的规划包括步骤、标记和目的。有用的规划包括可以分解成子目标模块的宏观规划。这些规划的设计应该使子目标和行动步骤具有灵活性和适应性,并能接受持续性的评估。这是规划的模块方法:每个子目标实现后,我们重新筹划为实现下个子目标或抵达下一个里程碑所需要采取的行动。[15]

2. 模块规划:我们从纸牌游戏二十一点(Blackjack)中能学到什么

我们可以从数学家安德雷·马尔科夫(Andrey Markov)身上学到一点有关模块规划的内容,他告诉我们分析下一步可能发生的事情有助于我们调整规划。[16]比如二十一点牌高手规划如何获胜——在二十一点扑克牌游戏中算牌是一种马尔科夫过程。从 2 到 9 每张牌的点数都有 1/13 的出现概率,10 点或人头牌的出现概率是 4/13,A 牌在一整副牌中的出现概率是 1/13。然而,每出现一次牌都会改变下一步哪张牌会出现的概率,因为整副牌中少了一张(而且并不仅仅是任意一张牌)。二十一点牌高手心算这种变化,并相应地改变规划。[17]

如果纸牌老手能为改变进行规划,那么管理者们也能做到。富有成效的管理者认识到商业世界中改变是不可避免的——而且并不像二十一点那样是可预测的。在过去几年中,商业局势历经经济衰退,两位数的失业率、非常低的利息率以及代表性的百年企业倒闭。改变——不断的戏剧性的改变——是 21 世纪管理者们所处的环境。适时地根据这些改变作出调整的能力把成功的员工、管理者和领导者与平庸之辈区别开来。因此,尽管规划、目标和子目标起着重要的指导作用,我们全都要辨别出这些项目何时需要修订并采取相应的行动。

譬如,假设一位销售经理规划支持她的成长区域,根据最近的销售报告,该地区是北卡罗来纳州。经理的目标是在该州聘用两名新的区域销售代表。子目标包括如下清晰明了的陈述:

- 两名新的销售代表分别负责的具体地理区域；
- 销售代表将要销售的产品；
- 销售代表将要服务的客户；
- 招聘和聘用过程；
- 培训规划。

然而，就在聘用这两名销售代表之前，经理收到报告明确指出得克萨斯州的成长趋势明显强于北卡罗来纳州。经理的资源有限，不能为两个区域同时聘用销售代表。她现在至少有两个选择：一是继续在北卡罗来纳州招聘员工的规划，同时经历请求增加预算的漫长而冒险的过程，二是修订规划。最好的决策看似直接而符合逻辑——很可能改变规划对她而言最好。然而，许多人很难改变规划。他们可能要么在情感上依恋于第一个行动规划，要么因为所有的努力前功尽弃而倍感沮丧。有些人甚至对需要进行改变视而不见。作为员工、管理者和领导者，习惯于规划几乎总是在改变的这一观念还是很适用的。我们能为改变做准备会更好。

5.3.2　情境规划

在之前的事例中，一旦任意区域开始出人意料地增长，经理和她的团队会收集到尽可能多的相关区域信息，并制定几套招聘员工的方案。**情境规划**（scenario planning）是动态的系统化过程，人们在这一过程中为特定情况预想各种"要是……怎么样"的情境，并为几种很可能发生的情况制定规划。[18]情境规划的经典案例是壳牌公司在 20 世纪 60 年代创造的选择规划。根据壳牌获得石油的几个国家可能经历政治动乱这一判断，公司领导者演示了不同的情境。后来当 1973 年阿以战争爆发时，石油价格翻了两番多。壳牌比竞争对手准备得更充分，因为这是领导者预想到的情境，尽管价格上升，他们已经执行了保持公司石油供应的规划。[19]

在如何制定规划方面灵活行动且积极主动的管理者、领导者和员工比那些渴望稳定并死守现状的人更有可能获得个人和组织上的成功。然而，大多数人和大多数组织都需要他们确定的东西——一颗北极星或指示灯。这是以组织的使命和愿景的形式出现的，这一内容在本章下一节会讨论。

最热门》讨论题

1. 为什么在当今世界和工作环境中学习进行规划并改变规划很重要？根据自身经历举例说明。
2. 研究你感兴趣的行业或者你考虑大学毕业后从事的行业。在过去 5 年中该行业或环境发生了什么样的变化很可能促使领导者改变规划？

5.4　何谓使命？愿景为何很重要？

组织的使命清晰地表达了组织的根本目标。**使命陈述**（mission statement）指描述组织是什么，做什么以及主张什么。换言之，这一宣言解释了商业行为的目的，即存在的理据。一位研究过数以百计的美国企业使命陈述的学者如是说，"使命陈述是组织目的的永久生命，从产品和市场方面确定其经营范围、反映其价值观和优先考虑的事情。"[20]清晰明了的使命陈述不仅仅是为了使员工为他们所在的组织感到骄傲而创造的(尽管它们能做到这一点)。使命陈述是具体的:它们指导人们上班时要做的事情。让我们看一看路易斯·奥特雷(Luis Ottley)博士对此有何看法吧。

观点

路易斯·奥特雷博士是纽约市菲尔德斯通中学的校长。该校具有为学生提供杰出教育并使他们专注于发展其特长的传统,这一传统久负盛名且备受推崇。在谈到使命时,奥特雷博士发表了如下看法:

要成为当今伟大的领导者,你必须拥有一种能够指导你如何作出决策的目的感。当你有目的而且目的明确时,你就能创造双赢的局面。明确的目的感也打开了协作的大门——突然之间,我们讨论的不是你做什么,或者我做什么的问题。我们讨论的是我们一起能做什么以实现相同的目标的问题。

那么,你不必喜爱与你共事的人,但你确实必须跟他们建立关系。那就意味着你必须理解并尊重他们,然后他们才会理解并尊重你。有了认同感,你可以招聘人员,他们可以友好相处,他们会与使命紧密相连,你也会献出热情。因此,当你对这些关系投入时间和精力时,那么,你从人们身上获得的就会多得多。当他们知道我们全都团结一致,我们都很在乎时,你就会获得更强有力的决策,更坚定的承诺,人们也愿意付出所有。

资料来源:安妮·麦卡基 2009 年对路易斯·奥特雷的个人专访。

诚如路易斯·奥特雷告诉我们的,明确的目的感外加积极的关系帮助菲尔德斯通中学实现最佳状态。这一点同样适用于商业行为。战略上而言,组织的使命是通过清晰明了地阐明其**竞争优势**(competitive advantage)或者说是从积极方面将一组织与另一组织区别开来的任何事情。例如,一个组织的竞争优势可能是产品质量或所提供的服务质量,也有可能是交付速度或员工队伍的素质。

使命也是将员工团结在一起进行工作的根本原因。强大的使命有助于管理者和领导者做出决策、激励员工、创造团结、整合短期和长期目标。类似地,组织的愿景具有激励员工和顾客等人员的作用。**愿景**(vision)指对组织自身发展目标的描述,即通过成功地完成任务可以实现的未来身份。表 5.2 列举了几个使命陈述和**愿景陈述**(vision statement),从而使你对这些特定组织渴望实现的目标有所了解。

表 5.2　使命陈述和愿景陈述实例

	使命陈述	愿景陈述
大哥哥大姐姐 (Big Brothers Big Sisters)[21]	**大哥哥大姐姐组织**的使命是通过提供专业的支持、建立与导师一对一的关系并对青年产生重大影响,以此来帮助儿童充分发挥其潜能,提供专业支持。	**大哥哥大姐姐组织**的愿景是为需要并缺少成功辅导的孩子们提供这种关系,致力于帮助所有人拥有更光明的未来,接受更优质的学校教育,以及建立更强大的社区。
丰田汽车美国 销售公司 (Toyota Motor Sales)[22]	通过在美国为顾客提供高价值的产品和服务以及最令人满意的物主体验吸引和获得更多客户。	成为美国最成功、最受人尊敬的汽车公司。

资料来源:Big Brothers Big Sisters Mission and Vision Statements; Toyota Motor Sales Mission and Vision Statement.

5.4.1　清晰明了的使命带来更好的选择

没有普遍接受的使命，组织就会失去焦点。例如，一位企业家决定在家乡开设一家小咖啡馆。她有一些钱，而且找到朋友投资咖啡馆。在租赁好店铺后，她购买了昂贵的设备，时髦的桌椅，并与供应商签订合同为她的咖啡提供高端配料，并雇用了 3 名员工。她在当地的超市分发传单，并在网上做广告。

咖啡馆差不多一开张生意就很好。实际上生意好得让企业家决定贩卖冰淇淋。销售额持续增长，开业一年后，她已经拥有非常充裕的现金流，因而决定增添一家熟食店——与供应商签订更多合同，购买更多设备，雇用更多员工。现在这家小咖啡馆已经变成了一家成熟的餐厅。店主很高兴——她觉得自己成功了。但现在，餐厅的环境变得拥挤而嘈杂，而此前这家咖啡馆安静闲适、远离喧嚣。一起消失的还有舒适的椅子，令人舒畅的音乐。店主认为这种改变是成长的代价。

顾客也注意到这种改变——他们不喜欢。销售额开始持平。应付款增长速度超过了总收入。店主必须采取行动，因此她解雇了几名员工。顾客发现他们现在要等更长的时间才能下单，留下来的员工也觉得工作时间过长。不久，销售额开始垂直下滑。店主试图将咖啡、冰淇淋和熟食店混杂在一起，但这三块业务领域却从她手中滑落，失去控制。现在，她本人要做更多的工作，债主要求立即支付欠款。生意滑坡，积重难返。

这里出了什么错？难道成长不是任何业务的目的吗？并不一定，当然不是以这种途径。这位企业家失去了焦点——或许她从未有过。倘若她很清楚自己的业务就是要在令人放松的环境中烹制并销售优质的咖啡，情况会怎么样呢？这样一来，她的使命陈述可能就会是："我们在优雅美丽、令人放松的环境中为本地职业人士提供最顶级的咖啡和咖啡饮料。"如果在资金充裕时就有这条使命作指导的话，她可能就会选择开设另外一家咖啡店，而不是在第一家店增加一种、两种，到最后总共有三种不同的业务。或者，她可能会升级设备，也可能与供应商签订合同购入独一无二的配料。或者通过学费资助等方式支持她的明星员工——使他们做好准备管理新门店。正如本例所示，领导者有许多选择。没有明确定义的使命和愿景作指导，公司就是一艘没有舵的轮船，毫无目的地四处飘荡。[23] 清晰明确的组织使命、根本目的以及该组织如何有别于其竞争对手能够使决策更容易，更符合逻辑，更有可能走向成功。

5.4.2　愿景：我们的最高志向

一旦领导者明确了组织的使命，他们就需要将该使命与愿景紧密相系，而愿景要清晰明了、令人信服并且是可以企及的。愿景既要有雄心壮志，又要能振奋人心。它描绘了组织尚未实现但通过正确的规划和战略能够实现的未来图景。员工和顾客等会从组织的愿景中受到鼓舞，最终会赢得敬业的员工和忠诚的顾客。

最优秀的领导者能够为组织构想激励人心、令人兴奋和清晰明确的未来。他们能辨别什么事情是可能实现的，他们有必要的资金把可能之事与现实之情这两者结合起来，并创造变革。学者们注意到制定具体而有意义的愿景在一定程度上是系统思考的结果。系统思考关系到吸纳尽可能多的信息，这些信息关乎人、组织和环境，然后利用这些信息去理解复杂的因果关系，并预测未来可能会发生的事情。[24]

谁确立组织使命和愿景？他们怎样做呢？在小型创业公司里，确定使命与愿景的人常常是公司的创办者。在较大规模的组织中，一般是高层领导，包括总裁或首席执行官、业务部门的副总裁、财务和人力资源领导，以及其他可能的人员。在许多公司，人力资源领导通过调研和创造机会推动这一过程，从而使高级主管们进行有关愿景的谈话。他们也使员工参与到这一对话、辩论和调整愿景的过程中，进而使愿景和使命在业务活动中变成现实。

有时候，员工在领导层和人力资源的支持下更直接地推动这一过程。这种做法在近几十年中变得非常普遍，因为有效的领导者知道获得员工支持的重要性，特别是事关组织使命和愿景这样的核心议题。如今领导者和管理者对他们自己和员工都有着更高的期待值——这就更需要有令人信服、振奋人心的愿景，从而使人们专心致志，精力充沛，投入其中。

有些公司，如强生，在许多年前就确定了它们的使命——这是组织建立的基石，公司（理所当然地）引以为傲。不过，有时候，对使命和愿景进行根本的改变是必不可少的。技术、全球化和新兴产业的出现会促使组织的中心目标发生深刻的变革。[25]

因此，公司的使命和愿景需要小心谨慎地管理、沟通和使用，从而指导决策。使命和愿景指导组织在规划、目标和活动等方面进行决策，它们推进战略规划过程，在下一节中我们会讨论该问题。

最热门»讨论题

1. 看一看你所就读的大学的使命陈述。它向你传递了该机构的什么信息？你觉得它准确无误地描绘了你的大学的实际情况及其所作所为吗？

2. 一些大学高年级学生在准备就业时所使用的一项策略是撰写个人的使命陈述。你也可以试一试。撰写能准确反映你是谁的个人使命陈述。你可以从回答这些大问题开始：你是谁？你代表什么？你生活和工作的目的是什么？

3. 选择一家你欣赏的公司。或许它是一家你经常购物的公司，也有可能是你一心梦想着要购买其产品的公司。你认为该公司的竞争优势是什么？你最初为这家公司所吸引是因为其竞争优势吗？

5.5 何谓战略？

想象一下，一支橄榄球队跑到赛场开始打本赛季第一场比赛。突然，赛况表明球队中没有人知道谁是四分卫。11 名球员既没有做任何准备，又没有该如何赢得比赛的意识，他们就这样上场了。这些球员很可能不会成功，即使他们的使命（踢足球）和愿景（赢得分赛区冠军）很明确。这也同样适用于组织。仅仅只有使命和愿景是不够的，无论它们多么至关重要。正如教练和队员需要战略，领导者、管理者和员工亦同。

但战略到底是什么？这个词的历史很能说明问题。从希腊语到法语，然后再到 1810 年的英语，"战略"（strategy）意为"将军的艺术"。实际上，希腊词"strategia"的意思是"将军的官职或命令"，由"stratos"（"扩散之物"）和"agos"（"领导者"）构成。所以，从历史的角度来看，这个词的本义就是把领导力扩散到将军直接接触的范围之外。那么，战略可以部分地替代个人领导力，因为它指导人们的行为，引导思考，推动行为。换言之，有了完备的战略，"将军"没有必要凡事亲力亲为。

汤姆·马尔奈特（Tom Malnight）是国际管理发展学院（IMD）的战略学教授，该学院是首屈一指的国际商业学校。他认为战略起始于回答如下问题：公司为市场增加何种价值？我们如何赚钱？我们如何成长或保持现有的地位？此外，诚实地评估这类问题也很重要：我们的竞争对手带给市场何种价值？它们的战略为什么比我们的好，或者说比我们的好在哪里？为什么有些顾客更偏爱他们的公司而不是我们的？[26]

制定战略意味着要评估现状，挑战假想，多角度看待事情，以及创造不同的选择。[27]反过来，这也意味着要冒一些险，因为挑战假想总是意味着离开舒适范围。马尔奈特倡导通过思考"我们必须做什么"而不是"我们能做什么"来走进冒险。通过界定我们必须做什么来实现我们的使命或长期目标，我们能选择必要的行动而不是容易或方便的行动，从而开拓出一条成功之路。

5.5.1　战略联接使命、愿景、目标和行动

战略促进组织认识到其使命，并将愿景化为现实。无论是一支大学足球队，还是一家小型的本地创业公司，抑或是大型跨国公司，每个组织都需要战略来指导决策、管理行为及组织活动。本节我们会探讨许多与战略有关的重要概念。不过，首先让我们看一看一家知名公司借助战略创造并维持其创新力所采取的举措。

商业案例

3M
投 资 于 未 来

3M是一家成功的公司，旗下产品非常著名，包括Post-it报事贴、Buf-Puf洁面海绵和思高透明黏胶带。3M因其创新力和关注未来而享有盛誉。诚如3M主席兼总裁和首席执行官乔治·巴克利（George Buckley）所言，"如果你不投资于未来，不规划未来，就不会拥有未来。"[28]

许多人都很熟悉Post-it报事贴发明的著名故事。3M的员工亚瑟·弗赖伊（Arthur Fry）在业余时间是唱诗班的成员，他很恼火书签不能固定在原处。"在布道的时候，"弗赖伊回忆说，"我首先想到的是，我真正需要的是一片小书签，能够贴在纸上且撕掉时不会把纸张撕坏。"[29]意识到这一点以后，弗赖伊花了很多功夫来试验这个创意。最终他的努力带来了广受欢迎的Post-it报事贴背后的黏合剂。[30]

像这样的创新对公司意义重大。为了始终关注重要议题，像3M这样的企业必须不断地改变目标和战略。[31]例如，20世纪90年代，3M的管理层决定为了紧跟市场变化，他们需要一条崭新的途径。公司的领导在新战略中采取了大胆的举措：他们为创新投资。领导们规划30%的总收益增长来自于新产品，他们打算使来自新产品的总收益持续增长。[32]但3M如何规划、创造并维持创新呢？让我们看一看值得学习的有关规划和改变的两大经验。

经验1：战略在未来和现实之间领航

首先，3M决定战略不应该是董事会会议室里发生的神圣行为，在这种情况下只有少数几个人能获准进入辩论。相反，他们了解战略必须是一种有生命力的过程，需要一直贯穿于整个组织的方方面面。战略的新角色，诚如3M所理解的，是为组织交付今天的结果，同时顺应

未来。[33]

做出这种改变需要付出什么呢? 3M 重新确定了决策过程以保证流通性和及时性。譬如,公司简化卖方和人力资源管理流程以提高效率,因此各种有代表性的活动(如招聘员工)能在不到 3 个月内完成。公司后来继续制定了一套使这类流程在平均 3 个星期内完成的系统。[34]此外,3M 了解没有高质量的领导,这些改变的努力不会成功。因此,3M 培养了领导者,他们不仅管理流程,而且通过愿景、使命和鼓舞人心的措施进行领导。[35]

经验 2:换位思考:你的顾客、竞争对手和员工

3M 的领导者沿路面对的挑战是与改变管理相关的常见挑战:团队之间的紧张关系、害怕改变、沾沾自喜的心态,等等。但最具挑战性的是公司无法凭一己之力找到解决这些问题的方法这层意识。紧接着发生的是广开言路的大胆举措,即开启组织内外部之间的对话从而找到最佳解决方案。[36]3M 以自我追问关于其利益相关者的问题启动了这场变革:在公司通往持续成功的道路上,谁产生生死攸关的影响? 答案在意料之中——组织的消费者、顾客、竞争对手和员工。

3M 站在顾客的角度考虑问题并意识到"主要使用者"(或者说频繁使用某产品的顾客)跑在产品发展曲线的前面,很可能在研发者想到之前就开始思考下一个解决方案。[37]为了应对这一情况,3M 开发了主要顾客方法论,该方法论的思想基础是创新是由顾客推动。作为这一流程的一部分,3M 的管理者定期举行焦点群体访谈,他们对建立研发者和主要客户之间的关系进行投资。[38]

考验这种方法的第一项尝试开创于 1996 年,在 3M 公司的医药外科市场分公司。该团队被要求开发一种突破性创新,该创新与在外科手术过程中使用的避免感染的材料有关。[39]通过召集一小组来自医疗系统的主要客户作为其征询意见的对象,分公司经理想到了三种全新的产品。从那时起,这种主要客户方法论就被整个公司业务部门所采纳了。[40]

3M 也站在其竞争对手的角度思考问题,并增加了自身对竞争对手信息的关注度。[41]3M 目前在规划过程的核心部分使用竞争者数据,以确保关键数据是及时地送达给组织内部所有决策者。[42]

最后,3M 也从员工的角度思考问题。最终,为了促进培养创新,3M 的员工现在有 15% 的自由支配时间投入到特别项目。[43]这一框架使他们能够对创新理念进行试验:"3M 现在依靠的大多数发明都来自于那种个人首创精神,"已退休的研发高级副总裁比尔·科因(Bill Coyne)如是说。[44]

3M 成功地学习到这些经验,并使创新成为公司的核心推动力。但改变是持续不变的过程,或许 3M 最大的成功是使改变成为其战略规划过程中的不变因素。

我们从 3M 公司对创新的长远战略关注中可以学到很多。在这些经验中,最重要的一点就是战略和战略规划并不是一锤子买卖。最好的情况是战略是一个有生命、会呼吸的过程,由多种活动、系统框架和联系构成。

大多数战略,即使对球队或像本地咖啡馆这样的小生意而言,也是错综复杂的。对大型的多部门以及/或跨国公司而言,这种复杂性是成倍增加的。表 5.3 是大多数战略的组成部分的简化版。你可以想象这些机构中任何一家的完整版将会非常广泛,非常复杂。

表 5.3　战略的组成部分

	使　命	愿　景	长期战略目标	短期目标和子目标	战术和行动
大学女子足球队	使球员、学生、教师、教工和校友致力于高尚的足球运动。	成为美国最顶级的大学女子足球队。	1. 制定并保持模范训练项目。 2. 为今后3年培养替补运动员。	1. 本赛季获胜。 2. 制定并实施本年度招募规划。	1. 为训练需要评估每个队员。 2. 确认可以招募队员的最佳高中。
新办咖啡馆	在顾客和员工都能享受的环境中提供本城最好的咖啡。	成为"我市当地居民品悦咖啡和享受朋友聚会的理想去处"。	1. 三年内再开两家门店。 2. 购买我们现在租赁的这家门店。	1. 确定并挑选供应商。 2. 为咖啡馆招待员提供技术培训。 3. 对所有员工进行顾客服务培训。	1. 在当地集市节期间进行口味测试。 2. 测试并购买舒适的家具。
大型多部门食品公司	为全世界人民提供健康美味的食品。	成为全世界美食的最佳公司。	零食分部: 1. 简化并减少品牌数量以改善效率。 2. 扩大研发力度以保证生产市场需要的产品和符合热量和脂肪限制规定的产品。	1. 在主要市场评估每个品牌。 2. 执行测试和衡量标准以确保所有的零食符合热量和脂肪限制的规定。	1. 检查过去3年中品牌财务报告;创建市场预测表。 2. 开展研发项目运营分析以确定人力资源和技术需求。

1. 战略的类型

领导者和管理者试图在较大型的复杂组织中管理复杂的战略规划的方法之一是对战略类型分类。对战略进行分类的一种方法是根据战略支持的组织部门对其进行描述。公司战略是为整个组织设计的。业务战略是为特定部门或业务范围设计的。职能战略指导的是业务的关键领域,如人力资源、财务和营销。在每个主要战略类型中还可能有其他类型的战略为组织、业务或职能等目标的实现提供支持。

2. 公司战略

从表5.4中可以看到,公司在企业层面上的战略有几种选择。例如,公司可以决定根据增长战略来扩大运营和/或增加市场份额。增长战略可能包括强化和革新营销、获取资金以进军新领域,或改善生产效率的规划等事宜。

表 5.4　公司战略

公司战略	关注焦点	实　例
增　长	扩张至新市场和/或增加市场份额。可能通过扩张业务、并购或兼并其他业务或组建合资企业等途径来实现。	Annick Goutal是一家法国香水公司,于2009年制定了增长战略。该战略要求扩张:创造新产品、在新领域开展业务以及将销售本公司产品的商店数量从11家增加到40家。[45] 相比之下,世界上最大的酒业公司星座品牌集团通过并购获得增长。2004年,星座品牌仅用10亿多美元的现金就收购了蒙大维酒庄。[46]后来在2007年,星座品牌又用8.85亿美元收购了蓝奥酒庄、盖世峰酒庄和野马酒业的缔造者财富品牌公司。[47]

（续表）

公司战略	关注焦点	实　　例
稳　定	保持现有市场地位。	20 世纪 90 年代早期,新英格兰 Powell 长笛公司因手工制作最优质的长笛而闻名遐迩。因此,公司掌握了笛身置孔的新技术后,围绕公司是否能采取这一方法并仍能保持 Powell 长笛这一身份,以及能否维持现有的销售水平等问题产生了诸多争论。平衡改变的需要和保持稳定的市场形象和身份要求公司领导者谨慎地关注保持工匠工艺技术的某些方面和组织文化,同时不忘学习和寻求改变。[48]
精　简	抵抗威胁同时扭转公司局面的防御性姿态。	2000 年,女式内衣零售商好莱坞的 Frederick 公司根据《美国破产法》第 11 章申请破产保护。公司首席执行官采取扭转局面的战略,利用网络销售机遇,重新设计公司的零售门店,并对 1.8 万参加者进行调查弄清楚顾客对公司的认识。[49]仅仅只过了 1 年多,扭转局面的战略就见成效了,Frederick 公司走出破产的边缘。
剥　离	出售或关闭某一特定部门。	1998 年,德国汽车制造商戴姆勒以 350 亿美元收购了美国汽车制造商克莱斯勒。在不到 10 年的时间里,巨大的财务损失致使戴姆勒必须向博龙资产管理有限公司（Cerberus Capital Management）支付 6 亿多美元才将克莱斯勒脱手。[50]

公司可采取几种途径执行增长战略。选择之一是使用**并购战略**（acquisition strategy）。并购战略是指通过购买、合并或接管的方式与其他公司共同经营的公司战略。这可能包括收购本行业的公司,或对核心业务提供支持的行业中的公司。这也可能需要一并收购不同的业务。

尽管并购看似实现增长的康庄大道,“买家注意”这种说法还是很适用的。著名学者哈伯·辛格（Harbir Singh）和他的同事们研究了技术公司的并购行为,并主张合并有时候会降低被收购的公司的创新性,对那些在被并购之前尚未发布产品的公司更是如此。[51]当然,与并购有关的问题并不仅限于技术公司。两个组织不同的语言和文化等因素也会延缓战略兼并或并购的融合过程。[52]无论组织的员工实际上是否讲不同的语言,这类复杂的情况都会存在,因为每个组织都有自己的文化以及自己语言使用方式。[53]

战略联盟,通常被称为**合资企业**（joint venture）,是组织实施增长战略的另一种方式。合资企业是两家或多家机构一起进行活动并分担风险的一种形式安排。譬如,旧金山湾合资企业是在《候鸟协定法案》（Migratory Bird Treaty Act）框架下创立的。公共和私有组织如环境保护和土地开发团体为了保护和恢复旧金山湾内外的湿地这一共同的使命而组建了这一合资企业。[54]

合资企业的另外一个实例是沃尔玛与印度公司 Bharti Enterprises 的合伙关系。2009 年,沃尔玛第一次在印度开始运营其业务。然后,印度的沃尔玛并不是你在美国的各个城市里看见的那种典型的沃尔玛。相反,这家零售业巨头在 2006 年与印度领先的商业集团之一 Bharti 组建了一家合资公司,从而为在印度最终开展业务制定规划,同时又能遵守政府就外国公司与印度本土企业的竞争方面所做出的严格限制。新的印度沃尔玛是一家满足菜贩、医院、餐厅和宾馆等特定需求的批发公司,以“最优惠价的现代批发卖场”的名义进行运营。[55]

在思考合资企业时,必须考虑是否需要整合、以多快的速度整合以及在何种程度上整合等问题。哈伯·辛格教授认为协调成本会很高,必须对其进行监控与审核。[56]组织往往试图通过发展官僚作风和设定许多条条框框来管理协调问题,这些举措常常降低效率。有趣的是,信任往往减少了对依靠条条框框和官僚作风的需要。这就意味着在复杂的合资企业中当协调成本可能很高时，领导者付出时间和精力培育相互信任的关系，创造培养信心和协作精神的环境，这是非常值得的投资。

维持相对静止的状态的选择要求采取**稳定战略**（stability strategy）。这一战略的目的在于维持公司的现有地位。或许由于艰难的经济状况，或者突发的社会或技术变化，公司的高层管理者可能决定最佳途径就是维持现状。然而，这并不是坐以待毙的战略。实际上，在危机或遭遇挑战的时代，公司可能不得不采取大刀阔斧的举措以保障稳定，如重组、关闭工厂或裁员等以维持其在市场中的现有地位。

第三类公司战略是**精简战略**（retrenchment strategy）。公司在扭转局面时需要重组和自我防御的情况下会采取这种战略。其中一例就是大众汽车公司。2009 年美国政府部分地收购了该公司。那时候，公司首席执行官里克·瓦格纳（Rick Wagoner）要么被解雇了，要么是迫于压力辞职了，一名新的首席执行官韩德胜（Fritz Henderson）接替了他的职位。韩德胜想方设法制定了扭转大众汽车局面并重建公司昔日辉煌的战略。

最后一类是**剥离战略**（divestiture strategy），即公司出售或关闭特定部门、业务、品牌、产品或服务项目。有时候公司这么做，为的是专注于核心业务。比如，戴姆勒在以总额为 350 亿美元收购克莱斯勒这家美国汽车公司不到 10 年的时间里，还必须聘请一家资产管理有限公司控制该公司。

3. 业务战略

在业务层面上，公司精心制定支持特定的业务、品牌、产品或服务项目部门以保持或获得市场成功。正如你在表 5.5 中所看到的，业务战略之一就是**差异化**（differentiation），即提供被顾客认为是独一无二的产品或服务。总部在瑞典的零售商宜家通过门店布局使自己与众不同。苹果公司的 iPhone 智能手机一问世立即就被认为是独一无二的。《时代》杂志甚至宣称 iPhone 是"年度发明"。[57]独特的产品和服务常常与组织的核心竞争力联系在一起。**核心竞争力**（core competency）是组织非常擅长的活动。这些技能或知识的集合立马就能让顾客把它们与公司联系到一起，同时它们也将公司与竞争对手区别开来。[58]

表 5.5　业务战略

业务战略	关注焦点	实　　例
差异化	提供独一无二的产品、服务或特色	苹果公司的 iPhone(在发布时) 宜家的门店设计
成本领先	在某一产品或服务的成本方面最具竞争力(最低定价)	食品杂货店品牌产品定价低于商店货架上的其他产品
利　基	满足特定市场部门或特定需求	劳力士手表和 Gucci 名包(高价格的身份象征) Richforth Limited(校服生产商)
垂直整合	通过经营供应链上的各种业务，寻求节省成本和提高效率	英国石油(BP)：石油发现、回收、提炼和天然气站 海洛因卡塔尔：拥有并经营罂粟花农场，海洛因制造工厂船队；管理地面销售队伍

成本领先（cost leadership）是在本行业以最低的价格提供特定产品、产品线或服务的战略。在食品杂货零售商中，"零售商品牌"在每一类别商品中是典型的最低价产品。食品杂货商利用

的就是成本领先战略,对大宗商品如听装蔬菜、饼干和面食等的定价低于它们的竞争对手。

利基战略(niche strategy)满足非常狭窄的细分市场的需求。像劳力士、宝格丽和兰博基尼盖拉多这样的公司全都是为了满足特定的利基市场的需求,即高收入阶层的顾客。这些奢侈品的营销方式完全不同于主流产品。人们不大可能在晚间新闻期间看到它们的商业广告。满足利基市场的产品的另一个实例就是"小型货车",其目标客户是有小孩子的家庭。

最后一种是**垂直整合**(vertical integration),即顺着**供应链**(supply chain)进行收购或发展业务的战略。供应链包括致力于生产与销售产品和服务的所有资源、产品、服务和经营行为。垂直整合的实例可见于意大利面食生产商决定购买种植粗粒小麦的农场,这是意大利面食中的关键配料。拥有农场可以降低成本,有利于公司控制质量。

4. 职能战略

职能战略的实例包括人力资源、财务、营销、销售、信息技术、设施、健康与安全以及风险管理。许多大型企业都设有这些职能分部或部门。在较小的公司里,服务常常分配到个人,或者由顾问或专门化的企业提供的。

职能战略(functional strategy)是一种为帮助组织实现其目标而开发的部门战略。譬如,如果选用了一种差异化战略,营销团队可能就会专注于业务或产品的独特性能,发展出一项提升广告宣传的战略。这一战略可以包括制作手册、视频、电视广告或其他销售材料的规划,以向顾客展示新产品的独特性能和优越性。与此同时,运营团队可能更换制造设备,从而为特定产品的生产增长做好准备。

如你所见,战略和战略规划包罗万象,错综复杂。这些战略是如何开发的? 管理者和战略家从何处着手,并采取什么样的跟进措施? 在下一节,我们将学习战略规划——典型的操作方法以及避免常见问题的指导方针。

最热门》讨论题

1. 想一想你在电视、互联网或杂志上看到的那些打广告的产品。你认为公司采取的是哪种业务战略?

2. 利用互联网查阅你很了解的一家公司的一些实际情况。该公司的公司战略是什么? 其业务战略是什么? 职能战略是什么?

3. 就问题 2 中的同一家公司,比较其战略和公司使命与愿景。它们全都紧密联系在一起吗? 以何种方式? 如果联系不紧密,描述缺少联系的地方。

5.6 战略规划过程中需要考虑哪些因素?

战略规划(strategic planning)是考查组织内外部环境并确定促进公司实现使命与向愿景迈进的过程。战略规划过程处理以下问题:企业内部和在市场上的状况如何? 使企业实现使命的目标是什么? 企业需要从事哪些活动,开展哪些任务以实现这些目标?

战略规划是复杂的多层次流程,常常以审视竞争格局为起点;社会的、技术的和自然的环境;利益相关者的需要和期望。这些因素将在以下部分一一探讨。

5.6.1　环境监测

环境因素和条件会对战略规划和组织的成败产生深远影响。[59] **环境监测**（environmental scanning）是评估社会和自然条件是否有潜力影响一个组织的过程。让我们看一看实践中的这一过程。

如今，许多人担心石油和天然气的成本以及燃烧化石燃料对自然环境造成的负面影响。结果是，美国和其他地方的人们日益关切自己汽车的燃料效率问题。这些情况影响了汽车制造业。譬如，日本汽车制造商注意到美国政府开始资助美国汽车市场制造混合型动力车辆。由于行动迅速，他们对制造混合型动力机动车辆投入巨资，并先于美国汽车制造商将产品引入市场。结果呢？丰田普锐斯混合型动力汽车在 2008 年和 2009 年连续两年成为最畅销的车型。正如这一案例所示，成功的公司在构想战略时密切关注经济、社会文化、法律和税收、政治、技术、自然和产业环境的方方面面。

1. 经济环境

经济环境包括影响组织实现其使命，完成其目标的能力的各种经济条件，包括地方的、地区的、国家的和全球的经济条件。经济状况会决定公司获取业务投资资金的难易程度，公司是否能够获得贷款，如果能获得，需要付出多少成本。譬如，开始于 2007 年底的经济衰退在许多方面影响了商业界。裁员、削减成本、可获得资本的限制乃至于类似经济条件导致的破产。监测经济环境的战略家审视目前的大环境，但他们也试图预测未来数月或数年的经济状况。

2. 社会文化环境

社会在改变并不断演变。随着社会改变的发生，管理者必须试图了解这些趋势将会如何促进或损害商业活动。譬如，截至 2005 年，低碳和无碳饮食强势风靡美国。传统上提供高碳水化合物饮食如意面或披萨的餐厅受到这一社会转型的巨大影响。[60] 类似地，社交网站工具如推特的兴起代表着人们沟通方式的文化改变。[61] Twitter 影响到各种商业活动，包括音乐、新闻、教育和图书发行公司。社会文化演变——和革命——将会继续，管理者必须紧跟这些改变，并迅速地调整其战略。

3. 法律和税收环境

法律是强大的指导方针，告知组织什么能做，什么不能做。较大型的公司常常有一支完整的法律团队及时了解新的法律和即将出台的法律，同时确保公司遵守现有法律。较小规模的公司更可能只有在需要时保留法律援助。在任何一种情况下，了解并遵守国际的、联邦的、州立的和当地的立法都十分重要。游离于法律之外的行为付出的代价会很高——而且是很多方面的代价。

譬如，壳牌石油因为违反《净化空气法案》（Clean Air Act）在 2009 年支付了 580 万美元的罚款。[62] 帝国糖业公司（Imperial Sugar）因为 2008 年的爆炸导致 13 名员工遇难，40 多人受伤而被职业安全与健康管理局罚款 880 万美元。[63] 规模小一点的，县政府和地方政府评估与诸如分区、化学排放物和公平劳动标准等有关的违法行为时，数不清的公司都曾感到手头很拮据，而这些领域仅仅是其中几个方面。

再考虑各种税法的影响。州、县和市全都会采取支持或抑制商业活动的税收政策。以费城为例。和许多城市一样，它也向各种商业活动征税。这里介绍一下过去 20 多年间该市税收政策的演变过程：1987 年与美国其他的大城市相比，费城的商业课税负担很重，被认为不利于商业活动。[64] 10 多年后，这个问题并没有消除。2001 年，美国 20 个最大的城市中，大多数不再征收营业税，而费城还征收 6.5% 的营业所得税，仅次于纽约市。此外，费城是少数几个征收营业毛收入税的大城市之一。这还不包括高额的居民工资所得税（那时超过 4.5%）。费城是 20 个最大的城市中唯一征收三种税的,也因此被贴上了"极不利于商业活动"的标签。

到 2003 年,费城的居民个人收入所得税已经比 20 个最大的城市的平均税率高出 462 个百分点。营业净收入税是 6.5％,比 20 个最大的城市的平均税率高出 900 个百分点。[65]《费城商业杂志》(*Philadelphia Business Journal*)分析了费城的商业税和其他主要的商业中心,并得出结论指出费城不是人住的地方——根本不是。[66]

始于 2007 年的金融危机之后,该市的居民工资所得税要被降至 3.797 4％。该市计划分步骤废除毛收入税,将净收入所得税降至 6％,并于 2017 年完成。然而,这一时间节点又被改到 2022 年,削减方案直到 2014 年才会开始实施。[67]这个例子说明税收法律环境会对商业活动产生多么深远的影响。

4. 政治环境

美国政治环境较为稳定。然而,世界其他地区情况并非如此,因此密切关注政治环境是在全球做生意的必要条件。譬如,索马里、阿富汗和苏丹经历了持续几年的严重的政治动荡。希望在这些国家开展业务的公司需要习惯这些国家的特殊情况和条件以及与制造商品或提供服务相关的成本。此外,通过政治途径达成的国际贸易协定会促进或阻碍商业活动。(我们会在第 14 章深入探讨贸易协定。)

5. 技术环境

"信息革命"给商业实践带来了深刻的改变。有些商业活动,如 Fackbook 和雅虎,之所以存在就是因为互联网的出现。其他公司已经利用互联网使顾客在线购买产品以提高销售业绩。其他技术进步也存在。譬如,可口可乐在仓库操作中增加了一种系统,在该系统中员工只要对着设备讲话就能填写订单和确认数量。这种以语音为基础的应用程序真正地解放了仓库员工的双手:他们不必抱着手持计算机,来保证更安全、更高效的订单填写流程。[68]在构想战略时,领导者需要认识到技术改变既带来机遇,又可能带来更多的竞争。

6. 自然环境

自然环境是当今许多企业关注的焦点,原因在于全球变暖的威胁与影响、对化石燃料供应有限性的意识以及对土地使用和生物多样性面临的威胁的广泛关注。像 IBM、戴尔和英特尔这样的公司全都在采取措施成为能源效率更高的企业。它们这么做很可能是为了节约成本,但也很可能是为了响应日益增强的意识,即应用其他能源资源会将其与竞争对手区别开来的这种意识。例如,雅诗兰黛正在制定减少温室排放物的目标。沃尔玛正在与供应商合作向消费者提供能源效率更高的平板电视机。[69]在这样的情况下,战略制定者必须考虑在成本、资源乃至公众形象方面的影响。

当然,自然环境可能对战略和战略规划产生影响还表现在其他许多方面:

- 天气模式会影响企业选址和业务选择。譬如,某一地区经常遭遇龙卷风,这就会成为选址和建设规划的考量因素。
- 地形地貌会影响货物分销的决策。譬如,在印度尼西亚销售冰淇淋的公司需要制定向数以百计的海岛进行零售的规划。
- 植被和野生物也常常需要纳入考虑范围。想一想巴西的雨林:几年来数以百万公顷的雨林被烧毁或开发,由此产生土地使用和开发的问题。
- 大自然是不可预测的(例如 2010 年冰岛艾雅法拉火山大爆发)。最佳战略包括应急规划和风险管理战略,为的是在不可测事件发生时指导行动。

7. 最后一项要点:行业环境

行业(industry)是提供相同或相似产品和服务的公司的集合。譬如,达美乐(Domino)、棒约翰(Papa John's)和 Donato's 都是专门从事比萨行业的公司。由哈佛大学教授迈克尔·波特(Michael Porter)于 1979 年发展出来的五种力量模式(five forces model)可以作为理论框架来分析公司所处并参与竞争的行业。[70]

这五种力量中的每一种都列举如下,也包括管理者们可能会提出的关于公司所属行业领域的各种问题。五种力量模型以及这一模型激发的对这些问题的回答,有助于评估公司在市场上的竞争地位。

- **行业内的竞争对手**:在行业内,竞争有多么激烈?竞争对手是"扼喉的",还是更加自由放任的?
- **新加入者的威胁**:新竞争对手进入该行业的可能性有多大?现存的进入门槛是否使新的竞争对手望而却步?
- **替代者的威胁**:顾客找到相似的替代品难度有多大?行业中的产品或服务能否被替代?
- **供应商的议价能力**(bargaining power):行业的供应商和零售商力量强大到足以拥有相当大的议价能力吗?与供应商谈判很难吗?
- **顾客的议价能力**:顾客有很强的议价能力吗?他们因为他们所处的地位而要求降低价格或提供更多的服务吗?[71]

五种力量模型在过去这些年中进行了调整。譬如,被称为"互补者"(complementor)的第六种力量有时候也被引入协助分析战略同盟。[72]可以用隐喻的方式来解释这一力量,记住互补的色彩使彼此更加鲜艳。同理,作为彼此互补对象的企业会增强彼此的潜能。

5.6.2　利益相关者分析

在监测环境时,要探讨的最重要的领域之一就是人们希望从某一企业获得什么。FreshDirect 公司的案例非常清楚地说明了这一概念。

学生的选择

FreshDirect:点点鼠标,优质服务送到家

FreshDirect 并不是美国,甚至也不是纽约唯一的一家在线食品杂货店。FreshDirect 脱颖而出,因为它在极富挑战性的行业中找到突围之道而大获成功。这一行业极富挑战性的原因有许多。首先,食品杂货在线购物不像实体店经验那么令人感兴趣,正因为此,公司力图使食品杂货的定价具有高度竞争性。这就意味着毛利更低。此外,分销成本很高。[73]那么,FreshDirect 如何做到生意兴隆的呢?答案是始终如一地关注纽约都市市场及其顾客。

FreshDirect 是一家在纽约市运营的在线食品杂货店。公司从 1999 年开业,将新鲜食品配送到在线顾客的家门口。FreshDirect 的主席兼首席执行官里克·布拉多克(Rick Braddock)是价格线上网路(Priceline.com)的前任首席执行官。布拉多克任职该公司以来一直利用他对利益相关者和互联网销售环境的知识来改善 FreshDirect 的顾客服务。公司力图进一步超越只依靠较低价格提供更优质的商品;他们也希望使顾客感到自己受到重视。[74]

FreshDirect 很成功,在很大程度上是因为它倾听顾客的心声,并进行相应的规划。根据顾客反馈,布拉多克和他的团队发挥首创精神增加顾客价值,并与之建立良好的关系。[75]例如,FreshDirect 的顾客最频繁的要求之一就是负责任的包装。因此,FreshDirect 一直非常努力地

减少在包装和运输中使用的箱子的数量。使 FreshDirect 不同于其竞争者的另一点是大规模顾客数据库。这个数据库跟踪你最喜欢的食品,并在你忘记订购你常常购买的食品时提醒你。实际上,大约 20% 的鲜直达顾客会因为提醒而激发购买的欲望,并增加他们的订单,平均在 2 件货品,或者说大约增加 10%。[76]

最后,FreshDirect 的成功很大程度上可以追溯到公司对网络销售所面临的独特挑战的理解。布拉多克和他的团队很快就意识到网络销售食品会很困难,特别是因为正在订购食品的人们不能摸也不能闻——"挤出效应"(squeeze factor)不见了。为了应对这一阻碍,FreshDirect 想到了产品评级系统——特别是农产品——这样一来,当食品送到他们门口时,顾客就会知道应该期待食品属于哪一等级。根据布拉多克所说,60% 多的顾客使用这一评级系统购买农产品。[77]

通过创新性解决方案解决在线食品杂货购物的常见壁垒,布拉多克成功地将 FreshDirect 转变成一家在纽约(Big Apple)受人尊敬,甚至倍受青睐的新气象。

资料来源:改编自肖恩·哈奇(Shaun Hatch)撰写的案例。

FreshDirect 的案例关注一个利益相关者群体——顾客。**利益相关者**(stakeholder)在商业道德中潜在地受到组织决策潜在影响的任何组织内部或外部成分。有些利益相关者,比如顾客和员工,对组织产生很大的影响,但产生较少影响的其他利益相关者仍然很重要。譬如,公司所在的当地社区可能几乎与公司没有关联,但在社区和当地媒体维持积极的形象至关重要。

考察利益相关者的方法之一是将他们看成是对特定结果有参与兴趣的个人、群体或组织。这包括对规划、项目或政策的结果产生影响的那些人,也包括受到该结果影响的任何个人或群体。[78]

图 5.1 是一幅利益相关者地图——形象地再现了对组织行动产生影响与/或者受到其影响的人们和群体。[79] 在典型的分析中,利益相关者可以被分成以下三组:

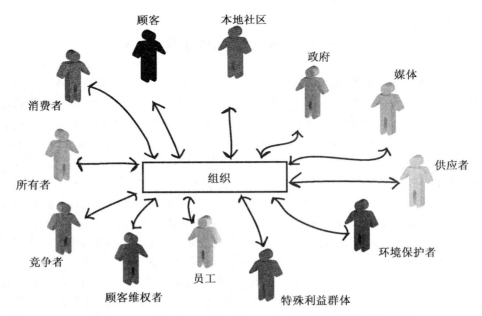

图 5.1　利益相关者地图反映了受到公司行动影响的所有群体和个人

- **关键利益相关者**：具有重要影响力或重要价值的那些人或组织；
- **主要利益相关者**：直接受到组织行动影响的那些人或组织；
- **次要利益相关者**：间接受到组织行动影响的那些人或组织。[80]

有时候，利益相关者清单会非常的广泛，而且常常难以确定哪些利益相关者是关键的、主要的或次要的。鉴于此，利益相关者分析是战略规划中非常重要的组成部分。**利益相关者分析**（stakeholder analysis）是对所有利益相关者的评估，并分析每个利益相关者如何受到组织决策的影响以及/或者利益相关者如何影响组织。2008 年和 2009 年当美国政府就是否解救福特、克莱斯勒和大众汽车这三家美国国内最大的汽车制造商做决策时，利益相关者分析备受公众争议。尽管解救那些多年来其战略未能使它们有能力在世界市场上竞争的公司看起来很不公平，但与这些公司毫无关系的其他利益相关者可能已经受到其困境的巨大影响。一项广泛公开的估计是大约两百万个国内就业机会在某种程度上直接与美国的汽车制造工业相关。显然，这种利益相关者分析是美国政府决策过程的重要组成部分。[81]

最热门»讨论题

1. 你认为组织应该多久发展一次战略规划？什么因素可能促使组织改变战略？
2. 想一想你所属的某个组织（学校、工作、社区群体、社会或运动俱乐部）。这一团体有战略规划吗？谁发展的？谁有战略意识？谁没有战略意识？规划的发展和传播如何影响到组织？
3. 思考你人生中的一个重大决定。画一幅利益相关者地图，包括你的决定会影响到的人们或群体。把他们分成关键、主要或次要三组利益相关者。思考这幅图能如何帮助你进行利益相关者管理。

5.7　战略规划过程的步骤是什么？

2009 年，丰田总裁丰田章男（Akio Toyoda）表示他的公司处于"接近触底的危机"。这可是一家击败美国大众汽车的公司发出的极具戏剧性的声明，而在 2008 年该公司还是世界销售第一的汽车制造商。到底出了什么问题？大规模车辆遭召回、与丰田汽车品牌有关的质量问题以及一场高度公开的非法死亡官司，这些在很短时间内就使公司陷入灾难。[82]

当像这样的意外改变发生时，战略规划常常需要作出相应的改变。[83]那么，管理者如何发展新的战略规划呢？我们可以把战略规划过程看成一系列序列性的步骤（见表 5.6）。每一步都必须完成，由此获得的信息方能用于下一步。[84]在接下来的几节中，我们会使用这种分步走的模式讨论领导者如何发展和实施战略规划。

5.7.1　步骤一：检查或评估使命、愿景、目标和战略

显然，使命和愿景应该指导战略目标的选择。使命和愿景在使员工参与到实施战略这一困难而又激动人心的挑战中时发挥着决定性的作用。一旦检查完愿景和使命并达成一致，有效的战略规划流程就要审视目前的战略目标。这些目标实现了吗？如果没有，为什么没实现？这些目标仍然跟现在的商业环境相关吗？

表 5.6 战略规划流程有六个步骤

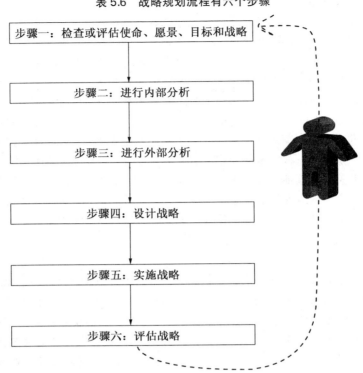

步骤一:检查或评估使命、愿景、目标和战略

步骤二:进行内部分析

步骤三:进行外部分析

步骤四:设计战略

步骤五:实施战略

步骤六:评估战略

不过,请记住,战略规划不仅仅只是设定目标。它是对决策、目标和行动的创造性整合和综合。为了评估现状,组织现存的战略需要确认。在此,管理者应该问:

- 我们一直使用的是什么战略?
- 我们过去为什么选择这些战略?
- 哪些战略为我们创造了可衡量的成功?
- 哪些不成功?
- 我们应该继续使用这些战略吗?

对这些问题的回答会给目前的战略目标是什么、哪些战略是成功的以及哪些战略是不成功等问题提供洞见。

5.7.2 步骤二和步骤三:进行内部分析和外部分析

使命、愿景、目标和现有战略的清晰度为现状提供了宏观印象。一旦对这一状况做完审查,战略家就要开始对企业进行更深入的系统性分析。为了做到这一点,管理者和领导者要审视组织内部正在进行的事情:内部优势、核心竞争力、弱势以及内部利益相关者的需要、愿望和要求。

组织外部的因素也会影响公司。譬如,攀升的燃料价格可能会损害载重汽车运输公司,却有利于石油公司。正如发生在 2009 年的国内销售额下滑影响到房地产经纪人、建筑公司以及为他们提供住房贷款的银行。这些实例表明战略家为什么也要审视发生在组织外部的事情。这种分析聚焦于外部环境的诸多方面,如机遇与威胁,外部利益相关者的需要、愿望和要求。

1. SWOT 分析:内部分析和外部分析的普遍做法

考查组织内外部正在发生的事情,方法之一就是进行 **SWOT 分析**(SWOT analysis)。[85]

SWOT 是可能影响战略使命和愿景实现的优势(strength)、弱势(weakness)、机遇(opportunity)和威胁(threat)的首字母缩写,是一种对即将影响企业目标实现的内外部因素进行分析的技巧。SWOT 分析是普遍使用的战略规划工具,因为它有助于管理者审视哪些可能有利于或不利于战略目标的实现,如表 5.7 所示。

表 5.7 SWOT 分析审视组织的优势、弱势、机遇和威胁

内部	优势:组织具有的对其产生积极影响的任何正面特征或活动。	弱势:组织中存在的对其产生消极影响的任何特点或活动。
外部	机遇:有利于组织的任何情况、条件或事件。	威胁:对组织产生消极影响的任何情况、条件或事件。
	最大化	最小化

优势是组织具有的任何正面特征或活动,它们会对组织产生积极影响。例如,家居装饰连锁公司罗威(Lowe's)称得上是美国东海岸家喻户晓的品牌,在这一地区具有很强的竞争力。该公司所具备的诸多优势中,其可靠的顾客服务也是数一数二的。SWOT 分析常常关注的一种优势是组织的核心竞争力。总部设在德国的化工业巨头巴斯夫(BASF)的核心竞争力是创新。[87]这使它有别于竞争对手,巴斯夫的顾客很容易就能辨别出这种差异。

弱势是组织中存在的对其产生消极影响的任何特点或活动。例如,必须召回猪肉的食品生产商可能在相当长的时间内都会经历该事件对顾客的消极影响。

SWOT 分析的另一部分是确认可能影响组织的机遇和威胁。**机遇**是有利于组织的任何情况、条件或事件。譬如,航空公司管理层可能会发现机遇,如果他们的调研表明本行业为一个主要城市提供的服务没跟上,且该城市的机场每天能承载更多的航班。

相对的是**威胁**,即对组织产生消极影响的任何情况、条件或事件。譬如,当唐恩都乐甜甜圈(Dunkin' Donuts)开始为其价格不那么昂贵且美味的咖啡做广告,顾客开始有所反应时,星巴克的领导者们很可能认为这是对他们的高端咖啡饮料的威胁,出现这种情况部分原因在于经济萧条,而星巴克是以价格昂贵而著称的。有些威胁并不是很明显,比如增长缓慢的消费者趋势或者改变消费者行为的社会趋势的出现。许多组织因此安排了监测可能的威胁并规划应对措施的系统。譬如,摩根士丹利(Morgan Stanley)完成了一系列为应对电脑黑客、自然灾害和恐怖主义做准备的训练。[88]

2. SWOT 分析的缺点

SWOT 分析可以很有用,但它也有一些缺点。首先,就连 SWOT 分析的拥趸也认为简单地在这四个方框中填写通过头脑风暴总结出来的清单还不够——一项项未经评估的信息常常比"倒进倒出的垃圾"好不到哪里去。学者们因此试图通过询问用户与每一类别所产生的内容条目有关的问题来评估 SWOT 技术,具体如下:

- 罗列出来的优势、弱势、机遇和威胁各有多少条?
- 这些点描述得清晰具体吗?
- 所有条目进行过衡量或确定过优先顺序吗? 如果是,怎样确定?
- 这一信息是否用于决策过程? 如果是,如何使用?[89]

研究者发现通过 SWOT 分析创造出来的条目几乎从来没有确定过优先顺序,也没有进行过分类或衡量,也没有在大类之外进行过组织。这项研究表明条目很简洁,鲜少有人力图阐明问题,独立核实就算有人做也很罕见。影响 SWOT 分析质量的另一个问题是许多人对其组织的真正优势只有模糊的概念。[90]此外,研究者发现在创建 SWOT 列表过程中,人们常常违背内外部因素的区别。令人惊讶的是,完成后的 SWOT 分析很少被采纳用于后续的战略规划。[91]

总的来看,学者们的批评表明 SWOT 技术只有当其作为真实的分析而不是简单的开列清单实施时才会很有用。一项好的 SWOT 分析要求愿意思考公司现状的人们付出时间和精力。

5.7.3　步骤四:设计战略

诚如你所了解的,在构思战略之前有许多工作要做。步骤一至三确保选出正确的战略。然后,在步骤四中,管理者们采纳他们收集到并分析过的所有信息,构思战略目标和组织规划。

但设计战略远非简单地说一句"我们来做这件事吧"。即使已经收集到与公司、竞争对手和各种环境有关的大量信息,战略家们需要努力解决将资源分配到哪些地方的问题,以支持不同的业务部门,如分公司、生产线、品牌或单个产品或服务。BCG 矩阵(BCG Matrix)是解决这类问题的常用方法。

1. BCG 矩阵:"审视"企业的一种途径

一家**多样化的公司**(diversified company)是有两个或两个以上截然不同的部门生产不同产品或服务的公司。比如,通用电气(General Electric,GE)生产从家用电器到喷气发动机再到电灯泡等全线产品。对于像 GE、宝洁和纽威尔(Newell Rubbermaid)这样的多样化公司而言,战略决不能采取全能型的方法。这些公司的不同部门表现优于他公司,并且有不一样的需要。

资料来源:产品组合的 BCG 组合矩阵,波士顿咨询公司,1920 年版权所有。

图 5.2　BCG 矩阵分析一个公司的产品

鉴于此，大型企业常常使用由波士顿咨询公司（Boston Consulting Group，BCG）开发的分析工具，该工具被称作"BCG 矩阵"，反映了商业单位、产品、服务、品牌或产品组合在市场份额和市场增长方面的表现情况。[92]管理者可以使用 BCG 矩阵根据其市场份额的多少以及它们的增长潜力对业务或产品进行分类。正如你在图 5.2 中所看到的，这种所得的分类结果用星形、问号、奶牛和狗等图形表示。

让我们看一看 BCG 矩阵是如何使用的。如图 5.2 所示，水平轴表示的是市场份额。**市场份额**（market share）描述的是产品、服务或企业部门在市场上所占的比例。譬如，市场份额的竞争在互联网有偿调研广告领域很激烈，而这种业务是与搜索引擎浏览的市场份额紧密联系在一起的。这些统计数据受到谷歌、微软和雅虎以及许多其他公司的严密监测。

标在纵轴上的是**市场增长率**（market growth rate），即指某种指定商品或服务在市场中的增长的一种衡量指标。纵轴的顶部表示高市场增长率，而纵轴的底部则表示低市场增长率。以苹果公司的 iPhone 市场为例，这种手机被划分为"智能手机"。智能手机的市场在增长——而且增长得很快。据估计，一直到 2012 年，该市场每年将以 30％ 的速度增长——这对苹果公司及其他智能手机生产商而言意味着巨大的机遇。[93]

将产品或业务线按照这种方式绘制分布图，公司就能就如何支持某一业务的某些方面做出决策。例如，狗要被清算，而对星形的投资则会将其转变成现金奶牛。问号是最困难的。如果它们占有市场份额可能有潜力产生许多收益，但也可能耗尽财务资源。对大型公司而言，挑战就是设计在产品和业务线之间保持良好平衡的战略。

2. BCG 矩阵的弊端

BCG 也有自身的缺点。[94]首先，该矩阵对有多种不同单位的大型企业集团非常有用，而这种情况较之当今而言更常见于 20 世纪 80 年代。[95]另一问题是，BCG 矩阵对市场份额和创造收益之间的关系过分简单化了。市场份额在技术形势迅速变革的情况下不是未来盈利性的可靠指标。实际上，无论这个模式多么优美，没有哪一个可靠的指标能够取代人的解读及充分的分析。[96]

5.7.4 步骤五和步骤六：执行和评估战略

要做战略规划的原因就某种意义上而言是显而易见的。没有一份经过深思熟虑、字斟句酌的计划，公司会一路上跌跌撞撞——可能会成功，也可能不会。然而，再完美的战略不能执行也是毫无用处的。想象一下，花时间开会、周末连续数小时工作、无数封电子邮件往来，付出这么多时间都是为了开发战略规划。大家都同意这是个很棒的规划，但没有采取行动的话只不过是归入档案的一纸空文罢了。不幸的是，这样的事情在大大小小的公司都会发生。那就是为什么执行规划比制定规划本身更重要的原因。没有执行，战略规划只不过是个奇思妙想而已。

1. 实施规划有时候被称作"执行"

管理咨询大师莱姆·查兰（Ram Charan）将工作中的大量精力放在审视领导者如何实施规划。查兰和他的同事们发现战略中常常被忽视的一项决定性因素是执行——或者说把工作落到实处。根据查兰所说，执行规划时领导者要服从如下几点纪律：[97]

- 推测商业环境；
- 评估组织能力；
- 将战略与运营联系起来，确认执行战略的人员；
- 协调负责实施战略的人员共同努力；

- 创造以结果为基础的详细明确的奖励制度;
- 发展应对机制,以适应随着商业环境改变而来的各种具有挑战性且不断变化着的假设。

执行规划是一种责任机制。[98] 查兰提出,大多数情况下,首席执行官失败不是因为缺少创意,而是因为未能始终如一保持敬业的投入状态。[99] 其他学者持有更开阔的视野,他们认为表现高超的公司成功的原因在于它们关注规划和执行。[100]

2. 评估与"必须赢"

但就连最好的规划也并不永远都是完美无缺的,无论执行得有多么好。各种各样的因素和条件会损毁最精心打造的规划。在危机事件中不能调整规划会给规划流程带来大灾难。

对战略进行评估是而且应该是一个持续性的过程。著名教授兼学者汤姆·马尔奈特(Tom Malnight)认为战略实施和评估是不断确定哪些战略是"必须要赢得的战斗"的过程。[101] 马尔奈特的立场是管理者和领导者需要持续不断地审视组织应该优先关注的事情。并不是每件事情都同样重要;因此,必须做出关于资源分配的战略决策——并且在必要时进行改变。那些对于重要目标实现必不可少的新举措、计划、项目等都是必须要赢的战斗,也必须千方百计地确保安排足够的资源,为胜利提供保障。马尔奈特主张普通的组织在任何时候都只能打响几场必须要赢的战斗。这意味着集中精力做更少的事,并做得更好。在当今快节奏的环境中,对改变的不断关注——可能还有改变着的优先事项的关注——能给公司提供其所需的优势。

最热门»讨论题

1. 讨论如何应用战略规划流程的每个步骤以支持在校园里启动小型创业公司。
2. 在开始找工作之前可以使用的一个工具是 SWOT 分析。对你自己进行 SWOT 分析。在涉及到自己的优势、弱势、机会和威胁时要坦诚。如何利用优势和机会,减少弱势的不利影响,并避免威胁?
3. 想一想你作为顾客经常接触的一家公司(例如餐厅或服装店)。从你的视角来看,哪些方面是该公司必须赢的战斗?

5.8 人力资源在规划与战略中扮演何种角色?

过去几十年来,人力资源部被降级到企业办公室工作的后区两角,主要被看成是负责"工资待遇"的人员。然而,近年来,这一理念演变成一种包容关系——一种依赖关系,即向人力资源寻求关于业务战略的建议和支持。进步的公司和具有前瞻性的首席执行官们现在将与人力资源建立合作关系视作一种与业务专家和顾问合作的机会,因为他们对组织的战略会产生积极的影响。[102] 实际上,将人力资源的行为与战略结合起来是必不可少的,特别是当涉及"人的战略"时。人力资源确保合适的人进入合适的岗位,并确保他们在诸多方面得到组织的支持,从而得以帮助组织实现使命、愿景和战略。

在本节,我们将关注人力资源如何通过确保合适数量和种类的人员进入员工队伍来支持战略和规划。这包括招聘、遴选和继任规划以及员工增长或裁减的总体计划。

5.8.1 招聘员工

公司如何找到具备必要素质以填补某一职位空缺的个人呢?招收符合工作要求的候选人的过程称之为**招聘**(recruiting)。曾经只需要简单地在报纸上刊登广告的事情现在转变成有的放矢地将网撒向劳动力储备池,以寻找能支持组织战略并适应企业文化的人才的复杂过程。当今,公司在劳动力储备池中竞相寻找"明星",他们使用多种多样的方式找到这些候选人。

许多人力资源专业人士首先将眼光投向组织内部。当存在空缺职位时,内部招聘包括两种主要的方式。第一种是在公司内部网站或公告牌或人力资源简报上刊登招聘海报,这是到目前为止最不昂贵且最简单的方法。内部招聘的第二种方法是通过使用**人力资源库**(HR inventory)。人力资源库是一种内部系统,它保存了组织内员工的信息,包括技能、培训需求、职业计划和员工的其他信息。[103]这些系统用于识别组织内部的人才,当公司有职位空缺时,人力资源库可以提供合适的候选者名单。

当然,人力资源招聘者必须在公司外部寻找人才的情况也会发生。或许是因为组织内部没有合适人选,抑或是需要引进新理念和新方法。外部招聘的方法有许多,包括校园招聘会、人才市场、使用在线招聘和就业安置公司(如 Monster.com)、在公司网站发布招聘职位信息、社交网站等诸如此类的方法。[104]人力资源也常常利用招聘机构、职业招聘人士(有时候被称为"猎头")和竞争对手。在这些方法中有一些价格非常昂贵;比如,职业招聘人士所提供的服务最多可以赚到候选者第一年薪资的100%。

5.8.2 遴选"合适的"员工

遴选(selecting)是一种选择行为,即从一群合格的申请人中选出雇员的行为。但"合适"意味着什么?这是人力资源职业人士必须做一些重大决定的地方。显然,合适的相关工作经验是必要的,适当的工龄也是如此。此外,大学学位、证书以及特定技能等都是常常考虑的因素。但也需要考量其他评判标准。候选者能否适应组织文化?他或她能和其他人融洽相处吗?他或她是将来能被提拔到公司其他岗位的那类候选人吗?类似这样的问题帮助招聘人评估候选者是否"适合"本公司。从规划的视角来看,人力资源专业人士必须确保他们招聘的个体将实现组织目标,同时坚持公司的使命和愿景。

5.8.3 继任规划

2001年9月11日,两架飞机撞击纽约世界贸易中心的双子楼,2 700多人丧生——这是家庭、朋友和世界的悲剧。这也是许多公司的悲剧,它成为引起公司警觉的重要事件:在大量员工突然消失的情况下,你能做什么?譬如,纽约新泽西州港务局在世界贸易中心有2 000名雇员,那一天他们失去了84名员工——包括执行总监。金融服务公司建达集团失去了658名员工——这是全部员工队伍的2/3,是那时总部全部的员工。[105]纽约市消防局瞬间牺牲了11 000名消防员中的343人。[106]

除了突然损失大量员工之外——如世界贸易中心的情况——人员缩减是一种常态,对设计周密的继任规划的需求也由此产生。**继任规划**(succession planning)是在相关职位空缺时填补管理职位的计划。继任规划是人力资源专业人士的整体战略规划流程中很重要的一部分。这一点由于人口特征的原因在当今一些国家尤其重要。譬如,婴儿潮时期出生的人在未来20年会退休,其他个人需要经过培养方能填补这些管理职位空缺。

到目前为止,我们一直讨论的是管理招聘、遴选和雇用个人的具体流程。为了使这些流程真正地支持员工队伍,人力资源专业人士必须理解如何从支持组织战略的角度来确定员工队伍人数和构成。

5.8.4 员工队伍增加与减少

在组织战略要求大幅度扩大员工队伍的情况下,人力资源需要谨慎规划,并实施有效的增长战略。当然,这也会产生很大问题!然而,启用刚刚"暖身"的人员草率地填补这些职位空缺最终会影响整个组织的表现。有了与组织各个层面的管理者不断的沟通,以及强有力的招聘流程,组织最终会在合适的业务部门雇用到足够的称职员工。许多人力资源专业人士发现,支持增长战略的招聘要求非常高,同时也很值得。这是真正重塑业务的机会。

不幸的是,并不是所有的人力资源规划都有助益或有趣。增长期的对立面是回落期,这就意味着在各个业务层面或某些领域需要缩小员工队伍的规模。或许任何管理者在工作中最艰难的地方就是解聘员工这一任务。个体的工作常常是那个人身份的整体组成部分。实际上,当我们最初遇见陌生人时,我们最先想到的问题之一是"你靠什么谋生?"当通过终止合同而剥夺他人工作的时候,其生计会受到影响——这个人的个人形象也会受到影响。解雇或暂时解雇是人力资源专业人士工作中最艰难的部分之一。

人力资源管理者们常常是裁员计划的设计师,他们也支持管理者解聘员工。终止合同的情况有几种类型。员工队伍人数减少是指由于经济原因、技术进步或冗余工作等原因而遣散员工。在 2008 年和 2009 年,美国、欧洲以及世界各地的许多地方都因为全球经济衰退而经历了沉痛的大规模裁员。而公司常常要面临人手不足的困境,个人和家庭也会饱受其苦。

规划并执行裁员是人力资源专业人士面临的最艰难的任务之一。设想开会时手里拿着一份 100 名乃至更多员工的名单,大多数人是你很熟悉的,而且他们大多数人的工作表现都很好。你的职责是决定要暂时解雇其中的 20 人。**暂时解雇**(layoff)是终止聘任合同,但一旦情况改观就有可能重新聘任。要求暂时解聘的条件长时间存在时(如始于 2007 年的大范围的全球经济衰退),重新聘任通常只是遥远的梦。

这些情况之所以如此困难,原因在于员工并没有做错事情却不得不离开。员工队伍缩编夺走了人们的工作,这是因为公司情况的改变造成的——并不一定是员工的业绩问题。有效的人力资源管理者能够使用专业精神处理这些困境并有尊严地对待将要失去工作的人员。

然而另一种裁员是解雇,这称之为**因故终止聘任合同**(for-cause termination),这涉及到因违反公司政策、业绩表现差或不能适应公司价值观、规范或文化等而遣散员工。

终止聘任合同——不管是事出有因还是缩编——都是战略规划的重要因素。显然,较少的员工人数会影响公司的生产率。在很多情况下,更少的员工也意味着留下来的员工不得不承担额外的责任——有时候达到人们超时工作的极限。员工队伍缩编也会对士气产生深刻的影响。留下来的员工会感到内疚、生气或恐惧——这样的情绪无益于工作的有效性。那么,人力资源也不得不处理员工队伍缩编带来的衍生问题。

最热门»讨论题

1. 描述你参加过的一次遴选过程(可以是在工作中,也可以是在学校里,或者是在社交俱乐部里)。这种遴选过程是战略性的吗?在哪些方面?它与组织的使命、愿景或战略目标有关吗?如果是,在哪些方面?

2. 考虑你所属的一个组织，如运动队、乐队或社交俱乐部。有随着成员陆续离开而取代他们的继任规划吗？这一规划有何特点？有效吗？

3. 你认识遭到解雇或暂时解雇的人吗？这一工作是如何进行的？这对那个人产生了什么样的影响？你会如何处理解雇或暂时解雇员工这一问题？

5.9 全体员工为支持有效的战略规划能做什么？

说到底，有规划很好，好的规划更佳。但除非人们根据这些规划来行动，否则它们都是毫无价值的。那么，我们能做什么以确保我们的人员、工作和战略规划变成现实呢？我们可以从培养我们分析现状以及了解我们识别的这些规律如何关乎未来的能力开始。我们也可以确保构思我们的个人愿景是我们定期要做的事情。

要成为专家级的战略规划师，你必须发展自己的规律识别技能。这一能力会使你能够分析形势——包括组织内外部的——进而使你更有效地从事战略规划。要成为一名真正成功的战略领导者，你个人的愿景必须与组织的保持一致。当你的愿景和目标与你所在的组织对你提出的要求协调一致时，你就会对工作感到更加心满意足，并且更有可能竭尽全力。在接下来的几节中我们要讨论如何培养规律识别技能和制定个人愿景。

5.9.1 规律识别：战略规划的关键要素

下面这句话常常被认为是著名作家和备受喜爱的小熊维尼系列形象的创造者米恩（A. A. Milne）所说："进行组织是在你做事之前所做的事情，这样当你着手做的时候就不会乱作一团。"当我们组织思想时，我们进行的是系统思维和规律识别，这两项认知能力是人们期望 MBA 所具备的，因为这些能力与有效的领导力联系在一起。[107]

规律识别是认知的核心：它是更高层次的能力，对分析性思考极为重要。[108] 规律识别是吸收原始资料并在大脑中将其组织成模型或蓝图以帮助解释情境的过程。这是一种决定性的技能，因为领导者必须在信息不是十分清楚的情况下能够找出它们之间的关联（这是十分常见的情况）。

对规律的识别是情景意识的核心方面。情景意识是迅速辨别相关规律并将其整合进决策过程及据此采取相应行动的能力。[109] 现实世界情境下的决策和规划常常依赖于"模糊逻辑"的使用。[110] 这意味着现实世界中遇到的规律很少与存储于记忆中的完全相同，所以我们需要能够识别价值或"模糊的"规律，然后使它们更加清楚明朗。

如何才能培养规律识别能力呢？有趣的是，你可能已经具有这样的能力。我们的教育过程就是以培养这种技能为目标的；从学习阅读到解决数学问题，再到撰写学期论文，我们已经接受过在信息中寻找规律的教育。在你已经接受的教育之外，你也能通过增强自己的自动思维过程意识而提高规律识别能力。这被称作"有意识性"。备受敬重的学者埃伦·兰格（Ellen Langer）如是解释："当我们没有意识时，我们就像程式化的机器人，以一味僵化的方式处理信息，仿佛无论环境如何都是真实的一样。当我们有意识时，我们开放心态面对意外，面向当下，对语境很敏感，最重要的是从陈旧的思维方式的专制中解放出来。"[111] 所以，为了培养规律识别能力，你能做的唯一最重要的事情就是注意——真正地注意你在世界上遇到的一切。然后是提问。挑战自我从而能够从不同于往常的角度来看待事物。对你的所见、所思或所经历的事情进行多角度思考,获得不止一种的解释。接着,努力以独特新颖的方式将各种各样的信息碎片联系起来。这就要求一定程度的幽默感以及犯错之后仍然保持好脾气的心态。不过,最终注意关注你所处环境中的信息会使你拥有更多接近正确答案的途径,并使你在规划未来时取得更大的成功。

5.9.2 发展个人愿景

改善规划技能的另一种途径是实践最重要的规划:你的人生规划。正如好的战略规划一样,人生规划始于个人的使命(你认为什么是你的生活目的)和愿景(你对自己作为人的志向)。我们称其为你的"理想的自我"。清晰明了地陈述你的理想的自我是有意识改变的第一步,这是一种制定生活愿景、学习目标、里程碑和行动步骤的过程。[112] 这一完整的过程将在第 16 章中详细讨论。在此,让我们主要关注第一步:制定个人愿景。诚如学者安妮·麦基、理查德·博亚齐斯和弗兰西斯·约翰斯顿在《高情商领导力》一书中写道:"我们的梦想帮助确定我们成为什么样的人,因为令人起敬并且有意义的愿景使我们拥有必要的乐观精神、力量、精力和效率,从而充满自信地向未来迈进。"[113] 我们的梦想激发我们的个人愿景和对理想的自我的想象。希望——对未来更积极、更可行且合理的信念,我们能使其发生的意识——也会激发我们的愿景。我们的核心身份——我们的价值观、信仰和人生理念——也是关键因素。作为开始清晰明确地陈述个人愿景的方式,反思如下问题和陈述:

1. 你人生的最高目的是什么? 你认为什么事情一定要做,一定要做成? 如果我能实现人生中唯一的一件事情,这会是 _____;
   在我的生命结束之前我想做的事情是 _____;
   如果我能改变世界上的某件事的话,这件事会是 _____;
2. 如果我需要多少金钱就能拥有那么多的话,我会 _____;
3. 在 10 年内,我的理想生活将包括(思考你所爱的人们、朋友、工作和生活方式——对你而言重要的任何事情)_____。

现在,你只要花一点时间记下在回答这些问题时你所看到的几大主题。借助这种方法,你就会开始对你的理想的自我有所感觉。你也会练习规律识别,这是规划的另一个关键工具。

当你审视从对这些问题的回答中产生的主题时,你就很可能会看到哪些事情对你现在的生活和未来的生活很重要。从整体上思考你的人生,写几段描述你未来 5 年的理想生活。包括关键关系、角色、工作、你在哪里生活、你的生活方式和对你而言重要的任何其他方面。

最热门»讨论题

1. 为什么现在你还在念大学时,制定个人愿景对你而言就很重要? 这么做可能会对你选择职业或寻找你能很好地适应的组织产生怎样的帮助?
2. 现在在你的人生中谁能帮助你思考未来? 你认为对于个人愿景他们可能会给你什么样的建议?
3. 为了练习规律识别能力,想一想你的一群朋友。他们彼此之间有何共同点? 有何不同点? 你的"群"与校园里或工作中的其他群体在哪些方面不一样?

5.10　结束语：规划与战略

我们以思考人们憧憬未来和规划未来的不同方式开始本章的讨论。诚如你所学习到的，管理者和领导者对规划方法有不同的选择，组织制定并采纳许多不同种类的规划。规划是一个复杂多面的过程，任何管理者都能告诉你这一过程并不总是会成功。从本章所讨论的模式和理论中我们还有很多关于规划和战略的内容要学习。另一方面，许多规划和战略因为不注意规划流程或执行的某些方面而受到损害，了解这一点很重要。在本章中提到过的亨利·明茨伯格以及其他学者批评战略构想过程，因为这项工作常常迁移成形式化的规划流程，即制定分阶段的且主要是可量化的流程。这在本质上将战略降格为运算法则——这在当今的企业中是一件不可能完成的过度简单化的事情。

在下一章，我们会正视这些问题，并思考制定和执行成功规划到底需要做些什么：决策和批判性思维，即规划过程中人的方面。

本章总结和关键词

1. 人们怎样规划未来？

概述：人们以不同的方式规划未来；有些人专注于目的，有些人则受到方向和愿景的驱动，还有一些人是以行动为导向的。良好的规划将组织的愿景、战略、目标和行动融合成产生合力的整体，从而反映了这些不同的选择。

关键词：

规划（planning）：一种认知的、有创造力的行为过程，制定一系列旨在达成目标或奔向构想的未来状态的活动。

目标导向型规划（goal-oriented planning）：确定从现有状态到明确界定的最终状态行动迈进的活动和措施的过程。

引导式规划（directional planning）：指识别出领域（活动的大致范围）和方向（首要的价值观和活动），而不是具体目标的过程。

行动导向型规划（action orientation planning）：将自己的全部注意力集中在手头上的任务。

2. 组织中规划的具体表现形式如何？

概述：在进行组织规划时，领导者不能只关注目标和矩阵；相反他们必须力图将组织的使命和目的与特定的目标和活动联系起来。这常常意味着设计许多类型的规划——如短期的、长期的、一次性的、永久使用的、运营的、战略的、财务的、应急的项目规划——所有这些必须相互协调。

关键词：无

3. 在充满不确定性的时代如何进行规划？

概述：良好的规划具有可行性，这样才能适应改变着的环境和条件。为了保证适应性，采取模块化的方法进行规划很有帮助——毕竟改变单个目标、子目标、里程碑和行动步骤要比调整整个规划更容易一些。针对给定局面想象各种各样的"要是……怎么样"的情景并为几种可能发生的情况做准备是个不错的主意。

关键词:

情境规划(scenario planning):是一种动态的系统性过程,人们在这一过程中为特定情况预想各种"要是……怎么样"的情境,并为几种很可能发生的情况制定规划。

4. 何谓使命? 愿景为何很重要?

概述:设计规划时,领导者和管理者必须慎重地考虑他们的组织的使命和愿景。明确的使命清晰地陈述了组织的目的和竞争优势。它也能团结员工。类似地,良好的愿景激励组织内外的人们为更好的明天而奋斗。强有力的使命和愿景共同作用,帮助公司作出更好的选择——但除非清晰明确地把这些信息传递给组织的所有成员才能做到这一点。

关键词:

使命陈述(mission statement):指描述组织是什么,做什么以及主张什么的陈述。

竞争优势(competitive advantage):指能够明确地将一个组织与其他组织区别开来的任何事物。

愿景(vision):对组织自身发展目标的描述,即通过成功地完成任务可以实现的未来身份。

愿景陈述(vision statement):对公司愿景的明确陈述。

5. 何谓战略?

概述:战略促使组织意识到自己的使命,并使愿景成为现实。所有的战略都是复杂的,它们以各种各样的形式存在。战略的三种主要类型是企业战略,即为整个组织而设计的战略;业务战略,即为特定部门或业务范围而设计的战略;职能战略,即指导组织内部不同的支持服务如何帮助整个组织实现其目标的战略。

关键词:

增长战略(growth strategy):与运营扩张及/或市场份额增长有关的企业战略。

并购战略(acquisition strategy):指通过购买、合并或接管的方式与其他公司共同经营的公司战略。

合资企业(joint venture):指两个或两个以上的实体签署正式合同,共同参与业务活动和共担风险。

稳定战略(stability strategy):以维持公司的现有地位为目的的企业战略。

精简战略(retrenchment strategy):公司在扭转局面时需要重组和自我防御的情况下而采取的企业战略。

剥离战略(divestiture strategy):公司出售或关闭特定部门、业务、品牌、产品或服务项目的企业战略。

差异化(differentiation):指给客户提供独一无二的产品或服务的业务策略。

核心竞争力(core competency):指组织表现非常突出的一项活动,它能够被客户迅速识别,并且能令公司从竞争对手中脱颖而出。

成本领先(cost leadership):在本行业以最低的价格提供特定产品、产品线或服务的业务战略。

利基战略(niche strategy):满足非常狭窄的细分市场的需求的商业战略。

垂直整合(vertical integration):顺着供应链收购或发展业务的商业战略。

供应链（supply chain）：致力于生产与销售产品和服务的所有资源、产品、服务和经营行为的总和。

职能战略（functional strategy）：以帮助组织实现其目标为目的而开发的部门战略。

6. 战略规划过程中需要考虑哪些因素？

概述：战略规划是一个复杂的多层次过程。在开始这一过程之前，就组织内的经济、社会文化、法律、政治、技术、自然和行业的环境中起作用的各种因素进行分析很重要。此外，还必须对组织的利益相关者的需要和期望加以考虑。

关键词：

战略规划（strategic planning）：审查一个组织的内部和外部环境并确定主要目标的流程，该流程有助于公司完成任务并向愿景迈进。

环境监测（environmental scanning）：评估社会和自然条件是否有潜力影响一个组织的过程。

行业（industry）：提供相同或相似产品和服务的公司的集合。

利益相关者（stakeholder）：有可能受到组织的行动，既包括组织内也包括组织外，影响的任何组成部分。

利益相关者分析（stakeholder analysis）：对所有利益相关者的审查和分析每个利益相关者如何受到组织决策以及/或者利益相关者如何影响组织。

7. 战略规划过程的步骤是什么？

概述：战略规划由一系列步骤组成。首先，组织必须评估其使命、愿景、目标和现存的战略。之后，应该分析可能影响公司实现其目标的所有内外部因素。分析之后，组织可以设计特定战略并付诸实践。最后，组织必须评估其所选择的战略以确定它们是否行之有效。

关键词：

SWOT 分析（SWOT analysis）：用来确定可能会影响战略使命和愿景的实现的竞争优势、竞争弱势、机会和威胁的一种方法。

优势（strength）：组织拥有对其产生积极影响的任何正面特征或活动。

弱势（weakness）：组织中存在的对其产生消极影响的任何特点或活动。

机遇（opportunity）：有利于组织的任何情况、条件或事件。

威胁（threat）：对组织产生消极影响的任何情况、条件或事件。

多样化公司（diversified company）：有两个或两个以上截然不同的部门生产不同产品或服务的公司。

BCG 矩阵（BCG Matrix）：用于说明就市场占有率和市场增长而言，业务单元、产品、服务、品牌或产品组合是如何运作的一种分析工具。

市场份额（market share）：产品、服务或业务部门在市场上所占的比例。

市场增长率（market growth rate）：指某种指定商品或服务在市场中的增长一种衡量指标。

8. 人力资源在规划与战略中扮演何种角色？

概述：谈及规划和战略制定时人力资源专业人士肩负着重大的职责。除了直接参与规划流程之外，这些人也负责为空缺职位招聘合适的候选者；遴选那些最能够支持组织愿景、使命和目标的候选者；制定继任规划以为人们提供晋升空间并填补职位空缺；管理员工队伍增长和缩编的周期。

关键词：

招聘（recruiting）：指招收符合工作要求的候选人的过程。

人力资源库(HR inventory):一种内部系统,它保存了组织内员工的信息,包括技能、培训需求、职业计划和员工的其他信息。

遴选(selecting):从一群合格的申请人中选出雇员的行为。

继任规划(succession planning):在相关职位空缺时填补管理职位的计划。

暂时解雇(layoff):终止聘任合同,但一旦情况改观就有可能重新聘任。

因故终止聘任合同(for-cause termination):指员工因违反公司政策、表现不佳或未能适应公司价值观、规范或文化而被解雇。

9. 全体员工为支持有效的战略规划能做什么?

概述:为了支持有效的战略规划,你可以培养自己的规律识别能力。规律识别是复杂且极为重要的能力,使我们能够厘清今天的信息并规划明天。此外,你可以为发展个人愿景而努力,在你为期望的未来做规划时,这一个人愿景将会提供支持。

关键词:无

10. 结束语:规划与战略

概述:尽管在本章介绍的模型和理论能够极大地协助领导者、管理者和其他人构想有效的规划,但战略制定最终是与人有关的过程,记住这点很重要。

关键词:无

6

规划中人性化的一面：决策制定和批判性思维

6.1　什么是决策？

　　有好的决策才能有好的规划。如果制定规划的人不能分析问题，不能检查并复核他们的假想，不能避免常见的错误，忽视不符合自己信念的信息，即使最具体精确的规划也毫无益处。为了帮助你们避免这些易犯的错误，本章讨论规划的人的方面：决策和批判性思维。两个过程对于有效的管理和领导力都是必不可少的——而且两者都涉及各种各样的因素，包括情感、直觉、逻辑和感知。实际上，这些因素不仅仅影响你在工作场合的决策，还影响你一生所有的决定。

　　如果不理解每个过程所包含的内容，就难以进行有效的决策和批判性思维。培养这种理解是本章的目的。我们从对决策的简要定义开始，考察决策的不同类别。我们也要讨论逻辑、情感和直觉的作用，并探讨认知和偏见对决策流程的各种促进或妨碍的方式。在下面一节，我们转而讨论有助于指导你作出重大决策的常见模型。我们也会分享当信息不全时（这种情况很常见）如何做决策的研究。接下来，我们将关注点转向批判性思维，审视它所涉及的内容，以及为了作出更好的决策，该如何提高你的技能。你也会学到妨碍决策的几种常见错误。最后，本章的结尾将审视人力资源在支持管理者和领导者作出有效的决策和批判性思维时能做的事情，以及我们在培养自己这些领域的能力时能做些什么。

6.1.1　界定决策

　　决策（decision making）是指涉及思维、感觉和神经机能的认知、情绪和神经心理过程，其结果是作出判断或从其他选项中进行挑选。决策包括如下任务：

- 收集与困境、问题或机遇有关的信息；
- 对这些信息作出反应，进行思考；
- 将对可能的选择所作出的情感反应并入与这些选择有关的信息；
- 利用逻辑、推理、情感或直觉评估可供选择的事物；
- 作出判断或选择行动过程。

这一定义或许比你以前遇见过的那些定义更宽泛,因为在讲授这一概念时,人们常常将之视为一种纯粹的理性思维过程,只涉及到对问题的认知评估、对选择的理性思考、对成本和效益的分析以及对行动过程的选择。当然,决策的确涉及到复杂的认知加工、逻辑和推理。然而,我们现在知道决策并不仅仅是纯粹的认知过程,它还涉及在决策时引起我们关注某些信息而忽视其他数据的神经系统活动。[1]决策涉及有意识地注意、应用直觉和对信息与选择的各种情感反应。[2]

6.1.2 决策的类型

每一天,你都在做一些你几乎不会去考虑的决定,比如要不要刷牙、早餐吃什么或者穿什么衣服。在工作中,你不会过多地考虑坐在哪里,如何打开电脑,或者要不要跟你的主管打招呼。这些决定以及许多其他日常的决定迅速而容易,所以我们可能会不假思索,考虑的时间只不过是一时半刻而已。

也有时候,我们痛苦地纠结于选择哪个方向、二选一的时候选哪一个,或者尝试哪一个解决方案。想一想你在生活中做过的一些重要决定。当你年幼时,你可能面临过从事哪种体育运动、弹奏哪种乐器或跟哪些孩子做朋友的决定。后来,你或许不得不选择是否在上学期间或夏天打工,在资金需要、经验需求与打零工可能会对你的学习成绩产生负面影响或对你的社交生活产生干扰之间权衡利弊。像跟谁约会、从事哪种职业以及居住在何处这样的其他重要决定可能非常难以作出。这类决定要求你思考自己正在做的事情和现在想要的是什么,而且它们也要求你考虑自己的未来。你需要考虑你想要的那种生活、你希望围绕在你身边的那类人,你的经济需要或欲望,你在接下来的几年中,或许一辈子都希望从事的那种工作!

正如生活中的决定一样,工作中的决策可能会很简单,会是无意识作出的,这些决策也可能会很复杂,会难以抉择。譬如,管理者能够迅速地决定晨会时要带面包圈还是油炸圈饼。这是一个相当直接、相当常规的决定。相比之下,决定要不要开设一家新的加工厂的管理者就要面对复杂得多的挑战。这一决定是独一无二的,会产生影响深远的结果,牵涉到许多事实和观点(更别提人的因素了)。

根据决策的频率和难易程度我们可以对其进行分类。属日常性质且按一定频率作出的决策称为**程序化决策**(programmed decision)。例如,为这门课程选择教室很可能是程序化决策,因为在大学环境中,这类决策定期发生,其依据包括任课教师的偏好、选课的学生人数以及可用的教室数量或类型等已知因素。在商业环境中,程序化决策可以包括订购办公用品、选择举行员工周会的地点、制定员工度假计划、没有收据是否可以接受顾客退货这样的问题。当事情在组织内部进展顺利时,这样的程序化决策就会很容易、准确无误而且具有成本有效性。[3]因此,许多组织投入了大量的精力使决策尽可能地成为常规或程序化的过程。

相比之下,不常发生的决策称为**非程序化决策**(nonprogrammed decision),因为它们是崭新的,涉及到独特的信息或具体情况。你很可能曾经面临过两个这样的非程序化决定,即选择上哪所大学和选择念哪个专业。

和个人一样,商业组织也面临大量各种各样的非程序化决策。实际上,有些选择在组织历史中只会遇见一次——比如宣布破产,或者在公共交易市场上出售股份。非程序化的战略组织决策的其他实例包括如下几种:

- 选择在不同的地理位置上扩张业务;
- 选择投资新生产线;

- 选择废除或大幅度减少整个工种，比如行政支持；
- 选择开始工资冻结；
- 选择更改公司标识或网站；
- 选择迁移公司总部。

这些都是非程序化的战略决策，很可能是由高级主管作出的。然而，管理者并不是唯一不得不作出艰难决定的人。比如，如果一个比你资深的员工想跟你约会，你会怎么办？他或她不是你的主管，而你确实很想去，但这个人领导着你所在的某些项目团队。或者如果你觉得你的工作团队中有个人其行为不符合职业道德，比如每天上班时有 3 至 4 小时在上网，你会怎么办？或者如果有人在出售"偷来的东西"（即在装车时被拿走），你会怎么办？或者在学校，如果班上有人在考试之前获得一份期中考试试卷，你会怎么办？从表面上看，这些问题的答案可能显而易见。然而，实际上，它们都涉及作出非常艰难的决定。比如，你可能会想："如果我跟这个人去约会了，我会惹上麻烦吗？""要是我的主管不相信我举报的人在做的事情，我会怎么样？""要是我并不是真的很确定他或她的确在做这些事情，我该怎么办？"这些问题会使决策陷入困境，常常还会引起情感混乱。

像这样的非程序化决策不常发生，需要更多的时间来评估，常常涉及到许多人和利益相关者，在人员、时间和金钱方面产生重大影响。当企业在市场上面临巨大的改变时，当技术变化时，抑或是当增长战略选定的时候，领导者们就会面临许多非程序化决策，如设计制造公司的新任经理安娜贝尔（Annabel）的案例所示。

学生的选择

处理 Antares 的重大问题

安娜贝尔是一家英国设计制造公司 Antares 的销售副总裁，她父亲是该公司的老板，在他 2005 年退休之前已经管理该公司 25 年了。Antares 设计了"小工具与小配件"（即为家庭提供符合常识、实用、简单的设计改良，使生活更方便）。安娜贝尔的父亲是一位优秀的设计工程师，在他创办公司不久后就雇用她协助其发展公司。

安娜贝尔最近刚大学毕业并获得商科学位，尽管她没有丰富的实际生活经验，但她非常聪明，也很讨人喜欢。在她到 Antares 工作的第一天，安娜贝尔就决定务必认识公司里的每个人，这样他们就有机会了解她希望成为什么样的管理者——关注企业并培养与人之间的关系。安娜贝尔在第一天就亲自会见了所有人，她举办了一场招待会，这样公司的所有员工都能聚在一起互相交流。

正如你可能想象得到的，老板的女儿一毕业就受雇来协助经营公司，并不是每个人都感到很满意。然而，当他们意识到安娜贝尔只是希望公司和员工得到最好的发展，而且她在决策时很注意别人的意见时，人们就回心转意开始接受了。

安娜贝尔也决定她需要收集大量关于 Antares 在作决策之前如何行事的信息。因此，她入职的头 6 个月检查运营并向每位员工征求意见、评论和如何提高销售的想法。安娜贝尔了解到几大严重的问题，包括一些会计流程中的错误和很高的员工流动率。她也发现几名员工对解决问题时有很棒的点子。

安娜贝尔希望在 Antares 的每个人都感觉到他们对公司运营有发言权，无论他们的职位高低。她把人看作是关键的信息来源——为了发展业务并使之成熟完善,她需要对公司进行变革,而员工的知识和观点则是公司变革的决定性因素。这一立场为安娜贝尔赢得了人心。安娜贝尔和她的团队转变人们的观点并改善知识共享,她们采用的方法之一就是每个月举行Antares全员开放论坛,商讨公司的进步并集体解决问题。当员工们有机会了解彼此,信息沟通顺畅起来,创造力也不断涌现,其结果就是作出了不起的决策。安娜贝尔也鼓励员工成立公司赞助的垒球联盟(她也参与其中),以及在镇上各种各样的餐厅聚餐的团队。

企业实践和社会活动相结合的新方法为Antares带来了积极的收益。员工关系很快变得更加具有凝聚力,也更加具有协作性。同时,正确的信息高效地传达给合适的人,这样管理者就能作出有理有据的决策,而决策执行也比以前更快速、更有效。公司产品的销售额在安娜贝尔上任后的六个月内增长了10%。在那之后,他们每年稳步额外增长10%。许多员工的态度在安娜贝尔到来之后有所改观,旷工和员工流动率也有所下降。安娜贝尔与她的员工建立了友好互信的关系。此外,她使Antares成为人们愿意来的地方,在这里所有员工都真诚地关心企业的成功。

资料来源:改编自朱莉·莱西特(Julie Lessiter)撰写的案例。

安娜贝尔在Antares工作的第一年面临着大量非程序化决策,幸运的是,她识别出了这样的决策。她也严肃地对待这些决策,考虑事实和感受。她花时间评估情况而不是武断地得出错误的结论。安娜贝尔成功的部分原因在于她认识到决策是多么复杂的事情。

贯穿本章,我们将会讨论决策很复杂且很困难的部分原因。我们也会分享研究成果、模型和小贴士,从而帮助你作出更好的决策。为了开始这一过程,在下一节我们会看一看决策流程的几大重要输入信息。

最热门»讨论题

1. 在你看来,为什么决策包括思想和感情?
2. 思考你在生活中所做的某个决定。你对当时的情况和自己的选择有什么样的想法和感受?
3. 确认今年你需要做的三个非程序化决策。描述每个决定有什么独一无二的地方。为了作出这样的决策你需要哪些信息?

6.2 认知和情感过程如何影响决策?

许多人认为决策是纯粹的理性过程,如果我们对情况的分析足够深入,完美的决策就会产生。决策当然包括理性和逻辑,但也包括我们如何应用理性和逻辑。比如,人们处理信息的方式各不相同,所以理解认知加工的某些方面很重要。因为情感是决策流程的一部分,我们也需要理解我们的感情如何影响我们对正在试图解决的问题、我们收集的信息以及我们识别的选项的看法。直觉也对许多决定产生重要影响,所以我们需要了解它是什么——以及它不是什么。

6.2.1 决策中的理性与逻辑

组织学学者詹姆斯·马奇（James March）和他的合著者奇普·希思（Chip Heath）表示，对决策流程最常见的描述是理性的选择，"rational"（理性）这个词在习惯用法中是聪明或成功的同义词。[4]理性决策依据推论逻辑：如果我做 X，然后 Y 就会是其产生的结果。理性决策是在诸如计算机编程和数学等领域中决策的基础。[5]计算机依据纯粹逻辑算法，即当输入集合相同时，每一次的输出也是一样的。换言之，这具备**确定性**（deterministic），即结果是由输入决定的。

大多数决策比这种情况都要复杂，因为我们对偏好、期望和可供选择的事物进行利弊权衡，并据此来作出好像会引起某种结果的决策。[6]推理是"心理逻辑"过程，在这一过程中，我们面临决策时，会找出证据、信仰和后果以支持不同的选择方案。[7]这就意味着纯粹逻辑或者说正式逻辑基本不算人类决策制定的一部分。

6.2.2 认知加工：感知影响我们如何理解信息

决策能力往往因人而异，因为人们理解和管理自己的思维过程的有效程度各不相同。本节中，我们会探讨可能有助于或极大地损害决策能力的认知处理的几个方面。

1. 图式：大脑的信息整理系统

要理解我们如何加工和解读信息，理解认知心理学家称之为"图式"（schema）的概念很有用。图式是我们大脑中的概念地图，使我们理解并在大脑中对接受的信息进行分类。[8]打个比方就能简化这个概念，想一想我们在整整一生中所创建的大规模归档系统，里面充满了我们的人生经历。这个系统有数以亿计的文件夹，每个文件夹都仔细地贴上观点、经验或感情的标签。大多数文件夹都非常复杂，包括许多子文件夹。譬如，你可能有"管理课程"的文件夹。你对这门课程曾经听说过、经历过、思考过或感受过的一切都会存储在这个文件夹里。

当新信息来到我们身边时，我们在认知上试图做的第一件事就是对信息归档。如果我们有新信息很容易就适用的文件夹，我们就将其存储在那里。如果没有，我们要么试图把信息强塞进我们的归档系统，要么创建新文件夹。为了说明这一点，想一想卢卡斯·约翰斯顿-佩克（Lucas Johnston-Peck），他是一个非常聪明的 7 岁男孩。卢卡斯年纪更小的时候，他的父母每天晚上都给他读故事。其中有个故事是关于动物的，卢卡斯开始将书中的图画与单词联系在一起。他懂得了猫是一种毛茸茸的小动物，有尖尖的耳朵和胡须，会发出"喵喵"的叫声。他懂得了会"汪汪"吠叫的更大型的动物是狗，长着圆圆的耳朵甚至还要大一些的棕色动物，会"嗷嗷"嚎叫的是熊。卢卡斯正在发展图式——新的文件夹——使他能够迅速地将有关某些动物的信息归档。

在卢卡斯学习动物知识的这段时间里，他的姊姊来做客——还带着一只名叫"熊"的狗。起初，卢卡斯坚持认为这是不可能的，拒绝叫这条狗的名字。然而，很快卢卡斯就调整了他的归档系统，将狗可以被命名为熊的概念包括进来。卢卡斯不知道这一点，但他正在进行一个复杂的认知过程，称作"调节"：卢卡斯调整自己现存的归档系统以容纳新信息。这是有智力的人类的一个标志。

"调节作用"这个概念最初是由著名的发展心理学家让·皮亚杰（Jean Piaget）提出的，用来描述处理新信息的一种方法。**调节**（accommodation）是调整自己的认知范畴化系统以容纳新信息、新图式和理解信息的新途径的过程。[9]

皮亚杰认为处理新信息的另一种途径是**同化**（assimilation）。倘若卢卡斯尝试将新信息硬塞进他的归档系统,比如通过给狗另外起个新名字,他所进行的就是同化。同化是把新信息整合进或强行归入现有认知范畴化系统的过程。[10]当我们同化新信息,我们强行将其归入已有的图式。在这种时候认知图式就会使我们陷入麻烦:如果我们强行将信息归入我们认为是正确的内容之中,我们就看不清信息,结果我们很可能会作出错误的决策。

为了说明同化如何在工作中发生,想一想家族企业中的两兄弟。从孩提时期到高中和大学,大哥格莱格(Greg)认为自己是一个严肃认真、勤奋好学的人。弟弟马蒂(Marty)从事各种各样的活动,忙碌于各种社交活动,许多人认为他是"宴会上的活跃人物"。当格莱格后来为了使父母高兴而雇用马蒂时,他拒绝让马蒂承担任何严肃的工作职责。格莱格继续肩负起企业的重任而不与马蒂分担,因为他认为他的弟弟实际上不会有所作为。马蒂——实际上是一位非常好的管理者,广受员工喜爱,而且善于激励他人——这样过了几年之后,他感到厌倦,离开了家族公司另起炉灶,成为其竞争对手,从而造成了家族的分裂。

这种情况下的问题不是马蒂的;是格莱格不能改变他看待马蒂的方式造成的。格莱格不能改变他判断弟弟的惯性思维。他根本不了解马蒂实际上比他认为的更加能干。在这一实例背后是与认知加工有关的常见问题,它们常常妨碍我们在工作中作出好的决策:刻板印象和光环效应。

2. 刻板印象

刻板印象(stereotypes)是特别僵化和难于改变的过于简单化的想法或信仰。它们常常涉及到人,而且常常是毁灭性的。当适用于人时,刻板印象是一种简单化的图式,将一套普遍的特征归因于特定群体的全体成员。

刻板印象减轻人们的认知处理负担,因为它们是自动的,不需要有意识的努力。[11]许多刻板印象是有害的,使我们误判人和形势。另外一些刻板印象每天都在使用以促进积极的社会互动。譬如,当我们在本地的药店跟药剂师说话时,我们对这一职业,对他跟我们分享的那类信息就持有某种刻板印象。药剂师反过来对顾客也会有某种刻板印象,比如他们或许生病了,或者是担忧家人。

社会刻板印象,若是以准确的假想为依据,则能促进我们作出如何表现的简单决策。然而,当有关个人或群体的刻板印象是以不准确或毁损的假想为依据的话,它们就会极具毁灭性。与种族、性别、政治、宗教、性取向以及其他身份有关的刻板印象常常引起歧视,并形成拒绝给予特定人群权利、自由或资源的依据。

我们常常以为有破坏性的刻板印象在工作场合已经不存在。不幸的是,实际情况并非如此。比如,一位女性执行总裁最近刚出差飞往克利夫兰,她的公司安排了一位司机在机场接她。抵达时,执行总裁看见司机在候机,手里举着一块写着她名字的牌子——奥尔德博士(Doctor Auld)。她自我介绍时,司机一脸茫然地看着她说道:"哦,我在等一位男士。他们说是奥尔德博士。"当执行总裁露出惊讶的表情并开玩笑地说到这种刻板印象时,这个男人说,"这不是刻板印象;这是常识。"这种特别情况是僵化的刻板印象的完美写照,这种刻板印象导致司机作出两个非常糟糕的决定:寻找一个男性(因此,错过顾客)和表达歧视性的观点(只有男人才能成为博士)。

这位男士的偏见还会产生一种持久而重大的影响,导致汽车公司会失去顾客,这说明持有刻板印象会导致严重的问题。刻板印象一出,关系既损。影响常常要广泛得多:人们遭遇错误的判断,被忽视或受到不公平地对待;顾客流失;合同谈判失败;或者群体之间相互斗争。

尽管上例中令人震惊的刻板印象一眼就能被辨认出,但有时候刻板印象的使用会更加微妙。例如,出生于纽约的管理者可能认为来自她家乡的人比来自其他州的员工更加见多识广,更适合外勤任务。她也可能会认为从她母校毕业的学生比其他大学的毕业生受过更好的教育,因此更适合某类工作任务。这看上去不过是偏袒，但实际上这是基于刻板印象的糟糕决策。

这就是进退两难的困境：不管显而易见还是微妙难辨，每个人都有刻板印象。显然，对于团体中的个体成员持有有害的刻板印象非常具有毁灭性。作为负责任的领导者，我们不能容忍自己或别人这么做。我们也决不能让它们影响我们所作的决策。其他刻板印象更加合理，或许也值得试用，比如我们关于药剂师的假想——即我们的顾客互动。然而，就连这类刻板印象也需要接受不断的审查：其潜在的假想仍然适用吗？它们适用于这一情况吗？我应该放开先入为主之见，把这一情况视作全新的不同情况吗？在所有情况下，我们必须不断地审视我们自己的刻板印象，以改善我们做决策的方式。

3. 光环效应

光环效应在某些方面很像刻板印象，因为它是人们用来更加迅速地加工信息的认知偏见。当我们判断某人或某事，依据的是之前了解的正面印象或敬佩的与之有关联的人或事，**光环效应**（halo effect）就发生了。[12]每个精明的学生都吸取过这个教训：如果你在上头几节课时就很热情主动，积极参与，第一次课程测验或论文就做得非常好，并找到任课教师讨论问题，那位教授在本学期的剩余时间里就会对你非常友善。在这一实例中，光环效应或许会影响教授的客观性，甚至可能会影响到其对成绩的决定。这种事情也发生在工作中，会导致偏袒的结果。

根据个性理论，关于个体首先被注意到的特征或行为会对其他个性特征的后续解读产生连带效应。[13]有一种特征似乎特别能引起光环效应：吸引力。那就是为什么人们把那么多的注意力都放在外表上的原因，这也是光环效应是市场营销的谋生之道的原因。例如，在品牌营销中，对一种产品的正面认识延伸到对其他并不相关的产品的积极认识，就因为一场营销战将它们紧密联系在一起，这时光环效应就突显出来了。名人代言应用于营销也正是因为人们对名人的积极感情被投射到这些名人代言的那些东西上去了。

相似地，消极判断作出的依据是首先被注意到的特征，或与我们不喜欢的人或物的联想，当这种情况出现时，负面的光环效应或者说"魔鬼效应"就会显现出来。譬如，拿别人开玩笑且似乎无视教授的学生在评分时很可能会比他的同桌受到更严厉地处罚，因为后者很安静而且看起来很勤奋。在工作中，情况也是一样——刚开始工作不久就错过最后截止日期的员工，可能会得到欠考虑的管理者更加消极和严厉的评估，哪怕事情已经过去很久了。或者再回到营销战，我们常常看到"牵连犯罪"的事情——即名人突然失去公众的青睐时，他或她所代言的产品也会变得不那么受欢迎。

认知加工、刻板印象和光环效应很强大，因为它们是在潜意识层进行的。有些研究者曾经证明过，即使将我们的判断是有偏见的证据摆在面前，我们可能仍然完全不能辨别自己的思想如何影响自己的行为和决定。[14]因此，为了尽可能作出最佳决策，我们需要有意识地关注一些惯性思维过程，并学会审视它们。这对情感也同样有效。

6.2.3 情感：决策中合情合理且至关重要的组成部分

情感对决策产生深远的影响，然而常见的决策流程在很大程度上忽略了这一事实。我们怎么知道情感对决策产生影响呢？首先，经历过处理情感的大脑分区受损而认知中心（思考的大脑）未受损的病人在作出生活中哪怕最简单的决定时也会遇到极大的困难。[15]其二，神经科学家已经认识到，强大的情感如恐惧、爱和生气是通过大脑中的中心区域进行处理的，这些中心会激活被称为"交感神经系统"的区域。这是我们神经系统的一部分，激活如心率、血压和大肌肉痉挛等反应也告诉我们应该关注什么和应该屏蔽什么。[16]这很可能是一种求生机制，帮助我们意识到何时我们深陷险境（在战斗或逃走的情形下）或者何时我们能够跟他人联系在一起（安慰、照顾、交友或交配)。而我们的情感影响我们接受什么,忽视什么以及我们对人和形势的认识。显然,这会影响我们的决策。[17]

很多时候,情感极为有用,因为在决策时它们将我们引入正确的方向。然而,有时候,它们也会使我们陷入麻烦。譬如,如果我们的情感只是在我们的大脑中"泛滥",我们常常会注意到不到其他的一切。这里举个常见的例子:你陷入爱河。你的新伴侣(在你看来)是这个星球上最完美的人。你希望每一天的每一分钟都跟他或她一起度过。其他的一切都不重要——学业、工作、朋友或家人都不重要。你在这些方面作出了一些不明智的决定,而同时又完全无视了那些表明他或她并不是完美无瑕的小迹象——脾气暴躁或者习惯性地迟到,或者跟你在一起时不停地发短信。经过几个月之后,当情感的浪潮退却之后,你可能身处何方?

情感影响决策的另一种方式关系到问题、情况或选择是以消极还是以积极的方式来表达。当选择是以消极的形式表达时,人们会避开它。一个著名的例子讲的是通过两种途径来表达决策,但在涉及选择时却产生完全相同的后果。在模拟情况下,研究对象是面临疾病暴发的领导者。研究者提出了两种情境:选择之一是以多少人会活下来的形式提出来的,另一种则是以多少人会死的形式提出来的。尽管任何一种结果都会导致 200 人活下来,400 人会死去,这一点很容易就看得出来,但研究对象们却始终如一地选择了那个关注多少人会活下来的选项。研究者认为这是因为研究对象在思考人们会幸存下来时经历了更积极的情感。[18]

最后,情感与我们的信仰系统紧密相连,它们跟偏好有很大关系。情感指导我们对每天都要面对的海量信息进行筛选。[19]情感在决策过程中告诉我们的偏好。没有情感,我们只会成为没有自由意志的机器人。

6.2.4 决策中的直觉

"道乃久,没身不殆。"

——老子,古代中国哲学家[20]

唯一有价值的东西是直觉。

没有逻辑方法能发现这些基本规律。世上只有直觉的方法,受助于隐藏在表象背后的秩序的感觉。

——艾尔伯特·爱因斯坦(因创立相对论而著称的天才)[21]

直觉的定义有很多。有些人将直觉视为一种神秘的知识。其他人谈到直觉时仿佛它是一种本能——某种在我们的 DNA 中编码过的东西,就像蜘蛛天生会织网的能力或婴儿天生的语言技能一样。直觉也是常常被认为是属于女性而非男性的特性,正如习惯用语"女人的直觉"所暗示的那样。

直觉知识并不是以纯粹的理性思想为基础的,这符合实际情况。但如果直觉不是来源于逻辑,那么,它也"不合逻辑"吗?直觉缺少理性和推理,还是它只是缺少接近理性和有意识的推理的直接通道?

直觉并不是生物在 DNA 中编码而成的——它不是本能的知识。**直觉**(intuition)是指隐性知识,或者无意中学习到的知识。直觉是知道某件事却没有证据表明这一理解来自于理性思考过程的结果。这可以被描述成一种记忆形式,把过去的经验和情感与复杂的现状加工过程连接在一起。[22]譬如,当我们说母语或听母语时,我们拥有一种直觉知识,知道如何组成句子、将动词和名词联系起来、使用代词以及不计其数地方式熟练操控单词。直觉也在人生的重大决定中发挥作用：跟谁约会或结婚，从事何种工作，甚至买哪一辆车。我们怎么知道直觉在起作用呢？

首先，许多人对直觉的体验是"打心眼里觉得"。你在决定去某地、做某事或尝新事物时可能有过这样的感觉。不知为何，你就是知道正确的决定是什么。如果有人要你解释原因，你却说不出。那是另一条线索：如果无法解释你对想要作出的决定的想法或感觉，很可能是你正在借鉴潜意识的经验和情感并把它们应用在手头的情形中。我们可以通过另一个途径来确定决定是否以直觉为依据的，即考虑决定是否伴随着对过去的经验和情感的记忆。[23]

赫伯特·西蒙（Herbert Simon）研究了直觉在国际象棋高手的决策流程中所起的作用。象棋恰如其分地被认为是一项高度运用脑力的战略游戏，在很大程度上依赖逻辑和智力。然而，一流的象棋高手凭直觉在几秒钟内从数以百计的可能的动作中挑选他要走的下一步棋。即使他们花费很长的时间来思考一步棋该怎么走，大多时间都是花在审视选定动作可能具有的弱势或缺陷上。

西蒙提出证据认为，专家知识来自于以经验为基础的技能，即从整体上而不是碎片式地把握信息的技能。每一个规律都与存储在记忆中的相似规律相关，而且在无意识层面是可及的。西蒙指出对专家知识的直觉加工对于所有人而言都是相同的，不管他们是象棋大师、内科医生，还是管理者。[24]

人们加工信息和作出决策，既听凭直觉，又依据理性，常常同时进行深入而审慎的思考过程。[25]直觉是暗示的——一种无意识的、自动的经验加工系统。这一不言而喻的系统在潜意识的认知层面运作，其作用是过滤掉不相关的信息，并将剩下的信息组织为成套的整体模型。有意识的分析是一种我们意识到并且能够控制的思考过程。许多研究者一致认为，一个人进行的活动类型会对决策流程中所运用暗示的（即直觉的）、明示的（即分析性的）或者同时运用两种认知系统产生强大的影响。[26]

学者丹尼尔·戈尔曼（Daniel Goleman）和理查德·博亚齐斯（Richard Boyatzis）将直觉纳入领导力的研究领域时表示，直觉是一个强大的工具，领导者可以学习利用它来进行决策。他们的研究表明，直觉能在大脑中被发现——特别是当调整情绪的细胞与注意模式和作出判断的其他细胞相连接的情况下。他们得出的结论是，假如领导者能正确适应其他人和这种情况，他们就不该惧怕根据直觉行事。[27]

现在，你们已经对影响决策的许多过程有了较深入的理解：逻辑、认知加工、偏见、情感和直觉。让我们看一看一个模型，在你向作出决策采取行动时这个模型能帮助你们将上述这些影响因素全部组织起来。

最热门»讨论题

1. 想一想曾经挑战过你惯有思维方式（你的图式或认知归档系统）的经验。是什么样的情况？你在情感上有什么样的反应？你采取了哪种逻辑过程解释这个新信息？

2. 在本节，我们指出同化新信息要求进行调整——即调整你的认知归档系统以容纳理解人和情境的新方式。你曾经有意识地这么做吗？是什么样的情况？这对你来说很容易，还是很困难？调整如何帮助你？

3. 在做重要的决定时情感如何对你产生影响？有没有某类决定更能撩动你的情感？为什么是这样？

4. 你注意到自己的直觉了吗？为什么注意到？为什么没有？

6.3　如何应用系统方法进行决策?

在本节我们讨论**决策流程**(decision-making process)时,指的是选择行为方法时采取的措施。所选择的决策流程类型依赖于问题的性质、信息的可获得性以及正在考虑的其他选择。此外,个人的价值观也在最终选择的决策流程类型中发挥作用。决策的复杂程度,需要牵涉多少人,以及后果的影响面也是选择或制定决策流程时需要考虑的因素。

有些问题和决策很简单,糟糕的选择所产生的后果并不是很严重。这些决策是直接的,与充分的信息一起呈现出来。相比之下,复杂的决策往往必须经历结构化的复杂决策流程。出现这种情况是由许多原因造成的。首先,识别问题(即需要决定什么)会很有挑战性,而且很有迷惑性。例如,在早先的案例研究中,安娜贝尔注意到员工流失率非常高,她意识到需要找出造成这种情况的原因。人们离职是因为薪酬太低,还是因为工作环境糟糕?是因为该领域有许多好工作,或者只是因为人们有更好的机会?员工离开 Antares 是因为他们感到丧失信心,意志消沉吗?几种不同的问题可能引起人们离职,每一个都会通向如何解决该问题的不同决策。

在复杂决策中另一个并发的因素是,决策者常常缺少他或她所需要的全部信息。例如,几种选择可能同时存在,你可能没有能力理想地预测这些选择的后果。以在大学里选择专业为例——你不可能知道一切或者说很多,关于某一门课程的学习会如何影响到你的职业或生活。情感在此类决策中起作用,正如直觉和你加工信息的习惯方式那样。此外,你还有那么多可利用的选择!然而,你必须作出决定。但怎样作呢?这个时候模型或结构化的流程就大有裨益了,这种方式让你更好地组织关于决定、收集到的信息以及潜在选择数量的想法和感觉。

一种常用的决策模型产生于对顾客如何选择要购买的产品种类的研究。[28] 表 6.1 概括了这一模型。如你所见,它包括 8 个顺序步骤,首先理性地识别问题,然后选择并实施具体选择。在接下来的几节中,我们会更加仔细地考察这一过程中每个截然不同的步骤。

表 6.1　八步决策模型

步骤一:识别问题。	步骤五:分析可供选择的方案。
步骤二:确立决策标准。	步骤六:选择可供选择的方案。
步骤三:给决策标准分配权重。	步骤七:实施决策。
步骤四:列举可供选择的方案。	步骤八:评估决策。

6.3.1　步骤一:识别问题

在 8 步决策流程中的第一步中,问题必须被正确地识别出来。[29] 在一种决策情境中,无论何时,只要渴望的状况与实际的状况不符,就存在问题了。比方说在百货公司,期望的状况是本季度销售额增加 6%,但到目前为止,销售额已经下降了 10%。这里的问题是什么?显然,问题是销售额在下滑。但为什么呢?百货公司的旷工率很高可能是导致这一情况的一个因素。在任何时间,至少每 10 个员工中就有一个人病休在家。那么多的人都不在,其他员工就得更加努力、更加长时间地工作以实现商店的目标。如果这一点被确定为引起低销售额的主要问题，管理者可能要决定雇用新员工，或者他们可能要通过支付加班费或奖金以吸引员工工作更长时间。

然而，旷工也可能是更大问题的症状。真正的问题可能是商店的监管者不起作用，很难相处。他们不能激励员工。实际上，监管者正在让员工经受非常大的精神压力——从而造成旷工率更高，销售额下降。如果商店的管理者正确地识别出监管者的领导能力才是根本问题所在，他们就会意识到单纯地雇用新员工不是正确的决策。相反，管理者可能会决定为监管者提供培养其领导能力的机会。

如你所见，正确地识别问题是有效决策的关键。人们不能正确地识别核心问题，从而在第一步就脱离了决策流程，这种现象在组织中（就此事而言，在生活中）太常见了。鉴于此，缓慢地推进决策流程并慎重地考虑到底什么才是更加明显的问题的根源非常重要。

让我们看一看你可能联想到的与问题识别相关的另一个议题。在上大学的第一年或第二年，大多数学生被要求选择专业。这可能是个非常艰难的决定，往往是因为学生有许多兴趣，或者是因为他或她不确定该从事哪种职业。然而，真正的问题甚至可能是更深层次的。

以贾森（Jason）为例。贾森背负着来自父母的压力要获得会计学位，但他不确定自己是否想当会计师。不管他如何周密地权衡自己可能的选择，想象自己的职业，他仍然无法做决定。那是因为贾森实际上面临着比简单地选个专业更大的问题。实际上，他是在决定该追随自己的意愿呢，还是追求父母的计划。这种情况对贾森而言是非常感情化的问题，但他知道他必须鼓起勇气自己定夺。贾森还是要诚实地跟父母讨论他想要什么，以及他们想要什么。

6.3.2　步骤二：确立决策标准

决策流程的第二步是要确立决策标准。例如，如果问题是管理者必须在两名面试都很好的应聘候选人之间作出选择，那么决策标准可能就是教育水平、工作经验、年级平均成绩、专业知识、工作技能以及专长。

为了更好地理解如何确立这样的标准，让我们回到选择专业这个事例。比方说，贾森已经意识到真正的问题在于，他想要选管理学作为自己的专业并最终拥有自己的事业，但他的父母希望他选会计学专业。贾森的父亲对此特别感兴趣，因为他是一家大公司成功的会计师，他相信相似的职业路径会给贾森提供一份令人满意的工作和高薪水。为了帮助自己更好地理解这些选择，贾森通过头脑风暴想到了一套决定标准。然后他以问题的形式来表述每个标准，为的是创建下面的列表：

- 哪个专业能让我追随自己的梦想，拥有自己的公司？
- 如果我不能立即建立自己的公司，哪个专业能保证我毕业后以做好参加工作的准备？
- 哪个专业会帮助我在商业管理方面获得更广博的教育？
- 哪个专业会接受我已经修过的选修课学分？
- 哪个专业会让我在四年内完成大学教育？
- 哪个专业会保证我的父母不会担心我，或者我的职业发展机会？
- 哪个专业会允许我与女朋友一起上课？

贾森可以继续通过头脑风暴想到其他的决策标准，直到他想到一份相当长的清单。显而易见，有些标准较之其他的标准对他而言更重要——这就轮到决策流程中下一步发挥作用了。

6.3.3　步骤三:分配决策标准的权重

决策流程的第三步是确定决策标准的优先顺序,并根据其相对的重要性给它们分配权重。尽管这听起来可能很复杂,但实际上人们一直都在确定决策标准的优先顺序。譬如,不管你是否意识到,选择到哪里去吃午餐时,你可能就在给你的标准分配权重。在这种情况下,你的决策标准可能是食物的数量、价格、口味、食物的健康性以及方便与否,你可能将最大的权重分配给价格,最低的分配给方便,或者可能把最高的权重分配给健康性,最低的给价格。不管是哪种情况,你确定标准的优先顺序的方式都会影响你最终的决定。

但贾森的决策标准怎么样呢? 在经历过大量的心灵探索之后,贾森决定他必须追随自己的人生轨迹。然而,他也想让父母开心,缓解他们对他未来工作是否稳定的恐惧。因此,贾森确定了他的决策标准的优先顺序,以最重要的标准开始,依次移到最不重要的,如下所示:

1. 哪个专业会使我追随自己的梦想,拥有自己的公司?
2. 哪个专业会使我在四年内完成大学教育?
3. 哪个专业会帮助我在商业管理方面获得更广博的教育?
4. 如果我不能立即建立自己的公司,哪个专业会保证我毕业后以做好参加工作的准备?
5. 哪个专业会保证我父母不会担心我,或者我的职业机会?
6. 哪个专业会接受我已经修过的选修课学分?
7. 哪个专业会允许我与女朋友一起上课?

贾森对追随自己创业的梦想非常有激情——那就是他在决策流程中将这一标准赋予了最大的权重的原因。他也知道因为经济原因他必须在四年内完成大学学业。贾森认识到就业市场吃紧,如果他在创业之前需要工作的话,他必须为自食其力、投身职场做好准备,这一点很重要。此外,贾森明白,要是自己做好工作的准备并在四年内完成学业,这就能减轻父母的忧虑,他们会替自己感到很高兴。最后,当他在给自己的决策标准清单分配权重时,贾森意识到他不介意修更多的选修课,而与女朋友一起上课,从大局考虑,并不是那么重要。

给决策标准分配权重显然是主观的,包括思想、情感和直觉。那就是为什么你必须仔细地考虑你确定优先顺序背后的逻辑,同时也要诚实地面对自己。在贾森的例子中,对他而言,要承认父母的希望在他的清单中权重很低的确很难,但他不得不诚实地面对这种局面,以准确代表自己希望和需要的方式来排列自己的标准。

6.3.4　步骤四:列举可供选择的方案

决策流程的第四步是产生可供选择的方案清单。这一部分流程包括决策者列出所有可能作出的选择。为了更好地理解这一步骤,考虑一下在全国拥有五家加工厂的公司的这个例子。公司经历了销售额下滑,并决定关闭其中一家工厂。在作出这个结论之前,公司的高级管理层考虑了许多可供选择的举措,大多数都是以保持五家工厂继续开工为目标的。譬如,管理者探讨了诸如削减整体员工队伍、暂停新产品线生产以及减少管理层红利的选择方案。尽管管理者尽可能地发挥创造性,他们最终确定解决公司财务问题的唯一选择是完全关闭一家工厂。现在,公司的领导者必须决定关闭哪一家,他们只有五个选择。

至此再举一例,比如一家面临销售额下滑问题的餐厅。在这里,餐厅老板的可供选择的方案的初始清单可能包括降价、在服务员之间开展销售竞赛、改变菜单供应、提供午餐优惠、提供免费饮料、增加广告以及向本地报纸投有关餐厅的新闻稿件等。正如这份宽泛多样的清单所示,跳出思维定势的思考在面临复杂决策时发挥着关键作用。

这一过程进展对贾森而言会是怎样的呢？乍看起来,贾森的可供选择的方案清单看似很简单:

1. 选择管理学专业。

2. 选择会计学专业。

随着贾森更加有创造性地审视自己的选择,他意识到他至少还有其他三个选择:

3. 选择管理学和会计学双学位。

4. 选择主修管理学,辅修会计学。

5. 选择主修会计学,辅修管理学。

多亏了这些富有创造性的思考,贾森现在有了五个选择方案。注意,在这时贾森并没有做任何努力去给他的可供选择的方案"定性"或进行比较——这是决策流程的下一步才会做的事情。目前,生成可能的行动计划的清单才是目标。

6.3.5 步骤五:分析可供选择的方案

决策流程的第五步,要对每个可供选择的方案进行评估。在这里,决策者必须问是否每个选择都是切实可行的选择,或者每个选择是否成本或时间高得令人望而却步。由于在步骤二中确立了决策标准,在步骤三中分配了权重,这一步骤就容易一些。最终,决策者客观地分析每一个可供选择的方案,并确定哪一个(或哪几个)能付诸实施。譬如,在餐厅的实例中,老板可能选择抛弃改变菜单供应这一选择,因为不付出高昂的成本,这一方案不可能实现,这些成本包括重印菜单、从不同的供应商那里订购配料以及培训厨房员工以烹饪新菜品。

贾森应该做什么呢？当他仔细检查自己那份包括五个可能的选择的清单时,贾森注意到所有的选择都是现实的,也是可行的,好像都符合他的决策标准。然而,当他开始更仔细地分析这些选择时,贾森得出结论:选会计学专业是不可能的。其一,选会计学专业不能让贾森为创办自己的公司做准备。(记住,这是贾森最重要的决策标准。)即使他将会计学与辅修管理学配对,贾森仍然认为这还不够。他也知道他不能在四年内完成双学位(他的第二重要的标准),所以,他把这个选择从清单中剔除了。因此,贾森只剩下两个选择:

1. 选择管理学专业。

2. 选择主修管理学,辅修会计学。

贾森相信他能坚持这两个选择中的任何一个,它们既满足他的决策标准,很可能帮助他父母不那么忧虑他的未来。

6.3.6 步骤六:选择可供选择的方案

决策流程中的第六步是从清单中选定一个可供选择的方案。根据第五步中进行的评估,一个可供选择的方案会作为最佳选择出现。例如,在贾森的案例中,一个明显的选择已经出现:主修管理学,辅修会计学。这一选择符合贾森所有的标准。具体地说,这能让他追求自己的梦想,在四年内完成学业,获得更广泛的教育,并使他为求职做好准备。因为辅修会计学,贾森觉得他的父母不会那么担忧他选择管理学专业的决定。额外的好事是,他知道他父亲会很高兴自己对会计领域有一些兴趣。

在许多情况下,选择并不像贾森的情况那么明显;譬如,可能会有几种好的选择,或者没有一个选择是完美的。类似地,由于时间和其他限制条件,对决策流程中的每一步都进行完整彻底的调查不太可能。在这种情况下,**满足**(satisficing)可能是必然的。[30]满足意味着选择一种合适但并不完美的替代品。譬如,当你在决定去哪儿吃午饭的时候,根据价格和食物质量所做出的最佳选择可能是校园的另一边售价只有 4.99 美元的披萨自助餐。如果你去餐厅的话,你就是在进行满足,因为这个选择对于快速地解决午餐而言是一个"足够好"的决定。

满足一直在组织中发生。人们需要依赖于过去的经验、理性的判断以及从别处获得的信息来作出可能最佳的决策,哪怕完美的选择方案并不存在。这个过程将在本章稍后的内容中讨论。

6.3.7　步骤七:实施决策

决策流程的第七步实际上是实施决策。在此,你付诸实践。为了使选定的选择方案获得成功,适量的时间、金钱和资源必须用于执行决策。例如,回到餐厅的实例,如果老板决定最好的选择是提供午餐优惠,那么他会实施几种措施。需要制作促销标志。培训服务员,让他们提醒顾客们有优惠。收支盈亏点也需要确定,这样餐厅老板才知道需要额外销售多少份降价午餐才能开始盈利。得提醒厨房员工某些主菜的点单数可能会超过平时。最后一点也很重要,餐厅经理需要保障配料供应充足以满足可能的需求增长。

让我们回到贾森的决策,看一看他是如何实施的。贾森首先联系了导师,并妥当填写了表格。然后他通过会见系主任,报名参加介绍会等弄清楚管理学系对他有何期望。在他计划接下来四个学期的课程时,贾森也开始思考毕业论文或毕业项目。最后,贾森制定与父母讨论的计划,这是实施决策流程中困难而却又至关重要的一步。

6.3.8　步骤八:评估决策

决策流程的第八步即最后一步,要评估决策。尽管这一步常常被遗忘和忽视,它却是整个过程中最为重要的一部分。毕竟,如果你不评估结果又怎能知道决策是否正确呢? 譬如,在餐厅的情境下,假设老板决定提供较低价格的午餐优惠以改善下滑的销售额。如果不进行评估,老板不会知道餐厅现在是否在盈利,收支平衡还是赔钱。倘若销售额继续下滑怎么办? 倘若降价幅度太大,以至于餐厅现在的某款主菜在亏钱怎么办? 在其他方面是不是在填补差距? 对决策进行评估在组织中是必不可少的,也是管理企业的重要组成部分。

当然,立即评估许多决策很困难(如果不是不可能的)。例如,在餐厅,最初的销售数据可能会误导人。第一周当顾客最初注意到降价时销售额可能会上升,但这可能对抵消餐厅整体的收益下滑而言微不足道。或者,会出现销售额逐渐上升,缓慢地帮助餐厅重回正轨。

由情感引发的决策以及牵涉到几个人的决策往往更难评估。让我们回到贾森的例子。在他做决策的当下,贾森可能感到巨大的解脱感。他可能对自己感到很自豪,确信自己做出了正确的决定。因此,此时他对自己决策的评估会很积极。然而,在专业学习一年后,面对着被高难度课程填满的一学期,他可能会有不一样的想法。像这样的时候,重新审视决策标准往往很有帮助,因为牢记最初你做某事的原因有助于你在经过一段时间之后更公正地评估决策。

总的来说,本节介绍的"八步走"过程是有用的决策工具。它促使我们考虑决策的方方面面,从识别"真正的"问题(与症状相对)到慎重考虑替代选择方案,作出基于事实的选择。该模型很理性,也很容易执行。然后,问题是大多数决策并不是在纯粹理性的条件下作出的。这是因为"完全"理性的决策要求我们有途径获得全部必要的信息,并以完全符合逻辑的方式利用信息。在现实中,两种情况都不曾发生。鉴于此,学者们研究了条件不完美时,比如我们没有途径获得想要的全部信息时，该如何作决策。

最热门»讨论题

1. 你使用本节概述的这种过程做决定吗？为什么这么做？为什么没这么做？如果你不使用这种模型，你是怎么做的？该方法对你而言效果如何？举例说明。

2. 考虑你目前正面临的需要你作决定的一个问题。头脑风暴找出五种不同的方法清晰陈述该问题，包括你认为该问题目前是另一个不同问题的症状至少两种方法。

3. 将本节讨论的"八步走"流程应用到你目前正在挣扎着要做的决定之中去。现在，问自己一些刁钻的问题：在决策标准、你给它们分配的权重以及你可供选择的方案等方面，你是否很实际且对自己很诚实？你离问题是否"太近"而不能确定有效的行动过程？为什么？你能做什么来改变这一点？

4. 你会定期评估自己的重大决策吗？怎么做？

6.4　人们如何利用不完整信息作出正确的决策？

在作决策时，我们很少会利用到我们可能获得的所有信息。这么做根本就是不切实际的。试试这样做：想象一下你的教授要求你尽可能地掌握决策的全部内容并在一篇论文中概括出来。开始做这份作业时，你在网上搜索"决策"——你立即意识到你不可能留意可获得的全部信息。实际上，在写这份书面作业时，讨论这一主题的网站不下 78 700 000 个。[31] 在当今的组织生活中，员工和管理者一直都面临着这种情况。我们可以获得的信息几乎是无限量的，根本不可能全部用到。当谈及几乎所有的复杂决策时，我们简直无法了解问题的方方面面，我们的选择，或者我们决策的未来后果。让我们看一看处理这些问题的两种方法：采用有限理性，记住 80/20 法则。

6.4.1　有限理性

从亚里士多德到康德，哲学家们苦苦哀求人们依靠理性和逻辑处理人生的选择。[32] 如果作决定所需的全部信息都是可以获得的，容易理解并且是准确的，如果所有人一直都是十分理性的话，那么决定就会是普遍地符合逻辑并且是完美无缺的，情况的确可能如此。然而，在现实生活中，就连最简单的决定也会牵涉到一定量的信息，以富有成效且高效率的方式加工它们确实是不可能的。对于大多数决定而言，不管我们对问题和选择方案所做的研究有多么广泛，我们也不可能发现一切。最后，即使我们能够获取我们需要的全部信息，我们处理数据的方法也并不总是合乎逻辑的。诚如有影响力的社会科学家赫伯特·西蒙所指出的，人类远非完美的理性生物。[33]

在现实世界中，决定往往很仓促，而且不是理性的。总是会因为信息太少，过多或者有瑕疵而不能采信；作为人类，我们通常不能吸收或评估可以获得的全部信息；永远都不会有足够的时间来评估所有的信息或所有可能的选择。与其纠结于此，还不如接受我们的决策流程是受到限制的。赫伯特·西蒙和他的同事詹姆斯·马奇称之为有限理性。[34] **有限理性**（bounded rationality）是一种决策方法，也即接受所有的决策都是在限制理性的条件或约束下做出的。这样的条件包括如下几点：[35]

- 信息永远不会完整或完全准确。
- 我们并不总能评估我们所获得的信息的质量。
- 人类理性地评估所有信息或所有可能的选择基本上是不可能的。
- 人们并不是完全理性的：情感、直觉、偏见等总是存在的。
- 我们简直没有时间按照最纯粹的形式执行理性决策流程。

许多近期的研究表明，人们在决策时能够使用并利用的信息数量和信息质量是有局限性的。[36]丹尼尔·卡内曼（Daniel Kahneman）因其在有限理性方面的研究而获得2002年的诺贝尔奖，他指出尽管我们不是糟糕的理性思考者，但我们往往没有对信息全盘考虑就采取行动，这说明获得和加工信息的认知成本是影响我们如何决策的非常重要的因素。[37]此外，在分析数据时，我们常常根据个人的心理模型作判断——譬如，偏见和刻板印象——这导致并不完全理性的选择。[38]

这意味着思考和分析信息是困难的工作，我们永远都不会完全客观和理性，我们会比较权衡。我们在心理上平衡收集和加工信息的"成本"，有时候我们愿意冒险，哪怕这种冒险可能是被排除在构建问题框架、考虑选择方案或挑选解决办法之外的东西。[39]

所以，仅仅只是为了作出决策，我们就需要确定搜寻多少信息，搜集哪类信息，我们实际上能分配给这个过程多少时间，鉴于涉及人的各种局限和途径，如何最好地管理决策流程。在这些条件下，我们能够找到令人满意（但可能并不是最优的）解决方案。换言之，我们能够满足。[40]

所有的领导者都坚持不懈地与要在不完美的条件下作决策的现实作斗争。真正杰出的领导者却了解如何作出可能最佳的决策，并在得到大家全力支持的情况下如何实施这些决策。英国电信（British Telecom）零售业务部首席执行官加文·帕特森（Gavin Patterson）就是这样的领导者。

观点

加文·帕特森是英国最重要的电信公司英国电信的领袖，他充满活力，富有魅力。加文是相当年轻的首席执行官，但他的成功并不是偶然的。加文熟谙企业内外之道——他对事业和自己服务的人们充满激情。他很机智勤奋，而且情商很高。在谈及作出艰难的决策并确保人们与他齐心协力时，加文也有一些好建议：

> 首先，你得真正理解自己正在努力实现的是什么以及你要达到的目的。这并不总是像听起来那么容易，因为环境变化得如此之快——你得明确知道自己大致的方向，并聚焦于你的价值观和原则。你不能等到每一条信息，或所有的选择方案明确之时才作决策。信息简直太多了，事情变化得太快了，我们所作的许多决策对这种程度的明确性而言太复杂了。所以，在需要接受何种信息输入和摒弃何种内容方面，你需要很无情。你需要不必经常来回往复、不断走走停停就能作出决策。你需要通过让人们参与其中而不是将他们排斥在外的方式来这么做——你需要他们的付出，你需要他们支持你。

> 一旦你作出决策，就需要为人们将之简化——尽可能将决定的事情、决定的原因以及

需要做的事情说得清晰明了。你需要给人们信心,让他们相信这些目标能够实现。你需要让他们知道你信任他们。更重要的是,营造合适的氛围很重要——一种充满激情和投入的氛围。你希望这种环境以积极而强大的交付竞争力为显著标志,支持度与挑战、兴奋相互平衡。人们需要感到他们能做自己,并发挥自己最好的方面以完成需要做的工作。他们需要大笑的时间,需要玩乐的时间——也需要努力工作的时间。在这种氛围中,人们愿意为艰难的决策、得出结论以及向前进而针锋相对,展开激辩。

资料来源:安妮·麦基 2009 年对加文·帕特森的个人专访。

诚如加文·帕特森所了解的,大多数决策必须在没有完整或完美的信息的条件下,由并不是完全或纯粹理性的人们做出。使事情更复杂的是,工作中的决策往往涉及到许多人——他们都需要支持决策流程和最终的结果。认识到这一现实,我们更关注自己能够获得的信息以及我们如何将这种信息传递给他人。在这一领域,一个似乎很流行的经验被称作 80/20 法则。

6.4.2　80/20 法则

20 世纪初,经济学家维弗雷多·帕累托(Vilfredo Pareto)注意到意大利 80% 的土地为 20% 的人口所有。几十年后,管理学理论家约瑟夫·朱兰(Joseph Juran)得出结论在制造业,生产流程中 20% 的问题引起 80% 的质量问题。[41]朱兰把这种效应称作帕累托原则,以纪念维弗雷多·帕累托。这一原则也是著名的 80/20 法则,通常作为经验用来快速查明可能的因果关系,比如 80% 的销售额来自于 20% 的客户,或者 80% 的公司工作由 20% 的员工完成。其他例子可能有:严格意义上 80% 的账面价值提高都只是由 20% 的员工引起的,或者 80% 的餐厅销售额来自于仅仅 20% 的顾客,即"常客"。

80/20 法则与决策有何关系呢? 我们在工作中所做的大部分事情都与其他的事情盘根错节地联系在一起。我们得常常作出该聚焦什么的决策。80/20 法则告诉我们,我们每天所做的 20% 的工作引起我们 80% 的产出,这表明集中注意力在这 20% 上会富有成效。

显然,80/20 法则并不是百分之百地准确。(特别是如果你没有准确地识别出这 20%!)相反地,它只是许多人发现很有用的指导原则,因为它帮助我们确定在工作中该关注什么。如果在处理问题时,设想 80/20 法则是有效的,那么你很可能会考虑原因、可供选择的方案和在没有适用的经验情况下所做出的不同决策。譬如,想要利用自身成功根源的管理者可能往往更关注至关重要的少数客户、他们的明星员工或他们的常客。或者说,他们可能把注意力集中在导致问题的 20%,譬如,业绩欠佳的员工。有时候,在作如何解决问题的决策时,关注这 20% 是明智的。然而,在其他情况下,则不然。80/20 法则背后的假设在我们试图理解挑战或问题时,对引导我们的注意力很有帮助。然而,关键是要牢记这一法则只不过是一个指导原则。

在本节,我们回顾了总是有太多的信息——但绝不是真正拥有全部——这个悖论为何是影响大多数决策的主要因素。这一问题与我们与生俱来的非理性一起会影响我们作出明智选择的能力。为了处理这些问题,我们必须学会在有限理性的条件下作决策,并利用如 80/20 法则这样的经验帮助指导我们的思考过程。在下一节,我们会讨论批判性思维——这是理解并使用我们现有信息的另一种方式,为的是提高我们的决策能力。

1. 考虑今年你已经作过的一个决定。你拥有作决定所需要的全部信息吗？为什么有？为什么没有？你怎样知道何时掌握足够的信息从而继续下一步？如果你没有自己想要的全部信息,你如何设法作出决定？
2. 应用有限理性的概念解释你如何作出决定。
3. 你相信 80/20 法则是尝试理解组织优势和弱势的有用模型吗？为什么相信？为什么不信？分别举一例说明该模型可能会有所帮助和可能导致错误的决策的情形。

6.5 如何提高批判性思维能力并作出更好的决策?

尽管本章前面所描述的"八步走"流程很有用,但制定决策仍然是困难的,有许多变量和后果需要考虑时尤其如此。一谈到这个问题,人们就要识别问题,产生可供选择的方案,并作出决策。任何决策的最终质量取决于对其进行的思考的质量。在本节,我们会考虑你们如何能完善自己的批判性思维技能,从而使你们能够作出更好的决策。

6.5.1 界定批判性思维

对许多人而言,"批判"一词有消极涵义——它可能会让人想起评判他人或他们的想法。然而,批判性思维**不是**有关批评的。相反,**批判性思维**(critical thinking)指评估情况或想法,并作出合适的判断或采取适当行动的严谨的智力过程。它是结构化的智力过程,我们使用它来客观地审视想法、设想、知识和推理以确定其逻辑性和有效性,从而确定思考过程或行动过程。[42]

学者古德温·华生(Goodwan Watson)和埃德温·格拉舍(Edwin Glaser)对批判性思维展开了深入的研究,他们设计了技能的类别,还有一个著名的自我评估工具,用来衡量这些技能。他们的测试——华生-格拉舍(Watson-Glaser)批判性思维评估表由五种技能集合构成,这两位研究者将之与批判性思维联系在一起:推理、确认假设、演绎、阐释和论证评估。[43] 表 6.2 提供了每一组技能集合的定义。

表 6.2　批判性思维技能和定义

批判性思维技能	定　　义
推　理	根据证据或已知的信息得出结论的推理过程
确认假设	辨认被认为是真实的或理所当然的陈述或信息的能力
演　绎	一类从一般前提推导出具体结论的推理
阐　释	各式各样事实的含义或意义
论证评估	根据逻辑标准判断论点说服力的能力

批判性思维在当今大多数工作中都非常重要。实际上在每一个行业,人们要做的决策超过往年的总和,而直接的监管更少,获得并权衡信息作为工作内容常态的机会更多。能够接受在

工作中遇到的海量信息——报告、电子邮件、会议备忘、预算等——并在做出关键决策之前对数据形成适当假设的员工对组织而言具有惊人的价值。在某些情况下，整个服务链乃至业务都是围绕批判性思维而建立的，在咨询、软件开发和供应链管理等领域，情况就是如此。

为了更好地理解批判性思维的重要性，思考一下现在通过社交网络分享了多少信息。从博客到维基百科，信息都以比以往更快的速度产生，越来越多的人可以获得这些信息。但我们如何知道我们读到的信息是否准确呢？作为信息的消费者，我们需要了解如何批判性地思考我们读到的内容。对于像维基百科这样的公司而言，它们的使命是让尽可能多的人参与知识的创造和产生，投稿者的批判性思维技能将会是成败与否的主要因素。让我们较深入地在下面的"商业案例"专题文章中看一看维基百科。在你通读全文时，考虑一下批判性思维如何在创造和交付过程的所有步骤中影响维基百科的"产品"。

商业案例

维基百科
要求具有批判性思维能力

美国发明家沃德·库宁汉姆（Ward Cunningham）开创了维基的理念——一种以计算机为基础，人们在不同地方能同时创建共享文件的协作环境。然而，商人吉米·威尔斯（Jimmy Wales）和哲学家拉里·桑格（Larry Sanger）接受了该理念，并在21世纪通过创建维基百科，发起了知识编撰和共享方式的革命。[44]

与许多伟大的发明一样，维基背后的"伟大理念"听起来比实际情况简单很多：让人们编撰知识，让每个地方的个体能免费获得这些知识。[45]在维基百科上，每个人都能书写和编辑文章。最终产品不是由一小群极为老练的个人的研究成果而组成，而是大众协作的结果。单单是维基百科三百万条英语条目，它就比只有65 000条条目的《不列颠百科全书》（Encyclopaedia Britanica）2005版更为庞大。

维基百科的出现和大受欢迎不可避免地影响了大众文化，维基一词已经成为英语语言正式用语的一部分。[46]全世界的人们每天通过维基百科获得人们能够想象得到的每个主题的信息，许多组织和企业已经开始利用该网站快捷地与全球观众共享自身信息。[47]尽管总的来说反响良好，但由于维基百科及相似网站对获得信息不加限制、不经审查，这也引发了几大严重的反对意见。其一，有些公司认为这种运动侵害其知识产权。[48]如果一切都成为"开放的来源"，公司将如何销售"它们的"理念、专利和版权材料？

同时，维基百科系统的开放性使人们很容易就能破坏条目，删除其他人的意见或者为一边倒的意见推波助澜。有时候，必须采取极端措施来防止这种事情的发生，比如在2004年有关美国总统候选人约翰·克里和乔治·W·布什的条目不得不在当年的大部分时间里被封存起来。[49]不过，多亏了维基百科为数众多的敬业编辑，淫秽信息和其他问题常常能很快地被识别出来并获得纠正。实际上，根据一项麻省理工学院的研究，任何淫秽信息在随机插入维基百科之后在平均不到1.7分钟的时间里就会被删除。[50]

虽然如此，这些批评中所指向的每一个核心问题都是许多人认为维基百科是一种不可靠的信息来源。这就是许多老师禁止学生在做论文和项目时使用该网站的原因。

尽管有这些忧虑，但很显然维基百科有其存在的理由，它还会继续改变人们收集、思考、创造和共享信息的方式。在这个全新的信息分享环境中,批判性思维技能——与伦理道德和个人责任一起——或许比以往来得更为重要。不仅仅是维基百科的投稿人需要慎重地思考他们在该网站增添的内容,网站编辑在发现有不恰当内容时也必须作出快速的判断并迅速采取行动。或许最重要的是,因为维基百科的使用者从来都无法百分之百地肯定他们在该网站上找到的每个信息是否都是准确的,他们必须不断地利用自己的批判性思维能力来确定他们在屏幕上读到的内容的有效性。

诚如该案例研究所示,许多因素共同作用促进了维基百科的成功——主因是投稿人、编辑和用户的批判性思维能力。实际上,人们理解现存知识、审视设想、推演具体结论、阐释复杂数据和评估论证的能力都是生成和管理知识的关键,不仅仅是像在维基百科这样的公众平台上如此,在各种类型的环境中亦然。无论你是从维基百科,还是从报纸、广播电视新闻节目,抑或是从忠实的朋友或合作伙伴那里获得资讯,批判性地评估这些资讯都是必不可少的。毕竟,我们收到的每一个数据代表的都是某个地方的某个人的工作,他们有自己的观点、议程、经验和世界观——而这些因素最终影响那个人的信息,无论其主观上是否是故意的。

随着组织开始向员工授权作出更多,而且是更为重要的决策,分析形势(和人)的需要成为组织中各个级别日常工作的一部分。要成为成功的管理者,你需要掌握批判性思维。这在很大程度上来源于经验:你在职业生涯中面临的情况越复杂,你的批判性思维能力就会变得越强。然而,你也不必等到年纪变老;现在你可以通过学习避免普遍的思维错误来提高自己的批判性思维能力。

6.5.2 批判性思维错误及如何避免思维陷阱

批判性思维是一种动态的过程,其间有许多犯错误的机会。人们经常犯的共同错误是草率地得出结论。或许我们曾经多次遇到过类似的情境,比如管理者看到不计其数的员工抱怨自己的工作时间。因为这种经验,当新员工突然询问为什么他被安排在星期六上午上班时,管理者可能会草率地得出结论,认为这名员工不喜欢在周末上班,正在想办法逃避。然而,员工实际上可能只是想知道自己是否能除了上午之外,星期六一整天都上班,或者是他希望星期六和星期天的上午都上班。这名员工可能对星期六上午的排班毫无异议。

第二,批判性思维错误经常发生是因为人们没有勇气执行完整的批判性思维流程,特别是当这意味着用看待事物的新方法直面他人时。在天性上,我们常常想要"适应",而不是特立独行,这使批判性思维在群体环境中非常困难。如果我们顺应的冲动强于作出有效的选择以解决问题的需要,我们就会陷入欺骗批判性思维流程的危险境地。采取不受欢迎的举措或提供不受欢迎的建议可能感觉很不自在。不同于团队其他成员,这并不容易。然而,当你真的发表意见时,你可能会发现其他人跟你想的一样。好的领导者有勇气客观地看待事物,彻底地解决问题,并扎实地执行决策。

最后,当我们一开始就臆测自己是正确的时候,批判性思维错误就会发生。你认识确信自己从来不会有错的人吗?我们都认识这样的人。不幸的是,这些人所认识到的、自我宣称的完美是他们不能进行批判性思维的标志。这些人从一开始就毫无根据地认为他们是正确的,而在现实中,他们可能只是部分地正确,甚至是完全错误的。对来自他人的建议敞开心胸,付出时间更多地了解情况促进批判性思维,这有助于作出明智的决策。

学者约翰·哈蒙德(John Hammond)、拉尔夫·金尼(Ralph Keeney)和霍华德·雷法

(Howard Raiffa)提供了非常有用的指导原则,以补充目前为止讨论过的批判性思维错误。通过他们的模型(在表6.3中可以看到),我们能明确地看到,人们试图作决策时会在何处落入"陷阱"以及该如何应对。[51]

表6.3　决策中的思维陷阱

"思维陷阱"	解　释	规避策略
锚　定	过于重视获得的第一条信息。其结果是你可能过早地停止收集信息,或者过于受重视的信息可能会使你对新信息的认识产生偏见。	寻求挑战你观点的多种不同的视角。 想出一种以上的假设以解释你所遇到的信息。 追求多线分析。
现　状	偏爱维持目前状况的决策。	质疑目前情况的价值:这真的很好/很正确/是唯一的办法吗? 询问自己:如果这并非"事情本来就是这样的",你是否会选择现状。 不要害怕改变的努力或代价。
隐没成本	作出选择,为过去有缺陷的决策辩护。	考虑未参与早先决策的个人的视角。 避免鼓励对失败的恐惧。 知道何时放弃。
肯定证据	选择性地寻求支持个人观点的信息。	质疑你是否在寻找相关的全部信息,或者你是否只偏爱支持自己观点的信息。 寻求与你针锋相对的声音。 避免"唯唯诺诺的人"。
估计与预测	过度受到对强有力的实例的记忆的影响。	当你根据记忆中的实例做出判断时,考虑这一实例是否极端。 获得实际的数据而不是依赖印象。
构　想	过分受到如何解释或看待问题的影响。	考虑看待和表达问题的其他方法。 考虑问题是否具体明确地表达出来。

资料来源:改编自 Hammond, John S., Keeney, Ralph L., and Raiffa, Howard, 1998, The hidden traps in decision making, *Harvard Business Review* 76(5):47—58。

让我们以这些思维陷阱中的两个为例,看一看它们在现实情境中是如何展开的:

支持现状:支持现状影响组织内外的决策。以下文为例:接受工作后的两个月内,一家著名医药服务公司的首席执行官意识到她的首席财务官(CFO)和团队没有达到平常的高水平。首先,团队太大了。有可比性的公司的财务团队大约是50人,然而该公司团队却有120人。其次,财务报表中有许多错误,就连那些上交给董事会的都有。其三,人们都知道首席财务官是一个粗暴且令人不快的管理者——员工们多年来一直对他有诸多抱怨。

首席执行官需要做的事情看似很明显,对吗?是时候换个首席财务官,并大刀阔斧地重组职能部门了。然而,新的首席执行官觉得至少在一年内,她需要保留这支团队。为什么?首先,董事会主席希望她这么做:他参与招聘这名首席财务官,希望他留下来。其次,首席执行官刚刚上任半年不到,她完全更换了自己的高层团队。这一举措导致她在副总裁的整个任期内都备受鄙视,饱受不信任。她不想重蹈覆辙!她决定暂时安于现状。

不幸的是,在首席执行官放任自己不作为的那一年之内,财务领域发现了严重亏损。资金不见,报表被做手脚等。首席执行官深陷困境。

隐没成本：这是许多组织中的普遍问题。例如,在我们知道的一家公司里,管理者决定斥巨资投资某一特定类型的低糖食品。他们投入了数百万美元,该项目可谓"立即上马",因为食品一上市就会大受追捧的大肆宣传随处可见。最终,产品很不成功——可以说是一败涂地。消费者不喜欢这种口味,也不喜欢配料(许多化学品),并且觉得太贵了。该公司没有选择从头再来,而是发起了大规模的广告宣传——又多花了几十万美元。其结果是：产品销售额上升很小,可以忽略不计。消费者反馈仍然完全相同：口感、配料和成本仍然是巨大的问题。该公司怎么应对? 另一场营销战! 所有这一切都是因为他们陷入了"我们已经走了那么远,我们只需要继续前进"的心理。他们不知道何时放弃。

诚如你从贯穿本章的内容中所学习到的,决策制定是复杂的。有许多因素需要考虑,包括准确诊断问题,处理不完美的信息,明白自己的情感和思想过程如何促进或妨害做出良好决策的能力。在下一节,我们将讨论在制定生活和职业中的重要决策时,哪些途径能够帮助你更清晰地思考。

最热门»讨论题

1. 回顾表 6.2,该表描述了批判性思维技能。你认为这些技能中哪些是你的强项? 哪些是你需要努力提高的?

2. 在作决策时,你是否曾草率得出结论,或在批判性思维过程中走捷径? 你是否曾发现因为你认为自己是正确的而将信息拒之门外? 我们大多数人都做过这种事。想一个具体的实例,反思其结果和你本可以做得更好的方面。

3. 回顾表 6.3 中谈到的"思维陷阱"。思考你近期需要作的一个决定,想象一下如果你落入其中一个思维陷阱会发生什么事。现在,回顾规避策略,并在你对决定的反思中使用几个。

6.6 HR 能做什么以支持正确的决策和提高批判性思维能力?

群体决策是两个或两个以上的个人参与作决策的过程。许多公司使用团队和委员会处理主要问题和决策,因为不同的员工会给讨论带来不同的观点,可能代表不同的支持者。譬如,试图解决削减公司支出问题的团队,除了公司会计之外,如果还能让一大群员工参与进来的话,可能会更富有成效。代表着运营、人力资源和营销的员工可能会给讨论带来平衡和不同的视角,确保关键业务职能不被武断地废除掉。

不管情境究竟如何,大多数时候,如果不止一人参与作出复杂的决策,往往会更有益。两人(或者更多人)的智慧几乎总是胜过一人。不幸的是,直接让所有相关方单独给出意见往往是不切实际的。然而,HR 可以把一些非常好的技巧教给员工,以帮助群体在决策流程的不同阶段收集信息。作为通常在解决问题中支持领导者的职能部门,HR 非常适合使用技巧,并将其教授给员工,帮助员工作出更好的决策。在本节,我们会集中讨论两种这样的方法：头脑风暴和德尔菲法。

6.6.1 头脑风暴

头脑风暴（brainstorming）是在小组内产生一系列想法的过程。头脑风暴实际上不需要准备时间，而且任何人都能轻松使用。该过程涉及聚集一群感兴趣的个人，并要他们提出对一个问题、决策、标准、选择方案等的看法。头脑风暴在决策流程的任何阶段都会很有帮助。每个人提出看法而其他参与者不作评论——无论好坏。[52]这一过程一直持续到每个人都想不出新看法为止。在头脑风暴部分，一个人在白板、翻转图或电脑上记录每一个想法。一旦穷尽所有想法，小组启动评论和优先排列想法的流程，讨论每个想法的优点和实施难易程度。

为了说明头脑风暴如何能帮助组织，打个比方，如人力资源专业人士在危机发生后，例如当产品必须被召回时，与管理者一起举办头脑风暴会议。这个小组可能会产生许多想法，如怎样找到迅速而准确无误的方法来实施召回，改变营销方法，参与更多的人力资源活动，赞助慈善活动或聘任发言人等。作为协调员，人力资源专业人士会希望第一轮讨论持续的时间尽可能长，他或她需要向人们发起挑战以促使其不断地进行思考。这就意味着如果你在组织头脑风暴会议，可能需要鼓励人们继续谈话。

一旦你有了一份好的想法清单，下一步就需要推动人们按照优先顺序排序。这可能而且往往也会导致矛盾，所以也要准备好进行协调。在重点明确之后，小组确定如何处理这些想法、谁来负责等也很重要。

6.6.2 德尔菲法

头脑风暴常常包括非专家参与者；然而，有时候公司需要专家就某种方式参与进来。收集这类建议的一种方法是通过使用**德尔菲法**（Delphi technique），即专家小组受邀回答一系列问题之后达成一致意见。德尔菲法是一种专家调研对象组，其中每个人都想到与一个主题有关的各种看法，并为这些看法提供理据，这依据的假设是群体判断比个人判断更有效。然后对想法和理据进行综合和概括，接着进入下一轮的问题。这种方法是在冷战时期兰德公司（RAND Corporation）设计的，它是一种用于预测武装技术发展的方法，不过在各种类型的商业活动中都曾得到有效的应用。[53]

为了管理德尔菲法，一群对特定主题具有专家知识的个人被挑选出来。[54]这些个人可能是公司内部的管理者，他们相当熟悉该问题，也有可能是来自组织外部具有相关知识的个人。小组成员实际上并不一定要面对面的开会；讨论可以在线或电话进行。这个过程一开始是开放式问题，专家们彼此之间进行自由讨论。一旦专家们达成共识，就接着讨论下一个问题。这个流程一直持续到找到问题的解决方案为止。

最热门»讨论题

1. 思考你在学校或工作中正在经历的一个问题。（并不一定非得是严重的问题，只要是让你心烦意乱的事情就行。）进行头脑风暴，思考产生该问题的所有可能的原因。试着想出 50 个！

2. 创建问题产生的原因的超长清单如何改变了你看待该问题的方式？

6.7　我们大家能做什么以提高批判性思维能力和决策能力?

我们每一天都会作出数以百计的决定。大多数都无关紧要,影响很小,有一些很重要,另一些则是改变人生的。能够学会如何作出明智的决策——有意识地且认真负责地——对我们有益无害。从我们的经验中汲取教训,这样我们就能将今天的学习成果应用到我们明天要作的决策之中去,这也对我们不无裨益。在本节,我们会讨论锻炼专注力将会如何帮助我们处理需要辨认的问题和机会,以及有意识地反思决策过程。那么,我们将讨论所谓双环式学习方法如何帮助我们从经验中汲取教训。

6.7.1　专注力:有意识的决策的秘诀

提高作出明智决策的能力,最重要的方法之一就是使这一过程尽可能地有意识。尽管这可能看起来很显而易见,事实上大多数决策都是极为复杂,且牵涉到许多因素——如果不是成百乃至上千的话,因为我们的大脑是极为有效的数据加工机器,大量的这类信息都是自动且无意识地加工处理的。

让我们用午餐要订什么为例来说明这一点。想象你自己在排队等待订餐。你有意识地注意到两个选择很吸引你——沙拉和汉堡包。你注意到营养信息,并且想起来以前吃这两样东西感到很愉快。你考虑了自己的饥饿程度,并确定两个选择都可以。尽管所有这一切或多或少都是有意识地发生的,许多其他的因素却在你意识的背后起作用。譬如菜单牌上汉堡包的图片更明亮。你喜欢腌菜,汉堡包里有,而沙拉里却没有。门开了,一阵冷风吹进来,热乎乎的午餐变得更有吸引力。同时,有人端着沙拉从你身边经过,你注意到了——尽管是无意识地——沙拉的分量好少。还有,你前一天晚上没睡好,你的身体渴望得到脂肪和糖分快速提供的能量,等等。

显然,这个事例并不代表我们面临的许多更加复杂的决策,比如在哪里生活、从事什么样的职业、如何激励我们的团队、管理我们工作的部门的资源分配。然而,这个简单的情境确实表明在作大大小小的决策时常常会发生的事情:这个过程中的很多内容都是无意识地进行的。但不一定非得是这样。

学者埃伦·朗格(Ellen Langer)和乔恩·卡巴金(Jon Kabat-Zinn)认为发展专注力的能力能大幅度提高我们吸收信息、学习和决策的能力。[55]**专注力**(mindfulness)是指我们需要清醒、关注并且辨别自己、他人和周围的环境的一种状态。专注力使我们能够更完全地意识到发生在我们内心的一切——身体上、心理上和认知上——同时也能适应我们周遭最接近以及更遥远的环境中正在发生的事情。[56]譬如,当你专注于自己午餐决定可能意味着你认识到,由于点汉堡包成了习惯,自己会不假思索地挑选它,或者你真正需要的是睡眠,而不是脂肪和糖分。或者,因为专注,你可能注意到门突然被吹开,但门关上时你很快就暖和起来。你也可能认识到色彩鲜艳、吸引人的图片只不过是个广告策略——真正的汉堡包根本不像图片上的。

如果你生活得更有专注力会是什么样呢? 你会更仔细地审视自己的选择,作出更好的决策吗? 你可能会更健康,选择更好的饮食,进行更多的锻炼,乃至于参加不同的社会活动吗? 你会不那么倍感压力吗? 在处理信息和应对选择时你会更从容吗? 研究表明所有这一切都是真的。[57]

但如何培养专注力呢？有些人认为锻炼专注力意味着每天都要冥想，或者不断地审视自我。两者都不对，尽管像冥思这样的反思练习会有帮助。譬如，你可能决定每周几次、每次十分钟，只关注自己曾经做过的或者最近参与其中的好事情。或者，你可能保证更经常地步行去上课，再进行跑步，或者享受其他个人的体育活动。在这么做的时候，你根本不会想到自己所面临的那些困难、难题和压力——你只是注意到你自己和你的环境。或者，你可以采取所有这些最简单的练习——只注意你所想到的、你所感到的和你所做的。对我们大多数人而言，培养专注力与我们所做所想的事情中一些简单而深刻的改变有关。

6.7.2 双环学习

> 轻轻松松地过生活有两种方法：相信一切，或怀疑一切。无论哪一种都使我们免于思考。
>
> ——阿尔弗雷德·科日布斯基（Alfred Korzybski）[58]

在本章，我们多次强调审视自己的思考过程、感觉和决策的方法很重要。如果你想更进一步，你也可以关注汲取经验以提高自己的能力。为什么你可能想这么做呢？这么做会有助于确保随着你的人生和工作向前推进，你会更好地理解常见问题，产生更多的解决办法，并制定出实施效果良好的决策过程。

令人惊讶的是，许多人并没有太注意汲取经验，除非有事情发生敲响警钟，比如酒驾被抓。就连严肃的学习情况下，有些人还是学不会错误的决策会导致毁灭性的后果。譬如，一个人会长经验（喝太多酒，开车，而后被抓）。然后，他最终会因由这一糟糕的决定所带来的后续经验而遭受痛苦，包括出庭、罚款、驾校，甚至牢狱之灾。这个人知道他所做的事情很冒险，所以，以后他不会再酒后驾车——除非他"确定"自己不会被抓或者他认为自己没有超越法律的界限。他改变了自己的行为，但并不是潜在的信念使他一开始就酒后驾车，比如"这不关其他人的事儿"，或者"法律无权控制我的行为"，又或者"我的驾驶技术精湛，酒精不会影响我的能力"。

这是**单环学习**（single-loop learning）的例子，单环学习是一种会导致接受反馈并改变行为，但不改变对于自身、他人或环境的基本认识的学习过程。人们利用这些潜在的信念来解释所发生的事情及其原因以及在某些情况下如何应对。

双环学习（double-loop learning）的过程关注改变潜在的信念以及行为。[59]在酒驾的例子中，这个人本可以审视自己的信念，认为个人的需要和欲望比人们的安全更重要，或者他也许已经意识到酒精实际上损害了他的驾驶技术。有了这些新的思维模式，他再也不酒驾。

想一想工作中的情境，假设一位管理者的潜在信念是这样的："一旦员工开始质疑我的决策，我们就走上了一条最终会解雇她的道路。这样的行为是违抗命令，而这在工作中是不允许的，特别是在我不注意的时候。"有了这种念头，管理者可能会开始注意员工的一般行为，并注意到任何对权威的明显质疑。如果单环学习在这里起作用的话，员工很可能会被解雇，即使她向管理者提出的问题本来是为了出言献策的。

然而，如果在这一幕发生时，这位管理者挑战他自己的臆测和信念，他有可能真的会汲取经验。比如他注意到员工们提出问题时表现得很尊敬，很有礼貌，并且常常是私下里提出来的。他开始更仔细地注意问题的内容（员工群体的安全，改善质量的几个好点子）。他这么做的时候就开始明白质疑管理者并不总是坏事,这实际上很有帮助。他正在改变自己的潜在信念和行为。这就是双环学习。

我们可以通过定期故意挑战或测试我们的假想来强化双环学习。这要求进行有意识的努力以克服我们维持指导自身行为的信念的必然趋势。[60]

最热门»讨论题

1. 你每天都练习自我反思、冷静下来并变得更加专注吗?头脑风暴几件你能做的其他事情来培养专注力。

2. 在一周的时间里,每天花 15 分钟只做如下事情:坐、走或躺下呼吸,努力什么都别想。仅仅专注于呼吸。在这一周的最后,反思这一经验及其对你产生的影响。

3. 想一想你认为自己作出糟糕决策的一个情景。你在这个情景下使用的是单环学习,还是双环学习?

6.8 结束语:决策制定和批判性思维

在有效管理和领导力必不可少的众多技能中,决策和批判性思维是最为重要的。尽管你每天所面临的许多决策都很简单,甚至或许是常规性的,但其他决策要复杂得多。为了在面对复杂决策时尽可能地作出最佳选择,你需要理解决策流程的诸多因素:逻辑、认知加工、情感和直觉。

同样重要的是使用系统性的方法来支持决策,比如通过识别问题;确定并实施决策标准;分配标准权重;列举、分析、选择并实施选择方案;以及评估决策。此外,你必须意识到在面临眼前要么是信息过少,要么是信息过多的情况时自己能采用哪些策略。

当然,没有进行批判性思考的能力,上文讲到过的措施都不可能进行。和决策不同,批判性思维不是分步走的行为;相反,它是一个动态的过程。你可以通过以下途径提高自己的决策和批判性思维技能:练习专注力,铭记纯粹理性并不总是可能的,理解未经审视的偏见可能会损害我们清晰思考的能力。

本章总结和关键词

1. 什么是决策?

概述:决策是比许多人理解的要复杂得多的过程。决策是复杂的,涉及认知的、神经心理的和情感的过程。在作判断或选择时,我们需要考虑我们可以获得的信息和我们对这些信息有何反应。在作非程序化决策即非常规的决策时尤其如此。

关键词:

决策(decision making):指涉及思维、感觉和神经机能的认知、情绪和神经心理过程,其结果是作出判断或从其他选项中进行挑选。

程序化决策（programmed decision）：指属日常性质的按一定频率作出的决策。

非程序化决策（nonprogrammed decision）：指不常发生的和/或涉及特殊信息或特殊情况的决策。

2. 认知和情感过程如何影响决策？

概述：人们普遍认为决策是理性的过程，但推理和逻辑只是决策者应该使用的工具中的两种。我们也需要理解我们的认知过程如何影响我们的判断、警觉误解和刻板印象。此外，我们需要审视我们自己的情感和直觉，它们是能对决策产生积极影响的合情合理的两种信息源。

关键词：

调节（accommodation）：调整自己的认知范畴化系统以容纳新信息、新图式和理解信息的新途径的过程。

同化（assimilation）：把新信息整合进或强行归入现有认知范畴化系统的过程。

光环效应（halo effect）：一种现象，我们判断某人或某事，主要是根据之前了解的正面印象或敬佩的与之有关联的人或事。

直觉（intuition）：指隐性知识，或者无意中学习到的知识。

3. 如何应用系统方法进行决策？

概述：决策的八个步骤包括识别问题，这需要非常慎重地进行，确定并按优先顺序排列出决策标准。一旦你知道自己正在试图做什么，明白做这件事什么对你最重要之时，你就可以进行开列清单、分析、选择然后实施选择方案。最后一步也是常常被忽略的一步，那就是评估决策，辨别问题是否得到妥善彻底地解决。

关键词：

决策流程（decision-making process）：指选择行为方针时采取的措施。

满足（satisfying）：选择一种合适但并不完美的替代品。

4. 人们如何利用不完整信息作出正确的决策？

概述：我们在信息时代航行时面临着一个悖论：我们在决策时所拥有的信息太多但又不够。我们必须在有限理性的条件下作决策，这就意味着我们总是会受到时间、信息的质与量以及我们自己无法做到完全理性等条件的制约。在这些条件下有用的工具是80/20法则，它有助于我们看清因果关系。

关键词：

有限理性（bounded rationality）：一种决策方法，即接受所有的决策都是在限制理性的条件或约束下作出的。

5. 如何提高批判性思维能力并作出更好的决策？

概述：培养和使用我们的批判性思维技能在当今的工作中——以及我们生活中的其他方面最为重要。你能根据证据得出准确的结论吗？你能辨别出自己对某种情况及其正确性所作出的假设吗？你能通过分析一般的信息理解具体问题吗？你能使用逻辑标准评估论证吗？你努力地阐释各种各样的事实吗？如果是这样，你正在将批判性思维技能应用到决策流程，并增加自己作出良好决策的可能性。

关键词：

批判性思维（critical thinking）：指评估情况或想法，并作出合适的判断或采取适当行动的严谨的智力过程。

6. HR能做什么以支持正确的决策和提高批判性思维能力?

概述:人力资源可以通过保证倾听群体不同的、有根据的观点来指导员工和管理者作出最佳决策。使一个群体拿出最好的观点的两种方法是头脑风暴和德尔菲法。头脑风暴使你的小组绕开对批评的恐惧,这种恐惧可能会将有希望的想法拒之门外。德尔菲法使你利用专家组评估情况并根据他们的知识和专家经验得出结论。

关键词:

头脑风暴(brainstorming):在在小组内产生一系列想法的过程。

德尔菲法(Delphi technique):专家小组受邀回答一系列问题之后达成一致意见的一种方法。

7. 我们大家能做什么以提高批判性思维能力和决策能力?

概述:正如本章所强调的,要想成为更好决策者,关键在于清晰地理解影响决策的情感、理性、直觉和认知过程。理解它们的方法之一是练习专注力,即对我们自己和环境的专注——我们会因此明白,作一个决策或其他决策时真正激励我们的是什么。专注力会引起更深层的双环学习而不是单环学习的过程。在双环学习中,我们汲取经验教训,改变我们潜在的信念,而不仅仅只是改变我们的行为。

关键词:

专注力(mindfulness):指我们需要清醒、关注并且辨别自己、他人和周围的环境的一种状态。

单环学习(single-loop learning):一种会导致接受反馈并改变行为,但不改变对于自身、他人或环境的基本认识的学习过程。

双环学习(double-loop learning):一种关注改变潜在信念以及行为的过程。

8. 结束语:决策制定和批判性思维

概述:批判性思维技能是任何事业取得长期成功所必需的。在应对复杂决策时,我们需要辨认并依赖理性、有意识的认知加工、情感和直觉。

关键词:无

7

变革:聚焦适应性和灵活性

7.1 何谓变革以及如何应对变革?

本杰明·富兰克林在83岁高龄时评论美国宪法说:"表面上一切看似亘古不变,但在这个世界上,没有什么是确定无疑的,除了死亡和税收。"[1]如今,我们可能会说"没有什么是确定无疑的,除了死亡、赋税和变革"

在过去的几十年中,变革一直是许多人生活及工作中的常态。而18世纪以前的好几万年中,情况并非如此。在人类历史的大部分时间里,我们生活和工作的方式代代相传,或多或少都是一样的。当然,它们也曾经历过变革,如移民、婚姻、生育和死亡,但这些变化被认为是"正常的"。可预见的变革发生时,习俗和传统指导人们如何应对。这些习俗和传统,比如家庭在婚礼之前、之中和之后该做什么,帮助人们处理伴随变化而来的中断、焦虑和兴奋。而且尽管我们的祖先经历过不可预见的变动和变革,如饲养动物、驯服马匹、骑马、制铁和锻造工具,这些变革却是非常缓慢且断断续续的。人们需要数十年乃至数世纪的时间来适应它们。而这种情形已经不复存在了。如今变化是一种常态,我们需要明白,未来不可预测时,我们该如何工作、管理和领导。

变革到底是什么? **变革**(change)意味着改变、调整、修改或转变某人或某事。如表7.1所示,"变革"一词可以作为名词或动词来使用,英语中的许多词语和短语都是"变革"一词的近义词。这些近义词的词义从轻微的变革(调整)到巨大的转型(彻底变革),应有尽有。

通常描述某事物的词汇数量与该词的重要性之间没有直接关系。然而,学者们注意到与概念词汇的丰富程度可能是人们所在意、重视和关注事物的一个重要指标。[2]譬如,拥有共同的职业(如律师和医生)、社会团体(如PTA或青少年组织的成员)或者同一种关系(如母亲与年少的孩子们)的人们发展出一种专门化的沟通方式,他们用这种方式讨论彼此共有的、对他们很重要的事物。[3]

在这些团体内部,更多的词汇被用于描述重要的概念。考虑到过去两个世纪人类所经历的变革的频率和速度,我们的语言允许我们可以使用不同的表达方式来描述变革,这一点并不令人惊讶。[4]在企业和组织中我们经常讨论变革,我们有许多不同的方式来描述变革,因为它几乎每天都在发生。

表 7.1 我们表达"变革"的众多方式

变革是名词

"大转变(about-face)、添加(addition)、调整(adjustment)、进步(advance)、打破(break)、压缩(compression)、缩减(contraction)、转化(conversion)、纠正(correction)、发展(development)、不同(difference)、扭曲(distortion)、多样化(diversification)、多元化(diverse)、革新(innovation)、变形(metamorphosis)、修改(modification)、调整(modulation)、突变(mutation)、新颖(novelty)、置换(permutation)、重建(reconstruction)、改良(refinement)、改造(remodeling)、替换(replacement)、反转(reversal)、修订(revision)、革命(revolution)、变换(shift)、取代(substitution)、代替(surrogate)、转变(switch)、回火(tempering)、转型(transformation)、过渡(transition)、嬗变(transmutation)、变革方向(turn)、周转(turnover)、变度(variance)、变种(variation)、变化(variety)、变迁(vicissitude);交换(exchange)、政策突变(flip-flop)、交替变化(interchange)、交换(swap)、交易(trade)、好转(turnaround)。"[5]

变革是动词

"顺应(accommodate)、适应(adapt)、调整(adjust)、更改(alter)、轮换(alternate)、变换(commute)、转化(convert)、缩小(diminish)、分开(diverge)、演变(evolve)、波动(fluctuate)、创新(make innovations)、移交(make over)、合并(merge)、变形(metamorphose)、调节(moderate)、修改(modify)、调整(modulate)、突变(mutate)、移植(naturalize)、复原(recondition)、重做(redo)、减少(reduce)、改革(reform)、再生(regenerate)、改造(remake)、改型(remodel)、翻新(renovate)、整顿(reorganize)、更换(replace)、分解(resolve)、重新设计(restyle)、使彻底变革(revolutionize)、塑造(shape)、转变(shift)、代替(substitute)、损害(tamper with)、使回火(temper)、使改观(transfigure)、变革(transform)、转化(translate)、使变质(transmute)、使变位(transpose)、转变(turn)、振荡(vacillate)、变化(vary)、明显转变(veer)、变歪(warp);物物交换(barter)、移走(displace)、交换(exchange)、互换(interchange)、使反转(invert)、消除(remove)、反转(reverse)、替换(supplant)、交换(swap)、使变换位置(switch around)、交易(trade)、传播(transmit)。"[6]

7.1.1 变革:它对你而言意味着什么

你对变革有何感觉?你刚开始上大学时可能不得不改变许多事情,比如你的生活方式,如何管理时间,或许还包括你生活的地方。你不得不作出这些改变,对此,你有什么样的情绪反应?你如何应对这些变革?你很可能百感交集:上大学以及由此带来的变革让你欣喜若狂;对未来你感到兴奋不已;对以崭新的方式做事情持开放态度。或者,你可能会不确定如何安排时间,如何处理学业负担,或如何结交新朋友。或许对于你一直抛下的事物,你甚至感到恐惧或伤感。

人们对变革的反应各不相同。对一些人来说,搬到小镇的另一头或者换工作是一种混乱而艰难的经历,即便这种变化受到欢迎。其他人完全不受影响。在面对重大改变时,如上大学、开始新工作、结婚或者生子,大多数人都会经历各种各样的感情,既有喜悦,又有恐惧;既有憎恨,又有兴奋和希望。大多数人也会有欣然接受改变和抗拒改变的复杂情绪。因此变革才会如此复杂:它迫使我们应付复杂的情绪,解决对习惯的干扰,需要放弃熟悉的事物。

应对变革的能力是你能学会的最重要的事情之一。个人适应和改变的能力以及激励他人改变的能力是伟大领导力和管理能力的核心,也是当今衡量富有成效的员工的重要因素。我们要经常作出彻底的改变,如搬到新地方或更换职业等。想一想这种情况:与工作改变有关的最常报告数据显示,在大多数人作为劳动力大军的 40 年里,他们平均更换工作 3 次。[7]然而,这些数据反映的并非是更换工作的频率,该频率与职业的频率形成对照。美国劳工统计局(Bureau of Labor Statistics，BLS)发现,2008 年,员工为他们现有的雇主工作的平均时间长度仅为 4.1 年。[8]在主要的职业中,一般管理者的聘用时间最长为 5.1 年,而工程管理者,尤其是建筑管理者聘用时间最长的是 6.4 年。[9]如果你根据这些数字采取行动的话,很可能在整个职业生涯中要更换 10 次工作。

7.1.2　变革是常态

当今的组织经营所处的环境呈现出动态,愈发具有竞争性——在工作中,事情一直在变化。变革是工作和生活中的常态,这归因于各种因素,如技术进步、全世界社会的、经济的和政治的转变。这些转变正以前所未有的速度发生,并影响着数以亿计的人们。人类基本活动包括交流、健康、生活方式、出生和死亡。旧的生活方式正在被全新方式所取代。

不断的变革是坏事吗? 想象一下生活在毫无变化的世界。明天会和今天一样(无趣)。技术会保持不变(意味着不会有新电脑、电话、汽车或能源)。社会规范,比如人们之间如何相处,谁在社会顶层而谁不在,这些都会保持不变(这就意味着对一些人而言是绝望,如穷人或那些遭遇歧视的人们)。没有新的服务,产品或市场,竞争会停滞,世界经济会扁平化。这听起来很糟糕,是不是? 然而,人们一直抱怨变革,他们觉得难以理解,处理并管理变革也十分困难。为了在我们动态的组织中获得成功,你需要在个人层面上理解变革,明白如何支持那些工作方式和生活方式正发生改变的人。

本章,我们首先看一看为什么组织里会发生变革以及渐进式变革和转型式变革之间有何区别。然后我们会探讨解释支持与反对变革的因素的模型,以及在当今的组织中变革是如何成为常态的。我们也会考察如何在群体、组织和社区中培育对变革的热情。最后,我们会考察人力资源在组织变革中扮演的角色,以及在拥抱变革并帮助其他人这么做时我们能做什么。

最热门»讨论题

1. 列举你在生活中所经历过的几个主要的改变(如搬家、家中有人离婚、生病、上大学或开始或结束一段恋情)。现在,使用表 7.1 中"变革"的近义词,一一列举描述这些表示改变的词语。你看得出你所选择的词语有规律吗? 那些规律对你有何意义?

2. 列举你所经历的几个主要变化。现在,将它们分成两类。"我主动采取并希望的变化"和"我被迫进行的变化"。你的一些人生经历可能会处于这两种极端的中间,不过试着把它们归入最适合的那一类。你对这些清单中的每一项作何感想? 你处理这两类中的变化有何不同?

3. 考虑下列句子:"当今的组织经营所处的环境呈现出动态,愈发具有竞争性——在工作中情况一直在变化。"你认为这是真的吗? 为什么这么认为? 为什么不呢?

7.2　为什么组织发生变革?

为什么组织发生变革? 组织发生变革是因为它们只有这样才能保持与各方面的密切联系,富有成效,并且可以赢利。组织变革不够迅速,就有被淘汰的风险。

组织选择变革——或者被迫变革——至少有三大原因。组织发生变革的第一个原因显而易见:技术,特别是信息技术和通信技术影响组织和人们的工作内容以及工作方式。我们在第11章会详细地讨论这一点。眼下,我们只说技术上的变革几乎影响到组织生活和工作的方方面面,包括沟通,制造流程,货物运输、购买和销售,各种规模组织产能的提升以及在全球范围分销货物与服务能力的提升。

过去50年中,促使组织发生变革的另一个主要动因是全球化,这是由运输和信息技术领域的进步引发。[10]社会交往的不同模式、提高的竞争力、世界政治的转变和扩大的市场等不同格局全都伴随着全球化而来。

组织正在如此迅速地变革的第三个原因也与尚未完全扎根的运动有关——那就是,环保主义和保障可持续发展的世界的需要。[11]可持续性会在第15章更详细地探讨。当下,了解这一点就够了:"绿色革命"已经进行了很长一段时间,并且正在对组织和商业产生深刻的影响,因为现在更多的法律规定像碳排放量这样的事情——更不用说可持续性是一个刚刚起步的世界性的社会运动。[12]许多商人承诺在赢利时支持环境的可持续性,这促使他们寻求更新更好的方式来管理企业,在下面的"学生的选择"专栏中你会看到这一点。

学生的选择

巴塔哥尼亚(Patagonia)

近来,许多人好像投入大量的时间讨论绿色运动,却在保护星球方面做得太少。庆幸的是,有真正献身于这一事业的个人——他们当中有一些通过做这件事成功地赚到很多钱。其中之一就是巴塔哥尼亚有限公司(Patagonia Inc.)的老板伊冯·乔伊纳德(Yvon Chouinard)。乔伊纳德于1938年出生在一个粗犷的法裔加拿大人家庭,他的父母从小就注重培养他对户外活动的热爱。为了澄清一下"粗犷"的意思,乔伊纳德回想起自己坐在缅因州乡下的家里木头燃烧的炉子旁,看着爸爸像个业余牙医似的把牙齿从自己的口里拔出来,就因为他认为牙医收费过高,而拔牙他自己也能做。后来,他的家人移居加利福尼亚时,14岁的乔伊纳德养成了训练猎鹰的嗜好,在悬崖峭壁边上的鹰巢捉猎鹰,并且为了捕猎而驯养它们。正是在这些猎鹰的远足过程中,乔伊纳德接触到攀岩。为了够到鹰巢,他得从上方用绳索绕着双腿沿着峭壁下降。乔伊纳德很快对那些攀爬装备感到不满,所以他决定开始自己制作。不久,乔伊纳德的装备因为其高品质而在当地享有盛誉,他能够把自己的嗜好转变成一桩有利可图的生意。[13]

正是在这个时候,乔伊纳德的环保意识第一次与他的商业兴趣相交。特别是乔伊纳德注意到他公司的一些装备被遗落在约塞米蒂国家公园高高的花岗岩石墙的裂缝里,在这样的地方装备会损害岩石。此后不久,乔伊纳德装备公司停止了所有的运营,伊冯把公司卖给了一些朋友,他们把这家公司变成了攀岩装备业的超级巨头——黑钻户外装备(Black Diamond Equipment)。

然而,乔伊纳德的商业才能并没有因为他出售攀岩装备公司而枯竭。关闭门店前的几年,他和妻子梅琳达·彭诺耶(Malinda Pennoyer)开始了另一桩生意,销售苏格兰橄榄球服给攀岩者。乔伊纳德给新公司起名为巴塔哥尼亚。[14]巴塔哥尼亚成长迅速,早在1991年,几位专家就预测该公司到2002年市值将达到10亿美元。

再一次,乔伊纳德的环保意识被唤醒了。乔伊纳德不希望巴塔哥尼亚成为一个产品遍布垃圾堆的亿元公司。他希望把它打造成一家负责任的公司,教育消费者和企业界其他同仁更大不等于更好,质量和耐久性比底线重要得多。因此,巴塔哥尼亚成为一场实验——一家完全围绕可持续业务实践而设计的公司。[15]

经过多年的发展,乔伊纳德不断地说明如果人们改变自己的思维方式,他们就能经营一家既能赚大钱,又能服务环保的公司。从巴塔哥尼亚能学到的经验包括以下几点:

- 考虑"废物流"——即了解你的公司正在生产的废物,然后停止这么做。在过去的 10 年中,巴塔哥尼亚开启了对其生产的每一件产品的环境评估以了解生产这些产品对环境造成的确切影响,以及寻找精简公司生产操作的途径。
- 革新回收利用。譬如,巴塔哥尼亚收集旧的聚酯纤维衣物,然后送往日本,在那里使其熔化成原本的聚合物,并重新织入新产品。
- 创造可持续的商业建筑。巴塔哥尼亚关注于再生能源,如风能和太阳能,并利用混合肥料和可食用的园林艺术,使用回收利用的纸张等。到 2009 年为止,巴塔哥尼亚总部的日用电量的 62% 是自己提供的,此外还有循环利用雨水,拥有混合肥料系统处理所有的园内食物,在仓库内使用回收利用的纸张。乔伊纳德说过,直到巴塔哥尼亚做到百分百的可持续性发展他才会满意。[16]

巴塔哥尼亚也率先开展绿色商业实践,乔伊纳德称之为"地球税"(Earth tax)。在这项实践中,巴塔哥尼亚从每年的盈亏底线中拿出一定百分比的额度用以向地球"交税",以支持许多环保慈善活动。乔伊纳德甚至还创办了一项称作"为地球贡献 1%"(1% for the planet)的非营利机构,参加的每家公司承诺将每年收入的 1% 交给环保组织联合会。[17]

乔伊纳德认为为了变革社会对待环境的方式,公司之间需要开始对彼此提出更多要求——不仅仅是为了我们自己,还是为了我们生活的星球。[18]

资料来源:根据本·帕克(Ben Parker)的案例改编。

7.2.1 当社会变化产生作用:多元化、包容和变革

正如前面的案例所示,社会变化如对可持续性的日益关注影响当今的许多组织。直接与组织中的变革相关的另一个社会变化是员工基础群体、顾客和消费者市场越来越多元化。[19]诚如事实所证明的,多元化对企业有好处。[20]想一想下面几点:

1. 辨别出消费者的多元化为企业开辟了许多向众多利基市场销售的新机遇。例如亚马逊(Amazon.com)和 eBay 是利用利基市场最好的例子。
2. 通过为本土市场提供量身定做的产品和服务在全球市场承认文化多元化为公司提供竞争优势。譬如,肯德基在全世界的菜单具有专门为本土人口设计的不同菜品的特点。[21]
3. 教育和技能的多元化为公司提供了获取广泛的相关知识的崭新且有可能是革命性的机遇。譬如,华特迪士尼幻想工程(Walt Disney Imagineering)发挥的是来自 150 个领域的专家的聪明才智。[22]
4. 工作场合中的多元化——包括技能、背景、性别、民族、宗教和性取向——能提高决策质量并促进组织战略变化,因为使人们有机会开阔自己的视野。
5. 重视工作场合中的多元化有益于提高员工对工作场合的满意度,并且在员工参与度和生产率方面能节约可观的成本。[23]

6. 全世界的国家和地区的许多法律规定在工作场合必须尊重文化、种族、性别和语言等方面的多元化，这些法律始终在变化。

以亚马逊和 eBay 为例说明了该清单上的第一点，它们向全世界展示了如何利用市场的"长尾巴"的途径。[24] 长尾巴这一概念特指消费者兴趣和地理分布上的多元化。比如，对于某一特定类型的产品，你可能在某一区域只有少量的消费者，没有哪家只销售该产品的传统模式运营商店会幸存下来。然而，若在本国的所有不同地区能接触到所有的顾客，你就会生意兴隆。这就是亚马逊所做的事情——而且做得很好。在 2009 年全年，这可能是大萧条以来对生意最糟糕的一年，亚马逊的业绩表现仍然相当出色。

就连教育也正在卷入营销业的长尾效应中。随着在线课程日趋复杂，即使实体学校里只有一两个学生对某一门课感兴趣，较小规模的学校现在也能使它们的教育产品多样化。通过使全国乃至全球的学生聚集起来，学校能够向人数众多的班级授课，并进行高质量的互动。[25]

工作场所中员工多样化的情况要复杂一些。研究多元化的学者大卫·托马斯（David Thomas）认为，该问题很复杂的部分原因在于我们所受的训练使我们将民族、性别和种族问题与多样化问题混为一谈。当**多元化**（diversity）被理解为"不同团体的成员带来不同的观点和工作方法"时，[26] 你就会明白多元化如何能够改善决策以及处理像组织变革这样的复杂事务的方法。

当然，人口结构的不同也是多元化的重要方面，需要跨越种族、民族、阶层和性别的界限培养积极的关系、有效的沟通和平等的就业机会，这种需要会一直持续下去。许多企业正在尝试变革组织文化以使其更加包容，从而使来自不同背景和人口结构特征多样化的人们能够有效地合作共事，尽管它们还在努力解决这一过程中遇到的严重问题。尽管在诸如报酬平等领域有许多法律，不同群体之间的问题仍然存在。我们现在来考察一下驱使组织中发生变革的多元化和包容性问题。在下面几节中讨论的每一个话题都与组织必须处理的迫在眉睫的重要问题有关。这些问题包括变革文化使其更加包容，对多元化的反应更加灵敏，变革组织系统（如薪资和福利）以培育平等的关系。

1. 性别、种族和薪资

截至 2008 年，美国劳工统计局（BLS）所得到最近一年的数据显示，在美国，不同职业的全职亚裔（作为总体）的收入高于平均水平，比白人高 16％，比非洲裔美国人高 46％，比拉丁美洲裔高 63％。白人比非洲裔美国人的收入高 26％，比拉丁美洲裔高 40％。非洲裔美国人的收入比拉丁美洲裔高 11％。这些群体中收入最低的是拉丁美洲裔的女性，她们几乎比男性拉丁美洲裔的收入少 6％。

女性在全职的白人劳动力中占 30％。非洲裔美国女性约占全职的非洲裔美国人劳动力人口的 35％，而在拉丁美洲裔中，女性只占 27％。在亚裔中，女性在全职的劳动力大军中占 31％。全职的女性工作者整体上的收入是男性每一美元所得的 80％。收入差距在最弱势的群体——非洲裔美国人和拉丁美洲裔中——要小得多，其中女性的收入不到男性每一美元所得的 90％。亚裔女性表现出最大的薪资平等差距，她们的收入只相当于亚裔男性每一美元所得的 78％。在管理层、专家界和相关职业中的女性人数不到男性的一半，她们的收入比同等职位男性约少 12％。仅在许多管理职业中，女性的收入要少 19％，而在这些职位中女性人数所占比例不足三分之一。在执行管理职位中，情况也好不到哪里去：女性首席执行官的收入只比同等职位的男性首席执行官的 84％多一点。[27]

《财富》杂志追踪了美国前 1 000 名的企业中女性的发展，报告显示在《财富》500 强中，有 15

名女性首席执行官，或者说只有 3%。[28]而在《财富》1 000 强中，情况甚至更糟糕，只有 28 名女性首席执行官，或者说只有 2.8%。[29]这跟 BLS 数据形成对照，后者使用的是非常庞大的样本，由公共部门、私有部门和非营利部门的大型、中型和小型组织构成。BLS 的研究发现在所有的首席执行官当中只有不到 20% 是女性。[30]尽管这一数字比那些最优秀的企业要好看一些，考虑到 2008 年妇女占劳动人口的 42% 的这一事实，这一数字仍然相当小。[31]

这些数据反映了过去多年来在薪酬平等和工作场合中某些群体的代表性等方面所取得的进步。然而，要变革这一过程我们还有很长的路要走。

2. 年龄结构和变化

多元化在人口结构方面的另一个表现是全球范围内变化着的人口平均年龄，它促使企业和组织在它们所做的事情和向消费者和客户如何营销等方面进行变革。表 7.2 列举了全世界范围内许多国家的平均年龄的实例。

在北方和西方（譬如美国、欧洲和英国）人口在缩减，平均年龄在变老。2010 年，在美国，年龄 25 岁以下的人口数大约是 1.06 亿，是总人口的约 34%。[32]在西欧，这一数字是 1.09 亿，占总人口数的 1/4 多一点。[33]南方和东方的人口要年轻得多。譬如，在拉丁美洲和加勒比海岸，25 岁以下人口的数量是 2.71 亿，约占总人数的 46%。[34]在印度，5.68 亿人口的年龄在 25 岁以下，约占总人口的 48%。[35]

表 7.2　2010 年 25 岁以下人口的大致数量[36]

国　　家	25 岁以下人口数（单位：百万）	25 岁以下人口比例
美　　国	106	34%
印　　度	568	48%
巴　　西	87	43%
德　　国	20	25%
英　　国	18	30%
俄罗斯	41	29%
中　　国	466	35%
拉丁美洲和加勒比海岸	271	46%
西　　欧	109	25%
撒哈拉以南非洲	534	63%

正如人口结构在转变并促使组织考虑如何最好地利用、领导并管理多样化的员工队伍那样，这些组织正在努力解决如何对它们的产品和服务进行变革以应对世界经济体和各国均势中的巨大转变。这一问题成为促使组织内部发生变革的决定性因素之一。

3. 世界经济体的转变

几百年来，西方和北方（特别是欧洲、英国和美国）的经济体在世界大部分地区中保持着支配地位。然而，如今，各国的实力对比正在发生显著的转变。东方和南方如中国、巴西和印度的经济体就经济增长而言正在迅速地取代传统强国。考虑一下在印度和美国正在发生的事情，诚如 2010 年 1 月《华尔街日报》所报道的：

高层部长星期五表示,印度经济预期在本财年三月底快速增长,他们强调这次扩张将会是摆脱全球衰退的主要经济体中增长最快的国家之一。

总理曼莫汉·辛格(Manmohan Singh)期望经济增长速度在7%左右,而财政部长普拉纳布·慕克吉希望增速更加乐观,达到7.75%。

"我们能够在一两年内回到并保持9%—10%的年增长率,对此我们保持同样的乐观态度,"辛格在对海外印度人召开的会议中说。

"过去几年印度经济的快速增长已经帮助数百万人口脱离贫困,"他补充道。

截至2008年3月31日,印度经济扩张连续4年平均达到9%,在全球经济衰退的财政年度中放缓至6.7%。[37]

将此与最近几年美国经济所经历的一切相比较(见图7.1)。这幅图在一定程度上反映了多年来最严重的经济衰退的后果,尽管增长速度在2010年确实开始好转。然而,强劲发展的经济体如印度、中国和其他经济体正在以比美国、英国和其他西方经济体快得多的速度增长,这一趋势仍将继续。

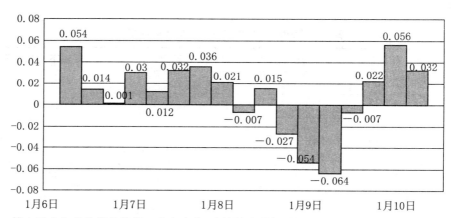

注:*算入国内生产总值的数据一直在变化,追补性地进行过调整。

图7.1　美国国内生产总值考虑通货膨胀而调整过的增长率(2006—2009)*[38]

在像美国这样的国家,长期的增长率被认为约为2%—3%。然而,正如在前面的引文中所提到的,像印度这样的快速增长的经济体正在以每年7个百分点的速度走上坡路,中国也是如此。尽管这些高增长率不一定会持续,现在它们却正在发生,而且已经持续了一段时间。比较增长趋势在转变。东方和南方的国家发展得更快,而北方和西方的经济体则在减速。这意味着世界的商业企业不得不进行相当显著的战略转变。

诚如你能想象到的,大规模的社会与全球趋势会对组织和企业产生深刻的影响。这些宏观变化的频率和速度在本地区、国内和全球层面上都越来越快。这对企业和组织意味着什么?企业和组织领导者需要理解变革以及应对变革的方法。因此,在下面的两节中,我们会考察变革如何发生(渐进式的或巨变式的)和我们能怎样应对(顺应或转型)。然后,我们要考察能帮助我们理解如何管理组织、团体以及个人(包括我们自己)的变革的模型。

1. 近年来,企业变得越来越全球化,人口也变得更加多样化。此外,可持续性对许多企业而言已经变得比以往更为重要。组织可能不得不参与哪些变革以应对这些社会转变?
2. 你认为企业和经济增长的焦点正在从"西向东,从北向南"移动吗?为你的论点提供证据。
3. 东方和南方的经济体的增长会如何影响美国公司,如汽车制造商、银行机构和专业服务公司?
4. 你认为当今的员工、管理者和领导者在个人层面上需要做些什么以应对技术、社会和经济上的变化?

7.3　渐进式变革和转型式变革的区别是什么?

在组织中,变革被视为工作环境中的任何转变,包括这种转变如何被组织起来、如何被认识、如何被创造,或者如何被维持。变革可以预期得到,也可以出其不意地发生。组织变革发生可能是组织内部多种因素合力的结果,比如新产品或新服务的开发,员工士气变得更加积极或消极。变革的发生也可以是组织外部多种因素合力的结果,比如在前一节中所讨论的社会变化。此外,变革既可以是"自上而下的"(top down),又可以是"自下而上的"(bottom up)。

自上而下的变革(top-down changes)是由领导者和管理者推行的变革,他们为变革工作的开展确定议程,制定全面的规划。[39]然后,公司的业务经理和职能经理执行工作规划并实施变革。各个层面的员工或管理者发动的变革行动,不仅相互影响,而且会影响领导者,并且会促进变革的计划和实施,在这种情况下,**自下而上的变革**(bottom-up changes)就发生了。

不管变革的原因是什么,或者变革源于何处,它可以是渐进式的,也可以是突变式的。根据学者大卫·纳德勒(David Nadler)和迈克尔·塔什曼(Michael Tushman),有四种方式应对组织变化,见图7.2。

资料来源:改编自 Nadler, David A. and Michael Tushman, 1989. Organizational frame bending: Principles for managing reonentation. *Academy of Management Executive* 3, 196。

图 7.2　在组织中常见的应对变革的不同方式

根据这一模型，领导者和组织成员可以预期变革的需要，也能应对组织或环境中发生的变革。变革可以是渐进式的，在很长一段时间里小步走地发生，也可以是在战略或工作方式或经营方式方面发生显著的转变。[40]

在这一模型中，处理变革的四种方式被称作调整（tuning）、顺应（adaptation）、**重新定位**（re-orientation）和**再创造**（re-creation）。调整和顺应是渐进式的途径。调整是在应对内外部环境中预料到的变化时而采取的预期型途径（我们现在可能称之为"主动的"）。譬如，倘若领导预期到销售额会下降，组织可能就会做出无需填补职位空缺的选择。

顺应是应对某一事件或一系列事件的渐进式变革方式。顺应是反应型的，因为在内外部环境或组织中发生了尚未预见到的变化之后才对变革进行规划。譬如，在产品开发或更改之后你开发了新的生产流程，这时顺应就发生了。

应对变革的战略手段包括重新定位和再创造。这两种途径都与彻底变革工作和经营方式有关——如果你愿意的话，打散重组。重新定位是预期型的，而再创造则是反应型的。重新定位是在预期到未来会发生的状况时在组织范围内做出的战略变革。这些变革包括重新确定组织的基本方向，如由于预期到顾客购物偏好会发生转变，变革业务模型，或从门店经营转型为以网店为主。再创造是由外部事件引发的战略变化。

通用电气（GE）是美国最古老的公司之一，在 20 世纪 90 年代经历了反应型和预期型这两种战略性巨变。高层领导决定转变公司战略，开始将更多通用电气的运营机构转移到海外。他们这么做是因为以美国为主要中心的战略在日益全球化的时代正在损害公司利益。[41]这是反应型的途径。大约与此同时，通用电气斥巨资进行环保型技术的研究，很久以后这种关切才被证明是有利可图的。这是预期型的。如今，通用电气是高效风力涡轮发电机和其他革新绿色产品的主要供应商。[42]

许多人主张美国汽车工业近年来错过预期变革的机遇（譬如，他们没有充分预见到市场上对节能汽车有更多的需求）。不能预见到商业变革和社会变革并采取相应的行动意味着美国汽车工业不得不应对变革——这是一种成本高昂的艰难处境。由此造成的商业后果很糟糕，在始于 2007 年后期的经济衰退中，通用汽车（GM）和克莱斯勒（Chrysler）都被迫申请破产，而福特汽车的股票价格大幅下挫，一直到 2008 年底之后才恢复。

7.3.1　革命型和演变型的变革："慢"并不总是更好

纳德勒和塔什曼建议，在尽可能的范围内，领导、管理者和员工应该预期变化并且更加战略性地向未来迈进。他们也提出渐进式变革更易于管理。尽管这在一定程度上是正确的，至少还要考虑两件事。第一，我们不能简单地预期可能会发生的一切，特别是在技术、社会以及我们的世界经济的众多方面正在以穿越时空的速度发生变革期间。预料不到的变革也因为不可测的自然力而发生，如 2010 年的海地地震。这场灾难性的事件使全世界爆发出巨大的同情心，筹集到数字庞大的金钱和救灾物资。当像这样的事件发生时，许多提供医药用品、食物、水和交通运输的救援组织、政府和商业企业会突然发现自己在没有任何警告的前提下背负着迅速提供支援的巨大压力。

另一方面，渐进式变革是在一段时间内微妙地发生的，有时候很难察觉。在许多情况下，这使领导者为变革而进行规划，随着规划的执行再对其进行调整，并有条不紊地加入变革的过程。难道我们不应该总是这样实施变革吗？并不一定，温水煮青蛙这个隐喻向我们道出了个中缘由：

他们说如果你把青蛙放进一只烧开水的罐子里,它会立即跳出来以逃避危险。但如果你把青蛙放进一只水壶,里面盛满了温度适宜的凉水,然而慢慢地加热水壶直到水开始沸腾,青蛙不会意识到威胁的存在直到为时已晚。青蛙的生存本能是发觉突然的变化并据此进行调整并适应。[43]

青蛙的寓言警醒我们要同时注意显而易见的威胁和更加缓慢发展的威胁。像青蛙一样,人们的固有反应是注意显著的变化并采取行动。我们常常从容应对渐进式的变革,有时候不会太仔细地审视它们。但我们(和我们的公司)必须注意环境中缓慢变化着的趋势,而不能只注意到突然的变革。想一想导致始于 2007 年的经济衰退之前的那些年世界上的金融机构发生了什么变化。

7.3.2　导致全球金融危机的渐进式变革

2007 年底爆发的金融危机被称为自大萧条以来最糟糕的经济危机。它是怎么发生的? 出了什么问题? 唉,实际上发生了许多事情。车轮几十年前就开始转动了。在金融政策、借贷政策、商品市场和消费主义方面多年来发生的渐进式变革最终导致系统能做的事情与在突然改变了的经济形势中其所需要做的事情大相径庭的局面。

1. 导致全球衰退的来龙去脉

说起导致近年来毁灭性衰退的事件要追溯到大约 30 年前。在衰退之前的 20 到 30 年的时间里,美联储政策和金融服务机构采纳了许多渐进式变革。这些变革中有许多看似并不激进,实际上,有一些甚至没有引起许多人的注意——这对我们造成了集体损害。让我们看一看其中的某些变革是如何发生的。

在 1982 年,罗纳德·里根总统所领导的政府采取措施对美国的银行业放松了联邦管制(当然是在国会的帮助下)。[44]这意味着银行在其如信贷结构之类的金融产品的限制性规定方面有了更大的自由。后来,当克林顿总统的政府于 1999 年拆毁商业银行和投资银行之间的壁垒时,更多潜在的问题悄然隐现。那是因为**投资银行**(investment bank)是指筹集资金,经营流通证券,以及协助合并和收购的机构,往往比商业银行冒的风险要多得多,随着管制放松,商业银行获准可以进行更多风险投机,而它们也确实这么做了。越来越多的金融机构随后走向一种证明完全是不安全的冒险文化。[45]

与此同时,许多银行正从私有向公开交易转变,股东们要求获得短期利益。美国证券交易委员会放松了**净资本规则**(net capital rule),该规则指导机构能够承受的负债额度,这一政策产生了深刻的影响,因为银行可以极端地增加**杠杆资金**(leveraging money)的操作,因此它们按照与其持有的资金量成比例的方式来管理债务量。[46]其结果是债务激增。随着我们向 2000 年迈进,如中国等国家大幅度增加了对美国的出口,并认购了美国债务,而比尔·克林顿总统和乔治·W·布什总统通过支持更低的利息率和类似的举措鼓励市民自置居所。[47]

2. 或许没有人注意到有问题

"我们当中有些人,包括我自己在内,曾经依靠信用机构的自身利益来保护股东的股权,现在非常震惊,难以置信所发生的一切。"

——美联储前主席艾伦·格林斯潘(Alan Greenspan)
在 2008 年接受国会对金融危机的调查时的发言[48]

当里根总统于 1987 年撤销保罗·沃尔克(Paul Volcker)的职务,任命艾伦·格林斯潘为美联储的主席时,没有人会想到格林斯潘会成为美联储最受人尊敬的主席长达几十年,然后又从这一显要地位上跌入可能余生不得不为自己的行为辩护的万丈深渊。[49] 随着 2001 年 9 月 11 日的恐怖袭击和一系列高度曝光的企业丑闻,格林斯潘通过将联邦利率降至 2003 年的 1% 以力图保持经济增长(以及让总统和美国公民感到高兴)。这意味着货币贬值,而且很容易借贷。

低利率维持了很长一段时间,对 2002 年和 2003 年的住宅市场兴盛的局面起到了推波助澜的作用。住宅市场兴盛是一种描述住宅市场高水平活动的方式,这种活动会导致住宅价值迅速上涨。[50] 因为低利率和各种其他因素,越来越多的人能够买房子。在许多情况下,他们买极为昂贵而且超过他们实际承受能力的房子。简易的信贷,掠夺性贷款和次级贷款导致住宅市场兴盛没有可持续性,这迅速地使房价膨胀。掠夺性贷款是用来描述欺骗性或不公平交易的专有名词,如当发生抵押借款时不披露抵押借款或收取高昂费用的法律或金融条件。**次级贷款**(subprime lending)这个专有名词描述的是向通常不具备抵押借款资格的人借款的行为,因为这些人信用卡透支,债务与收入比很低,或者有不良信用记录。从 1997 年到 2006 年住宅市场泡沫的顶峰时期,房屋销售的平均价格上升了 124%。[51] 次级贷款在 2005 年在贷款中所占比例从 8% 跃升至 20%。[52]

这一时期,投资者以历史性低价位购入美元并利用这笔钱投资海外的高利率市场。[53] 在全球范围内,大约有 700 亿美元在寻求高于美国国债的投资回报。这导致金融创新的发展,如被认为是"安全的"投资的住房抵押贷款证券和债务抵押债券。这些是建立在住房抵押贷款供应链基础之上的,它们进一步吹大了泡沫。[54]

这些因素共同作用时意味着银行承担了太多的债务。它们也意味着这些债务中有许多永远也无法偿还,因为人们被鼓励承担他们无力承受的贷款,也因为他们的住房抵押贷款条件在几年之后发生了巨大的改变,其结果致使他们蒙受经济损失,甚至宣布破产。好像没有人注意到正在发生的事情,情况并非如此。正如保罗·沃尔克在 2005 年预测的:

> 我不知道变化是否会随着一声巨响或一声抽泣而来,是否是迟早的事情。但按目前的情况来看,很可能是金融危机而不是外交政策上的深谋远虑会迫使发生变革。[55]

尽管有几次强烈抗议,但情况继续激烈起来。使债务商品化的新方法,如扩张的金融衍生产品市场,也促使问题越发严重。金融衍生产品是相当复杂的金融工具,非常难以衡量和估值,因为它们反映的是基础金融产品如债券或货币的未来预期。金融天才沃伦·巴菲特(Warren Buffett)有句话很著名,他把金融衍生产品称作"大规模杀伤性的金融武器",他主张尽管它们产生值得报告的盈利,但这些盈利是以"随意夸张的"估值为基础的,这种估值的"不准确性可能在许多年内都不会暴露出来。"[56] 实际上,贷款风险的不准确定价,特别是次级贷款,导致世界上最大的几家金融机构一夜之间崩溃,包括美国国际集团(AIG)、雷曼兄弟(Lehman Brothers)和贝尔斯登(Bear Stearns)。[57]

尽管在 1982 年至 2007 年之间发生了许多变化,其中任何一个变化很可能并不会单独导致全球经济衰退,但当这些渐进式的变化共同作用时却是灾难性的。不知何故,全世界的领袖们和金融奇才们却没有预见到问题的到来。在下一节,我们会讨论几种方法,帮助领导者更加关注变革过程,也帮助人们应对变革过程本身。

最热门»讨论题

1. 想一想你经历过的一些变化,根据图 7.2 中的模式将它们罗列出来。解释在你经历的变化为调整时所发生的事情。然后,解释使你顺应、重新定位并自我再创造或对你生活的某些方面再创造的变化。这些当中,哪一种对你而言最容易? 哪一种产生了最好的效果?

2. 你看见过你的学校或你所工作的地方渐进式或演进式变革的证据吗? 如果是这样,证据是什么? 机构或组织的领导采取的是渐进式方法吗? 或者变革是偶然发生的过程? 证明你的观点。

3. 在你所熟悉的商业企业或机构中你看见过什么样的革命性变革? 什么促使该组织剧烈地变革? 对你有何影响?

4. 思考始于 2007 年的金融危机困境。你认识由于本次经济衰退承受痛苦或者不得不改变他们的生活方式或工作方式的人吗? 情况如何? 为什么是这样?

7.4　哪种模式能帮助我们理解变革?

对变革如何发生以及个人对变革的流程如何反应有许多不同的观点。在本节,我们会考察由社会科学家库尔特·勒温(Kurt Lewin)创造的一个颇受欢迎且非常有用的模型。然后,我们会讨论一个隐喻,它有助于我们解释并理解变革是现代生活、工作和组织中的常态这一理念。

7.4.1　勒温的变革力场分析模型

1951 年,社会科学家库尔特·勒温提出了一种理解组织中的变革的有力途径,该途径结合群体动力学、场理论和行动研究形成一种综合的系统视角。[58] 以他的名字命名的这一模型至今仍然得到广泛的应用,因为它仍然与复杂的现代组织紧密相关。勒温的变革模型常常被称作"力场分析"(force field analysis),可以被应用于人类系统的任何层面:个体、群体、组织、社区,等等。

正如你在图 7.3 中可以看到的,勒温的模型认为变革具有三个截然不同的阶段。在一个变革过程开始之前,系统被认为处于冷冻状态,现状牢不可破。后来,在这一变革过程的第一阶段之中,系统开始"解冻"。然后,在第二阶段,变革发生了。最后,在第三阶段,系统再次冷冻起来,使新的现状稳定下来。这个模型最初提出来时主张社会习惯是固定不变,或者说冷冻的。为了发起变革,这些社会习惯不得不"解冻",这要求"[打破]自满的外壳……[通过引起]情感上的骚动"使这些习惯上升到意识层面,在此它们就能得到解决。[59] 在想要的变革被激活后,重新冷冻的过程发生,在这一过程中感觉、思考和行为的新方法得以固定下来。

在勒温模型的每一个阶段中,动态的力量对促进和防止变革同时产生作用。这些力量得到平衡时,不会发生变革,现状保持固定不变。相比之下,驱动的力量比限制的力量更强大时,系统开始解冻——老的习惯受到质疑,老的行为模式似乎不那么有效,人们可能感到焦虑和不确定。如果驱动的力量继续保持足够强有力的势头,变革就会发生。然后,在第三阶段,支持和阻碍变革的力量再一次得到平衡,从而使人们和组织走向正规,形成新习惯、过程和活动。

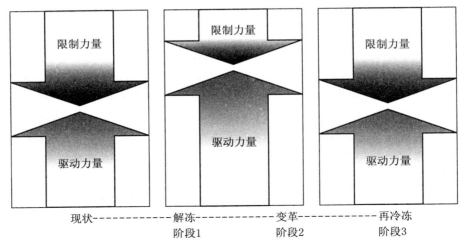

资料来源:改编自 Lewin, Kurt, 1952. Group decision and social change. In *Readings in social psychology*, ed. E.Maccoby, T.Newcomb, and E.Hartley, 459—73. New York: Holt, Rinehart, & Winston.

图 7.3　勒温的力场分析模型

　　勒温分析变革的方法有许多合理的因素,有一些在这个模型中不是很明显。[60]也就是说,勒温强调只有考虑到整个环境时变革才能得到有效的实施。必须公开考虑文化和价值观以及目标、使命、企业实践,等等。

1. 思考这个词:"全局"

　　勒温认为,任何系统层面的变革都必须包含对背景的深刻理解,在该背景中行为、模式与习惯得以形成。[61]这也就是说,单看一个人、一个群体、一个组织是不够的——你必须放眼全局并理解系统中各个部分是如何相互衔接与相互作用的。下面的寓言向我们说明了其中的奥秘。

蝎子与青蛙

　　一天,一只蝎子环顾自己那被称作是家的沙漠,他做出了一个决定:生活在这里很艰苦,他要改变。于是,他踏上了寻找新家的旅程,在灰土、黄沙与炙热的岩石中艰苦跋涉。日子一天天地过去了,他的四周依旧是那穷尽一生都被他称作是家的荒漠。他的希望开始渐渐沉沦,直到有一天在他的眼前出现了一条河流!

　　在河的这边,依旧是他生活过的那片土地——只有仙人掌、岩石、黄沙与其他蝎子。但是,瞧啊,在河对岸就是一片富饶的天堂,那里有树木,甚至还有青草。可是蝎子意识到,湍急而宽阔的河流阻挡了他的步伐。他找不到渡河的任何方法,所以在河岸上焦急徘徊,寻找着任何能帮助他渡河的工具——不论是一座桥、一棵倒下的树木或是一些巨大的岩石。

　　他什么都没找到。小蝎子对渡河感到了绝望,于是他蹲坐下来,思索着生活的不公。突然,在眼角的余光中,他发现河对岸坐着一只青蛙,任由水波冲刷。或许,仅仅是或许,他可以说服那只青蛙帮他过河。

　　"你好啊,青蛙先生!"蝎子冲着河对岸大喊。"我十分想到您那边的岸上去,您能否好心地帮助我呢?"

　　"啊,蝎子先生! 如果我帮助了你,你给我的奖赏或许就是死亡了!"青蛙十分自信地说。

　　"但是,"蝎子回应道。"如果我杀了你,那我就再也不能到河对岸了呀,你看啊,我真的很想逃离这片荒漠到对岸去。"

这只从未和蝎子打过交道的青蛙似乎被蝎子说动了,但是仍然不是十分确信。"那如果我帮你渡河了呢? 你依旧可以杀了我,就算我已经帮助你了!"

"好吧……"蝎子说。"你看,如果你载我过河,我将会十分感激你,如果我因为你的善良而杀了你,这是多么的不公正啊,不是吗?"

"但是……但是……"青蛙气急忙说"你毕竟是一只蝎子!"

"这是事实,"蝎子赞同道。"但你看,我是一只已经改变了的蝎子。我曾旅行数天,穿越沙漠,试图寻找新的生活。我十分的努力啊! 当我看见我的新生活就在你那边的岸上时,我们为什么还要争论呢? 为什么我得放弃我所有的努力?"

于是,那只怀着善良与信任之心的青蛙最终同意载蝎子渡河了。他游向河对岸,停在岸边,让蝎子爬上了他的后背,蝎子对此十分兴奋。就是这样的一只蝎子,已经克服了所有的阻碍,现在他的目标已经近在咫尺。他看到河对岸上的树越来越大,哗哗的水声宽慰着蝎子的心灵,他开始感到轻松了。

但是当蝎子回头看着身后时,他突然意识到他失去了很多。他喜欢的食物,那温暖的沙子,以及找到伙伴的机会……如果都失去了,那生活也将不值得留恋了。

在河中央,青蛙突然感到一根尖利的刺扎入了背中。他的视线模糊了,他的四肢慢慢变得无力了。用尽了最后的力气,青蛙回头看到蝎子拔出了扎入他背中刺。

"你这个蠢蛋!"青蛙咆哮着,"现在我们都会死,这又是为了什么? 你为什么要这么做?"

在他们沉入水中时,蝎子悲伤地耸耸肩:"或许这就是我的天性。"

寓言中,可怜的青蛙就没有很好地统观大局——简单来说,蝎子毕竟是蝎子。青蛙没有成功地分析情势:为什么蝎子想渡河? 渡河究竟有多重要? 河对岸有什么? 更多的蝎子吗? 蝎子是否真的关心生死? 附近是否有其他的蝎子,有着它们自己的安排? 是否有其他要素会让蝎子不能成为蝎子? 究竟是什么原因使蝎子想改变自己? 它能改变吗?

着眼组织变革的全局十分重要。举个例子,苹果公司的领袖史蒂夫·乔布斯在 iPod Nano 被推向市场之初,就针对全局(市场环境)说了一句十分重要的话。当乔布斯要求他的高管团队与工程师打造一款能代替 iPod 的产品时,iPod 已经完全统治了市场。乔布斯这么警告他的团队:"谨慎行事是我们能做的最危险的事"。[62]那时,iPod 占据了 74% 的数字音乐市场,这样的一个数字可能会使许多人与公司相信可以放松警惕了。然而,乔布斯丝毫不想让苹果被其他公司追上,换句话说,能让市场抛弃 iPod 的人只能是苹果自己。于是乎,iPod Nano 应运而生。史蒂夫·乔布斯与苹果公司并没有在行业内循规蹈矩,而他们得到的回报是苹果的竞争力一马当先,并激发了公司的富有创造力的员工团队。[63]

2. 想象文化的力量

勒温相信只有当群体和文化规范、价值观与变革动力得到解决时,变革才会发生。换句话说,简单地尝试改变一个人是十分困难的,因为文化的力量永远胜过个人对于变革的渴望——无论这种渴望有多么真诚。这是因为文化是一种强大的约束力量,能有效的维持现状。在第 13 章,你将会学到文化的不同属性。但现在,请考虑这些方面——诸如共同的价值观、信仰及被认可的行为方式——也就是"我们的处事方式。"

用你的经历来思考这样的情景。好比当你刚上大学时,你学习了很多新事物,比如如何和他人相处,建立新的友谊与和他人沟通。或许你在进大学前有那么一点害羞,又或许你在这之前就已经是一个"明星"了。在进入这个新"系统"——大学时,你认识到你将必须学习新的行为方式,甚至必须用一种新的眼光来审视你自己。你或许已经足够外向,能让你遇见许多新朋友。你或许已经意识到大学中有许多"明星",你的行为举止跟以前会有些不一样。你可能做出了不少改变,你的行为、你对他人的看法甚至看待自己的方式都有了变化。

接着,一些奇怪的事情发生了。当你第一次回家时,在改变了那么多自己的"旧"习惯方式之后,竟然发现自己又慢慢退回到从前的旧"习惯"。几乎转瞬之间,你又变回了那个熟悉的角色,那个为父母、兄弟姐妹、朋友所熟知的自己,行为举止跟你离开上大学之前一模一样。如果你没有重拾过去的行为方式,你会发现你周围的人可能并不喜欢你的改变,并试图让你变回原来的样子。这样的事经常发生,而这样的事情发生是有多种原因造成的,勒温把这些原因指出来了。我们所属的群体有着自己的规范与期望,它们是我们行为举止的强大动力。

当尝试去改变局面时,**在改变局面之前你需要先理解局面**。变革必须以对现存事物的重要审视为开端,比如支持变革与反对变革的各种力量;文化、信仰与价值观;行为,过程与架构——这将我们带向了勒温对于变革的第三个观点。

3. 研究一个系统就能产生变革

根据勒温的理论,当你在研究一个系统时,你也在改变它。[64]社会学家艾德加·沙因(Edgar Schein)也认同这个观点,他强调除非你了解系统的改变源自何处,否则就别抱希望理解如何变革系统。[65]同样地,由于所有的系统都是处于一种持续变革的状态,正确识别并找到那些已经对促成变革产生影响的因素是很重要的。根本上,你需要毫不间断地找到记录组织现状概况的途径,并用这些信息来激发对于变革的渴望。

勒温提出了一种研究人类系统并同时对这些系统进行变革的流程,该流程被称为行动研究(action research),我们将在本章稍后部分进行探讨。行动研究假设对一个群体、组织或团体的研究会导致变革——不论研究者是否真的有意为之。这就是说,当我们研究人类系统时,我们需要理解并管理那些由研究行为而产生的变革。比方说,假设你是一个团队的成员,这个团队正经历着一些内部矛盾。你想了解为何会产生矛盾,所以你就向成员提出了不同的问题(诸如"为什么你觉得我们经常在掐架呢?"),想通过这些问题来"研究"整个团队。可是就是这样一个简单的提问行为,你让他人注意到了自己的行事方式。增强的注意很可能会使人们更加注重自己的行为,这可能会导致矛盾减少的结果。

7.4.2 变革是常量:"永恒的浪花"隐喻

虽然在研究人类系统变革的时候,勒温的模型极其有用,但是这个模型却也有一些缺点。最明显的缺点就是,模型似乎暗示任何系统都是从固定或静止状态开始并以这种状态终结的——尽管两种静止状态各不相同。

著名的组织变革理论家彼得·韦尔(Peter Vaill)是以为著名的组织变革理论家,他创造了"永恒的浪花"这个概念。**永恒的浪花**(permanent white water)是一个隐喻,其寓意是组织系统面对的是无情的动荡与永恒的变革。[66]因此,管理者必须接受他们只能有限地控制自身所处的环境这一事实。

然而,在真实的激流中,撑筏的行家里手懂得如何利用桨、体重、姿势、水流与近岸的静水来帮助他们应对航行时的危险。正如组织学专家格里高利·希亚(Gregory Shea)和罗伯特·冈瑟(Robert Gunther)指出的,管理者与领导者都需要学习相对等的技能来应对在组织与环境中快速而恒久的变革。[67]事实上,不论你今天扮演什么角色,你都需要成为一个富有创造力的终生学习者,指导自己学习新的技能、获得新的信息,而你需要这些技能和新信息来应对永恒的变革。[68]

库尔特·勒温的立场分析模型对于理解变革有着极大的帮助,而"永恒的浪花"这一隐喻帮助我们理解变革是永恒的,而且必须对其进行管理。现在,让我们看一看那些能执行变革的实用方法。

最热门»讨论题

1. 回想你曾尝试在校园中实施的变革(比如在学习习惯、社会生活或课外活动等方面的变化)。促发这次变革(那些帮助你的力量)的力量是什么?反对这次变革(那些阻碍你的力量)的力量是什么?你是如何强化那些帮助你的力量并同时弱化那些阻碍你的力量的?

2. 回顾青蛙和蝎子的寓言故事。你曾经有过像青蛙那样的感受吗?当你决定做些新尝试的时候,你错失过重要信息或问过错误的问题吗?当你在尝试对自己的生活或工作做出改变时,你能看出那些你想关注或会错失的信息的规律吗?

3. "永恒的浪花"这一隐喻可以如何运用到你的生活中呢?

7.5 哪种实用的模型能帮助我们管理组织中的变革?

在这部分,我们将注意力转向使我们能够管理组织变革的那些实用模型。学者兼从业者约翰·科特(John Kotter)和格里高利·希亚有助于我们考虑在执行变革时应该关注什么,应该做些什么。科特和希亚各自的模型能帮助我们在努力进行组织变革时集中精力。

7.5.1 科特的八阶段变革模型

正如你们在表7.3中看到的那样,哈佛商学院教授约翰·科特提出了著名的组织变革方法,该方法包括了8个界定明确的步骤。

表7.3 约翰·科特执行组织变革的途径

保证有效地执行变革该做些什么;
阶段1:确保所有人都感受到迫切需要进行变革
阶段2:找到合适的人带领组织进行变革
阶段3:制定新的战略愿景
阶段4:确保对新的愿景进行有效的沟通
阶段5:授权一大批变革代理人
阶段6:成功实现短期胜利
阶段7:巩固取得的胜利,追求更多的变革
阶段8:在组织文化中巩固变革

资料来源:根据 Kotter, John P., 1996, *Leading Change*, Boston, MA:Harvard Business School Press 改编。

1.科特阶段1到5:准备变革

（1）科特模型阶段1

与库尔特·勒温相似,约翰·科特也认为为了真正开始实现变革(抱有变革继续下去的任何希望),组织中任何变革流程的第一步必须是确保组织中的所有成员深刻感受到变革的迫切需要。组织中的所有人,或者潜在的成员都需要对变革为什么是必须的在认知层面上有所理解,同时也要对需要采取的举措及其原因在情感上有所投入。有时候,领导者试图用"燃烧的站台"这一组织中常见的比喻来说明某件事情迫在眉睫,或者某种趋势正在萌芽,需要重点关注。

为了说明科特模型阶段1是如何在现实中运行的,我们可以看一看制药产业。在制药产业中,商业模式都是围绕对"畅销"药物的研究、开发和营销展开的。"畅销"药物往往是公司的摇钱树。开发这些药物需要投入大量时间和金钱,但一旦这些药物被市场接受,在公司享有该项专利整个时期内都会给公司带来巨大的利益。以2005年为例,这样的"畅销"药物有立普妥(Lipitor),波立维(Plavix)和耐信(Nexium)(见表7.4)。[69]正如你看到的那样,这些药物卖了很多钱。

表7.4 2005年排名前三的"畅销"药物

1. 立普妥
   a. 治疗症状:高血压
   b. 年销量:129亿美元
   c. 年增长率:6.4%
   d. 生产商:辉瑞制药有限公司(Pfizer)
   e. 批准日期:1996年12月
   f. 专利终止日期:2011年6月[70]

2. 波立维
   a. 治疗症状:心脏病
   b. 年销量:59亿美元
   c. 年增长率:16%
   d. 生产商:布里斯托尔—迈尔斯斯奎布公司(Bristol-Myers Squibb and Sanofi-Aventis)
   e. 批准日期:1997年11月
   f. 专利终止日期:2011年11月[71]

3. 耐信
   a. 治疗症状:胃灼热
   b. 年销量:57亿美元
   c. 年增长率:16.7%
   d. 生产商:阿斯利康医药公司(Astra Zeneca)
   e. 批准日期:2000年3月
   f. 专利终止日期:2019年,但是在2014年5月27日,阿斯利康医药公司将准许另一家公司生产该药物,以解决一桩诉讼案[72]

在2005年,当这些药物成为"畅销"药物时,全世界处方类药物的花费接近6 020亿美元,而在美国的销售额就超过41%。根据2007年的一项报告,"100种畅销药物创造了2 525亿美元的销售总额,占据了全球制药市场的35.5%"。[73]

不论这种商业模式曾经多么强大,许多市场分析师和制药公司执行官认为,这种运营模式正在逐渐落伍。当然,它不会立刻被淘汰,因为为了以制造并营销"畅销"药物为导向的产业惯例和组织系统早已根深蒂固。但是,开发药物所需要的时间和成本都给生产商带来压力;专利总有一天会到期;故意散布恐慌或者培养对于某种药物的特殊需求的认识这样的营销策略,使公众越发对其失去耐心;公众呼吁制药公司承担更多的社会责任,所有的这一切都表明:变革势在必行。制药行业中睿智的领导者正在谋划。

例如,世界最大的制药公司之一最近就简要陈述了公司要进行一项重要的战略转移。在葛兰素史克公司(Glaxo Smith Kline, GSK)的季度的盈利比华尔街预测的高出33%之后,GSK的首席执行官安德鲁·维迪(Andrew Witty)宣布说GSK已经采取了大刀阔斧的举措,使公司置身于药物研发和市场营销领域变革的第一线。例如,2009年,GSK采取了研究与开发的对等网络机制(peer-to-peer, P2P),出其不意地转变了传统的药物研究模式。[74]公司正在开发"专利储蓄池",并计划在里面存储其研究人员研发出来的13 500种分子,为更广阔的开放研究提供了资源。这就意味着GSK之外的研究人员通过使用GSK的创新技术,相互合作进而找到联合解决方案。

另外,全世界的60名科学家将有权进入GSK的研究中心来进行他们的研究工作。[75]这是一个"开放的实验室"。通过向公众开放他们的创新成果,GSK能够汇聚全世界研究人员的创造性,以开发急需且不那么昂贵的药物用来治疗发展中国家和欠发达国家里的一些疾病,即所谓的"被忽略的疾病",它们是"医药公司利用开放数据进行试验的低风险领域"。[76]

GSK决定建立开放实验室支持新兴市场的药物研发的举措令人瞩目,其中一点就是:这种应对变革的途径实际上背离了那种基于恐惧的应对方式,转向一种富于创新、鼓舞人心的方式。这表明公司认识变革的方式发生了转变。公司不是将变革视为"燃烧的站台"须要严加防范,而是朝别的方向努力:一种能够帮助世界上的穷人的创新研究流程。公司领导层不再一味让员工惧怕未来,而是鼓励员工通过努力应对新的商业现实即做研究的新方法和新市场来进行变革。公司领导层非常清楚他们想要的变革,并把这些变革的理念传递给员工。事实上,2010年1月在摩根大通公司的第28届年度健康会议上,安德鲁·维迪暗示公司会背离传统的畅销药物模式,强调为了让GSK更加多元化,公司不得不摒弃"向西方市场硬塞白色药丸的做法",取而代之的是要着力满足新兴市场的真正需求。[77]这真是一种鼓舞人心的视野,这种视野很可能会帮助员工感受到公司力图求变的迫切需要并为之努力。

(2)科特模型阶段2

根据科特提出的模型,变革过程的第2阶段要求找到合适的人带领组织实现变革。任何层次的员工都能参与,但必须有高层领导者参与其中。一旦缺少高层领导者的参与,大多数力图变革的努力都将失败。有时候,这会采取"变革委员会"的形式,委员会由高层领导、组织中各层级的员工、主要职能部门的代表以及专家顾问组成,这些专家顾问要么深谙变革之道,要么熟知组织正在面临的问题。

(3)科特模型阶段3

阶段3与为组织制定新的战略计划有关。新战略通常是由组织顶层的高层团队与/或董事会制定的。但在筹备大规模变革时,收集信息并且让整个组织中的关键人物参与其中很重要。

(4)科特模型阶段4

在阶段4中,必须采取行动确保新愿景在整个组织内部得到有效的沟通。如果员工了解了目前的状况及其来龙去脉,他们会更有可能愿意做出改变,哪怕是很艰难的改变。这种沟通当中值得一提的是,应尽量避免非人性化的沟通方式(比如在公司范围内发送邮件)。领导层要想方设法鼓舞并激励员工,他们要帮助员工理解新的组织愿景如何支持员工的个人希望与梦想。

(5)科特模型阶段5

员工理解新的愿景后,就该授权一大批变革代理人了。这就是说要发现和培养一大批积极支持变革流程的员工,并为他们制定计划。变革代理人努力持续不断地与他人进行沟通,鼓励并动员他们采取新的行动、采纳新的态度乃至新的价值观。当然,他们必须具备足够的技能,使他人对变革产生热情,并应对变革实施过程中出现的细节问题。

虽然授权一大批变革代理人是该模型的重要组成部分,但该阶段往往在组织中失败。失败的部分原因在于代理人需要具备的一些技能,如管理抵制的能力,具备鼓舞人心的领导魅力以及展现个人韧性等,并不一定是员工在工作中学到的。事实上,许多组织并不鼓励员工具备与支持并鼓励变革有关的能力。

2. 科特模型的阶段6到8:变革

(1)科特模型阶段6

在科特模型的第6阶段,成功实现短期胜利,在某种程度上而言,是违反直觉的。科特解释说,在阶段6,领导者不应该追求惹人注目、显而易见的大变革,而应该着眼于发现实现小规模胜利的机会,这些小小的胜利给员工带来信心,使他们相信变革流程正在朝着正确的方向前进。

(2)科特模型阶段7

科特模型的第7阶段要求巩固取得的小胜利,追求更多更大的变革。到了这个时候,员工的心情和思想都已经发生转变,他们会受到鼓舞和激励坚持不懈,积极进取,为实现更大更重要的变革而努力。

(3)科特模型阶段8

在科特模型的最后一个阶段,新思想、新做法必须在组织文化得到巩固。具体表现在改变组织文化的一些"标志"(比如使命宣言)、强调并利用涌现出来的好"故事"宣传新组织,或者将新气象深深地植入组织系统和组织流程。

科特认为组织变革之所以失败是因为领导者无视或忽略了该模型中的一步或者几步。比如,没有筛选并授权一批领导者联合执行变革,障碍最终成为了隔阂。取得小进步后沾沾自喜的态度会使领导误以为他们已经成功了。即使当变革的愿景成功实现并收获巨大的成果时,未能将变革嵌入组织文化也会导致长期的失败。

科特的模型作为实施组织变革的框架已经并且将继续被广泛使用。让我们把目光投向另一个应用模型。结合勒温的力量场分析和科特的研究,该模型将进一步提高成功实施变革的可能性。

7.5.2 格里高利·希亚的工作系统模型

沃顿商学院组织转型领域的专家格里高利·希亚认为,当今的企业和机构是许多充满活力的复杂系统,这些系统持久不变地经历着变革。希亚提出了一个被称为工作系统模型的组织模型(见图7.4),该模型说明了组织的复杂性,也说明了试图进行变革时,需要考虑权衡的多方面因素。[78]

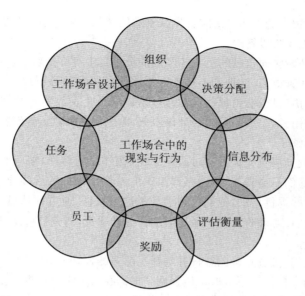

资料来源:改编自 Shea，Gregory P. 2001. Leading change. In *Medicine and business*：*Bridging the gap*，ed. S.Rovin，p.47. Gaithersburg，MD：Aspen Publishers. Used with permission of Shea & Associates，Inc. © Shea & Associates，Inc.

图7.4　格里高利·希亚的工作系统模型说明了公司的复杂结构

在这个模型中,所有为变革所作的努力都围绕着一个中心:更适宜的全新工作方式,更有效更高效的组织,以及旨在取得成功、使员工满意并产生共鸣的整体工作环境。正如格里高利·希亚所言:

> 实现变革要创造不同的工作环境。员工不再以原来的方式工作。为了实现这个目标,首先需要搞明白到底需要什么样的工作环境。"在这个办公室里、生产区域,或在那些跨国的、跨洲的或全球的虚拟团队中将会发生什么?""他们生活的哪种场景将体现这种变革,并成为这种变革?"如果你事先不能预测需要什么样的场景,就不可能设计出来。如果你不能设计出来,实现变革并使之持续下去的可能性就大幅减小。因此,重要的事情先来:你准备将什么样的行为群体或者场景或者电影片段呈现出来?[79]

7.5.3　格里高利·希亚模型中的变革杠杆

让我们稍稍花点时间来详细地研究一下希亚的模型。首先,在这个模型中,杠杆是组织系统或子系统中的一方面,在变革流程中可以对其进行研究、处理、强调抑或是忽略。选择哪根杠杆进行研究并产生影响十分重要。根据需要或渴望实现的变革类型,选择什么样的杠杆会直接促成变革成功,也会使之功亏一篑。这些杠杆中的每一个都可能成为成功地将变革引入整个系统的促进剂或者抑制剂。这是因为系统中任何一部分的改变都会对整个系统产生影响。

例如,由于越来越多说西班牙语的人居住在达拉斯,达拉斯儿童医学中心就曾经为了满足日益增长的医患沟通需求,采用员工、奖励和任务杠杆来促进变革流程。医院面临着日益严峻的难题,因为许多医生的西班牙语不流利,而病人英语不够流利以至于他们不能准确描述症状,也不能理解医生或者护士的说明。医院首先试着雇用了几十名医学专业翻译人士,但由于成本太高,这批新的翻译人才难以管理。

随后,医院系统开始转向自己的员工。医院的员工当中有许多是前台接待员或在医院其他领域工作,他们会说两种语言,但他们不熟悉医学用语。医院领导层决定向志愿者免费提供英语和西班牙语的医学语言培训,给那些成功通过培训的员工发放奖金和加薪,并给他们额外授予"语言联络官"的职衔。如今,一旦需要翻译服务,医生们只需就近轻轻拍一下身边的同事,他们的问题就能迎刃而解了。[80]

在这个例子中,领导层首先试图通过改变组织(在外雇用翻译)来应对新情况,但没能解决问题,部分原因在于他们只是转变了杠杆,即组织的整体结构。然后领导层又多调用了几个杠杆。通过号召志愿者并提供培训,他们影响了员工这一杠杆,通过评估员工在培训项目中取得的成绩,他们影响了测评与评价杠杆。通过增加任务和职责,任务杠杆受到影响。最后,奖金和加薪影响了奖励杠杆。

这个例子告诉我们,挑选正确的杠杆并选择足够多的杠杆充分发挥其专长至关重要。希亚警告说仅仅关注一两个杠杆并不可取。他强调:"根据我与组织合作进行变革创举的经验,至少需要同时运用四种杠杆因素才能促成变革……没有必要运用全部的变革杠杆,但仅仅使用其中之一就别想获得成功。"[81]员工需要感到他们转变自己的行为方式和与之相适应远远赶不上工作环境的变化。

希亚继续解释,持续的变革需要不断做出选择,不断培养新的技能——也需要时刻关注组织存在的环境。他有如下建议:

> 在我的班级上和在做咨询时,我见过很多非常有才华的管理者和执行官。他们在变革的洪流中逆游而上,甚至溺水而亡。环境是无情的。他们用已经具备的能力努力面对无情的环境,这种环境里翻腾着永恒的浪花。他们乘坐一叶扁舟或小艇沿大峡谷(Grand Canyon)而下。这可不是什么好主意。世界已经改变,我们需要新的方法来适应。[82]

7.5.4 格里高利·希亚讨论如何选择变革的内容

在每天都会发生变革的世界中,有必要弄清楚关注什么,不关注什么。事实上,格里高利·希亚认为,当今工作中最重要的事情之一(尤其是当你是管理者或领导者时)就是选择不做什么。面面俱到根本不可能,如果尝试这么做,你很可能会什么事也做不成,或者说至少达不到自己的标准。[83]

需要专注于重要的事情。然而,为了确定什么是重要的事情,你必须懂得你意识到的这些问题是不是真实的,是不是需要立即采取行动。比如,日本丰田公司2009年和2010年由于加速器踏板问题不得不召回数以千计的汽车,丰田领导层认识到这些非常真实的问题将要求许多智能部门各个层面的员工、管理层和执行层投入大量的时间管理召回流程,解决问题并且挽回丰田公司的形象。

希亚认为,有另外三种方法对各种情况进行分类以帮助你确定做什么(或不做什么)。一些事情看上去不重要,事实上却很重要。他把他们叫作炸弹。一些事情真的不重要,你就应该忽略。一些事情纯属浪费时间,因为虽然无关紧要,但它们引起你的注意,并诱使你花时间处理。

那么,当看似无关紧要实则非常重要的事情并未引起你的注意时,会发生什么呢?已经倒闭的金融服务公司雷曼兄弟(Lehman Brothers)经历一番苦难方才了解公司似乎对所谓的炸弹熟视无睹,最终引起了大规模的爆炸。有趣的是,大量迹象表明雷曼公司的银行业务会陷入困境,据推测,没有人关注到,也没有人意识到这些迹象的重要性。公司内外部的太多人都忽略了这些重要问题,一家百年老公司就此倒闭,数千人失业,许多人一辈子的存款化为泡影。

再举个美林证券公司(Merrill Lynch)的例子,它现在是美国银行(Bank of America)的一部分。2008 年底,正值有史以来最严重的金融海啸期间,美林公司决定花 120 万美元重新装修CEO 的新办公室。[84]这是浪费时间的经典案例,彼时一枚定时炸弹(即公众意见)一触即发,他们却视若罔闻。员工当然有更重要的事情要担心,但不知为何,由于传统、政策以及很可能是CEO 和其他人的愿望等多种因素,装修计划付诸实施了。毋庸讳言,媒体是不会放过这则消息的,炸弹很快引爆。美林公司名誉扫地,大量的时间和精力都花在为自己辩护、解释以及为这些行为致歉上面,公司根本无暇解决金融危机中更加紧迫的问题。

另外一个例子虽然不那么具有破坏性,但却更加普遍,即忽略员工对于各种因素如工作环境的感受也可能成为一枚炸弹。例如,在公司里,很容易听见员工对办公室、小隔间和工作间的评头论足。作为管理者,你可以选择主动忽略这些(有些情况下也是正确的选择)。然而,当工作环境影响到了员工的精神状态和身体健康,抱怨情绪就会水涨船高。员工在意他们的工作环境,管理者这时候就要决定是要关注这些问题还是不要。

但我们怎样才能知道什么时候问题无关紧要,而不是随时会爆炸的炸弹呢? 确定关注哪些事情并非易事。组织中的人们将不计其数的时间耗费在根本无关紧要的事情上。要确定忽略哪些事情本身就需要我们审慎地思考、批判性地思维,也需要依靠我们的直觉。不重要的事情不会出现在任何的优先事项清单上,并且许多人根本不会在上面浪费时间,看起来好像是这样。然而,情况并不总是这样。例如,许多人花大量的时间处理和工作没有关系的电子邮件,以及一些真的无关紧要的电子邮件。之所以收到不必要(但是会分心,浪费时间)的电子邮件,是因为有人试图通过模仿所有人来达到保护自己的目的。他们只想要确定不会有人回复说"我之前不知道"或者"你之前为什么不问我?"你的工作就是搞清楚哪封电子邮件该读,哪封不该读。

有时候,人们往往浪费时间在一些事情上,如抱怨老板或者同事,而不是努力改变局面。这绝对是浪费时间——但光靠告诉他们这种事情是不可取的,是没法杜绝的。然而,你可以将这种行为看作某种症状,试着发现问题的真正根源。比如,公司文化或许鼓励这样的行为——在这样的环境中,谁抱怨得最多表示他或她最有力量。又或者,公司里有一两个喜欢惹是生非的人,可以说是"坏家伙"。只有找到这种行为的真正根源,才能开始变革。

为了理解时间和精力该投向何处,尤其是在涉及变革管理时,要定期提出这样的问题:"如果这件事情现在很重要,我们应该仔细考虑吗?""这件事情以后会很重要吗?"那是因为在如今反复无常的世界里,一切都在变化——需要优先解决的事情也需要改变。格里高利·希亚鼓励我们带着批评的眼光思考,继续坚持评估我们关于某项活动重要(与否)的观点,以及检讨我们是如何支配时间、分配精力的。

在先前的两节中,我们重点关注的是有助于我们理解公司变革的模型。库尔特·勒温的模型说明存在着促成变革和抑制变革的双重力量。彼得·韦尔和其他人认为,变革是社会、经济和组织中的常态。约翰·科特帮助我们理解组织变革模型是分步骤的,每一阶段都很重要。最后,格里高利·希亚的模型帮助我们理解在变革组织时精力该集中在哪里,如何如何不断地评估作出的选择。所有这些模型都帮你理解什么是变革,怎样将变革融入组织。接下来,我们重点讨论员工,着眼于什么让员工渴望变革以及什么让他们继续下去,即使困难重重。

1. 想一想你曾经是否尝试让别人作出改变（在家里，在小组里，在学校里或者工作中的团队里）。你是如何确保他们已经做好变化的准备的？有效果吗？为什么有效果？为什么没效果？

2. 思考希亚变革杠杆。根据你的经验（工作中、团体中等），哪个杠杆因素最重要，哪个最不重要？用真实的例子证明你的观点。

3. 思考希亚关于如何将问题归类并确定如何分配时间的方法。在你的学习或工作中，有没有什么事情可以归入"炸弹"类，需要重点关注的？你为什么没有花时间解决它？你是不是需要重新评估自己的行为？

7.6　人们是如何进行变革的？

只有员工改变了，公司才能实现变革。因此，我们需要理解员工在心理上是如何应对变革的，理解如何管理对积极变革以及不那么受欢迎的变革的反应。深刻理解了员工如何应对变革，我们现在可以将注意力转移到一个能够帮助我们创造变革流程的模型上，该模型对个人很有用，即有意变革模型，是由著名学者理查德·博亚兹（Richard Boyatzis）提出的。

7.6.1　变革：对人们并不总是那么容易

学习和改变对于儿童来说很容易。然而，对于成年人，情况往往并非如此。学者们一直以来对大脑如何应对改变作出反应非常感兴趣——比如成年人如何学习新的行为方式以及与外界打交道的不同方法。

对于大多数成年人而言，改变是痛苦的，让人浑身不舒服。部分原因是当事物保持原样时，我们的大脑能够高效地运行在布局清晰的神经通路上——不需要有意识的关注。但是，随着变化的发生，大脑的工作记忆有限，超负荷的记忆让大脑迅速出现疲态。当我们形成新的神经通路时，简单的关注行为会与大脑中真正发生的化学物理变化相适应。这需要耗费精力。当我们更加集中注意力并练习新的思维方式时，这些神经通路变得更强大，更高效。[85]心理学家保罗·沃瑞（Paul Waring）将这一过程称为"训练大脑"。[86]

从五种感官接收信息并加以处理的过程也非常复杂。我们处理信息时首先做的一件事情是在大脑中一个叫做边缘系统的器官中对其进行处理。这个复杂的系统控制我们的情感记忆，这些情感记忆帮助我们确定我们的所见所闻或所经历的事情是不是威胁，或者我们所遇到的是不是一种培养他人，关爱他人甚至是谈一场恋爱的召唤。边缘系统中的部分器官（脑内扁桃核和丘脑）处理信息，随后将信息传递到前额叶——在那里作出决策，规划行动。

理解并有能力管理好情感不一定容易，不会无师自通。这是因为我们的情感有这样一个目的：将注意力集中在威胁和机遇上。事实上，情感才是注意力、焦点以及我们最终的行为的驱动器。学者丹尼尔·戈尔曼、理查德·博亚兹、安妮·麦基都研究过如何控制与改变有关的情感。[87]

我们需要培养发展情商能力，比方说，有了自知之明以及自我管理，就能确保情感指导我们的理性和行为，而不是"劫持"我们的边缘系统。一旦我们的情绪遭到劫持，往往就不会三思而行。我们可能会被与生存几乎无关的忧虑或恐惧劫持，从而冲动行事；此外，像被另一个人吸引这样的事情也会劫持我们，让我们意乱情迷。[88]无论在哪种情况下，我们都会做出一些荒唐的事情来，只要我们即使稍微认真考虑一下，就不会做出那种事。让我们更加深入地理解某些情感到底是如何影响我们的学习能力、变革的能力和韧性。

7.6.2 个体改变的心理学和神经心理学

积极的情绪在处理变革时非常重要，因为情绪会影响我们保持专注的能力，关系到能够做成功某件事。富于积极情绪、充满挑战和兴奋的环境，能够使人充满动力，并且以结果为导向。如果我们从心理学的角度寻找解释会发现，当人们经历了被科学家称作积极情绪吸引子的事情时，他们会变得坚忍不拔，富有创造性，更乐于接受新的观点和事物。[89]**积极情绪吸引子**（positive emotional attractor）是一种充满幸福和希望的心理状态，它与副交感神经系统有关，能够抵消压力造成的影响。积极情绪吸引子的概念来自于混沌理论，它是近来广受追捧的一种理论，旨在理解人类系统和人类行为。[90]

不幸的是，消极情绪吸引子有相反的作用，这并不奇怪。**消极情绪吸引子**（negative emotional attractor）是消极情绪带来的一种心理状态，它与交感神经系统有关，会使人产生抵触感、威胁感和压迫感。一旦组织和团队中弥漫着这样的情绪，不和谐的公司氛围就产生了，这会让员工封闭自己，避免冒险，普遍局部最优化自己的表现。这并不是进行变革的理想状态。许多因素都会激发消极情绪吸引子，比如说不敢尝试不同的方式、被迫改变自己的意愿、对变革蕴含的意义或者对变革影响个人的表述不够清晰明确。

如何处理并管理情感对变革产生的强烈影响，包括周围的变革和自身的改变。表7.5罗列了一些积极和消极的情绪吸引子。可以看到这些心理状态如何影响我们的感受和表现。接着，让我们看一看领导者如何将此付诸行动，重点关注一个能帮助我们主动地运用情绪以参与变革的模型。

表7.5 积极和消极情绪吸引子

积极情绪吸引子	消极情绪吸引子
希望（hope）	恐惧（fear）
喜悦（joy）	绝望（despair）
同情（compassion）	愤怒（anger）
兴奋（excitement）	怨恨（resentment）
挑战（challenge）	嫉妒（jealousy）
平静（serenity）	怀疑（mistrust）
成长与学习（growth and learning）	屈从（forced compliance）
爱（love）	恨（hate）
尊重（respect）	鄙视（disdain）

7.6.3 有意变革

有些领导深谙如何帮助员工管理情感，所以会具有一种应对变革的恰当态度，即富有建设性和挑战性的态度。GSK全球公司战略部的总裁马克·麦克德-阿玛西斯（Mark McCord-Amasis）

就是这样的领导者。正如前面提到的那样,在安德鲁·维迪的领导下,GSK 在 2009 年和 2010 年大刀阔斧地开始变革公司的运营方式,改变公司对世界上的人们——尤其是穷人的社会责任。[91]这些令人赞叹的重大举措在公司里荡漾开去,促使各个级别的领导者鼓励员工参与进这场影响深远的变革。马克·麦克德-阿玛西斯是一个既懂得鼓舞人心,又极具洞察力的领导,他向我们展示了如何通过发挥员工的能量和热情,包括他们的才能和敬业精神实现上述目标。

观点

GSK 全球公司战略部的总裁马克·麦克德-阿玛西斯是个既富有创造力又尽心尽责的领导者。他过着充实且精彩的人生,同时又善于振奋人心。

领导力的必要行为在于展望你希望为企业或组织创造的最佳未来图景并将之付诸文字,用语言传达给员工。在这一过程中让员工参与进来很重要,因为这么做就是让他们和组织尽心投入那样的未来。正如你需要对未来积极乐观,充满信心一样,与执行变革这一艰难工作相关的每个人也需要如此。一旦人们集体描绘出那样的愿景,它就应该成为一种沟通工具,将你的思想传递给组织中的其他人和外部利益相关者。

愿景是为组织所有的后续战略规划活动打下基石的东西。当面对重大变革并且需要战略性地作出回应以解决你所面临的问题时,你得邀请关键利益相关者,制定出一项条理清楚、协调一致的战略。而这始于领导者和管理者,他们将要创造变革并将战略付诸实践。他们要参与对话:我们目前的现状如何? 在 5 到 10 年的时间内我们希望公司得到什么样的发展?对我们而言至关重要的问题是什么? 取得成功的关键因素是什么? 我们如何监控变革进程?

我采取的方法并不是告诉他们该想什么或者做什么,而是与关键领导者和管理者一起推动互动式战略规划会议的进行。我给这场互动会议带来的是清晰分辨公司未来走向。我不会轻率地对待这一过程;我会做好各种准备。我确保自己真正思考过公司的未来走向是什么,问题是什么,以及我的愿景是什么。接着,只要大家齐心协力,我们就能讨论并发展愿景的内容,通过头脑风暴找出关键问题。然后,我们对"愿景的内容"和我们认为重要的问题进行分类,并就对目的和目标而言真正重要的事情达成一致。我们理解实现成功的关键因素和障碍,并制定处理战略。由于人们亲历这一流程,会产生一种对整个战略规划和问题的责任感及自主权。所有的一切都是公开透明的。我们既感到兴奋,又倍感责任重大。

现在我们就准备好进入下一步了:为如何实施策略进行规划。我们准备好动员那些直接负责公司运营与物流的管理者和员工。我们准备好要让他们和我们一样兴奋,一样投入。这个过程未必容易,需要时间,但是非常值得。在开展执行变革计划这项艰巨的工作时,我们有一项条理清楚的战略,我们所有人都对这项战略有所贡献,对此感到自豪,并且对此深信不疑。

资料来源:安妮·麦基于 2009 年对马克·麦克德-阿玛西斯的个人专访。

大部分个体学习和变革的方法都是首先关注自身的缺陷。但是正如马克·麦克德-阿玛西斯教导我们的那样,这可不是启动变革的第一步。需要清楚认识到自己要实现的目标,使员工亲自参与绘制这幅蓝图。理查德·博亚兹提出的有意变革理论准确地解释了这一过程是如何进行的。[92]这个理论支持马克·麦克德-阿玛西斯的做法:员工需要强烈的个人愿景,并以此作为起点开始变革和发展的流程。员工需要希望。

希望及乐观主义使你能够管理好自己的情绪，引导你该注意什么。**希望**（hope）是一种向往切实可行、迷人的未来的情感体验。[93] **乐观主义**（optimism）则是积极的人生观，相信美好的事情总会到来，噩运只是暂时的，是能够被战胜的。[94]乐观主义者往往将不好的情况视为更加努力进取的机遇和挑战。希望和乐观主义改变你看待世界的方式，这会对健康、决策以及富有成效的变革产生影响。[95]鼓励希望、乐观以及其他积极的情绪能帮助我们解决变革过程中与生俱来的压力，同时培养坚韧不拔的毅力以专注于实现变革目标。[96]

在对人类实际上如何改变自己的行为和能力进行多年的研究之后，理查德·博亚兹教授提出了有意变革模型。[97]正如你在图 7.5 中看到的那样，该模型包括几种典型的、但同时优势相互关联的步骤。该模型与其他单个的变革模型有着很大的区别：有意变革模型以想象自己美好的未来为起点，而不是强调个人的不足。

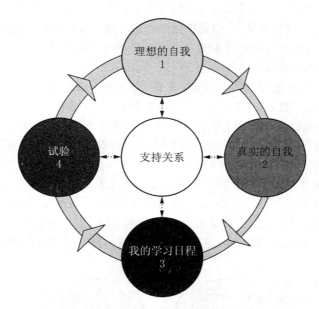

图 7.5　有意变革模型

举个个人生活中的例子吧。想象一下，你认为自己由于坐着学习时间太久（或者经常参加聚会），导致了体重增加过多。你对自己说"我看上去太糟糕了，我需要减肥。"你计划吃的少一点儿，运动多一点儿。然而，几天之后，你又重新吃快餐，喝苏打水。如果根据运用有意变革模型，你可能会首先确定一个对自己有意的未来状态。例如，你可能得知两个月后有一场跑步比赛。你知道如果参加这场跑步比赛，就能为治疗乳腺癌筹集资金，这是你认为非常有意义的事情。你知道自己目前还不能参加比赛，因此你为自己制定了训练计划，包括吃健康的食物、走路、跑步以及一周四天的交叉训练。你充满动力，满心鼓舞地坚持这个计划。因为你认为这是个崇高的目标，值得付出。在这样的过程中，你成功地变瘦了！[98]

这种情况发生，是因为对个人"理想的自我"的憧憬激发了一种心理状态，这种状态支撑学习的辛苦，而关注个人的缺点实际上让人失去动力。[99]变革过程使我们识别"理想的自我"，审视我们的现状（"真实的自我"），从中找到差距，随后制定有效的学习计划。通过这个过程循序渐进，积极地寻求并接受他人的支持，我们能够学习并培养复杂的能力，改变长期保持的行为模式，并成为更优秀的领导者。[100]

在略知如何调动自身变革的动力后，我们接下来关注一种模型，这种模型帮助我们理解下一步我们会面临什么，以及我们如何帮助他人调动他们的干劲。为了实施切实有效的变革流程，理解如何管理意识、动力和行动非常重要。

7.6.4　在团体、组织和社区中领导变革

员工、管理者和领导者的首要任务之一就是确保人们参与而不是反对变革流程。这绝不是像说句"你不得不这么做"或者"相信我，这对你有好处"那样简单。很多时候，这些方法会招致更多的抵抗。在本节，我们将研究**格式塔经验循环**（Gestalt cycle of experience），这个模型能帮助我们了解如何动员和维持能量，引导注意力，选择能够改变自己或团体的行动。

1. 格式塔经验循环运用于变革

为了让人们参与变革过程，需要找到方法进入他们的内心和心灵，帮助他们克服内心的抵触，使他们为分享观点、打起精神、承担责任做好准备。保证人们准备好支持变革的最好的方法之一就是，关注人们在多大程度上意识到变革的需要，然后协助他们在整个变革过程中热情饱满，干劲十足。格式塔经验循环解释了这一点。

格式塔经验循环不能追溯到某个明确的来源，但一些学者认为，在该模型所依据的众多动因中，有两个关键动因来自 20 世纪 50 年代的弗里茨·皮尔斯（Fritz Perls）和劳拉·皮尔斯（Laura Perls）。[101]格式塔经验循环主要关注个体如何解释变革的需求以及他们对此作出的反应。[102]该模型告诉我们，实际上存在一系列的步骤能帮助员工意识到变革的需求，从而调动他们的干劲，进而评估整个变革过程。

完形临床医学家伊莱恩·凯普纳（Elaine Kepner）是最先用现代形式描述格式塔经验循环的第一批学者之一，图 7.6 中的例子摘录自她 1980 年的临床发现以及组织学学者大卫·库伯（David Kolb）发表的文章。库伯的文章发表于 1984 年，援引了许多其他学者的观点，其中包括教育哲学家约翰·杜威（John Dewey）、社会学家库尔特·勒温和完形心理学的从业者。[103]

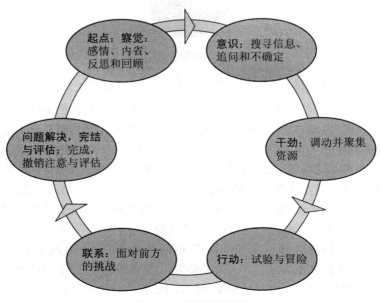

图 7.6　经验完型周期

这个模型说明，事实上，在变革前我们做什么以及心里想的是什么会直接决定我们在多大程度上准备好参与变革并坚持下去。我们借助学者兼从业者弗朗西斯·约翰斯顿（Frances Johnston）提出的一个简单的例子来解释模型的每一个步骤，然后将其运用到组织变革之中。[104]

想象一下，一头母狮子长长地睡了一觉，惬意地醒来，精神倍爽。已经到了黄昏时刻，它嗅了嗅周围的空气，用眼睛扫视了周围环境——它察觉到了什么东西。慢慢地，它才意识到自己感到不安。是因为周围有危险吗？它又嗅了嗅，一切安好。是它依然很累吗？它又躺在下来，还是感到焦躁不安。不是睡意在作祟。它的幼崽们也感受到了它的不安，因为它们也开始感到焦躁不安。

母狮站起来，伸了伸懒腰，意识到自己原来是饿了。啊！原来如此！这就对了——如果它饿了，它知道它的幼崽们也饿了。顿时，它感觉更加清醒了，更加充满活力：它准备行动了。母狮满心只在乎自己很饿，它根据自己想要摆脱这种感觉并给幼崽喂食的欲望行动。它优雅地走出丛林，悄悄地来到它最喜欢的一个饮水坑。幼崽们紧随其后，现在它们也意识到自己很饿，需要采取行动。

接下来是这样的：母狮子看见了猎物，蓄势待发，猛地扑向猎物！它成功地与想要的东西取得了联系——一种消除饥饿，喂食幼崽的方法。它们心无旁骛地吃着猎物，直到饥饿感荡然无存。过了一会儿，母狮和幼崽感觉到问题解决，狩猎完结——没有欲望驱使它们再去狩猎了。它们都吃饱喝足了，收回注意力，然后找到另一个好地方去睡觉了。

母狮和幼崽的故事告诉我们，为了使变革发生，首先需要将注意力集中在我们感知到的事物和我们意识到的事物上。这会引导我们的注意力，这是调动我们的能量采取行动的开始，其目的是为了与我们需要解决或改变的问题建立联系。这也是发掘能量的开始。一旦采取了行动，我们接着就能思考并评估已经发生的一切——很可能激发新的经验周期。

2. 格式塔经验循环与团体、组织和社区中的变革

现在，让我们看一看格式塔经验循环在组织中是如何进行的，看看如果跳过这一变革模型中的步骤会发生什么情况，事实上，这种情况经常发生。举一个食品生产公司的例子。20世纪90年代末，该公司的发展速度逐渐放缓——公司的执行官们很快就觉察到这一种趋势。领导们花费大量时间研究这一趋势，最终形成一种意识并且达成了共识：公司的许多产品过时了——高脂肪、高糖、防腐剂过多，这些东西正在开始被市场淘汰。这个结论激发了他们的干劲。他们认为看到了解决方案，然后他们制定并实施了大刀阔斧的变革过程，其中包括了改变产品品牌形象，改变配料和配方。

到目前为止，改革很成功——或者说领导是这么认为的。高层领导确实非常重视感知到的问题，进而努力地探究以达到理解问题出在哪里（即意识）。他们干劲十足，充满活力，并采取了行动。事实上，鉴于这个问题，他们采取的行动是合理的。但是，当他们准备铺开变革计划时，遇到了其他高层领导、管理者和员工们的强烈抵触。这怎么可能呢？在最高层领导看来，是时候变革了。

然而，他们忽略的是，在他们小组（大约由8个人组成）之外，没有人切实感受到变革的迫切需要，也没有人意识到真正的问题。因此，大多数经理和员工的干劲并没有被调动起来，也没有变革的动力。相反，他们非常抵触——他们不断争辩，时时处处干扰变革活动。

幸运的是，该组织是由一位认识到问题之所在的个人领导的。他放慢了变革进程——事实上停止了变革。然后，他发起了名叫"连续传递"行动，高级执行官到一线员工在内的更广层面的人们能够亲自参与到这一过程，从而提高了大家对问题的感知和意识。这个过程也让人们明

白了变革将使他们个人受益,使他们实现自己的理想。

这个方法起作用了:员工渐渐地越来越充满活力,积极动员起来参加变革。当变革过程恢复时,更多的员工准备好建设性地支持变革流程,并采取行动,无论需要付出何种努力。在随后的两年里,员工和公司大踏步地前进,着手处理并真正地与一些涉及改变产品和品牌形象的最为棘手(且耗资巨大)的问题产生联系。公司发展迅猛,成功使他们产生一种解决问题的成就感。市场反应良好,业绩增长明显。过了一段时间,执行官和管理人员积极地评价和评定了取得的进步。现在他们从容地从这一变革流程上收回注意力,转而关注其他重要的问题。

正如这个例子所示,有意识的、不受干扰的行动贯穿于格式塔经验循环,产生最佳变革。让我们看一看这一模型如何在团体中发挥作用——即使遇到的问题非常复杂,也极具争议。

3. 格式塔经验循环:适用于团体,即使需要探索极具争议的变革

激活并管理格式塔经验循环和变革,这要求认识并关注每个步骤,识别可能的障碍,使每个人全程参与。商业案例说明,当在团体或组织中使用这一流程时,确保参与变革的每个人亲身经历格式塔经验循环的所有步骤,这一点很重要。

如你所见,格式塔经验循环的许多步骤能确保变革真正地进行。一些常见的错误,比方说跳过某些步骤,会导致问题的出现。例如,我们熟知的一家技术公司,它的人事部门往往在员工根本不清楚问题和机遇所在之前就草率地得出解决方案。毫无疑问,这就意味着许多人浪费了许多时间。员工当然知道这个规律,人事部门成了笑柄。没有人想参与这个部门的任何活动(即使一些活动真的有必要,真的非常好)。

另一种障碍是指个体或者组织困在了某一阶段,无法前进。例如,员工和公司困在感知或者意识阶段,也并不是不常见。这种情况的迹象包括过于执着地关注分析问题(有时候被称作"分析瘫痪"),或者无休无止的抱怨,以及对组织面临的挑战感到绝望。

商业案例

柬埔寨
对抗 HIV 病毒传播

学者兼从业者弗朗西斯·约翰斯顿(Frances Johnston)和艾迪·姆维尔瓦(Eddy Mwelwa)指出让所有人参与变革的重要性,强调格式塔经验循环并不是开始之后就结束的过程。相反,这一过程是持续不断的,因为变革是以相互重叠的形式周而复始地出现的。能量以连续循环的方式从意识流动到行动,从而给变革带来可能。这个过程需要领导力。[105] 让我们看一看老练的变革代理人约翰斯顿和姆维尔瓦如何运用这个模型来引领大规模的社会变革创举。

约翰斯顿和姆维尔瓦与由才华横溢的变革代理人组成的团队一起,与柬埔寨的一个组织合作,以支持各行各业的领导者处理日益严重的艾滋病问题。2001 年,联合国艾滋病规划署(UNAIDS)预测有 17 万(约占人口的 1.3%)HIV 携带者或者艾滋病病人生活在柬埔寨。变革小组的第一步就是使他们意识到自己面临的挑战,并对其有所理解。通过收集有关病毒传播以及传播途径(和世界上的大多数国家一样,主要通过异性间的性行为)的数据统计信息,他们部分地完成了这一目标。

然而,这样的信息远远不够,还需要考虑到柬埔寨的社会文化现实和当地人的情感现实。通过和许多当地人的交流观察以及对他们很多人的采访,并与关键利益相关者建立互信,他们

收集到柬埔寨生活的信息。经过这一信息收集过程,研究人员能够确认男女地位不平等是促使这些疾病传播的重要因素。当然这不是个能轻易摆在桌面上讨论的话题,单凭脑力理解也不一定能实现变革。队员们意识到,他们需要让那些与他们合作的人感受到问题的严重性,并对该问题有所了解,更加有意识。他们必须创造一种激发个人和集体的活力的局面,通过男女之间开诚布公的对话使其每个人有信心就彼此之间的关系和性行为的决定作出慎重的考虑。若不提高意识和理解,不能使他们增强自信,就不会产生引起变革的有意义的行动。[106]

他们是如何开展这样的对话的呢? 约翰斯顿和姆维尔瓦是这样解释的:

● 我们组织活动,使小组成员能够开诚布公地讨论这些问题,使他们意识到艾滋病最常见的传播途径是通过个体性行为,而这是人为可控的。

● 我们通过使人们亲身体验那些引起他们深深的共情和同情的经历,提高意识,调动干劲。例如,我们安排参观患有艾滋病的家庭、孤儿院、诊所/医院及妓院,让他们体验到正在发生的不幸的真实情况,以及这些不幸给人们造成的真实的心理感受。通过参观这些场所(通常位于市镇中心,但大多为人们所忽略),我们能够提高人们的意识,使他们认识到这一疾病产生的后果以及其对组织和国家产生的影响。

● 我们通过邀请患有艾滋病的家庭加入团体,来支持人们提高意识,调动干劲。这种做法在减轻耻辱感和偏见方面非常强大有力。对于大部分参与者来说,这是他们第一次如此近距离地接触病毒感染者。让病毒感染者加入团体这一做法确保人们正视问题,而不再是一味回避。

● 为了真正地使人们准备好变革,我们以构建强而有力的愿景作为出发点。我们让小组成员们想象一个令人心驰神往不一样的柬埔寨,在那里没有与这种疾病相关的耻辱感。男女之间相互尊重,两性关系健康有益,将会是怎样的图景呢? 如果远离波尔布特的残酷统治,这个国家又将会怎样?

波尔布特(Pol Pot)的独裁统治毁掉了这个国家。在红色高棉(Khmer Rouge)的统治下,柬埔寨人民备受折磨,惨遭杀害和蹂躏,直到波尔布特及其政权被邻国越南推翻。据估计,100万—200万人被杀害——占当时人口的14%—27%。[107]在进行干预之前的前五年,联合国一直协助建立可持续的民主政府。如果新民主政府执政,学校得以重新开课,商业再次繁荣,老百姓安居乐业,从而使柬埔寨及其人民再次拥有强烈的民族自豪感,这一切又将是怎样的场景? 为了回答这些问题,我们安排参观吴哥窟,这座世界上最伟大的艺术与建筑杰作之一。

这些经历对于那些人太弥足珍贵了——他们被深深打动和鼓舞——他们期待梦想成真,他们蓄势待发,准备行动。

柬埔寨人开始应对这些问题。来自该群体的团队起草了将在他们的社区里展开的很多计划,涵盖所有想象得到的问题,包括教育儿童和成人有关HIV病毒和艾滋病是如何传播的;与妓女合作帮助她们(及其顾客)远离病毒;与男性交流,了解他们的感情及其对待自己的妻子和其他女性的方式;参议院通过了反歧视法律;随着女性用全新的方式更加自信地应对生活中的责任,妇女接受教育并获得支持。

6年后,柬埔寨的成人HIV感染率为0.09%——下降了超过50%。78%的HIV感染者正在接受抗逆转录病毒治疗。教育部将艾滋病教育列入了全国课程大纲。[108]通过采取务实的多学科方法应对变革——这场变革包括社会各个层面的活动,也涉及情感、法律、教育以及多部门干预等诸多方面——柬埔寨扭转了非常危险的趋势。当地领导者学会了如何合作,如何调动变革动力,如何起草变革项目,以提高意识,积极采取行动,进而使他们理想中的柬埔寨变成现实。

最热门»讨论题

1. 回想让你对生活中的改变感到绝望的情况。这种情绪对你行为有何影响?再想想生活中让你备受鼓舞,对生活充满希望的情况。哪些方面让你产生这样的感受?这些情绪如何影响到你在生活中实际所做的事情?

2. 选取一个简单的例子,在这个例子中你需要鼓足干劲来改变某事(比如起床去上课或者上班,抑或是开始学习)。想一想将格式塔经验循环模型应用于这一情景。每个阶段会发生什么事情?

3. 举例说明你可能如何运用有意变革模型来改变你的生活中需要改变的某件事。

7.7 HR 能做什么以培养有效的变革?

变革不会奇迹般地出现。它需要个人的能量、努力和支持。为了开始本节的讨论,我们将回顾组织发展这一概念,即人力资源部门领导的一系列变革活动。然后,我们将继续讨论行动研究,因为人力资源部门及其专业人士需要理解如何让组织成员加入研究过程,这一过程有助于确认组织的优势及其面临的挑战。

最后,由于人力资源专员们负责教导其他组织成员管理变革所需的技能和能力,我们将以他们如何能够创造出切实可行的领导力发展计划结束本章内容。

7.7.1 定义组织发展

组织发展指的是以研究为基础的系统的、科学的方式应对组织变革。[109] 组织发展的目标通常是通过变革组织文化和领导力实践来提高组织的竞争优势,并提高问题解决能力和变革管理能力。[110] 根据《NTL 组织发展与变革手册》(*NTL Handbook of Organization Development and Change*)一书所言,许多人认为库尔特·勒温是行动研究和组织发展之父,因为他将两个重要思想联系在一起,即对群体动力学的研究和对有效利用以及行动研究方法论的应用。[111]

有许多方法可以实现组织发展,但所有的方法在本质上都注重组织层面计划的变革,即组织结构、流程、文化等方面的变革。计划的变革始于这样一种观点,即组织是由许多要素构成的复杂系统,系统中的每个要素影响其他要素,并受到其他要素的影响。[112] 这个过程以对组织的检查为开端,接着是"诊断",然后是战略变革管理,这一步使组织与系统的不同层次紧密结合。[113]

因为"组织"很大一部分都与人有关,人力资源部门在协调员工与领导者共同致力于组织发展的工作中发挥着巨大的作用。不幸的是,在太多情况下,人力资源部门和专业人士都没有将这一工作作为首要任务。道格拉斯·麦格雷戈(Douglas McGregor)和乔·卡彻-格尔圣菲尔德

(Joel Cutcher-Gershenfield)在其所著的《企业人性化的一面》(*The Human Side of Enterprise*)一书中强调,组织协调和组织发展中的局限性不是人的局限而是人力资源部门缺乏创造力和领导力。[114]另一个问题的是,由于人力资源部门领导并没有很好地融入组织战略,一些组织发展的干扰与战略无关,从而导致"功能失调的结果"。[115]为了避免这种情况的出现,并且能够对变革以及切实有效的变革流程的进行概念化,人力资源专业人士可以学习新的方法去研究自己的组织,比如行动研究。这可以帮助人力资源部门的领导者重新审视一些问题,包括组织中哪些地方需要发生变革,利益相关者需要什么,以及如何带来积极的变化。

7.7.2　行动研究

库尔特·勒温于 1946 年发表的一篇文章中创造了"行动研究"这一术语,这篇文章讨论了与解决社会上少数族裔问题有关的研究。[116]该方法曾被许多学者和从业者采用过,还被拓展至组织发展、教育、种族关系、环境可持续性以及社会正义等诸多领域。[117]这是由关注社会正义和赋权问题的教育学者保罗·弗莱雷(Paolo Freire)开展的一项强大研究的核心议题。行动研究也已成功地应用于世界各地的社区和组织。[118]

勒温认为对群体、组织或社区的任何干预(甚至研究关于群体动力学或文化)实际上影响推动变革或阻碍变革的驱动力或制约力。如图 7.7 所示,他将调查并同时改变人类系统的干预称为行动研究。[119]让我们来看一看行动研究如何区别于较传统的研究,以及它如何能支持学习和变革。

像所有的研究一样,进行行动研究是为了增进认识和了解。传统上,变革往往是研究结束后你才做的事。行动研究并不是这样。如前所述,行动研究假设,对群体、组织或社区的研究本身会导致变革——不论研究人员是否有意为之。这意味着当我们研究系统时,我们需要了解和管理因研究所发生的变革。传统的研究和行动研究的另一个区别是,传统的研究将研究员和正在研究的问题分开。行动研究没有这样的人为分离,研究人员置身于相应的情况下,扮演研究者和参与者的双重角色。

行动研究的起点是旨在探索问题、了解关切或评估机会的研究计划。行动研究可以采取许多不同的方法,但重要的是通过亲身实践参与研究关注对相互关系的理解。换句话说,你既是参与者,又是研究者:一个参与者—研究员。[120]在大多数情况下,人力资源专业人士或外部专家加入进来,与组织成员进行这项研究,包括谈话、反思以及与研究队伍之外的很多人一起进行的活动。

随着研究的继续,人们不断地重新评估结果,开展新的研究,并对其进行观察和反思,或据此采取行动。循环螺旋不断地攀升。换言之,行动研究是一个反复的过程,旨在改变人们和观点并影响问题或机会,直到它被解决或者被改变。[121]以不断提高为目的使用反馈回路的做法也被称为**组织控制论**(organizational cybernetics),这种做法可见于其他领域,其中在全面质量管理的实践中就有(全面质量管理是一种组织控制流程,将在第 12 章中讨论)。[122]

资料来源：Adapted from http：//www. worldbank. org/afr/ik/commun _ toolkit/pictures/Learning-spiral-final. gif.

图 7.7　行动研究循环

7.7.3 领导能力发展与变革

培养领导能力的过程,作为一种支持和管理复杂的组织变革的方法,近年来得到大力推广。事实上,据美国培训与发展协会(American Society for Training and Development,ASTD)报告,2007年间在美国用于能力培养的费用预计高达1 343.9亿美元。[123]只有当培养的能力是正确的能力时,才能在变革过程中支持个人和组织的有效性。

然而,在许多公司中,能力模型法的普及化使得人力资源专业人士以及其他人员将许多模型拼凑在一起,而这些模型在如今的组织中对员工和工作岗位已经不起作用。例如,我们观察到一些组织模型中所谓的"能力"通常包含了显著的行为、个人价值观、与个性相关的模糊概念,乃至与组织价值观相关联的暗示。虽然这些在某些情况下可能会很有价值,但它们不是能力,并且我们很难将这些混杂在一起的难以理解的因素与绩效——或富有成效的变革管理直接联系起来。

所以,如果人力资源专业人士肩负起培训员工、管理者、领导者的责任,他们所需要做的第一件事就是为培养领导力设立一个可以使员工能在合适的时间学习合适的能力的体系结构。谈及变革时,许多合适的能力会与社交智力和情商有关。例如:为了了解和管理变革,培养诸如同理心与组织意识之类的社交意识是必不可少的。为了制定并执行变革创举,你需要准确读懂人们的需求和愿望,并且了解不同的因素(例如文化和政治)是如何影响公司的。

除了发现教什么,人力资源专业人士还需反思如何教,哪些培养领导力的方法是实际有效的?许多人力资源专业人士和其他人员往往疲于应付这个问题。事实上,研究表明有太多的领导力培养项目和方法是在浪费时间。通常情况下,所传授的能力和模型并未产生更加有效的领导力,所采用的学习方法也不支持学习或知识记忆。

研究人员正在加紧研究以期帮助解决这个问题。例如:理查德·博亚齐斯和他的同事们多年来致力于名为"成果研究"的课题。[124]这项研究与学习的发生和培养项目有关,这些项目聚焦于诸如与社交智力和情商有关的各种能力,研究表明这些能力促进领导力的培养。[125]这些关于领导力培养项目,尤其是那些采用有意变革模型的项目,增强了学习能力和知识记忆能力。

关于培养领导力的最后一点:以领导力培养为核心的项目开发是用来提升绩效和为人们应对变革提供工具的最常见的干预手段之一,但这绝不是唯一的方法。一些学者认为过度使用培训解决组织问题,每年动辄上百亿美元的培训费用中相当大的一部分被浪费掉了。[126]

最热门»讨论题

1. 起草一个计划来采访一些你所在团体或组织的人。然后,形成一份清单,列出你的采访可能会促使该团体或组织发生的那些变化。(例如,人们会对你正在做的事情很好奇,或者他们会互相讨论你问过的问题。)

2. 考虑问题1中的组织,你会怎样设计你的研究活动来让人们更积极地参与并为变革做好准备?

7.8 我们大家能做什么以支持变革?

如今,大多数组织中的每个人实际上都面临着变革。就像领导力,变革取决于我们所有人,无论我们扮演着什么角色。在本节,我们会探讨积极促进变革流程的两个非常实用的方法:通过变成一个变革推动者和通过学习在变革的过程中如何关心他人。然后我们再着眼于最后一个关键的问题:如何面对那些不受欢迎的变革。

7.8.1 成为一个变革推动者

很多文章都讨论了个人在组织中如何扮演变革推动者——那些可以影响组织目标、流程和资源的人。显然,变革推动者需要具备良好的与社交智力和情商有关的人际交往能力,以及获得并控制信息流的技能,即建立人际关系网络的技能。[127]

在更基本的层面上,变革推动者需要理解政治和权力是组织内部极富影响力的变革手段,并且有能力管理好它们。[128]学者们已经确认了变革推动者需要的三种与权力有关的技能:[129]

- 招募组织资源的权力。当然,这也会很难,特别是当你没有正式的职权时。然而,这也是有可能的。你只需要学会如何影响那些真正控制资源的人。
- 影响议程和参与决策的权力。这在权力下放的组织中更容易实现。然而,即使在并不放权的组织中,通过辨别会听取民意的人,和他们交谈(这需要勇气),并且动员他人利用各种系统(比如员工调查表)发表观点(这需要能鼓舞人心的领导力),往往还是有可能使"你的声音被听到"。
- 利用当前文化和"我们的行事风格"号召人们并开始用新方式看待生活和工作的权力,这可以被称为"对意义的管理"。[130]

有效取得并且调动不同形式的权力,管理政治,并且运用人际沟通技能去推动变革进程,这些都是和社交智力和情商有关的能力。[131]这促使一些学者宣布,领导者的根本职能是作为一个变革推动者,有效地扮演此角色的能力是通过培养情商技能来实现的。[132]高情商的变革推动者在面对不确定性时有能力表现出灵活性,部分原因在于他们关注大局。系统的视野可以帮助我们发现当前的问题是可以被克服的,理解并且处理他人对新的努力方向的保留态度。[133]

7.8.2 在变革中关心他人:同理心、鼓舞和管理阻力

在任何组织变革的过程中,人们期望得到领导的关心和关注。从表7.6中可以看出,对于变革的情绪反应和行为反应从接受到积极抵制,范围很广。反抗可以是明显的或是细微的,可以马上发生或者推迟几天甚至是几个月。

表7.6覆盖了广泛的行为表现。处理反抗变革的第一条小建议是,不要假设抵制变革是人们的自动反应。这是一个常见的假设,但是事实上并不正确。如果你假设人们抗拒,你可能真的会采取一种或强硬或消极或操纵他人的方式。

表 7.6　人们会对变革作出的各种反应

接受	● 合作 ● 支持 ● 顺从
中立	● 冷漠 ● 矛盾 ● 细微的抱怨
消极抵抗	● 严格遵守规则或程序 ● 工作成果最小化 ● 无法发展新的技能和知识 ● 忽视或者没有改正错误
积极抵抗	● 明显的无礼 ● 不遵守规矩 ● 破坏活动

资料来源:援引自 A.S.Judson, 1991, *Changing behavior in organizations*: *Minimizing resistance to change*, p.48, Cambridge, MA: Basil Blackwell.

由表 7.7 可以看出,人们有许多方式回应变革。然而,人们不愿意被迫变革。他们想有选择的权力。你需要给人们尽可能多的自由选择的权力(并且这些选择往往是超过大多数管理者会给的)。人们可以应对变革,并且他们通常对于变革的细节和如何实施有更好的想法。让人们把他们的想法贡献出来。不要觉得你一定要控制所有事情,因为那本身就会激起反抗。

表 7.7　引领变革的聪明方法

1. 首先意识到并管理好自己对变革的情绪反应。
2. 不要臆测人们会抗拒变革,这只是许多可能的反应中的一种。
3. 不要强迫人们去变革(除非涉及生死存亡)。
4. 不要试图控制一切(或每个人)。
5. 了解别人的感受。变革有时很艰难。
6. 用对人们有意义的愿景启发他们。
7. 用希望、决心和勇气面对真正的阻力。
8. 在必要的情况下进行谈判;谈判时,态度要真诚,要尊重他人。
9. 告知实情。
10. 做个好榜样。

你个人可以做一些事来帮助别人应对变革(见表 7.7)。人们对变革的反应一部分取决于你是如何反应的。此外,从情商开始着手:自我意识和自我管理。如果你是充满热情并且工作专注，人们很有可能被你的情绪所"感染"而积极贡献。相同地，如果你暗地里（不是那么地明显）愤愤不平或者忧心忡忡，人们会知道——不论你多么努力地去掩饰。人们在这方面是很聪明的。在混乱的时代或者我们感到受到威胁的时候，我们从别人身上寻找情绪的线索，特别是从那些正式和非正式的领导者身上。

正如我们提到的，你不要假想人们总会抗拒变革，所以你也不用去强迫别人。迫使人们做事情或者过度地掌控每一件事会激发反抗。在人们经历变革的时候，你可以设身处地地为别人着想。有时候变革是艰难的，即使它受到欢迎。真正试图了解人们的经历并且支持他们，可以将潜在的反抗降到最小。在实践中，这可能意味着提供精神支持，在一个艰难的时期之后给员工放个假，或者提供新技能的培训。

你可以在鼓舞人心方面下功夫：绘画出团队在前进道路上会达到的愿景，并且确保与个人的理想是相关联的。要做到这一点，你需要知道大家的理想是什么。当你真的遭遇反抗，不要丧失信心。以积极乐观的态度、信心、决心和勇气去面对困难。在必要的时候进行真诚谦恭的谈判。告知实情，并且做个好榜样。

7.8.3　鼓起勇气面对变革

在这一章，你已经学到了许多方法去处理变革，管理变革，领导变革。这些技能会很好地为你的生活和工作服务。然而，这里还有一件事情需要我们解决：当我们面临的变革不受欢迎时，我们应该如何做呢？当一些真正糟糕的事情发生时，我们怎么面对这种变革？如果发生的变革是我们绝对不会选择的，我们应该怎么办？

在我们的生活中，我们都不得不对付那些我们不想面对的变革。自然灾害毁坏家园和社区，战争爆发，人们参与犯罪而伤害无辜的民众。关系破裂，生病，所爱的人去世。没有人喜欢这些变化——我们不希望这类事情发生，并且这些艰难的变化和悲剧很难应对。所以我们如何处理那些不受欢迎的、伤害多于帮助的变革呢？

这个问题的答案很复杂，以至于世界上大多数宗教和许多伟大的哲学家试图解答其中的奥秘。最后，没有简单的答案。然而，当变革很困难的时候，你可以做一些事来自我帮助。

首先，记住神经科学教导我们的事情：当我们感到充满希望的时候，我们更乐于学习，能更有创造力地解决问题，并且更有灵活性。[134] 因此，在任何情况下，你都要让你自己尽可能的找到让你觉得有希望的事，也许它很小——比如知道你是一个坚强的人并且已经经历过几次困难了。或者，你可能在熬过一段困难的经历后从中有所感悟，发现希望。也许，如果事情真的很糟糕，你可以坚持信念，在某一时刻，船到桥头自然直，事情会转好的。

其次，培养专注的实践。当我们留心警觉的时候，我们会很清醒，了解并适应自己和其他人。和躲避我们不喜欢的变革一样诱人的是——拒绝承认所发生的和我们的感觉——这样做只能推迟不可避免之事的发生。最终，我们还是要解决生活带给我们的一切。当我们专注地活着，花时间去思考和增强我们的韧性和认识能力，我们就能更好地准备，以冷静和有底气的态度去面对艰难的局面。

最后，寻求帮助。作为人类，我们不需要独自解决问题和独自悲伤。我们需要其他人，特别是在生活中遇到困难的时候。为了准备面对不可避免的生活中的浮浮沉沉，你现在可以做的是确保你和关心你的人——那些会为你做任何事情的人，建立了强大的人际关系。然后，你们会相互支持。

在接下来的"学生的选择"中，我们可以看到，当人们聚在一起互相帮助的时候，即使是最糟糕的挑战也可以用勇气和希望去面对。在这个案例中,人们甚至更进一步——他们通过寻求马的治愈力量来帮助受伤的退伍军人重拾健康和信心。

学生的选择　马匹治疗师

虽然马和人之间的关系价值承载着深远的历史意义,有组织的治疗性骑马实践还比较新。约在 40 年前,23 个人聚集在弗吉尼亚州的米德尔堡为如今被称为北美残疾人骑术协会(North American Riding Association, NARHA)的组织打下基石。NARHA 的宗旨是通过"提倡在马术活动中追求卓越"来丰富人们的生活。[135]如今,NARHA 中心遍布全国,为生理和心理有缺陷的个人提供辅助治疗项目。这些项目令每个参与其中的人欢欣鼓舞。今天,这些项目正在提供一种非常重要的服务:帮助在战争中受伤的退伍军人恢复健康和重拾信心。

根据美国退伍军人事务部(U.S. Department of Veterans Affairs, VA),全国的 VA 医学中心正在与 NARHA 马术专家们建立合作网络,为受伤的退伍军人联合开发骑术治疗项目和其他马匹辅助活动(如喂马和清洁马厩)。从事与马匹有关的活动有助于治疗患有心理问题的老兵,包括创伤后应激障碍、社交焦虑和抑郁症。马术治疗也有助于这些士兵从身体损伤中恢复健康。

在加利福尼亚州怀里卡附近的得力助手马术训练场,联合创始人玛西亚·库什曼(Marcia Cushman)管理着一个名为"英雄马术"为期 6 周的骑马治疗项目,为在伊拉克执行任务时受伤的海军陆战队士兵提供辅助治疗。参与者之一克雷格·柯金斯(Craig Coggins)时年 39 岁,在伊拉克服役时饱受中度脑损伤和严重的背伤的长期折磨,并在此后与创伤后应激障碍作斗争。柯金斯提到,在骑马 45 分钟之后,他的身体疼痛水平总会降低,用他的话来说就是"我唯一不会感到疼痛的时候就是在马背上"。和柯金斯相似,罗兰·卡雷尔(Loren Carrell)时年 25 岁,轻微的头部受伤导致短期记忆的问题,由于创伤后应激障碍他经常会回想起可怕的往事。在他第一次骑上一匹名叫 Keeper 的马之后,卡雷尔仍然有习以为常的健忘症——他不记得自己是如何喂马、钉马钉以及如何让 Keeper 做好骑马的准备。然而,在他第四次课的时候,他获得了独立去执行喂马的一系列活动的自信。

柯金斯以下几点很好地总结了该项目:"和 Keeper 一起工作的时候,我开始觉得好像我的内心发生了变化。我对自己的整体感觉更好了,这也使我从全新的视角去看待我的医疗问题……如果没有得力助手马术治疗项目和那些为帮助像我这样的退伍军人策划'英雄马术'的好人们的帮助,我不可能有今天。"[136]

马是敏感而聪明的动物,因为它们通过爱心、喜爱和奉献使人类努力获得他们的信任。所以,在马术治疗过程中,退伍军人由于思想、身体、心灵和精神全都参与进来,他们获得深刻而有意义的经历。在马鞍上或马鞍边所花费的时间帮助受伤退休老兵领悟到如何更好地为克服个人困难而努力奋斗,使他们自己重新融入社会,并过上正常的、令人满意的、完满的生活。

资料来源:改编自茱莉亚·C.威格斯滕(Juliane C Wigsten)的案例。

当变革不受欢迎,乃至是场悲剧时,希望、专注和他人的帮助是在克服困难时期的几个关键因素。用这种方法应对最困难的时期会帮助你成为一个更好的人——并且准备好在别人需要帮助时伸出援手。

最热门»讨论题

1. 想一想你希望给工作中或学习时合作的一个小组带去的一个变化。对照表7.6回顾人们对改变作出的各种反应。分析小组里每个成员（包括你自己），并确定你认为他们将会如何回应变革及其解释原因。

2. 现在,看一看表7.7,参阅管理抵触情绪和主导变革的所有10个建议,记下一些你会采取的一些有助于给工作中或学校里的某个群体带来变化的具体措施。

7.9　结束语：关于变革

无论人们抵制或喜欢改变,变革绝非易事。就连"变革"这个词也会唤起人们和组织的不同反应,因为每个人、每个组织对"变革"的定义方式各不相同。那些能因为变革而成长的人视变革为一个学习和成长的机会。为了在其他人当中管理变革,你必须首先确定如何得到人们对变革的最好的回应,然后在组织中施加其影响力。用对更美好的明天的愿景鼓舞人们,哪怕这意味着在短期内需要辛勤地工作,这是世界上最好的公司葆有竞争力的不二法门。

本章总结和关键词

1.何为变革以及如何应对变革？

概述：不管你叫它彻底改变或修正,不管你说调整或随着情况而改变,你说的都是变革,它一直伴随着我们。不论是员工还是管理者都需要知道变革的普遍性以及自己对变革的个人态度。我们需要去适应并改变自己以面对周围的世界所提出的各不相同且不断变化的要求。

关键词：

变革（change）：改变、调整、修改或转变某人或某事。

2.为什么组织发生变革？

概述：三个词推动我们今天面临的大量的变革：技术、全球化和环保主义。科技影响着我们的工作方式和我们的工作成果。全球化带来了工作的多元化,调整哪些经济体正在成长,而哪些经济体保持现状。诸如更加多样化的劳动力,世界经济体的再平衡,日益受到关注的可持续发展等社会变革要求我们和组织迎接变革。

关键词：

多元化（diversity）：不同团体的成员带来不同的观点和工作方法。

3.渐进式变革和转型式变革的区别是什么？

概述：协调、适应、再定位和再创造描述了变革的四种方法。协调和适应是变革的渐进式方法。再定位和再创造是转型式方法。传统上,渐进式变革一直被认为更容易管理。然而,即使是缓慢的变革也会变得难以管理,如果忽略它们的话会很危险：经历了最近的经济衰退和全球金融行业崩溃,这些都是多年的渐进式变革产生的结果。

关键词:

自上而下的变革(top-down change):由领导者和管理者推行的变革,他们为变革工作的开展确定议程,制定全面的规划。

自下而上的变革(bottom-up change):各个层面的员工或管理者发动的变革行动,不仅相互影响,而且会影响领导者,并且会促进变革的计划和实施。

投资银行(investment bank):指筹集资金,经营流通证券,以及协助合并和收购的机构。

净资本规则(net capital rule):指导一个机构承受多少负债的规则。

杠杆资金(leveraging money):指允许金融机构按照它们持有的资金数额比例提高贷款额的行为。

次级贷款(subprime lending):向正常情况下因信用卡透支、低债务收入比或不良信贷没有申请按揭贷款资格的人贷款的业务。

4. 哪种模式能帮助我们理解变革?

概述:库尔特·勒温的力场分析模型在考虑组织内部的变革时很有用。他假设三个步骤:解冻阶段、变革阶段和固化阶段,最后一个阶段确定了新的现状。彼得·韦尔建议,组织除了处于冻结或变革阶段之外,还处于一种永恒的浪花的状态——即处于不断变革的状态。

关键词:

永恒的浪花(permanent white water):一个隐喻,指的是组织系统面对无情的动荡与永恒的变革这一实际情况。

5. 哪种实用的模型能帮助我们管理组织中的变革?

概述:约翰·科特创建了一个八个步骤的模型来研究组织变革,以"确保人们觉得迫切需要变革"开始,并以"融入组织文化"结束。他认为必须照顾到每一个步骤以确保变革不会失败。格里高利·希亚创建了一个工作系统模型来识别需要在变革过程中关注的组织杠杆。因为变革是一种常态,我们必须确定要注意什么、改变什么以及忽略什么。

关键词:无

6. 人们是如何进行变革?

概述:我们从自己的经验了解到,个人的改变是困难的,并可能导致压力以及身体上和情感上的双重抵制。一种积极考虑变革的方式是想一想你的目标,用希望和乐观使你的注意力和精力集中在这一目标之上。当你领导组织变革时,思考格式塔经验循环是有帮助的,该模型关注全神贯注地投入到正确的方向,朝着可持续的变革而努力。

关键词:

积极情绪吸引子(positive emotional attractor):一种充满幸福和希望的心理状态,它与副交感神经系统有关,能够抵消压力造成的影响。

消极情绪吸引子(negative emotional attractor):消极情绪带来的一种心理状态,它与交感神经系统有关,会使人产生抵触感、威胁感和压迫感。

希望(hope):对切实可行且迷人的未来有所憧憬的情感体验。

乐观主义(optimism):是积极的人生观,相信美好的事情总会到来,噩运只是暂时的,有能力战胜厄运。

格式塔经验循环(Gestalt cycle of experience):一种模型,它帮助我们了解如何动员和维持能量,引导注意力,选择能够改变自己或团体的行动。

7. HR 能做什么以培养有效的变革?

概述:人力资源通常通过参与组织的发展来领导变革——改善组织系统、文化和领导力实践的系统流程。对团体和组织进行诊断的一个非常有用的工具叫作行动研究。行动研究进一步加深对问题的了解,但把研究者看作是该研究情境中的参与者,而不仅仅是观察者。这种方法会使我们对组织中哪些方面必须进行变革并且如何变革有更好的理解、更准确的认识。

关键词:无

8. 我们大家能做什么以支持变革?

概述:有两个有用的方法可以使你成为一个推动组织变革的人:通过成为变革推动者,通过同理心管理变革过程中的阻力。变革推动者需要获得或知道如何获得组织资源、决策机会、当前的组织文化,并拥有情商和人际交往能力使企业文化向变革之路转向。对变革保持积极的态度并致力于变革有助于管理他人的抵抗。换位思考并激励人心也有用。也就是说,即使是那些最擅长管理变革的人也会会遇到不希望的和永远不会选择的变革。当这种情况发生时,我们需要勇气和别人的支持。

关键词:无

9. 关于变革的结语

概述:变革是一个艰难的过程,会引发人们一系列广泛的反应。你必须理解为了有效地管理变革如何从人们那里得到最好的响应。这将使变革的艰辛工作变得不那么令人畏缩,并且帮助你的组织保持竞争力。

关键词:无

8

职场要素：创造力、创新和企业家精神

8.1 为什么企业的核心是创造力、创新和企业家精神？

要在日新月异的世界中与时并进，领导者必须营造一个能够鼓励员工发挥创造力、创新力和企业家精神的环境。企业的成功还包括学习如何在**超强竞争**（hypercompetition，即一种持久的、不断升级的竞争状态）环境中脱颖而出。领导者也需避免采取某些针对变革的防御性反应，比如过度重视短期效益或者控制员工。我们都需要创造力，使我们的奇思妙想在革新的产品和服务中化为现实，用一种企业家的积极态度去对待工作——获得授权、干劲十足并且全身心投入到我们的使命之中去。

8.1.1 超强竞争

"超强竞争"这一概念的产生归功于理查德·戴维尼（Richard D'Aveni）。在其同名著作中，他认为超强竞争是一种在价格、质量、新技术和新流程的发展、市场定位以及竞相进入全球市场等方面的竞争状态。[1]公司推出愈发大胆、攻势凌厉的措施，从而导致一种不断变化的环境，在这种环境中，公司仓促地开发新技术，使产品生命周期（产品存活多长时间）和设计周期（要花多少时间设计出新产品）都不断缩短。手机就是一个典型例子——几乎每天都有新款手机上市。但这是因为公司认为你确实需要一部新手机吗？或是因为如果这些公司不能像其竞争对手那样迅速地推出新产品，它们将在竞争中落后呢？

"超强竞争"还源自新竞争对手的不断加入，这让企业很难保持其竞争优势，于是公司转而在价格、质量、货物的生产效率、服务交付以及对创新的依赖等方面展开竞争。[2]例如，苹果公司的 iPhone 于 2007 年 1 月 9 日推向市场。[3]根据 Macworld 的记录，iPhone 原价为 599 美元。[4]但随着竞争者采取各种措施应对 iPhone 上市，为了确保苹果保持较高的市场份额，同年 9 月，苹果决定将售价降低到 399 美元，同时苹果公司将 100 美元的等值礼品卡赠送给当初以原价购买手机的顾客。[5]

"超强竞争"增加了不确定性。学者们认为，由于超强竞争环境是不断变化的，管理者不能

采取传统的系统框架（比如 SWOT 分析和 BCG 矩阵）来理解竞争格局。[6]这样的竞争环境呼唤不断关注创造力、创新和企业家精神。简而言之，我们需要学习如何与众不同地做事。

8.1.2　制定长期展望，迎接企业变革

企业如果采取某些防御性措施应对变革，从而陷入管理危机。这往往意味着将通过关注成功的举措，如关注短期结果，或过度限制人员和流程等来解决，然而这种方式经过一段时间却会伤害到公司。当公司过分强调短期经济效益而在新产品和服务上削减投资时，会不经意地发现自身缺乏竞争力、老套过时，甚至在几年内就面临破产倒闭。

另一种常见的错误假设是：当企业面临危机，领导者应该变得更加专断独行。在某些情况下这或许有效，比如大楼起火时人们没有从紧急出口疏散，此时领导可以发号施令。然而在大多数情况下，允许下属参与决策会更有利于企业的发展。当每个人都意识到自己与企业的发展休戚与共时，员工便获得授权，放开控制使得做出的决策更能抓住问题的本质，也使企业抓住机遇，解决问题。放开控制，同时也支持新知识、创造力和创新的产生。[7]

企业如果过分限制员工或者过分专注短期经济利益，就会导致对创造力和创新支持的减少，也导致对企业家精神的支持减少。然而，我们在许多公司中都看到短期利益和过度控制的心态。本章我们将讨论员工、管理者和领导者如何能够营造支持企业家精神、创造性和创新的环境。我们审视全体员工要如何思考、如何行事以帮助公司在激动人心但又极具挑战性的动荡环境中脱颖而出。具体说来，我们将探讨创造力和创新力的艺术与科学，以及如何在工作中培养企业家精神。

首先，思考一下 Signature HealthCARE 公司的首席执行官乔伊·斯蒂尔（Joe Steier）对于激发员工创造力、创新力和企业家精神的理解，他在 2007 年参加安永年度企业家奖的最终角逐。[8]

观点

乔伊·斯蒂尔是 Signature HealthCARE 公司的首席执行官，他对于激发人们的创造力有独到见解。

我想让企业的顶级人才适时接受挑战。让最有创造力的人才希望接受挑战，而我要留住这些人才。他们是企业的未来。那么，如何留住最优秀、最聪明的人才呢？

首先，我相信多数人不想一辈子"为"别人工作。他们希望得到属于自己的东西，他们想要创新，他们渴望将自己的创意变成现实。他们的奇思妙想、创新力和创造力源自心中的梦想，而他们希望实现梦想！不过，大多数时候，他们的梦想很难在工作中实现，于是最优秀的人才选择离开。

我不想失去这些最优秀、最聪明、极具创新思维和创新精神的优秀企业家离开公司，我希望让他们够感觉到目前的工作是充实的，具有挑战的，而且对其所从事的工作感到兴奋不已。我们在 Signature HealthCARE 公司创建了一个"梦工厂"。首先，我们提倡员工积极思考如何推动企业发展，我们能在公司内部开创哪些新业务。我们鼓励员工向我们提出新理念。当这些理念很棒时，通常都很棒，支持他们在公司里进行实践。我们通过打开创新的流程使员工获得成长。

资料来源：安妮·麦基 2009 年对乔伊·斯蒂尔的个人专访。

　　乔伊·斯蒂尔是一位受人尊敬的企业家,他的企业管理模式十分独到。本章稍后将探讨他是如何使他的公司焕发企业家精神。在本章,你们还将探讨如何把创新的想法转变成能够推动公司、组织和社区发展的各种创新措施。你将学习成为企业家需要什么以及如何成为成功的企业家。最后,你们还会思考你们需要解决并理解的与小企业人力资源部门有关的一些问题,以及我们如何能够培养自己的创造力。

最热门»讨论题

1. 你有没有遇过这样的情况,你的经理、老师或者其他"权威人物"过多限制你的行为? 这对你渴望具有创造性有何影响? 这又对他们达成目标有何影响?

2. 你是否梦想过拥有自己的企业? 这个想法的哪些方面吸引了你? 哪些是你害怕面对的? 哪些是你还未很好理解的?

8.2　何谓创造力?

　　创造力在当今社会为何如此重要? 简单来说:我们的工作、管理和领导组织的方式发生了变化是因为环境变了,于是,我们要找到新的方式建立、组织并给企业定位以获得成功;我们需要新的方式让所有层次的员工参与其中,激发他们工作的热情;我们还需要新的方式学会面对更多的变化。我们需要好奇心和勇气,我们还需要新想法。而所有这些都离不开创造力。

8.2.1　创造力的定义

　　创造力或**创新**(creativity)是指想象和开发新事物的过程。提到创新我们总会联想到艺术家和作家,但其实创造力是包括艺术的所有工作的核心。比如一些理论的提出,如万有引力和相对论;创新也可以是有形的,如一幅艺术作品,一款消费品或是一道新工序。例如,一位市场营销专业人士发挥其创造力设计了一个新标语。同样,当一名工厂工人不断遇到瓶颈(由于设备、供应或其他资源等原因造成生产放缓的领域)时,他想办法突破的过程也是一种创新。

　　你有创造力吗? 你认识有创造力的朋友或家人吗? 很多人认为自己没有创造力。他们认为这是形容音乐家、艺术家、舞蹈家等诸如此类的人或是少有的怪才的代名词,如建立社交网站Facebook 的马克·扎克伯格,微软创始人比尔·盖茨或是苹果公司的创办人史蒂夫·乔布斯。其实,每个人都能有创造力。表8.1 列出的是影响创造力的诸多因素,它们都是你所熟知的,其中有很多是可以培养的。

表8.1　什么因素影响创造力?

影响创造力的因素	注　　释
知　　识	创造力不会凭空出现。创造力总是新想法与已有知识相结合的产物。[9]
年　　龄	前额皮质是对创新思维和记忆力都有很大影响的大脑区域,直到我们20 多岁时才会发育完全。但同时这块大脑区域也可能是随着年龄增长最先衰退的区域之一。[10]

（续表）

影响创造力的因素	注　　释
积极的人生观	研究表明积极的情感与认知测试结果有关，[11] 与吸收新信息的能力也有关联。[12]
认知灵活性	认知弹性是打破传统或习惯思维模式的能力，也是识别更加抽象的概念和原则的能力。[13] 它用"可能性"（possibility）的语言取代"确定性"（certainty）的语言来消除心理障碍，从而使认知更富弹性。[14] 同时认知弹性还包括欣然接受看似自相矛盾的各种想法的能力。[15]
工作记忆和持续关注	工作记忆对是否能够保持长时间注意力来说至关重要。持续注意受限于工作记忆储存的信息量。[16]
自　　尊	自尊心很强的人能够不顾别人的指责，独立思考和行事，[17] 这类人一般对生活持乐观态度，从而影响他们的学习能力和积极性。[18]
"捣蛋"行为和墨守成规	公然藐视现状的人更易于滑入传统思维定式的图圈，更易于挑战从不或不再合理的各种假设。[19] 如果这个人会反抗现状，那他的思维至少不会是守旧的。而是创新的，会去思考那些毫无根据的假设。
专注力	专注力是做事时长时间保持注意力和有意识的行为。[20] 它不仅包括有效的工作记忆，还与集中注意力的能力有关。[21]

　　每个人都拥有创造力，这是我们的大脑与生俱来的能力——我们只需要培养这种复杂的能力，经常地应用这一能力，便能激发保持创造力。在接下来的章节中，我们将考察谈论与解释创造力的一些常见方法，然后我们会讨论与大脑如何支持创造性思维和行动有关的研究。

8.2.2　收敛思维和发散思维

　　描述创造性并不容易。原因之一是创造性体现在个体中或者出现在许多个体一起工作中。因为创造力难于"看见"，人们往往在解释它时走捷径。事实上，对人们如何思维的研究一直都是用过于简单化的解释创造力的方法。比如，人们通常认为"以结果为导向的"或者说"收敛的"思维方式不具有创造性，而更加开放的思维过程具有创造性。同样，你很可能听人们说起过"左脑司逻辑，右脑司创新"的说法。其实这一研究结果也是过于简单化的，甚至不准确地应用于"创造性"的研究。让我们看一下这两种理论框架，然后再转向将大脑功能与创造力联系起来的更新更准确的研究。

　　收敛思维（convergent thinking）是一种遵循逻辑步骤和规则的分析性思维过程。[22] **发散思维**（divergent thinking）是依靠生成许多想法，然后产生随机关联、再对其进行观察和解读的思维过程。发散思维往往是自发的，更依赖于深度理解和模式识别，而不是基于孤立的事实和逻辑来解决问题。

　　创造力如何与收敛思维和发散思维相联系多年来仍是一个谜。[23] 具体说来，有人认为创造性与发散思维有最直接的联系。[24] 这一观点意味着逻辑和创造性是相互对立的——在某种程度上认为，逻辑缺少创造性，反之亦然。神经学研究者艾恩·迪特里奇（Arne Dietrich）却想要摧毁这一神话，即创造力和发散思维是同义词而收敛思维并不参与创造性思维。[25] 他的观点是，创造性既是收敛思维的过程，又是发散思维的过程。[26]

创造力是一个复杂的过程，与大脑的许多器官有关，并不仅仅涉及那些与发散思维有关的器官。我们越宣传只有发散思维才与创造力有关的神话，我们就越不可能在自己身上识别创造力，更不可能帮助他人培养创造力。我们需要审视（并摒弃）的另一种普遍的错误观点就是创造力只与右脑有关，与左脑无关。

8.2.3 左脑与右脑的错误观点

艾恩·迪特里奇还抨击另一种关于创造力的错误观点，即右脑司创造，左脑司逻辑。因为没有证据表明右脑掌控创造力，[27] 而且许多区域和大脑神经活动的过程和种类都与创造力有关。根据正在进行的创造性活动的种类，这些活动极不相同，并且位于大脑的不同部位。[28]

这种认为人可以分为"左脑型"和"右脑型"的观点已经成为广为流传的神话，虽然有悖于各种科学证据，却遍布于各种大众媒体的报道中。[29] 早在 1980 年，进行裂脑研究的先驱迈克尔·科博里斯（Michael Corballis）就曾说过，没有任何实际研究证明右脑而不是左脑与创造力有关。[30] 那为什么这个观点仍然流传甚远呢？政治经济家凯瑟琳·韦弗（Catherine Weaver）将这种左脑型和右脑型的天花乱坠的宣传称为"二分法狂热"，她认为这种观念更多地说明社会需要分类和归类，并不能解释逻辑或创造力。[31] 让我们考察一下神经科学对创造力的研究上所取得的较新成果。

8.2.4 神经科学对创造力的研究：思想与情感

其实这是很难将与创造力有关的大脑神经活动一个个分开来考虑的。[32] 一方面，创造力的种类各有不同。另一方面，即使当创造性的活动发生时，其他活动也会发生——譬如，一个人可能散步时一边欣赏自然风景，一边不太认真地想问题。这些行为当中有一种是创造性活动，第二种是神经肌肉活动，另一种则是视觉活动。然而，这三项大脑活动都依赖于同样的脑力资源库，如长时间记忆、工作记忆和情感。

学者艾恩·迪特里奇认为，有两种神经活动串似乎与创造力有关。一种是**知识域**（knowledge domain），包括思想和情感。另一种是**处理模式**（processing mode），包括持续的深思熟虑的努力与创造性思维的自发生成。[33] 研究还表明，当进行注意力集中的创造性活动时，大脑实际上关闭了某些区域，阻断不必要的信息的干扰，从而为创造性努力预留认知资源。[34] 也就是说，大脑的某些部分减慢对某些信息的处理速度，这样有意识的大脑就可以聚焦于正在进行的创新性活动。然而，如果任务涉及某些语言操作，这种减慢了的处理状态就不会被激活，这表明在大脑如何运作方面语言创造性和非语言创造性活动之间存在区别。[35]

以知识域和创造性的处理模式为基础，迪特里奇提出四种不同类型的创造域，其依据为大脑是通过情感中心或通过认知中心来处理信息的，该处理过程是深思熟虑的，还是自发的。[36] 这四种类型的创造力见表 8.2。

表 8.2 四种类型的创造力

知识域（knowledge domain）		
	情　感　的	认　知　的
处理模式（processing mode）	**深思熟虑型**（deliberate）	顿悟起始于前额皮质，前额皮质调动注意过程以定位并获得存储在情感结构中的情感记忆。 例如：治疗或辅导过程中的顿悟。	顿悟始于前额皮质，前额皮质调动注意过程以增强认识并指导在长时记忆中寻找相关信息。 例如：托马斯·爱迪生的发明风格，这种风格具有系统性和全面性的特点。

（续表）

知识域（knowledge domain）			
	情　　感　　的		认　　知　　的
处理模式（processing mode）	自发的（spontaneous）	顿悟始于大脑边缘系统，而后更高层次的情感处理在大脑其他部分得以继续，如前额皮质的区域。[37]例如：艺术灵感、顿悟和意外的发现。	顿悟源自处理认识的区域（在这些区域很可能会发生并产生无意识的学习和自动行为）。这些无意识的思想"闯入"前额皮质的工作记忆，然后前额皮质对它们进行有意识地处理。例如："我发现了！"的时刻

资料来源：Dietrich，Arne，2004，The Cognitive Neuroscience of Creativity，*Psychonomic Bulletin and Review*，11(6)：1011—1026.

最热门»讨论题

1. 回顾表 8.1 中罗列的影响创造力的因素。就所有这些因素，找出一个这些因素帮助你拥有创造力的情境。

2. 想一想你在工作中或学习中非常有创造力的时候。那是什么情境？你想到什么，或者做过什么？那些条件支持你具有创造力？人们有何反应？

3. 回顾表 8.2 中的四种创造域。哪一种对你而言是很舒服、很自然的？哪一种是不舒服、不自然的？

8.3　如何鼓励员工在工作中发挥创造力

许多人认为创造力是与生俱来的，但其实它是可以培养的。例如，你可以鼓励员工在工作中发挥创造力来应对诸如意想不到的机遇、业绩下滑、成本上涨、工作环境不安全等各种各样的挑战。能否用新方法解决这些难题短期成功和长期成功对我们至关重要。领导者可以营造一种组织文化，让每个员工认可创造性在企业中的重要价值。[38]可以采取具体的措施培养创造力，包括挑战现状、确保劳动力多样化、提倡冒险精神以及创造轻松自在、鼓励员工之间互相交流的工作环境。

8.3.1　培育重视创造性的企业文化

挑战现状：一些公司因缺乏创造力苦苦挣扎，因为他们将员工限制在一套狭隘的参数里，政策和程序几十年保持不变。提倡挑战现状的公司具有竞争力，因为墨守成规地做事情无法适应21 世纪的需要。宝洁公司就是挑战现状的公司典范。宝洁公司鼓励具有创造力的员工质疑"无可非议的东西"。其产生的结果就是他们完全重新设计了普通的家用拖把。全新的"速易洁"拖把（Swiffer）是宝洁公司出品的 21 世纪拖把，它采取静电吸引而不是水的方法来除尘。[39]

建立多样化的劳动力：如果一家公司的整个员工队伍都是由拥有不同视角的人构成的，那么员工当中的创造力就会更经常地出现。如果公司一直雇用同一类型的员工，最终员工的想法都会变得千篇一律。这毫无创新和创造力可言。各不相同的视角被用于解决问题时,创造力和创新就涌现了。不同的视角来源于各不相同的人们,他们具有不同文化、背景、经验、培训、教育和职业。旗下拥有多芬(Dove)、Axe、凡士林(Vaseline)和立顿(Lipton)等品牌的跨国公司联合利华(Unilever)坚信多样化是创造力和创新的基石。对于联合利华来说,多样化意味着从年龄和性别到专业水平和工龄的一切。对该公司而言,研发部门的广泛多样性促使其获得了具有高度创造力的产品和市场营销策略。[40]

鼓励冒险精神:员工应该毫无顾忌地去冒险,去犯错。如果员工感到提出建议就是公然违背目前采纳的运作程序,那么阻碍创造力的路障就出现了。如果员工认为他们的意见没人会接受,他们根本就不会让别人知道自己的想法。如果他们害怕冒险时受到惩罚,当然就不愿意分享创造性的想法。

营造舒适的、激发思想的工作环境:通过提供小组见面交流、畅所欲言的场所,管理者可以培养创造力。可以通过以下几种做法达到这一目的,如指定会议室进行头脑风暴,指定安静的场所进行反馈,或者召开异地会议等。比如,在弗吉尼亚的美国工业卫生协会(American Industrial Hygiene Association)里工作的员工们决定创建属于他们自己的创造性思维空间。他们齐心协力,一起选择色彩设计、挑选家具等,花费了 2 300 美元左右完成了员工专属的创意空间。[41]

本节的建议是培养创造性思维的有用的指导原则:它们很实用,甚至有些显而易见,尽管做比说难。让我们再来看一下几个更加激进的建议。

8.3.2 "创造力的怪异规则"

著名学者罗伯特·萨顿(Robert Sutton)在其"创造力的怪异规则"一文中将如何培养创造力的看法往前推进了一大步。诚如他所说,"我发现为了创造力进行管理意味着接受我们对管理所了解的大多数内容,然后完全颠覆它。"[42]他提出的一系列原则,不仅违背直觉,甚至还有些异端,因为这些指导原则意味着采取激进的方法进行招聘、奖励、指导并追求新思想。诚如你在表 8.3 所看到的,罗伯特·萨顿的原则确实是对现状的挑战。

表 8.3 罗伯特·萨顿的"创造力的怪异规则"

典 型 行 为	创造力的怪异规则
决定去做可能会成功的事情——然后说服自己和其他所有人一定可以成功。	决定去做可能失败的事情——然后说服自己和别人一定可以成功。
奖励——成功;惩罚失败和不作为。	奖励——成功和失败;惩罚不作为。
寻找——留心会进行评估并认可该工作的人。	寻找——设法避开顾客、评论家以及任何只想谈论钱的人,让他们分心,使他们感到无聊。
接受你过去的成功——重写你过去的辉煌。	接受你过去的成功——忘却你过去的辉煌。
利用求职面试——筛选候选人,尤其是为了招聘新员工。	利用求职面试——为了听取新想法,而不是为了筛选候选人。
想一些安稳的、切合实际的事,有计划地去完成。	想一些可笑的或不切实际的事,有计划地去完成。
无视那些从未解决过你所面临的真正问题的人。	无视那些曾经解决过你所面临的真正问题的人。
找到一些幸福的人——确保他们不会互相斗争。	找到一些幸福的人——让他们互相斗争。

（续表）

典　型　行　为	创造力的怪异规则
雇用——学习敏捷的人（组织操守）。 **雇用**——让你感觉舒服，你喜欢的人。 **雇用**——你确实需要的人才。	**雇用**——学习速度慢的人（组织操守）。 **雇用**——让你感觉不舒服，甚至你不喜欢的那些人。 **雇用**——你（可能）不需要的人才。
鼓励人们——关心并服从老板和同辈。	**鼓励人们**——无视并且敢于挑战老板和同辈。
总结——高效率源自执行的有效性和使用被认可的观念。	**总结**——有创造力的公司和团队是无效率的（而且常常是令人讨厌的工作场合）。

看了表8.3后，你的感觉很可能是"真滑稽！"或者"我也要在工作中这样做"或者"不可能！"萨顿的建议确实引起了强烈的反响，因为这些新规则既激进，又挑衅。当然，这些建议中有许多并不是任何时候都适用，譬如，若员工在涉及道德问题方面无视老板的存在，员工和公司很可能会闯大祸。萨顿也绝不是建议完全摒弃旧规则，而是认为，我们必须同时建立新规则。这是因为在大多数情况下，传统的管理行为和信仰体系力图控制人和流程以确保他们一成不变：可以预测，高效率，易于管理。但这恰恰有违激发人的创造力之道。

本节我们考察了创造力——它到底是什么以及我们如何能培养自己的创造力，如何在组织中培养创造力。现在，我们转而讨论另一个话题，即我们怎样处理创造力：我们用来创新。

最热门»讨论题

1. 你什么时候觉得自己最有创造力？早晨？晚上？你认为哪种环境最有助于创造力的发挥？

2. 咨询师和人力资源专业人士在培训环节中使用各种各样的方式如角色扮演、游戏以及其他体验式练习来培养创造力。一种这样的练习就是向参加者展示一个平淡无奇的物品，他们必须尽可能地列出这一物品的可能用途。与你的两三个朋友或同学一道做这个练习，看看你们就以下物品：指甲、叶子、一便士和勺子，能想到多少种用途。

3. 思考一下你所加入的一个组，其中包括形形色色的人，他们拥有不同背景，经历和想法。如果管理得很有效的话，那么像这样多元化的一群人远比由相同类型的人组成的组更具有创造性。你们的组具有创造性吗？为什么？

8.4　何谓创新？为什么创新很重要？

"创新"这一词在商业报刊中无处不在。学者们研究它，专家顾问们承诺培养它，领导者们沉迷于它。但是，为什么会这样？创新究竟是什么呢？**创新**（innovation）是实施新创意的过程。各种各样的企业、组织和社区完全有理由专注创新，因为我们的社会、经济、政治、技术和环境等条件在近几年发生了翻天覆地的变化。

斯潘塞·威格斯滕（Spenser Wigsten）是宾汉姆顿大学一名工程专业的学生，同时他还担任无国界医生组织（Doctors without Borders）大学分支的地区负责人，该组织致力于为贫穷、偏远和饱受战争破坏的地方提供医疗服务。当斯潘塞·威格斯滕应邀撰写一个关于变革和创新的案例时，他指出：我们每个人都有责任为社会、企业和教育的创新尽一份力。以下是他在"学生的选择"专栏中所写的。

学生的选择

创新：无处不在

激励人心的领导者提倡以一种创新的视角看待社会和企业以及我们对社会和世界的责任感。创造力在当今社会必不可少。独立的思想家、发明家以及"文艺复兴"者们正在对社会运作的方式进行革命，以提高他人的生活水平。我认为创新在这三方面有重大意义：我们的社区、企业以及通过教育支持全世界的人们。

我们共同的职责：在我们的社区中培养领导力并进行创新

我最近看了奥巴马总统于 2010 年所作的国情咨文演讲。他呼唤人们齐心协力，告诉我们要求同存异，他讨论了美国所有人的问题。当时，我是与朋友一起观看的。房间里的每个人都深受鼓舞，我们都在应该如何向前迈进一步这一问题上提出了自己的看法。还针对奥巴马总统的观点及其提出的政策发表自己的观点并进行了辩论。虽然意见不一，但我们全都一致认可的一点是我们需要更具创新精神。正如奥巴马总统所说：

> 我们需要鼓励美国人的创新精神。去年，我们对基础研究进行了史上最大的投资……用以研发世界上最便宜的太阳能电池——以及能够杀死癌变细胞但同时不伤害健康细胞的医学治疗方法。而在能源领域进行这种创新的时机比其他任何领域更加成熟。

奥巴马总统提醒我们，美国需要振奋人心的领导力和创新精神，让我们的社会和企业共同繁荣。

企业的创新

谈及创新，史蒂夫·乔布斯是当之无愧的代表。作为苹果公司的前 CEO，他彻底改变了世界的交流方式。由苹果公司推出的成千上万的应用程序、网络资源以及社会交往的场所将世界各地的用户全都联系在一起，并激励人们培养创造力和发明新的学习方式。这本身就很振奋人心。

为所有人进行教育创新

教育是让我们的世界变得更美好的关键——但世界上有很多地方的人却难以获得教育。随着技术成为我们沟通和学习的方式中越来越基本的一部分，我们需要想办法帮助人们获得像电脑这样的资源。

"每个孩子一台笔记本电脑"这一倡议行动旨在通过给没有条件获得电脑的孩子们提供功能强大、操作简单甚至是太阳能驱动的电脑来培养其学习能力和计算机应用能力。马特·凯勒（Matt Keller）是该组织全球宣传活动的总监。在一次 IBM 赞助的 smartplanet.com 论坛上，凯勒先生谈到了海地的救灾工作和产品创新的未来计划。在这次会议中，他是该组织的领导代表，反映了组织希望在全世界范围内扩大该项目的愿望。凯勒强调：

> 这些电脑是依据现实生活来设计的，考虑到各种因素，诸如高温和潮湿等极端的环境条件和本地语言支持等技术性问题。所以，这款 XO 笔记本电脑极为耐用、性能超强、高效节能、反应灵敏并且乐趣无穷。[43]

在我看来，世界上最有成就的人和最成功的企业是由一群充满热情的人组成的，他们真心致力于改善全人类的生活。通过认可并接受改变，在我们的社区、企业乃至全世界培养创新，我们实际上扮演的是领导者的角色。我们激励他人去憧憬、去创造并以适当地支持变革。

资料来源：根据斯潘塞·威格斯滕撰写的案例改编。

关于斯宾塞对创新的看法有一点是我们应该关注的：创新随处发生，在社会的每个层面上发生，也在企业中进行。"每个孩子一台笔记本电脑"的倡议活动就是创新，涉及斯宾塞提及的三个方面。让我们更深入地了解一下该项目。

"每个孩子一台笔记本"项目（简称 OLPC）的灵感来源于尼古拉斯·尼葛洛庞帝（Nicholas Negroponte）。这个非营利项目的使命是通过向贫困的孩子们提供教育机会来消灭贫穷，他们利用善款使每个孩子获得自己的笔记本电脑从而使其接受教育。[44]该公司声明笔记本电脑"是一种工具，是通往创造力和试验的大门，为一代从未使用过电脑的人们提供分享和探索的平台。"[45]

"每个孩子一台笔记本"项目确实引发了许多争议。比如，在资源开放的免费 Linux 软件之外使用微软所有的视窗操作系统软件这一问题上，每个人想法各异，这导致 OLPC 的总裁查理·凯恩（Charles Kane）辞职。[46]其他的问题也持续不断，包括笔记本电脑的高成本以及与个人隐私与安全有关的各种问题。有人担心使用这些电脑可能会使发展中国家的政府通过这些笔记本电脑来监视用户。[47]

尽管 OLPC 存在一些问题也遭到批评，但早在 2010 年初，OLPC 组织就购买了 100 万台 XO 笔记本电脑（即所谓的一百美元一台的笔记本电脑，尽管价格一直保持在 200 美元左右），并运往世界各地的 24 个国家，包括秘鲁、乌拉圭和海地。世界各地的各行各业的专业人士和学生志愿者们，在教室里和孤儿院帮助残障儿童学习使用他们的新电脑。[48]

在下一节我们将关注 OLPC 项目中最为突出的一大主题：企业的创新。每家企业都努力在全球范围内保持竞争力。他们推出新产品、新服务，并希望找到新方法获得新顾客和新客户。组织也希望找到办法来领导和管理多样化的员工，让他们对工作的期望和以前大不相同。

8.4.1 什么是企业创新

1993 年，学者彼得·德鲁克提出"知识是唯一有意义的资源。"[49]但是仅凭知识本身无法创新。相反，是新颖地、别出心裁地运用知识产生了创新。Netflix，一家在线影片租赁公司，成立于 1997 年。自创建以来，这家公司使影片租赁业发生了翻天覆地的变化。公司于 2002 年上市，[50]截至 2010 年，已拥有 1 200 万活跃用户。[51]Netflix 公司实际上没有苦于应付的实体店，从而压低了经营开支。它的主要竞争对手是百视达（Blockbuster）。百视达是以传统书店模式经营的，人们走进实体店，浏览电影名称，这限制了选择范围，并要求顾客亲自进店。尽管百视达最终向 Netflix 模式转型,但它不愿意放弃实体店,截至 2010 年,公司面临被迫关闭 1 000 家实体店并申请破产。

不过,另一方面,Netflix 也要克服不同的局限性,即从顾客选择好影片到能够观看影片之间有几天的间隔期。为了克服这一障碍,公司采取的一种方法是不收取用户的到期未付费。也就是说,用户可以任何时候归还影碟。公司采取的另一种方法是重塑客户的想法。在实体店中,顾客在租碟前会挑选不同的碟名。相比之下,在线服务时,顾客能够挑选许多他们感兴趣的影片,并将它们放入"排队列表"。公司在收到顾客归还的影碟后向他们发送排队列表中的下一部影片。这样一来,时间延迟的感觉就减弱了。当然随着技术的不断改进,这家创新公司的服务也不断改善。例如当"流式视频"(streaming video)在电影中成为可能时,Netflix 便通过其网站提供了即时播放影像的服务。[52]

Netflix 公司的另一个创意就是设立了"Netflix Prize",这是一项 100 万美元的大奖,任何人只要向公司提供了能"大幅改善根据个人偏好预测其观影感受准确度"的好点子就能获得 100 万美元的奖励。[53]Netflix 欣然采纳这些创意并切实执行,不断升级网站技术以帮助向顾客推荐他们最可能喜欢看的影片,这样做不但为他们省了钱,而且还改善了他们的体验。

有些公司不局限于产品和服务的创新,而是将创新延伸到了创造、市场营销、定价甚至是用完产品后的废物处理中。[54]这些公司不仅考虑到了客户的需求,还充分认识到产品该如何"适应"整体环境(既包括商业环境,又包括自然环境)。思考下面的商业案例,介绍了 Seventh Generation 这家生产绿色清洁产品的公司的商业实践。

商业案例　Seventh Generation

创 新 和 远 见

人类历史上许多突破是通过挑战长期为人们所普遍接受的假设和信仰而实现的。当今世界面临的一个显著的挑战如下:组织能够在销售环保产品的同时仍能赢利吗?很多人认为可持续性和收益性是互不相容的。然而,有人对饮用水做过测试,发现这两者并不矛盾,事实上生产和销售可持续性产品是极为有利可图的。Seventh Generation 告诉我们的正是这些挑战者教给我们新的真理、新的想法以及新的做事方法。

2009 年,位于佛蒙特州的 Seventh Generation 成为全美最大的一家零售商,致力于销售从纸尿裤到清洁用品、洗衣产品及纸张解决方案等在内的各种环保家居产品。[55]2008 年,公司的销售额超过了 1.5 亿美元。[56]就其 20 年来的成就而言,很多人认为,Seventh Generation 早在"绿色"成为核心竞争力之前,就认识到"绿色产品"潜在价值了。[57]

显然,Seventh Generation 推出的绿色产品线是创新的(虽然越来越多的公司也做起了绿色产品的生意)。同样令人感兴趣的是该公司奉行的创新商业模式。首先,Seventh Generation 引用了北美印第安部落(Native America Iroquois Confederacy)的联合宣言:"我们每做一个决策时,都要考虑它对我们今后七代子孙所造成的影响。"[58]Seventh Generation 坚信企业要获得成功,必须高瞻远瞩地对待其所做的每一件事情:从产品种类到其所生产的产品,到其与客户和供应商建立的关系,再到员工的工作方式,这些都需要长远考虑。[59]Seventh Generation 的信念是:公司中的个体活动会影响整个经济、环境和社会体系,因此公司要对其价值链的每个环节的行为负责,包括公司本身的外部行为。[60]

另外，Seventh Generation 采取了一种真正创新的办法来计算其产品的实际成本。公司没有简单地计算原材料、生产过程、人力和从产品到市场的运输费用等成本，相反，公司还从其对环境造成的影响来考虑资源利用和生产的成本。[61] 它们是这样做的：现在，生产有机绿色产品的成本要高于不考虑环境时同类产品的成本。那是因为有机绿色产品生产的费用更高。然而，Seventh Generation 的观点是，如果统计两类产品的成本，非绿色产品从长远来看费用更高，因为它们对环境造成负面影响，所以它们应该比绿色产品的成本更高。[62] 这种全新的方式提高了员工对组织责任的理解，这种责任不仅体现在承担生产产品的成本，还包括承担替代原材料的成本、处理废品以及产品可能再利用的成本。[63] 这不愧是一种创新的方法。

像 Seventh Generation 这样的创新者发现了新领地，并且使我们从不同的角度来思考自己正在做的事情、正在购买和销售的产品。正如首席执行官杰夫·霍兰德(Jeff Hollender)所说，"Seventh Generation 真的致力于帮助人们对他们的生活方式作出更加慎重更加自觉的选择。提高全民的环保意识是我们经商的重要意义所在。"[64]

8.4.2 创新公司及产品

像 Seventh Generation 和 Netflix 这样把精力、时间和金钱集中在寻找更出色的新颖方式来给公司及其产品进行市场定位的创新公司，它们的投入大得惊人。当然，它们不是孤军奋战。事实上，许多著名的商业杂志一直跟踪报道最具创新的公司和最具创新的产品。在表 8.4 中列出的是《商业周刊》(Business Week)统计的 2009 年度最具创新的企业。更有意思的一份是来自《快公司》(Fast Company)对创新公司和产品的网络调查结果(见表 8.5)。[65] "奥巴马团队"在他们的名单中位列 2009 年度最具创新力的公司的第一名。《快公司》的榜单很有创造力，因为他们考虑公司的盈利和在市场上的短期影响之外的许多问题(他们选择奥巴马团队可以佐证这一点)。《商业周刊》和《快公司》都力图选择对真实的人有意义的创新公司和组织。让我们看一看表 8.6 中 20 多岁的年轻人认为在过去十年左右最具创新的产品是什么。

表 8.4 《商业周刊》评选出额的 2009 年度创新企业

每年《商业周刊》会发表一篇关于其眼中全世界 50 家最具创新力的公司的文章。该周刊并未写出明确的评选标准，而是注重这些公司在市场上的非凡成功。[66] 2009 年度《商业周刊》评选出的前 10 家企业如下：

1. 苹果：在选择苹果公司时，《商业周刊》特别指出苹果公司在手机市场上增长迅速，在线 iPhone 应用商店上大获成功，Mac 电脑和 iPod 产品持续受到消费者的追捧。
2. 谷歌：尽管《商业周刊》承认谷歌在收益方面略有缩减，但该周刊也指出谷歌不断推出一系列全新服务，包括"谷歌语音"(Google Voice)和"锁定广告"(targeted advertising)，这些事例表明谷歌仍然孜孜以求地致力于创新。
3. 丰田：《商业周刊》不仅欣赏丰田是环保汽车的领军者，同时令人印象深刻的是丰田致力于进一步改善其普锐斯系列车型，使其更宽敞，而且还配备太阳能电池驱动。
4. 微软：《商业周刊》选择微软公司，因为该公司在"云计算"领域有许多创新。同时，《商业周刊》也提及微软未能成功收购雅虎，这有一点令人失望。
5. 任天堂(Nintendo)：令《商业周刊》印象深刻的是任天堂能够定期推出新的游戏，其创新的家庭友好的 Wii 产品使其能够覆盖各个年龄层次。
6. IBM 公司：《商业周刊》提到了 IBM 提出的"智慧地球"(Smart Planet)的创举，认为这个典型事例充分表明该公司在将新的计算技术融入公共服务规划和筹备领域中的领先地位。

（续表）

7. 惠普：惠普在该榜单上赢得一席之地，因为其能够在缩减三分之二的研发资金的同时，也能在市场上推出许多适用的新技术，比如触屏技术。

8. RIM 公司（Research in Motion）：《商业周刊》选择 RIM 公司因为其掌上计算机应用系统的研发与销售持续创造佳绩，是苹果公司在这一领域最主要的竞争对手。

9. 诺基亚：根据《商业周刊》所言，与 iPhone 的竞争使得诺基亚推出一系列创新的触屏产品，这些产品使诺基亚曾一度巩固其在手机制造与销售上的世界领先地位。

10. 沃尔玛：《商业周刊》将沃尔玛列入前十位，是由于其在零售业率先应用技术开发电子健康记录系统，"更绿色的门店"，甚至还提供了全新的网络社交平台"Elevenmoms"。

表 8.5　《快公司》评选出的 2009 年度创新企业十强

1. 奥巴马竞选团队：尽管这不是一家传统意义上的企业，比喻性地来看，该团队却推出了"产品"（参议员奥巴马），为其"创造了市场"（选民），并成功售出（财政支持者），在竞选过程中筹集了大笔资金。

2. 谷歌：虽然谷歌公司近来经历了一些艰难的过渡，并削减了一些为人熟知的福利政策，但其 Googleplex 一直像往常一样快速地推出新创意和新产品。

3. 视频网站 Hulu：很少有人愿意相信一个存储现在和过去的电视节目的联网数据库，竟然会颠覆人们对电视的看法。但是福克斯（FOX）和全国广播公司（NBC）两大媒体巨头告诉人们 Hulu 确实做到了。

4. 苹果：苹果比以往更强大，不断推陈出新。

5. 思科（Cisco）：领导权分散和鼓励企业家精神使该公司在榜单上名列前茅。

6. 英特尔：英特尔引进 Atom 微型处理器再次重新定义了竞争规则，是市场上体积最小和功耗最小的处理器。

7. 纯数码科技公司（Pure Digital Technologies）：便携式数码录像机（flip digital video recorder）改变了人们对录像技术的认识。

8. 无锡药明康德（WuXi PharmTech）：公司外包研发人员进行药物研究与开发。市场对这些研发人员有很高的需求，无锡药明康德从他们的外包经验中获利。该公司雇用的药剂师数量可能会超过辉瑞制药（Pfizer）。

9. 亚马逊：亚马逊的 Kindle 电子书阅读器开启了一场阅读革命。体积小、质量轻、阅读方便，这款产品就像一个随身携带的图书馆。同时，Kindle 的下载功能，节约了可观的实体书花费——该产品十分环保。

10. IDEO 设计公司：全球设计咨询公司 IDEO 现在设计体验和产品，公司的设计思维始终以人为本，提供专业服务和其他服务。随着公司逐渐进入组织学习市场，IDEO 的项目现在能够提供产生行为改变的设计方案。

　　对于企业而言，创新是一项关键的长期战略。当我们看这类清单时，许多时候我们会认为这创新的产品和服务是几个天才的奇思妙想，但事实往往并非如此。大多数的产品和服务创新凝聚了企业多年的努力，是投入巨资的结果。但这些努力一旦得以实现，产品或服务会使公司获得巨大的收益，并在市场上引起轰动，占据绝对优势——苹果公司的 iPhone 就是一个很好的例子。

　　本章到这里，我们已经领略了什么是企业创新。它包括范围广泛的不同类型的创新，诸如提供更优质服务，更先进的产品，提高的效率，更加有效的市场营销，降低的成本，或者是支持社区和环境的创新产品。如今，创新对于大多数企业规划而言都需要置于中心地位，否则公司将冒着很快被淘汰的风险。[67] 那么，企业如何才能保证自身具有创新性呢？接下来我们会探讨这一问题。

表 8.6　20 多岁年轻人眼中的创新产品清单

根据一群背景各异的年轻人，他们眼中的创新小玩意范围广泛，从消遣娱乐到具体的技术，包括全球定位系统(GPS)和手机。下面这份最具创新的产品清单就是这群 20 多岁的年轻人列出来的。正如他们所说："这份清单并不科学，但我们觉得把他们都列出来很有趣！！"

1. 黑莓手机：黑莓手机革命影响深远！统计数据表明，2005 年以来，1 300 万人成为黑莓手机的用户。[68]我们喜爱黑莓手机，对它上瘾。
2. 苹果：苹果公司是 i 系列的代名词，iPhone、iPods、手提电脑、iTouch、iPad——我们全都想要！
3. 任天堂 Wii 和 Xbox 吉他英雄(Guitar Hero)：这些都很有趣，使人身心投入。
4. Wifi：有了无线网络，我们随时随地都能上网。
5. 每个人都用 *Facebook*！
6. 思科"网真"(Cisco Telepresence)视频会议系统：使视频会议升级到《星际迷航》(Star Trek)的水平，人们在显示屏上显得那么真实——无论你在地球上的什么地方。[69]
7. 商用全球定位系统的 TomTom 导航仪：行路必备！！！
8. 电脑图像合成技术(CGI Technology)：3D 技术……你得习惯这种技术。酷极了！感觉就像我们在拍电影。
9. 高清晰度电视(HDTV)：清晰、时尚而且是必须的。
10. Kindle，再也不用背着沉重的书包了！

最热门»讨论题

1. 回顾本章列出的创新公司。选定其中一家公司，并对其产品和服务做调查研究。公司的哪一方面吸引了你？哪一方面让你忧虑？
2. 你认为企业提倡创新主要是为了具备市场竞争力或者获利吗？企业创新还为了什么？
3. 创新总是好的吗？回答并解释原因。

8.5　如何培养员工和企业的创新力？

上一章节列出的创新企业名单让我们对创新有所了解。但这些名单也提出了一个问题：公司本身是创新的吗？公司里的员工有创新力吗？答案是两者都是。一家公司要创新，必定要拥有具有创新力的员工，他们带来自己的想法并与其他人一起合作将这些想法变成创新的产品、创新的服务，以及有利于公司发展的创新运营方式。创新也许来自天才一闪而过的念头，但大多数来源于对机遇的有意识的探求，还需要掌握我们在学校或在第一份工作中并不一定学过的技能。这可能是一项艰辛的任务，会花费很长时间。

很多人根本没有接受过如何将创造力和好创意转变成能为实际生活所用的东西的相关教育。各种部门越来越意识到，传授创造力和创新力并将其与领导力相结合是确保公司步入创新企业前 10 强的第一步。各地的领导者开始认识到，我们实际上需要在员工当中培育创新力，这样他们反过来也能在组织和社区中培养创新力。譬如，马来西亚拿督努哈伊莎·艾哈默德·塔杰丁(Nooraishah Ahmad Tajuddin)是领导力培训中心(Centre for Leadership Training)的副主任，她是马来西亚教育部下属的一个令人瞩目的名为 AKEPT 的新部门的领导者，她独具创新力并且善于鼓舞人心。AKEPT 的使命是支持马来西亚高等教育的变革,特别关注培养人们的管理能力和领导能力。我们的高等教育系统在培养创新力方面需要做些什么——拿督努哈伊莎勾勒的愿景既令人鼓舞,又颇具挑战性。让我们看一看她在下面的专栏中对此发表的看法。

观点

拿督努哈伊莎·艾哈默德·塔杰丁是马来西亚教育部领导力培训中心的副主任,她寻找各种方式鼓励教育。

今天,人们对高等教育中的创新强调得根本就不够。我们一直在讨论创新,但我们的课程并不支持创新,许多教授教学或评价学生作业的方式也不鼓励创新。一直以来人们总是过于强调学业成就——但在当今世界,"成就"远远不够,特别是在当我们是通过记忆事实来获得这些成就的情况。当然,这是学习中很重要的一部分,但我们也需要关注好奇心、创造力,特别是创新。

我们并不强调创新——这并不令人惊讶。学校一直以来都是我们学习他人想法的地方,这些想法并不一定是我们自己的。从小学起,我们所受的教育就是听和记,而不是听和挑战,更不是听并超越已知。从现在开始,我们需要找到甚至能帮助小学生具有创新力的途径。我们的年轻人在工作中和全球环境中所面临的挑战是非常现实的。这是全新的——所以,我们必须找到全新的学习方法和工作方式。在 AKEPT,我们致力于影响高等教育的努力,从而能够真正满足当今学生的需求。这就意味着将注意力更多地放在创新上。

在 AKEPT,我们竭力创造一种文化,在这种文化氛围中,所有人都感到他们的想法受到重视,能毫无顾虑地发表自己的观点。不仅如此,我们还创造一种文化,使人们认为分享观点,创新过程中的每一步他们都是不可或缺的组成部分,是他们的责任。我对这一点深有同感,并且感到我的使命就是使我们大家在高等教育及更高层次的教育中迈向不同的学习方式。

拿督努哈伊莎是一位睿智而投入的领导者。她和她的团队积极地在高等教育中鼓励创新——而高等教育是最有可能给马来西亚及其所在地区带来强有力的积极影响的部门之一。她和 AKEPT 正在开发的项目一部分基于"献身教育,人人有责"(each one teach one)的教育理念,使人们准备好共享知识,支持他人以引领创新,无论他们在哪个部门工作。拿督努哈伊莎鼓励培养一种创新的文化,并通过创建切实可行的组织结构为其提供支持(如员工创意生成团),而这些组织结构帮助员工将他们最棒的创意推上台面。

8.5.1 推动创新的组织

鼓励创新的结构已经应用几十年了。从顾客重点群体到新冒险团队再到臭鼬工作室®,其意图完全相同:获得新创意,然后付诸实施。如今,推动创新的一些常见结构有臭鼬工作室®和创意孵化器。

1. 臭鼬工作室®

官僚作风和传统的决策流程会成为发展新技术和新设计的严重阻碍,[70]阻碍了新技术和新设计的开发。

臭鼬工作室®(Skunk Works®)这一术语描述的是组织内部被授予高度自主权并且不受官僚作风限制的团体。按照这种方式设计的创业研究团队以及分部关注突破性的想法为高水平人才提供时间和自由来发挥他们的创造力。在这种团队内部进行的工作常常是隐秘的。

臭鼬工作室®的商标已被美国航空航天制造商洛克希德·马丁（Lockheed Martin）注册，一开始是该公司一支创业分部的官方绰号，其实际名头是高级研发计划（Advanced Development Programs）。该组织创建于 20 世纪中期，一直沿用至今。在凯利·约翰逊（Kelly Johnson）和后来的本·里奇（Ben Rich）的领导下，臭鼬工作组团队开发了如 U2 间谍飞机，SR-71 黑鸟飞机以及隐秘轰炸机等传说级飞行器。创建该分部是因为洛克希德·马丁意识到公司所需的创造力和创新力大大受制于其官僚作风："凯利突破常规的管理方式使他能够如此有效，如此高效地运营臭鼬工作组®，打破常规，挑战遏制创新阻碍进步的现有的官僚系统。"[71]

尽管臭鼬工作室®是洛克希德·马丁的注册商标，许多人利用这个名称来形容他们自己公司中的创业研究团队和分部。然而，许多公司尊敬这一商标，选择了不同的名称。譬如，波音公司有自己的"幽灵工厂"（Phantom Works），而美国空军有 51 区（51 Area）。同样，2006 年，福特汽车公司（Ford Motor Company）的首席柴油引擎工程师亚当·格瑞格拉克（Adam Gryglak）设计了他自己的高级研究项目组，名为"蝎子计划"（Project Scorpion），以快速跟进创新，帮助福特重新拥有竞争优势。[72]

2. 创意孵化器

创意孵化器（idea incubator）是促进创新的另一种方式。创意孵化器指组织中研发分支的一部分，着重于开发企业创意。这个比喻不是巧合，因为"孵化器"保护孕育着的新想法，直到它能自行生产发育，健康存活下来，就好比在恒温箱中保护早产儿并为其提供营养那样。当商业创想最初产生时，如果没有获得一些形式上的支持，它们就无法幸存下来。新想法需要支持性的挑战和监测，它们可能需要改变其适用范围以提高可行性。[73]企业也可能制定执行需要关键利益相关者的支持的规划。所有这一切都需要在安全的环境中进行。

譬如，美国空军有一个被称作"军队谏言项目"（Army Suggestions Program）的创意孵化器。这一项目给军队人员或平民提供现金奖励，以表彰他们提出的建议为军队大幅度节省开支。平均而言，每年有 100 条建议被提交，其中有些建议为军队节约了数百万美元的费用。[74]大学也在发展它们自己的创意孵化器。宾夕法尼亚大学教育研究生院（University of Pennsylvania's Graduate School of Education）于 2009 年与米尔肯家族基金会（Milken Family Foundation）开展合作，共同发起了一项竞赛形式的教育创业项目。该项目鼓励来自全世界的人们提交"解决各教育层次中最棘手的问题"的商业计划以赢得价值 25 000 美元的一等奖或价值 15 000 美元的二等奖。[75]

8.5.2 组织官僚阶层之外的创新部门

创新结构严格地位于组织之外一个颇为有趣的实例就是迪士尼幻想工程（Disney's Imagineering），它是该组织的一个常设分部，其目的是天马行空地想象与游客可能在迪士尼乐园经历的新鲜事有关的各种奇思妙想。

沃特·迪士尼幻想工程是迪士尼公司的分部，主要负责创造性地开发和规划各种重大项目以及研发。[76]为了支持创新，该小组从 150 多种不同的学科吸取灵感以建立新旅游胜地和新主题公园，成立房地产项目并搭建媒体。"幻想工程"之名出自于英文单词想象力（imagination）和工程学（engineering）的文字游戏，它融合先进的技术和创造力构思出了焕发创新精神的与众不同的故事，同时也使公司在转乘系统、纤维光学、音响、特效和交互式技术等领域获得 100 多项专利。[77]

自 1952 年作为一家独立的公司帮助创建迪士尼乐园起，幻想工程已经是迪士尼的整体组成部分。[78]近期，幻想工程完成的项目包括 2005 年迪士尼乐园的"飞跃太空山"（Space Mountain ride),2008 年美国奥兰多迪士尼世界的地球号宇宙飞船历险(Spaceship Earth)以及 2009 年东京迪士尼海洋乐园(Tokyo DisneySea park)的幸会小乌龟(Turtle Talk with Crush)。

另一种支持人们分享新创意的创新是迪士尼幻想工程挑战赛(Disney ImagiNations)。迪士尼幻想工程挑战赛是沃特·迪士尼幻想工程资助的一项设计大赛,其宗旨是促进多样性,使学生培养他们在创造性设计领域的知识和才能。进入决赛的选手向幻想工程执行官们展示自己的作品不仅会获得全额赞助旅行机会,还有可能被选为迪士尼的实习生。[79]

本章讲到这里,你已经学习了有关创造与创新的知识。我们已经考察了创造力和创新对于作为员工、管理者或领导者的你为何至关重要。我们也讨论了创造力和创新如何支持现有组织继续取得成功。现在,我们将注意力转移到新型组织——创业公司(entrepreneurial venture)。对新企业(也称为"初创公司",start-up)中,创造力和创新是必不可少的,而对成为一名企业家必备何种素质的理解也是不可或缺的。

最热门»讨论题

1. 本章节你学习了创新不仅仅是推出新产品,提供新服务。创新还包括企业和组织如何构架以及如何管理。进行头脑风暴,列出一些措施,可以帮助小型企业如咖啡店、本地餐馆或汽车修理铺改变经营方式以更加有效地满足顾客需求。

2. 设想你被一家大型服饰连锁店聘用,负责咨询创新市场和广告创意。进行头脑风暴,列出一份提交给公司的旨在吸引 20 至 25 岁年龄段顾客的建议清单。

3. 进行头脑风暴,想出一份创新清单,这些创新将促使你做事更有效率,或者日常生活更有乐趣。

8.6　何谓企业家精神?

企业家精神(entrepreneurship)是确认机遇、开发资源并承担与创办新企业有关的风险的过程。企业家(entrepreneur)就是创办新企业的个人。这个词是来自法语的借来词,尽管作为一个社会,我们给这个词赋予了许多不同的意义,但它的原意及基本义是指"承办或管理的个人"。[80]企业家精神关乎到创造新观点并拥有其所有权、制定新计划、开展商业活动或具有责任感。[81]对企业家精神的这种看法包括具备创造性和创新精神,也就是说要有"创业精神"。[82]许多人认为我们如今面临的机遇要求所有人培养一种创业的态度来对待工作和生活,就连政治家也正在讨论企业家精神的必要性。

前任英国首相托尼·布莱尔和前任德国总理杰拉德·施罗德认为,在 21 世纪我们需要在社会各个阶层激发企业家精神,我们需要人们做好准备并担当重任。[83]时间更近一些的奥巴马总统,他呼吁美国人重点关注可再生能源相关的创新,以实现长期的可持续发展并创造就业机会。[84]

我们总认为,这种拥有创新天才的个体企业家都会实现技术突破,产生使企业获得巨大利益的发明,或创造广受欢迎的企业。例如微软的创始人比尔·盖茨,苹果的史蒂夫·乔布斯和克雷格列表(Craigslist)的克雷格·纽曼都是这类企业家。然而,大多数企业家都是生活在你周围的普通人,他们为顾客提供产品和服务,过着平凡的生活。

企业家来自各行各业。在你生活的小镇上走一走，你就会发现这里有不同类型的企业和服务机构。尽管近年来许多小型创业公司都被沃尔玛这样的商业巨头吞并了，但大多社区都有小型杂货店、咖啡馆、干洗店和景观公司。在办公园区或写字楼，你会发现许多公司专门从事如研究、技术、时尚设计、咨询和制造业等领域的业务。企业家精神几乎存在于每个产业，活跃在整个社区的非盈利组织中。

8.6.1 小型企业在经济中的重要性

可以说每一家企业或组织都是从创业型企业起家的，大多规模都很小。企业型企业是很多经济体极为重要的组成部分。通常在管理学中我们不太重视小型企业的存在。这是个巨大的错误。在美国和很多其他国家，小型企业是经济支柱。例如，在美国小企业管理局（U.S. Small Businesses Administration）公布的"常见问题"栏目中，有这样一个问题："小型企业在美国经济中有多么重要？"他们给出的回答是这样的：

"小型企业：

- 占了所有雇主公司的99.7％；
- 雇用超过半数的私营企业的人员；
- 支付美国私营工资报酬总额的44％；
- 在过去15年中创造了64％的就业机会；
- 创造了一半以上的非农业私营国内生产总值；
- 雇用40％的高科技员工（包括科学家、工程师和计算机编程人员）；
- 有52％是家居型的，2％是特许经营的；
- 构成了97.3％的认证出口商，创造了2007财政年度已知出口值的30％；
- 每个员工所创造的专利是大型专利公司的13倍；这些专利在最经常引用的1％的专利中出现的概率是大公司的2倍。"[85]

想一想：雇用员工的公司中，99.7％是小型企业。超过半数的私营企业的员工是在小型企业工作。

在其他国家，小型企业也很重要，它们并不总是如我们可能期望的那般。比如，在一些国家，许多创业型企业并不是典型的一个老板雇用几个员工来提供服务或销售商品。相反，这些企业是由整个社区经营管理的。让我们听听齐卡萨·穆延贝（Chikasha Muyembe）在"学生的选择"专栏中是怎么说赞比亚的合作机构的。

学生的选择

赞比亚的合作社

人口增长是影响诸如赞比亚这样的许多发展中国家的主要问题。赞比亚的人口在2003年至2009年之间增长了15％，目前为11 862 740人。[86] 如果政府实施的政策得当，庞大的人口能够促进经济发展和增长，因为有大量的劳动力与消费者基数。然而，人口增长会产生经济难以长期支撑庞大的人口，赞比亚的情况就是如此。在赞比亚，根本就没有充足的工作岗位，失业率非常非常高，在2000年约为50％。为了降低失业率，赞比亚政府一直鼓励人民的技能发展和培养企业家精神——这两大目标通过建立合作机构得以实现。

合作社(cooperative，Co-op)就是一种通过合资或民营控股的形式，为满足经济、社会和文化需求而由一群自愿合作的人构成的组织。齐浦尔多功能合作社(Chaisa Multipurpose Cooperative)是赞比亚最早成立的合作机构之一，距离商业中心卢萨卡(Lusaka)约 5 公里。该合作社创建于 1982 年，拥有 150 名成员，从事几种不同的业务，包括销售各种各样的消费品、木匠业和金属加工业。

杜伯(Dube)先生是合作社的主席，已经加入该机构超过 15 年了。2008 年，杜伯和其他 6 位成员被选入了董事会。这一领导人员结构帮助该合作社开辟了一条达成目标的道路。主席与董事们的职责是监管合作社的目标得到执行。

合作社带给会员和社区的益处

- 合作社的共同所有制使会员产生归属感，促进社会团结一致。
- 有 400 多人利用合作社的设施，这些人互相帮助，尤其是遭遇丧亲之痛时。
- 合作社是成员收入的主要来源，也为周边的人们提供了许多就业机会。这意味着许多人能够通过合作社的活动和红利赚钱。
- 所有的经济收益都归合作社所有。
- 因为合作社是合法的经济实体，所以他们如需借钱，要比正在创业的个人容易得多。
- 合作社有助于创造就业以及改善其成员及周边社区的生活水平。

我们把决定创办合作社的那些人称为企业家，因为他们为合作社投资、开展业务并将产品和服务推向市场时承担着风险。这种创业型企业的最重要的一个方面就是给人们授权。随着合作社越办越成功，成员和员工都具备了更高的能力，并且获得更大的权利开办自己的公司。也就是说，合作社形成了一种企业家精神的循环，这在我的祖国是十分必要的，也是万分鼓舞人心的。

资料来源:改编自齐卡萨·穆延贝撰写的案例。

~~~

齐卡萨向我们介绍的齐浦尔多功能合作社是如此的振奋人心。那么人们创办这样的企业需要付出什么呢:他们当中有许多人参加合作社时既没有工作，收入又很微薄。然而，他们仍然满腹激情地投入其中，他们多才多艺，具有一种触摸得到的强大的企业家精神。

其实在一些人们认为不太可能的地方也有企业家，比如音乐界和影视界。正如以下一些企业业家都是大家熟知的社会名人:[87]

1. 美国女演员玛丽-凯特·奥尔森(Mary-Kate Olsen)和阿什莉·奥尔森(Ashley Olsen)姐妹绝对是企业家活动的常客，她们打造了一个巨大的商业帝国。2010 年 2 月，两姐妹创立的时尚品牌奥尔森波伊(Olsenboye)问世，在 JCPenney 服装商场各分店均有销售。

2. 另一对姐妹花科勒·卡戴珊(Khloe Kardashian)和考特尼·卡戴珊(Kourtney Kardashian)与她们的姐姐金·卡戴珊(Kim Kardashian)在比弗利山庄(Beverly Hills)和迈阿密开设了时装店。

3. 喜剧演员威尔·法瑞尔(Will Ferrell)拥有全线防晒霜产品，这些防晒霜上面印着他裸露上身的搞笑图片。从这些产品中获得的收益将为目前或曾经患有癌症的病人提供帮助。

4. 女演员梅丽莎·琼·哈特(Melissa Joan Hart)和她母亲在加利福尼亚的 Sherman Oaks 开了一家名为"甜蜜哈特"(Sweet Harts)的甜品冷冻酸奶店。

5. 喜剧演员史蒂夫·卡瑞尔（Steve Carell）买下了位于他的家乡马萨诸塞州的马什菲尔德山庄商店（Marshfield Hills General Store in Marshfield），该店由他的家人经营。

6. 演员兼导演克林特·伊斯特伍德（Clint Eastwood）在加利福尼亚的卡梅尔市（Carmel）拥有一家面积达 22 英亩的酒店。

7. 摇滚乐的传奇人物博诺（Bono）是一家私募股权公司 Elevation Partners 的创始人兼董事长，该公司主要投资媒体与娱乐业。

同样，有很多名人利用自己的名望和财富努力推动社会变革。请思考以下例子：

● 博诺：摇滚乐团 U2 的主唱博诺合作创办了名为"万众一心"（ONE）的组织，该组织主要是为发展中国家，尤其是非洲国家的贫穷及疾病问题提供解决方案。这一草根组织目前已经得到超过 200 万人的支持。"万众一心"组织同非洲领导人和决策者们一起齐心协力，以支持公平公正的发展政策，提供经济援助，推进贸易改革。[88]

● 斯汀：1980 年斯汀（Sting）和他的妻子特鲁迪·斯黛勒（Trudie Styler）创办了热带雨林基金会（Rainforest Foundation）以保护南美洲的热带雨林以及生活在那里的原住民的文化。目前该基金会通过旗下四个独立的组织网络在许多国家开展活动。热带雨林基金会旨在维护原住民的权利，提倡可持续性发展以及推进政策改革。[89]

● 奥普拉·温弗瑞：脱口秀女王奥普拉·温弗瑞（Oprah Winfrey）于 2007 年成立了奥普拉·温弗瑞女性领导力学院（the Oprah Winfrey Leadership Academy for Girls），为南非因贫穷或住在偏远地区无法接受教育的少女提供上学机会。诚如奥普拉所说："学校致力于充分挖掘女生的潜能，将她们培养成最优秀的人，培养她们成为决策者和领导者，并成为全世界其他地方的楷模。"[90]

人们想要开公司的理由有很多，有人认为这是赚大钱的好机会，有人享受着自己作决定而不受官僚机构的限制的自由。还有人只是想确定自己能否做到。他们想要并且喜欢挑战。另外一些人想要通过不同的方式服务社会，而他们在更传统的组织中无法实现这一目标。但其中有谁能够成为企业家呢？企业家只有特别的一类人才能担当吗？

8.6.2 企业家的特质

企业家是什么样的？有什么共同特征是我们可以指明并且说"那个人是一个成功的企业家"吗？是不是有某种与众不同的特质，让他或她成为比竞争对手更杰出的企业家？实际上，创业型企业的成功有太多影响因素，不可能简单地罗列出企业家的特质。你能想象到的每一个人口统计学特征，包括种族、性别、原国籍、教育水平等，都能够体现在不同成功企业家身上得到体现。那么，企业家究竟与其社会上的同辈有何区别呢？

成功的企业家似乎确实有一些共同的特质。可能最重要的因素是企业家欣然接受风险挑战。[91]将信念转变成拥有自己的企业王国这一跳跃并不容易，需要很大的勇气。这是艰难的一步，但许多企业家迈出这一步仅仅是因为他们享受挑战。但这种冒险的概念应该理解为"有计划的冒险"。或许约翰·F.肯尼迪总统最贴切地概括了这种冒险，他说："任何行动计划都有一定的风险和成本，但这些远比不上长期安逸不作为带来的风险和成本。"[92]换句话说，那些拥有企业家精神的人却是敢于冒险——如同任何实际上力图改变世界的人一样——但是，最大的风险就是你眼睁睁看着周遭的世界在改变，却不采取行动去维护自己的长远生存，这种风险比其他的风险大得多。

企业家做事争取主动，[93]他们是有主动精神的人，不甘于提出想法后无所事事地坐在那儿而不付诸行动。企业家有一种渴望获得成功的强烈需要,当他们认为这件事有待改进时就会采取措施,把它完成得更好。伴随这种渴望成功而来的是,企业家都有很强的自尊心,甚至有点以自我为中心。[94]另外,企业家在眼观"大局"之时也不忘企业的细枝末节。他们必须做到这一点,因为一家刚起步的公司并不具备大公司所拥有的技能,所以企业家必须参与许多不同的事务,比如讨论公司愿景、融资、提出创意以及处理各种突发问题。他们总是全身心投入到这些艰巨的任务中。[95]最后,许多企业家都是专心的学习者。[96]无论他们是整晚地在网上搜索最佳实践案例,还是参加商展以吸取与自己同类型的公司最新的成功之道,企业家总是对学习充满热情。最终,考虑到这份特质列表中所有其他的特征,企业家们往往精力充沛。企业家的身影无处不在,当然,在商业界企业家人才辈出,但在教育、医学、法律、农业、心理学、咨询业也有随处可见,实际上每个行业都需要企业家精神。接下来让我们看一下公益创业是如何在当今社会引人注目的。

8.6.3　公益创业

寻找机会通过某种途径帮助社会、并把经济获益放在次要地位的活动叫做**公益创业**(social entrepreneurship)。公益企业家看到通过推动社会变革以造福社会的机会。公益创业不是任何严格意义上的慈善事业或商业活动,尽管这一活动会对促进两者更加有效。[97]

比如,斯坦福大学的学生乔希·内斯比特(Josh Nesbit)就是一名公益企业家,他背着100部翻修好的手机和一台笔记本电脑来到了马拉维。[98]这个非洲国家的卫生保健工作者应用开放源软件,能够通过短消息与病人保持联系,并了解他们的病情和紧急情况。[99]内斯比特和包括另一个公益创业组织kiwanja.net创始人肯·班克斯(Ken Banks)在内的其他人,也利用由SMS前线(FrontlineSMS)提供的这一短消息平台建立了各种组织来帮助马拉维和非洲其他地方的人们提高生活质量。[100]

另一项著名的公益创业就是著名的Kyoto Box。2009年,挪威人乔恩·波默尔(Jon Bohmer)发明了这种太阳能锅,他以肯尼亚为基础,采取环境友好的方式开展工作来满足农村贫困人口的需求。[101]这款太阳能锅是1767年一项发明的现代改良版,乔恩·波默尔在2009年参加了一个由惠普赞助的比赛"未来气候变化挑战论坛"(Forum for the Future Climate Change Challenge)。[102]这台价值15欧元的太阳能锅夺得第一名,获得了7.5万美金。乔恩·波默尔正是利用这笔奖金资助在10个国家进行大规模试用。[103]Kyoto Box只要从太阳中获取能量就能运转,既不产生烟,又不需要其他资源。它可用于煮饭、烘焙、净水、烘干食物,同时减少由二氧化碳、森林砍伐和发电造成的环境破坏。[104]

公益创业家具有许多企业家的特质,但是他们有更强烈的愿望去追求能够帮助他人的机会。他们对于工作有一种内在驱动力,这支撑着他们,激励他们努力工作,并激发他们创造性地思考问题。

最热门»讨论题

1. 你不想有一天开一家自己的公司吗?为什么?具体是什么让你有了成为一名企业家的想法?
2. 如果你要创办一家公司,它会是什么的呢?为什么?
3. 思考一个你认为意义重大的社会问题。为创业型企业解决这个问题想一些方法对策。选择其中一个想法,并具体探讨创办你的社会公益创业型企业需要哪些要素。

8.7　一家新公司是如何创办的?

假如你有开办公司的想法。这个想法是全新的,独一无二的,并且你认为自己绝对能做到。不幸的是,很多伟大的想法就这样停留在了原地。创业的想法可能突然涌入脑中,或者随着时间的流逝不断发展,势头越来越强劲,直到你实际上明确了该如何将这一想法转变成现实。不管是哪一种,许多人好像无法迈出下一步:将理想变为现实。他们总是告诉自己这个想法绝不可能实现,或者找借口说自己没有足够的资金,也没有创业经验。有时候,他们只是不知道如何将抽象的想法进一步转化为具体的行动。

不过,如果你理解了以下一些创办企业的基本原则,很有可能会取得成功:
- 懂得提出正确的问题;
- 懂得如何撰写商业计划书;
- 确定如何筹集资金;
- 理解创业公司的生命周期;
- 懂得如何避免常见的失误;
- 成功的领导与管理。

在接下来的几节中,我们将具体探究这些非常重要的话题,这样你就能够成为一名成功的企业家,如果你选择这么做的话。

8.7.1　创办公司时应该问的问题

假如你想开办一家公司,也许你认为这是个好主意,等不及就要开始行动了。然而,你知道许多许多新公司撑不过头两年,[105] 而你想要自己的公司能够顺利地运转,并且生存很长一段时间。于是你做了一些深刻的反思,问自己一些困难的问题并通过研究调查找到回答。正如你在下面会看到的,你向自己可能提出的这些问题并不容易回答,但是你若想要正确起步,就必须诚实回答这些问题。

- 让公司生意步入正轨,我需要投入多少资金? 从订购供应品到缴手机费,从租借办公场地到买保险,所有的费用都必须记在账上。
- 我要支付什么税费? 很多企业家没有意识到其实税费可能会相当可观。如果你计划招聘员工,还要支付工资税。你还要交自己的个人所得税、房产税、市税、州税、联邦税,诸如此类的。根据你所经营的业务,你可能还需要从客户那里收取营业税。
- 我的收支平衡点是什么? **收支平衡点**(break-even point)就是指支出和收入相等的一个点。比如说,你加总一年经营公司的所有费用(包括工资、供应和税费等一切费用),每年的成本总计为 12 万美金(包括你自己的收入)。假定每月你的产品或服务销售收入是 1.5 万美金。$15 \times 8 = 120$,因此,公司经营 8 个月的收入才能抵掉 12 万美金的经营成本。清楚你公司的收支平衡点至关重要,因为它显示了编制预算的重要性。
- 我的个人收入是什么? 万一我自己很长一段时间拿不到工资呢? 许多创业公司的经营是需要个人作出财务上的牺牲。你必须与家人坦诚沟通,扪心自问是否能够承受在之后的好几个月,甚至一两年没有个人收入。如果你要等到一年之后才能拿到工资,你的生活方式会受到影响吗?

● 你要怎么支付像医护服务费、保险费(房产费、定期租金、办公费、公司库存费、汽车等)这样的费用? 你要特别小心医护服务费,因为这种费用对美国的小型企业来说是相当高的。

● 你和你的家人打算像大多数创业公司所要求的一样昼夜不停全年无休的工作吗? 你如何照顾好自己,又如何维护好与家人的关系呢?

这些是你需要思考的一些问题。根据你要创办的公司类型以及个人的需求,会有更多值得你思考的问题。虽然这可能显得很乏味,但是了解自己要面对的是什么,需要做些什么以让自己和家人做好思想准备,这些问题绝对值得付出时间和精力去思考。除此之外,这些问题将帮助你迈向下一步:撰写一份商业计划书。

8.7.2 撰写一份商业计划书

商业项目的正式内容往往是以**商业计划书**(business plan)的形式体现出来的。商业计划书是阐明企业性质及目标,概括企业如何获得成功的正式文书。许多商业计划书还包括其他信息,如企业家的背景、财务状况声明以及行业分析表。

一份正式的商业计划书概述了企业的发展计划,这份文件说明了企业的目标并概述了企业

表 8.7 常见商业计划书的要素[106]

商业计划书的要素
1. 封面
2. 目的陈述
3. 目录
   I. 公司
     A. 公司基本情况
     B. 市场营销
     C. 竞争分析
     D. 运营程序
     E. 商业保险
   II. 财务数据
     A. 贷款申请
     B. 资本设备和供应列表
     C. 资产负债表
     D. 损益平衡分析
     E. 预计资产负债表(即损益表)
     F. 三年总结
     G. 第一年月度详情
     H. 第二第三年季度详情
     I. 财务预测假设
     J. 现金流量预估表
   III. 补充文件
     A. 过去三年的资本退税表
     B. 个人财务报表(所有银行都有这些表格)
     C. 特许经营企业需提供一份特许经营合同和特许方提供的所有补充文书
     D. 一份办公地点的拟租赁合同或拟购买合同的复印件
     E. 营业执照或相关法律文件复印件
     F. 资产总表一式两份
     G. 供应商意向书复印件等。

将如何获得成功。许多商业计划书还包含其他信息，比如企业家的背景，财务报表和行业分析报告。表 8.7 列出的是一份商业计划书的几大要素，可以帮助你更好地了解如何撰写商业计划书。

商业计划书很重要有几个原因。首先，如果企业家正在申请第三方贷款，比如银行，那么借款人想要审查商业计划书以确保其是切合实际的。例如，你去银行借款 100 万美金却不能充分地解释清楚你的伟大想法——为什么这个企业很重要、企业如何进行市场营销、需要多久达到收支相抵——那么，银行很可能不会借一分钱给你。

其次，即使你不需要向第三方筹集资金，有一份商业计划书也有助于构思企业的整体架构。换言之，概括出如何衡量成功将使你对企业发展的进度了然于胸。使企业家获得成功的那些特质——创新、冒险和实干精神——却能导致他们失败，那是因为他们迷失了前进的方向。

8.7.3 如何筹集资金？

大多数企业家很快会发现其实开办新公司很费钱，需要大笔资金来运转。有人自掏腰包，有人用信用卡透支（显然这是一个有潜在危险的办法）来支付创业费用。许多企业家采用的另外一个办法是向第三方筹资，比如投资者、风险投资公司和金融机构。

在向家人之外的其他渠道筹款之前，企业家可能会考虑让家人或朋友作为投资人。**投资人**（investor）是指提供资金贷款并收取利息的人。投资者也可能是你不认识的人。譬如，一个当地的贸易协会投资初露头角的企业家，或者你知道有人想投资除股票市场以外的行业。这类投资者有时候被称为天使。**天使投资人**（angel investor）是指为新兴企业提供资金，以换取企业股份的个人或一个小群体。在 5 年之内他们将得到 30% 的投资回报。[107]

类似地，**风险投资公司**（venture capitalist firm）是通过对一些初创公司或正在经历重大变革的企业进行投资而获取利润的公司。[108] 风险投资公司加入创业公司时，它们往往与企业家形成了一种金融合作伙伴的关系。尽管，企业家可能控制着公司的运营，但风险投资者却对公司持有一些、大部分或者在某些情况下全部的法定所有权。风险投资者是有选择性的，在看过上千份商业计划书后，大约只选择 6 家公司进行投资。[109] 然而，由于投资后即拥有所有权股份，所以一旦他们进行投资，投资额往往是很可观的。据估计，风险投资者单单在美国每年投资额就将近 300 亿美金。[110]

最后，最普遍的第三方资金来源是金融机构。金融机构是指从事接受存款、保管、投资和借贷业务的组织，如银行和信贷公司。有了一份精心策划的商业计划书，企业家就可以向金融机构寻求商业贷款，他们可能也要出示担保投资或个人投资的相关证明。另外，付款日程表是确定下来的并且在大多数情况下即日起付。有些金融机构被指定为小企业投资公司（Small Business Investment Companies，SBIC），它是指在美国联邦政府机构小企业管理局（SBA）支持下向企业家发放贷款的金融机构。

8.7.4 初创企业的生命周期

企业家的创业之路好似开启探索的旅途，这段旅程既令人兴奋又令人畏惧，因为前方是未知数。创业之路有荆棘也会收获成功，然而，成功的企业家总是欣然接受它们并大踏步地推动企业向前迈进，不管付出怎样的代价。创业型企业在成长的过程中经历四个阶段，分别是起步期、成长期、成熟期、衰退或再生期。[111] 下面我们将一一讨论。

1. 第一阶段:起步期

这是创办企业的第一步。在这一阶段中,采取的第一步就是要将理想转变为现实。首先,企业家对公司的财务状况是否了如指掌。如果不了解开销,很容易就会负债过度。接着,选定公司名称,敲定实体或虚拟的办公场所,解决好与创办公司相关的一切法律问题,还必须实施产品或服务的初步市场营销计划。组织学学者们也常常将这一阶段称作"诞生期",他们强调成功的领导者在此阶段形成公司运营体系并且当不可避免的危机发生时,他们也能够成功地处理好。[112]学者们也强调适用于成熟组织的东西根本不适用于创业型企业。[113]比如,企业的销售结构必须是战术型的,而且必须不断发展演变。

2. 第二阶段:成长期

如果企业度过起步期,而且开始出现盈利,便会进入成长期。这时收入和利润会上涨,公司可能需要雇用更多员工,运营和流程更加巩固。此时,企业需优先考虑的问题应该包括市场营销、优质的顾客服务、战略性的人资管理、制定预算、采购和设备更新。[114]只要管理得当,这一阶段的企业是有望成功的。

也正是在这个节点上,企业所有者对公司怀有的愿景对其未来发展起着决定性的作用。企业家对盈利的规模往往有很多选择,而这些需要他们慎重地作出决策。成功的企业也不需要是一家一直在"成长"的公司。许多企业家十分满足于把公司维持在小型可控的局面,而不是追求持续的成长。[115]

3. 第三阶段:成熟期

在成熟期,公司规模会迅速扩大。公司发展到成熟期时,增长速度放缓。竞争理念也有所不同。公司此刻认为"维护"市场份额、留住客源、维持发展稳定等比"抢占"更重要。[116]公司更注重的是通过有效的市场营销和优质的客户服务来培养长远的发展战略。另一种在成熟期保持优势的方法是在技术效率和质量管理上投入更多时间和精力。[117]此外,改进生产方法、提高市场效能、超越客户期望、培训员工技能,都是企业成熟期相当重要的环节。

4. 第四阶段:衰退或再生期

在某个时刻,公司会再次成为创业型企业,寻求再生和额外的增长,或许公司也会进入衰退期。随着环境的变化,许多因素可能不在一直以来专注稳定与实力的成熟组织的控制范围之内。诸如严峻的经济形势或社会转型等变化可能对成熟的组织构成威胁,最终导致其陷入衰退。实际上,若一家公司过度重视稳定性,那么将比更具适应性的公司更容易进入衰退期。学者们认为企业的衰退很大一部分原因是过度的官僚作风阻碍企业应对日益变化的市场条件。[118]

另一方面,企业陷入衰退期是因为没有能力妥善地应对各种威胁。例如,在线音乐分销渠道 Napster 一开始是供人们交换音乐文件的免费网站。该公司当时顶着"革命性"的光环,但也面临着更加传统的音乐产业的巨大威胁。公司开办几年之后就倒闭了,因为法院发现 Napster 违反版权法。[119]我们看一下事情发生的经过。

1999 年,肖恩·范宁(Shawn Fanning)和西恩·派克(Sean Parker)创建了 Napster,并立刻获得了成功。同年 12 月,美国唱片业协会(Recording Industry Association of America)向联邦法院对该公司提起诉讼,接踵而至的是美国重金属乐团金属制品(Metallica)的起诉。在几个月之内,法院判决 Napster 不受《数字千年版权法》(Digital Millennium Copyright Act)的保护。两个月之后,法院向该公司发出强制令。

2002 年,一家德国音乐公司同意以 800 万美元收购 Napster,但在 Napster 申请破产之后,法官阻止了这笔交易。法院在 2002 年年底允许 Roxio 以 530 万美元买下 Napster。次年，公司在 Roxio 旗下重新开始运营，但其经营模式不同，不再提供免费音乐文件共享的服务。Napster 继续挣扎了很多年，最终被百思买(Best Buy)以 1.21 亿美元收购。这家公司至今还在，目前仍归百思买所有。[120]

我们从这一案例中得到的启示是，Napster 的诞生与发展是迅速的，但却过早地面临挑战，许多阻碍将其重重包围。还未达到成熟期便陷入了衰退阶段。然而，在破产中浴火重生之后，Napster 恢复了活力，获得稳步发展，经历了 5 年的成长期之后被百思买收购。

当公司面临危机时，企业家也许大幅改变现行商业策略、流程和运营，如同 Napster 一样以扭转颓势。然而，有时候阻碍企业生存的力量过于强大，这时你能做什么呢？我们再以 Napster 所经历的事情为例。当争论和诉讼案纷纷袭来，企业家必定忧心忡忡。他们或许会问自己："我们怎么做才能在不损失太多资金的前提下解决问题呢？"在这种情况下，Napster 申请了破产，最终出售了公司。

企业的衰退期可长可短，最终的结局也各有不同：有时企业家会将公司卖给竞争对手或允许员工购买。这可能意味着公司会继续运营下去，只不过换了一种形式。当然有时候企业家会干脆关闭公司。

8.7.5 如何避免常见的陷阱并成为一名成功的企业家

有巨大的机会使企业家赚大钱或者通过非营利性公司从支持者那儿得到满足，但是也有许多风险。商业企业家和公益企业家对于企业的成败要负最终的责任。如果员工被公司聘用，无论他们是家人、朋友还是陌生人，企业家的决策关乎他们的生活。不幸的是，许多创业型企业都以失败告终。

2005 年，据美国劳动统计局确认，约三分之二的新兴企业至少维持了两年。四年之后，仍有 44％的企业在运转。[121]换句话说，三分之一的企业在创办之初的头两年内就倒闭，而四年之后有 56％的企业纷纷关门。这一数据很重要，它甚至让很多人一开始就断掉了创业的念头。我们接下来要探究如何确保你的企业获得成功。

1. 企业成功要素：优秀的领导力和管理

正如你所猜想的，拥有领导和管理的能力对创业型企业而言是必不可少的。[122]企业家通常高度重视成果，承受许多压力，并且有点以个人主义。这往往会造成一种微观管理(micromanaging)——过度限制员工、控制流程以及与公司相关的其他一切事务。如此一来，结果会适得其反。甚至管理能力很强的企业家也会忽略领导力培养的部分。你们应该牢记，人是需要激励的。他们需要你创造一种文化，一种注重有效性和创新的企业文化。他们需要一种充满着乐观向上、激动人心的环境，在这种环境中人们能感受到"我们齐心协力，同舟共济"。

2. 培养你的员工

员工的培训与发展不只是大企业的专利。即使除你自己之外只有一个员工，那个人也值得你对其进行充分的培训。当地的社区大学和其他教育机构都有低价的研讨会和培训课程，涵盖各种行业。培养员工的技能不仅帮助他们提高自身的能力，也会推动你的企业蒸蒸日上。

3. 牢记你的商业计划书，了解你的财务状况

撰写一份详细的商业计划书是必需的。[123]太多企业家没有任何规划就草率创业，最后以失败告终。实际上，许多人直接跳过撰写计划书这一步骤，他们相信自己的想法很棒，认为商业机会如此引人入胜,根本不需要一份详尽的计划书。此外,他们还觉得或许计划书太难写,令他们气馁。总之,不论是什么原因,忽略此步骤是冒险的行为。商业计划书为你提供指导,使你专注于公司使命和愿景。你只需要去实践它就行了。

此外,许多企业家拥有创业的技术专长和激情,但他们不了解财务。[124]因此,要获得你所需要的有关财务的建议和帮助。

4. 保持灵活性

变化是不可避免的。在新公司中总会发生一些意料之外的事(这是一种乐趣)。小型企业的优势在于能够灵活而快速地采取行动——比规模较大的竞争对手行动得更快。你可以随时决定变革,然后开始实施——你不会那么需要确保获得准许、授权之类的。所以,避免设置过多的官僚机制,时刻准备好调整。灵活性意味着改变企业工作模式,同时又能保持企业稳步前进。

5. 管理企业增长率,衡量成功

维持稳定的增长率是企业家反复强调的观点。随着盈利不断上升,你认为现金越来越多,因而会产生尽可能使企业快速成长的诱惑——但这种逻辑是错误的。不受控制的增长会导致负债过度,达到一定程度时你与你的员工就会跟不上而导致产品质量下滑。对增长的可能性的常见反应是过度借贷和过度支出。使公司发展壮大没有错——也是我们所期望的——但增长过快不利于企业的长期发展。

另外,确保你能够衡量企业的成功。这是商界的一句至理名言:"所测即所得"(What gets measured gets done)。这句话强调的理念是定期对其进展进行监控的那些活动往往是最成功的活动。

6. 市场营销是关键

有效的市场营销是必需的,但许多企业家都未能意识到市场营销对于他们的公司而言是多么重要。你或许坚信自己的产品或服务是极好的,并臆测其他人理所当然也这么认为。不幸的是,事实鲜少如此。你必须让你的潜在客户意识到你的存在,你要向顾客推销产品。如果顾客根本不知道这家公司,怎么找你买东西呢?[125]如同财务规划一样,如果你不知道如何对公司进行市场营销,可以寻求建议与帮助。市场营销属于专业领域,并不像看起来那么简单。

7. 注重客户服务

确保大量回头客的一种策略就是优质服务。优质服务的准则是什么? 首先,你要真真切切关心顾客。你需要倾听顾客的声音,了解他们对你的企业真正的需求是什么。[126]你还要让顾客知道你了解他们的想法,重视他们的建议,并会不计代价地满足他们的需求。这就需要你作为一个企业家以身作则。当然你还需要激励面对顾客的员工,给他们鼓励,并且对他们进行相关培训。

8. 成为社区中的好成员

成功的企业家能意识到自己是更广阔的社会和关系网络中的一分子——无论是在现实生活和网络生活中都是如此。你应该积极参与社区活动,认识其他企业家并以自己的家乡或工作所在地为荣。下面的这个商业案例主要讲述的是一对企业家不仅在领导力与管理方面表现杰出,同时也能处理好社区关系。一名好的社区成员还意味着有社会责任感,在企业运作中展现很高的道德标准,R&R 健身中心(R&R Health and Fitness Center)的凯瑟琳·瑞德尔(Kathleen Reddell)和雷特·瑞德尔(Rhett Reddell)夫妇就是很好的例子。

商业案例　R&R 健身中心

凯瑟琳·瑞德尔与雷特·瑞德尔

在位于得克萨斯州达拉斯和奥斯汀之间的小镇希尔斯伯勒,凯瑟琳和雷特·瑞德尔夫妇创办的一家健身中心与整个社区建立了良好的关系。这对夫妇是竞技健美者,他们孜孜不倦地确保 R&R 健身中心以一种积极强有力的方式支持社区。瑞德尔夫妇一直为其提供服务或充当志愿者的机构不胜枚举,包括扶轮国际俱乐部(Rotary Club)、希尔斯伯勒商会(Hillsboro Chamber of Commerce)、当地政府部门、学校、医院、社区中心、公民组织、男生女生俱乐部以及各种资金筹集活动等。R&R 健身中心面向仅有 8 000 人的小镇,但其会员却超过了 1 000 人——也就是说,超过总人口 12% 的人在这家健身中心运动。能够拥有如此多的会员部分原因是这对夫妇具备强大的企业管理技能,不过还有一部分是因为他们在社区中的角色。

凯瑟琳说:"我们是社区的一员,社区也是我们生活中的一部分。来到健身中心运动的人都是我们的邻居,是我们一起做礼拜的朋友,我们也会在杂货店排队结账时碰面。"

雷特说:"我们希望看到小镇上的每个人都健健康康。我们的会员费很合理,顾客能从我俩数十年的健身经历中学到很多。"瑞德尔夫妇向顾客提供训练项目、饮食建议、健康生活小贴士,当然也给非会员提供这些帮助。雷特说:"不管对方是不是我们健身中心的会员,如果询问我们如何减去腹部脂肪,我很乐意免费给出一些建议。因为我们的宗旨就是鼓励一种健康的生活方式。"

对社区的关注一直以来都惠及到 R&R 健身中心的发展。尽管近年来经济衰退,但是公司销售额仍然稳步增长。R&R 健身中心生意兴隆,很快就要开办第二家健身中心了。

最热门»讨论题

1. 在创业之前先回顾本节所讨论的需要自我问答的问题。根据你自己的知识、专业、性格和理想的生活方式,进行头脑风暴提出 5 个这样的问题。
2. 试想你确实正在创业。根据自己的年龄、经历和财务状况,制作一份可能的筹资来源清单。就其中之一写出具体如何筹资的计划。
3. 企业生命周期的四个阶段中,哪个阶段你最感兴趣?为什么?
4. 你知道谁已经创办了自己的公司吗?如果这家公司很成功,那么你认为哪些因素促成了其获得成功?如果企业正面临危机或已经倒闭,你认为导致其失败的原因是什么?

8.8　何谓内部创业精神?

研究者采用内部创业精神这一概念来描述在组织内部的创造力、创新才能和企业家精神。[127]**内部企业家**(intrepreneur)一词是在 1976 年创造出来的,用来描述在组织里像企业家一样管理公司的员工。[128]在今天,内部创业精神仍然是一个引人注目的话题,因为我们的企业迫切需要创造力与创新。

我们很难在自己的公司或组织中开发新产品和服务。官僚作风、资源竞争乃至于组织文化常常阻止员工和公司开始新的尝试——但这正是大多数企业所需要的。正因如此,内部企业家需要具有企业家的某些特质,尤其是创造力、乐于创新、敢于冒险的精神。

8.8.1 内部创业精神:在一家健康护理公司的体现

在本章一开始,我们介绍过 Signature HealthCARE 公司的首席执行官乔伊·斯蒂尔,他是一位充满激情的企业家,公司在他的运营管理下每位员工都能发挥内部创业精神。他与他的团队激发并支持在标志健康护理公司内部出现的新的内部企业家以及激动人心的新业务,他将这一过程称为"梦工厂"(Dream Factory)。下文介绍了乔伊对应该如何支持内部创业精神这一问题的看法。

观点

Signature HealthCARE 公司的首席执行官乔伊·斯蒂尔谈冒险

虽然这一点很不幸,但多人都被教导不要在公司里做出冒险的行为,但在标志健康护理公司,我们独树一帜,提倡冒险精神,鼓励人们发挥创造力与创新性。我们希望他们有所成就——就在我们这家公司里。我们相信通过鼓励员工拥有梦想,并充分利用这些梦想并使其变为现实,能使公司在市场上占有绝对优势。这一过程的第一步是要确保员工有渠道告诉我们他们的想法。大多数奇思妙想都停留在人们的脑海中而从未与人分享。我们纠正这一问题的办法就是形成一种不畏惧失败的企业文化,在这种企业文化里,每个人都可以毫无疑虑地大胆冒险,分享自己的想法。

我们也认识到许多创业型企业都以失败告终,因此我们倾其所有地保证员工取得成功。首先,我们当然要根据市场需求、我们发展新业务的能力等标准对这些想法进行评估。然后,为了推出企业家及其业务,我们力图减少最常见的风险,如资本不足或者缺少外部建议,从而建立每一步发展所需要的支持体系。为了减少风险,我们会这样做:

● 适当地投资创业项目。我们认为真正好的创意值得投资。

● 提供类型得当、数量适当的建议。许多创业项目一开始就有根本性的不足——旁观者发现这种不足要容易得多。

● 对创业项目的每一步进行辅导和指导。我们当中有一些人创业经验丰富——我们整个的职业生涯都是在进行创业。我们知道挑战是什么,什么时候可能出现。我们也知道创业是多么富有挑战性,都曾经历过情感上各种具体的起起落落。在他们需要我们时我们就会出现。

资料来源:安妮·麦基 2009 年对乔伊·斯蒂尔的个人专访。

通过 Signature HealthCARE 公司这一案例我们知道,内部创业精神就是企业员工在受雇于组织的整个过程中,确定机会、开发资源、承担与创意有关的一定风险的过程。[129] 由于目前只有不足 10% 的美国人拥有自己的公司,很可能多得多的人渴望拥有自己的公司,内部创业精神是指导人获得成功的通途。[130]那么，你能做些什么以确保自己的好创意被采纳呢？成功的内部创业的关键因素之一是确保创意引起人们的注意，并被组织采纳。

8.8.2 为创意提供支持

有创造力的想法——真正脱颖而出的想法可能与改善产品或服务有关，也可能与推进市场营销活动、使工作场所更安全，或者削减成本有关，这也是公司希望员工和经理能够关注的方面并提出建议。但有了好点子以后，要怎么做呢？你怎么让公司的其他人也信服这个想法呢？

首先，你应该坚持不懈地关注新想法。如何让公司变得更好，发展更快，开销更低，工作场所更安全，所有这些都是值得关注的对象。想法无处不在。你有没有发现延伸到公用场地的电缆线容易造成危险？你是否考虑过为公司产品推出一场全新的广告宣传活动？公司的仓库区是否有浪费之嫌？有什么好的办法减少办公室用纸量，同时还能提高沟通效率？赢得对好创意的支持的第一步就是集中关注存在的问题和机遇，并发挥创造力提出解决方案。

你也需要谈论你的想法，与他人分享。通过举行定期的头脑风暴，让其他人参与其中。这样做有利于发现推动企业发展的创新之举，同时也能鼓励员工的团队合作。[131]另外，你要有耐心，不要落入"我做不到"的陷阱。如果你有这种自我气馁的想法，比如"这样做不起作用"或者"我们没有钱做这件事"，那么你的想法将永远"沉睡"下去。

坐在那儿突然有了新的想法是一件事，而将这些想法付诸实践又是另一回事。因此，为创意建立支持的另一种方式就是清晰明了地阐释如何执行这些方案，并展示给合适的人看。但是谁是适合的人呢？这里就是你组织意识中的社交能力和情商发挥作用的地方。为了建立合适的支持，你必须准确观察环境。你需要了解必须安排谁加入（如你的老板），谁是支持你的坚强后盾，谁会是抵制你的人。你还必须知道如何获得资金以支持创意的实施。有了这些理解，你就能够构想在何时何地以及如何分享你的想法。撰写一份具体解释你将如何一步步实现自己的想法的行动计划，这样会使你的想法更有说服力，并能说明其可行性。

最后一点，不要沮丧。有些想法不一定获得你预期的支持。由于预算、时间或人员设置的限制，可能不得不暂时搁置你的建议，直到这些资源到位。关键是你要不断寻找新想法。

内部创业精神的概念很重要，因为它能够在一个安全的环境中培养员工的创新谨慎和创造性思维。今天，越来越多的企业正在制定有形地支持内部创业精神培养的机制。例如，领导者更注重营造一个允许冒险精神的企业文化。这样一来，员工能够有一份固定且相对稳定的收入，在大多数情况下即使某个创意失败了或者没达到预期的目标，他们也不会失去工作。[132]许多企业确实需要具有内部创业精神的员工。[133]这些企业鼓励并奖励那些创造性地思考、能够解决问题并具有创新力的员工。

最热门»讨论题

1. 将自己当成学校中的内部企业家。你能发现哪些创新的机遇？列出五个你认为能够发挥你的创造力进行变革的地方，从而为学生、教师、员工或者社区提供支持。你会需要哪些支持和资源来帮助你实现这项创新计划？

2. 如果你作为学校中的内部企业家，你会遇到什么困难？你如何克服困难？

3. 作为组织中的内部企业家会有哪些潜在的风险和益处？

8.9　人力资源部门在培养创造力、创新力和企业家精神的过程中扮演何种角色？

作为一名企业家,你可能什么都要管。你会身兼数职,既是首席执行官,又是财务总监;既是市场部主管,又是人事副总裁(还要处理日常事务)。为此,我们将利用本节介绍人力资源类工作的两个非常重要的方面,你很可能得亲力亲为:第一,了解并传达有关你的公司的法律;第二,官僚机制最小化。

8.9.1　企业家必须了解的法律与规则

在开始第一笔交易之前,企业家就会遇到某种法律事务。譬如,企业家创业的第一步就是为新公司起名字。在美国你需要申请别名。**别名**(assumed name),有时也被称为"经营"(DBA)名称,在企业开始创办时使用。通常要在本地或本州范围内进行查阅以确定某个名称是否存在,如果没有相应的名字登记在案,企业家就可将其用作公司的正式名号了。

企业家还必须考虑其他法律问题。譬如,知识产权这一概念可能会引起麻烦。**知识产权**(intellectual property)指对创造性思维或想法的拥有权以及对这种思维或想法表现的法律控制权。所有权往往就是以专利、版权或者商标的形式确立的。

专利(patent)是指美国专利商标局授予的一项法律权利,它规定除专利拥有者之外其他人不能制造、销售或使用这项发明。通常,当企业家开发某项新事物并且希望保护其不受他人抄袭时,就可以申请专利权。2008 年,美国有将近 50 万项的专利申请,而在 1988 年,这一数据只有 15 万。[134]在美国,专利权授予 20 年。在这段时间内,专利权所有者实际上完全控制该产品的使用。然而,20 年以后,如果原有专利没有任何更新或设计变更,那么专利权保护就终止了,其他人就可以合法地模仿该产品或流程了。

版权(copyright)是授予原创者对原著作的专有权,包括复制、发行和改编的权利。这些权利可以获得许可或转让。版权保护的是书籍、文章、音乐、歌词和画作。版权通过美国版权办公室(U.S. Copyright Office)颁发,标上指定的标签"©"。版权保护期为作品作者的终身及其死后 70 年。[135]

商标(trademark)源于特定个人、企业或法律实体,用来辨识一种产品或服务的任何有特色的符号、图像、标语等。这些包括标志(耐克的钩型)、名字(星巴克)、标识(英特尔的名字被圆圈包住)、设计(可口可乐的瓶身),或者词语、短语和标语(如 Magic™胶带)。换言之,商标必须真的与众不同。不过,与专利和版权不同的是,只要商标注册者一直使用该商标,就一直属于商标注册者所有,没有有效期。商标用"™"和"®"表示。"™"表示未注册的商标,而"®"表示经美国专利及商标局官方注册过的。这两种商标都能得到某种法律保护,但在企业家的知识产权受到侵犯时经过官方注册的商标会使诉讼更加顺利。

法律"规则"是任何企业至关重要的组成部分,它们提供了公司必须遵守的边界。有时候会让人感觉很受约束,但从长远考虑,这些"规则"是有利的。实施的其他"规则"可能不一定那么必要,或者那么有帮助,譬如干扰创造力和创新力或浪费时间的官僚政策和程序。

8.9.2　官僚体制最小化，以支持创造与创新

　　人力资源管理者培养企业家精神的一种方法就是减少官僚限制。阻碍创新想法的政策和程序成为员工的绊脚石，可能最终会阻碍创造力和创新。大多数规章制度是用来指导行为，在第 12 章中你会看到为了有效性、质量和高效率，进行控制很重要，然而过多的官僚政策和程序就没有必要了。人力资源专业人士处于独特的位置，影响着对组织所有层次的管理，这种影响能够成功移除官僚体制的强大推动力。值得注意的是，高达 42％ 的专业人士曾考虑过辞职，仅仅是因为他们效力的公司存在官僚体制。[136] 作为一名企业家，你根本承受不住这样的离职率。

最热门»讨论题

1. 你怎么看待违反版权法的人？解释你为什么"支持""反对"或"视情况而定"。
2. 在你看来企业中的层层官僚体制是怎么形成的？
3. 试想你拥有一家小规模的高端景观设计公司。公司已成立 3 年，正在稳步发展。你目前雇了 5 名全职全年员工和 25 名季节性员工。列出公司的规章制度，一一分析其对员工的创造力与创新性会产生什么影响？

8.10　我们怎样才能更具创造力、创新性和企业家精神？

　　值得庆幸的是，创造力是可以培养的。本节中，我们将重点探讨如何培养你的创造力。创造力支撑创新性与企业家精神。让我们先看一些相对容易采用的简单原则。然后，你将学习一种叫作"心智图法"的特定技巧来培养你的创造性思维。

8.10.1　变得更有创造力

　　那么，你如何才能让自己在生活和工作中更有创造力呢？学者米哈里·契克森米哈（Mihaly Csikszentmihalyi）穷其一生来研究如何在创造性的工作中获得满足感。表 8.8 是他给出的建议，十分有用而且意义深远。

表 8.8　米哈里·契克森米哈就提升创造力给出的建议

下面是一些帮助你提高创造力，提升幸福感的建议：	
● 试着每天发现令你惊喜的事 ● 试着每天至少给一个人惊喜 ● 每天记录你给别人的惊喜和别人给你的惊喜 ● 当某事触发了你的兴趣，继续做下去 ● 认识到自己如果把某事完成得很好，做这件事就会开心 ● 要保持享受做某事的乐趣，并且不断提高它的复杂性 ● 花一些时间进行反思和放松	● 弄清楚生活中你喜爱的是什么，你憎恨的是什么 ● 开始多做你喜欢的事情，少做你讨厌的事情 ● 找到一种方式来表达什么使你感动 ● 尽可能地多角度看待问题 ● 产生的观点或想法多多益善 ● 拥有尽可能多的不同的想法 ● 努力提出不大可能实现的想法

资料来源：Csikszentmihalyi, M., 1997, Happiness and Creativity, *The Futurist*：31(5).

8.10.2　突破思维定势

提升创造力的另一个窍门就是进行练习,并借助使你突破思维定势的工具。譬如,不管你是记录信息、制定问题解决的战略或是发展一个概念,你都可以使用一种叫作心智图法的创造性工具,详见图 8.1。[137]

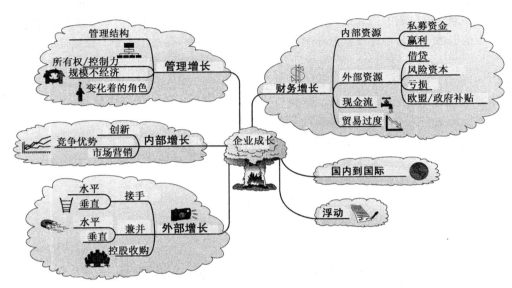

图 8.1　心智图法实例

诚如你所看到的,心智图法是其他概念以主题思想为中心向外展开的许多图像,概念越靠近主题思想就越重要,越偏离核心思想就越不重要。这些分叉线显示了概念之间的关系。[138]运用心智图法可以使我们在想法产生时就将其记录或捕捉下来,然后将我们的想法和信息以一种支持创造性思维的方式联系起来。

这个过程能够激发我们的创造性思维,因为它鼓励我们进行非线性思考,让我们找出想法之间的侧重点和关系。记笔记是一种线性过程,在这一过程中我们按照其呈现时的状态捕捉想法和信息,或者按照我们想到它们的时间先后顺序将其记录下来。而心智图法是先从一个核心图像或概念开始向外发散,使用不同的颜色、视觉图像和关键词。也使用线条将概念联系起来,这些线条也能代表重要程度(通过粗细、颜色、实线或虚线等来表示)。使用循环或箭头也能代表某一影响力的指向。

图像也能用来表征与想法、概念、问题等有关的情感内容。重要的是想出在认知上和情感上有意义的标记。[139]你可以采用传统的办法——纸和笔——来制作心智图,或者找到可以获得的神奇的计算机软件来制作。

最热门»讨论题

1. 你是否曾经在一个官僚作风很强的公司或学校中工作或学习？这些规章制度对你产生了什么影响？

2. 你是否遇到过无论在什么情况下都遵守这些规章制度的人？这些人对你和其他人的创

造能力产生了什么影响？

3. 复习图 8.1 的内容。选择 3 到 4 条建议，实践一周或更久的时间。记下在实践的那周中你做过的事情，你注意到自己和别人身上发生的变化。

4. 下次你和组员召开项目或任务的头脑风暴会时，试着使用心智图法。

8.11 结束语：创造力、创新性和企业家精神

本章讨论了多个重要话题，当今持续不断地变革促使所有的企业需要重视创造力、创新和企业家精神。所以，在结语之前让我们听一听一些著名的企业家对未来发展趋势的预期。2010年，《全球人力资本杂志》(*Global Human Capital Journal*)请了 17 位企业家预测 Web2.0 的未来(Web2.0 是一种支持在虚拟空间进行交互信息共享和软件应用整合的最新技术)。他们对21 世纪今后 20 年 Web2.0 的发展趋势发表了各自的看法：

- Web2.0 给组织营销服务和产品的方式带来一种"地震式的重大转变"。
- 工作的"游戏化"意味着工作与娱乐的界限日益模糊。
- 政府将通过取消联邦、州和地方层面的旧的运行模式以适应现代技术。
- 发展中国家将发起绿色革命，它们寻求顶级的创新技术跨越基础设施的限制直接进入全球主义。
- "数字销售员"职位将成为激动人心的新职业。
- 平面媒体会不断与创新企业结盟，以避免落伍过时。
- 由于思想和信息的大爆炸，组织将更注重寻找培育想法，并使个人参与最大化的途径。
- 企业 2.0(Enterprise 2.0，企业环境下使用的社交软件)将面临许多挑战，但仍将继续取得进展。
- 商业地产与其他服务产业将继续向数字化转变。
- 移动社交网络将盛行全球。
- 对电信业进行国家垄断的拉丁美洲国家将在下一代的网络基础设施发展中垮掉。
- 人们将更关注发展互信关系，改善人机互动的质量，以对社交网络进行量化，并使其增值。

我们的经济、飞速的变革和技术进步都需要我们从长计议并且能够从不同的角度进行思考。严格说来，创造力、创新性和企业家精神在组织中越来越盛行。其中最美好的地方就是乐趣无穷。

本章总结和关键词

1. 为什么企业的核心是创造力、创新和企业家精神？

概述： 在现代组织不断变化着的环境中，关联以领导者鼓励创造力、创新与企业家精神的能力为基础。这些概念很重要，因为它们将焦点从关注短期结果和过度限制员工转移到了促进可

持续增长和发展上。从长远来看,这既会产生支持企业和社区的创新,并使组织中的每个人都有所成就。

关键词:

超强竞争(hypercompetition):指一种持久的、不断升级的竞争状态。

2. 何谓创造力?

概述:创造力是想象和发展新事物的过程。创造力发生在企业的各个层级上——从工厂车间到董事长会议室——创造力也不局限于被认为是艺术家的人身上。不幸的是,我们有一些人没有意识到自己充满创造潜能,因为我们一直被教导逻辑思维和创造思维是互相排斥的活动,分别在左右脑中进行。其实我们全都有创造力,而且能够将认知和情感应用到创造性的活动中去。

关键词:

创造力(creativity):指想象和开发新事物的过程。

收敛思维(convergent thinking):依据步骤和逻辑规则进行的分析性思维过程。

发散思维(divergent thinking):依赖产生许多想法、随机联系、观察和阐释进行的思维过程。

3. 如何鼓励员工在工作中发挥创造力?

概述:管理者需要发展一种企业文化,在这种文化中,企业重视创造力,挑战现状,劳动力多样化,支持员工的冒险精神,并提供发挥创造力的空间。这使组织能够超越过去的流程和产品,从而接受处理事务和开发产品更具竞争力的新方法。鼓励这种类型的创造力要求我们重新思考传统规则,并融入被学者罗伯特·萨顿喻为"怪异"的一些规则。这些怪异的规则并不代替传统规则;相反,它们代表着一套能够激发创造力的补充规则。

关键词:无

4. 何谓创新? 为什么创新很重要?

概述:创新是实施新想法的过程,是现代组织的核心组成部分,因为创新防止企业落伍。在商界,创新不仅仅运用在技术机件的生产上(尽管许多这样的设备当然是创新型的),还能够以一种全新的方式提供服务,采用可持续性的做法,提高效率。创新是当今各类组织的一项长期战略。尽管创新需要投入大量的时间、精力和资金,但从长远考虑,创新对个人、企业和社区都是有所回报的。

关键词:

创新(innovation):实施新创意的过程。

5. 如何培养员工和企业的创新能力?

概述:一家公司要有创新性,必须雇用具有创造力的员工并促使创新想法转化成有助于公司的产品和。创新在正规教育和初级职位往往被忽视,一些组织通过采用鼓励创新的企业结构来克服之一问题,这些企业结构包括快速跟进创新的臭鼬工作室®团队和关注研发的创意孵化器。其他组织与外面的公司建立合作关系,其唯一目的是产生创新产品和流程的概念并使其变为现实。无论采取何种方式推动创新,创新都为组织在追求持续不断的成功中提供支持。

关键词:

臭鼬工作室®(Skunk Works®):在组织内部被授予高度自主权并且不受官僚作风限制的团体,是洛克希德·马丁的注册商标。

创意孵化器(Idea incubator):指组织中研发分支的一部分,着重于开发企业创意。

6. 何谓企业家精神？

概述：企业家精神就是企业员工识别机遇、开发资源、并承担与创业有关的风险的过程。尽管我们当中有很多人觉得企业家是富有创造力的天才，但大多数企业家都是普通人，他们在本地社区中拥有我们每天都要打交道的小型公司。这些小型企业是国民经济的重要组成部分，其背后是富有创新性、精力充沛的冒险家。并不是所有企业家都是为了赢利而创业的；公益企业家奉献出同样的技能和时间努力改善他们身边的世界。

关键词：

企业家精神（entrepreneurship）：指识别机遇，开发资源，承担创办新企业的相关风险的过程。

企业家（entrepreneur）：指创办新企业的人。

合作社（cooperative）：指由一群人自愿一起组成的一个组织，通过共同拥有和民主管理的企业来满足经济、社会和文化需求。

公益创业（social entrepreneurship）：寻找机会通过某种途径帮助社会并把经济获益放在次要地位的活动。

7. 一家新公司是如何创办的？

概述：掌握开办公司的基本原则——问哪些问题、如何撰写商业计划书、如何筹资、企业的生命周期目前处于哪一阶段、如何成为成功企业——会增加创业公司成功的可能性。即使你认为自己的想法很棒并且其他人也都这么认为，没有什么能替代你做好功课使自己在心理上和财务上都有所准备。无论你准备得有多么充分，意料之外的事情还是会突然发生，这要求你重新思考自己的战略，理解这一点也很重要。如果你对员工进行了有效的培训、保持灵活性、重视客户服务，并且在需要时寻求外部帮助，就能成功地渡过难关。

关键词：

收支平衡点（Break-even point）：指支出和收入相等的一个点。

商业计划书（business plan）：阐明企业性质及目标，概括企业如何获得成功的正式文书。

投资者（investor）：指提供资金贷款并收取利息的人。

天使投资者（angel investor）：指为新兴企业提供资金，以换取企业股份的个人或一个小群体。

风险投资公司（venture capitalist firm）：通过对一些初创公司或正在经历重大变革的企业进行投资而获取利润的公司。

SBIC（Small Business Investment Company）：在美国联邦政府机构小企业管理局支持下向企业家发放贷款的金融机构。

8. 何谓内部创业精神？

概述：内部创业精神就是在企业内部发挥创造力、进行创新和鼓励企业家精神的过程。不过真正的内部创业精神在当今的企业中很难发现，因为官僚体系和组织文化抑制员工发表言论和发起新项目的愿望。结果，内部创业精神往往在积极提倡创新想法并为创新思维营造安全的环境的企业中得以蓬勃发展。然而，大多数企业都在关注具有内部创业精神的员工，即使企业的结构并不完全有利于这一过程，内部企业家不要因此而沮丧，做到这一点是非常重要的。

关键词：

内部企业家（intrepreneur）：指在组织里像企业家一样管理公司的员工。

9. 人力资源部门在培养创造力、创新力和企业家精神的过程中扮演何种角色?

概述:许多企业家必须在他们自己的企业中承担人力资源的职责,而他们面对两大最常见的人力资源职能:了解法律法规和官僚主义最小化。就法律法规而言,企业家必须懂得如何应用专利权、版权和商标权来保护企业的知识产权。企业家还应该学会如何确保组织内部制定出来的政策和程序不会抑制员工的创造力。

关键词:

别名(assumed name):有时也被称为"经营"(DBA)名称,在企业开始创办时使用。

知识产权(intellectual property):指对创造性思维或想法的拥有权以及对这种思维或想法表现的法律控制权。

专利(patent):指美国专利商标局授予的一项法律权利,它规定除专利拥有者之外其他人不能制造、销售或使用这项发明。

版权(copyright):授予原创者对原著作的专有权,包括复制、发行和改编的权利。

商标(trademark):源于特定个人、企业或法律实体,用来辨识一种产品或服务的任何有特色的符号、图像、标语等。

10. 我们怎样才能更具创造力、创新性和企业家精神?

概述:提高创新技巧有助于你在生活中的方方面面更有创造力,在工作中也更具企业家精神。米哈里·契克森米哈提出了许多提升创造力和增强幸福感的建议:享受生活带给你的惊喜,确定并思考你喜欢做的事情,提出多种多样的想法。心智图使你将自己的想法和这些想法之间的概念关联用视觉表征的形式再现出来,从而帮助你更有创造力。不管你使用哪种方法来培养自己的创造力,关键在于在任何时候你都要充分调动自己的感官,并且要认知与情感相结合来看待事物。

关键词:无

11. 创造力、创新和企业家精神的结语

概述:当今组织变革的步伐促使人们更加重视创造力、创新和企业家精神。每一个概念都对组织的生存至关重要,而且对其将来的发展也举足轻重。当我们不断前进时,在几个关键的部门进行创新将改变我们的经营方式。

关键词:无

9

为复杂的世界进行组织：结构与设计

9.1 为什么学习组织结构?

本书大部分内容是教你如何更有效工作,同时帮助你的组织取得成功。你已经学习的内容包括如何成为优秀的领导者(无论你在工作中扮演什么样的角色)、如何激励他人以及有效的沟通如何使你脱颖而出。你已知道优秀的规划、战略布局、决策和批判性思维是取得成功的必要条件。你已学会如何处理生活和工作中的变化,并明白创造性、创新和企业家精神为何是当今工作中最令人兴奋且最重要的内容。

但无论你领导得多么好,多么善于激励或启发他人,你工作的环境,即你的组织结构,将会对你和你的组织产生巨大的影响。组织结构影响你的行为、成就以及工作态度。组织结构影响组织的灵活性、效率和有效性。我们学习组织结构,因为它对组织和员工的整体表现与健康发展具有决定性的影响。

思考一下你所知道的几家公司:譬如,一家你最喜爱的服装店、餐厅或手机店。想象一下在这些组织中工作会是什么样子。员工每天做什么? 当你走进店里时,你能分辨出谁是经理、谁不是吗? 怎么分辨? 直接向经理汇报工作的员工大概有多少? 店里有多少员工? 公司有多少员工? 有没有高级主管? 他们做什么? 这些组织的领导者们的职责是什么? 该组织的工作种类有哪些? 员工要完成什么任务? 所有这些问题以及其他问题都与组织如何构架有关。

理解组织如何构架:谁做什么;员工、群体和部门如何一起合作共事;工作岗位如何设计——有助于你成为更好的领导者、管理者和员工。在本章开头,我们会考察几个关键概念,这些概念在组织结构和设计中非常重要。接着,分析几个有意思的现代概念,包括我们如何理解当今的组织及其结构。然后,我们会探讨组织如何分类,并了解商业所有权模型。在本章后半部分,你将学习几种当代热门的组织结构并了解其岗位设置。你将学习管理者和领导者在设计组织结构时要考虑的因素,如组织运营的环境、技术、规模和地理分布。章节最后,探讨人力资源以及我们如何做才能创造并维持健康的组织结构。

9.2　传统理念如何影响我们对当今组织结构的看法？

　　组织（organization）指一群人聚集在一起执行活动，使组织实体完成一系列的战略性和条理性目标，实现其任务。**组织结构**（organizational structure）指组织中的劳动分工、沟通和资源调动相互协调完成任务和目标的方式。组织结构的广义定义包括使组织完成其目标的一切有形的、社会的和法律的机制。

　　组织结构和组织设计是常常互换使用的两个术语，但它们的内涵截然不同。**组织设计**（organizational design）是创建组织结构的过程。换言之，组织结构是组织设计的结果。

　　为了说明这三个概念，以你的学校为例。学校是一个组织，既是实体建筑结构，又是一定的虚拟结构。不同群体按照一定的方式组织起来，这种组织方式有利于他们进行知识传播与交流。学校的使命包括教育学生，而履行这一使命需要策略。这些策略包括确定适合的学生、把他们招收进来并确保其接受良好教育。所有这些活动都需要协调处理工作、沟通和资源问题。

　　多年来，学校的员工已经参与到组织设计，通过寻找学生、招收学生并教育他们以创建能够支持学校实施其战略的组织结构。例如，你的学校很可能有招生处。在该部门，员工选择可能符合学校招生标准的学生。在许多学校，遴选学生是由招生委员会负责。该委员会是部门组织内部的团队结构。试想，如果招生处不存在，学校将如何遴选符合学校使命的学生？校长会挑选学生吗？学生要写信给老师并请求被招收入学吗？

　　你的学校无疑也有教务处和财务处。注册处协调全校的招生工作和各个班级的选课工作，而财务处则负责收学费、支付员工工资以及管理助学金。想象一下，如果没有教务处，将会产生怎样的混乱局面？学生要怎样选课？该如何控制班级大小？要是 500 名学生都想上同一门课程，但是这门课却只有 30 个名额，该怎么办？由谁负责？由各个教师按学期向每个学生收学费和杂费吗？怎样付给员工工资？助学金该如何发放？

　　最后，学校也要有科系。科系促进职责相似、志趣相投的教职工进行顺畅沟通。这些科系成立的目的是给学生和教师提供一种身份认同感。科系安排上课教室、学习小组和科研项目，从而使教职工成员增进学识、共享知识，为学生接受更高的教育提供支持。

　　在这个案例中，可以看到你的学校是如何设计的，该设计有利于简化工作流程，合理划分工作内容和有效协调。许多组织（很可能包括你的学校）围绕三个传统的概念来设计它们的组织结构：层级（hierarchy）、管理跨度（span of control）和决策的集中化（centralization），下面将介绍这三个概念。

9.2.1　组织结构中的管理层级

　　在组织中，**管理层级**（hierarchy）指一种按照正式权限组织员工和团体的方式。简单的组织管理层级看起来像一个金字塔，一个人在最上层（比如，总裁），几个人位于他或她之下（副总裁），每个人下面又有几个下属（经理），以此类推到最底层的一线员工。

层级可分为"瘦长型"及"扁平型"。瘦长型组织结构管理层多，而扁平型的层级少。本章后续将讨论组织结构瘦长型或扁平型的程度所蕴含的意义。图 9.1 中为一种典型的组织管理层级的实例，它描绘了达拉斯独立学校区域服务中心（Dallas Independent School District Service Centers）的组成部分。[1]

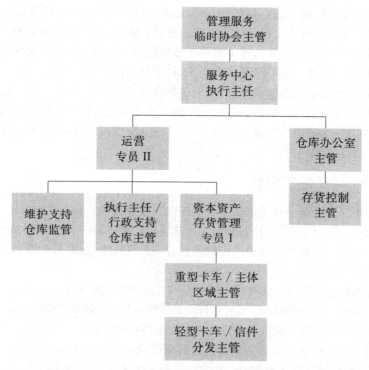

图 9.1　达拉斯独立学校区域服务中心的组织结构图展示了一种管理层级

管理层级包含报告关系——谁向谁报告。有时称为"指挥系统"（chain of command）。在谈及人们在层级结构中的行为方式时，与管理层级和报告关系相关的三个概念很重要，它们分别是：权力（authority）、职责（responsibility）和责任（accountability）。

1. 权力

在组织中，**权力**（authority）指个人在某个具体工作中的合法权利，能够制定某些决策、分配资源以及指导其他人的活动。在这个定义中，我们提到的是工作——因为在传统意义中，权力不是与人而是与工作联系在一起。譬如，今天大学校长给你打电话，聘任你教一门课程，你就有权力要求学生完成作业并给他们评分。这个例子解释了为什么理解个人与工作的匹配很重要，该内容将在下一章讨论。

在传统的组织管理层级中，位于结构顶端的岗位拥有最大的权力，而位于最底层的权力最小。在管理层级之中的每个人接受他或她的权力级别，并尊重级别高于和低于自己的其他人的权力级别。例如，在这门管理学课程中，你的教授位于管理层级的顶端。或许在管理层级中还有比教授级别低一级的助教。而你和其他学生位于助教之下。如果这是一个"完美的"管理层级，你就会确切地知道助教跟你的教授比起来是什么样的权力级别。由此，你就能确定该如何表现出对管理层级的尊重,例如,在遇到某些问题时你会去找助教而不是去找教授。

2. 职责

与组织管理层级有关的第二个重要概念是职责。在组织中,**职责**(responsibility)指圆满地完成工作相关任务的义务。作为学生,你有责任阅读课后作业,为上课做准备,并出勤上课。类似地,你的教授有责任以有利于你学习的方式与你分享信息。

3. 责任

和权限与职责相关的是责任。**责任**(accountability)个人就工作预期成果向其在行政管理系统中的经理或其他主管报告工作成功或失败的意愿。[2]譬如,假如你是书店的主管。你负责管理书店每天的财务,这意味着你要监督出纳员并确保他们每天晚上入账登记准确。如果其中一个出纳账款不足或超额,你对这一情况负有责任,且必须向你的经理报告。

近来,责任在工作的某些方面备受关注:岗位职业操守。许多高级工作岗位明确地将职业准则列入其中,许多组织也有明确的职业行为规范。现在,员工、管理者和领导者需要承担越来越多的责任,要对其行为透明性以及道德行为负责。造成这种结果的部分原因在于某些企业出现了违反职业道德的恶劣行为。

9.2.2 组织结构中的控制跨度

组织结构中第二个关键的传统因素是控制跨度。**控制跨度**(span of control)在一个层级体系中,向上一级报告的职位数量。让我们回到大学课堂的例子:在一门非常大的课上,教授可能有 5 个助教向其报告。这意味着教授的控制跨度是 5。类似地,如果每个助教负责 20 个学生,每个助教的控制跨度就是 20。

但是教授真的控制助教吗?助教能控制学生吗?在两种情况下,这都不可能。描述这一概念更加切实可行的一种办法是管理跨度,或者更好的是领导力跨度。**领导力跨度**(span of leadership)指的是向负责人报告的岗位数量,该负责人的职责是影响、激励和培养在这些岗位上工作的人。

与领导力跨度相关的一个关键问题是向任何岗位或个人报告的岗位或是人员应该是多少。实际而言就是:一个领导实际上能影响、激励和培养多少个人?20 个员工?100 个?1 000 个?大多数研究表明,在传统管理层级中领导的职责范围若包括直接管理,合理的跨度约是 10 个岗位或人员。

尽管这个公式适用于大多数情况,但当今的组织设计者在考虑领导力跨度时必须解决至少两个重要问题。首先,在许多组织中,保持很小的领导力跨度成本太高。其次,近年来,出现了管理层级变少,员工获得更多授权的趋势。顾名思义,这意味着领导力跨度要比之前更大。

从这些变化中可以得出几个结论:组织需向管理者提供领导更多人的技能;需要创建支持个人和群体自觉工作的组织结构;和/或者各层级的人员都需要有批判性思维和技能,能独立作出更多更好的决策。然而,在过去,许多最重要的决策是由组织中的上层领导决定。在许多情况下,这种做法已不复存在。这就意味着我们还需要理解另一个传统的概念——组织中,决策集中化的程度。

9.2.3 组织结构中决策的集中化

集中化决策(centralized decision making)一种结构模型,在这个模型中,大多数决策权是集中的,典型的是集中在组织层级中的顶端职位上。这一模型的一个优势是职责和责任非常清楚——每个人都知道谁能决定什么事。另一个优势是在组织内部的关键流程上一致性更强。

譬如,如果领导力培养集中在高级人力资源群体,组织更可能采取的是一人领导模型和一套培训项目,等等。集中化决策的一个副作用是应对组织内部需求或外部环境中的改变时极为低效,反应缓慢甚至没有反应。鉴于此,许多组织在可能的情况下会调整集中化的决策方式。

分权决策(decentralized decision making)是一种将决策权分配给相关人员的结构模型,这些人员包括最接近相关信息的人,会受到决策的影响的人,或者将要实施决策的人。在一个组织结构中,分权决策意味着授权给层级低却最直接相关的人来作决策。分权的特征是更加分散且共享决策流程,这是一个"无领导"或分散的领导模型。

分权决策有许多优势。第一,大多数人喜欢对自己的行为和决定拥有一定的控制力。得到授权的员工更加敬业。第二,最接近问题和机遇的员工常常有最佳解决方案和想法。譬如,教室里的椅子极为不舒服。谁将对新椅子的标准作出更好的决策——是学生还是那些从来不会坐这些椅子的行政人员?

分权决策的第三个优势是速度快。如今,这一点对许多组织而言至关重要,因为环境迅速地发生改变,需要全新且更有效的应对措施。因此,分权决策能让组织辨认出顾客的实际需要并迅速做出反应,而不是坐等遥远的研究团队收集数据、分析趋势,然后开始调整产品或服务的流程。

分权决策也有劣势。首先,这种决策的质量完全取决于作出决策的个人。这意味着这些员工必须具有卓越的批判性思维和及其他相关能力,如模式识别、系统思考和社会意识。他们需要能够眼观大局,明白如何使他们的决策与组织保持一致。如果员工不具备这些技能,就会发生严重后果。

第二,分权决策可能导致地方层级的实际操作与组织层面的要求不一致,如职业道德政策、财务管理流程、人力资源流程、顾客服务和领导力模型,等等。

基于此,为了保证决策模型与组织的战略保持一致,领导者需要审慎地关注哪些决策是集中的,哪些决策是分散的。员工、管理者和领导者如果能在组织结构中做到游刃有余,他们在工作中就会更加富有成效。在下一节中,我们会考察一个视觉化工具,它将帮助我们简化这一结构并对其进行研究。

最热门»讨论题

1. 想象你接受了工作,这份工作的常见领导力跨度是 30 个人。你发现自己不可能向培训你的经理直接报告。进行头脑风暴,想出几种获得你所需要的培训和关注的办法。

2. 你曾在使用集中化决策的环境中工作过吗? 如果是,你喜欢和不喜欢的方面分别是什么? 类似地,你曾在决策是分散的环境中工作过吗? 如果是,你喜欢和不喜欢的方面分别是什么?

9.3 什么是组织结构图?

组织结构图(organizational chart)指组织中的角色、工作、权限和责任如何分配的结构图示。换言之,组织结构图是角色、工作、权力和职责在组织内部的分布情况的视觉化表征。图 9.2 展示了一家小型餐厅的简单组织结构图。

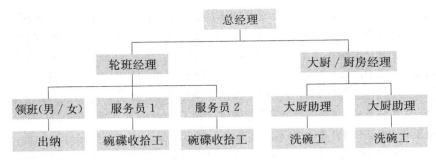

图9.2　餐厅的组织结构图描绘了部门的汇报结构

如图所示,总经理位于结构图顶端,对整个组织负责。总经理有义务为老板实现餐厅使命(提供健康美味的食物),使餐厅经营获利,领导这个组织从而使员工在学习和娱乐(也是餐厅使命的一部分)的同时有能力并且竭尽全力地工作。总经理有权力作出、批准或否决所有的决策。两名经理向总经理汇报。其他岗位人员向这两名经理汇报。

这个结构图中的每个框代表一个职位,包括某种职责并被授予一定水平的权力。做这些工作的人们扮演截然不同、分工明确的角色(如碗碟收拾工、服务员、大厨等)。譬如,碗碟收拾工可能要倒水和擦桌子,在上菜时还要协助服务员。他们有权确定顾客何时需要水以及何时向他们提供水。服务员负责点单和上菜,但不负责烹饪食物——那是厨师的职责。服务员有权确定食物是否变质,并在必要时更换部分食物,但他们没有改变菜单的权力——大厨有权改变菜单上的某些菜品,总经理有权对菜单做出大幅度的改变。轮班经理当班时负责协调所有的活动,并为接班的人员做好准备。他或她有权给员工排班,但与其他轮班经理共享这一权力。

这种管理层级促进沟通、任务和资源分配以及对不同职能部门中的人进行管理和领导(即餐厅店面和厨房)。组织结构图很有用,因为其反映了管理层级、不用的工作和角色。然而,组织结构图远不足以反映组织构架的实际情况。为了说明这一点。请参见图9.3。这幅组织结构

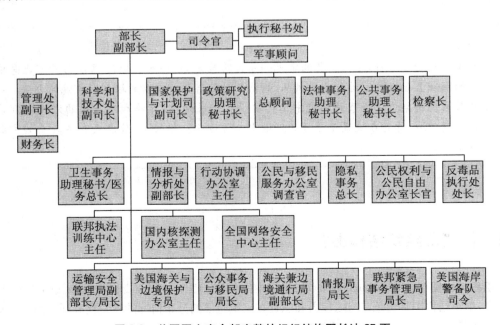

图9.3　美国国土安全部完整的组织结构图长达25页

图包括美国国土安全部的使命宣言,位于该图上方。

> "国土安全部高于一切的紧迫使命是领导全国合力保障国家的安全和捍卫我们的自由。尽管本部门是为保护我们的国家,与破坏美国生活方式的势力做斗争而建立,但我们的特权也包括防范并应对各种危害和灾难。美国公民必须坚信,本部有能力完成这两大使命。"

思考一下国土安全部所做的事情,你认为这图反映了真实情况吗?如果国内核探测办公室主任需要把一个团队与海警一起合作,应该怎么办?那位主任能传唤司令官吗?或者主任请示他/她的老板:秘书长或副秘书长?到底谁才是她的老板?你可以看到有条线从部长开始贯穿每个层级。在像这样的扁平组织结构中,所有的职位严格意义上都是向部长报告的。那么,部长如何管理向他/她报告的27个人呢?或者,倘若其中一个主管的地位接近美国总统,情况又会怎样?那会影响这位主管在组织中的权力吗?或两个人都在为职位晋升而努力,且出现了矛盾,这会阻碍部门之间的协作吗?

人们会问到的有关国土安全部的问题表明,汇报关系只是确定人们如何工作和协调任务的决定性因素之一。比如,正式和非正式的沟通、权力关系,乃至心理亲近度,这些复杂因素都会影响到如何协调并完成工作。一幅组织结构图能帮助我们讨论结构的某些方面,但最终它只是工作、角色和管理层级报告关系的二维图——仅此而已。

在本节,我们讨论了一些重要概念,其在对组织如何设计的研究中有重要意义。尽管这些概念很有帮助,然而,它们并不反映组织的方方面面。组织是人的集合,而人具有复杂性。因此,在下一节,我们会讨论几个模型和隐喻,使我们在考虑组织结构时思维更加深刻,更具有创造性。

最热门»讨论题

1. 画一幅你的家庭组织结构图。这幅图在哪些方面表明家庭"处理各项事务的真实情况"?在哪些方面正确反映了沟通、权力关系和工作及琐事协调等事务?

2. 跟另外3个人一起,各自画一幅你们学校的组织结构图。现在比较你们画的结构图:你们的管理层级是相同的,还是不同的?如果不同,为什么?

9.4　我们如何以非传统的方式"看清"组织及其结构?

尽管组织结构图以及管理层级这类话题对理解组织非常重要,在思考组织及其结构时同样需要创造性。这是因为组织由人组成——人们根据自己与他人的关系,自己与组织之间的关系判断,对组织文化的认识以及对内外部压力的处理等,做选择,采取行动。此外,随着外部环境发生改变,技术成为工作的核心组成部分,组织及其结构变得更加复杂。

本节将讨论看待组织的四种创新方法:作为开放系统的组织,机械组织相对于有机组织形容组织的隐喻以及"蜘蛛"和"海星"类组织。[3]

9.4.1 开放系统理论:组织不是岛屿

开放系统理论(Open Systems Theory)认为任何人类系统,如组织,始终如一地受到环境的影响,并反过来影响环境。[4]正如图 9.4 所示,组织不是有界限的封闭实体。组织和环境始终相互改变。[5]

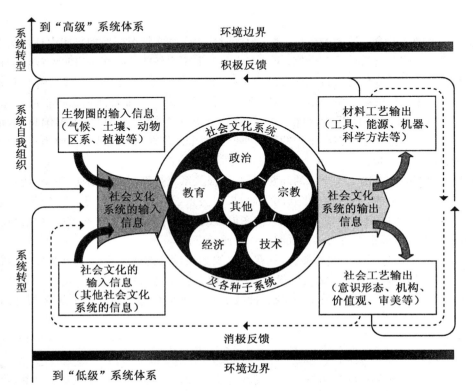

图 9.4　组织是作为开放系统运转的,并受到其所处环境的影响

1. 组织天然地对环境开放

开放系统理论是从自然科学借鉴而来,其主要理念是系统是由创造整体系统的个体部分组成,而整体系统也是其所在环境的组成部分。组织环境包括各种因素,如经济和社会系统(如资本主义和民族文化)、员工岗前教育系统、原材料和顾客。在组织范围内的要素包括员工、技术、组织文化、工作和沟通流程与领导力实践等。所有这些共同将各种组织子系统联系起来,从而形成一个复杂的整体,这个整体具有管理内部工作和流程并与环境相互影响的能力。[6]

为了理解开放系统理论,我们可以把组织看成一种生命体。它从环境中接收信息,对这些信息进行加工并与环境共享信息。譬如,英国石油公司(British Petroleum,BP)是一家总部设在英国的巨型跨国公司,它在很多国家运营。作为全球最大并且在英国举足轻重的企业之一,英国石油对环境,如英国经济、其运营活动所在的不同石油生产国的经济等等产生相当大的影响。但英国石油公司仍然受到环境的强大影响,如石油需求和价格、全世界政府的稳定性、员工和顾客的本土文化、国际冲突、海上劫掠以及本土法律、国内法律与国际法等,这里仅罗列了其中几个方面。

英国石油公司通过石油提炼、加工和销售影响物理环境，即地理和空气。像英国石油这样的公司非常清楚它们对自然环境的影响。它们既受到法律的制约，又受到内在驱动自愿地承担起其运营活动对所在地区的空气、水、土壤、植物和动物产生的各种影响的责任。英国石油公司与自然环境的恶劣关系在 2010 年凸显出来。当时一场爆炸摧毁了墨西哥湾的一座深海石油钻井平台，这座平台由一家名叫越洋（Transocean）的石油钻探公司所有并运营。然而，另一家公司哈里伯顿（Halliburton）承包了使用一种特殊的水泥给海底储油库的井孔加盖的工程。爆炸造成 11 名工人死亡，几名员工受伤。接下来的悲剧跟石油本身有关，爆炸发生后，石油几乎不受限制地从海平面以下 5 000 英尺的未加盖的油井中喷发出来，一连数月，从而危及海洋、所有海洋生命以及依靠海洋为生的成千上万人的生计。[7] 这个例子尽管很悲惨也很极端，却说明没有哪个组织能够独立于其运营所处的环境之外。

与此同时，物理环境通过天气形式和地质构成等因素对像英国石油这样的公司产生影响。那么，了解英国石油也意味着能够理解许多不同的事情及其相互之间的影响，譬如地质学、政治、文化、气象学、经济学和贸易。组织和环境不停地为彼此提供反馈，组织进行相应的调整以适应环境。这种输出即反馈的方式可以指示环境或组织的健康程度。譬如，对环境整体健康状况有影响的反馈取决于组织的健康状况，反之亦然。

2. 理解开放系统和复杂问题

上述内容已提到，理解组织结构的重要性。有时，学生认为这个话题对高级管理者或可能设计组织的人力资源专业人士更重要。不过，实际上，不管从事何种工作，理解你的公司或机构是如何构架的以及它与其他组织的关系都是大有裨益的。一名聪明而专注的学生在撰写有关该国政府正努力控制疟疾这一课题的论文时就强调了这一点。穆伦加·姆万扎（Mulenga Mwenda）进行了实地调查，这次调查使她明白了若要战胜这一致命的疾病必须有过人的组织水平。

学生的选择

为战胜疟疾而组织起来

疟疾是一个重大的全球公共健康问题，每年影响到 3.5 亿至 5 亿人。在撒哈拉以南的非洲地区，这一毁灭性的疾病每年导致大约 100—300 万人口死亡，大多数是年龄不到 5 岁的儿童和孕妇。

疟疾是整个赞比亚这个撒哈拉以南的非洲国家的地方性疾病。如何才能解决这种影响如此广泛而且是由蚊虫传播的疾病呢？ 由于疟疾对国家发展产生的消极影响，赞比亚政府认为控制疾病是首要问题。因此，在 2006 年，政府特别成立了一个名为赞比亚国家疟疾控制计划的项目，由国家疟疾控制中心负责。这两大"保护伞"组织在全国协调各项活动。具体说来，它们协调各种相关活动，包括蚊虫控制、疾病传播途径、传播地，以及如何评估和监控抗击疟疾的进展情况等。

为控制蚊虫而组织起来

只要关注赞比亚项目的部分内容，就能使我们更好地理解其运作情况。譬如，该国的昆虫学研究部门帮助控制蚊虫，也帮助人们避免感染疟疾。这个部门由首席昆虫学家管理，他/她与不同的研究助手和员工一起进行蚊虫管理与控制。这些个人也协调部门和民众以监管并分发预防工具,如用杀虫剂处理过的蚊帐(简称 ITNs)和室内残留物喷洒剂(简称 IRS)。为了理解这一工作的复杂性,需要想象一下农村的情况:在赞比亚,只有几个大城市;公路等基础设施落后,在雨季奔波赶路相当艰难,甚至不可能;大多数人口生活在偏远的乡村地区,没有现代基础设施。

员工们常常勇敢地面对这些困难险阻,深入当地收集蚊虫种类并将它们带回实验室,在那里它们在适宜的条件下生长到繁殖期。然后工作人员给这些新生的蚊虫喷洒用于 IRS 的化学药剂以检测这些物质在控制蚊虫方面是否有效,或者检测昆虫是否已经对它们产生抗体。

找到蚊虫并准备处理办法

在国家疟疾控制计划的其他部门,寄生虫学研究部门由首席寄生虫学家负责,带领他/她的团队辨别赞比亚的蚊虫种类。四种疟疾寄生虫会引起人类疟疾:卵形疟原虫、三日疟原虫、卵形疟原虫和镰状疟原虫,这四类疟疾是最致命的。通过确定每一种寄生虫在农村的地理位置,寄生虫学研究部门能够向卫生部提出建议以协助它们向医院、诊所和乡村健康中心分发药品。确定哪类药品在治疗疟疾仍然有效也是寄生虫学家的职责。

评估抗击疟疾的战略

在任何复杂的协调工作中,对战略的评估都是必不可少的。在赞比亚抗击疟疾的案例中,这个流程是由卫生部组织的。卫生部中的各部门协调进行许多评估活动,如每两年开展一次调研以确定人们是否在使用 ITNs,以及疟疾引起的儿童和孕妇的死亡率。这些调研就是著名的全国疟疾指标调查。

抗击疟疾的战斗规模巨大,而且事关大局。只有每个部门、每个机构以及每个人都能协调各项活动时成功才会到来。截至 2010 年,国家疟疾控制中心主任是卡姆里沃医生(Dr. Kamuliwo),由赞比亚卫生部常设委员会任命的。许多人非常信任卡姆里沃医生——仅仅在他领导该中心的头两年里,他就表现出让众人赞赏的领导技能和素质。首先,他和他的员工意识到只靠一个机构的努力是不可能完成控制疟疾的任务的。这项工作的复杂程度难以想象,要求许多不同的组织和政府部门协调努力。

资料来源:由穆伦加·姆万扎撰写的案例改编。

如案例所示,组织结构相当复杂。因此我们需要仔细了解组织结构,而不是简化了解。下面讨论其他几个观点,它们有助于我们理解组织结构的工作原理。

9.4.2 机械化组织和有机组织

组织也可以根据其灵活性程度来描述。由于发展节奏越来越快,灵活性在当今是个十分重要的概念——大多数组织需要灵活应变,否则它们不会生存下来。让我们看一下机械性化和有机化这两个词语在讨论组织及其灵活性水平的语境下有何意义。

机械化组织(mechanistic organization)是以常规工作职能、高度的专业化和劳动分工为特点的组织。**岗位专业化**(job specialization)这个术语常常与劳动分工联系在一起。**劳动分工**(division of labor)指尽可能将工作精简到最小化、最简单以及最易重复的任务的过程。机械化的组织也可能分为多个等级，有官僚作风，具有常规的流程和标准操作程序。[8] **标准操作程序**（standard operating procedures，SOPs）是执行常规任务的详细而具体的操作指南。机械性的组织不灵活，也拘泥于形式，决策往往是集中化的。

相比之下，**有机组织**（organic organization）的特点是：灵活性高，专业化程度低，正规化程度低，决策过程分权化。其最大的优势在于灵活性。它能根据内外部条件和需求进行改变和调整。

有机组织适应并善于接受环境和变化。[9] 正如组织学者加里斯·摩根（Gareth Morgan）所说，有机组织不断地"与其所在的环境进行交流"，但不同的部门对这种交流拥有不同程度的"开放性"，所以组织内部运转良好，同时也能适应环境。[10] 这意味着组织的各个组成部分根据每个子系统的具体职能和目的进行不同的架构，就像人体内部专业化的器官一样。譬如，我们期望看到制造部门的架构不同于营销部门，因为制造部门往往具有更多的常规职能，而营销对创造性的要求更高。此外，制造中的流程必须稳定且可以预测以确保生产质量。在营销中情况并不是这样，营销根据许多环境因素，如目前流行什么、目前的竞争水平以及哪些场地能用来开展营销项目等，作出调整以适应不同的技术、场地以及顾客人口。通过使组织的不同部分或多或少地向环境开放，组织能够维持被称作"动态平衡"的状态，即一种使自身保持健康、平衡并且截然不同于环境的内部自我调节状态。

因为环境改变，组织也要随之改变：它们需要逐步发展并作出调整以保持竞争力，并能正常运转。[11] 有机组织也是适应性性组织。**适应性组织**（adaptive organization）是非常灵活且对反馈反应迅速的组织，即对各种条件和总体环境中的内外部改变迅速作出反应。[12] 在适应性组织中，领导力和管理实践、组织文化以及结构都是为了确保人们能够迅速有效地应对威胁和机遇而设计的。

学者们采取了许多种方法来研究适应性组织。例如，研究人员德塞恩·伍特（Dessein Wouter）和塔诺·桑托斯（Tano Santos）主张，适应性组织可以授权给员工，让他们制定工作流程以满足局部环境的需要、机遇和需求。[13] 这种方法要求在地理位置分散的组织中进行大量的协调工作。这两位研究人员也证明了适应性组织不应太依赖专业化，因为这会导致忽视"本地知识"。[14] 换言之，劳动分工变得过于专业化时，员工会丧失对其工作如何与本地经济、文化和政治环境融为一体的看法。这样的例子在跨国组织中有很多，这些组织将公司范围内的标准应用到全球背景截然迥异的其他地区。

例如，考虑一下安全标准。欧盟和美国的要求比亚洲许多地区的标准要严格得多，因此很可能会有复杂的顺应性问题。例如，工作场合中的环境危害在美国，由职业安全与健康管理局（Occupational Safety and Health Administration，OSHA）进行严格的管理，但这样的标准并不是在国际范围内适用。美国的流程在另一国家可能根本是不合适的。英国也有自己的标准，并且不同于欧盟其他国家的标准。所以，一家公司的美国总部制定的顺应性措施可能在其他国家很难执行；更糟糕的是，因为法律不一致，或因为外国子公司的需求可能完全不同，所以推行相同的标准可能毫无意义。

组织学者卡尔·维克（Karl Weick）将适应性组织描述成"松散联结"。松散联结的组织是在组织内部和各部分之间有较少集中化的控制，但具有更强的灵活性。[15] 由于具有这种灵活性，组织就有更强的能力进行调整以适应时刻变化的环境条件。

联结松散又相互协调的活动重要性可通过自然和人为的危机实例说明。研究人员研究了全球危机网络，设置该网络是为了响应 2002 年和 2003 年在全世界爆发的一种致命的流行疾病急性呼吸道综合征(SARS)的威胁。SARS 的死亡率很高(9.6%)，并且在确认之前已经在全球流行。[16]幸运的是，即使这种疾病传染性很强，并且在许多国家扩散，全球危机网络也能够控制疫情，死亡病例不超过 1 000 人。[17]研究人员发现将松散联合、"无联结"和紧密联合(高度协调和集中控制的)组织形式结合起来，能使组织灵活且有效地应对危机，同时又避免产生混乱。[18]

9.4.3 加里斯·摩根形容组织的隐喻

我们看待组织的方式不知不觉中影响我们所关注的结构和人类过程的各个方面。换言之，我们"看待"组织的方式因我们看待人和系统的视角不同而不同。为了使这一认知过程进入我们的意识层面，研究人员如加里斯·摩根在描述组织时会使用隐喻。隐喻使我们按照相似且简单的方式来描述组织结构及其职能。几个形容组织的有用的隐喻或意象已在表 9.1 中罗列出来。[19]

表 9.1　我们形容组织的隐喻影响我们关注的事情和我们所做的事情

隐　　喻	我们看待组织的方式	我们所做的事情
组织是机器	"零件"如何组合在一起？"齿轮"上好润滑油了吗(如有效且高效率的供应链、输入和输出)？	为效率而管理；关注输入输出的流量；将职位数量压缩到最简单的形式。
组织是有机体	为了保持健康，组织需要什么？我们如何能保障整体拥有其所需要的"食物"(如原材料，敬业的员工)？	致力于员工健康和福利，严密监测环境以应对改变；并调整自我以适应这些改变。
组织是大脑	"大脑"如何控制组织？我们的领导者足够聪明吗？我们的员工智商、情商和社会智力高吗？	发展优秀的知识管理系统；聚焦于领导力培养。
组织是文化	我们的价值观和信仰如何影响组织内外部的行动？我们的身份认同感、承诺和目的清晰吗？是我们所有人共享的吗？	聚焦于组织内外部的道德操守；向顾客表明我们如何通过我们的商业实践兑现我们的价值观。
组织是权力和统治的工具	我们剥削员工和顾客吗？我们专注于不惜一切代价获胜吗？或者，我们专注于在外部环境中为自身和他人提供支持的授权行为和活动吗？	有意识地管理个人化和社会化的权力；考虑行动的伦理影响。

隐喻帮助我们进行更有创造性地思维。当我们将组织想象成"机器""有机体"和"大脑"时，截然不同的意象会出现。这些不同的意象帮助我们按照不同的方式看待组织职能及其可能的结构形式。它们也向我们说明组织与环境相互影响的不同方式。一个较新的形容组织的隐喻是"蜘蛛"或"海星"，这个隐喻向我们展示了另一种看待当今组织的方式。

9.4.4 组织是蜘蛛和海星

作家奥瑞·布莱福曼(Ori Brafman)和罗德·贝克斯特朗(Rod Beckstorm)认为，由于 21 世纪组织所具有的不断变化这一本质，我们必须以根本上截然不同的方式来看待组织。他们使用"蜘蛛"和"海星"这两个隐喻分别形容传统的组织和适应性强的组织。[20]

蜘蛛组织很传统，有等级结构，而且非常机械。决策是在高层进行的，然后才沿着指挥链向下推行。作这些决策所需要的信息必须通过许多官僚主义壁垒后才能抵达有权作决策的人，所以对改变的响应很缓慢，效率很低，而且往往是无效的。

权力集中在蜘蛛组织的顶端。蜘蛛的头脑代表组织中集中化的权力和控制，腿是各分部、部门和群体的集体行动。所有的一切都依赖于蜘蛛的头脑和中枢神经系统。如果头脑死亡，整个组织随之死亡。腿做头脑要求它们做的事情——不多也不少。它们只有在头脑的支持下合作，如果一条腿死亡，其他腿不得不在没有那条腿的条件下寻找行走的办法——失去平衡，不堪重负。如果两条腿死亡，问题更加糟糕，如果更多腿死亡，蜘蛛将无法活动，因而死亡。

海星跟蜘蛛相比非常不一样。首先，海星的"腿"彼此相互独立，平滑而优雅地越过障碍，绕过艰难险阻。海星的大脑也并不做所有的决策或控制所有的行动：保持健康、调整适应并进行改变所需要的所有知识在海星的各种器官中都是独立自主的。如果你砍断这个生物的一条腿，一条新的腿会长回来。实际上，在某些海星种类中，每一片都会再生成完整的新有机体。这种动物天生就具有适应性，能够在威胁中存活下来，并且能够在面对逆境时苗壮成长。

分权的"海星"组织在人类历史中出现过许多次，每一次它都苗壮成长，在有些情况下还产生了巨大的社会变革。20 世纪的一个实例就是匿名戒酒协会（Alcoholics Anonymous Organization）。这一组织的力量来自于每个群体在本区域内都是匿名的这一事实；成员通过口口相传得知并留下来，因为这样做有好处，而不是因为有人要他们这么做。组织没有最高"所有者"。相反，只有局部的集体所有权。每一次会议和每一个群体都不一样，然而它们全部都因为戒酒这一共同目的而发挥作用。

在 21 世纪，有许多分权的网络化组织的例子已经出现。布莱福曼和贝克斯特朗援引了"基地"组织（Al Qaeda）的例子，他们认为"基地"组织是一个强大有力的海星组织，正在改变着各国自我防御的方式。[21] 他们也指出许多相对较新的组织和结构包括维基百科、克雷格列表（Craigslist）和对等网络（peer-to-peer networks，P2P）以及开放资源软件都依赖于参与性的会员、集体所有权以及对崭新且不同的互动方式的执着追求。

布莱福曼和贝克斯特朗进一步地阐释了海星这个隐喻，他们描述了海星组织如何在极大程度上不同于层级式的蜘蛛组织。他们确认了分权的海星组织的五种截然不同的特征，并将其称为海星的五条"腿"。[22]

第一条腿是这样的组织以"圈子"（circle）的形式组织起来，其本质是社交网络。按照这种方式组织起来的团体不依赖于集中化的权力或规则，因为每个网络在局部都是匿名的。相反，为了正常运转，社交网络集体地确立了个人赞同的规范，这样的规范通过相互作用隐形地得到发展。

海星组织的第二条腿是作者们称为"催化剂"（catalyst）的东西，它指的是拥有"高见"并且能有效激励他人采取行动的个人或群体。催化剂激发活动，但它并不一定亲自参与其中——它在没有催化剂的情况下依靠自己的力量继续前行。催化剂的主要作用是确保在局部授权给那些为接受行动的召唤而发展起来的不同群体。

海星的第三条腿是集体共享的意识形态，匿名戒酒协会的例子就是如此。第四条腿是把之前存在的网络转变成分权的组织。这样的组织中只有催化剂（一位激励人心的领袖）还不够，第五条腿便与此有关。组织中必须还要有拥护者——从早期就开始负责很多事宜的个人——一位把愿景变成现实的顽固的激进分子。

在本节，你们学到了看待组织的许多不同的方式。这一知识使你以一种更加复杂的方式考虑关于组织结构的基本信息。我们现在要将我们的注意力转向组织的常见类型和所有权模型。当你读到这些内容时，请继续创造性地思考你会如何寻求理解组织结构影响个体行为和整体组织成败的方式。

最热门»讨论题

1. 把你的班级当成一个组织,它是一个开放系统的组成部分(你的大学和外部环境)。哪些外来因素影响到你在班级里所做的事情?

2. 你认为你的大学是更加机械性的,还是更加有机的? 你为何这么认为?

3. 选择一个隐喻形容你所属的某个群体(如朋友、运动队和室友)。使用这个隐喻形容这个群体如何一起"活动"、沟通和处理纠纷。

4. 你的家庭更像蜘蛛组织,还是海星组织? 请解释你的回答。

9.5 组织如何分类,如何从法律上进行构架?

想一想你家乡的商业企业和组织。你可能会想到餐厅、零售商店、制造商和银行。你也可能会想到剧院、慈善组织、教堂、本地政府机构、兄弟会组织,等等。为了帮助我们学习组织结构,我们将从如何划分各种类型的组织入手。然后考察常见的所有权模型,所有管理学和领导力的学习者都需要理解这些模型。

组织可以按照其规模大小或提供货物还是服务等多种不同的方式进行分类。也可以根据其所属的行业来划分:消费品、电子类、通信、服装、奢侈品,等等。此外,还可以根据组织的业务经营地来划分:本地、全国或全球。表9.2展示了你可能会遇到的一些常见组织类型。

表 9.2 常见组织类型

组织类型	定 义	实 例
营利性组织	以为所有者盈利为使命的任何商业组织	威廉姆斯-索诺玛有限公司(Williams-Sonoma, Inc.,总部设在旧金山);三丽鸥株式会社(Sanrio Co, Ltd,东京)
非营利性组织	提供货物或服务并将盈利投资于追求组织目标而不是在所有者中分红的组织	会议委员会(The Conference Board,纽约);美国有色人种协进会(National Association for the Advancement of Colored People, NAACP, 马里兰州巴尔的摩)
政府组织	领导、管理并控制国家、州、省、镇等的组织	美国参议院(U.S. Senate,华盛顿特区);大不列颠及北爱尔兰联合王国国会(Parliament of the United Kingdom of Great Britain and Northern Ireland,伦敦)
非政府组织(NGOs)	间接或只与一个或多个与政府有关,并寻求为人类问题或社会问题提供支持的组织;非政府组织通常都是非营利性组织,常常是自愿的	世界自然基金会(World Wildlife Fund,美国,总部设在华盛顿特区);国际特赦组织(Amnesty International,伦敦),人权观察组织(Human Rights Watch,美国,总部设在纽约)
小企业	为了盈利组织起来,拥有独立产权,并且在市场上不占据主导地位的任何组织	Williams Town Communications(印第安纳波利斯,印第安纳州);Rebec Vineyards(弗吉尼亚州阿默斯特)

（续表）

组织类型	定　义	实　例
地方性组织	在确定的地理区域运营的任何组织	Hal's Delicatessen and Sandwich（纽约伊萨卡）；Simi Valley Chamber of Commerce（加州西米谷）
国际性组织	在多个国家有实质性运营的任何组织	非洲发展银行（African Development Bank，总部设在突尼斯丽城）；泰里欧斯领导力学院（Teleos Leadership Institute，总部设在宾夕法尼亚州埃尔金斯公园）
跨国企业	在许多国家有正式化运营的任何营利性组织	丰田汽车（Toyota Motor Corp.，总部设在日本东京）；雀巢南非公司（Nestle S.A.，总部设在瑞士韦维）
进口商	专门从事从他国或多个国家进口货物或服务的任何机构	阿特拉斯咖啡进口有限责任公司（Atlas Coffee Importers, LLC，华盛顿州西雅图）；Vanilla, Saffron Imports（旧金山）
出口商	专门从事将货物或服务出口到他国或多个国家的任何组织	Future Generation Company Ltd.（越南河内）；戴比尔斯钻石（DeBeers Diamonds，印度斋浦尔）
公共慈善机构	一种为了公益目的而组织起来的非营利性组织	红十字会与红新月会国际联合会（International Federation of Red Cross/Red Crescent Societies，瑞士日内瓦）；救助儿童会（Save the Children，康涅狄格西港市）
私人基金会	由个人、家庭或个人团体为慈善目的而创建的一种组织；尽管不是公共慈善机构，但赠款是慈善机构重要的资金来源	比尔与梅琳达盖茨基金会（Bill and Melinda Gates Foundation，华盛顿州西雅图）；卡内基基金会（Carnegie Foundation，旧金山）
虚拟组织	通过信息通信技术，特别是互联网提供一些或全部产品或服务的任何组织	亚马逊（Amazon.com，总部设在华盛顿州西雅图）；亿贝公司（eBay Inc.，总部设在加州圣何塞）

在讨论组织时,进行分类讨论会很有帮助。然而,它们实际上只是简略的表达方式,因为许多组织能够用这些分类中的一种以上的方式来描述。譬如,一个国际组织也可以是一家小商业企业,而像食品库这样的本地组织也可以是非营利性的。组织甚至可能由政府创建和资助,但并不为政府所有或管理,比如州立学校、医院或大学。[23]在非营利性组织中,这一类情况变得甚至更加复杂。在许多情况下,即使政府并不"经营"这些实体,非营利性组织也会受法律和政府条例影响。譬如,在美国,一种合法的实体被称为"501(c)(3)",它可以是企业、社区福利基金、基金或为教育、科学、宗教、慈善、文学或其他目的而设立的基金会。让我们现在将注意力转移到商业企业所有权的形式上去。

9.5.1　常见的所有权形式

商业所有权模型影响组织生活的许多方面,包括领导力模型和实践、组织文化与组织结构。在漫不经心的观察者看来,除了公司信头上出现的如"有限股份公司"(Inc.)或"有限责任公司"

(LLC)这样的标示,所有权可能不是很明显。

公司所有权可以有多种形式。每一种所有权形式都是以许多因素为基础的,伴随而来的是其自身的利弊组合,对所有权人在税收、法律限制和管理模型方面产生影响。表 9.3 列举了几种常见的商业所有权形式,我们在下面的几节中会对每一种分别展开讨论。

表 9.3　所有权的常见形式

所有权的形式	定　　义	举　　例
个人独资企业 (Sole Proprietorship)	由一个人拥有的企业,并且没有被注册为股份公司或合伙企业。个人独资企业可以是有限责任公司,如果所有权人选择不将之当成合法的股份公司或合伙企业。[24]	Figureplant（旧金山）；Creative English.net(英国)
合伙企业 (partnership)	是一种合法的企业组织形式,由 2 名或 2 名以上的个人构成,当不出现如"有限"或"有限责任"这样的限定语时被称为普通合伙企业(general partnership)。合伙人共享盈利并对企业债务各负其责,每个合伙人也在纳税申报单上拥有一部分企业收入(或损失)。	Smock Sterlin(伊利诺伊州布勒夫湖)；Community Orthopedic Medical Group Partnership(加利福尼亚州米申维耶霍)
股份公司 (corporation)	股份公司是一种法人实体,政府认可其类型。股份公司拥有业务,而被称为股东的个人拥有一定比例的公司股份。公共所有的股份公司在证券交易市场上对所有权的股份进行交易。	DryShips, Inc.（希腊雅典）；First Solar, Inc.(亚利桑那州坦佩)
有限责任公司 (Limited Liability Company, 即 LLC;在有些国家,也被称为"公共有限公司" (public limited corporation,或 PLC))	这是一种具有合伙企业和股份公司元素的混合所有权形式,在美国相对较新。作为合伙企业,所有权人的责任是"有限的",合伙人也可能承担企业损失的所有权以抵消税收。所有权人成员可以是人、股份公司、其他的有限责任公司与/或外国组织。[25]	3H Technology, LLC(弗吉尼亚州莱斯顿)；51 Minds Entertainment, LLC(洛杉矶)

1. 个人独资企业

正如其名称所示,**个人独资企业**(sole proprietorship)是一种所有权模式,即一个独立个人拥有一家企业。在美国,每个镇、每个州对创办独资企业的法律要求各不相同。有关在美国创办和经营个人独资企业的一个比较好的信息源是中小企业局,这是一家向中小企业所有权人提供指导和支持的政府组织。[26]这种简单明了的所有权(至少在美国是这样)是一个明显的优势。对所有权人如何经营其业务的法律限制很少。

美国的个人独资企业一个主要的劣势是这种所有权形式的财务责任问题:个人所有权人本人对所有的财务资产和债务负责。个人所有权人赚取的所有的钱(在扣除支出后)都要按照个人所得进行缴税,所有的贷款都属于个人贷款(而这往往很难获得),并且因企业产生的全部债务都被视为个人债务。

同样,个人所有权人对发生在其财产上的或与企业相关的活动而产生的全部事件负责。譬如,如果顾客摔倒并且在企业财产范围内受伤,或者因企业的产品、做法或服务而受害,所有权人对这些伤害负有责任。尽管自住房或自用车辆可免除被没收,其他财产可被法庭扣留以支付与企业有关的未付债务。

2. 合伙企业

合伙企业（partnership）指两个或两个以上的个人共享企业所有权的一种所有权模式。企业的控制权往往五五开,但也可能是八二开、六四开,或者任何其他的组合形式,只要所有的合伙人都同意。不管要决定什么事情,合伙人应该达成具有法律效力的合伙人协议。这份文件概括了如所有权份额、盈利如何分配、纷争解决办法以及合伙人如何脱离合伙关系等原则问题。在企业出售或破产的情况下,合伙人协议也确定盈利或债务在合伙人之间如何分配的问题。

这种所有权形式的优势主要体现在"两人智慧胜一人",并且比个人独资企业拥有更多的启动资金和增长活动。劣势则是个人责任仍然是个问题。另外,如果企业对一个合伙人的依赖超过另一个人,如果这个人生病、死亡或对企业不再感兴趣,企业很可能会受到损害。

3. 股份公司

1819 年,最高法院约翰·马歇尔（John Marshall）法官曾作出如下著名裁决:股份公司是"人为创造的存在体,看不见,摸不着,仅仅存在于法律范围之中……而且能够进行个体行为……以管理其自身事务,拥有财产……"[27]在此意义上,**股份公司**（corporation）指作为法律认可的一种独特实体的组织,它要缴纳税款,承担诉讼责任,且没有独资企业及合伙企业的个人责任问题。与其他形式的所有权一样,管理股份公司的具体法律在州和州之间各不相同。[28]

股份公司的所有权通常分散在许多人或团体之中。像其他企业一样,个人或团体为了投资而购买股份公司的股票(份额)。换言之,他们购买股份公司的一部分以期其价值会上升,在一段时间内他们的公司股份会更有价值。盈利定期在股东之间分配(这些被称为"分红")。一个所有权人购买的股份越多,在其权力下,获得或损失的金钱就越多。股东的个人责任仅限于股份认购时其在企业中所持有的所有权份额。这意味着如果公司负债累累,股东可能会损失其最初投资时的金钱,但仅限于此。这与合伙企业不同,在合伙企业中个人所有权人本人对整个公司的负债负责。

股份公司独立存在,与那些可能对其拥有所有权的人分离。实际上,即使股东不再参与管理,甚至不在世,股份公司也会继续存在。股份可以购买和出售。企业也能出售额外的股票份额以产生收入。

股份公司的一个劣势,特别是对于非常小的企业而言,与税收有关。企业按照单个实体被征税,拿工资的所有权人也要按照个人所得税被征税。另一个劣势是创建股份企业较之创建其他所有权形式的企业是一个更复杂、更昂贵的过程。

4. 股份公司和合伙公司如何能按照法律程序组织起来:小型股份公司和有限责任公司

所有权的两种其他形式是小型股份公司（S corporations）和有限责任公司（limited liability companies，LLCs）。它们是作为对企业家而言相对简单且不那么昂贵的所有权形式应运而生的。

小型股份公司是指拥有 100 名或者少于 100 名的股东且不必缴纳联邦所得税的一类股份公司。相反,收入、损失、扣除额和信用都因为联邦税的目的而移至股东身上。[29]S 股份公司只有一种股票。[30]在这种结构中,所有权人避免重复缴税,因为企业不是根据收益和损失而缴税的,收入和损失被直接转移到股东身上。[31]小型股份公司是一种非常普遍的所有权形式,在美国就有 300 多万家小型股份公司。[32]

有限责任公司是公司的拥有者对公司只有有限的个人责任的一种混合所有权形式。它结合了股份公司的特点与个人独资企业或合伙企业的特点。[33]在美国有限责任公司最大的优势是根据有限责任公司指定的最为合适的所有权人或成员——既可以是股份公司、S 型股份公司、合伙企业,又可以是个人独资公司——进行征税。这是因为美国联邦政府不是根据有限责任公司的分类进行征税的。[34]此外,所有权人受到保护可以免除许多与企业有关的负债责任。在下一节,我们会将对所有权模型的讨论扩展到其他组织结构上去,这类组织结构允许组织通过与个人或其他组织之间的协议而扩大其影响范围。

9.5.2 与外部实体的组织和法律关系

除了我们到目前为止讨论过的所有权形式之外,其他关系也存在于企业之间。这些包括合作合约、许可证协议、特许经营、战略联盟和全资附属公司。

1. 合作合约

合作合约(cooperative contract)是指因股权式合营企业(也被称为股权联盟)而达成的友好的商业协议。[35]产权联盟有两种形式。一种是部分收购,公司拥有另一公司的少数股权(不到50%的所有权)。相比之下,另一种是交叉持股联盟,每个公司都拥有另一公司的股权,本质上是交换股权。[36]

股权联盟比购买或建立公司承担的风险要少,这使其很有吸引力。公司可以专注于核心业务,同时探索其他选择。这在扩展到海外市场时特别有帮助,因为在海外市场公司可能没有目标文化知识、专业技能或劳动力来运营或监管生产经营活动。

一个极为成功的国际交叉持股联盟就是日本的富士施乐(Fuji Xerox),两家公司拥有相同的股权。尽管富士和施乐持有相同股权,几乎所有的执行董事会成员都是日本人,还有一名成员身居施乐国际的董事会。施乐在美国遭遇业务缩减时,联盟成为重要的收益来源。[37]

2. 许可证协议

许可证协议(licensing agreement)是注册商标材料的所有权人授权个人或公司支付费用以使用该材料对产品或服务进行销售或营销的一种商业协议。许可证是一种日益流行的方法,通过该方法公司可以通过授权给其他实体使用注册其商标的材料进行业务扩张。[38]这种注册商标材料有时候被称为知识产权,知识产权的所有人是许可证出让方。实际上,出让方将其知识产权出租给受让方,然后受让方通过支付交换费或版税获准根据知识产权创造产品。[39]有些许可证协议要求受让方在进行销售和分销之前将具有知识产权标识的产品提交给出让方以得到其最终批准。这有助于出让方确保知识产权以合适的方式进行使用,同时确保产品质量是可以接受的。[40]

该模式比较熟悉的例子是贴有运动队标识的服装。标识是运动队所有权人的知识产权,所有权人将标识使用许可证授权给服装生产商。服装生产商据此生产贴有标识的长袖运动衫和T恤衫,并根据协议的比例将衬衫销售额的一部分支付给运动队的所有权人。[41]

许可证协议对相关方都很有益。例如,在上例中,穿着贴有出让方知识产权标识的长袖运动衫的人就是活广告。受让方通过具有可识别的商标增加其产品的吸引力,从中受益。他们都享受到内部设计成本降低的好处。

当然,许可证协议也有弊端。对出让方而言,这些主要与受让产品的质量和商标在这些产品上的表现方式有关。对受让方而言,主要是金钱方面的,因为有些协议包括不管许可产品销售情况好坏与否都要支付所保证的费用。[42]

3. 特许经营

特许经营(franchise)是企业的所有权人授权给个人或个人团体以企业名称的名义销售或营销产品或服务以换取费用的一种协议。特许经营是独立双方之间的商业协议。甲方即授权方,拥有特定业务并授权给乙方即受许方,允许其使用该业务名称进行产品或服务的营销。为了回报这一权利,受许方支付费用给授权方。特许经营主要的两种形式是经营模式特许和产品分销特许。

经营模式特许更常见,它们规定受许方进行产品或服务销售将要使用的营销计划和运营流程。大多数快餐特许经营店都是经营模式特许。另一方面,产品分销特许则不规定受许方销售产品或服务应该采取的方式。

在谈及这些类型的协议时,授权方获得的一个好处是金钱方面的;受许方向授权方支付各种各样的费用和版税。第二个好处是产品或服务的大范围分销以及品牌认知度提升。对受许方的主要好处是他们营销的服务或商品是顾客们已经熟悉的,所以,他们不必花费大量的时间创造顾客认知度。

受许方对特许经营协议的弊病感受最为强烈,他们没有获得创造属于自己的营销和定价标准的自由。[43]譬如,汉堡王在全国范围内推出了 1 美元双层起酥汉堡包的促销活动,它们强迫特许经营店采取这一定价而不顾由此引发的损失。受许方就促销活动起诉汉堡王;在撰写本书时,该案尚未开庭。[44]

4. 全资附属公司

全资附属公司或子公司(wholly owned affiliate or subsidiary)是全部股份都由另一家公司(称为母公司或控股公司)持有的公司。[45]总公司通常比附属公司规模更大,而且力图控制但不是消解附属公司的内部结构。这种安排从法律的立场来看不无裨益,因为这使得总公司和附属公司保持独立的法人实体地位,在大多数情况下,它在附属企业遭到起诉时保护总公司。[46]

全资附属公司所有权形式也很有优势,因为它向总公司提供了另一家公司的专业技术知识,而不必与竞争者共享自己的专业技能或知识,这种情况有时发生在合资企业中。[47]跨国总公司也可能通过其他国家的全资附属公司获得优惠的征税待遇。[48]拥有全资附属公司的另一个重要益处是总公司可能能够利用与附属公司相关的品牌认知度和市场营销,以及利用附属公司业已确立的现存分销渠道。[49]正是由于这个原因,许多对国际扩张有兴趣的公司要么寻求直接收购附属公司,要么收购附属公司的股票。[50]

例如,化妆品巨头雅诗兰黛于 1997 年斥资约 3 亿美元全资收购了 Aveda 这家以草本植物为基础的天然美容产品生产商,使后者成为该公司的附属公司。[51]这次收购使雅诗兰黛进入到护发市场,并获得了私人沙龙分销渠道。在收购时,Aveda 正经历着伴随快速成长而来的阵痛,它乐于接受雅诗兰黛的集中化购买能力和政策结构。Aveda 保住了自己使用有机产品和采用可持续性操作的生产设备,还保住了它自己的执行组织结构,而雅诗兰黛则一直在收获由这种隶属关系带来的经济效益。[52]

当然,全资附属公司确实使总公司面临几种不利条件。主要的不利条件是:若总公司收购附属公司的目标失败,就要承担企业运营的全部成本和风险。[53]此外,总公司必须谨慎地使附属公司保持独立的法人实体地位,使其与自己的利益和运营流程保持一致。[54]这种分离在包括税收和责任的一系列问题产生时很重要。一些寻求国际扩张的公司选择采取合资企业而不是全资附属公司有诸多原因,而这两大问题是其中最主要的因素。[55]

5. 战略联盟

战略联盟(strategic alliance)双方或多方为了实现共同目标而一起工作的协议。这些协议可能具有法律约束力,也可能不具有法律约束力,但在任何一种情况下,缔结联盟合同是关键,这使双方能够保护各自资产、参与融洽而有益的商业互动以及准确标示联盟关系如何终止,在何种条件下终止等。[56]不顾合同效力而形成任何联盟是冒险的。然而,世界上许多公司都断定全球能力、市场适应能力和规模经济构成等方面的好处值得它们冒这种风险。[57]

所有部门中规模各异的企业将战略联盟视为一种驱动增长的途径,它们愈来愈依赖这种联盟。[58]战略联盟与合伙企业或合资企业类似,因为两家公司为了在制造或分销产品中的共同利益而联合起来。然而,与合伙企业和合资企业不同,战略联盟一般缺少永久性。例如,战略联盟可能只围绕一、两种产品或产品线建立起来,而不是一种终生协议。[59]

譬如,两家公司可能通过战略联盟暂时合作,因为一方拥有开发新视频游戏系统的专业技术知识,而另一方有建立该系统并进行分销的资源。[60]战略联盟在当今经济中特别重要,因为它们以更快的速度为公司产生更大的经济效益,这在公司独立从事某些项目时是不可能实现的。研发、许可证、广告和分销成本分摊到联盟中的双方,在更广阔的市场分割中公众能够更快地获得革新的产品和技术。[61]

战略联盟是建立业务网络的企业与企业间的协作。有时,这些网络是垂直的,将卖方公司和顾客公司聚集在一起。有时,它们是水平的,将两家卖方公司团结在一起。[62]在后一种情况下,偶然创建的网络使竞争公司联合起来。以竞争为基础的联盟很复杂,因为每家公司在与竞争者共享信息时都要承受这种行为的弱点,但它们也能获得成功。

战略联盟的一个成功故事是百事可乐和联合利华联手建立的合资企业生产立顿红茶。这两家公司于1991年联合起来将瓶装茶推广到美国各地的零售店。[63]立顿这个久负盛名的茶品牌给联盟带来了品牌认知度和生产能力,而百事可乐则带来稳固的分销网络。[64]到2003年,通过这一联盟生产的瓶装茶引领美国和加拿大的茶饮料市场,从而促使百事可乐和联合利华将它们的协议扩大,包括在另外60个国家进行国际分销。[65]该联盟持续保持成功的态势,而且继续创新,于2009年推出了有史以来第一款汽茶饮料。[66]

既然已经了解了组织划分系统和所有权结构,让我们把注意力转到公司如何将人员和流程组织起来以实现其目标。下一节讨论的组织结构在当今企业中很普遍,所以理解术语和它们之间的区别很重要。

最热门»讨论题

1. 采访一位小企业主并厘清其采用的是哪种所有权形式。为什么企业主选择这一所有权形式?其所选择的模式利弊为何?

2. 如果你准备创建自己的企业,你会选择哪种所有权形式?为什么?

9.6 常见的当代组织结构是什么?

在本节,我们会考察几种当今经常采用的组织结构。我们着重关注具体组织结构的原因之一是,在你职业生涯的某个阶段很可能会需要权衡如何构架你的组织,或者至少你所效力的组织的某个部门。实际上,所有层次的员工被问及这些问题以供决策参考的可能性越来越大——特别是在更扁平的组织中,我们将在本节的后部分对其予以解释。

识别常见的组织结构很重要的另一个原因是,在某些组织结构中工作比在其他组织结构中工作很可能会让你感觉更自在或不自在。譬如,你可能更喜欢获得更多或更少的指导,拥有更大或更小的自主性,感觉更确定或更不确定、认识更模糊或不模糊,希望有更多的改变或更少的改变。你可能更喜欢非常清晰明了的权力划分,或者你可能喜欢更网络化的非正式权力。识别哪些类型的组织结构会培养你所喜欢的那种条件,并促使你在这种条件下全力以赴地工作,将会使你在所加入的组织和接受的工作中作出更好的决策。

我们在本节的开头会更深入地考察"瘦长型"和"扁平型"的组织结构之间的区别。然后我们会讨论部门化和当工作按照部门、职能、产品、流程、顾客和地理位置进行分类时组织结构有何不同。最后,我们讨论近年来出现的几种结构:矩阵型、混合型和网络化结构,它们是为了支持组织应对当今复杂的环境应运而生。

9.6.1 "瘦长"和"扁平"组织结构

垂直组织结构可以是"瘦长型"的,有几个管理层级级别,也可以是"扁平型"的,几乎没有管理层级级别。理论上,瘦长型的结构支持信息和资源在管理层级上下顺畅地移动,而扁平型的结构促进组织中的团体之间更快更有效地进行横向沟通。

征召的士兵★			委任的军官		
徽章	军　衔	番号	徽章	军　衔	番号
	陆军总军士长	E-9		陆军五星上将（GOA）	0-11
	司令部军士长（CSM）	E-9		上将（GEN）	0-10
	一级军士长（SGM）	E-9		中将（LTG）	0-9
	军士长（1SG）	E-8		少将（MG）	0-8
	二级军士长（MSG）	E-8		准将（BG）	0-7
	三级军士长（SFC）	E-7		上校（COL）	0-6
	上士（SSG）	E-6		中校（LTC）	0-5
	中士（SGT）	E-5		少校（MAJ）	0-4
	下士（CPL）	E-4		上尉（CPT）	0-3
	专业军士（SPC）	E-4		中尉（1LT）	0-2
	一等兵（PFC）	E-3		少尉（2LT）	0-1
	二等兵（PVT2）	E-2			
无徽章	新兵（PVT）	E-1			

注:在士兵中,下士和下士以上级别的军官被称为"非委任军官"。

图9.5　美国军队对士兵和军官采用24级军阶制

瘦长型的结构是一条指挥链,形成了金字塔状的组织结构图,从顶端的董事会和接近顶端的最高级别的领导者扩展到管理者、监管者,然后到底部较低层级的员工。瘦长型结构可以当成纯粹的管理层级来理解,就像美国军队的军衔制度一样。正如你在图 9.5 中所见,士兵被划分成 13 个军阶,其中 9 个代表的是"非委任军官这一类。"委任军官"(严格地说是最低级别的军官,军阶仅高于最高级别的士兵)这一级别有 11 种不同的军阶,因此总计 24 级军阶。

清晰明了的垂直结构的主要好处在于管理层级一般作为凝聚在一起的整体,发挥作用,指挥链上下之间的信息共享很有效率。[67]一个劣势是组织内部不同的垂直结构(如营销、财务和制造)可能会发展处一种"竖井思维"。"竖井"一词常常被用于描述相互分离,较少与组织其他部门互动的组织部门。[68]

许多组织会通过为重大组织项目建立跨职能团队来尽力将竖井思维的消极影响降到最低。**跨职能型团队**(cross-functional team)是由组织的各部门成员组成的团队,他们汇聚在一起的目的是在服务于组织范围内的挑战、机遇、变革和特殊项目时,提出不同的观点,发挥不同的技能。

在瘦长型结构中,另一个潜在问题是需要更多的管理者和执行者进行决策、分配资源等。这样一来成本高昂,而且会非常低效率。那就是为什么近几十年来,许多组织通过重组其管理层级"精简机构",以达到安排较少的管理者监督运营的目的。换言之,组织正在变得越来越"扁平"。被称为"扁平"的组织指的是组织结构中有较少管理层级的组织。想一想底部非常宽且不高的金字塔,你就会对扁平组织的结构有基本的概念(见图 9.6)。

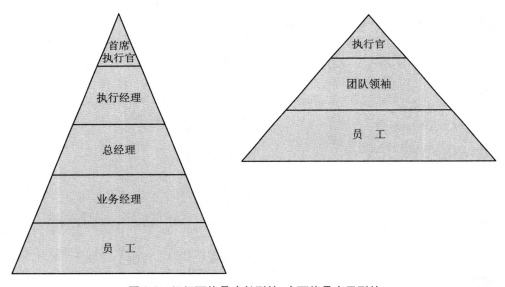

图 9.6 组织可能是瘦长型的,也可能是扁平型的

在扁平组织中,团队、工作组和部门之间的横向沟通会更有效。理论上讲,资源能更容易地在组织中水平流动。最终,扁平组织常常会采取以团队为基础的结构,专门化水平较低,控制跨度和领导力跨度更大。[69]由于较少的管理层级参与决策流程,扁平的组织结构可能会产生成本降低,速度上升的结果。

真正扁平的组织结构很罕见,而且只会在规模很小的组织中找到。此外,许多人难以想象在扁平组织中工作的状况会是什么样的。波士顿咨询集团(Boston Consulting Group)的成员发表了一篇文章指出,当代人对职业发展和同辈群体的看法与过去非常趋同——两者都与组织结构的分层模型相关。人们希望"往上"爬。另外，衡量体系、规划和预算全都继续支持垂直分层的组织。[70]

~~~~~~

商业案例　IDEO

给 员 工 授 权

公司并不局限于传统的组织结构。革新的公司往往绕过这些结构，创造允许更多创造性、创新力和团队合作的自由的新架构。想一想 IDEO 的例子，这是一家在全世界范围内拥有 500 多名员工的全球设计咨询公司。"ideo"一词即为希腊语中的"想法"（idea），公司的创始人之一大卫•凯利（David Kelley）历来享有创新者的美誉。他在设计产品中的创新风格也可见于 IDEO 独一无二的组织结构。凯利回想起其职业生涯早期在大型企业工作的经历，他感觉在这些公司很压抑。用他的话来说，"你能感觉到组织结构图的分量。我的老板是一个我不认识的人，他却作出关乎我的人生的决策。"因此，当他后来创办自己的公司时，凯利想要做一些不同的事情——他称之为"员工授权"。[71]

凯利的创新思维的结果就是 IDEO 现在的组织结构。尽管公司的员工可以被形容成扁平的团队，他们也成立"工作室"和多种专业结合的"热门团队"。工作室是由 15 至 25 人组成的部门，每个部门的领导对自己所在团队的盈亏负责。工作室领导是在 IDEO 内部培养出来的，不是从外部聘用的。热门团队是由具有多种专业背景的人组成的团体，他们在某一时间段合作共事。热门团队的领袖来自于团队内部，并不是受雇当领袖；相反，这些个体在 IDEO 工作过一段时间并逐渐得到同事们的拥戴。

来自于 IDEO 外部的客户和思想家也是公司热门团队中至关重要的参与者。这种跨专业的方法促使 IDEO 成功地完成了各种设计项目，如奔迈 5、苹果鼠标和佳洁士无痕挤压管装牙膏。实际上，IDEO 赢得的《商业周刊》的美国工业设计学会最佳工业设计奖奖项超过其他任何一家公司，并且在《快速成长公司》和波士顿咨询集团评选出的最具创新力的公司中入围前 25 名。[72]大卫•凯利将其公司的成功部分地归因于使用团队的方法："我们拥有在许多行业工作的优势。我们可以说是在同一个职位上工作，但我们以前汲取了汽车工业的经验。或许我们也学到了汽车工业中的某一种弹簧的知识。我们只是把这一知识异花授粉到那个职位上，进而我们在家具行业中也具有有了创新性。"[73]

资料来源：劳拉•唐（Laura Town）所撰写的案例。

~~~~~~

在实施扁平的组织结构时，员工态度和组织文化中的变化可能既有好处，又具有挑战性。例如，研究者已经发现公司"扁平化"时，员工感觉得到授权但获得反馈的口径更少。此外，参与度增加，但可能会损害到对组织的认同度。最后，内部动机有大幅度上升的趋势，但其代价可能是对重要的外部激励的满意度下降，如薪酬和工作安全感。[74]

9.6.2　部门化与组织结构

在组织层级中，工作岗位往往是根据使人员、资源和流程能够协调统筹进而实现效率和有效性来划分的。这被称为部门化。**部门化**（departmentalization）指按照职能、地区、产品、过程、客户,以及部门之间如何协调和在组织中如何适应来划分部门中的个人或活动的过程。部门化也支持矩阵型、混合型和网络型组织结构。下面将依次考察这些部门划分。

1.事业部型结构

事业部是公司内部的各种结构,包括实现具体组织目标所必需的所有部门。譬如,一家全球顾客货物公司可能设有"食品部"这样的独立组织,包括营销、销售、人力资源和供应链等部门,即生产、分销、营销和销售公司产品所需的一切。在某些情况下,每个事业部仿佛是独立的企业一样运作,拥有自己的层级、最高领导,甚至还有董事会。[75]诚如你在图9.7中可以看到的,一家大型公司也可能选择事业部型的组织结构,以支持实现某种产品生产或服务链所需要的独立完整的结构。在图9.7中,公司最高两个层级是通用电气资本服务事业部和通用电气工业部这两个事业部。在每个事业部中有管理整个产品至市场工作循环所必需的各个部门。

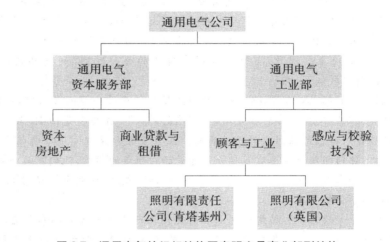

图9.7　通用电气的组织结构图表明它是事业部型结构

纯粹的事业部型结构除了通过事业部领导之外,不需要也没有与总公司之间的等级或汇报关系。然而,在实践中,对某些商业部门和职能团体如人力资源部和财务部而言,对核心组织的次要"虚线"汇报关系往往更常见,因为这样可以确保必不可少的组织流程具有一致性。[76]

2.职能部门化

职能部门化(functional departmentalization)是指按照执行的工作性质划分工作的方法。大多数组织具有五大职能领域:运营(所有与组织所做的、所生产的或所提供的东西相关的工作岗位)、营销、销售、人力资源和财务。许多组织也有支持其特别业务或机构的其他职能部门。图9.8举例说明了组织执行层次的职能部门化,该表表明总裁位于组织顶层,而五位副总裁则负责各个职能领域。

图9.8　职能部门化根据所从事的工作类型对岗位进行划分

职能部门化的一个好处是每个职能领域都是作为统一的整体而运作的，每个职能部门内部的信息共享会很有效率。[77]一个弊端则是不同的职能部门会发展出早先提到过的"竖井思维"，因为它们可能与组织的其他职能部门互动较少。[78]

3. 产品部门化

在一些较大型的企业中，部门化是根据生产线安排的。譬如，财富系列品牌（Fortune Brands）拥有各种酒类品牌，包括占边（Jim Beam）、加拿大俱乐部（Canadian Club）和美格波本（Maker's Mark）。该公司也制造摩恩（Moen）品牌的厨浴水龙头，生产泰特利斯特（Titleist）品牌的高尔夫球。[79]这种多样化的公司采用产品部门化的组织结构。**产品部门化**（product departmentalization）是按照生产的产品或提供的服务来划分工作的方法。在大型多样化的组织中，拥有致力于特定产品或服务的独立部门有助于削减与把货物和服务推向市场的成本。[80]然而，这类部门化的一个弊病是组织在横向上会进行很多冗余的重复性工作。譬如，一家公司拥有从事肥皂生产的整个事业部，另一个则生产洗发水，第三个生产牙膏，第四个生产定型摩丝，在这些事业部中每一个都需要人力资源专业人士、财务团队和营销团队。图9.9以一家冷冻食品公司为例说明了产品部门化。

图9.9　产品部门化根据生产的产品或提供的服务对工作岗位进行划分

4. 流程部门化

流程部门化（process departmentalization）是指按照人们生产产品、提供服务或参与其他业务活动时工作的顺序步骤来划分工作的方法。比方说你在一家制造厂工作，苏打水在这里生产、装瓶并为上市做准备。采用流程部门化的方法，一个部门会有与配料混合苏打水有关的全部工作岗位。另一个部门会负责生产玻璃瓶和金属瓶盖。第三个会负责将苏打水装进单独的玻璃瓶中，并给这些玻璃瓶加盖。第四个会包括与给玻璃瓶贴商标有关的所有工作岗位，而第五个则负责检测和质量控制。最后，一个部门负责将玻璃瓶装箱并将其运送出去。图9.10列举了这种特别的流程结构。

图9.10　流程部门化根据制造货物或提供服务所需要的序列步骤进行工作岗位划分

5. 顾客部门化

顾客部门化（customer departmentalization）是一种根据顾客、消费者或客户需求划分工作的方法。集中关注购买产品或服务的特定顾客能提高顾客满意度，因为这往往意味着由个体组成的团队——或整个部门——都全身心地服务于最佳顾客。譬如，纽威尔（Newell）日用品拥有由许多销售代表组成的团队,这些团队全身心地服务于他们最大的顾客,如家得宝(Home Depot)和罗威(Lowe's)。然而,与其他类型的部门化一样,这种组织结构会遇到岗位冗余的弊病。图 9.11 以一家管理咨询公司为例说明了顾客部门化的情况。

图9.11　顾客部门化是一种根据顾客、消费者或客户需求进行工作岗位划分的组织结构

6. 地区部门化

地区部门化(geographic departmentalization)是指按照地理位置将工作分类的方法。这种部门化常见于大型组织的销售部门内部(图 9.12)。

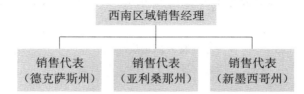

图9.12　地区部门化根据工作的实际所在地进行岗位划分

不管采取何种形式,部门化结构都很复杂,因为协调复杂的垂直结构(如等级)总是很具挑战性,在各部门之间进行协调甚至更加使人畏惧,因为它们之间有与生俱来的"隔阂"。然而,几种受欢迎的新结构被开发出来以消除组织结构中固有的一些阻碍沟通、创新和速度的问题。我们接下来考察这些结构中的三种:矩阵型、混合型和网络型结构。

9.6.3　矩阵型结构

矩阵(matrix)是一种结构,在其中,组织中的各部门在垂直组织中直接与一个单元连接,并在横向组织中与另一个单元连接。矩阵型结构的目的是使垂直结构的积极属性最大化,同时支持组织横向上有效的协作、沟通和灵活性。一种常见的矩阵类型是根据职能和地理位置组织起来的,如图 9.13 所示。

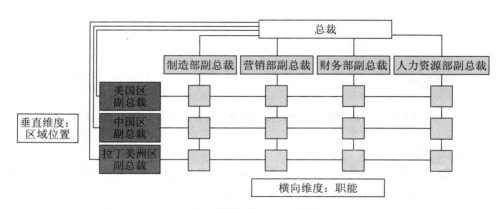

图9.13　基本矩阵型结构结合了垂直和横向结构

矩阵型结构的横向和纵向维度可以是到目前研究过的任何一种组织结构：事业部、职能、产品、流程、顾客或地理位置。有时候，组织会创立矩阵型结构服务于特别项目、创新团队或有需要的任何团体，这些团体需要获得垂直指挥链中所固有的支持和控制以及横向组织中某个部门的专业知识。

矩阵型结构常常有助于组织文化远离竖井思维，在这种思维中每个部门或事业部都与组织的其他部门隔绝开来。最好的情况是，这类组织结构促进最优层级组织控制，同时也保证效率最大化并在横向组织中进行有效的协作。

矩阵型结构的弊病是它非常令人困惑。大多数人习惯于在单一的层级中工作。在基本的矩阵型结构中，人们往往正式向两名老板报告。即使不要求每个人都正式地向两名老板报告，两大截然不同的组织组成部分要求部门对结果负责，因为每一个部分都有自己的目标。有时候，要求的结果可能彼此之间相互矛盾。这会造成组织内部非常紧张，从而使高级领导或领导们不得不应接不暇地解决这些矛盾。

9.6.4　混合型结构

混合型结构（hybrid structure）指在整个组织中组合了不止一种结构类型的结构。譬如，图 9.14 描绘了一家大型癌症中心组织结构的一部分。这个结构是事业部型的，但它也包括了临床调查和临床事务分部中的扁平团队结构。

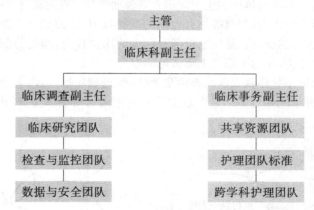

图 9.14　这个癌症中心中的混合结构融合了一种以上的结构类型

混合型组织结构存在许多变体，就和组织结构有多种组合一样。有一种组织结构值得一提，因为它很少出现在组织结构图上，这是一种在团队内部建立的垂直组织结构。正如本章之前提到的，许多人被社会化，认为等级是组织结构中最为重要的方面。我们往往在等级规则中感到最舒适（尽管我们不喜欢它们）。有鉴于此及其他原因，人们常常被吸引到实施等级结构之中去，虽然它并不是组织结构中正式需要的。

你过去可能在项目团队中经历过这样的事情。当你们开始一起工作时，除了指定的领导之外，成员是平等的。或许工作很复杂，难以赶上截止日期，或者你的领导很忙，或者找不到他或她。突然（在你看来），在另一些成员中有一个人现在成了"项目经理"——他或她正在组织工作、分配任务，并且向团队领导报告。并不是团队中的每个人都很欣赏这种做法，因此两个人自我任命为"小组长"。他们开始组织其余成员的工作，并向项目经理报告。到此时，你是八个人的团队，其中四个进行组织和分配任务，另外四个是真正干活的。这显然毫无意义——特别是对于四个干活的人来说！

这种事在实际工作场合那么频繁地发生,这一点令人惊讶。这种动态关系产生部分原因在于有些人反抗被领导,这就需要学会追随者的艺术。这也可能是因为团队领导力很差——像团队这样的扁平组织结构领导起来并不容易,在第 10 章会学到。在没有宏观管理的情况下让员工们协调工作需要特别的技巧和高水平的自信。

随着越来越多的组织采取扁平的混合型结构,学会识别扁平组织结构正在向职能失常的等级转变的迹象对你大有裨益。在没有正式等级结构提供的各种好处下,学会如何管理和领导团队对你也大有好处。这在扁平的网络型结构中尤其如此——在这样的组织结构中,权力之间的动态关系是整体组织结构中非常重要的组成部分,是必须理解和跟踪的。

9.6.5 网络型组织结构和权力动态关系

我们到目前为止考察过的所有组织结构从根本上都是从正式权力、职责和责任的角度来描述的。换言之,这些结构都是围绕正式的职位权力展开的。然而,在讨论组织结构时,这并不是唯一重要的维度。其他日益重要的组织结构的维度包括获得资源的途径、信息和社交网络。

组织是社交网络。人们按照多种不同的方式联系在一起:根据工作岗位的相似性、权力层级的相似性、个人关系、合作共事的需要或者共同兴趣,这里只列举了其中少数几种方式。由于你在组织中"坐"在何处以及你与他人如何互动,你或多或少会拥有获得信息的途径。我们往往认为职位层级较高的人拥有获得更多组织知识和资源的途径。这可能是真的,但以执行助理为例。这个人几乎没有岗位权力,但可能拥有大量的社会权力,因为她一直做着有关谁获得哪些信息、谁接近她的老板等的决策。她的老板拥有巨大的岗位权力,而他的信息经过过滤流通到组织中的一小群人之中去,从这个意义上而言他的权力又很小。[81]

组织可以对社会网络量体裁衣以改善信息流通,促进创新推广,改善决策,强化组织文化,废除信息"瓶颈",这种情况在过多信息在过少的人员中流通时会发生。[82]正如图 9.15 所示,网

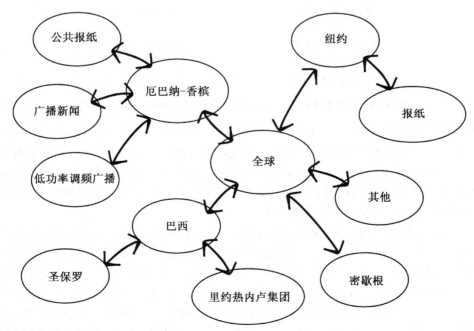

资料来源:http://www.indymedia.org.

图 9.15 Indymedia 公司的网络结构

络型的组织结构在部门、董事会、团队和职能部门等等之间的沟通和互动方面可以被仔细地筹划出来。在这种情况下,焦点不在于哪些个人之间的互动,而在于组织的哪些部门在进行互动,如何互动。

在本节,我们描述了许多当代组织结构以及这些结构的利弊。我们还没有讨论到的一种组织结构是虚拟组织。因为信息和通信技术的进步,大量的组织现在至少有部分是虚拟的。由于这个原因,第11章全部用来讨论该话题。现在,让我们把注意力转移到所有这些组织结构内部发生的事情之上:工作。

最热门»讨论题

1. 当我们与公司互动时,组织结构并不总是很容易就能看清楚,但在求职时理解它却很重要。头脑风暴一份你可能会向面试官询问的有关公司组织结构的问题清单,这些问题将有助于你确定这里是不是你希望工作的地方。注意:"这个组织的结构是什么?"是已知的。看一看你还能想到其他什么问题。

2. 你如何看待热门团队的结构和职能促成了 IDEO 的成功这一说法?

3. 在矩阵型组织中,你可能有两位老板。在这种情况下可能会产生什么问题?你会如何处理这些问题?

4. 在本节,我们指出人们往往在层级组织结构中感到很舒适,也会在他们自己周围创造微型层级,即使正式的组织结构并不需要。除了我们给出的解释,你认为人们为什么要这么做?

9.7 工作如何结构化?

你可以把前面一节中所描述的那些包罗万象的组织结构看成"模版",在这些模版中更小的单位和职能在运转,各种工作得到完成,任务成功实现。正如我们贯穿本章所强调的,组织结构是一个需要理解的重要概念,但是随着你继续往下读,请记住许多其他的因素,如领导力、管理实践和组织文化,在决定工作如何展开,岗位如何确定,组织目标如何实现(与否)等方面也是极其强大的。让我们简要地看一看任务和岗位职责如何适应组织结构的研究。

9.7.1 任务

在组织结构中,**任务**(task)是人们作为其岗位职责的一部分定期从事的活动。譬如,行政助理接听老板的电话——这是任务。另一方面,他的岗位职责是通过各种途径给老板提供支持,包括管理老板的日程安排,编辑书面材料,安排旅程,准备演讲和报告材料。同样,销售代表完成成本月报,她在做的是其所负责的任务。这个人的岗位职责是在某一地理区域向某些顾客销售产品。

9.7.2 工作

工作(job)是指与实现组织目标有关的一系列任务和责任。像组织一样,岗位职责可以按照许多种方式进行分类。譬如,岗位职责可以分为不同的类别,其依据有:职业或行业、工作场所类型、相关的任务、级别或薪资水平、工会或非工会身份、公共部门或私有部门身份、有报酬或无报酬的状态等。正如本章前面所讨论过的,工作专门化和劳动分工描述了任务和岗位职责聚焦的范围是多么的狭窄。譬如,亨利·福特在 20 世纪早期的流水线采用的是劳动分工(当今许多流水线也是如此)。工人们被分配到非常少的任务上去——甚至只有一项,他们一遍又一遍地重复相同的工作——可能效率很高,但却令人精神麻木。[83]

工作专门化是个老话题。柏拉图在他的名著《理想国》中大篇幅地讨论过。[84]数世纪之后,著名的经济学家亚当·斯密解释过专门化增加产出和财富。[85]20 世纪,职能工作专门化被产业研究者弗雷德里克·泰勒解释为科学管理的核心概念。[86]工作专门化在这个意义上讲一直与将劳动细分为最小单位的运动联系在一起,如你在流水线上可能会看到的景象。组织设计当然也会受到这些流程的影响,但人也是如此。

高度专业化的工作推到极致时会导致高度高效却极为单调重复的任务和对组织机械化的看法。[87]也会导致疏远的感觉。[88]另一方面,如果寻求职务扩大化(即增加越来越多有趣的任务)员工满意度可以得到改善。[89]在发达的工业社会,学者们建议职能专业化让位于“弹性专业化”,或者让位于快速高效地小批量生产顾客化的产品的能力。[90]这种情况发生时,员工们得到改变任务类型和顺序的机会。这种弹性专业化已经可见,例如基于顾客输入的计算机流水线,这使戴尔计算机在 21 世纪初就获得了战略优势。

当人们追求职务专业化的过程时,各种专业化工作的市场往往就会出现。当这种情形发生时,工作开始在公司外部发展,这就会导致外包。[91]此外,在组织设计中“整合”各种各样的特长本身就能变成公司里的专门化职能。[92]

研究者建议尽管工作专门化的目的往往是为了提高效率,它也能通过对具体工作领域提出有深度的“专家”知识而创造更高的积极性。[93]其他研究者也注意到工作专门化对高技术产业很有益。尽管过去人们采用轮岗的办法以减轻与高度专门化工作相关的过劳现象,但在高技术工作中,拥有某一工作领域的深度知识却能提高自我效能,降低过劳感。[94]

尽管有些职务是高度专业化的,其他职务却更广泛,包括更多的任务和活动。譬如,制造厂里的人力资源主管可能承担与这一职位相关的大多数任务。她可能协调所有的招聘、雇用、薪资事务、福利管理、培训、员工关系和安全事务等,她甚至可能起草政策和流程。

从事多种多样的任务的人被称作“通才”。另一方面,专才是在非常狭窄的工作任务范围内业务精通的人。使用人力资源的类比,在一家大型企业中你可能遇到一个人负责福利,几个人负责工资单以及一个企业培训师团队等。这些人都是专才。

现在你们已经了解了很多关于职务、组织以及如何对它们进行架构的内容,让我们看一看在仅就组织结构做出如何设计或重新设计的决策时,领导者必须考虑的几个重要因素。

最热门»讨论题

1. 你曾经做过高度专门化的工作吗? 是什么样的工作? 你喜欢这份工作的哪些方面,不喜欢哪些方面?

2. 你更愿意成为通才,还是专才? 为什么?

9.8 哪些因素影响组织结构设计？

我们一直在讨论组织结构，仿佛它是已经存在的东西，是我们能看到并评估的东西——当然你能够做到这两点。你可以走进上一节中讨论过的任何一种类型的企业，"看看"仅在那一刻存在的组织结构。但它是如何成其为此的呢？当组织的设计过程是经过深思熟虑的时候，领导者和人力资源专业人士会考虑几个重要的因素：组织的战略、外部环境、技术、规模和地理位置。

9.8.1 组织结构与战略的关系

学者们多年来一直在辩论战略与组织结构的关系。你在组织中常常会听到人们说"组织结构服从战略"，仿佛这是一个人所共知、无可置疑的事实。然而，实际情况要比这略为复杂。

1. 组织结构服从战略

组织学学者阿尔弗莱德·钱德勒（Alfred Chandler）是首先提出组织结构必须服从战略的人之一。该论点非常直接：组织存在于特定的环境之中，它从中获取资源，在这种环境中提供产品或服务。在环境中如何给组织定位的决策是组织战略的一部分。为了实施这一战略，组织会对结构做出某种选择。换言之，组织的结构是战略决策过程结果的一部分。因此，组织结构服从战略。[95]

2. 战略可以取决于组织结构

其他人正好从反面进行论证，即组织结构决定战略。该论点认为组织结构的好处与局限会决定哪些类型的战略是切实可行的。因为组织结构会制约某些战略的实施，积极主动地进行战略构建对组织很重要。在主动型的组织中，战略和组织结构始终相互影响。当情况不是这样时，战略就会陷入成为"组织结构的侍从"的危险境地。[96]

3. 组织结构和战略：一种迭代过程

现在，让我们从另一个视角来考虑该问题。战术是努力为了实现战略目标而采取的行动。然而，特定的战术只有在现存组织结构允许它的时候方能使用（即，如果资源由具有竖井思维的瘦长型组织中的另一个部门所掌握，那么这些资源就不能为组织的其他部门所用）。与此同时，战术可以被选择，因为在改变组织结构时它发挥着工具性的作用。如果这种方法有效的话，沿路就有可能进行不同的战术选择。换言之，战术是战略与组织结构的结合点。大多数学者正逐渐认识到将战略与组织结构置于迭代关系中的重要性，在这种关系中战略影响组织结构，组织结构影响战略，两者不断地取得进步。[97]

9.8.2 外部环境

组织运营的外部环境也在组织结构中扮演着重要的角色。譬如，诺德仕（Nautilus）是一家生产健身器材的公司，总部位于华盛顿州温哥华，商业环境中不利的经济条件导致该公司最近经历了一次巨大的结构重组。由于深陷 2008 年的经济困境，包括仅仅一个季度就损失 8 900 万美元，该公司审视了其战略和组织结构，试图更加顺应外部条件。[98]

在尝试降低成本的过程中，诺德仕关闭了一家工厂，合并了两家分销中心。这种组织结构的变化意味着公司的其他领域需要处理工作量增加的问题。此外，公司还为具体的商业单位组建团队,并赋予其权力和责任。该公司也发起了一场支持新产品开发的战略对策以保持公司的产品在市场上耳目一新。[99] 由于这些变化,到 2009 年第三季度之前,公司能够减少损失,到第四季度,公司开始出现盈利。[100]

该公司发现针对俱乐部和酒店的销售业务举步维艰,而顾客销售的情况却很好。所以,在 2010 年 3 月,诺德仕决定取消商业销售以更有效地专注于公司正在创造利润的那部分,即直接顾客销售。[101] 为了应对改变中的环境,诺德仕继续重组组织结构,重新调整战略重心。

组织能多么迅速有效地适应环境也很重要。全美货运公司 Vitran 快递在 2008 年燃料涨价时立即采取了行动。它们开始采购生物柴油燃料,并确保司机开车速度不超过每小时 65 英里。仅仅在芝加哥终点站,这一迅速的措施就为公司节约了 37.5 万美元。[102]

在这两个案例中,外部环境的变化发生得很快。这种情况在当今非常普遍。如技术进步和新市场的出现等积极变革是一种常态,公司需要做好准备利用这些变化。这些实例说明当今组织生活的一个事实:全球环境变化莫测,充满不确定性。主要的变革能够发生,并且确实发生得非常快。

环境不确定性(environmental uncertainty)是指市场条件变化非常迅速或不明朗的情况。环境不确定性可能是政治不稳定或变化的结果,如在有影响力的国家发生选举或政权更迭等。与另一个实例一样,当资源受制于政治原因时(石油就是如此),整个行业都可能被迫一夜之间改变它们正在做的事情。

像人们如何利用技术共享信息这样的社会变化也会引起很大的不确定性。譬如,仅在几年前,新闻记者通常是发现并报道新闻故事的人。现在,有手机摄像头的任何人都能做这项工作。这意味着新闻行业需要进行巨大的变革。而且由于我们的世界日益紧密相连,其他环境因素如战争、冲突或潜在冲突、地区环境规定乃至本土法律都能引起远远超出组织活动范围的环境不确定性。

全球范围内的竞争也能造成环境不确定性。2000 年至 2010 年的后几年发生的经济衰退与汽车行业日益激烈的国际竞争共同作用给美国的汽车公司造成了特别严重的打击。自 1990 年以来,与汽车供应行业有关的 3 万家公司由于经营失败、合并和收购合并成了 1 万家。[103] 在汽车行业和许多其他的行业中,环境不确定性会继续深刻地影响企业,并继而影响企业和组织如何构架人员与运营。

9.8.3　技术

我们将在第 11 章详细地讨论技术对个人和组织产生的影响。眼前,让我们简单地看一看组织中的技术水平对结构和战略的影响。早在 20 世纪 50 年代,英国研究者琼·伍德沃德(Joan Woodward)就发现组织的结构受到其所采用的技术的影响。譬如,如果制造公司采用批量生产,那么,其结构与在顾客生产环境中相比,经理监管的员工数量可能会多于后者,而在后者的情况中,向每位经理报告的员工数量可能会更少。[104] 在更近的现代,计算机技术极大地影响了组织的结构。组织结构内部的沟通也顺应了这些新技术。

9.8.4　公司规模和地理位置

除了战略、环境和技术之外,许多其他的因素也会影响领导者们如何设计或重新设计组织。我们在此会提到的两个因素是组织的规模和地理位置。

1. 公司规模

组织的规模在许多方面明显地影响组织结构。如果你的公司有 20 个人,你不会设置 20 个部门——你很可能都不会想要 4 个部门。如果你区分到那种程度的话，当然会浪费资源。类似地，如果你的组织有 2 万人，你也不会把他们全都安排进一个部门。这么做会非常混乱，而且难以管理。

没有规定要求领导者应该如何设计规模各异的组织。然而，在传统的垂直组织中，随着组织的成长，似乎有一些趋势：权力变得不那么集中；管理层级越来越多，但随着组织变得相当大，这种情况会稳定下来；随着公司的成长，更正式的政策往往会出现。

大多数对规模如何影响组织结构的研究都集中在传统的组织上，在这种传统的组织中，计算在内的人员就是员工。鉴于不同雇用关系激增的事实（如合同工和临时工），我们现在需要以不同的视角来考察规模与组织结构之间的关系。随着社交网络继续影响组织的"虚拟"规模，研究者将开展更多这方面的研究，其主要内容包括：小型、中型或大型企业的实际构成是什么，各种各样的内外部团体如何共同作用影响组织结构——反之亦然。

2. 地理位置

员工和顾客在地理位置上的分散程度将对组织设计产生影响。譬如，全国餐厅连锁有几百个地方，需要成千上万名员工组成各个餐厅所在地的员工队伍。每个餐厅都有经理，但每个经理也向区域经理报告。这些区域经理负责特定地理区域的原因在于，在一个核心企业办公室难以管理数以万计的员工。维持一致性会很具挑战性，对运营的控制也会非常有限。

除了员工的地理分布之外，顾客的地理分布也是影响组织结构的关键因素。大型顾客产品公司如宝洁和百得在与如沃尔玛、家得宝和 Target 这样的主要顾客基地相对应的地方设立了销售代表。

本节到目前为止讨论过的所有主题都对组织设计有影响。那么，有人会想领导者们在决定设计或重新设计组织结构之前总会考虑到这些因素。然而，情况并非总是如此，我们接下来会明白这一点。

9.8.5 组织设计：并非总是深思熟虑的！

随着组织的成长，战略的改变，或技术的变革，组织结构常常会在未经有意识的规划或设计的情况下突然出现。个别管理者和企业领导者常常为"他们"所在的组织部门作出有关结构的决策，其结果是经过一段时间之后会出现大杂烩之类的东西。这种突然出现的过程能够为顺应性提供支持。另一方面，这也会导致任务和职能的混乱和冗余。

譬如，在我们知道的一家非常大的公司中，人力资源的职能到 20 世纪 90 年代后期被分散了。这意味着人力资源领导在每个部门内得到授权，做出与领导力培养、招聘事务等等有关的适应其特别需要的决策。大约 5 年后，组织购买了另一家大型公司，而这家大型公司必须并入现在的组织。人们发现了许多问题，包括没有集中的技术系统追踪从被收购的公司"招聘"员工这一事实，因为每个部门使用不同的软件。不可能追踪到谁去了哪里。

第二，收购组织很明智，希望确保这个更大型的新实体的管理者和领导者会共享一种共同的方法来探讨领导力、价值观和企业文化。随着中心人力资源团队开始调查围绕商业活动而使用的各种领导力模型，他们发现经过 5 年的分权，不少于 187 种新领导力模型被采用和传授，有多少区域和部门就有多少种领导力模型！想象一下在这些情况下，协调有关领导力和文化的沟通会是何种情形！

诚如授权和适应性是成功的关键，保证组织横向上使用的结构连贯一致也是如此。在大多数组织中，这是通过围绕与环境和技术以及如组织规模、场地的地理分布、专业化程度等诸多因素有关的关键问题进行集中规划得以实现的。

最热门»讨论题

1. 外部环境在哪些方面影响你的学校的组织结构？
2. 在你的学校或工作的地方有新的技术正在影响工作完成的方式吗？如果是，它们是什么？它们对工作流程产生什么样的影响？
3. 利用互联网找到员工人数最多的大型公司。现在，研究该公司的组织结构。你认为这一组织的规模如何影响了其组织结构的决策？

9.9 人力资源在组织设计和结构中扮演什么角色？

人力资源的职能与组织设计密切相关。然而，组织设计并不是一次性的工作——我们高度竞争变化着的环境不断给组织带来压力，促使其迅速而频繁地进行变革。在许多情况下，这些变革是结构性的。人力资源需要准备好与领导者们一起坐下来为他们出谋划策，以及预期、规划并实施使组织能够跟上或走在环境之前的结构性变革。你可以认为这一角色与组织设计和结构的"宏观"方面有关。人力资源也在"微观"层面上负责组织设计，即工作分析。

9.9.1 工作分析

工作分析（job analysis）是收集和分析与职位以及履行这些职务所需的知识、技能和能力有关的信息的系统过程。工作分析过程产生两种结果：岗位职责描述和岗位职责说明。**岗位描述**（job description）是指列举了某个具体工作的主要任务和责任的书面文件。**岗位要求**（job specifications）是指列出执行某项特定工作需要具备的所有必备知识、技能和能力的书面文件。

工作分析对有效利用员工十分重要。它成为人力资源操作的基石，如薪酬、劳动关系、员工培训和发展、招聘和安全项目。人力资源的每个方面在本质上都受到精确的工作分析、描述和说明的影响。

工作分析的过程有 7 个步骤。这些步骤在表 9.4 中罗列出来。[105]在第 1 步中，对全公司与岗

表 9.4 工作分析流程

步骤一：评估与一项或多项工作有关的现有信息。
步骤二：选择工作分析方法。
步骤三：通过调查、观察、访谈或焦点小组，或研究基准工作，收集与一项或多项工作有关的数据。
步骤四：编辑和分析数据，然后创建工作描述和岗位要求文件。
步骤五：请员工确认或提供对岗位描述和岗位要求文件的反馈信息。
步骤六：寻求主管方对岗位描述和岗位职要求文件的批准。
步骤七：在需要时维护和更新岗位职责描述和岗位职责说明。

资料来源：Stovall, Steven, *Cases in Human Resource Management*, 1E, © 2005 Custom Solutions, a part of Cengage Learning, Inc.经 www.cengage.com/permissions 授权复制。

位有关的全部现行的相关信息进行评估。人力资源专业人士确定哪些文件已经存在，确定现有的岗位职责描述和岗位职责说明的相关程度和准确水平。第2步包含选择具体工作分析方法。工作分析方法包括调查、访谈、观察或这些方法的任意组合。

第3步是收集与工作岗位有关的数据。显而易见，这需要大量的时间和精力。如果采用调查法，需要员工在繁忙的工作安排中抽出时间填写这些工具并将之提交给人力资源部。在大型公司中，会产生大量的数据并且随后需要对其进行分析——这也非常耗时，而且很复杂。为了处理这些问题，工作分析可能集中关注收集与基准工作岗位相关的数据，而不是整个公司的每一种工作。基准工作岗位是代表在本质上类似的其他工作的工作岗位。譬如，人力资源经理可能只需要将问卷发送给随机抽选出来的几个一线主管、仓库经理、物流协调员和工厂经理，不是调查运营部的每个人。

第4步包括编辑和分析数据。调查表收回后，或者观察报告撰写完毕后，人力资源经理开始有了足够的信息起草岗位描述和岗位要求。然后，在第5步中，这些文件被派送到相关职位上的人手中进行评估和修正。

在第6步中，从岗位持有人的主管的视角寻求反馈信息。人们偶尔会夸大他们的职责水平或岗位的重要性。让其他人审视这些文件促使描述更加准确。第7步也是最后一步是最为关键的一步，同时也是最经常被遗忘或忽略的一步。维护这些记录并在必要时更新使这些文件保持崭新的面貌。新技术的使用会让岗位描述或岗位要求变得非常迅速。此外，结构重组和流程改进也能迅速地导致岗位职责描述不合时宜。

最热门»讨论题

1. 为你认识的一位管理者进行工作分析。
2. 为你学校的一年级学生创建岗位描述。考虑工作的方方面面：上课、正式参与课外活动、社会活动，等等。
3. 在互联网上找一个工作搜索网站，评估几份岗位职责描述，你可能希望在未来某个时候从事这样的工作。讨论这些工作哪些方面很有吸引力，你需要做些什么以具备从事这种工作的资质。

9.10　怎样才能在组织结构下有效地工作？

在我们的一生中，大量的时间将会投入在工作中，因此我们应该最大限度地利用它。为了做到这一点，我们必须学会如何在组织结构中有效地履行职责。我们也需要懂得如何沟通，获得并共享资源，在某些限制条件中学习并创新——哪怕你是在"扁平"的组织中工作。在本节，我们会探讨组织结构中的两种有效的工作方式。我们将要讨论的第一个话题好像很矛盾：我们会探讨如何在正式的组织结构外部有效地工作。这是必要的技能，因为无论正式的组织结构多么完美，总是会有非正式组织结构，人们在此建立关系、管理权力动态关系并完成任务。

然后，我们会讨论在层级结构中工作所需的一项重要技能："向上"管理。大多数人认为，层级是职位高的人管理职位低的人的组织结构。但两者皆有可能，管理你的老板需要特殊的技能。

9.10.1 管理并领导非正式的组织

正式的组织是所有的部门、工作岗位、报告关系、规章、政策和程序都是标准化的组织。举个例子,考虑一下一家有多个管理层级的公司,每个层次都有明确的职责和任务分工。在这家公司中,人们遵守规章、政策和按流程办事。实际上,政策手册是一本很大的书,被分成许多章节,涵盖了从如何召开会议到书桌上允许摆放的个人物品等所有内容。在这家公司,所有的员工——不管他们在组织中位于哪个层次——都有一套工作职责,是由他们的经理指定的。大多数主要的决策要求至少有一位高级主管同意,同事在如何处理其工作方面拥有的实权非常小。这就是正式组织的情况。

这家想象出来的公司并不一定是"糟糕"的组织。实际上,这是相当典型的大型组织。然而,规章和政策并不总是起效,也不能涵盖所有情况。正式组织和与其相应的组织结构与人们如何真正地沟通以及促使事情发生所需的一切会稍微有些不同步,这种事情也不是很少见。那就是为什么人们绕开正式组织的原因之一,有时候他们还会建立被称作"非正式组织"的组织。

非正式组织包括组织的社会结构、社会网络和文化。你在任何地方都找不到非正式组织的书面规章,但它们却存在着。比如,在许多组织中,领导者有一项"开门"政策——任何人随时都能联系他们(这是非正式的结构)。在我们所知道的一个组织中,管理者和领导者坚持这种非正式的政策,首席执行官却遵守不同的规章。她有个审查所有通信、所有电子邮件以及所有会议的参谋长。知道这一情况之后,你不会天真地给她发邮件——你会与参谋长建立一种足以使他开始信任你的关系。那就是你在这一特定的组织中接近首席执行官的途径。

在非正式的组织中有效的工作要求高度的社会意识。理解在非正式组织内如何处理事情是你在工作中能拥有的最强有力的技能之一,因此值得在职业生涯早期就培养这一技能。读一读"观点"栏目,看看一位消息灵通且富有才华的领导者如何在非正式组织中迅速地实现目标,而这一目标对富兰克林与马歇尔学院的每个人都是切实可行的。

~~~~~~

观点

卡罗尔·德·维特(Carol de Wet)是富兰克林与马歇尔学院分管教职工的副院长,这是一所在宾夕法尼亚州享有极高威望的私立大学。卡罗尔也是一名教授——她教地球科学课,备受学生、教师、职工和高级主管的尊敬。卡罗尔的履历表明她善于办事,这些事情是大学需要做的,也是教师、学生和职工希望办的。她曾经领导并参与了几项重大的新举措,包括把人们的注意力吸引到如大学一揽子福利这样的重要问题上来。通过非正式的组织结构和社交网络,卡罗尔帮助人们超越意识层面以切实地处理问题,找到解决方案,并且引起变革。正如她所说:

> 我们的校长需要有人关注校园里的可持续性问题。人们对这个议题有许多不同的观点,所以我知道我需要确保每个人的意见都有机会得到关注,并且成为讨论的一部分。我们开始使这些人团结起来,建立与教师、职工和学生共同合作的工作组——欢迎希望参加的任何人。这有些不同寻常——我没有关闭小组,或者只邀请资深人士——任何人都能参与其中。在这些小组会议以及许多许多的谈话中,我们开始小规模的活动——有精力完成某一主题的个人或团体,或者已经正在做一些事情的人们。我们发现校园里实际上有许多

人——他们当中有许多人感到被孤立，或者不确定在这些问题上该做些什么从而为大学的发展尽一份力。不过，我们齐心协力并通过开放的对话找到了校园里围绕持续性这一议题人们真正希望做的事情，而且我们做到了。

我们凝聚大家的能量，写了一份关于富兰克林与马歇尔学院的学生、教师和职工能够并且希望在我们的校园里为可持续性做些什么的白皮书。我们创办了一个中心，以更正式地将这一举措引入未来，我们甚至帮助一群学生将梦想变成现实：他们在校园里创造了有机花园。

资料来源：安妮·麦基对卡罗尔·德·维特的个人专访，2009 年。

卡罗尔在非正式网络和她所在学院的组织结构上付出的努力给学院正式的组织结构带来了意义重大且强健有力的变化。她发现有话要说的人，并鼓励人们行动起来。

卡罗尔·德·维特理解与组织的非正式网络合作的重要性，她意识到这么做需要一种特殊的领导行为。当你试图动员人们，使他们感兴趣并且参与进来时，就不能依靠职位权力，甚至是奖励——非正式网络不是这么运作的。在非正式网络型的组织中，人们通过参与而不是强迫，通过激励而不是说教，通过鼓励而不是批评，方能把事情做成。正如卡罗尔所言，这种领导方式要求"亲切、敬意和谦恭……并且摆出一种姿态，说'我想听听你的意见。我想知道你如何理解这个问题。'［然后］，我们才能走得更远，更快。"

9.10.2　"向上"管理

组织变得越来越扁平，传统的层级结构并不总是满足组织或其所在环境的需求，尽管这是事实，传统的组织结构仍然在大多数组织中根基牢固。世界上大多数组织都有某种层级，在组织中工作的大多数人都有一位老板。很可能你也会有。

那么为了有效地处理好与你的上级领导之间的关系，你能做什么呢？首先，你要记住你的老板对你的工作的了解程度很可能比不上你本人。他或她有许多职责，与你的工作所处的日常环境并不紧密。因此，你能够做到在必要的时间和地点向上管理（或向上领导）是很重要的。[106]正如职业培训师简妮特·比科尔所解释的，向上管理是创造与你的老板之间的工作伙伴关系。[107]第一步是对你的老板迅速作出判断——理解他或她，并且辨认其需求和价值观。当你试图揭示重要决策背后的思维以及读懂语言和非语言的线索时需要有心和情商。[108]然后，当接受请求时，如果你了解有更高效或者更有效的方式来实现你老板的目标，那么你就可以在请求指示中补充你的想法："你希望我……吗？"

向上管理的另一种方法是了解你的老板的沟通风格，并且以其最有可能积极作出回应的形式呈现信息。向上管理的这些方法也要求你审视自我，通过你老板的双眼来了解你是谁。[109]了解他人如何看待你会成为一种强大的动机，促使你通过积极地调整自身的行为努力改变那些看法。

最热门»讨论题

1. 想一想你学校的一个部门，你"与其打交道"或者你属于这个部门（譬如，财务部或管理部）。画一幅组织结构图，描绘其层级、正式团体，等等。现在，画另一幅反映非正式组织的组织结构图。位于顶端的那个人或那些人应该是对部门内部真正在发生的事情最为了解的人——这些人"了解状况"并且能把事情办成。结合正式的组织结构图,讨论这幅组织结构图对于你参与该部门的活动的含义。

2. 想一想你现在或曾经的一位老板。制定一份将改善你们之间的关系的"向上管理"的计划。

9.11 结束语:组织结构

在上学时学习有关组织结构的知识,好像是在为你 10 年后才会参加的一场赛跑做准备。希望本章向你说明的情况正好相反。首先,正如我们在本书中多次提及的,我们的组织一直在改变,应对许多正在发生的经济、社会和技术变革。这意味着组织结构也需要改变。如果你能成为"思考者"之一,思考全新的更好的方式来组织自我,以求在这个新时代更好地工作,你就会跑在比赛的前列。世界上的企业、机构乃至政府需要像你这样的人,这些人已经懂得与组织设计有关的许多传统概念,且他们富有创造力,能够创造出崭新且更好的方式来协调人员、流程、产品和服务。

本章总结和关键词

1. 为什么学习组织结构?

概述: 即使你是非常有效的员工和领导者,组织的结构对你的成功仍然产生重大影响,因为它影响你的行为方式和对工作的思考方式。它也规定了你的组织的效率和灵活性。理解谁做什么,人们和团体之间如何互动,组织中的工作如何分配,是帮助你作为员工、管理者或领导者做到最好的关键。

关键词: 无

2. 传统理念如何影响我们关于当今组织结构的观点?

概述: 组织结构是为了实现组织目标而对劳动、沟通和资源进行协调的方式。组织结构有助于简化大多数组织中固有的复杂情况。传统上,管理层级曾经是组织中重要的组成部分,因为它概括出管理者、员工和权力方之间的各种关系,以及向每个人提供的职责和责任。控制跨度与管理层级关系紧密;它指的是管理层级中向下一个较高层次的特定岗位报告的工作数量。最后,决策集中化的程度影响组织做出决策的速度以及这些决策的质量。

关键词:

组织(organization):指一群人聚集在一起执行活动,使组织实体完成一系列的战略性和条理性目标,实现其任务。

组织结构(organizational structure):指组织中的劳动分工、沟通和资源调动相互协调完成任务和目标的方式。组织结构的广义定义包括使组织完成其目标的一切有形的、社会的和法律的机制。

组织设计(organizational design):创建组织结构的过程。

管理层级（hierarchy）：指一种按照正式权限组织员工和团体的方式。

权力（authority）：指个人在某个具体工作中的合法权利，能够制定某些决策、分配资源以及指导其他人的活动。

职责（responsibility）：指圆满地完成工作相关任务的义务。

责任（accountability）：个人就预期的工作结果在指挥链中向其经理或上级主管报告成败的意愿。

控制跨度（span of control）：在管理层级中向下一个较高级别的职位报告的岗位数量。

领导力跨度（span of leadership）：指的是向负责人报告的岗位数量，该负责人的职责是影响、激励和培养在这些岗位上工作的人。

集中化的决策（centralized decision making）：一种结构化模型，在这个模型中绝大多数决策权是集中的，典型地是集中在组织管理层级顶端职位上。

分权决策（decentralized decision making）是一种将决策权分配给相关人员的结构模型，这些人员包括最接近相关信息的人，会受到决策的影响的人，或者将要实施决策的人。

3. 什么是组织结构图？

概述：组织结构图是角色、岗位、权力和职责在组织内部的分配方式的视觉化呈现。然而，它并不是组织结构的完整呈现，因为角色、报告关系和权力只不过是组织结构的许多方面的少数几个而已。正式和非正式沟通、权力关系和物理接近度全都影响它们之间的相互关系，但在组织结构图中却没有表现出来。

关键词：

组织结构图（organizational chart）：指组织中的角色、工作、权限和责任如何分配的结构图示。

4. 我们如何能以非传统的方式"看待"组织及其结构？

概述：开放系统理论是看待组织的另一种方式。该理论指出组织始终受到环境的影响，并影响环境。组织也可以被形容成机械性的或有机的。这些术语指的是组织内部的弹性、专业化、正式性和集中/分权的决策。隐喻使我们把组织如何运转想象成一台机器，一个组织或大脑之类的东西。蜘蛛和海星的隐喻将蜘蛛呈现为依赖于集中决策的层级组织，而海星则是分权的扁平组织。

关键词：

开放系统理论（Open Systems Theory）：一种认为任何人类系统，如组织，一直受到环境的影响，并影响环境的理论。

机械性组织（mechanistic organization）：以常规工作职能、高度的专业化和劳动分工为特点的组织。

劳动分工（division of labor）：指尽可能将工作精简到最小化、最简单以及最易重复的任务的过程。

标准化操作程序（standard operating procedures，SOPs）：执行常规任务的详尽具体的操作指南。

有机组织（organic organization）：具有高度的灵活性、专业化水平低、不那么拘泥于形式，以及分权的决策流程的组织。

适应性组织（adaptive organization）是非常灵活且对反馈反应迅速的组织，即对各种条件和总体环境中的内外部改变迅速作出反应。

5. 组织如何分类,如何从法律上进行构架?

概述:组织可以根据规模、行业和地点来划分,大多数组织都可以按照多种方式进行归类。从法律和税收的立场来看,企业所具有的所有权形式很重要,因为它规定了企业的限制约束和经营许可、收益结构、税收和汇报程序。这些形式对我们大多数人都很熟悉,包括个人独资企业、合伙企业、股份公司和有限责任公司。较为陌生且更加复杂的关系也存在于为了扩大其市场和产品线而协调共事的企业之间,其方式包括合作合同、许可证或特许经营协议、全资子公司和战略联盟等形式。

关键词:

个人独资企业(sole proprietorship):一种所有权模式,即一个独立个人拥有一家企业。

合伙企业(Partnership):一种由 2 名或 2 名以上的个人共同拥有企业的所有权模型。

股份公司(corporation):指作为法律认可的一种独特实体的组织,它要缴纳税款,承担诉讼责任,且没有独资企业及合伙企业的个人责任问题。

小型股份公司(S corporation)一种拥有 100 名或者少于 100 名的股东且不必缴纳联邦所得税的股份公司。

有限责任公司(limited liability company):公司的拥有者对公司只有有限的个人责任的一种混合所有权形式。

合作合约(cooperative contract):是指因股权式合营企业(也被成为股权联盟)而达成的友好的商业协议。

许可证协议(licensing agreement):注册商标材料的所有权人授权个人或公司支付费用以使用该材料对产品或服务进行销售或营销的一种商业协议。

特许经营(franchise):是企业的所有权人授权给个人或个人团体以企业名称的名义销售或营销产品或服务以换取费用的一种协议。

全资附属公司或子公司(Wholly owned affiliate or subsidiary):全部股份都由另一家公司(称为母公司或控股公司)持有的公司。

战略联盟(strategic alliance):双方或多方为了实现共同目标而一起工作的协议。

6. 常见的当代组织结构是什么?

概述:随着削减成本的措施使公司背离传统的瘦长型管理层级,当代组织正在变得越来越扁平。一种被称为部门化的常见结构经常被用来对工作岗位进行分类,其依据包括工作职能、产品、流程、顾客或地理位置等。有些组织使用矩阵型结构,这种结构将组织中的垂直和水平结构结合起来。其他组织则采用混合型结构,这种结构将两种或两种类型以上的组织结构结合在一起。还有一些则使用网络型组织结构,将组织当成社会网络来看待。

关键词:

跨职能型团队(cross-functional team):由组织的各部门成员组成的团队,他们汇聚在一起的目的是在服务于组织范围内的挑战、机遇、变革和特殊项目时,提出不同的观点,发挥不同的技能。

部门化(departmentalization):指按照职能、地区、产品、过程、客户,以及部门之间如何协调和在组织中如何适应来划分部门中的个人或活动的过程。

职能部门化(functional departmentalization):指按照执行的工作性质划分工作的方法。

产品部门化(product departmentalization):按照生产的产品或提供的服务来划分工作的方法。

流程部门化(process departmentalization):指按照人们生产产品、提供服务或参与其他业务活动时工作的顺序步骤来划分工作的方法。

　　顾客部门化（customer departmentalization）：一种根据顾客、消费者或客户需求进行工作岗位划分的方法。

　　地区部门化（geographic departmentalization）：指按照地理位置将工作分类的方法。

　　矩阵（matrix）：一种结构，在其中，组织中的各部门在垂直组织中直接与一个单元连接，并在横向组织中与另一个单元连接。

　　混合型结构（hybrid structure）：指在整个组织中组合了不止一种结构类型的结构。

7. 工作如何结构化？

　　概述：工作岗位是围绕工作和任务来构架的。任务是个体的活动，当放在一起时就形成了一个工作岗位。然而，工作岗位是使个人为了完成目标的任务的集合。有些工作岗位是专门化的，要求高水平的劳动分工。这些工作岗位可能涉及非常少的任务，而这些任务可能再三重复。其他工作岗位则更广泛，要求人们参与许多不一样的任务。

　　关键词：

　　工作（job）：指与实现组织目标有关的一系列任务和责任。

8. 哪些因素影响组织结构的设计？

　　概述：尽管人们普遍认为组织结构应该服从战略，但是更准确的说，两者之间存在共生关系。外部环境对组织设计产生强烈的影响，常常使快速的变化成为必需，从而使企业适应改变着的条件。技术、公司规模和地理位置也影响组织设计的方式。令人惊讶的是，组织设计并不总是得到充分的关注，导致既无实效又无效率的组织"突然出现"。

　　关键词：

　　环境不确定性（environmental uncertainty）：是指市场条件变化非常迅速或不明朗的情况。

9. 人力资源在组织设计和结构中扮演什么角色？

　　概述：人力资源负责组织设计中许多宏观和微观的方面，包括评估环境和工作分析。工作分析尤其重要，因为它使组织理解工作规定和要求。对各项工作的严谨分析会促使员工与工作岗位之间更加匹配。

　　关键词：

　　工作分析（job analysis）：是收集和分析与职位以及履行这些职务所需的知识、技能和能力有关的信息的系统过程。

　　岗位描述（job description）：指列举了某个具体工作的主要任务和责任的书面文件。

　　岗位要求（job specification）：指列出执行某项特定工作需要具备的所有必备知识、技能和能力的书面文件。

　　基准岗位工作（benchmark job）：代表在本质上类似的其他工作岗位的工作。

10. 怎样才能在组织结构下有效地工作？

　　概述：学会在组织里的非正式结构中有效的工作能帮助你在工作时更加富有实效。学会与你的老板有效地合作，或更有效地"管理"你的老板，也很重要。能够辨认其需求、偏爱的沟通风格以及对你的看法将使你变得更加富有成效，更加高效率。

　　关键词：无

11. 组织结构的结语

　　概述：组织随着世界经济、社会和技术的变化而变化。因此，组织结构也需要改变。理解传统组织结构是培养创造性地对其进行改进的技能的第一步。

　　关键词：无

10

团队与团队建设：如何与他人高效合作

10.1　为什么领导者需要团队？

我们认为团队合作是自然而然的事情，人们天生就能彼此理解，会因一个共同目标团结起来，精诚合作达成共同的目标。团队合作是自然而然的，同时又是必不可少的。一个人不依靠他人的投入、帮助和支持而取得成功，这样的情况几乎没有，即便有也非常少见。团队合作使我们能超越个人的能量。人与人互相依存，而我们也需要高效的团队。

优秀的领导者懂得，成功、高效与创造环境密不可分。一个鼓励创造的环境能使个人与团队达到最佳状态。费城的警署长官查尔斯·拉姆齐（Charles Ramsey）就是这样一位领导者。他既有威信又给人以激情，拉姆齐真正明白了伟大的领导艺术完全在于如何将权力给予下属。

商业案例

费城警察局局长查尔斯·H.拉姆齐的领导艺术

费城警察局局长查尔斯·H.拉姆齐在芝加哥长大，当时，成为一名警官并非常见之事。孩童时代的查克（查尔斯小时候的绰号）从来没有幻想过加入警察行列，一刻也没想过。高中毕业后，他上了医学预科班，然后一路念到了大学。这期间，他认识了几名警察，因为他们经常到他工作的这家便利店来买东西。这些警察友好而风趣。有一天，其中一名警察问查克是否曾想过成为一名警校学员，查克认真考虑了这个问题。当他得知芝加哥有一个对警校学员返还学费的项目时，他就作出了决定。

1968年拉姆齐加入了芝加哥警察局。他热爱这份工作，因为在工作中，他可以帮助人们，使他热爱的城市变得更好。他与杰出的同事合作，身处优秀的团队之中，对未来有着美好的憧憬。可是一个寒冷的夜晚，他经历的一件事使他更清楚地看到自己想要怎样的未来。当晚，拉姆齐和其他几名警员正在处理一桩自杀案件。在那个年代,老警员会被派去处理救护车事务。看着这些老警员的身影,拉姆齐忽然产生了强烈的感触:如果他的人生继续在这样的轨道上前进,这些老警员就是三十年后的自己,吃力地抬着一具尸体走下冰冷的楼梯。第二天,拉姆齐报名参加了军官考试。

拉姆齐顺利通过了考试,标志着他的事业翻开了新的一页。在这崭新的道路上他将获得非凡的经历,历经艰难困苦,结识杰出的人们。虽然拉姆齐具备良好的素质,但是领导的艺术并不是与生俱来的,他也是在工作中逐渐学会了如何做一名优秀的领导者。他的领导才能备受业界关注,然后机会终于来了,他获得了华盛顿警察高级职务的面试机会,而拉姆齐也完全准备好了接受挑战。这真是个不小的挑战!华盛顿多年来缺乏得力领导,饱受经济和社会问题困扰,而华盛顿的警察力量也完全被打垮了,遭受人们的批评、诟病与不尊。作为新任的警署长,华盛顿的工作任务就像是为他量身准备的。

拉姆齐警署长挨个、挨组地去了解他的下属,很快,他就弄清楚了华盛顿警力中有哪些资源——资源还真不少。他发现这其中人才济济,不乏为华盛顿市和警察局的发展尽忠职守的人们。他还尽可能细致地了解他的队伍中每个人的优点。有些人需要多给他们一些关心,有些人需要引导,有些人需要获得帮助去避免不必要的干扰。拉姆齐带领他的团队和该市的其他团队一起,处理华盛顿的种种问题。如果事情不像计划那样顺利,他总是第一个站出来,指出需要改变策略。拉姆齐从不羞辱、责备他人,而是通过行动让人们感受到他积极促成每一件事的热情。

他们也的确做成功了不少事情。比如2002年,当一支示威队伍挺进华盛顿时,许多人担心这场示威游行会发展成民众暴动。就在同一年早些时候,西雅图在世贸组织会议期间就发生了这样的民众暴动事件。拉姆齐和他的警力必须帮助华盛顿免于这场灾难,同时又要处理好复杂的政治关系,确保示威群众自由地发表观点,这是宪法赋予人们的权利。总体来说,当天的游行队伍很有节制,表现了对他人的尊重。人们可以示威,表达意见,但是没有任何建筑物和财产受到破坏,没有人员受伤。

2001年9月11日,两架飞机撞向五角大楼,世界商贸中心顿时倒塌。拉姆齐和他强大的重获活力的警力队伍也准备好随时待命。在这黑暗的一天和接下来的几个星期里,这支队伍像是上了油的机器,不仅保护着华盛顿的市民,还保护整个国家的利益。在拉姆齐担任华盛顿警察局局长的八年间,该市的犯罪率下降了40%,他的警力被评为全国最优良的都市警察队伍之一。[1]拉姆齐依然记得那个令他最感欣慰的时刻——一名警员在人群中向他走来,说:"长官,是您为我们找回了尊严"。

2008年,查尔斯·拉姆齐被任命为费城警察局总长,接任之后他立刻着手解决一些城市中最为棘手的经济与社会问题。拉姆齐是这样看待问题的:"我一个人的力量不能'搞定'费城的问题,但是我们可以合力解决这些问题。当我们整个团队——所有人——团结在一起,说:'拒绝犯罪;我们希望费城变得更好',这个时候改变就将产生。"

本章后面还会谈到拉姆齐的事迹。让我们来看一下拉姆齐关于团队的一些独到见解:

我们谈及领导人时,认为他们能够包办一切,这样固然好,但是领导的艺术并不在此。成功要靠一个团队精诚团结才能取得。如果你能把人们号召起来,你很了不起,如果你是团队的一员,而且你的团队能出色完成任务,那么你也很了不起。[2]

10.1.1　群体与团队:我们学习、生活和工作的依托

拉姆齐警长明白,工作中的许多事情都要通过群体与团队来完成。一个群体通常包含 3 至 15 人。相对而言,一个**团队**(team)是一个小群体(理想状态是 6 到 10 个人),其成员拥有共同的目标、保持个体独立性并且集体对目标负责,而且拥有互补的技能和一致认同的合作流程。³ 本章会用到"群体"和"团队"两个词,因为这一章讨论的是工作中的群体,通常也称为团队。

在各种组织机构中,团队的组成方式多种多样。有的团队通常会见面讨论问题,有的团队则以虚拟的方式交流。有的团队有正式的领队,有的则没有。有的团队会存在很长时间,有的团队则是为完成某项任务而组成的,任务完成后也随之解散。有些团队即便所有成员都更换了,也还固定在某个地方。比如,一个机构中的高级团队,即便在 CEO 卸任并由新人接管后也会继续存在。或者新上任的 CEO 会请新人来加入这个团队,请退"老"成员,这个团队本身还会继续存在。在这个例子中,团队成员已经变了,而且每个成员的角色也有所不同,但是这个称为高级团队的组织构架依然存在。

我们之所以需要了解团队这个概念是因为许多公司的运作都是依靠团队来展开的。团队也是我们工作中的"家":属于一个团队使我们有明确的身份感,而为团队做贡献也能帮助我们实现重大目标,我们个人力量难以企及的目标。在工作中我们最重要的社交活动是在群体和团队中发生的。在工作团队中,我们可以开怀大笑,也可以学到知识。我们努力学会如何处理团队中的矛盾,也是在群体与团队中,我们学会了怎样尊重与我们不同的人们。

10.1.2　群体是神秘的

当你在一个群体中工作时,你是否想过为什么有些感觉和行为方式环绕在你身边? 为什么有的群体能很好地完成任务而有的群体总在挣扎之中? 为什么你在有些群体中工作比在其他群体中会更加努力? 群体很复杂、很神秘。部分原因是因为人是复杂的,部分也是因为你不总是能看清群体中的人们在做些什么。比如,你不能真正了解群体中人们的情感和情绪是怎样影响他人的,或者当群体中的人被列入其中、被排除在外、被尊重,或者被忽略时的感受。你无法看到人们对权力——他们自己的权力或者他人的权力——产生的心理反应。你也无法看到人们在他们的想法被群体接受或者反对时的满足或者心理斗争。你只能看到个人的行为,集体的决定以及一致同意采取的行动。

本章主要是帮助你消除对这种群体和团队的神秘感,并且为你提供另一种视角,在工作中观察领导艺术和人类行为。几个系统的知识和技能可以帮助你及你所属的团队变得更加高效。首先要了解领导行为对群体动态影响的早期研究,然后要了解团队发展方面值得关注的研究。之后,重点考察群体动态的关键方面,包括团队的角色、标准、状态、权力和多样性。一旦你对于群体的发展和运作有了深入理解,我们就要研究工作团队,尤其要考察使团队高效运作的各种因素。讨论在群体中工作遇到的种种挑战,以及在群体环境中不可避免的矛盾带来的利与弊。最后,在本章末尾要看看 HR 在公司中如何有效地为团队提供支持,大家可以做些什么使团队成员和团队管理者工作更加高效。

最热门»讨论题

1. 回想你所处的或带领过的最优秀的和最差的群体。描述一下这些群体中的成员,群体的目的,以及群体取得的成绩。在你看来,为什么这个群体"最优秀"或者"最差"?

2. 无论一个领导者多么优秀，成功很少能靠某一个人来取得，这种情况即便有，也很少见。
你同意这一看法吗？为什么？请用你自己的经历来支持你的观点。

10.2　领导行为如何影响群体动态？

学者库尔特·勒温（Kurt Lewin）的相关研究，为了解人们在工作环境中的行为（包括人们在群体中行为）打下了基础。勒温在纳粹德国的经历，令他对群体的正面和负面影响产生了不懈的兴趣。

人们早期大量的群体研究中，许多关于人类行为的研究都只关注个体——个性、智力、能力，和其他个人特征。勒温将人类行为的研究视角反转了过来，摆脱了这种单一个体特性的研究视角，而是更多关注群体环境，将群体环境视为决定人们的思想、感觉，和行为的首要因素。他提出了一个非常有趣的公式 $B = f(P, E)$。公式指出，行为（B）是人（P）与环境（E）之间相互作用函数。[4]

该函数指出人的行为是与他的特征（智力、社会和情感智力、个性等）和环境状况相互关联的。一个群体的状况包含多种因素，如群体领导人的行为，群体工作的物理环境，群体运作的社会和公司环境，以及外界对群体的压力等。

勒温和他的同事开展了一项实验来测试不同的领导风格对小群体的影响。[5]实验的受试者是年轻的男孩们，他们在一些志愿者团队中工作。每个团队都随机分配了一个成年人作为领队。这些领队分别执行以下这些管理风格：独裁型、民主型或放任型。**独裁型领导**（autocratic leader）作决定时一般不征求他人意见，**民主型领导**（democratic leader）指寻求各方意见之后再作出决策，或者加入集体决策小组进行决策的领导者。**放任型领导者**（laissez-faire leader）指不加入决策过程，允许团体在不受领导者干涉的条件下作出决策的领导者。

研究对这些群体工作时的状态进行观察，分析这些群体的生产效率和发生争斗的情况。研究者发现独裁型的群体花在"工作"上的时间比民主型的群体更多，而民主型的团队生产率又比放任型的群体更高。在独裁型的群体中敌意和争斗最强烈。独裁型群体中的男孩们常常在工作结束后破坏他们的工作成果。[6]这些发现引领了一个长期的研究方向，这些研究发现独裁型的管理方式长期来看会产生负面后果，而让人们以民主的方式参与管理则能够增强团队成员对任务和管理者的忠诚度。[7]

例如，最近一项研究表明群体成员在独裁型领导的群体中更不愿意努力工作。[8]另一项关于陪审团的有趣研究表明陪审员对于陪审团判决的满意程度部分取决于其他陪审员对他的态度以及是否认真倾听他的叙述。这证明了群体民主决策能够令团队成员对团队工作结果产生更高的满意度。[9]

研究人员对放任型的管理风格进行了跟踪研究，他们发现这种管理风格是一种"常见的，但是不现实也不成熟的"领导团队的方式。[10]这点很重要，因为许多人都是采用被动的管理方式，认为这样是授权于团队成员。不幸的是，把职权委派给团队成员更多的是回避责任而不是授权于成员。在这些实例中，团队的生产效率、各种关系，以及创新能力都会受到影响。[11]

好的领导者对他的团队不会放手不管,即便是团队成员被授予权力去作决策并且工作称职时也是如此。要领导团队并且创造氛围让人们能够展示最好的自己,领导者必须要付出努力,有所作为。

多年来,在实验室或现实环境中(实地),研究者对成千上万的群体和团队进行研究,积累了大量小群体和团队的运作方面的知识。这些研究很多都是关于领导艺术和领导者与成员关系的。另一些研究则关注群体接纳或者排斥成员的原因和方式,行为模式的发展变化,以及群体中的冲突是怎样产生和解决的。还有一些研究则关注群体随着时间怎样改变,以及为什么会改变。

在 20 世纪八九十年代,许多学科对群体发展和群体动态显示出越来越浓厚的兴趣,比如政治理论、家庭体系理论、传播学,以及公司发展等学科。如今,针对神经心理学、情感和社会关系网等学科对其影响开展的新兴研究,使得这项始于 20 世纪的研究向纵深发展。下面几个章节要看看这一研究怎样能帮我们理解团队发展、团队动态,以及如何在当今领导和管理团队。

最热门»讨论题

1. 列出你所属于的每个团队。选取两个最重要的,描述这些群体和团队中影响你的行为和群体效率的环境“状况”。
2. 你是否曾经在独裁型领导风格的群体中工作过?你对这名领导者感觉如何?独裁型领导对你们群体的绩效有何影响?
3. 你认为人们为什么常常采用放任型的方式来领导群体?

10.3 群体随着时间怎样变化?

回想一下你从团队成立之初就加入其中的一个群体——也许是为时一个赛季的体育团队,或是持续整个学期的学习小组。群体成员之间的互动方式有变化吗?如果你们群体和大多数群体一样,那么成员们在开始和之后的互动方式是很不一样的,成员们应对冲突的方式也会变化,而且群体很可能会随时间推移变得更为高效。

沃伦·本尼斯(Warren Bennis)和赫伯·谢泼德(Herb Shepard)两名学者研究了群体怎样应对权威、结构、亲密行为、和互相依存的关系,他们的研究具有里程碑的意义,以他们的研究为开端,人们开始了这样一个漫长的研究传统,就是关注群体怎样随时间推移而变化,以及怎样依据群体发展的阶段来预测成员和领导者的行为。[12] 在这部分,我们要看看布鲁斯·塔克曼(Bruce Tuckman)和苏珊·惠兰(Susan Wheelan)设计的两种群体发展模型。

10.3.1 布鲁斯·塔克曼的群体发展模型

20 世纪 60 年代中期,研究人员布鲁斯·塔克曼综合了大量研究结果,创造了**布鲁斯·塔克曼的群体发展模型**。这个群体发展模型包括五个连续阶段:组建阶段、调整阶段、规范阶段、执行阶段和休整阶段。[13]第五个阶段,休整阶段,是他和他的同事玛丽·安·詹森(Mary Ann Jensen)后来加上去的。[14]这个模型表明群体随着时间推移变得成熟,并且在每个阶段,成员们应对人际关系和完成任务的行为方式都不相同。

1. 第一阶段：组建阶段

组建阶段(Forming)群体发展的第一阶段,在这一阶段中,成员开始相互了解,表现礼貌和友好,避免冲突,寻求共同点。

2. 第二阶段：调整阶段

调整阶段(Storming)是群体发展的第二阶段,其群体发展的第二阶段,其特征是彼此开始对如何完成任务产生异议,争夺权力,与领导人产生冲突。成员们更趋向于直言不讳、表达反对意见、试图对别人和整个群体施加影响。群体成员之间以及群体成员与领导人公开争斗也很多见。

3. 第三阶段：规范阶段

规范阶段(Norming)是群体发展的第三阶段,在这个阶段,群体赞同对成员行为采取"共同的"规则(群体规范),规定谁做什么(群体角色),以及如何共同高效合作。**群体规范**(group norms)指导团体成员行为的强有力的非正式标准。比如,许多工作群体会形成守时的准则,约束人们要恪守期限,此外还会形成怎样与人相处的行为准则。

群体角色(group roles)指成员对于谁具体负责什么事项的共同期盼。例如,在规范化阶段,人们可能会展开讨论并且达成一致意见,选取其中一名成员来担任会议议程策划人,选取另一人为会议记录员。

4. 第四阶段：执行阶段

执行阶段(Performing)是群体发展的第四阶段,在这个阶段中,群体将其精力放在工作任务上,而不是建立关系、解决冲突或决定如何一起工作。人际关系有利于群体完成任务,各个角色的变换更加流畅(例如,任何人可以依照任务需求承担领导角色)。

5. 第五阶段：休整阶段

在**休整阶段**(Adjourning),任务完成,群体决定或者被迫解散。人们会感到失落并且会继续保留这个群体,即便这个群体已经没有什么目的了。有时在工作中,成员在群体解散之后事实上是会继续呆在一起,这可能会带来混乱、争斗以及资源浪费。其中最重要的一个群体技能,就是知道什么时候该适时解散。

塔克曼的群体发展模型越来越受欢迎,原因之一是它很简单。不过,该模型的简单也备受诟病。近年来,一些学者诸如苏珊·惠兰尝试着更深入地剖析群体发展问题。

10.3.2　苏珊·惠兰的群体发展综合模型

到20世纪90年代,更加强大的计算机技术使人们能够对群体成员行为和群体发展进行更加复杂的分析。在这类研究基础上苏珊·惠兰提出了**群体发展综合模型**。该模型与其他模型的相似之处在于其线型结构以及对群体发展过程的概括。[15]该模型与其他模型的差异在于惠兰认为时间不是唯一影响群体发展的因素。她指出群体发展分为四个阶段,在每个阶段群体成员通过交流和一起工作获得经验。也可包括第五阶段,即群体的解散。和其他群体发展模型相似,惠兰的模型把特定的行为和群体发展的各个阶段联系起来,如表10.1所示。

表 10.1 苏珊·惠兰的群体发展阶段

	第一阶段:依赖关系与融入问题	第二阶段:冲突与反依赖	第三阶段:信任与构架	第四阶段:生产力与工作
领导者角色	减轻恐惧与焦虑。促进安全感及提高能力。提供指导和信心。提供正面的反馈。公开讨论目标、价值和工作任务。提供监督和培训。制定工作标准,提供引导。管理外部环境。	慢慢将权力赋予寻求权力的人。不会对批评或挑战作出私人的回应。促进公开讨论,解决关于价值、目标和领导力等方面的冲突。	支持成员参与领导。鼓励群体审视并改进群体结构以提高生产率。	成为更善于与人分享的专业团队成员。监控团队发展,密切注意失去内聚力的信号。进行常规检查。将高效的团队成员树立为典范。
冲 突	成员从群体中寻求安全感和被接纳的感觉,通常不会公开表达和领导者的不同意见。	围绕群体价值、目标和任务产生冲突。由于成员有了更强的安全感,他们有可能表达不同意见。	冲突继续存在但是人们能更为有效地管理冲突。对于群体目标形成了一致意见。	冲突更频繁发生但也更短促。
规 范	对于寻求组织架构的成员,他们背离新兴规范的情况比较少。	背离群组规范的情况有可能开始出现。	根据不断发展的团队需求重新组织角色和任务。包容有益的背离群组规范的做法。	群组规范鼓励高绩效和高质量的工作。团队成员集体决定共享的决策结构。
交 流	成员可能对于直言会有些犹豫。许多重要的交流都来自于领导者,或者经过领导者过滤信息。	因为交流受到更少的限制,比较可能产生信任与团结。	交流变得更加灵活,交流的内容更多与任务相关。	团队花更多的时间来定义、讨论和计划它所需要解决的问题。

1. 第一阶段:依赖关系与融入问题

在群体发展的第一阶段,成员们依赖领导者告诉他们该做什么。[16]如果没有领导者,那么就需要有一名强势的成员。需要有人来统领这个群体。成员们会担心他们的情感安全,还会产生如何融入的困惑,如:"我怎样适应这个群体?""在这安全吗?"

在工作团队中,依赖和融入这个阶段有可能会比较困难,因为大家都不知道具体该怎样行事,或者该做些什么,即便任务很明确时也会有这样的问题。这个阶段也可能会令人感到沮丧,因为团队成员和管理者都期待团队能够立刻实现高生产力,这却是非常不容易的。由于群体规范和角色都有不确定性,成员们通常不能够将注意力完全放到任务和目标上来。我们常常会犯的错误是忽视这个阶段人们的真实需求,比如他们希望在团队中"找准他们的位置",感觉到被群体所接纳,感觉到个人本身以及自己的贡献获得群体认可。

不过,第一阶段也是令人兴奋的,因为看上去每个人和他人都能友好相处,并且在一名成员或领导者的指导下,在一段时间里,一切进展顺利。我们可以享受这样一个美妙的阶段,但是千万别被这种感觉欺骗了,因为到第二阶段,情况总是会变化。

2. 第二阶段：冲突和反依赖

群体在第二阶段的任务是要建立一系列统一的目标、价值和运作程序。这些协调的过程不可避免地会带来冲突。多数情况下，这种冲突都是指向领导者以及（或者）强势的群体成员，这种动态因子被称为**反依赖**（counterdependence），是一种态度和行为，即抵抗领导或者其他成员的指导。[17]

在冲突和反依赖阶段人们会争论、和其他成员形成权力联盟以便执行"他们的"计划，甚至会攻击他们的领导者或者其他强势的群体成员。

这个阶段可能会令人生厌并且生产率低下，尤其是当冲突指向个人时，或者冲突对于帮助群体学习怎样共事或怎样达成目标毫无帮助时，更是如此。在这些情况下，群体常常会"进退维谷"或者不复存在。

然而群体中的冲突也是一个健康的过程，因为需要在群体中形成让成员可以自由表达反对意见的氛围。在群体中有愿意表达反对意见的个体可以很好地避免没有头脑的顺从。要积极有效地解决冲突，群体成员和领导者都需要清楚并且坚持群体目的。

当群体解决了冲突，依然"存在"，人们就会开始感到更加安全，也更愿意表达不同的观点。随着成员们不断独立行事以及尝试与他人区分开来，他们又获得了自信，也更愿意承担责任。这样，群体成员就更加积极主动地从属于这个群体，愿意为群体付出。在这个阶段产生了更加多样的方式，以协调差异、作出决策、相互交流和领导指挥。

3. 第三阶段：信任与构架

如果顺利经过了第二阶段，该群体就为进入第三阶段，信任与构架阶段做好了准备。在这个阶段，规范和角色都更加清楚，群体不再像前期那样依赖领导者。成员们欢迎正式领导者的引导，也更加能够接受其他成员的领导。成员们明白特定的结构如角色和决策程序是有助的，并且积极实践。他们在需要时也会调整群体规范和角色。人们更加信任彼此，能够更成熟地协调角色，服从管理，使群组保持积极的工作关系。

在这个阶段，人们常常会感到放松。他们知道怎样融入群体，懂得怎样彼此联系，他们相信群体能够很好处理冲突并且保持团结。他们不会像在前两个阶段那样遇到事情针对个人，因为他们相信其他成员的用意都是好的。

4. 第四阶段：生产率和工作

解决了前面几个阶段的问题之后，群体在第四阶段就能有效、高效地将更多的经历放在实现目标和完成任务上。在这个阶段，群体成员对事情有清晰的理解，专注于群体发展，有能力驾驭各种冲突，而且他们能够针对个人层面和群体层面给出或者接受绩效反馈。

5. 第五阶段：终止

惠兰的模型认为群体生命的终止发生在群体成员思考完成任务的过程以及回忆群体关系的时候。有时一个群体会长时间存在，如果关注下成员们的怀旧情绪，我们会发现有些群体生命长达一个"时代"。

10.3.3　群体发展：有限而有效地解释群体中发生了什么

群体发展模型的用处在于帮助群体成员和领导人理解群体生命中不同时期发生的事情。然而，群体发展模型不能涵盖所有现象。一方面，许多群体发展研究都是关注成员们在实验室或者在实地共同工作的群体。然而如今许多工作群体成员间很少见面。他们靠电子通信进行交流，群体中小部分成员聚会比全体聚会更多（第11章会详细讨论虚拟团队。）我们还不清楚在这样的群体中是否存在相同的发展进程。

其次,发展模型在一个快节奏的公司环境中也很难实践,在这样的环境中项目和团队总是在变化。第三,群体发展模型没有考虑这样一个事实,那就是在很多情况下,团队对于重要的合作成果起到重要作用,而成员们在一起工作的时间很少——在这样的情况下,工作看上去更像一系列任务接力而不是集体合作的结晶。下面让我们来看看将群体发展模型应用于当今公司的四个可能的实际考虑:

- 群体发展的各个阶段并不像我们在研究中划分得这样鲜明。[18]受一些相关因素影响(如群体成员的性格和交流方式、文化、群体任务、来自外界的压力),群体必须在其整个存在过程中应对这样一些问题,如依赖、冲突和联盟等。经验老到的群体成员能够区分阶段性的行为以及由其他因素引起的行为。

- 群体依照发展阶段不断循环发展,它重新经历每个阶段的原因不同,因而在每个阶段的表现也有变化。比如,在今天的工作中,人们有规律地加入或离开群体,如果有一名新成员加入,理论上讲,这便是个新群体。群体成员可能会回到第一个阶段,即依赖性阶段,但是他们会很快完成这个阶段,会带领新成员迅速经过规范阶段、群体角色分配阶段,等等。类似地,如果群体有了新的领导者,也可能很容易滑回到第一阶段或者甚至第二阶段的行为方式。这些过渡非常重要。一个非常有效的团队,成员可以灵活适应影响群体发展阶段的变化,这样群体就不会盲目地滑回到机能障碍的状态。

- 公司中的群体通常期限很短,但是却需要完成复杂的任务。群体发展模型假定如果人们没有足够的时间或者足够的经验一起工作的话,群体就不能很好地完成任务,要么不能实现目标,要么工作的结果不尽如人意。但是如今的公司实例告诉我们情况并非如此。比如,许多工作群体,很难区分一个阶段什么时候结束,下个阶段什么时候开始。[19]这要么意味着群体成员正在学着加速通过每个群体发展阶段,要么意味着他们正在适应更加快速的关系建立方式,并且能够更有效地解决冲突,即使他们还没有真正了解对方。这样的工作方式需求可能与当今工作场合越来越重要的社交和情绪管理技能相关联。

研究者们会继续研究群体发展模型,很可能会有新的研究发现,说明这些模型怎样能够更好地支持今天的群体。许多其他因素也会影响团队行为,比如我们所扮演的角色,对彼此的期待,以及我们如何管理权力和地位。下面,我们将更加深入地探讨这些群体的动态。

最热门»讨论题

1. 看看你长期以来所处的一个群体。该群体处于什么发展阶段?从成员与领袖关系,冲突和交流等方面来解释你的看法。

2. 你认为大多数群体都会在第二阶段经历冲突吗?根据你在群体中的经验来解释你的看法。

3. 选取一个你现在或过去曾经归属于的一个群体,你经历了该群体的开端到一个项目的结果。根据表10.1中惠兰的群体发展阶段模型,请你列举一些能证明该模型的相关事件和成员行为。该模型适用于描述这个群体发展过程吗?

10.4 群体动态怎样影响团队效率?

这一节将探究影响人们行为和群体效率的四个方面:角色、规范、地位和权力,以及多样性。本节末尾,将讨论为了使群体顺利运作需要解决的存在我们自身以及与我们与他人之间的种种矛盾。

10.4.1 群体角色

群体角色指群体的期待,包括谁做什么、如何去做,以及谁对什么事情负责等。这些角色可能是群体委派的正式角色(如,正式的领袖、项目经理),也可能是非正式的(如,会议组织者、负责准备零食的人)。角色界定对成员很有帮助因为它清楚地界定了个人的责任。角色界定有助于提高群体效率,因为各种角色能确保群体专注于各项任务和目标。角色界定也有助于个体成员以及成员间的关系。早期的群体理论学家指出,实际上,群体角色与执行任务和维系群体有关。[20] 他们指出与这些功能相关的角色很重要,成员和群体管理者们应注重这些角色。[21]

那些承担任务角色的人会采取行动帮助群体完成任务,实现目标。以下是任务角色的例子:[22]

- 信息员:提供实情,进行研究的人。
- 分析员:指出对成功的群体工作形成障碍的人。
- 评估员:依据既定标准对群体业绩进行评估的人。

团体维护角色指采取行动维护团体关系以及团体士气的人,例如:[23]

- 缓解者:缓解群体压力的人。
- 鼓励者:征求成员意见,鼓励成员参与的人。
- 信任建设者:鼓励其他成员表达情感的人。

这些角色都以人为中心,帮助群体创造良好的氛围,使每位成员发挥自己最大的潜能。人们往往更加注重任务角色,而忽略群体维护角色。这可能是因为关注任务比关注人际关系更容易,或者因为在工作场所和学校里,人们常常要面对极端的"工作"压力。无论原因是什么,忽略维护人际关系的角色和行为都是有勇无谋。如果不关注人,群体就要失败。

1. 角色如何在群体中发展

有时人们会选取在群体中的角色,比如某人主动请求安排会议日程就是这种情况。有时角色是委派的。例如,你的老师可能会委派你在本学期担任一个学习小组组长。又有些时候,角色是随时间推移形成的——没有人主动请缨,也没有人委派,但是这个角色真实存在。例如,在学习小组几次会议之后,你可能会意识到总是由你来要求小组确定最后期限。久而久之,小组就会依赖你来完成这项任务。他们期待你提出这个问题,那么现在"最终期限确定者"就是你的角色。如果你也认同自己的这种角色就没有问题。如果你只是设定了几次最终期限以帮助小组,但是认为其他人也应该来做这件事,这时你的群体可能就需要解决冲突了。当成员们没有清晰确定每个角色的具体任务时,也会发生群体角色冲突。解决这类冲突最好的方法就是清楚定义每个成员在完成任务中所承担的责任。

角色具有强大的社交力量:他们会决定我们的行为,有时远远超过了他们本应具备的力量。我们都遇到过这样的人,一旦他被任命为群体领袖,就会变成独裁者。我们也承担过这样的角色,在这些角色中我们的行为方式不能反映真实的自我。斯坦福大学在 1971 年的一项研究非常清楚地揭示了这个尴尬的现象。这个著名的研究就是斯坦福监狱实验。

2. 斯坦福监狱实验

斯坦福监狱实验是由斯坦福大学于 1971 年在加利福尼亚的帕洛阿尔托开展的。在该实验中,来自该大学的志愿者参与了模拟监狱,一些志愿者扮成监狱看守,另一些则扮成犯人。该实验的目的是研究:"将好人放到邪恶的环境中会产生怎样的情况?人性会战胜邪恶,还是邪恶会占上风?"[24] 只有那些被认为心理素质非常稳定的人才能被选入该实验。

为了模拟监狱环境,看守们换上制服,配有木头警棍(武器),佩戴镜面的太阳镜以避免他们和犯人有眼神接触。犯人们穿上很不合身的犯人装,每人有个编号,编号就是他们的名字,而且编号被绣到衣服上。他们的脚上拴着锁链。看守们被明确告知不能对犯人进行人身伤害,但是研究者鼓励看守们采取各种方法让犯人们感到无聊、恐惧和绝望。[25]

实验期间,参与者们对角色的融入程度超出了任何研究人员的期待。在很短的时间里,看守们变得残酷,甚至有虐待倾向。他们羞辱、贬低犯人。起初,犯人作出反抗,但是随着他们遭到越来越差的待遇,开始显示出极端情绪波动的迹象。情况变得非常可怕以至于该实验不得不在六天以后中止,比原计划提早了一个星期。有趣的是,熟知本项实验的 50 个人当中,仅有一人认为实验的发展情况是邪恶的。[26]

因为发生在美国部队人员在伊拉克管理的一个监狱阿布格莱布中的虐待犯人的丑闻(许多犯人没有任何犯罪行为),斯坦福监狱实验近年来倍受人们关注。[27] 我们从中得到的启发就是角色的确会影响我们自己和他人对我们的看法,也会影响我们的行为方式。我们担任一种角色时必须要有高度的自觉,这点很重要,尤其是当我们担任领导角色时更是如此。

10.4.2 群体规范

你还记得自己上大学第一天或者工作第一天的情形吗?你很有可能非常关注周围人们的行为方式以明白他人对你的期待。即便你当时并未意识到,你的这种行为是在寻求"规范"。群体规范是非正式的标准,它对群体成员的行为起到引导作用。规范是"我们做事的方式"以及我们对别人行为方式的期待。规范能帮助我们预测社会互动关系——规范告诉我们在特定情况下应该做什么,不能做什么。

比如,规范指导着你在学校的行为:准时到教室,找到位子坐下,显示出认真听讲的样子。一些老师会制定其他的规范,例如"多提问"或者"参与课堂讨论"。社会规范也约束着我们的行动。比如,社会规范会告诉我们什么时候穿泳衣,什么时候穿睡衣,以及参加葬礼如何着装。如果我们颠倒了各种情况,穿着睡衣参加葬礼或者穿着泳衣去上班,别人会感到被冒犯。这也是关于规范的一课:想要确定某件事情是否属于规范,最确定无疑的方法就是试着去违反它——如果这事情有违规范,别人会让你明白的。

规范是团体动态学中一个重要方面。就像在社会中一样,规范变成了非正式的"规则手册"指导着个人在群体中的行为。具体情况不同,群体规范也不同,这些具体情况包括诸如群体存在的社会环境、群体目标、群体成员的社会和文化背景以及群体需要完成的实际工作等因素。

1. 群体规范必须清楚明了

群体规范可能对于群体的全部成员来说很清楚(明确),或仅为少数成员知晓(不明确),或者完全不为成员知晓。许多群体起初都经历过不明确的群体规范：人们对于谁应该做什么主要是基于群体成员的背景和先期经验，但是对此人们并没有讨论或者形成一致意见。有时不明确的规范就能提供足够的指导，尤其是当群体成员都来自同一个或者相似文化时，如果过去有过一起工作的经历时就更是如此。

然而许多时候，含蓄的规范不足以支持成员们之间所有必要的交流互动，表述不清的规范也不一定能帮助群体获得良好的效率。因此，如果在开始工作之前，能对群体规范达成一致意见对群体是很有帮助的。群体可能会达成一致意见的共同规范可见表 10.2。

表 10.2　我们的群体规范

1. 当涉及某位成员的专业领域或者需要用到他的专业知识时，该成员就有责任来领导这个群体。
2. 群体的每位成员都有责任保证我们在个人层面和群体层面都能取得最佳表现。
3. 我们致力于对话：每个人都有表达的权力，而且每个人都必须表达。
4. 我们任何时候都尊重对方。
5. 我们将群体需求置于个人需求之上。

下面让我们来看看与促进群体效率的社交和情感能力相关的规范。

2. 情感智力和群体规范

高效的群体会将社交和情感能力转化成群体规范。在本章开头，我们认识了费城警察局局长拉姆齐，他懂得如何打造优秀的团队，是一名杰出的领导者。在接下来的"观点"部分，让我们看看他认为与人成功合作有哪些规范。

观点

警署总长拉姆齐谈领导艺术：你需要了解自己。要做真实的自己。你既不是约翰·肯尼迪，不是彼得雷乌斯将军，也不是奥巴马——你首先要做自己。你人生的动力来自哪里？你必须反复进行自我评估。列一个清单。在这样做之前，你不可能走得很远。你必须知道自己前进的动力是什么，这样才能在自己做一件将来会后悔的事情之前尽快退回或者改变现状。如果你不能控制自己，就不可能影响任何人。

你还必须真正倾听他人——哪怕对你不喜欢的人也是如此。他们的批评可能你不爱听，而且大部分批评的内容也是错误的，但是我发现当你真正开始倾听时，哪怕是倾听这些人的话，你就可能发现一些你真正需要了解的事情。仅仅通过观察他人你就能学到很多。你会学到坏的也会学到好的——作为一名领导者，什么该做，什么永远都不要做。

最后，学会成为他人的追随者。即使最优秀的领导者有时也要做追随者。当我去犯罪现场时，我不会接手调查。我会让专家们去调查——要么是凶杀案小组，要么是缉毒警官。我的角色就是追随他们，帮他们扫清工作上的障碍。[28]

资料来源：摘自安妮·麦基于 2010 年对警署总长查尔斯·H.拉姆齐的专访。

警察署总长拉姆齐可以写一本关于社会和情感智力以及领导艺术的书，他真正理解了自觉、自我管理和社会意识对于一名领导人的作用以及他对别人的影响。作为一名领导人，他为周围的人创造条件使他们能够接受有利于群体和机构效率的规范。

为了帮助群体获得较好的情感智力，像警署总长拉姆齐这样的领导者就会建立一些结构，例如清晰的规范,来鼓励引导成员发挥自己的社交和情感智力能力。基于社交和情感智力因素的规范有利于促进信任、群体身份,以及对群体效力的信念。事实上,凡尼沙·杜鲁斯凯特(Vanessa Druskat)和史蒂文·沃尔夫(Steven Worff)等学者认为发展群体的情感智力是群体效力最大化的必要条件。[29]

而且,群体文化——隐含的价值观、信念、和语言——应该也能支持情感智力行为。如果文化和规范支持情感智力,成员们自然而然会更加遵守这些指导思想。如果一名成员越过了这个规范,其行动违反了这些规范,群体就会更加自然地号召人们关注这种行为,因为它对群体身份造成了破坏。表 10.3 更加详细地列出了一系列与情感智力相关的群体规范。

表 10.3　情感智力群体规范

1. 每个人都要明白自己对他人的影响,要努力确保自己的观点、行为和情绪都要有助于其他成员以及整个群体。
2. 每个人都有责任从支持群体和其他成员的角度出发去了解并管理自己的情绪。
3. 每个人都有责任去适应并设身处地地感受其他成员的需求。
4. 为了以最有效的方法去管理团队,我们需要注意并监控群体动态。
5. 每个人都有责任引领群体向着既定目标前进,使它成为并且一直保持为健康、团结一致的群体。
6. 每个人都有责任确保我们个人和群体都能达到最佳表现。
7. 把群体需求置于个人需求之上。
8. 致力于公开对话:每个人都可以发言,而且每个人必须表达自己的意见。
9. 即便在冲突之时私下里也要互相支持。
10. 任何时候都尊重对方。

这些规范以及其他与社交和情感智力相关的规范会支持群体成员互相信任,通力合作解决困难问题,并使成员和群体更加高效。在遵守情感智力规范的群体中工作使人满足,并且很有趣。当然,这并不是说这些群体就没有矛盾。群体的社交和情感智力不仅仅意味着群体和谐、密切的友谊,以及没有矛盾。而是更意味着群体成员能够懂得"当和谐是虚假的,那么矛盾便是心照不宣的。"[30]

群体规范和群体角色通常和另一套与地位与权力相关的群体互动相联系,现在我们就来看看这群体中的地位与权力。

10.4.3　群体中的地位与权力

在公司中,团队领导力和影响力都应该基于**精英管理**(meritocracy)这个概念,就是让相关领域或者在领导艺术方面具备专业知识最多的人士来担任重要角色。精英管理是指由于个人优秀过人的智力、才干和能力而被赋予权力、责任和角色的系统。

不幸的是,现实并不总是如此。在人类群体中,有人会因为不合理的原因获得领导地位,例如因为他的社会地位或者权力,而这些与群体任务、目标和使命毫不相关。

1. 社会地位

韦伯字典这样定义"地位":与他人相对而言的位置或级别;声誉等级中的相对级别。[31]**社会地位**(social status)指与所属群体中的其他人相比较,所拥有的相对位置或声望。社会地位可以是正式的,比如在一个等级制度中的级别或位置。也可能是在某一社会阶层中通过会员制获得认可的。非正式的社会地位可以通过与其他高层或低层的个人或群体之间的关系获得。我们都体验过因为与其他更富有权力的人们有关而获得某种社会地位。这种情况在学校里就有,那些受欢迎的学生在运动队、俱乐部或者学校各种委员会中会获得领导地位。在工作中也有这种情况，"老板的朋友"会被委以重任，我们对待他们比对待别人更加小心翼翼、充满尊敬。在生活中也有这种情况，我们会遇到某个人，他认识名人——有时候，这种名气会传递到他身上。

2. 我们怎样"获得"社会地位

在社会中，各种因素影响着人们的社会地位。例如，社会经济地位——与他人相比你的财富、教育和工作经历——是决定你的交际范围及与他人交流方式的主要决定因素。性别、宗教、种族和其他因素也在不同的环境中影响着人们的社会地位。

社会关系网络是影响社会地位的因素之一，在过去 20 年中，社会关系网络变得更加复杂。[32]之所以说更复杂了，一来是因为你所认识的人、打交道的人更多了，而且他们的经历和社会地位各式各样。随着社交网络成为全社会中普遍的现象，社会关系网络正在不断变化。博客、Twitter、MySpace 和 Facebook 不过是其中几个社交网络，他们使得人们能够融入更加多样的社会群体，也因此提供了更多机会帮助人们提升社会地位。[33]

社会地位极大的影响着我们如何看待自己，与谁打交道，以及别人期待我们如何行事。因此，有些人在加入更高层的社会群体时常常会聘请教练帮助他们学习新的行为方式，或者聘请形象顾问帮助他们学习怎样穿着打扮以便更好地融入新群体。我们每个行为，每种言行举止的特殊风格，我们的衣着、首饰，和许多其他东西都透露出我们的身份。所有这些东西成为我们归属于不同群体中的标志。[34]一个人进入的群体越具有排外性，为了获得其他成员的真正认可，就会在将这些标志性的东西进行改变的过程中经历越多困难。

3. 在群体中的地位和影响

地位很重要，因为它决定着你作为一名群体成员拥有多少以及拥有怎样的资源。换言之，地位和领导力密不可分。研究表明地位较高的成员能更加直接地影响群体行为和群体发展过程的结果，例如群体交流和群体冲突。地位较低的成员对群体的影响较小，他们希望影响他人的意向也更弱、不那么直接，而且常常效力更小。[35]

另一个不同于社会地位的相关的话题是个人权力。群体中的个人权力可能与社会地位以外的一些因素有关，这使得人们可以通过不同的渠道对群体产生影响。

4. 群体中的个人权力

群体中的权力可以是外界赋予的（指派的职位权力），或者在群体中获得的（比如某人通过帮助群体实现目标或者帮助个人取得成功而取得权力）。我们来依次看看这些权力。权力和影响他人的能力是相关的，个人权力有如下一些来源：[36]

- 你所具有的合法地位；例如，你是正式的团队领袖。
- 人们相信你能回馈他们的程度；例如，你管理着项目经费。
- 人们相信你能强迫或惩罚他们的程度；例如，你和老板有特殊关系，而且人们知道你一直在老板面前说其他成员的坏话。
- 你的专业程度；例如，你是团队中唯一懂得会计的人，而会计是完成项目必须的技能。
- 你具有人们羡慕的性格（参照权力）；例如，你能给人灵感与希望，即便在工作艰难的时候也是如此。

这些权力来源都能在群体环境中产生作用，而且这每一项资源都有可能为你所有。假设你被权威人士（如导师或者经理）委派担任团队领导，你就获得了合法权力，就能更容易地去影响他人。虽然你会发现其实还是需要去赢取人们的尊重，这样他们才会服从你。你也可以使用回馈权力。也许你不能给予金钱的回馈，但是可以表扬他们，让群体注意他们的贡献。你还可以当着群体成员的面羞辱某些成员或指出他们的缺点来施以惩罚。不过,如果你希望在群体中长久地维护你的权力,这样的惩罚手段想都不要想,因为这会带来相反的结果。

至于专业知识,大多群体在工作中都需要有广泛的技能。你当然拥有一些相关技能。你只要自信地发挥自己的才干。出色的领导人的另一个特征就是能激励他人。理论上讲,这点任何人都能做到。当然,你需要付出努力。此外,还要有自信并且专注于运用和发展你的社交和情感智慧。

5. 在无领导的群体中的权力和影响

我们需要考察群体中各种权力来源,这点很重要,因为许多工作团队和学校的团队并没有正式的领导者。"无领导"团队可能会很有效,但通常,前提是成员们对于群体动力掌控有度,大家都致力于团队成功,很乐意按任务所需分享领导权。这些情况在成熟的团队中最为常见。

如果你所处的无领导团队还没有准备好应对这种结构的灵活变动,那么一种办法就是要指定一名成员在一段时期内担任领导者。如果不止一个人或者没有人想担任这个领导角色,这个指定过程都可能会有困难。尽管甄选领导人总是有这样那样的挑战,但是一开始选取领导人,使团队运作起来,还是很有必要的。大多数群体刚开始共同工作时,会经历一段困难期,所以就需要有一名临时领导。工作中许多经理和指导员都难以容忍由于团队运作不灵导致的项目拖延,所以你要尽可能采取措施来组织好团队以达成最好表现。

即便是临时的,在"无领导"团队中担任领导角色也需要技巧、自信和谦恭。虽然群体需要有序的组织,尤其是在建立之初,但是群体成员(也许还包括你)很可能会对此比较反感。为了避免这种反感或者将这种情绪降低最低,你应该从其他来源寻求权力,比如依赖你的专业知识获得成员的尊重。你还要密切关注团队的动态,运用你的共鸣和社交敏锐度来感知团队成员对你的回应和团队的发展。

作为指定的团队领导,你也要进行自我监控。你很容易变得"醉心于权力",因为(1)起初这个团队的确需要你;(2)人们会对你多加赞美之词——有些是真心的,有些是意在引起你的注意;(3)到一定的时候,人们会和你抗争,你自然而然会想要维护自己的地位。在这些情况下自我意识和自我管理就很关键。你必须能够清楚看到权力正对你产生怎样的影响,管理自己的反应,并且总是记住只要团队需要,你就要为团队服务,而不是相反。

至此,我们已经讨论了与群体动态相关的几个主题。当然你在这门课程中已经学了其他一些与群体动态相关的话题,如交际与决策。还有一个话题我们不常谈及,却变得越来越重要,那就是群体成员多样性和群体效率的关系。

10.4.4 多样性是群体动力

> 如果要创造更加丰富的文化,使其含纳更多不同的价值观念,我们必须认识到人类潜力的无限广度,并且编织一个更加开放的社会关系网络,以期让每个人的独特的都天赋都能找到合适的位置。
>
> ——玛格丽特 · 米德(Margaret Mead),《在三个初级社会中的性别与性格(1935)》[37]

在这本书中我们从头到尾都指出我们工作的世界是多样化的。每个人都懂得:同异于自己的人们共事,这是生活的现实。那种谈论如何"管理"工作中的多样性的年代已经经过去了,这种说法好像认为多样性是我们需要控制的某种东西。现在我们需要学习如何去最好地利用群体和团队成员的丰富的视角、多样的才干和不同的社交风格。在该书的其他章节,我们还讨论了人类多样性，如人种、性别、年龄和文化，在工作场合对人们的影响。在这个部分，我们将主要看看影响团队运作的另外两种多样性：个性类别和学习风格，前者是由迈尔斯-布里格斯（Myers-Briggs®）性格指数和 Golden™ 性格测试研究所得，后者是由大卫·库伯（David Kolb）学习风格测试研究所得。

1. 我们理解信息和处理信息的方式是不同的

心理学家卡尔·荣格（Carl Jung）认为我们对于收集和评估信息都有自己的偏好，也都具有理性和非理性的信息组织方式。

没有哪种信息收集或处理方式本质上优于其他。[38]事实上，较之于个人单调的信息处理方式，成员们多样的信息处理方式能帮助群体更好地决策。多年来，研究者们发展了两项值得关注的测试来帮助我们理解我们是怎样处理信息的。工作中的团队常常引用这两个测试来帮助成员理解群体动力。

2. 个性测试能帮助我们理解多样性

迈尔斯-布里格斯类型指标（MBTI®）和 Golden™ 个性类型测试是很有用的工具，能帮助团队成员理解群体动力，因为他们能识别群体中每个人处理信息、进行决策的具体差异。两个测试中有三个方面是相似的：

直觉—感觉：直觉型的人喜欢抽象概念，珍视洞见和直觉并且是先有大局构图，从大处着手开展工作。这些当然都是好的品质，但是直觉也会带来麻烦，因为将抽象的目标转变为具体可行的任务会有困难。相对而言，感觉型的人更实际，他们依赖事实和例子，更喜欢靠数据和细节来开展工作。他们的问题是有可能看不到"大局构图"。[39]

思考—情感：思考型的人不带个人情感去分析数据——我们所说的"客观"。他们对信息的理解有秩序、合乎逻辑。而情感型的人不去分析信息，他们的理解中含有重要的情感输入。[40]他们不依赖可观事实，相反他们认为所有信息都是主观的。他们更注重关系，倚赖交流，随心而动。[41]

内向型—外向型：内向型的人独自一人沉浸于自己的思想和情感时最富活力，而外向型的人和他人共处时最富活力。[42]

MBTI® 还衡量了判断—感知。判断型的人倾向于根据手头所有的数据作出决定，并且通常偏好封闭性的计划。判断型的人喜欢依据计划和既定程序做事，他们喜欢将所有行动方案列出来。感知型的人可以接受模糊性和变化。他们视情况而定，喜欢让事情保持开放状态，留有余地。他们可能会多次改变主意，然后做出最终决定。[43]

Golden™ 个性类型也衡量了组织与适应、紧张与沉着两组对比。组织注重计划和可靠性，而适应则倾向于保持开放，自然随性。紧张—沉着则用来描述两种相对的状态，一种是不安、不确定的，另一种是更加自信的、乐观的。[44]

MBTI® 和 Golden™ 测试的多个维度是许多组织培训项目中很受欢迎的话题。之所以受欢迎是因为许多人都在这些维度中"看到"了自己的影子。另一个原因是这些测试以非威胁的方式对人们进行分类，因而能更加容易地讨论人们处事方式和视角的差异。最后，通过使用 MBTI® 和 Golden™ 个性类型分析工具，组织可以构建一个在处事方式上能互相弥补的团队。

另一种考察团队多样的方式就是看看人们是怎样学习、怎样适应的。就此有一个广泛应用的工具，它是由著名学者大卫·库伯开发的。

3. 大卫·库伯的学习风格

教育研究者大卫·库伯因其关于学习风格的著作而知名。库伯的模式描述了四种学习风格:聚合型、分散型、同化型及调适型。聚合型的人们喜欢抽象的概念,并设计实验来测试这些概念。他们是世上的应用科学家。分散型的人关注具体的经验,经过深入思考设想许多可能情况。他们总会产生新主意并且会从不同的视角来审视这些想法。他们也是世上的艺术家。同化型的人生活在他们通过观察与思考得到的抽象概念中。他们还是世上的理论学家。最后,调适型的人是"行动者"。他们生活在具体经验和实验的世界中,他们更是实践者。[45]学习风格储存库会评测所有这些学习风格,该库是由大卫·库伯开发的,在全世界被广泛使用。[46]

人们学习的风格不同,他们也就趋向于关注不同的信息,作出不同的决定。不同的学习风格可能会成为群体成员交流的障碍,因为人们无法理解他人解决新的问题的方式。比如,当需要解决问题时,分散型的人希望搜集尽可能多的信息,进行头脑风暴,摆脱框架思考,他会抵触作出结论。这会令聚合型的人感到受挫,因为聚合型的人会迅速锁定他们认为最相关的信息,并且很快作出决定。不同学习风格的人有可能会让对方感到非常沮丧。另一方面,团队中不同的学习风格,如果管理得好,又能确保团队平衡创造性与决策力的关系,研究与试验的关系以及思考与行动的关系。[47]

现在你对群体动力学的几个重要方面已经有了透彻的理解:角色、规范、地位、权力以及视角的多样性。理解这些动力因子能帮助你解析你所处的团队中,或是社会群体中的各种状况。我们在本节的最后来看看另一种理解方式,看看在群体中生活工作是怎么回事:因为解决这一系列的悖论,可以让个人和集体更加高效的工作。

10.4.5 群体生活的悖论

悖论指这样的情况,两个相对立的事实同时都对,可是又不能同时都对。比如,你可能感到饿但却不想吃东西。或者,在物理学中,量子力学认为光既是粒子又是波。[48]根据定义,如果一种东西是波,就不可能是粒子,反之亦然。但是光既是粒子又是波,这就是一个悖论。

根据肯维恩·史密斯(Kenwyn Smith)和大卫·贝尔格(David Berg)两位学者的观点,群体中有些情况也可能是悖论。[49]我们在群体中经历的悖论主要是来源于人类本身的双重性。例如,我们深切地渴望独立,同时又有着同样强烈的渴望希望被他人接收,希望成为群体的一员——这些群体有家庭、朋友、学校、工作场所以及社会。一旦这个悖论被激活,比如当群体要求我们放弃一些独立性的时候,我们就会产生紧张情绪。

我们也渴望独特、不同于他人,但是我们的个体差异又几乎总是和我们在特定群体中的身份相联系的。比如,花点时间来描述你自己是怎样一个独特的人。也许你喜欢狗,最喜欢的季节是秋天,又或者你最心仪的是 1965 年款的野马小汽车。你是男性、女性、美国人、韩国人、英国人、运动员、友好、富有激情、容易动怒。你喜欢棒球,讨厌足球,智商为 120。你和蔼可亲、腼腆、风趣、娇小、高大、亚洲人、拉丁裔、黑人、白人。你看,在你描述自己的独特性的同时,也就描述了所属的群体。甚至当你说自己是"非参与者"时,也已经把自己归入特定群体了:你属于不想加入群体的人们。

这个练习展示了史密斯和贝尔格所指的身份悖论:我们描述自己时必须有赖于各种群体,而归属于群体就意味着我们并非独特的人。[50]他们俩还指出我们在群体中碰到的另一种悖论与信任相关。这个悖论很有意思,因为我们需要"相当的信任"来解决它。这个悖论是这样产生的:群体成员需要彼此信任使人们可以放心地分享自己的想法和才干。但是这些信任从哪里来?简言之,为了共建信任,你必须付出信任。[51]

另一个悖论和权威相关。权威本身就是自相矛盾的。那些掌权的人拥有支配他人的权力,但前提是这些人要认可他们的权威。换言之，你的权威来自于人们服从的意愿——他们对你也有支配的权力，就是他们决定服从你。正如史密斯和贝尔格所言："一个人发展自己的权力的同时也赋予他人权力"。[52]

我们在这要讨论的最后一个悖论是勇气。史密斯和贝尔格指出真正要归属于一个群体需要很大的勇气。[53]是勇气令我们服从于群体的意愿，为群体的需要而放弃个人的选择。这需要承诺、坦白以及乐意接受授权并且帮助他人获得权力。人们需要勇气认识到要保护自己就要关心群体，而维系群体也要求你关心自己。[54]

当我们在群体中工作时，这些悖论以及史密斯和贝尔格论述的其他悖论对我们有着深刻的影响，但是我们很少谈到它们。你在学习管理群体动力时，也许可以探究一下这些复杂又迷人的悖论，看看它们怎样影响着你，影响着其他群体成员，或者对群体动力有怎样的整体影响。

最热门»讨论题

1. 你在群体中的典型角色有哪些？为什么你会做这些？你觉得自己在这些角色中的效率如何，可以如何提高？

2. 在什么情况下你会意识到群体规范的存在，描述一个这样的场景。你是怎样开始理解这些规范的？是否有人告诉你该如何待人处事，还是自己摸索出来的？

3. 是否有这样的情况：因为你打破了不言而喻的行为规则而意识到了规范的存在？描述一下这样的情况。你有什么感觉？其他人做了什么、说了什么呢？

4. 你的社会地位怎样影响着你在群体中与他人的互动交流？

5. 思考群体中的信任悖论（就是，你必须给予信任以获得信任）。你是个轻易给予信任的人吗？为什么是或不是？这对你作为一名群体成员的效率有何影响？你的姿态如何影响着群体在成员之间建立信任的能力？

10.5 团队在工作中如何运作？

只要有人类存在，我们就会组织起来以群体存在的方式做事。回溯到几千年前，又看看今天，我们一直都是结成团队来工作、学习。事实上，团队是大多数现代组织中最重要的结构。团队能产生新思，作出决定，完成工作。著名作者乔·卡岑巴赫（Jon Katzenbach）与道格拉斯·史密斯（Douglas Smith）在他们的关于团队的富有影响力的书中说："在当今这个复杂世界中，一个真正的团队——专注并且有严格的纪律——是组织中最万能的单元，可以帮助组织应对绩效和改变这两大挑战。"[55]

10.5.1 描述工作团队

如表10.4所示，描述组织中工作团队的方式多种多样。列表依据团队的目的、结构、参与类型和任务进行分类。该列表并不全面，团队实际上也可以有不止一个名称。例如，一个以研究为目的的团队同时也可能是自主的、多功能的。

表 10.4　组织中描写团队的常见方法

按任务描述团队	按结构描述团队
● 项目团队（常常以具体项目命名） ● 研究团队 ● 创新团队 ● "绿色"团队	● 自主/自我管理团队 ● 虚拟团队 ● 合作领导团队 ● 特别团队
按目的描述团队	**按参与者类型描述团队**
● 激励或员工士气团队 ● 质量团队 ● 安全与环境团队 ● 工作场所多样化团队 ● 事件应对团队 ● 行动学习团队	● 领导艺术团队 ● 多功能团队 ● 全球/国际化团队

你可能会在不同的时候遇到其中的各种团队类型，甚至在你职业初期就会碰到。其中一种需要特别关注的就是自主工作团队，因为越来越多的团队实行自主工作、自我管理。

1. 自主工作团队

我们要特别提到**自主工作团队**（self-directed work teams），因为它在组织中日益流行。在这样的团队中，没有正式指定的领导，成员们自行管理自己的行为。在实行全面质量管理（TQM，见 12 章）的过程中，自主型团队模式越来越受青睐。全面质量管理依赖员工在他们非常熟知的工作领域里，发挥主观能动性、应用自己的真知灼见来解决问题、改善程序。最主要的特征就是团队本身对自己的工作负责，自主发现问题、寻找解决方案，提供绩效反馈，实现目标，监控自己的业绩表现。

在该团队中工作，很重要的一点是要理解群体发展、群体动力以及如何在成员间建立有效的工作关系。这对于有指定领导的团队也同样重要。现在我们来看看在今日组织中，创建、支撑高效团队的因素有哪些，关于这一点有哪些主要观点。

10.5.2　高绩效团队

作者卡岑巴赫和史密斯认为与工作群体不同的是，团队有共享的领导角色相互承担责任，集体分享工作成果。[56] 他们说这个区别很重要，因为团队有独特的文化和纪律结构，这使得团队和宽泛意义上的组织不同，团队因而能成为高业绩表现的集体单位。这些学者鼓励使用团队以便绕过组织的层级和界限，从而提高绩效表现。层级和界限会妨碍组织和团队绩效表现，因此卡岑巴赫和史密斯认为甄选团队成员，尤其是领导岗位的成员应谨慎，应以他们的技能为依据，而非他们的地位或资历。[57] 卡岑巴赫和史密斯对团队的研究有许多发现，例如如下几条：[58]

- ●"真正"的团队更多产生于具有高绩效标准的组织。
- ● 高绩效表现团队是少有的，而非常规的。
- ● 团队是跨越层级和组织界限整合各种思想和绩效的最有效方法。
- ● 真正的团队会自然整合学习和绩效。

我们很难说情况总是如此，但是可以肯定地说在大多数组织中，人们很少关注团队有效工作所需的发展、动力或支持。在过去 20 年里，这种情况开始发生变化，因为研究人员帮助我们认识到合理的团队结构和管理可以使每个人的才干最大化，可以支持团队的集体能量、知识和智慧。在这个部分，我们要讨论一个高效的团队需要哪些因素。首先，来看看博尔德市科罗拉多大学这样一个高效团队有怎样的领导。

学生的选择

马克·阿诺尔迪建立了与众不同的 GlobeMed 协会

许多大学生都在谈论改变社会，但是很少有人有马克·阿诺尔迪（Mark Arnoldy）这样的胆识与能量来采取行动。在他就读于博尔德市科罗拉多大学三年级的学期末，马克决定申请休学。他选择了推迟大四的学习，延迟毕业，以及推迟实现他作为医学院学生的抱负。他希望在尼泊尔开展一个独特的社会项目，主要是通过为尼泊尔人提供花生酱来增强儿童体质。花生酱是高能量、高蛋白质食品，含有健康的脂肪、铁、尼克酸和纤维。在他亲眼看到在尼泊尔发生改变的潜力后，马克把他的想法带回了博尔德，合作设立了大学的 GlobeMed 协会。GlobeMed 协会是由学生管理的全国性非营利组织，协会让校园大学生和民间非政府组织合作，致力于全世界的健康平等。马克参与 GlobeMed，建立自己的协会的故事甚是鼓舞人心，更令人佩服的是他还动员了 50 名学生加入这项事业。

GlobeMed 的核心思想是激励更多的学生一起来改变健康不公平状况。但是 GlobeMed 之所以和全国其他的协会不同在于，马克·阿诺尔迪和其他三位杰出的领导人一起把不一样的领导艺术引入了该团队。在加入 GlobeMed 之前，许多协会成员也许都不知道尼泊尔在地图的什么位置。不到一年，这 50 名学生主动牺牲自己的睡觉时间、课业时间和休息时间来支持为尼泊尔提供一流保健的事业。他是怎么做到的？首先，马克能用感染其他同学的方式来传递自己的工作激情。这种激情带动了一群大学生在短短几个月的时间内，为尼泊尔筹集了上万美元的营养补品捐款。

马克开始每次成员会议之前，都会请一名团队成员分享自己加入 GlobeMed 的动机和自己对于全球健康公平的热情。任何组织都很容易在日复一日琐碎的细节中变得缺乏生气，而失去大局视野。可是在 GlobeMed，这个"我们为何在这里"的活动使得每个成员——从共同会长到活动团队领队哪怕是上周刚刚加入的新会员——都能担任起领导角色，为共同的目标做贡献。

年仅 22 岁的马克可谓成果惊人。他在短暂的青年时期所取得的成就超过了一些人一辈子的成就。事实上马克是一名游戏篡改者，他就是那种看上去能使奇迹发生的玩家。而这个领导者的故事才刚刚开始！

摘自：埃米莉·金（Emily King）和肖恩·普朗莎尔（Sean Planchard）提供的案例。

马克·阿诺尔迪所带领的就是作者卡岑巴赫和史密斯说的**高绩效团队**（high-performance team），与同等情况下的其他团队相比，高绩效团队的工作绩效超出"所有合理预期"。[59] 根据卡岑巴赫和史密斯的看法，高绩效表现团队包含以下特征：[60]

- 规模较小（12 人以下）；
- 成员技能具有互补性；
- 成员因共同目标团结在一起；
- 成员有共同认可的业绩目标；

- 成员有认可的工作方法；
- 成员对业绩表现和工作成果共同负责。[61]

其他研究人员也探讨了怎样才能确保建立有效的团队。理查德·哈克曼在团队绩效方面著述颇丰，他认为群体，就如人们一样，需要有组织体系的支撑来实现高效。[62] 例如，他建议可以有奖励体系，学习如何完成期待任务的体系，信息管理体系，资源需求与分配，清晰的项目时间表等，这些结构都有助于实现高效能群体。

最热门》讨论题

1. 你曾经在高绩效团队工作过吗？是哪些因素保证了团队的成功？
2. 阅读"学生的选择"这个案例中讲述的马克·阿诺尔迪和 GlobeMed 的故事。根据案例内容，以及你对案例中团队的把握，谈谈这个团队为何具有这样的高效能。
3. 根据卡曾巴赫和史密斯关于高绩效团队的六个特征，分析你目前所出的团队。

10.6 怎样应对群体工作中遇到的挑战？

在这个部分，我们要讨论几乎所有团队都会遇到的一系列普遍的挑战：成员资格、参与度、交流、影响力、社会惰化，以及情绪。然后我们再看看从众心理在群体中的危险。

10.6.1 我们在群体中面对的六大挑战

阅读了本章后，你可能已经了解到你所在的团队是怎样发展的，相关动力因子怎样影响你和你的团队，以及你的团队怎样可以获得更高效能。下一步，你可以了解一下每个人在群体中工作都会遇到的六大挑战：成员资格、参与度、交流、影响力、社会惰化，以及情绪。这些方面是你可以立刻采取措施来改变的。

1. 成员资格

对于群体成员一个主要担忧就是在群体的接纳或包容程度。不同互动模式在群体中的发展，会帮助我们了解每个人想要的和需要的身份和资历。通过跟进这些模式并采取纠正性行为，你可以令群体中的每个人觉得自己受到欢迎和接纳。例如你可以问自己这些问题：

- 群体中是否有人看上去像"局外人"？一些成员看上去是否"属于其中"？这些"局外人"受到了怎样的对待？
- 是否存在小群体？有时候两三名成员会一贯地认同并支持对方，或者会一直向对方表示不同意，提出反对意见。这会形成一种群体内（或群体外）的互动，对群体造成危害。
- 是否有群体成员在群体中进出，比如，坐在椅子上身体前倾或者向后靠，或者把椅子搬进搬出？他们在什么情况下搬进搬出？群体的实际排列常常会显示谁觉得"在局内"，谁觉得"在局外"。同样，如果有人开会总是迟到，对电子邮件总是没有反应，这可能说明他觉得自己是在群体之外。

2. 参与度

最高效的团队令每位成员可以及时分享他们最好的想法。如果你注意到你的群体中，每个人的参与度不同或者某些成员占主导地位，你就需要查找其中的问题了。为了更好地分析这种状况，你可以问问：

- 谁是积极或非积极参与者？
- 成员的参与情况发生了转变吗？例如，是否有积极参与者变得沉默了？非积极参与者突然变得健谈了？
- 你有没有发现群体互动模式发生变化的原因可能是什么？
- 沉默的人们受到怎样的对待？沉默是否被看作是表示同意？还是不同意？或是不关心？害怕？
- 谁和谁在交谈？为什么一些人在交谈，或不交谈，或者只和特定的人交谈？
- 谁让交谈继续下去？

3. 交流

在任何群体或团队中，建设性的交流对高绩效表现都非常关键。交流问题会以多种方式呈现出来。一些需要注意的交流问题包括：

- 沉默：虽然偶尔的沉默是好的，但是成员可能会三缄其口，即使他们的想法对群体有益。成员们可以通过恰当的言语或非语言信号来鼓励大家进行交流，也可以向不太健谈的成员直接邀请他们表达看法。让交流变得更加民主——比如用圆桌——就是一种鼓励参与的好方法。
- 冷嘲热讽：冷嘲热讽的语言常常会传递出愤怒与讨厌。不要让这些人闭嘴，而是你要去分析产生这些情绪的原因然后采取相应的措施。通常情况下，当参与者的观点被认真听取后，他们的愤怒也就消散了，并且觉得更加属于这个群体。
- 干扰：大多数谈话中，说话人总会或多或少地重复他人的评论。但是以下这种情况就是另外一回事了。一个人在说话，而另一个人同时也在说，并且竭力要打断他/她。这种干扰他人、令说话人闭口的行为是不应容忍的。
- 东拉西扯：有些人说话比别人要花更多时间，绕一圈才会讲到点子上，所以对"东拉西扯"型的人要有些耐心。另外，不同的文化也会影响到人们表达观点的直接程度。谈话过程中，应该进行阶段性的总结，对照群体的目标。如果谈话偏离了这些目标，就应该提醒参与者回到正题上来。
- 争论：表达不同意见有助于仔细审视假设和偏见，这些如果不加限制可能会导致极差的群体绩效。然而，有些争论可能会变成个人攻击，造成人事冲突。此外，有些争论是因双方持不同意见的假象引起的。一个好的做法就是确保双方争论时实际所谈的都是同一件事情。

4. 影响力

影响力、参与度和交流相互关联，又各不相同。有些人可能很少开口，不过但凡开口就能引起全体的注意。有些人可能话很多，却没有人真正听他所说。高效能的群体会这样管理影响力，当群体极为需要某种经验或知识时，让具备最相关的经验和知识的人来发挥对群体的影响力。你可以通过以下问题来考察自己的群体对影响力的管理：

- 哪些成员影响力较大，哪些成员较低？为什么这些人在群体中具有不同程度的影响力？
- 影响力模式有没有发生什么转换？什么东西转换了，为什么？
- 你看到群体中任何竞争关系吗？是否有争夺领导权的斗争？

5. 社会惰性

社会惰性的意思看字面就清楚了：有人想要搭顺风车，让群体中的其他人去办事。有时很难在一开始就确定是否有人在占群体的便宜。具有社会惰性的人很聪明。他们总有各种各样的借口,它们听上去还挺可信。以下几条迹象表明某人在为工作失误或是不能按时完成任务找借口,他实际上就是社会惰性者:

- 在分配任务之前离开群体会议;
- 当某项工作明显单独完成最佳时却要与人合作,认为这样比较"有趣"和"更好";
- 向群体之外的人吹嘘自己要做的工作多么少;
- 只有当权威人士在场时才会显得积极,参与其中。

一项广泛的研究表明社会惰性会经常发生,但是当团队成员感到任务或团队本身很重要时,其发生的几率就更小。[63] 因此,一种尽量减少社会惰性的办法就是围绕对团队成员来说很重要的任务来组织团队,然后在团队中构建个人身份,强化成员对团队的责任感。你不应该做的一件事就是帮助这些社会惰性者躲避经理、导师等人的检查。这样做是在害你自己和你的团队。

6. 情绪

在各种群体讨论中,成员间的互动常常会在他们之间产生某些情绪,而人们很少公开谈及这些情绪。你可能要从他的语调、面部表情、动作和其他非语言的线索中去揣测他的感受。如果你意识到他人的感觉,就能在处理这些感觉的时候,为个人或群体提供有益的帮助,而不会做出有损于个人或群体的事情。要"分析"感情,你可以问以下这些问题:

- 哪些感情似乎是为群体"允许"的? 这些感情在群体中起什么作用?
- 群体中有哪些人表达了怎样的情绪? 是否有什么模式?
- 哪些情绪是群体不允许的,或是一直没有表达出来的?
- 你常常从人们的肢体语言中注意到什么?

你有没有看到群体中有些成员试图阻止人们表达感情,尤其是负面的感情? 他们是怎样做的? 是否有人一贯在做这项工作?

在这部分,我们给你提供了一些建议,帮助你"诊断"群体中正在发生什么。这个技能在任何职业中都会很有用:如果你能摸清楚群体中正在发生些什么,就通常能帮助这些团队变得更为有效。现在,我们来看看你能帮助群体避免的另一个问题:从众心理。

10.6.2 一致性和群体思维

1951 至 1956 年间,心理学家所罗门·阿希(Solomon Asch)发表了一系列对个人的独立性和一致性的研究成果。这些成果统称为阿希一致性研究(Asch conformity studies),典型方法是对一群学生进行"愿景"测试,群体中的一名学生是真正的受试者。该组的其他成员秘密地为实验者工作。实验要回答的问题是,当群体中其他学生都看似持赞同意见,而这名受试者一人有不同意见时,他/她会作出怎样的反应。在这些研究中,研究人员让群体成员比较卡片上的话语的长度,把相同长度的选出来。在"真正的"受试者完全进入状态后,实验助手们开始给出错误的答案。佯装为实验助手们的人总是首先给出答案,并且这帮人的答案彼此相同。大多数人的答案明显是错的,但是令人惊讶的是,受试者们给出错误答案的次数比率为 32%,而他们中74%的人至少答错了一个问题。[64]

为什么学生受试者会这样呢? 他们感到了从众的压力。实验者知道从众是一个因素,因为在其他不具有从众压力的实验条件下,仅有 3%的受试者常常会给出错误答案。[65]

然而,近来研究人员一直在重新审视阿希的研究,并指出答案可能并不像一开始指出的那样简单。在面对比如阿希实验这种情况时，参与者必须要做出许多决定来平衡许多价值和关系的重要性，正是这些冲突之间的协调导致了从众心理。特别是群体决定常常与人们的这样一种信念相关，那就是一致是群体的目标。[66]因为几乎没有机会通过其他途径达成一致，这个实验是他认为自己所属的群体唯一的一项任务，所以阿希实验中这个孤独的受试者就不得不通过认同大多数人的意见这种方式来表现一致性。

一致性会产生群体思维。研究人员欧文·贾尼斯(Irving Janis)认为**群体思维**(groupthink)是"一种防御性规避的集体模式，它要求团体中的成员接受同一个观点，即使明显存在不同意见。"[67]贾尼斯的意思是当群体中存在一种强大的压力要达成一致意见时，成员可能会持有相同意见，然后努力维护这种一致意见，就如该意见和自己的观点完全一致那样。在多次事件中，群体思维都被批判为罪魁祸首，如"猪湾事件"、"挑战者"号航天飞机灾难等，甚至还包括导致始于2007年的经济萧条的一些金融服务公司的做法也被认为是群体思维的后果。[68]

1. 避免一致性对群体的负面作用

在商业团队中群体思维是一个重要问题。群体思维的产生可能真的会令团队成员"闭嘴"因为他们不想和群体唱反调。团队领导可以改善这种情况，方法是确保每个人都有机会发言，不让某一个人在讨论中占主导地位，更强势的成员不要在群体决策过程中过早地给出他们的意见。

另一种改变群体思维的方法是请群体以外的人来对群体的工作进行批判性的评估，给出相反的意见，提供新的信息。还有个技巧就是群体可以制定一项规则，让某人正式担任"魔鬼代言人"(故意唱反调者)来质疑群体意见和决定。

在群体中避免一致性的负面效应的一种方法就是实施这样的程序，鼓励团队重新审视一些决定和这些决定的效果。[69]回头看看所罗门·阿希的研究，这项研究展示了另外一个有意思的模式。如果群体中哪怕有另外一名学生给出了与受试者相同的答案，受试者就不会简单地跟随其他故意选择错误答案的参与者。这个事实很有意义，它帮助我们了解怎样可以减小群体压力对个体的影响。例如，你应该确保建立相应的群体规范来鼓励人们发表自己的观点，这样即便其他人有反对意见，单个成员也更有可能"坚持己见"。[70]

也许避免一致性最好的办法就是确保群体重视不同意见。选取有不同观点的人成为群体成员——国际和多功能团队正是如此——也是很好的做法，当然前提是必须采取合理的措施建设团队成员间的互信。[71]

这个部分我们已经讨论了如果群体成员太过于彼此一致会产生什么情况。但是如果群体内部有太多不同意见呢？如果成员们在任何问题上都不能达成一致意见又会怎样？我们来看看群体冲突的正反面。

最热门»讨论题

1. 思考群体中"六大"常见挑战。六大挑战中，你最可能遇到问题的有哪些？为什么？你能想出一些克服这些问题的策略吗？

2. 如果你的群体中有社会惰性者时你会怎么做？你应对这一问题的策略有效吗？如果无效，你还能采取什么办法？

3. 你是否经历过成员之间冲突过多的群体？如果有，你本可以怎样做来帮助群体提高能效？

10.7 冲突在群体中扮演什么角色?

群体中许多程式化的冲突是社会重要的一部分。例如,几乎每个社区都会有某种形式的团体运动,绝大多数主要城市,都会有专门的大型建筑和大片土地开辟出来,供成千上万的体育迷观看一些有竞争和冲突的团体赛事。

其他形式的冲突有更多负面结果——弱化群体和团队的有效运作,引发情绪伤害,甚至可能导致暴力。研究人员凯伦·耶恩(Karen Jehn)在组织中开展了一项研究,发现与人际关系相关的冲突对绩效和对组织满意度都会产生负面影响。[72]高绩效表现的团队几乎不存在人际冲突,除了当项目接近最终期限始,这种冲突会突然出现。[73]那么我们怎样判断冲突是否必要——或说是否健康——而何时冲突又是有害的呢?

10.7.1 功能协调和功能失调冲突

冲突可以是机能协调的也可以是机能失调的。**功能协调冲突**(functional conflict),有时称为建设性的冲突,涉及允许或鼓励团队成员表达不同的观点,获得更好的团体成果。人们一般认为适中的冲突有利于群体创造性和群体解决问题。[74]关于组织的研究表明团队成员间缺乏功能协调冲突可能导致自满情绪,失去竞争优势。另一方面,功能失调冲突,有时称为破坏性冲突,会适得其反,导致低绩效和较差的团队凝聚力。**功能失调冲突**(dysfunctional conflict)涉及侵犯、人身攻击,或者以破坏群体成功来表达不同意见的方式。

10.7.2 冲突来源

冲突来自哪里?在某种程度上,我们可以说所有的冲突都来自于这样的企图,就是要获得或保持地位,要掌握或保持某些资源,可以是为了个人或是为了群体。[75]这在政治冲突、边界争端以及争取产品市场份额中的情况下的确如此。组织中的群体冲突也可能由其他多种因素引起,如表 10.5 所示。

表 10.5　群体中的冲突来源

冲突来源	解　释
资源冲突	群体内部的利益冲突常常是由于资源有限,而每位成员都希望获得更多的资源。[76]
认知冲突	虽然群体成员有共同的目标,但是对于如何最有效地取得想要的结果有不同意见,于是产生冲突。[77]
关系冲突	关系冲突和团队成员的"个人"冲突相关。这种冲突一直被认为对群体表现有负面影响。[78]
过程冲突	过程冲突是指团队内部冲突,主要是关于谁应该做什么以及群体该怎样运作。[79]
任务互相依赖冲突	任务互相依赖性是另一种能源冲突,你可能也经历过此类冲突。你在群体项目过程中可能有过这样的经历,你的整个团队依赖每位成员完成他/她的任务。当某个人超过了最终期限,每个人都会受影响。自然地,冲突在这种情况下就产生了,因为只有当所有成员完成各自任务之后这个项目才能完成。[80]

（续表）

冲突来源	解　　释
重叠权威冲突	如果两个或两个以上的人对某些相同的任务或功能声称具有权威时,重叠权威就称为冲突的另一来源。在许多案例中,两个不同的商业单位进行冗余工作就会产生管理权威和员工日程方面的重叠。
奖励冲突	最后,不同的评价和奖励系统也可能引起部门间的冲突。如果一个部门评估标准是看他们的开销有多低,而同一公司的另一部门则是评估销售额而不是开销费用,这种相对立的评估系统以及对工作效率的奖励就会引起冲突。

我们可以从三个层面来看冲突:自我层面、人际层面和群体层面。在自我层面,个人内心产生冲突。比如,有时我们会感到我们的价值观和别人期待我们的做法有冲突,或者我们了解到的事实挑战了我们认识世界的方式。

人际冲突发生于人与人之间,常常是由于身份问题、争夺权力、保护某人的"地盘",和其他类似情况引起的。

在群体层面,个人身份和群体身份之间一直存在着一种动态的张力。个人挑战群体的价值观和程序,或者群体规范和个人信仰和行为不一致时,就会产生冲突。当群体过于关注或介入成员的个人生活和贡献时,或者成员被深深卷入群体生活中时,就会产生冲突。[81]或者,群体要以牺牲其他成员的需求和利益来满足某个成员的需求和利益时,也会引起冲突。例如,某个成员觉得群体没有给她足够的支持与认可,她可能会对其他成员或者整个团队感到愤怒、怨恨。

个人也可能会过于专注于群体的需求,从而导致冲突。例如,某个群体工作要求很高,可能会使成员很少有时间承担家庭角色,导致自我冲突。[82]这些感觉会影响这位成员在工作中和在家庭中与群体的关系。[83]另一个冲突来源发生在群体中权力分配不平均的情况下。如果某些人积聚了过多的权力,群体可能会倾斜于这些人的利益。

10.7.3　信任:所有冲突解决策略的基础

一个具有凝聚力的群体需要成员间彼此相当信任。如果这种信任从未完全建立起来或者受到了威胁,个人会觉得他们没有为群体接纳,可能不愿意完全付出。[84]其后果是产生冲突、群体面临解散的危险。因此,很多需要高度信任的团体都具有入伍仪式(如精英部队武装和秘密团体),以建立成员的相互信任。

信任对于正在经历冲突的群体尤为重要。因为人们需要依赖相互间的良好愿望和好意来解决冲突。因此,无论选用何种方式解决冲突,信任都是最重要的。[85]

团队面对纷争时通常会用到几个解决冲突的典型策略。其中一个就是妥协。妥协是一个予取的过程,可能需要双方让步。另一种方式,合作,则要求双方共同努力来解决问题或者达成目标。

其他冲突处理策略还有和解、回避。前者发生在权力较弱的一方服从于较强的一方时,后者发生在双方忽略问题,希望冲突消失的情况下。但是,回避策略不会奏效,因为冲突会恶化、扩散,而不会消失。最终,一方努力想要胜过另一方,将自己的权力最大化,不考虑对方的需求与目标,这时往往会产生竞争。

一种最为有效的冲突管理策略是召集群体会议,让大家在公开场合就人际关系、工作程序和一些议题亮出不同的看法。[86]团队领导,或者较有影响力的群体成员,需要负责组织讨论,使群体重新评估它的规范和过程,或者只是让大家在合适的时候简单表达"对不起"。

10.7.4　冲突管理:通过协商找到双赢之路

　　成功的冲突管理策略有赖于协商,在这种冲突解决方法中双方有予有取,作出让步,来达成一个可行的解决方案。使用协商战略可能会遇到几种情形。在双输的情形中,双方都不能从协商中得到想要的结果或需求。两分协商法会产生输赢对半的情形(通常说的零和博弈),即一方达到目的,一方未能达到目的。[87]另一种方法,整合式谈判,会达成双赢结果。在这种情形中,双发通过寻求一致之处、整合他们的利益,可以最大程度地达成期待目标,化解冲突。[88]这种方法需要双方合作,运用双赢思维框架来为双方谋得最大利益,维护双方关系。

最热门»讨论题

1. 描述一下你经历过的功能协调冲突。你是如何判断它是功能性的? 再分析一下你所经历过的功能失调冲突。
2. 你通常怎样处理冲突,你面对冲突会有哪些感觉? 解释一下你为什么用这种方法,为何会产生这些感情。
3. 分析你在学校或工作中观察到的某个冲突。这个冲突的原因(或来源)是什么?

10.8　人力资源怎样支持有效的团队绩效?

　　HR 对支持有效的团队绩效起着重要作用。在这个部分,我们首先看看关于 HR 如何关注团队的一些观点。然后,我们要分享如何让群体投入到团队建设中来。

10.8.1　关注团队:HR 的贡献

以下罗列了 HR 可以为他们所负责的群体和团队提供支持的事项:

- 安排团队领导者参与培训和业务发展,学习如何建立、领导团队。
- 注意团队中人员的加入或撤出,尤其是领导层面的。
- 为团队提供高质量、专业的发展机会与支持,尤其是在团队形成的关键阶段。
- 开发团队绩效评估流程,除了考察团队达成目标的情况外,还要考察团队效能。
- 肯定突出的团队——即工作有成效、大家乐于加入其中的团队。突出展示他们的最佳做法,以便其他团队向他们学习。
- 开发基于团队的激励项目。
- 在以上所有方面树立 HR 工作典范,打造高效能 HR 团队。

以上仅仅分享了一些想法,说明 HR 专业人员可以通过设计工作体系和流程来支持团队效能。此外,HR 专业人员还可以设计相关流程,使团队能够应对在群体中工作不可避免的挑战。

10.8.2　共鸣团队建设

　　该部分旨在勾勒一个画面,让你了解如何运用刻意的团队重建和团队流程来构建、支持,以及重建高效团队。这个流程通常是由 HR 专业人员来引领，但是你也可以来做这件事。[89]

1. 共鸣团队建设：启动

如果可能，你应该计划让人们走出办公室或教室。找一个真正不同的场所，最好是接近大自然的。也许你可以在山林中找到一间小屋，或者可以去某人的后院。无论去哪儿，都要仔细计划。确保一个有隐私、相对放松的环境，确保这个环境不会让有些人觉得格格不入——例如，如果团队中有的人身体不适，要确保他们能在安全并且不感到尴尬的前提下参与活动。

在这之前，你要选定几个讨论话题和活动，使人们可以互相了解。要保证谈话从轻松、安全的话题开始，慢慢进入更加严肃的、有些冒险的话题。制定基础原则，如互相尊重，不要侵犯隐私，保守秘密等。想想你将怎样引导大家进入实际讨论，怎样推进话题讨论并对这个团队或组织做最后的总结。

甚至是共事多年的成员们也会发现"面对彼此"，分享自己的情况和他们的生活非常富有启发性。一个办法就是让人们有机会学习如何分享个人观点和生活故事，并讨论学习感受。

要令这个办法奏效，必须创造人际共鸣，这种共鸣可以通过营造令人感到乐观、积极、专注于建设良好的人际关系的环境来实现。大家必须有开放的心态来接纳各种可能，而你在这个阶段的领导作用也至关重要。你需要有意识地做好自我管理，帮助大家感到舒适、专注、乐于为建设更好的团队而努力。

2. 共鸣团队建设：愿景

你怎样帮助一个共事的群体创立集体愿景？首先，要找出成员共同拥有的个人愿景。往往成员的个人愿景都有些共性——对家庭、生活方式、职业成功、希望加入的团队、共事方式等的想法。不要忽略这些相似的东西。当人们真诚地、以尊重的方式谈论个人期望时，对共同愿景的接受度就会增长。当团队成员将团队愿景与个人梦想联系起来的时候，成员间的行动就会产生同步性和关联性。

一旦大家有共享的个人愿景，你就可以回来探讨团队使命、团队目的和当前挑战这些问题了。团队成员一起研究团队存在的原因，组织策略，以及团队工作怎样支持组织目标。考察团队的情感现状，看看你们的规范、习惯和文化是否能支持你们实现愿景：你们的互动模式是否有助于高效工作？你们团队的明确任务是什么？隐含任务又是什么？大家是否意见一致？你们是否将会自我阻碍？对团队的目标和情感现状的整体把握能为你提供一个平台，让你构建整体画面，知道将来你的团队将会怎样，能做什么。

然后，让每个成员清楚地界定自己的责任：我们对彼此的期待是什么？谁负责把我们工作中的各个因素统一起来？推进团队工作进展的计划是什么？怎样保证团队的持久活力？每个人在这个过程中怎样继续发展？

偶尔进行团队休养可以让疲惫的团队再次充满活力。团队常常需要休养生息，他们需要重新审视目的，更新人际关系。当我们彼此进入深层次、可信赖的、情感层面的交流，我们的情绪会得到提升，感到充满希望，和他人联系更加紧密。

要强化这个流程，你应该确保成员们都致力于那些可以提高集体工作效率的工作流程上。比方说在会议时留 15 分钟，会议结束前问问："我们做得怎么样？"也可以有更复杂的做法——也许你需要改变绩效管理和激励体系来鼓励大家以团队目标为指引。不论你的"支持体系"简单还是复杂，要紧的是你要持续采取措施支持团队效能提升。工作中的内外压力是团队效能的敌人。要确保偶尔进行团队重建来关心群体健康。常规的流程"检查"会对整体效能产生很大影响。

~~~~~~

最热门»讨论题

1. 你是否参加过团队休养,不论是和同事一起,和同学一起或是在其他组织中参与过团队休养? 你们会去什么地方? 做哪些事情? 这些做法对群体人际关系有何影响?

2. 如果可以,请你为自己的工作团队或学校团队策划一次小型团队休养活动。首先和其他成员讨论这个想法,如果大家感兴趣,可以和他们一起运用本节谈到的观点,引导团队成员间相互交流,探讨集体效率的问题。

~~~~~~

10.9 如何建立并维持共鸣团队?

现在,你明白了团队发展过程中会发生什么,群体动态怎样影响成员和团队,高绩效表现的团队是怎样的,以及如何帮助团队变得更加高效。所有这些理论和模型都很好,各有用处。不过,具体到应用层面是,团队兴衰又取决于人这个因素。我们每个人所做、所信会决定我们有一个优秀的还是糟糕的团队。在这一节,我们要分享对于团队领导很重要的一项技巧中的几个实用小妙招,这项技巧就是:倾听。我们先要有针对性地谈谈和"听"相关的技巧,因为团队中许多问题都是仅仅因为大家不会互相倾听而产生的。然后,我们再分享打造共鸣团队的一些做法。

10.9.1 倾听大家到底在说什么

倾听是其他交流方式和团队发展的基础,倾听包括提出相关问题,专注地听,给出合理反馈,有效协商等。[90] 关键的一点是要懂得倾听和听见是两码事。听见是被动地接收信息,倾听则需要和对方专注交流。有效倾听需要我们关注说话人的措辞和情感——顺便说下,这花费的精力比说话还要多。下面是一些更有效倾听的建议:

- 集中注意力:不要被打扰,全神贯注听。
- 设身处地倾听:同理心对有效倾听很重要。通过体察说话人言语中透露的情绪,你能更准确地把握整体信息,包括没有直接表达的言外之意。而且,如果别人知道你是能设身处地倾听的人,他们会更信任你,会尽量提供所需信息。
- 捕捉言语中的事实和情感:记住每个人说的话中既有事实,也有观点、信仰、价值观和情绪。听他们说话时,你需要能够区分这些不同的信息。
- 不要急于下结论:应该在听完所有事情之后才下结论。这听起来是显而易见的,可是不善于倾听的人总会急躁,仓促下结论。有些人甚至会打断说话人,可是他们的意见又常常不甚恰当,反而会浪费时间,搅乱谈话过程。
- 针对说话人的内容,而不是说话的方式来做出判断:如果某人交流技能较弱,你还是要做一个有效的倾听者。你的任务仍然是要认真听取他人的言语,理解他的话,与其互动。
- 提供反馈:请记住,反馈是有效交流的一部分。和语言表达一样,眼神交流、点头、笔记以及其他非语言反馈也能告诉讲者你在关注他,并且明白他所说的。你还可以通过提出问题来帮助你明晰讲者的意思,或是复述信息,这样来确保你完全理解了他的意思。

最后一点——提供反馈遵循守旧作为倾听过程的一部分尤其重要,因为这可以使你和讲者之间的交流更加深入。学习"积极倾听"这种方法可以帮助你精于此道。

10.9.2　积极倾听

积极倾听是更加深入地、有意识地听取对方讲话，并作出反应的过程，这样做的目的是要真正理解讲者的意思。积极倾听的关键是对讲者和所讲内容真正感兴趣，而且尊重他人、真诚可靠。[91]

积极倾听还意味着全面把握所说内容。这样的听者不光是对所说内容进行理解、评论、或者在此基础上进行扩展，而是向讲者真实反馈出他听到了什么，包括事实与情感。

积极倾听需要同时运用一些独特的技巧，如表 10.6 所示。[92]积极倾听需要培养这样一种思维框架，它能使你专注地听取讲话。你需要一定的情感智力和同理心来克制自己过早做出判断，等待听完所有内容才做出判断。善于积极倾听的人应该试着从讲者的视角来理解讲话内容。这个过程需要同理心，并且和社交智力和情感智力有紧密联系。

表 10.6　积极倾听技巧

- 将注意力集中到讲者身上，排除其他分散你注意力的干扰因素，如房间内的其他活动或者甚至是你思想中的其他想法。
- 通过得体的肢体语言传递对讲者的尊重和关注，如眼神交流、正对说话者、没有坐立不安。
- 克制对讲者和所讲内容的判断。
- 练习设身处地地倾听，方法是尽量去理解讲者说话时实际所想所感，而不是问他/她为什么这样说。
- 想想实际上交流了些什么内容——哪些东西没有说。很多信息是通过避免提及的话题、选词、和肢体语言传递出来的。
- 通过反馈来明晰你所听到的，或者要求阐明的内容（例如，可能简单地重述某人所说的主要观点，等待讲者确认。）
- 总结所听到的（在另一个层次上整理内容）。
- 分享你对所听内容的评价。

资料来源：迈克尔·H.霍普，2006，《积极倾听：提高你的倾听力和领导力》（*Active Listening：Improve Your Ability to Listen and Lead*），Greensboro, NC：Center for Creative Leadership。

要理解他人的视角，你必须听取完整的意思，包括言语传递的主客观内容——换言之，事实与情感。客观内容是指讲者言语的意思，而主观内容是指讲者通过信息流露的情感和观点等细节。学者们把这种信息称为讲者立场。[93]积极倾听者会对这样的情感作出回应，关注所有交际线索，包括语言的和非语言的。[94]

积极倾听能帮助我们避免一些常见的陷阱，如带着要讲者同意你的观点的目的去倾听。人们还经常会对讲者发出信号，要求或挑战他们，使他们赞同或不赞同自己的观点。过早的给出建议、提供信息或是给出判断，都会导致未充分交流就提前结束谈话——这时，讲者没有完全表达自己的观点，而听者根本就还没有表达自己的想法。

作为积极听者，你当然不能只做听众。最终，你必须分享自己的想法和问题，给出反馈。

10.9.3　领导共鸣团队

你是否曾经带领或处于一个真正具有共鸣性的团队之中——你和其他几位成员都感到你们是作为一个整体在行动、思考？一个处于最佳状态的群体会取得惊人的成绩。共鸣团队带给你一种体验，同时也提供一种条件，让你感到超脱了个人的界限。这种状态难以言传，但是一旦有过此种经历，它就能成为你理解团队潜能的触点。

依照表 10.7 列出的技巧,你就能创建、维持一支共鸣性的团队。你要关注团队成员的情感生活,建立并强化群体内的互信,并且确保你们有明确的团队目标。必须令团队在面临挑战时感到兴奋。此外,学会利用幽默、给出善意的反馈,并且享受追求目标的乐趣,那么你就能建立一个共鸣性的团队。

表 10.7 领导一支共鸣团队

1. 从你自己开始:创建和维持团队共鸣性所有的规则、角色和指导方针都从你开始。就像本章开始警察局长拉姆齐所说,一切从认识自我开始。
2. 和你周围的人建立共鸣:共鸣不会偶然发生。你需要主动与人沟通,联系他们,让他们看到团队的前景,展示团队怎样帮助个人实现他们的目标和梦想。
3. 力图理解团队的情感现状:了解一个群体的"情感现状"并不总是件易事——包括萦绕着团队的一些情感,团队对于某些事情的立场和观点,都不容易厘清。但是你必须了解这些方面。仔细观察群体动态因素,耐心和成员更加深入地谈论他们对团队的所想所感。
4. 引领大家全心全意地工作:我们很容易被截止日期、交货期困扰,深陷压力之中。然而,打造一支共鸣团队,你需要把速度放得足够慢,让你和成员们可以将想象力和激情专注于工作和团队本身。
5. 抓住梦想:人们需要坚持梦想,尤其在工作遇到困难、团队遇到障碍时更是如此。寻找一些方法令你和其他成员不要忘记自己为何如此努力。记住你的工作的崇高目标。

资料来源:改编自安妮 • 麦基、理查德 • 博亚兹以及弗朗西斯 • 约翰斯顿,2008,*Becoming a Resonant Leader:Develop Your Emotional Intelligence,Renew Your Relationships,Sustain Your Effectiveness*,Boston,HBP。

最热门»讨论题

1. 今天你可能会有十几次谈话。选取至少一次谈话,有意识地监控自己的倾听习惯。你注意力集中了吗? 有没有匆忙下结论? 有没有急于对讲者作出判断? 你真正运用了同理心吗? 复习上面几节关于倾听与积极倾听的内容,记下你可以改进倾听技巧的一两个方面。
2. 想想你身处的一个团队。运用表 10.7 领导共鸣团队的指导方针,在每个方面找出至少一件你能做的事情,来改善自己的团队。

10.10 结束语:团队和团队建设

民主思想的一个基础就是,认为如果决策权力集中在少数几个人手上就会引起社会不公。因此我们在社会各个层面设置了集体决策机构。我们让陪审团来决定有罪或无罪,政府部分的官员由人们选举来制定法令和政策,公司则有董事会来领导。就像常言道,两人智慧胜一人。

研究者们在一些不同的任务中对比了群体表现和个体表现,发现群体表现的确会超过个体表现。[95] 群体可以集中资源,有更多机会发现并改正错误。另外,一名群体成员和另一名技艺更高的成员共事,这名技能较弱的成员往往会表现比预期好。因此我们要花费这么多时间和精力来了解群体,了解怎样在工作当中让群体高效运作:人们一起工作,共同完成任务会带来更好的结果——至少当这些大团队有效运作时是这样的。

假如团队动态因素出现功能不协调,或者甚至我们忽视了团队的规范、角色和领导艺术,情况就会截然不同。在这些群体中,决策和集体工作会耗费相当多的时间,最能干的成员们的贡献会被忽视,整个团队的士气受挫,结果可能会大打折扣。[96] 在这些情况下,成员们通常无法团结在一个共同的目标周围。事实上,这往往会产生一个相反的现象:人们深受群体思维之害。[97]

所有这些状况让我们看到工作中必须关注团队的运作。伟大的团队不会自行发生,而是由掌握了群体动态学的人们创建的。在你身处的每个团队,你都有机会打造这样的环境,让人们分享他们的才能与思想,享受乐趣,取得出色的成绩。

在你的职业生涯,你可能会带领许多团队。在领导团队的时候,想想杰出的商人、著名的领袖尼尔·菲茨杰拉德(Niall FitzGerald)与我们分享的几条指导思想吧。汤森路透集团的副董事长菲茨杰拉德说:

> 了解领导者,需观其下属所为。我碰到的极少的几位伟大领袖都有这样一些共性:
> 明确(的愿景);
> 勇气(勇于冒险,敢于承受不受欢迎);
> 同理心(与下属感同身受);
> 谦逊(发自内心);
> 灵感(下属都需要);
> 简单(表达);
> 自我意识(了解自我,了解自己对他人的影响);
> 信任(信任他人);
> 意志力(鼓舞人们,推动进程)。

最出色的领袖也明白他们唯一能支撑团队成功的做法只有将优于自己的人团结起来,给予他们行事与发展的自由。最终,我们对领袖的评价就是看其多大程度上遵从这样一个信条:"只要我们不在乎荣耀归属于谁,就没有多少东西能限制我们取得成就。"

尼尔·菲茨杰拉德描述的领袖就是那些能把事情做好的人,他们帮助我们每个人作为公民、作为人获得发展。

本章总结和关键词

1. 为什么领导者需要团队?

概述:团队工作的方式对人类来说是自然而然,也是必须的。任何个人,包括领导者,如果不能听取他人的想法、获得帮助、得到他人的支持,就很难获得成功。了解团队结构很重要,因为大多数组织工作都是以团队的方式展开,团队就是工作中的家庭,它给予队员支持和鼓励。团队鼓舞着人们积极开展工作、担任起领导角色,从工作中获得满足感。

关键词:

团队(team):一个小群体(理想状态是 6 到 10 个人),其成员拥有共同的目标、保持个体独立性并且集体对目标负责,而且拥有互补的技能和一致认同的合作流程。

2. 领导行为如何影响群体动态?

概述:库尔特·勒温学者及其同事开始了一项长久的研究传统,即从个体之外寻找原因,发现人们一些行为的原因。该研究的关注点是,行为是个人与环境之间的互动的结果。该研究领域还关注领导艺术,考察其作为环境的一个重要因素。早期和近期的研究都探究了独裁型、民主型和放任型的领导对群体行为的影响。结果发现民主型领导在提供合理的结构和支持个体方面最成功,不会命令个体具体做什么。独裁型的领导会使成员之间产生敌意,而放任型领导实际上根本没有实践领导,而是放弃责任。

关键词:

独裁型领导(autocratic leader):做决定时一般不征求他人意见的领导者。

民主型领导(democratic leader):指寻求各方意见之后再作出决策,或者加入集体决策小组进行决策的领导者。

放任型领导(laissez-faire leader):不加入决策过程,允许团体在不受领导者干涉的条件下作出决策的领导者。

3. 群体随着时间怎样变化?

概述:研究人员布鲁斯·塔克曼和苏珊·惠兰开发了两种广为接受的群体发展模型,描述群体的形成、学习一起工作、建构信任、完成任务和解散的过程。在每个阶段,一些成员和领导人的表现是典型的,如形成阶段很礼貌,学习一起工作阶段会产生矛盾等。每个阶段也不像模式说描述的那样界限分明,而且外界的因素的确会对群体产生影响。但是了解这些模式很重要,可以帮助我们理解群体变化的方式。

关键词:

布鲁斯·塔克曼的群体发展模型:这个群体发展模型包括五个连续阶段:组建阶段、调整阶段、规范阶段、执行阶段和休整阶段。

组建阶段(forming):组建阶段群体发展的第一阶段,在这一阶段中,成员开始相互了解,表现礼貌和友好,避免冲突,寻求共同点。

调整阶段(storming):调整阶段是群体发展的第二阶段,其特征是彼此开始对如何完成任务产生异议,争夺权力,与领导人产生冲突。

规范阶段(norming):规范化阶段是群体发展的第三阶段,群体赞同对成员行为采取"共同的"规则(群体规范),规定谁做什么(群体角色),以及如何共同高效合作。

群体规范(group norms):指导团体成员行为的强有力的非正式标准。

群体角色(group roles):指成员对于谁具体负责什么事项的共同期盼。

执行阶段(performing):执行阶段是群体发展的第四阶段,在这个阶段,群体将其精力放在工作任务上,而不是建立关系、解决冲突或决定如何一起工作。

休整阶段(adjourning):在这第五个阶段,任务完成,群体决定或者被迫解散。

苏珊·惠兰的群体发展综合模型:该模型指出群体发展分为四个阶段,在每个阶段群体成员通过交流和一起工作获得经验。也可包括第五阶段,即群体的解散。

反依赖(counterdependence):是一种态度和行为,即抵抗领导或者其他成员的指导。

4. 群体动态怎样影响团队效率?

概述:群体的角色可以分为关注完成任务的任务角色,关注给群体给予情感支持的维护角色。规范是群体的另一个重要动因,因为规范帮助群体成员理解并内化行事方式。地位和权力代表第三个动因,因为它们对群体以积极或消极方式运作有着重要影响。最后,群体本身包含着必须解决的矛盾,比如,在群体未能证明其可信度之前,如何取得个体的信任。

关键词:

精英管理(meritocracy):是指由于个人优秀过人的智力、才干和能力而被赋予权力、责任和角色的系统。

社会地位(social status):指与所属群体中的其他人相比较,所拥有的相对位置或声望。

5. 团队在工作中如何运作?

概述:界定工作团队的方式有很多种:可以根据功能/目的、结构、参与类型,或者任务来界定。无论他们的目的如何,很多团队都是自主型工作团队。自主型工作团队变得越来越普遍,它们依赖雇员自己来甄别以及解决问题。高业绩表现的团队充分应用成员互补性的才能和技术,使团队效益最优化。这也因而使得团队成为自我驱动的,具有良好成员的团体。

关键词:

自主型工作团队(self-directed work teams):在这样的团队中,没有正式指定的领导,成员们管理自己的行为。

高绩效团队(high-performance team):与同等情况下的其他团队相比,高绩效团队的工作绩效超出"所有合理预期"。

6. 怎样应对群体工作中遇到的挑战?

概述:每个团队都会面对一些挑战,威胁到它完成任务的能力,包括成员资格和归属需求、参与、交流、影响、社会性惰化,和情感等都需要注意。对这些问题领导者和富有直觉的全体成员要进行分析,确保在合理的层面进行讨论、促成在群体内共担责任。一致意见和群体思维是两个可能产生的群体挑战。这些毁坏性的模式会令群体成员为了和谐而应声附和,有些事情甚至是他们作为单个的人可能从来不会认同的。

关键词:

群体思维(groupthink):是"一种防御性规避的集体模式,它要求团体中的成员接受同一个观点,即使明显存在不同意见。"

7. 冲突在群体中扮演什么角色?

概述:群体内的冲突本身是不坏的,许多情况下,还可促进创造力、改善过程、解决问题。可是,如果冲突解决得不好,它的好处就没有了,变成干扰运作的坏因素。了解产生冲突的各种原因以及如何解决这些冲突是确保取得好结果的第一步。在解决冲突时,信任是首要的。让群体成员说明自己的观点,运用合理的、双赢的谈判策略也能帮助积极地解决冲突。

关键词:

功能协调冲突(functional conflict):有时称为建设性的冲突,涉及允许或鼓励团队成员表达不同的观点,获得更好的团体成果。

功能失调冲突(dysfunctional conflict):涉及侵犯、人身攻击,或者以破坏群体成功来表达不同意见的方式。

8. 人力资源怎样支持有效的团队绩效?

概述:人力资源通过确保成员获得培训、支持、奖励来对团队作出贡献。另外,人力资源专员可以促进建立共鸣团队建设,这样能促进个体间增进彼此了解,以及对整个团队的了解。这些机会不但帮助团队集中精力关注共同的愿景和共同的期待,也能令成员充满活力。

关键词:无

9. 如何建立并维持共鸣团队？

概述：你能为团队建设所做的一件重要的事情就是提高倾听的技巧，因为倾听是有效交流的基础。主动地倾听能帮助你准确地获取信息，告诉对方你听了之后的反馈，以向讲者表示尊重。倾听是很好的第一步。要继续建设共鸣团队，你可以：从自己开始；和别人建立共鸣；理解你的团队的情感现状；让人们全身心投入进来，抓住梦想。

关键词：无

10. 团队和团队建设结语

概述：了解团队动因的基本要素和过去几十年对于该课题的研究情况，能帮助你为工作生活做好准备。即使今日世界组织机构在变，而优秀的团队成员或领导人的基本技能是不变的，例如，清晰、勇敢、感同身受的能力等，这些技能使你面对种种变化，仍然能稳获成功。

你不可能以个人力量完成一件事，而是需要你的团队支持，清楚了解这一点这也能使你作为领导人，以及作为一个人获得进步。

关键词：无

11

在虚拟世界中工作：技术成为一种生活方式

11.1　信息与通信技术的进步是如何改变人们的生活与工作的？

一旦技术发生改变，工作也将随之改变。著名学者克里希南·库马尔（Krishnan Kumar）曾说过："工作、娱乐、教育、家庭关系等均会在新技术力量的压力与机会之下逐渐适应或屈服。"[1]五花八门的技术已经大大改变了我们所能想象的各个领域。更为重要的是，人类历史上最重要的两项技术，计算机与电信技术的整合所创造的工作方式给人们生活与工作带来了史无前例的改变。如今，我们生活中的各个方面已不可阻挡地与**信息与通信技术**（information and communication，ICT）联系起来——指所有与电子通讯和信息共享有关的硬件和软件。

信息与通信技术帮助我们进行最基础的人类行为，例如决定如何与伙伴和同学见面，在什么地方工作、如何工作，创造和欣赏音乐与技术的方式，以及宗教传播和认可的方式。在本章中，我们将探索 ICT 技术改变我们工作通信多种方式。

11.1.1　成功的等式：ICT 技术 + 人员 = 成功的通信与信息共享

在研究 ICT 技术的过程中，有一项挑战是，ICT 技术看似仅仅专注于技术，比如它能让我们做什么、我们怎样更好地利用以及我们如何改善等问题。然而，如果我们如此研究 ICT 技术，我们将忽视一个十分重要的问题：ICT 技术其实是人们解决问题的工具。它只是在虚拟世界中等式的一部分，人仍然是最重要的因素。

假设你的学校启用了一款新的应用，它能使学生与教授间通过电子邮件、群件和视频会议更高效地沟通。你和你的同学们都很喜欢这款新应用且很快适应了，但是你的教授却没有。他们还是喜欢用老的系统，或是忙于科研，或是认为花时间学新系统不值得。因此，你的教授拒绝使用这款应用且强制你也必须使用老系统。你会觉得他们好像活化石。

那么，继续假设这个现象在你学校普遍存在，并且相关管理部门已经介入来处理这个问题。他们认为教授不用新系统是因为他们不知道如何运用新技术。于是他们发给教授一本使用手册和使用心得，甚至还给他们培训。然而教授们并没有从中这些服务中受益。

接下来,管理部门觉得这项新技术一定是太复杂,他们删除了一些学生认为最棒的功能,但问题还是没有解决,因为学习新技术并不能给教授带来任何提高,他们需要的是科研和发表论文方面的奖励,学习和使用新系统对他们来说,不值得花时间。另一方面,学生也开始不喜欢这套系统了。大家都很不愉快,学生、教授与管理部门的关系也开始恶化,由此带来了更为严重的问题。

上述例子表明,技术的进步并不一定全面地提升,除非社会各方的问题得到解决。在本例中,管理部门应认识到"教授认为学新系统是浪费时间"这一事实误区并加以解决。因此在处理有关工作中的 ICT 技术革新问题时,我们需要考虑技术与人的相互联系。

11.1.2 社会技术系统理论

前面的例子中描述的窘境已经不是什么新鲜事。当形形色色的新技术走入人们的生活,人们不得不开始学习如何改变个人行为、工作流程以及组织文化。其中,**社会技术系统理论**(sociotechnical systems theory)十分有用,它可以帮助我们理解"如何在人和技术的关联过程中提供支持"的问题。从它的名字也可以想见,审查工作的社会和技能特性以及工作组织方式的理论,强调人和技术的相互作用。以下两个例子可以告诉我们其大致研究内容:[2]

1. 组织绩效与社会和技术因素的相互联系有关。单有技术革新不一定会带来组织成功。社会因素,人们的选择、对该技术的感受以及组织的文化均同等重要,即便可能没有技术革新那么重要。
2. 仅对社会因素或技术因素进行优化很可能导致绩效不升反降。因此,需要对两因素进行协调优化。

社会技术系统理论的历史可追溯至 1951 年,当时的学者埃里克·特里斯特(Eric Trist)和肯恩·班福思(Ken W.Bamforth)发表了一项案例研究,案例中的企业提升了技术,但生产力却降低了。尽管采取了加薪、提高福利等人事干预手段,员工的旷工率仍随技术的提升而提升。特里斯特和班福思发现,技术的提升带来了一个不可预测的影响,那就是企业的官僚机构增加了,这导致员工生产力的降低。[3]

在 20 世纪 60 年代,弗瑞德·埃默里(Fred Emery)和埃里克·特里斯特进一步发展了社会技术系统理论,许多其他学者对其不断探索发展至今。[4] 20 世纪 80 年代,著名的社会技术系统理论学者威廉·帕斯莫尔(William Pasmore)在综合研究超过 130 篇论文后认为,人们应将很多注意力投入到技术变革对个人行为的影响方面。[5] 即便是全世界最好的技术,如果人们不愿意用,那么也毫无价值。如果忽视了人在等式中的作用,那么企业将会遭受损失。希望你在阅读本章后能够牢记人仍是企业成功的核心。在新技术引进之后,管理者和领导者应想办法改变人员的行为、价值观与习惯。在当今世界,我们应更多地关注等式中人的因素,因为如今的技术革新实在太快了。

11.1.3 ICT 技术与在虚拟世界中工作

当今世界的商业环境日新月异、变化迅猛且难以捉摸。ICT 技术和其他技术的发展也使全球市场变得充满竞争。发展缓慢的公司如继续以老办法组织工作及 ICT 技术人员,其将处于劣势,。可见,人再次成为在新商业环境中获得成功的关键。

对于虚拟团队管理而言,光有技术通信能力、授权能力和参与度是全然不够的,要取得成功,我们还要开发更多技能。由于 ICT 技术的使用增加了建立和维护有效关系的复杂程度,社会智力和情绪智力也变得同样重要。为此，我们应拥有高度的自我意识和自我管理能力，学会换位思考并积极地影响和传授技能，即便双方从未见过面。[6]前美国劳工部长罗伯特·莱克（Robert Reich）认为还应拥有如下 4 门能力：抽象推理能力、系统思维能力、写作能力及实验能力。[7]

　　本章接下来的内容中我们将深入研究 ICT 技术是通过哪些方式改变人们的生活与工作的。如果你想要成功，那就必须学习。我们首先简要回顾技术革新是如何影响人类社会而人们在过去又是如何工作的。然后我们将探究一些最近的技术革新是如何给人们的通信与工作带来革命的，其中包括因特网和 Web 2.0。之后我们将讨论 ICT 技术在工作中的应用，一些虚拟工作结构，例如远程办公、虚拟团队及虚拟组织。最后我们将研究 HR 应如何支持有效虚拟工作（及虚拟工作者）以及如何在日益发展的虚拟世界中使虚拟工作的效率最大化。

最热门»讨论题

1. 将你日常使用的 ICT 技术依照最重要到最次要的次序列出并思考为什么位列前三的技术对你如此重要？

2. 在世界范围内，ICT 技术的普及率不尽相同，请列出一个广泛使用 ICT 技术的国家以及一个你认为普及率最低的（可以考虑从发展中国家中寻找）。思考如果这些差距继续存在，将产生何种社会与经济影响？

3. 采访你身边的三家商店并观察人员的工作方式。商店经理与员工是否有在组织空间及工作流程中考虑到社会技术系统？如有，他们考虑的程度如何？对此你有什么看法？你又该如何改善人员、空间和技术间的联系？

11.2　在工业革命期间，技术是怎样影响人们的生活的？

　　广义上的**技术**（technology）指用工具和知识影响环境。从史前时期开始，人们就开始使用并不断改善技术。比如，我们的祖先开始使用石头和棍棒寻找及猎杀动物。在此之后，车轮的发明使得人们的货物运输变得更高效，同时也使人们在同一地方可以生存更长的时间。艺术、故事、写作也是不断发展的技术，人们用这些技术向后代传承自己的历史、宗教与文化。

　　回顾我们的整个历史，有 90% 的时间，我们的物种及生活方式都以缓慢的方式变化着。人们以 30—150 人的小规模群居，为了生计而进行寻找、收集和捕猎活动。[8]日复一日，年复一年，技术却少有革新（仅有的发明，例如火药和印刷术），大部分的技术仅仅让人们稍稍改变生活方式，而非彻底颠覆。直到工业革命到来之前，情况都是如此，因此工业革命也被认为是技术迅速发展的开始。

11.2.1　技术与第一次工业革命

　　工业革命（Industrial Revolution）是指 18—19 世纪期间技术、制造、运输的巨大革新所带来的人们生活方式的改变，主要发生在英国、美国及部分欧洲国家。工业革命不仅仅是"发生了一次"这么简单，而是始终在发生。[9]主要的改变包括从利用人力和畜力进行生产改为利用机械、蒸汽动力进行的生产以及诸如水利这样的一些古老技术的改良。[10]

在此期间,技术的革新推动社会发生巨大的变化。比如,生产纺织品及其他商品的工厂建立之后,大量劳动力由农村进入城市。那些祖祖辈辈从事农耕或手工艺的人们迁居到拥挤的城市当中,赚取工资用来购买生活必需品。这个地方成千上百年来的生活方式在短时间内被颠覆。

与此同时,常伴随着工业革命的是人们意识形态的变化,这一变化席卷了西方世界,我们现在将之称作**启蒙运动**(Age of Enlightenment)。在此期间,大量全新的政治、科学、经济以及财富概念充斥着欧洲以及北美部分地区。[11]这些新思潮使西方社会开始认同逻辑与理性是人类最大的财富,同时也开始认同自身利益是人类行为的首要驱动力。

著名的苏格兰哲学家亚当·斯密是启蒙运动的领军人物之一。在他的著作中,他强调理性、自由市场中的商品生产、自身利益以及财富间的关系。其中一个革命性的观点是他认为自身利益是行动与创新的首要驱动力。换句话说,我们所做的事都与一件事相关,那就是这件事是否对我们有利。斯密还认为符合自身利益的行为对社会终将是有利的,他在他的著作《国富论》中有这样一段著名的论断:

> 我们每天所需的食物并非来自屠户、酿酒师和面包师的恩惠,而是他们自身利益的需要。我们对于他们的意义不在于人性,而是他们爱自己的表现,我们的需要与他们无关,我们对于他们而言只是利益。[12]

斯密的另一个革命性观点是有关财富如何创造的问题。[13]他认为自由市场可以指导商品生产的数量(即人们的需求)从而形成经济秩序,价格也将根据商品而定(即人们愿意为此支付多少),这带来的结果是社会资源的优化利用。这一观点,连同其认为自身利益行为对个人与社会有益的观点,推动了权利的合法化以及新的"所有者"阶级——那些拥有并运营生产方式的个人。之后,财富集中到了一些新的所有者阶级手中,同时所有者阶级和工人阶级的差距也逐渐加大。

在此之后,一些著名思想家,诸如卡尔·马克思进一步剖析其内在原因,提出了"有产"(资产所有者)与"无产"(工人)的概念。[14]举例说,马克思认为,如果一个社会中的工人阶级拥有极少或无法拥有那些由他们所生产出的财富的话,这个社会的社会及经济体系将是不可持续的。

在亚当·斯密和卡尔·马克思的理论盛行时,一种新型的制造与商品消费模式及财富集中度的改变已极大程度地改变了英国、美国和部分欧洲国家人民的生活。但这只是开始:持续的技术革新把越来越多的人推入全新的时代。

11.2.2 技术与第二次工业革命

当我们提及**第二次工业革命**(Second Industrial Revolution),即从 19 世纪中期到大约 1915 年的这个时期,其标志为几项改变生活的技术的发展,包括电力、电动机、合成材料、内燃机和大批量生产方法。[15]在这一时期,亨利·福特发明了流水线技术,使得劳动分工变得更为科学、细化,也为大规模生产创造了新的机会。流水线技术淘汰了传统的劳动密集型生产模式并使之自动化,同时工人也开始专注于数千道工序中的某一两项。[16]

在第二次工业革命期间,电报、电话等新通信工具的出现也改变了我们的生活。企业得以更高效的运转,员工甚至可以不在办公地点工作。与此同时,财富分配结构也出现了新的变化,例如我们很容易拥有股票、制造业薪资的提高以及地主由出贷方逐渐变成借款方等。总体而言，技术的发展使得更多人加入到工业化经济的发展中去，也使得财富由原先的集中在少数精英阶层的情况得以更广泛的分配。[17]

可见，工业化给部分西方国家带来了社会及工作的根本性变革，也帮助他们塑造了自己的社会与商业模式。但在此期间，其他国家发生了什么呢？为了更好地了解当今世界的发展动力，我们有必须要花点时间来看看在英、美等国成为工业化国家的那 200 多年中，世界其他国家发生了什么。

11.2.3　西方工业革命时期的非洲、印度、南美洲与中国

研究这段时期其他国家的情况为何如此重要？首先，因为一些曾经在国际经济中十分不起眼的国家及地点如今已不仅成为世界经济的参与者，更是领导者。随着 ICT 技术在全球范围内的不断发展与平衡，如今世界各地的人们都有机会真正参与世界经济与社会的变革并提高他们的生活质量。因此，由于世界许多国家，绝大部分国家，事实上均没有同英、美和部分欧洲国家同时进行工业化或者以相同的方式进行工业化，当今世界的人们工作与经商方式有着巨大差异。为了更清晰的看清这些差异，我们必须研究在西方发生工业革命的时期，非洲、印度、南美洲和中国都发生了些什么。

1. 工业革命时期的非洲

尽管与欧洲相距不远，但非洲部分国家在二战前仍与世隔绝。不过，非洲东海岸地区在 16 世纪已是印欧贸易通道的重要组成部分，大部分船只不仅在此卸货、等候天气转好或是购买奴隶和原材料。而除这些地区外，欧洲的帝国主义势力仅在部分大河周边有所触及，非洲广袤的内陆仍然十分封闭。

在此期间，西非地区仍然相对封闭。相比东海岸，在这里拓展内陆或是建立贸易并没有多大利益，因此并没有带来大城市的建立与工业化进程。葡萄牙和其他西方探险家发现了一些集中居住的部落政府，但此处土地贫瘠，热带疾病横行。除此之外，非洲大部分地区分布着大量部落，且全副武装抵御外来者。因此，西方国家和非洲大部的联系甚少，除了一个例外：贸易商可以在这里轻松获得黄金、象牙、橡胶和蜡，特别是奴隶。[18]

至少从 7 世纪起直至 20 世纪，阿拉伯商人在非洲奴役了超过 1 800 万东非人。几世纪之后至 19 世纪的大西洋奴隶贸易奴役了 700 万至 1 200 万非洲人，他们中的大部分都死在美洲。[19]奴隶贸易和黄金、钻石的原材料贸易一样，是单向的。也就是说，贸易者所攫取的远比带去的多。技术创新太少以至于工业化无法推进。即便在 19 世纪当欧洲殖民地大量在非洲出现，西方国家与非洲之间的不平衡且具有压迫性的关系仍没有变化。

对于非洲为何没有参与工业革命，在欧洲及北美学界有另一个共识是非洲文化"过于原始"因此无法接受现代生活方式，这是非常可怕的。跨文化研究专家保拉·罗滕伯格（Paula Rothenberg）认为正是种族主义驱使人们认为非洲人种的卑微是他们未能现代化的原因，而非贸易与殖民所致。正是这种不公平且残酷的体系致使众多非洲人民从事低微而繁重的体力劳动，并且时常遭受压迫甚至残酷的待遇（在美洲的非洲奴隶情况亦如此）。[20]

2. 工业革命时期的印度

从 16 世纪起，一些欧洲势力在印度建立贸易码头，这些码头之后发展成为殖民地。随着英国统治在印度的铺开，一个体系也在悄然酝酿，其中有钱的地主阶级对农民征收高额的税收。[21]印度人民在 1857 年试图抵抗，但暴动遭到英国统治势力的严厉镇压。[22]

经过英国多年统治,印度的手工艺变得几乎毫无价值,主要原因在于人民被要求购买英国进口的产品。印度士兵和管理者担任低等职位,好工作都留给英国人。[23]与此同时,曾经推动工业革命在英国和其他西方国家发展的纺织业,在印度几近毁灭,原因在于高额的税赋以及英国对于印度出口的禁运。由此导致许多工业城镇走向衰败。[24]很快,英国殖民地开始了高效而系统的劳动分工并摧毁任何可能使印度进入工业化的机会。

3. 工业革命时期的南美洲

尽管从西班牙征服者之时起,南美洲便是欧洲的利益目标,但这一地区仍相对未受到工业化的影响。欧洲最早于15—16世纪开始"探索"这片大陆,最早到来的西班牙征服者,而他们的唯一目的就是去破坏诸如阿兹特克和印加等富饶的当地文明,然后把宝物带回欧洲。因此,南美洲高度复杂的农业社会形态遭到破坏。[25]在他们之后不久,传教士又到达这片土地,他们的目的则在于让当地人民改信基督教。这一行为同样造成当地社会的巨大变革,政府结构被教堂和/或外来领导者代替。[26]此后,一些欧洲国家,主要是西班牙和葡萄牙,在全南美洲建立了他们的殖民政府并持续统治到19世纪南美殖民地获得独立前。[27]同样,尽管(或是因为)被殖民统治多年,这片大陆仍相对封闭、欠发达,贸易形式也主要由廉价劳动力以大型种植园的形式提供原材料及经济作物的方式组成。

19世纪中期至20世纪初期,该地区经济发展仍然缓慢,部分原因在于南美洲国家不愿意依照外国势力而成为新兴的全球经济体。[28]直到20世纪80年代,许多南美洲国家仅实现了一定程度的工业化并且在当地生产一些商品。与工业化国家的疏远虽然导致一些问题,但却有一个显著的好处:这种疏远帮助大部分南美洲国家逃过了大萧条与二战最不利的影响。[29]直至20世纪80年代末期,社会动荡、战乱、国际大国的政治干预、崩溃的南美洲经济以及全面债务问题迫使许多南美洲国家放弃孤立主义政策转而摆出更为开放的经济姿态。[30]

4. 工业革命时期的中国

中国之所以未在18和19世纪的工业革命中扮演重要角色,部分原因在于18世纪的"文字狱",[31]在那时期,作家受到压迫,信息的获取也十分局限。这意味着那些支持工业化和社会变革的思想与哲学难以在中国得到广泛传播。

尽管如此,中国那么晚才开始工业化还是令人讶异,毕竟中国的社会基础、技术水平和劳动力资源都足以实现工业化。所以,为什么中国的工业化没有早些进行呢?一方面,尽管中国与西方国家建立了联系,但当时的政府却严格限制双边贸易,除了西方通过贵金属来换取中国的丝绸和陶瓷等产品。[32]另一个原因在于当时的传统限制女性外出工作。[33]在英美,女性是工厂劳动力的主要组成部分。而中国的女性不仅不得外出工作,还要缠足(这一习俗一直延续到19世纪末),这样她们的移动和工作能力均受到了限制。[34]

对于那些贫穷的劳动人民,当时的传统还限制丈夫去世的妇女再嫁,而有钱人家却可以妻妾成群,因此贫穷的男人都找不到老婆。由此带来的问题是穷人家很少能养孩子,并且他们的子孙只能生活在原先的一小块土地上。[35]但欧洲的情况并非如此,较高的生育率以及封建统治的逐渐消亡使得来自下层阶级的年轻人有机会到新兴城市寻找工作。

5. 西方工业化减速后的世界经济格局

非洲、印度、南美洲及中国在西方工业化期间发生了巨大变革,但直到20世纪中期,这些国家在西方政治、经济和文化的统治下仍没有发展出自身的技术基础设施或社会经济结构。当时世界上的经济体均因技术的发展相继独立,但不同地区、不同国家的差异仍很大。

20世纪早期至中期,由于技术的革新、国际贸易的增长以及殖民地的减少,工人中产经济开始崛起，世界社会与经济体系出现巨大的差异。这引发了一次更为激进和迅速的社会与技术革命，而此时，每个人，即便身处最遥远、偏僻的国家都有机会参与革命。

11.2.4　后工业化国家与第三次工业革命

20世纪60年代开始，另一场大规模变革开始在世界许多地区发生。技术革新已将人们从农耕生活带入工业化的工厂生活区，而这一次技术将使人们的工作从大规模生产转变为服务的生产与传播。[36]1973年，未来学家丹尼尔·贝尔(Daniel Bell)描绘出了"后工业化"社会的蓝图，其中制造工人将被专业人员和服务提供商所取代。[37]第一次和第二次工业革命期间，财富和生产方式息息相关，而到了20世纪下半叶，财富将越来越和创新能力、学习能力的知识分享相关。

临近21世纪，所谓的**第三次工业革命**(Third Industrial Revolution)也开始萌芽。这一时期始于20世纪中晚期，一直持续到现在。在这一时期，经济活动的显著特征为对信息和通讯技术的关注日益增强，并更为关注环境可持续性和经济竞争问题。社会思想家杰里米·里夫金(Jeremy Rifkin)认为ICT技术、环境可持续性和经济竞争的相互融合将会导致运输、建筑与电力行业的整体重组，创造出新的商品和服务，产生新的企业并提供数百万新的岗位。[38]

随着整体重组而来的还有对于矿物燃料的依赖和气候变化应对方式的改变，从而带来能源创造与使用方式以及制造过程的巨大转变。在作家库尔特·安德森(Kurt Anderson)看来，这一新时代将是一次"经济重置"，是纠正我们过去错误商业惯例的机会，同时也为清洁能源的发展、环境清理和医疗教育等社会事业与服务的发展创造了机会。[39]这次社会与技术革命在萌芽阶段就已给世界政治、经济和社会结构带去了深刻变革。[40]下面我们来看看现在正在发生哪些变化。

1. 信息＋通信技术＝深刻的社会变革

在过去的几十年间，随着工业化的深入，社会结构开始发生变革，且常常难以预料。让我们看一些与ICT技术相关的社会变革及其带来的不可预知的结果：

- 单一民族国家当前受到一些活跃在多个地理位置或国家的组织的挑战，这些组织在国际舞台上拥有不小的发言权，它们能构建与支持复杂的管理与沟通结构，而这一切都是信息技术的产物。
- 新闻与信息能在百万分之一秒内世界范围内共享。
- 信息的获取已不像数十年前那样依靠财富或社会阶级，人人都可以使用通信网络，这是史无前例的。
- 发展中国家不断在某些领域出现跨越式的发展(例如许多国家没有在固定电话技术上进行大量投资)，因为更新、更先进(通常也更低廉)的替代技术已经出现。[41]

2. 社会变革＝工作变革

ICT技术正越发成为人们学习与工作的核心方式。[42]计算机网络的普及使得长距离通信变得越来越可行。长距离通信十分有助于组织沟通。因此，当今的员工可以较以往更高效、便捷的进行协作和信息共享，管理者也拥有一系列技术手段以监控并协调工作。

由此带来的是不可避免的全球化与互联性。举例来说，运输技术使人员(及货物)的流通更快速、便捷，也使得诸如即时存货管理等组织模式变得更高效。许多产品不再仅限于某一地点进行生产。英特尔公司就在阿根廷、中国、哥斯达黎加、印度、爱尔兰、以色列、马来西亚、墨西哥、菲律宾、波兰、俄罗斯和越南开设工厂。[43]同样，用于生产一件产品的原材料也可以来自世界各地。比如,用于生产计算机电路板的金可能来自非洲、硅来自巴西而塑料则可能是由在中东开采出的石油在美国进行裂解后生产出的。为管理这一系列复杂的供应链体系,企业需要使用高速复杂的 ICT 和工作流管理系统。[44]

当今的工作环境中,员工即便从不离开生活的城市,也可以与来自不同文化、民族、国家的人们保持长期联系。[45]为了更好地体现 ICT 技术、社会与工作的这些变化所带来的互联性,我们下面将研究两个当前职场正在发生的转变:职位转移和全球物流。

（1）职位转移

不断发展的全球化是当今信息社会的一项关键特征,由此带来的是国际化的劳动分工,以取得最大限度的效率与利润。假设企业为追求利润最大化以及欠发达国家拥有大量廉价劳动力,它们就会把一些业务转移到远离总部的其他地方。这点在制造业中尤为显著。比如说,在美国,制造业岗位数从 1998 到 2005 年下降了 19％。[46]主要原因便是大量职位和业务被转移到了别处,而随着 ICT 技术的不断,这将越来越普遍。[47]

（2）全球物流

先进的全球物流流程可以通过卫星追踪技术实现。全球物流指商品的生产、运输及供应链储藏的各个环节。假设大量商品在某地生产又在另一地区销售,而其零件也（可能）是从世界各地运来,那么可见全球物流是商品制造与销售中间一项十分复杂且重要的部分。全球物流的发展使得业务整合、流水化操作和精益组织成为可能。UPS 等企业可以以此完善业务流程的某个方面并向其他组织销售它们的服务。[48]

试想一下技术是如何改变全球物流的某一方面的,比如装卸货的码头。从 1968 年起,美国码头吞吐的货物量增长了大约 500％,但员工却减少了近一半。[49]先进技术的出现,码头工人不得不开始担心他们的工作和行业的就业前景。

举例说,2002 年,在经过三个月的努力重启协会合同谈判无果及宣称罢工后,太平洋海事协会宣布国际港口工人与仓库工人协会员工（ILWU）停工 10 天,从而导致数十亿美元的损失。[50]太平洋海事协会最终与 ILWU 就技术的角色问题签署了一份协议,使争端得以解决。协会最终同意使用新技术,而由此减少的 400 个工作岗位职工将接受重新培训并前往其他码头工作。协会还获得了一大笔工资和福利增涨。[51]

可见,在过去的 200—300 年间发生的许多变革均是技术变革,尤其是 ICT 技术的变革带来的。在下面的章节中,我们将深入研究万维网与电信技术的发展及其是如何支持我们日常工作的。

最热门»讨论题

1. 通过网络查找世界上哪些地区正在进行工业化。这波工业革命与 18—19 世纪发生的工业革命有何区别？新一轮的工业革命将如何影响全球商业？如已经对你造成了影响,影响如何？

2. 通过社交网站与非洲、印度、南美洲或中国的大学生取得联系。与他们讨论工业化对他们国家的影响以及最近发生的 ICT 技术革新对每个人的影响。

3. 解释为何 ICT 技术的进步会推动社会结构（经济、政治）的变革。可以从你所生活的社区中人们的生活与工作开始,然后考虑 ICT 技术在世界其他地区如何推动变革。

11.3 计算机与电信技术的发展历程是怎样的？

ICT 技术是新型工作方式的重要驱动力。本章，我们将探究计算机与通信技术是如何改变现代企业的工作与组织方式的。我们还将探索因特网、内联网、外联网以及云技术是如何为员工信息共享及协作提供便利的。

11.3.1 计算机技术：从美国国防战略到 Web 2.0 技术

因特网的诞生可以追溯到 1962 年，当时麻省理工学院的计算机科学家约瑟夫·利克莱德（Joseph Licklider）刚开始为美国国防高级研究计划署（ARPA）工作。高级研究计划署是美国国防部下属的冷战机构。[52] 1968 年，一项名为"阿帕网络"的信息共享网络的计划（ARPANET）获得批准。数月之内，他们就建立了连接加利福尼亚大学洛杉矶分校和斯坦福研究所的 ARPANET 网络，这意味电子邮件收发的可能。1971 年，首封电子邮件在由 ARPANET 连接的两台相邻电脑间收发成功。[53]

尽管 ARPANET 取得成功，此项技术在近 20 年的时间内都只为一小部分人所使用，大部分人甚至还不知道它的存在。[54] 直到 1989 年，一切都开始改变，研究员蒂姆·伯纳斯·李（Tim Berners-Lee）将超文本协议（网页）技术发展为"万维网"（WWW）。[55] 此后，万维网成为了因特网的同义词。**因特网**（Internet）指基于超文本链接的全球性系统，它将计算机和全球计算机网络连接在一起而形成电子网络。[56] 1993 年，网页开发的源代码公开。那时，网页的数量仅有 130 个，但显然这种情况很快就会改变。到 2004 年，谷歌可搜索到的主页近 80 亿，而 2008 年，这个数字便已突破 1 万亿。[57]

今天，许多技术及网络行业的新发展都以 Web 2.0 为中心。Web 2.0 技术通常是指第二代 Web 技术与软件开发，它可以提升交互性、用户设计与控制以及协作水平。Web 2.0 应用允许更大数量的信息，更便捷的使用，并为人们带来更多与技术和与他人互动的机会。

许多技术都与 Web 2.0 有关，例如社交网站、虚拟世界（这当中甚至会发生真事）、多人游戏、维客、博客、P2P 网络以及服务器托管服务等。这些技术的一个显著优点在于其并不依赖于单一品牌或硬件制造商（例如 PC 和 Mac）。这些技术使企业和个人更好地控制数据并且带来越来越多的可以允许多人工作的应用类型。[58]

对于产品和服务销售企业而言，Web 2.0 提供了前所未有的与顾客和企业的交流与沟通机会。比如，在线用户对产品和服务的评价将为之后的买家提供更多相关信息。作家艾米·舒恩（Amy Shuen）认为，日益庞大、快速和互动的信息共享网络所带来的真正好处是人们有更多方式接触企业，企业也得以用更快的方式向更多的人营销。[59] 舒恩还举了 Google、eBay、Skype 和 Wikipedia 的例子用以说明网络流量带来的积极影响。[60]

11.3.2 因特网、内联网、外联网及云技术

如你所知，因特网是用以在世界范围内的计算机进行数据传输的计算机网络。因特网的部分核心技术也被企业用以管理其内部通信。通常，这就需要创建一个**内联网**（intranet），也就是

只有员工可以访问的公司内部网络。为保证公司信息的安全，内联网拥有防火墙及其他安全特性，以防止外来人员访问。**外联网**（extranet）是一种为组织设计的计算机网络，这个网络使得组织能够与某些外部利益相关者（例如客户）在安全的环境下交流。

在过去 20 年中，许多企业都建立了大规模计算机网络用以管理信息流和储存。然而，在过去几年中，电子化工作的趋势正迅速由企业维护的网络向第三方计算中心提供的大规模数据架构转移。[61] 这就是我们所说的**云计算**（cloud computing）。云服务有别于传统本地托管服务之处在于，其按需生成，大批服务使用者接入时具有高度灵活性，并且完全由供应商管理。[62]

云计算已不是什么新词。早期的计算机基于集中星形拓扑技术，用户可以访问一个服务器主机。那时的计算机技术是一项集中化的技术。到 20 世纪 80 年代，人们开始担心他们不仅要花钱上网，还要懂得管理与存储文档与应用。虽然我们仍然享受着计算机带来的价值，但即便是最强大的个人计算机与本地网络也无法和人们对于大规模存储能力和强大的硬件、平台和软件服务的需求同步。最近的一个云计算的例子就是 Google Docs。通过这一在线文字处理及电子表格应用，文档可存储在谷歌提供的服务器中，用户及受邀的协作者可以通过因特网立刻访问到这些文档。由于文档被集中存储，人们再也不需要将文档通过电子邮件传来传去、一遍遍修改。[63] 另一个例子是亚马逊的弹性云端运算服务（Amazon EC2），用以提供了虚拟 IT 服务。[64] 同样，苹果公司的 MobileMe 服务可提供应用托管、数据存储以及应用整合服务。[65]

今天，许多工作都要求员工拥有高效、快速的通信能力。计算机、网络及云技术创造了海量信息的数字化传输。而且显然，这一能力随着电信技术的进步还在不断更新。

11.3.3 电信技术的发展历程

移动电信技术的发展历史可以追溯到冷战结束。当时移动电信与军方机构相互竞争，电信技术不允许占用过多的电讯流量。商界领导者因此发现想要说服政府允许移动电信技术转为民用十分困难。[66] 随着冷战的结束，新兴数字技术开始出现，一切也随之开始改变。人们普遍认为数字移动电话革命是从 1991 年开始的。当时芬兰启用了世界首个 2G 公共电信网络。这里 2G 的含义是第二代移动电话技术，运用数字技术而非模拟技术（不过我们现在已经开始研究 4G 及更先进的技术了）。

新的蜂窝通信技术创造空前成功，并很快传播到全世界。国际电信联盟（ITU）报告称，截至 2008 年 12 月，全球手机用户已突破 40 亿，相较 18 个月前的数据，已增长了 10 亿。2009 年年中，美国的手机用户数量为 2.76 亿，世界上人口数量最大的中国和印度也分别突破 7 亿和 5 亿大关。[67] 除此之外，报告还称全球范围内固定电话的数量达到 12.7 亿，互联网用户数达到 15.4 亿，其中近 8 亿为宽带用户，4.3 亿为移动宽带用户。[68]

这些数据表明人们正在以几十年前难以想象的方式进行交流。这些改变了我们的生活，同时也改变了我们的工作方式。随着移动电话和其他移动设备的普及，可以说我们人人都手握一台电脑。相比传统的大型台式机，你的手机或智能手机可能更好用，功能也更强大，更别说手机还有照相、播放音乐和收发电子邮件及发短信的功能了。

信息与通信技术已经为全新的工作模式铺好了道路。在下一节中，我们将讨论人们使用电子技术进行工作及通信的不同方式。

1. 与一位年龄超过 45 岁的亲戚或朋友讨论他们年轻时的电话和计算机技术。你的感受和他们当时有何不同？
2. 一些最终用以支持移动电话发展的技术其实在 20 世纪初就已存在。是什么原因导致移动电话的商业化发展经历了这么长时间，请尝试列出一些原因。

11.4　人们是如何在工作中运用信息与通信技术的？

对于不少工作而言，ICT 技术都是其规划、实施、共享和评估的基础。我们运用计算机获取及分享想法、规划项目、评估绩效并计算成本、开支、收入、利润和债务。我们跟踪库存、建立图标、营销产品和服务、进行研究……许许多多的工作需要运用 ICT 技术。在本节中，我们将重点探讨一些用于工作中的通信、学习和知识共享的 ICT 技术，比如电子邮件、文本信息、电话会议、电视会议、网络会议与社交网络。之所以重点研究这些技术，是因为无论你从事何种工作、就读哪所院校都需要学会高效、专业地使用这些应用。

11.4.1　电子邮件

高速、低成本的电子邮件使之成为工作中对内、对外通信的高效渠道。电子邮件不仅拥有传统书面通信方式的所有好处，还拥有其他众多优点。例如，电子邮件的收发十分迅速，只要大家都在线，那么便可以很快阅读并作出回应。电子邮件也使我们能与世界任何地区的人们通过一封邮件就可以相互通信。此外，电子邮件也十分民主，理论上你可以和组织中的任何人通信，无论职位或阶层。

当然，电子邮件也有一系列通信问题。试着考虑下列情形：

- 电子邮件是信息过载的重要原因之一。
- 大部分电子邮件的收发其实是浪费时间。
- 电子邮件成了懒人的通信方式。
- 除非用户经验丰富，否则电子邮件可能会导致信息准确度的降低，同时信息的上下文也不足。
- 通过电子邮件，我们很难解读或表达情绪。

为了更好地理解为何掌握正确的电子邮件信息通信方式是十分重要的，我们可以看看 Signature HealthCARE 公司报销部主任雷切尔•卡马乌（Rachel Kamau）是怎么说的。她的建议对我们将很多帮助，因为我们在使用电子邮件是常常忽略一些她所指出的重要守则，例如尊重、考虑事物的常理以及多问几个问题。

观点

Signature HealthCARE 经营的是创新医疗中心网络，雷切尔•卡马乌是报销部的主任，她深受员工爱戴。由于 Signature HealthCARE 的网络架构，组织中的人员必须学习如何高效地获取并共享信息。雷切尔已经掌握了在网络化组织中沟通的艺术与科学，对此，她是这么说的：

> 要想出色完成工作，我必须以全球化的视角理解和参与我们部门的事务。因此，有些事情我可以自己做，有些事情需要大家一起做，当我们与他人沟通时，我们必须确保自己获得了想要的信息。这不仅仅在于获取信息或是收发电子邮件，这都与人有关。
>
> 尊重是首要原则，也可能是最重要的。其次，我们应贴近常理，应确保我们所共享或要求的充分考虑到了相关背景信息。如此，人们才能理解该做什么或者你想要什么。第三，多提问题。我始终对生活与工作充满好奇。我把每一天都看作追求和学习的机会。没人生来就懂得所有事情，是好奇以及不断的实践，使我们不断学习。
>
> 你还必须明确，你可以提任何问题，直到你把事情彻底搞明白。你必须要问"为什么"，一遍、两遍、三遍，甚至四遍。请记住：一定是第四个为什么让你弄明白发生了什么，而不是第一个。
>
> 我相信我们都能控制我们需要学什么以及我们如何学习。但这需要勇气，请相信自己，为了你需要得到的，不要吝惜时间。分享正确的信息，也有利于保持良好的关系。

资料来源：安妮·麦基对雷切尔·卡马乌的个人专访，2009。

然而有时不论使用者经验多么丰富，电子邮件始终不是通信的正确方式。对于敏感或难于理解的信息，电子邮件就不是最佳选择。比方说，如果有人犯错，最好不用通过电子邮件批评他/她，对于困难的谈话，最好使用电话或当面交流。不要忘记电子邮件是可以永久保存且公开的信息：电子邮件上的任何文字都是不保密的。即便删除了邮件，还是会留下可提取的记录。

另一个可能发生的问题在于通过电子邮件传递情感是比较容易出错的。首先，大部分都错误地认为电子化书面信息渠道是无情感倾向的。然而，沟通永远有情感的部分，因此，即便我们通过技术手段通信，也必须措辞准确、感情表达得当。[69]

不懂得情感如何通过电子邮件表达的话，受影响的不仅仅是人际关系，可能还会造成工作上的问题。经常出现的问题如下：

- 默认对方理解了你的潜藏情感。
- 过度表达情感以求对方理解你的意图。
- 默认所有收件人对于你的邮件都有相同的理解。
- 没有认识到电子邮件中的情感（尤其是负面情感）可能被夸大理解。

我们必须记住，不同于面对面交流，人们可以互相调整情感，电子邮件中的情感则完全由个人理解。有时即便发件人本意并非如此，邮件仍有可能让人看不懂或是缺乏换位思考。

11.4.2 文本信息

除了电子邮件，人们也普遍使用文本信息，这不仅包括使用手机收发短信（SMS），还包括通过因特网传输即时信息（IM）。文本信息是一种实时通信，它可以加速我们的通信速率，但同样有其缺点。

文本信息一般都比较简略。有些文本信息，例如 Twitter，一次仅允许发送 140 词。而电子邮件则没有这一限制：

- 文本信息简略、不完全。

- 包含一些缩写或代码，其他人可能不懂。
- 需要用户登录或使用手机。
- 会干扰工作。
- 很难通过文本信息准确传达或解读情感。

经常使用文本信息会妨碍并可能损害双方通信和关系。试想如果你接受面试时，你的面试官、公司领导是通过短信形式进行的！这事最近还真在我们的同事身上发生了。

11.4.3　运用表情符号

为避免电子邮件或文本信息中情感误读的问题，我们有时会使用表情符号。**表情符号**（emoticon）是指以表达情感的字母与符号的组合，这是一种聪明的表达情感的方式。表情符号有成百上千种，下面的表 11.1 中将列举一些。

尽管在工作邮件中使用表情符号不被普遍接受，但在一些非正式的通信中，尤其是同龄人的通信中，正在迅速被接受。不过在使用表情符号之间，你需要确定你通信的对象"允许"这些符号。

11.4.4　电话会议、电视会议和网络会议

电话会议、电视会议和网络会议三者极大地提升了我们与身处异地人们的联系能力。电话会议的参与者可以只有几个人，也可能数百人。电话会议相较电子邮件的优点之一在于其能更好地获取反馈且避免情感的误读。电话会议也允许参与者间的互相交流，这可以增强人们的归属感并进行更完整的信息共享。电视会议不仅拥有电话会议的所有优点，还可以通过视频使参与者通过肢体语言、手势及面部表情更好地传达信息。

网络会议使参与者可以在自己的计算机上实时看到相同的信息，这一般也同样应用于电话会议和电视会议。这使得员工可以独立完成原本需要所有人在同一办公室完成的工作。

当然，所有这些技术都有不足之处。电话会议的参与者越多，互动性便越差，电视会议和网络会议也是如此。这些方式都无法充分表现非语言元素，因此一些暗示是难以辨认和理解的。这意味着某些人将主导会议，而有些人则没有发言机会，或是不敢打断发言人。最后，电话会议、电视会议和网络会议的时间太长的话，也是很无聊的。

表 11.1　文本信息中可以使用的部分表情符号

面部表情		表情符号	情　　感	面部表情		表情符号	情　　感
1	☺	:-)	高兴	6	😛	:P	吐舌玩笑
2	☹	:-(	难过	7	☺	:-D	大笑
3	😠	>:-<	生气	8	😐	:~/	困惑
4	😕	:-|	失望	9	😏	:->	嘲讽
5	😖	:-$	尴尬	10	😮	:-O	惊讶

11.4.5　群件

群件（groupware）指各种各样的软件和技术应用，它们使得人们能够通过信息和通讯技术

相互合作。之前,我们已经介绍了网络会议作为通过电子通信技术进行工作的方式。其他群件,例如 wikis、博客以及其他应用将允许用户便捷的共享文档。

wikis 是一项便宜且有效的应用,它可以使用户不通过电子邮件即进行 Web 文档的创造与编辑。wikis 一词来源于 wikiwiki,是夏威夷语"迅速"的意思,事实也的确如此,wikis 存档参与者的历史记录,从而实现实时协作。

博客是另一种形式的群件。博客一词是"网络日志"或是"在线分享网站"的代名词。起初,博客是用于分享观点、想法和评论的工具。今天,大部分博客都包括"评论"功能,人们可以自由回复,因此博客可以成为一个公开的反馈记录平台。对于公司而言,博客是员工分享新点子和公司分享新政策并收集反馈的流行工具,当然也可以用于产品营销(建立自己的博客或邀请其他博客撰写有关产品的文章)。企业领导也可以通过博客促进内部沟通、增强企业文化。对外,博客是吸引关注的良好手段,收集消费者的信息和反馈或者教育公众。

还有一项更新的技术——微博,它可以使用户通过很短的信息进行实时互动(类似于Twitter)。由于微博可以通过手机发送,信息可以传递给更多人,尤其在信息变化迅猛的时代,微博技术显得尤为有效。此外,在信息不畅的情况下,如自然灾害期间,微博也是十分有效的工具。

11.4.6　社交网络

社交网络应用已经遍布全球,诸如 Facebook、Youtube、Flickr、MySpace、LinkedIn、Friendster,等等。还有一些"封闭式"社会网络,例如 Ning。社交网站提供一个互动平台,其中人们可以分享信息,并利用职业与个人网络的各项优势。在工作场合,社交网站是小道消息的电子化体现,使得相隔很远的企业员工之间可以相互通信。而企业也可以通过社交网站联系现有客户以及发展潜在客户,有时企业也会使用社交网站向股东、金融分析师和其他利益相关方进行信息共享。

由于社交网络的影响力过于强大,一些企业禁止了员工使用社交网络,因为企业担心员工花太多的时间在私人通信,而非工作事务上。同样,社交网络的公开性质也对企业专利信息的安全构成挑战,并且员工也可能利用这些网站传播敏感信息。许多企业使用软件或针对商业的网络应用降低安全风险。诸如 Yammer 和 Socialtext 这些应用专为商业设计,通过建立防火墙并与电子邮件系统整合,同时也提供更便捷的档案与搜索功能。

11.4.7　总结:当商业趋于多媒体化

今天的企业许多利用更为整合的方式最大限度的利用 ICT 技术的益处。假设技术不断创新,最成功的企业正是那些灵活面对变革的企业,即那些适应 ICT 技术进行业务流程改善的企业。让我们听听 *Diversity Woman* 杂志的创始人、出版人希拉·鲁宾逊(Sheila Robinson)是如何通过 ICT 技术改变她的企业的。

观点

信息时代,当今出版界已发生了剧烈变化。*Diversity Woman* 杂志的创始人、出版人希拉·鲁宾逊化挑战为机遇,成功运用科技与读者交流的。

这个产业充满挑战:因特网、环境与经济。对于一本杂志而言,尤其是对一本专注于在美企业的领导力提升和女性创业家需要的杂志而言,是十分困难的。Diversity Woman 是一本网络杂志,同时也发行纸质版。我们也在 Twitter、Facebook、LinkedIn、RSS 订阅平台上发布。为了支持并提升女性领导力的发展,我们需要把这些信息传递出去,并创造一个更为多样化的工作体系。这也是我本人希望的领导力形式,这样可以创造出更多的领导者。比如说,现在我的 Twitter 有大约 3 000 个关注者,Facebook 有超过 5 000 个,这个数字还在逐月增加。这就是社交网络的力量。

劳动力结构也在变化。你的员工中将有三四个不同年代的员工,他们习惯的信息获取与传递方式都不尽相同。在内容传达的形式上,你需要更多多样性,同时如果我们要支持多样性,我们需要不仅坚守传统的多样性概念,同时也利用不同的技术形式。这也就是我们自称是多媒体企业的原因。

通信的未来是在不断变化的。因此,对于我们而言,我们不应封闭自己,而需要去适应不同的挑战。例如,我们承办的活动与会议将在杂志和网络上同步宣传。我们可以把客户和这些活动联系起来,因为我们用这样的平台。我们企业的赞助商可以参与所有这些不同的传播渠道,而不仅是通过纸质广告了解,这也就增加我们的曝光率和价值。现在,我们的一大部分收入来源于我们成为多媒体渠道之后获得的赞助商及其合作伙伴。

因特网对于 Diversity Woman 产生了全方位的影响。我们的员工遍布全国,他们有的在加利福尼亚、有的在纽约、有的在格林斯伯勒、有的是北卡罗来纳,但他们都可以协同写作。如果所有人都集中在一起办公,我们反而不能获得虚拟团队产生的灵感。与此同时,你也不能低估面对面交流的重要性。我每一两年会和我们团队成员的所有人见面。

资料来源:安妮·麦基对希拉·鲁宾逊的个人专访,2010。

今天,经商需要灵活性、适应性以及对不断发展的信息通讯技术的适应性。希拉·鲁宾逊以这一目标发展自己的杂志社。但对于其他许多企业而言,这一任务还很艰巨。此外,尽管信息通讯技术支持虚拟工作方式的发展,但面对面的人际交流仍是十分重要且无法完全替代的。这个问题我们也将在接下来的章节中探讨。

本节,我们重点讨论了一些人们使用信息通讯技术进行工作的方式,同时重新定义组织的工作内容。接下来,我们将讨论人们进行虚拟工作的一些方式。

最热门»讨论题

1. 假设你管理一个六个人的团队,他们居住在不同的国家(如美国、英国、意大利、南非)。考虑时差、有效协作等问题,设计一个三个月的通信计划。(假设团队在三个月的项目中会有两次面对面的会议,其他会议以电子方式进行。)
2. 下次你撰写有关工作与学习的电子邮件时,尝试尽可能完全的传达自己的想法与情感,但请保持简洁。邮件发出后,请了解一下收件人的反馈。
3. 试试这个实验:在 24 小时内,试着不使用任何信息通信技术。首先,这可能吗? 第二,如果你成功做到了,你是否受到影响? 同时反思并探讨你所体验的不便之处背后的问题。

11.5　虚拟工作在哪里开展？如何开展？

虚拟一词的含义是一件事物拥有真实事物的本质,但其形式并非与真实事物相同。比如,你可以把一场大雪形容成"就像是一场暴风雪",尽管风雪不是很大。同样,在信息技术领域,虚拟是指模仿真实生活的技术(比如虚拟游戏)。虚拟技术通过数字化创造图像、景色、声音和机会来模仿现实生活,比如我们可以虚拟地和他们说话、游戏、学习、工作、写作或购买和销售产品与服务。在本节中,我们将讨论的问题是虚拟工作其实就是真实工作。

不同于传统的一个团队在同一地点进行的工作,虚拟工作依靠 ICT 技术作为主要的交流、创新、写作和经商的载体。诚然,即便虚拟工作也是在真实的环境下进行的,比如通过计算机或电话,等等。虚拟工作也需要社会背景,一种人与人之间联系的心理及关系空间。当然,虚拟工作也需要通过虚拟技术进行。学者马蒂·瓦蒂艾宁(Matti Vartiainen)告诉我们即便最为虚拟的工作也需要在物理的、心理/社会的或虚拟的空间中进行。[70]

从生活的角度看,以电话销售员史蒂文为例,他受雇对消费者偏好进行调查。他从经理和其他销售员的口中得知了公司的一些情况、项目的目标以及电话调查时应有的礼仪。公司十分重视专业精神、友好精神以及相互尊重,这些都转变为沟通的礼仪,同时也将作为史蒂文和其他同时所争取的绩效衡量指标。公司也有一些细化的指标,例如每天要打几个电话、通话时间、需要收集的信息,等等。因此史蒂文十分明确公司希望他做到什么,他认为自己已经是公司团队的一员,他们的心理和社会空间是共享的。

当史蒂文打电话时,他依靠的是电话这一虚拟空间。他同时也登录一些联网的计算机应用以便将信息输入至共享数据库。史蒂文的物理空间是他家的起居室,这里他可以摆脱两个孩子的干扰,有一个安静的通话环境。以上三个空间,共享的心理和社会空间、虚拟背景、物理空间都是史蒂文顺利完成工作的条件。

11.5.1　远程办公

在前面的例子中,史蒂文就是一名远程办公者,受雇于某公司,但不在公司的办公室上班。这一趋势从大约 20 年前开始出现,一些人们看到了在家办公的可能性。同时,由于全球商业的发展,出差变得越来越必要,人们也逐渐需要在办公室之外的场合工作。

远程办公的例子很多。比如,许多电话目录服务的员工可以通过特殊电话设备连接一个"800"开头的号码。贝尔通信研究公司的一套名为 Cruiser 的实验系统使用小型摄像机、中央电脑和电脑窗口使员工可以足不出户便访问同事的办公室。[71]人们在咖啡店、火车和飞机上仍可以正常工作。事实上,今天很多工作都以知识为中心,即无论你使用哪里的电脑和/或电话,你都可以顺利完成工作。

在美国,远程办公的人数从 1996 年至 2006 年稳步增长,由 9% 提升至 32%。然而,在 2006年,仅有 12% 的受访者认为他们的雇主鼓励增加远程办公的比例,比如一周一天或更多。[72]

这一机构在 2008 年的一项投票显示自 2006 年来,在美国,偶尔远程办公的人数从 32% 下降至 30%。[73]其中原因可能是外部个人和企业的签约数量增长,非雇员是不参与该投票的。此外,远程办公更像是高收入人群的额外津贴,相比收入在 30 000 至 75 000 美元的人而言,收入高于 75 000 美元者进行远程办公的几率高了一倍。远程办公在 20% 的情况下都发生在常规营业时间之外（意味着工作和家庭的界限开始变得愈发模糊）。[74]

尽管远程办公有诸多好处，许多雇员仍偏好去公司上班。理由有很多，比如面对面的交流更有趣也更有效、在家容易分心，甚至是害怕在家会被领导遗忘或疏于关注。由于种种原因，越来越多的混合工作结构正在产生，员工部分时间上班、部分时间在其他地方工作。

11.5.2　混合员工

越来越多的人选择在办公室和在"路上"工作。基于这个趋势，许多企业为此特别设计的临时的办公区域。这些区域没有固定的办公桌或办公室，人们暂时使用或共享一个办公区域。这些办公区域均是可移动的，配备有电力供应、无线网络、有线网络、会议电话以及视频技术，可供随时使用。

这一模式被称为酒店式办公（hoteling），流动员工可以暂时使用这一办公区域，在此获得网络连接和进行他们在办公室需要进行的工作。[75] 比如，普华永道（PwC）作为一家在世界 166 个国家设有办事处的会计企业，目前服务于 16 个不同的产业，包括政府、教育机构、金融公司与非营利组织。普华永道是全球劳动力流动的引领者。网络会议是其团队通信的标准形式，同时，普华永道还投资建设了大规模的在线数据库以使员工快速创建、共享和检索信息。[76]

11.5.3　虚拟团队

虚拟团队正迅速成为企业的常规模式。虚拟团队是指依靠虚拟、跨职能、跨文化的团队，从而提升稳定性、增加资源利用效率，同时跟上市场变化的步伐。[77] **虚拟团队**（virtual team）是指由不同的个人组成的团队，团队成员在不同的地点运用 ICT 技术共享目标、协同工作、管理工作流程及成果并建立有效关系和团队规范。[78] 虚拟团队一般多见于极具活力和变化的国家。[79] 这些团队都是典型的以项目为导向或以任务为重心的团队，他们的成员关系可以很固定，也可以流动性很大。通常是任务本身决定团队需要在不同的时间和地点协同工作。[80]

今天，许多企业中的团队（包括学校）都将传统的面对面工作方式和虚拟工作相结合。换句话说，许多团队通过虚拟的面对面交流完成工作。我们对于团队"虚拟度"的看法是基于成员面对面交流次数上的，即面对面交流的实践越少，团队的虚拟度越高。[81]

1. 提升虚拟团队效率

对于传统团队而言，保持高效的工作关系也是不是一件容易的事，那么企业为何还要选择那些不在同一地点工作，无法面对面交流的团队呢？其实，虚拟团队的优势是传统团队所无法比拟的。虚拟团队的开支更低，更适合员工的个人生活与职业生活，同时也可以将一个个人同时指派到不同的团队和项目中进行工作。虚拟工作团队更为开放、灵活、多样、信息获取面更广，因此能带来更高水准的创意。[82]

研究表明有以下一系列将虚拟团队的效率最大化的方法：

1. 运用 ICT 技术对职责和关系进行明确和细化；
2. 一致同意的团队规范；
3. 就何时使用何种 ICT 技术达成一致；
4. 就如何管理知识与信息共享和储存方式达成一致；
5. 明确成员的责任和对团队的贡献；
6. 建立清晰的工作流程；
7. 就问题与挑战达成共同的明确认识。[83]

除此之外,虚拟团队的成员需要想方设法解决可能的冲突并尽可能减少不确定性。这意味着团队规范必须能够以某种方式管理意见分歧、通过讨论并化解矛盾。虚拟团队应建立一套标准行为规范,以管理冲突,消除误解。这包括整体考虑在何时使用何种通信技术、选择何时的文档编制流程、明确所有团队成员的角色和责任、就团队可能发生的问题作出明确的描述并保留过往活动和问题解决流程的资料。[84]

2. 虚拟团队中的信任与责任追究

信任和责任追究是确保虚拟团队真正高效工作的另两个重要方面。出于以下几点原因,信任在虚拟团队中十分重要。第一,虚拟团队应建立在信任和最小化监管的基础上,因为我们能远程监管和控制一个人的行为。[85]在传统组织中,管理者监管所有雇员花了多少时间在工作上。而在虚拟工作场合中,管理者需要依赖对员工的信任以及监控结果的流程。为使虚拟团队更高效,管理者需要将时间关注转变为结果关注,并且必须形成虚拟关系建立与管理的监管技能。

对虚拟团队而言,我们需要将时间导向转变为结果导向,应信任员工正在进行预期的工作并完成其职责。我们还不清楚虚拟团队中的信任是如何建立的,但我们知道这与传统团队中的信任建立方式不同。事实上,一些研究虚拟团队与传统团队信任建立的研究者发现虚拟团队的成员起初信任度较低,但在数周后,他们的信任度已经可以赶上传统团队。研究者们还发现团队成员在刚开始时容易发表一些激进的言论,这是虚拟团队中信任发展速度较慢的原因。[86]这意味着虚拟团队应着力在一开始就明确建立信任,这样可以使团队成员之间相互监督。

学者吉娜·欣里希斯(Gina Hinrichs)、简·塞林(Jane Seiling)和杰基·斯塔夫洛斯(Jackie Stavros)是这样描述虚拟团队的责任追究制度建立过程的。[87]明确沟通和目的明确的交流可帮助虚拟团队进行有效沟通,因此,要提升虚拟团队的绩效,就需要建立共同的信息、任务、关系认知并建立共同的责任制度(表11.2)。

表 11.2 学者就如何建立虚拟团队信任与责任制度的建议

通过鼓励参与会议和对话并作出贡献(无论是面对面或虚拟方式)建立有意义的关系。
通过倾听他人意见中的差异和相似点,进行批判性思考,并提出问题与假设(可以是你的,也可以是他人的)。
公开分享你所拥有的、可能支持团队目标的信息与资源。
积极参与集体头脑风暴。
对团队和团队成员宣传。
提出明确的时间表,当预期目标未能实现时,迅速与其他成员沟通。
组织额外的虚拟会议以了解团队成员及探讨新问题。
虚拟关系也是关系。通过分享一些故事和个人信息,进行私下交流。
与所有关键利益相关方沟通并收集反馈,令他人感觉到他们是共同努力的一员。

资料来源:吉娜·欣里希斯、简·塞林和杰基·斯塔夫洛斯,2008,《构建高绩效虚拟团队的方法探索》,131—52。

沟通、职责明确、有效标准、信任及责任制度是虚拟团队成功的核心,同时对于虚拟工作结构而言,也至关重要。远程办公、混合工作及酒店式工作都要求员工通过极少,甚至没有面对面交流的情况下进行沟通与协作,而且监管往往不全面、不直接、不正式。为使员工在此环境下高效工作,我们需要更多关注我们的交流、角色与责任,并为建立健康的虚拟工作关系做贡献。在下一节中,我们将继续深入探讨在虚拟工作情况下,员工应做什么以及虚拟工作场合的问题。

最热门»讨论题

1. 想想你在第 10 章中学到的群体思维概念,群体思维是否会在虚拟团队中发生? 如果会,原因是什么? 你又会如何预防它的发生?

2. 你如何避免虚拟团队中出现社会惰化现象?

3. 思考一个你曾参与的虚拟工作项目或学校团队(即便只是部分虚拟)。你对于有效团队关系和团队精神的建立,作出了哪些贡献? 除此之外,你还能做些什么?

4. 再次阅读表 11.2 的内容,并把这些建议作为清单,评估你曾经或目前正工作的虚拟或部分虚拟团队的情况。

11.6 什么是虚拟组织?

传统组织结构通过等级制度或指挥系统管理,不同级别的员工的工作绩效和责任制度不同。这一基本结构设计来源于古代中国的孔家思想、早期军事组织以及欧洲天主教会结构。[88] 随着工业革命的发展,以少数领导多数工人的企业形式开始出现,这些企业成为了早期企业组织的模型。这一等级模型直至今日仍适用于许多企业。

然而,随着我们的世界愈发虚拟化,组织设计思想也发生了转变。企业正在由垂直等级制度转变为平面的网络化结构,以适应日益加速的信息流动与国际环境变化。前百事集团总裁和前苹果公司首席执行官约翰·斯卡利(John Scully)说,“今天,网络是企业结构的范式,而非教会或军队组织”。[89] 换句话说,许多企业正变得虚拟化。虚拟组织中的成员、团队、网络通常不在同一地点且富有多样化,它们依靠信息和通信技术进行通信和活动协作。[90]

虚拟组织(virtual organization)由地理上分散的多元化的个人、群体和网络构成并依赖信息和通讯技术进行沟通与行动协调的组织。尽管虚拟组织的趋势已越来越显著,但是这并非一朝一夕之事。举个例子,雅芳(Avon)顺利实践了多年的混合虚拟工作结构。我们看看它是如何做到的。

商业案例 雅芳

领 先 于 时 代

100 多年以来,雅芳的商业模型始终聚焦于助力女企业家。100 多年前,一家书店在卖书的同时给顾客赠送香水。很快,书店主人意识到女性顾客会说服她们的朋友也来使用这款香水。于是他想:这些女性对于香水而言是良好的销售力量,对于其他商品,可能也是这样。很快,他从卖书转行组织女性销售香水,之后又推广到其他产品。雅芳的网络由此诞生。[91] 今天,雅芳是通过网络附加价值企业的良好例子,通过虚拟技术与成员联系,无论体型、年龄,始终保持创业的精神。[92]

雅芳每年发布 2 000 多款新产品,涵盖美容、时尚、珠宝和服装的各个方面,在全球 100 多个国家进行销售,年销售额超过 100 亿美元。[93] 这些产品通过全球 580 万个个体商业户营销和销售,其中大部分是个人,通过在朋友、邻居和网上客户之间销售。[94] 除了这一庞大的销售代表网络,雅芳还雇用有 42 000 名员工对品牌营销和物流等领域进行集中管理。[95]

许多雅芳的销售代表将销售作为一项业余爱好,他们赚的钱并不多。然而,这其中也有例外。新罕布什尔州的丽莎·威尔伯(Lisa Wilber)之前是一名临时工,收入不高,也没有发挥其潜能。现在,丽莎手下管理有大量业务,管理几百名雅芳销售代表。[96] 她是一名百万富翁,她相信是雅芳让她从贫困中走出。

雅芳的网络模型有几大优势,首先是所有人/操作者销售力量,他们通过 ICT 技术形成强有力的中央组织力。这一销售网络可能是世界上最容易实现的销售网络之一,销售代表自发工作,获取佣金,同时自行管理自己的日程、预算和营销计划。[97] 同时,由于雅芳的销售代表直接接触市场,他们可以迅速发现趋势。

当然,其中也有潜在的挑战。雅芳的网络化商业模型在近几年最大的挑战便是不断加剧的竞争。历史上看,雅芳依靠所有者/运营者进行营销。然而,现在通过因特网获得产品越来越容易,而工作女性的面对面交流越来越少,使得公司的一对一销售模式需要重新考虑。[98] 为解决这一问题,雅芳已开始制定一项多年的重组计划,鼓励使用各类 ICT 技术与客户交流,尤其是新兴、年轻市场的客户,公司正计划一套全新的产品线以吸引年轻群体。[99]

雅芳可被称为一个混合组织:部分虚拟,部分传统。在 21 世纪的首个十年,我们的组织形式和数量均出现了极大的增长,同时组织也逐渐适应网络化与虚拟化结构,通过 ICT 技术扩大现有网络。雅芳就做到了。接下来,我们将讨论虚拟组织与传统组织模型的区别。

11.6.1 虚拟组织组成部分

虚拟组织与传统模型的区别在于员工通常不在一个固定地点工作,客户也不会去实体店,信息通过数字方式共享,款项则经电子汇款。除此之外,学者杰拉尔丁·德桑蒂斯(Geraldine DeSanctis)和彼得·蒙日(Peter Monge)还认为,所有虚拟组织都具备四个关键组成部分。(见表 11.3)

表 11.3　虚拟组织的四个关键组成部分

1. 动态流程,诸如快速、个性化和基于关系的通信(如电子邮件、网络会议),以及高度的协作,如运用 wikis、社会网络环境和群件。
2. 与实体建立合同关系,包括在项目和任务进行期间与"专家"合作或协作。例如,一个虚拟组织需要制造一种产品,可以与外部营销企业建立短期合作关系,而无须雇用员工。
3. 边界融合,即客户可以直接从公司的在线产品目录订购产品,而在传统组织中,需要通过五个不同的流程,即设计、创造、营销、管理和产品交付。
4. 结构必须允许快速适应市场需求的改变。

资料来源:改编自杰拉尔丁·德桑蒂斯和彼得·蒙日,1998,《面向虚拟组织的沟通过程》,《计算机中介交流学报》,第 6 页。

德桑蒂斯和蒙日早期对于虚拟组织的研究对于我们研究大部分虚拟组织的普遍特点提供良好的帮助。在这项研究发表后,对于虚拟组织的补充研究不断涌现,目前,学者已经可以通过如下方式识别几种典型的虚拟组织模式。

11.6.2　虚拟组织模型

　　虚拟组织模型可以通过多种方式理解，基于你的重点在于组织功能/目的还是网络结构上。研究学者贾尼斯·伯恩（Janice Burn）、彼得·马歇尔（Peter Marshall）和马丁·巴奈特（Martin Barnett）将虚拟组织划分为四个功能和七个结构模型。从功能角度或目标角度看，主要有四种模型：[100]

- 目的地网站模型：包括在线店铺、广告网站、内容网站等，对投放广告的用户和赞助商就可搜索的数据库进行收费。Questia 属于此类。
- 流量控制网站模型：包括虚拟商城，"激励网站"（如免费电子邮件、网页主机网站）以及免费因特网服务提供商。NetZero 属于此类。
- 商业终端模型：包括某一行业的企业共享的网站。例如 Expeida.com 旅行计划网站使用的就是这一模型。
- 拍卖网站模型：此类网站中的卖家和顾客共同购买、销售和交易商品及服务。eBay 可能是最知名的拍卖网站公司。

　　从虚拟组织结构角度看，伯恩、马歇尔和巴奈特列举了七种常见的结构模型，详见表 11.4。

　　第七种结构模型（虚拟空间），如果从字面意思看，并不存在。人们有时会在实际工作场合中进行创造、维护和服务管理。但举个例子，PayPal 是一个基于虚拟技术的网站，但同时也有大量员工在加利福尼亚州的办公室工作。

　　第八种结构被称为 P2P 网络，也可以加入这个清单中。P2P 网络在虚拟项目工作中十分常见，因为它允许成员直接与团队中的其他成员连接。[101]该模型区别于星空联盟模型和集中星形拓扑之处在于成员不需依靠中央服务器对数据和信息进行传输。

表 11.4　七种虚拟组织结构模型

模　　型	描　　述	举　　例
虚拟人脸模型	在线商店作为实体店的延伸，"鼠标加水泥"模型	Target.com
联合联盟模型	联系两个提供互补服务的组织间的结构	Netflix 和 Xbox[102]
星空联盟模型	一种集中星形拓扑模型，将数个组织通过集中化组织联系[103]	星空联盟旗下其他成员
价值联盟模型	运用供应链原理将一系列产品、服务和设施通过价值或供应链联系起来，[104]也被称为供应链管理[105]	旅行预订网站，将交通、租房、酒店和旅游打包在一起
市场联盟模型	高度网络化的供应链，提供一系列产品与服务，但只有一个核心组织作为整个网络的虚拟人脸	亚马逊
虚拟经纪人模型	仅有一个核心组织的模型，提供具体商业信息服务周边的结构[106]	eBay
虚拟空间	完全依靠虚拟交流的模型	部分云计算服务

　　资料来源：改编自贾尼斯·伯恩、彼得·马歇尔和马丁·巴奈特，2002，《面向虚拟组织的电子商务策略》。

　　P2P 技术极大发展了因特网，用户可以相互传输信息、文档、程序，等等。Napster 前身就是一家 P2P 网络公司,主要从事音乐的免费交流传输,这对传统音乐行业是一大挑战。[107]

今天,大量组织均不同程度使用虚拟技术进行运作,包括公立学校,诸如从幼儿园到 12 年级一贯制的宾夕法尼亚州的 Agora Cyber Charter 学校,到诸如 eBay 等的虚拟商店,再到 eTrade 这样的库存交易企业。虚拟组织有时也被称为电子企业,例如亚马逊和 Craigslist 就是通过虚拟商场将卖家和买家联系起来的实例。在电子企业和虚拟组织中,人们可以参与实际工作中可能或经常发生的任何活动。接下来,让我们继续研究一些具体的行业,看它们是如何通过虚拟技术进行发展的。

11.6.3 传统组织正逐渐向更好地使用和提供虚拟服务方向发展

商品和服务的创造、营销和销售方式已经发生改变,工作的组织、进行和管理亦是如此。要理解传统组织形式向虚拟组织演变的过程,我们可以从银行业、消费品行业、教育和培训行业看起。

1. 虚拟银行业的演变

信用卡作为最早的虚拟银行服务之一,从 20 世纪初起便开始使用。起初信用卡用纸制成,由石油公司或百货商店发行。[108]首张非企业发行的非专有信用卡于 1966 年发行,直到 1970 年,仅有 6% 的家庭使用信用卡。但到了 1995 年,这个数字已经达到 65%,而 2002 年,由盖洛普公布的数据显示,六个美国人中仅有一人不使用信用卡,81% 的成年人有自己的信用卡。[109]这一爆发式增长与计算机技术的发展密不可分,计算机技术使得商家可以通过中央银行管理信用。[110]

在 20 世纪下半叶,现金开始通过网络以电子资金形式流通,起初是以 ATM 和借记卡的形式,之后,通过因特网技术,我们已经实现了完全在线银行系统。[111]首个 ATM 于 1969 年安装在曼哈顿的洛克菲勒中心(Rockefeller Center),但这个机器并不是联网的。[112]通过读取卡片的磁条,获取其银行账户信息及可支取的现金限额,但除此之外,别无其他功能。[113]直到 20 世纪 80 年代早期,电算化使得在线银行业务和 ATM 在杂货店和便利店广泛铺开,通过也借记卡的 POS 消费也开始广泛使用。

2002 年的一项研究报告表明,提供网上银行服务的金融机构利润较不提供者更高。[114]此项研究自然促使银行加入虚拟化革命的趋势当中,其中有些甚至完全虚拟化,例如荷兰国际集团旗下的 ING Direct 网上银行。ING Direct 于 1997 年在加拿大成立,然后迅速在西班牙和美国开始业务。[115]尽管 ING Direct 是完全在线的,但其在各大主要城市开设有咖啡店,顾客可以在其中使用电脑以及获得咨询服务。[116]

在金融服务业,随着信息技术的进步,越来越多的创新正在发生。例如,eBay 旗下的 PayPal 是一项服务于网上购物的买卖双方之间的在线服务,起到缓冲的作用,可以保护金融信息的泄露。[117]又如 Kiva,一家 P2P 贷款管理的虚拟企业,提供的是向发展中国家人民提供小至几美元的贷款,一般在 6 至 12 个月偿还。[118]下面我们看看学生克里斯·艾伦·托马斯(Chris Allen Thomas)是如何评价 Kiva 的。

学生的选择

使用因特网改变生活:一次一个创业者

小额信贷是指提供极小数额的金融服务,比如一笔 25 美元的贷款。小额信贷为世界各地的本地创业者在业务创立之初服务，尤其是那些很小一笔钱也能影响的业务。

有了Kiva.org，微型融资走向世界，并越做越大，使普通人也能成为创业者。Kiva的创始起源于斯坦福大学，2003年，当时还是学生的杰西卡·弗兰纳里(Jessica Flannery)正在聆听诺贝尔奖得主穆罕默德·尤努斯(Muhammad Yunus)做关于微型借贷的演讲。这次讲座深深影响了她，促使她之后进入一家名为乡村企业基金(Village Enterprise Fund)的非营利组织，并前往亚洲帮助当地人创业。

在非洲，她遇到了她未来的丈夫马特，两人开始探索如何利用因特网帮助人们获取微型贷款。夫妻俩在2005年10月创办了Kiva，这是一家非营利组织，目的在于通过"使发展中国家的低收入人群也有机会获得个人贷款"来与贫困抗争。[119]他们通过在网上招募志愿借款人，网站上也同时显示获当地组织认可的创业者。接着，他们和世界各地的微型借贷机构合作，在本地管理贷款。微型借贷机构在Kiva的网站上刊登创业者的个人信息，借款可以浏览他们的信息并通过PayPal放贷(PayPal提供了免手续费服务)。由于Kiva是非营利组织，借款人不收取贷款利息，但这并不重要，因为这一行为是十分有意义的。

截至2010年3月，通过Kiva放出的贷款总额已达到1.27亿美元，有438 964个借款人和320 983个创业者，偿还比例达到98.47％。在发展中国家，有82％的经Kiva提供资金的创业者是女性。[120]Kiva在54个国家拥有111个区域小额信贷机构作为合作伙伴，已累计放贷178 143笔。平均贷款数额低于400美元，这意味着大量贷款额还不足400美元。[121]如果换个角度看，400美元的贷款还不足2009年美国人均GDP的1％，但却是乌干达人均GDP的31％、刚果的133％。[122]因此，在美国人看来是一笔极小数额的贷款在那些创业者的故乡而言，可以说是全部的本钱。我们只需做出一点努力，就可以改变数百人的生活，同时减少世界贫困。这一切只需要通过因特网，通过每个人，每次鼠标的点击。

资料来源：克里斯·艾伦·托马斯的案例。

2. 虚拟消费品销售的演变

在遥远的丝绸之路时代，人们已开始向遥远的地方下订单。要了解当代虚拟销售的发展，不妨来研究美国的邮购模式。这一模式始于19世纪并在20世纪早期十分流行。在那时，西尔斯公司(Sears and Roebuck)销售干货、服装、工具甚至在内的几乎所有东西。在某些情况下，邮购几乎是人们购买商品的唯一途径，尤其在美国的许多小城镇中。

今天，所有的大型百货公司以及数千家专业商店均开设网上商品作为实体店及邮购商品的辅助。甚至有些企业根本没有实体店。例如，亚马逊作为最为成功的虚拟网站之一，其成立于1994年，次年开始营业。起初，亚马逊的经营范围是图书，并逐渐发展到提供多种商品。相较传统实体店，亚马逊的优势在于其供应的商品可以不限于实体店空间的束缚，同样，不同于传统的邮购零售商，亚马逊也不受邮购目录篇幅的限制。[123]近几年来，亚马逊发展出了一套将第三方卖家整合入在线销售网络的新模式，只要在亚马逊网站拥有账户，卖家和代理销售商与网站间的联系就建立了。[124]eBay也有一个类似的网络化第三方卖家模式。然而，eBay仅提供虚拟市场空间而不销售任何商品，仅有第三方通过网站进行拍卖及开设网上商店。[125]

3. 虚拟教育与培训的演变

在很长一段时期内，远程教育都以函授课程的形式出现，作业的完成无人监管，并通过电子邮件提交至教师。大部分课程都十分基础，且师生互动的机会甚少。然而，因特网技术的引入改变了教学内容传递与提交的模式。计算机可以允许共享更为复杂的信息、更富参与度的教学材料以及更有意义的师生在线交流机会。

首个在线学习课程是 1995 年引进的。[126]此后,基于因特网的学习规模不断扩大,现已包括 K-12(幼儿园至 12 年级)教育、高等教育、企业大学以及各类培训项目。虚拟教育和培训课程已脱离传统的课堂教学模式,包含更多服务以支持教师进行课程设计与准备。多媒体的应用可以支持学习与交流,群件的使用则鼓励相互协作。

虚拟学习的一项巨大优势在于其已开始为人们获得教育培训铺平道路。对企业而言,如今培训可以针对任何员工,无论何处、何时需要培训。同样,对于普通教育而言,随着计算机在越来越多偏远地区的普及,那些远离传统院校的人们通过计算机可以获取学习的机会。除此之外,教育机构通过在全国和世界范围内招收学员,可以提供更为全面且适合的课程。[127]

这些例子都表明,虚拟学习已呈现多种形式发展。成人教育学者鲍勃·泽姆斯基(Bob Zemsky)和威廉·梅西(William Massey)提出了虚拟学习的四个不同阶段,详见表 11.8。[128]

表 11.5　虚拟学习技术演变的四个周期

● 第 1 周期:运用网络资料、电子邮件沟通、多媒体资料及一体化软件对传统课程结构进行优化。
● 第 2 周期:使用课程管理系统,诸如 Blackboard,一个专为在线课程设计的虚拟平台。
● 第 3 周期:由教师和助教添加课程材料,例如视频和模拟互动。
● 第 4 周期:对课程结构进行再设计,将之与学习系统完全整合,并开发高效、创新的同步、非同步及面对面交流应用。

资料来源:改编自 Zemsky, R. 和 W. Massey,2004 年 6 月,《受阻的创新:一项学习联盟报告》,第 11 页,西彻斯特,宾夕法尼亚州:Learning Alliance。

显然,在虚拟时代,组织已经且正在继续发生剧烈变化。这对我们,员工、管理者、领导者均带来启示。技术革命带来大量机遇,但同时要求我们必须学习新的工作和与同事、管理者和网络同事交流的方式。在接下来的章节中,我们将进一步研究虚拟工作的各个方面,我们将关注人们面对虚拟工作所带来的挑战并最大限度地提高工作效率。

最热门»讨论题

1. 据你所知,是否有企业没有任何虚拟组成部分? 你认为这样应该吗? 为什么?
2. 依照表 11.3 的内容,列出一个你认为符合的组织。在你看来,这个组织最主要的管理挑战是什么?
3. 假设你拥有并管理一家虚拟企业(比如一家拍卖网站),列出尽可能多的激励员工的方式。
4. 网上银行和购物也带来身份盗窃的发生率上升。查找为避免这一问题,你能做些什么。
5. 在线学习课程的利弊是什么? 从你的自身经历,给出一些例子。

11.7　在虚拟世界中工作有哪些挑战?

技术改善了我们的生活,使之更为便捷、快速、实惠,同时更有乐趣。但我们接下来将要探寻的是在虚拟世界中工作的一些负面结果。首先，我们将讨论如果 24/7 小时的处于虚拟世界中，会对人带来何种挑战。然后，我们将讨论信息过载所带来的影响。最后，我们将讨论有关知识管理的问题。

11.7.1　24/7 小时处于虚拟世界中工作所带来的挑战

虚拟工作对于员工与组织而言，优点相似。员工可以在每天任何时间内工作，工作地点也不用担心因为突发事件要出现问题。[129] 企业与员工都可能节省场地费用以及吃饭和交通费开销。在家工作还可以减少员工和企业的碳足迹并降低公用事业费的开支。虚拟工作者的技能也有利于团队的多样化与进行虚拟协作。[130]

然而，虚拟工作还是有一些明显的缺点。首先，因为虚拟工作不遵循传统的朝九晚五工作时间，员工会感觉自己始终在待命。ICT 技术的进步已使个人时间和工作时间的界限变得模糊，可能我们一走出办公室，工作就来了，这使我们很难区分自己的工作和个人娱乐时间。我们会感觉自己总是在工作。另一方面，许多人开始发现在上班时间做点自己的事情变得越来越容易。这就说明个人时间和工作时间的界限变得模糊，而这也导致了工作压力的加大。[131]

说到虚拟关系，就必须意识到可能出现的冲突，尤其是当工作纪律尚未明确及一致认同时。[132] 同样，由于虚拟工作要求独立且监管较少，如果职责划分不清，将更容易出现问题。此外，由于直接控制和监管的较少，工作质量和效率可能会降低，也会造成面对面沟通机会的减少。[133]

由此带来的另一个挑战来自于信息的数量，我们每天要面对大量电子邮件、文本、下载等，这些都会使我们很容易陷入信息过载的困境。

11.7.2　技术与信息过载

信息过载近些年来已经成为越来越显著的问题。电子邮件成为人们的首要通信渠道，我们经常要用到电话，我们一登录，就有人找到我们。这些技术给我们收发信息带来了便利的同时也大量增加了我们用于交流的时间。你可能会发现，你几乎把所有的时间都用在阅读和回复邮件、短信和社会媒体信息上，但是这是否就意味着你管理好你的时间了呢？

一项研究发现员工每天平均查看邮件 50 次，短信 77 次，访问 40 个网址。仅在美国，每年仅因不必要的干扰（绝大部分都无足轻重）而导致的生产力损失就达到 6 500 亿美元。[134] 在阅读本章后，联系你的经历，想想你收到过多少电子邮件、短信、电话或是社交网站提示？这些信息更多情况下被认为是使我们分心的事情，且基本不会增加你的工作效率。

信息过载所带来的代价高昂。首先，工作中用来交流的时间占据了大量我们本应工作的时间。第二，当我们忙于进行交流，它将使我们的工作重点出现偏移。最典型的例子就是当我们关注某一微不足道的信息时，我们错过或忘记了其他更为重要的事情。我们通过电子邮件、短信和社交网站所共享的信息往往只是实际工作的表面问题。

2008 年，微软、谷歌、英特尔、IBM 联合成立了信息过载研究小组，目的在于研究如何信息过量的问题。[135] 这些企业尝试就企业自身存在的信息过载问题找寻解决方法。以英特尔为例，其下一代问题解决计划（Next Generation Solutions）专为降低信息过载而建立。公司开始鼓励团队员工控制电子通信和人际交流的时间，每周的总数不超过一个上午，以便他们有更多的时间进行自己的工作。公司同时开始试验一项名为零电子邮件周五（Zero E-Mail Fridays）的计划，意在使员工尽量不在周五收发电子邮件。不过这项计划的实施效果欠佳，大部分员工仍然在周五收发电子邮件，因为这不可或缺。但有 60% 的员工都希望该计划能在进行相关修改后广泛应用。[136]这个例子告诉我们，我们不能简单地回到从前没有电子邮件的时代，我们必须做些什么。

在下一节中，我们将讨论管理者和员工在试图管理工作所产生的大量信息时所面临的一些挑战。

11.7.3 知识管理的挑战

信息在企业的内外以光速穿梭，如何管理大量不断变化的信息是对人们的一项重要挑战。更具挑战性的是信息组织，以便不同人群能够获取并使用这些信息。

仅仅把这一任务交给个人并不能解决问题。我们需要一个系统用以捕捉、存储和分发信息与知识。我们可以从美国 2009 年圣诞节前的炸弹袭击事件中看出这一过程的困难程度。在这一事件中，不同的组织和团体掌握相关的信息，但这些信息并没有进行应有的共享。举例来说，犯罪嫌疑人的父亲在 2007 年就接到美国驻尼日利亚大使馆发来的有关其儿子"与激进组织有关"的报告，且他儿子的名字在 2009 年 11 月已被列入恐怖袭击活动名单中。[137]但诸如政府安保部门、大使馆官员和航空公司成员等关键方却没有完全获取这些信息。最终的结果是，没有人了解事情究竟是怎么回事，以至于美国遭受了一次严重的安保威胁。

知识管理系统的不全面所带来的问题虽然不总是如此严重，但仍十分重要。例如，当马来西亚的一名销售人员了解了某个顾客、竞争者或供应商的重要信息后，企业应有一个系统可以使这些信息传输到企业内部，同时把这些信息分发给需要的员工。不然我们总是在发明创意、设计演讲、提案、报告，但殊不知这些其实早已经有人想到过，这不是在浪费时间吗？

所有这些例子都表明组织必须创造系统以捕捉、组织并分发知识，从而使需要的人更易获取。这是一项艰巨的挑战。面对这一挑战的一种途径是首先理解知识管理系统不能做到什么。下面我们来看看对知识管理系统的几个常见错误观点（见表 11.6）。

表 11.6 几个关于知识管理技术的常见错误观点

- **错误观点 1：知识管理技术能将正确的信息在正确的时间传递给正确的人。** 企业永远无法预测什么信息在何时何地以何种形式被需要，因此自动或静态的知识管理系统永远不可行。企业同样无法预测谁会在特定的时候需要什么信息。知识管理系统的设计应适应变化，对信息的快速变化采取相应过程，并预测如何在组织中共享（甚至与无关的职能及人员共享）。
- **错误观点 2：知识管理技术能储存人的智能与经验。** 数据库、群件等技术可以用来储存数据，但不能储存人基于数据所进行的复杂处理过程。信息是对环境十分敏感，即相同的信息对于不同的人会产生不同的反应。ICT 技术不会思考，但人会。储存知识的静态表达并不等于储存人的智能和经验。
- **错误观点 3：知识管理系统可以替代传统文件存储系统。** 作为计算机文档存储的数据往往和我们所处的环境无关，它仅就其被创造的环境有效。系统不会对现有知识进行更新，也不会创造新知识。最佳的知识管理系统使人们快速找到所需的信息，即便与新环境有关的信息被存储在很多地方或是通过很多方式储存。组织需要一个能使人们快速筛选无关信息并能找到信息的差异、规律、新意和非常之处的知识管理系统。

资料来源：改编自于 Malhotra，Yogesh，2000，《知识管理与新型组织形式：商业模型创新框架》，第7—8 页，赫尔希，宾夕法尼亚州：Idea Group Publishing。

这些错误观点都指向一个简单的事实，即知识管理技术不能替代人类智慧。人们需要确保所创造和储存的知识有用。这需要反复质疑、辩证思考及审视信息背后的假设是否成立。[138]

最热门»讨论题

1. 在你的学校和工作中，你是否离开过 ICT 技术？为什么？为更高效，你与 ICT 技术的联系程度如何？你认为 ICT 技术对你的生活和健康质量有什么影响？

2. 你在何种情况下体会过信息过载？是由于过多的电子邮件、短信和社交网络引起的吗？你是否感受到劳累和压力？对此你又是如何处理的？

3. 审视你正在使用的电子邮件、短信、学校网络和工作项目相关的知识管理系统。这些技术使用是否有助于你完成工作？你是否完全发挥了知识管理系统的优势？你又能对此做何改善？

11.8 HR 应如何支持虚拟工作？

如今，虚拟工作管理是组织中每个人的工作。然而，HR 对于这一过程有特别重要的贡献。首先，HR 通常需要了解可能影响虚拟工作的新法律法规，例如工作隐私的相关法规。其次，HR 负责制定员工和管理者运用技术（如社交网络）的规章，以规范工作行为。

11.8.1 隐私问题：HR 在监控员工电子通信中的角色

除了追踪和确保与电子商务及相关方面法律的合规，HR 还是当前日益流行的员工工作隐私问题的焦点。今天，雇主可以轻而易举地获得并监控员工的电子邮件、搜索记录、电话记录和收发信息内容。这一问题被热议且十分复杂。在许多国家，个人隐私是一种文化价值，受到法律保护。当雇员使用公司财产（计算机或电话）或在上班时间进行个人通信，那么谁将最终拥有这些通信记录呢？雇主是否有权利确保员工在工作时不进行个人通信或浏览无关信息？

无论是否保护雇员隐私或是保护到什么程度，最终法律的出台都只是时间问题。与此同时，HR 的责任是制定和实施这些保护员工隐私的措施，以确保组织通信做到这些目标。

11.8.2 建立工作时间使用社交网络的规范

HR 有责任制定和实施使用社交网络的规章和政策。诸如 Facebook 和 LinkedIn 这样的互动应用，以及诸如 Twitter 这样的应用已经构成了一个庞大的网络，不仅为个人所用，也服务于工作目的。但当前对于员工花了多少时间在社交网络上的研究仍比较少。然而，一个普遍的观点是个人网络中的成员和小组的数量越多，个人在工作时间花在与工作无关的信息和更新上的时间就越多。一些企业已禁止这些应用，因为认为这些应用将损害工作信任关系（比如不工作却和朋友网上聊天）。

大部分社交网站设计的初衷是针对个人的，而非工作。LinkedIn 稍有不同，它起初是一个工作软件，但并不限制使用的人群。因此，越来越多的个人开始关注 LinkedIn 有关工作的状态。于是，企业必须仔细权衡社交媒体运用到商业中的利弊问题。对于任何技术，如果公司能明确制定相关规章并进行适当的培训，社交网络的应用将会变得高效。

1. 假设你的导师将你的班级划分成小组,为一个筹资人设计一个本地非营利团体的筹资
   计划。一共有四个小组,每组六到八人,你们需要虚拟工作。通过本章所学,设计一个
   虚拟组织,使你的小组和小组成员得以完成任务。
2. 你是否相信你收发的电子邮件受到隐私保护?为什么?
3. 如果你被要求制定一套工作场合使用社交网站的规范,你认为最重要的五条是什么?

11.9　为最有效地进行虚拟工作,我们能做些什么?

沟通与关系是虚拟工作的核心。有人甚至认为有效沟通应成为认识和设计虚拟工作流程
的首要关注点。所有关系都需要努力构建与维护,虚拟关系也不例外。这意味着你需要始终注
意你与人交流的方式以及他们对待你的方式。在本节中,我们将讨论你应如何建立健康的虚拟
关系,如何有效使用工作邮件以及如何帮助虚拟团队成功。

11.9.1　虚拟关系即真实关系

互信、尊重、伦理、建设性的行为和高效的冲突处理,这些因素对于虚拟工作而言,和它们对
于办公室、商店或工厂工作同样重要。然而,由于虚拟工作中,面对面交流,这种可以提供非语
言沟通和社会暗示的形式通常不存在,因为这会有点难以把握。网络会议、电视会议等可视化
媒体虽然可以解决部分问题,但不能解决全部问题。

为高效进行虚拟工作,你必须着重发展那些可以让你建立高效工作关系的技能,尤其是和
那些你极少见面或素未谋面之人建立关系。制定一套沟通原则,包括常规的信号传递方式和关
联信息(如情感)的理解方式,是十分重要的。

人类是有情感的动物。我们的大脑生来拥有将细微的暗示联系起来以理解他人情感的功
能。[139]情感是沟通、协作、目标完成和创建人人尽责的环境的关键。简单地说,情感是建立高效
工作关系的核心。它使得沟通原则事先明确化,同时帮助你解决人际、跨文化、跨职业交流中将
会出现的差异。其中一些原则是很明确的。例如,对于哪些信息可以通过电子邮件传输(如项
目规划文件、事实信息、会议记录等),哪些必须面对面或电话交流(如项目的难点、人际冲突、对
于他人职责和责任追究的误解等),应有明确的划分。这些都是行之有效的方法。

有些原则需要通过讨论,因为它们更为敏感、也较难达成一致。例如,当人们处于不同的时
区,根据谁的时间来安排会议?谁的时间表示最重要的以及谁来适应谁?还有,许多虚拟团队
没有指定正式的队长。所有团队成员都必须理解和同意领导的内容、时间和方式。

除了学习如何建立并维护虚拟关系,你还需要一些明确的沟通能力,包括如何高效使用电
子邮件。

11.9.2　在工作中高效使用电子邮件

提高你在虚拟工作中的沟通效率的另一个方法是掌握电子邮件这项核心技术。你可能已

经用了很多年的电子邮件,觉得自己已经很熟练了,因为你已经和许多人通过电子邮件交流。然而,电子邮件的不当使用在今天的组织中是很常见的。诸如过度使用、发出的邮件信息过多或过少、因为错误的原因向错误的人发送邮件,等等,问题比比皆是。这些问题都造成了信息过载、沟通困难、误解,甚至损害关系。正是由于这些潜在的负面影响,如何负责地使用工作电子邮件就显得尤为重要。一些高效使用电子邮件的方法,请见表 11.7。

表 11.7　高效使用工作电子邮件的小贴士

发送电子邮件
- 标题明确、信息充足。
- 避免群发邮件。在点击"全部回复"之前考虑是否每个人都需要看到这封邮件。
- 假设你的领导会读到这封邮件。
- 假设你的邮件会被组织外的人员读到。
- 不要发送不合适或批评性的信息。

收取邮件并理解含义
- 通过标题判断你是否该打开此邮件。
- 如你的公司没有安装邮件过滤系统,请使用邮件过滤软件,以避免花时间删除垃圾邮件。
- 如你收到的邮件使你出现强烈情绪波动,请勿立即采取行动。冷静下来,思考邮件的内容,然后选择合适的词语回复,也可以不通过电子邮件回复。
- 不要让邮件积压:回复、移动或删除。
- 定期清理收件箱。

11.9.3　管理虚拟团队

　　虚拟团队和虚拟工作的特性意味着,我们成为领导的可能性更大,频率更高,且在很多情况下没有正式职责和不经过正式指派。你需要熟练使用虚拟协作所需的各类通信工具、策略和技术。然而,掌握技术并不是进行领导或成为虚拟团队一员的唯一因素,同时也需要一些面对面交流中所用到的领导能力。[140]

　　虚拟团队需要一名好的领导者。虚拟团队中的成员应敢于给予反馈、愿意适应工作并能够管理虚拟工作带来的压力和挫折。如果你能够有效构建一套明确的沟通原则,尝试减少模棱两可的表达、鼓励交流并帮助团队合力完成目标,你将能更高效地领导虚拟团队。[141]事实上,一些学者已经发现,团队成员对于目标确定过程的质量的看法和项目管理者的团队管理有效性关联性很强。[142]

　　你同样可以通过赋予成员权利和下放管理职权来使团队更高效。[143]相比传统上的管理者,这一方法代表着领导的角色应更倾向于协调者。[144]我们研究了 35 个虚拟团队,发现团队成员间面对面的交流很少,最重要的权利给予了团队有效性的建设。[145]

　　虚拟团队的管理者发现自我管理、影响和启发式领导是管理虚拟团队成员的重要能力。因此,我们应如何发展这些技能? 首先,你可以协助成员构建适合手头工作的人际联系网络。一项对全球 29 个虚拟团队进行的研究表明,在经过六周的电子邮件通信后,分析得出三个团队成功的核心因素:(1)通过社交信息,让团队成员间增进相互联系;(2)对每个成员的角色进行明确定位;(3)建立原则并规定所有与项目有关的沟通应积极有效。[146]

　　虚拟工作是富有乐趣且激动人心的。在领导的同时,赋予他人权利,将会带来巨大的回报。不仅是对于领导者,对于成员与组织而言,也是如此。

最热门»讨论题

    1. 思考你的工作、学习与社交生活中的一个关系，这一关系需要你大量使用电子邮件、短信或社交网络。你是如何确保沟通高效、完整进行？你如何通过技术建立互信？

    2. 根据你的个人经历，列出在管理虚拟关系过程中该做和不该做的。

11.10　结束语：在虚拟世界中工作

ICT 技术改变了我们的生活和工作方式，同时也改变了我们生存的社会。托马斯·弗里德曼（Thomas Friedman）的著作《世界是平的》当中就谈及人们在当今日益互联的世界中的生活方式及其带来的愈发激烈的竞争和合作。

"世界是平的"这一说法是基于当前计算机和电信技术迅猛发展的基础上的。这些技术在为发展中国家的人带去更多竞争优势的同时，也在削弱发达国家的人的竞争优势。世界"变平"的过程正式一场全球革命开始的标志。许多人相信这些迅速产生的变革将给 21 世纪的世界带去意想不到的影响，使之完全不同于我们所知的 20 世纪。[147]

然而，当越来越多的人拥有参与及贡献的能力时，我们也同时意识到一个相反的社会趋势正在出现。**数字鸿沟**（digital divide）指在各种不同的弱势群体或欠发达国家的居民中，无法接触或缺少使用因特网通讯技术的技能。例如，在柬埔寨，200 人中仅有一名因特网用户，而在加拿大，100 个人中有 75 个都是因特网用户，这一巨大的数字鸿沟使得柬埔寨人民没有机会获得那些要求掌握现代技术的工作机会。[148] 即便在工业化国家，数字技术的接受速度很快，但是年龄较大的雇员会发现运用起来比较困难。其他一些社会经济或教育能力较弱的群体也同样发现发展信息社会所需的许多重要计算机技能是具有挑战性的。[149]

我们今天所看到的社会中发生的变革可以支持我们的世界更公平、公正的发展（也可能适得其反）。这都在于我们怎么做。人类的知识、创意和热情应始终成为个人、组织和社会成功的核心。

本章总结和关键词

1. 信息与通信技术的革新是如何改变人们生活与工作的？

概述：信息与通信技术拥有改变我们生活中各方面通信的能力。然而，我们不能仅关注技术本身。如果我们忽略了人的因素，技术并不一定能为我们带来成功。这时我们便需要使用社会技术系统理论。该理论的基础是组织绩效与社会及技术因素有关，且社会和技术相互关联，顾此失彼将会带来不利后果。这个理论告诉我们在面对 ICT 技术带来的挑战时应合理利用创意、同理心和情感智力。

关键词：

信息与通信技术（ICT）：指所有与电子通讯和信息共享有关的硬件和软件。

社会技术系统理论(Sociotechnical systems theory)：审查工作的社会和技能特性以及工作组织方式的理论，强调人和技术的相互作用。

2. 在工业革命期间，技术是怎样影响人们的生活的？

概述：从史前时期开始，技术发展就已经是社会进步的关键。第一工业革命开始，我们的生活和工作方式发生了巨大转变，在此期间的技术革新极大地改变了英国、美国和部分欧洲国家人民的生活与工作方式。第二次工业革命期间发明的电力、汽车和大规模制造技术使西方社会摆脱了棉产业为主的农村生活，走向城市消费文化。而目前正在发生的第三次工业革命则在逐步用专业和服务业岗位替代制造业岗位，形成国际商业网络并为先前未参与工业革命的国家创造一种替代性的工业化之路。

关键词：

技术(technology)：用工具和知识影响环境。

工业革命(industrial Revolution)：发生于 18 至 19 世纪的技术、制造和运输的重大革新，主要改变了英格兰、美国和部分欧洲国家人民的生活方式。

启蒙运动(Age of Enlightenment)：最早发生在欧洲和北美洲部分地区的一场激发关于政府、科学、经济体系和财富的激进新思想的运动。

第二次工业革命(Second Industrial Revolution)：从 19 世纪中期直到大约 1915 年的这个时期，其标志为几项改变生活的技术的发展，包括电力、电动机、合成材料、内燃机和大批量生产方法。

第三次工业革命(Third Industrial Revolution)：这一时期始于 20 世纪中晚期，一直持续到现在。在这一时期，经济活动的显著特征为对信息和通讯技术的关注日益增强，并更为关注环境可持续性和经济竞争问题。

3. 计算机与电信技术的发展历程是怎样的？

概述：我们今天所知的计算机技术起源十分简单，只是通过因特网将两个计算机联系起来。但这项技术在很短的时间内发生了跨越式的发展，目前的 Web 2.0 技术及其他新技术已为其持续、迅速发展及新的通信、生活和工作方式的产生铺就了道路。现代电信技术也迅速从政府管制的军用移动通信技术发展到目前联系数十亿普通大众的私人通信网络。这些技术进步都为我们带来了全新的工作方式。

关键词：

因特网(Internet)：指基于超文本链接的全球性系统，它将计算机和全球计算机网络连接在一起而形成电子网络。

Web 2.0：第二代 Web 技术及软件开发，提供更强的互动性、用户设计及控制与协作能力。

内联网(Intranet)：指通常只有员工可以访问的公司内部网络。

外联网(Extranet)：一种为组织设计的计算机网络，这个网络使得组织能够与某些外部利益相关者(例如客户)在安全的环境下交流。

云计算(Cloud computing)：指通过因特网提供的托管服务，按需生成，大批服务使用者接入时具有高度灵活性，并且完全由供应商管理。

4. 人们是如何在工作中运用信息与通信技术的？

概述：大部分人在个人生活和工作中都运用 ICT 技术。电子邮件可能是其中最常见的形式，其成本低廉、使用便捷。短信也十分流行。会议软件和硬件、群件、社交网络等技术的加入更好地帮助 ICT 技术实现个人和团队远程协作和工作关系的建立。然而我们必须记住,通过 ICT 技术进行的沟通相对面对面交流总是更有局限性,同时可能带来情感和动机的误解。

关键词:

表情符号(Emoticons):用以表达情感的字母与符号的组合。

群件(Groupware):指各种各样的软件和技术应用,它们使得人们能够通过信息和通讯技术相互合作。

5. 虚拟工作在哪里开展? 如何开展?

概述:所有虚拟工作都在以下三个空间中进行,即共同的精神和社会空间、可视化环境及物理空间。远程办公作为虚拟工作结构的一个例子,ICT 技术可以使一些原本必须在办公室完成的工作在办公室之外也能完成。混合工作是虚拟工作的另一种形式,是指员工来往于不同的地点和公司之间,通过 ICT 技术建立连接并与他人一同工作。最后,虚拟团队是将不同地点的人们通过同一种 ICT 技术联系到一起,以完成项目和工作任务。

关键词:

虚拟团队(virtual team):指有个人组成的团队,团队成员在不同的地点运用 ICT 技术共享目标、协同工作、管理工作流程及成果并建立有效关系和团队规范。

6. 什么是虚拟组织?

概述:虚拟组织由不同的人员和网络组成,它们地理位置不同,但均依靠 ICT 技术进行信息共享和活动协作。许多虚拟组织是平等结构,而非等级化,这样有助于最大限度地进行信息迅速交流。一些虚拟组织的面对面接触时间很短,大部分业务交易都在线进行。在线商店、拍卖网址以及商业终端是虚拟组织的一些形式。目前,许多产业正在尝试其虚拟化程度,例如银行、消费品和教育行业。

关键词:

虚拟组织(virtual organizations):由地理上分散的多元化的个人、群体和网络构成并依赖信息和通讯技术进行沟通与行动协调的组织。

小额信贷(microfinance):指在极小的规模内提供金融服务的行为。

7. 在虚拟世界中工作有哪些挑战?

概述:虚拟世界的一方面使得我们的工作变得更快速、便捷,另一方面却给我们带来不得不承受的压力和复杂。其中一方面就是员工和管理者牺牲越来越多的个人时间花在使用手提电脑和智能手机上。另一个挑战是信息过载。总之,我们必须学会有效管理知识并尊重他人贡献的知识,同时通过 ICT 决定我们接受的信息流。

关键词:无

8. HR 应如何支持虚拟工作?

概述:在许多组织中,HR 的职责分为两大块,其一是控制虚拟沟通:了解个人隐私的相关法律并制定支持组织成员使用技术的规章制度。由于员工使用公司的财产,隐私问题往往是难以权衡的,尤其是计算机和电话,尽量在办公室之外和朋友联系,并关注个人需求。HR 另一项重要职责是制定员工在工作时间使用社交网络和其他与业务无关网站的规章。这些都要求 HR 仔细、全盘考虑这些通信对于个人和对于组织的重要性。

关键词:无

9. 为最有效地进行虚拟工作,我们能做些什么?

概述:在虚拟世界中工作要求你能够跳出传统的面对面沟通,与你素未谋面之人建立关系。

第一步十分重要,就是意识到虚拟关系也是真实的关系,你是和拥有真实情感的人打交道,这点必须明确。同时你还需要事先建立一套沟通原则,明确你们所共享的信息类型、渠道并理解通过邮件发送的信息是有局限性的。最后,你必须准备到领导你的虚拟团队,并且注意虚拟沟通的方式,这需要你改变目前的领导和协作方式。

关键词:无

10. 结束语:在虚拟世界中工作

概述:计算机和电信技术为现代工作带来的影响胜过其他各种创新,同时也带来巨大的竞争和合作机会。然而,你必须牢记 ICT 技术不能代替人类知识、创意或热情。除此之外,随着 ICT 技术的发展,一些国家、社会经济团体以及年长人群正在经历数字鸿沟(或是知识鸿沟)。作为社会成员,我们必须意识到数字鸿沟的存在并帮助这些群体努力克服虚拟世界挑战。

数字鸿沟(Digital divide):指在各种不同的弱势群体或欠发达国家的居民中,无法接触或缺少使用因特网通讯技术的技能。

12

组织控制：人员、过程、质量与结果

12.1 什么是组织控制过程？

　　如果你去过 MINI Cooper 的经销门店，你会发现它们有三个特点：告知、邀请和迅速行动。宾夕法尼亚州经销店的销售经理斯潘塞·菲利普斯（Spencer Phillips）说："今天，买车的过程和过去不同，人们在走进店之前就已经了解很多信息，因此你必须热情相待，同时把有用的信息以最快速度告诉他们，就如同他们在网上查到一样。"菲利普斯还说："没有了顾客，店就要关门，因此我们制定了 10 英尺规定。"这项规定的含义是如果销售人员和顾客间的距离在 10 英尺内，他们就必须友好、热情地对客户问好，同时询问有什么需要帮助。"必须进行一些交流，但无论进行何种交流，都必须让客户了解更多信息，帮助他们作出决定。"[1]

　　MINI Cooper 经销店的例子告诉我们管理一项业务需要控制组织中发生的多个层面，包括从建立和完成财务目标（即"没有了顾客，店就要关门"），决定并传播组织信念和价值（"你必须热情相待，同时把有用的信息以最快速度告诉他们"），改善销售方式以支持这些目标（"我们制定了 10 英尺规定"）。这些都是组织控制过程。组织**控制过程**（control process）包括目标达成标准、绩效监控与衡量、绩效指标比较以及采取纠正措施等系统。控制过程用于监控与管理组织战略目标和短期目标的绩效。通常，控制过程应用于员工行为、财务过程、资源分配与利用、客户体验和质量方面。通过控制，组织可以时刻了解各种情况并作出可能的变革。在本章中，将学习历史角度是如何影响今天的组织控制过程以及探索一些常见的控制系统，包括类似的等级制度。接着，将了解组织在进行控制的过程中必须（或选择）使用的一些权力，例如企业治理与法律。将对控制过程中的典型步骤进行研究，以及了解组织需要特别控制的方面是哪些。然后，本章的重点将转移到什么类型的企业应进行控制，我们将侧重讨论一些流行的质量控制过程，包括业务流程再造、全面质量管理、六西格玛模型、精益管理等。最后，作为本章的结尾，我们将讨论 HR 在组织控制过程中应做哪些支持，以及我们自己又能如何提升自己的绩效，同时也关注他人的贡献。

最热门»讨论题

　　1. 思考一个你十分了解的组织。这个组织是如何进行控制的？如何控制资源、财务方面？

　　2. 你曾经工作过的地方是否有缺乏控制的情况？这将对组织造成何种影响？你和你的团队成员如何应对？

　　3. 在校时，你怎样控制自己的绩效，列出 5 条方法。

12.2　如何从历史角度理解组织控制？

　　德国哲学家卡尔·马克思在其 1844 的《经济学哲学手稿》(*Economic and Philosophic*) 中谈及了他的异化理论，认为劳动者对他们的工作没有任何控制，在资本主义体系中，劳动者对于自己的生活失去控制，他们被迫为他人生产商品和服务。马克思强调，在该等情况下，工作室毫无意义，因为工人在对于如何完成所有者的目标问题上没有发言权。因此，马克思认为工人不会从他们的工作成果中获得任何个人满足。[2]

　　回想一下 19 世纪中期可怕的工厂环境，很容易得出马克思的理论。在他看来，管理同时控制了工人的生活，工人像机器一样被对待。对于工人的个人需要，他们毫不关心。企业主只关心自己的任务是否已经完成，对于工人的感受、目标和期望，漠不关心。因此有关工人和工厂主之间的关系的问题在当时迅速受到关注，这也创造了管理学这门学科。在当时，诸如弗雷德里克·泰勒 (Frederik Taylor)、埃尔顿·梅奥 (Elton Mayo) 和玛丽·帕克·芙丽特 (Mary Parker Follett) 等早期管理学理论家对于工人和工作的管理方面作出了卓越的贡献。

12.2.1　弗雷德里克·泰勒与科学管理

　　弗雷德里克·泰勒 (1856—1915) 是一位工程师，通过研究不同人与他们工作关系，对工作过程进行再造，达到效率最大化的目标。作为"科学管理之父"，泰勒还认为管理应被看作一门学科。**科学管理** (scientific management) 是对工作进行组织以最大限度提高效率的方法。泰勒认为任何社会都被浪费和低效这两个问题所困扰，如果由专业人员研究并确定最佳工作方式，将大大提升组织效率。由此，他重点研究了工作任务怎样细分为可管理的部分以及这些部分又怎样细分为离散的行为，这样便能更高效地管理时间和工作内容。由此，泰勒提出了科学管理的四项原则：[3]

　　1. 为各个工作元素设计一项科学研究。

　　2. 科学甄选并培训员工。

　　3. 确保所有工作均以科学的方式完成（例如通过观察和实验，开发技术以使效率最大化）。

　　4. 区分管理者和员工的工作内容。管理者必须科学计划工作，员工则必须执行。

　　关于泰勒如何应用这些原理的故事可谓传奇。例如，当研究工人如何产煤时，泰勒注意到如果煤锹的大小设计可以使中等力量的工人举起，那么工人的效率会更高，产煤量同时增加。泰勒还咨询了许多组织有关工作效率的问题，得出了许多结论。然而，由于泰勒的服务对象是企业老板和管理者，对于他们而言，这种以最小的代价换取员工最高工作效率的方法并不令他们惊奇。[4]

尽管这些发现是否可行仍存疑问,但对于效率的追求没有就此停止,为此这一理论还被称为了"泰勒主义"。有些人说对效率的追求不是组织能力所及,同时也会影响我们生活的诸多方面。例如,厨房设计的原因是为了让厨师在料理时花在灶台、水斗和冰箱间行走的时间最短而设计的。尽管泰勒的研究对我们工作和生活的方式带来深远的影响,但我们应该注意到,即便在当时,泰勒也是饱受争议的任务。这些争议主要集中在许多人认为泰勒的工作效率研究是不计后果,可能会导致对员工的伤害。就以泰勒对煤锹的研究为例,许多人怀疑很少有人能够长时间铲起泰勒认为合适的重量。

尽管泰勒在管理学历史上有毋庸置疑的重要地位,他的理论对于 21 世纪并非全然适用。如今的职场和雇员和 19 世纪末 20 世纪初的工厂与体力劳动者有巨大的差异。在当今知识经济的背景下,效率等式中所包含的不再只是煤锹的形状那么简单。同样,在时下服务经济的环境中,效率只是效力等式的一部分。

科学管理对于当今的组织而言是不够的。然而,科学管理仍然是许多现代组织控制过程的基础。全面质量管理、六西格玛模型、精益管理等只是一些将泰勒某些原则经过整合后得到的方法。我们将在本章接下来的内容中逐一讨论这些方法。但是,首先,我们先了解一下另两名早期研究管理、员工和工作过程关系的学者,埃尔顿·梅奥和玛丽·帕克·芙丽特。

12.2.2 埃尔顿·梅奥和霍桑实验

相较于泰勒,埃尔顿·梅奥得出了一个不同的方法,他较少关注工作任务和工作过程,而更强调管理者和员工的关系。梅奥被认为是**人际关系运动**(human relations movement)的创始人之一。该运动起源于 20 世纪初,它强调将人、人际关系和群体行为作为工作场所研究的中心。

梅奥最为人们所知的是其于 1924—1932 年在西方电气公司所进行的**霍桑实验**(Hawthorn Studies)。实验研究了在士气和生产力均提升的情况下,员工是如何评价管理者对他们的关注程度的和/或他们是如何看待自己是否得到了特别待遇。在实验初期,进行了一些物理环境的改变(例如,灯光)并对员工生产力进行监控。结果显示,灯光对于员工生产力的影响很小,除非灯光暗到员工无法看清。真正提高工作士气和生产力的是员工感受到了管理层对他们以及他们的工作环境的关注,以及员工觉得自己受到"特别"待遇。后续实验还发现员工的工作群体也会影响生产力,因为社会压力(即群体规范)会决定可接受的生产力水平,甚至是员工对于工作和管理的态度。[5]

这些发现在今天仍有其实用性。事实上,霍桑效应至今仍被用以形容当管理者对员工表示关注后所带来的生产力和工作士气的提升。这些研究将员工和管理者的关系摆在组织成功等式的核心位置。受到霍桑实验的影响,越来越多的学者开始认为要使员工的生产力提升,管理者和领导者必须学习如何调动员工积极性并创建让员工感觉自己很特别且受到关注的环境。学者也开始关注管理者应如何适应工作群体的行为规范并创建积极的、支持生产力提升的行为规范。简而言之,霍桑实验得出了一个常识,即关注员工的感受及相关因素是十分重要的商业意识,因为员工的感受将影响他们对工作的看法。同时也应支持群体规范的发展,因为这将促进生产力的发展并且提高工作士气。

12.2.3 玛丽·帕克·芙丽特:控制比告诉员工做什么更重要

正如霍桑实验的结果所示,控制人员的行为不仅仅是告诉员工该做什么或提升物理工作环境。这一观点和另一位著名理论家玛丽·帕克·芙丽特十分相近。

在许多管理学专家看来，芙丽特是一位在人类关系、民主组织和管理学领域有预见性的人物。她在 20 世纪 20 年代作出了重要贡献。她的著作包括对领导者与员工的关系、群体对于人类行为、冲突管理和非正式领导力的研究。近年来，由于被管理学大师彼得·德鲁克（Peter Drucker）称为大师，[6] 芙丽特的作品得到了广泛关注和褒奖。

芙丽特的作品主要探索员工、领导者和组织的相互关系。她相信组织结果是人员、体系、过程和组织文化相互作用的结果。芙丽特还认为让对一个问题最了解的人去解决问题是最好的方式。特别是她认为权力（和决策制定权）应是流动的，应给予拥有最适合的知识与能力者，而不是等级最高的人。关于工作中的控制问题，芙丽特认为应该用革命性的方式看待这一权力：管理者应着重"权力下放"而非"权力下压"，如此应该在组织的各个层面执行权力下放。此外，她还认为权力下放可以鼓励员工并使他们能靠近找到最佳解决方案的方法。[7]

12.2.4 人性关注

芙丽特为领导力与组织行为学的现代理论奠定了基础。许多理论家追随她的脚步，并发现领导者、管理者与员工的相互关系可以通过控制得到提升。具体来说，最佳的控制方法应关注人员、过程和结果。在本章中，你会发现规则、规定和衡量体系都是它们的一种表现形式。许多有效的组织控制形式都与心理学有关。例如，经研究，"指挥和控制"的人员管理方法被证明是一种相对低效的方法，难以形成高效的组织环境。"指挥和控制"指的是依靠权力进行管理，管理者独自决定该做什么，而员工则必须服从要求。研究表明，除了有生命危险的情况之外（如火灾），这套方法并不十分有效，因为它往往不能带来绩效的最大化。事实上，使用这种管理方法的组织更容易造成不一致和分歧。这将助长消极思想的蔓延，员工会会有被监视感，甚至消极怠工，也就是故意不做到最好。[8]

组织文化对于人员和组织结果同样具有极大影响。共鸣的文化环境下，雇员和客户表现积极、包容并追求卓越。这种文化环境已被证明是员工行为与效率的有力驱动力。这类组织环境通常是权力下放的，员工既参与工作又参与效率和结果监控与控制。这样环境下的员工会感觉获得支持、受到重视且他们的贡献获得了认可。[9]

工作环境若能体现组织精神并支持权力下放，那么将显著促进生产力的提升。在积极态度和生产力获得支持的文化中，进行某项工作的员工同时也对这种机制、工作过程及系统进行改善。[10] 接下来的"学生的选择"板块将告诉我们领导者在创造共鸣文化中所扮演的特殊角色，尤其将处境艰难之时。创建一个人人争优、共同解决问题、共同控制质量的环境并非人们所想的那么困难。

学生的选择

Spartan Surfaces 公司

凯文·雅布隆（Kevin Jablon）是总部位于马里兰州希尔森林的 Spartan Surfaces 公司的创始人和所有者，这是一家地板经销商。自 2007 年开业以来，Spartan Surfaces 公司已发展成为美国东海岸成功的地板经销企业。

通过经验、耐心、恒心和清晰的价值观，雅布隆创造了自己的命运，也成为一名值得尊敬的好领导者。但做到这些并不容易，在开业的前三年，雅布隆经历了许多挑战，也磨炼了自己的领导技能。

让我们看看这位充满活力的年轻人是如何学着领导的。23 岁的雅布隆初出茅庐,他觉得自己还不够成熟,无法开始一项成功的事业,因此他等待、观察、倾听,培养了谦虚的学习心态。他向所有人学习,学习他人优秀的领导品质。对于所遇到的不好的领导者,他也引以为戒。雅布隆说:"诚信经营是成功的关键,信任是建立关系的核心,向有才能且值得信赖的人谦虚求教也是很重要的。"

经过 11 年在这个行业中四个不同职位的经验积累,雅布隆认为是自己实现创业梦想的时候了。他凭借自己的愿景、热情和知识取得成功,雇用充满热情、积极工作和懂得享乐的员工。

尽管雅布隆的愿景很切实际、雇用的人员也很棒,但 2007—2008 年经济萧条使他不得不重新设计业务模式。对于经济环境缺乏控制是目前摆在雅布隆面前最大的挑战,也是 Spartan 团队必须克服的问题。事实上,在 2008 年萧条最严重时,公司的销售出现了很大程度的下滑。问题比想象的更严重,但他们敢于面对。

雅布隆的热情和动力是保持企业发展的源泉,但他开始经常对员工发脾气。可以说,他正在失去那些多年以来形成的领导才能,他还发现,即使是他的核心价值也不足以让他继续保持一名好的领导。不过,他很快意识到了这个问题:他的行为正在损伤员工积极性和士气。他意识到求胜心可以战胜自己,自己应该少些冲动鲁莽。他需要充分的自我意识并提升自我控制能力。要成为一名真正优秀的领导,他还需要退一步反思他的情绪化表现对他自身和他的员工产生了怎样的影响。

许多因素促使了雅布隆的成功,但最重要的是他在困难时期的核心价值、自我意识和自我控制。拥有这些,他便可以且已经营造了人人争优的文化。总之,他们走出经济萧条。但这并不是奇迹,这是好的领导、自我控制和共鸣及结果支持文化所共同带来的结果。

资料来源:改编自鲍勃·科恩(Bob Kern)编写的案例。

在本案例中,凯文·雅布隆首先通过自我意识,认识到自己创业之前需要了解什么,而后从对自身性格和情感的反思中认识到自己的行为可能会影响员工的积极性。通过自我意识,他成功看到了自己的精神状态正在影响他人,并注重自我控制和人际关系,成功创造了共鸣环境,在这个环境中人们共同参与、共同激励、拥有共同的目标。[11]这个案例向我们展示了组织控制其实是关于人的问题。在下一章中,你将学习更多关于组织文化及其在控制过程中的作用。各种负责的系统的设计目的是管控组织中的人以及流程的,目前你已了解此点,但要牢记:人是一切的中心。

最热门»讨论题

1. 思考你曾经参与或正式从事的工作,寻找一个你认为效率为重的工作。运用泰勒的科学管理原理的第 1 条,就你所进行的某项工作任务,设计一项"科学研究"。你可以将此任务尽可能地细分,并从时间和行为角度描述该任务如何更有效地进行。

2. 你是否在工作或学校中经历过霍桑效应? 如有,它是如何发生的? 你的领导和老师对你的关注又是如何影响你的士气和生产力的?

3. 基于芙丽特的理论,你认为"权力下放"和"权力下压"的区别在哪里? 请描述一个情形,其中"权力下放"可能更为有效。

12.3 常见的控制系统有哪些？

既然我们已经了解管理科学在过去的几百年中的发展历程，现在让我们研究一下当今企业是如何控制效力与效率的。其中最常见的两个控制方法是科层控制和规范控制。近年来，越来越多的组织开始启用控制杠杆模型。

12.3.1 科层控制系统

科层控制系统（Bureaucratic control systems）是指使用具体的规则、标准和层级权限来达成计划和预期的组织成果的控制过程。这一系统有时也被称为"合规"模型，科层控制系统规定员工必须遵守所制定的规则、政策和标准，该系统注重的是角色而非个人。换句话说，责任和义务是职位和角色的全部，而从事职位和角色的个体只需要以规定的方式完成任务即可。[12]

科层控制系统的管理需要对既定标准、操作流程、人员和/或组织的战略目标指标进行绩效比较。在该系统中，如果没有符合标准或达到指标，就将采取纠正措施。科层控制系统设计的目标是确保产出，此类组织高度结构化，并且高度依赖等级与权力影响行为。

你可能在学校或组织中经历过科层控制。例如，当你填写学生卡的申请表格时，你被要求填写一些特定的个人信息。这就是科层控制的一种形式，为了确保只有学生才能申请这些卡片。然后，当你出示学生卡或在电子读卡器上刷卡的时候，其实这是另一种形式的科层控制。这是学校控制进入教学大楼人员以及监控人员进出情况的方式。科层控制在各类组织中均十分常见，包括诸如安全协议、上下班考勤、跟踪休假和病假时间，经理给员工加薪的流程，以及跟踪和监控货物装运情况的系统等。

在科层控制系统中，政策和规则的判定都是个人的决定。回到学生卡的例子，事实上，你拥有决定自己应去哪栋教学楼上课的权力，因此你其实不需要学生卡来告诉你该去哪里或哪里不该去。但学校领导认为他们需要控制你们的行为，以便确认所有的学生都做了该做的事。在许多企业中，业务不是交给员工处理，而只是确认某一特定任务已经由某些员工通过规定的方式完成，这些都通过组织监控得知。

除了特定的规则与政策，科层控制系统还通过社会控制机制来构建员工的日常价值体系、认知和期望。[13]在许多情况下，科层控制是组织文化中不可或缺的部分。社会规则和非正式系统可能没有正式的记录或研究，但它们也十分有效。工作报告中的等级制度是一例，员工应该向自己的直属上司报告问题。可能没有规则限制员工不可以向另一个部门的领导或你的老板反映问题，但社会的压力是十分强大的，在有些情况下，违反这类非正式的控制系统甚至会被辞退。

科层控制系统无处不在，其规则与规定也具有很大效力。然而，此类系统却会限制创新和诚信沟通，并且，由于规则所限，良好的评价可能会受到限制。对于我们大部分人而言，如果我们的常识未得到认可，我们很可能会进入消极工作的状态。事实上，某些极端情况下，规则制度强的组织可能会产生分歧甚至影响整个组织的健康。[14]

此外，过度的等级制度会带来行政活动的分层化，从而导致决策速度的急剧下降。科层控制系统可以被用于制造工厂以确保绩效和工作安全的提升。即便在这些情况下，还是应避免过多、过度的规定，因为这可能会组织人员的积极工作造成影响，从而影响整个组织的良性发展。[15]

12.3.2 遵循规则 VS 行为与成果的目标评估

在传统科层控制体系中，遵循规则比工作完成得如何更为重要。然而，如果我们以目标为导向，我们考虑更多的将是行为和工作产生，而非是否遵循规则。此类控制方法是"目标导向型"的，因为其关注的是可观察的成果，即管理者观察的是员工的行为，通过监控工作成果来评估绩效。

目标控制的两个重要方面是成果控制和行为控制。**成果控制**（output control）指根据财务绩效和其他明确规定的指标（比如客户保持度）来衡量成果的一种控制类型。在该系统中，如达到或超过既定的指标，便可获得相应的激励和奖励措施，因此，期望值、可衡量和取得的目标以及目标衡量与评估的透明度是至关重要的。成果控制使得管理者与员工在规定如何完成目标的过程上拥有相对较大的自由，同时也减少了许多直接监管。[16]

行为控制（behavior control）指为达到能引导组织走向成功的预期成果，组织试图塑造员工行为的一种控制类型。在科层控制系统中，管理者密切监控与评估员工行为，不允许与期望产生任何偏差。[17]主管与员工间的关系是行为控制最明显的体现。主管监控员工的行为，帮助他们发展完成职务所需的技能，同时监控员工的效率和效能，以确保他们达到期望。在这个系统中，表现出既定行为的员工往往会获得激励。换句话说，如员工按期望工作，将会获得奖励，而他们若是偏离期望，则将予以惩罚。

目标控制系统包括诸如衡量过程等机制的发展与实施。[18]行为与成果通常通过标准和过程（有时称为标准作业程序，SOP）进行控制和衡量。一旦标准和过程确定，目标控制过程将通过分级控制、指挥链和沟通的方式进行。[19]

12.3.3 规范性控制

规范性控制（normative control）是指共享并植入一种组织价值与信念，使之成为员工行为准则。当规范性控制发挥效能时，组织将会拥有更少的正式规则与标准作业流程。雇员被鼓励运用自己的最佳判断与组织价值指导行为。由此，新员工向老员工（而非政策手册）了解应有的行为规范。

规范性控制往往与组织文化相辅相成（将在第 13 章中阐述），并且当员工和组织相处融洽的情况下最为有效。也就是说，个人的对于工作行为的价值、信念、期望与组织是相同的。这意味着运用规范性控制的组织在员工的招聘环节会下很大功夫，他们需要甄选与组织态度和价值最匹配的人员。有相关学者指出，最重要（往往也是最被忽视的）控制方式就是留住最佳雇员。[20]

以 Ticketfly 公司为例，这家社会营销和在线订票公司为美国的音乐俱乐部服务，它的创始人丹·特里（Dan Teree）这么说道："我们这里的每个人都有责任并可以被派到任何其认为可以完成工作中去，并且他们会引以为豪。"[21]这就是价值作为规范控制系统以指导员工行为的极好体现。

12.3.4 控制杠杆

控制杠杆（levers of control）模型由哈佛法学的教授罗伯特·西蒙斯（Robert Simons）提出，是当今最新且最具创新意义的控制系统。[22]可以把杠杆想象成一种简单的机械，给予使用者机械利益。就像用棍子从地里撬一块石头，当你在棍子的一端用力时，你只需用很小的力量便可以撬动。组织控制杠杆也是如此。举个例子，有时用一个杠杆便可以撬动石头，但如果石头太大太重，则要用几个杠杆同时撬动。组织中的情况也是如此，你用的杠杆越多，你就越容易改变和控制工作与成果。

这一模型试图将其他模型的优点整合进来，包括信念系统、边界系统、诊断性控制系统和交互式控制系统。具体见表 12.1。

表 12.1　西蒙斯的控制杠杆[23]

杠　　杆	工　作　方　式	例　　子
信念系统	明确定义组织及其成员的核心价值	信条、愿景和价值表述
边界系统	明确定义组织中人员控制的范围或跨度	组织规则、禁止行为和规定
诊断性控制系统	允许组织进行标准监控的反馈系统	成果、激励与目标衡量系统
交互式控制系统	允许管理者计划如何定期亲身参与下属员工的决策制定活动	项目管理系统、知识管理系统以及计划系统

控制杠杆模型扩大了我们对组织绩效贡献因素的认知范围，由此，我们可以更仔细地了解人员、过程和关系流程。控制杠杆创造了一种文化思维，保持这一思维也对组织行为有所助益。

在控制系统中，员工的投入与参与程度不同。有些组织中，控制系统是自上而下的规定且员工不得改变，唯有服从。有些组织中，控制系统更具参与性，员工拥有创造和实施控制过程的参与机会。在一个案例中，员工被视为一种资产，其中合作和投入是全面实现组织目标和潜能的关键。

说到组织控制系统，很重要的一点就是组织需要考虑，可以或必须将哪些权力纳入控制过程中，这包括企业治理、审计、法律和顾客等各方面。接下来，我们将继续探究这些权力。

最热门»讨论题

1. 就你在学生时代所经历的科层控制系统，列出一个尽可能完整的清单，并分析其中哪些是你认为有必要或有用，哪些是无用且有害的，并进行解释。

2. 你之前的工作或学校中，是否有高度受控的环境？如有，你认为该环境对你造成了什么影响？（正面的还是负面的？）

3. 选择一个你可以每天在工作或学习中看到的过程，例如打扫教室或办公室。为确保效率和效能，需采取哪些控制措施？从事这些工作的员工是否参与了结果控制？如是，他们是如何参与的？

12.4　引领组织控制过程的惯例与力量有哪些？

在本章中，你将学到两种传统的组织过程结构，分别是公司治理和审计。同时你还将了解法规对于控制过程的影响以及当今最具创新精神的组织是如何将顾客纳入其控制系统中的。

12.4.1　公司治理

公司治理(corporate governance)指按照法律和组织内部的程序、政策、规则和惯例来控制、管理和指导组织的一种方式。从金融学的角度看,公司治理的形式是资本提供商确保自己的投资获得回报所采取的措施。[24]公司治理也可以被看作是一系列规定、政策和程序,用以组织管理和确保组织行为与实践和市场力量与内部控制结构相符。[25]

公司治理通常会以公司章程的形式出现。**公司章程**(corporate charter)包含一系列政策、规定和程序,涵盖治理的各个方面,如企业法律名称、营业地址以及商业愿景、董事会规定、证券(股票)分类等。

公司治理的控制方主要有三个:董事会、管理层和选定的利益相关方,三方同时有责任确保公司的愿景、价值和法律义务得到维护和执行。

董事会成员中通常有不属于公司雇员,但拥有管理专业经验的人员。他们被称为"独立董事",通常以劳务计酬(数额可能相当庞大)。董事会通常也包括组织高层的代表,例如 CEO、CFO 和总法律顾问等。董事会协助指导组织策略并确保组织不仅完成自己的目标,同时达到利益相关方的期望。在许多企业中,董事会是组织最终受托方并承担法律责任。

管理层是公司治理的第二个控制方,他们的职责是确保组织依照其章程进行治理并且确保所有的雇员遵守相关法律。管理层的报酬是通过确保利益相关方的利益得到满足而获得的。

选定的利益相关方是公司治理的第三个控制方。根据公司的上市情况的不同,公司治理中的利益相关方也有所不同。**私人持股公司**(privately held company)指个人或个人组成的团体全资拥有且不在公开市场销售所有权份额的公司。此类公司中的特别利益相关方可以包括某领域的顾问、专家,例如财务或社会关系领域,甚至可以是亲戚和朋友。**公开上市公司**(publicly traded company)指发行所有权份额或股票,并在公开市场交易的公司。此类公司中的利益相关方一般是各职能领域的专家(如财务、会计等)以及高级顾问(如前 CEO)或其他公司的常务高层等。公司拥有股东或持有公司股份的个人或群体。这些个人和/或群体通过员工认股权或公开市场获得公司股份。其他利益相关方可能在组织的管理上有发言权,例如社区代表、创始人、员工,等等。

有关公司治理,还有一点就是无论董事会如何构建,董事会成员均需要有共同的公司愿景、使命和目标。此外,董事会成员还必须就管理提出积极且有建设性的建议。显而易见,治理过程是十分复杂的,且有时会遇到暗中作乱的情况,因为每个人的利益都是不同的。最后,外部董事会和管理层的关系也十分重要,双方必须有效沟通、相互尊重并进行有效治理。

12.4.2　审计

公司治理是伞形的控制机制,由不同的组织职能构成。在这种伞式控制机制下,审计是确保人员和组织正在做其应该做的事的方式之一。**审计**(audit)指确保某些过程得到全面准确的管理和报告的正式审查。例如,我们可以对财务报表的准确度进行审计。尽管审计通常是指这类与会计有关的方面,但审计可以应用到其他诸多方面。比如,我们可以对环境保护法是否得到遵守进行审计。人力资源人员可以对公司进行审计以确保公司遵守联邦劳动法的规定或是对公司是否遵循安全生产条例进行审计。

审计有时是内部进行的,由会计、环境专员或 HR 专员完成。[26]外部审计则需要聘用独立的审计人员或公司。最为常见的例子就是大中型企业需要聘用外部会计人员对公司的财务状况进行审计。审计师的职责是依照 GAAP 原则以及州、联邦的相关的规定，确保财务记录准确、完整。

12.4.3 立法和萨班斯—奥克斯利法案

所有的企业和行业均不同程度接受政府管制。让我们首先看看法律是如何对企业产生影响的，我们通过近年来通过的一项重要法案——萨班斯—奥克斯利法案（Sarbanes-Oxley）进行研究。

1. 立法和控制

法规可以是本地化的，例如区划法规定哪些类别的企业可以开在什么地方。州或省的法律同样可以管理商业行为和官员待遇等。同时，企业也必须遵守国家和联邦法律，比如美国的民权法案就保护了员工的工作利益。[27] 在许多情况下，这些法律由管理机构负责维护，例如美国食品药品监督管理局和美国环境保护局等，通过立法和机构维护，政府可以对商业行为的诸多方面进行控制。例如，政府对产品的商标和广告进行管理，包括这些产品是否可以被称为"通过有机认证"或"公平贸易产品"。

所有国家都拥有此类法律与管理机构，它们对公司经营的方式、时间和地点拥有很大影响力。此外，贸易和商业行为的国际管理组织，例如世界贸易组织，对于定价、产品销售商和销售地等产生影响。

许多此类法律、法规的实施目的是为了确保商业行为对其服务的社会和人民公平和负责。通常，它们是为了平衡市场经济追逐利益的原则而设。这也可以被看作是为工人、消费者和社会谋取利益，而这通常需要本地、国家或国际管理机构和组织的力量。

2. 萨班斯—奥克斯利法案和控制

近年来，为确保商业运营的公平和道德，出台了一系列管理措施。这些规定和标准源于 **2002 年萨班斯—奥克斯利法案**（Sarbanes-Oxley Act of 2002），这项法案（简称 SOX）全名是《公众公司会计改革和投资者保护法案》，其对美国境内的所有公开上市公司都十分严格，因为这项法案对公司董事会、管理者和公共会计企业制定了更新或更高的标准。

鉴于 2000 年初发生的一系列大型企业与会计公司的丑闻事件，其中包括安然、安达信、泰科国际、爱德发、百富勤系统和世界通信。这一系列丑闻导致公司的财务基础崩溃，导致员工和投资者损失数十亿美元，而政府没有能力进行检测和制止欺诈行为，影响了民众对国家的公司和政府监管部门的信心。

该法案仅针对公开上市公司，而不是私人持股公司。法案共 11 节，包括公司董事会的附加责任以及违反标准的刑事处罚等内容，要求证券交易委员会实施与新法律一致的新规定。这项法案创建了一个新的政府机构，名为公众公司会计监督委员会，负责会计企业的监督、管理、调查和处罚（见表 12.2）。该法案还包含独立审计、公司治理、内部控制评估和增加财务披露等方面的规定。

对该法案所带来的好处和代价的争论始终存在。支持者认为该法案是有必要的，因为其使公众对美国商业的信息重拾并且通过加强公司会计控制，有效监管了各项流程。反对者则认为由于引入过于复杂的监管环境，削弱了美国的国际竞争优势。[28]

以上，我们探讨了公司如何制定标准以确保同时遵守公司内部治理标准和外部法律要求。在下一节中，我们将探讨第三种，也是更为创新的控制方式，即让顾客参与产品设计和营销的过程。

表 12.2　萨班斯—奥克斯利法案公众公司会计监督委员会

公众公司会计监督委员会的职责如下：[29]
1. 对公共会计企业进行登记；
2. 建立或适用审计报告编制的规定、审计、质量控制、道德、独立性和其他标准；
3. 对会计企业进行考核；
4. 进行调查、采取处罚行动及适当的制裁；
5. 完成其他必须或合适的义务与职能；
6. 确保遵守法案、董事会规则、职业标准，以及与审计报告的编制与签发以及会计师的义务责任相关的证券监管法律；
7. 制定预算并管理董事会及其成员的行为。

12.4.4　顾客控制

公司通常不得不遵循政府制定的一些控制措施。然而，有些公司却截然相反，它们希望受到控制。越来越多的组织开始将消费者纳入产品设计和质量控制中。请思考下面 Threadless 公司的商业案例。

商业案例

Threadless：顾客控制

杰克·尼克尔（Jack Nickell）是在线 T 恤零售商 Threadless 的创始人，他刚开始并没有掀起管理学革命或改写组织设计类书籍的想法。他当时是一个 20 多岁的学生，兼职打工，把大部分的时间都花在浏览设计网站、与论坛上的网友聊天，设计网页等。[30] 而这一切都因他在 New Media Underground 节上设计的 T 恤商标得奖后发生了改变。这个奖项没有奖金，甚至连他设计的 T 恤都没得到，但却启发了他。

于是他与好友雅各·德哈特（Jacob DeHart）决定举办一场网络 T 恤设计大赛。首届比赛于 2000 年 11 月举行，但只收到不足 100 个作品。奖项是两件免费 T 恤以及一个承诺：所有收入都将用于下届比赛。他们将 5 个最受欢迎的设计印制了 24 件 T 恤，每件标价 12 美元，很快就卖完了。

到了 2002 年，他们的 T 恤库存已达到 10 万美元，拥有超过 10 万的网站会员。尼克尔和德哈特意识到这已经不只是爱好。于是他们成立了一家公司，起名为 Threadless，并加入了其他几名股东。仅仅四年之后，也就是 2006 年，Threadless 的销售额便达到 1.6 亿美元，利润将近 600 万美元，公司的会员数量达到 70 万。[31] 2009 年，Threadless 每月销售 10 万件 T 恤，经常有风险投资者找上门。[32]

这些数字均表明，Threadless 在财务和顾客忠诚度上均取得巨大成功。今天，Threadless 甚至拥有一个非官方的粉丝博客（www.lovesThreadless.com），Threadless 的 Facebook 有 89 000 名好友，他们的 Twitter 有 1 359 851 人关注（截至 2009 年 11 月），同时还举办了"发现名人穿 Threadless T 恤"的比赛。

Threadless 的成功在于它们不只是把顾客看作消费者，它们还抓住每个使顾客参与产品设计、投票或宣传的机会。尼克尔和他的成员花了大量时间与论坛会员讨论并参与他们的活动，成员也似乎很欣赏公司的开放性，这点可以从公司顾客群的消费额看出，这远远高出他们的潜在消费能力。

说到建立 Threadless 品牌，公司其实没花一分钱，他们花的是时间。直至今日，Threadless 的主要营销渠道仍是口口相传。事实上，是公司的粉丝们负责建立公司的 Facebook 主页和其他网站的。尽管尼克尔和德哈特尝试出打广告，但他们很快放弃了这个念头，因为这不仅没有取得预期的效果，反而激起了粉丝们的不满情绪。对此，尼克尔是这么说的：

> 我们的公司是基于信任和诚信，我们不喜欢把自己的品牌理念强加给那些不愿意听的人，无论出于什么原因……但这不代表我们不营销，我们只是不打广告。[33]

就员工的甄选问题，Threadless 的信任原则发挥了重要作用。"可以说，信任是我们在面试时唯一讨论的问题"，尼克尔说道。[34]我们的理念就是寻找可以自己工作，不需监管的员工。我们的许多员工都是设计师，或取得艺术学位。事实上，我们员工的 75% 在正式工作前都是我们网站的会员。[35]

Threadless 有它的大计划。他们已经在芝加哥开了一家零售实体店，一开始只是一个旗舰营销手段，店里的产品不多。大部分的空间被用来宣传新兴艺术家的作品。尽管开实体店之初是预测亏本的，但它在六个月之内便开始盈利，目前已经可以吸引全国各地的顾客前来。Threadless 也正在筹划扩张并建立区域仓库，使欧洲地区的顾客能更快收到自己的 T 恤。[36]它们还计划扩大业务的范围，准备向童装、配饰甚至是餐具行业进军。它们的机会可谓无限。

和在案例中分析的一样，Threadless 成功挑战了传统的商业惯例和营销控制手段。尽管所有的企业都知道顾客忠诚度和品牌信任度的重要性的，但 Threadless 向我们证明了消费者控制的产品设计和营销也可以是公司的核心竞争力和最重要的资产。Threadless 显然运用了一个十分与众不同的商业模型，但随着技术和社交网络在日常生活中作用的不断显现，这一模型将必将获得更多的研究。

现在，你已经了解了一些常见的控制系统，以及一些新兴的创新控制系统与理论。在下一节中，将学习控制过程的几个典型步骤，从而对这些系统有更全面的理解。

最热门»讨论题

1. 假设你受雇为一家时装精品店的顾问，对于所有人进行财务、人员监控以及法律遵守的问题，你将推荐哪些控制措施？

2. 你是否认为在当时，对于企业会计丑闻事件，诸如萨班斯—奥克斯利法案等法律是合理且有效的？为什么？

3. 假设你所在的某一团体（如兄弟会和姐妹会）拥有一个章程，请仔细研究这份章程，或你学校其他团体的章程。你是否认为这一章程能够指导并控制群体或组织行为，并加以解释。

4. 调查一些通过网络使其顾客参与产品设计的公司，对这一方式以及其他控制过程，你有何看法？你认为都有哪些利弊？

12.5 控制过程的典型步骤有哪些?

控制系统可以应用于业务流程的任何节点,从投入(如监控原材料质量和价格)到生产(衡量制造过程的效率)到产出(完成品的质量标准适用)的各个环节(见表 12.3)。在此过程中,组织目标被转换为具体的质量和效率标准与指标,例如原材料成本和质量的基准、内部生产过程的期望、员工绩效标准、产品质量规格、产品进入市场时间,等等。事实上,几乎业务流程的每个方面都可以进行衡量和监控,以确保组织达到目标与短期目标。

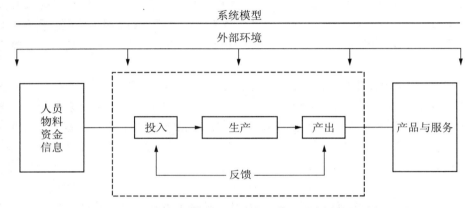

图 12.1 业务流程模型显示哪些环节可以应用控制过程

12.5.1 构建标准与指标

标准与指标(standard and metric)是为定义质量与效率而制定的衡量标准,来源于对影响预期产出的各种行为和系统的内部分析。这些标准与指标同样也能通过与顾客交流获取他们的偏好而得出。除此之外,还可以根据本行业其他企业的组织结果作为基准进行制定。

标准可以是定量(如店员在每个班头应售出 25 件服装)或定性的(如店员应对顾客友好、尊重)。标准与指标背后的逻辑如下:如果构建了正确的标准与指标,且所有标准与指标均达到或超过,则组织应同时达到目标。标准和指标也可作为比较的基础,为员工和管理者提供绩效指导。

要了解标准对于员工日常工作有何影响,我们假设有威尔和蒂芙尼两名员工。威尔在工厂工作,他必须每小时生产 60 部 MP3 播放器。此外,生产出的播放器还必须符合产品规格的规定(高 5 英寸,宽 2 英寸),这些都是定量控制。

而蒂芙尼在呼叫中心工作,她每小时必须拨打 5 个电话,同时接听 5 个电话,这样她每个电话的通话时间应保持在 5 分钟,然后在 1 分钟的时间内对每个电话进行记录。这些都是定量控制。而在通话过程中,蒂芙尼还需要尽可能帮助对方并表示关心。这就是定性控制。因此蒂芙尼需要同时达到定量和定性控制的要求。

12.5.2 绩效衡量

在确定标准和指标后，另一项重要的步骤就是衡量组织绩效是否达到或超出预期。这一过程需要考虑生产、安全记录、客户保持度或月销售额等数据。这些数据被记录下来并在下一阶段的控制过程中作为基准，同时，如有必要，将采取纠正措施。

再次以威尔和蒂芙尼为例，看看他们的绩效是如何衡量的。威尔的绩效是通过其每小时生产的 MP3 数量以及产品的规格进行衡量的。因此，威尔有两项定量控制措施以衡量其绩效。定量控制过程在制造业中是很普遍的。而蒂芙尼的管理者的工作就相对困难，因为她的绩效并非定量衡量（如她拨打和接听的电话数量），而是定性衡量（通过她通话的语调和是否对顾客友好）。这在顾客服务或销售行业是十分典型的。

12.5.3 将绩效与标准相比较

在绩效衡量之后，便是将组织的实际绩效与既定标准相比较。标准越是清晰、准确，比较的过程就越容易。比如，急诊一般都有病人等待的平均时间标准。美国疾病控制与预防中心的数据显示，2004 年，患者平均在急诊花费的时间是 3.3 小时（从到达到诊疗结束）。[37] 这便是医院制定自身绩效的基准。如果医院的目标是提升患者的体验或成为当地患者急诊治疗的首要选择对象，那么医院就应该采取措施，使自己的急诊时间显著低于这个基准，比如 2 小时或更短时间。

那么，威尔和蒂芙尼的绩效如何和标准进行比较呢？威尔每小时需要生产 60 部 MP3 播放器，并且需要符合特定的尺寸规格。假设 10 月 25 日的下午二点至三点，威尔生产了 51 个正确尺寸的 MP3，与标准相差 9 个，也就是低于标准 15%。这便是控制损失，即低于基准。

再看看蒂芙尼的情况，她在这一天的相同时间内打了 5 个电话但只接听了 4 个电话。那么她在接听电话方面便低于标准 20%，在整体通话数量上低于标准 10%。在 9 个通话中，有 7 个通话蒂芙尼表现出了帮助和关心，但在另外 2 个通话中，管理者在重听了蒂芙尼的通话记录后认为她没有帮到客户并显得不耐烦。

12.5.4 采取纠正措施

在将实际绩效和标准进行比较后，下一步便是如何弥补差距。如果实际绩效超过标准，这说明员工的表现出色或标准设定过低。如果实际绩效低于标准，则管理者必须考虑如何解决问题或是采取何种纠正措施。

在采取措施前，我们还必须弄明白为什么没有达到标准。有时，我们很容易发现问题的原因。比如，员工迟到，导致顾客比正常开门时间晚 1 个小时进入店内，那么销售额自然会下降。但是，很多情况下，低于标准的原因不是那么容易弄明白的。

我们来看看威尔和蒂芙尼没有完成标准的原因。威尔的经理约谈了他和他的同事，想弄明白为什么他们都比预期的生产目标低 15%。经过谈话，经理认为威尔所在的团队在工作过程中有聊天情况，因而没有专注于工作。因此，威尔的团队被给予口头警告并且在 30 内如再发生此类情况将给予书面警告。

与此同时，蒂芙尼的经理审查了蒂芙尼所做的通话记录，发现她只完成了 4 个接听电话（标准是 5 个）的原因在于有两个电话的顾客的要求超过了预计的时间，因为他们的需求比较特别，因此经理并没有采取纠正措施。不过，她的经理还是给予了她一次警告，因为她的语气显得不乐于帮助顾客。虽然蒂芙尼不认为她的语气不合适,但她还是承诺将会做些改进。

这个例子告诉我们,管理者是否决定对员工采取纠正措施是十分重要的,他们必须准确判断员工的行为,同时还需要帮助员工以同样的方式看到问题所在。在本例中,蒂芙尼的经理认为她不乐于帮助并显得不耐烦。如果管理者经验丰富、情感敏锐的话,他会准确解读蒂芙尼的行为并对蒂芙尼对顾客的影响作出正确的判断。但如果管理者的经验不足,无法准确解读员工的行为呢?或者管理者急于作出决策,其实并没有花时间听完整段录音呢?这些问题都是十分常见的,这也是员工和管理者都需要发展他们的技能的原因,以便建立积极、稳定的关系以及采取准确的评估措施。

12.5.5　反馈过程

没有反馈,控制过程便无法进行。通常,当人们听到反馈一词,便会认为反馈就是在事情发生后再获取信息。大部分情况下,情况也是如此。我们将会首先探讨这一类型的反馈。接着,我们将探讨两种其他形式的信息与输入,它们也广泛应用于控制系统:前馈控制与并行控制。

1. 反馈控制

反馈控制(feedback control)指事实发生之后收集并共享绩效信息的控制类型,这一过程的代价可能较大。有时,反馈的时间太晚,已经无法弥补损失。例如,工厂未遵守安全生产标准,结果造成员工受伤,对于该员工而言,即便反馈后,也是无法弥补的。又如,由于没有遵守道德准则,损失已造成后,便无法弥补。

在威尔的案例中,反馈控制可以怎样进行?如果威尔的老板从电子零售商处得知红色的MP3比蓝色的更畅销,那么他会想要增加红色MP3的生产。然而改变生产过程却需要花费不少时间,那么这次反馈便太迟了,结果导致错失了这次机会。

2. 前馈控制

与反馈控制相反,**前馈控制**(feed-forward control)指在问题发生前预测出潜在议题或问题的控制系统。这一控制方法是基于"最佳假设"情况,为可能发生的问题和机会,预先设定一系列控制措施,而不是当问题发生或错失机会后再采取行动。举例来说,威尔的公司可以事先研究不同的生产设备,并购买最稳定的设备。前馈控制是用以预防可能发生的问题或至少可以减少设备的维修次数。

3. 并行控制

最后一种形式是**并行控制**(concurrent control)。并行控制通过收集"实时"数据,从而减少绩效下滑和纠正措施之间的延迟时间。举个例子,随着实时跟踪软件的引入,演艺中心的管理者可以实时了解到将要上演的某场音乐会的售票情况,而无须等待每周或每月的销售报告。如果销售出现下滑,管理者能够及时发现问题,进而采取诸如广告等纠正措施。一些航空公司运用这一控制手段确定座位的价格。它们可以通过调价以取得营收和运能的最大化利用。

让我们再来探讨一下蒂芙尼所在的呼叫中心可以使用的并行控制。假设呼叫中心的管理者可以通过实时音频监控系统进行监控,系统将生成监控报告,以及可用于追踪电话数量和通话时间的软件。蒂芙尼和她的管理者将定时收到这些信息,那么便可以在未达到标准的情况下立即采取纠正措施。

12.5.6　反馈整合

控制过程是组织价值的一种体现,同时也传达给员工什么是组织领导者认为重要的东西。

此外，员工获取的反馈可以从正反两方面影响员工。如果反馈以积极的方式传达，员工将更乐于接受并整合，从而提升绩效。相反，如果反馈的内容不切实际，或是以刻薄、贬低的形式传达，员工提升自身绩效的可能性便比较低。

在威尔和蒂芙尼的例子中，威尔的经理通过积极的方式给予反馈，他总是先说威尔做的对的地方，然后再指出他需要改进之处。蒂芙尼的经理则不是如此。他十分多变，很难把握他对于事物的看法。他表现出轻蔑和不尊重的态度，而且并不完全忠于事实。因此，尽管蒂芙尼向其保证她会尝试改进，但其实她很不高兴，也没有什么动力。

当然，员工终究还是要对其行为负责。但是，如何运用控制过程支持并激励员工作出改进则是管理者和领导者肩上的责任，这并非易事！最出色的领导和管理者会均衡考虑控制措施对产品和服务质量造成的影响以及控制措施对员工改进工作绩效产生的激励和支持作用。若是员工得到支持，而同时控制过程又符合组织价值和目标的要求，组织的绩效便是最高的。

最热门»讨论题

1. 我们都有过老板对我们的绩效作出不公正评价或给予我们不准确反馈的情况。回想一下当前的情况，选择其中一次，思考这对于你的行为造成何种影响。如果当时你是管理者，你将怎么做以确保反馈有效地传达？

2. 你是否常感到被迫遵守工作规定？为什么？

3. 回想一下你最近一次在学校写报告或论文时的情况。思考如果你想在下一篇论文中得A，可以建立哪些标准，如何衡量绩效，如何将绩效与标准作比较以及如何采取纠正措施。

12.6 企业应控制什么？

你已经了解组织如何控制工作，那么现在是考虑组织需要控制什么的时候了。显然，组织想要控制财务绩效和员工生产力等。然而，在许多组织中，知道什么需要控制也不是件容易的事，以及不同的控制过程应给予多少比重。举个例子，大部分企业都想要生产高质量的产品或是提供卓越的服务，但是它们同时需要管理成本，以便可以获取利润并在行业中生存。不过，成本和质量，这两个领域往往是相互冲突的：提供高质量的服务意味着增加成本，而减少成本又可能影响质量。

这一冲突表明，企业的各个方面是相互联系的。某一领域的绩效提升可能会造成另一领域的绩效下滑。例如，2008年，好时公司（Hershey）决定在部分糖果棒中用植物油代替可可油以削减成本。随之而来的是 Almond Joy 产品销售的下滑以及顾客的投诉。因此，控制成本的后果可能是销售和利润的损失。在连续数月的销售下滑及投诉增加后，好时公司决定重新使用原来的 Almond Joy 糖果棒配方。[38]

在本节中，我们将研究企业通常控制的三个重要领域：财务、顾客服务和质量。为更好地解释这些概念，我们虚构了一名小企业家塔梅卡·詹金斯（Tameka Jenkins）和她的公司 LearnIT。

该公司为信息技术专业人员提供在线教育课程。接下来,让我们跟随塔梅卡,看看她应如何控制业务以及应运用何种控制方法。

12.6.1 财务绩效控制

管理者和领导者控制开支和增加利润是确保公司财务健康的一部分。为衡量公司的财务绩效,公司必须制定一个财务规划(预算)以及分析方法,以分析钱是如何赚取的,又花在了哪里(损益表和现金流分析)。接下来,我们将逐一探讨这些控制措施,同时我们还将探讨"超越预算"这一有趣的新兴过程。

1. 财务控制

财务控制(financial control)是指通过规划资金的支出和流入情况,跟踪成本和营收等财务活动,为开支的管理提供指导。最为常见的财务控制形式之一就是预算。**预算**(budget)指对一家公司内款项消费的时间和缘由以及消费人进行概述的文件。在许多组织中,预算是为特定时间段内整个公司的开支情况而制定的。公司的整体预算体系内还包括各部门的预算。举例来说,公司的人力资源部门拥有自己的预算,列出在特定时间段内将获得的资金以及如何运用这些资金。任何部门的预算都需要进一步细化,以反映资金如何分配到具体的部门项目和活动中去。例如,人力资源部的预算中,可能还包含培训与发展项目的独立预算,其中确定是为员工提供学习课程的开支和课程内容。

预算通过定量的手段表示某一特定时间段内需要采取的措施。会计学教授戴维·奥特利(David Otley)认为预算还应做到如下几点:[39]

1. 促进战略规划以及过程实施;
2. 从管理者的角度提供一系列期望;
3. 激励管理者与员工;
4. 增强员工和部门间的沟通。

如果预算经过仔细考量,它们可以成为十分有力的财务控制机制。当然,管理者必须不时重新审核预算并确保预算可以适应突发情况,例如商业环境的改变、新竞争对手的出现、原材料价格的变动或是顾客需求的变化。

那么,塔梅卡应如何进行预算呢?当塔梅卡开始经营 LearnIT 之初,她有一个开支计划,于是她以自己的期望为基础制定了预算,包括研发、营销、办公室空间和设施、税务、设立费用、工资和福利的各方面。塔梅卡认为她能够聘用她需要的员工,符合她的预算中工资标准。然而,当她开始面试后发现,如想要雇佣最佳的员工,她需要为此支付更多的报酬。塔梅卡不得不重新审核她的预算,看看是否可以在其他方面削减一些开支以弥补工资和福利方面的开支增加。或者塔梅卡也可以选择雇用较少的员工,直至她的公司开始有盈利。

2. 会计控制

除预算之外,一系列**会计控制**(accounting control)措施可以为企业提供欠款和应收款及其资产和负债的相关文件。三种最常见的会计控制是现金流分析、资产负债表和损益表。

现金流分析(cash flow analysis)关注的是在特定时间段内(当前或预期),组织的资金流入与流出状况。LearnIT 的现金流分析见表 12.3。表格显示公司在年底将有 136 283 美元现金入账,同时也显示公司最大的现金流出是用于支付供应商和员工款项的,公司的销售收入仍高于支出。

表 12.3 LearnIT 现金流量表

经营活动现金流入(流出)

	数额(美元)	总 计
收到顾客现金	250 000	
支付给供应商和员工的现金	(122 217)	
经营所得现金(总计)	50 000	
支付利息	(2 000)	
支付所得税	(60 000)	
经营活动净现金流		115 783
投资活动现金流入(流出)		
设备销售所得	500	
实收借款	10 000	
投资活动净现金流		
融资活动现金流入(流出)		
支付分红	(10 000)	
融资活动净现金流		(10 000)
年度现金流总计		
现金或现金等价物净增量		116 283
年初现金或现金等价物		20 000
年末现金或现金等价物		136 283

资产负债表(balance sheet)指提供公司在某个特定时期内的发展状况,重点强调资产和负债的文件。例如,LearnIT 的资产负债表(见表 12.4)显示公司的资产和负债情况持平。

表 12.4 LearnIT 的资产负债表(美元)

资 产		负债和所有者权益	
现金	136 283	**负债**	
应收账款	6 200	应付票据	36 400
工具与设备	5 000	应付账款	3 994
		所有者权益	
		股本	88 289
		留存收益	18 800
资产总计	147 483	负债和所有者权益总计	147 483

损益表（profit and loss statement）（也称为利润表，简称 P&L）是公司收入和支出的清单，用以决定如何提升公司绩效。损益表运用的是基本会计等式（利润＝收入－支出），体现组织的盈利能力以及所有者/利益相关方的所有权状况。现金流分析、资产负债表和损益表三者通常是高级管理层与业务领导评估公司当前策略执行情况并决定是否需进行调整的依据。

LearnIT 2011 年度的损益表如表 12.5 所示。塔梅卡希望从此表中找出增加利润的方法。她考虑对公司的租金进行重新议价，因为她发现租金开支仅次于员工薪酬、福利和税收之后。

表 12.5　LearnIT 损益表，财年截至 2011 年 12 月 31 日（美元）

收　入			收　入		
毛利润	300 000		保　险	1 750	
利　息*	2 000		法律与专业服务	1 575	
净收入	302 000		许　可	632	
支　出			打印、邮费和办公用品	325	
广　告	6 300		租　金	13 000	
银行和信用卡费	244		公用事业费	1 491	
记账费	3 350		税　收	60 000	
员工薪酬	90 000		支出总计		（182 217）
娱　乐	3 500		净收入		119 783

注：* 部分公司的损益表不包含利息和税收支出。

和所有的财务报告一样，上述表格只是一些数据，不能反映组织的全部状况。组织往往需要付出短时的损失以获取长期的投资回报，并提升市场地位。因此，不能仅关注月度或年度财务数据，公司还应考虑其他重要因素，例如公司使命、环境影响等。

3. 超越预算

超越预算（Beyond Budgeting）指一种旨在支持适应性更强、权力更分散、响应速度更快并且更有道德的组织的控制模型。由于集中财务管理的组织逐渐被认为是低效的，于是该模型便应运而生。超越预算模型的支持者认为该模型通过与本地经销商进行谈判，可以对问题做出更快反应、更具创新性，同时降低成本，而这一切都将带来更忠诚的顾客。

超越预算有 12 条主要原则。[40]其中 6 条为适应性原则：

1. 在竞争中实现绩效最大化；

2. 奖励团队所取得的成就；

3. 建立持续的、全面的战略；

4. 按需使用资源；

5. 建立与市场力量相适应的、高度协作的"跨国交流"模式；

6. 通过多层级控制建立快速、开放的信息体系。

其余 6 条被分类为非集权化或权力下放原则：

1. 建立一个基于可持续的竞争优势的绩效环境；

2. 建立敬业的团队，并共享同一个目标、价值和奖励制度；

3. 通过权力下放，给予团队自主决策权；

4. 运用相对保守的财务政策，同时质疑是否所有资源都应用于组织绩效的提升；

5. 构建动态网络，允许团队更有效地服务顾客；

6. 支持信息的透明与公开获取。

12.6.2 服务控制：客户关系管理

尽管财务对于商业成功而言至关重要，但如果公司的客户或顾客数量不足，即便是最聪明的会计人员也无力回天。这个道理也很明显，但是确保客户满意却不是那么容易的。

客户关系管理（customer relationship management，CRM）是以客户为中心的商业策略，实施客户亲密度策略或建立客户友好的品牌形象，或是两者兼有。客户关系管理起源于 20 世纪 90 年代，当时许多企业正从交易型客户交流转向关系型客户交流。[41] 客户关系管理的重点在于建立并长期维护忠诚客户基础，而非在短时间内最大化地扩张客户数量。

客户关系管理包括客户数据衡量机制，但这不仅仅是一项通过调查或类似形式收集信息的技术。一项真正的客户关系管理策略明确关注的是组织的使命和价值以及领导行为与文化。事实上，关注客户应是组织中每个人几乎全部的工作。

客户关系管理策略的成功不仅可通过财务手段衡量，也可以通过客户的忠诚度和保持率来衡量。尽管技术在跟踪和管理客户关系和忠诚度方面起到了支持作用，但如果客户关系不佳，技术非但不能提升客户关系，反而会损害客户关系。[42] 这是由于通过技术的沟通往往是私人的，反馈渠道也不佳。这会使得客户感到厌烦。例如，当客户从未收到任何调查的结果或反馈时，他们会认为自己没有得到直接沟通或是没有被倾听。

然而，有些公司掌握了客户体验跟踪的艺术。Constant Contact 是一家在线 B2B 服务提供商，许多中小型企业使用他们的服务进行在线营销，例如电子业务通讯。在公司首席执行官、总裁兼董事长盖尔·古德曼（Gall Goodman）看来，"当我们说'专注于客户'的时候，我们会把这一理念应用到组织中各个层面的指标和激励措施中去"。由于公司大部分的增长来源于客户介绍来的新客户，公司建立了一套被古德曼称为"客户导向指标与控制"的体系。[43] 用他的话说，这意味着"公司中的每个员工都需要面对客户，并每天、每周、每月进行反馈"。此外，管理者将每月对每名客户服务代表抽取四个电话进行考核，评分标准多达 30 个。这些指标包括态度、语气、是否有所帮助，等等。

此外，管理者还会每月与客户代表进行谈话，并对他们的发展和客户关系技能进行培训。客户代表的绩效也将在每月的奖金中得以体现。对此，古德曼是这样说的：

> 公司高层将每月获知这些结果，因此公司中的每个人都与业务绩效和客户体验相关。事实上，在我们公司，客户服务指标比财务指标更为重要。我们不太关注华尔街提供的季度报告。我们关注的是对于客户而言的我们的内在能力与绩效。这是让我们始终保持正确的自我认知的途径。[44]

古德曼知道，一个错误就可能失去一位客户。这便是 Constant Contact 公司花那么多时间、精力和金钱在确保客户获得卓越体验上的原因。当然，为了企业的长期存活，公司必须平衡对质量和效能的追求与对效率和成本控制的关注。因此，在过去的几十年中，发展出了一系列帮助组织在高效运营的同时保持高质量的过程。接下来，让我们来了解其中的一部分。

12.6.3　质量控制

　　运营管理(operations management)指将输入(比如材料、劳动力和想法)转换成输出(比如产品或服务)的过程。在兼顾质量控制的同时,有一系列用于运营管理过程设计与衡量的方法,例如业务流程再造、全面质量管理、六西格玛模型及精益管理等质量改进措施。这些措施将在接下来的内容中逐一阐述,此外,我们还将探讨 ISO 9000 和 14 000 这两个著名的管理质量认证和环境标准体系。本节的最后,我们将探讨波多里奇国家质量奖(Baldrige Award),这是一项授予拥有杰出质量水准公司的荣誉。

　　1. 业务流程再造

　　业务流程再造(business process reengineering,BPR)是指利用现有的技术和管理科学,重新设计出能够提高效率的业务流程、产品和系统,并且关注客户需求。该领域的两位领导者,托马斯·达文波特和詹姆斯·肖特认为再造是从无到有的过程。再造不是对现有的流程进行修改,而是全部重新设计,即便这对组织意味着一次翻天覆地的理念革新。[45]

　　学者迈克尔·哈默(Michael Hammer)和詹姆斯·杰姆培(James Champy)认为业务流程再造是对业务流程的重新思考和重新设计,需要对现有的绩效衡量手段进行彻底的改善,例如成本、质量、服务和速度方面。[46]我们之前所讨论的泰勒的科学管理方法认为决定制定权不应给予劳动者,而应全部集中到组织的科层控制中,对此,哈默和杰姆培指出:"从前是管理者说了算,而现在的工人也有一定的发言权。"[47]业务流程再造也涉及到客户,因为这是一个以客户为中心,而非技术为中心的过程。[48]

　　20 世纪的市场规模庞大,应对大量客户的方式是进行大规模的生产。但是,业务流程再造应该细化客户分析,考虑每个客户的需求。[49]信息技术往往是再造的核心,预期成果便是为客户创造的附加值。

　　达文波特和肖特认为业务流程再造可以通过五个步骤整合入组织中。[50]第一个步骤是,定义商业愿景与目标。第二个步骤是,确定哪个流程需要再造以及需要做怎样的改变以获得最大的效果。第三个步骤是,认识到什么有效、什么没用。第四个步骤是,确定使用何种信息技术系统和功能进行业务流程的再造。最后一个步骤是,设计新步骤并制定试验项目或制造新设计原型。

　　与接下来将讨论的全面质量管理不同,业务流程再造是通过对业务进行彻底的重新思考和设计,从而进行改进。说到其目标,托马斯·达文波特说:"今日的企业不能分块管理,它们必须加倍改进,也就是花 10 倍的力气,而不是 10% 的力气。"[51]

　　尽管有批评指出业务流程再造会最终导致裁员和工作环境僵化,但这一方法在 20 世纪 90 年代初期已被许多公司迅速适应。事实上,预计到 1993 年,将有 80% 的公司运用业务流程再造。[52]我们必须看到,如果业务流程再造没有彻底进行,可能会对企业造成负面影响,尤其是中小企业,因为它们的组织结构相对脆弱、不稳定。研究表明对于这类企业,所有者和管理者应借鉴其他企业成功的业务流程再造经验。[53]

　　2. 全面质量管理

　　全面质量管理模型由日本哲学家首先提出。所谓**全面质量管理**(Total Quality Management,TQM)是通过员工参与决策制定、持续的过程改进以及关注客户的方式,消除缺陷以及产出变动的质量控制理念。其核心理念是组织应采取持续、渐进的改进,而非大刀阔斧进行彻底改革。其核心原则如表 12.6 所示。

表 12.6　全面质量管理的核心原则[54]

---

1. 持续改善(Kaizen)：注重持续的过程改进，往往通过渐进的变化。其认为可通过如下五个方面消除浪费：[55]
   - 团队合作；
   - 个人纪律；
   - 提升士气；
   - 质量小组(为质量问题寻找解决方案的员工小组)；
   - 改进意见。
2. 实用品质(Atarimae hinshitsu)：事物依照其功能与目的发挥作用(如笔用来写字)。
3. 感性工学(Kansei)：对人们使用产品的方式进行研究可以改善这些产品。
4. 魅力品质(Miryokuteki hinshitsu)：制造出的产品应具备美学品质。

全面质量管理广泛应用于制造业、呼叫中心以及航天等技术领域。值得注意的是，其不仅仅只适用于大型制造企业。事实上，马来西亚高等教育领导培训学院的主任助理拉菲达·穆罕默德·努尔(Rafidah Mohamad Noor)认为员工参与问题解决是组织取得更高绩效的良好方式，具体的内容请见"观点"专栏。

观点

AKEPT 是由马来西亚教育部于 2008 年创办的一所高等教育领导培训学院。AKEPT 的使命是重振并提升马来西亚的高等教育水准。学院的目标十分鼓舞人心，它想要使本国的高等教育系统更好地服务于本国乃至全亚洲的学生与教职人员。对此，拉菲达·穆罕默德·努尔是这么说的：

> 我们希望 AKEPT 成为真正成功的范例，因此我们始终寻找改进的方法。AKEPT 的使命很重要，因此我们面临的挑战也更艰巨。当你思考我们现在该做何改变以及我们在短时间内需要马上做些什么的时候，我们很清楚地明白我们必须注重创新和工作质量的提升。

> 我们每天同样面临着新的挑战和活动，不断提醒自己，每件事都是不同的，必须能够为提升自己的工作而做出改变和适应。我们始终注重如何提升自我和 AKEPT。为了做到这一点，必须确保每个人的意见都能被听到，无论他们的职位是什么。只有当所有的意见都被听到时，他们才会开始讨论、发现问题、搜集思路并寻找解决方法。

资料来源：安妮·麦基对拉菲达·穆罕默德·努尔个人专访，2009。

3. 六西格玛

六西格玛管理策略最初由摩托罗拉公司开发，旨在降低制造过程中的次品比例，现在，**六西格玛**(Six Sigma)指一种以特定顺序采用质量管理方法来降低成本或提高利润的管理策略。该管理策略涉及制造和业务流程的诸多方面。[56]六西格玛培训的人员将进入一个等级结构组织，其中位于顶层的是倡导者，接着是不同级别的专业人员，分别由黑带大师、黑带、绿带和黄带组成。[57]

运用六西格玛模型的公司有美国通用、波音、卡特彼勒、雷神，等等。毫无疑问，这些都是全球最大的公司之一。大型公司的财务资源规模广,需要使用六西格玛模型,小型公司则不然。培训一名员工达到黄带级别需要花费超过1 000美元。[58]在大型组织中,有数百名(甚至上千名)员工接受六西格玛培训,这需要花费大量时间和金钱。

六西格玛的目标是通过渐进调整及关注最细小的制造细节来控制缺陷率。六西格玛的两项常见应用是用于流程改善和新产品或服务的开发。这两者运用的策略有所不同,具体请见表12.7和表12.8。

六西格玛策略的结果也不尽相同。例如,美国通用声称通过削减成本和/或增加利润在实施六西格玛策略的首个5年内取得了100亿美元的收入。[59]

表 12.7   面向流程改进六西格玛策略:定义、衡量、分析、改善和控制

- 定义高级项目目标和当前过程。
- 衡量当前过程的关键方面并收集相关数据。
- 分析数据以确定因果关系。
- 基于数据分析的过程改善或优化。
- 尽快控制以确保目标偏离情况在造成缺陷前得到纠正。

表 12.8   面向新产品和服务开发的六西格玛策略:定义、衡量、分析、设计与确认

- 定义设计目标,并始终与客户需求和企业战略保持一致。
- 衡量并识别CTQ(关键质量要素)、产品作用、生产过程能力和风险。
- 进行分析以开发并设计替代计划,进行高级设计,评估设计功能以选择最佳设计。
- 设计细节,优化设计并计划设计确认。
- 确认设计,开始试运营,实施生产过程,交由过程所有人。[60]

但是,3M公司发现六西格玛策略限制了创意和创新精神。[61]对于六西格玛带来的创新和效率提升间的冲突,作家史蒂芬·拉佛(Stephen Ruffa)认为从数据上分析,六西格玛策略对福特汽车公司的帮助很小。[62]尽管被广泛质疑,但六西格玛策略仍被广泛应用于今天的公司中。

4. 精益管理

精益管理(Lean Management)是一种管理方式,它组织制造和物流,通过减少每个过程的变异,保证效率最大化和消除浪费。尽管"精益管理"一词在20世纪80年代的欧洲出版物中已能偶尔发现,然而其真正流行是源于1990年关于日本精益制造的书籍出版之后。[63]当今,最著名的精益管理方法之一就是丰田的生产体系,运用精益管理策略消除浪费,使效率最大化。[64]

1. 改善质量:企业为增强竞争力,则必须拥有超出客户期望的高质量产品。

2. 消除浪费:浪费有多种形式,如生产过剩、停工、缺陷、返工等。为实现精益生产和利润,必须消除这一系列浪费。

3. 减少时间:必须减少制造过程的总时长,以增强竞争力。

4. 减少总成本:任何多于成本,如部件和完成品的不必要库存费用将会损害公司利润率,因此必须降低这类费用。

精益管理和其他所有精益体系一样,均以提升效率为首要目标,通过减少时间、空间、劳动、物料等方面得以实现。这需要通过识别并消除重复步骤加以实现。[65]尽管精益管理的许多原理均是常识,但若是极力执行,也会产生巨大效率,而当效率胜过效能和质量时,成果将是十分可观的。比如丰田公司在运用精益管理策略后,其产品质量也得到显著提升。因此,在运用精益管理策略前,我们必须确保过程的精益度不能过高,以至于无法适应或不能容许任何错误的发生。[66]

5. ISO 9000 和 14000

ISO 9000 和 14000 是世界知名的管理体系认证标准，并在大约 175 个国家有超过 100 万组织使用。[67]国际标准化组织（ISO）由多个国家级别的代表机构共同组成。ISO 9000 和 14000 分别是质量管理和环境管理标准。尽管该标准在汽车和工业中广泛应用，但这一标准并非仅适用于某个行业。[68]事实上，ISO 组织强烈鼓励各行业的中小企业采用这些标准，尤其是 ISO 14000 标准，从而获得标准所带来的经济收益。[69]

ISO 9000 标准首次于 1987 年公开，是质量控制方面的可审计国家标准。[70]至今，ISO 9000 标准已经过反复修订，标准基于八项质量管理原则，旨在使企业超越客户的质量要求、提升客户满意度，同时符合管理标准。[71]原则包含对客户、领导力、人员、过程利用、管理体系、持续改善、决策方法和双赢供应商关系建立，共八个方面。[72]

为支持这八项原则，ISO 9000 标准要求企业运用该标准进行质量管理文件的编制，例如质量手册和流程指导。[73]企业同时可参与各项质量管理体系的独立认证或登记，以证明其符合标准的要求。这些认证不强制要求企业应用 ISO 9000 标准，但通常这些认证对营销和消费者有效，并对企业有利。[74]

ISO 14000 标准发展于 1992 年。[75]这一标准制定的目的在于鼓励企业承担环境责任，帮助企业减少环境影响并提升长期可持续发展能力。[76]ISO 14000 标准的核心是判断企业影响环境的方式，推进环保产品标签、鼓励企业进行生命周期分析以及实时评估环境绩效，[77]而这最终将使企业更多收益，并与利益相关方建立良好的关系。[78]同 ISO 9000 认证一样，企业也可以要求进行 ISO 14000 标准的独立审计。该认证表明企业已经超越政府对于废弃物处置与污染控制的最低政策要求。[79]

ISO 9000 和 14000 标准并非用以规定具体的质量或环境实践。它们为此提供的是一个过程评估框架和系统化的策略。[80]这些系统的实施需既需要时间投入，也需要资金投入；但能使企业的管理更有效，带来更多利润。同时，也使企业肩负更多的道德责任，对客户和环境负责。[81]这可能也是全球这么多企业采用这些标准作为日常经营一部分的原因。

6. 波多里奇国家质量奖

工业对于质量认证和改善的需求不仅仅对于私有部门而言是如此，对于政府而言，亦是如此。波多里奇国家质量奖便是一例。该奖项于 1987 年依照美国公共法第 100—107 项建立，首次颁奖于 1988 年。该奖项以 1981—1987 年美国商务部长马可姆·波多里奇（Malcolm Baldrige）的名字命名。[82]在其任职期间，他认为，美国经济的长期发展必须与质量管理紧密联系起来，因此他将这一理念在商务部推广开来。在他的领导下，商务部的预算和行政费用大幅降低，而效力与效率却显著提升。[83]

该奖项每年由美国总统向制造与服务业、教育机构、医疗企业和各类非营利组织颁发。企业自行申请参与奖项评选，评奖标准主要由七个方面组成：领导力，战略规划，客户和市场关注，衡量、分析和知识管理，员工关注度，过程管理以及结果。奖项得主通常行为规范良好，有公共责任感，同时保持良好的客户及员工关系。此外，他们践行与组织目标相符的卓越生产与交付过程。[84]波多里奇标准不仅是评选杰出的企业的标准，它已经成为许多企业的组织方式，并被应用到企业的日常运营标准中。

说到应用到企业运营的整体，波多里奇奖的原则是，帮助组织关注战略绩效并提升组织可持续性。[85]因此，波多里奇奖的得主需要将他们的成功经验与其他组织分享，从而在行业中形成追求卓越的文化。[86]正是这一文化使得美国企业在世界经济中占据一席之地,并且使波多里奇国家质量能不断适应瞬息万变的商业环境。

最热门»讨论题

1. 你曾工作过的企业中,是否有真正以客户为中心的组织? 你认为这个组织与你所经历的其他组织有何不同?

2. 假设你的学校或公司计划实施全面质量管理、六西格玛或精益管理策略。那么,在资源利用和人员管理方面,你认为将出现什么改变?

12.7 为提高工作效力及效率,HR 应如何协助控制?

人力资源管理在组织控制发展和实施中起着核心作用。有时,这个工作是让人羡慕的:发展高绩效人员并使他们准备好迎接挑战、承担更多责任。有时,这个工作又是最好困难的:它要求情感敏锐且懂得换位思考。在本节中,我们将重点研究绩效管理,这一有力的工作控制机制。

12.7.1 绩效管理过程

绩效管理是管理者和 HR 人员肩上的一个重担。通过直接与员工或协助经理进行员工绩效跟踪,HR 在人员绩效提升和帮助组织进行员工能力和发展需求跟踪方面扮演重要角色。

绩效管理过程涉及制定标准、监控绩效、帮助员工平衡能力并克服缺陷。一个运作良好的绩效管理系统不仅仅关注员工行为的监控,更多的是对组织成功的贡献与成就的衡量,具体如表 12.9 所示。[87]

表 12.9　绩效管理过程的五个步骤

1. 规划工作并制定期望;
2. 持续监控绩效;
3. 发展员工能力;
4. 进行阶段绩效审查;
5. 奖励良好绩效并纠正不符要求的绩效。

HR 是绩效管理系统的执行者,通过表 12.9 所示的五个步骤进行管理。除此之外,他们还需要与领导者、管理者和员工保持联系,以了解他们每天的工作内容。最常见的(但并不一定是最好的)绩效管理策略之一是目标管理。对此,我们先来看看正反双方的意见。

12.7.2 目标管理:谨慎使用

目标管理是帮助员工依照组织目标,制定自身目标的绩效管理工具。目标管理通常被认为是被动的,但其在当今的组织中仍被广泛使用。[88]这一方法认为员工可以根据组织目标为自己设定合适的个人目标,并且认为如果员工定期得到反馈,并且获得奖励,他们就会受到激励、感到满意、从而获得成功。这一理念背后的哲学是员工、管理者应关注成果,而非仅仅是过程。[89]

有些公司正确实施了，但多数情况是，目标管理不能得到全面实施。这是因为，在没有公开沟通、信任和良好协助的前提下，员工不愿意参与目标规划和设定的过程。[90]这一过程中会产生很多问题，例如，管理者缺乏培训或组织中的敌对情绪导致员工认为公开自己的缺点是不安全的等。或者，目标管理过程变得仅仅是一个形式。所有人每年完成表格后，再也不去看这个表格。这反映出绩效评估过程的重要性，其包括如何采取有效措施收集并共享员工的绩效信息。

12.7.3　员工绩效信息收集

为评估员工绩效并帮助其发展，管理者需要收集员工的工作行为信息。绩效数据可以包括管理者的观察、指标衡量数据（如销售代表产生的销售额）、自我评价（员工对其绩效的反思）、同事的反馈、客户的反馈，等等。

收集员工绩效的方式有很多。有些方法是直接的，例如那些容易量化的绩效（如员工的销售是否达到销售额目标，或是客户数、生产量是否达标）。还有一些绩效难以用数字衡量，但不代表它们不重要。这些绩效反映的是员工的工作、社交和情感能力水平，这些都是个人与组织成功的关键。HR 通常负责设计这些过程，收集员工绩效数据并用以培训管理者如何使用及共享这些信息。

近年来，一项名为 360 度评估的数据收集形式十分流行。**360 度评估**（360-degree review）是一种评估流程，其中通过自我评估以及从同事、管理者、客户和其他利益相关者得到的反馈产生有关雇员或管理者的描述。这些信息通过匿名的能力考查问卷形式收集。这些数据被制作成表格的形式报告给员工，显示其他群体对其的评价。另一种数据收集方法是管理者、HR 人员或外部咨询师对员工进行保密谈话，以了解其表现。这些数据事经分析后找出重点信息，随后报告给员工（当然不会透露分析人员的名字）。这为员工提供了更全面的视角和更广泛的信息以了解他人对其的看法。

360 度评估是一项有力的工具，能从各个角度审查员工的效能。然而，和其他一些涉及他人意见的过程相同，我们必须谨慎使用。首先，用 360 度评估来寻找弱点是相当低效的。其次，反馈的共享方式和数据本身同等重要。

12.7.4　绩效审查

在绩效数据收集完毕后，管理者和 HR 人员通常会和员工进行共享，这一过程被称为绩效评估。**绩效评估**（performance appraisal）指通过员工和他/她的主管面对面的交谈（理想模式）进行对员工绩效评定的过程，但在有些组织中则是由人力资源主管进行绩效评估。显然，如果不与员工共同讨论，绩效数据是毫无用处的。

然而，绩效评估往往是十分低效的。管理者及 HR 人员与员工讨论绩效考核结果时往往方式不当，造成员工抵触、防备、生气或情感受伤。HR 需要确保绩效评估积极且有效，而非消极或引起破坏性。

要做到这点，HR 人员可以指定一套绩效评估过程，帮助管理者和员工更好地交流。这一过程可以包括谈话的时间表，例如几年一次或几次、每次谈话的时间等。即便是如此简单的标准也能带来改变，因为管理者和员工都知道将会发生什么。

HR 人员还可以制定一个绩效评估谈话的跟踪机制，包括谈话前管理者和员工的准备工作（如结构化数据的收集、包括个人反思和个人评估）。还可以包括谈话过程的结构化，比如管理者应使用书面文件，其中包含员工绩效情况和衡量方式。这些文件为谈话提供了指导。平衡计分卡便是一个例子。

平衡计分卡(Balanced Scorecard)是哈佛商学院的学者在 20 世纪 90 年代发明的,被认为是脱离传统绩效衡量理念的一大进步,传统的绩效衡量往往过于关注财务方面的衡量。平衡计分卡是指用全面的眼光看待成功,并衡量与绩效有关的多种因素的评审过程。[91] 平衡计分卡主要衡量以下四个方面:财务绩效、客户、业务流程与学习与发展。这些方面被细分为子条目进行衡量。在绩效管理中,计分卡可以在组织的不同级别和部门中发挥不同作用。计分卡将员工绩效和组织目标与工作重点联系起来。

HR 人员进行有效绩效评估过程的第三种方式是对管理者进行培训以使他们获得有意义、温和、诚信的谈话技巧。但是,这做起来比听起来更困难。与员工进行直接、支持、诚信与关怀的谈话需要较高的情商。为确保这些谈话有助于员工,员工也需要信任管理者的考核结果是准确、公证、不带有偏见的。

员工也需要与管理者换位思考:他们是否确实了解员工的岗位、工作环境、目标和期望? 如果员工认为管理者关注他们,那么他们会进行良好的反馈。此外,研究者认为最有效的评估手段是将员工的生活、个人目标和梦想以及热爱的事务纳入评估过程。发展目标建立的艺术与科学需要能够发现员工生活、职业期望及组织需求间的共同点。[92]

最热门»讨论题

1. 你是否与你的主管进行过绩效谈话? 描述一下当时的场景,并阐述你在谈话前,谈话时以及谈话后的感受。

2. 列出你的人生目标,然后列出你所在组织的目标。其中有哪些是相同的? 组织目标与个人目标如何相互促进?

12.8 我们如何提升工作效力与效率?

你可以通过很多方式支持组织的有效控制系统,从参与过程的构建,到持续改善,到自觉遵守这些过程,所有这些都十分重要。在本节中,我们将探讨两件事,这两件事只有你能做:自我管理和自我情绪控制。自我管理和自我情绪控制可能是我们工作中所需要的最重要的控制机制。我们做什么、不该做什么,说到底都是我们自己选择的。外部控制手段,诸如规定、条例甚至文化都对我们的态度、价值和行为造成很大影响。然而落实到真正的行动,还需要我们自己决定如何工作、是否遵守规定、如何影响他人。

无论组织的管理程度如何,我们都根据自身发展和职业发展的需要来制定目标,例如学一门外语、完成工作或支持团队中新成员的发展。这便是自我管理,且只有你自己能做。有趣的是,有效的自我管理往往发生在积极、互信和对员工高度期望的组织中。[93] 原因可能是权力下放的组织能够创建一个积极的循环:信任带来自我管理与效能,且同时带来信任等。

除了管理自我行为,我们还可以选择如何在压力环境下管理自己的情绪,比如当我们面对学习新事物的挑战或是我们在分享乐观情绪和工作热情时的表现等。这些都是自我情绪控制,是最基本的情绪智能,也是良好领导力的基础。[94] 这是由于当别人需要我们指导时,无论是正式领导、导师或只是普通人，他们对我们的情绪都十分看重。事实上，领导者的情绪也是人们判断领导者效能以及是否听取他们意见的重要因素。

本书中，我们始终强调，在当今组织中，我们每个人都是某一方面的领导者。因此，你必须了解你的情绪将如何影响他人。我们的研究者从观察者的角度研究了领导者情绪对于观察者的情绪影响。结果表明领导者的负面情绪会对他人对其领导效能的评价带来明显的负面影响。[95]

情绪会相互感染。[96]也就是说，当你感到生气、沮丧、压力时，周围的其他人也可能会由此感受，或是对你的情绪感到焦虑。认知心理学的研究表明，长期处于极度负面情绪中的人的效率、决策水平和创造力都会下降。[97]而当人们拥面临适当挑战、激动和乐观时，他们的绩效会出乎意料。

这说明，作为一名领导者，通过管理你的情绪便可以影响他人的绩效。当然，你首先必须认清自己的情绪状态（即自我情绪意识）。你可以通过更有意识地在日常生活中管理自己情绪的方式，来提升自己认识和解读自己情绪的能力。然后，在你意识到自己的感受之后，你可以将此意识应用到感知别人对你的看法上。这听起来容易，但却意义深刻。你需要不断实践以提高自己的自我意识与自我管理能力。

最热门»讨论题

1. 思考你所在的一个群体、团队或组织，为承担起在控制自己和他人效力和效率的责任，你所采用的方法。你是怎么做的？为提升你对控制过程的贡献，你可以作何改变？

2. 思考一个你在一个群体中担任领导者（正式或非正式）的事例，然后思考这个群体所面临的挑战以及你对此所表现出的情绪。你认为你的情感对他人、群体状况和成果带来了怎样的影响？

3. 若你和你的团队正处于一个挑战性的处境，你如何强化团队中的积极情绪，帮助团队克服这一挑战，说说你的具体做法。

12.9　结束语：组织控制

近100年前，弗雷德里克·泰勒及其他早期学者为组织效能提升的研究奠定了基础，并持续至今。随着技术的发展，我们拥有一系列复杂而有力的工具帮助我们提升效率和产品、服务质量。尽管这些工具十分有效，我们的效率和质量也不断提升，但随着我们不断研究，这些工具也带来诸多问题。

首先，在一些组织中，效率和成本节约是首要目标。在此情况下，组织的使命可能会被遗忘，诸如安全驾驶、安全工作和社会贡献将退居二线，而首要考虑人员和组织的产出和财务绩效。其次，当控制成为目标而非促进目标成功的工具时，组织文化将会对员工产生负面影响。如果公司员工始终处于压力状态下，创意和创新精神将难以为继，员工也往往无法做到最好。

即便如此，组织仍然需要控制。我们总希望更有效率地工作，同时所有的领导者也希望生产高质量的产品和服务。因此，我们不必去探讨是否需要控制，我们需要讨论的是，我们如何运用控制过程来帮助我们实现组织的各项目标并创建具有创新精神的工作环境。值得高兴的是,研究者已经为我们提供了许多理念。

在本书中,你已经了解了许多学者、管理者和领导者进行权力下放和工作环境构建的方式,这些都帮助员工在工作中以及在解决问题时做出正确决策。权力下放是积极有效的组织控制系统的核心。你也了解到了有些领导者放弃短期利益,而把道德放在首位,从而获取长期利益。道德行为和文化可以支持我们作出正确决策,同时也是健康组织控制的关键。最后,学习并认识到,如果能很好地开发自己的社交能力和情绪调控能力,我们都可以成为优秀的领导者。如果我们把自己看作领导者,我们便有责任指导他人以最高效的方式工作。这也是最佳组织控制系统的核心。

本章总结和关键词

1. 什么是组织控制过程?

概述:控制过程包括建立标准、绩效衡量和监控、绩效标准比较和按需采取纠正措施。这些系统广泛应用于员工行为和产品质量的各个方面,并帮助组织在需要变革时反应更为灵活和迅速。当下,可用的控制过程多种多样,其中一些控制过程已在企业绩效的历史展望中根深蒂固。

关键词:

控制过程(control process):组织控制过程包括目标达成标准、绩效监控与衡量、绩效指标比较以及采取纠正措施等系统。

2. 如何从历史角度理解组织控制?

概述:弗雷德里克·泰勒、埃尔顿·梅奥和玛丽·帕克·芙丽特三位理论家对管理和组织控制的早期研究贡献突出。泰勒的科学管理理念主要关注如何降低制造过程中的浪费和低效,但较少关注个人角度。梅奥和芙丽特则不然,他们对管理学中人的角度很感兴趣,包括员工与管理者的交流、权力的使用以及工作中个人和生产的关系等。他们以人为中心的理论,尤其是芙丽特的理论对现代权力下放和共鸣领导等理念起到了很大影响。

关键词:

科学管理(scientific management):是对工作进行组织以最大限度提高效率的方法。

人际关系运动(human relations movement):起源于 20 世纪初,它强调将人、人际关系和群体行为作为工作场所研究的中心。

霍桑实验(Hawthorn Studies):研究了在伦理和生产力均提升的情况下,员工是如何评价管理者对他们的关注程度的和/或他们是如何看待自己是否得到了特别待遇。

3. 常见的控制系统有哪些?

概述:科层控制系统运用规定、标准和等级权力以取得预期目标,也较少关注个人。目标控制关注可衡量的行为与成果,规范控制是运用组织价值指导人员行为。控制杠杆模型结合了控制系统的优点并确保以人员和过程为导向的控制系统。

关键词:

科层控制系统(bureaucratic control systems):指使用具体的规则、标准和层级权限来达成计划和预期的组织成果的控制过程。

　　成果控制（output control）：指根据财务绩效和其他明确规定的指标（比如客户保持度）来衡量成果的一种控制类型。

　　行为控制（behavior control）：指为达到能引导组织走向成功的预期成果，组织试图塑造员工行为的一种控制类型。

　　规范控制（normative control）：指共享并植入一种组织价值与信念，使之成为员工行为准则。

　　控制杠杆（Levers of control）：控制杠杆模型由哈佛法学的罗伯特·西蒙斯教授提出，是当今最新且最具创新意义的控制系统。

4. 引领组织控制过程的惯例与力量有哪些？

　　概述：公司治理往往是控制过程的一部分，通过内部政策和外部法律规定了组织的管理方式。为确保员工和组织做应该做的事，还将运用正式审核或审计的方式进行评估。尤其在萨班斯—奥克斯利法案生效后，对公开上市公司的监管日益严格情况下，这些给够为确保公司能履行其法律义务起着越来越重要的作用。现在，一些企业正在从顺从性心态转向邀请一些关键利益相关方（如顾客）参与到指导监督之中。随着社交网络技术的发展以及消费者也越来越希望能在自己购买的产品上拥有一些决策权，这一理念越来越流行。

　　关键词：

　　公司治理（corporate governance）：指按照法律和组织内部的程序、政策、规则和惯例来控制、管理和指导组织的一种方式。

　　公司章程（corporate charter）：包含一系列政策、规定和程序，涵盖治理的各个方面，如企业法律名称、营业地址以及商业愿景、董事会规定、证券（股票）分类等。

　　私人持股公司（privately held company）：指个人或个人组成的团体全资拥有且不在公开市场销售所有权份额的公司。

　　公开上市公司（publicly traded company）：指发行所有权份额或股票，并在公开市场交易的公司。

　　审计（audit）：指确保某些过程得到全面准确的管理和报告的正式审查。

　　2002 年萨班斯—奥克斯利法案（Sarbanes-Oxley Act of 2002）：全名是《公众公司会计改革和投资者保护法案》，对公司董事会、管理者和公共会计企业制定了更新或更高的标准。

5. 控制过程的典型步骤有哪些？

　　概述：控制系统可以位于业务流程的任何阶段，通常用以确定业务流程和/或生产、提供的产品服务的效率与质量。在进行绩效衡量时，可采取定量和定性方法，且当发生不达标或错失机会情况后，应采取纠正措施。

　　关键词：

　　标准与指标（standard and metric）：为定义质量与效率而制定的衡量标准

　　反馈控制（feedback control）：指事实发生之后收集并共享绩效信息的控制类型，这一过程的代价可能较大。

　　前馈控制（feed-forward control）：指在问题发生前预测出潜在议题或问题的控制系统。

　　并行控制（concurrent control）：通过收集"实时"数据，从而减少绩效下滑和纠正措施之间的延迟时间。

6. 企业应控制什么？

　　概述：公司主要控制财务、客户服务和质量三方面，这三个方面相辅相成，相互影响。预算是最基本的财务控制手段之一,会计控制的方式包括现金流分析、资产负债表和损益表。客户服务控制主要用以监控和改善客户服务,目标在于建立并维护忠诚的客户基础。最后,质量控制是确保投入能转换为预期产出的方式,例如全面质量管理、六西格玛、精益管理和 ISO 标准。

关键词:

财务控制(financial control):指通过规划资金的支出和流入情况,从而跟踪成本和营收等财务活动,为开支的管理提供指导。

预算(budget):指对一家公司内款项消费的时间和缘由以及消费人进行概述的文件。

会计控制(accounting controls):为企业提供资产和负债的相关文件的控制措施。

现金流分析(cash flow analysis):在特定时间段内(当前或预期),组织的资金流入与流出状况分析。

资产负债表(balance sheet):指提供公司在某个特定时期内的发展状况,重点强调资产和负债的文件。

损益表(profit and loss statement):也称为利润表,简称 P&L,是公司收入和支出的清单,用以决定如何提升公司绩效。

超越预算(Beyond Budgeting):一种旨在支持适应性更强、权力更分散、响应速度更快并且更有道德的组织的控制模型。

客户关系管理(customer relationship management,CRM):是以客户为中心的商业策略,实施客户亲密度策略或建立客户友好的品牌形象,或是两者兼有。

运营管理(operations management):指将输入(比如材料、劳动力和想法)转换成输出(比如产品或服务)的过程。

业务流程再造(business process reengineering,BPR):是指利用现有的技术和管理科学,重新设计出能够提高效率的业务流程、产品和系统,并且关注客户需求。

全面质量管理(Total Quality Management,TQM):通过员工参与决策制定、持续的过程改进以及关注客户的方式,消除缺陷以及产出变动的质量控制理念。

六西格玛(Six Sigma):一种以特定顺序采用质量管理方法来降低成本或提高利润的管理策略。

精益管理(Lean Management):是一种管理方式,它组织制造和物流,通过减少每个过程的变异,保证效率最大化和消除浪费。

7. 为提高工作效力及效率,HR 应如何协助控制?

概述:将绩效管理作为控制机制通常是组织中 HR 人员的责任。为使绩效管理系统更为有效,我们需要足够的结构和流程来收集员工绩效数据,同时还需要与员工共享信息。建设性的、换位思考的反馈是确保员工积极回应的重要方式。绩效评估同样可以帮助员工建立职业目标并在个人目标、职业目标和组织目标间进行有效平衡。

关键词:

360 度评估(360-degree review):是一种评估流程,其中通过自我评估以及从同事、管理者、客户和其他利益相关者得到的反馈产生有关雇员或管理者的描述。

绩效评估(performance appraisal):指通过员工和他/她的主管面对面的交谈(理想模式)进行对员工绩效评定的过程,但在有些组织中则是由人力资源主管进行绩效评估。

平衡计分卡(Balanced Scorecard):用全面的眼光看待成功,并衡量与绩效有关的多种因素的评审过程。

8. 我们如何提升工作效力与效率？

概述：自我控制和自我情绪控制是我们可以做的用以提高组织效率和效能的两件事。自我情绪控制之所以重要，是因为负面情绪会影响人的效能。而情绪是会感染的，因此领导者的情绪，无论积极还是负面，都会影响他人的绩效。

关键词：无

9. 结束语：组织控制

概述：组织控制过程需要在财务目标、客户目标和组织整体使命间找到平衡。我们必须注意不能过于依赖效率提升的工具和过程。我们需要在权力下放、伦理和共鸣性领导这三个有效组织控制系统间找到平衡。

关键词：无

13

文化的力量

13.1　什么是文化？

　　著名人类学家玛格丽特·米德(Margaret Mead)认为**文化**(culture)指社会中的人在传统的承袭中需要学习并共享的,传递给子孙后代的,以及教授给新成员的任何事物。根据这个定义,文化包括宗教、信仰、政治意识形态、价值观、风俗习惯、食物、语言、性别角色、性文化以及人们日常生活的其他方方面面。[1]文化对我们的一生影响极大,因为它不仅引导我们的信仰和价值观的形成,而且几乎家庭、社区、工作中的一切都受到它的指引。我们一出生就开始接触文化。所学的语言,所吃的食物以及我们的行为、待人接物的礼貌都是文化的一部分。文化和文化期待影响着我们的思维、感觉和行为。文化通常是无形的,但却是我们人生的重要组成部分,有时我们甚至意识不到自己正在遵循着文化的一些"规则"。但这些"规则"正是万物运行的规则。正如研究组织文化的学者吉尔特·霍夫斯塔德(Geert Hofstede)所说,文化是"一种心理聚合程序"。[2]

　　不管是想成为一位高效的领导者、管理者或是作为一名普通雇员,你都必须了解文化是如何影响人类、人际关系和组织发展的。本章将向你介绍文化的哪些方面可以影响人在工作以及其他方面的人际关系。你将了解到组织文化的各种形式。另外,本章学习内容还包括对当今各种重要的组织文化形式的分析研究,人力资源在建立和保持健康的组织文化中的作用,以及我们如何营造强大的组织文化。首先,我们需要深入了解价值观、态度以及普通行为预期与文化之间的关系。

13.1.1　价值观

　　价值观是一个人或一个团体对于对错、好坏以及事物是否受欢迎,是否有价值的看法。[3]与某一社会文化相关的价值观往往包含对于自由、民主、真理和公正的评价准则。另外,价值观还包括对性、婚姻以及子女抚养的看法和评价。例如,你会有一些与家庭生活相关的价值观:是否应该先结婚后生子? 成年人是否应该亲自照顾年迈的父母而不是将他们送进养老院? 不管对方做了什么,家庭成员是否应该永远无条件对对方忠心耿耿?也许对于这些问题,你一直持有强硬的态度,而对另外一些问题,你并不会这么敏感。这是因为价值观并不是一些抽象的观念,相反,价值观通常帮助我们形成自我认识,因此它会让我们产生强烈的情感。

根深蒂固的价值观驱动着我们工作和生活中的各种行为。为了保护那些对自己意义重大的价值观,比如,公正、自由或是一些与宗教信仰有关的观念,人们会不惜进行斗争甚至放弃生命。你最重要的价值观是什么?为什么?你的价值观如何影响你的工作?理解自己的个人价值观将有利于你的生活和工作。

例如,个人对公平公正的看法和评价标准将会影响人在工作场所的感受和行为。那些高度重视公平公正的人,他们的行为往往以维护正义和平等为目的。他们特别推崇考绩制度,坚信表现优秀的员工应该得到应有的奖励。另外,这些人一般还对不公正的行为特别敏感。一旦发现不公正,他们就会感到愤怒、沮丧,自己的工作积极性也大大受挫。

组织通常会通过推崇特定的价值观来引导员工、顾客、利益相关者的行为,以及那些和所有权、自然环境相关的行为。例如,不少公司普遍推崇的一个组织价值观就是"员工就是我们最大的资产"。秉着这样的价值观,公司往往特别重视员工的再深造、自身发展、健康和福利状况。

在这些公司,虐待员工的管理人员会受到严惩甚至被开除。实际上,最近美国的一家律师事务所就出现了这样的情况。这家事务所是以合伙的形式建立的,由几位资深律师共同所有。合伙的形式中,想要开除某个雇员是很困难的。但是,正是这家合伙形式的律师事务所严惩了那些在对待雇员方面有悖事务所集体价值观的合伙人。那些被处罚的合伙人的行为不利于事务所年轻律师的成长,他们对年轻律师们的态度既恶劣又不专业,导致了不少员工丧失工作热情。事务所的领导层认为这些合伙人的不当行为产生了十分严重的后果,最终,几名主要合伙人被开除。

13.1.2　态度

我们经常会听到有人说"他这个人态度不好"或是"她的态度很积极!"这类评论通常是对一个人的信仰、价值观、行为,以及对他们待人处事、工作状态的简略评价。听到这样的评价,我们应该剔除表面意思,作深入思考,挖掘评价者话语中的深层含义。

态度(attitude)是一系列观点、价值观、信仰以及感觉的总和,态度决定一个人对某件事、某个形势、某个人或某个团体的反应倾向。[4]你对学校的态度是什么?你觉得学习有用吗?你对你所在班级持有的态度积极吗?你理解上学的好处吗?你讨厌必须上学这件事吗?对于学校对你的学习习惯的影响,你有什么样的态度?

在如何认识形势、判断人的好坏方面,态度有着重要的影响,而且我们的态度反过来也会影响对方对我们的认识和判断。和上文提到的价值观类似,强硬的态度往往也会引发人内心强烈的感情。很多人很少花时间去审视自己的价值观或自身态度,也很少花时间去思考自己的价值观和态度中哪些是最重要的,对自己有着重大的影响,而哪些并非如此。这是因为价值观和态度已经成为我们自身的重要组成部分,我们往往难以察觉,不会去专门审视自己的价值观和态度。

然而,优秀的领导者总会去不断审视自己的价值观和态度。他们会不断地督促自己去理解自己行为的动因是什么,哪些价值观是神圣不可侵犯的,哪些态度是需要改正的。理解自己的价值观和态度以及与它们相联系的情感,这具有重大意义。因为对自己价值观和态度的理解能够帮助我们去认清自己的行为,形成一套个人道德准则。理解了自己的价值观也有利于我们去把握其他人的价值观，而且让我们能够去审视我们所在组织要求我们持有的价值观。价值观和态度的另一个重要性就是它们影响了人的行为和规范。

13.1.3 规范

规范（norms）是一个文化群体对其成员行为的内在评判标准，它规定了人们做事的方式以及对群体其他成员的期待。例如，在规范的指导下，我们知道参加一场正式的宴会应该如何着装，并注意自己的言行；如何和其他人打招呼；以及自己与朋友、家人和同事应该如何分别相处。

规范通常是隐性的。有时，甚至直到有人违反了规范，人们才会注意到规范的存在。例如，在美国，人们在结账时会排队等待付款。没人做过特别要求，大家就这么排了。那么，试想下，要是有人突然不排队走到队伍最前列，直接掏出钱包付款。这时你可能会感到很生气，因为这个人违反了排队的规范，没按规矩办事。再或者，你正在乘电梯，某人走进来站在你旁边，你们之间的距离比你习惯的要近得多，这时你会有什么感觉？你会怎么办呢？你对这个人的印象又是什么呢？你此刻的想法和感觉都会和这个人违背了规范，侵犯了你的个人空间有关。

有些规范和行为指南的作用大同小异，而有些则扮演着像社会规则一样的角色。因此，学者们将规范分为有明显区别的两大类：行为指南般的风俗习惯和与严格的社会规则类似的道德观念。**风俗习惯**（folkways）是人们日常生活中的常规习惯，包括文化的方方面面，比如得体的着装和良好的社交礼仪。人们认为那些和风俗格格不入的人是怪异的，但并不一定是坏人。例如，如果你穿戴整齐地跳入一个挤满了人的游泳池，其他人就会认为你是个怪胎。工作中，我们也能体会到风俗习惯的影响，比如，如何正确地跟你的上层领导打招呼？参加办公室的聚会应该怎样表现才得体（例如，不要喝太多酒）？对会议开始和结束时间应该怎么处理才恰当？

与风俗习惯不同，**道德观念**（mores）在一个社会或团体的运行中起着至关重要的作用。道德观念不是行为指南，它更像是严格的规则，规定了一个社会在谋杀、强奸、性或子女抚养方面的立场。一旦有人摒弃道德观念，干了有悖道德的事情，他们就会受到严厉的惩罚，因为道德规范一般都已经写进了法律。例如，在很多社会中，犯了偷窃、谋杀或乱伦罪的人都会受到审判，被关进监狱。

当然，社会与社会间有着区别，道德观念也不是放之四海而皆准的。例如，在包括美国在内的一些国家，一夫多妻制是法律严令禁止的。但塞内加尔却没有用道德观念来约束一夫多妻这回事。在塞内加尔，一夫多妻与一夫一妻共同存在。一位研究者发现，2000 年，塞内加尔有15％的基督教男教徒和 28％的伊斯兰教男信徒拥有不止一名妻子。这占到了当时塞内加尔总人口的 29％。[5]

在工作中，道德观念往往与组织核心经营行为以及商业道德有关。例如，很多组织都希望员工在任何情况下都要坚决杜绝任何理由的收贿受贿行为。另一个例子是严守组织机密，比如肯德基的炸鸡配方或可口可乐的制作配方不能外泄。

在如今的工作环境中，把握不同文化中的价值观和规范有何不同是极其重要的。因为如今有很多组织——不论是本土组织还是跨国组织——都会开展国际业务或聘用来自不同文化的员工。

为了能和来自不同文化的人一起进行高效的工作，人们需要互相理解和尊重各自文化中的规范和价值观。例如，人们普遍认为，汽车业中，戴姆勒奔驰（奔驰制造商）和克莱斯勒合并的失败就归咎于两个公司的文化存在差异，而公司领导者们却没有能力恰当处理这些差异。[6]接下来，将继续分析文化的其他方面，研究它们如何影响我们的工作。

最热门»讨论题

1. 以头脑风暴的形式列出可以定义你祖国文化的事物,例如信仰、价值观、传统、食物和宗教。与来自相同文化的同学以及来自其他文化的同学分别进行交流,找出共同点和差异。

2. 举两个你所在学校中风俗习惯的例子。

3. 你是否有在不同文化中生活的经历?如果有,你是如何对其他文化中的规范进行了解的?

4. 核心价值观决定你是怎样的一个人,它会在你人生中最重要的一些事情上起到引导作用,比如家庭、恋爱和工作。那么,你的核心价值观是什么?

13.2 为什么文化在工作中非常重要?

我们中很多人对文化不够重视。为什么?我们需不需要在管理学的课程中加入对文化的学习呢?对此的回答有很多种。首先,如今组织的员工们往往来自世界上几个不同的国家,一个人所在国家的文化影响着他(她)的行为、情感、思维以及信仰,继而影响到他们的工作方式以及与他人相处的方式。另外,很多国家(包括美国)的组织中都存在多种文化共存的现象。因此,在当代组织中,文化多样性是一个不可改变的事实。

通常,来自不同文化的人,表达自己价值观、建立维护人际关系的方式有所不同;他们的需求和习惯也有所区别。实际上,我们甚至不敢保证同组织的员工都说着一样的母语。在组织这样的大环境下,处理这些不同之处是一件复杂微妙的事情。因此,我们需要找到合适的方法来跨越这些不同。为了能和其他文化背景的人一起高效地工作,人们必须充分理解自己和他人的文化。

当今许多领导者和公司都充分重视文化和多样性。他们投入大量时间和精力来帮助公司的管理者们掌握必要的技巧以应对全球化浪潮带来的文化多样性。例如,从事血浆治疗的杰特贝林(CSL Behring)公司。该公司专营蛋白质生物治疗药物(从人类血浆中提取的蛋白质制成的药物)。[7]以下是该公司一位优秀高层管理人员谈如何在多元文化中做好工作的访问实录。

观点

杰特贝林公司国际业务部主管迈克尔·盖恩斯(Michael Gaines)是一位充满活力的优秀领导者。迈克尔的团队分设在美国和瑞士两个国家,而杰特贝林公司的业务则遍布全球。在这样的跨文化背景下,迈克尔通过自己的一套方式恰当地处理了公司内人际关系并且取得了巨大的成果,这都体现了他是一位聪明的,拥有极高情商的管理者。他认为:

首先,你需要有耐心。跨文化背景下,人们总得花点功夫才能信任彼此。通过向同事提问来了解各自的知识背景和经历则是一种有效的交流方法。在项目进行过程中,一起参加宴会时,一起吃午餐时,都可以抽出时间来增进彼此的了解。你要仔细聆听别人的答案,然后建立有效的,对你有利的人际关系。这需要花费一些时间,也需要来回奔波。

另外,还要注意自己的语言。语言精确很重要——交流中你要时刻警惕可能会出现的文化差异。

做到下一步有一点困难——前提是,你必须意识到你所处的文化存在一些固有的文化观念,而其他文化也一样。尽管我们不愿意承认有这样文化观念的存在,但是它们确实在那里。如果你熟悉这样的文化观念,在交流中,你就可以根据实际情况利用或摒弃它。

总之,你需要有一种开放的心态。需要让自己沉浸在组织的文化中,充分理解这样的文化对组织运作的影响。你需要表现出对其他国家和其他文化的尊重。

迈克尔继续介绍了如何在多种文化环境中成功有效地工作,成为优秀管理者的经验:

在多种文化环境中工作的经验有利于建立强大的领导力。如果你能对多种文化的工作环境抱有一种积极包容的心态,并且高度重视自我意识,那么你将有能力与其他人良好相处,即便这些人也许会在某一个项目上与你意见相左。即便有时他们的意见与你完全相反,你也有能力让他们和你进行讨论,让他们尊重你在这个问题上的意见。如果你这么做了,别人就会觉得你想要向他们学习。那么,他们也会更倾向于向你请教。你在别人眼中就是一个亲切的易于接近的人,一个只是与他们看问题角度不同的人。他们还会认为你是一个十分正直的人,待人公平公正,值得他们信赖。

资料来源:安妮•麦基对迈克尔•盖恩斯的个人专访,2009 年。

很多组织和杰特贝林公司一样,员工来自不同的文化背景,并且拥有海外业务。例如,联合利华公司就是一家总部设在伦敦,业务遍布 100 多个国家的著名消费用品制造商;埃克森美孚在全球 40 个国家开展业务;耐克公司的总部位于俄勒冈州比弗顿,但同时在欧洲、中东、非洲、亚洲以及美洲都拥有员工。[8] 然而,并非大型公司才有国际业务。一个叫 Teleos Leadership Institute 的小型咨询公司就是一个例子。它总部位于费城,全职员工不足 20 人,但是公司的咨询业务却遍布全球十多个国家,在这些国家也聘用了一些全职员工和助理人员。[9]

文化是组织内部一股无比强大的力量,这是我们学习文化的另外一个原因。每一个组织都会形成与其所在国家或地区的文化相关联却又有所区别的具有自身特色的组织文化。因此,每个组织都有一套独一无二的融合价值观、风俗、习惯、传统以及信仰的文化体系。另外,文化是组织内进行控制的一种形式,它会对个人行为产生巨大的影响,最终也会影响一个组织的成败。组织文化规范着组织的隐性和显性行为,与标准控制体系比起来,它能更有效地引导人们的行为。[10] 因为,与其他人制定的规定和指令不同,文化已经内化,变成了我们自身的一部分。

最热门»讨论题

1. 你所在学校拥有什么样的文化?学校文化是如何引导你的行为的?

2. 学校里,文化差异是如何影响人与人之间的交往的?请给出你亲身经历的例子。

3. 两个群体间因为文化差异会产生误解和分歧,你是否有这样的经历?如果有,请详细描述出来。

13.3 什么是国家和组织文化维度？

在上文所述的一些与文化相关的概念的基础上,**组织文化**(organizational culture)指一套共享的价值观、规范和设想,指导团体、组织或机构中的成员行为。[11]组织文化对组织运行效率有着重要的影响。[12]

在本节的学习中,你将会了解到各国家和组织内部的各种文化维度。本节中,大部分信息来自于心理学家吉尔特·霍夫斯塔德在 20 世纪六七十年代所进行的具有开创性意义的研究。[13]最近,全球领导力与组织行为有效性研究项目继续了霍夫斯塔德的研究,得出了研究不同文化的九个文化维度。理解文化维度很重要,因为文化维度让我们可以用简单的方法来描述文化和亚文化对我们工作中行为的影响。

13.3.1 霍夫斯戴德的文化维度理论

20 世纪 60 年代末至 70 年代初,吉尔特·霍夫斯塔德调查研究了 IBM 在 40 个国家 7 000 多名员工的态度和价值观。以此为开端,接下来的几十年中,更多的人和国家接受了此类调查研究。研究中,霍夫斯塔德指出了可以表现各文化区别的四个维度:权力距离、不确定规避、个人主义/集体主、男性度/女性度。几年之后,霍夫斯塔德又得出了第五个维度——长期取向/短期取向。[15](见图 13.1)

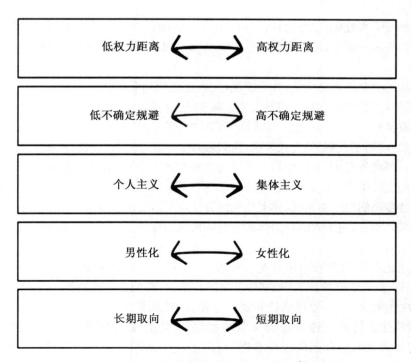

图 13.1 霍夫斯塔德文化的五个维度[14]

霍夫斯塔德提出的第一个维度为权力距离。**权力距离**(power distance)是一个社会中,社会成员对权力分配不均等的接受程度。在高权力距离的文化中,人们普遍接受不同的人、不同的团体间权力分配不均的情况。在这样的社会中,头衔、排位和地位显得尤为重要。员工们对处于权威地位的人士(组织中权力显赫者)也极为尊敬。在低权力距离的文化中,人们并不推崇权力或权威,也不认为对权力大小的衡量是区分人等级高低的正当方法。低权力距离的社会中,人们也会注重缩小贫富差距。员工们意识到自己有权去对管理者提出反对意见,而管理者则更倾向于让员工来参与决策。另外,即便是最低一级的管理者也有权作出一些决定,去冒险创新。

第二个维度是**不确定规避**(uncertainty avoidance)。不确定规避是人们对不可预知、不明确或不确定的情况可以忍受的程度。在高不确定规避的文化中,模糊的情景和变化会让人们有受到威胁的感觉。对新的观点,他们的容忍度也较低。在这样的文化中,我们往往需要制定成文的规章制度。而组织也会受到影响,倾向于去回避不确定性。这样,组织管理者则常常要去处理细节问题,完成那些结构高度明确的工作。相比之下,在勇于接受不确定性的文化中,管理者往往愿意去冒险。对于他们来说,不确定和变化是生命的一种常态,他们很容易就会接受这些不确定和变化。

第三个维度是个人主义/集体主义。**个人主义**(individualism)指人们选择按照自己的利益,而非符合团体的整体利益行事的程度。崇尚个人主义的文化重视个人的时间、自由、自主和挑战。在这样的文化中,人们只希望保护自己和他们直系亲属的利益,认为个人决定往往优于集体决策。**集体主义**(collectivism)指人们选择成为团体中的一员(而不是作为个人)来换得作为成员的忠诚和利益的程度。集体主义者期望集体中的其他成员来照顾和保护他们,就像他们照顾集体中其他人一样。在崇尚集体主义的文化中,集体决策优于个人决定,员工们对公司往往很忠诚。

第四个维度是**男性化/女性化**(masculinity/femininity)指社会价值观偏向成就(男性)还是培养(女性)的程度。但是,这并不意味着传统概念上的角色扮演、行为或感情是某一性别所专有的。

男性化指的是某人自信坚强,看重成就,注重金钱和物质财富。男性化文化中,"活着是为了工作"是最重要的生存之道;人们看重独立和果断。在男性化高的文化中,女性为了成功必须做出一些具有男性化特质的行为。霍夫斯塔德用"男子气概"来表示该种社会的文化特征,而对于那些天生缺少"男子气概"的男性来说,他们会和上述女性采取相同的做法。

霍夫斯塔德的研究中,女性化指的是某人喜欢与他人合作,看重人际关系,注重生活质量。在女性化高的文化中,"工作是为了生活"是最重要的生存之道,人们看重与他人间相互依赖的关系。在女性度高的组织中,女性和女性化的男性并不需要刻意做出一些具有男性化特质的行为来取得成功。相反,每个人的行为都必须能够增强人际关系,每个人看重的都应该是工作质量而不是数量。

霍夫斯塔德提出的第五个维度是长期取向/短期取向。**长期取向**(long-term orientation)指更关心未来,看重崇尚勤俭节约、坚持不懈的价值观,避免丢脸的精神。在有长期取向的文化中,人们往往关注未来,看重坚持和努力。相反,**短期取向**(short-term orientation)指满足个人需要以及注重传统与履行社会义务的欲望。[16]之后在 IBM 和中国进行的后续研究将长期取向和短期取向综合起来进行考虑,得出了一个新的二合一的维度。有趣的是,这个维度起初被称为"儒家精神动力",因为这个维度的出现引起了人们对传统儒家价值观的兴趣。[17]

自 1980 年研究成果公布以来,霍夫斯塔德的成果一直是大量组织文化研究的基础。其中一项组织文化研究正是因为支持并扩充了霍夫斯塔德的研究成果而得到了研究者和实践者们的大力支持。这项研究叫做全球领导力与组织行为有效性(GLOBE)项目。

13.3.2 全球领导力与组织行为有效性研究(GLOBE)项目中的文化维度

2004 年,该项目调查了 62 个国家的 18 000 名管理者,并在此基础上总结出 9 个文化维度(表 13.1)。[18]其中权力距离维度和不确定规避维度与霍夫斯塔德的研究成果相一致。未来倾向与霍夫斯塔德提出的长期取向/短期取向非常相似。而宏观集体主义则与霍夫斯塔德的个人主义/集体主义类似。剩下的五个维度丰富了人们研究文化的角度,它们分别是:坚定性、性别差异、微观集体主义、成就倾向和人性倾向。

作为一位领导者,你必须能够理解文化与文化之间的差异。为了处理好这些差异,你可以先从学习了解霍夫斯塔德和组织行为有效性研究项目的研究成果开始。例如,假设你是美国人,但被派去管理在瑞典的一家子公司。假设你事先掌握了组织行为有效性研究项目的研究成果,那么,当自己和员工在展示坚定自信方面表现出差别时,你就能应付自如。美国文化的影响加上你自己特有的互动风格,你在工作中会显得特别坚定自信。每次开会,你总是第一个提出自己的观点或是鼓动别人提出意见。例,当你发现其他人讨论不积极时,你就会当众指出。但这时如果你意识到,组织行为有效性研究的一项研究结果显示瑞典人普遍自信度不高,你就会开始改变自己惯常的做法。否则,你的行为就会得罪人或至少让别人感到困惑。在这种情况下,你必须要去理解瑞典员工们的价值观以及这些价值观对他们行为的影响。

表 13.1　全球领导力与组织行为有效性研究(GLOBE)项目中的文化维度[19]

组织行为有效性研究文化维度	描　　述	国家/地区例子
权力距离 一个社会中,社会成员对权力分配不均等的接受程度。	高权力距离的社会重视地位和权力,社会中的领导者要求下属顺从自己。 低权力距离的社会重视集体决策和关系的平等。	**高:**俄罗斯 　　西班牙 　　泰国 **中:**英格兰 　　法国 　　巴西 **低:**丹麦 　　荷兰 　　南非
不确定性规避 人们对不可预知、不明确或不确定的情况可以忍受的程度。	不确定规避维度高的社会重视结构,对未来有明确的规划。 不确定规避维度低的社会不受规则和常规程序的约束,不排斥模糊不确定性。	**高:**奥地利 　　丹麦 　　瑞典 **中:**以色列 　　美国 　　墨西哥 **低:**俄罗斯 　　希腊 　　委内瑞拉

（续表）

组织行为有效性研究文化维度	描　　述	国家/地区例子
未来倾向 社会对以未来为导向的行为的鼓励和奖励程度。	未来倾向维度高的社会着眼未来，推迟当前的享乐。 未来倾向维度低的社会看重短期成果，推崇及时享乐。	高:丹麦 　加拿大(英语区) 　新加坡 中:斯洛文尼亚 　爱尔兰 　印度 低:俄罗斯 　阿根廷 　意大利
宏观集体主义 社会成员被鼓励参与集体事务，以参与集体行动为荣的程度。	宏观集体主义维度高的社会通过向社会成员分配资源，让他们参与经济、社会和政治进程。强调集体成就高于个人成就。 宏观集体主义维度低的社会容易滋生利己主义。对人的奖励以个人表现为基础。	高:丹麦 　日本 　瑞典 中:美国 　波兰 　埃及 低:阿根廷 　希腊 　意大利
坚定性 社会对其成员坚强自信，勇于对抗逆境的鼓励程度。	高坚定性社会鼓励并奖励那些坚强自信，勇于参与竞争的社会成员。 低坚定性社会推崇温柔谦逊的品格。	高:西班牙 　美国 　奥地利 中:埃及 　法国 　爱尔兰 低:瑞典 　瑞士 　日本
性别差异 社会对性别差异看重的程度以及女性的社会地位高低、女性参与决策的程度。	性别差异维度高的社会中，某一性别享有较高的社会地位。 性别差异维度低的社会更推崇男女地位的平等。	高:韩国 　埃及 　中国 中:意大利 　巴西 　委内瑞拉 低:瑞典 　丹麦 　波兰
微观集体主义 社会成员以是社会某一集体中的一员为荣的程度。这些集体包括家庭、密友圈、团队和工作圈。	微观集体主义维度高的社会中，社会成员往往为家庭谋利益。其社会结构往往鼓励一个个小集体聚到一起进行交流。 微观集体主义维度低的社会往往更强调对国家的忠诚要高于为"小家"谋求利益。	高[*]:中国 　印度 　埃及 中:日本 　意大利 　以色列 低:丹麦 　瑞典 　芬兰

（续表）

组织行为有效性研究文化维度	描　　　述	国家/地区例子
成就倾向 社会对其成员取得进步和成就的奖励程度。	成就倾向维度高的社会重视成员的培养和发展，推崇首创精神。 成就倾向维度低的社会中，社会成员会对别人的反馈意见感到不安。	高：美国 　　中国台湾 　　新加坡 中：瑞典 　　日本 　　英格兰 低：俄罗斯 　　希腊 　　意大利
人性倾向 社会对于成员公平无私，慷慨大方，对人友善的鼓励和奖励程度。	人性倾向维度高的社会看重人际关系和对他人的同情之心。 人性倾向维度低的社会过分看重物质财富。	高：印度尼西亚 　　埃及 　　爱尔兰 中：瑞典 　　美国 　　香港 低：德国（前西德） 　　法国 　　西班牙

注：* 集体主义维度高，个人主义维度低。[20]

资料来源：Robert House, Paul J. Hanges, Mansour Javidan, and Peter W. Dorfman (eds.), *Culture*, *Leadership*, *and Organizations*：*The GLOBE Study of 62 societies* (Thousand Oaks, CA：Sage Publications, 2004).

13.3.3　文化真的很复杂！

就像你所了解到的，想要找出处理文化差异的最有效的方法是一个很复杂的过程。毕竟，你很难将所有价值观、规范和文化维度都考虑进来。部分是因为文化维度和价值观并不纯粹，一个社会的某些价值观也不会受到每个成员的推崇。为什么会这样呢？首先，因为一个社会的主导文化中总是存在多个强大的亚文化。其次，文化又总是在变化。

1. 亚文化

主文化中的所有成员有着一模一样的价值观、态度、信仰，并遵守一样的规范。这种情况是几乎不可能发生的。因为，每个文化就像一把保护伞，伞下存在着许许多多小规模的亚文化。亚文化的例子有很多。例如，美国就有一些区域性的亚文化，包括南部文化、东北部文化、中西部文化、纽约文化和加利福尼亚文化。每个不同的亚文化中又包含着多种价值观、态度和规范，但这些亚文化仍然反映着主文化的一些元素。比如宗教团体，它们就可以看作是亚文化。

你有过室友吗？有可能你和你的室友就来自于不同的亚文化。哪种文化差异是最容易被发现的？文化上的共同点和差异如何影响你和室友的关系？这些差异中，哪些是你最容易适应的？哪些是你很难接受的？

理解熟悉亚文化也很重要。因为，首先，就和文化一样，亚文化中的价值观和规范也会影响我们在生活和工作中的行为。其次，亚文化中产生的变化往往会最终影响到主文化。

2. 文化变迁

每个文化都是充满活力，不断变化的。但如果文化的变迁是以小规模的方式或是在无形中进行该有多好。现在美国社会正对谁能结婚谁不能结婚而争论不休。传统价值观影响着这方面的法律。直到最近，美国法律也只允许异性之间确立婚姻关系。但是，如今，许多人都认为同性间的婚姻也应该得到法律的认可。这象征着美国的亚文化和主文化都在发生变化。变化了的价值观和随之而来的对于改变法律的诉求并不是一夜间的产物，其实已经酝酿了大概 40 年。

早在 1970 年，为同性婚姻争取合法性的斗争就开始了。当时，杰克·贝克(Jack Baker)和詹姆斯·迈克尔·麦康奈尔(James Michael McConnell)在明尼苏达州申请结婚遭到拒绝。(其实，贝克和麦康奈尔能主动提出申请，这一点就已经反映了人们的价值观和文化正在经历着变化。)遭拒之后，他们向法院提起诉讼，但没有打赢官司。[21] 接下来，他们向美国最高法院上诉，但法院未开庭就对他们的要求予以驳回。15 年后，加利福尼亚州的两个城市(伯克利和西好莱坞)宣布要保证同性恋的利益，并且认可同性间的同居伴侣关系，但是官方却没认可同性婚姻。如今，已有一小部分州允许同性间建立婚姻关系，还有一些州承认由其他国家或州认可的合法同性婚姻关系。[22] 然而，情况还是在不断变化。例如，加利福尼亚在 2008 年 6 月 16 日至 11 月 4 日这段时间内，曾暂时承认同性恋婚姻的合法性。但随后又根据投票结果禁止了这一做法，不过州政府依然认可在那个特别时期内建立的同性婚姻关系。

在美国和其他一些国家，关于同性婚姻合法性的争论仍然激烈地进行着。人们在这种文化变化上大致分为了两大阵营：传统的保守派阵营和自由派阵营(这两大阵营也属于亚文化)。实际上，在 2004 年总统大选中，在同性恋问题上价值观的冲突就突然演变为了乔治·布什和约翰·克里两人之间的一场痛苦的公开辩论。当时布什坚决不允许同性结婚，而克里则认为允许同性间的结合是应对改变诉求的一种折衷的方法(但克里认为不改变美国传统文化中对婚姻的定义是必须遵守的底线)。在战争、反恐、医疗改革、经济问题等一系列极其重要的议题中，同性婚姻总是占据中心地位。[23]

对同性婚姻展开的激烈争论表明，文化上的变化往往会引起不少内部争斗。部分原因是因为一旦变化出现，人们就会开始质疑之前信奉的价值观；抑或是他们原有的价值观受到了威胁。这种情况在组织内部也会发生。例如，美国新英格兰地区的 Powell Flute 公司。这家公司以生产世界上最好的长笛而出名。20 世纪 90 年代初，当公司的领导者们发现，有一项新的技术可以用在笛身开孔上时，公司展开了一场激烈的辩论。主要内容就是公司是否应该采用这种与英国长笛制造家艾尔伯特·库伯所用的相类似的技术；而采用这样的技术后，Powell Flute 的名声会不会受损。毕竟做出这样的改变不仅仅意味着公司采用了一项新的制造方法，而对于生产工匠们来说，这也意味着自己需要接受并且适应一些全新的与以往有着很大区别的东西，这些都是他们在之前的生产实践中从来没有碰到过的。而且做出改变后，自己的工匠身份、原有的长笛制作方法以及整个公司的组织文化都会受到挑战。[24]

通过了解一些调查研究，我们了解了影响组织运作的一些文化维度。接下来，我们将了解到学者和从业者们是如何对组织文化进行划分的。

〰〰

最热门»讨论题

1. 以霍夫斯塔德的研究和组织行为有效性研究项目的成果为基础，试着描述你的国家文化和你所熟悉的另一种文化。比较两种文化，分析对两者间的异同的了解对处理工作关系有什么样的启示？

2. 以你的学校或工作场所为例,选取两个霍夫斯塔德的文化维度或两个组织行为有效性研究文化维度,阐述这些文化维度是如何影响学校文化或组织文化的?

3. 列出你所在的主文化中变化了的或正在发生变化的价值观和规范。分析变化的原因。

4. 你所在的组织或学校有哪些亚文化?这些亚文化对个人产生了哪些影响?

13.4 我们如何描述组织文化?

接下来,我们开始了解学者们是如何对组织文化进行分类的。首先,我们需要学习著名的**竞争性价值模型**。接着,我们需要从一个新的角度来分析文化——研究文化的强弱以及文化强弱对人们行为的影响。

13.4.1 组织文化的竞争价值模型

一个可以解释组织文化和组织效能之间关系的著名模型就是**竞值架构或竞争价值模型**

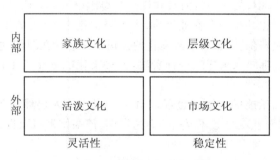

图 13.2 竞争价值模型[25]

(competing values framework)。一种模型,展示了衡量文化的两个维度:结构(稳定性和灵活性)和重心(内部和外部)。[26]

模型中,组织的重心维度包括内部和外部两部分。一个以内部为重心的组织会将绝大部分精力放在组织内部事务上,如员工对组织的满意度。一个以外部为重心的组织会更注意组织的外部事务,例如,如何适应和/或影响组织所在的环境。组织结构维度可以衡量一个组织的灵活度与其稳定性需求的对比程度。灵活性强的组织能够容忍员工的自主行为,而一个稳定性强的组织会建立更多的体系来规范员工的行为。以这个模型为基础,研究者们将组织文化分为四种不同类型:**家族文化、层级文化、活泼文化和市场文化**。[27]

家族文化(clan culture)指关注内部重心,并鼓励灵活性的一种文化。这种文化看重组织内部成员之间的团结合作,通过对成员间一致性和成员工作满意度的关注,提高组织内部的凝聚力。有着家族文化的组织往往在员工招聘、用人选择以及员工自身发展方面投入很多资源。

层级文化(hierarchy culture)指关注内部重心,强调稳定和控制。总体上,这种文化的组织拥有结构化的工作环境以及保证可靠性和高效率的多种控制机制。

活泼文化（adhocracy culture）这种文化重视外部重心，并鼓励灵活性。有着活泼文化的组织重视创新和创造性，它们适应性强，能较好地应对环境的变化。这种文化鼓励人们改变自己的做事方式。

市场文化（market culture）指重视外部重心，并鼓励稳定性和控制权的一种文化。有着市场文化的组织看重竞争，并且以取得成果和获得利益为目的。因此，组织也会要求员工们较快地高质量地完成工作任务。

另一项研究发现了第五种文化：**均衡文化**（balanced culture）。[28] 一种文化，这种文化拥有与竞争性的价值观框架中的每个文化领域相关的价值观，并且所有这些价值观都被视为是十分重要的，并得到组织成员的强烈支持。在这样的文化中，组织支持成员们为适应特定情况而改变自己的行为。

尽管在某些情况下，这五种类型的文化都有利于提高组织效率，但家族文化和均衡文化的效果最为显著。[29] 因为这两种文化为组织员工的发展提供最大的支持，并且最能帮助组织适应环境的变化。

13.4.2 "强势"文化和"弱势"文化

在对人们的价值观、态度和行为的影响上，不同的组织文化会有不同程度的影响。例如，在**强势文化**（strong culture）中，其核心价值观和规范为组织中大多数成员所共享并得到坚定维护的。另外，大多数管理者也共享一套商业准则。[30] 强势文化中，员工的工作效率往往较高，因为他们工作更投入，表现更自信。[31] 有着强势文化的公司也更容易在短期内取得成功，投资者也能拿到回报。[32] 很多研究者都同意这样的一种看法，强势文化能够让人工作更投入，生产率更高，工作绩效也更好。[33]

有时，强势文化的力量能够大到让已经离开某一组织的人仍然受到原文化的影响。本节"商业案例"部分所用案例就是对上述观点的有力证明，该案例来自麦肯锡公司（Mckinsey，一家全球商业咨询公司）。

商业案例

他们终身拥有你

希望归属于某一集体，这是人类的一项基本需求。在介绍自己时，大部分人会以介绍自己所在的集体开始，比如从事哪一行业，在哪个公司或组织工作，在哪个学校上学。日语中有一系列重要的单词来表示"内集团"和"外集团"的意思。[34] 我们所在的集体决定了我们的身份，同时也约束了我们在这种身份下的种种行为。

因此，你就会有一旦离开这个集体，就不再是这个集体的一员，不会再受它影响的想法。但是对于麦肯锡公司前员工来说，这并不是事实。他们所在的小集体——麦肯锡公司有着很强的组织文化，而把员工们联系在一起的公司内部人际网络是整个商界最为推崇的一种人际关系网络。

麦肯锡公司执行"晋升或出局"的用人机制。[35] 公司员工必须努力工作获得晋升直到成为公司合伙人。在任何一个晋升阶段，如果员工业绩考核达不到公司要求，那么他们就必须离开公司。在麦肯锡，不是所有员工都能成功晋升。但是，除了那些因业绩不合格被辞退的员工,还会有不少员工主动请退,辞职后,他们通常会为麦肯锡公司的客户从事高层管理工作。对于一些公司来讲,这种用人制度是很残忍的,辞退员工会引起被辞人员的不满,"明星"员工的离开又会让他(她)原本所在的团队受到打击。然而,麦肯锡公司却知道如何有效利用这样的机制。

员工要离开公司时(不管是跳槽还是被辞退),公司会为员工们再就业提供帮助。大多情况下,麦肯锡会推荐员工们为其客户公司工作。[36] 长期来看,这样的做法不管是对员工还是对公司都有好处。例如,西屋电气公司(Westinghouse Electric)董事长迈克尔·H.乔丹(Michael H. Jordan)就曾在 20 世纪六七十年代为麦肯锡公司工作,之后跳槽到麦肯锡的一个客户公司工作。现在麦肯锡公司经常为他的公司提供咨询服务。"现在感觉和麦肯锡还是很亲,"乔丹说,"我很多亲密的好朋友都是当年在麦肯锡一起工作的时候认识的。"[37]

尽管一些人并不喜欢麦肯锡这种与众不同的机制(他们称之为"麦肯锡帮"),但是它确实很有效。[38] 在这种文化中,公司重视员工的忠诚度,员工也总会感到自己是公司这个小集体中的一部分。他们在工作标准、对公司忠诚度和商业操守方面有着共同的价值观。[39] 这些信念和行为都是麦肯锡文化的一部分,这种文化的力量强大到甚至可以影响那些已经离开公司的员工。

在麦肯锡这样的合伙经营的组织中强势文化很常见。而强势文化同样也存在于新创立的公司和一些家族公司中。特别是一些初创公司,强势文化会让员工们推崇一样的价值观,鼓励他们为了实现共同的目标一起努力,并且合力迎接公司起步期的种种挑战。下面是一个叫 Vineyard Vines 公司的例子。

学生的选择

试一试 Vineyard Vines 的领带:蓄势待发,传承家文化

1997 年,谢普·莫里(Shep Murray)和伊恩·莫里(Ian Murray)两兄弟发现在华尔街工作并不能让他们有满足感。[40] 他们想辞职。他们希望把小时候夏天在玛莎葡萄园岛所感受到的家族精神融入自己的工作中。于是,在 1997 年圣诞节和父母吃饭时,两个年轻人提出了一个想法:用他们对玛莎葡萄园岛的记忆和对夏天到来的渴望为主题设计高端的丝绸印花领带。这就是他们的一个简单梦想,希望将自己对美好生活的热情变成能穿戴的东西。

在有了计划后不久,莫里兄弟撕下了曼哈顿电话簿上一整页制衣商的信息,并开始一家家打电话进行咨询。背负着 8 000 美元的信用卡债务,兄弟俩辞去了原有的广告公关业的工作,带着自己设计的领带样品到玛莎葡萄园岛的精品店一家家询问,希望能够在某家精品店里寄售他们的领带。另外,他们还以同样的方式拜访了波士顿几家高端男装的零售商。他们甚至还会背着一包领带到新英格兰地区的酒吧和海边贩卖。渐渐地,他们的生意有了起色,Vineyard Vines 牌领带也就诞生了。[41]

在接下来的几年中,莫里兄弟继续探索新的方式来宣传他们的领带。例如,他们不断地给媒体工作人员和主持人们寄送 Vineyard Vines 牌领带。终于有一天,一个新闻节目中首次出现了他们牌子的领带。这次在新闻节目中的露脸,一时让媒体对 Vineyard Vines 领带议论纷纷,而莫里两兄弟也成功让自己设计的领带成为了国内知名品牌。到 2004 年,莫里兄弟设计的色

泽明亮,风格独特的领带已经风靡美国,不管是华尔街上的高端人士还是大街上的普通民众都喜爱这样的领带。实际上,乔治·W.布什和约翰·克里在参加当年的总统大选时都戴过 Vineyard Vines 牌领带。[42]

莫里兄弟积极把握住品牌成长的机会,趁势将公司业务拓展到男女服装、鞋子、配饰领域。随着生产线的增多,Vineyard Vines 牌服装的市场也越来越大。现在,公司产品在 600 多家店出售,有 8 家自己的专卖店,120 名员工。据《创业家》(Entrepreneur Magazine)杂志调查,仅 2006 年一年,Vineyard Vines 卖出了 3 700 万美元的产品。[43]

一走进 Vineyard Vines 专卖店,你就能感受到 Vineyard Vines 的品牌文化——"对美好生活的追求"。这里有着一个大家庭的氛围——富有活力、充满乐趣、忠贞忠诚。店员们特别留心顾客的名字和职业,他们总能让和顾客的交流沟通在一种活泼的气氛中进行。就像 Vineyard Vines 的服装特色一样,Vineyard Vines 店里的氛围明朗积极,让人感到随意又舒适。[44]每当新店开业的时候,莫里兄弟总会花很大的精力维护公司原有文化的强大影响力。

资料来源:节选自利亚·迪思潘(Leah Despain)所写案例。

和 Vineyard Vines 以及麦肯锡强势文化的例子相反,**弱势文化**(weak culture)环境下,文化中的价值观和标准只获得一小部分人认同,并且员工的目标与管理目标可能不一致。强势文化中,对员工的管理会更有效率,因此我们很自然地就会得出强势文化要比弱势文化有优势的结论。但是,强势文化也不总是百利而无一害。其实,强势文化会限制一个组织适应变化的能力。因为它对人们的信念和行为进行严格的控制。研究者们把这样的现象称为"价值工程"。[45]如果强势文化过于严格地管控组织成员的行为,那么就会限制他们的创新能力,最终影响组织的运作效率。[46]因此,强势文化在稳定的环境中有积极的影响,有利于提高组织运作效率。但一旦环境发生变化,原本的积极影响就有可能会大大削弱。[47]

一些研究者认为对于多元化/跨国公司来说,每个部门拥有自己独特的强势的亚文化而不是整个公司拥有一个强势的主文化,这会更有利于公司业绩的提高。[48]多元化/跨国公司公司的员工必须能够接受不确定性,吸纳公司内部各种不同的专业意见。[49]将整个公司凝聚起来的核心价值观应该与不断学习,不断适应有关。

强势的组织文化和软弱的组织文化,你可能都接触过。根据自己对他人价值观和行为的观察,你也许也已经能够用最简单的语言描述出各种不同类型的组织文化。接下来,我们将继续深入学习如何分析研究组织文化。了解如何研究各种文化可以帮助我们在就业时作出正确的选择,也会帮助你在今后的工作中推动自己所在组织文化的健康发展。

最热门»讨论题

1. 用竞争价值模型来分析 Vineyard Vines 的案例。Vineyard Vines 的文化特点是什么? 灵活还是稳定? Vineyard Vines 更关注内部发展还是外部发展? Vineyard Vines 的文化属于四种文化中的哪种? 请给出原因。

2. 你所在学校或工作地方的文化是强势文化还是弱势文化? 为什么? 请给出具体例子。文化的力量是如何影响学校学生、教职员工或组织员工的?

13.5　我们如何研究组织文化？

理解把握文化通常不是一件容易的事情。然而,学会如何研究组织文化却十分重要。因为组织文化对人们的价值观、态度以及行为都有着强有力的影响。文化也会影响组织的运作效率。本节中,你将首先接触到研究文化的两种方法。第一种研究方法会按照文化影响力的从强到弱,将文化分为三个层次。第二种研究方法向我们介绍了文化的几个明显的标志——故事、传统、禁忌以及组织中使用的语言。接着,我们讨论得出研究文化的一些能够为管理者所使用可行方法。

13.5.1　艾德加·沙因:文化的层次

著名学者艾德加·沙因(Edgar Schein)在文化研究方面作出了很大的贡献,他的研究包括文化在组织内部如何发展,组织内部的文化是如何得到维护的,又是如何一步步完善的。[50]沙因认为文化的有些层次是人们可以直接感知的,比如语言、穿着、行为规范(如开会时,一个人会提前多长时间去会场,抑或是如果迟到,又会晚多久)。沙因将这些称为可感知的人工制品。而文化的另一种层次,价值观,则不容易被人们发现;另外还有一种层次是人们更加难以觉察的,沙因称之为基本假设。[51]接下来,我们将分别学习文化的各个层次以及它们是如何在一个组织中起作用的。

1.沙因组织文化层次模型第一层:可感知的人工制品

可感知的人工制品是文化能够被组织成员看得见、听得见、摸得着的方面。只要问一些问题,它们就会轻易显现出来。例如:

- **着装要求**:组织对其员工的着装要求都会有着成文或不成文的规定,但不管怎样,每个组织对其员工的工作着装是否得体都有明确的判断标准。为了明确某一公司的着装要求,你可以试着问这些问题:可以穿牛仔裤上班吗? 如果穿了是不是会被解雇? 男性员工要打领带吗? 大家很在意一些细节吗? 比如穿的鞋有没有擦亮? 会出现有人穿制服而有人穿便服的情况吗?

- **语言和行话**:可以通过语言和行话这条线索来了解某一文化中人们看重以及关注的是什么。当研究这些语言和行话时,你可以问自己这些问题:是否有一些词是只有属于这个组织的人才能理解的? 缩写用的多不多? 会使用俚语吗? 如果用,是哪些人用,又是怎么用的? 一个有着多种文化的组织是否对领导者们都使用同一种语言有所规定?

- **人际关系**:组织都会对成员间如何相处有一些文化上的规定。当研究组织内处事规范时,你可以用这样几个问题开始:大家对互相的私生活了解得多不多? 休息时会不会聚到一起? 是否互相尊重,为对方考虑? 或者互相间的关系是不是在一起完成任务时会显得更具有功利性?

- **科技**:人们使用科技的方式与各自的信念以及工作上的规定有关。研究科技和信念之间的关系,你可以问这样的问题:用不用苹果笔记本或台式电脑? 员工间主要是通过邮件进行交流吗? 会不会进行面对面直接交流?

- **工作空间**:人们工作时所处的空间可以表示他们所在组织的内部沟通情况、权力流动情况等。你可以问以下问题:高层领导们是不是有自己专门的办公室？管理是否贴近员工？是否每个人在休息场所都能找到位子？如果是一个虚拟组织,那么科技的利用是否有利于团队合作？

● **庆典、仪式和奖励**:通过这三者,我们能够了解某一文化中什么是被重视和推崇的。你可以问这些问题:有没有一些活动是不能错过的？有没有人会取消原有的旅行计划去参加这样的活动？每天的早会上,管理者们会不会带吃的来？如果有成果,比如销售额达到目标,是不是会有"奖品"？

文化中有很多这样的可观察的东西。如果学会怎样对你所观察到的东西进行提问,那么当研究组织文化中一些不易被觉察却很重要的方面时,比如价值观,你就能够顺利地得出结论。

2. 沙因组织文化层次模型第二层:价值观

某一组织的**信奉的价值观**(espoused values)指组织所推崇的,并且被有意地传达给组织成员的明确的价值观。组织的建立者和领导者们在塑造这些价值观方面起着重要的作用。这些价值观常常出现在公司的营销材料、目标陈述和员工的培训材料中。然而,要注意的是,这些信奉的价值观往往只会在口头上提出来,并不一定会真正得以实现。例如,一个公司对其员工和客户称,公司的核心价值观之一就是保证质量,但如果公司没有专门的质量监管部门,也不去计算不合格产品,那么这些价值观仅仅是一些信奉式的价值观(并不是公司所展现出来的价值观)。

制定的价值观(enacted values)指一个组织中真实表现出来的价值观。这些价值观是表现为,比如,员工们如何对待客户,工作中互相之间如何相处。这种价值观也经常在道德标准上,在可持续政策上以及员工受到嘉奖的行为上有所体现。

3. 沙因组织文化层次模型第三层:基本假设

沙因组织文化层次模型第三层包括一些基本假设,是深植于组织内部的大部分不可见的核心信仰。组织成员们通常不知道这些假设的存在,也不知道这些假设对自己行为的影响。人们往往会忽视这些假设。例如,人是机会主义者,一有机会就会偷窃,这就是一个基本假设。你也许永远都不会听到有人说人是靠不住的,人们一般也不会承认这个基本假设。但是,你会发现管理者往往会保持高度警觉,他们会定期清点库存,加强安保,公司里到处是摄像头。另一个基本假设是只有领导者才能解决组织问题。同样,也没有人会直接说出这样的假设,即便被问到,也不一定赞同这个假设。但是,高层会议上一些小型决策的数量就能证明这种假设的存在。

因此,我们必须仔细观察并且充分分析那些可观察的人工制品。这些基本假设加上信奉的和制定的价值观,都是我们弄清一个组织具体情况的线索。为了加深对此的认识,你可以研究文化的一些标志——组织内的神话、英雄、禁忌、神圣的符号和语言。

13.5.2 神话、英雄、禁忌、神圣的符号和语言

人们几乎不会用文化来直接沟通。通常,文化蕴含在人们讲述的关于自己的故事,对善恶的评价标准以及语言的使用方式之中。因此,了解某一组织的神话、英雄、禁忌、神圣符号和语言对我们研究该组织的文化有很大的帮助。这些都和价值观以及基本假设有所联系,它们也影响着组织成员的行为。因为它们是人们对该想什么,相信什么,做什么进行思考时会考虑到的方面。[52]

1. 神话和英雄

人类学认为神话是描述意识形态的故事。[53]一个组织的**神话**(myths)指夸张虚构的故事,通过讲述以及反复讲述,传播价值观,强调规范。这些故事通常与重大事件或重大任务有关,比如

关于组织创立者的故事,很久之前组织遇到挫折的故事,解决问题走出困境的英雄故事,或者甚至会有一些以某人完美行为或恶行作为例子的故事。[54] 神话故事展现出一个组织的价值观,同时也告诉人们什么行为会受到鼓励,什么是禁忌。神话故事让人们对行为好坏的标准有了共同的认识,因此,这些故事也揭示出人们应该做些什么才能在公司内取得成功。

神话通常以一位英雄的行为作为主题。这里所指的**英雄**(hero)是指体现文化中最高价值观的传奇人物。他(她)保护着组织,确保组织的价值观、信仰和最佳运作方式不受到内部和外部的威胁。沙因认为许多组织的神话都讲述了类似的故事,一些管理者和工程师们因违反常理挑战权威而不受欢迎,但之后却成为了英雄。[55]

例如,威廉·罗杰斯(William Rogers)就讲过一个 IBM 普通员工的故事。一位员工因当时 IBM 董事会主席身份证明不合要求,而拒绝该主席进入公司机密区域的要求。这件事发生后,其他人对这位员工议论纷纷,但董事会主席却立即要求其他人停止对该员工的批评,并且重新出示了符合要求的身份证明,以此作为对该员工行为的鼓励。[56] 这个故事告诉我们,即便是像 IBM 最高领导这样身份的人,也不能破坏组织原有的规矩。[57] 后来这个故事在 IBM 中渐渐流传开来,而这位员工也成为了其他人心中的民间英雄。与此类似的故事讲述的都是英雄们如何在面对危险时继续坚持组织价值观的事情。英雄们是勇敢的,他们的存在也是极其重要的。

当你听到一个故事时,怎么辨认它是不是一个英雄故事呢? 线索就是,在这个组织内,你会听到很多关于这个英雄故事主人公的事情。另外,人们在谈起这位英雄时,总会用一些表达强烈感情的词语,比如惊人的、令人难以置信的、绝妙的、极富创造性、魅力无穷,等等。语言中充满了对这位英雄的敬佩甚至是敬畏。

神话和英雄故事的重要性就在于它们支持**社会化**(socialization)过程,即教新成员学习文化的过程。同时,它们也为阐释现行的一些实践,塑造未来提供了一种新的方法。[58]

2. 禁忌

一般,英雄故事向人们传达的是在组织内部应该做什么。相反,**禁忌**(taboos)则是告诉人们不应该做什么。对某些活动的坚决禁止,一般是某一群体认为亵渎神灵的东西。[59] 在许多社会文化中,禁忌涉及很多方面,包括食物、性、宗教仪式、死亡。本质上,禁忌是对某些行为、思想,甚至是感觉的不成文的禁止。一旦违反禁忌,就会面临严重的后果,例如受到嘲讽奚落,被流放。在有些社会,违反禁忌的人还会被处决。

所有文化都会有自己的禁忌,组织文化也不例外。例如,某些组织都有不能冒犯上级的潜在规定。还有一些常见的有关禁忌的例子,如员工间不能谈恋爱,员工往往也不能和客户发生恋爱关系。另外,一些研究男女之间矛盾的学者认为,很多文化中都有不允许男女互相争论,意见不一致的禁忌。[60] 但是,这种禁忌在组织里根本行不通,因为往往男女间的意见不一致会带来更好的问题解决方法。

其他一些研究者则专门研究了那些与组织履行社会责任的意愿相关的禁忌。其中一位研究者得出了阻碍组织履行社会责任的三个禁忌:禁止有道德责任的想法;禁止质疑经济持续增长的目标;禁止参与与社会责任相关的政治讨论。[61] 其中,第二个也许是最严厉的禁忌。因为,在上个世纪大部分时间里,经济的增长就像"圣杯"一样神圣不可侵犯,任何干涉经济增长的行为都被看作触犯了禁忌。[62]

3. 神圣符号

某一文化中的**神圣符号**(sacred symbol)是在一种文化中,不容置疑且无可非议的事物、人和事件。例如人们对自己国家国旗的感觉:国旗就是一块布料做的,但是它有着特殊的意义,受到法律的保护,不维护它就触犯了禁忌。因此,在一些文化中,国旗是神圣不可侵犯的。

组织也有这样的神圣符号。某些有着特别意义的物品、人和事件是不可侵犯、不可废除、不可改变的。比如,众所周知的"角落办公室"(即处于公司最佳位置的高级办公室,通常指总裁或总经理办公室)。一些组织总会给高地位高权力披上神圣的外衣,比如给高管一间"角落办公室",一个单独的卫生间或专门的餐厅。这些特权就是一些神圣符号,表明某人在本组织中的成功地位。

当某些东西戴上神圣的光环,它们就很难被改变。这一规律也适用于一些名牌产品,比如可口可乐。可口可乐公司的管理人员们发现,消费者对可乐的喜爱程度已经深到不能容忍它出现的任何改变,这一点是可乐公司吃了不少苦头才发现的。20 世纪 80 年代中期,可乐公司推出了一种"新可乐",但消费者立即进行抗议,认为可乐公司背叛了他们。

特别有趣的一点是,自 19 世纪 80 年代中期可乐问世以来,可乐公司就多次改变过可乐的配方。刚开始,可乐被叫做"可口酒",配方中既有酒精成分又有古柯叶(可卡因成分的一种)成分。直到 20 世纪 30 年代,可乐公司才逐渐淘汰了原先的配方,最终开始采用现在的可乐配方。

在 1880 年到 1930 年间,几乎没有人抱怨过可乐公司改变配方这一举动。但 20 世纪 80 年代的改变却引起了人们的不满。也许是因为那时可乐的配方已经存在了 50 多年,两三代人都是喝着这种配方的可乐长大的。而且可乐标志、可乐瓶和包装在这 50 多年间都没变过。又或许是因为可乐已经不再仅仅是一种甜甜的饮料,它有了更深的意义,成为了美国的一种象征,对有些人来讲还是自由的象征。

不管原因是什么,有一点我们可以确定:不管新配方是否更优良,"新可乐"总归不是可乐。最终,公众的抗议说服了可乐公司,公司决定重新采用原来的配方。[63]这样一来,公司就不得不在很短的时间内快速改变已定好的"新可乐"的生产和营销策略,这对公司来说既有成本上的压力又有时间上的压力。

相反,有时,公司如果拒绝改变也会面临很严重的后果。有些公司会拒绝更新产品和服务,或者拖延作出改变的时间,因为它们觉得自己的产品或服务已经成为了公司形象的一部分。公司将这些产品和服务看作是公司神圣的象征,是不可侵犯的,即便它们已经不再适应市场需求,也不可以有任何改变。例如,这些年来,越来越多的人意识到快餐店的食物都是高脂肪、高糖分的,不利于人体健康。有人认为快餐店应该也注意到了这个情况。比如,20 世纪 90 年代末,快餐店的菜单上就出现了"凯撒鸡肉沙拉"。但是,消费者们很快发现这种沙拉比汉堡所含的脂肪更多,热量更大! 直到现在,快餐店才开始推出真正健康的食物。

4. 语言

人们如何使用语言,一个多文化的组织中哪种语言是官方语言,甚至连肢体语言都是文化的明显标志。因此,我们可以通过分析语言符号与凝聚一个组织的意识形态、具体行动之间的关系来研究组织文化。[64]

口头用语是沟通交流的一种关键形式。因此,熟悉一个组织内部交流常用的说法、俚语、行话、特殊缩写对理解该组织的文化是很有帮助的。比如这样的表达:"*I can't believe the butterbar went VFR direct to the Old Man!*"[65]

你能翻译出这句话吗? 如果你从没在军队中呆过,没有接触过军队文化,那么就会毫无头绪。这句话中的黄油棒(butterbar)是少尉的意思,是军队中最低的军衔。少尉肩章上只有一道黄色的杠,就像一个黄油棒,借用这一点来进行讽刺贬低对方。VFR 是"visual flight rules"(目视飞行规则)的缩写,意思是选择眼睛能看到的最直接的一条路。这里,VFR 是一个比喻,意思是地位最低的人违背一系列规定直接与最高领导(the "Old Man")接触。这样的做法在军队和许多文化中都被看作触犯了禁忌。这个例子表明俚语、行话等的使用所带来的问题:尽管组织内部用同一种语言可以团结组织成员,但同时它也有排外的作用。另外,太过于特殊的语言会成为组织与客户、消费者、供应商之间交流沟通的阻碍。对于当今多元的、复杂的、国际化程度高的组织来说,这样的阻碍是致命的。

如今,除了控制内部行话和缩写的使用外,很多公司还面临着一些更大的问题:很多公司内部,员工们使用的语言都是不一样的。例如,一家大型的欧洲金融服务公司,公司高管们的母语就各不相同,有意大利语、德语和英语。其中几个管理者习惯用自己的母语意大利语进行交流,其他人则喜欢用德语沟通,剩下的一两个人则使用英语。而这个公司大多数部门的员工只会说当地的语言。这样的一个公司会如何处理语言问题呢?如果公司员工因为语言不通根本不能互相交流,那么这时语言对公司文化的发展是否会有帮助呢?如今这样的情况有很多。因此,近年来,许多组织都制定了自己的"语言政策"来规定组织内部应该使用哪种语言,而员工又必须掌握哪种语言才能获得晋升。[66]

语言和文化间极复杂又不可分离的关系意味着语言的选择(选择一种而放弃另一种)会在组织内产生巨大的影响,影响到人们对权力的看法和组织权力的分配。回到之前的例子,那家欧洲公司领导层最终确定英语是公司主语言。这一决定引发了不少争论,不少人表示异议,认为这样的选择预示着公司在运营方面将更具英式或美式特色。公司很多意大利籍和德国籍管理者对此表示很不满。

研究非语言交流是我们理解文化的又一种途径。通过观察人的面部表情、肢体语言、姿势、语调等,你能得到大量有用的信息。例如,如果你发现有人在谈论他们的上级管理者时,眼睛往下看,说话温柔,那么这就表明该公司的文化是高权力距离的文化,或者这个公司内低级别员工和高层管理者之间的地位相差很大。

语言、非语言交流以及人们讲的关于他们所在文化的故事都对维护、强化某一文化有很大的帮助。组织文化的发展会推动组织自身的发展,但前提是组织的文化要有利于该组织目标的实现。但在现今这个高速发展变化的世界中,总有组织文化与组织目标的实现相冲突的例子。例如,有些神话所传递的是一些有问题的信念,或是有些英雄的行为其实是有害的。这时,这些神话故事和英雄故事就具有破坏性的影响。[67]同样地,如果有些神圣符号需要被改变,或有些禁忌其实是在阻碍人们做对的事情,这时,文化就成为了成功的障碍。因此,改变某种文化的一个有效方式就是从分析该文化的各个方面着手,然后有目的地利用积极方面,改变消极的有害的方面。接下来,你将学会如何来研究分析文化才能更深刻地理解文化,分清文化的哪些方面能够帮助组织的发展,哪些方面阻碍了组织的发展。

13.5.3 像人种学者一样的领导者和管理者

观察、了解某一文化的神话、英雄、神圣符号以及语言,对我们理解该文化有很大的帮助。然而,有时,你需要的不仅仅是观察和分析。你还需要从该文化的成员身上入手,看看他们怎样解读自己的文化。大多数时候,你不能仅仅问一些问题,因为有时文化藏得很深,人们不注意就不会意识到它的存在。正因为如此,研究组织文化的学生以及优秀的管理者和领导者们才必须向人种学者们学习。

人种学(ethnography)是对人类文化的系统性研究。人种学研究方法包括观察法和共同探询。在共同探询中,人们通过相互观察相互协作来了解他们所在集体或组织内部的真实情况。有时,这也叫参与观察法,而且它也不一定是一令人感到舒适的研究方法。[68] 对你所在文化进行研究分析并非易事。因为在进行调查研究的时候,我们希望能够发掘出文化不容易被发现的一面,比如,自我的一部分,但往往这些部分也是需要改变的部分。这时,优秀的领导者就会想起柏拉图很著名的一句话:"一个孩子害怕黑暗,我们可以很容易地原谅;成人惧怕光明,那才是真正的悲剧。"[69]

观察和调查让我们的组织文化研究之旅看到了一道曙光。由两位学者,安妮·麦基和塞西利亚·麦克米伦研究出的"主动探询"是共同探询法中的一种。主动探询帮助组织成员们去发现组织的价值观、影响人行为的基本假设以及领导者的领导行为对人和组织的影响。[70] 本书作者对主动探询的描述如下:

> 很多大型公司都备有一套对员工进行系统性评估的方法,评估对象包括员工的态度、价值观和信仰——这些都能展现员工的情绪状况。这些方法虽然有效,却带来了一个问题——评估调查涉及的内容都是预先设定好的,很少涉及像一个组织内部的复杂规范这样敏感的层面。这样的盲点就会导致评估只是在调查人们想知道的内容,而将那些他们不想知道的内容排除在外。
>
> 主动探询弥补了以往调查只能"找到你想找的东西"的缺陷,让领导者们注意到并解决那些正在阻碍他们前进的文化方面的问题。了解了所在组织的真实情况,人们开始对组织内部的真实情况以及他们希望看到的情况,也就是他们理想中的公司情况有了一致的说法。
>
> 主动探询包括一些目的明确的谈话和开放性问题,旨在准确把握人的真实感受……只有当人们开始谈论起自己的感受时,他们才能找到所在文化的问题根源,才能发现灵感的真正来源……他们创造出了一套专门的说辞,来描述影响自己在组织中日常生活的真实原因,以及自己对未来的期望。一旦人们公开谈论自己的文化和梦想,就会滔滔不绝,很难停下来……人们基于自己的感受和事实而形成的共同语言是推动改变的一股重要力量。共同语言让人们感到了团结,产生了共鸣,人们都积极地去把语言付诸实践。人们深受鼓舞,愿意通过共同努力来解决所在集体的问题。[71]

另一种人种学研究方法通常被用来探索文化的潜在层面,这种方法专门研究一个集体或组织中有利于集体和组织整体发展的一面。由大卫·库柏里德(David Cooperrider)提出的肯定式探询专门研究组织成员和组织的优势,也就是研究能够让组织成员变得高效多产,让组织健康发展的一切。[72] 肯定式探询是人种学研究的一种,通常由一些访问和大型会议组成。通过接受访问,参加会议,人们能够发现文化上的优势和组织的优势以及发展机会,并且能围绕这些展开讨论。当某一公司员工开始质疑自己是否对公司有利用价值,是否还能为公司做贡献时,或是当员工们士气低落,需要心理上的帮助来应对挑战时,以上方法尤为有效。

像主动探询和肯定式探询这样的研究方法都基于同一个假设,即对一个组织进行研究时,这个组织内部就将发生变化。换句话说,这些研究都是行动研究的形式,也是那些旨在通过研究激发组织变化的研究所用的形式。[73] 这种类型的研究中,所有接受面谈的人都被看作是变革进程的积极参与者。[74]

研究文化并不是专家和咨询顾问才应该完成的任务。我们所有人,不管是员工、管理者还是领导者都需要去学习如何研究文化。全面理解一个组织的文化有助于我们在就业选择雇主时作出正确的选择。同时,它也能帮助我们提高工作效率。接下来,我们将了解到领导者们努力创造和维护的文化。这些文化能够帮助公司在当今复杂的竞争环境中取得成功。

最热门»讨论题

1. 衣着、语言、空间布置、科技、人际关系和固定仪式如何影响你所在学校和工作场所的文化?

2. 介绍你所在集体的几个核心价值观。试着找出这些价值观背后潜在的基本假设。

3. 找出你的家庭、工作或学校中存在的禁忌。这些禁忌有何影响?是否会影响到人与人之间的互动交流?或是影响到你所在组织的工作效率?

4. 请用共同探询的方法,对你的一位同学就你所在学校的文化进行采访,然后再请他(她)反过来对你进行采访。最后,一起对你所学校的文化进行总结。

13.6 组织文化:如今重要的是什么?

如今,管理者和领导者们越来越关注组织文化问题。其中一个原因就是很多组织都是在没有指导的情况下发展自己的内部文化。的确,20世纪大部分时间里,管理者和领导者们很少关注组织内部"与人相关的问题",包括文化问题。因此,很多组织文化的发展都是无计划的。不少文化的发展都出现了问题。与文化所包含的一些规范、价值观和人生态度相关的简单的行事方式,在几十年前也许还行得通,但是已经适应不了如今复杂的商业环境。

基于以上这些以及其他一些原因,许多领导者都在想方设法改变他们的组织文化,以帮助组织在现今这样复杂的竞争环境中取得成功,并能长期持续发展。接下来,我们将依次了解几种组织文化:创新型文化、客户服务型文化、多元文化、道德型文化、推进可持续发展的文化以及支持员工自身发展的文化。

13.6.1 创新型文化

为了能在当今全球市场中保持竞争性,组织必须创新。创新型文化鼓励员工们去创造性地解决问题,提出具有突破性意义的想法,开发新产品和服务,找到更有效的方法来提高工作效率。研究表明,如果某一文化中官僚程度低,给人自主权较高,允许冒险,那么就会促进创新的繁荣。[75]另外,如果员工们认为自己是在一种充满想象力、富有创造性的环境中工作,那么他们工作时的创新程度也会提高。[76]当然,一个创新型的文化需要相应的管理体制和奖励体制的支撑,而且不能给员工们加班的负担,不能给他们过多的压力,这样,这种文化才能不受阻碍地发展下去。[77]

13.6.2 客户服务型文化

公司在竞争中打败对手的另外一种方式就是为自己的客户提供优质上乘的服务。比如,丽思卡尔顿酒店公司的服务信条之一就是"我们以绅士淑女的态度为绅士淑女们忠诚服务"。[78]这一经营哲学突出表明了丽思卡尔顿公司的经营目标就是要凭着以高度的专业精神为顾客提供的服务战胜所有对手。

对美国酒店业几个有着最佳服务的酒店公司进行的研究显示，所有处于行业领军地位的公司的一个共同之处就是它们的酒店打造出了一种服务型的文化，比如，四季丽晶酒店和度假村公司。[79]该公司有一套全面的新员工上岗培训计划，旨在强调优质个人服务的重要性。培训结束后，为了让员工们保证服务质量，公司甚至会提高员工对客人的比例，让员工的数量大大多于客人的数量。最后，高层管理者们从讨论小组、客人以及其他管理者那里搜集数据，进行分析检查，以保证公司不仅建立了这种服务型文化，而且成功地维护发展了这种文化。

许多跟酒店行业沾不上边的组织同样也在努力建立有利于自己提供卓越客户服务的文化。银行、服装店、软件公司等，现在都将提高服务质量作为优先考虑的事项。有趣的是，研究者发现，成功的客户和市场定位，以及背后的文化都对优秀领导力有着高度的依赖。[80]

13.6.3 多元文化

创新和优质的客户服务能够引起顾客的注意，也会带来商机。但是，这两者还是不足以带来商业上的长期成功。为了长期持久的成功，员工们必须能够一起进行高效率的工作，而人口特征则是阻碍它实现的一个潜在问题。

最近几年，许多组织的人口特征都迅速发生了变化，直到今天，这样的变化仍在继续。例如，据 Catalyst 组织的研究显示，2008 年，超过一半的管理和专业职位是由女性员工担任的。[81]然而，世界 500 强公司中拥有最高收入的女性比例仅为 6.2％，女性 CEO 比例仅为 3％。2008年，500 强公司中女性董事会成员的比例为 15.2％，2000 年，这一比例仅为 11.7％。[82]

公司员工的种族和民族也越来越多。据美国劳工统计局推测，从 2006 年至 2016 年，新入职员工中有色人种和女性的比例为 68.3％，其中 22.3％为拉丁裔。[83]据估计，员工人数增长最快的将是亚裔和拉丁裔员工。[84]而且，当今很多组织——甚至是一些中小型规模的公司——都是跨国型的，它们的员工、供应商和销售商都是来自不同的国家，公司的顾客和消费者也是遍布世界各地。另外，人们工作场所中的多元化还涉及性取向、宗教信仰、体能上的不同。[85]

鉴于当今商业环境中的真实情况，领导者和管理者们必须采取措施创造更为包容，更为多元化的工作场所。研究表明，多元化有利于公司决策，也能帮助公司吸引更多优秀员工。但是，多元化也是冲突的一种来源。人们的交际方式、工作方式互不相同，再加上来自不同的文化，有时相互间就会出现冲突。因此，如果一个组织重视其内部的融合和员工间的互相学习，让员工更好地理解这些不同，互相谅解，那么，多元化就会带来利益。[86]

一些公司已经掌握了如何利用多元化来保证员工和公司的共同发展。例如，强生公司。强生是一家总部位于美国的全球性医药公司。公司董事会主席兼 CEO 威廉·C.韦尔登（William C.Weldon）和他的管理团队坚信多元化可以提升公司的竞争力。经过他们的努力，2009 年，强生在《多元组织》杂志统计的多元化程度最高的 50 家公司中排在第一位。[87]

韦尔登和他的团队一起为建立多元化的公司文化做出了许多积极切实的努力（见表 13.2）。例如，韦尔登会定期和员工讨论增强公司多元化的方法。在大多数公司，这样的 CEO 和普通员工之间的会议是很少见的。另外，强生公司还为同性恋员工的伴侣提供福利。

表 13.2　强生公司的多元化[88]

CEO	威廉·C.韦尔登定期与员工团队开会。 公司首席多元官是公司 CEO 的直接下属。 CEO 直接下属们所获的奖金中 6% 是和他们多元化目标的完成情况直接挂钩的。 强生公司有一个多元化的董事会：11 位董事会成员中有非裔、美裔、亚裔和拉丁裔，也不乏女性成员。
强生公司	强生公司为员工提供最佳的工作/生活福利，同时也为公司同性恋员工的同居伴侣提供福利。 公司普通员工和管理团队的人口组成特征反映了使用公司产品和服务的美国普通社区的人口组成情况。 公司 31% 的最高层管理者（CEO 和其直接下属）以及收入在公司前 10% 的高薪员工中近 50% 的都是女性。 公司有着优秀的员工团队，其中一支就是为中东裔和北非裔的员工服务的团队。
供应商	强生赞助其重要供应商的商学院培训项目，这些供应商都具备多元化的特点。公司也为这些供应商参加某些多元化组织和其他专业发展提供赞助，例如，加入美国少数族裔制造业协会。

　　像强生这样的公司并没有忽视公司员工组成变得多元化这样的变化。相反，它们在积极地建立一个鼓励每个员工都能尽其所能的文化，帮助员工们提升跨越文化上的障碍，保持高效工作的技巧。在如今的全球商业大环境中，这不再是一个公司发展道路上"可有可无，有了最好"的特质，而是必须掌握的生存之道。

13.6.4　道德型文化

　　公司可以区别于其竞争对手的另一个特点就是对道德的重视。近几年来，社会对公司及其员工在道德上的要求越来越高。而最近备受瞩目的组织领导者不道德的商业行为案例又加大了社会对此的呼声。

　　如今，员工们会遇到许多两难的困境，而为一家对员工的道德行为进行奖励的组织工作，对其中许多人来说具有重要意义。道德文化重要的原因之一是：如果某组织的价值观和规范支持鼓励道德行为，那么所有员工在任何情况下都会感到要按道德行事的压力。[89]

　　研究发现，将道德制度化是十分重要的——但这意味着什么呢？对于一些组织来说，道德制度化就意味着要将道德要求明确地写到组织的各项规定和指导方针中，即显性制度。例如，公司禁止贿赂，对如何处理有毒垃圾有明确规定，对用员工退休基金进行投资有一套政策规定。诸如此类的规定保证了在应对各种社会问题时，公司会站在道德的立场上考虑问题。但是仅有这种显性制度化还不够。如果一个组织制定了引导员工道德行为的规定，但组织管理者们却不去执行，或者内部有些人不需要去遵守，那么肯定会让员工们感到困惑。

　　这时，我们还需要隐性制度化。隐性制度化就是要将道德要求融入组织文化。这种制度化进程必须包括让管理层对道德领导作出承诺，以及在道德决策时，要发扬推广看重个人责任的文化。回到之前 IBM 的例子，IBM 一位普通员工因为公司董事会主席没有必须的证件证明而不让主席入内。公司的规定需要遵守，但这样却可能会违反公司某一常规（顺从领导）。在遇到这个道德上的两难时，这位员工决定遵守规定，可能的原因是他已经完全消化吸收了公司的安全规定。研究者们发现，如果某公司的道德要求不是强加于员工身上，而是被员工自己主动消化吸收,那么这些道德要求就能让员工们深信他们所在的公司是维护遵守道德标准的。[90]另外,研究发现,将道德隐性制度化还会提升员工对工作的满足感,提升士气,这也是单靠显性制度化做不到的。[91]

那么,公司如何建立道德型文化呢?网络公司是一家专门提供道德与合规服务的公司,公司 CEO 路易斯·拉莫斯(Luis Romos)给出了以下建议:[92]

● 一个公司的道德规范必须被看做是一种"活"的规范——既具有历史性,又适应现代潮流。因此,道德规范也应该是简单易懂的,方便人们轻松理解。

● 遵守道德是做事的一种方式,不是一个"项目"。也就是说遵守道德是一个动态的、持续的过程。

● 道德培训总是富有成效的,如果再加上正确的态度,它也会变得有趣。一旦某公司的道德培训出现成果,员工们就会提起兴趣,更愿意参加这样的培训。

● 确保员工积极参与公私活动,和公司文化保持一致。

这些做法有助于维护道德价值观,并且能够激励道德行为。而道德价值观和道德行为是道德型文化的两个关键组成部分。[93]

那么,哪种公司能够成功践行以上建议呢? 比如,思科系统(Cisco Systems)公司。思科是一家为互联网创造和提供网络管理产品的公司。思科希望其 65 000 名员工都能认识到遵守道德规范在公司运行中的核心地位。为此,思科重新编写了公司的道德规范,让它看上去更人性化,并通过实行员工每月例会的方式向员工们宣传道德规范,加强公司和员工间的双向交流。

一旦公司不再对道德行为进行鼓励,某些员工即便犯了错也能侥幸逃脱。例如,伯纳德·麦道夫(Bernie Madoff),这位美国纳斯达克前非执行主席被曝骗取了几千名投资者高达 600 亿美元的资金。尽管麦道夫声称这个大型骗局完全是自己设置的,但是官方对此表示质疑。2009年,8月11日,麦道夫的重要副手小弗兰克·迪帕斯卡里(Frank DiPascali, Jr.)承认了对其 10 项欺诈罪和其他罪行的指控,并被警方拘捕。迪帕斯里卡是麦道夫一案中的污点证人,他也是第二位认罪的骗局参加者。尽管麦道夫一再坚持是自己一人作案,但是迪帕斯里卡则透露还有其他人参与了骗局。[94]

详细策划出这样一场大型骗局是一项巨大的工作,不是一个人甚至两三个人可以单独完成的。因此,尽管只是猜测,但是,麦道夫投资公司的文化极有可能是一种能够最终滋生出诈骗行为的文化。我们可以很轻易地就想象出这样一种文化中的那些潜在的有问题的规范和信仰——比如"别问问题""按上面说的来做""我们公司创建者不会错"。

13.6.5　推进可持续发展的文化

如今,所有类型的公司都选择——或被迫——减少公司对环境的影响,并承担起公司的社会责任。很多公司也意识到要做到这两点,就必须改变公司的文化。那么公司的文化应该变成什么样呢?联合利华这家英国和荷兰的合资公司就是一个典型的例子。联合利华是世界著名消费品制造公司,著名产品有立顿茶和多芬香皂,该公司成功将可持续发展的思路融入自己的商业项目。其中一个典型项目就是公司的"地球清洁计划"。该项目卓有成效。例如,联合利华宣布 1995 年至今,公司旗下洗衣产品生产厂产生的由能源消耗引起的温室气体排放量共减少了 44%,废物量减少了 70%,并且生产每公吨产品的耗水量也减少了 76%。[95]最近,一家名为"全球 100 强"的组织对全球组织的可持续发展进程进行了排名,列出了前一百位,联合利华榜上有名。[96]

联合利华另外一个项目则凸显了该公司对社会责任的关注。在名为"真美运动"的项目中，联合利华倡导摒弃之前对女性和美的刻板看法。项目的一个组成部分就是由多芬自信基金会制作的名为"多芬演变"的著名短片。[97]这部短片以及多芬香皂和美容产品的营销活动都传达了同样的信息：女性不分年龄、种族、身材都是美丽坚强的。这和那些传统营销广告所表现的只有年轻苗条的女性才是美丽的观点大不相同。

成功实现可持续发展，承担社会责任都需要文化上的巨大改变。不要再把世界分成"我们的世界"和"他们的世界"，而是必须将整个地球看作是"我们自己的地球"。另外，必须停止那种不惜一切代价追求个人成功的行为。为了繁荣发展，一个组织的文化必须秉着尊重自然环境，尊重组织周围环境的原则，鼓励员工的利于组织实行可持续发展并承担社会责任的行为。

13.6.6 帮助员工全面发展（大脑、身体、心灵、精神）的文化

近年来，员工身体健康、心理状况、工作/生活平衡，甚至精神状态都引起了越来越多的关注。公司应该帮助员工发掘潜能，让他们不仅能取得工作上的成功，也能够获得自身的发展。而如今不少组织都已经意识到了这一点。一个主要的原因就是我们的社会正在发生着变化，每个人对工作以及工作场所的文化都抱有不同的期待。在过去的50年中，进入职场的女性数量也出现了史无前例的增加。这就意味着工作也成了一件家务事。另外，很多国家中人的寿命都比以前要长。如今，一个人通常可以一直工作到70多岁，工作也不再是人们等着退休期间打发时间的消遣了。

此外，科技的发展也让人们几乎可以在任何地方没日没夜地工作。这既有好处又有坏处——从理论上来讲，这样一来，工作完成量就多了，但人们也可能因为不停工作而筋疲力尽。最后一点，与过去相比，全球劳动力的流动性也有所增加。人们搬家和换工作的次数越来越多，甚至转行也比过去要频繁。这些所导致的结果之一就是一旦发现公司对自己不好，员工就可以直接辞职不干。

员工感到满意、充实、身体承受力强，并且投入工作，那么就会带来很多好处。懂得建立有助于员工大脑、身体、心灵和精神发展的组织文化的领导者是极具商业头脑的。实际上，关注员工"大脑"的发展就意味着组织文化能够鼓励员工继续学习，开发智力，发展才能。同样，关注"身体"的发展意味着组织文化有助于员工的身体健康。

那关注"心灵"和"精神"发展又是什么意思呢？帮助员工"心灵"发展就意味着文化重视良好的人际关系，看重积极有效的沟通交流以及尊重同情他人。心理和神经科学方面的近期研究显示，当人们兴奋，受到适度的挑战并且感受到一些积极动力时，他们会更具有创造性，更灵活，更有承受力。[98]相比之下，帮助员工"精神"发展意味着文化能够保证员工的工作是有意义的，他们在一起完成一项重要任务时，会感到相互间心意相通。[99]人们往往会寻求生活的意义，因此一旦工作让员工感到有意义，他们就会充满动力。越来越多的组织已经意识到了这一点，员工精神境界这个词近年来也越来越受欢迎。这里要注意的是，这个词指的是工作和组织目标给员工带来的意义，与宗教无关。就在本书编写期间，谷歌上"员工精神境界"这个词条下面的搜索结果就已经超过了222 000条。[100]但是，工作场所精神境界这个词又为什么重要呢？研究者们给出了以下几个原因：[101]

1. 工作场所精神境界与组织的工作效率和生产率的提高有关。比如，某研究结果显示体会到工作场所精神境界的员工更能提高工作效率。[102]
2. 工作场所精神境界也会激发道德行为。如果员工们开始更多的关注自己和别人之间的

内在联系而不是个人自身利益,那么他们就很有可能会去考虑自己的决定对他人的影响,考虑自己有没有遵守道德。[103]

3. 有归属感、成就感,能够平衡工作和生活,这些如今对员工来说正变得越来越重要。而对组织来说,为了做到这些,营造工作场所精神境界也同样变得越来越重要。[104]

因此,也有研究表明,员工找寻工作意义的行为,以及领导者想方设法让员工拥有充实感的努力,都是影响员工工作动力的重要因素。[105]创立一种支持鼓励员工找寻工作意义的文化将对组织业绩的提高产生积极的影响。

最热门»讨论题

1. 本节讨论的几种文化中,哪种最能吸引你的注意?为什么?
2. 谈谈你学校生活或工作中道德和精神境界的作用。
3. 以你最近几个月中参加的团队为例,分析该团队内每个成员的文化和背景,介绍团队多元化的情况,以及这个团队是如何处理多元化的。

13.7 人力资源如何帮助组织发展积极正面的文化?

人力资源部和人力资源专员会对一个组织的文化产生深刻的影响。HR 用来帮助组织发展,维护健康组织文化的一种方式就是推行"推动策略"——强迫人们去遵守组织领导者们认为必要的、能够维护组织文化的规则和规定。HR 还有一个相反的"拉引策略"——引导人们以正确积极的方式接受组织文化中的价值观,为提高组织运行效率作出贡献。

13.7.1 HR 在包容性文化创建中的作用:"推动策略"

组织的 HR 用一系列政策和规则将组织文化正式确立下来并加以执行,并通过推行"推动策略"约束及控制员工的行为。一系列政策、规则和法律都规定了"在这里(组织中)应该如何行事",它们都以文化中的价值观和基本假设为基础,推行组织领导者心目中的一种理想型文化。

1. 提升工作场所内的多元化和包容性以及美国平等就业机会委员会(EEOC)

下面,我们将用工作场所中的多元化问题来分析 HR 是如何用正确的方式帮助组织内部文化发展的。例如,许多公司都希望雇用和提拔一些才华横溢的员工,而不管他们的性别、种族、国籍、宗教、性取向、年龄或是否有身心障碍。这是因为,这些公司和公司领导者们都认识到他们现在所处的商业大环境是珍惜重视人才的,而以上这些特征都与一个人的才华毫无关系。

令人遗憾的是,并不是所有人、所有公司都这样明智。在美国和其他一些地方,歧视依然存在。依然有人因为性别、种族、国籍或年龄而被一些工作、培训拒之门外,或是得不到和别人相同的报酬。同样,也有人依然是性骚扰的受害者,也有人依旧会因为自己的性取向或身心障碍而受到歧视。以上这些歧视行为已经而且也将继续带来问题。因此在美国,修订法律就成了推进文化变化的必要举措。1956 年,美国成立了**平等就业机会委员会**(Equal Employment Opportunity Commission, EEOC),该委员会为 1964 年民权法案内容的一部分,是美国司法部的一个分支,负责调查各种歧视投诉,并对那些参与歧视行为的组织进行处罚。组织的领导者、管理者和雇员必须以实际行动遵守所有反歧视的联邦法律。一旦违反了这些法律，就会受到严重的处罚。

表 13.3 为过去 45 年间，美国政府为保证所有人的平等就业机会而通过的一系列**平等就业法律**[equal opportunity(EEO) laws]。这些法律促使组织改变之前有悖公平的文化和做法。

表 13.3　平等就业法律

法律名称	法律通过时间	法律涉及范围
行政命令第 11246 号	1965 年	禁止联邦政府的承包商和分包商们基于种族、肤色、宗教、性别或国籍的任何歧视行为，并要求承包商和分包商采取切实行动消除以上歧视，保证提供平等就业机会。
就业年龄歧视法	1967 年	保护 40 岁以上员工的权力，禁止雇主因年龄原因拒绝雇用或解雇任何个人，或是在工资、报酬、晋升、聘期和其他就业条件上给予歧视和限制。
教育法修正案第九章：获得联邦援助的教育项目或活动中的性别歧视	1972 年	禁止在获得联邦资金援助的教育项目或活动中进行以性别为基础的雇用歧视。
复健法	1973 年	保护获得联邦资金援助的项目和与政府签订承包协议的组织中身心障碍者的权益。
越战退伍军人重新适应援助法（残疾退伍军人法案）	1974 年	保护获得联邦资金援助的项目和与政府签订承包协议的组织中有身心障碍的退伍老兵的权益。要求他们为老兵们制定 25 000 美元的补助项目。
雇员退休收入保障法案	1974 年	为私营组织中员工自愿性的职业养老金和医疗保险设定最低标准，保护员工利益。
反年龄歧视法案	1975 年	禁止在受联邦援助的项目中的年龄歧视。
移民和季节性工人保护法案	1983 年	保证移民和季节性农业工人能从承包商、农业雇用者和流动性住房提供者处取得合法权益。
统一综合预算汇编法案	1985 年	保护因失业或工作时间减少而失去医保的工人及其家庭参加有时间限制的团体医疗保险的权力。
美国残疾人法案	1990 年	I. 禁止员工达 15 名或以上的雇主，任何职业介绍机构以及成员达 15 名或以上的劳工组织以身心障碍为由的歧视行为。II. 禁止各州政府及地方政府在各项目、活动和服务中对有身心障碍的人员的歧视行为。
家庭与医疗假期法案	1993 年	保证员工在一定条件下获得探亲和医疗假期的权力。2009 年 1 月一条新修订的规定保证了符合条件的员工有 12 周到 26 周的无薪军中探亲假。
军人就业与再就业权力法案	1994 年	保护现役军人就业和再就业的权力。
健康保险流通与责任法案	1996 年	保护团体医疗保险的参与者和受益人的权益；禁止因为既往病史而拒绝提供医保服务；禁止基于健康状况而对员工及其家人进行歧视；保证没有参加团体保险，并且《统一综合预算汇编法案》所提供的以及其他延保已过期的个人购买个人医疗保险的权力。

（续表）

法律名称	法律通过时间	法律涉及范围
劳动力投资法案	1998 年	第 188 条规定,保护有身心障碍的个人在所有本法案中规定的受到资助的项目或活动中的合法权益。
退伍军人就业机会法案	1998 年	要求建立一家专门为退伍军人提供政府部门职位的机构,并接受机构外符合条件的退伍军人的申请;在一定条件下,优先推荐机构内部退伍军人。
退伍军人福利和医保改善法案	2000 年	保护退伍军人在医保和教育上的权力。保证军人再次被征召后的就业权力,以及有身心障碍的退伍军人的权力。
行政命令第 13166 号	2000 年	保护英语能力有限者享受联邦政府直接提供的或联邦政府援助的服务。
退伍军人就业法案	2002 年	扩大有身心障碍的退伍军人受保护的范围;扩大原有的《残疾退伍军人法案》保护范围,保证未参加越战的老兵也能受到保护。
最低工资法案	2007 年	提高联邦最低工资标准,并逐步递增。
莉莉·莱德贝特公平酬劳法	2007 年	雇员在因性别、年龄、种族而遭受歧视待遇后,在任何时间内均可对雇主提出起诉(2009 年 1 月由奥巴马正式签署)。
美国残疾人法案修正案	2008 年	拓展原法案保护范围(2009 年 1 月 1 日正式生效)。

　　HR 有责任保证组织所有员工知晓下表中列出的所有法律,并保证所在组织切实遵守这些法律。尽管所有法律都十分重要,但是接下来我们将详细讨论与反性骚扰有关的法律。

　　2. 阻止工作场所的性骚扰

　　在美国和许多其他国家,在工作场所,基于种族、性别、宗教、性取向、民族或身体活动能力对他人进行歧视是违法的行为。而对他人的性骚扰也是反歧视法律所打击的一种歧视行,HR 往往需要负责保证这种行为不会在工作场所中发生。

　　平等就业机会委员会将**性骚扰**(sexual harassment)定义为"不受欢迎的性亲近、性要求,以及任何具有性实质的言语或身体行为,屈从或拒绝这种行为会对个人的职业产生明确或隐含的影响,不合理地干涉个人的工作绩效,制造有威胁、敌意或攻击性的工作环境"。[106]

　　性骚扰不一定会带来经济上的损失,也不一定会以恐吓威胁的形式出现。骚扰者的不受欢迎的行为和要求足以构成性骚扰。尽管大多数性骚扰案件是一名男性对一名女性进行骚扰,但其实女性也可能是骚扰者,而且不仅异性之间,同性之间也存在性骚扰。实际上,最近几年,由男性提出的性骚扰指控已经有所增加。[107]骚扰者可能是受害者的上级、下属、同事、客户、其他部门的负责人或非本公司员工。受害者也不一定是骚扰者骚扰行为的直接目标。任何受到性骚扰行为影响的人都是受害者,都有权对骚扰者进行指控。[108]到 1998 年,美国国内 95% 的大型用人单位都制定了性骚扰举报政策,70% 的美国公司为员工提供反抗性骚扰的培训。[109]然而,遗憾的是,大多数有过被骚扰经历的受害者都不会去揭露举报骚扰者的行为。因此,性骚扰的行为还在继续,而且会给员工和用人单位不断带来巨大损失。[110]

　　衡量性骚扰带来的损失是一项困难的工作。这些损失包括诉讼费用、和解费用以及生产力上的损失。根据平等就业机会委员会对性骚扰案解决费用的记录,1997 年至 2009 年间,仅非诉讼和解的案件,每年就会花掉 4 800 万美元。[111]

然而,最大的损失还是生产力上的损失。据美国联邦政府员工的一项调查估算,仅 1992 年至 1994 年间,美国政府就因为性骚扰带来的种种后果(见表 13.4)而损失了 3.27 亿美元。[112]一项对美军中同性间性骚扰行为进行调查的研究显示,1999 年,美军组织效率损失超过了 9 500 万美元。[113]

表 13.4　性骚扰给员工和用人单位带来的损失巨大

员工损失
病假、缺勤情况增多
性骚扰受害者个人的生产率降低
性骚扰案件出现的团队生产率下降
工作调整(包括工作调动)、解雇、辞职
压力、忧郁以及其他情感和生理上的反应,包括酗酒、失眠、肥胖
用人单位损失
员工生产率下降
员工流动率上升
病假以及其他类型缺勤增多,医疗支出增长
公司名誉受损(导致招工留工困难)
团队合作减少
员工士气低落
可能会带来法律方面和咨询方面的费用支出

那么,面对性骚扰问题,HR 能做些什么呢? 基本上,在阻止工作场合的性骚扰上,HR 专员们可以在两类措施的执行中起引导作用。第一类措施是对员工进行教育,增强他们对性骚扰的认识。HR 要保证员工理解什么是性骚扰,有关性骚扰的法律有哪些,公司在这方面的政策有哪些。这类措施包括(但不限于以下内容)一些培训项目,全公司的网络交流,宣传手册,公司领导发表声明,对管理者的一对一辅导课程,与员工进行小组讨论等。

第二类措施是 HR 必须尊重、支持性骚扰受害者。这类措施通常包括设立性骚扰案件举报程序,对上报案件进行调查。这当然是一个复杂而又敏感的过程。大多数时候,员工们由于害怕报复,对是否要进行举报犹豫不决。那么,HR 专员和其他管理者就必须保证举报程序的秘密性和安全性,这才能鼓励员工勇敢举报性骚扰行为。另一方面,对受理的案件必须进行调查,查明是否属实——虚假的性骚扰案件也是极具破坏性的。

有人期望在未来的某个时候,我们不再需要法律来保证公平公正的工作环境。但是,就现在来看,法律的保护是必要的——而且 HR 也要保证法律的顺利执行。同时 HR 专员们也有责任通过"拉引策略"来保证组织文化的健康发展。

13.7.2　HR 如何在文化诊断和文化发展中起作用:"拉引策略"

除了用"推进策略"来逼迫员工、领导者和管理者创造和维护健康的组织文化,HR 专员还可以利用"拉引策略"来进行引导。首先,HR 可以作为组织领导者和管理者的战略业务伙伴,帮助他们确定哪种文化与组织的使命、愿景和目标最一致。

接着 HR 主管可以学习一些相关技巧,提高能力,利用它们来对组织文化进行诊断,找出文化中的问题并进行纠正。相关技巧包括选择合适的测量工具(例如调查),正确解读搜集的信息,找出关键问题。然而,正如本章上述部分提到的,一开始,调查结果可能会很微不足道,与你预想的有出入。[114]因此,HR专员必须不断磨练自己的技巧,提高专业能力,直到自己可以用"主动探询"和其他人种学研究方法进行调查。人种学研究方法可以帮助揭示一个组织内更深层次的规范、价值观和基本假设。

例如,可以对HR专员进行一些培训,让他们学会如何组织面谈,如何分析面谈所得到的与组织文化相关的信息。这种分析被称为主题式分析,通过分析,HR专员们可以确定哪些价值观、规范和假设能够主导员工们的行为。[115]根据分析结果采取行动,而不是对一些状况、感觉或行为置之不理。这样,HR专员和组织管理团队才能更有效地利用组织文化的优点,处理组织文化中的问题。

最近,这样的做法就在某大型金融服务组织中取得了积极的效果。在本案例中,组织选出某些HR专员参加一项专业能力培训,旨在让他们能够担当起当今HR的四个关键角色——教练和顾问;领导力发展专家;战略业务伙伴;变革推动者。另外,作为该培训项目的一部分,参加者也要接受"主动式问询"和"主题式分析"方面的培训。然后,参与项目的HR专员与全公司大概75名HR同事和75名业务专员进行了面谈,并对面谈进行了分析,将面谈主题上报给公司管理层。结果,他们找出了提高公司运行效率的关键文化因素,以及阻碍组织发展的文化问题。

有了以上这些知识和信息,领导者、管理者和作为他们战略业务伙伴的HR会做好更充分的准备以制定相关计划,变革文化中不利于组织发展的方面,并利用发展有利方面。以上用来说明HR如何帮助建立和发展积极健康的组织文化的例子只是众多例子中的一部分。当今组织已经认识到了HR在此方面的重要作用,并且很多有远见的组织正在对HR专员相关技巧学习和能力提高的培训项目进行投资。

最热门»讨论题

1. 你是否接受过多元化、反歧视、反性骚扰方面的培训或教育?这些方面的培训对你有何影响?这样的培训对你所在组织(接受培训当时所在组织)的文化又有什么样的影响?

2. 你所在的学校或工作单位是如何创建和发展包容性文化的?请举出五个例子。

13.8 我们可以为创建积极强大的组织文化做些什么?

领导者和管理者对组织文化有着巨大的影响,而作为组织的一员同样也会产生影响。强大积极的组织文化能让其成员们产生共鸣。在这样的文化中,人们的情商和社会智商能够帮助自己去建立和维护人际关系以及一个以积极价值观引导行为为特点的环境。社会智商和情商是文化智商的有力支撑,三者一起赋予我们领导文化变革的能力。

能够利用社会智商和情商中的同理心(移情作用)来理解一个组织文化的人可以成为该组织的领导者。[116]因为,能够管理好文化的人也有能力利用自治、自控和同理心(移情作用)处理各种不同问题。研究者丹尼尔·戈尔曼(Daniel Goleman)博士就强调了社会交往中同理心的重要性。"思想上和感觉上的同理心"包括我们大脑中各种复杂的联系,让我们可以解读出他人的情感,甚至很快就能把握住他人的情绪。戈尔曼博士同时也强调,缓慢出现的同理心也让我们的大脑出现了更深层次的思考。当我们利用这种形式的同理心时,我们就会觉得自己好像和别人面对着同一种情况,开始思考自己如果和别人处在一样的位置上会有什么样的感觉。这让我们可以真正地开始分析和理解他人、其他集体以及体现在他们身上的价值观和规范。[117]

13.8.1　提高自己的文化智商

在管理和引导组织文化上最为成功的员工和管理者们都具有很强的适应能力,灵活有耐心——换句话说,他们的行为中体现着自身的文化智商。一些学者用文化智商来描述与人在分析解读他人价值观和行为上的社会智商和情商相关的一系列行为。[118]文化智商的重要形式包括:利用推理和观察技巧来解读不熟悉的行为和状况(认知能力);在遇到一个全新的文化时,愿意坚持"去适应它"(情感能力);愿意使用新文化中的体态语和手势语(身体表达能力)。对这三方面的具体描述如下:[119]

- 认知能力包含一个人的观察和学习技巧,一个人从重要的价值观和行为习惯中提取出真实信息的能力。
- 情感能力与一个人的自信和动力有关。适应一个新的文化并不总是很容易,适应过程中会出现各种挫折和障碍。因此,人们在适应过程中保持自信是很重要的——要对自己有信息,不气馁,不放弃。
- 身体表达能力指一个人能够改变自己原有的语言模式、表达方法以及身体语言以适应新文化,这样,自己才能更好更深刻地理解新文化。

文化智商还有两种补充形式。[120]第一种与人们理解自己所在文化的价值观、规范和其他方面的能力有关。第二种通常被称为跨文化智商,是指人们能够在必要的时间和地点,毫无压力地快速适应不同文化中的习俗。

13.8.2　领导文化变革

我们最常从领导者那里听到的关于文化的一段话就是:"我们的文化需要改变。我们需要改变我们的心态。我们需要保持我们最珍贵的价值观,变革或摒弃那些再也无法为我们所用的信仰。"

但是,领导者和管理者们如何应对变革文化中遇到的挑战呢?基于自己的研究以及在组织的工作经历,三位研究者丹尼尔·戈尔曼、理查德·伯亚斯、安妮·麦基一起得出了在领导文化变革方面的指导方针。以下为他们的部分成果:[121]

- "尊重集体的价值观和组织的完整性。愿景会变化,但是变化的同时,领导者要确保每个人尊奉的至高无上的'神圣中心'不会改变。这就是第一个挑战:找出组织文化中的'神圣中心'(不要仅从自己的角度出发,也要综合其他人的意见)。第二个挑战是准确清晰把握哪些是必须改变的,即便要改变的是我们极为珍视的东西,同时确保其他人也理解对这些进行改变的必要性。"[122]
- "放慢脚步是为了之后的加速。我们认识的一位射击教练这样教育他的学员,'如果你正在打仗,你就不能只图快,重要的是保命。'那么,要引起员工的共鸣,变革文化也是同样的道理。变革是急不来的。我们要慢慢来推进,让大家一起来交流探讨。在这方面,组织总是做得不够，但是这种做法却具有关键意义。像主动探询这样的做法是一种让被访问者感到自己受到支持，对被访问者进行辅导的民主方式。领导者必须真正去倾听大家的心声"——做到这点需要时间。[123]

- "从上层开始执行自下而上的变革策略。最高领导层必须直面现实，清楚认识到组织内部的状况，并需要努力让其他人也对某种理想的组织愿景产生共鸣。但是，这样还不足以解决问题。我们还需要有自下而上的变革策略。因为只有每个人都齐心协力想去改变，强大的共鸣才能带来巨大的效果。这就意味着，组织内部的所有正式和非正式领导者都必须进行沟通交流，了解什么是对组织发展有利的元素。想想如果利用这些元素，朝着正确的方向前进是一件多么令人兴奋的事情。花时间来讨论这些问题是有巨大意义的。这样的讨论让大家去思考、交流，最终得出变革的方法。一旦大家有了热情和积极性，就更有可能把讨论的结果转换为行动。热情会带来行动的动力。但是，行动需要有正确的方向：实现梦想，维护集体价值观，找到新的合作方法。要让变革目标和变革过程变得公开透明，要让尽可能多的人参与变革，进行一场综合自下而上和自下而上两种策略的巨大变革。"[124]

如今，领导力指的是领导者有能力让某一组织文化中的所有成员聚到一起，让所有的利益相关者加入到文化变革的进程中来，并且小心地在核心价值观和新的需求者间取得平衡。建立维护一个积极强大的组织文化是一个艰辛的过程。文化智商，有效率地领导变革、在变革中注入自己的感情，这些都是影响这个过程的关键因素。

最热门»讨论题

1. 当你遇到来自不同文化的人时，你会如何表现出你能理解体会到他们的感情？学了这节内容后，你觉得有什么可以改进的地方？
2. 你在学校或工作场所的人际交往中利用过文化智商吗？如果有，请说明具体情况。
3. 请以你所在的团队或组织为例，说明理解认识该团队或组织的文化给你带来的好处。请选择"领导文化变革"部分所描述的一项指导方针，并阐述你可以如何用这一方针来帮助你所在的团队或组织进行文化变革。

13.9　结束语：文化的力量

在本章中，你学会了从几个不同的层次来研究文化——这些不同层次的文化对你有何意义，它们如何影响国家和地区，对组织又有什么样的影响。另外，你也了解了如何研究文化，以及如何改变组织文化来让我们所在的团体和组织变得更有效率。

也许，本章阐述的最重要的一点就是：无论是个人、团体，还是组织的文化都不仅仅与单一的个人行为有关。文化是我们生活中的一股巨大力量，它几乎对我们所做的每件事情都有影响。如果我们想取得个人成功，或是希望我们所在的组织、国家和地区取得成功，我们就必须保证我们的文化"规则"同步于整体愿景和目标。

本章总结和关键词

1. 文化的定义

概述：文化是影响我们在家中、工作中以及生活中各项行为的一股重要力量。文化是一个团体或社会内成员们共享的价值观、传统、语言等的总和。价值观和态度特指的是人们重视的一些或一组观点，它们可以推动人们按照特定的方式做出特定的行为。规范是文化中所推崇的行为标准，从某种程度上来看，它是以该文化中人的价值观和态度为基础形成的。

关键词：

文化（culture）：指社会中的人在传统的承袭中需要学习并共享的，传递给子孙后代的，以及教授给新成员的任何事物；文化包括宗教、信仰、政治意识形态、价值观、传统习俗、食物、语言、性别角色、性文化和日常生活的许多其他方面。

态度（attitude）：是一组观点、价值观、信仰以及感觉的总和，态度决定一个人对某件事、某个形势、某个人或某个团体的反应倾向。

规范（norms）：是一个文化群体对其成员行为的内在评判标准，它规定了人们做事的方式以及对群体其他成员的期待。

风俗习惯（folkways）：是人们日常生活中的常规习惯。

道德观念（mores）：指对社会运转十分重要的规范。

2. 为什么文化在工作中非常重要？

概述：对文化的理解是十分重要的，因为文化引导着个人行为，并且对组织运营成果有着重要的影响。另外，许多组织的业务都分布在几个不同的国家，员工也有着不同的文化背景。为了让这些文化和平共存，组织员工就必须尊重和理解这些文化之间的不同。

关键词：无

3. 什么是国家和组织文化维度？

概述：通常，研究组织文化的模型有两种：霍夫斯塔德模型和全球领导力与组织行为有效性研究项目模型。每种模型都测量了文化在一系列维度上的数值。大体上，这两种模型都旨在描绘出不同文化对权力重要性的不同看法；不同文化是如何应对不确定性的；某文化是更看重夺取（男性）还是教育（女性）；某文化中是否有以长远发展为目的的行为；某文化是更看重个人成就还是集体成就。研究文化是一个复杂的过程，因为我们要考虑很多问题，例如亚文化，文化多变的特性。

关键词：

组织文化（organizational culture）：指一套共享的价值观、规范和设想，指导团体、企业或机构中的成员行为。

权力距离（power distance）：是一个社会中，社会成员对权力分配不均等的接受程度。

不确定性规避（uncertainty avoidance）：人们对不可预知、不明确或不确定的情况可以忍受的程度。

个人主义（individualism）：指人们选择按照自己的利益，而非符合团体的整体利益行事的程度。

集体主义(collectivism):指人们选择成为团体中的一员(而不是作为个人)来换得作为成员的忠诚和利益的程度。

男性化/女性化(masculinity/femininity):指社会价值观偏向夺取(男性)还是教育(女性)的程度。

长期取向(long-term orientation):指更关心未来,看重崇尚勤俭节约、坚持不懈的价值观,避免丢脸的精神。在有长期取向的文化中,人们往往关注未来,看重坚持和努力。

短期取向(short-term orientation):指满足个人需要以及注重传统与履行社会义务的欲望。

4. 我们如何描述组织文化

概述:对组织文化的分类通常是以竞争价值模型为基础的,该模型对文化更关注内部还是外部,更重视灵活还是稳定进行分析。根据该模型的思路,研究者们将文化分为五种:家族文化、层级文化、活泼文化、市场文化和均衡文化。另外,根据文化对其成员的价值观、态度和行为的影响程度,还可以将文化分为强势文化和弱势文化。

关键词:

竞值架构或竞争价值模型(competing values framework):一种模型,展示了衡量文化的两个维度:结构(稳定性和灵活性)和重心(内部和外部)。

家族文化(clan culture):关注内部重心,并鼓励灵活性的一种文化。

层级文化(hierarchy culture):关注内部重心,并且鼓励稳定性和控制权的一种文化。

活泼文化(adhocracy culture):关注外部重心,并鼓励灵活性。

市场文化(market culture):指关注外部重心,并鼓励稳定性和控制权的一种文化。

均衡文化(balanced culture):一种文化,这种文化拥有与竞争性的价值观框架中的每个文化领域相关的价值观,并且所有这些价值观都被视为是十分重要的,并得到组织成员的强烈支持。

强势文化(strong culture):其核心价值观和规范为组织中大多数成员所共享并得到坚定维护的文化。

弱势文化(weak culture):文化中的价值观和标准只获得一小部分人认同且员工的目标与管理目标可能不一致的文化。

5. 我们如何研究组织文化

概述:理解组织文化是保护发展组织文化的关键。艾德佳·沙因认为,我们可以通过观察分析一些文化内可观察的人工制品、价值观以及基本假设来研究理解文化。这三者不仅揭示出了组织文化中那些明显方面,也揭示出了那些埋藏较深的方面。我们可以通过了解文化中的神话、英雄、禁忌、神圣符号以及语言来加深我们对文化的理解。对于管理者来说,还可以利用人种学研究来分析研究文化。这是一种更专业的研究方法。人种学研究将对文化的观察与共同探询法以及人们自己对所在文化特点的分析结合起来。这种研究法为员工和领导者们提供了一种以集体的、动态的视角研究文化的方法。

关键词:

信奉的价值观(espoused values):指组织所推崇的,并且被有意地传达给组织成员的明确的价值观。

制定的价值观(enacted values):指一个组织中真实表现出来的价值观。

神话(myths):指夸张虚构的故事,通过讲述以及反复讲述,传播价值观,强调规范。

英雄(hero):指体现文化中最高价值观的传奇人物。

社会化(socialization)：教新成员学习文化的过程。

禁忌(taboos)：对某些活动的坚决禁止。

神圣符号(Sacred symbol)：在一种文化中，不容置疑且无可非议的事物、人和事件。

人种学(ethnography)：对人类文化的系统性研究。

6. 组织文化：如今重要的是什么？

概述：一些组织在文化建设上遇到了难题，正是因为这么多年来，它们一直忽略了在组织文化中处于核心地位的"人的问题"，而文化又已经自动朝着有悖于员工福利的方向发展。在最近几年中，一些组织领导者已经开始发展起创新型文化、客户服务型文化、多元文化以及道德型文化，并取得了积极的成果。另外，他们也更加注意发展利于可持续发展的文化，发展推进积极履行组织社会责任的文化以及支持员工自身发展、保护员工福利的文化。

关键词：无

7. 人力资源如何帮助组织发展积极正面的文化？

概述：许多组织的 HR 专员都有维护组织文化的责任，并且都对组织文化有着深刻的影响。HR 采取"推动策略"，利用社会规范和法律（比如，与平等就业机会委员会相关的法律，反性骚扰的法律）来保证员工的行为和组织文化的一致性。另外，HR 也可以用"拉引策略"来帮助领导者和员工们研究和评估组织文化，并在必要的时候进行变革。综合运用两种策略可以为组织员工们创造积极有利的工作环境，提高他们的工作效率。

关键词：

平等就业机会委员会(Equal Employment Opportunity Commission，EEOC)：作为 1964 年美国民权法案的一部分而建立的一个联邦委员会，负责处理针对组织的歧视投诉。

平等就业法律(equal opportunity laws)：指确保组织为所有人提供平等就业机会的联邦组织法规。

性骚扰(sexual harassment)："不受欢迎的性亲近、性要求，以及任何具有性实质的言语或身体行为，屈从或拒绝这种行为会对个人的职业产生明确或隐含的影响，不合理地干涉个人的工作绩效，制造有威胁、敌意或攻击性的工作环境"。

8. 我们如何营造积极强大的组织文化？

概述：组织的每位成员都有帮助组织建立强大积极文化的责任，这一点实现的关键就在于他们身上与社会智商、情商以及文化智商相关的技巧。这些技巧让我们能够理解自己所在的文化，并帮助自己快速地适应其他文化，适应自己所在文化中出现的变化。文化变革有时是必要的，而且是一项困难的工作，但是我们也可以通过尊重变革过程中组织的价值观和完整性来参与变革，学会如何慢慢推进变革，如何研究自己所在的文化，以及如何利用那些对组织和组织成员有所帮助的价值观和行为。

关键词：无

9. 结束语

概述：研究组织文化的重要性在于，它指出了我们的行为以及工作上的成就并不仅仅与个人才能或个人领导力有关。相反，文化是一种可以对人产生深刻影响的集体现象。

关键词：无

14

全球化:在全球经济环境中有效管理

14.1 什么是全球化,全球化为何重要?

假设你拥有一家室内设计公司,在外办公。你需要新的会计软件,决定去街边的一家电脑产品的小店购买。到了店里,店员询问了你公司的情况,然后推荐了一款软件包。你买好了软件,认为自己的选择很明智,而且还支持了本地业务,你为此感觉良好。

几个小时之后,你开始安装软件,发现光盘是中国制造的。你把 CD 放进电脑,按照屏幕上的指示安装。很快,问题出现了——因为软件和你的电脑上另一个程序不兼容,导致不能安装。你打电话给这家电脑商店,经理说她不熟悉你碰到的问题。根据她的建议,你拨打了软件生产商的免费帮助热线。一位来自印度孟买的员工迅速接通了你的电话。听完你的解释,他说他需要咨询公司程序员来判断问题所在。不幸的是,要几个小时之后才能给你答复,因为程序设计办公室不在孟买,在墨西哥。

这个小故事就是一个很好的例子,说明近年来,全球化大大改变了商业环境和社会状况。**全球化**(globalization)指货币、产品、信息、服务和专业技能的全球性流通。当然,国与国之间的贸易往来已有几百年的历史了,人与人的思想交流也一直存在。但是,就在过去短短数十年,全球化已经渗透到我们日常生活的方方面面。无论是吃饭、睡觉、工作、运动,还是休闲,我们可能都会用到一款国际化的产品,要么是外国设计,要么是外国生产。

全球化意味着和以往任何时候相比,世界各地的商业和人们联系更加紧密,互相依赖的程度也更高了。引起这个变化的部分原因是科技进步,尤其是信息与通信技术的进步。我们来看看科技对全球化的作用,看看科技与全球化怎样改变着我们的文化与生活。

14.1.1 科技加速了全球化

没有科技,很难想象会有全球联通的经济。美国前劳工部长罗伯特·赖希(Robert Reich)指出全球化的转变几十年前就开始了:

［开始于］20 世纪 70 年代……大公司变得非常有竞争力，全球化程度很高，创新能力很强……当时政府为了应对冷战开发了新技术，这些技术被用于新产品和服务中，于是就产生了这个转变。这个转变又引起了新的竞争，开始于交通运输、通信、制造，以及金融等领域。这使得所有的公司为了争夺顾客和投资商开始了更加激烈的竞争。[1]

在赖希描述的这个时期之后，信息通信技术继续快速发展。人们对自己生活圈之外正在发生的事情消息更加灵通，这也使得人们的消费需求更为国际化，包括对产品和服务的需求，如手机、美食、音乐和电影。比如，世界各地的影迷都想看最新的好莱坞电影。这种全球化的需求催生了好莱坞（以及印度的宝莱坞）电影体系，那就是影片制作的目标观众不仅是美国人（或印度人），而是全世界的观众。同样，由于世界各地人们都喜好麦当劳汉堡和炸薯条，麦当劳已经在世界 120 个多家开设了 32 000 家门店。[2]

当人们可以更便捷地了解其他国家的地理风情时，各种文化就开始产生变化。其结果是什么呢？那就是各种商业也随之产生变化。比如，和运输制造相关的技术变化带来了新的、成本更为低廉的货物运输销售渠道，由此带了各个行业商业方式的革命性变化。这些变化以及其他变化使公司能够以更廉价的成本且更高效的方式安排远离家门的产品生产、营销、配送以及货物销售和服务。

14.1.2 全球化很重要，因为它正改变着我们的生活

全球化改变了我们所有人的生活。它改变了我们对大学的认识，改变了我们的职业选择，改变了我们的职业升迁。举例来说，30 年前，如果你想进入波音公司从事航天工程师的行业，你可能要和 100 位希望到华盛顿西雅图工作的航天工程师竞争。而现在，由于全球化，你可以和全世界的人竞争，而且职位也遍布全世界。今天，只有愿意学习新技能，在多元化公司工作，甚至为了工作背井离乡的人，才能成为最成功的专业人员。

全球化给世界带来了许多益处。从个人层面来看，我们现在有了更多的选择，包括买东西、到哪里工作、选择什么工作等。全球化使得各个社会的群体变得越来越大，如全世界的中产阶级就在扩大。[3]支持全球化的人认为，公司与政府在不发达地区投资，这使得全球化的最终成果是世界上许多贫穷的地方会变得更繁荣。[4]同样，人们认为，不断加强的经济技术融合也能减少战争的可能性——至少使战争的代价更为昂贵。[5]这种看法是基于这样一个基本观点，那就是世界各国都是潜在的市场，世界各地的人们都更加紧密联系，任何地方发生战争就会对世界各地的人们产生影响。

不过，仍有一些人反对全球化。全球化反对者们一直都很积极表达他们的观点，偶尔也会有激进的抗议行为。他们认为全球化的过程就是资产阶级运动全球化的过程，伴随着这个过程的是内在的不平等。这种不平等会妨害每个公民的利益，破坏发展中世界的自治和本土文化。[6]不幸的是，他们所说的的确令人担忧。比如，联合国的一份报告显示，发展中国家和发达国家的农民都在全球化的进程中失去了自己的土地，丢掉了生计。[7]水权问题也令人担忧，人们大建水利大坝，河流被改道，水底蓄水层不断消失，全球变暖改变了全球气候。

这些问题都引起了极大的争议。在全球化经济环境中，谁的需求更加重要？农民的？开发商的？还是商业的？如果工作机会大批地从一国（如美国）转入另一国（如中国和印度），情况会怎样？需要考虑谁的利益呢？考虑到这些问题，现在许多人提倡有责任的全球化，即通过公平贸易和发展，整合民主自由及民主形式，保护环境和人权。[8]

无论我们是否喜欢这样的结果,改变总是存在,我们思考的方式在变,我们做生意的方式在变,不同文化和人们之间的交流互动方式也在改变。那些愿意接受改变的国家在这个全球化的时代必将获得成功。杰里·拉奥(Jerry Rao)是 MphasiS 公司(IT 公司)的 CEO,印度高科技贸易协会会长,我们来听听他的金玉良言:

> 当今世界,愿意接受改变的文化占有很大的优势。我的曾祖母是文盲,祖母上了小学二年级,母亲没能上大学,而我的姐姐是经济学硕士,我的女儿正在芝加哥大学就读。这一切变化都在我们这一辈人的时代中发生,我们愿意接受变化……我们必须有强有力的文化,同时又要有开放的心态来适应并接纳其他的文化。文化排外主义者则是真正处于劣势。[9]

全球化对公司、机构和人们意义深远。这一章,我们要回顾一些推进全球化的重大政治经济事件。还要探讨全球商业的关键要素,以及公司如何发展并实践全球战略。之后,我们要看看全球商业一些重要的机会和风险,主要关注四个新兴经济体:巴西、俄罗斯、印度和中国。我们还将看看贸易协议和国际调控机构怎样影响着全球商业关系。最后,本章结尾将讨论 HR 在支持公司全球战略中的角色,以及在这个联系越来越紧密的世界,我们怎样能获得成功。

最热门»讨论题

1. 全球化对你成长的环境产生了怎样的影响?
2. 你有护照吗?如果你拥有护照,你当初为什么申请护照?如果没有,这可能会对你的国际化商务发展产生什么影响?

14.2 国际政治经济变化如何促进了全球化?

全球化不是突然发生的:全球化是多种因素在过去几十年一起作用的结果。这其中一些主要的因素有冷战的结束,国家间性质与力量平衡的变化,以及世界经济变化。接下来的几节我们要深入了解这些因素。

14.2.1 冷战结束

从 20 世纪 80 年代开始,一系列政治事件影响和改变了全球局势,世界不再像原来一样国家界线分明,东西半球分明,而是越来越透明,国家和地区间的合作增多,互相联系增强。这一系列政治事件中最重大的也许要算**冷战**(Cold War)的结束。这场"战争"指的是从二战结束到 20 世纪 90 年代初,苏联和美国之间出现的政治和意识形态的冲突。冲突的主要特点是两国之间的军事对抗和经济竞争

在这期间,美国和前苏联陷入了争夺世界权力的激烈竞争中。美国希望传播民主,前苏联则支持新生的和现存的社会主义政权。这在德国尤其明显:二战以后,德国分裂为西德和东德,

分别受控于美国和前苏联。柏林市被柏林墙一分为二,柏林墙很快就成了**铁幕**(Iron Curtain)的象征,或是冷战时期出现的有形的、无法超越的政治界限,将支持民主的西欧和支持共和的东欧和苏联隔离开来。

逐渐地,大部分国家都选择了或被迫选择了民主制度或社会主义制度。苏联通过军事行动占领了匈牙利、波罗的海诸国,前捷克斯洛伐克、罗马尼亚和阿富汗等国,从而扩张了其政治经济范围圈。同时,美国通过为诸多不同政见的团体和政权提供军事和政治援助来保护民主政治,试图将苏联驱逐出这些国家。

1. 冷战后撼动世界的事件

虽然冷战期间,美国和苏联之间并没有直接开战,但是世界很不太平,因为双方不断在第三国引起代理战争。**代理战争**(proxy wars)指强国鼓动或引发的,但这些国家并不一定参与战斗的战争。相反,这些国家利用实力较弱的第三方代表其竞争利益。冷战期间几场主要的代理战争有朝鲜战争、越南战争、阿富汗冲突、以色列冲突,以及阿拉伯诸国。在这些国家中都存在着美苏两国出于政治经济目的为之撑腰的派别。

另一个常用的冷战策略就是**宣传战**(propaganda),即指各种不同形式的沟通,意图促进某个特定议题,和/或削弱竞争对手的地位。冷战期间,美苏宣传战有很多种形式,两国频繁地丑化对方,在教科书中写入不确切的(骇人听闻的)信息,令他们的国民相信书上所写都是千真万确的,而敌国关于本国所有言论都是彻头彻尾的谎话。宣传战的内容有些是利用人们的恐惧,如核战争持续存在的恐惧。事实上,从 20 世纪 40 年代末至 60 年代初,美国学生会定期参与应对核辐射演习,躲到他们的课桌底下,练习"蹲下掩护"。[10]

美国报纸和新闻常常报道美苏竞争项目,诸如武器装备和"登月竞赛"的内容,刺激了对这些项目的大量投资。例如,20 世纪 50 年代末,苏联在建造和发射航天器方面明显领先,美国航空航天局就在此时应运而生。

2. 冷战的持续影响

很遗憾,被卷入冷战的国家都受到了极大的影响。例如,仅在越南战争中,就有成千上万的美国士兵或死或伤,而南越和北越死伤的士兵与平民更是不计其数。[11]当时越来越多的家庭有了电视,于是美国人民有史以来第一次从晚间新闻中看到了死亡、破坏和失败。对于正在越南发生的事情,人们发生了激烈的争论,许多美国人因意见相左,彼此反目,接着发生了激烈的争斗。

后来,在阿富汗,美国给当地的游击队提供武器和经费,想要帮助他们赶走苏联人。帮助游击队看似合理,可以通过支持阿富汗持不同政见的人来推进民主进程。不幸的是,许多人得到了美国最先进的武器后,训练了一批人,这些人就是后来的恐怖分子。

最后一点,前苏联和许多东欧国家的经济由于冷战受到了重创。由于贫穷,信息不通,物资缺乏,服务不好,加上阻碍改革的政治制度,许多国家岌岌可危。

东欧经济在一段时间内不断走下坡路,在多年外交之后,柏林墙于 1989 年 11 月被推倒,东德和西德统一。二战以来这种岌岌可危的平衡在冷战结束后,被彻底地打破了。

14.2.2 全球发生了广泛的社会和经济变化

20 世纪末到 21 世纪初的全球化不单单是由政治事件引起的。随着思想屏障铁幕消失和技术进步,世界各地的人们了解到更多异国文化和生活方式,了解到本国以外的产品和服务。例如,有些国家的人们曾经认为美国人的生活境地比他们的还要差。连鲍里斯·叶利钦,继戈尔巴乔夫之后出任的俄罗斯总统,虽然接受过良好的教育,在苏联社会处境优越,居然也相信这样的宣传。在写到他1989年访问美国,在美国杂货店的体验经历时,他说:"当我看到美国杂货店的货架上摆满了成百上千种货物,听装的、盒装的,各种物品,应有尽有,我第一次对苏联人们感到绝望。我难以想象我们这样一个本可以变得超级富裕的国家竟然会落到今天这样贫穷的地步!"[12]

工业化发展刚刚起步的国家,如中国、南非、巴西等国家的人们企盼过上更好的生活,打造更强大的经济。随之而来的是全球**进口**(importing,指向国内市场运输和销售国外商品)及**出口**(exporting,指向国外市场运输和销售国内商品)业务飞速发展,同时,越来越多的产品不是在公司总部生产,而是在遥远的异地。

最热门»讨论题

1. 问问生于20世纪四五十年代的美国人,冷战对他们的人生产生了怎样的影响,他们当时学了哪些关于前苏联和中国的知识,学了哪些关于原子核攻击的内容。如果有可能,也问问中国人和/或前苏联人,他们学了哪些关于美国的知识?
2. 调查一下冷战期间的间谍与反间谍工作。你认为那些鼓励间谍工作的物资需求对于美国和前苏联的技术和文化发展产生了怎样的影响?
3. 经济因素对于像基地组织这样的跨国原教旨主义组织的发展可能起到了怎样的助长作用?
4. 你看到美国经济的哪些变化和冷战结束有关?

14.3 影响全球经济的关键经济因素有哪些?

对全球化产生影响的经济和社会因素有很多。这个部分主要讨论几个关键的经济因素:全球贸易、投资,以及金融与债务。

14.3.1 全球贸易

20世纪很长一段时期内,北美、西欧和日本占据了世界70%以上的制造业出口份额。但冷战结束后,技术发展迅速,各国政府开始解除对国际贸易的控制。[13]这种解除控制的做法对发展中国家和新兴工业化国家尤其有益,因为这意味着他们出国货物的程序获得简化,因而可以更有利于与更大、更有基础的国家竞争。[14]因此,在20世纪末,国际贸易平衡出现了巨大的转移。例如,美国和其他一些工业国主要从事技术和服务出口,而新工业化经济体则进入并最终占领了纺织业和制造业出口的市场。[15]

在出口过程中,参与国获得了许多经济利益。一方面,稳定的国外市场使得国家的经济发展与本国内部的繁荣或萧条隔离开来。自由贸易还使得世界市场更加稳定。[16]事实上,由于私人企业出口在国家经济中占据重要的地位,许多政府开始帮助私人公司开拓国外市场,世界各国都签订了自由贸易协议来消除贸易壁垒。[17]本章后面将会深入探讨这些协议。

当然，与此同时还有另一幅画面：贸易平衡的转换也意味着一些国家和公司失去了原有的市场份额，导致国内人员失业。过去几十年美国的制造业公司就遭遇了这种情况。结果导致在贸易关系中不平衡性不断增强。[18]

14.3.2　全球投资

全球投资总体来说是正面的因素，因为它有益于各国为基础建设筹集资金。然而，它也有负面因素。比如，全球投资者持有数以万亿计的美国股票、债券和其他证券。一些经济学家指出外国投资者将大量的资金投入美国市场，这让美国的金融家们在 21 世纪初的 10 年开始了草率的信贷运作。他们认为可用资金如此多，草率放贷并不会带来太大的风险。正如经济学家罗伯特·萨缪尔森所言："资金太多，好的投资机会却少。"[19]

14.3.3　全球金融与债务

全球金融是指世界范围的资金供需。如今世界各地的商务联系紧密，某些经济体的变化足以对世界产生影响。例如，2007 年经济萧条开始，在此期间，美国的银行撤出资金、减少贷款、提高贷款利息。有些商业完全依赖信贷或者需要资金来支付工人薪水或者投资设备，缺乏资金就会导致发展放缓，甚至破产。由于世界商务错综复杂，少数几个国家出现的这种经营状况，会产生涟漪反应，波及距离遥远的国家。

美国银行需要放缓资金流动步伐的另一个原因是国内债务。到 2008 年，中国对美公私企业提供的借贷共计 2 万亿美元，使得美国在经济上没有保障。他们担心中国可能会要求立刻偿还债务。这会使得美元价值急剧下降，从而影响到美国人们的生活，影响世界经济。

现在你了解了影响全球商业的一些关键因素——但这对单个的公司意味着什么呢？接下来，我们要试着回答这个问题。我们将从实际的立场来看全球化，主要关注公司在进行全球战略规划和实施过程中需要考虑的方方面面。

最热门»讨论题

1. 看看你的衣服、电话、电视、电脑和床上用品上的标签，这些东西都产自哪里？
2. 听听你喜欢的几首歌，歌词中哪些表达，哪些音乐元素让你感受到全球化的概念？
3. 看看你最喜欢的电视节目和音乐视频，列出你感受到的全球化元素。

14.4　发展全球战略必须考虑哪些方面？

在设计与实施全球化商业战略的时候，我们需要考虑、了解很多因素。首先要考虑市场需求以及如何保证货物和服务的质量。其他问题也很重要，如贸易规定、法律、组织设计和文化因素，此外还有围绕这些问题的一系列其他因素，如原材料的获得、环境影响、交通运输等。这个部分，我们要分析公司的法律和设计问题，探讨全球商业和互动，国际差异，比如文化方面的差异。

14.4.1 法律与组织设计问题纵览

一个公司想要"走向世界",在架构其法律协议和组织设计方面有多种选择。主要包括以下几种:

- **合作合约**(cooperative contracts):在这种合约模式中,两个或两个以上的公司将他们的需求整合在一起,与一个供应商签订一份订单,购买货物或服务。这种合约是"合作性的"或者友好的商业协约,其产生的基础是股权式合资企业,或称股权联盟。[20]
- **许可**(licensing):一份商业协议,在其中,商标拥有者或其他品牌材料拥有者授权个人或公司有权使用其材料销售或推广产品或服务,以换取费用。许可经营正变得越来越流行,公司可以通过授权其他实体使用其注册商标来扩大自己的商业。[21]
- **特许**(franchising):一份商业协议,在其中,一家企业的拥有者向个人或团体授予以该企业的名义销售或推广产品或服务的权利,以换取费用。
- **战略联盟**(strategic alliance):双方或多方为了实现共同目标而一起工作的协议;两个公司为了在创造或分配商品或服务过程实现互惠互利而进行临时合作的商业协议。[22]
- **全资附属公司**(wholly owned affiliate):由另一家公司控制的公司,最常见方式的是持有全部普通股股票。[23]
- **国际新兴企业**(Global new venture):指在建立稳固的国内市场之前就在全球开办业务的新兴企业。国际新兴企业模式鼓励创业公司在获得国内稳定市场份额之前就向国际化进军,同时从多个国家获取资源和市场渠道。[24]
- **外包**(outsourcing):指公司将某些特定工作或工作职能转包给非本公司员工或其他公司的过程。[25]

如何组织公司商务固然很重要,但是深思熟虑地、谨慎地、专注地设计和实施全球战略同样重要。下面我们来看看在企业全球化过程中要考虑的一些文化因素和国际定位问题。

14.4.2 国际战略和文化

在他 1993 年发表于《外交事务》(*Foreign Affairs*)上的文章中,塞缪尔·亨廷顿(Samuel Huntington)认为世界政治进入了这样一个阶段,主要的矛盾冲突不是源于意识形态或者经济因素,而是源于文化因素。[26]这种冲突的结果可能会是全球"麦当劳化",或者反之,杂交化。[27]

"麦当劳化"指全球采用一种科学管理模式,从而产生以效率和标准化为基础的单一世界文化。[28]现实中,诸如产品、服务、音乐、艺术等原汁原味地在全世界传播。这些元素成为当地文化的一部分,最终,各种文化呈现出很大的相似性。这令许多人感觉不安。

杂交化则传递着更为正面的信息,它认为各种文化相互联系并不会毁坏单个文化本身。持该观点的人认为随着全球化的继续,我们可能看到一种叠加的"杂交"文化,它集各种文化的精粹,而不失本我的特色。[29]下面我们举两个例子,来说明实施全球战略的时候,对文化因素进行认真思考尤为重要。

1. 出口迪士尼

出口是全球发展战略的一个重要举措。要在出口中获得成功,公司必须估算特定的产品在外国市场盈利的潜力,同时也要考虑到在本国和外国之间的货运、单证和两国的政府条款等因素。[30]公司还要了解出口目的国的文化。下面举个例子,这家公司没有在一开始就充分注意到文化因素,看看它的情况如何。

欧洲迪士尼主题公园于 1992 年在巴黎开张,起初 18 个月就亏损了 10 亿美元。[31]当时欧洲经济萧条只是部分原因,而迪士尼公司没有充分理解欧洲和美国文化的差异才是种种问题的主要原因。[32]

一些文化差异引起了园区运作的问题,比如设计方没有充分考虑到欧洲人晚上 8 点开始享用晚餐的习惯。结果,晚餐时间,欧洲迪士尼内的餐厅到处要排长队。这在美国园区就没有过,因为美国人的晚餐时间不那么集中。[33]文化差异还引起了员工和劳工矛盾,因为欧洲员工不习惯公司指定的着装要求和美式管理风格。[34]还有一些管理措施直接挑战了法国人的传统——在地处欧洲葡萄酒腹地的园区内禁酒令他们尤其难以接受。[35]

园区运营不断债台高筑,主管们不得不学习怎样让欧洲迪士尼在一个绝对非美国的环境中获得成功。他们采取了大幅度的改革措施,让园区运作更好地融入当地文化。此外,他们还开展了一场大规模的营销战,包括将园区改名为巴黎迪士尼乐园,降低门票,增加新景点,以及实施精准市场设计以满足欧洲各国的差异性需求。这些举措取得了成功,到 2008 年,园区已经开始盈利。[36]

2. 设计国际战略

迪士尼在欧洲开设园区时希望能推广其独特的文化——当然还有美国文化。和许多其他在国外做生意的公司一样,这是合理的策略:无论当地文化怎样,公司可以通过在各地培育共同的文化来实现公司凝聚力。不过有些公司发现要专注于当地顾客需求的话,公司不但要有自己基本的商业运作惯例,还要尊重当地文化。沃达丰(Vodafone),跨国通讯公司,正是采用了这种策略。以下"观点"专栏讨论沃达丰的案例。

〜〜〜〜〜〜〜〜〜〜〜〜〜〜〜〜〜〜〜〜〜〜〜〜〜〜〜〜〜〜〜〜〜〜

观点

维托里奥·科劳(Vittorio Colao)是沃达丰执行总裁,是世界优秀领袖之一。无论公司位于何地,他都非常善于精心设计国际战略,引领公司走向成功。现在,沃达丰是世界最大的移动电话公司,业务遍及 40 多个国家,在各国的法律架构各不相同。

其中一种结构称作合伙人市场协议。这种架构形式的特点是使得公司能够以真正国际化的方式来运作国际商务,既尊重本土文化,又让员工认可公司自有的一套基础价值观。沃达丰的网页上这样写道,合伙人市场协议"[使]沃达丰和合伙人能够建立不同程度的品牌关联,合作营销国际化的产品和服务。这个战略使得沃达丰能在全新的领地为他们合作商的顾客以及沃达丰自有的流动顾客提供增值服务。"[37]

不过科劳和沃达丰其他的领导人都很明白,公司的顺利运转不只单单取决于公司的结构——而是取决于人们怎样领导、管理公司的业务;取决于管理层怎样在高效、简洁和信任这些重要的价值基础上营造一个良好的环境,此外还有顾客需求,以及仆人式管理。

科劳是非常出色、充满活力的领导。这位强大的领袖认为自己的角色最主要就是服务于他的顾客和工资。他这样说道:

作为领导,你的职能是服务。在一段时间内,你获得授权来改变、建设这个公司。人们信任你,相信你能令员工参与这些改变,感受到自己所做是有意义的。人们相信你能充分了解你的顾客。在我看来,在世界上任何地方,了解顾客就是要和顾客步调一致。

世界上不存在什么"全球文化"。世界上每个国家、每个地区的人们都因自己的文化是独特的而骄傲。当然,当今世界各地的人们会做相同的事情:用手机打电话,发信息,上Facebook。人们听着相同的音乐,甚至有相同的价值观念。但是世界各地的人们做事的方式、表达价值观念的方式各不相同。

一个很简单的例子:我最近走访了我们的一些公司和门店。在每家公司、每个门店,我都看到人们为我们公司的价值观而自豪,但是他们表达这些价值观的方式各不相同。在加纳,他们写了一首歌表达我们是谁;在葡萄牙,他们创作了一幅画。在其他地方,有的在墙上挂着一块匾,上面写着:"速度、简洁、信任"。在沃达丰,我们鼓励这种多样性。我们表达价值观的方式不同,但是我们有着共同的价值观,遵从共有的核心商务惯例。

我们一直致力于和顾客保持紧密联系。也有一些具体做法。我们每个月有一天是完全专注于顾客的,这一天就叫做"客户日"。这一天,公司内部不开会。每个人都专注于顾客,人人如此,包括我和我的管理团队。这种既有象征意义也有实际意义的举措帮助我们和顾客保持紧密联系,直接影响并改变这我们做生意的方式。

资料来源:安妮·麦基对维托里奥·科劳的个人专访,2009 年。

如你所知,公司的商业模式形式很重要。但是对于一个企业,要服务世界各地的客户,不仅要有良好的结构,出色的律师和杰出的会计师,更需要一种理念。对于维托里奥·科劳和所有沃达丰的领导者,管理者和员工,这个理念就是尊重并传承世界各地的独特文化。

最热门»讨论题

1. 通过互联网简单搜索一下与饮食和娱乐相关的美国和法国文化。基于你的调查,你认为迪士尼起初在法国经营主题公园时为什么会遇到这些麻烦?
2. 在网上查找你经常光顾的两三家跨国公司。根据你从他们网站上读到的信息,讨论一下哪些价值观、伦理观和文化是这些公司希望能在他们各地的商店凸显的。你从这些网站上看到有专门适用于美国文化的吗?如果有,请说明。

14.5　全球经济环境存在哪些机会和风险?

对于那些希望参与国际竞争的企业而言,全球化既带来机遇,也意味着风险。希望"走向全球"的企业通常会看到诱人的前景:销量增加、质量更高、成本更低以及交货期缩短。不过,在向国际范围扩张的同时,许多企业运行过程中会遇到许多不确定性、增长过快、未能建立良好的伙伴关系或是遭遇政治和民众抵抗等。下面几个小节将讨论这些机会和风险。

14.5.1　机会:拓宽市场,增加销量

在新市场销售产品就是开辟新的收入来源。想想印度和中国的人口(两个国家都分别有超过十亿的人口),随着两国中产阶级成长,他们拥有惊人的购买力。我们有理由相信,在未来 50

年,印度和中国的消费者可能会推动世界经济。除了这两个大国,世界人口正在增加,将收入用于产品和服务消费的人群也在增长。这些增长将出现在发展中国家。能为发展中国家市场提供合适的产品及服务的公司将蓬勃发展。

14.5.2　机遇:获取专业知识,节约成本

有些情况下,企业可能希望采用外包或离岸工作的形式,获取其他国家的专业知识和低成本劳动力。前面提到过,外包是指企业将某些业务或工作职能委托给非本公司员工或外部的公司的举措。**离岸外包**(offshoring)是外包的一种形式,即企业将工作转移到其他国家,以降低劳工及其他费用。

外包和离岸外包的机遇通常也意味着有人要遭受损失。许多工人,比方说美国的汽车工人,担心企业为追求更多利润,可能会砍掉所有的技术岗位。另一个例子颇有争议,是在金枪鱼业,公司希望利用海外的专业技术以及低工资员工。Samoa Packing 公司(Chicken of the Sea 的制造商)和 StarKist 自 1954 年第一家 Samoa Packing 开张就一直使用在 American Samoa 公司的工人进行金枪鱼生产的清洁和准备工作。[38]这些公司一直有不用遵照美国的最低工资标准的豁免权。因此,罐头厂工人仅获一个小时 3.60 美元的报酬已经司空见惯。鉴于这种情况,美国国会通过 2007 年的最低工资法案,指出,罐头厂必需每年增加工人 0.50 美元的工资,直到在 Samoa 最低工资到达美国 50 个州的水平。针对这一法案,Samoa Packing 干脆离开了小岛,寻求更廉价的劳动力,结果 2 041 名员工被裁员,占全部 Samoa 罐头厂工人的一半。[39]

14.5.3　机会:改善运营

商务国际化的开放性增加,这意味着企业更容易在国外开设业务。例如,一家美国企业,要把服装卖到中国,它可能会发现,航运的繁琐过程既昂贵,又费时,而且不可预测。相信"时间就是金钱"的公司领导层决定在中国建厂。

同样,一家公司要完成一个巨大的项目时,可能找不到足够的当地人来完成该项目。发行一种新的软件,可能需要工程师、开发人员以及来自世界各地的测试者的努力工作,才能如期完成任务。公司也许能利用无偿帮助。例如,微软让业余软件迷们帮其测试新产品。这些人试用新产品,然后在聊天室、微软门户网站以及其他场所就这些软件进行交流。他们讨论自己喜欢新软件的哪些功能,不喜欢哪些功能,觉得还缺少点什么等。微软利用这样的全球用户社区来完善新软件,然后向公众发布。

14.5.4　风险:政府参与和政治动荡带来的不确定性

尽管 2007 年开始,世界经济衰退,美国经济仍然是世界上最稳定的经济体之一。其原因是美国有既定的政治体制,定期举行选举。此外,权力的分割使得它不可能迅速发生彻底改变。此外,美国政府对商业的干预程度不像其他一些国家政府那样高。

企业情况可能受国家的政治环境制约,发生迅速的改变。例如,根据《美国中央情报局世界概况》(CIA World Factbook)报告,在已探明的石油储量方面,尼日利亚排行第十,也因而成为一个颇具商业吸引力的地方。[40]然而,荷兰皇家壳牌已经发现,尼日利亚的政治动荡大大削弱了这种优势。特别是对设施或管线攻击,能造成生命代价,大大降低生产率,耗费公司大量资金。

例如,从 2006 年开始,壳牌公司的石油设施受到武装组织多次攻击,在其日原油产量减少 15 万桶之后,壳牌公司最终决定将三个尼日利亚石油租约出售给一家跨国企业。[41]

14.5.5　风险:发展过快以及不恰当的规模经济

在全球扩张期间,公司常常追求快速增长。当这种增长发生时,领导者往往走捷径,忽视产品质量,结果可能导致企业垮台。另外,员工数量激增,管理往往跟不上。仅是大量人员的招募和聘用在技术方面要求就会非常耗时。同样,在快速增长时期,也很难确保公司的文化能如领导所希望那样快速发展。

一个对于公司拓展既是积极因素又是消极因素的便是规模经济。**规模经济**(economy of scale)是通过大规模运营来降低成本,减少多余劳动的过程。例如,为了节约成本,丰田在它的许多车型采用相同的零部件,批量采购这些零部件。这样一来,丰田能够显著削减开支。然而,这种做法也使丰田面临一定的风险,如果它广泛使用的某个零件有问题,其后果可能会是全球性的质量问题。

不幸的是,2009 年和 2010 年,丰田在全球被迫召回约 530 万辆汽车,在美国召回近 300 万辆汽车,原因是在于“黏性”油门踏板。直至 2010 年初,最终受影响的车总共达 810 万辆。鉴于本次召回,丰田甚至停止了多款车型的生产和销售,包括广受欢迎的凯美瑞和阿凡隆。本次召回事件涉及的数量巨大,其范围和成本前所未有。[42]更重要的是,丰田作为质量旗手的声誉受到了严重损害。

14.5.6　风险:合作伙伴关系导致风险增加

全球企业间的合作关系越来越多,合作伙伴一方发生问题时,其他各方也可能出现问题。例如,2009 年和 2010 年的汽车召回事件中涉及的不止丰田一家公司,法国标致汽车也不得不加入召回行列,因为它的标致 107 和雪铁龙 C1 汽车是由捷克的一家工厂制造的,该工厂是和丰田合营的。[43]庞蒂亚克(Pontiac)也不得不召回其 Vibe 款的汽车,因为其零部件和丰田所用的类似。[44]

丰田和其他汽车制造商之间的这些关系,突出显示了合作伙伴关系可能会变得非常棘手。一定要慎重选择合作伙伴,双方必须遵守共同商定的标准,以便建立成功的伙伴关系。否则,合作一方的幸运或不幸,不仅会影响该公司的消费者,也会影响到合作方的业务和消费者。

14.5.7　风险:政治和民众抵抗

长期以来,在美国和许多其他国家的工作机会一直在向海外转移。这已是并将继续是一个极具争议的话题。据估计,1979 年至 2004 年这 25 年期间,美国减少了 500 多万个制造业岗位,其中一半发生在 2000 年之后。[45]在 1950 年,美国 30％的从业者从事制造业,但到 2004 年,这一数字已下降到了 11％。[46]

最近在美国,计算机科学、软件工程以及信息技术类的工作也在向他国转移。这种趋势背后的原因和制造业就业机会转移的原因一样:企业可以获得更低价的,并且在某些情况下更熟练的劳工。[47]极具讽刺意味的是,美国和其他发达国家最突出的出口产品之一是高等教育,这种出口实际上有助于就业机会向外转移。学者道格·林奇(Doug Lynch)在 2005 年指出,高等教育(包括传统的和远程的高等教育)是美国的第五大出口业务,随着发展中国家财富增加,这种教育需求只会更大。[48]

我们看到,全球商业内在的机会和风险是复杂多样的。风险和机遇经常相伴相生。在发展中国家开展业务时,这种复杂性成倍放大。因此,在下一节中,我们将探讨在新兴市场开展业务,包括在巴西、俄罗斯、印度和中国相关的一些特殊的机会和风险。

最热门»讨论题

1. 设想一下,你的公司已经安排将你派到国外工作,时间期限不确定。这对于你自身和你的职业发展意味着怎样的机会? 你有什么顾虑,你可能会怎样处理这些问题?

2. 调查一下在美国由于外包和/或离岸外包引起的工作职位减少情况。然后再调查一下由于一些行业和公司搬到美国去做生意而创造的就业机会,或者由于美国公司向其他国家提供服务所带来的就业机会。这些趋势对你的职业生涯可能产生怎样的影响?

3. 调查一下由于出售外国制造的产品或成分(如宠物食品公司、玩具制造商)而陷入困难的某家公司。这家公司本应采取哪些措施避免这些问题的发生?

14.6 新兴市场存在哪些机会?

2011 年,吉姆·奥尼尔(Jim O'Neil)带领的高盛团队创造了金砖四国的首字母缩写 BRIC,代表巴西、俄罗斯、印度和中国这世界上四个最大的新兴市场。这个团队曾预测,这些国家的国内生产总值之和将在 2009 年占全球总量的 10% 以上。金砖四国经济体实际上超过了这一预测,2008 年底,其国内生产总值之和占全球总量的 15%。[49]金砖四国 2009 年的股指表现也优于美国。

为了更好地理解为什么金砖四国最近几年如此成功,我们列了个表格(见表 14.1)。从该表格数据可以看到,印度和中国的人口远远大于其他几个国家(实际上,也大于世界上所有其他国家),这使它们具有劳动力和潜在消费群体方面的优势。另外我们注意到,美国政府开支已经远远超过其他国家,这从美国的巨大的国家债务可以看出。最后,还要看到,表格中所有国家都有价值上百亿美元(虽然还没有上万亿)的进出口,这能为世界经济提供发展机会,尤其是对与中产阶级日益壮大的发展中国家而言是很好的机会,这其中也包括金砖四国。为了更深入地了解这些新兴市场,了解它们面对的利益和风险,先从巴西开始。

表 14.1　美国与金砖四国经济和人口比较,2008—2009 年[50]

	美 国	巴 西	俄罗斯	印 度	中 国
人　口	3.072 亿	1.987 亿	1.4 亿	11.66 亿	13.39 亿
国内生产总值(官方汇率)[1]	14.44 万亿美元	1.573 万亿美元	1.677 万亿美元	1.207 万亿美元	4.758 万亿美元
国内生产总值(PPP)[2]	14.44 万亿美元	1.998 万亿美元	2.271 万亿美元	3.304 万亿美元	8.767 万亿美元

（续表）

	美 国	巴 西	俄罗斯	印 度	中 国
人均国内生产总值(PPP)	4.75 万美元	1.02 万美元	1.61 万美元	2 900 美元	6 500 美元
出生率(每千人)	13.83	18.43	11.1	21.76	14.0
死亡率(每千人)	8.38	6.35	16.06	6.23	7.06
出生时预期寿命	78.11 岁	71.99 岁	66.03 岁	69.89 岁	73.47 岁
因特网用户	2.31 亿	0.649 48 亿	0.452 5 亿	0.81 亿	2.98 亿
识字率	99%	88.6%	99.4%	61%	90.9%
进口值	2.117 万亿美元	1 731 亿美元	2 919 亿美元	3 151 亿美元	9 215 亿美元
出口值	1.277 万亿美元	1 979 亿美元	4 716 亿美元	1 879 亿美元	1.194 万亿美元
公共债务(国家政府负债,已占 GDP 的百分比表示)	37.5%	38.8%	6.5%	56.4%	18.2%
外债(欠国外债权人的总金额)	13.75 万亿美元	2 629 亿美元	4 835 亿美元	2 293 亿美元	3 471 亿美元

注:1. 官方汇率,是指利用全球的货币汇率计算的值。因此,这些值反映了各个国家的货币在国际市场上的差异。

2. PPP,购买力平价是根据等值等量的物品在美国和另一国家的价格水平计算出来的等值系数,该方法试图弥补各种国家的货币差异。

14.6.1 巴西

虽然过去十年的大部分时间里,巴西经济一直在增长,但巴西还没有过长期经济稳定或普遍繁荣的局面。导致这种缺乏经济实力的主要原因是巴西经历了政治意识形态的剧变,一些经济政策不合时宜。

1. 巴西:过去(1889—1985 年)

1534 年的巴西当时是葡萄牙殖民地。从成立直至 18 世纪末,由于奴隶的辛勤劳动,巴西的甘蔗种植业为一些地区带来了繁荣。不过,甘蔗业的财富掌握在种植园主的手中,他们花费大量的金钱购买进口物品,而不是当地物品。同样,18 世纪的黄金和钻石开采也仅使少数个人获益,对全国经济贡献不大。[51]

1808 年,为了躲避欧洲的拿破仑战争,葡萄牙王室逃到里约热内卢,使得巴西的财富开始增长。从表 14.2 看到,这带来了一些进展,但也带来了随后的 170 多年里巨大的经济、政治和社会动荡。

尽管政府已逐渐变得更加开放,并希望在 1985 年完全实现民主化,但从 20 世纪 70 年代中期到 1985 年,巴西仍处于军事统治。而且,该国的保护主义几乎不允许进口货物,所以在这个时期,巴西很大程度处于世界经济的框架之外。

2. 巴西:现在(1985—2009 年)

1985 年,巴西议会选举坦克雷多·内维斯(Tancredo Neves)任总统,军事统治走到了尽头。

几个星期后,内维斯去世,副总统若泽·萨尔内(Jose Sarney)就任总统,任期直到 1989 年。[52]在萨尔内执政期间,巴西通过了新宪法,扩大公民权利,给国家和地方政府更大的权力。然而,萨尔内执政期间,国家饱受通胀困扰,经济发展很有限。[53]

1989 年费尔南多·科洛尔·德梅洛(Fernando Collor de Mello)取代了萨尔内。他是 29 年来第一位通过直接选举产生的总统。科洛尔未能成功遏制巴西迅速升温的通胀,再加上腐败和政治丑闻,他被迫于 1992 年辞职。[54]副总统伊塔马尔·佛朗哥(Itamar Franco)继任总统,采用新方法解决令巴西步履维艰的恶性通货膨胀。[55]他还开展了许多其他方面的改革,佛朗哥任命费尔南多·卡多佐(Fernando Cardoso)为新的财政部长。卡多佐发起了雷亚尔计划(Plano Real)。[56]根据该计划,政府出台了新的货币称为雷亚尔,将其币值和美元挂钩(至少初期如此)。这个措施在短短一年之内将巴西的通货膨胀率下降到了个位数。[57]

卡多佐的经济"奇迹",使他很受欢迎,1994 年,他当选总统。出任总统期间,他继续推动金融改革,包括将政府拥有的电信,矿业和能源企业私有化。1998 年,卡多佐带领巴西走出另一场金融危机,这场危机的表现是赤字出现,利息率攀升,雷亚尔币贬值。[58]

2002 年,路易斯·伊纳西奥·卢拉·达席尔瓦(Lula da Silva)当选总统,巴西处于相对稳定的时期。卢拉执政的前六年,国家经济快速增长,国内生产总值 2007 年和 2008 年分别增长了

表 14.2 巴西历史上的主要事件,1808—1975 年

年份与事件	对巴西人民和经济的影响
1808 年:葡萄牙王室抵达里约热内卢。	殖民航运的限制放宽。
1822 年:巴西脱离葡萄牙统治,获得独立,在佩德罗一世的领导下,建立君主立宪制。	巴西进入了一段相对和平与繁荣的时期,中产阶级的队伍扩大。
1889 年:佩德罗二世被推翻。巴西成为一个民主宪政国家,但政府仍然受富裕农场主和军方统治。[59]	普通公民失去了许多自由,咖啡成为巴西的主要经济作物。[60]欧洲移民增加,国家开始了工业化。
1930 年:一场军事政变导致巴西的国家立法和宪法暂时被搁置。同时,由于经济大萧条,对于咖啡的需求减小。	咖啡需求的下降削弱了经济,也要求政府建立社会保障福利和工资制度。[61]这些努力改善了下层社会的地位,使国家整体更加繁荣。[62]
1935 年:在共产主义政变企图失败之后,总统夺取了独裁权力。整个社会和经济随后被分成"集团",每个集团代表一个主要的利益团体。[63]	许多行业都被国有化,国有钢铁生产设施均采用国外资金。[64]人们成立了劳工组织,以监督这些企业,但是这些组织并无多少作用。[65]
二战后时期:政府继续发展国有垄断企业,扩大贸易保护主义政策。	通胀迅速升温,工薪阶层生活水平下降。由于赤字增加,政府只能印发更多的钞票。
1954—1964 年:新的军事政权出现,试图促进经济增长,向外国政府大量借债。这一政权演变成了独裁镇压统治。[66]	虽然实行独裁镇压统治,新政府迎来了一个政治稳定和经济增长的时代。
20 世纪 70 年代中期:现行制度向政治制度的民主化过渡,并逐步放松镇压政策。同时,世界经济增速开始放缓。[67]	恶性通货膨胀开始出现,国家赤字剧增,而金融市场和外汇市场崩溃。巴西无法偿还其庞大的外债。[68]

5.7％和5.1％。[69]然而,全球经济2007年开始衰退,巴西也不能幸免。不过,该国的国内生产总值在2009年第一季度仅下降了0.8％。

即使面对经济衰退,巴西经受住了风暴,表现比许多新兴经济体要好,这主要是由于政府积极努力的结果。例如,当全球市场开始显示出恶化的迹象,卢拉政府对企业采取降息、减税政策,并对国家经济注资1 000多亿美元。这些举措使巴西的经济多种指标呈现增长态势,失业减少,只出现了温和的通货膨胀,出口水平提高,外国现金投资流入增加。[70]

3. 巴西:未来(2010年及以后)

未来的日子里,巴西很可能经历持续的经济增长,在世界舞台上获得更高的认可。国民政府致力于加强本国经济,与贫困作斗争。[71]如果这些努力获得成功,巴西的中产阶级将继续扩大,消费品需求将会上升。

但是,经济增长的资本从何而来? 最有可能的是,其中很大一部分资金将来自农产品出口。巴西已经是世界上最大的咖啡和柑橘种植者,是大豆、玉米、家畜(特别是肉牛)、大米和林木产品的主要出口国。[72]巴西也有望从全球关注的植物为基础的生物燃料行业中获利。截至2008年,巴西已经是世界上最大的生物燃料生产商,这些生物燃料很多是用甘蔗生产的乙醇。[73]由于人们对化石燃料的使用越来越担忧、全球变暖加剧,对植物为基础的燃料需求很可能会增加。[74]

巴西也得益于它的天然资源,它拥有储量巨大的钾盐、锡、铜、铀、磷、钨、铅、石墨、铬和铁矿石。[75]此外,巴西已经是世界排名前20位的产油国之一,而最近发现的近海原油储备意味着它可以在未来20年之内成为排名前10的石油生产国。[76]这些宝贵的矿产和石油储藏使巴西采矿、炼矿工业以及依赖这些物质的制造行业获得了发展。举例来说,巴西有全球领先的钢铁业,这促进了飞机、机械、电机和汽车配件等行业的蓬勃发展。[77]巴西还拥有储量丰富的铌和钽铁矿,它们用于超导体和电子元件中。[78]随着全球对电子产品需求的增长,巴西一定会获益,而其新兴高科技产业无疑也将取得发展。

多年以来被称为"沉睡的巨人"或"未来之国"的巴西,看来已经准备好在世界舞台上扮演更重要的角色。[79]巴西已经率先在西半球采取了外交和贸易方面的举措,是南美国家联盟(UN-ASUR)、南方共同市场和拉美一体化协会(ALADI)创始成员国之一。

从全球来看,巴西在世界贸易组织的谈判中发挥主导作用,派兵参与联合国维和,并签署了几个重要的核不扩散条约。此外,巴西是G20国集团的成员。2009年,为帮助贫穷国家振兴经济,一些国家向国际货币基金组织提供捐助,巴西是捐助国之一。[80]

4. 在巴西经商的优缺点

巴西对国际企业越来越有吸引力。从表14.3可以看到,除了上文提到的各种因素,巴西还有许多优势,经济稳定、欢迎外国投资、积极参与国际出口市场。当然,在巴西做生意也有几个潜在的缺点:国家继续排斥进口,有政治动荡的潜在因素,还有肉类食品出口健康方面的担忧。

表14.3 在巴西经商的优缺点

优　　　点	缺　　　点
经济稳定:自1993年以来巴西经济保持着3%的年均增长率。[81]目前,政府已制定政策,增加经济的流动性,降低利率,削减制造业税收。[82]	回避进口:在贸易谈判中,巴西积极推动出其出口以及外国进口保护主义的自由化。因此,它的关税壁垒往往比较高。巴西与南美其他各国在进口方面比与美国的关系更为密切。[83]

（续表）

优　　点	缺　　点
欢迎外国投资：巴西政府欢迎外国投资，特别欢迎美国公司。鼓励发展公私合营的伙伴关系，尤其是在改善基础设施领域。[84]	潜在的政治巨变：巴西 2010 年总统大选的结果预计不会引起剧烈的变化，但竞选会引起一些不确定性。[85]发展中国家的政府改变比发达国家更具破坏性。
积极参与全球出口业务：巴西有大量的出口业务，其产品出口到美国、欧盟、亚洲和拉丁美洲。出口货物种类广泛，有原材料、半成品和制成品等。	不同的肉食标准：巴西肉类出口业在全球占领先地位，但由于手足口病的流行，美国禁止从巴西进口新鲜或冷冻牛肉和鸡肉。[86]这些原因也限制了巴西的肉类打入全球其他市场，使巴西肉类出口值下降。[87]

14.6.2　俄罗斯

俄罗斯虽然是一个快速增长的经济体，但要成为一个真正的经济强国，还面临重大障碍。这些障碍大多数的起因可以追溯到俄罗斯的专制制度，及其由于多年来实行**中央计划的社会主义经济**（centrally planned socialist economy）而导致经济缺乏复杂性。中央计划的社会主义经济与资本主义国家的经济存在多种不同。最重要的区别是，在中央计划经济中，政府决定经济体系的各个方面，包括由何人生产何种商品、商品的价格是多少、支付多少工资，等等。与此相反，在**资本主义经济**（capitalist economy）中，生产和销售的产品，以及商品和服务的价格都由市场决定的经济。这意味着商品的供应和需求决定了价格、工资，等等。

1. 俄罗斯：过去（1917—1989 年）

俄罗斯的历史包括对外侵略和内部压迫两个方面。通过征服、吞并和领土扩张，多位沙皇在 18 世纪使俄罗斯帝国成为世界历史上第二大的连续帝国。这个帝国成立于 1721 年，至 1917 年的布尔什维克革命时终止。在沙皇和替代沙皇的布尔什维克统治时期，公民几乎没有什么权利和公民自由。言论自由、宗教自由、新闻自由，甚至人们追求想要的谋生方式的自由都常常被限制。这种压抑的内部环境，加上该国布尔什维克革命后传播共产主义的渴望，引发了一系列事件。正是这些事件决定了该国接下来 70 年的国情和经济。表 14.4 概述了这段历史。

2. 俄罗斯：现在（1989—2009 年）

虽然苏联早在 1985 年就开始进行改革，冷战时代最终结束的明显标志还是 1989 年的秋天柏林墙倒塌。这时，许多曾经属于苏联的卫星国和共和国纷纷脱离苏联，组成自己的政府，因此俄罗斯实力变弱。

在此期间，俄罗斯国内也发生了巨大变化。最重要的是，俄罗斯人举行了有史以来第一次民主选举，叶利钦被选为总统。以 57% 的选票当选的叶利钦在国内外都很受欢迎，他向外界塑造了一个民主主义者和自由市场经济拥护者的形象。

就任之初，叶利钦立即着手推进俄罗斯经济从中央指挥控制型转变为自由贸易型。不幸的是，这种转变不是简单的任务，众多"成长的烦恼"很快就显现了，俄罗斯经济开始严重衰退。在 20 世纪 90 年代，俄罗斯的国内生产总值下降了 50%，陷入了严重的经济萧条。叶利钦采取了令人吃惊的举动，1999 年底宣布辞职，在辞呈中他说："我未能帮助你们梦想成真，请原谅。我也辜负了大家的期望，请原谅。"[88]

继叶利钦辞职,总理弗拉基米尔·普京出任代理总统,直到 2000 年的总统大选中,他赢得竞选,正式担任总统。担任总统期间,普京采用了比叶利钦更强硬的方式。这期间,全国经济开始复苏,国内生产总值增长了 72%,贫困人口减了一半。[89] 这些成就是普京 2004 年再次当选的部分原因。

表 14.4　俄罗斯的主要历史事件,1917—1989 年[90]

年份和事件	对俄罗斯人民和经济的影响
1917 年:一批由列宁率领的马克思主义革命家组成布尔什维克党,推翻沙皇专制制度,建立了集中的政府,严格控制俄罗斯的经济、政治和文化的各个方面。	普通公民受到广泛的镇压,反布尔什维克活动可能导致监禁或死刑。私有财产被没收,中央政府控制了各种产业、职业和商业。国家对收入进行再分配,承担所有的社会服务的责任。这些事件标志着共产主义的崛起。
1922—1927 年:俄罗斯共产党与几个周边国家形成苏维埃社会主义共和国联盟(苏联)。列宁逝世引起权力斗争,斯大林最终逐渐成为最高领导人。	随着斯大林政权的巩固,国民在政治、经济和宗教等多方面受到了更多限制。在接下来的 10 年中,苏联情报机构权力大增,持不同政见者被清除,数以百万计的公民(尤其是某些种族群体)被驱逐出境或迁移;农场集体化;政府的各种政策导致了大范围的饥荒。
1939—1945 年:苏联加入美国和英国,在第二次世界大战中打败了德国。	纳粹投降后,苏联和美国都想对之前由德国占有的领地施加影响,冷战开始。斯大林政府接管许多东欧国家。苏联势力范围内的民众继续遭受政治和文化压迫。同时,由于各项政府政策、贸易禁运以及地理隔离,苏联经济愈加窘迫。
1953—1985 年:1953 年斯大林去世后,苏联经历了一系列共产党领导人的领导(赫鲁晓夫、勃列日涅夫、安德罗波夫和康斯坦丁·契尔年科)。他们每个人都采用了不同策略处理内政和与西方的关系。	在斯大林的多名继任者统治下,苏联及其卫星国的居民经历了时紧时松的基本公民自由限制。国家花费巨额资金用于航空、军事、科学和教育。他们希望构建一个能培养"未来之星"的教育体制。他们认为这些"未来之星"值得培养(包括奥运选手)。大部分国民经历着越来越严重的贫困,大多物资和服务(包括食品)必须按配额供给。苏联陷入了一系列战争,包括和卫星国家的小规模冲突以及同其他国家(如阿富汗)的冲突。
1985—1989 年:戈尔巴乔夫于 1985 年当选总理。此后不久,他率先开展了一系列具有里程碑意义的改革,包括对外开放、重组、民主化和加速经济发展。	苏联及其卫星国的经济开始逐渐获得发展。越来越多的公民争取更多的自由,希望获得国际产品,因此支持民主思想和资本主义的运动不断发展。美国和其他西方国家对苏联政府施加更多、更明显的压力。

鉴于普京当前的影响和作为总理的权力,还有他在梅德韦杰夫当选中所起的作用,许多评论家,特别是西方评论家预测,梅德韦杰夫政府基本就是普京政府的延续。梅德韦杰夫自己也意识到这点,而且他已一再宣布他计划采用比前任"更温和的风格",同时推动必需的经济、政治和司法改革。[91] 不过,截至 2010 年,只有几个改革已经落实,国家政府仍然布满普京任命的官员。引一位评论员的话来说,"涉及政策事务上,梅德韦杰夫没有[给予]公众一个独立于普京的形象。"[92] 事实上,根据 2009 年 5 月民调显示,大多数俄罗斯人认为普京是他们国家最有权势的人。[93]

3. 俄罗斯:未来(2010 年及以后)

2010 年,俄罗斯处于政治和经济的十字路口。虽然梅德韦杰夫将自己塑造成一个自由主义者,但目前为止他还没有采取什么重大的举措来改变普京政府时代的专制战术以及敌对西方的策略。在财务方面,俄罗斯继续高度依赖石油和天然气出口,这并不是一个好兆头,因为该国缺乏经济多样化。美国驻俄罗斯大使约翰·贝尔(John Beyrle)说:

> 俄罗斯的目标是到 2020 成为世界第五大经济体,人们生活水平提高到欧洲目前的水平,这是可以实现的。但他们不能靠商品出口和利用廉价的外国资本达成这一目标,而是需要实行一系列新的政策。[94]

贝尔也看到俄罗斯积极的一面,他指出,截至 2009 年,俄罗斯国内生产总值超过 1 万亿美元,是世界上第九大经济体。事实上,直到 2007 年经济危机开始之前,俄罗斯经济一直保持着每年大约7％的增速。此外,俄罗斯在 20 世纪 90 年代之前还不存在中产阶级,而到 2010 该国中产阶级占总人口的 25％。[95]俄罗斯因此具有一个蓄势待发的经济,拥有能够支撑这个经济发展的人口。

4. 在俄罗斯经商的优缺点

20 世纪大部分时间,和俄罗斯做生意是不可能的。不过现在,越来越多的国际公司正寻求将俄罗斯作为一个外包目的地。其中外包的优点是俄国人有高学历和专业知识,强烈的工作热情,地理上离西方很近,相比大多数西方国家,工人的工资水平较低。

不过,即使在 2000 年至 2008 年创纪录的经济增长之后,俄罗斯的金融仍然疲弱。美国副总统约瑟夫·拜登接受《华尔街日报》采访时指出,俄罗斯"人口基数在缩小,经济萎缩,其银行业和银行结构未必能够承受未来 15 年的变化。"[96]虽然这席话激怒了莫斯科,可能会阻碍美国国务院试图改善与俄罗斯关系的进程,但拜登所说是真的。表 14.5 总结了俄罗斯这些领域和其他领域的弱势以及在俄罗斯经商的几大优势。

表 14.5　在俄罗斯经商的优缺点

优　　点	缺　　点
教育和专业知识:俄罗斯拥有高学历,精通技术的人群。国家的识字率是 99.4％,超过半数的成年人具有大学文化程度。[97]	人口下降:近年来,由于贫困、健康状况不佳以及死亡率大大高于全国出生率,俄罗斯的人口以每年 0.5％的速度下降。[98]目前,全国每年人工堕胎率高于婴儿出生率,自杀率是世界最高的国家之一。[99]而且,估计有 1 000 万俄罗斯妇女因为健康状况不佳和拙劣的堕胎影响,终生不育。[100]
文化上和西方接近:俄罗斯文化习俗与欧洲和北美相似,这使得俄罗斯对西方公司颇具吸引力。西方公司在亚洲做生意常常要担心文化因素引起的困境。此外,俄罗斯人非常敬业,这是俄罗斯人的重要特征。经受了多年的压迫,许多俄罗斯人的愿望被压抑,他们希望获得更多的工作选择。[101]	疲弱的经济:俄罗斯的人均国内生产总值比大多数昔日的卫星国的国内生产总值低。[102]生产和就业都在下降。卢布在 2007 年的经济衰退中贬值厉害,货币价值下降了三分之一。此外,俄罗斯的企业和行业很大一部分仍然是处于低效的中央政府控制之下,或受制于不太谨慎的政客以及他们的富商朋友们。[103]
地理上和西方接近:俄罗斯离大多数欧洲国家相对较近,意味着时间差和旅行的繁琐可以忽略不计。此外,俄罗斯下午工作时间期恰好是大多数美国公司一天办公的开始。[104]从多个美国主要城市乘坐直达航班到莫斯科已经变得越来越容易。	银行业疲弱:俄罗斯的金融业饱受银行短缺的困扰。随着过去 15 年越来越多的资金流入该国的经济,许多金融机构根本无法跟上增长的需求,这意味着少数大型、功能强大的银行能够巩固他们对市场的控制。在 2007 年3 月,俄罗斯在业银行共 1 178 家,其中 30 家银行控制着大约 70％的总资产。其余银行当中 60％的运营资金非常低,小于 500 万欧元(约合 700 万美元)。[105]

（续表）

优　　　点	缺　　　点
工资水平低:2009 年,俄罗斯的平均工资约为每月 600 美元。[106] 因此,许多俄罗斯的专业人士(包括工程师和 IT 人员)的工资约为美国同行工资的四分之一。[107]	法治薄弱:在俄罗斯,缺乏有力的保障来维护公民的权利以及确保法律公平、公正。这是由多种原因引起的,司法人员收入微薄、缺乏训练、法律制度不按先例原则运作、腐败盛行以及各种犯罪派别运用铁腕手段从事犯罪活动。[108] 这些使俄罗斯没有吸引力,有时甚至对外国投资者人身安全造成威胁。

14.6.3　印度

自 1991 年以来,印度得益于其经济政策的自由化,与西方的政治关系获得改善,一直处于金融繁荣之中。根据目前许多学者的观点,印度独特的管理和领导方式在全球舞台上有独特而强大的优势。[109] 今天,印度为外国投资者提供了机会,使企业获得利益,但它必须克服显著障碍,才可以重新获得几个世纪前享有的经济威望(见表 14.6)。

表 14.6　印度的主要历史事件,1757—1990 年

年份和事件	对印度人民和经济的影响
1757—1857 年:1757 年,英国东印度公司控制了印度大部分地区,驱逐法国人和莫卧儿人。[110] 公司逐渐接管了现今巴基斯坦、孟加拉国和斯里兰卡等领域。	印度人民失去了对政府、经济的控制权,在某种程度上,也失去了对自己的生活方式的控制权。印度仍然是世界上最大的经济体之一,但其产品越来越多直接送往英国。
1857 年:对印度的控制权从东印度公司转移到英国皇室。英国政府获得对印度领土的直接管理权,并授予给印度当地人们一些自治权。	英国政府设立的省议会,由印度议员组成,任命印度人担任英国总督的顾问。[111] 这些举动是为了安抚印度的中产阶级,但不能平息印度人们要求结束英国统治的呼吁。
1858—1919 年:印度的自治运动加剧,到第一次世界大战结束之时达到了高潮。虽然印度仍然是世界上最大的经济体之一,但是一些领土被美国和德国占领。	在为英国的参战作出牺牲之后,许多印度公民觉得是时候要求独立了。[112] 工业化的扩张意味着印度大规模制造的商品经济取代了手工业为基础的经济。
1920 年:甘地组织人民反对英国统治。他对殖民政府的非暴力抵抗及不合作策略获得了数百万追随者,使英国难以打击这场运动。	越来越多的印度人拒绝与英国政府合作。同时,工业化继续在印度扩展。人口的迅速增长意味着印度首次必须广泛进口食品。
1947 年:英国决定放弃对印度的控制。1947 年 8 月 15 日,印度实现独立,成为英联邦内的自治国,尼赫鲁被任命为全国首任总理。	印度面临许多严峻的问题。该国的人口已经增长到接近 3.6 亿,而其基础设施和社会服务不能承受这么庞大的人口。[113] 与巴基斯坦的敌对状态导致了持续的紧张局势和全面战争。[114] 如果没有英国作为一个主要的贸易伙伴,印度的产品没有市场;英国之前的开发也使得印度国内缺乏自给自足的行业。因此,印度占世界总收入的份额下降。[115] 全国大部分地区陷入严重的贫困之中。

（续表）

年份和事件	对印度人民和经济的影响
1950年代至1980年代早期:印度领导人认为,工业化将治愈这个国家的金融危机,他们受到来自苏联的工业化进程启发,特别提倡这种形式。因此,他们推出了一个集中规划方案,该国的工业部门的几乎每个方面都由国家政府所有或受国家政府严格监管。	印度的国内生产总值以略低于4%的平均增长率增长,这一增长率明显低于周边国家。该国低效的官僚作风和低效的营业执照颁发程序消耗了大部分国家预算,使得人们创业或开展业务履步维艰,在印度进行外国投资几乎没有可能。40%—50%的人口遭受极端贫困和高失业率受到影响,农村地区尤其如此。[116]
1980年代中后期:印度领导人承认,过去40年的社会制度未能发展经济或改善人们的困境。一方面苏联解体,另一方面其他亚洲经济体显著增长,而印度由于无力支付进口费用几乎导致金融崩溃,这种种现象显示,必须采用新的策略。[117]	一场广泛的经济改革的时机已经成熟。

1. 印度:过去（公元前2500年至1990年）

印度是地球上最古老的延续至今的文明古国之一,在历史上长期拥有全球贸易中心的地位。例如,印度河流域的印度—雅利安文化催生了历史上繁忙的贸易通道,这些通道将印度次大陆连接在一起。[118]这种广泛的贸易体系促进手工为基础的行业,如纺织织造和金属锻造,印度的茶叶和香料市场也蓬勃发展。

自然,印度的商业财富和巨大的香料货源多年来吸引着许多外国人。其中第一个是亚历山大大帝,公元前4世纪期间他控制了大多数次大陆,随后几个世纪控制印度的有罗马商人,土耳其和阿富汗的侵略者以及蒙古征服者。[119]1498年葡萄牙探险家登陆印度时候,印度人已经接受了各种各样的外来影响。[120]

在16世纪和17世纪,葡萄牙、法国、荷兰和英国都寻求在印度站稳脚跟,以获得香料、茶叶、丝绸和其他商品。英国东印度公司很快成为在全国占主导地位的西方力量,在之后一个多世纪里,与印度执政的莫卧儿帝国维持着和平关系。然而18世纪中叶,印度爆发了地区冲突和战争,英国和法国为在印度争取更大的控制权开始交战。这标志着一个长达250年之久的系列变化开始了,这些变化将极大地改变印度的政治和社会结构。

2. 印度:现在（1991—2009年）

1991年,印度开始采取重大措施,促进经济政策自由化,这要感谢财政部长曼莫汉·辛格的领导。在辛格领导期间,商业发牌过程大大简化,企业家现在只需要四五个许可证就可以开始创业,而过去他们需要80个许可证。[121]印度政府还降低了税率,开放经济,欢迎更多的外国和大企业投资,减少进口商品的关税并彻底改革国家的银行体系。[122]

这个市场自由化的成果迅速显现、令人惊叹。到1993年,印度的国内生产总值以每年5.1%的速度增长。自1997年以来,年平均增长率已超过7%,在2007年达到峰值9%。[123]此外,与国内生产总值挂钩的进口和出口的比重自1985年以来翻了两番,外国直接投资从1991年的1.65亿美元猛增到2005年的25.4亿美元。[124]印度目前是世界第三大经济体,占近世界GDP总量的7%。[125]

即使有这样惊人的增长,印度的经济还是面临一些问题。其一,国内生产总值的62.6%来自服务业,全国34%的劳动者受雇于服务行业。人们广泛认为印度的技术支持和电脑服务是世界领先的,所以这个比例并没有让大多数观察员惊讶。服务业促进了印度的经济繁荣,催生了中产阶层。然而,服务业占主导地位,意味着全国的工业相对薄弱,只有14%的印度人在工业领域就业。[126]另一个问题是,大部分通过服务业获得的财富仍然掌握在中产阶层手中,他们大部分居住在城市或郊区。导致这种财富集中的原因一是印度普遍的教育不平等,二是传统的印度教种姓制度下的阶级分化。最终的结果是,数以百万计的印度人,尤其是农村地区的人们,继续生活在赤贫中。

最后,与周边国家,特别是巴基斯坦和中国,政治冲突不断,使一些外国人不愿在印度投资。事实上,在20世纪八九十年代,由于其与巴基斯坦不断升级的紧张局势,印度开始购买和测试核武器,美国和其他西方国家因此对印度采取过各种制裁措施。到21世纪初,美国政府看到印度是一个有价值的战略和财务合作伙伴,取消了许多制裁措施,允许大量美国资本进入正在蓬勃发展的印度经济。[127]

3. 印度:未来(2010年及以后)

印度政府致力于保持经济增长,制定了到2011年国内生产总值增长速度达到10%的目标。[128]为了达到这个目标,有望继续对外国企业项目审批实行宽松政策,这些外国企业主要集中于电信、服务和基础设施等行业。[129]此外,印度的生物技术行业对投资者特别有吸引力,因为印度国内有巨大的人才储备,该行业有望在2010年达到50亿美元的规模。[130]

这些外国投资是促进印度的中产阶级日益壮大的主要推手。反过来,这种壮大也意味着印度人的可支配收入增长了,随之而来的是消费模式转变。这种消费转变又促进了工业增长。尤其是加工食品、造纸、移动宽带产业正在快速扩张,并预计增长势头将持续到2015年。[131]为弥补国家财政赤字,政府对其拥有的产业实行私有化,也会促进工业发展。[132]再加上印度有丰富的煤炭、铁矿石、铝土矿储量,这可能使印度在接下来十年成为世界前五大钢材供应商之一。[133]公司民营化可能会使电力行业受益,一方面,获取煤炭储备的渠道增多,另一方面电力交付体系会获得发展。[134]

目前的工业增长导致印度的农业部门占国内生产总值的比重不断下降,这种下降很可能会持续下去。这对印度的经济而言是一个积极的信号,因为它会降低农业危机对国民经济的影响。[135]尽管如此,在过去的几年里,自然灾害和管理不善的食物分配链,导致通货膨胀快速增长。[136]印度当局设定的目标通胀率为5%—5.5%,但2010年第一季度,这个速度达到了8.5%。[137]印度储备银行正在采取措施对抗通货膨胀,但它的目标与印度政府的目标难以调和。[138]所以很难预测通胀对印度经济的影响。

另一点也是很重要,当前的印度人民致力于经济发展。这主要因为,印度人口相对年轻,超过54%的公民在25岁以下。在全球化的经济环境下而非社会主义经济环境下长大的这些人,希望利用他们的才能为自己、家庭和社区创造更好的生活。[139]

最后,学者们认为,与美国或其他西方不同的是,印度的管理和领导实践正中该国当前和未来发展和经济增长的核心。沃顿商学院教授彼得·卡普利(Peter Cappelli)、哈伯·辛格(Harbir Singh)、吉特德拉·辛格(Jitendra Singh)和迈克尔·尤西姆(Michael Useem)指出,在印度,他们关注员工和公司文化,有更强的适应性和创造力,有长远目标,致力于价值观、使命、目的和社区建设。这些使印度的商业与众不同。[140]这些特性与西方企业的短期利润导向形成鲜明对比。

4. 在印度经商的优缺点

印度对跨国公司而言有许多优势。印度有大量受过教育的工人和不断壮大的中产阶级，并且大部分印度人可以说流利的英语。不过，如同许多新兴国家一样，在印度经商也有一些缺点，其中最突出有：部分人口处于极端贫困之中，基础设施不够以及历史上由种姓制度的传统带来的社会偏见。表 14.7 对这些优点和缺点作了总结。

表 14.7　在印度经商的优缺点

优　　　点	缺　　　点
大量受过教育的工人：印度非常注重教育，当然只是对那些能够付得起费用的而言。公共教育系统需要改革，但私有教育系统为数以百万计的学生提供了非常良好的教育。[141]许多印度人接受高等教育，事实上，本科年龄的学生到美国学习的外国人中，印度人数最多。	贫穷：高达 25％的印度人口（近 300 亿人）生活在贫困中。[142]就在十年前，多达 1.3 亿人甚至得不到基本的医疗保健，高达 2.26 亿人不能没有安全的饮用水。[143]这些影响深远的贫困还反映在国家的人均国内生产总值中，2009 年，印度的人均国内生产总值为 2 900 美元，在世界上的排名是第 165 位。[144]
不断壮大的中产阶级：印度已经拥有一个庞大的中产阶级，估计为 5 000 万人。这个群体正在迅速增长，预计 2025 年将达到 5.83 亿，占比将超过国家人口总数的 40％。[145]同年，印度的可支配收入将由 2009 年的 39％上升到 70％。[146]	基础设施落后：印度的基础设施不能满足全国人口的需求，更不足以支撑扩展商业。城市里，道路太窄，无法容纳大流量的交通，农村地区，许多道路已经破烂不堪。[147]其他基础设施问题还有机场、桥梁不足，缺乏干净的水源，电力极不可靠。
流利的英语：印度讲英语的人口在世界上仅次于美国，排名第二。全国 21.09％的人口精通英语，226 449 人在印度以英语为第一语言，1.32 亿以英语为第二语言，1 亿人以英语为第三语言。[148]	社会偏见：种姓歧视在印度是非法的，在许多城市，不同种姓的人自由交往。但在农村，种姓歧视依然存在。[149]经济发展可以改善低种姓群体的状况，但社会分化不太可能消失，可能会对印度未来的发展产生负面影响。[150]

14.6.4　新兴市场小结

在本节，我们了解了对美国和其他国家许多公司充满诱惑力的部分金砖国家。如上所述，这些国家都已有较高程度的工业化，已经是全球性的合作伙伴。当然，还有不少其他国家工业化和现代化程度不高，但它们也正在全球化，这常常是旅游业发展带来的结果。比如赞比亚，它是个内陆国家，但资源丰富，地处非洲南部。可以通过下面这个"学生的选择"的案例研究来简要了解一下这个国家面临的挑战和机遇。

学生的选择

赞比亚：站在全球化的门口

赞比亚拥有丰富的自然资源，其中有不少地方是旅游胜地。旅游业为国家赚取收入，也为该国赢得了来自世界各地的关注。该国最有名的景点也许要属维多利亚瀑布，它被称为世界七大天然奇景之一。[151]该国还拥有几个国家公园和野生动物保护区，其中最大的是南卢安瓜国家公园，里面有很多大象、狮子、斑马、长颈鹿和其他一些奇妙的野生动物。[152]

就在几年前,赞比亚还不太为世人所知。今天,来自世界各个角落的人前往赞比亚观看野生动物和自然风光。在 2007 年(旅游统计数据最近的年份),805 059 名游客参观了赞比亚,较上一年增加了 6.5%,较 1998 年至 2002 年游客平均人数增长了 77%。[153] 该国人均 GDP 只有 1 500 美元,旅游业无疑是国家收入的重要来源。[154]

作为发展中国家,赞比亚面临许多挑战。截至 2010 年,65% 的赞比亚人口生活在农村,主要依赖自然资源为生。[155] 因为这些资源也是旅游业的重要资源,妥善管理和保护这些资源尤为重要,而这对一个发展中国家来说可能并不容易。为了加强这方面的工作,赞比亚政府已经设立了旅游、环境和自然资源部,希望通过该部门来促进环境和经济可持续发展的理念。

当然,在这样一个国家里,普遍的贫困迫使许多人不得不依赖任何可用的资源,而要让当地人看到环境保护的价值,就是个挑战。再加上赞比亚的高文盲率和死亡率(居世界第三),以及该国年龄中值只有 17 岁,不到许多发达国家的一半,这个任务就变得难上加难。[156] 这些因素不仅妨碍环境保护和教育的推行,也意味着许多赞比亚人正在离他们的传统和文化遗产越来越远。

赞比亚的经济和环境也受到外部威胁,如气候变化问题和进入国际贸易的障碍。赞比亚在气候变化问题上已采取了强硬的立场,它也正在逐步登上世界的舞台。例如,2009 年哥本哈根气候变化峰会带给大家一场失望,之后,赞比亚政府在联合国气候变化框架会议上发表了一些不满,提到以下几点:

> 赞比亚是最易受不利气候变化影响的国家之一,适应环境仍然是赞比亚的首要任务。为使赞比亚能实施其适应方案……并确保实现赞比亚可持续发展的目标,国际社会必须给予充分的支持。[157]

至于贸易方面,世界银行最近开展的一项研究得出结论,要改善赞比亚人们的生活水平,必须实行全球化和国内改革两项措施。举例来说,如果该国家有必要的信息和基础设施,就可以更多地参与世界农产品市场,这可能会提高所有赞比亚人的生活质量。[158] 这需要从专注于旅游业转变为注重自我发展,还需要全球支持"世界农业市场的自由化"。[159] 因此,赞比亚环境和经济可持续性不只是本国公民需要考虑的问题,还需要赞比亚之外的人们的参与,要获得这样大范围的支持并非易事。

资料来源:改编自 Mwitwa Muyembe 的案例。

最热门»讨论题

1. 如果你要去巴西、俄罗斯、印度生活和工作,需要做哪些准备?你不仅仅要考虑工作方面,还要考虑生活方面的问题。

2. 罗列一下在巴西、俄罗斯、印度工作和经商的优点和缺点。哪些优势最吸引你,为什么?哪些缺点最令你担忧,为什么?

3. 通过互联网搜索了解赞比亚的历史,目前的经济和政治状况,自然资源和动物园的现状。赞比亚怎样才能更好地把自己打造成一个全球性的旅游目的地?

14.7　全球贸易联盟的发展对全球化有哪些影响？

　　全球化的概念是相当新的，但自石器时代，当人类第一次用黑曜石交换燧石开始，贸易就一直存在。如果我们从石器时代快进到 20 世纪，可以看到，由于国家希望获得货物，保护本国产业等带来的竞争欲望，已经使得国际贸易成为一个复杂的行为。这种紧张关系导致了国家间各种形式的保护主义和协议，试图努力创造一个公平公正的贸易体系。

　　在本节中，我们先了解几个强大的贸易联盟，然后再看全球的监管组织。

14.7.1　世界贸易组织

　　世界贸易组织（WTO）成立于 1995 年，旨在帮助规范和鼓励包括美国在内的 153 个成员国之间资本货物国际贸易。[160]该组织总部设在瑞士日内瓦，有两个主要功能：监督国际贸易，提供一个客观的平台，以解决贸易争端。今天，有超过 95% 的世界贸易是在 WTO 成员国之间进行的。世界贸易组织的五项基本原则如下：

　　1. 无差别待遇原则，这意味着所有成员国必须得到其他成员国平等的对待。

　　2. 排除互惠原则，不得在一个条约中附加有利于其他条约的交易。

　　3. 具有法律约束力的合同原则。

　　4. 透明度原则，即成员必须公开其贸易政策。

　　5. 在必要时，有权限制贸易的原则。

　　从成员数量来看，世贸组织是世界上最大的贸易组织，所以它发挥着巨大的作用。

14.7.2　欧盟

　　美国和俄罗斯之所以会在 20 世纪成为超级大国不难理解。两国的规模使它们在自然资源方面有很大的优势。此外，其人口规模和教育程度使这两个国家拥有相当的智力资本。与此相反，许多欧洲国家不得不依靠自身努力，单打独斗参与竞争。部分原因是，在二战期间，许多欧洲国家的道路、桥梁和工厂等城市基础设施被损坏或摧毁。重建工作需历经数年。

　　为了在经济上与其他地区竞争，20 世纪 50 年代，欧洲国家开始了强大的贸易联盟试验，首先签订的是巴黎条约，最终发展成为**欧洲联盟（欧盟）**（European Union，EU）。欧盟成立于 1993 年，由 27 个欧洲国家（到 2010 年止）组成的经济和政治共同体。欧盟是**超国家主义**（supranationalism）的一个例子，在这种结构类型中，其成员把部分权力转让给联盟以换取某种利益。这样的超民族主义联盟使国家失去了一部分自我身份，甚至没有了其特有的货币，但他们获得了巨大的经济集团的力量和保护。如今，欧盟事务还涉及条约谈判，外交关系、法律事务、能源方案、协调发展及其他几个领域。

　　欧盟的形成已经影响了贸易的多个方面。一个基本的变化是成员国采用了欧元这个标准化的货币。（一些欧盟成员国，如英国，仍然使用自己的货币，这仍然是个争论的焦点。）更深远的变化是建立一个单一的市场体系，消除了成员国之间贸易和移民壁垒，形成一个强大的联合经济。例如，欧盟的各国生产总值在 2004 年超过了美国。[161]此外，欧盟是世界上最大的商品出口组织，而美国是欧盟最大的贸易伙伴，其次是中国和日本。[162]尽管欧盟的人口仅占全球人口的 7% 左右,它却占了世界贸易总额的近 20%。[163]这些统计数据表明,欧盟的创立使相对较小的这些国家联合一起,形成了全球经济中一个强大的实体。

这样一个联盟既有不少优势,也有一定缺点。其缺点在 2010 年充分显现,欧盟成员国希腊由于不良债务陷入经济灾难,欧盟不得不介入,令成员国耗费了大量的资金,这对刚刚经历了经济衰退,仍然步履蹒跚的成员国来说是雪上加霜。

14.7.3　北美自由贸易协定

北美自由贸易协定(North American Free Trade Agreement,NAFTA)是美国、加拿大和墨西哥之间的一项协议,旨在消除三国之间的关税和其他贸易壁垒。[164]自 1988 年以来加拿大和美国之间还有一个类似的协议。北美自由贸易协定还包括两个附加协议,规定协议方共同合作、改善北美的环境和劳工制度。

美国与加拿大的贸易历史悠久,它与墨西哥不具有相同的贸易历史。美国对于同墨西哥开展贸易的理念很冷淡,它与墨西哥的协议仅限于 20 世纪 80 年代在 WTO 框架下批准的条款内容。不过,这种反贸易的态度在 90 年代发生了改变,当时美国开始寻找方法形成一个贸易集团对抗欧洲和亚洲正在形成的贸易集团。经过反复讨论,北美自由贸易协定由三个国家领导人共同签署。1993 年,该协议在总统比尔·克林顿领导下的美国国会获得通过。

北美自由贸易协定是有争议的。首先,它不是一个条约,虽然很多人称其为条约。条约要被通过,必须获得美国参议院三分之二的票数,即 67 票,但北美自由贸易协定是作为一项"协议"被通过的,只有 61 票。[165]关于北美自由贸易协定的争论一直非常激烈,这场争论甚至催生了一场运动,使一名叫罗斯·佩罗的成功商人组建了第三党派,参与总统竞选,他对北美自由贸易协定采取保护主义立场,这也是他参选的基础。佩罗自掏腰包,花费了数百万美元用于电视宣传节目。在节目中,他指出北美自由贸易协定将对美国产生危害。在这些广告中,他呼吁美国人自己听听北美自由贸易协定批准后墨西哥人抢占工作机会的那种犹如"巨人吸吮的声音"。[166]

虽然很难全面评估北美自由贸易协定对美国经济的影响,这三个国家之间的贸易的增加是无疑的,这也使得三个经济体获得了更高程度的一体化。[167]一些专家说,这是协议设计师的原意。但总体看来,美国的贸易赤字在北美自由贸易协定下恶化:美国对加拿大和墨西哥的出口都有所增加,但进口量增加更大。[168]另外,虽然北美自由贸易协定使美国公司受益,一家独立的经济政策研究所智囊团,预计到 2006 年,超过 100 万美国工人将因为该协议的实行而转移到收入较低的工作岗位。[169]

14.7.4　中美洲自由贸易协定

美国与西半球其他国家有多个自由贸易协定,如**美国—多米尼加共和国—中美洲自由贸易协定**(United States-Dominican Republic-Central America Free Trade Agreement,CAFTA)就是其一。该协议是美国、多米尼加共和国、哥斯达黎加、萨尔瓦多、危地马拉、洪都拉斯和尼加拉瓜七国间的贸易协定。这些国家与美国的关系因佛罗里达门户的原因而格外紧密。更具体地说,对许多南美洲和中美洲的国家而言,佛罗里达州是主要的门户,这些国家共有约 300 家跨国公司将其区域总部设在佛罗里达州。

美国—多米尼加共和国—中美洲自由贸易协定在美国不被视为正式的条约,因为它没有得到在参议院三分之二多数票通过。然而,美国的两院 2005 年勉强通过了美国—多米尼加共和国—中美洲自由贸易协定法案。[170]该协议旨在消除签约国之间的关税及其他贸易壁垒。

从美国出口关税的 80% 即刻被消除，剩下的 20% 在随后几年被消除。[171] 中美洲自由贸易协定的目标是提高竞争力、促进农业和农村发展、改善环境管理、保证公民权利和公正的劳动待遇。[172]

中美洲自由贸易协定的支持者们希望它能够实现所有目标，并帮助成员国推进民主进程。而中美洲自由贸易协定的批评者说，这项协议使成员国容易受力量更强大的成员国，如美国的侵害。事实上，一些成员国看到在这个协定框架下，它们向美国的借债增加，国内的外国投资减少。[173] 尽管这些协议有这样那样的优点和缺点，美国已经或正在与其他几个拉美国家讨论签订自由贸易协定，这些国家包括智利、巴拿马、秘鲁、哥伦比亚、厄瓜多尔和玻利维亚。[174]

14.7.5　南美贸易联盟

南美洲国家联盟（南美国家联盟，Union of South American Nations，UNASUR）是一个政治联盟，其总体目标是将南美洲建设成像欧盟一样的集团，有统一货币、议会和护照。[175] 所有独立南美国家都签署了该项协议，但实际批准该协议的成员国，目前只有玻利维亚和委内瑞拉。

像欧盟一样，南美国家联盟致力于建立一个单一的市场体系，在 2014 年至 2019 年的五年间逐步取消关税。2007 年中央银行启动，这是为实现单一货币的最终目标采取的一个重大举措。另外一个欧盟式的目标是实行单一的护照，允许所有成员国公民在成员国之间自由进出。其中几个国家在 2006 年对成员国公民取消了签证要求。南美洲国家联盟的目标还包括在基础设施建设和环境改善方面的合作。

但是由于各国之间的争端，该贸易联盟的批准进展缓慢。例如，哥伦比亚曾经袭击邻国厄瓜多尔的游击营地，该入侵遭到了委内瑞拉和厄瓜多尔的抗议。又如，委内瑞拉总统乌戈·查韦斯（Hugo Chavez）曾作出一些支持已被美国和欧洲确认为恐怖分子，这些举措加深了委与其他诸国之间的隔阂。[176]

直至 2010 年年初，该组织的前景仍不明朗，因为在 2009 年最后期限内，该协议尚未获得所有成员国通过。一旦该协议获得全体通过，那么该组织将成为涵盖全球第四大人口，经济上位列全球第五的组织。[177] 此外，由于大多数成员国都有着共同的历史、宗教和语言，因此南美国家联盟在文化上有较高的认同度。

14.7.6　亚洲贸易联盟

亚洲国家也结成联盟来加速经济发展，促进区域稳定。[178] 尤其是东盟和亚太经合组织在各自的贸易集团中都非常成功。

1. 东南亚国家联盟

东南亚国家联盟（东盟）可以追溯到 1967 年，是在越南战争期间成立的。起初，东盟有五个成员国，后来扩展到十个：印度尼西亚、马来西亚、菲律宾、新加坡、泰国、文莱、缅甸、柬埔寨、老挝和越南。东盟是一个政治联盟，有远大的目标：政治安全、经济发展和文化发展。[179] 如同其他联盟一样，东盟也为解决各国间争端提供一个中心论坛。为达到经济繁荣的目标，东盟正致力于在 2015 年之前建成统一的东盟经济体。[180] 未来东盟经济体的自由贸易部分已经存在，就是东盟自由贸易区。

东盟也和其他非成员国达成了自由贸易协议，如中国和日本。东盟的其他目标是要打造一个单一的航空市场，形成统一的文化活动，并且建立大学网络。菲律宾前总统拉莫斯说："东盟可以通过更实质性的联合活动引领这个富有潜力的地区，促进其发展。"[181]

2. 亚太经贸合作组织

和欧盟、东盟不同,亚太经贸合作组织(亚太经合组织)并非政治或文化的组织,而是严格基于亚太地区的经济发展而设立的(其一些成员国也属于东盟)。该组织有三个目标,即开放贸易和投资、使成员国之间贸易往来更加便利以及增强在经济和技术合资方面的合作。和东盟一样,亚太经合组织也和一些大学形成伙伴关系,建立研究中心。

亚太经合组织希望通过消除关税来达成自由市场贸易,这个计划的时间节点是对工业化国家为 2010 年,而对发展中国家是到 2020 年为止。自该组织设立以来,该组织成员国的贸易增长高达近 400%。[182]

除贸易集团外,各国还经常碰面讨论影响全球的经济问题。领导层有多个不同的论坛讨论这些问题,我们下一小节将讨论其中几个论坛。

最热门»讨论题

1. 在欧盟,人们可以在成员国之间自由进出,不需持有签证,即可在任何一成员国工作。北美自由贸易协定则不支持这样的政策。该政策有何利弊?
2. 在美国,人们对移民这个话题有激烈的争论,争论的焦点常常在墨西哥。你怎么看待这个问题? 请你从争论的双方找证据来支持你的观点。
3. 利用互联网,找几个例子,说明有些美国公司怎样深受北美自由贸易协定之害,而有的公司又怎样从中得益。

14.8 全球监管机构如何影响经济和社会问题?

另一种协调全球经济问题的方式就是通过像二十国集团、世界经济论坛和联合国经济和社会理事会这样的国际团体来制定全球货币政策。

14.8.1 二十国集团

二十国集团(Group of Twenty,G20)包括 20 个主要经济体的代表,他们每年至少举行一次聚会,以确保全球经济运作。二十国集团的目标是为了共同的利益而非支持某一个国家的利益,鼓励国家间的合作。[183]该集团成员国经济总和占全世界生产总值的 90%,其贸易占全世界 80%,而人口占全世界的 67%。[184]所有三个北美国家——美国、加拿大和墨西哥——都是集团成员。南美的国家只有阿根廷和巴西,欧盟则作为一个整体加入,此外还有法国、德国、意大利和英国,这些国家都在其中占有重要地位。该集团中两个欧亚国家是俄罗斯和土耳其,亚洲和中东国家有中国、印度、印度尼西亚、日本、沙特阿拉伯和韩国。另外澳大利亚和南非也是成员国。

二十国集团还包括国际货币基金组织总裁和世界银行的总裁。这两个团体支撑着全球金融。[185]**国际货币基金组织**(International Monetary Fund,IMF)是一个联合国机构,负责促进货币稳定,并对财政赤字国家提供储备货币的借贷服务。**世界银行**(World Bank)是国际银行组织,它负责将成员国提供的资金发放给欠发达国家。

每年，二十国集团的财务部长都要担任集团的主席。现任主席和前任主席以及下任主席共同构成轮转的管理团队，也称为三驾马车。[186] 主席国即为该年度二十国集团峰会的主席国。2008 至 2009 年度，由于全球经济危机，该集团召开了两次峰会，2010 年也计划召开两次峰会。

每次峰会都会达成一项行动计划，由各个集团工作组来具体实施。工作组由一名来自发达国家和一名来自新兴经济体的成员共同担任主席。至 2009—2010 年度，工作组主要致力于以下领域：制定规章制度和增强透明度、合作与诚信、国际货币基金组织改革，对世界银行和其他多边发展银行进行制度检查。

为了实现其全球经济合作的目标，二十国集团有五大核心任务：全球贸易与投资，金融监管与调节，国际金融机构资金投入和改革，建设富有包容性、可持续发展的市场以及培育信任、促进发展、创造就业机会。[187] 这几大核心任务促使成员国杜绝保护主义关税，完善本国金融体系制度，从而建立更强大的全球经济。成员国也承诺对新兴经济体和遭遇困难的国家予以支持。最后，二十国集团组织强调通过经济活动和介入，为世界公民提供保护和发展机会。[188] 通过建立一个论坛，让领导人得以理解全球的联系，二十国集团成为一个促进世界金融健康发展的强大组织。

14.8.2 世界经济论坛

世界经济论坛亦称达沃斯经济论坛，达沃斯取名于同名的瑞士山庄，每年的年会在此召开。**世界经济论坛**（World Economic Forum）是非营利性组织，不与任何政治、政党和国家计划挂钩，该组织集聚全球的商界、政界、社会和学术领域领袖。[189]

世界经济论坛的使命是改善全球状况。和国际货币基金组织和世界银行不同，该组织并不是通过向需要帮助的国家提供基金支持来改善全球状况，而是促使其成员参与一些持续开展的项目，以此来应对该论坛所关注的一些对今日世界形成挑战的问题。[190] 比如，2002 年，该论坛的成员出资支持一项实验性研究，研制一款杀菌剂，用于保护非洲妇女免受艾滋病毒或艾滋病的侵害。[191] 如今，论坛关注的问题涉及广泛，包括可持续粮食生产、灾后重建、全球教育、人道主义援助，以及商务、管理和经济议题。[192]

此外，该论坛还通过在其 1 200 个企业成员中推广责任管理的理念促进全球的经济稳定。[193] 论坛这种种举措皆立足于这样的认识，即任何单个实体，无论是政府、公司、还是社会团体，都不能单独应对今日之挑战，只有通过持续协作才能成功地改善全球状况。[194]

虽然世界经济论坛的愿景是美好的，也有人对该论坛持批评意见，他们认为是该论坛支持了自由贸易、市场资本主义和对商务放松管制。[195] 有人甚至认为 21 世纪初的经济危机就是因为该论坛及其所辖的经济体内的成员所采取的一些政策引致的。[196] 不过，世界经济组织依然是引导全球社会行动和公司惯例的一支重要力量。

14.8.3 联合国经济及社会理事会

联合国对世界经济的影响主要体现在它通过向成员国贷款和援助的项目来提高成员国的生活水平。这些贷款和援助项目 70% 由联合国经济及社会理事会管理。[197]

除了经济及社会理事会外，联合国的各个组织还通过与国际关系关联的项目来对成员国提供支持。这些项目在一些极需帮助的方面提供支持，但是项目管理往往较难。如 1995 年联合国安理会实施的石油换食品项目就是一例。当时，在联合国对伊拉克实行制裁的情况下，为了保障该国普通公民有饮用水、足够的食物和生活基本所需品,联合国向伊拉克政府提供帮助,使其能向联合国成员国出口石油,条件是所获利润需用于人道主义事业。[198]该项目成功地减少了制裁对伊拉克公民的影响,提高了他们的生活水平。[199]但不幸的是,项目管理存在不足,也遭到了许多指责,认为该措施失当。据估计,正是该项目使萨达姆政府得以通过非法挪用基金和走私石油而聚敛了几十亿美元。[200]

产生这些问题的最主要原因是联合国派出监管该项目的官员没有实权或者缺乏相关资源来杜绝这些不当行为的发生。[201]该项目最终的落实还是依赖成员国,而其中一些成员国据称就和伊拉克政府有非法交易。[202]这些状况使得专家们更加急切呼吁联合国进行改革。

在全球化进程中,贸易协议和监管机构起着重要作用。可是,当落实到具体事务上,无论是涉及公司内部、公司之间或是公司所属国,决定做什么,怎么办的还是人。所以,许多公司要尽其所能来培养派驻国外的员工,下面一个章节将讨论这个方面。

最热门»讨论题

1. 人们设立了许多有力的组织和监管机构来制约全球商务。你怎样看待全球商务的外部监管实体?请通过调研考察其利弊来支持你的观点。

2. 为什么有些对二十国集团很关注的人会冒着受伤或被抓捕的危险而抗议该组织的活动?

3. 你觉得为什么相较于世界经济论坛或联合国,二十国集团会遭遇到更多的抗议?

14.9　HR 在支持全球经济过程中扮演怎样的角色?

一家跨国公司要获得成功,该公司的各个方面都应统一起来,各司其职——而且常常须在国外应对种种困难情况。在全球商务环境中,公司法规、方针、道德条款、工资结构、旅行政策等许多因素有助于个人实现自我发展、了解适当的行为方式以及做出合理的决定。尤其是当员工需要举家搬迁,携带家人到另一个国家工作时这些因素更与他们密切相关。为了帮助员工适应这种令人兴奋又充满挑战的工作,人力资源部常常会安排专门的人力来开展一些项目,帮助这些员工适应国外的工作与生活。下面这个章节,我们通过实例来分析团队可以怎样帮助公司理解全球市场,然后再看看公司怎样帮助员工在全球环境中胜任工作。

14.9.1　外籍员工的经验:基于团队的学习

外籍员工是指在其祖国之外的国家工作的人员,有时外籍员工在国外工作的期限较长。跨国公司和政府组织依赖外籍员工作为传递信息的桥梁与代表。[203]这些工作往往很重要也很富挑战性。首先,在外国开展商务活动,即使该国所用是同一种语言,外籍员工还是需要深入理解当地文化、商务惯例、法律环境以及该公司在该国的企业文化。[204]谈到培养精干的员工,让他们为外派工作做好准备的最佳途径,我们就要看看 IBM 的经验。请参看以下的"商业案例"。

IBM 在这些项目中采取的措施就是有效培养员工的最佳实例。该公司首先确定培养员工并让其有跨国工作经历的必要性。然后,HR 和其他部门要共同努力,在公司上下打造一个重要的氛围,促使每位员工去了解并理解其他国家和文化。

商业案例　IBM

打造共同合作的文化

在 20 世纪 90 年代初期,在大多数人眼中 IBM 还不是一个高效、合作的工作环境。[205] 为了改善这个方面,公司管理层花费了巨大的投资,构建文化、加强人力资源部、实施一系列项目来提高员工合作的效率。[206] 这些举措中有三个项目产生了重要的影响,即极蓝实习生计划,IBM 快速团队行动和公司服务团队。

极蓝实习生计划在 IBM 全公司范围组建团队,在关键项目中发挥创造力。这些团队四人一组,包括技术人员和商务人员。每年夏天这些团队要对遍布美国、欧洲、中国、印度、巴西和加拿大的 50 多个项目提供支持。[207] 这个计划的延伸项目就是 IBM 快速团队行动,它是通过设立团队来解决 IBM 具体的商务需求来聘用新员工。[208] 公司对这两个项目都采用了导师制和跟踪制,帮助团队成员接触到他们项目相关的最顶层专家,使项目更为有效。这些项目都使员工和来自不同国家的人一起工作——他们互相学习对方的文化、在特定区域的商务方式以及当地的工作惯例。

在这两个成功的项目基础之上,IBM 决定通过公司服务团队促进其在新兴经济体国家的合作。在这个项目中,IBM 组建了高效的有经验的团队,将这些团队派往罗马尼亚、土耳其、加纳、越南、菲律宾和坦桑尼亚等国,工作时长为一个月。[209] 这一个月里,团队的成员和当地公司共事,一方面,提供专业知识帮助;另一方面,了解当地文化、具体的商务需求,开创 IBM 与当地公司合作的模式。[210] 这些努力所取得的成效远远超出了项目本身的目的。正如 IBM 企业公民政策的副总裁所说:“最好的新经济体是那些还未被大多数大公司进驻的地方。我们想要培养一批了解这些地方并懂得多元文化及技能交流的领导者”[211]

14.9.2　成功的培训:帮助员工和管理者适应全球化

跨国公司的运作充满挑战,帮助员工和不同文化背景的人交流就是其中的重要一环。即使是对于短暂的国外工作,事先准备也是十分重要的。但把员工派往另一个国家进行长期工作时,又该怎样做呢? 在国外长期生活和工作的员工会遇到许多个人及工作上的挑战,HR 怎样支持员工应对这些挑战?

在这种情况下,HR 能做的一件重要的事情就是对外籍员工配备培训师。经过培训的培训师能对员工在外国工作遇到的复杂问题提供适时的指导。

近年来,高管培训越来越火。最初,高管培训这一行是由部分退休员工担任培训师,分享经验或者是心理学家担任该职。随着培训行业不断成熟,更多的人加入了该领域:理疗专家、咨询师,乃至对公司运作不甚了解的人也加入进来了。此外,还有领导人或者管理人员等。这带来了许多问题:一些未经培训的培训师会对个人甚至公司产生极大的危害。此外,培训业的繁盛导致一些公司聘用了几十名,甚至几百名培训师,而他们彼此之间没有互通,也完全不受公司管理。由于这些问题,越来越多的公司开始正式培训 HR 专业人员来担任培训师。顶尖的培训项目,比如由国际培训联合会认证的培训项目,包括对伦理和能力等层面的培训(比如,如何善于倾听、建立信任、和自我认识等）。[212]

任何情况下，培训都很重要。而在跨文化交流的环境中，显得尤为重要，因为这种情况更为复杂。以下是跨文化环境下实现成功培训的小贴士：

- 了解客户和东道国的文化；
- 努力构建坚固、互信、可靠的人际关系；
- 有明确的培训计划（例如，培训第一期、第二期的具体任务是什么，等等）；
- 确保帮助你的客户集中精力思考他/她的未来和梦想，而不仅是关注当下面对的问题；
- 培训时长恰到好处，不要太长。

我们很幸运能到国外工作或和来自其他国家的人共事。有许多方法可以使我们这个多元文化的工作场所更为高效。HR 部门能发挥重要作用。我们自己也能贡献一分力量，下面一个章节将就此展开讨论。

最热门»讨论题

1. 回忆一下你在一个和你的文化不同的团体或文化中工作的经历。如果你没有国外工作经历，回忆你在学校里加入一个组织或者参加新工作的情形。你是怎样在这种新环境中学到一些商务惯例和文化的？

2. 当你去一个不同于你的文化的国家或区域时，你有哪些方法来"融入"其中？

14.10　在全球经济环境下，我们如何获得成功？

全球化要求我们不断学习、改变。和拥有其他文化的人共事时，我们的态度、价值观，甚者伦理观念往往会遇到挑战。这个章节，我们要看看在全球环境中要获得成功，需要注意的两个重要方面：一是价值观和伦理标准，二是你的情感和社交能力。

14.10.1　个人伦理、社会伦理和公司伦理的交叉

罗纳德·西姆斯（Ronald Sims）教授认为一个公司未能建立公司伦理，主要是未能将关键股东的价值观和伦理思想整合起来。[213]他的观点给你的启发就是你必须了解自己的、社会的和公司的价值观和伦理观。你要能够看到这三个层面的价值观和伦理观存在哪些差异，并尽力处理好这些差异。

要做到理解各种价值观和伦理观，就需要你深入思考、思想开明并且具有批判意识。之所以这么说部分原因是因为我们谈到价值观和伦理观时，很容易低估它们在各种文化中的差异。如果你看不到差异，当然不可能应对这些差异。另外，我们易于假定人们总是会按公司的伦理标准办事。然而，事实并不总是如此。人们不能总是遵照公司的伦理标准办事，部分原因是因为个人的价值观对他的行为更有影响力。

另外一个潜在的问题是外部的伦理标准（如公司的伦理标准）会让人觉得是对行动的限制，因而产生对抗情绪。而价值观与此不同，它将对错好坏的观念深深植根于人们心中，有积极的引导作用。换言之，伦理标准像是一种法律条款，告诉我们不能做什么，提醒我们可能产生的后

果,而价值观推动我们积极努力去实现我们的目标。[214]

那么,谁的价值观和伦理观更有优势呢?这个问题是对当今领导艺术最大的挑战。解决这个问题,首先需要我们每个人审视一下,我们相信什么,然后寻找到这样的途径来设立适合我们的、适合我们社会的和公司的条款和伦理观——这个过程中,有时我们也需要改变自己的一些价值观和伦理观来共建一个成功的公司以及和谐的社会。

14.10.2　在国外工作需要的能力

全球经理人认为在选择外派员工时,沟通能力是很重要的一个考量因素。[215]例如,莱娜·赞德(Lena Zander)是一名国际商业交流研究者,她开展了一项研究,对 16 个国家的 15 000 名员工进行调查,考察管理者偏好。研究发现即便在使用相似语言的情况下,管理者在一般沟通或个人沟通、成果综述和反馈等重要沟通方面有不同的偏好。[216]

除了沟通能力,在国外工作获得成功所需的重要能力还包括本书提到的一些情感能力和社会能力。

例如,深入了解自己的情感很重要,因为在外国文化中工作意味着更强烈的情感反应,你会经历更多激动、迷惑和忧虑。如果你了解自己的感觉,就能更好地进行自我管理,避免不妥的言行。组织意识使你能较好地估量组织环境和你公司的文化——同样,这可以帮助你言行得体,甚至富有启发性。当然,适应能力是最关键的。你绝对不能像在自己国家一样表达或处理很多事情。你必须愿意调整自己的方式,适应团队合作、管理和社会关系。

要想拓展这些能力,首先要看看这样的学习为什么重要。也许你希望到国外工作,或者你希望被看作一名世界公民。或者,你希望旅行成为生活的一部分。无论你的梦想是什么,清楚自己的梦想就能给你能量来学习,从而提高自己的社会和情感能力。

最热门»讨论题

1. 选择一家在美国和其他一些国家开展业务的公司,这些国家存在一些价值观和伦理观差异,如在裙带关系、贿赂和商品议价等方面。在这样的情况下,员工会遇到哪些困境?你会怎样处理这些伦理困境?

2. 你有哪些能力和特长能帮助自己胜任国外工作?主要看看社会和情感智力能力、韧性以及你接触其他文化的一些经历。

3. 你觉得哪些个人挑战会影响你在国外的工作?你能采取哪些措施尽量将这些问题的影响降到最低?

14.11　结束语:全球化

全球化影响着我们生活的方方面面,从我们能买什么、想买什么到我们听的音乐、我们的文化、我们的工作,无不受其影响。虽然这种趋势从几个世纪前的社会、政治和经济变化中就开始出现了,但时至今日,这种趋势变得非常强大,并对全球产生影响。

回望五十年前，人们可能会说他们当时经历的技术、环境和社会变化正将他们带入一个"新的世界秩序"。当你加入这个激动人心又充满挑战的全球化过程时，你便有机会对全球化的进程产生影响，这是你的祖父辈难以想象的。你能做些什么来帮助你的朋友、家人、社区乃至国家和世界来适应新的行为方式，使人与人之间更积极有效地互动？在工作中，你怎样保证公司能从全球化中获益，并且能对远在国外工作的人们提供支持？

今日的全球环境带给你无限机会。好好把握吧！

本章总结和关键词

1. 什么是全球化，全球化为何重要？

概述： 全球化是指货币、产品、信息、服务和专业技能的全球性流通，它在过去几十年中极大地改变了商业环境。这主要是因为科技使得不同国家和世界各地的人们更易于互相联系。全球化是一股变革的力量，它改变着我们对学校、工作和人生的认识。全球化的需要公司以开放且负责的态度应对变化，获取成功。

关键词：

全球化（globalization）：指货币、产品、信息、服务和专业技能的全球性流通。

2. 国际政治经济变化如何促进了全球化？

概述： 冷战的终止结束了共产主义和资本主义国家几十年来的冲突，取而代之的是双方共同应对发展的新机遇，增进对彼此的了解。最终，这些机遇使全世界的公民要求有更好的产品、更优越的生活，而这些只有通过世界各国的合作才能实现。同时，对石油储量的担忧和恐怖团体不断发展也影响了当今世界的经济和政治平衡。这些变化表明全球化不仅仅是商业现象，也是社会和经济现象。

关键词：

冷战（Cold War）：指从二战结束到 20 世纪 90 年代初，苏联和美国之间出现的政治和意识形态的冲突。冲突的主要特点是两国之间的军事对抗和经济竞争。

铁幕（Iron Curtain）：指冷战时期出现的有形的、无法超越的政治界限，将支持民主的西欧和支持共和的东欧和苏联隔离开来。

代理战争（proxy wars）：指强国鼓动或引发的，但这些国家并不一定参与战斗的战争。相反，这些国家利用实力较弱的第三方代表其竞争利益。

宣传战（propaganda）：指各种不同形式的沟通，意图促进某个特定议题，和/或削弱竞争对手的地位。

出口（exporting）：指向国内市场运输和销售国外商品。

进口（importing）：指向国外市场运输和销售国内商品。

3. 影响全球经济的关键经济因素有哪些？

概述： 全球贸易是影响全球商务的重要因素之一，这主要是由于冷战后撤销了贸易管制和放松了贸易限制。国际贸易的增长使得世界经济互相联系，带来了世界范围的投资和金融机遇。文化是全球商务中另一个重要方面，如果跨国公司的管理者不注意团体间、国家间的文化融合，而一味追求标准化，则可能遇到文化冲突引起的问题。

关键词：无

4. 发展全球战略必须考虑哪些方面？

概述：跨国商务有多种形式——合作合约、许可、特许以及战略联盟等——每种经营模式都需要对相关国家的环境和文化差异进行研究。任何从事国际商务的人都要明白，世界上没有一种单一的全球文化，即便在文化价值相同的地方，这些文化价值的表达形式也可能各不相同。注意了解这些差异使你更关注商务活动中的个人，包括全球顾客和员工，从而制定成功的全球战略。

关键词：

合作合约（cooperative contract）：在这种合约模式中，两个或两个以上的公司将他们的需求整合在一起，与一个供应商签订一份订单，购买货物或服务。这种合约是"合作性的"或者友好的商业协约，其产生的基础是股权式合资企业，或称股权联盟。

许可（Licensing）：指一份商业协议，在其中，商标拥有者或其他品牌材料拥有者授权个人或公司有权使用其材料销售或推广产品或服务，以换取费用。授权经营正变得越来越流行，公司可以通过授权其他实体使用其注册商标来扩大自己的商业。

特许（franchising）：一份商业协议，在其中，一家企业的拥有者向个人或团体授予以该企业的名义销售或推广产品或服务的权利，以换取费用。

战略联盟（strategic alliance）：双方或多方为了实现共同目标而一起工作的协议；两个公司为了在创造或分配商品或服务过程实现互惠互利而进行临时合作的商业协议。

全资附属公司（wholly owned affiliate）：由另一家公司控制的公司，最常见方式的是持有全部普通股股票。

国际新兴企业（global new venture）：指在建立稳固的国内市场之前就在全球开办业务的新兴企业。国际新兴企业模式鼓励创业公司在获得国内稳定市场份额之前就向国际化进军，同时从多个国家获取资源和市场渠道。

外包（outsourcing）：指公司将某些特定工作或工作职能转包给非本公司员工或其他公司的过程。

5. 全球经济环境存在哪些机会和风险？

概述：对任何企业来说，全球化既是机遇也有风险，希望发展跨国业务的企业必须对这两个方面仔细掂量。全球化带来的机遇包括通过拓展市场和进入未开发的市场提高销售，通过整合新技术改良质量以及利用更加廉价的劳动力来降低成本。另一方面，全球化也有风险，如一些国家经济不稳定，发展的速度超出了其承受的能力，还有一些国家对某些全球化政策普遍持否定态度。对不同的公司，在不同的环境下，机遇和危机是不同的，有些情况对一个公司而言是危机，而对另一个公司而言却是机会。

关键词：

离岸外包（offshoring）：是外包的一种，即企业将工作转移到其他国家，以降低劳工及其他费用。

规模经济（economy of scale）：是通过大规模运营来降低成本，减少多余劳动的过程。

6. 新兴市场存在哪些机会？

概述：四大新兴经济体——巴西、俄罗斯、印度和中国——被称为"金砖四国"。它们对世界经济非常重要。这四大经济体中的巴西，其政治、经济更加稳定，替代性燃料产业不断发展以及矿资源储备丰富，正经历着新的繁荣。俄罗斯有受到良好教育的人民，工资水平较低，在文化和地域上与西欧和美国接近,因而发展迅速。和俄罗斯一样,印度有受良好教育,是其经济发展的一大优势,此外,印度国民英语水平整体较高,中产阶级不断强大,这些都有助于其经济发展。

关键词:

中央计划的社会主义经济(centrally planned socialist economy):在中央计划经济中,政府决定经济体系的各个方面,包括由何人生产何种商品、商品的价格是多少、支付多少工资,等等。

资本主义经济(capitalist economy):在资本主义经济中,生产和销售的产品,以及商品和服务的价格都由市场决定的经济。这意味着商品的供应和需求决定了价格、工资,等等。

7. 全球贸易联盟的发展对全球化有哪些影响?

概述:世界贸易组织是一个全球性的联盟,致力于监管全球贸易,解决全球范围的贸易争端。此外也有区域性贸易联盟。欧盟、北美自由贸易协定、美—多—中美自由贸易协定、南美洲国家联盟以及东南亚国家联盟是其中几个对当今全球商务产生影响的区域性贸易联盟。它们都有共同的目标,就是通过合作为成员国带来更多利益。这些联盟都取得了一定程度的成功和公众支持。

关键词:

欧盟(European Union,EU):欧盟成立于 1993 年,由 27 个欧洲国家(到 2010 年止)组成的经济和政治共同体。

超国家主义(supranationalism):在这种结构类型中,其成员把部分权力转让给联盟以换取某种利益。

北美自由贸易协定(North American Free Trade Agreement,NAFTA):是美国、加拿大和墨西哥之间的一项协议,旨在消除三国之间的关税和其他贸易壁垒。

美国—多米尼加共和国—中美洲自由贸易协定(United States-Dominican Republic-Central America Free Trade Agreement,CAFTA):是美国、多米尼加共和国、哥斯达黎加、萨尔瓦多、危地马拉、洪都拉斯和尼加拉瓜七国间的贸易协定。

南美洲国家联盟(Union of South American Nations,UNASUR):一个政治联盟,其总体目标是将南美洲建设成像欧盟一样的集团,有统一货币、议会和护照。

8. 全球监管机构如何影响经济和社会问题?

概述:目前有多个监管组织,由来自世界各国的代表组成,致力于促进合乎道德的贸易政策和社会进步。二十国集团提供一个开放的论坛,讨论全球贸易和投资、可持续市场构建和金融体制管理。世界经济论坛是非营利性组织,致力于将全球的政界人士、商界人士、社会领袖聚集起来,共同完成一些应对经济和社会挑战的项目。

关键词:

二十国集团(Group of Twenty,G20):包括 20 个主要经济体的代表,它们每年至少举行一次聚会,以确保全球经济运作。

国际货币基金组织(International Monetary Fund,IMF):一个联合国机构,负责促进货币稳定,并对财政赤字国家提供储备货币的借贷服务。

世界银行(World Bank):是国际性银行组织,它负责将成员国提供的资金发放给欠发达国家。

世界经济论坛(World Economic Forum):是非营利性组织,不与任何政治、政党和国家计划挂钩,该组织集聚全球的商界、政界、社会和学术领域领袖。

9. HR 在支持全球经济过程中扮演怎样的角色?

概述:随着越来越多的企业参与全球化,HR 更需要培训员工,为其到外国工作做好准备,其方式主要是开展一些员工发展项目。此外,在全球化和跨文化的团队中工作也越来越重要,越来越普遍。HR 专业人员能帮助外籍管理者提供一对一的支持,主要是通过管理培训的方式。

关键词:无

10. 在全球经济环境下,我们如何获得成功?

概述:了解个人、社会和公司伦理观念的交叉是在全球商务环境中获得成功的关键。了解这一点能使你更轻松地胜任工作,既不会有损于你个人或公司的伦理观念,也不会与你所处的文化产生冲突。这还能帮助你看到自己哪些方面需要改变——甚至可能令你看到自己的一些价值观和伦理观需要改变。此外,到国外工作还需要具备较强的情感和社会能力——自我管理、组织意识和适应能力。

关键词:无

11. 结束语:全球化

概述:全球化对我们的个人生活和职业发展都产生影响,并且改变着我们的所需、所求和文化。你现在学到的技能将使你在当下和将来的全球环境中立于领先境地。

关键词:无

15

可持续性与企业社会责任：未来的保障

15.1　为什么可持续性与企业社会责任在当今世界至关重要？

近几十年，全世界都在见证着环境、技术以及社会的变化。这些变化都对个人、家庭、社区以及政府具有深远影响。此类变化不仅影响了商业组织的设计、组织、管理与领导模式，同时还影响了商业组织内成员的工作方式以及工作关系。技术已引发通信革命，经济已实现真正意义上的全球化，而之前的欠发达地区也已开始以惊人的速度完成工业化转变。

当我们提及那些已发生与正发生的巨大变化时，一个道理变得格外清晰。本质上，所有人都是相互关联的。而这种关联具有一个重要的影响：在世界任何一个地方的个人、系统和商业机构都可能对我们产生影响。确实，在近些年，众所周知的环境事件以及违背伦理的事件层出不穷。这些事件已经说明，即使是一个简单的商业贸易活动也能对世界各地的人产生消极影响。故此，虽然我们经常从商业贸易所提供的产品与服务中获得巨大的利益，但我们也必须知道如何规避所有源自于商业活动的长期负面影响。

许多人都相信，我们正处于一个转折点上，并且必须面对生活中迎面而来的重大挑战。特别是环境变化和全球变暖所带来的威胁。同时，鉴于恶性工伤事故时有发生，商业道德日渐沦丧，以及世界经济自 2007 年起不断衰退，显而易见地，世界各地的人们必须就对于环境、社会以及全球经济的健康发展而言，商业责任的确切职责是什么这一问题达成共识。当前，关于提高商业活动社会责任的呼声远高于过去。

在这一章，我们将探索组织以及个人可以通过怎样的方式在最大程度上实现可持续性发展以及履行社会责任。本章将以可持续性定义为开始，对其实践历史进行简短回顾，并就其对当今社会而言至关重要的原因进行分析。接着，我们将介绍可持续性的三大支柱——环境可持续性、社会可持续性和经济可持续性，并考察每一项可持续性的必备因素。其后，我们将转而关注企业社会责任，包括机构如何将这一种理念融入日常运作中。最后，本章将概括性总结人力资源部门如何才能有效促进可持续性与社会责任。以及我们能够做什么来确保我们的组织和社区在今天和未来都将处于不败之境。

最热门»讨论题

1. 请列出在过去 5 年间发生的主要环境、技术以及社会变革。其中哪一项，最有可能在日常工作中对你产生影响？

2. 如今，在如同中国和印度一般巨大且富有影响力的国家中发生的高速工业化进程可能对环境造成哪些影响？

15.2　什么是可持续性？

对不同人而言，可持续性的意义是不一样的。事实上，对于可持续性和可持续发展，总计有超过 350 种记录在案的定义。[1]在最广泛流行的联合国版定义中，**可持续性**（sustainability）被描述为：指既满足当代人的需求，又不损害后代人满足其需求的能力。[2]需要注意的是，这个定义将时间当作一个维度。从这个角度看待可持续性允许我们去考量，我们当前的行为将会怎样在短期与长期内影响社会以及生态系统的健康稳定。

15.2.1　可持续性：几代人的尝试

可持续性并不是一个新的观点，虽然它是在近几年才成为热点议题。这个概念可以追溯到史前时期。那时我们的祖先就已经认识到，如果人类想要生存，就必须保持物种多样性以及资源消耗与补给间的平衡。大约在 1 万年前，农业的发展允许我们的史前祖先去"创造"一些他们所需要的资源，这也导致了人口密集性城市的逐步出现和全球人口数量的增长。[3]

在农业兴起之前，我们的祖先以采摘和打猎为生。也许是因为过度采摘或者过度猎取，在任何一个资源匮乏的时候，部落都被迫迁移以阻止饥荒蔓延和可能的衰亡。一些早时期的人类部落就是永恒的游牧部落，追随着猎物的踪迹而迁移，又或者永远在奔波以便寻找更好的气候、水源和放牧场所。当游牧部落人口超过可利用资源的负载量的时候，通常有成员离去组成新的部落。或者，竞争部落有时也会为了得到他们所特别中意的领土而发起战争。此外，多个部落也可能勾结松散的联盟来解决领土权利争端或者团结一致抵御外部入侵者。[4]

我们能获知上述情况，不仅得益于该时期的考古发现，也是因为在当今世界范围内，一些部落或者游牧族群仍旧在延续几百年甚至几千年间未变的生活模式。[5]例如，不久前，新几内亚的丹尼人就曾挑起战争，以帮助部落维持现有可利用资源的平衡。今天，这些模式尽管普遍属于仪式性的，但也依旧存在。相似地，如今居住于肯尼亚和坦桑尼亚的裂谷中的半游牧化民族——马赛人——在历史上也是以凶猛善战著称。他们经常通过战争的方式占领其他部落的领土。这样做在一定程度上就是为了保持自然资源的平衡。[6]如今，虽然马赛人在乡村定居并以其畜牧业产品为生，但依旧保持了符合其价值观的仪式与传统。这个价值观就是，他们的生活需求必须与他们所处环境的需求相平衡。[7]

虽然在干旱或者疫病流行时期，马赛人也不得不转而通过狩猎或者耕种来生存，但是他们已然发展出一种令人难以置信的极度协调的关系——与动物的共栖关系。[8]这一定程度上是因为马赛人具备管理自我与环境的能力。在过去的两个世纪中，面对着来自世界各个帝国主义区域的巨大压力,他们依旧坚守着他们这种可持续的生活方式。[9]但如今这种健康的平衡岌岌可危。很大程度上,对外部世界贸易日益增长的依赖性使当地人、毗邻部落和环境间的平衡受到威胁,这让马赛文化的未来充满不确定性。[10]

15.2.2 为什么可持续性在如今是重要的:三大原因

当然,在今天,可持续性的内涵超越了单纯确保我们现在拥有充足的食物或者水资源供给,又或者我们的人口可以被当下环境所承载。在 21 世纪,可持续性囊括人们对于全球范围内人与人之间以及人与星球之间相互影响的方式的变化所作出的回应。如本书贯穿始终的理念一样(也如你从经验中获知的一样),技术是当今世界变革的主要驱动力,但并不是唯一驱动力。通过对近些年来引起人们注意的至少三个主要问题的讨论,可持续性问题能够得到一个概括性的解答:

1. 环境变化及其对于个人、企业、社区和国家的潜在影响。
2. 大量的欠缺考虑且不道德的商业行为已然摧毁了很多人的生活,并使得原本伟大的公司轰然倒塌。
3. 造成全球经济危机的部分原因是:在某些地方的主要财务政策的变化严重影响那些未涉足世界股票市场和金融市场的人、企业和社区。

下文将详细讨论这些因素的作用。

1. 气候变化和全球变暖

全球气候的改变对地球上整个生态系统具有显著影响。如往事所示,在长期内,哪怕气温只上升或者下降一两度,水位变动以及气候模式也会随之变化,并对生态系统产生影响。这种情况下,数千种物种为生存奋力挣扎,而只有一小部分物种能够变得更加繁盛。因此,气候变化特别是全球变暖的威胁,都代表着对人类在地球这个星球上的生存与发展能力的潜在挑战。

但什么是全球变暖,以及这将会如何影响我们以及我们星球上的生态系统? **全球变暖**(global warming)是一个术语,用于描述近年来地球低层大气(我们呼吸的空气)温度的持续上升,以及构成地球表面的陆地温度和水温的持续上升。气候变暖的前因后果在全球范围内备受争议。为了更好地理解这些争论,首先,让我们看一些论点。

全球变暖通常是一种自然现象。事实上,科学家们意识到,全球气候的逐渐暖化和冷化是规律性发生的。他们指出,纵观人类历史,全球气候具有很多显著变化,比如冰河世纪和紧随其后的"冰河融化"。显著变化同样发生在"小冰河期",从大约 1300 年开始并持续到 19 世纪,在工业革命进入全速推进期时结束。[11]

另一个被广泛接受的观点是,星球的温度变化应该部分归因于一种叫作温室效应的现象。**温室效应**(greenhouse effect)是一个术语,用于描述空气、水和陆地温度是如何受到地球大气中某些气体的影响的。这些气体隔离红外辐射能,导致地球大气和表面温度上升。温室气体包括水蒸气(最主要成分)、二氧化碳、臭氧、一氧化二氮和甲烷。就一定程度而言,所有这些都可以自然生成。事实上,温室效应亘古存在,并且我们都应该对之心怀感激。科学家们测算,如果没有温室效应,我们星球的温度将远低于生物适宜居住的温度。[12]温室效应极有可能导致了全球气候变暖。争论的要点仅仅在于这些积存气体在多大程度上影响了我们的气候。

今天,很少有人质疑全球平均气温正在升高。事实上,很多机构在持续追踪全球气候的变化,如美国宇航局。其记录的数据表明,自 1970 年开始,每五年全球平均气温就会上升大约0.65 ℃。这种增长是 1900 年至 1970 年间发生的气温上升幅度的三倍还多。[13]因此,与其说温度上升,不如说温度上升的原因和相对速度才是争议的源头。

争论的一方是那些将太阳变化和其他自然的、周期性的气候循环视为气温上升的主要原因的人们。[14]

他们认为人类对地球温度的影响是极小或者不存在的。故而他们相信,政府旨在严格限定排放的标准,生产质量管理的规范和废料控制的措施都是不必要的,甚至对企业是不公的。此外,此观点的支持者还表示,全球变暖的后果也许并不像许多媒体所报道的那般糟糕。

参与全球变暖问题辩论的另一方,则是那些认为人类对全球气温上升负有大部分责任的人。例如,联合国政府间气候变化专门委员会(IPCC)曾公布一份报告称,当前全球变暖的严重程度与人类活动直接相关。[15]许多科学家同样支持人类活动促使温室效应被强化的这一发现。[16]事实上,政府间气候变化专门委员会(IPCC)总结称,在过去一个世纪,多数可观测的温度升高都是由人类砍伐森林和燃烧化石燃料所导致的。这些活动都使得大气层中温室气体量增加,进而引发气温升高。

全球变暖在多大程度上是由人类活动和自然进程所导致的? 这个问题被科学家、商业领袖和政府所广为议论。然后,无论什么因素引起温度的上升,事实无可争议:气候正在逐渐变暖,并且这可能将在诸多方面影响人类的生活。

(1) 气候变化与全球变暖的潜在影响

在未来许多年内,气候变化和全球变暖将会,或是可能会怎样影响我们的生活呢? 在 2007年,政府间气候变化专门委员会(IPCC)核实了全球变暖的多种当期影响和潜在影响,如表 15.1 所列示。[17]

表 15.1 全球变暖的当期影响和潜在影响

影响生态系统

- 气候变化可能会改变许多生态系统。研究人员预测,诸如洪灾、干旱、火灾、虫灾和海洋酸化等灾害也将随之而来。
- 如果全球平均气温上升 1.5 ℃—2.5 ℃,预计 20%—30%的动植物物种将遭受更为强烈的毁灭性威胁。
- 全球气候变暖也许会引发水质改变,这可能对许多淡水物种及其生态系统产生不利影响。

影响食品供应

- 在中高纬度地区,随着平均温度的升高,粮食产量可能会增加。但是,在低纬度地区,特别是在相对干旱和酷热的气候条件中,粮食产量将会下降。进而,这些地区粮食产量的减少将加剧饥荒风险。
- 预测而言,气温升高 1℃—3℃,全球粮食产量将会上升。但当温度上升超过这一数值范围后,全球粮食生产将会下降。

影响海岸线

- 许多研究说明,随着海平面上升,全球变暖将会导致海岸侵蚀比率的增加。人类的土地使用方式也将加剧这一些现象恶化。
- 在 21 世纪后期,预计每年的洪灾将会波及数百万乃至更多的人。特别是居住在人口密集的三角洲地区和小岛上的人。

影响工业及其相关人群

- 许多研究表明,沿海地区以及快速城镇化地区的工业和人口,在面对气候变化的不利影响时将最容易受到伤害。对那些依托于资源来实现经济发展,并且对全球气候变暖的破坏性敏感的行业和社会,这一点尤为重要。
- 预计,高危区域的贫穷社区在总体上最容易受到损害。

（续表）

影响健康

- 受极端天气事件影响,更多的营养失调、疾病、伤害和死亡将会发生。更高浓度的地平面臭氧引发的心肺疾病将更为流行。腹泻疾病也可能更为普遍。
- 随着气候变暖,预计一些疾病(如疟疾)的传染范围与传染力将会增加。这部分是因为相对温暖的温度为许多致病菌提供了一个更为舒适的环境。
- 预计由极端寒冷气候所导致的死亡和伤害将减少。
- 许多专家预计,教育、卫生保健、公共卫生项目以及经济发展的不足或不恰当将导致健康危机。

影响水资源供给

- 随着气候变化、人口增长以及城市化的持续,水资源供给压力将日益增加。
- 以山脉积雪和冰川形式存在的水资源已经在减少。并且预计降幅将会加速,可能导致可利用淡水资源的锐减。
- 在高纬度和潮湿的热带地区,降雨和温度模式的变化可能导致降水量以 10%—40% 的幅度增加。而在干旱的中纬度地区和热带地区,降雨和温度模式的变化可能导致降水量以 10%—30% 的幅度减少。半干旱区域也有可能面临水资源缺失,并承受其对农业、能源和健康方面的不利影响。
- 在 21 世纪结束时,世界上多达 20% 人口将生活在高洪涝风险区域。
- 水质和可饮用性将恶化。预计,地表水中的盐度将会上升。

资料来源:改编自 IPCC,*Climate Change*,2007。

显而易见,当全球变暖和气候变化逼近,我们有很多事情需要考虑。如表 15.1 中所列示的变化可能已经开始。如果确实如此,它们将对个人、社区和国家产生重大的影响,更不用说商业组织机构了。此外,即使这些影响并没有在不久的将来成为现实,公众对于其实际后果的广泛关注也将意味着,公司以及政府官员在做出长期决策时需要将气候问题纳入考虑范畴。但考虑这些问题并不单单只是企业和政治领袖的责任。

（2）气候变化威胁的应对:这取决于所有的人

全球变暖的潜在影响也许是长远的、毁灭性的。但是,谁要担负起应对气候变暖所带来的威胁的责任呢？科学家？联合国？政府领导？企业和机构？答案很有可能是上述的所有,加上我们每一个人。这是因为我们的星球正面临着比单纯气候变暖更多的挑战,其严重程度无异于威胁。

举例而言,人口正在快速增长。这意味着将有更多的人为了获得耕地而砍伐树木,烧尽燃料以烹饪或者为他们的房屋供暖。不断增长的人口也意味着对能源的需求不断增加,住房与商业运作需要电能,汽车和机械设备需要油气等。与之相对应的,随着能源消耗的上升和发展中国家的工业化程度推进,温室气体将以惊人的速度生成。

除却气候变化和对能源及商品的日益增加的需求外,我们还在面对着另一个变化。该变化对公司如何运营具有直接关联。如今,本来不为人知的商业行为即刻就能够被数百万人所了解,而每一个人都有他们自己的观点。这也说明了,对世界各地的商业而言,除了环境可持续性的挑战外,其他持续增长的需求也迫使其按照更具备社会责任性的方式来经营。

2. 对商业道德和社会责任的呼吁

近些年,那些曾经总体看来似乎对经济和社会发展具有积极贡献的公司丑闻不断,公众从中学到了很多。这类公司和导致这类公司误入歧途的人的榜单相当长:安然公司(Enron)、美国泰科（Tyco）、安达信会计师事务所（Arthur Andersen）、帕玛拉特（Parmalat）、世界通讯公司（Worldcom）、阿德菲亚通讯公司（Adelphia）、阿霍德集团（Royal Ahold）以及伯纳德·麦道夫（Bernie Madoff）。以上仅仅是一小部分例子，榜单在不断变长。而即使没有发生犯罪行为，近年来已遭质疑的公司也越来越多。

最近，公众正在密切关注沃尔玛的用工方式和补偿计划。公司是否强迫工人放弃午餐休息时间？是否克扣劳动报酬？在 2004 年，一份由美国众议院教育与就业委员会公布的报告揭露了沃尔玛位于加利福尼亚的超市的多项无道德乃至违法的压榨性用工行为。这份报告断言，其雇员被迫无休止地工作，并接受低于贫困水平的劳动报酬。雇主方鼓励其寻求并接受社会救济，同时拒绝提供健康保险。此外，强有力的证据表明，沃尔玛对女性雇员施加不当劳动要求。她们的报酬明显低于男性雇员，同时占有的管理层席位明显不足。报告总结称，每年每 200 名沃尔玛雇员在住房补助、健康保障、公共事业建设、所得税亏漏以及食品餐饮等方面，实际耗用了超过 42 万元的政府资金。[18]

如上述所示的这些争议性的雇用行为和公司丑闻使许多人对"大企业"这个理念失望。故而这些人，包括商品与服务的消费者、实际与潜在的雇员、投资者、社会组织甚至是政府，都在全力抵制大企业行为。利益相关者越来越不愿意支持那些污染河流、攫取投资者财富，又或者不能以有意义的方式回馈社区的公司。劳动者也不愿意在那些从事道德沦丧或者不可持续的商业经营活动的公司中工作。当公司正在加速巴西热带雨林的消亡，倾倒垃圾或者雇用童工为工厂工作等这类事实被发现后，大多数人都感到局促不安。

一些争论主要集中在：与过去相比，当今社会是否有更多的公司和其领袖在从事不道德的或者令人质疑的商业经营。这个问题的答案并不明确。但可以确信的是，几乎所有的公司行为都可能在顷刻间被全世界所发现和知晓。在过去，工人（或者说工会）通常是唯一会直接质疑公司行为的群体。但今天，数百万人参与到了对公司的劳动政策、工作环境、环境危害和高管报酬的讨论之中。

人们非常关心公司都做了些什么，而且他们很当回事。那些远离商业经营的人们也能够并且切实提出了他们的观点和需求。近些年，这种情况尤为凸现。自 2007 年，一场自大萧条后就再未出现的全球化经济危机悄然来临。商业领袖们被要求为那些导致经济衰退的经营行为担负责任。让我们具体看看到底发生了什么吧！

3. 一场波及全世界的经济危机

一场全球化的经济危机自 2007 年开始显现，并在 2008 年爆发。对个人、家庭、公司、非营利组织、政府、社区和国家产生了难以估算的伤害。这场危机是由许多因素共同引起的，包括金融行业对次贷的全面推行。钱被贷给了那些无力偿还债务的人。毫无疑问，这场经济危机将持续带来危害。事实上，对许多痛失工作、房屋以及生活积蓄的人们而言，后果甚至是毁灭性的。然而，也许一线希望尚存。尤其是当过于严重的经济危机和公司在危机中的清晰角色都促使公司必须采用一种不一样的视角来看待它们在社会中的角色地位的时候。

尼尔·菲茨杰拉德（Niall FitzGerald），这位世界知名的商业领袖就懂得：对个人和商业而言，了解我们是如何形成内在关联的以及这些关联对领导力和责任具有怎样的意义是多么重要。他的诸多成就之一是，在 1996 到 2004 年间，担任联合利华这个全球化日用消费品公司的董事长。在此期间，该公司从根本上进行了重塑，减少品牌数量，改变行销策略，切实关注环境可持续性和企业社会责任。

在 2006 年，菲茨杰拉德带头开展对非洲的环境设施投资计划。这是一个用以支持当地经济发展的非营利性计划。[19]如今,菲茨杰拉德担任了大英博物馆的董事会主席以及汤森路透的副董事长。如你所想象的一样,菲茨杰拉德了解商业和金融,也了解商业和金融在当今这个互联化世界中对于工作的意义。以下仅是他在英国泰伯恩演讲时所提及的一部分内容:

> 我相信经济事件(关于自2007年开始的衰退)已然将企业界带到了一个十字路口。如果想要重塑商业,我们做出正确的转变是至关重要的……(这个危机)要我们创造一个在未来可以信赖的商业世界,去重塑一个具有坚实且可持续的基础的商业体制……我相信社会责任会成为商业的核心价值,一种影响商业行为方式的核心原则……企业必须明白这些的价值,并让其雇员明白,他们获得的评判将按照他们对这些社会责任核心价值的贡献来展开,就如同曾按照生产与销售业绩来展开一样。[20]

就像菲茨杰拉德所指出的一样,公司不再仅仅通过财务指标来判断公司的业绩表现。现今最好的领导知道他们的决策具有泛发效应,他们的行为影响到公司院墙之外的人们、社区和生态系统。因此,可持续性和企业社会责任不单单只是风行一时的流行词:这是一种长存哲学,并将越来越多地影响我们的生产经营行为。在接下来的章节中,我们将在更深的层面上讨论可持续性,关注其在实践中的"三大支柱":环境可持续性、社会可持续性和经济可持续性。

最热门»讨论题

1. 列举已经被全球变暖或者气候变化所影响的企业、组织和行业。选择一个你所列的项目,用数据来分析全球变暖对它的影响,请考虑社会、政策和财务因素。接着,思考一下在未来五年内气候变化将如何影响这个公司或者行业。
2. 你是否被气候变化所影响? 如果是的,受到了怎样的影响?
3. 在网上对近期的商业道德事件新闻做一个五分钟搜索。你可以发现什么? 在这些事件中有没有什么相似之处? 例如,焦点是不是主要集中在一个行业? 投诉是不是某种程度上相似?
4. 你,或者你所知道的人,曾如何被自2007年开始的经济危机所影响?

15.3 什么是可持续性的三大支柱?

联合国将"可持续性的三大支柱"描述为:环境可持续、社会可持续和经济可持续。[21]在这种模式下,**环境可持续性**(environmental sustainability)旨在保护环境资源和生物多样性,建立可持续获取安全饮用水途径,以及改善最贫困的生活品质。[22]**社会可持续性**(social sustainability)指通过改善收入分配公平性,促进性别平等,保证平等的土地所有权、就业权和受教育权,投资基本保健与教育,登记社保受益者参保情况来改善最大多数人民的生活。[23]最后,**经济可持续性**

（economic sustainability）指经济定期创造出符合长期经济发展的成果的能力。[24]在如何促使企业和组织必须将可持续性纳入考虑范畴方面，如图 15.1 所示，这种联合国定义的模式最具价值。[25]

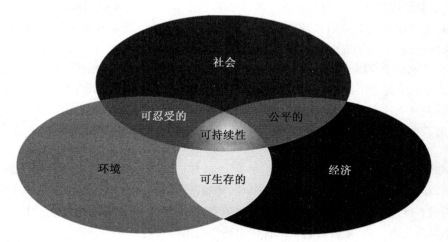

资料来源：基于 the United Nations World Summit on Sustainable Development，August 26—September 4，2002，2010 年 5 月 27 日补录，来自 http://www.un.org/events/wssdsummaries/envdevj8.htm。

图 15.1　对可持续性至关重要的三大方面：环境、社会和经济[26]

　　在历史的任何一个时期，可持续性话题都不曾如今天一般全球化并且具有高度影响力。企业是该讨论的引导者。这是因为一种广泛化的认知正在形成。没有任何一个企业是孤立的。同时，社会、经济与环境间具有不可磨灭的关联。环境的负面变化也会对经济稳定性造成消极影响。如果环境事件的危害足够大，甚至可能引起社会动乱。例如，可以想象一下，如果自然灾害摧毁了许多油气设施，那社会又会怎样变化呢？确凿无疑，油气价格将会飞涨，人们要承受巨大的经济损失。同时这可能引起社会动荡。或者，考虑一下，2010 年墨西哥湾漏油事故的短期和长期影响吧。这一事件已经并将持续影响水源、海洋生物、沿海地区生态多样性和人们的生活。此事件同样促使社会各界激烈争论石油公司在灾害预防方面的责任。让我们来具体看看另一个具有深远影响的灾害性事件吧！在印度博帕尔所发生的一个由意外和宽松化标准共同引发的事件，导致该地区自然生态的毁灭且让千万人深受其害。

15.3.1　博帕尔毒气泄漏案

　　在 1984 年 12 月 3 日的夜晚，靠近印度博帕尔市的某处，超过 40 吨的致命性有毒物质意外泄漏至大气中。这些化学物质是从一家隶属于美国联合碳化物公司属下的联合碳化物（Union Carbide Corporation）（印度）有限公司，也就是其印度子公司的农药工厂中泄露出去的。[27]当时，有近 50 万居住在博帕尔市的人即刻就暴露在多种有毒化学物质的侵袭之下。这些有毒化学物质包括异氰酸甲酯气体，该气体在事发车间内的高温环境下，可以降解为一种更为致命的气体。

　　此事件导致许多博帕尔居民氰化物中毒。[28]最初官方公布的死亡人数仅为 2 259 人，但随后当地政府又追加确认了 1 500 名受害致死的人员。仍有人估称，事发后 72 小时内，死亡人数实际达到 8 000 至 10 000 人，而按照生命损失的最高估计则达到 2 万人。[29]最先死亡的受害者都是那些住在临近工厂区域的贫民窟内的穷人。当然,这些从工厂泄露出去的氰化物气体不仅仅杀死了人类、宠物、野生动物和家畜,就连那些对印度教徒而言异常神圣的牛也惨遭荼毒。[30]

博帕尔事件促发了很多长期措施。在 1985 年的春天,印度通过博帕尔毒气泄露事件法案,规定政府是受害者在境内外的法律诉讼中的唯一代理人。而事实上所有的索赔都由美国支付给印度政府。[31] 由于当庭确认的官方死亡人数只有大约 3 000 人左右,所以最终结算的 4.7 亿美金的赔偿金,实际并没有涵盖许多之后死亡的受害者的应获赔偿。同时,当庭仅确认了有 10.2 万名受害者因此而产生永久性残疾。即使到今天,这场灾祸的长期性影响仍在,并导致日均 4 000 人次前往博帕尔市内的卫生健康中心就诊。在 2010 年 6 月,博帕尔灾祸 25 年后,前政府被判有过失罪,印度总理被要求组建一个新的博帕尔专案组以确定公平性清偿协议。[32]

美国联合碳化物公司的工厂在 1985 年至 1986 年间关闭,随后工厂的一些设备被清理、变卖。然而,有些有害物质仍然残留在事发现场,持续渗入当地土壤和水源中。由于工厂附近区域曾被用做有毒垃圾倾卸场,故而那里的水对鱼有害。也有证据表明当地的地下水资源已经被多种化学物质污染。铅、水银和有机氯都曾出现在当地妇女的母乳中。[33]

此外,一些在工厂内和周边区域中发现的有毒物质产生了突变。这意味着,当地人类和动物的后代可能罹患多种疾病或者畸形。[34] 在事件过去 25 年之久后,当地的高等法院最终裁决,将超过 350 公吨的毒废料焚化清除。[35] 这是一个令人欣喜的进展,但对于受难的成千上万的人们和动物,还有许多年内不能恢复原貌的土地、水源和植被而言,进展来得太迟了。

显而易见,可持续性不仅仅是避免灾祸,同样关乎于日常化商业活动。该种商业活动促使人们在参与到环境、社会和经济热点问题中时,维持他们所在组织机构的收益性和生存能力。

15.3.2 追踪那些聚焦可持续性的公司

"全球最具持续性的 100 家公司"是一个在世界范围内尝试追踪和测量商业活动,并识别那些在可持续性理论实践上具有突出贡献的公司的一个项目。这全球最具持续性的 100 家公司的描述如下:

> 社会、环境和管理与财务表现之间的关联性越来越强。与竞争者相比,那些在此问题上展现出卓越管理才能的公司更容易获得高速增长的优势。我们相信,这种优势将转换为长期内的出色业绩。这全球 100 家公司,在鉴定和有效管理那些对他们的业务而言机遇与风险并存的社会、环境和管理因素方面,展现出了比他们的大多数同行业者都要强的能力。故而就此层面而言,他们是可持续的。[36]

在 2009 年,这全球 100 家的榜单上有如下公司:阿迪达斯、戴尔、葛兰素史克、英特尔、欧莱雅和联合利华。榜单中有 20 家公司来自美国,19 家来自英国,15 家来自日本。然而,这不是唯一的按照公司可持续性记录来追踪监测的评价榜单。道琼斯公司同样设计了一个指数。《新闻周刊》(*Newsweek*)在持续关注那些总部在美国的公司。2009 年《新闻周刊》列出的前五强公司如表 15.2 所示。

表 15.2　2009 年《新闻周刊》评选出的美国最绿色的五家公司

1. 惠普创立了一项贯穿于整个供应链的项目，用以帮助降低温室气体排放量。公司同样致力于减少其产品中的有毒物质的含量。
2. 戴尔公司总部用 100％可再生能源当燃料。2008 年，戴尔实现了碳平衡。公司计划到 2010 年止完成所有台式电脑和笔记本电脑节能 25％的任务。同时，公司的产品回收与回购项目也一直在电脑行业中名列前茅。
3. 美国强生公司拥有世界上最大的混合动力汽车队。
4. 英特尔是美国可再生能源的最大公司购买方，公司运营所使用的能源中，有 46％是绿色能源。能源效率同样是公司产品开发的关键，公司致力于在提升芯片速率的同时降低芯片耗能。通过包括降低其产品的有毒物质含量和材料浪费在内的环境管理方法，英特尔用行动证实了它的有力领导。
5. 早在 20 世纪 70 年代，IBM 就开始支持环保政策。因为高度关注降低碳浪费，公司已经两次获得美国环保署颁发的气候保护奖。公司的试点计划之一就是致力于减少斯德哥尔摩的车流量以降低该市中心温室气体排放量的 40％。下一步，IBM 计划将与伦敦合作。公司每年同样花费近 10 亿美金，以便于在不增加能源消耗的同时扩展数据中心服务量。此外，IBM 同样在新员工培训中培养他们的环境意识。

资料来源：*Newsweek*，September 21，2009，Green rankings：The 2009 list. 2010 年 6 月 2 日补录，自 http://greenrankings.newsweek.com/。

在下一节，我们将进一步探索可持续性的三大支柱，去了解人们、社区和公司是如何参与到提升社会、环境和经济可持续性的运动中去的。

最热门»讨论题

1. 你的学校正通过怎样的方式实现可持续性的三大支柱的构建？查找并编辑相关数据，例如关于使命宣言、任务计划和社区活动的信息。
2. 你认为你的学校是否已经在社会可持续性领域作了足够多的贡献？为什么？
3. 查找发生在美国的多个行业的工业事故案例。这些事故对环境、人类和当地经济具有怎样的短期影响和长期影响？
4. 对美国《新闻周刊》2009 年绿色企业榜单中的一家公司进行详细了解。这家公司真正做了哪些事情用以支持环境、社会和经济可持续性的发展？（请具体说明）你认为这些活动支持还是损害了公司的商业目标实现？

15.4　什么是环境可持续性？

许多人都坚信，只有在保障环境可持续的前提下，社会可持续性和经济可持续性才可能成为现实。故此，我们将深入探索环境方面的可持续性。首先，让我们来回顾一下美国生态保护运动史——美国可谓是当今环境保护运动的先驱——同时，我们也将探讨一些各国拟用于控制温室气体排放的措施。然后，我们来看一下不可再生的能源：化石燃料。最后，我们将通过列举美国企业及政府现行的用以提升环境可持续性的措施来对本章进行总结。

15.4.1 美国生态保护运动史

一个世纪之前,美国的领袖和慈善家们就已经认识到,土地、水源和清洁的空气是珍贵的并且需要被保护的。从19世纪到今天,许多以保护国家土地、木材、植被、动物和水道为目标的国会法案和州级及地方性规范都相继出台。

美国的土地保护是异常稳健的。1872年,黄石公园成为首个国家级保护性公园。[37]其后,在1987年,联邦政府划分出多个国家级森林区域。在1903年,西奥多·罗斯福总统创立了美国首个野生动物保护区。仅仅十年后的1919年8月25日,国家公园管理处成立。今天,有近30亿美金预算,8440万英亩土地由公园管理处掌控。这包括400家国家级保护区域,其中有59家是国家公园。[38]

不过在创建公园的同时,美国公民和政府机构也从未停止在环境保护方面的努力。至20世纪中期,工业污染严重损毁土地、水源、空气并威胁人类生存的事实已然清晰可见。对环境问题的关注在持续增加。此现象的部分成因在于,走入千家万户的电视让人们可以看到全国范围内的自然资源正在发生怎样的变化。因此,在1970年,为响应公众对清洁的环境的广泛诉求,美国环保署正式成立。

自其成立,美国环保署就负责行业与个体污染标准的制定和特别管控。这些管控是大致基于对每一个行业污染源而言最为有效和最可达成的技术而定的。[39]

如你能够从表15.3中所看到的一样,自1970年起,当美国以前所未有的关注度与资源投入度来解决环境保护问题时,成就斐然。[40]

表15.3 自1970年起的美国环保运动时间表[41]

20世纪70年代:

1970年:为庆祝首个世界地球日,美国环保署成立。国会修订清洁空气法案以便于空气质量、汽车尾气排放量和反污染标准得以制定和执行。

1972年:美国环保署禁止使用二二三杀虫剂(DDT)。这是一种高度危险并可能引起美洲秃鹰灭绝的杀虫剂。美国和加拿大达成协议,改善五大湖区水源质量。随着清洁空气法案的通过,美国河道内的污染物排放得到全面限制。

1973年:开始逐步淘汰含铅汽油。

1974年:安全饮用水法案通过,美国环保署负责此项事务的管理。

1975年:国会制定汽车燃油效益与排放标准。

1976年:国会通过资源保护与回收法案,该法案用以控制有害垃圾的制造与处置。福特总统签署有毒物质控制法。美国环保署开始逐步淘汰印刷电路板(PCB)的生产制造技术(一种在许多应用软件中被使用的致癌液体)。

1977年:卡特总统签署清洁空气法修正强化案。

1978年:联邦政府禁止在喷雾剂中使用氯氟化烃作为推进物质。

1979年:美国环保署禁止制造印刷电路板(PCB)并开始逐步淘汰在使用中的相关产品。

20世纪80年代:

1980年:国会创建超级基金计划,该计划是一个用于清除有毒废料的联邦计划,由美国环保署负责运转。

1982年:国会通过相关法令以清除学校中的石棉物质。

1983年:切萨皮克湾清理计划开始。美国环保署公布放射性镭化物的危险性并鼓励开展相关测试。

（续表）

---

20 世纪 80 年代：

1985 年：美国环保署制定新的含铅汽油使用限制。

1986 年：国会通过安全饮用水法案修正案。

1987 年：美国环保署授权制裁未能够达到空气质量标准的个别州。

1988 年：在纽约和新泽西将医药和其他废物从海岸上清除后，国会禁止向海洋中倾倒工业废料的行为。

1989 年：阿拉斯加水域中，1 100 万加仑的石油在事故中溢漏，引起公众激愤。

---

20 世纪 90 年代：

1990 年：国会通过清洁空气法再修正案，要求各州说明在提升空气质量方面的进展。美国环保署拟定排放中的有毒物质清单，使公众了解哪些有毒物质正在哪些社区中排放。老布什总统签署污染防治法。

1991 年：联邦政府机构开始使用那些包含可回收组件的产品。美国环保署启动一项自愿性行业合作项目以提高能源使用效率。

1993 年：美国环保署开始开展反对二手烟的活动。克林顿总统要求联邦政府购入更多可回收的环境友好型产品。

1994 年：美国环保署制定新的排放标准，每年可减少超过 50 万吨的空气污染物。

1995 年：美国环保署提供奖励机制以遏制二氧化硫的排放。二氧化硫被认为是引起酸雨的主要物质。

1996 年：饮用水供应商被要求提供其所供应的饮水内的化学物质和细菌的相关信息。克林顿总统签署食品质量保护法，提高市场内出售的食物中的农药含量的标准。

1997 年：美国环保署出台了食品质量保护法案。

1998 年：克林顿总统签署清洁水行动计划以保护美国境内河道。

1999 年：新标准要求汽车尾气排放量至少减少 77%。美国环保署提高国家公园和自然保护区内的空气质量标准。

---

21 世纪：

2000 年：美国环保署出台新的办法，规定柴油发动机污染程度需减少 90%。

2003 年：美国环保署制定给发电厂的建议性汞排放标准。

2004 年：新的臭氧和可吸入颗粒物标准在全国范围内生效。农用和建筑用发动机需使用清洁能源。

2005 年：美国环保署制定清洁空气州级准则。

2006 年：美国环保署成为首个百分之百由绿色能源供能的联邦政府机构。

2008 年：美国环保署彻底叫停污染性铁路机车和船用柴油机。

2009 年：美国环保署官方裁定：温室气体危害公众健康，并给出相关气体排放的权威性标准。

在环境保护署的多项业绩中，一项特别引人瞩目。那就是减少了公用电厂的二氧化硫排放量。1990 年出台的清洁空气法案，限制了二氧化硫的总排放量，对此业绩的取得具有很强的促进作用。修正案下，美国环保署采用将全国最大许可排放总量分摊至各个电气设施（使用者）的措施，来替代要求所有发电厂达到基础技术标准的措施。其后，电气设施（使用者）可以在行业间依据自身的需求自主买入或者卖出排放许可量。这一措施成效显著。估算而言，每年大约减少了 7.5 亿到 15 亿的总控制费用（与之前的基础技术标准费用相比较）。同时，超额实现了二氧化硫减排的预期目标。近些年，类似的用于控制氟利昂、悬浮颗粒物和碳排放量的措施也已经开始执行。

美国环保署负责多项法令的管理工作。其中一部分法令如表 15.4 所述。如多条法令律条所说明的一般，采取支持环境可持续性的措施意味着，包括从发现全球变暖成因到阻止有害于生态系统的事件在内的每一个点滴，以及商业或者人们日常生活的任何一方面中与之相关的无以计数的其他事情。全球的领袖、企业和组织机构特别关心那些与温室气体减排相关的活动。

表 15.4　由美国环保署完全或者部分执行的法律条例[42]

法律条例（年份）	美国环保署在其执行过程中的任务
原子能法（1946）	美国环保署为联邦和州立机构在制定放射物保护准则时提供指导，同时与各州共同制定和执行放射物保护计划。
清洁空气法（1970）	美国环保署制定并评议空气中有害污染物标准。
职业安全与健康法（1970）	美国环保署制定工作场所健康与安全标准，并在 50 个州内进行合规性检查。
净水法（1972）	美国环保署推行水污染控制计划，计划包括制定工业废水排放标准。
超级基金（1980）	在全美国境内，当污染人不能识别或者不能强制要求污染人整治污染时，美国环保署负责清除有毒废料。
应急计划和社区知情权法（1986）	美国环保署监视应急计划，以及当地政府和公共设施的活动通告。同时通过公布有效的物料安全数据表来维护社区居民对危险化学物品知情权益。
13045 号行政令：保护儿童远离环境卫生和安全风险（1997）	美国环保署评定针对儿童环境卫生和安全风险的暂拟条例的有效性，必要时提供替代性处理方案。
13211 号行政令：显著影响能源供应、分配或使用的行动的有关规定（2001）	美国环保署裁定某项管制行为或活动是否会对能源的供应、分配或者使用造成显著且不利的影响。
联邦食品、药品和化妆品法（2002）	美国环保署被授权制定食品内农药残留物最大限定标准。超过该限定标准的食品将被没收。

15.4.2　温室气体减排：各国领导人努力达成一致

虽然舆论一致认为治理空气、水源和土地污染是牵涉全人类利益的头等要事，但恰恰是治理什么和如何治理成为了长期争论的核心。这一论战在多次联合国其他国际组织机构的会议中被提及，他们试图让世界各国领导人就遏制温室气体影响的问题达成一致。也许，在此话题上最著名的会议举办于 1997 年，在日本东京。另一个时间更近的，关于温室气体问题的重量级会议则举办于 2009 年 9 月，在丹麦哥本哈根。

1.《京都议定书》

《京都议定书》（Kyoto protocol）是一项在 1997 年日本京都会议上拟定的国际协定，也称为联合国气候变化框架公约。目的是支持和实施减少温室气体排放。

依照《京都议定书》，可以规避气候变化的三种方式已经被制定：[43]

● 首先，排污权交易（通常也叫作碳市场），这一项在美国最为著名。碳交易是基于一项共识而设定——限制一定时期内所有成员国排入大气层中的温室气体（最主要的是碳）总量。这一方式的基本原理在于，如果一个国家产出了高于配额的可在空气中传播的碳，它可以从其他产出低于配额的国家购买排污许可证。在各国内，不同商业与行业同样可以参与到排放信用的购买、出售和交易中去。

在过去许多年间，碳交易机制已然扩张至我们通常意义上所说的"总量控制和排放交易"。[44] 在限额交易框架下，公司购买年度排放信用。同时在联邦排放总额上限的限定下，可用的信用额度逐年递减。这种递减式供应驱动信用额度成本上升，鼓励公司去创造新的商业模式。与此时相比，新商业模式下温室气体排放额度将锐减。限额交易法规是美国众议院在2009 年 6 月通过的综合性法案的一部分，同时也是奥巴马总统恪守其关于填补碳漏洞以及打击污染者的承诺的一部分。[45]

- ●《京都议定书》所创造的第二种方法是清洁发展机制（CDM）。在清洁发展机制下，积极投身于减排与限额承诺的各国，可以和发展中国家共同开展合作项目，在发展本国产业与经济的同时帮助发展中国家降低（碳）排放量。此机制的目的在于鼓励可持续性发展的同时，帮助工业化国家通过灵活多变的方式达成其排放指标。[46]
- ● 第三种方法由各联合履行机制项目构成。这些项目允许《京都议定书》成员国通过帮助其他成员国减少或者消除碳排放而获取信用额度，即使是发达国家也可以这么做。[47]

《京都议定书》规定，发达国家必须监控、减少并报告它们的碳排放量，以确保至 2012 年承诺期结束时，气体排放总量达到基于 1990 年基准线设定的相对标准。否则，它们将面临高额经济处罚。各国的减排量并不相同，但全球总目标是减少 5.2 个百分点。例如，对欧盟的减排总目标是 8 个百分点，日本是 6 个百分点，美国是 7 个百分点。[48]

至 2009 年末，包括 36 个发达国家在内的 187 个行政实体签署并履行京都协定。同时，也有许多国家并未签署该项协定，或者签署但并未使协定生效。美国是唯一一个归属于后者的发达国家。事实上，国会从未被要求通过《京都议定书》。为什么？争论核心在于遵守《京都议定书》会使美国经济受损，而美国经济是许多国家的经济支柱。同时，大量争论也就发达国家所背负的责任而展开。

有人说，另一个问题则是协定仅仅能够将温室效应影响延迟 4 年，但其执行过程却将耗费数万亿资金。[49] 因为这样或那样的原因，美国参议院在 1997 年一致通过一项决议，称美国不会签署任何一项不对发展中国家排放量加以限制的协议。[50] 同时，值得注意的是，即使美国没有通过《京都议定书》，国会也未通过减排法规，但美国仍有许多州出台了严格的规范限定和有效的强制性政策与管控措施。事实上，一半以上的州都有现行的气候法案，而自 2008 年起成为世界第 8 大经济体的加利福尼亚州已然制订了世界上最为严格的法律条令。[51]

虽然，关于每个国家、州和企业必须该采取怎样的措施遏制全球变暖的争论仍在持续，但气候变化的问题正在日渐显现。因此，在 2009 年，世界领袖和科学家们齐聚哥本哈根，力图达成新的共识并推进温室气体减排的落实。

2. 2009 年联合国气候变化大会

2009 年 12 月，联合国气候变化大会在丹麦哥本哈根举行，共计 192 个国家出席。本次哥本哈根峰会的目标在于为缓解 2012 年后气候变化的影响提出框架性建议。[52]

虽然美国的提议并没有得到其他国家，尤其是发展中国家的热情回应，但奥巴马总统仍旧迫使美国恪守至 2020 年时在 2005 年排放基础上减排 17% 的承诺。[53] 此外，奥巴马政府宣布美国环保署官方现已认定，包括二氧化碳在内的 6 种温室气体是危险污染物，对人体健康有害。有害性气体的这一官方认定允许美国环保署在避开国会审议的情况下拟定新的工业、汽车污染物排放标准。[54]

除却上述进展，会议结束时，国际媒体总结发现，峰会面临着严峻的挑战。[55] 发展中国家对发达国家所采取的措施以及承诺的强烈反对,对免责的国家提出严格要求可能导致京都协定被弃的担忧等,都是这些问题产生的主要原因。[56]

当和谈破裂,美国、中国、印度、南非和巴西进行了私下会晤,并达成了著名的哥本哈根协议。协议在不限定保障目标达成的既定方式的情况下,肯定了维持气温升高幅度小于 2 ℃的重要性。协议同时囊括了一项,在未来三年间,美国给予发展中国家价值 300 亿美元援助的承诺。[57]但该协议受到广泛批评,也包括来自许多协议签署国的批评。批评称,协议的一个主要缺陷就是忽略了协议性质。[58]换言之,这项协议是不具备强制性的。

众所周知,温室气体减排是困难、复杂且饱受争议的。基本上,条规所能做的并不多。因此,我们必须关注温室气体排放的主要源头之一,各国人民无时无刻不在使用的化石燃料。自从工业革命开始后,人们高度依赖这些燃料。然而,化石燃料不仅仅导致温室气体排放,同时也终将枯竭。

15.4.3　化石燃料依赖:难以永续

诸多与全球变暖相关的潜在环境问题都是由使用化石燃料供能引起的。依据美国中央情报局(CIA)编撰的世界概况,美国是世界上最大的石油消费国,日均消费近 2 000 万桶石油。虽然欧洲比美国多了 2 亿人口,但美国的石油消费量比欧洲总和还高 25%。相比之下,中国,这个世界上人口最多的国家,每天的石油消耗量只有美国的 40%。而印度,其人口是美国的 4 倍,则只用掉了 15%。[59]美国的石油产出量不及其消耗量的一半,这意味着,美国的大量能源供给是依赖于其他国家。

既是因为生产与使用的不平衡,也是因为美国所需石油供应国的政治因素,美国对于化石燃料的依赖既被认作是环境问题,同样也被认作是社会问题。当然,石油的使用和生产同样也代表着重要的经济问题。例如,当石油生产与输出国间联合组织(OPEC,石油输出国家组织)在 1973 年颁布对美国的禁令,以抗议美国的中东政策时,石油价格在不到一年的时间内翻了四倍。[60]在这种情况下,被视为经济武器的石油输出控制成效非凡。相似地,在 1979 年伊朗革命后,伊朗在世界石油市场上的供应缺失,引起大范围恐慌和经济衰退。同时,石油价格之高,是史无前例的(调整通胀影响后)。该记录直到 2008 年 3 月才被打破。[61]

随着越来越多的国家实现工业化,石油需求在不断攀升。在需求暴涨的同时,价格升高和竞争加剧随之而来。如果已经达到世界石油总产出峰值的警告是正确的,那么,上述情况只会变得更为严峻。[62]当然,这并不意味着单纯停止化石燃料的使用是可行的。事实上,今天实际所使用的每一种能源在某种程度上都是与化石燃料相关的。美国内政部长肯・萨拉查(Ken Salazar)在 2009 年指出"我们必须认识到在未来许多年间,我们对能源的支配仍可能依赖于传统能源资源——包括油、气和煤。"[63]基于此,美国政府已经开始租售土地以供海底钻探。同时,美国政府也已经开始着手找出解决对其他国家的石油依赖的新办法。

随着对太阳能、风能、水力发电和混合动力汽车项目的大力推广,以及投资增加,奥巴马政府强势推行有助于美国减少化石燃料依赖的政策。事实上,在 2009 年,奥巴马总统就承诺,在未来十年间投入 1 500 亿美元用于清洁能源领域的探索与发展。理论上,这些活动会帮助国家朝所谓的"绿色能源"方向迈进。

15.4.4　绿色经济与绿色职业

如上文讨论,对化石燃料的过度依赖具有风险,并且不可持续。基于人类与自然世界的相互依赖关系的理念，以及对风能、生物燃料等可再生能源的关注，一种世界经济新观点正在流传。这种新观点通常被叫做**绿色经济**（green economy），一种经济模式，其重点是关注诸如风力、生物燃料等可再生能源的开发和利用，代替传统的化石燃料，并且推动企业和社会走向环境可持续发展。

随着绿色经济的兴起，其他几个新术语也已进入商业词典。例如，**绿领工作**（green-collar jobs），指与提供环境友好型产品或服务相关的工作。[64]绿领的职业收入高于蓝领，并已经升级成为一种在帮助经济发展的同时帮助中低阶层人群的工作模式。[65]在绿领工作的职位清单上，有诸如有机农场主、环保顾问与培训员、太阳能工程师、建筑师、回收领域专家和合规监察官员等职位。在 2008 年，美国有近 850 万个绿领职位。而预计至 2030 年，职位数将达到 4 000 万。[66]事实上，奥巴马总统极力促进绿色工作，希望截至 2018 年，能新增 500 万个绿色工作岗位。[67]

环境轻危害型建筑的日益增加，也是绿色经济的一部分。如今在拟建新的工厂、仓库或者办公室时，越来越多的公司会将环境影响纳入考量。例如，旗下拥有探索频道、TLC、动物星球和 FitTV 的探索通信公司最近就在华盛顿州市郊建造了一个新的公司总部。由于该建筑属于环境友好型建筑，在 2007 年，它成为了美国仅有的 9 个通过美国绿色建筑委员会能源方面铂金级领袖和环境设计认证指标的建筑项目之一。[68]该认证指标的评价涉及从建筑所用材料到建筑物如何制冷供热在内的所有方面。

除环境变化和化石燃料以外，商业组织同样需要关注其他与环境可持续性相关联的议题，包括污染、浪费和生物多样性。我们在下一节来看看这些议题。

15.4.5　污染、废物和环境可持续性

几十年前美国就已经开始对污染物排放作出规范限定。现行的国家污染控制法律限定了许多对人类健康与环境具有潜在威胁的材料的使用。而对违规者的罚款及预期的差异是很大的，该差异通常取决于涉案材料的风险性。

这些立法中的一项，通常被称为"超级基金"的法案就是典型案例。超级基金法案是涵盖综合环境应对、赔偿与污染清除的综合行动。依据美国环保署网站的解释："超级基金是一个用以清除国家级不可控的危险废物处理场的联邦政府项目。"[69]超级基金由美国环保署运营。该机构获得授权，可以鉴定有毒污染事件的当事人责任，并可以强迫当事人清除危险废物处理场。至 2009 年 11 月，在大西洋中部地区有近 600 个超级基金站点已经开始独立运营。[70]

在过去几十年间，人们对废物处置问题展开激烈争论。虽然问题仍在，但是美国和其他国家已经在技术发展方面和人类回收行为上获得了长足进步。现在，美国的多数社区提供必要的铝、塑料和纸制品回收服务。其实，几乎世界上所有东西都是可回收的，不仅仅是纸制品、金属和塑料，同样也包括石油、电池甚至是核废料。

法国是当今世界上核废料回收领域的领导者。部分原因可以归结于法国（不像美国）大力发展核能源。[71]事实上，在 2010 年，法国超过 75% 的电力是源自核能源的。[72]在 20 世纪 70 年代，法国在拉阿格建立现代化回收工厂，率先开始大规模回收核废料。[73]自从那时开始，虽然有少量（法律许可范围内）放射性物质泄露至大气层或者英吉利海峡水域，但是工厂从未发生过严重事故。[74]该工厂能够回收 96% 的核废料，生产出的铀储蓄起来以备后用，也提取出钚，与新铀混合，制成新燃料。毫不夸张地说，此道工序最终将 528 个核乏燃料棒转化为两罐一米多高的材料。[75]

上述情况可以和尤卡山设施进行比较。尤卡山设施位于莫哈韦沙漠西北大约 100 英里处的拉斯维加斯。1987 年,随着美国境内核废料的不断积聚,美国政府决定将该座山谷转用于废料倾倒。在那里,废料将被深埋入地下。[76]这一计划引发了大量争论,因为没有人希望将核废料设施置于自家后院,即使是 100 英里以外的后院。为了安抚诸多内华达州人,奥巴马总统上任后做的第一件事就是有效阻止了尤卡山计划的进行。然而,美国政府并没有其他任何备选计划以用于废弃的放射性材料的处置。[77]

在未来几年,我们可能会看到更多支持环境可持续性的废料管理方面的针对性实践与探索。实践与探索涉及核废料在内的危险材料的处置方式,而这些处置方式往往是复杂且富有争议的。同时,也涉及更多的如家庭垃圾类的常规性垃圾的处置方式。毫无疑问,如今的绿色经济所展现的最具前景的技术方向,就是促使废物转化为能源。该项技术将引发一场引导新技术、工作与清洁环境生成的变革。

15.4.6　动植物以及环境可持续性

在美国境内,濒危物种是受特殊机构保护的。该机构具体指依据 1973 年拟定的濒危物种法案而建立的鱼类与野生动植物服务系统。[78]在 2010 年 4 月,此机构将 2 018 个物种划入濒危类别,这其中的 594 个物种在美国拥有重要栖息地。[79]鱼类与野生动植物服务系统也为大范围的环境安全性和可持续性问题提供咨询服务。同时它也积极致力于栖息地保护和受损栖息地恢复。此外,这一机构也养殖鱼苗,以便生存受胁鱼群能获得鱼苗补充。这一行为同样被称为"物种银行"——专门留出一片区域用于多类物种保存。[80]

纵观全世界,物种灭绝的主要原因是自然栖息地被破坏。[81]如热带雨林这种物种丰富的栖息地往往是最为危险的。[82]按照一些学者的估计,在不远的将来,热带雨林的减少和其他栖息地的损毁将导致多达 12% 的植物物种和 11% 的鸟类物种灭绝。[83]

对生物多样性的另一个显著威胁则是物种入侵,指的是物种迁移至一个新的栖息地。物种入侵往往是由国际贸易所导致的。在一个新环境中,新物种可能会缺少天敌,这意味着它们很容易过度繁殖。同时,非原生物种的引进往往会威胁到原生动植物的生存,导致原生物种濒临灭绝乃至灭绝。[84]

在岛屿上引入非原生物种是极其有害的,这是因为在有限的生态区域内,物种间平衡非常微妙、脆弱。[85]一个特别著名的案例就发生在夏威夷大岛上。早期的船舶导致鼠类进入该岛。随后,由于捕食鸟蛋,鼠类威胁到了岛上多数鸟群的生存繁衍。为了摆脱鼠类影响,人们又向该岛引入了猫鼬。但是没有人想到,鼠类是夜行性的,而猫鼬则在白天捕猎。这两种动物鲜少相遇。所以,毫无疑问,猫鼬并没能阻止鼠类肆虐。更糟糕的是,猫鼬同样以鸟蛋为食。岛上的原生鸟类受到了更多的威胁。[86]自从猫鼬被引进后,它占据了夏威夷群岛中的多数岛屿,只有两个主要岛屿幸免于难。

虽然,保护原生物种意味着保护物种多样性,但当保护栖息地与商业利益与工作需求发生矛盾时,问题就出现了。另一个案例同样发生在夏威夷。在莫纳克亚山顶上的天文台内,将斥资十亿美元建造 30 米长的天文望远镜(这将成为世界上最大的望远镜)。在所有当地社区居民与山峦协会等组织的抗争下,生活在拟建区域的火山灰中的一种小型昆虫得以存续。由于该地是这种昆虫的唯一栖息地,故而该山顶是受到保护的。[87]这一事件也说明了,当我们试图平衡环境可持续性与社会和经济可持续性时,我们必须作出艰难的抉择。

15.4.7　其他促进环境可持续的措施有哪些?

　　参与到商品与服务的生产与销售的每一个人,都与环境可持续性相关。这包括消费者、供应商、制造商和服务提供者。通过采取支持环境可持续的生产方式,以及将产品出售给消费者,制造商通常是环境可持续性问题最为显性的支持者之一。福特发动机公司曾开展一项"可持续性蓝图"计划以提升发动机动力性能。例如,设计一个仅拥有六缸发动机却能有八缸发动机动力的建筑用车。[88]

　　许多公司将这些对环境强有力的承诺纳入他们的营销活动中去。2009 年日本丰田汽车就为他的混合动力汽车——普锐斯,展开了一系列商业宣传。该车有一个独特的标语:人类追求与自然需求的统一。[89]

　　尽管一些有碍于环境可持续性的进程、法律和政策仍旧存在。例如,虽然商家已经可以在购买混合动力车时获得税收减免,但直到近期,他们同样还是能够在购买高油耗汽车时获得税收减免。这是由某条 20 世纪 70 年代通过的法案所导致的,该法案本意旨在允许小农户和个体经营户购买卡车时不必支付那时的豪车税。诸如此类的法律或政策漏洞未能随着时间推移而自主修正,故而国会必须在必要时进行干预。过时的法律仍能够且总是鼓励那些不能促进可持续性的行为,直到国会采取行动为止。[90]

　　当然,即使是那些由环境可持续的支持者精心拟定的新律法和规划,也不是没有争议。比如,为响应 2007 年的经济衰退,国会通过了"旧车变现"项目。该项目促使美国人可以从他们淘汰的废旧低效能汽车中获得 3 500 美元到 4 500 美元不等的税收减免。旧车变现计划旨在支持汽车产业的同时,淘汰马路上的低效能汽车,并通过油耗率更低的汽车来替换原有汽车。仅在几周之内就有近 70 万辆汽车被以旧换新,故而这一项目被视为是成功的。[91]但这个项目真的表达出可持续性原则的呼声了吗? 为了回答这个问题,让我们来考虑下下述反对意见:

- 那些获得 3 500 美元折扣的消费者只需要将每加仑英里数提升 4 英里。这并不是一个大幅的变化。从长期来看,影响甚微。[92]
- 消费者只有在购买新车的时候才能使用他们的税收折扣。即使二手车的每英里耗油量优于新车,也是不符合要求的。这引发对特定型号汽车(如混合动力)的大量需求。故而汽车公司重新调整几种高需求车型的生产量。但新汽车产量的增加意味着,公司将耗用更多的资源和化石燃料。这会加剧现有环境问题。
- 除了少量具有历史价值和经济价值的进口车外,所有参与这一个项目的旧车都被销毁了。资产销毁部门仅留下少量汽车捐赠给依靠此类捐赠来完成资金运营的慈善机构。

　　虽然如此,旧车变现项目一结束,联邦政府就宣布,此项目下购入的汽车的每加仑英里数平均提升 58 个百分点(从每加仑 15.8 英里提升至 24.9 英里)。[93]这意味着购买者的实际改进远超过强制要求的每加仑 4 英里的提升量。鉴于此数据和上述争论,你认为是这个项目有助于环境可持续性吗? 对于经济可持续性又是如何呢?

　　随着技术进步和研究持续,担任管理者或领导角色的你将会越来越多地考虑在兼顾环境可持续性的同时保障公司的产品生产与服务提供。然而,这并不是全部。由于世界的互通性在提升,越来越多的人认识到保持社会可持续性的重要意义。当然,社会可持续性是与环境可持续性相关联的。在下一节,我们将探索社会可持续性的一些内容,特别是对机构、商业和负有责任的领袖们的批评。

15.5 什么是社会可持续性?

如上文所述,社会可持续性强调通过公平、公正以及教育与医疗,提升人们的生活质量。社会可持续性检验的是自然资源、教育、技能和社会制度对人们生活质量的影响。同其他可持续性的概念一样,社会可持续性涉及在满足当代人的社会需求的同时,确保下一代人能有健康的社会环境。虽然与环境和经济可持续性密切相关,但是社会可持续性是超越这种“姐妹”概念的。对于社会可持续性,公平、公正、教育、机会以及对所有基本人权的保护等要素才是创造真正可持续的全球化社会的关键。[94]

世界各地的人们可以从多个角度评价社会可持续性。三个重要的角度是贫困、教育机会与全球健康。许多机构在尝试解决这些问题,包括接下来的“商业案例”中所描述的阿育王组织。

商业案例 阿育王组织

对社会可持续性的前瞻性探索

阿育王组织(Ashoka)是一个明确表示聚焦社会可持续性的组织机构。在 1980 年由比尔·德雷顿(Bill Drayton)于华盛顿州创建后,阿育王组织基于一个前提而开展运营。前提就是,促使社会发生积极转变的最为有效的方式是投资于社会企业家,这些社会企业家将对可持续的、重复出现的、既属于国家也属于全球的社会问题提出革新性解决方案。[95] 社会企业家指了解社会问题,并能够组织人力、物力以及网络资源来解决这些问题的人。一旦阿育王组织找到了这样的人,它就会选择组织中的成员成为他/她的伙伴。公司其后会在策划指导以及专家和资金方面提供支持,以协助其创办并发展该商业项目。

阿育王组织在 2008 年找到的一个伙伴是莫莉·巴克(Molly Barker)。在阿育王组织的帮助下,巴克创办了“女孩在行动”项目。该项目帮助女孩和女性跨越她们面对的社会障碍,并且帮助她们在减少风险性行为的同时做出积极的选择。今天,这一项目已经拥有了很多赞助商,包括家乐氏(Kellogg)、新百伦(New Balance)、Goody 和 Horizon Fitness,它们共同赞助给“女孩在行动”的年度预算达到 150 万美元。

阿育王组织在以直接支持社会可持续性为使命的公司中显得有一点不同寻常。虽然多数公司与阿育王的关注点不同，但是也能够通过它们的商业实践大力支持社会可持续性。当今有几个关键的问题对世界和今天的商业而言尤其重要，那就是童工、廉价劳动力（奴隶）和工作安全。

15.5.1 童工

在今天，是否多数公司都反对雇用童工？这一点是鲜有争议的。那么为什么雇用童工的现象会持续出现？为了回答这个问题，让我们稍微回顾一下历史。首先，在人类进化史上，儿童总是和其家庭成员一起在农场或者小型企业中工作。对待童工的方式是多种多样的。许多案例中，对待方式可能是极其野蛮的；另外一些案例中，对待方式也可能是公平、合理甚至是如家庭生活般充满关爱的。因此，儿童工作这一现象本身并没有问题。那么问题在哪里呢？是在于儿童被无情支配，无法接受教育，被迫在艰苦的环境中工作，而且缺乏法律保护。在工业革命时期，一系列对童工的剥削首次走入了美国公众的视野。紧随其后的一场运动使美国社会认识到，迫使儿童在危险的车间或者血汗工厂中工作是罪恶的。这场运动从根本上消除了美国多数产业内的童工现象。[96]今天，其他许多国家也立法反对在任何做工场所内对儿童劳动力进行剥削。

但全球的统计结果与立法目标相差甚远。2009年美国劳动部的一份报告援引数据称，估算而言世界范围内有大约2亿的儿童正在危险的条件下工作。[97]

由于全球范围内的文化差异，童工问题可能非常棘手，不易解决。举例而言，2006年，当耐克公司被披露其产品由童工制造后，为了恢复公司在美国和其他国家的公众形象，公司断绝了与巴基斯坦供应商Saga的业务关系。这一订单损失使Saga遭受严重影响。同时，Saga估计有多达2万户的巴基斯坦家庭可能同样被牵连。[98]童工独立监察协会的首席执行官纳西尔·多加(Nasir Dogar)注意到，虽然Saga的行为是错误的，但是耐克的行为——依靠童工进行生产，后因公众压力而突然终止业务联系——则进一步加剧了伤害。[99]

在涉及诸如童工等问题时，多数公司都会采取负责任的处理方式。但其后就会牵扯到全球化竞争的问题。当在某一国家内，童工是合法的，或者公司能够找到一种方式非法剥削儿童，商业经营成本就会降低。的确，如果公司能在世界上的某些地方雇用儿童来工作，并只需为他们在危险的环境中工作支付微薄的报酬，这些公司就可以生产更廉价的产品。其他国家的消费者也乐于购买这些产品。对于那些负责任的商家和消费者而言，这意味着，我们需要了解情况。同时我们需要学着基于价值和伦理来作出选择，而不仅仅是基于商业经营成本或者产品价格。

今天，越来越多的个人和组织已经明白，全球化并不仅仅意味着为了获取利润而从事开发。公平贸易联盟就是这样的监察组织之一，力保经由它许可的产品能够为经济贫困地区创造更多就业机会。它的批准印章在许多年前就已经出现在咖啡上。有公平贸易印章的产品来自贸易透明，合理支付发展中国家的劳工和原材料成本，保护儿童和其他工人不受剥削的生产商。[100]

今天，公平贸易印章出现在衣服、巧克力和品种繁多的产品上。就传统意义而言，这些产品的生产过程都曾牵涉劳工剥削。平等交易组织是另一个与公平贸易联盟相类似的组织机构，审核批准某些产品。现在，许多消费者会寻找经由类似平等贸易或者公平贸易机构审批的产品，帮助他们作出更好的购买选择。这些审批标签迅速地出现在产品之上。标签同样也是企业社会责任认知变革的一种象征。[101]

15.5.2 当今世界中的奴隶(廉价劳动力)

当我们提及奴隶,我们通常所关注的只是一段令人羞愤的历史。那时,成千上万的非洲人被带离家园,如奴隶一般被贩卖至加勒比海、南非和美国等地方。从 16 世纪到 19 世纪,奴役这些人,迫使他们在种植园、舰船、家庭中和其他项目上工作的行为给世界各地的许多种族群体留下了不可磨灭的烙印。然而,人们为了一己私利(通常是经济利益),奴役他人,剥夺他人的自由和尊严事件并不只是发生在那段时期。如表 15.5 所示,奴隶是长期存在的,完全超出人们的想象。

让我们确切地来看看什么是奴役,而它又是如何持续存在至今的。奴役是一种强迫劳动,在这种方式下,一部分人从本质上被视为他人财产的一部分。依据联合国教科文组织(UNESCO)的描述,多数对奴役的定义关注于法律制度下的惯例,而这种法律制度并不多见,故而,这些定义对理解现代奴隶制而言缺乏价值。在当今世界中,奴役现象猖獗且多数情况下也不合法。[102]妇女和儿童成为受害者,被迫充当性奴、童子军和血汗工厂中的工人。

表 15.5　历史上奴役制度的一些案例

奴隶主	时间范围	奴隶来源	工作类型
古希腊人[103]	约公元前 6 世纪至 3 世纪	主要来自战争,也来自海盗掠夺与贸易	农工、家奴、商人、矿工
中国汉朝[104]	公元前 206 年至公元后 220 年	刑事犯罪处罚被判为奴隶的人;遭受家族刑罚的新生儿;奴隶的孩子;边境的深肤色人群	壮工、家仆、小妾
阿兹特克人[105]	约 14 世纪至 16 世纪	来自领近区域的战俘	除常见事项外还包括,宗教仪式上的活人献祭
布干达[106]（今乌干达）	大概从公元前 19 世纪直到公元后 20 世纪	战争俘虏,主要是妇女和儿童	家奴、壮工、小妾

当前,有多少人被奴役,这一问题未达成共识。依联合国估算,在 2005 年,全世界有 27 万人如奴隶一般生活。这一数字比在非洲奴隶贸易盛行的 400 年间送往美洲的非洲人总数的两倍还多。[107]依据国际劳工组织(ILO)核查,在 21 世纪之交,840 万名年龄在 5 到 17 岁之间的儿童成为了人口贩卖的受害者,被迫参与劳动、武装冲突、卖淫、色情文学或者其他违法行为。[108]国际劳工组织在随后的一份报告中称,估计世界范围内至少有 1230 万人属于强迫性劳动的受害者,其中 240 万涉及人口贩卖。[109]虽然这些估计具有差异,但都说明一个共同的问题:当今,可能被奴役的人口数量是巨大的。

在现代奴役形式中的,非法的性交易是最为普遍的,同时也是最难以消除的。2010 年 1 月,印度最高法院发布公告称,在遏制国内色情观光业方面,政府还需要作出更多努力。色情观光业已使印度在国际社会中尴尬不断。一些专家估计,印度有超过 70% 的性工作者是不满 18 岁的孩童。[110]性奴在世界各地广泛存在,即使是美国也不例外。例如,在 2007 年,全球广播公司和今日秀节目都专题报道了一组乌克兰妇女的故事。在来美国后,为了学习英语,这些女性都曾被强迫前往底特律市的脱衣舞夜总会工作。她们都是在美国机场被俄罗斯人贩子所诱拐后，与其他 15 个人关押在一起。[111]受到诱骗者抛出的合法工作这一诱饵的蛊惑，许多东欧妇女同样也曾被骗，不得不沦为奴隶。[112]

这些故事和统计数字令人震惊。但这些统计数字代表的意义更让人震惊。如果我们容忍诸如此类事件的持续存在，社会可持续性的概念就会变得毫无意义。

那么这些事件为什么会出现呢？原因显然是多种多样的。但就商业领域而言，全球化和消费者对廉价商品日益增长的需求已然导致了这些能够降低成本的行为的长存，诸如剥削童工和苦役。在 2009 年，美国劳工部公布了一个关于涉及奴役劳工和使用童工的清单，并附有如下声明：

> 作为一个国家，以及地球村的一分子，我们拒绝承认，通过强迫他人从事劳动或者在工厂内剥削儿童劳动力的方式追逐经济增长行为的可接受性。然而，我们也意识到，在当今全球化经济的背景下，这些问题广为存在。甚至，我们也会在我们自己的国家中遇到这些问题。[113]

除了色情文学外，美国劳工部所确认的涉嫌行业都是源于农业、矿业和制造业。报告中的奴工案例，部分如下：[114]

- 阿根廷的成衣制造厂
- 贝宁湾的棉农
- 玻利维亚和巴西的农业工人
- 布基纳法索的棉农和金矿工人
- 缅甸的矿工、砖厂工人和农业工人
- 哥伦比亚的玩具商和制药商
- 象牙海岸的可可鱼咖啡种植农
- 多米尼加共和国的蔗农
- 加纳的渔民
- 印度从事服装、纺织、采石和农业的工人
- 约旦的服装行业工人
- 哈萨克斯坦的棉农与烟农
- 马拉维的烟草工人
- 马来西亚的服装商
- 马里共和国的农业工人
- 尼泊尔的纺织工与采石工
- 尼日利亚的可可种植户和采石工
- 朝鲜的矿工
- 巴基斯坦的农业工人
- 巴拉圭的畜牧业工作者
- 秘鲁的矿工与农业工人
- 俄罗斯的色情文学从业者
- 塞拉里昂的钻石开采者
- 塔吉克斯坦的棉农

● 泰国服装业和渔业工作者

● 土库曼斯坦和乌兹别克斯坦的棉农

公布该报告的一个原因是帮助美国公司和消费者了解商品怎样制造以及在何种条件下制造的,从而帮助他们作出知情购买决定。美国劳工部国际劳工事务局自 1993 年起公布了 20 余份此类报告,并已经提供总计 7.2 亿美金给超过 80 个国家以促进童工与劳工问题的解决。[115]

你又能做什么来帮助解决问题呢? 首先,你需要阅读此类报告,例如由美国劳工部公布的这份,以了解信息。其次,你需要展开调查。有没有任何一个你长期参与的组织、商业项目或者团体涉嫌于此? 这看起来似乎是不可能的。但是在过去 10 年左右的时间内,许多受人尊敬的制造商、饭店、农场和其他商业机构都曾被曝光,它们以一种本质上属于苦役的方式使用劳动力。如果我们坚称我们支持社会可持续性,那么我们每一个人都有责任知道我们的钱到底流向何方,并且拒绝与有无耻劳务行为的公司做交易。

15.5.3 工作中的安全性和风险性

在某些情况下,工作是危险的,甚至是致命的。例如,美国历史上最糟糕的一次工地意外事件的发生在 1947 年。当时得克萨斯市的一个港口发生爆炸,夺走了包括岸上以及海上的 576 条人命。[116]在中国,报告称,工业设施所导致的铅中毒事件影响了数百个工厂的工人以及很多儿童,并有许多家庭因为污染而被迫搬迁。[117]在泰国,1993 年的玩具厂大火夺走了 188 个工人的生命,多数是年轻的女工。同时,有超过 500 人重伤。[118]

当这些戏剧性的事故引起了我们的注意后,世界各地的雇员和公司都在努力创造并维护工作环境的安全性。销售机构成员会遇到交通事故;生产厂家需要处理机械事故;化学物品会溢漏或者被不正当使用。这些案例不胜枚举。同时,不仅仅是工厂条件或者政策导致伤害发生。雇员也时常作出一些糟糕的决定:销售人员不系安全带以至于在车祸中丧生;机械操作员试图在设备运转的过程中进行修理以至于失去手臂;雇员穿梭在化学品泄漏的危险地带。这些事情总会发生。但为什么人们会做出如此愚蠢的事情呢? 原因是多种多样的,包括不恰当的安全标准,以及人们顺从于标榜速度与业绩的流程、习惯和组织文化。即使在安全性上作出让步,或者过度劳动以及承受过高(工作)压力,人们也是在所不惜的。无论原因是什么,意图在其领域内支持社会可持续性的组织都需要致力于创造良好工作条件。在这些条件下,人们能够并愿意选择维护与保持生产安全。

同时,在全球化时代中,工作场所的安全性已经不再仅仅涉及雇员个体、公司或者与之直接相关的社区。国际贸易导致在一个国家的工厂中使用的有害材料会毒害甚至杀死世界上的其他国家的人或者动物。污染是没有国界的。例如,源自前苏联(现在的乌克兰)切尔诺贝利核反应堆事故的核废料就曾扩散至半个地球。[119]同时,公司与国家也必须承担其风险性决定所造成的影响。国际法的约束力在上升,跨境资产查封已被推行。[120]

多数政府组建了相关部门来对工作场所的安全性问题作出规范。在美国,此类部门就是职业安全与健康管理局(OSHA),具体由美国劳工部负责控制。随着职业安全与健康法案(Occupational Safety and Health Act)的签署,职业安全与健康管理局由尼克松总统于 1970 年创立。[121]

表 15.6　职业安全与健康管理局法规标准举例

- 对工业机械上的所有活动部件均需要采取防护措施[122]
- 对大约 600 种化学物品设定最大接触剂量限定[123]
- 处理化学物品或在工业环境中进行操作时，对个人防护装备的使用作出规范要求（如手套、服装、耳塞、面罩和呼吸器）[124]
- 维修时，切断设备的动力能源[125]
- 在狭窄环境中工作时，采取两人工作制并对空气进行抽样监测[126]
- 要求了解并传播工作环境内的危险化学物品，制定危害沟通政策[127]
- 制定保障医护人员远离 HIV 和乙型肝炎等血源性病原体的管理规范[128]
- 为在深壕中工作或者进行挖掘作业的工人提供安全保障措施，防止壕洞垮塌或者坍陷[129]
- 制定石棉暴露安全守则[130]

　　除了记录职业性意外事故外，职业安全与健康管理局也有责任通过制定一系列政策与要求，以对美国境内的工作场所的安全性做出管控。其中的部分政策与要求如表 15.6 所概括。[131]这信息说明，职业安全与健康管理局对许多商业和产业都具有显著影响。

　　一些公司对工人保护问题异常重视。例如，"美国最安全的公司"就是一个由环境健康安全观察机构颁发的，给采取额外措施确保安全的公司的一个年度奖项。获此殊荣的公司需要符合如下条件：例如以创造性的方案解决工厂安全性挑战，工伤比率与职业病比率低于国家平均水平，或有强大的安全培训项目，或其他条件。[132]

最热门»讨论题

1. 你认为监督供应商以确保他们遵守法律，并且确保供应商在涉及诸如童工等问题时符合企业伦理规章是公司的责任吗？为什么？
2. 在网络上调查童工问题。哪一个国家的问题是最严重的？针对这些情况，你认为需要做什么？
3. 调查当今世界上的廉价劳动力问题。谁可能从事奴役性劳动？你这样认为的原因何在？你对这些现象有怎样的感触？你和其他人可以做什么来抵制这些事件？
4. 花两个小时的时间在你的校园内转转。你发现了哪些证据来证明学校在积极主动地保护员工与学生的安全？

15.6　什么是经济可持续性？

　　经济可持续性指一种经济能力，能创造且维持有利于当前经济健康且长期发展的经济条件。作为可持续发展的理念之一，联合国政府认定经济可持续是世界各国政府与私营机构，比如企业，都需要承担的一项责任。联合国对经济可持续性的定义包含两个关键性概念：聚焦于世界贫困区域的需求，"赋予此类需最高级别的优先权限"；以同时满足当代人与后代人的方式来负责任地使用自然资源，对世界各地的经济健康与经济增长作出积极影响。[133]

　　可持续发展的概念受到环保人士和更为传统的经济学者的批评。环保人士不喜欢这种基于人类需求来判定资源价值并进行价值分配的方式。经济学者则不认可长期的公平与效率比当前利润更为重要。[134] 然而,作为一种与环境、欠发达国家资源开采,以及后代持续享受高质量生活的能力息息相关,且可能引起未来不确定性与恐惧的一种理念,经济可持续性和可持续发展的概念正在获得越来越多人的关注。

聚焦可持续性会怎样影响我们的资本主义经济体制呢? 两者是否矛盾呢? Generation Investment Management 公司的阿尔·戈尔(Al Gore)和大卫·布拉德(David Blood)并不这么认为。他们正是下述"商业案例"中的主角。

商业案例:世代投资

阿尔·戈尔与大卫·布拉德

很少有人因伦理道德而反对环境或者社会可持续性。但可持续性真的是一种正确的道德选择吗? 又真的是公司管理与投资自有资金的正确方式吗? 阿尔·戈尔和大卫·布拉德则是这么认为的。他们就在共同运营一家促进可持续资本主义的资产管理公司——Generation Investment Management。

戈尔和布拉德相信,使用长期视角来判断商业对人类与环境的影响是维系人类文明的唯一途径。他们将可持续性与商业思维的结合视为企业实现长期价值与核心竞争力的关键因素。[135] 隐藏在 Generation Investment Management 这一简单但却具有转换性的解决方案背后的哲学观念是,商业机构与其按照一长串可持续发展指标的限定做事,还不如构建一个框架,既关注于满足市场需求的商业倡议,也关注于可持续性。[136] 据此,长期和短期内的经济利润都会有所提升。当被问及此框架下的成功案例时,布拉德解释称:

> 如江森自控一样的公司……关注于能源效率需求。江森自控半数业务是基于混合动力车电池,以及维系建筑物高效运行的相关产品的。另外半数业务则是汽车内饰与控制器。我们认为,它是一个先驱者,将不断壮大并且驱动此模式的发展。它们明白,它们的产品将有助于减轻客户的环境危害力。这一策略完全有利于企业实现收入增长。[137]

另一个能够反映戈尔与布拉德的哲学理念的案例则发生在墨西哥。在那里,住宅建筑业运营与人口学趋势、环境可持续建筑发展以及经济适用房需求变化均有关联。[138] 还有另一个案例则是联合利华的 Shakti amma 项目,一个农村创业项目。[139] 内容包括在印第安村落中创设自助小组。在那里,联合利华招募了一些人来做推销员。他们被称为 Shakti amma。这些人将绕着村落售卖产品,并且宣讲健康咨询。这一项目是有价值的,给人们(多数是女性)提供了经济收入,也为联合利华开辟了进入农村市场的渠道。传统意义上,农村市场是外部人员难以打开的。[140]

但是除了以上正面案例以外,长期可持续性的投资仍然是非主流的。[141] 这一现象产生的部分原因在于,它要求一种思维模式变化。由将企业视为汽车,追求短期利润获益,转向为将企业视为至关重要的驾驶员,在业内外追寻长期可持续性发展。而另一个思维模式变化则是由股东视角转向利益相关者视角。[142] 此外,戈尔和布拉德坚信,我们需要认清,每一个组织的成功与挫败都对环境、社会和政治体系造成诸多即时影响和长期影响。并基于此来改变我们共同的心态。[143]

戈尔和布拉德同样宣称,我们需要打通可持续性指标与财务指标间的阻隔。支持长期可持续性的行动和投资是需要花钱的，这会对短期内的收益率造成负向影响。这种负向影响是许多公司不惜一切代价来规避的。然而，戈尔和布拉德坚信，除非公司采取了长期性行动，否则不仅仅是商业业务，还有相关联的环境与社区都将处于风险之中。[144]

戈尔和布拉德看到了可持续性、长期财务收益，以及公司在消费者与雇员间的声誉与影响力之间的有力关联。[145]对于他们的商业业务是否会有效地将可持续性置于其战略框架的首要位置这一问题，他们并无疑虑。他们所疑虑的是，他们能够用多快、多高效的方式来实现这一框架构建。

阿尔·戈尔和大卫·布拉德在以一种允许他们在兼顾长期发展的同时维护短期生存能力的方式开展业务并管理 Generation Investment Management。这并不容易，因为多年来，短期盈利能力（特别是对上市公司）一直是衡量商业成功性的唯一指标。从短期定位转向长期定位需要时间，并且要和几乎所有股东一起通力合作，一些公司正在为之而努力。

例如，作为工业产品与消费产品包装的基础供应商，美国南卡罗来纳州的实耐格（Sonoco）公司声明：我们相信可持续性与商业成功不仅可以兼备，而且密不可分。在两者兼顾的情况下，我们将使股东在长期内持续获益。[146]相似地，加利福尼亚州本土的大豆制品生产者 WholeSoy 则在其诸多生产与实践过程中体现可持续性发展。例如，公司为所有雇员支付最低生活工资，提供由公司基金支付的保健福利金，并将其生产厂房建造在靠近公共交通站点的地方。公司骄傲地发现，实际上只有一个雇员是开车上下班的。[147]

经济可持续性可以通过多种形式实现，而且并不是只有大企业才能够做到的。为了说明这一点，让我们来看看一个由大学生和厄瓜多尔某小镇合伙经营的公司吧。如下述"学生的选择"案例。

学生的选择

激情与合伙企业：通向经济可持续性之路

萨利纳斯基金会（Salinas Foundation）是厄瓜多尔基多市的一个合作组织。该基金会拥有多个萨利纳斯自然资源制品产销产业。几十年前，该组织起步的时候，只有一小部分企业参与其中。而今天，许多充满生机的小型商业机构也参与了进来，极大地帮助了萨利纳斯的发展。[148]

在 2009 年，为了直观了解当地的环境，并与当地企业进行沟通，一群阿肯色州立大学（ASU）的学生来到了萨利纳斯旅行。来萨利纳斯一周后，这些学生有了些想法，为公司提高产量、提升运转效率并降低成本提出了建议。对学生而言一个特别有吸引力的问题是，如何扩大这些商业企业的市场。在 2009 年，镇上的企业仅仅在南非以外的两个国家销售产品——日本和意大利。[149]学生们提出了一个解决方案：回美国开设一家销售基金会产品的商店。当学生们从厄瓜多尔返回后，他们开始致力于这一梦想的实践，在他们的家乡设法开办了一家商店，销售萨利纳斯制造的产品。

这个阿肯色州立大学与萨利纳斯的合伙企业有很大的潜力，可能将改变许多人的生活。那些学生希望他们的商店能够为萨利纳斯人带去欢乐与繁荣。随着萨利纳斯产品需求的增长，产业和城镇本身也将获得发展。这一冒险同样对这些学生具有长期持续的影响，活动中收获的知识不仅仅有助于其日后的商业发展，也对他们的个人生活产生了深刻影响。

这一案例说明，越来越多的领域开始增加对环境、健康、全人类幸福感以及社区与行业组织机构的长期经济可行性的关注。在商业与组织机构之中，我们的全球性内在关联变得越来越强。政府也将在促进不同层次的可持续性的活动中扮演重要角色。这意味着，科学家和非营利性社团提供研究、革新策略和舆论监督，商业机构会更为积极地面对问题而不是仅仅遵守法规章程。而最重要的也许是，你、你的朋友、你的同事等普通人也在为促使环境、社会和经济可持续性成为一种永恒的生活方式而不懈努力。

最热门»讨论题

1. 在网上搜索商业促进并维护经济可持续性的相关信息。这些商业机构的理念与工作方式是否相似呢？如果是，相似的是什么？如果不是，你认为存在怎样的不同？

2. 你怎样定义成功的组织机构？在系统地阐述你的答案时，考虑一下经济可持续性以及组织机构对其所有股东的影响。

3. 查一查你家附近最大的城市。这个城市具有哪些支持经济发展的项目呢？在你看来，这些项目的成效如何？

15.7 什么是企业社会责任？

企业社会责任（corporate social responsibility，CSR）是企业自我管理的一种形式，它将可持续性和公共利益纳入业务决策制定和行为中。广义上，企业社会责任常被用于描述商业机构如何促成环境、社会和经济可持续性。

企业社会责任起源于企业慈善。慈善一词则源自于希腊语中的"phil"和"anthropos"，意为爱和人性。故而，慈善是一个用于描述关爱他人的词语。[150] 在现实意义中，**慈善**（philanthropy）指为了支持人类幸福事业而提供金钱、时间、服务或产品。如你在表 15.7 中所看到一样，慈善并不是一个全新的理念，而是自古延续至今。

表 15.7   历史上与当今的著名慈善家

姓　　名	慈　善　成　就
本杰明·富兰克林（Benjamin Franklin）	富兰克林被认为是美国慈善之父。在 1727 年，他创办了一个被称为小团体的 12 人俱乐部，该俱乐部逐步发展成为了慈善理念的智囊团。他的报纸，费城公报，常被用于调集公众力量，招募志愿者和资金募集。富兰克林有多项公益事业。他创办了宾夕法尼亚大学，国家首个公共图书馆，国家首个志愿消防队以及一家医院。[151]
安德鲁·卡内基（Andrew Carnegie）	这个苏格兰裔美国资本家曾被认为是钢铁工业的无情巨头和虔诚的基督徒。在 1901 年卖掉了所拥有的所有美国钢铁公司的股份之后，他骤然投身于世界和平运动中，散尽千金。他捐资 1 000 万美金于 1910 年创办了卡内基国际和平基金会。随后一年，他又创办了卡内基基金会（纽约）以推动知识和理解的进步与交流。另一个叫卡内基研究所的基金会，在匹兹堡市开办了四家博物馆，包括安迪·沃霍尔博物馆。他同样还创办了一所大学，该大学如今被称为卡耐基梅隆大学。[152]

（续表）

姓　　名	慈　善　成　就
比尔·盖茨和梅琳达·盖茨（Bill and Melinda Gates）	微软公司的共同创办人在慈善上付出了比史上任何人都要多的金钱。比尔·盖茨于 2000 年创办了比尔和梅琳达盖茨基金会。在 2008 年，该基金会筹集了 340 亿美金用于推动全球的健康与教育事业。在 2008 年，沃伦·巴菲特又给该基金会额外捐赠了 310 亿美金。这相当于他当时所拥有的半数财富。自其成立以来，基金会已经累计捐赠了超过 200 亿美金的善款。[153]
博诺（Bono）	盛极一时的 U2 摇滚乐队的主唱，因其在慈善方面的不懈努力而获得国际上的广泛认可。他曾在 1984 年与 1985 年参与"援救乐队"及"援救演唱会"，为埃塞俄比亚的饥荒救济物资筹集资金。在 2002 年，他协助创办了 DATA（即债务、艾滋病、非洲贸易），通过债务减免、贸易促进和组织艾滋病流行的方式来致力于促进非洲地区的平等与公正。[154]
李连杰	李连杰更广为人知的名字是 Jet Li，是中国武术题材电影的著名导演和演员。在成为中国红十字会总会的形象大使之后不久，李连杰创办了李连杰壹基金。在 2004 年，他和他 4 岁的女儿曾遭遇一场海啸。这一次的濒死体验对他产生了重大影响，并使他热衷于慈善。壹基金会的四大基本方向是：教育、健康、环境关注和贫困救济。基金会与红十字会紧密合作以达成这些目标。[155]
马科斯·德·莫赖斯（Marcos de Moraes）	德·莫赖斯是一个有活力的巴西商人，并通过他的 Zip Educacao 基金会和 Rukha 研究所来长期致力于教育事业。通过他的个人机构，他让儿童免于流浪街头并将他们送入学校。他同样为 6 百万学生提供免费的网络服务。德·莫赖斯在同一个叫做 Synergos 的全球化慈善家团体通力协作。[156]
罗希妮·尼勒卡尼（Rohini Nilekani）	新闻工作者尼勒卡尼是一位社会活动家，也是 Infosys 首席执行官南丹·尼勒卡尼（Nandan Nilekani）的妻子。自从她的财富骤增开始，她就在寻找一种有意义的方式来使用财富。她建立了两个基金会：一个是致力于教育事业的 Akshara 基金会，另一个是聚焦水源清洁的 Arghyam 信托基金。[157]

对公司的所有者和富豪而言，为慈善组织捐款已然成为一种惯例。这样做，部分是基于责任感（或者恪守可持续性的承诺），部分是为了在社区中创造良好声誉。然而，慈善是衡量企业责任的唯一标准吗？想想安然公司的前任首席执行官（如今已故）肯尼思·雷（Kenneth Lay）吧。作为安然公司的首席执行官，雷给得克萨斯州和整个美国的慈善事业捐赠了数百万美金。在某种程度上，这是为了给他自己营造良好声誉。而且，这确实奏效了。安然公司以及雷曾获得社交界和政界的高度认可。然而，在企业社会责任方面，我们从不会将安然视为模范。由于安然公司的违法经营，成千上万名安然或者其他受到连带影响的公司内的员工失去了工作。还有许多投资于安然股票的人失去了他们毕生的积蓄。[158]资金捐助并不足以说明组织是负有社会责任的。事实上，公司还需要通过其他许多重要的方式来承担企业社会责任。例如，一项著名研究认为，五大通用的衡量维度是：环境、社会、经济、利益相关者和自愿性（自发意愿）。如你在表 15.8 中所看的那样，这些维度包含了对企业社会责任的多种定义和表达方式。

麦凯恩食品有限责任公司（McCain Food Limited）是一家在世界范围内提供食品生产与配送服务的加拿大公司。该公司将企业社会责任融入其一切经营事务之中，是履行企业社会责任的出色范例。

表 15.8　企业社会责任的维度

维　　度	内　　容	公司如何评价此维度
环　　境	自然环境	"更加清洁的环境" "环境管理"
社　　会	公司与社会间的关系	"为构建更好的社会而努力" "全方位审视对社区的影响" "在商业运作中融入社会所关注的事物"
经　　济	经营中的社会经济学原理 或者财务原理	"为经济发展作出贡献" "保持利润率的同时,考量未来发展"
利益相关者	所有的利益相关者或者利 益相关者团体	"我们需要考虑到许多的利益相关者" "怎样与我们的雇员、供应商、客户和所在社区互动, 意义重大"
自愿性(自发意愿)	行为是否符合法律规范	"我们承担企业社会责任是因为,这是正确的事情,值 得去做" "我们正在践行我们的价值观和道德准则,而不仅仅 是法律义务"

资料来源:改编自 Dahlsrud, Alexander, 2008, How corporate social responsibility is defined:An analysis of 37 definitions, *Corporate Social Responsibility and Environmental Management*, 15(1):4。

观点

企业社会责任是麦凯恩食品公司战略性商业模式的支柱,指导企业制定经营决策,并帮助企业定位其与雇员、客户、消费者、供应商和所在社区间的关系。将企业社会责任融入公司经营的点滴意味着什么? 负责帮助麦凯恩公司内的员工实现发展与进步的麦凯恩学习中心的负责人玛丽·麦纳文(Mary McNevin)对此具有敏锐的认知。她是如此描述公司履行企业社会责任的方式的:

我们在所做的点滴之中构建我们的企业社会责任的支柱:尊重环境、鼓励健康并且使员工更加积极。这一切都聚焦于我们的核心利益相关者。同时也都聚焦于我们的行动。我们确保用正确的方式做正确的事情,使这些利益相关者和我们的股东都能获益。例如,我们有一个全球能源减耗项目——寻找焦耳。这一项目使我们的电能消耗在 2005 到 2009 年间减少了 5%。同样,我们也有一个类似的节水项目,叫做寻找水源。

我们同样关注我们所在的和具有贸易往来的社区。例如,蔬菜种植学和对合约养殖户的知识普及,都对麦凯恩食品公司世界性成就发挥了重要作用。我们的任务是与我们的种植合作伙伴分享我们的研究、知识和专业技术,以确保他们的业务操作模式对环境的影响最小,同时确保他们能够提供合格的产品并获得丰厚的回报。例如,在印度,农业种植原本是依靠传统型人工耕种的。但在麦凯恩进入该地区后,仅仅 10 年,种植合作伙伴就已经掌握了通过机械耕种和收割的技术,并了解了施肥的重要性。这一改变打破了亩产记录,土豆的亩产量由曾经的平均 1 到 10 吨提升到了如今 15 吨。此外,麦凯恩还帮助减少了 35% 的种植支出,同时提高了 104% 的种植收入。当我们在 1998 年进入中国市场时,类似的举措也曾被采用。仅仅三年前,我们的初级产品供应还是100％源自于麦凯恩公司的自有农场。而现在,95％是由当地不断壮大的合作团体提供。

　　我们同样关注于组织内所有层级中的领导型人才的培养。毕竟,如果我们有更好的领导,每天的工作也将变得更加有趣。我们的公司必将繁荣,而员工也能茁壮成长。

资料来源:安妮·麦基对玛丽·麦纳文的个人专访,2009。

　　玛丽·麦纳文揭示了企业社会责任的真实含义。事实上,她向我们展示了履行企业社会责任并不是一种附加型方式,或者是一种"有了更好"的方式,又或者是一种使你觉得它看起来不错方式。这是优秀的企业所不可缺乏的。

最热门»讨论题

1. 在你看来,如果要做慈善,你是否必须变得富有? 为什么?

2. 请思考这句话:"如果你认为你太渺小以至于毫无影响力,试着在与一只蚊子同处一室时睡上一觉吧!"(摘自其他作家)基于此观点,你认为公司是否应当承担企业社会责任,无论其规模大小? 为什么?

3. 你是否会为你所信奉的事务而付出时间和金钱呢?

15.8　公司怎样履行企业社会责任?

　　如今人们呼吁要和那些将社会责任纳入其核心价值观的公司做生意。同时,依照现在的通信技术条件,人们很容易发现一家公司是否承担了社会责任。[159]基于同样的原因,投资者和雇员也更喜欢和那些立足于实现社会责任的公司互动,至少对于创新型公司是这样的。[160]毕竟,你会希望在一家对社会不负责任的公司中工作吗? 如果你的雇主不断因为违反伦理道德,对工人采取不公平待遇,或者污染环境而出现在新闻中,你会感觉如何呢? 当然,领袖们不会希望因为从事社会责任缺乏性实践而出现在头条之上。对个人和公司而言,这种负面宣传的高昂成本都是不可估算的。

　　企业社会责任看上去是很有意义的。但是,在组织机构的诸多竞争优先准则中,企业社会责任很容易滑至末端。当一家公司经历着由经济条件、竞争或者技术革新与创造的投资需求而导致的资金紧张时,此观点尤为正确。

　　归根结底,企业社会责任是一个选择,一个所有利益相关者都具有发言权的选择。学者们注意到,践行企业社会责任的理由并不在于这是公司必须完成的经营底线,而在于社会公义原则。[161]许多公司已经发现,当企业社会责任位于战略核心之中时,与其相关的实践是最具有影响力的。[162]以全球化制药公司美国强生为例。在企业社会责任概念广为流行之前,强生就已经开始关注于此。强生的宗旨是由罗伯特·伍德·约翰逊(Robert Wood Johnson)于1943年制定的,简单如信条一般为人所知。如你能够在表15.9中所看到的那样,这些信条清楚地说明了公司应该如何基于其对个体的义务而开展经营活动。这些个体包括使用和管理其产品的人,它的利益相关者和全社会。信条以对医生、护士、患者、父亲与母亲还有其他任何使用公司产品的人的关注为开始,其后延伸至对雇员、社区和环境之上。最后,信条以股东和公司管理层为结束。股东和管理层恰恰是多数公司自始至终唯一关注的。[163]

表 15.9　强生的信条

我们相信我们首先要对医生、护士和病人,

对父母亲以及所有使用我们的产品和接受我们服务的人负责。

为了满足他们的需求,我们所做的一切都必须是高质量的。

我们必须不断地致力于降低成本,以保持合理的价格。

客户的订单必须迅速而准确地供应。

我们的供应商和经销商应该有机会获得合理的利润。

我们要对世界各地和我们一起共事的男女同仁负责。

每一位同仁都应视为独立的个体。

我们必须维护他们的尊严,赞赏他们的优点。

要使他们对工作有一种安全感。

薪酬必须公平合理,

工作环境必须清洁、整齐和安全。

我们必须设法帮助员工履行他们对家庭的责任。

必须让员工在提出建议和申诉时畅所欲言。

对于合格的人必须给予平等的聘用、发展和升迁的机会。

我们必须具备称职的管理人员,

他们的行为必须公正并符合道德。

我们要对我们所生活和工作的社会,对整个世界负责。

我们必须做好公民——支持对社会有益的活动和慈善事业,

缴纳我们应付的税款。

我们必须鼓励全民进步,促进健康和教育事业。

我们必须很好地维护我们所使用的财产,

保护环境和自然资源。

最后,我们要对全体股东负责。

企业经营必须获得可靠的利润。

我们必须尝试新的构想。

必须坚持研究工作,开发革新项目,

承担错误的代价并加以改正。

必须购置新设备,提供新设施,推出新产品。

必须设立储备金,以备不时之需。

如果我们依照这些原则进行经营,

股东们就会获得合理的回报。

资料来源:Johnson & Johnson, Our Credo. 检索于 2010 年 4 月 10 日, http://www.jnj.com/wps/wcm/connect/c7933f004f5563df9e22be1bb31559c7/our-credo.pdf?MOD=AJPERES。

如强生在其网站中所声明:"我们的信条不仅仅是一个道德指南。我们相信,它是公司成功的秘诀。"强生是仅有的几家能够在历经一个世纪的风雨变迁之后依旧繁荣兴旺的公司之一。这一事实,就是有力证明。[164]

如强生一样,许多公司已经发现,从事承担社会责任的活动是具有经济价值的。许多普通人、管理者和领袖们,将企业社会责任视作一项确实值得去做的事,也将其视为一个明智之举。

但一家公司如何判断其在企业社会责任方面的努力是否成功呢？这并不是一个容易回答的问题。因为企业社会责任既是一种立场，也是企业每一个管理者、雇员和领袖在日复一日的基础事务中做出的行为总和。让我们去看看如何来评估企业社会责任吧。

从董事会到高级主管团队，从经理层到每一个雇员，企业社会责任也许是在日复一日的工作中得以体现，也许不是。许多公司以十分严肃的态度对待企业社会责任。事实上，最近的一项研究表明，近一半需要直接向公司总裁或者董事会成员进行汇报的人，都有责任确保公司是对社会负责的。[165] 对于一个外部观察者而言，这也许能够说明，公司在以严谨的态度对待企业社会责任。

但我们如何能够真正知晓，公司是否在以一种有意义的方式承担企业社会责任呢？让我们来看看学者们如何对多种企业社会责任的实践途径进行分类吧。与这些途径明显相关的行为能够帮助我们评估企业在以怎样的方式应对企业社会责任。图 15.2 列举这 4 种途径的连续性。

图 15.2　组织机构至少能够通过以下四种不同的方式践行企业社会责任

阻碍式	防御式	适应式	积极主动式

15.8.1　阻碍式

在阻碍式下，公司对于企业社会责任仅仅给予少许关注，或者毫不关注。对于这些公司的管理者而言，社会责任远不及利润和经营重要。阻碍者们通过不道德的，有时甚至是违法的举措，掩盖他们对社会的不负责任的行为。

早期的一个阻碍式案例发生在 1892 年，安德鲁·卡耐基（Andrew Carnegie）的宅基地钢材厂。当时，3000 名工人为了更高的工资和更为安全的工作环境而罢工。公司不曾和工人协商并且努力达成一致共识，而是雇用了私人军队以阻止这些罢工者。这一场与工人和罢工者的对峙导致了 12 人死亡。即使是在 19 世纪后期，如此极端的处理方式也是不常见的。[166] 有趣的是，卡耐基在其随后的生命中，成为了践行某方面社会责任的杰出人物。

15.8.2　防御式

如果一家公司以防御式手段来应对企业社会责任，那么它仅仅会参与那些法律所要求的活动。它不会试图隐藏某些行为或者走向极端，但它仅会在最小的程度上遵从法律要求。直到法规出台才开始顺从于法律要求，提供卡路里指标、配料表或者每日营养摄取量占比的食品公司和餐厅就是采取防御式手段的案例。

15.8.3　适应式

在适应式下，组织机构对企业社会责任有更积极的看法。这种情况下，公司会做到法律要求的所有细节，也会做到超越于相关要求的，公司管理层认为对于道德观而言是重要的事情。例如，某一特殊行业的行业标准仅要求每 20 个管理行政岗位中有 1 个由女性担任。但采取适应式手段的公司也许会努力让女性获得其中 25% 的管理行政岗位。

15.8.4　积极主动式

顾名思义，积极主动式意味着公司采取积极的行动承担企业社会责任，并尝试让最高标准的行业标准得以实施。这些公司的目标,是成为行业中的领袖,以及社会责任实践中的典范。

Interface Global 是一家地毯与地砖制造商。它采用积极主动的方式来承担企业社会责任。1994 年,该公司的首席执行官雷•安德森(Ray Anderson)阅读了保罗•霍肯(Paul Hawken)所著的《商业生态学》(*The Ecology of Commerce*)。他顿然明白怎样才能使他的公司成为可持续的,他也必须这么做。他立刻着手实现"归零"这一任务。归零是公司的一项承诺:在 2020 年之前清除公司对环境的所有影响。在努力的过程中,安德森说:

> 成本下降了,而不上升。神话被打破了。放弃在经济与环境之间做出的错误选择之后,产品变得前所未有的好。因为可持续性的设计提供了意想不到的革新之源。人们紧密围绕在更高层次的目标周围,邀请更优秀的人才加盟。最好的人才留下并为了同一目标而工作。由于我们聚焦于可持续性,商誉得以在市场上积聚。这远胜于任何数量的广告和市场营销支出所能够做到的。[167]

关于企业社会责任以及其和企业战略间的关系的争论持续了数十年。许多人相信,商业就是商业,任何对环境、社会和经济可持续性的关注都会对公司商品与服务的供给能力造成实际损害,进而伤害到所有人。然而,当你在本章开始时所了解的三大变化被公布后——气候变化,对商业道德沦丧的日渐难容以及 2007 年开始的经济灾难——人们对于那些只在意自身商业行为的容忍度大大降低。用更积极的视角来看,越来越多的证据证明企业社会责任不但不会伤害商业贸易,还会有利于商业贸易。这是一种双赢:既有利于商业贸易又做了正确的事情。

最热门»讨论题

1. 你的学校对于实现企业社会责任是否具有明确立场? 立场是什么? 你是否认为这是一个正确的立场? 为什么?

2. 想想强生的信条:股东与商业实践是处于最末端的,位于产品使用者、雇员、社区和环境之后。请对这种优先秩序进行论证,赞成或者反对皆可。(例如:为什么这对商业而言是有利的? 这可能对商业产生怎样的阻碍?)

3. 在网上,查找使用阻碍式、防御式、适应式或者积极主动式手段应对企业社会责任的公司。给出支持你的观点的证据。

4. 在本章,曾提及安德鲁•卡内基是一个著名的慈善家,也曾提及他的公司以极端方式阻碍企业社会责任履行。我们该如何调和这两种形象? 你能不能找到其他的案例? 请对你的观点进行解释。

15.9   人力资源部门在可持续性与企业社会责任之中担当何种角色?

由于人力资源部门对工作定位极为重要,人力资源经理常在公司向可持续性商业行为转变的过程中扮演重要角色。他们的作用之一是了解并愿意使用相关技术,使员工的差旅以及上下班成本最小化。人力资源部门同样可以支持雇员为其所在社区提供服务,或者支持世界公民服务,以此帮助培养有利于社会可持续性的文化。

15.9.1 远程办公

减轻我们对石油的依赖并降低排放量的方法之一,就是为员工提供选择远程办公的机会和自由。作为总统候选人和总统,巴拉克·奥巴马努力推广远程办公模式。[168] 2008 年刊发的一项报告称,大约有 4 500 万美国人每周至少进行一次远距离办公。[169] 考虑到远程办公模式为雇主带来的财政优势和为雇员带来的个人优势,很容易理解为什么这种办公方式会广为流行。[170] 远程办公同样具备环境优势。事实上,许多州都为那些允许雇员通过远程方式办公的公司提供奖励,以使得这种环境友好型工作方式对雇主而言更具吸引力。[171]

远程办公最显著的环境效益在于其有效减少了道路上的车流量。并因此降低燃油消耗量和汽车尾气排放量。据估算,如果每一个员工每周都有两天的时间通过远程方式来办公,将减少多达 13.5 亿加仑的汽油消耗和 260 亿磅的二氧化碳排放。[172]

然而,节约能源并不仅限于有效控制汽车的油气消耗量。当更多的人通过远程模式办公,汽车、火车和公交车的生产需求也会减少。这意味着消耗在其生产过程中的能源会减少。同样地,写字楼所需要的热能、空调耗能和光电耗能也会减少。除了能源消耗外,远程办公同样意味着减少建筑物、停车场和交通道路的土地占用面积。这就等于说,全国将会有更多的绿地以及公园。[173]

当然,有一点也许存在争议。由于相对应的工作岗位减少,车辆产量和建筑物及办公室的建造量的降低是否会对经济造成负面影响。这也许是对的。然而,随着制造业工作岗位的减少,我们也许会同时看到其他和高新科技以及绿色经济相关的产业的工作岗位的增加。想想看,在家工作的人们会有更高的信息需求和通信技术需求,以及有助于他们在远离组织机构的条件下高效完成工作的产品和服务的需求。

远程办公的发展可能促使一种负面效应,也就是其为更多的外包业务敞开了大门。"永久的临时性工作"成为了现实。现在,越来越多的人在以个体承包而非长期雇用的方式工作。[174] 事实上,2010 年,在美国有近 26% 的工作人员符合个体承包这一工作分类。[175]

这么做的问题何在呢? 合约性工作者不会拥有典型的雇员福利,比如病假、带薪休假或者由雇主支付的健康保险。当其被解雇的时候,他们不用履行离职手续。他们也更容易被解雇,因为无论是公司还是雇员都不曾签订典型的雇员合约——劳动关系合约。本质上,此模式下,经济可持续性(至少是对短期而言的)会成为赢家。而雇员——就本质上而言是社会可持续性——会成为最大的输家。

当诸如此类的趋势浮现时,人力资源部门面对着巨大的挑战。这种挑战在于,发现一种新的革命性的方式以支持可持续性的三大层面——保障组织的经济生存能力,同时注重环境保护,并以公平、公正、合理的方式来对待雇员。

15.9.2 通过雇员服务项目支持企业社会责任

人力资源部门同样也在找寻一种方式,使公司能够通过提供社区需求的服务来支持社区发展。最广义而言,**服务**(service)是奉献自己,不求回报。许多公司赞助帮助员工为所在社区、利益相关者甚至是全球化社区提供服务的项目。例如,公司也许会通过赞助服务日计划来组织员工为其所在的当地社区提供服务。员工可以自愿加入此项目以帮助社区,这可以替代工作。一些公司让其雇员为社区团体提供专业服务。例如,公司的会计师也许可以帮助社区剧院完成财务记录,一个人力资源经理也许可以帮助旧货商店完成雇员招募,或者雇员们也许可以利用他们的专业知识来帮助当地非营利机构的董事会。

服务同样可以被组织起来用以帮助那些千里之外的个人和团体。这使雇员们能够担当世界公民的角色。**世界公民**(Global citizenship)涉及了解个人在世界中的位置和对国际社会的影响,参与支持全球环境、社会和经济可持续性的活动。eBay,这个网上拍卖行,就是一个推动世界公民概念发展的公司。eBay启动了三个不同的项目,帮助世界各地的人们。首先,微空间项目是一项帮助低薪酬工作者和投资者取得联系,以获取小额贷款的项目。投资者只需要提供20元以上的美金就可以投资一个刚刚起步的小型商业项目。其次,WorldofGood.com则是一个使消费者能够从那些从事公平贸易交易的制造商和其他负有社会责任的组织机构中购买商品的网站。购买者知道,通过此网站购买到的商品是有助于公平化雇佣行为的。其三,eBay允许卖家捐出其部分或者全部的销售收入给全世界范围内1.8万家符合资质的非营利组织中的任何一家。[176]

为了了解公司可以怎样回馈社区和全世界,我们来看看礼来制药(Eli Lilly)公司吧。总部位于印第安纳波利斯的礼来制药曾在2009年赢得了美国联合慈悲总会颁发的"美国精神奖"。礼来制药的贡献包括如下方面:

● 2008年,在其全球服务日活动期间,礼来制药雇员的志愿服务时间累计超过16万小时。超过55个国家的志愿者共同促使此项活动成为了由美国本土公司自主筹办的最大单日活动。
● 600余位礼来雇员曾应征为4到5年级的学生提供家庭辅导。
● 礼来制药捐助了近5 000小时的义工时间为非营利组织提供六西格玛技术培训。[177]

在一些公司的帮助下,雇员可以更为便捷地为社区服务。在克利夫兰区域内的一个名为Skoda Minotti的小型业务和会计咨询公司,甚至为雇员在当地组织中的志愿服务时间支付薪酬。近些年,这家公司的雇员累计投入了超过1 700小时的时间用于志愿服务。[178]另一个案例则是Allied Bank,是一家位于巴基斯坦的金融机构。它的雇员将其部分薪酬捐献给2005年10月当地地震的受害者,并为他们提供食物衣服以及药品。[179]

对接受此类服务的社区而言,其获益是显而易见的。从事此类服务活动的人们也有巨大收获,这虽不显而易见,但却意义重大。参加此类服务,可以学习到新的技能,学会如何同那些背景与自己不同的人共同完成跨文化工作,并获得绝对的满足感。服务是物有所值的。

最热门»讨论题

1. 你是否喜欢远程办公? 为什么?
2. 你是否曾经在你的学校或者工厂的赞助下,以义工的形式为你的社区提供服务? 在这些实践中,你的社区有什么收获? 你有什么收获?

15.10　我们如何支持可持续性与企业社会责任?

本章伊始,我们就了解到,当下的巨大的社会变革与技术变革,使我们认识到,本质上人们是具有内在关联的;我们每个人和组织机构的活动的影响力都远远超越于我们自身或者组织机构。对我们所有人而言，这意味着，我们必须认识到可持续性和企业社会责任的实质重要性。从全球气候变暖到商业道德危机，再到全球范围内的经济困境，我们正面临着严峻的问题，必须全力以赴地应对这些问题。我们所有人都有必要了解我们的组织是怎样影响社区和世界的。我们的组织，如果（事实上已经）正在危害环境、社会以及社区的长期经济生存能力，我们必须做好准备，作出改变。

我们都能够参与到解决当今世界所面对的各种挑战的过程中去。如今，你所能够做的正确之事，则是开始将自己视为环境的管理者，视为你所领导的人们的仆人以及你所接触社区的一分子。换言之，你需要开始将自己视为一个仆人式领导。

仆人式领导力（servant leadership）这一术语最早是由罗伯特·格林利夫（Robert Greenleaf）在1970年创造的，指一种领导力风格，领导者寻求为下属和利益相关者服务，而不是对其进行管辖。[180]格林利夫的仆人式领导力的理念源自于赫尔曼·黑塞（Herman Hesse）的小说《流浪者之歌》（*Siddhartha*）。该书激发其思考，他发现奴役和领导并不是对立不变的，而是在动态转换之中的。[181]依据格林利夫的描述，一个仆人式领导首先是一个仆人——一个将服务视为他或者她首要任务的人。仆人式领导会优先关注其他人最为迫切的需求。仆人式领导力是一种始于对他人幸福的关切意识，且在行动背后是诚挚且无私的动机——这总是激发我们所服务的人的高度忠诚、奉献与杰出贡献。[182]

许多时候，我们认为领导是让其他人来为自己做事情。然而，在这种模式下，为他人服务成为了首要任务。这是对追随者的授权：当所有需求都已实现，人们开始成长并更加成熟，而且自力更生。

格林利夫中心曾列举出十种表现仆人式领导力的方式：[183]

- 倾听；
- 同情心；
- 治愈；
- 关注；
- 劝导；
- 概念构建；
- 深谋远虑；
- 管理；
- 帮助他人成长；
- 社区建设。

你是一个仆人式领导者吗？你如何证明你的仆人式领导力呢？你如何发现团队中的其他人的需求，并会为之做些什么呢？你认为他人为什么会追随于你？这些问题对每一个领导者都是重要的，无论其岗位是什么。学会如何领导，意味着学会如何在家中，在我们的社区中，在我们的商业活动中服务。

最热门»讨论题

1. 设想一下在工作或者学校生活中，你有一个成为领导的机会（正式或者非正式的）。如果你决定成为一个真正的仆人式领导者，在这样的情况下，你可能会做哪三种不同的事情？

2. 想想你所钦佩的几个领导人。他们是否是服务于他人的呢？如果是，他们怎么做的？

15.11　结束语:可持续性与企业社会责任

　　环境、社会和经济可持续性都是十分复杂的话题,需要汇集全世界所有家庭、社区、国家和商业机构的热情与承诺。这一话题同样存在许多争议。这本章中,你已经知晓,为了促进合作,确保我们的行动是利于社区与商业的健康发展,我们的世界正在进行怎样的对话和讨论。毫无疑问,在你有生之年,这些对话都将持续。这也意味着,你拥有了极佳的机遇来将今天的商业组织塑造成有利于后代发展的模式。

本章总结和关键词

1. 为什么可持续性与企业社会责任在当今世界至关重要?

概述:人们彼此之间越来越强的关联性把可持续性和企业社会责任推到了商业活动中的最前线。这种关联性,是科技进步、经济相依性以及工业化进程持续的共同结果。人们所在经历的多数变革都是积极的。但不幸的是,它们也可能会给环境、社会和经济带来负面效应。故此,领导者们需要理解他们的组织机构对整个星球和全人类的影响,这至关重要。

关键词:无

2. 什么是可持续性?

概述:可持续性是当代人在满足现有需求的同时,不影响后代人满足其同类需求的一种能力。这并不是一个新概念。事实上,许多原始部落中的人们已经用了几千年的时间来践行可持续理念。今天部分部落依旧在持续着这种实践。然而,在当今世界,气候变化、商业道德沦丧以及全球经济危机将全世界的人置于险境。因此,遏制全球变暖以及不正当的商业行为,不再仅仅是企业和政府的责任,同样属于每一个有责任感的公民的责任。

关键词:

可持续性(sustainability):指既满足当代人的需求、又不损害后代人满足其需求的能力。

全球变暖(global warming):用于描述近年来地球低层大气(我们呼吸的空气)温度的持续上升,以及构成地球表面的陆地温度和水温的持续上升。

温室效应(greenhouse effect)是一个术语,用于描述空气、水和陆地温度是如何受到地球大气中某些气体的影响的。这些气体隔离红外辐射能,导致地球大气和表面温度上升。

3. 什么是可持续性的三大支柱?

概述:依据联合国的定义,可持续性的三大支柱是环境可持续性、社会可持续性和经济可持续性。这其中的每一项都会对商业组织、社区以及全世界的人们产生影响。1984 年发生的博帕尔毒气泄漏案就是这些不支持可持续的商业行为的一个灾难案例。该事件余波未尽,仍旧在影响着许多人。越来越多的公司在致力于可持续性问题,以规避此类灾祸重演。其中的一些公司表现突出,获得了诸如全球最具持续性的 100 家这类追踪性项目的认可。

关键词：

环境可持续性（environmental sustainability）：旨在保护环境资源和生物多样性，建立可持续获取安全饮用水途径，以及改善最贫困的生活品质。

社会可持续性（social sustainability）：指通过改善收入分配公平性；促进性别平等；保证平等的土地所有权、就业权和受教育权；投资基本保健与教育；登记社保受益者参保情况来改善最大多数人民的生活。

经济可持续性（economic sustainability）：指经济定期创造出符合长期经济发展的成果的能力。

4. 什么是环境可持续性？

概述：环境可持续性注重保护环境资源与生物多样性，创造可持续地获取安全饮用水的方式，并提升最贫困人口的生活质量。美国的生态保护运动是在环境可持续性问题上的最早实践，其成就包括创建了诸如国家公园管理处和环境保护署在内的多家政府机构。近期，多个国际组织也力图影响美国的能源耗用量，但这一举措遇阻。美国正在努力寻找一种将环境问题和诸如化石燃料耗用等其他问题一并解决的办法，因此问题变得更复杂。在诸多世界领导者参与到环境可持续性实践之后，成就斐然。譬如绿色能源技术得以发展，这将创造新的工作岗位，并为环境问题的解决提供新方法。

关键词：

《京都议定书》（Kyoto Protocol）：一项在 1997 年日本京都会议上拟定的国际协定，也称为联合国气候变化框架公约。目的是支持和实施减少温室气体排放。

绿色经济（green economy）：一种经济模式，其重点是关注诸如风力、生物燃料等可再生能源的开发和利用，代替传统的化石燃料，并且推动企业和社会走向环境可持续发展。

绿领工作（green-collar jobs）：指与提供环境友好型产品或服务相关的工作。

5. 什么是社会可持续性？

概述：社会可持续性是通过改善收入分配公平性；促进性别平等；保证平等的土地所有权、就业权和受教育权；投资基本保健与教育；登记社保受益者参保情况来改善最大多数人民的生活。

童工以及奴役劳动力的存在极大地阻碍了社会可持续性的发展。即使是在那些默许此类行为存在的国家里，这些人也需要被重点关注。由于我们的经济是在全球化环境中发展的，许多消费者并不知晓他们购买的产品实际是在童工与廉价劳动力盛行的国家内生产的。作为一种防止此类信息缺失的方式，可持续性的标志正在普及。如今，工作场所的安全性同样成为了社会可持续性的一个重要层面。这已然获得许多商业机构的重视。

关键词：无

6. 什么是经济可持续性？

概述：经济可持续性是指经济定期创造出符合长期经济发展的成果的能力。

商业社会中，这种长期发展是难以确定的。而短期利润才是传统意义上衡量成功的方法。但是越来越多的公司，无论大小，都已经认识到盈利能力和可持续性是紧密相连的。故而，各公司开始关注其利益相关者。接着，这些公司对当地社区以及全球范围内的环境、健康以及幸福感产生了积极影响。

关键词：无

7. 什么是企业社会责任？

概述：企业社会责任是企业自我调节的一种形式，此形式下可持续性和公众利益会被纳入企业的决策活动。企业社会责任的历史源远流长,其根源在于慈善。最重要的是,企业社会责任是企业确保经营底线的明智选择,也是为利益相关者提供服务的正确选择。这就是诸如强生等公司已经发现践行企业社会责任对财务绩效具有积极影响的原因。

关键词:

企业社会责任(corporate social responsibility, CSR):企业自我管理的一种形式,它将可持续性和公共利益纳入业务决策制定和行为中。

慈善(philanthropy):指为了支持人类幸福事业而提供金钱、时间、服务或产品。

8. 公司怎样履行企业社会责任?

概述:在当今世界,公众能够获知信息,公司也具有强烈动机去承担社会责任。企业社会责任帮助公司在消费者、雇员、政府机构和社区之中创建商誉。企业社会责任的四种履行途径已经被确认:阻碍式,完全忽视企业社会责任;防御式,最小程度上履行企业社会责任;适应式,对企业社会责任的履行高于平均水平;还有积极主动式,尝试创建企业社会责任的行业标准。

关键词:无

9. 人力资源部门在可持续性与企业社会责任之中担当何种角色?

概述:人力资源部门能够有效影响企业的企业社会责任履行。例如,将远程通信纳入工作设计之中,这会使环境更加清洁,帮助提高经济收益。但是,也可能破坏社会可持续性,因为越来越多的人成为了合约工作者而不能享受传统的雇员福利。此外,人力资源部门能够找到一种途径将服务纳入企业的社会责任实践活动中去。创建一些允许雇员为当地社区和全球化社区服务的项目对项目中的每一个个体都是有益的。

关键词:

服务(service):是奉献自己,不求回报。

世界公民(global citizenship)涉及了解个人在世界中的位置和对国际社会的影响,参与支持全球环境、社会和经济可持续性的活动。

10. 我们如何支持可持续性与企业社会责任?

概述:支持可持续性、企业社会责任并为之服务的第一步,是理解你所在的行为会对当代人和后代人产生怎样的影响。为了解决问题,你现在所能够做的事情之一就是将自己视为一个仆人式领导。这种领导力的实践途径要求你自己为跟随者和利益相关者服务,并且真挚地关心他们每一个人的幸福。仆人式领导的理念围绕着无私奉献,激发追随者的忠诚而展开,而且非常有意义。

关键词:

仆人式领导(servant leadership):指一种领导力风格,领导者寻求为下属和利益相关者服务,而不是对其进行管辖。

11. 结束语:可持续性与企业社会责任

概述:我们正处于全球大变革的时代,要通过自己的双手在日复一日的实践中促使社区、生活和工作变得更好。全球人口正在膨胀,运用自己的知识与技能来帮助我们和我们的星球在人口爆炸中得以延续是十分重要的。许多陈旧的处事理念已经落伍,造成资源浪费,甚至是具有危害的。我们必须迫使自己做出改变。当全球所有社区团结一致,共同努力,以一种负责任的方式来利用我们的集体知识、资源和能力时,我们一定能够找到应对挑战的方法。

关键词:无

注释

第 1 章

1. Goleman, Daniel, Richard Boyatzis, and Annie McKee. 2002. *Primal leadership*. Boston: Harvard Business School Press; McKee, Annie, and Richard Boyatzis. 2005. *Resonant leadership*. Boston: Harvard Business School Press.

2. McKee, Annie, Richard Boyatzis, and Frances Johnston. 2008. *Becoming a resonant leader*. Boston: Harvard Business School Press.

3. *Oxford English Dictionary*. Retrieved August 20, 2009, from http://dictionary.oed.com.

4. Mintzberg, Henry. 1975. *The nature of managerial work*. New York: Harper and Row.

5. Ibid.

6. Hollander, Edwin P. 1992. Leadership, followership, self, and others. *Leadership Quarterly* 3(1):43—54.

7. Kellerman, Barbara. 2008. *Followership: How followers are creating change and changing leaders*. Boston: Harvard Business School Press.

8. Kellerman, Barbara. 2007. What every leader needs to know about followers. *Harvard Business Review* 85 (12):84—91.

9. Kellerman, Barbara. 2007. What every leader needs to know about followers. *Harvard Business Review* 85 (12):84—91; Hollander, Leadership, followership, self, and others.

10. Kellerman. What every leader needs to know about followers.

11. Bennis, Warren. 2007. The challenges of leadership in the modern world: Introduction to the special issue. *American Psychologist* 62(1):2—5.

12. Pina e Cunha, Miguel, and Arménio Rego. 2010. Complexity, simplicity, simplexity. *European Management Journal* 28(2):85—94.

13. Useem, Michael. 2003. *Leading up: How to lead your boss so you both win*. New York: Three Rivers Press.

14. Hooley, Tristram. 2009. *Followership*. Adventures in Career Development(July 19). Retrieved March 10, 2010, from http://adventuresincareerdevelopment. posterous.com/followership.

15. FitzGerald, Niall. 2009, May 20. Corporate responsibility in the 21st century. Tyburn Lecture, Tyburn Convent, London, England.

第 2 章

1. Boyatzis, Richard E. 2008. Competencies in the 21st century(Guest Editorial). *Journal of Management Development* 27(1):5—12; Spencer, Lyle M., and Signe M.Spencer. 1993. *Competence at work: Models for superior performance*. New York: John Wiley and Sons; Boyatzis, Richard E. 1982. *The competent manager: A model for effective performance*. Hoboken, NJ: Wiley-Interscience.

2. McClelland, David C. 1973. Testing for competence rather than for "intelligence." *American Psychologist* 28:1—14.

3. Thorndike, R.L., and E.Hagen. 1959. *10,000 careers*. New York: Wiley.

4. Boyatzis, Competencies in the 21st century.

5. Ibid.

6. Ibid.

7. Boyatzis, *The competent manager*.

8. Ibid.

9. Ibid.

10. Goleman, D. 1995. *Emotional intelligence*. New York: Bantam Books; Goleman, D. 2006. *Social intelligence*. New York: Bantam Books.

11. Boyatzis, R., and A.McKee. 2005. *Resonant leadership: Sustaining yourself and connecting with others through mindfulness, hope, and compassion*. Boston: Harvard Business School Press.

12. Gardner, H. 1983. *Frames of mind: The theory of multiple intelligences*. New York: Basic Books; Bar-On, R. 1997. *Bar-On Emotional Quotient Inventory: Technical manual*. Toronto: Multi-Health Systems; Goleman, *Emotional intelligence*; Bar-On, R. 1992. *The development of a concept and test of psychological well-being*. Unpublished manuscript. Tel Aviv: Reuven Bar-On.

13. Goleman et al., *Primal leadership*; McKee, A., R.E. Boyatzis, and F.Johnston. 2008. *Becoming a resonant leader: Develop your emotional intelligence, renew your relationships, sustain your effectiveness*. Boston: Harvard Business School Press; Goleman, D. 1998. *Working with emotional intelligence*. New York: Bantam Books.

14. Goleman et al., *Primal leadership*; Boyatzis and McKee, *Resonant leadership*.

15. Goleman, *Social intelligence*.

16. Goleman et al., *Primal leadership*; Boyatzis and McKee, *Resonant leadership*; McKee et al., *Becoming a resonant leader*; Lewis, Thomas, Fari Amini, and Richard Lannon. 2000. *A general theory of love*. New York: Random House.

17. McKee et al., *Becoming a resonant leader* p. 31.

18. Butcher, David, and Martin Clarke. 2008. *Smart

management: *Using politics in organisations*. Basingstoke, UK: Palgrave.

19. Runde, Craig E., and Tim A. Flanagan. 2007. *Becoming a competent leader: How you and your organization can manage conflict effectively*. San Francisco, CA: John Wiley & Sons.

20. Goleman et al., *Primal leadership*.

21. The Beyster Institute. 2009. Southwest Airlines President Emeritus Colleen Barrett on the power of an ownership culture. *The Beyster Institute Newsletter* (May). Accessed November 18, 2009, from http://rady.ucsd.edu/beyster/newsletter/Southwest.html; Boyatzis and McKee, *Resonant leadership*.

22. Bowne, D.E., and E.E.Lawler. 1992. Empowerment of service workers: What, why, how and when. *Sloan Management Review* 33(3):31—39; Pastor, J. 1996. Empowerment: What it is and what it is not. *Empowerment in Organizations* 4(2):5—7.

23. Spreitzer, G.M. 2007. Giving peace a chance: Organizational leadership, empowerment, and peace. *Journal of Organizational Behavior* 28:1077—95.

24. Bakker, A.B. 2005. Flow among music teachers and their students: The crossover of peak experiences. *Journal of Vocational Behavior* 66:26—44; Reeve, J., H. Jang, D. Carrell, S. Jeon, and J. Barch. 2004. Enhancing students' engagement by increasing teachers' autonomy support. *Motivation and Emotion* 28:147—69; Ouchi, W.G. 1981. *Theory Z: How American business can meet the Japanese challenge*. Reading, MA: Addison-Wesley.

25. Spreitzer, G.M. 1995. Psychological empowerment in the workplace: dimensions, measurement, and validation. *Academy of Management Journal* 38:1442—65.

26. Lucas, Victoria, Heather K.Spence Laschinger, and Carol Wong. 2008. The impact of emotional intelligent leadership on staff nurse empowerment: The moderating effect of span of control. *Journal of Nursing Management* 16:964—73; Erstad, M. 1997. Empowerment and organizational change. *International Journal of Contemporary Hospitality* 9(7):325—33.

27. Ouchi, William. G. 1981. *Theory Z: How American business can meet the Japanese challenge*. Reading, MA: Addison-Wesley.

28. Ibid.

29. Pellegrini, E.K., and T.A.Scandura. 2008. Paternalistic leadership: A review and agenda for future research. *Journal of Management* 34(3):566—93.

30. Forrester, R. 1993. Empowerment, *Academy of Management Executive* 14:67—90.

31. Levine, David I. and Laura D'Andrea Tyson, "Participation, Productivity, and the Firm's Environment," in Alan Blinder, ed. *Paying for Productivity* (Brookings Institution, 1990) pp.203—204.

32. Beck, Sanderson. 2004. Greece & Rome to 30 BC. Retrieved August 7, 2009, from http://www.san.beck.org/EC22-Aristotle.html.

33. Wills, Garry. 2001. *Saint Augustine's childhood*. New York: Penguin Putnam.

34. Princeton Wordnet. Ethical Code. Retrieved August 29, 2010, from http://wordnetweb.princeton.edu/perl/webwn?s=ethical+code&o2=&o0=1&o7=&o5=&o1=1&o6=&o4=&o3=&h=.

35. Ferguson, W.C. 1997. Ethical foundations. *Executive Excellence* 14(6):15—16(p. 16).

36. Rokeach, Milton. 1973. *The nature of human values*. New York: Free Press. http://faculty.weber.edu/molpin/healthclasses/1110/bookchapters/valueschapter.htm.

37. Epstein, Edwin M. 1989. Business ethics, corporate good citizenship and the corporate social policy process: A view from the United States. *Journal of Business Ethics* 8(8):583—95.

38. AICPA code of professional conduct: Preamble. Retrieved February 26, 2010, from http://www.aicpa.org/About/code/et_50.html.

39. Bauman, Zygmunt. 1998. *Globalization: The human consequences*. New York: Columbia University Press.

40. Ess, Charles. 2006. Ethical pluralism and global information ethics. *Ethics and Information Technology* 8(4):215—26.

41. Bauman, Zygmunt. 1993. *Postmodern ethics*. Blackwell, Oxford.

42. Sarbanes-Oxley Act. Retrieved July 9, 2009, from http://en.wikipedia.org/wiki/Sarbanes-Oxley_Act.

43. U.S. Department of State. International Anticorruption and Good Governance Act. Retrieved February 26, 2010, from http://www.state.gov/p/inl/rls/rpt/c6696.htm.

44. Clegg, Stewart, Martin Kornberger, and Carl Rhodes. 2007. Business ethics as practice. *British Journal of Management* 18(2):107—22.

45. President and Fellows of the Harvard College. 2009. Great American business leaders of the twentieth century. Retrieved September 12, 2009, from http://www.hbs.edu/leadership/database/leaders/katharine_m_graham.html.

46. The Pulitzer Prizes. 1998. Katharine Graham—biography. Retrieved September 13, 2009, from http://www.pulitzer.org/biography/1998-Biography-or-Autobiography.

47. NPR News. 2001, July 17. Katharine Graham: A life

remembered. Retrieved September 12, 2009, from http://www.npr.org.

48. Dweck, Carol. 2006. *Mindset: The new psychology of success*. New York: Random House.

49. The Washington Post Company. 2001, July 18. Katharine Graham: 1917—2001. Retrieved September 12, 2009, from http://www. washingtonpost. com/wp-dyn/content/article/2006/03/20/AR2006032000789. html.

50. Barsh, Joanna, Susie Cranston, and Rebecca A. Craske. 2008(September). Centered leadership: How talented women thrive. Retrieved September 12, 2009, from http://www. mckinseyquarterly. com/Centered_ leadership _ How _ talented _ women _ thrive _ 2193.

51. Ibid.

52. Fisher, Marc. 2001, July 28. Katharine Graham never lost sight of her city. Retrieved September 12, 2009, from http://www. washingtonpost. com/wp-dyn/content/article/2006/03/16/AR2006031601396.html.

53. Ibid.

54. Brin, S., and L. Page. Google code of conduct. Retrieved July 5, 2009, from http://investor. google. com/conduct.html.

55. Madoff investment scandal. Retrieved August 13, 2009, from http:// www. wikipedia. com; Appelbaum, Binyamin, David S. Hilzenrath, and Amit R.Paley. 2008, December 13. All just one big lie. *Washington Post*. Retrieved September 10, 2009, from http://www.washingtonpost.com/ wp-dyn/content/article/2008/12/12/AR2008121203970. html? hpid =topnews.

56. Biggs, Barton. 2009, January 13. The Affinity Ponzi scheme. *Newsweek*. Retrieved August 13, 2009, from http://www.newsweek.com/id/177679.

57. Madoff trading statement, November 2008. Retrieved February 26, 2010, from http://www. scribd. com/doc/8976754/Madoff-Trading-Statement-November-2008.

58. Arvedlund, Erin E. 2001, May 7. Don't ask, don't tell. *Barron's*. Retrieved February 26, 2010, from http:// online. barrons. com/article/SB98901966782-9349012.html.

59. Appelbaum et al. All just one big lie.

60. McClean, Elkind, and Alex Gibney. 2005. *Enron: The smartest guys in the room*. Directed by Alex Gibney. Distributed by Columbia Pictures.

61. Halbesleben, Jonathon R. B., Anthony R. Wheeler, and M.Ronald Buckley. 2005. Everybody else is doing it, so why can't we? Pluralistic ignorance and business ethics education. *Journal of Business Ethics* 56(4): 385—98.

62. Hardin, Garrett. 1968. The tragedy of the commons. *Science* 162(3859):1243—48.

63. Kohs, S.C., and K.W.Irle. 1920. Prophesying army promotion. *Journal of Applied Psychology* 4(1): 73—87; Tead, Ordway. 1929. *Human nature and management*. New York: McGraw-Hill; Page, David P. 1935. Measurement and prediction of leadership. *American Journal of Sociology* 41(1):31—43; Bellingrath, George C. 1930. *Qualities associated with leadership in the extra-curricular activities of the high school*. New York: Teacher's College Contributions to Education; Gowin, E.B. 1927. *The executive and his control of men*. New York: Macmillan Company.

64. Jenkins, W.O. 1947. A review of leadership studies with particular reference to military problems. *Psychological Bulletin* 44:54—79.

65. Bass, Bernard M. 1990. *Bass & Stogdill's handbook of leadership: Theory, research and managerial applications*. New York: The Free Press.

66. Contributors to Exhibit 2.10, (individual contributions undifferentiated): Bass, Bernard M. 1990. *Bass & Stogdill's handbook of leadership: Theory, research and managerial applications*. New York: The Free Press; Kirkpatrick, Shelley A., and Edwin A.Locke. 1991. Leadership: Do traits matter? *Academy of Management Executive* 5(2):48—60; Mishra, Aneil K. 1996. Organizational responses to crises: The centrality of trust. In *Trust in organizations*, ed. Roderick M. Kramer and Thomas Tyler, 261—87. Newbury Park, CA: Sage; Bryman, A. 1993. *Charisma and leadership in organizations*. London: Sage; George, Jennifer M. 2000. Emotions and leadership: The role of emotional intelligence. *Human Relations* 53(8):1027—55; Judge, Timothy A., and Joyce E.Bono. 2000. Five-factor model of personality and transformational leadership. *Journal of Applied Psychology* 85(5):751—65; Mumford, Michael D., Stephen J.Zaccaro, Francis D. Harding, T. Owen Jacobs, and Edwin A. Fleishman. 2000. Leadership skills for a changing world: Solving complex social problems. *Leadership Quarterly* 11(1):11—35; Conger, Jay A., and Rabindra N. Kanungo. 1987. Towards a behavioral theory of charismatic leadership in an organizational setting. *Academy of Management Review* 12: 637—47; Conger, Jay A., and Rabindra N.Kanungo. 1994. Charismatic leadership in organizations: Perceived behavioral attributes and their measurement. *Journal of Organizational Behavior* 15 (5):439—52; Hartog, Deanne N., Robert J.House,

Paul J.Hanges, and S.Antonio Ruiz-Quintanilla. 1999. Culture specific and cross-culturally generalizable implicit leadership theories: Are attributes of charismatic/transformational leadership universally endorsed? *Leadership Quarterly* 10（2）:219—56; Covey, S.R. 1996. Three roles of the leader in the new paradigm, in *The leader of the future: New visions, strategies, and practices for the next era*, ed. F. Hesselbein, M. Goldsmith, and R. Beckhard, 149—59. New York: Jossey Bass; Covey, S.R. 1990. *Principle-centered leadership*. New York: Simon and Schuster; Russell, Robert F., and A.Gregory Stone. 2002. A review of servant leadership attributes: Developing a practical model. *Leadership & Organization Development Journal* 23(3/4):145—57; Zaccaro, S.J., C.Kemp, and P.Bader. 2004. Leader traits and attributes. In *The nature of leadership*, ed. J.Antonakis, A.T.Cianciolo, and R.J.Sternberg, 101—24. Thousand Oaks, CA: Sage; Zaleznik, Abraham. 1992. Managers and leaders: Are they different? *Harvard Business Review*(March—April): 126—35; Goleman et al. *Primal leadership*.

67. Fleishman, E.A. 1957. A leader behavior description for industry, in *Leader behavior: Its description and measurement*, ed. R.M.Stogdill and A.E.Coons. Columbus, OH: Bureau of Business Research; Fleishman, E.A., E.F.Harris, and H.E.Burtt. 1955. *Leadership and supervision in industry*. Columbus, OH: Bureau of Educational Research, Ohio State University; Fleishman, E.A., and D.A.Peters. 1962. Interpersonal values, leadership attitudes, and managerial success. *Personnel Psychology* 15:127—43. See also Fiedler, F.E. 1958. *Leader attitudes and group effectiveness*. Urbana, IL: University of Illinois Press.

68. Fleishman, E. 1973. Twenty years of consideration and structure, in *Current developments in the study of leadership: A centennial event*, ed. E.A.Fleishman and J. Hunt, 1—40. Carbondale, IL: Southern Illinois University Press.

69. Likert, R. 1979. From production-and employee-centeredness to systems 1—4. *Journal of Management* 5:628—41.

70. Blake, R., and J. Mouton. 1964. *The managerial grid: The key to leadership excellence*. Houston: Gulf Publishing Co; Blake, R., J.Mouton, L.Barnes, and L. Greiner. 1964. Breakthroughs in organization development. *Harvard Business Review* 42(6):133—55; Blake, R., and J.Mouton. 1981. Management by grid® principles or situationalism: Which? *Group and Organization Studies* 6(4):439—55; Blake, R., and J.Mouten. 1985. *The managerial grid III*. Houston:

Gulf Publishing Co.

71. Blake, R., and J.Mouton. 1978. *The new managerial grid*. Houston, TX: Gulf Publishing Co; Blake, R. R., and J. S. McCanse. 1991. *The managerial grid illuminated: Leadership dilemmas grid solutions*. Houston, TX: Gulf Publishing Co.; Blake, R., and J. Mouton. 1994. *The managerial grid*. Houston, TX: Gulf Publishing Co; McKee, R.K., and B.Carlson. 1999. *The power to change*. Austin, TX: Grid International, Inc.

72. Blake and Mouton, *The managerial grid*.

73. Fiedler, F.E. 1967. *A theory of leadership effectiveness*. New York: McGraw-Hill.

74. Fiedler, F. 1965. Engineer the job to fit the manager. *Harvard Business Review* 43(5):115—22; Fiedler, F., and M.M.Chemers. 1984. *Improving leadership effectiveness: The leader match concept* (rev. ed.). New York: Wiley.

75. Hersey, P., and K.Blanchard. 1982. *Management of organizational behavior*. Englewood Cliffs, NJ: Prentice Hall.

76. House, R.J. 1971. A path-goal theory of leader effectiveness. *Administrative Science Quarterly* 16:321—38; Wofford, J.C., and L.Z. Liska. 1993. Path-goal theories of leadership: A meta-analysis. *Journal of Management* 19:857—76.

77. Keller, R. 1989. Test of path-goal theory of leadership with need for clarity as moderator in research and development organizations. *Journal of Applied Psychology* 74:208—12.

78. Kerr, S., and J.M.Jermier. 1978. Substitutes for leadership: Their meaning and measurement. *Organizational Behavior and Human Performance* 22:375—403.

79. Burns, James M. 1978. *Leadership*. New York: HarperCollins.

80. Knowledge@Wharton. 2005. Tyco's Edward Breen: When leadership means firing top management and the entire board. Retrieved October 15, 2009, from http://www.wharton.universia.net/index.cfm?fa=viewArticle&id=1094&language=english.

81. Ibid.

82. Bloomgarden, Kathy. 2007. *Trust: The secret weapon of effective business leaders*. New York: St. Martin's Press; Useem, Michael. 2006. How well-run boards make decisions. *Harvard Business Review* 84（6）:130—38.

83. Knowledge@Wharton. *Tyco's Edward Breen*.

84. Conger, J.A., and R.N.Kanungo, eds. 2008. *Charismatic leadership in organizations*. Thousand Oaks, CA: Sage Publications.

85. McKee, Annie, and Frances Johnston. *The four HR leadership roles* (Elkins Park, PA: Teleos Leadership Institute, 2010) slides.

86. Ibid.

87. Laycayo, Ricardo and Ripley, Amanda. 2002. Persons of the year 2002: Cynthia Cooper, Colleen Rowley and Sherron Watkins. *Time* (December 22, 2002). Accessed September 8, 2009, from http://www.time.com/time/subscriber/personoftheyear/2002/poyintro.html.

88. Lloyd-LaFollette Act. Retrieved September 8, 2009, from http://en.wikipedia.org/wiki/Lloyd-La_Follette_Act.

89. U.S. Securities and Exchange Commission. Whistleblower Protection Act information. Retrieved September 8, 2009, from http://www.sec.gov/eeoinfo/whistleblowers.htm.

90. *Garcetti v. Ceballos*. Retrieved September 8, 2009, from http://en.wikipedia.org/wiki/Garcetti_v._Ceballos.

91. OpenCongress. H.R. 985—Whistleblower Protection Enhancement Act of 2007. Retrieved September 8, 2009, from http://www.opencongress.org/bill/110-h985/show.

92. George, B., P. Sims, A.N. McLean, and D. Mayer. 2007. Discovering your authentic leadership. *Harvard Business Review* 85(2):129—38.

93. Avolio, Bruce J., and William L. Gardner. 2005. Authentic leadership development: Getting to the root of positive forms of leadership. *Leadership Quarterly* 16(3):315—38.

94. Kernis, Michael H. 2003. Toward a conceptualization of optimal selfesteem. *Psychological Inquiry* 14(1): 1—26.

95. Gillespie, Nicole A., and Leon Mann. 2004. Transformational leadership and shared values: The building blocks of trust. *Journal of Managerial Psychology* 19(6):588—607; Hosmer, Larue Tone. 1995. The connecting link between organizational theory and philosophical ethics. *Academy of Management Review* 20(2):379—403.

96. Gillespie and Mann, Transformational leadership and shared values.

97. Molière, J.B. 1664. *Tartuffe*, Act 5, scene 1.

98. Brown, Michael E., and Linda K. Treviño. 2005. Ethical leadership: A social learning perspective for construct development and testing. *Organizational Behavior and Human Decision Processes* 97:117—34.

99. Den Hartog, D.N., R.J. House, P.J. Hanges, S.A. Ruiz-Quintanilla, P.W. Dorfman, et al. 1999. Culturally specific and cross-culturally generalizable implicit leadership theories: Are attributes of charismatic/transformational leadership universally endorsed? *Leadership Quarterly* 10:219—56.

100. Waddock, Sandra. 2007. Leadership integrity in a fractured knowledge world. *Academy of Management Learning & Education* 6(4):543—57.

101. Palanski, Michael E., and Francis J. Yammarino. 2009. Integrity and leadership: A multi-level conceptual framework. *Leadership Quarterly* 20(3): 405—20.

102. Redmoon, Ambrose H. 1991. No peaceful warriors! *Gnosis: A Journal of the Western Inner Traditions* 21(Fall):40—45.

103. Hightower, Jim, and Susan DeMarco. 2008. *Swim against the current: Even a dead fish can go with the flow*. Hoboken, NJ: John Wiley & Sons.

104. Kouzes, J., and B. Posner. 2003. *The leadership challenge*. New York: Jossey-Bass.

105. Ibid.

第3章

1. Latham, Gary P., and Craig C. Pinder. 2005. Work motivation theory and research at the dawn of the twenty-first century. *Annual Review of Psychology* 56:485—516.

2. Frankl, Victor. 1963. *Man's search for meaning*. New York: Pocket Books.

3. Ryan, J.J. 1977. Humanistic work: Its philosophical and cultural implications. In *A matter of dignity: Inquiries into the humanization of work*, ed. W.J. Heisler and J.W. Houck, 11—22. Notre Dame, IN: University of Notre Dame Press.

4. Csikszentmihalyi, Mihaly. 1975. *Beyond boredom and anxiety: Experiencing flow in work and play*. San Francisco: Jossey-Bass; Csikszentmihalyi, Mihaly. 1990. *Flow: The psychology of optimal experience*. New York: HarperCollins; Keller, J., and H. Bless. 2008. Flow and regulatory compatibility: An experimental approach to the flow model of intrinsic motivation. *Personality and Social Psychology Bulletin* 34:196—209.

5. Adapted from Nakamura, Jeanne, and Mihaly Csikszentmihalyi. 2002. The concept of flow. In *Handbook of positive psychology*, ed. R. Snyder and Shane Lopez. Oxford: Oxford University Press.

6. Boyatzis, Richard, and Annie McKee. 2005. *Resonant leadership: Renewing yourself and connecting with others through mindfulness, hope and compassion*. Boston: Harvard Business School Press; Snyder, C.R., K.L. Rand, and D.R. Signon. 2002. Hope theory: A member of the positive psychology family. In *Handbook of positive psychology*, ed. C.R. Snyder and S.J. Lopez, 257—76. New York: Oxford University Press.

7. Boyatzis and McKee, *Resonant leadership*; Snyder, C.R., C.Harris, J.R.Anderson, S.A.Holleran, L.M. Irving, S.T.Sigmon, L.Yoshinobu, J.Gibb, C.Lange-lle, and P.Harney. 1991. The will and the ways. *Journal of Personality and Social Psychology* 60: 570—85.

8. Boyatzis and McKee, *Resonant leadership*.

9. Goleman, Daniel, Richard Boyatzis, and Annie McKee. 2002. *Primal leadership: Realizing the power of emotional intelligence*. Boston: Harvard Business School Press.

10. Csikszentmihalyi. *Beyond boredom and anxiety*.

11. Ryan, Richard M., and Edward L.Deci. 2000. Self-determination theory and the facilitation of intrinsic motivation, social development, and well-being. *American Psychologist* (January): 68—78; Deci, E., and R.Ryan. 2008. Facilitating optimal motivation and psychological well-being across life's domains. *Canadian Psychology* 49: 14—23; Deci, Edward L., and Richard M.Ryan, eds. 2002. *Handbook of self-determination research*. Rochester, NY: University of Rochester Press; Deci, Edward L., and Richard M. Ryan. 1985. *Intrinsic motivation and self-determination in human behavior*. New York: Plenum Press; Mruk, Christopher J. 2006. *Self-esteem research, theory, and practice*. New York: Springer Publishing Company.

12. Deci, Edward L., and Richard M.Ryan. 2008. Self-determination theory: A macrotheory of human motivation, development, and health. *Canadian Psychology* 49(3): 183; Guay, Frédéric, Catherine F. Ratelle, and Julien Chanal. 2008. Optimal learning in optimal contexts: The role of self-determination in education. *Canadian Psychology* 49(3): 233—40; Joussemet, Mireille, Renée Landry, and Richad Koestner. 2008. A selfdetermination theory perspective on parenting. *Canadian Psychology* 49(3): 194—200; Baard, Paul P., Edward L.Deci, and Richard M.Ryan. 2004. Intrinsic need satisfaction: A motivational basis of performance and well-being in two work settings. *Journal of Applied Social Psychology* 34 (10): 2045—68.

13. Deci and Ryan, *Intrinsic motivation*.

14. Gagné, Marylène, and Edward L.Deci. 2005. Self-determination theory and work motivation. *Journal of Organizational Behavior* 26: 331—62.

15. Deci, Edward L. 1972. Intrinsic motivation, extrinsic reinforcement, and inequity. *Journal of Personality and Social Psychology* 22(1): 113—20.

16. Google Inc. 2009. The Google culture. Retrieved September 12, 2009, from http://www.google.com/cor-porate/culture.html.

17. Ibid; Kumar, Reshma. August 24, 2008. Google's free food being cut. *Silicon Valley WebGuild*. Retrieved September 23, 2009, from http://www.web-guild.org/2008/08/googles-free-food-being-cut.php.

18. The most desirable employers. 2009. *BusinessWeek*. Retrieved September 12, 2009, from http://bwnt.businessweek.com/interactive_reports/most-desirable-employers/index.asp.

19. Battelle, John. December 1 2005. The 70 percent solution. CNNMoney.com. Retrieved September 12, 2009, from http://money.cnn.com/magazines/business2/business2_archive/2005/12/01/8364616/index.htm; Princeton University. December 22, 2008. Princeton University learning process. *Learning & Development*. Retrieved September 12, 2009, from http://www.princeton.edu/hr/l&d/l&d_learning_process.htm; Casnocha, B. April 24, 2009. Success on the side. Retrieved September 12, 2009, from http://www.american.com/archive/2009/april-2009/Success-on-the-Side.

20. Help wanted: Google. January 22, 2008. CNNMoney.com. Retrieved March 16, 2010, from http://money.cnn.com/galleries/2008/fortune/0801/gallery.BestCo_Google_help.fortune/7.html.

21. Battelle, John. The 70 percent solution.

22. Ibid.

23. Rotter, J.B. 1954. *Social learning and clinical psychology*. New York: Prentice Hall; Rotter, Julian B. 1966. Generalized expectancies for internal versus external control reinforcement. *Psychological Monographs: General and Applied*. Vol 80(1): 1—28.

24. Thurstone, L.L. 1934. The vectors of the mind. *Psychological Review* 41: 1—32; Goldberg, L.R. 1981. Language and individual differences: The search for universals in personality lexicons, *Review of personality and social psychology*, Vol. 2, ed. L.Wheeler, 141—165. Beverly Hills, CA: Sage.

25. Allport, G.W., and H.S.Odbert. 1936. Trait names: A psycholexical study. *Psychological Monographs* 47: 211.

26. Goulden, R., P.Nation, and J.Read. 1990. How large can a receptive vocabulary be? *Applied Linguistics* 11 (4): 341—63.

27. Cattell, R.B. 1946. *The description and measurement of personality*. New York: World Book.

28. Thurstone, The vectors of the mind; Cattell, *The description and measurement of personality*; Norman, W.T. 1963. Toward an adequate taxonomy of personality attributes: Replicated factor structure in peer nomination personality ratings. *Journal of Abnormal*

and Social Psychology 66:574—83; Goldberg, Language and individual differences; McCrae, R. R., and P. T. Costa. 1987. Validation of the five-factor model of personality across instruments and observers. *Journal of Personality and Social Psychology* 52 (1):81—90.

29. Bono, J. E., and T. A. Judge. 2004. Personality and transformational and transactional leadership: A meta-analysis. *Journal of Applied Psychology* 89 (5):901—10.

30. Barrick, M. R., G. L. Stewart, and M. Piotrowski. 2002. Personality and job performance: Test of the mediating effects of motivation among sales representatives. *Journal of Applied Psychology* 87 (1): 43—51.

31. Maslow, Abraham. 1968. *Toward a psychology of being*. New York: D. Van Nostrand Co.

32. Alderfer, Clayton P. 1972. *Existence, relatedness, and growth: Human needs in organizational settings*. New York: Free Press.

33. Herzberg, Frederick. 1959. *The motivation to work*. New York: Wiley.

34. Wall, Toby D., and Geoffrey M. Stephenson. 1970. Herzberg's two-factor theory of job attitudes: A critical evaluation and some fresh evidence. *Industrial Relations Journal* 1(3):41—65.

35. Herzberg, F., B. Mausner, and B. B. Snyderman. 1959. *The motivation to work*. New York: Wiley; Parker, Sharon K., and Toby D. Wall. 1998. Work design: Learning from the past and mapping a new terrain. In *Handbook of industrial, work, and organizational psychology*, Vol. 1, ed. Neil Anderson, Deniz S. Ones, Handan K. Sinangil, and Chockalingam Viswesvaran, 90—109. Thousand Oaks, CA: Sage Publications.

36. McClelland, David C. 1985. *Human motivation*. Glenview, IL: Scott Foresman and Company; Wheatley, Margaret. 1999. *Leadership and the new science: Discovering order in a chaotic world*. San Francisco: Berrett-Koehler; Wheatley, Margaret. 2005. *Finding our way: Leadership for uncertain times*. San Francisco: Berrett-Koehler; Boyatzis, Richard. 2006. An overview of intentional change theory from a complexity perspective. *Journal of Management Development*, 25 (7):607-623; Goleman, Daniel, ed. 2003. *Destructive emotions: How can we overcome them? A scientific dialogue with the Dalai Lama*. New York: Bantam Books.

37. Hofer, Jan, Athanasios Chasiotis, Wolfgang Friedlmeier, Holger Busch, and Domingo Campos. 2005. The measurement of implicit motives in three cultures: Power

and affiliation in Cameroon, Costa Rica, and Germany. *Journal of Cross-Cultural Psychology* 36: 689—716; Sokolowski, Kurt, Heinz-Dieter Schmalt, Thomas A. Langens, and Rosa M. Puca. 2000. Assessing achievement, affiliation, and power motives all at once: The multi-motive grid (MMG). *Journal of Personality Assessment* 74(1):126—45; Yamaguchi, Ikushi. 2003. The relationships among individual differences, needs and equity sensitivity. *Journal of Managerial Psychology* 18(4):324—44.

38. McClelland, David C. 1982. The need for power, sympathetic activation, and illness. *Motivation and Emotion*, 6 (1):31—41; McKee, Annie, Richard Boyatzis, and Frances Johnston. *Becoming a Resonant Leader: Develop your emotional intelligence, renew your relationships and sustain your effetiveness*. Boston: Harvard Business Press. 2008.

39. McClelland, D. C. 1961. *The achieving society*. New York: Van NostrandRheinhold.

40. Boyatzis and McKee, *Resonant leadership*; McClelland, *Human motivation*, 1982, p. 71.

41. McClelland, D. C., W. N. Davis, R. Kalin, and H. E. Wanner. 1972. *The drinking man*. New York: Free Press; Schultheiss, O. C., K. L. Campbell, and D. C. McClelland. 1999. Implicit power motivation moderates men's testosterone response to imagined and real dominance success. *Hormones and Behavior* 36:234—41.

42. Ibid.

43. Schultheiss, Campbell, and McClelland. Implicit poor motivation moderates men's testosterone reponse to imagined and real dominance success.

44. Brown, Michael E., and Linda K. Treviño. 2006. Socialized charismatic leadership, values congruence, and deviance in work groups. *Journal of Applied Psychology* 91(4):954—62; Kanungo, Rabindra N., and Manuel Mendonca. 1996. *Ethical dimensions in leadership*. Beverly Hills, CA: Sage Publications.

45. Mandela, Nelson, interviewed and presented on video http://www.youtube.com/watch?v=ODQ4WiDsEBQ.

46. Nussbaum, Barbara. 2003. African culture and Ubuntu: Reflections of a South African in America. *World Business Academy* 17:1; Nussbaum, Barbara. 2003. Ubuntu: Reflections of a South African in our common humanity. *Reflections* 4:4; Nussbaum, Barbara. 2003. Ubuntu and business ... reflections and questions. *World Business Academy* 17:3.

47. McKee, Annie, Frances Johnston, Eddy Mwelwa, and Suzanne Rotondo. 2009. Resonant leadership for results: An emotional and social intelligence program for change in South Africa and Cambodia. In

Handbook for developing emotional and social intelligence, ed. Marcia Hughes, Henry L. Thompson, and James Bradford Terrel, 49—71. San Francisco: Pfeiffer.

48. McClelland, *The achieving society*; McClelland, D.C. 1975. *Power: The inner experience*. New York: Irvington; Murray, Henry A. 1938. *Explorations in personality*. New York: Oxford University Press.

49. Aronow, Edward, Kim Weiss, and Marvin Reznikoss. 2001. *A practical guide to the Thematic Apperception Test: The TAT in clinical practice*. Philadelphia: Taylor and Francis.

50. McClelland, David C. 1958. Methods of measuring human motivation. In *Motives in fantasy, action and society*, ed. John W. Akinson, 12—13. Princeton, NJ: D.Van Nostrand Co..

51. Adams, J.Stacey. 1965. Inequity in social exchange. In *Advances in experimental social psychology*, Vol. 2, ed. Leonard Berkowitz, 267—99. New York: Academic Press.

52. Festinger, Leon. 1957. *A theory of cognitive dissonance*. Stanford, CA: Stanford University Press; Brehm, Jack, and Arthur Cohen. 1962. *Explorations in cognitive dissonance*. New York: Wiley.

53. Brown, Michael E., and Linda K. Treviño. Ethical leadership: A review and future directions. *Leadership Quarterly* 17:595—616.

54. Schor, Juliet. 1991. *The overworked American*. New York: Basic Books.

55. Schoen, John W. August 11, 2009. Americans working much harder—for less pay. *MSNBC*. Retrieved December 11, 2009, from http://www.msnbc.msn.com/id/32374533/ns/business-eye_on_the_economy.

56. Goleman et al., *Primal leadership*; Lewis, Thomas, Fari Amini, and Richard Lannon. 2000. *A general theory of love*. New York: Random House.

57. Vroom, Victor H. 1964. *Work and motivation*. New York: Wiley; Atkinson, J.W. 1958. Towards experimental analysis of human motivation in terms of motives, expectancies, and incentives. In *Motives in fantasy, action and society*, ed. J.W. Atkinson, 288—305. New York: D.Van Nostrand Co.

58. Galbraith, Jay, and Larry L. Cummings. 1967. An empirical investigation of the motivational determinants of past performance: Interactive effects between instrumentality, valence, motivation and ability. *Organizational Behavior and Human Performance* 2:237—57.

59. Vroom, *Work and motivation*.

60. Altvater, Elmar. 2003. The growth obsession. In *2002: A world of contradiction, socialist register 2002*, ed. Leo Panitch and Colin Leys, 73—92. London: Merlin Press.

61. Latham, Gary, and Edwin Locke. 1990. *A theory of goal setting and task performance*. Englewood Cliffs, NJ: Prentice Hall; Latham, G., and Edwin Locke. 2002. Building a practically useful theory of goal setting and task motivation. *American Psychologist* 57(9):705—17.

62. Locke, Edwin. 1968. Toward a theory of task motivation and incentives. *Organizational Behavior and Human Performance* 3(2):157—89.

63. Doran, George T. 1981. There's a S.M.A.R.T.way to write management's goals and objectives. *Management Review* 70(11):35—36.

64. Vermeeren, Douglas. July 3, 2005. Want to be a top achiever? Stop setting goals! Retrieved July 9, 2009, from http://www.myarticlearchive.com/articles/7/305.htm.

65. Siegert, Richard J., and William J.Taylor. 2004. Theoretical aspects of goal-setting and motivation in rehabilitation. *Disability and Rehabilitation* 26(1):1—8.

66. Skinner, B.F. 1971. *Beyond freedom and dignity*. New York: Alfred A.Knopf; Thorndike, E.L. 1911. *Animal intelligence: Experimental studies*. New York: Macmillan.

67. Braithwaite, John. 2000. Shame and criminal justice. *Canadian Journal of Criminology* 42(3):281—98; Tangney, June P. 1990. Assessing individual differences in proneness to shame and guilt: Development of the self-conscious affect and attribution inventory. *Journal of Personality and Social Psychology* 59(1):102—11.

68. Kohn, Alfie. 1994. The risks of rewards. *ERIC Digests*, ED376990, 1—6.

69. Bandura, Albert. 1969. Social-learning theory of identificatory processes. In *Handbook of socialization theory and research*, ed. David A. Goslin, 213—62. Chicago: Rand McNally & Co.; Bandura, Albert. 1977. *Social learning theory*. Englewood Cliffs, NJ: Prentice Hall; Bandura, Albert. 977b. Self-efficacy: Toward a universal theory of behavioral change. *Psychological Review* 84(2):191—215.

70. Tarde, G. 1903. *The laws of imitation*. New York: Henry Holt and Co.; Vygotsky, Lev S. 1962. *Thought and language*. Cambridge, MA: MIT Press; Vygotsky, L.S. 1978. *Mind in society*. Cambridge, MA: Harvard University Press; Bandura, A. 1965. Vicarious processes: A case of notrial learning. In *Advances in experimental social psychology*, Vol. 2(1—57), ed. L. Berkowitz, New York: Aca-

demic Press.

71. Rotter, J.B. 1954. *Social learning and clinical psychology*. Englewood Cliffs, NJ: Prentice Hall.

72. Bandura, Albert, Dorothea Ross, and Sheila A.Ross. 1961. Transmission of aggression through imitation of aggressive models. *Journal of Abnormal and Social Psychology* 63:575—82.

73. Bandura, Albert. 1986. *Social foundations of thought and action: A social cognitive theory*. Englewood Cliffs, NJ: Prentice Hall.

74. Bandura Albert. 1997. *Self-efficacy: The exercise of control*. New York: H.Freeman.

75. Bandura, Albert. 1997. Self-efficacy: Toward a unifying theory of behavioral change. *Psychological Review* 84(2):191—215.

76. Pajares, Frank. 2004. Albert Bandura: Biographical sketch. Retrieved August 5, 2009, from http://www.emory.edu/EDUCATION/mfp/bandurabio.html.

77. Bandura, Albert. 1994. Self-efficacy. In V. S. Ramachaudran (ed.) *Encyclopedia of human behavior.*, Vol. 4.(71—81). New York: Academic Press.

78. Bandura, Albert. 1973. Social learning theory of aggression. In *The control of aggression*, ed. John F. Knutson, 201—52. Piscataway, NJ: Transaction Publishers.

79. LIVESTRONG: Lance Armstrong Foundation. 2009. Retrieved from http://www. livestrong. org/site/c. khLXK1PxHmF/b.2660611/k. BCED/Home. htm.

80. Yenkins, Sally. 2001. *It's not about the bike: My journey back to life*. New York: Berkley Publishing Group. http://www. livestrong. org/site/c. khLXK1PxHmF/b.2660611/k.BCED/Home. htm.

81. Kirkman, Bradley L., and Debra L. Shapiro. 1997. The impact of cultural values on employee resistance to teams: Toward a model of globalized self-managing work team effectiveness. *Academy of Management Review* 22(3):730—57.

82. Hackman, J.R., and G.R.Oldham. 1976. Motivation through the design of work: Test of a theory. *Organizational Behavior and Human Performance* 16:250—79.

83. Heathfield, Susan M. 2008. Five factors every employee wants from work. Human_Resources_About. com. Retrieved July 16, 2009, from http://humanresources.about.com/od/managementtips.

84. Goleman et al. *Primal leadership*; Boyatzis and McKee, *Resonant leadership*.

85. Preston, Stephanie D., and Frans B. M. de Waal. 2002. Empathy: Its ultimate and proximate bases. *Behavioral Brain Science* 25:1—72; de Vignemont, Frederique, and Tania Singer. 2006. The empathic

brain: How, when and why? *Trends in Cognitive Sciences* 10(10): 435—41; Hoffman, M. L. 2000. *Empathy and moral development: Implications for caring and justice*. New York: Cambridge University Press.

86. Goleman, Daniel. 2006. *Social intelligence: The new science of human intelligence*. New York: Bantam Dell; Boyatzis and McKee, *Resonant leadership*; Goleman et al., *Primal leadership*.

87. Kao, H.S.R., and N.Sek-Hong. 1997. Work motivation and culture. In *Motivation and culture*, ed. D.Munro, J.F.Schumaker, and S.C.Carr, 119—32. New York: Routledge.

88. Thinkexist. com Sigmund Freud Quotes. http://thinkexist.com/quotation/love_and_work_are_the_cornerstones_of_our/166402. html. Accessed November 14, 2009.

第4章

1. Pearce, Terry. 2003. *Leading out loud: Inspiring change through authentic communication*. San Francisco, CA: Jossey-Bass; Boyatzis, Richard, and Annie McKee. 2005. Primal and *Resonant leadership: Renewing yourself and connecting with others through mindfulness, hope and compassion*. Boston: Harvard Business School Press.

2. Gorman, Carol K. 2004. *"This isn't the company I joined": How to lead in a business turned upside down*. National City, CA: KCS Publishers.

3. Klein, E. 1969. *Klein's comprehensive etymological dictionary of the English language*. Stockholm: Elsevier.

4. Chomsky, Noam. 1988. *Language and problems of knowledge: The Managua lectures*, p. 183. Cambridge, MA: MIT Press; Chomsky, Noam. 2005. Three factors in language design. *Linguistic Inquiry* 36(1): 1—22; Chomsky, Noam. 2006. *Language and mind*. Cambridge: Cambridge University Press.

5. Corballis, Michael C. 2002. *From hand to mouth: The origins of language*, p.3. Princeton, NJ: Princeton University Press.

6. Deacon, Terrence W. 1997. *The symbolic species: The co-evolution of language and the brain*. New York: W. W. Norton & Company; Merlin, Donald. 1991. *Origins of the modern mind: Three stages in the evolution of culture and cognition*. Boston: Harvard University Press; Lieberman, Paul. 1991. *Uniquely human: Speech, thought, and selfless behavior*. Boston: Harvard University Press.

7. World Federation of the Deaf Homepage. Retrieved April 2, 2010, from http://www.wfdeaf.org.

8. Galludet University FAQ Page. Retrieved April 2, 2010, from http://library. gallaudet. edu/Library/Deaf_Research_Help/Frequently_Asked_Questions_(FAQs)/Sign_Language/ASL_Ranking_and_Number_of_Speakers. html.

9. Galludet University FAQ Page. Retrieved April 2, 2010, from http://library. gallaudet. edu/Library/Deaf_Research_Help/Frequently_Asked_Questions_(FAQs)/Sign_Language/ASL_Ranking_and_Number_of_Speakers. html.

10. Ibid.

11. Sutton-Spence, Rachel, and Bencie Woll. 1999. *The linguistics of British Sign Language: An introduction*. Cambridge: Cambridge University Press.

12. British Deaf Association. 1975. *Gestuno: International sign language of the deaf*. Carlisle, England: BDA.

13. Birdwhistell, Ray L. 1970. *Kinesics and context: Essays on body motion communication*. Philadelphia, PA: University of Pennsylvania Press.

14. Mehrabian, Albert, and Susan R. Ferris. 1967. Inference of attitudes from nonverbal communication in two channels. *Journal of Consulting Psychology* 3 (3):248—52.

15. McKee, Annie, Richard Boyatzis, and Frances Johnston. 2008. *Becoming a resonant leader: Develop your emotional intelligence, renew your relationships, and sustain your effectiveness*. Boston: Harvard Business School Press; Boyatzis, Richard, and Annie McKee. 2005. *Resonant leadership: Renewing yourself and connecting with others through mindfulness, hope and compassion*. Boston: Harvard Business School Press; Goleman, Daniel, Richard Boyatzis, and Annie McKee. 2002. *Primal leadership: Realizing the power of emotional intelligence*. Boston: Harvard Business School Press; Pearce, *Leading out loud*; Lewis, Thomas, Fari Amini, and Richard Lannon. 2000. *A general theory of love*. New York: Random House

16. Ekman, Paul. 1975. *Unmasking the face: A guide to recognizing emotions from facial clues*. Upper Saddle River, NJ: Prentice Hall; Ekman, Paul. 2005. *Emotions in the human face*. Oxford: Oxford University Press.

17. Ibid.

18. King, L. A., and R. A. Emmons. 1990. Conflict over emotional expression: Psychological and physical correlates. *Journal of Personality and Social Psychology* 58:864—77.

19. Emmons, R. A., and P. M. Colby. 1995. Emotional conflict and well-being: Relation to perceived availability, daily utilization, and observer reports of social support. *Journal of Personality and Social Psychology* 68:947—59.

20. Ekman, Paul. 1985. *Telling lies: Clues to deceit in the marketplace, politics, and marriage*. London: W. W. Norton & Company.

21. Katz, I. M., and J. D. Campbell. 1994. Ambivalence over emotional expression and well-being: Nomothetic and idiographic tests of the stress-buffering hypothesis. *Journal of Personality and Social Psychology* 67:513—24; King, L. A., and R. A. Emmons. 1990. Conflict over emotional expression: Psychological and physical correlates. *Journal of Personality and Social Psychology* 58:864—77; Emmons and Colby, Emotional conflict and well-being.

22. George, Jennifer. 2000. Emotions and leadership: The role of emotional intelligence. *Human Relations* 53 (8):1027—55.

23. Goffman, Erving. 1959. *The presentation of self in everyday life*. New York: Doubleday.

24. Goffman, Erving. 1955. On face-work: An analysis of ritual elements in social interaction. *Journal for the Study of Interpersonal Processes* 18:213—31.

25. Brown, Penelope, and Stephen C. Levinson. 1987. *Politeness: Some universals in language usage*. New York: Cambridge University Press.

26. Ibid.

27. Ibid.

28. Wilbur, Ken. 1996. *A brief history of everything*. Boston: Shambhala Publications, Inc.

29. Ibid.

30. Shannon, Claude, and Weaver, Warren. 1949. *The mathematical theory of communication*. Urbana, IL: University of Illinois Press.

31. Schramm, Wilbur. 1954. How communication works. In *The process and effects of communication*, ed. Wilbur Schramm, 3—26. Urbana, IL: University of Illinois Press.

32. Shannon and Weaver, *The mathematical theory of communication*.

33. Mortensen, C. David. 1972. *Communication: The study of human communication*. New York: McGraw-Hill.

34. Roszak, Theodore. 1986. *The cult of information*. Berkeley, CA: University of California Press.

35. Schramm, How communication works.

36. Berlo, David K. 1960. *Process of communication: An introduction to theory and practice*. New York: Holt, Rinehart and Winston.

37. Daft, R., R. Lengel, and L. Trevino. 1987. Message equivocality, media selection, and manager performance: Implications for information systems. *MIS*

Quarterly 17:355—66; Rice, R. 1992. Task analyzability, use of new media, and effectiveness: A multisite exploration of media richness. *Organization Science* 3:475—500.

38. Carlson, John R., and Robert W. Zmud. 1999. Channel expansion theory and the experiential nature of media richness perceptions. *Academy of Management Review* 42(2):153—70.

39. Reinfeld, Fred. 1966. *Pony express*. New York: Macmillan.

40. Carter, Kimberly A. 2003. Type me how you feel: Quasi-nonverbal cues in computer-mediated communication. *ETC: A Review of General Semantics* 60 (1):29—40.

41. Richards, Howard, and Harris Makatsoris. 2002. The metamorphosis to dynamic trading networks and virtual corporations. In *Managing virtual web organizations in the 21st century: Issues and challenges*, ed. Ulrich Franke, 65. Hershey, PA: Idea Publishing Group.

42. Gibson, Cristina B., and Susan G. Cohen. 2003. *Virtual teams that work*, p. 220. San Francisco, CA: John Wiley and Sons.

43. Friedman, Barry A., and Lisa J. Reed. 2007. Workplace privacy: Employee relations and legal implications of monitoring employee e-mail use. *Employee Responsibilities and Rights Journal* 19(2): 75—83; Allen, Myria W., Stephanie J.Coopman, Joy L.Hart, and Kasey L.Walker. 2007. Workplace surveillance and managing privacy boundaries. *Management Communication Quarterly* 21(2): 172—200; Halpern, David, Patrick J. Reveille, and Donald Grunewald. 2008. Management and legal issues regarding electronic surveillance of employees in the workplace. *Journal of Business Ethics*, 80(2): 175—80.

44. Linden Research, Inc. 2009. How meeting in Second Life transformed IBM's technology elite into virtual world believers. Retrieved September 12, 2009, from http://secondlifegrid.net/casestudies/IBM.

45. IT News Online. 2008. IBM opens IBM virtual health-care island on Second Life. *IT News Online* (February 25).

46. Linden Research, How meeting in Second Life transformed IBM's technology elite.

47. Ibid.

48. Beechler, Schon L., and Allan Bird. 1998. *Japanese multinationals abroad: Individual and organizational learning*, p.118. New York: Oxford University Press.

49. Adler, Carlye. 2003. Colonel Sanders' march on China. *Time Magazine*. Retrieved March 31, 2010, from http://www.time.com/time/magazine/article/0,9171,543845,00.html.

50. Agha, Asif. 2007. *Language and social relations*. Cambridge: Cambridge University Press.

51. Labov, William. 1966. *The social stratification of English in New York City*. Washington, DC: Center for Applied Linguistics.

52. Agha, *Language and social relations*.

53. Trompenaars, Fons, and Charles Hampden-Turner. 1998. *Riding the waves of culture: Understanding diversity in global business*. New York: McGraw-Hill.

54. Hymes, Dell. 2001. On communicative competence. In *Linguistic anthropology: A reader*, ed. Allesandro Duranti. Malden, MA: Blackwell Publishers.

55. Hargie, Owen, and David Dickson. 2004. *Skilled interpersonal communication: Research, theory and practice*. New York: Routledge.

56. Ting-Toomey, Stella, and Atsuko Kurogi. 1998. Facework competence in intercultural conflict: An updated face-negotiation theory. *International Journal of Intercultural Relations* 22(2):187—225.

57. Ibid.

58. Kouzmin, Alexander, and Nada Korac-Kakabadse. 1997. From phobias and ideological prescription: Towards multiple models in transformation management for socialist economies in transition. *Administration and Society* 29(2):139—88.

59. Ibid.

60. Kouzmin, Alexander, R. Leivesley, and A. Carr. 1996. From managerial dysfunction, towards communicative competence: Re-discovering dramaturgy and voice in communicating risk. In *Handbook of administrative communication*, ed. J. L. Garnett and A. Kouzmin, 661—79. New York: Marcel Dekker; Kouzmin, Alexander, and Nada Korac-Kakabadse. 2000. Mapping institutional impacts of lean communication in lean agencies: Information technology, illiteracy, and leadership failure. *Administration and Society* 32(1): 29—69.

61. Catalyst. 2003. *Women in U.S. corporate leadership: 2003*. New York.

62. Ibid.

63. Trompenaars and Hampden-Turner, *Riding the waves of culture*.

64. Hall, Edward T. 1976. *Beyond culture*. Oxford: Anchor Books.

65. Thomas, David A. 2004. Diversity as strategy. *Harvard Business Review* 82(9):98—108.

66. Gray, John. 1999. *Men are from Mars, women are from Venus*. New York: HarperCollins; Tannen, Deborah. 1990. *You just don't understand: Women*

and men in conversation. New York: William Morrow.

67. Gilligan, Carol. 1984. New maps of development: New visions of maturity. In *Annual progress in child psychiatry and child development*, *1983*, ed. Stella Chess and Alexander Thomas, 98—116. New York: Brunner/Mazel.

68. Tannen, Deborah. 1986. *That's not what I meant: How conversational style makes or breaks relationships.* New York: Random House.

69. Brody, Leslie R. 2000. The socialization of gender differences in emotional expression: Display rules, infant temperament, and differentiation. In *Gender and emotion: Social psychological perspectives*, ed. Agneta H.Fischer, 24—47. New York: Cambridge University Press; Hall, Judith A., Jason D.Carter, and Terrence G.Horgan. 2000. Gender differences in nonverbal communication of emotion. In *Gender and emotion: Social psychological perspectives*, ed. Agneta H. Fischer, 97—117. New York: Cambridge University Press.

70. Lakoff, Robin. 1973. Language and woman's place. *Language in Society* 2(1):45—80.

71. Ibid.

72. Tannen, D. 1994. *Talking from 9 to 5: How women's and men's conversational styles affect who gets heard, who gets credit, and what gets done.* New York: William Morrow &. Co.

73. Oakley, Judith G. 2000. Gender-based barriers to senior management positions: Understanding the scarcity of female CEOs. *Journal of Business Ethics* 27: 321—34.

74. Claes, Marie-Thérèse. 1999. Women, men, and management styles. *International Labour Review* 138 (4):431—46; Boyatzis and McKee, *Resonant leadership.*

75. Ridgeway, Cecelia L., and Lynn Smith-Lovin. 1999. The gender system and interaction. *Annual Review of Sociology* 25:191—216.

76. Randstad USA. 2008. *Limited interaction among generations in the workplace identified as key indicator of coming skilled worker crisis.* Atlanta, GA: Randstad, U.S.A.

77. Liberty Building Systems Webpage. Retrieved April 2, 2010, from http://www. libertybuildings. com/content/article_182.shtml.

78. Idle, Anthony. 2009. A message from the general manager: Internal changes benefit Liberty's customers. *The Liberty Letter* 4(2):8 pp.

79. Ibid.

80. Ibid. Idle, Anthony. 2009. A message from the general manager. *The Liberty Letter* 4(3):4 pp.

81. De Mare, G. 1989. Communicating: The key to establishing good working relationships. *Waterhouse Review* 33:30—37.

82. Crampton, Suzanne M., John W.Hodge, and Jitendra M. Mishra. 1998. The informal communication network: Factors influencing grapevine activity. *Public Personnel Management* 27(4):569—83.

83. Keyes, Ralph. 2006. *The quote verifier: Who said what, where, and when.* New York: St. Martin's Press.

84. Byrne, Dennis. 2010. When all else fails, blame the system. *Chicago Tribune* (January 4). Retrieved January 11, 2010, from http://www. chicagotribune. com/news/opinion/chi-oped0105byrnejan05, 0, 6556064. column.

85. Milbank, Dana. 2010. Obama administration says there was no smoking gun before attempted airline bombing. *Washington Post* (January 8). Retrieved January 11, 2010, from http://www. washingtonpost. com/wp-dyn/content/article/2010/01/07/AR2010010704069. html? hpid= topnews.

86. Coombs, W. Timothy. 2007. *Ongoing crisis communication: Planning, managing, and responding.* Thousand Oaks, CA: Sage Publications.

87. Weick, Karl E. 2004. A bias for conversation: Acting discursively in organizations, in *The Sage handbook of organizational discourse*, ed. David Grant, Cynthia Hardy, Cliff Oswick, and Linda Putnam, 405. Thousand Oaks, CA: Sage Publications.

88. Davenport, Thomas H., and Laurence Prusak. 1998. *Working knowledge: How organizations manage what they know.* Boston: Harvard Business School Press(p. 5).

89. Gabriel, Yiannis. 2000. *Storytelling in organizations: Facts, fictions, and fantasies.* New York: Oxford University Press.

90. Forster, Nick, Martin Cebis, Sol Majteles, Anurag Mathur, Roy Morgan, Janet Preuss, Vinod Tiwari, and Des Wilkinson. 1999. The role of storytelling in organizational leadership. *Leadership and Organizational Development Journal* 20(1):11—17.

91. Kouzes, J., and B.Posner. 2005. *The leadership challenge.* New York: Jossey-Bass.

92. Grice, H.P. 1975. Logic and conversation. In *Syntax and semantics. Vol.1: Speech acts*, ed. P.Cole and J. L.Morgan, 41—58. New York: Academic Press.

93. Brown and Levinson, Politeness: Some universals in language usage; Grice, Logic and conversation.

94. Weick, A bias for conversation.

95. Cross, Rob, Andrew Parker, and Stephen P.Borgatti.

2002. *A bird's-eye view: Using social network analysis to improve knowledge creation and sharing.* Somers, NY: IBM Institute for Business Value.

第5章

1. McCaskey, Michael B. 1974. A contingency approach to planning: Planning with goals and planning without goals. *Academy of Management Journal* 17(2):281—91; McCaskey, Michael B. 1977. Goals and direction in personal planning. *Academy of Management Review* 2(3):454—62; McKee, Annie. 1991. *Individual differences in planning for the future.* Dissertation. Cleveland, OH: Case Western Reserve University.

2. Csikszentmihalyi, Mihaly. 1975. *Beyond boredom and anxiety: Experiencing flow in work and play.* San Francisco: Jossey-Bass; Csikszentmihalyi, Mihaly. 1990. *Flow: The psychology of optimal experience.* New York: HarperCollins; Keller, J., and H. Bless. 2008. Flow and regulatory compatibility: An experimental approach to the flow model of intrinsic motivation. *Personality and Social Psychology Bulletin* 34:196—209.

3. Online Etymology Dictionary. "Teleos." Retrieved April 2, 2010, from http://www.etymonline.com/index.php?search=teleos&searchmode=none.

4. Mintzberg, Henry. 1994. *The rise and fall of strategic planning: Reconceiving roles for planning, plans, planners*, p.12. New York: The Free Press.

5. Ibid.

6. Wang, Xuemei. 1994. Learning planning operators by observation and practice. In *Proceedings of the Second International Conference on AI Planning Systems*, AIPS-94, pp. 335—340, Chicago, IL.

7. McCaskey, A contingency approach to planning; McCaskey, Goals and direction in personal planning.

8. Online Etymology Dictionary. "Plan." Retrieved October 2, 2009, from http://www.etymonline.com/index.php?term=plan.

9. Lane, Terry, and Leslie P. Kaelbling. 2001. Toward hierarchical decomposition for planning in uncertain environments. Workshop on planning under uncertainty and incomplete information. Paper presented at International Joint Conferences on Artificial Intelligence (Seattle, WA: August 4—10).

10. *The American Heritage Dictionary of the English Language*, 4th ed. 2006. Boston: Houghton Mifflin Company.

11. Online Etymology Dictionary. "Goal." Retrieved December 1, 2009, from http://www.etymonline.com/index.php?search=goal&searchmode=none.

12. Doran, George T. 1981. There's a S.M.A.R.T. way to write management's goals and objectives. *Management Review* 70(11):35—36.

13. Sarasvathy, S.D., and S.Kotha. 2001. Effectuation in the management of Knightian uncertainty: Evidence from the Realnetworks case. In *Research on Management and Entrepreneurship*, Vol. 1, ed. J. Butler, 31—62. Greenwich, CT: IAP Inc.

14. Lakoff, George, and Mark Johnson. 1980. *Metaphors we live by.* Chicago: University of Chicago Press.

15. Helmert, M., P. Haslum, and J. Hoffmann. 2007. Flexible abstraction heuristics for optimal sequential planning. In *Proceedings of ICAPS 2007*, pp.176—183. Menlo Park, CA: AAAI Press.

16. Markov, A.A. 1913/2006. Classical text in translation: An example of statistical investigation of the text "Eugene Onegin" concerning the connection of samples in chains. *Science in Context* 19(4):591—600; Markov, A.A. 1971. Extension of the limit theorems of probability theory to a sum of variables connected in a chain. Reprinted in Appendix B of *Dynamic probabilistic systems*, Vol. 1: *Markov chains*, ed. R. Howard. New York: John Wiley and Sons.

17. Watkin, Michael, and Christopher Rozell. 2004. *A Markov chain analysis of black jack.* Course material for Math 502 at Rice University(26 pp.). Retrieved September 29, 2009, from http://www-ece.rice.edu/~crozell/courseproj/MCBJ.pdf.

18. Wack, Pierre. 1985. Scenarios: Uncharted waters ahead. *Harvard Business Review* 63(5):74.

19. Kourdi, Jeremy. 2008. "Business ideas: I am the greatest." *Accountancy Age* (May): 19. Retrieved March 30, 2010, from http://www.pcmag.co.uk/accountancyage/features/2215594/business-ideas-greatest.

20. Abrahams, Jeffrey. 1999. *The mission statement book: 301 corporate mission statements from America's top companies*, 2d ed., p. 14. Berkeley, CA: Ten Speed Press.

21. Big Brothers Big Sisters. "About us." Retrieved October 21, 2009, from http://www.bbbs.org/site/c.diJKKYPLJvH/b.1539781/k.4319/Mentors_The_Largest_Youth_Mentoring_Programs_from_Big_Brothers_Big_Sisters.htm.

22. Toyota Website FAQ. Retrieved October 21, 2009, from http://www.toyota.com/help/faqs/company-what_are_toyotas_mission_and_vision_statements.html.

23. Stovall, Steven Austin. 2009. Is your vision a hallucination? *Podiatry Management* 28(1):142.

24. Manasse, A.Lorri. 1985. Vision and leadership: Paying

attention to intention. *Peabody Journal of Education* 63(1):150—73.

25. Stovall, Steven Austin. 2009. Change your culture, change YOUR future. *Bed Times* 134(12):10.

26. Malnight, Tom. 2008. *Strategically engaging your organization: Assessing your current reality.* Lausanne, Switzerland: IMD International, 5 pp.

27. Ibid.

28. Carey, Denis, Michael Patsalos-Fox, and Michael Useem. 2009. Leadership lessons for hard times. *McKinsey Quarterly Review* (July). Retrieved September 12, 2009, from http://www.mckinseyquarterly.com/Leadership_lessons_for_hard_times_2413.

29. Ibid.

30. Ibid.

31. Von Hippel, Eric, Stefan Thomke, and Mary Sonnack. 1999. Creating breakthroughs at 3M. *Harvard Business Review* (September). Retrieved September 12, 2009, from http://hbr.harvardbusiness.org/1999/09/creating-breakthroughs-at-3m/ar/1.

32. Ibid.

33. Beinhocker, Eric D. 2006. The adaptable corporation. *McKinsey Quarterly Review* (May). Retrieved September 12, 2009, from http://www.mckinseyquarterly.com/The_adaptable_corporation_1757.

34. Expert Choice Inc. 2009. 3M case study. Retrieved September 12, 2009, from http://www.expertchoice.com/xres/uploads/resource-center-documents/3M_casestudy.pdf.

35. Donlon, J. 2009. Best companies for leaders: What makes a company attractive for talent, and what kind of company develops the best leaders? (January 31) Retrieved September 12, 2009, from http://www.chiefexecutive.net/ME2/Audiences/dirmod.asp?sid=&nm=&type=Publishing&mod=Publications%3A%3AArticle&mid=8F3A7027421841978F18BE895F87F791&tier=4&id=BF3221D721F74109BD2FA95B404E4AC6&AudID=AFC68D68FF0A49299D8688CFDAD5F871.

36. Ibid.

37. Von Hippel et al., Creating breakthroughs at 3M.

38. Shor, Rita. 2009. Managed innovation: 3M's latest model for new products—Guest editorials. *Manufacturing and Technology News.* Retrieved March 20, 2010, from http://www.manufacturingnews.com/news/editorials/shor.html.

39. Von Hippel et al., Creating breakthroughs at 3M.

40. Ibid.

41. Shor, Managed innovation.

42. Courtney, Hugh, John T. Horn, and Jayarta Kar. 2009. Getting into your competitor's head. *McKinsey Quarterly Review* (February). Retrieved September 12, 2009, from http://www.mckinseyquarterly.com/Getting_into_your_competitors_head_2281.

43. Aufreiter, Nora A., Teri L. Lawver, and Candace D. Lun. 2000. A new way to market. *McKinsey Quarterly Review* (May). Retrieved September 12, 2009, from http://www.mckinseyquarterly.com/A_new_way_to_market_801.

44. Casnocha, Ben. 2009. Success on the side.(April 24, Retrieved September 12, 2009, from http://www.american.com/archive/2009/april-2009/Success-on-the-Side.

45. Costello, Brid, and Jennifer Weil. 2008. Annick Goutal outlines global growth strategy. *Women's Wear Daily* 196(128):21.

46. Laube, James, and Daniel Sogg. 2004. Wine giant to acquire Mondavi for $1 billion. *Wine Spectator* 29(15):14.

47. Landi, Heather. 2007. 'Tis the season … for mergers and acquisitions. *Beverage World* 126(12):10.

48. Yanow, Dvora. 2000. Seeing organizational learning: A cultural view. *Organization Articles* 7(2):24—268.

49. Tierney, Jim. 2009. Lore of Frederick's brings back the sexy sell. *Multichannel Merchant* 5(6):9.

50. Daimler. Cerberus Takes Over Majority Interest in Chrysler Group and Related Financial Services Business for EUR 5.5 Billion(7.4 billion) from DaimlerChrysler. Retrieved May 22, 2010, from http://www.daimler.com/dccom/0-5-7145-1-858191-1-0-0-0-0-0-11979-0-0-0-0-0-0-0-0.html.

51. Puranam, Phanish, Harbir Singh, and Maurizio Zollo. 2006. Organizing for innovation: Managing the coordination-autonomy dilemma in technology acquisitions. *Academy of Management Journal* 49(2):263—80.

52. Piekkari, R., E. Vaara, J. Tienari, and R. Santti. 2005. Integration or disintegration? Human resource implications of the common corporate language decision in a crossborder merger. *International Journal of Human Resource Management* 16(3):333—47; Vaara, E., J. Tienari, R. Piekkari, and R. Santti. 2005. Language and the circuits of power in a merging multinational corporation. *Journal of Management Studies* 42(3):595—623.

53. Thomas, Chris A. 2008. Bridging the gap between theory and practice: Language policy in multilingual organizations. *Language Awareness* 17(4):307—25.

54. San Francisco Bay Joint Venture. Retrieved October 19, 2009, from http://www.sfbayjv.org.

55. Walmart Stores.com: India. Retrieved March 30, 2010, from http://walmartstores.com/aboutus/276.

aspx?p=251.

56. Gulati, Ranjay, and Harbir Singh. 1998. The architecture of cooperation: Managing coordination costs and appropriation concerns in strategic alliances. *Administrative Science Quarterly* 43(4):781—814.

57. Grossman, Lev. 2007. Invention of the year: The iPhone. *Time South Pacific (Australia/New Zealand edition)*:44.

58. Boguslauskas, Vytautas, and Goda Kvedaraviciene. 2009. Difficulties in identifying company's core competencies and core processes. *Inzinerine Ekonomika-Engineering Economics* 62(2):75—81.

59. Porter, Michael E. 1979. How competitive forces shape strategy. *Harvard Business Review* 57(2):137—45; Porter, Michael E. 2008. The five competitive forces that shape strategy. *Harvard Business Review* 86(1):79—93.

60. Mariani, John. 2006. Lessons of the low-carb diets. *Restaurant Hospitality* 90(1):18.

61. Gillin, Paul. 2007. Twitter strikes community chord. *B to B* 92(15):11.

62. Franco, Joanna. 2009. Shell to pay $5.8 million in Clean Air Act penalties. *World Refining and Fuels Today* 4(79):8.

63. OSHA fines Imperial Sugar $8.77 million. *Occupational Hazards* 70(9):12.

64. Luce, Thomas F., and Anita A. Summers. 1987. *Local fiscal issues in the Philadelphia metropolitan area*. Philadelphia: University of Pennsylvania Press.

65. Philadelphia Forward. *How business taxes compare*. Retrieved October 19, 2009, from http://www.philadelphiaforward.org/node/45.

66. Ruilson, Larry. 2003. City tops in business tax burden. (October 10) *Philadelphia Business Journal*. Retrieved October 19, 2009, from http://philadelphia. bizjournals. com/philadelphia/stories/2003/10/13/story1.html; *Philadelphia Forward*. Eliminate the BPT. Retrieved October 19, 2009, from http://www.philadelphiaforward.org/eliminate_the_bpt.

67. *Philadelphia Forward*. The status of tax reform. Retrieved October 19, 2009, from http://www.philadelphiaforward.org/node/41.

68. Jamison, Nancy. 2007. Datria fast forwards warehouse speech opportunities. *Speech Technology Magazine* 12:9. Retrieved December 1, 2009, from http://www.speechtechmag.com/Articles/Column/Voice-Value/Datria-Fast-Forwards-Warehouse-Speech-Opportunities-40051.aspx.

69. Green, Heather. 2008. The greening of the corporation. *Business Week Online* 10. Retrieved December

1, 2009, from http://www.businessweek.com/technology/content/dec2008/tc20081211_004876.htm.

70. Porter, How competitive forces shape strategy.

71. Ibid.

72. Nalebuff, B. J., and A. M. Brandenburger. 1996. *Co-opetition*. London: HarperCollins.

73. Van der Laan, Joost W. 2000. Online food retailing. *RetailEconomics*. Retrieved March 4, 2010, from http://www.retaileconomics.com/online-food-retailing. html.

74. McConnon, Aili. July 1, 2009. The issue: FreshDirect focuses on customer service. *BusinessWeek*. Retrieved March 4, 2010, from http://www.businessweek. com/managing/content/jun2009/ca20090630_154481. htm.

75. ALC. 2009. A website's work is *never* done. *The Rest of the Story* 4(1):6—7. Retrieved March 4, 2010, from http://www.alc.com/newsletters/ALC _ Spring09.pdf.

76. Braddock, Rick. 2009. Lessons of Internet marketing from FreshDirect. *Wall Street Journal* (May 11, 2009). Retrieved March 4, 2010, from http://online. wsj.com/article/SB124205175154206817.html.

77. Ibid.

78. Mitchell, Ronald K., Bradley R. Agle, and Donna J. Wood. 1997. Toward a theory of stakeholder identification and salience: Defining the principle of who and what really counts. *Academy of Management Review* 22(4):853—86.

79. Freeman, R. E. 1984. *Strategic management: A stakeholder approach*. Boston: Pitman.

80. UNESCO-IHE-UNEP/GPA. 1970. Stakeholder analysis I.Retrieved October 5, 2009, from http://www.training.gpa.unep.org/ content.html?id=109.

81. *The ripple effect: Why failure of the Big 3 is not an option*. 2008. Report published by the Office of the House Majority Leader, compiled by House Representative Carolyn B. Maloney. Retrieved October 19, 2009, from http://majorityleader.house.gov/docUploads/TheRippleEffect121008.pdf.

82. Einstein, Paul. 2009. Toyota's reputation takes a pounding. *MSNBC*. Retrieved October 12, 2009, from http://www.msnbc.msn.com/id/33192916/ns/business-the_drivers_seat.

83. How a new strategic plan saved a century-old nonprofit. 2005. *Nonprofit World* 23(4):1.

84. Ginter, Peter M., Andrew C.Ruck, and W.Jack Duncan. 1985. Planners' perceptions of the strategic management process. *Journal of Management Studies* 22(6):582.

85. Ireland, Duane R., Michael A. Hitt, Richard A. Bettis, and Deborah A. De Porras. 1987. Strategy formulation processes: Differences in perceptions of strength and weaknesses indicators and environmental uncertainty by managerial level. *Strategic Management Journal* 8:469—85.

86. Barney, Jay B. 1995. Looking inside for competitive advantage. *Academy of Management Executives* 9 (4):49—61.

87. Earls, Alan. 2009. BASF procurement gets deep into R&D. *Purchasing* 138(6):31—33.

88. Roberto, Michael A., Richard M. J. Bohmer, and Amy C. Edmondson. 2006. Facing ambiguous threats. *Harvard Business Review* 84(11):106—13.

89. Hill, Terry, and Roy Westbrook. 1997. SWOT analysis: It's time for a product recall. *Long Range Planning* 30(1):46—52.

90. Houben, G., K. Lenie, and K. Vanhoof. 1999. A knowledge-based SWOT analysis system as an instrument for strategic planning in small and medium sized enterprises. *Decision Support Systems* 26:125—35.

91. Hill and Westbrook, SWOT analysis.

92. Hambrick, Donald C., Ian C. MacMillan, and Diana L. Day. 1982. Strategic attributes and performance in the BCG matrix—A PIMS based analysis of industrial product businesses. *Academy of Management Journal* 25(3):511.

93. Sacco, Al. 2007. In-stat: Worldwide smartphone market to grow more than 30 percent each year through 2012. *CIO. com.* Retrieved October 23, 2009, from http://www.cio.com/article/155001/In_Stat_Worldwide_Smartphone_Market_to_Grow_More_Than_30_Percent_Each_Year_Through_2012.

94. Davidsson, P., F. Delmar, and J. Wiklund. 2006. *Entrepreneurship and the growth of firms.* Northampton, MA: Edward Elgar Publishing.

95. Calandro, Joseph, and Scott Lane. A new competitive analysis tool: The relative profitability and growth matrix. *Strategy and Leadership* 35 (2):30—38.

96. Bruner, Jerome S. 1956/2005. On perceptual readiness. In *Social cognition: Key readings*, ed. D. L. Hamilton, 108—14. New York: Psychology Press.

97. Bossidy, Larry, and Ram Charan. 2002. *Execution: The discipline of getting things done.* New York: Crown Publishing Group.

98. Ibid.

99. Charan, Ram, and Geoffrey Colvin. June 21, 1999. Why CEOs fail. *Fortune*, pp. 68—80.

100. Mankins, Michael C., and Richard Steele. 2005. Turning great strategy into great performance. *Harvard Business Review* (July—August):1—11.

101. Killing, Peter, Tom Malnight, and Tracy Keys. 2005. *Must-win battles: Creating the focus you need to achieve your key business goals.* Upper Saddle River, NJ: Wharton School Publishing.

102. Stovall, Steven Austin. 2006. *Cases in human resources management.* Cincinnati, OH: Atomic Dog Publishing.

103. Stovall, Steven Austin. 2006.

104. Needleman, Sarah. 2009. A new job just a tweet away. *Wall Street Journal Online.* Retrieved March 30, 2010, from http://tweetmyjobs.com/docs/wsj.pdf.

105. Dwyer, Jim, and Kevin Flynn. 2005. *102 minutes: The untold story of the fight to survive inside the twin towers.* New York: Times Books.

106. Marquez, Jessica. 2006. Learning from 9/11 recovery. *Workforce Management* 85(17):1—36.

107. Boyatzis, Richard E., Elizabeth C. Stubbs, and Scott N. Taylor. 2002. Learning cognitive and emotional intelligence competencies through graduate management education. *Academy of Management Learning and Education* 1(2):150—62.

108. Margolis, Howard. 1987. *Patterns, thinking and cognition: A theory of judgment.* London: University of Chicago Press.

109. Kass, Steven J., Daniel A. Herschler, and Michael A. Companion. 1991. Training situational awareness through pattern recognition in a battlefield environment. *Military Psychology* 3(2):105—12.

110. Wiig, Karl M. 2003. *A knowledge model for situation-handling.* Arlington, TX: Knowledge Research Institute.

111. Langer, Ellen J. 1989. *Mindfulness*, p. xiv. Reading, MA: AddisonWesley/Addison Wesley Longman. Quote from abstract retrieved October 9, 2009, from http://psycnet.apa.org/psycinfo/1989-97542-000.

112. Boyatzis, Richard E. 2008. Leadership development from a complexity perspective. *Consulting Psychology Journal: Practice and Research* 60(4):298—313.

113. McKee, Annie, Richard Boyatzis, and Frances Johnston. 2008. *Becoming a resonant leader: Develop your emotional intelligence, renew your relationships, sustain your effectiveness.* Boston: Harvard Business School Press.

第 6 章

1. Drake, R. A. 1987. Effects of gaze manipulation on aesthetic judgments: Hemisphere priming of affect. *Acta Psychologica* 65: 91—99; Merckelbach, Harald, and Patricia Van Oppen. 1989. Effects of gaze manipulation on subjective evaluation of neutral and phobia-relevant stimuli. *Acta Psychologica* 70: 147—51; Schiff, Bernard B., and Sandra A. Rump 1995. Asymmetrical hemispheric activation and emotion: The effects of unilateral forced nostril breathing. *Brain and Cognition* 29: 217—31.

2. Boyatzis, Richard, and Annie McKee. 2005 *Resonant leadership: Renewing yourself and connecting with others through mindfulness, hope and compassion*. Boston: Harvard Business School Press; Goleman, Daniel, Richard Boyatzis, and Annie McKee. 2002. *Primal leadership*. Boston: Harvard Business School Press.

3. Soelberg, Peer. 1966. Unprogrammed decision making. *Academy of Management Proceedings* 3.

4. March, James G., and Chip Heath. 1994. *A primer on decision making: How decisions happen*. New York: The Free Press.

5. Bornat, Richard. 2005. *Proof and disproof in formal logic: An introduction for programmers*. New York: Oxford University Press.

6. Ibid.

7. Abelson, Robert P., Roger C. Schank, and Ellen J. Langer, eds. 1994. *Beliefs, reasoning, and decision making: Psycho-logic in honor of Bob Abelson*. Hillsdale, NJ: Lawrence Erlbaum Associates.

8. Fiske, S. T., and P. W. Linville. 1980. What does the schema concept buy us? *Personality and Social Psychology Bulletin* 6: 543—57.

9. Piaget, Jean. 1970. Piaget's theory. In *Carmichael's manual of child psychology*, Vol. 1, 3d ed., ed. P. H. Mussen. New York: Wiley.

10. Ibid.

11. Greenwald, Anthony G., and Mahzarin R. Banaji. 1995. Implicit social cognition: Attitudes, self-esteem, and stereotypes. *Psychological Review* 102 (1): 4—27.

12. Thorndike, Edward L. 1920. A constant error on psychological rating. *Journal of Applied Psychology* 4: 25—29; Rozenweig, Phil. 2007. *The halo effect ... and the eight other business delusions that deceive managers*. New York: The Free Press.

13. Asch, Solomon. 1946/2005. Forming impressions of personality. In *Social cognition: Key readings in social psychology*, ed. David L. Hamilton, 362—71. New York: Psychology Press.

14. Nisbett, R. E., and T. D. Wilson. 1977. Telling more than we can know: Verbal reports on mental processes. *Psychological Review* 84(3): 231—59.

15. Bechara, Antoine. 2004. The role of emotion in decision making: Evidence from neurological patients with orbitofrontal damage. *Brain and Cognition* 55(1): 30—40.

16. Porges, Stephen W. 1998. Love: An emergent property of the mammalian autonomic nervous system. *Psychoneuroendocrinology* 23(8): 837—61.

17. Critchley, Hugo D., Rebecca Elliott, Christopher J. Mathias, and Raymond J. Dolan. 2000. Neural activity relating to generation and representation of galvanic skin conductance responses: A functional magnetic resonance imaging study. *Journal of Neuroscience* 20 (8): 3033—40.

18. Tversky, Amos, and Daniel Kahneman. 1981. The framing of decisions and the psychology of choice. *Science* 211(4481): 453—58.

19. Read, Stephen J., and Carol L. Miller. 1994. Dissonance and balance in belief systems: The promise of parallel constraint satisfaction processes and connectionist modeling approaches. In *Beliefs, reasoning, and decision making: Psycho-logic in honor of Bob Abelson*, ed. Robert P. Abelson, Roger C. Schank, and Ellen J. Langer. New York: Lawrence Erlbaum Associates.

20. Definition of intuition—What is intuitive decision making? 2010. Time for Change. Retrieved March 23, 2010, from http://timeforchange. org/definition-of-intuition-intuitive.

21. Ibid.

22. Burke, L. A., and M. K. Miller. 1999. Taking the mystery out of intuitive decision making. *Academy of Management Executive* 13(4): 91—99; Dane, Erik, and Michael G. Pratt. Exploring intuition and its role in managerial decision making. *Academy of Management Review* 32(1): 33—54.

23. Dane and Pratt, Exploring intuition.

24. Simon, Herbert A. 1987. Making management decisions: The role of intuition and emotion. *Academy of Management Executive* 1(1): 57—64.

25. Epstein, Seymour. 1994. Integration of the cognitive and the psychodynamic unconscious. *American Psychologist* 49: 709—24. Hogarth, Robin M. 2005. Deciding analytically or trusting your intuition? The advantages and disadvantages of analytic and intuitive thought. In *The routines of decision-making*, ed. T. Betsch and S. Haberstroh, 67—82. Mahwah, NJ: Lawrence Erlbaum Associates.

26. Hammond, Kenneth R., Robert M. Hamm, Janet

Grassia, and Tamra Pearson. 1987. Direct comparison of the efficacy of intuitive and analytical cognition in expert judgment. *IEEE Transactions on Systems, Man, and Cybernetics* 17:753—70.

27. Goleman, Daniel, and Boyatzis, Richard. 2008. Social intelligence and the biology of leadership. *Harvard Business Review* 86(9):74—81.

28. Nicosia, F. 1966. *Consumer decision processes*. Englewood Cliffs, NJ: Prentice Hall.

29. Lacey, Hoda. 2006. Don't let your bosses make wrong decisions. *Travel Trade Gazette UK and Ireland* (No. 2701):45—45.

30. Simon, Herbert. 1957. *Models of man: Social and rational—Mathematical essays on rational human behavior in a social setting*. New York: Wiley; Roach, John M. 1979. Decision making is a "satisficing" experience. *Management Review* 68(1):8.

31. Retrieved April 4, 2010, from http://www.google.com/search? q = decision + making&rls = com.microsoft:en-us:IE-SearchBox&ie=UTF-8&oe=UTF-8&sourceid=ie7&rlz=1I7GGLL_en.

32. Kant, Immanuel. 1785/1993. *Grounding for the metaphysics of morals*, 3d ed. Trans. James W. Ellington. Indianapolis, IN: Hackett.

33. Simon, *Models of man*.

34. Ibid.; March, James G. 1978. Bounded rationality, ambiguity, and the engineering of choice. *Bell Journal of Economics* 9(2):587—608.

35. Simon, *Models of man*; March, Bounded rationality, ambiguity, and the engineering of choice; Kahneman, Daniel, and Amos Tversky. 2004. Prospect theory: An analysis of decision under risk. In *Preference, belief, and similarity*, ed. Amos Tversky, 549—82. Cambridge: Massachusetts Institute of Technology.

36. Kahneman, Daniel and Amos Tyersky. 2004. Prospect theory: an analysis of decision under risk. In A. Tversky(ed.), *Preface, belief, and similarity* (549—582). Cambridge, MA. MIT Press.

37. Kahneman, Daniel. 2003. Maps of bounded rationality: Psychology for behavioral economics. *American Economic Review* 93(5):1449—75.

38. Tversky, Amos, and Daniel Kahneman. 2004. Judgment under uncertainty: Heuristics and biases. In *Preference, belief, and similarity*, ed. Amos Tversky, 203—20. Cambridge, MA: MIT Press.

39. Kahneman, Maps of bounded rationality.

40. Simon, *Models of man*; Roach, Decision making is a "satisficing" experience.

41. Juran, Joseph M. 1975. The non-Pareto principle—Mea culpa. *Quality Progress* 8:8—9; Bunkley, Nick. 2008. Joseph Juran, 103, pioneer in quality control,

dies. *New York Times* (March 3):23.

42. Emiliani, M.L. 2000. Cracking the code of business. *Management Decision* 38(2):60—79.

43. Watson, G.B., and E.M.Glaser. 1994. *Watson-Glaser Critical Thinking Appraisal Form S manual*. San Antonio, TX: Harcourt Brace.

44. Taylor, Chris. 2005. It's a wiki, wiki world. *Time Magazine* (May 29). Retrieved September 12, 2009, from http://www.time.com/time/magazine/article/0,9171,1066904-1,00.html.

45. Miller, Robin("Roblimo"). July 28, 2004. Wikipedia founder Jimmy Wales responds. *Slashdot.org*. Retrieved September 12, 2009, from http://interviews.slashdot.org/article.pl?sid=04/07/28/1351230.

46. Cunningham, Ward. 2003. Correspondence on the etymology of Wiki (November). Retrieved September 12, 2009, from http://c2.com/doc/etymology.html.

47. Taylor, It's a wiki, wiki world.

48. Wikipedias or wiki world. 2006. *Solar Navigator*. Retrieved September 12, 2009, from http://www.solarnavigator.net/wikipedias.htm.

49. Taylor, It's a wiki, wiki world.

50. Tapscott, D., and A.D.Williams. 2006. *Wikonomics: How mass collaboration changes everything*. New York: Portfolio.

51. Hammond, John S., Ralph L.Keeney, and Howard Raiffa. 1998. The hidden traps in decision making. *Harvard Business Review* 76(5):47—58.

52. Edwards, M.O. 1966. Tips on solving problems creatively. *Management Review* 55(3):28.

53. Rowe, Gene, and George Wright. 1999. The Delphi technique as a forecasting tool: Issues and analysis. *International Journal of Forecasting* 15 (4): 353—75.

54. Mehr, Robert I., and Seev Neumann. 1970. Delphi forecasting project. *Journal of Risk and Insurance* 37 (2):243.

55. Langer, Ellen J. 1997. *The power of mindful learning*. Reading, MA: Perseus Books; Kabat-Zinn, Jon. 1990. *Full catastrophe living: Using the wisdom of your body and mind to face stress, pain and illness*. Cambridge, MA: Perseus Publishing.

56. Boyatzis, Richard, and Annie McKee. 2005. *Resonant leadership: Renewing yourself and connecting with others through mindfulness, hope and compassion*. Boston: Harvard Business School Press.

57. McKee, Annie, Richard, Boyatzis, and Frances Johnston. 2008. *Becoming a resonant leader: Develop your emotional intelligence, renew your relationships and sustain your effectiveness*. Boston: Harvard Business School Press; Goleman, Daniel, Richard Boy-

atzis, and Annie McKee. 2002. *Primal leadership*. Boston: Harvard Business School Press.

58. Ruggiero, V. R. 1996. *Becoming a critical thinker*. Boston, MA: Houghton Mifflin.

59. Argyris, C., and D. Schön. 1978. *Organizational learning: A theory of action perspective*, Reading, MA: Addison Wesley; Argyris, C., and D. Schön. 1974. *Theory in practice: Increasing professional effectiveness*, San Francisco, CA: Jossey-Bass; Forrester, J. W. 1971. *World dynamics*. Cambridge, MA: MIT Press.

60. Argyris, Chris. 1976. *Increasing leadership effectiveness*. New York: Wiley.

第 7 章

1. Wallechinsky, David, and Irving Wallace. 1978. *The people's almanac ＃2, issue 2*. New York: William Morrow and Company.

2. Whorf, Benjamin. 1940. Science and linguistics. *Technology Review* (MIT) 42(6):229—31, 247—48.

3. Goodwin, Charles. 1996. Practices of color classification. *Ninchi Kagaku* (Cognitive Studies: Bulletin of the Japanese Cognitive Science Society) 3(2):62—82.

4. Thesaurus. com. Change. Retrieved March 29, 2010, from http://thesaurus. reference. com/browse/change.

5. Ibid.

6. Ibid.

7. James, Jesse. 2009. Career transitioning not just a symptom of the economy (November 1). AC Associated Content. Retrieved January 31, 2010, from http://www. associatedcontent. com/article/2346770/career_transitioning_not_just_a_symptom. html?cat＝3.

8. Bureau of Labor Statistics. 2008. Employee Tenure Summary(September 26). Retrieved May 10, 2010, from http://www. bls. gov/news. release/tenure. nr0. htm.

9. Ibid.

10. Bell, D. 1973. *The coming of post-industrial society*. New York: Basic Books.

11. Friedman, Thomas L. 2008. *Hot, flat and crowded: Why we need a green revolution and how it can renew America*. New York: Farrar, Straus and Giroux.

12. Rifkin, Jeremy. 2010. *The empathic civilization: The race to global consciousness in a world in crisis*. New York: Tarcher-Penguin.

13. Patagonia. Patagonia's history. Retrieved from http://www. patagonia. com/web/us/patagonia. go? slc ＝ en _ US&.sct＝US&.assetid＝33 51. Retrieved May 10, 2010.

14. Ibid.

15. Chouinard, Yvon. 1993. Patagonia: The next hundred years. In M. Katakis(ed.), *Sacred trusts: Essays on stewardship and responsibility* (pp. 112—121). San Francisco: Mercury House.

16. Patagonia. Footprint chronicles: Green business practices. Retrieved from http://www. patagonia. com/pdf/en_US/green_and_business. pdf. Retrieved May 10, 2010.

17. Chouinard, Patagonia.

18. Chouinard, Yvon. 2005. *Let my people go surfing: The education of a reluctant businessman*, p. 1. New York: Penguin Group.

19. Friedman, Thomas. 2005. *The world is flat*. New York: Farrar, Straus and Giroux.

20. Anderson, Chris. 2008. *The long tail: Why the future of business is selling less of more*. New York: Hyperion Books; Bauman, Zygmunt. 2007. *Consuming life*. Cambridge: Polity Press; Watson, Joe. 2006. *Without excuses: Unleash the power of diversity to build your business*. New York: St. Martin's Press.

21. Norton, Seth W. 2004. Towards a more general theory of franchise governance. In J. Windsperger and G. Hendrikse(eds.), *Economics and management of franchising networks* (pp. 17—37). New York: PhysicaVerlag Heidelberg.

22. Disney. Walt Disney Imagineering. Retrieved May 10, 2010, from http://corporate. disney. go. com/careers/who_imagineering. html.

23. Avery, Derek R., Patrick F.McKay, David C.Wilson, and Scott Tonidandel. 2007. Unequal attendance: The relationships between race, organizational diversity cues, and absenteeism. *Personnel Psychology* 60(4): 875—902.

24. Anderson, *The long tail*.

25. Thomas, Chris Allen, Wendy Green, and Doug Lynch. 2010. Online learning: An examination of contexts in corporate, higher education, and K—12 environments. In *Encyclopedia of information communication technologies and adult education integration*, ed. Victor Wang. Hershey, PA: IGI Global.

26. Thomas, David A., and Robin J. Ely. 2007. Making differences matter. In *The Jossey-Bass reader on educational leadership*, ed. Michael Fullan, p. 270. San Francisco: Jossey-Bass.

27. Bureau of Labor Statistics. Retrieved February 1, 2010, from http://www.bls.gov/cps/cpsaat39.pdf.

28. Women CEOs. 2009. *Fortune* (May 4). Retrieved February 11, 2010, from http://money. cnn. com/magazines/fortune/fortune500/2009/womenceos.

29. Ibid.

30. Bureau of Labor Statistics.

31. Catalyst. 2010. Women in U.S. information. Retrieved February 1, 2010, from http://www. catalyst. org/publication/157/women-in-usinformation.

32. U. S. Census Bureau. International data base. Retrieved February 1, 2010, from http://www. census. gov/ipc/www/idb/region. php.

33. Ibid.

34. Ibid.

35. Ibid.

36. Ibid.

37. Jagota, Mukesh. 2010. India expects strong economic growth this fiscal year. *Wall Street Journal* (January 11). Retrieved April 4, 2010, from http://online. wsj.com/article/SB126292793623121229.html.

38. Trading Economics. United States. GDP. Retrieved May 10, 2010, from http://www. tradingeconomics. com/Economics/GDP-Growth. aspx?symbol=USD.

39. Chakravarthy, B., and P. Lorange. 2008. Driving renewal: The entrepreneur manager. *Journal of Business Strategy* 29:14—21.

40. Nadler, David A., and Michael L. Tushman. 1989. Organizational frame bending: Principles for managing reorientation. *The Academy of Management Executive* 3(3):194—204.

41. General Electric. Our history. Retrieved January 26, 2010, from http://www. ge. com/company/history/index. html; General Electric Company. Retrieved January 26, 2010, from http://www. funding universe. com/company-histories/General-Electric-Company-Company-History. html.

42. General Electric. Ecomagination. Retrieved May 10, 2010, from http://ge. ecomagination. com/index. html.

43. Frogland-The boiled frog. Retrieved May 10, 2010, from http://allaboutfrogs.org/stories/boiled. html.

44. Krugman, Paul. 2009. Reagan did it. *New York Times* (May 31). Retrieved January 28, 2010, from http://www. nytimes. com/2009/06/01/opinion/01krugman. html?_r=1.

45. Stiglitz, Joseph E. 2009. Capitalist fools. *Vanity Fair* (January). Retrieved January 28, 2010, from http://www.vanityfair.com/magazine/2009/01/stiglitz200901.

46. Labaton, Stephen. 2008. Agency's '04 rule let banks pile up new debt. *New York Times* (October 2). Retrieved January 28, 2010, from http://www. nytimes.com/2008/10/03/business/03sec. html?em.

47. Holmes, Steven A. 1999. Fannie Mae eases credit to aid mortgage lending. *New York Times* (September 30). Retrieved January 28, 2010, from http://www. nytimes.com/1999/09/30/business/fannie-mae-eases-credit-to-aid-mortgage-lending. html; Board of Gover-

nors of the Federal Reserve System. Open Market Operations. Retrieved May 10, 2010, from http://www. federalreserve.gov/fomc/fundsrate. htm. Federal Deposit Insurance Corporation. 2006. Challenges and FDIC efforts related to predatory lending. Report No.06-011. Arlington, VA: FDIC. Retrieved January 28, 2010, from http://www. fdicoig. gov/reports06/06-011.pdf.

48. Andrews, Edmund L. 2008. Greenspan concedes error on regulation. *New York Times* (October 23). Retrieved February 1, 2010, from http://www. nytimes. com/2008/10/24/business/economy/24panel. html.

49. Ip, Greg. 2008. His legacy tarnished, Greenspan goes on defensive. *Wall Street Journal* (April 8). Retrieved March 11, 2010, from http://online. wsj. com/article/SB120760341392296107.html.

50. Bartlett, Bruce. 2009. Who saw the housing bubble coming? *Forbes.com* (January 2). Retrieved February 1, 2010, from http://www. anderson. ucla. edu/faculty/edward. leamer/documents/01-02-2009% 20Forbes% 20-%20Who%20saw%20bubble%20coming. pdf.

51. CSI: Credit crunch. 2007. *The Economist* 385 (October 20):4—8.

52. Joint Center for Housing Studies of Harvard University. 2008. The state of the nation's housing 2008. President and fellows of Harvard College. Retrieved January 28, 2010, from http://www. jchs. harvard. edu/publications/markets/son2008/son2008. pdf; Labaton, Agency's '04 rule let banks pile up new debt.

53. Engdahl, F. William. 2004. Is a USA economic collapse due in 2005? Centre for Research on Globalisation. Retrieved February 1, 2010, from http://www. globalresearch. ca/articles/ENG407A. html.

54. Glass, Ira. 2009. This American life: Giant pool of money wins Peabody. (April 5). Public Radio International. Retrieved February 1, 2010, from http://www. pri. org/business/giant-pool-of-money. html.

55. Volcker, Paul A. 2005. An economy on thin ice. *Washington Post* (April 10). Accessed March 11, 2010, from http://www. washingtonpost. com/wp-dyn/articles/A38725-2005Apr8. html.

56. BBC News. 2003. Buffett warns of investment "time bomb." Retrieved January 28, 2010, from http://news. bbc. co. uk/2/hi/business/2817995. stm.

57. Salmon, Felix. 2009. Recipe for disaster: The formula that killed Wall Street. *Wired Magazine* 17 (February 23). Retrieved January 28, 2010, from http://www. wired. com/techbiz/it/magazine/17-03/wp_quant.

58. Lewin, Kurt. 1951/1964. *Field theory in social science: Selected theoretical papers*. New York: Harper Torchbooks.

59. Ibid., 229.

60. Burnes, Bernard. 2004. Kurt Lewin and complexity theo-
ries: Back to the future? *Journal of Change Manage-
ment* 4(4):309—25.

61. Lewin, Kurt. 1943. Psychological ecology. In *Field
theory in social science*, 1952, ed. D.Cartwright. Lon-
don: Social Science Paperbacks; Lewin, Kurt. 1947.
Frontiers in group dynamics. In *Field theory in social
science*, 1952, ed. D.Cartwright. London: Social Sci-
ence Paperbacks; Burnes, Kurt Lewin and complexity
theories.

62. Levy, Steven. 2005. Honey, I shrunk the iPod. A lot.
Newsweek 146(12):58.

63. Ibid; Sutton, R.L. 2001. The weird rules of creativity.
Harvard Business Review 79(8):94—103.

64. Lewin, Kurt. 1952. Group decision and social change.
In *Readings in social psychology*, ed. G.E.Swanson,
T.N.Newcomb, and E.L.Hartley. New York: Holt;
Schein, E.H. 1987. *Organizational culture and lead-
ership*. San Francisco: Jossey-Bass.

65. Ibid. Schein, Edgar H. 2002. Models and tools for sta-
bility and change in human systems. *Reflections* 4
(2):13.

66. Vaill, Peter. 1989. *Managing as a performing art:
New ideas for a world of chaotic change*. San Fran-
cisco: Jossey-Bass.

67. Shea, Gregory, and Robert Gunther. 2009. *Your job
survival guide: A manual for thriving in change*.
Upper Saddle River, NJ: Pearson Education.

68. Vaill, Peter. 1996. *Learning as a way of being: Strate-
gies for survival in a world of permanent white water*.
San Francisco: Jossey-Bass.

69. Herper, Matthew, and Peter Kang. 2006. The world's
ten best-selling drugs. *Forbes*(March 22). Retrieved Jan-
uary 29, 2010, from http://www.forbes.com/2006/03/
21/pfizer-merck-amgen-cx_mh_pk_0321topdrugs.html.

70. Crabill, Steven C. 2009. Pfizer wins patent extension on
cholesterol drug(January 29). Nj.com. Retrieved January
29, 2010, from http://www.nj.com/business/index.
ssf/2009/01/pfizer_wins_patent_extension_o.html.

71. U.S. judge upholds Bristol, Sanofi patent on Plavix.
2007(June 19). Reuters. Retrieved January 29, 2010,
from http://www.reuters.com/article/idUSN19316-
07820070619?pageNumber=1.

72. AstraZeneca. 2008. AstraZenica settles US Nexium
patent litigation with Ranbaxy(April 15). Retrieved
January 29, 2010, from http://www.astrazeneca.
com/media/latest-press-releases/2008/5387?itemId=
3892250.

73. Piribo. 2008. Pharmaceutical market trends, 2008—2012

(140 pp.). Retrieved January 29, 2010, from http://
www.piribo.com/publications/general_industry/phar-
maceutical_market_trends_2008_2012.html.

74. GlaxoSmithKline. 2009. Creating a pool of intellectual
property to fight neglected tropical diseases. Retrieved
February 14, 2010, from http://www.gsk.com/col-
laborations/patentpool.htm.

75. Delfanti, Alessandro. 2010. Open lab tackles neglected
diseases. P2P Foundation Blog. Retrieved February 14,
2010, from http://blog.p2pfoundation.net/category/
p2p-healthcare.

76. Nature Editorial. 2010. Learning to share. *Nature*
463:401; Butler, Declan. 2009. Drug patent plan gets
mixed reviews. *Nature* 457:1064—65.

77. Witty, Andrew. 2010. GSK investor presentation at
JP Morgan 28th Annual Healthcare Conference, San
Francisco(January 12). Retrieved February 11, 2010,
from http://www.gsk.com/investors/presentations/
2010/JP-Morgan-12January2010.pdf.

78. Shea, Gregory P. 2001. Leading change. In *Medicine
and business: Bridging the gap*, ed. S.Rovin, p. 47.
Gaithersburg, MD: Aspen Publishers.

79. Personal correspondence with Gregory Shea, January
30, 2010.

80. Thomas, Chris A., and Brett Lee. 2010. Language li-
aisons: Language planning leadership in health care.
Language Problems and Language Planning, 34. In
press.

81. Wharton ebuzz. Innovation requires change. Retrieved
January 28, 2010, from http://executiveeducation.
wharton.upenn.edu/ebuzz/0611/classroom.html.

82. Shea, G. 2008. Riding the waves during the recession:
An interview with authors Gregory Shea and Robert
Gunther, e-BIM. Retrieved July 9, 2009, from
http://www.humanresourcesig.com.

83. Shea, Gregory P. 2001. Leading change. In *Medicine
and business: Bridging the gap*. ed. S.Rovin, Gaith-
ersburg, MD: Aspen Publishers. Block, Peter. 2002.
The answer to how is yes: acting on what matters.
San Francisco: Berrett-Koehler Publishers, Inc.

84. Green, Peter S. 2009. Merrill's Thain said to pay
$1.2 million to decorator.(January 23). Bloomberg.
com. Retrieved March 11, 2010, from http://www.
bloomberg.com/apps/news?pid=20601087&sid=aF-
crG8er4FRw&refer=home.

85. Waring, Paul. 2008. Coaching the brain. *The Coaching
Psychologist* 4(2):10—16.

86. Ibid.

87. Goleman, Daniel, Richard E.Boyatzis, and Annie Mc-
Kee. 2002. *Primal leadership: Learning to lead with*

emotional intelligence. Boston: Harvard Business School Press.

88. Ibid.

89. Boyatzis, Richard E. 2006. An overview of intentional change from a complexity perspective. *Journal of Management Development* 25 (7): 607—23; Howard, Anita. 2006. Positive and negative emotional attractors and intentional change. *Journal of Management Development* 25 (7): 657—70; Boyatzis, Richard, and Annie McKee. 2005. *Resonant leadership: Renewing yourself and connecting with others through mindfulness, hope and compassion*. Boston: Harvard Business School Press.

90. Dolan, S. L., S. Garcia, and A. Auerbach. 2003. Understanding and managing chaos in organizations. *International Journal of Management* 20(1): 23—35; Van der Ven, Andrew H., and Marshall S.Poole. 1995. Explaining development and change in organizations. *Academy of Management Review* 20 (3): 510—40.

91. Richwine, Lisa. 2009. Update 1—Glaxo proposes patent pool for neglected diseases(February 13). Forbes. com. Retrieved March 11, 2010, from http://www. forbes.com/feeds/afx/2009/02/13/afx6052325.html.

92. Snyder, C.R. *The psychology of hope: You can get there from here*. New York: Simon &. Schuster; Boyatzis, Richard, and Annie McKee. 2005. *Resonant leadership*. Boston, MA: Harvard Business School Press. Boyatzis, An overview of intentional change theory from a complexity perspective; Boyatzis, Richard E. 2001.

93. McKee, Annie, Richard Boyatzis, and Frances Johnston. 2008. *Becoming a resonant leader*. Cambridge: Harvard University Press.

94. Seligman, Martin. 1998. *Learned optimism: How to change your mind and your life*. New York: Pocket Books.

95. Ibid.

96. Boyatzis and McKee. 2005. *Resonant leadership*; Seligman, Martin. *Learned optimism*.

97. Boyatzis, An overview of intentional change theory from a complexity perspective; Boyatzis, Richard E. 2001. Developing emotional intelligence. In *The emotionally intelligent workplace*, ed. C.Cherniss, R.E. Boyatzis and D. Goleman, 234—53. San Francisco: Jossey-Bass; Kolb, David A., and Richard E. Boyatzis. 1970. Goal setting and selfdirected behavior change. *Human Relations* 23(5):439—57; Boyatzis, Richard E.2008. Leadership development from a complexity perspective. *Consulting Psychology Journal* 60(4):298—313.

98. Goleman et al., *Primal leadership*; Boyatzis, Richard E., and Kleio Akrivou. 2006. The ideal self as the driver of intentional change. *Journal of Management Development* 25(7):139.

99. Goleman et al., *Primal leadership*; Boyatzis and Akrivou, The ideal self as the driver of intentional change.

100. Goleman, Daniel, Richard Boyatzis, and Annie McKee. 2002. *Reawakening your passion for work*. Boston: Harvard Business School Press.

101. New York Institute for Gestalt Therapy. Home page. Accessed May 10, 2010, from http://www. newyorkgestalt.org/index/html.

102. Critchley, B., and D. Casey. 1989. Organizations get stuck too. *Leadership and Organization Development Journal* 10(4):3—12.

103. Kepner, Elaine. 1980. Gestalt group process. In *Beyond the hot seat: Gestalt approaches to group*, ed. Bud Feder and Ruth Ronall, 5—25. Highland, NY: Gestalt Journal Press; Kolb, David. 1984. *Experiential learning: Experience as the source of learning and development*. Upper Saddle River, NJ: Prentice Hall.

104. Interview with Frances Johnston, January 2010.

105. Johnston, Frances, and Eddy Mwelwa. 2009. Making the HIV/AIDS problem visible in Cambodia. In *Mending the world*, ed. Joseph Melnick and Edwin C. Nevis, 287—309. Bloomington, IN: Xlibris Publishing.

106. Ibid.

107. *CIA World Factbook*, Cambodia. Retrieved May 10, 2010, from https://www. cia. gov/library/publications/the-world-factbook/geos/countrytemplate_cb. html.

108. United States Agency Internal Development. USAID/ Cambodia. Retrieved May 10, 2010, from http:// www.usaid.gov/our_work/global_health/aids/Countries/asia/cambodia_profile.pdf.

109. Burke, W.Warner. 1987. *Organization development: A normative view*. Reading, MA: Addison-Wesley.

110. French, Wendell. 1969. Organization development: Objectives, assumptions, and strategies. *California Management Review* 12:23—34.

111. Hinkley, Stanley R. 2006. A history of organization development. In *NTL handbook of organization development and change: Principles, practices, and perspectives*, ed. Brenda B. Jones and Michael Brazzel, 28—45. San Francisco: Pfeiffer; Weisbord, M.R. 2004.*Productive workplaces revisited: Dignity, meaning and community in the 21st century*. San Francisco: Pfeiffer.

112. Cummings, T.G., and C.G.Worley. 2009. *Organization*

development and change. Mason, OH: South-Western Cengage Learning.

113. Ibid.

114. McGregor, Douglas, and Joel Cutcher-Gershenfield. 2006. *The human side of enterprise*. New York: McGraw-Hill.

115. Leskiw, Sheri-Lynne, and Parbudyal Singh. 2007. Leadership development: Learning from best practices. *Leadership and Organization Development Journal* 28(5):444—64.

116. Lewin, Kurt. 1946. Action research and minority problems. *Journal of Social Issues* 2(4):34—46.

117. Reason, P., and H. Bradbury, eds. 2008. *Sage handbook of action research: Participative inquiry and practice*, 2d ed. London: Sage Publications; http://www. bath. ac. uk/management/news_events/pdf/lowcarbon_insider_voices.pdf.

118. Freire, P. 1970. *Pedagogy of the oppressed*. New York: Herder & Herder.

119. Lewin, Action research and minority problems; Burnes, Kurt Lewin and complexity theories.

120. Reason, Peter and Hilary Bradbury. 2001. Inquiry and participation in search of a world worth of human aspiration. In P. Reason and H. Bradbury (eds.), *Handbook of action research: participative inquiry and practice*(1—14). Thousand Oaks, CA: Sage Publications; McKee, Annie, and Frances Johnston. 2006. The impact and opportunity of emotion in organizations. In B.B.Jones and M.Brazzel (eds.), *The NTL Handbook of Organizational Development and Change*(407—423). San Francisco: Pffeifer; London, Anne(Annie McKee), and McMillan, Cecilia. 1992. Discovering social issues: Organizational development in a multicultural community. *Journal of Applied Behavioral Sciences* 28:445—460.

121. Kemmis, Stephen, and Robin McTaggart. 2005. Participatory action research: Communicative action and the public sphere. In *SAGE handbook of qualitative research*, ed. Norman K.Denzin and Yvonna S. Lincoln, 559—604. Thousand Oaks, CA: Sage Publications.

122. Schwaninger M. 2000. Managing complexity: The path toward intelligent organizations. *Systemic Practice and Action Research* 13 (2): 207—41; Schwaninger, Markus. 2004. Methodologies in conflict: Achieving synergies between system dynamics and organizational cybernetics. A cyberkinetic model to enhance organizational intelligence. *Systems Research and Behavioral Science* 21: 411; Schwaninger, Markus. 2003. A cyberkinetic model to enhance organizational intelligence. *Systems Analysis Modelling Simulations* 43 (1):53—65.

123. American Society of Training and Development. 2008. *State of the industry report: ASTD's annual review of trends in workplace learning and performance*. Alexandria, VA: A.Paradise.

124. Boyatzis and McKee. Resonant leadership; Boyatzis, Richard E., A.Baker, D.Leonard, K.Rhee, and L. Thompson. 1995. Will it make a difference? Assessing a value-based, outcome oriented, competency-based professional program. In *Innovation in professional education: Steps on a journey from teaching to learning*, ed. Richard E.Boyatzis, S.S. Cowen, and D.A.Kolb, 167—202. San Francisco: Jossey-Bass; Boyatzis, Richard E., and Argun Saatcioglu. 2008. A 20-year view of trying to develop emotional, social and cognitive intelligence competencies in graduate management education. *Journal of Management Development* 27(1):92—108.

125. McKee, Annie, Richard Boyatzis, and Frances Johnston. 2008. *Becoming a resonant leader: Develop your emotional intelligence, renew your relationships, and sustain your effectiveness*. Boston: Harvard Business School Press.

126. Bunch, Kay J. 2007. Training failure as a consequence of organizational culture. *Human Resource Development Review* 6(1):142—63.

127. Buchanan, D., and D.Boddy. 1992. *The expertise of the change agent*. New York: Prentice Hall.

128. Dawson, P. 1994. *Organizational change: A processual approach*. London: Paul Chapman; Hardy, C. 1994. *Managing strategic action: Mobilizing change—Concepts, readings and cases*. London: Sage; Hardy, S. 1996. Understanding power: Bringing about strategic change. *British Journal of Management* 7(Special Issue): S3—S16; Kanter, R.M. 1983. *The change masters: Corporate entrepreneurs at work*. London: Allen & Unwin; Pettigrew, A.M. 1985. *The awakening giant: Continuity and change in Imperial Chemical Industries*. Oxford: Blackwell.

129. Balogun, Julia, Pauline Gleadle, Veronica H. Hailey, and Hugh Willmott. 2005. Managing change across boundaries: Boundary-shaking practices. *British Journal of Management* 16(4):261—78.

130. Ibid., 263.

131. Goleman, Daniel. 1995. *Emotional intelligence*. New York: Bantam Books; Goleman, Daniel. 1998. *Working with emotional intelligence*. New York: Bantam Books.

132. Cangemi, Joseph P., Bill Burga, Harold Lazarus,

Richard L. Miller, and Jaime Fitzgerald. The real work of the leader: A focus on the human side of the equation. *Journal of Management Development* 27 (10):1026—36; Vakola, M., I. Tsousis, and I. Nikolaou. 2004. The role of emotional intelligence and personality variables on attitudes toward organizational change. *Journal of Managerial Psychology* 19(2):88—110.

133. Boyatzis and McKee, *Resonant leadership*.

134. Boyatzis and McKee. *Resonant leadership*.

135. NARHA.org. Retrieved on April 23, 2010.

136. Hester, Amanda. Vanguard. "High In The Saddle." VA's Employee Magazine. March/April 2010. Vol. LV1 NO.1 Published online by the Office of Public Affairs. Retrieved on April 23, 2010 from http://www. va. gov/opa/publications/vanguard _ 10 _ mar-chapril.pdf.

第8章

1. D'Aveni, Richard A. 1994. *Hypercompetition: Managing the dynamics of strategic maneuvering.* New York: The Free Press.

2. Ibid.

3. Honan, Matthew. 2007. Apple unveils iPhone. *MacWorld* (January 9). Accessed March 9, 2010, from http://www. macworld. com/article/54769/2007/01/iphone.html; Huffman, Mark. 2007. Apple cuts price of most expensive iPhone. Consumeraffairs.com (September 6). Accessed March 9, 2010, from http:// www. consumeraffairs. com/news04/2007/09/iphone_price.html.

4. Snell, Jason. 2007. The iPhone: Complete review. *Macworld* (July 3). Accessed March 9, 2010, from http://www. macworld. com/article/58733/iphone _ rev. html? loomia _ ow = t0: s0: a38: g26: r12: c0. 000890:b21003931:z0.

5. Huffman, Apple cuts price of most expensive iPhone.

6. Bogner, William C., and Pamela S.Barr. 2000. Making sense in hypercompetitive environments: A cognitive explanation for persistence of high velocity competition. *Organization Science* 11(2):212—26.

7. Amar, A.D., Carsten Hentrich, and Vlatka Hlupic. 2009. To be a better leader, give up authority. *Harvard Business Review* 87(12):22—24, 126.

8. Ernst and Young. "The Ernst and Young Entrepreneur of the Year awards program—Southeast area Florida 2007 awards recipients." Accessed March 14, 2010, from http://www. ey. com/US/en/About-us/Entrepreneur-Of-The-Year/SEA_FL_Article_2007_Award_Recipients."

9. Dietrich, Arne. 2004. The cognitive neuroscience of creativity. *Psychonomic Bulletin and Review* 11(6):1011—26.

10. Ibid.

11. Ibid.

12. Krashen, Stephen. 1985. *The input hypothesis: Issues and implications.* White Plains, NY: Longman; Carson, Shelley H., and Ellen J.Langer. 2006. Mindfulness and self-acceptance. *Journal of Rational-Emotive and Cognitive Behavior Therapy* 24(1):29—43.

13. Dietrich, The cognitive neuroscience of creativity.

14. Langer, E. J., and M. Moldoveanu. 2000. The construct of mindfulness. *Journal of Social Issues* 56(1):1—9.

15. Carson and Langer, Mindfulness and self-acceptance; Csikszentmihalyi, Mihaly. *Finding flow: The psychology of engagement with everyday life.* New York: Basic Books. 1997.

16. Dietrich, The cognitive neuroscience of creativity.

17. Sutton, Robert I. 2001. The weird rules of creativity. *Harvard Business Review* 79(8):94—103.

18. Deci, E.L., and R.M.Ryan. 1995. Human autonomy: The basis for true self-esteem. In *Efficacy, agency, and self-esteem*, ed. M.Kemis, 31—49. New York: Plenum; Carson and Langer, Mindfulness and selfacceptance.

19. Sutton, The weird rules of creativity.

20. Carson and Langer, Mindfulness and self-acceptance.

21. Dietrich, The cognitive neuroscience of creativity.

22. Mölle, Mattias, Lisa Marshall, Werner Lutzenberger, Reinhard Pietrowsky, Horst L. Fehm, and Jan Born. 1996. Enhanced dynamic complexity in the human EEG during creative thinking. *Neuroscience Letters* 208:61—64.

23. Indefrey, P., and W.J.Levelt. 2004. The spatial and temporal signatures of word production components. *Cognition* 92(1—2):101—44.

24. Cattell, R. 1971. *Abilities: Their structure, growth, and action.* New York: Houghton-Mifflin; Guilford, J.P. 1975. Creativity: A quarter century of progress. In *Perspectives in creativity*, ed. I.A.Taylor and J.W. Getzels, 37—59. Chicago: Aldine.

25. Dietrich, Arne. 2007. Who's afraid of a neuroscience of creativity? *Methods* 42(1):22—27.

26. Ibid.

27. Ibid.

28. Dietrich, The cognitive neuroscience of creativity.

29. Victoria, *Herald Sun.* 2007. Right brain v. left brain (October 9). Retrieved May 11, 2010, from http://www. heraldsun. com. au/news/right-brain-v-left-

brain/story-e6frf7jo-1111114603615.

30. Corballis, Michael C. 1980. Laterality and myth. *American Psychologist* 35(3):288.

31. Weaver, Catherine. 2009. IPE's split brain. *New Political Economy* 14(3):337—46.

32. Fink, Andreas, Mathias Benedek, Roland H. Grabner, Beate Staudt, and Aljoscha C. Neubauer. 2007. Creativity meets neuroscience: Experimental tasks for the neuroscientific study of creative thinking. *Methods* 42(1):68—76.

33. Dietrich, The cognitive neuroscience of creativity.

34. Fink et al., Creativity meets neuroscience.

35. Ibid.

36. Dietrich, The cognitive neuroscience of creativity.

37. Damasio, A.R. 1994. *Descartes' error: Emotion, reason, and the human brain*. New York: Putnam.

38. Scase, Richard. 2009. "Herding cats": Managing creativity. *Market Leader* 44:58—61.

39. Nussbaum, Bruce, Robert Berner, and Diane Brady. 2005. Get creative! *BusinessWeek* 3945:60—68.

40. Mostert, Nel M. 2007. Diversity of the mind as the key to successful creativity at Unilever. *Creativity and Innovation Management* 16(1):93—100.

41. ASAE & the center for association leadership. Idea bank: A room of their own. 2006. *Associations Now* 2(2):13.

42. Sutton, Robert. 2001. The weird rules of creativity. *Harvard Business Review.* 79(8):94—103.

43. One laptop per child. Home page. Retrieved April 1, 2010, from http://laptop.org/en.

44. Ibid.

45. Lawton, Chuck. 2009. The XO laptop two years later: Part I: The vision(June). Retrieved February 24, 2010, from http://www. wired. com/geekdad/2009/06/the-xo-laptop-two-years-later-part-1-the-vision.

46. Talbot, David. 2008. $100 laptop program's new president. *Technology Review* (May 2). Accessed March 14, 2010, from http://www.technologyreview.com/Biztech/20711/page1.

47. Barras, Colin. 2008. Laptops could betray users in the developing world. *New Scientist* (June 5). Accessed March 14, 2010, from http://www. newscientist. com/article/mg19826596. 100-laptops-could-betray-users-in-the-developing-world. html? feedId = electronic-threats_rss20.

48. Global Case Challenge. Home page. Retrieved May 11, 2010, from http:// www. globalcasechallenge. com/about.html.

49. Drucker, Peter. 1993. *Post-capitalist society*. New York: HarperCollins, 38.

50. Yahoo! Finance. Netflix, Inc. (NFLX). Retrieved May 11, 2010, from http://finance. yahoo. com/q? s =NFLX.

51. Netflix. About Netflix. Retrieved May 11, 2010, from http://cdn-0. nflximg. com/us/pdf/Consumer_Press_Kit.pdf.

52. Ibid.

53. Netflix, Netflix Prize. Retrieved May 11, 2010, from http://www.netflixprize.com.

54. Salzman, Alex. 2008. *What gets Seventh Generation's "director of corporate consciousness" out of bed in the morning?* (May 19). Retrieved September 12, 2009, from http://www. alternativechannel. tv/blog/en/comments/what _ gets _ seventh _ generations _ director_of_corporate_ consciousness_out_of_bed.

55. Heimert, Chrystie. 2009. Seventh Generation names PepsiCo/Quaker Oats veteran as CEO(June 1). Retrieved September 12, 2009, from http://www. csr-wire. com/press/press_ release/27044-Seventh-Generation-Names-PepsiCo-Quaker-Oats-Veteran-as-CEO.

56. Seventh Generation, Inc. Company profile. Retrieved March 14, 2010, from LexisNexis Corporate Affiliations Database.

57. Heimert, Seventh Generation Names PepsiCo/Quaker Oats Veteran as CEO.

58. Seventh Generation, Inc. About Seventh Generation. Retrieved September 12, 2009, from http://www. seventhgeneration.com/about.

59. Ibid.

60. Werbach, Adam. 2009. When sustainability means more than "green." *McKinsey Quarterly* (July). Retrieved September 12, 2009, from http://www. mckinseyquarterly.com/When_sustainabillity_means_more_than_ green_2404.

61. Rushe, Dominic. 2009. Eco firm Seventh Generation is riding high in Obama revolution. *Sunday Times* (February 15). http://business. timesonline. co. uk/tol/business/entrepreneur/article5733543.ece.

62. Ibid.

63. Werbach, When sustainability means more than "green."

64. Hollender, Jeffrey. 2008. Corporate consciousness report 2008. Retrieved September 7, 2009, from http://www.seventhgeneration.com.

65. Fast Company. 2009. The world's most innovative companies. Retrieved May 11, 2010, from http://www.fastcompany.com/fast50_09.

66. *Bloomberg BusinessWeek*. The most innovative companies 2009. Retrieved May 11, 2010, from http://images. businessweek. com/ss/09/04/0409 _ most _ innovative_cos/42.htm.

67. Volberda, Henk W. 1996. Toward the flexible form:

How to remain vital in hypercompetitive environments. *Organization Science* 7(4):359—74.

68. BBGEEKS. Blackberry news, reviews, and information. Retrieved May 11, 2010, from http://www. bbgeeks. com/blackberry-guides/the-history-of-the-blackberry_88296.

69. Davis, David. 2009. What is Cisco Telepresence and what does it take? Petri IT Knowledgebase (January 7). Retrieved May 11, 2010, from http://www. petri. co. il/cisco-telepresence-what-is-it-what-does-it-take-video-conferencing-hdtv. htm.

70. Rich, Ben, and Leo Janos. 1996. *Skunk Works: A personal memoir of my years at Lockheed*. Boston: Little, Brown and Company.

71. Lockheed Martin. Skunk Works. Retrieved May 11, 2010, from http://www. lockheedmartin. com/aeronautics/skunkworks.

72. Kiley, David. 2009. Putting Ford on fast-forward. *BusinessWeek* (October 26). Retrieved February 24, 2010, from http://www. thefreelibrary. com/PUTTING + FORD + ON + FAST + FORWARD-a01612033904.

73. Davidsson, Per, Erik Hunter, and Magnus Klofsten. 2006. Institutional forces: The invisible hand that shapes venture ideas? *International Small Business Journal* 24(2):115—31.

74. Kowal, Eric. 2008. Army suggestion program can thicken your wallet. *U.S. Army Military News* (November 21). Retrieved February 28, 2010, from http://www. army. mil/-news/2008/11/21/14451-army-suggestion-program-can-thicken-your-wallet.

75. PennGSE. PENN and Milken Family Foundation launch business plan competition to improve education. Retrieved May 11, 2010, from http:// www.gse. upenn. edu/node/1176.

76. Disney. Walt Disney Imagineering. Retrieved May 11, 2010, from http://corporate. disney. go. com/careers/who_imagineering. html.

77. Ibid.

78. Marling, Karal. 1997. *Designing Disney's theme parks*. New York: Flammarion.

79. Disney. ImagiNations. Retrieved May 11, 2010, from http://disney. go. com/disneycareers/imaginations.

80. Online Etymology Dictionary. Entrepreneur. Retrieved May 11, 2010, from http://www. etymonline. com/index. php?search=entrepreneur & searchmode=none.

81. McClelland, D.C. 1961. *The achieving society*. Princeton, NJ: D. Van Nostrand Company.

82. Lemke, C., and B. Lesley. 2009. *Advance 21st century innovation in schools through smart, informed state policy*. Los Angeles: The Metiri Group; Soriano, D. R., and J. M. C. Martinez. 2007. Transmitting the entrepreneurial spirit to the work team in SMEs: The importance of leadership. *Management Decision* 45 (7):1102—22; Blair, Tony, and Gerhard Schröder. 2003. Europe: The third way/Die neue mitte. In *The new Labour reader*, ed. A. Chadwick and R. Heffernan. Malden, MA: Blackwell Publishing.

83. Blair and Schröder, Europe: The third way.

84. Lytle, Tamara. 2010. Obama vows to increase jobs, cut debt and stay course for health care reform. AARPBulletintoday (January 28). Retrieved May 11, 2010, from http://bulletin. aarp. org/yourworld/politics/articles/state _ of _ the _ union. html? CMP = KNC-360I-GOOGLEBULL&.HBX_OU=50&.HBX_PK=jobs_state_of_the_union&.utm_source=Google&.utm_medium=cpc&.utm_term=jobs%2Bstate%2Bof%2Bthe%2Bunion&.utm_campaign=G-Your%2BWorld%2B-%2BArticles.

85. Kobe, Kathryn. April 2007. The small business share of GDP, 1998—2004, p. 1. Retrieved March 28, 2010, from http://www. sba. gov/advo/research/rs299tot. pdf; CHI Research, February 27, 2003. Small serial innovators: The small firm contribution to technical change. Retrieved March 28, 2010, from http://www. sba. gov/advo/research/rs225tot. pdf; Small Business Administration Office of Advocacy. September 2009. Frequently asked questions: Advocacy: The voice of small business in government. Retrieved May 19, 2010, from www. sba. gov/advo/stats/sbfaq. pdf.

86. *CIA World Factbook*. Zambia. Retrieved April 11, 2010, from https://www. cia. gov/library/publications/the-world-factbook/geos/za. html.

87. ABC News/Money. Photos: Celebrity entrepreneurs. Retrieved May 11, 2010, from http://abcnews. go. com/Business/popup?id=4941699.

88. ONE International. About. Retrieved May 11, 2010, from http://www.one. org/international/about.

89. Rainforest Foundation. About us. Retrieved May 11, 2010, from http://www. rainforestfoundation. org/about-us.

90. The Oprah Winfrey Leadership Academy Foundation. Building a dream. Retrieved May 11, 2010, from http:// oprahwinfreyleadershipacademy. o-philanthropy. org/site/PageServer?pagename=owla_about.

91. Resnick, Rosalind. 2009. Can you handle the risk? Make sure your risk tolerance and investment strategy align. *Entrepreneur Magazine* (January). Retrieved February 28, 2010, from http://www. entrepreneur. com/magazine/entrepreneur/2009/january/199022. html.

92. John F. Kennedy University. About us. Retrieved May 11, 2010, from http://www.jfku.edu/about/story.

93. Hornaday, John A., and John Aboud. 1971. Characteristics of successful entrepreneurs. *Personnel Psychology* 24(2):141—53.

94. Hines, John L. 2004. Characteristics of an entrepreneur. *Surgical Neurology* 61(4):407—08.

95. Ibid.

96. Lans, Thomas, Harm Biemans, Jos Verstegen, and Martin Mulder. 2008. The influence of the work environment on entrepreneurial learning of small-business owners. *Management Learning* 39（5）: 597—613.

97. Robison, Jennifer. 2008. Will social entrepreneurship save the world? *Gallup Management Journal Online*. Retrieved February 24, 2010, from http://gmj.gallup.com/content/112915/will-social-entrepreneurship-save-world.aspx#1.

98. Mobiles in Malawi. "Going global" and www.jobsa.org. Retrieved May 11, 2010, from http://mobilesinmalawi.blogspot.com.

99. Ibid.

100. Banks, Ken, and Josh Nesbit. 2008. Witnessing the human face of mobile in Malawi. PC World Business Center(June 27). Retrieved February 28, 2010, from http://www.pcworld.com/businesscenter/article/147679/witnessing_the_human_face_of_mobile_in_malawi.html; http://www.frontlinesms.com/what; http://www.kiwanja.net.

101. Forum for the Future. FT Climate Change Challenge. Retrieved May 11, 2010, from http://www.forumforthefuture.org/FT-climate-challenge.

102. KYOTO: Free is the sun. KYOTO Retrospective. Retrieved May 11, 2010, http://www.kyotoenergy.com/history.html.

103. Ibid.; Forum for the Future. FT Climate Change Challenge. Retrieved May 11, 2010, from http://www.forumforthefuture.org/FT-climatechallenge.

104. Ibid.

105. SBA Office of Advocacy. Frequently asked questions.

106. Small Business Administration. How to write a business plan. Retrieved February 24, 2010, from http://www.sba.gov/smallbusinessplanner/plan/writeabusinessplan/SERV_WRRITINGBUSPLAN.html.

107. Woo, Kevin. 2009. Don't let angel investors bedevil you. Forbes.com. Retrieved August 2, 2009, from http://www.forbes.com/2009/07/28/investor-backer-business-leadership-angel_print.html.

108. Kahn, Sharon. 2009. The venture game. *Fortune Small Business* 19(4):60.

109. National Venture Capital Association. 2009. Frequently asked questions about venture capital. Retrieved February 24, 2010, from http://www.nvca.org/index.php?option=com_content&view=article&id=119&Itemid=147.

110. Ibid.

111. Zoltners, Andris A., Prabhakant Sinha, and Sally E. Lorimer. 2006. Match your sales force structure to your business life cycle. *Harvard Business Review* 84(7/8):83.

112. Lippitt, Gordon L., and Warren H. Schmidt. 1967. Crises in a developing organization. *Harvard Business Review* 45:102—12.

113. Zoltners et al., Match your sales force structure to your business life cycle.

114. Quinn, Robert E., and Kim Cameron. 1983. Organization life cycles and shifting criteria of effectiveness: Some preliminary evidence. *Management Science* 29(1):33—51; Teeter, Ryan A., and Karen S. WhelanBerry. 2008. My firm versus our firm: The challenge of change in growing the small professional service firm. *Journal of Business Inquiry* 7(1):43—52.

115. Teeter and Whelan-Berry. My firm versus our firm; Churchill, N.C., and V.L. Lewis. 1983. The five stages of business growth. *Harvard Business Review* 61(3):30—50.

116. Dodge, H. Robert, Sam Fullerton, and John E. Robbins. 1994. Stage of the organizational life cycle and competition as mediators of problem perception for small businesses. *Strategic Management Journal* 15(2):121—34.

117. Azides, I. 1979. Organizational passages: Diagnosing and treating life cycle problems in organizations. *Organizational Dynamics* 9:3—24.

118. Quinn and Cameron, Organization life cycles and shifting criteria of effectiveness.

119. How to pay the piper. 2003. *Economist* 367(8322):62.

120. Ambrosek, Renee. 2007. *Shawn Fanning: The founder of Napster*. New York: Rosen Publishing Group; Weiss, Joseph W. 2009. *Business ethics: A stakeholder and issues management approach*. Mason, OH: SouthWestern Cengage Learning; Napster profile. Retrieved March 14, 2009, from Lexis-Nexis Corporate Affiliations Database.

121. Knaup, Amy E. 2005. Survival and longevity in the business employment dynamics data. *Monthly Labor*

Review 128(5):51.

122. Williams, Geoff. 2007. Dead zone. *Entrepreneur* 35 (3):76.

123. Henricks, Mark. 2008. Do you really need a business plan? *Entrepreneur* 36(12):92.

124. Diamond, Mike. 2006. Why companies fail. *Reeves Journal: Plumbing, Heating, Cooling* 86 (10): 103.

125. Levinson, Jay Conrad, and Al Lautenslager. 2005. Mind over market. *Entrepreneur* 33(3):66.

126. Colombo, George. 2004. Are you really listening to your customers? *Business Credit* 106(6):66.

127. Parker, S.C. 2009. Intrepreneurship or entrepreneurship? *Journal of Business Venturing* 24 (5): 519—32.

128. McCrae, N. 1982. Intrapreneurial now. *The Economist* (April 17):67—72.

129. Pinchot, Gifford. 1999. *Intrapraneuring in action*, p. 1. San Francisco: Berrett-Koehler Publishers.

130. Entrepreneurs in the U.S. economy. 2007. *Monthly Labor Review* 130,(12):38.

131. Stovall, Steven Austin. 2005. Entrepreneurial spirit isn't just for startups. *Bed Times* (October):38.

132. Help wanted: A mix of skills. 2006. *eWeek* 23 (28):46.

133. Nelson, S. J., Birchard, B. Raffone, I., and Schrange, M. Starting new businesses—Inside the organization. 1999. *Harvard Management Update* 4 (12):1.

134. U.S. Patent and Trademark Office. Patent applications filed. Retrieved August 2, 2009, from http://www.uspto.gov/web/offices/com/annual/2008/oai_05_wlt_02.html.

135. U. S. Copyright Office. Frequently asked questions. Accessed April 7, 2010, from http://www.copyright.gov/help/faq/faq-duration.html # duration.

136. Charan, Ram. 2008. Stop whining, start thinking. *BusinessWeek*, No. 4097:58.

137. Buzan, Tony, and Berry Buzan. 1996. *The mind map book*. New York: Penguin.

138. Cross, Jay. 2005. Useful things. *Chief Learning Officer* 4(6):14.

139. Ibid.; Buzan, Tony, and Raymond Keene. 1994. *Buzan's book of genius: And how to unleash your own*. London: Random House.

140. Global Human Capital Journal. 17 enterprise visionaries release 2010 predictions for social networks, web 2.0. Retrieved May 11, 2010, from http://globalhumancapital.org/?p=1103.

第9章

1. Window on State Government. 2001. Purchasing and contract management. Retrieved April 27, 2010, from http://www.window.state.tx.us/tspr/dallas/chapt8b.htm.

2. Siegel-Jacobs, Karen, and J. Frank Yates. 1996. Effects of procedural and outcome accountability on judgment quality. *Organizational Behavior and Human Decision Making* 65(1):1—17.

3. Brafman, Ori, and Rod A.Beckstrom. 2006. *The starfish and the spider: The unstoppable power of leaderless organizations*. New York: The Penguin Group.

4. Emery, Merrelyn. 2000. The current version of Emery's open systems theory. *Systemic Practice and Action Research* 13(5):623—43.

5. Starnes, Becky J. 2000. Achieving competitive advantage through the application of open systems theory and the development of strategic alliances: A guide for managers of not-for-profit organizations. *Journal of Not-for-Profit and Public Sector Marketing* 8(2):15.

6. Katz, D., and R. L. Kahn. 1978. *The social psychology of organizations*. New York: John Wiley & Sons.

7. Long, Mark, and Angel Gonzalez. 2010. Transocean seeks limit on liability(May 13). *Wall Street Journal*. Retrieved May 17, 2010, from http://online.wsj.com/article/SB10001424052748704635204575241852606380696. html; Efstathiou, Jim, 2010. BP, Halliburton, Transocean blame each other in Gulf oil spill (May 10). *Bloomberg Businessweek*. Retrieved May 17, 2010, from http://www.businessweek.com/news/2010-05-10/bp-halliburton-transocean-blame-each-other-in-gulf-oil-spill.html.

8. Morand, David A. 1995. The role of behavioral formality and informality in the enactment of bureaucratic versus organic organizations. *Academy of Management Review* 20 (4): 831—72; Harvey, Edward. 1968. Technology and the structure of organization. *American Sociological Review* 33(2):247—59; McCaskey, Michael B. 1974. A contingency approach to planning: Planning with goals and planning without goals. *Academy of Management Journal* 17 (2):281—91; Burns, T., and G. M. Stalker. 1961. *The management of innovation*. Tavistock: London.

9. Covin, Jeffrey G., Dennis P. Slevin, and Randall L. Schultz. 1994. Implementing strategic missions: Effective strategic, structural and tactical choices. *Journal of Management Studies* 31(4):481—505; Morand, The role of behavioral formality and informality; McCaskey, A contingency approach to planning; Burns and Stalker, *The management of innovation*.

10. Morgan, Gareth. 1998. *Images of organization,*

p.40. Thousand Oaks, CA: Sage.

11. Ibid.

12. Dooley, Kevin J. 1997. A complex adaptive systems model of organization change. *Nonlinear Dynamics, Psychology, and Life Sciences* 1(1):69—97.

13. Wouter, Dessein, and Tano Santos. 2006. Adaptive organizations. *Journal of Political Economy* 114(5): 956—95.

14. Ibid., 956.

15. Weick, Karl E. 2002. The aesthetic of imperfection in orchestras and organizations. In Ken N. Kamoche, Miguel Pina e Cunha, and Joao Vieira da Cunha (eds.), *Organizational improvisation* (pp. 163—180). London: Routledge.

16. Van Baalen, Peter J., and Paul C. van Fenema. 2009. Instantiating global crisis networks: The case of SARS. *Decision Support Systems* 47:277—86.

17. World Health Organization. Summary of probable SARS cases with onset of illness from 1 November 2002 to 31 July 2003. Retrieved April 27, 2010, from http://www.who.int/csr/sars/country/table2004_04_21/en/index.html.

18. Van Baalen and van Fenema. 2009. Instantiating global crisis networks.

19. Morgan Earth. 1998. *Images of organization*, Thousand Oaks, CA: Sage Publications.

20. Brafman and Beckstrom, *The starfish and the spider*.

21. Ibid.

22. Ibid.

23. Department of Treasury. Publication 557: Tax exempt status for your organization. Retrieved May 14, 2010, from http://www.irs.gov/pub/irs-pdf/p557.pdf.

24. Internal Revenue Service. Limited liability company (LLC). Retrieved April 27, 2010, from http://www. irs.gov/businesses/small/article/0,, id = 98277, 00. html.

25. Ibid.

26. FindLaw. Local start-up requirements for small businesses. Retrieved May 14, 2010, from http://small-business.findlaw.com/starting-business/starting-business-licenses-permits/starting-business-licenses-permits-local.html.

27. *Trustees of Dartmouth College v. Woodward*, 17 U. S.(4 Wheaton) 518(1819); Menez, Joseph Francis, John R. Vile, and Paul Charles Bartholemew. 2004. *Summaries of leading cases on the Constitution*. Lanham, ME: Rowman & Littlefield.

28. Internal Revenue Service. Definition of corporation—Section 527 political organizations. Retrieved April 27, 2010, from http://www.irs.gov/charities/political/article/0,,id=204994,00.html.

29. Internal Revenue Service. S corporations. Retrieved April 27, 2010, from http://www.irs.gov/businesses/small/article/0,,id=98263,00.html.

30. Ibid.

31. Standard Legal Law Library. S-corporations: Eliminating "double taxation." Retrieved May 17, 2010, from http://www.standardlegal.com/law-library/S-Corporation.html.

32. Internal Revenue Service. 2005. IRS launches study of S-corporation reporting compliance(July 25). Retrieved August 2, 2009, from http://www.irs.gov/newsroom/article/0,,id=141441,00.html.

33. Internal Revenue Service. Limited liability company (LLC).

34. Ibid.

35. Folta, Paul H. 2005. Cooperative joint ventures: Savvy foreign investors may wish to consider the benefits of this flexible investment structure. *China Business Review*(January—February):18—23.

36. Pekar, Peter, and Marc S.Margulis. 2003. Equity alliances take center stage: The emergence of a new corporate growth model. *Ivey Business Journal Online* (May/June).

37. Ibid.

38. Beshel, Barbara. An introduction to franchising. International Franchise Association Educational Foundation. Retrieved December 15, 2009, from http://franchise.org/uploadedFiles/Franchise_Industry/Resources/Education_Foundation/Intro%20to%20Franchising%20Student%20Guide.pdf.

39. International Licensing Industry Merchandisers' Association. Introduction to licensing. Retrieved December 15, 2009, from http://www.licensing.org/education/licensing-introduction.php.

40. International Licensing Industry Merchandisers' Association. Why license? Retrieved December 15, 2009, from http://www.licensing.org/education/why-license.php.

41. International Licensing Industry Merchandisers' Association. Types of licensing. Retrieved December 15, 2009, from http://www.licensing.org/education/licensing-types.php.

42. Ibid.

43. Beshel, An introduction to franchising.

44. CBSNews.com. 2009. Food fight: Burger King franchisees sue(November 12). Retrieved December 15, 2009, from http://www.cbsnews.com/stories/2009/11/12/business/main5631870.shtml.

45. *Investor Glossary*. Wholly owned subsidiary. Retrieved December 16, 2009, from http://www.investorglossary.com/wholly-owned-subsidiary.htm.

46. The Free Dictionary. Subsidiary, in *Legal dictionary*. Retrieved December 16, 2009, from http://legal-dictionary.thefreedictionary.com/Wholly+owned+subsidiary.

47. West Virginia University College of Business and Economics. International strategy: Entry modes. Retrieved December 16, 2009, from http://www.be.wvu.edu/divmim/mgmt/insch/International%20Strategy-1.ppt.

48. The Free Dictionary, Subsidiary.

49. Ibid.

50. Chang, Peng S. 1995. International joint ventures vs. wholly owned subsidiaries. *Multinational Business Review*(Spring). Retrieved December 16, 2009, from http://findarticles.com/p/articles/mi_qa3674/is_199504/ai_n8729617/.

51. Aveda Customer Service. Frequently asked questions. Retrieved January 6, 2010, from http://www.aveda.com/customerservice/faq.tmpl; Canedy, Dana. 1997. Estée Lauder is acquiring maker of natural cosmetics. *New York Times*(November 20). Retrieved January 6, 2010, from http://www.nytimes.com/1997/11/20/business/Estée-lauder-is-acquiring-maker-of-natural-cosmetics.html?pagewanted=1.

52. Company profile: Aveda. 2009/2010. *GreenMoney Journal* 18:2. Retrieved January 6, 2010, from http://www.greenmoneyjournal.com/article.mpl?newsletterid=11&articleid=86; Sacks, Danielle. 2007. It's easy being green. *Fast Company*(December 19). Retrieved January 6, 2010, from http://www.fastcompany.com/magazine/85/aveda.html.

53. West Virginia University College of Business and Economics, International strategy: Entry modes.

54. The Free Dictionary, Subsidiary.

55. Chang, International joint ventures vs. wholly owned subsidiaries.

56. Reuer, Jeffrey J., Africa Ariño, and Antoni Valverde. The perfect "prenup" to strategic alliances: A guide to contracts. Association of Strategic Alliance Professionals Best Practice Bulletins. Retrieved December 16, 2009, from http://www.strategic-alliances.org/membership/memberresources/bestpracticebulletin.

57. Small Business Notes. Strategic alliances. Retrieved December 16, 2009, from http://www.smallbusinessnotes.com/operating/leadership/strategicalliances.html.

58. Small Business Notes, Strategic alliances.

59. Reuer et al., The perfect "pre-nup" to strategic alliances.

60. Wharton Executive Education. Strategic alliances: Creating growth opportunities. Wharton School at the University of Pennsylvania. Retrieved December 16, 2009, from http://executiveeducation.wharton.upenn.edu/open-enrollment/strategy-management-programs/strategic-alliances-growth-opportuities.cfm.

61. Caltech Industrial Relations Center. Strategic alliances. California Institute of Technology. Retrieved December 16, 2009, from http://www.irc.caltech.edu/p-105-strategic-alliances.aspx.

62. Small Business Notes, Strategic alliances.

63. PepsiCo. Our history:1991 milestones. Retrieved January 6, 2010, from http://www.pepsico.com/Company/Our-History.html#block_1991.

64. Reference for Business. Strategic alliances. In *Encyclopedia of business*(2d ed.). Retrieved January 6, 2010, from http://www.referenceforbusiness.com/encyclopedia/Sel-Str/Strategic-Alliances.html.

65. Food and Drink Europe. 2003. Unilever, PepsiCo join forces to meet ice tea challenge(October 15). Retrieved January 6, 2010, from http://www.foodanddrinkeurope.com/Products-Marketing/Unilever-PepsiCojoin-forces-to-meet-ice-tea-challenge.

66. PepsiCo, Our history:2009 milestones. Retrieved May 20, 2010, from http://www.pepsico.com/Company/Our-History.html#block_2009.

67. Hitt, Michael A., R.Duane Ireland, and Robert E. Hoskisson. 2009. *Strategic management: Competitiveness and globalization: Concepts and cases*. St. Paul, MN: South-Western Cengage Learning; Stalk, George, and Jill E.Black. 1994. The myth of the horizontal organization. *Canadian Business Review* 21(4):26—29.

68. Tiernan, Siobhan D., Patrick C.Flood, Eamonn P. Murphy, and Stephen J.Carroll. 2002. Employee reactions to flattening organizational structures. *European Journal of Work and Organizational Psychology* 11(1):47—67.

69. Ibid.

70. Stalk and Black, The myth of the horizontal organization; Cornelissen, Joep, Tibor van Bekkum, and Betteke van Ruler. 2006. Corporate communications: A practice-based theoretical conceptualization. *Corporate Reputation Review* 9(2):114—33.

71. Designed chaos: An interview with David Kelley, founder and CEO of IDEO. Retrieved May 20, 2010, from http://www.va-interactive.com/inbusiness/editorial/bizdev/articles/ideo.html.

72. IDEO fact sheet. Retrieved May 20, 2010, from http://www.ideo.com/to-go/fact-sheet/.

73. Designed chaos: An interview with David Kelley, found and CEO of IDEO.

74. Tiernan et al., Employee reactions to flattening organizational structures.

75. Hitt et al., *Strategic management*.

76. Cornelissen et al., Corporate communications.

77. Hitt et al., *Strategic management*；Stalk and Black，The myth of the horizontal organization.

78. Tiernan et al., Employee reactions to flattening organizational structures.

79. Fortune Brands. Homepage. Retrieved May 20, 2010, from http://www.fortunebrands.com/.

80. Malone, Thomas W. 1987. Modeling coordination in organizations and markets. *Management Science* 33 (10):1317—32.

81. Cross, R., A. Parker, S. P. Borgatti. 2002. A bird's-eye view—Using social network analysis to improve knowledge creation and sharing. IBM Institute for Knowledge-Based Organizations. Retrieved from http://www-304.ibm.com/jct03001c/services/learning/solutions/pdfs/.

82. Carpenter, Mason. 2009. *An executive's primer on the strategy of social networks*. New York: Business Expert Press; Cross et al., A bird's-eye view.

83. Useem, Jerry. 2005. 1914: Ford offers $5 a day. *Fortune* 151(13):65.

84. Plato. 1946. *The republic* (Benjamin Jowett, trans.). Cleveland: World Publishing Company.

85. Smith, Adam. 1776. *The wealth of nations*. Lawrence, KS: Digireads.

86. Taylor, Frederick W. 1911. *The principles of scientific management*. Ithaca: Cornell University Library.

87. Lindbeck and Snower, Multitask learning and the reorganization of work: from Tayloristic to holistic organization. *Journal of Labor Economics*, 18(3): 353—376.

88. Shepard, Jon M. 1969/1970. Functional specialization, alienation, and job satisfaction. *Industrial and Labor Relations Review* 23:207—219.

89. Ibid.

90. Burgess, Thomas F. 1994. Making the leap to agility. *International Journal of Operations and Production Management* 14(11):23—34.

91. Aoki, Masahiko. 1986. Horizontal vs. vertical information structure of the firm. *American Economic Review* 76(5):971—983.

92. Ibid.

93. Morgeson, F. P., and M. A. Campion. 2002. Avoiding tradeoffs when redesigning work: Evidence from a longitudinal quasi-experiment. *Personnel Psychology* 55:589—612.

94. Hsieh, An-Tien, and Hui-Yu Chao. 2004. A reassessment of the relationship between job specialization, job rotation, and job burnout: Example of Taiwan's high-technology industry. *International Journal of Human Resource Management* 15(6):1108—23.

95. Chandler, Alfred D. 1990. *Strategy and structure: Chapters in the history of the industrial enterprise*. Cambridge, MA: MIT Press; Hall, David J., and Maurice A. Saias. 1980. Strategy follows structure! *Strategic Management Journal* 1(2):149—63.

96. Hall and Saias. Strategy follows structure!, 155.

97. Hall and Saias, Strategy follows structure!; Miller, Danny. 1986. Configurations of strategy and structure: Towards a synthesis. *Strategic Management Journal* 7(3): 233—49; Pacheco, Jorge M., Arne Traulsen, and Martin A. Nowak. 2006. Coevolution of strategy and structure in complex networks with dynamical linking. *Physical Review Letters* 97:25.

98. Shaver, Jennipher. 2008. Nautilus down $8.9M in second quarter 2008, focusing on retail. *Fitness Business Pro* 24(9):28—30.

99. Ibid.

100. Nautilus Q4 sales fall. 2010. *Puget Sound Business Journal* (March 1). Retrieved March 28, 2010, from http://seattle.bizjournals.com/seattle/stories/2010/03/01/daily7.html?ana=yfcpc.

101. Nautilus to incur $13M charge to shed commercial business. 2010. *Puget Sound Business Journal* (March 8). Retrieved March 28, 2010, from http://seattle.bizjournals.com/seattle/stories/2010/03/08/daily5.html?an a=yfcpc.

102. Fuel economy is more than MPG. 2009. *Fleet Equipment* 35(8):46—47.

103. Sherefkin, Robert. 2007. Dauch to U.S. industry: Don't fear trouble. *Automotive News* 81(6239):30.

104. Woodward, Joan. 1966. *Management and technology*. London: HM Stationary Office.

105. Stovall, Steven Austin. 2006. *Cases in human resources management*. Cincinnati, OH: Atomic Dog.

106. Gabarro, John J., and John P. Kotter. 1993. Managing your boss. *Harvard Business Review* 71 (3):150—7; Useem, Michael. 2001. *Leading up: How to lead your boss so you both win*. New York: Crown.

107. Bickel, Janet. 2007. Managing "up": Achieving an effective partnership with your boss. *Academic Physician and Scientist* (February):4—5.

108. Ibid.

109. Ibid.

第 10 章

1. Philadelphia Police Department. Charles H. Ramsey. Retrieved May 15, 2010, from http://www.phillypolice.com/about/leadership/charles-h-ramsey/.

2. Information in this case derived from a personal interview with Annie McKee, 2010.

3. Katzenbach, Jon R., and Douglas K.Smith. 1993. The discipline of teams. *Harvard Business Review* 71(2): 111—20; Katzenbach, J. R., and D. K. Smith. 2003. *The wisdom of teams: Creating the high-performance organization.* New York: HarperCollins Publishers; Wheelan, Susan A. 2010. *Creating effective teams: A guide for members and leaders.* Thousand Oaks, CA: Sage.

4. Lewin, Kurt. 1951. *Field theory in social science.* New York: Harper.

5. Lewin, Kurt, Ronald Lippitt, and Ralph White. 1939. Patterns of aggressive behavior in experimentally created "social climates." *Journal of Social Psychology* 10:271—99; White, Ronald K., and Ralph Lippitt. 1968. Leader behavior and member reaction in three "social climates." In *Group dynamics: Research and theory*, 3d ed., ed. D. Cartwright and A. Zander, 318—35. New York: Harper & Row.

6. Ibid.

7. Van Vugt, Mark, Sarah F.Jepson, Claire M. Hart, and David De Cremer. 2004. Autocratic leadership in social dilemmas: A threat to group stability. *Journal of Experimental Social Psychology* 40(1):1—13.

8. De Cremer, David. 2006. Affective and motivational consequences of leader self-sacrifice: The moderating effect of autocratic leadership. *Leadership Quarterly* 17(1):79—93.

9. Gastil, John, Stephanie Burkhalter, and Laura W. Black. 2007. Do juries deliberate? A study of deliberation, individual difference, and group member satisfaction at a municipal courthouse. *Small Group Research* 38(3):337—59.

10. Fricher, Josef. 2006. *Laissez-faire leadership versus empowering leadership in new product development*, 1. Aalborg, Denmark: Danish Centre for Philosophy and Science Studies.

11. Ibid.

12. Bennis, W., and H.Shepard, 1956. A theory of group development. *Human Relations* 9: 415—37; Tuckman, B. W., 1965. Developmental sequence in small groups. *Psychological Bulletin* 63:384—99.

13. Tuckman, Developmental sequence in small groups.

14. Tuckman, Bruce W., and Mary Ann C.Jensen. 1977. Stages of small group development revisited. *Group and Organizational Studies* 2:419—27.

15. Wheelan, Susan A. 1994. *Group processes: A developmental perspective.* Boston: Allyn and Bacon; Wheelan, Susan A., Barbara Davidson, and Felice Tilin. 2003. Group development across time: Reality or illusion? *Small Group Research* 34:223—45.

16. Wheelan, Susan A. 2010. *Creating effective teams: A guide for members and leaders.* Thousand Oaks, CA: Sage; Bion, W. R. 1952. Group dynamics: A review. *International Journal of Psychoanalysis* 33(2): 235—47; Bion, W. R. 1961. *Experience in groups.* New York: Basic Books; Cholden, L. 1953. Group therapy with the blind. *Group Psychotherapy* 6:21—29.

17. Bennis and Shepard, A theory of group development.

18. Forsyth, Donelson R. 2009. *Group dynamics.* Belmont, CA: Wadsworth Cengage Learning.

19. Dias de Figueiredo, António, and Afonso Ana Paula. 2006. Context and learning: A philosophical framework. In *Managing learning in virtual settings: The role of context*, ed. António Dias de Figueiredo and Afonso Ana Paula. Hershey, PA: IGI Global.

20. Benne, Kenneth D., and Paul Sheats. 1948. Functional roles of group members. *Journal of Social Issues* 4(2):41—49.

21. Johnson, D. W., and F. P. Johnson. 1975. *Joining together: Group theory and group skills.* Upper Saddle River, NJ: Prentice-Hall.

22. Adapted from Johnson, D. W., and F. P. Johnson, 1975. *Joining together: Group theory and Group skills.* Upper Saddle River, NJ: Prentice-Hall.

23. Ibid.

24. Zimbardo, Philip G. 2009. Stanford prison experiment: A simulation study of the psychology of imprisonment conducted at Stanford University. Retrieved April 30, 2010, from http://www.prisonexp.org/.

25. Zimbardo, Stanford prison experiment; Haney, Craig, Curtis Banks, and Philip Zimbardo. 1973; Interpersonal dynamics in a simulated prison. *International Journal of Criminology and Penology* 1: 69—97.

26. Zimbardo, Philip. 2007. *The Lucifer effect: Understanding how good people turn evil.* New York: Random House; Zimbardo, Stanford prison experiment; Haney et al., Interpersonal dynamics in a simulated prison.

27. Zimbardo, *The Lucifer effect.*

28. Personal interview with Annie McKee, 2010.

29. Druskat, Vanessa U., and Steven B.Wolff. 2001. Building the emotional intelligence of groups. *Harvard Business Review* 79(3):80—91.

30. Ibid., 86.

31. Merriam-Webster Dictionary Online. Status. Retrieved April 2, 2010, from http://www.merriam-webster.com/dictionary/status.

32. Lin, Nan. 2001. *Social capital: A theory of social structure and action.* New York: Cambridge University Press.

33. Boyd, Danah. 2008. Why youth ♠ social network sites: The role of networked publics in teenage social life. In *Youth, identity, and digital media*, ed. David Buckingham, 119—42. Cambridge, MA: The MIT Press.

34. Agha, Asif. 2007. *Language and social relations*. Cambridge: Cambridge University Press.

35. Bourdieu, Pierre. 1983. The forms of capital. In *Handbook of theory and research for the sociology of education*, ed. John G. Richardson, 241—58. New York: Greenwood Press; Asante, Molefi, and Alice Davis. 1985. Black and white communication: Analyzing work place encounters. *Journal of Black Studies* 16: 77—93; Kirchmeyer, Catherine, and Aaron Cohen. 1992. *Group and Organization Management* 17(2):153—170.

36. French, John R.P., and Bertram Raven. The bases of social power. In J. Thomas Wren, Douglas A Hicks, and Terry L Price (eds.), *The international library of leadership*, vol. 2, 150—67. Northampton, MA: Edward Elgar Publishing, Inc.

37. Mead, Margaret. 1977. Sex and temperament in three primitive societies. London: Routledge(p. 322).

38. Progoff, Ira. 1999. *Jung's psychology and its social meaning*. London: Routledge.

39. Myers-Briggs Foundation. Sensing or intuition. Retrieved April 5, 2010, from http://www. myersbriggs. org/my-mbti-personality-type/mbti-basics/sensing-or-intuition.asp; Golden LLC, Golden Personality Type Profiler frequently asked questions. Retrieved April 5, 2010, from http://www.goldenllc.com/about_GPTP_FAQ. htm.

40. Progoff, *Jung's psychology and its social meaning*.

41. Myers-Briggs Foundation. Thinking or feeling. Retrieved April 5, 2010, from http://www. myersbriggs. org/my-mbti-personality-type/mbti-basics/thinking-or-feeling. asp; Golden LLC, Golden Personality Type Profiler frequently asked questions.

42. Myers-Briggs Foundation. Extraversion or introversion. Retrieved April 5, 2010, from http://www. myersbriggs. org/my-mbti-personalitytype/mbti-basics/extraversion-or-introversion. asp; Golden LLC, Golden Personality Type Profiler frequently asked questions.

43. Myers-Briggs Foundation. Judging or perceiving. Retrieved April 5, 2010, from http://www. myersbriggs. org/my-mbti-personality-type/mbti-basics/judging-or-perceiving. asp; Golden LLC, Golden Personality Type Profiler frequently asked questions.

44. Golden LLC. About Golden LLC Products. Retrieved April 29, 2010, from http://www. goldenllc. com/About_GPTP.htm; Golden Personality Type Profiler

45. Kolb, David. 1984. *Experiential learning: Experience as the source of learning and development*. Englewood Cliffs, NJ: Prentice-Hall.

46. Kolb, David A. 1999. *Learning style inventory: Technical manual*. Boston: Hay/McBer.

47. Kolb, *Experiential learning*.

48. Greiner, Walter. 2001. *Quantum mechanics: An introduction*. New York: Springer.

49. Smith, Kenwyn K., and David N. Berg. 1987. *Paradoxes of group life: Understanding conflict, paralysis, and movement in group dynamics*. San Francisco: Jossey-Bass.

50. Ibid.

51. Ibid.

52. Ibid., 135.

53. Ibid.

54. Ibid.

55. Katzenbach, Jon R., and Douglas K. Smith. 1993. *The wisdom of teams: Creating the high-performance organization*. New York: HarperCollins, xiii.

56. Katzenbach, Jon R., and Douglas K. Smith. 1993. The discipline of teams. *Harvard Business Review* 71: 111—20.

57. Ibid; Katzenbach, Jon R., and Douglas K., Smith. 1994. Teams at the top. *McKinsey Quarterly* 1: 71—79.

58. Katzenbach and Smith. *The wisdom of teams*.

59. Katzenbach, Jon R., and Douglas K. Smith. 1993. *The wisdom of teams: Creating the high-performance organization*. Boston: Harvard Business School Press, 65.

60. Katzenbach and Smith. *The wisdom of teams*.

61. Ibid.

62. Hackman, Richard. 1987. The design of work teams. In *Handbook of organizational behavior*, ed. J. Lorsch. Englewood Cliffs, NJ: Prentice Hall; Hackman, J. R., & Morris, C. G., 1975. Group tasks, group interaction process, and group performance effectiveness: A review and proposed integration. In *Advances in experimental social psychology*, vol. 8, ed. L. Berkowitz, 45099. New York: Academic Press.

63. Karau, S.J., and K.D.Williams. 1993. Social loafing: A meta-analytic review and theoretical integration. *Journal of Personality and Social Psychology* 65: 681—706.

64. Asch, Solomon E. 1951. Effects of group pressure upon the modification and distortion of judgments. In *Groups, leadership and men*, ed. H. Guetzkow, 177—90. Pittsburgh, PA: Carnegie Press; Asch, Solomon E. 1955. Opinions and social pressure. *Scien-

tific American 193(5):31—35; Asch, S.E. 1956. Studies of independence and conformity: A minority of one against a unanimous majority. *Psychological Monographs* 70(9):(Whole No. 416).

65. Ibid.

66. Hodges, Bert H., and Anne L.Geyer 2006. A nonconformist account of the Asch experiments: Values, pragmatics, and moral dilemmas. *Personality and Social Psychology Review* 10(1):2—19.

67. Janis, I.L., and L.Mann. 1977. *Decision making: A psychological analysis of conflict, choice, and commitment*, 129. New York: The Free Press.

68. Sims, Ronald R. 1992. Linking groupthink to unethical behavior in organizations. *Journal of Business Ethics* 11:651—62; Adler, Stephen J. 2009. Beware groupthink on the economy. *Business Week* (February 16), 00077135, Issue 4119.

69. Argyris, Chris. 1977. Double-loop learning in organizations. *Harvard Business Review* 55(5):115—25.

70. Napier, Matti K. and Gershenfield, Rodney W. 2007. Groups: theory and experience(edition 7). Hillside, NJ: Lawrence Erlbaum Associates, 133.

71. Jassawalla, Avan R., and Hemant C.Sashittal. 1993. Building collaborative cross-functional new product teams. *Academy of Management Executive* 13(3):50—63.

72. Jehn, Karen A. 1997. A qualitative analysis of conflict types and dimensions in organizational groups. *Administrative Science Quarterly* 42(3):530—57.

73. Jehn, Karen A., and Elizabeth A.Mannix. 2001. The dynamic nature of conflict: A longitudinal study of intergroup conflict and group performance. *Academy of Management* 44(2):238—51.

74. Paulas, P.B., and B.A.Nijistad. 2003. *Group creativity: Innovation thought collaboration*. Oxford, UK: Oxford University Press; Laughlin, P. R., M. L. Zanderr, E.M.Knievel, and T.K.Tan. 2003. Groups perform better than the best individuals on letter-to-numbers problems: Informative equations and effective strategies. *Journal of Personality and Social Psychology* 85:684—94.

75. Hardin, Russell. 1995. *One for all: The logic of group conflict*. Princeton, NJ: Princeton University Press.

76. Ansari, Shahzad, Frank Wijen, and Barbara Gray. 2009. Averting the 'tragedy of the commons': An institutional perspective on the construction and governance of transnational commons. *Academy of Management Proceedings* 2009:1—6; Hardin, Garrett. 1968. The tragedy of the commons. *Science* 162 (3859):1243—1248.

77. Brehmer, B. 1976. Social judgment theory and the analysis of interpersonal conflict. *Psychological Bulletin* 83:985—1003.

78. De Drue, C. K. W., and L. R. Weingart. 2003. Task versus relationship conflict, team performance, and team member satisfaction: A metaanalysis. *Journal of Applied Psychology* 86:1191—201.

79. Jehn, Karen A., and Elizabeth A.Mannix. 2001. The dynamic nature of conflict: A longitudinal study of intragroup conflict and group performance. *Academy of Management*, 44(2):238—251.

80. Ibid.

81. Smith and Berg, *Paradoxes of group life*.

82. Greenhaus, Jeffrey H., and Nicholas J.Beutell. 1985. Sources of conflict between work and family roles. *Academy of Management Review* 10(1):76—88.

83. Smith and Berg, *Paradoxes of group life*.

84. Ibid.

85. Tindale, R. S., A. Dykema-Engblade, and E. Wittkowski. 2005. Conflict within and between groups. In *Handbook of group research and practice*, ed. S. Wheelan. Thousand Oaks, CA: Sage.

86. Deutsch, M. 1973. *The resolution of conflict*. New Haven, CT: Yale University Press.

87. Harvard Business Essentials. 2003. *Negotiation*. Boston: Harvard Business School Publishing.

88. Ibid.

89. McKee, Annie, Richard Boyatzis, and Frances Johnston. 2008. *Becoming a resonant leader: Develop your emotional intelligence, renew your relationships and sustain your effectiveness*. Boston: Harvard Business School Press.

90. Hargie, Owen, and David Dickson. 2004. *Skilled interpersonal communication: Research, theory and practice*. New York: Routledge; Barbara, Dominick A. 1959. The art of listening. *Communication Quarterly* 7(1):5—7; West, Richard, and Lynn H. Turner. 2006. *Understanding interpersonal communication: Making choices in changing times*. Boston: Wadsworth Cengage Learning.

91. Rogers, Carl R., and Richard E.Farson. 1987. Active listening. In *Communication in business today*, ed. R. G.Newman, M. A.Danziger, and M.Cohen. Washington, DC: Heath and Company.

92. Hoppe, Michael H. 2006. *Active listening: Improve your ability to listen and lead*. Greensboro, NC: Center for Creative Leadership.

93. Goodwin, Charles. 2007. Participation, stance and affect in the organization of activities. *Discourse & Society* 18(1):53—73.

94. Rogers and Farson, Active listening.

95. Hill，Gayle W. 1982. Group versus individual performance：Are $N+1$ heads better than one? *Psychological Bulletin* 91(3)：517—39.

96. Ibid.

97. Janus，Irving L. 1982. *Groupthink：Psychological studies of policy decisions and fiascoes*. Boston：Houghton Mifflin. Cox，Taylor H.，and Stacey Blake. 1991. Managing cultural diversity：Implications for organizational competitiveness. *Academy of Management Executive* 5(3)：45—56.

第 11 章

1. Kumar，Krishnan. 1995. *From post-industrial to post-modern society*，62. Malden，MA：Blackwell Publishing.

2. Emery，F. 1959. *Characteristics of sociotechnical systems*. London：Tavistock Institute for Human Relations；Herbst，P. G. 1974. *Sociotechnical design*. London：Tavistock Institute for Human Relations.

3. Trist，Eric L.，and K. W. Bamforth. 1951. Some social and psychological consequences of the long wall method of coal-getting. *Human Relations* 4(1)：3—38.

4. Emery，F. L.，and E. L. Trist. 1969. Socio-technical systems. In *Systems thinking*，ed. F. E. Emery，281—96. London：Penguin；Pasmore，William，Carole Francis，Jeffrey Haldeman，and Abraham Shani. 1982. Sociotechnical systems：A North American reflection on empirical studies of the seventies. *Human Relations* 35(12)：1179—1204；Damanpour，Fairborz，and William M. Evan. 1984. Organizational innovation and performance：The problem of "organizational lag." *Administrative Science Quarterly* 29(3)：392—409.

5. Pasmore et al.，Organizational innovation and performance；R. W. Woodman and W. A. Pasmore，235—313. Greenwich，CT：JAI Press.

6. McKee，Annie，Richard Boyatzis，and Frances Johnston. 2008. *Becoming a resonant leader：Develop your emotional intelligence，renew your relationships and sustain your effectiveness*. Boston：Harvard Business School Press.

7. Reich，Robert. 2008. *The work of nations：Preparing ourselves for 21st century capitalism*. New York：Simon and Schuster.

8. Rifkin，Jeremy. 2010. *The empathic civilization：The race to global consciousness in a world in crisis*. New York：Jeremy P. Tarcher/Penguin.

9. Mokyr，Joel. 1999. Editor's introduction：The new economic history and the Industrial Revolution. In *The British Industrial Revolution：An economic perspective*，ed. Joel Mokyr，1—31. Boulder，CO：

Westview Press.

10. Landes，David. 1999. The fable of the dead horse；or，the Industrial Revolution revisited. In *The British Industrial Revolution：An economic perspective*，ed. Joel Mokyr，128—59. Boulder，CO：Westview Press.

11. Gay，Peter. 1977. *The Enlightenment：An interpretation*，Vol. 2. New York：Norton.

12. Smith，Adam. 2000. *The wealth of nations*，15. New York：Modern Library.

13. Smith，*The wealth of nations*.

14. Marx，Karl. 1988. *The Communist manifesto*，ed. Frederic L. Bender. New York：W. W. Norton.

15. Landes，David. 1969. *The unbound Prometheus：Technological change and industrial development in Western Europe from 1750 to the present*. New York：Cambridge University Press.

16. Drucker，Peter F. 1942. *The future of industrial man*. Omaha，NE：John Day Company.

17. Adams，Brooks. 1901. The new Industrial Revolution. *Atlantic Monthly* (February)：165；Lauck，W. Jett. 1929. *The new Industrial Revolution and wages*. New York：Funk and Wagnalls.

18. Braudel，Fernand. 1979. *Civilization and capitalism：15th—18th century*. Berkeley：University of California Press.

19. Lovejoy，Paul E. 1983. *Transformations in slavery：A history of slavery in Africa*. New York：Cambridge University Press；Encyclopædia Britannica Guide to Black History. 2009. Slavery. Retrieved December 30，2009，from http://www.britannica.com/blackhistory/article-24156.

20. Rothenberg，Paula S. 2006. *Beyond borders：Thinking critically about global issues*. New York：Worth Publishers.

21. Know India. 2008. Indian freedom struggle (1857—1947). Retrieved December 31，2009，from http://india. gov. in/knowindia/history_freedom_struggle. php；Rothenberg，*Beyond borders*.

22. Amin，Samir. 1976. *Unequal development*. New York：Monthly Review Press.

23. Know India，Indian freedom struggle.

24. Amin，*Unequal development*.

25. Wood，Michael. 2000. *Conquistadors*. Los Angeles：University of California Press.

26. Rieger，Joerg. 2007. *Christ and empire：From Paul to post-colonial times*. Minneapolis，MN：Fortress Press.

27. O'Brien，Patrick Karl. 1997. Intercontinental trade and the development of the Third World since the Industrial Revolution. *Journal of World History* 8(1)：75—133.

28. Ibid.

29. Maddison，Angus. Explaining the economic perform-ance of nations，1820—1989. In *Convergence of pro-ductivity：Cross-national studies and historical evi-dence*，ed. William J.Baumol，Richard R.Nelson，and Edward N.Wolff，20—61. New York：Oxford Uni-versity Press.

30. Hirschman，Albert O. 1968. The political economy of importsubstituting industrialization in Latin America. *Quarterly Journal of Economics* 82（1）：1—32；Naim，Moises. 1993. Latin America：Postadjustment blues. *Foreign Policy* 92：133—150.

31. Wong，Kam C. 2000. Black's theory on the behavior of law revisited IV：The behavior of Qing law. *Inter-national Journal of the Sociology of Law* 28：327—374.

32. Teng，Ssu-yü，and John King Fairbank. 1954. *China's response to the West：A documentary survey，1839—1923*. Boston：President and Fellows of Har-vard College.

33. Goldstone，Jack A. 1996. Gender，work，and culture：Why the Industrial Revolution came early to England but late to China. *Sociological Perspectives* 39（1）：1—21.

34. Ibid.

35. Lavely，W.，and R.Bin Wong. 1990. *Population and resources in modern China：Institutions in the balance*. Unpublished manuscript；Lavely，W.，and R.Bin Wong. 1992. Family division and mobility in North China. *Comparative Studies in Society and History* 3（4）：439—463.

36. Machlup，Fritz. 1962. *The production and distribution of knowledge in the United States*. Princeton，NJ：Princeton University Press.

37. Bell，D. 1973. *The coming of post-industrial society*，127. New York：Basic Books.

38. Foundation on Economic Trends. The hydrogen econ-omy. Retrieved January 19，2010，from http://www.foet.org/lectures/lecture-hydrogen-economy.html.

39. Anderson，Kurt. 2009. *Reset：How this crisis can re-store our values and renew America*. New York：Random House.

40. Rifkin，*The empathic civilization*.

41. Thomas，Chris Allen. 2009. Using technology to rein-tegrate learning and doing：IBM's approach and its implications for education. In *Handbook of research on e-learning applications for career and technical education：Technologies for vocational training，2009*，ed. Victor Wang，59—70. Hershey，PA：IGI Global；Liu，Jianxun，Shensheng Zhang，and Jinming Hu. 2005. A case study of an inter-enterprise work-flow-supported supply chain management system. *Information and Management* 42（3）：441—54.

42. Thomas，Using technology to reintegrate learning and doing.

43. Corporate Affiliations. Intel hierarchy. Retrieved May 11，2010，from http://corporateaffiliations.ecnext.com.

44. Liu et al.，A case study of an inter-enterprise work-flow-supported supply chain management system.

45. Lustig，Myron W.，and Jolene Koestner. 1996. *Inter-cultural competence：Interpersonal communication across cultures*. New York：HarperCollins College Publishers.

46. Bureau of Labor Statistics. 2006. *International com-parisons of manufacturing productivity and unit labor cost trends，2005*. Washington，D.C.：United States Department of Labor.

47. Bell，*The coming of post-industrial society*；Fried-man，Thomas. 2006. *The world is flat*. New York：Farrar，Straus，and Giroux.

48. Quinn，James B. 1999. Strategic outsourcing：Levera-ging knowledge capabilities. *Sloan Management Review* 40（4）：9—21.

49. Ackman，Dan. 2002. Dock deal historic in more ways than one. *Forbes*（November 25）. Retrieved January 4，2010，from http://www.forbes.com/2002/11/25/cx_da_1125topnews.html.

50. Sridhar，V. 2002. Locked out of the docks. *Frontline* 19：23. Retrieved January 4，2010，from http://www.theh-indu.com/fline/fl1923/stories/20021122001408800.htm.

51. Arabe，Katrina C. 2002. The aftermath of the West Coast port shutdown. *Industry Market Trends*（De-cember 12）. Retrieved January 4，2010，from http://news.thomasnet.com/IMT/archives/2002/12/the_af-termath_o.html.

52. Hafner，Katie，and Matthew Lyon. 1996. *Where wiz-ards stay up late：The origins of the Internet*. New York：Touchstone.

53. Tomlinson，Ray. The first network e-mail. Retrieved January 5，2010，from http://openmap.bbn.com/~tomlinso/ray/firste-mailframe.html.

54. Leiner，Barry M.，et al. 2009. A brief history of the In-ternet. *ACM SIGCOMM Computer Communication Re-view* 39（5）：22—31.

55. Berners-Lee，Tim，Robert Cailliau，A.Lontonen，H.F.Nielsen，and A.Secret. 1994. The world-wide web. *Communications of the ACM* 37：76—82.

56. Ibid.

57. Google. Corporate history. Retrieved December 22，2009，from http://www.google.com/corporate/history.html；Google. The official Google blog. Re-trieved April 10，2010，from http://googleblog.

blogspot. com/2008/07/we-knew-web-was-big. html.

58. O'Reilly, Tim. 2005. *What is Web 2.0: Design patterns and business models for the next generation of software*. Sebastopol, CA: O'Reilly Media. Retrieved April 10, 2010, from http://www. oreillynet. com/pub/a/oreilly/tim/news/2005/09/30/what-is-web-20. html?page=1.

59. Shuen, Amy. 2008. *Web 2.0: A strategy guide*. Sebastopol, CA: O'Reilly Media.

60. Ibid.

61. Hayes, Brian. 2009. Cloud computing: As software migrates from local PCs to distant Internet servers, users and developers alike go along for the ride. *Communications of the ACM* 51(7):9—11.

62. TechTarget.com. Cloud computing. Retrieved December 31, 2009, from http://searchcloudcomputing. techtarget. com/sDefinition/0,, sid201_ gci1287881, 00. html.

63. Google. GoogleApps. Retrieved April 10, 2010, from http://www. google. com/apps/intl/en/business/index. html # utm_campaign= en&-utm_source= en-ha-na-us-bk&-utm _ medium = ha&-utm _ term = google%20apps.

64. Amazon Web Services. Amazon Elastic Compute Cloud. Retrieved April 10, 2010, from http://aws. amazon. com/ec2.

65. Apple. Mobileme. Retrieved April 10, 2010, from http://www. apple. com/mobileme.

66. Gruber, Harold. 2005. *The economics of mobile telecommunications*. New York: Cambridge University Press.

67. CTIA. 2009. Background on CTIA's semi-annual wireless industry survey. Retrieved January 19, 2009, from http://files. ctia. org/pdf/CTIA_ Survey_ Midyear_ 2009_ Graphics. pdf; People's Daily Online. 2009. *Over 700 million mobile phone users in China* (September 3). Retrieved January 19, 2009, from http://english. people. com. cn/90001/90778/90857/90860/6747627. html; Telecom Regulatory Authority of India. 2009. Telecom subscription data as on 30th November 2009. Retrieved January 19, 2009, from http://www. trai.gov. in/WriteReadData/trai/upload/PressReleases/712/pr23-dec09no79. pdf.

68. International Telecommunication Union. 2009. *ITU corporate annual report 2008*. Retrieved January 18, 2009, from http://www. itu. int/dms_pub/itu-s/opb/conf/S-CONF-AREP-2008-E06-PDF-E. pdf.

69. McKee, Annie, and Richard Boyatzis. 2005. *Resonant leadership: Renewing yourself and connecting with others through mindfulness, hope and compassion*, 24. Boston: Harvard Business School Press.

70. Vartiainen, Matti. 2006. Mobile virtual work—Concepts, outcomes, and challenges. In *Mobile virtual work: A new paradigm?*, ed. J. H. Erik Andriessen and Matti Vartiainen. New York: Springer.

71. Lucas, Henry C. 1994. The role of information technology in organization design. *Journal of Management Information Systems*, v10(4):p.7.

72. Jones, Jeffrey M. 2006. One in three U.S. workers have "telecommuted" to work. *Gallup* (August 16). Retrieved December 28, 2009, from http://www. gallup. com/poll/24181/One-Three-US-Workers-Telecommuted-Work. aspx.

73. Saad, Lydia. 2008. Telecommuting still a rare perk. *Gallup* (August 15). Retrieved December 28, 2009, from http://www. gallup. com/poll/109546/Telecommuting-Still-Rare-Perk. aspx.

74. Ibid.

75. Business Dictionary. com. Hoteling. Retrieved April 10, 2010, from http:// www. businessdictionary.com/definition/hoteling. html.

76. Rees, Paul. 2008. Shifting sands. *Communications Review* (PricewaterhouseCooper publication) 13:2.

77. Richards, Howard, and Harris Makatsoris. 2002. The metamorphosis to dynamic trading networks and virtual corporations. In *Managing virtual web organizations in the 21st century: Issues and challenges*, ed. Ulrich Franke, 75. Hershey, PA: Idea Publishing Group.

78. McDaniel, Christie L. 2008. Removing space and time: Tips for managing the virtual workplace. In *Handbook of research on virtual workplaces and the new nature of business practices*, ed. Pavel Zemliansky. Hershey, PA: IGI Global.

79. Nemiro, Jill, Lori Bradley, Michael M.Beyerlein, and Susan Beyerlein, eds. 2008. *The handbook of high-performance virtual teams*. San Francisco: Jossey-Bass.

80. Burn, Janice, Peter Marshall, and Martin Barnett. 2002. *E-business strategies for virtual organizations*. Woodburn, MA: ButterworthHeinemann.

81. Fiol, C.Marlene, and Edward J.O'Conner 2005. Identification in face-to-face, hybrid, and pure virtual teams: Untangling the contradictions. *Organization Science* 16(1):19—32.

82. Nemiro, Jill. 2000. The glue that binds creative virtual teams. In *Knowledge management and new organization forms: A framework for business model innovation*, 102. Hershey, PA: Idea Group Publishing.

83. Malhotra, Arvind, Ann Majchrzak, Robert Carman, and Vern Lott. 2001. Radical innovation without collocation: A case study at BoeingRocketdyne. *MIS*

Quarterly 25(2):229—49.

84. Braga, David, Steve Jones, and Dennis Bowyer. 2008. Problem solving in virtual teams. In *The handbook of high-performance virtual teams: A toolkit for collaborating across boundaries*, ed. Jill Nemiro, Michael M. Beyerlein, Lori Bradley, and Susan Beyerlein, 391—404. San Francisco: Jossey-Bass.

85. Lucas, The role of information technology in organization design.

86. Wilson, Jeanne M., Susan G. Straus, and Bill McEvily. 2005. All in due time: The development of trust in computer-mediated and face-to-face teams. *Organizational Behavior and Human Decision Processes* 99(1):16—33.

87. Hinrichs, Gina, Jane Seiling, and Jackie Stavros. 2008. Sensemaking to create high-performing virtual teams. In *The handbook of high-performance virtual teams: A toolkit for collaborating across boundaries*, ed. Jill Nemiro, Michael M. Beyerlein, Lori Bradley, and Susan Beyerlein, 131—52. San Francisco: Jossey-Bass.

88. Ronfeldt, David. 1996. *Tribes, institutions, markets, networks: A framework about societal evolution.* Santa Monica, CA: RAND; Arquilla, John, and David Ronfeldt. 1996. *The advent of netwar*, 30. Santa Monica, CA: RAND National Defense Research Institute.

89. Sculley, John. 1992. Quoted in Forbes ASAP. *Forbes* 150(13):26.

90. DeSanctis, Geraldine, and Peter Monge. 1998. Communication process for virtual organizations. *Journal of Computer-Mediated Communication*:3(4):2.

91. Mortimer, Ruth. Avon calling for a new generation. Retrieved September 12, 2009, from http://www.marketingweek.co.uk/trends/avon-calling-for-a-new-generation/2065550.article.

92. Ibid.

93. Alliston, Ackerman. 2008. Avon connects worldwide innovation efforts. *Consumer Goods Technology Online* (September 18). Retrieved April 10, 2010, from http://www.consumergoods.com/ME2/dirmod.asp?sid=234FFCB1E8DF4FACBAFF60DFFD8AD37C&nm=Sample+Navigation&type=MultiPublishing&mod=PublishingTitles&mid=A533BDC6582947448BBF-A37BFF6394FF&tier=4&id=96BD832354354867-98B178DA3537D300.

94. Ibid.

95. Avon Products. 2009. Avon annual report 2008 (March 26). Retrieved September 12, 2009, from http://www.avoncompany.com/investor/annualreport/pdf/annual-report2008.pdf.

96. Rodewald, Wendy. 2007. Avon calling: How three 40+ women found their dream jobs. *MORE Magazine* (January 17). Retrieved September 12, 2009, from http://www.more.com/2009/3184-avon-calling—how-three-40-.

97. Bosman, Julie. 2006. For the Avon lady, a world beyond ringing doorbells. *New York Times* (May 1). Retrieved April 10, 2010, from http://query.nytimes.com/gst/fullpage.html?res=9E04EFDF-113FF932A35756C0A9609C8B63.

98. Mortimer, Avon calling for a new generation.

99. Bosman, For the Avon lady.

100. Burn et al., *E-business strategies for virtual organizations.*

101. Katzy, Bernhard, Chungyan Zhang, and Hermann Löh. 2005. Reference models for virtual organizations. In *Virtual organizations: Systems and practices*, ed. Luis M. Camarinha-Matos, Hamideh Afsarmanesh, and Martin Ollus, 45—58. New York: Springer Science+Business Media.

102. Netflix. Finish Netflix free trial sign up. Retrieved April 10, 2010, from http://www.netflix.com/NRD/Xbox?mqso=80025846.

103. Burn et al., *E-business strategies for virtual organizations*, 46.

104. Katzy et al., Reference models for virtual organizations.

105. Burn et al., *E-business strategies for virtual organizations*, 46.

106. Katzy et al., Reference models for virtual organizations.

107. Ambrosek, Renee. 2007. *Shawn Fanning: The founder of Napster.* New York: Rosen Publishing Group.

108. Sienkiewicz, Stan. 2001. *Credit cards and payment efficiency.* Philadelphia: Federal Reserve Bank of Philadelphia.

109. Moore, David W. 2002. Only one in six Americans is without a credit card. *Gallup* (May 22). Retrieved January 20, 2010, from http://www.gallup.com/poll/6067/Only-One-Six-Americans-Without-Credit-Card.aspx.

110. Ibid.

111. Hayashi, Fumiko, Richard Sullivan, and Stuart E. Weiner. 2003. *A guide to the ATM and debit card industry.* Kansas City, MO: Federal Reserve Bank of Kansas City.

112. Ibid.

113. Robat, Cornelis, ed. 2006. ATM automatic teller machines. The history of computing project. Retrieved January 20, 2010, from http://www.

thocp. net/hardware/atm. htm.

114. Furst，Karen，William W. Lang，and Daniel E. Nolle. 2002. Internet banking. *Journal of Financial Services Research* 22(1)：95—117.

115. ING Bank of Canada. ING Direct. Retrieved April 10，2010，from http：//www. ingdirect. ca/en/； Wikipedia. ING Group. Retrieved April 10，2010， from http：//en. wikipedia. org/wiki/ING_Direct.

116. ING Direct. About us. Retrieved April 10，2010， from http：//home. ingdirect. com/about/about. asp.

117. PayPal. About us. Retrieved April 10，2010，from https：//www. paypal-media. com/aboutus. cfm.

118. Kiva. org. About us. Retrieved April 10，2010，from http：//www. kiva. org/about.

119. Kiva. org. Loans that change lives. Retrieved April 10，2010，from http：//media. kiva. org/KIVA_ bro-chure_6.1.07. pdf.

120. Kiva. org. About us.

121. Ibid.

122. Central Intelligence Agency. World Factbook： United States. Retrieved April 10，2010，from ht-tps：//www. cia. gov/library/publications/the-world-factbook/geos/us. html； Central Intelligence Agency. World Factbook： Uganda. Retrieved April 10，2010， from https：//www. cia. gov/library/publications/the-world-factbook/geos/ug. html； Central Intelligence Agency. World Factbook： Democratic Republic of the Congo. Retrieved April 10，2010，from https：//www. cia. gov/library/publications/the-world-factbook/geos/cg. html.

123. Spector，Robert. *Amazon.com： Get big fast： Inside the revolutionary business model that changed the world*. New York： Random House.

124. Amazon. com. Sell on Amazon. Retrieved April 10， 2010，from http：//www. amazonservices. com/con-tent/sell-on-amazon. htm?ld=AZFSSOA.

125. Collier，Marsha. 2009. *eBay for dummies*. Indianap-olis，IN： Wiley Publishing.

126. Bates，T. 2001. National strategies for e-learning in post-secondary education and training. In *Funda-mentals for educational planning*，no. 70，1—135. Paris： United Nations Educational，Scientific and Cultural Organization(UNESCO).

127. Thomas，Chris Allen，Wendy Green，and Doug Lyncy. 2010. Online learning： An examination of contexts in corporate，higher education，and K-12 environments. In *Encyclopedia of information com-munication technologies and adult education inte-gration*，ed. C. X. Victor. Hershey，PA： IGI Global.

128. Zemsky，R.，and W. Massey. 2004. *Thwarted innova-tion： A Learning Alliance report*，11. West Chester，

PA： Learning Alliance. Retrieved January 6，2010， from http：//www. immagic. com/eLibrary/ARCHI-VES/GENERAL/UPENN_US/P040600Z. pdf.

129. Riswadkar，Amit，and A. V. Riswadkar. 2009. Balan-cing the risks of remote working： Walking the tele-commuting line. *John Liner Review* 23(2)：89—94.

130. Ibid.

131. Bernthal，Paul R.，Karen Colteryahn，Patty Davis， Jennifer Naughton，William J. Rothwell，and Rich Wellins. 2004. *Mapping the future： New workplace learning and performance competencies*. Alexandria， VA： ASTD Press.

132. Offstein，Evan H.，and Jason M. Morwick. 2009. *Making telework work： Leading people and levera-ging technology for high-impact results*. Boston， MA： Nicholas Breatley Publishing.

133. Ibid.

134. Richtel，Matt. 2008. Lost in e-mail，tech firms face self-made beast. *New York Times* (June 14). Re-trieved April 10，2010，from http：//www. nytimes. com/2008/06/14/technology/14email. html.

135. Information Overload Research Group. Homepage. Retrieved May 12，2010，from http：//iorgforum. org.

136. Richtel，Lost in e-mail，tech firms face self-made beast.

137. Eggen，Dan，Karen DeYoung，and Spencer S. Hsu. 2009. Plane suspect was listed in terror database after father alerted U. S. officials. *Washington Post* (December 27). Accessed April 10，2010，from http：//www. washingtonpost. com/wp-dyn/content/article/2009/12/25/AR2009122501355_2. html? sid =ST2009122601151.

138. Malhotra，Yogesh. 2000. *Knowledge management and new organization forms： A framework for busi-ness model innovation*，11. Hershey，PA： Idea Group Publishing.

139. Boyatzis et al.，*Resonant leadership*，29.

140. Duarte，Deborah L.，and Nancy Tennant Snyder. 2006. *Mastering virtual teams： Strategies，tools， and techniques that succeed*. San Francisco： Jossey-Bass.

141. Hinrichs et al.，Sensemaking to create high-perform-ing virtual teams.

142. Hertel，G.，U. Konradt，and B. Orlikowski. 2004. Managing distance by interdependence： Goal setting， task interdependence and team-based rewards in vir-tual teams. *European Journal of Work and Organi-zational Psychology* 13：1—28.

143. Duarte and Snyder，*Mastering virtual teams*.

144. Kayworth，T. R.，and D. E. Leidner. 2001. Leadership

effectiveness in global virtual teams. *Journal of Management Information Systems* 18:7—40.

145. Kirkman, B.L., B.Rosen, P.E.Tesluk, and C.B.Gibson. 2004. The impact of team empowerment on virtual team performance: The moderating role of face-to-face interaction. *Academy of Management Journal* 47:175—92.

146. Cascio, Wayne. 2000. Managing a virtual workplace. *Academy of Management Executive*; Vol. 14 (3) 84.

147. Friedman, *The world is flat*.

148. International Telecommunication Union. Cambodia. Retrieved April 10, 2010, from http://www. itu. int/ITU-D/icteye/Reporting/ShowReportFrame. aspx?ReportName ＝/WTI/InformationTechnology Public&RP_intYear＝2008&RP_intLanguageID＝1.

149. World Summit on the Information Society. 2006. *Report of the Tunis phase of the World Summit on the Information Society; Tunis, Kram Palexpo, November 16—18, 2005*. Retrieved December 22, 2009, from http://www.itu.int/wsis/index-p2.html.

第 12 章

1. Interview with Spencer Phillips, conducted by Suzanne Rotondo on September 29, 2009.

2. Marx, Karl. 1959. *The economic and philosophic manuscripts of 1844*. Trans. Martin Milligan. Moscow: Progress Publishers.

3. Taylor, Frederick Winslow. 1911. *Principles of scientific management*. New York: Harper and Brothers.

4. Stewart, Matthew. 2009. *The management myth: Why the experts keep getting it wrong*. New York: Norton.

5. Ibid.

6. Follett Foundation. 2010. Mary Parker Follett. Retrieved April 5, 2010, from http://www. follettfoundation.org/mpf.htm.

7. Mockler, Robert J. 1970. *Readings in management control*. New York: Appleton-Century-Crofts; Graham, Pauline, ed. 2003. *Mary Parker Follet: Prophet of management*. Frederick, MD: Beard Books.

8. Goleman, Daniel, Richard E. Boyatzis, and Annie McKee. 2002. *Primal leadership: Learning to lead with emotional intelligence*. Boston: Harvard Business School Press; Boyatzis, Richard, and Annie McKee. 2005. *Resonant leadership: Renewing yourself and connecting with others through mindfulness, hope and compassion*. Boston: Harvard Business School Press; Bowen, Benjamin, and David Bowen. 1995. *Winning the service game*. Boston: Harvard Business School Press.

9. Boyatzis and McKee, *Resonant leadership*.

10. Smith, Vernon. 2003. Constructivist and ecological rationality. *American Economic Review* 93 (111): 485—508.

11. Boyatzis and McKee, *Resonant leadership*.

12. Nguyen, Vu, Ronald Lee, and Kaushik Dutta. 2006. An aspect architecture for modeling organizational controls in workflow systems. Paper presented at DESRIST conference, February 24—25 (Claremont, CA):172—191.

13. Ferner, Anthony. 2007. The underpinnings of "bureaucratic" control systems: HRM in European multinationals. *Journal of Management Studies* 37 (4): 521—40.

14. Frost, Peter. 2003. *Toxic emotions at work*. Boston: Harvard Business School Press.

15. Ouchi, William G. 1979. A conceptual framework for the design of organizational control mechanisms. *Management Science* 25(9):833—48.

16. Eisenhardt, Kathleen M. 1985. Control: Organizational and economic approaches. *Management Science* 31(2): 134—49.

17. Leifer, Richard, and Peter K.Mills. 1996. An information processing approach for deciding upon control strategies and reducing control loss in emerging organizations. *Journal of Management* 22(1):113—37.

18. Snell, Scott A. 1992. Control theory in strategic human resource management: The mediating effect of administrative information. *Academy of Management Journal* 35(2):292—327.

19. Ouchi, William G. 1977. The relationship between organizational structure and organizational control. *Administrative Science Quarterly* 20:95—113.

20. Horngren, Charles T. 2006. *Cost accounting: A managerial emphasis*, 12th ed. Upper Saddle River, NJ: Prentice-Hall.

21. Interview with Dan Teree, conducted by Suzanne Rotondo on October 1, 2009.

22. Simons, Robert. 1994. *Levers of control: How managers use innovative control systems to drive strategic renewal*. Boston: Harvard Business School Press.

23. Ibid.

24. Schleifer, Andrei, and Robert W. Vishny. 1997. A survey of corporate governance. *Journal of Finance* 52(2):737—83.

25. Berglöf, Erik, and Ernst-Ludwig von Thadden. 1999. The changing corporate governance paradigm: Implications for transition and developing countries. In *Corporate governance and globalization: Long range planning issues*, ed. Stephen S. Cohen and Gavin Boyd, 275—306. Northampton, MA: Edward Elgar

Publishing.

26. Jensen, Michael. 1998. *Foundations of organisational strategy*. Boston: Harvard Business School Press.

27. Civil Rights Act of 1964. Title VII: Equal employment opportunities. 42 USC Chapter 21.

28. A study commissioned by New York City Mayor Michael Bloomberg and U.S. Sen. Charles Schumer cites this as one reason why America's financial sector is losing market share to other financial centers worldwide. See http://schumer.senate.gov/new_website/record.cfm?id=267787&.

29. U.S. House of Representatives. USC Chapter 98. Retrieved May 12, 2010, from http://uscode.house.gov/download/pls/15C98.txt.

30. Taylor, William C. 2006. To charge up customers, put customers in charge. *New York Times* (June 18). Retrieved November 11, 2009, from http://www.nytimes.com/2006/06/18/business/yourmoney/18mgmt.html.

31. Ibid.

32. Lindberg, Oliver. 2009. The secrets behind Threadless "success." techradar.com (May 28). Retrieved September 12, 2009, from http://www.techradar.com/news/internet/the-secrets-behind-Threadless-success-602617.

33. Ibid.

34. Chafkin, Max. 2008. The customer is the company. *Inc.* (July 1). Retrieved September 12, 2009, from http://www.inc.com/magazine/20080601/the-customer-is-the-company.html.

35. Ibid.

36. Ibid.

37. Centers for Disease Control and Prevention. 2006. Advance Data No. 372 (June 23).

38. Coffey, Laura T. 2008. Chocoholics sour on new Hershey's formula. MSNBC (September 19). Retrieved April 16, 2010, from http://www.msnbc.msn.com/id/26788143.

39. Otley, David. 1999. Performance management: A framework for management control systems research. *Management Accounting Research* 10:363—82.

40. Hope, Jeremy, and Robin Fraser. 2003. *Beyond Budgeting: How managers can break free from the annual performance trap*. Boston: Harvard Business School Press.

41. Peelen, Ed. 2005. *Customer relationship management*. Upper Saddle River, NJ: Financial Times/Prentice Hall; Heskett, James, W. Earl Sasser, and Leonard Schlesinger. 1997. *The service profit chain*. New York: Free Press.

42. Jayachandran, Satish, Subhash Sharma, Peter Kauf-

man, and Pushkala Raman. 2005. The role of relational information processes and technology use in customer relationship management. *Journal of Marketing* 69 (October):177—92.

43. Interview with Gail Goodman, conducted by Suzanne Rotondo on September 11, 2009.

44. Ibid.

45. Davenport, Thomas H., and James E. Short. 1990. The new industrial engineering: Information technology and business process redesign. *Sloan Management Review* (Summer):11—26.

46. Hammer, Michael, and James Champy. 2001. *Reengineering the corporation: A manifesto for business revolution*, 35. New York: HarperCollins.

47. Ibid. 56.

48. Hammer, Michael. 1990. Reengineering work: Don't automate, obliterate. *Harvard Business Review* 68 (4):104—12.

49. Hammer and Champy, *Reengineering the corporation*, 21.

50. Davenport and Short, The new industrial engineering; Davenport, Thomas. 1993. *Process innovation: Reengineering work through information technology*. Boston: Harvard Business School Press.

51. Davenport, *Process innovation*, 1.

52. Raymond, Louis, Francios Bergeron, and Suzanne Rivard. 1998. Determinants of business process reengineering success in small and large enterprises. *Journal of Small Business Management* 36 (1): 72—85.

53. Goel, Sanjay, and Chen, Vicki. 2008. Integrating the global enterprise using Six Sigma: Business process reengineering at General Electric Wind Energy. *International Journal of Production Economics* 113: 914—27.

54. Wikipedia. Total quality management. Retrieved August 14, 2009, from http://en.wikipedia.org/wiki/TQM.

55. Imai, Masaaki. 1986. *Kaizen: The key to Japan's competitive success*. New York: McGraw Hill.

56. Antony, Jiju. Pros and cons of Six Sigma: An academic perspective. Retrieved October 28, 2009, from http://www.onesixsigma.com/node/7630.

57. Ibid.

58. Acuity Institute. Lean Six Sigma Black Belt certification. Retrieved April 16, 2010, from http://www.acuityinstitute.com/six-sigma-blackbelt.html.

59. Six Sigma. New to lean Six Sigma. Retrieved April 16, 2010, from http://www.isixsigma.com/sixsigma/six_sigma.asp.

60. Brady, J.E., and T.T. Allen. 2006. Six Sigma litera-

ture: A review and agenda for future research. *Quality and Reliability Engineering International* 22:335—67.

61. Hindo, Brian. 2007. At 3M, a struggle between efficiency and creativity. *Business Week* (June 6). Retrieved October 28, 2009, from http://www.businessweek.com/magazine/content/07_24/b4038406.htm?chan=top+news_top+news+index_best+of+bw.

62. Ruffa, Stephen A. 2008. *Going lean: How the best companies apply lean manufacturing principles to shatter uncertainty, drive innovation, and maximize profits*. New York: AMACOM.

63. Womac, James P., Daniel T.Jones, and Daniel Roos. 1990. *The machine that changed the world: The story of lean production*. New York: Rawson Associates.

64. Ohno, Taiichi. 1995. *Toyota Production System: Beyond large-scale production*. New York: Productivity Press.

65. Trent, Robert J. 2008. *End-to-end lean management: A guide to complete supply chain improvement*. Fort Lauderdale, FL: J.Ross Publishing.

66. Ibid.; Brun, Yuriy, and Nenad Medvidovic. 2007. Fault and adversary tolerance as an emergent property of distributed systems' software architectures. Paper presented at 2007 Workshop on Engineering Fault Tolerant Systems, Dubrovnik, Croatia, September 4. Retrieved March 20, 2010, from http://portal.acm.org/citation.cfm?id=1316550.1316557.

67. International Organization for Standardization. ISO 9000 and ISO 14000. Retrieved December 2, 2009, from http://www.iso.org/iso/iso_catalogue/management_standards/iso_9000_iso_14000.htm.

68. American Society for Quality. Organization-wide approaches: ISO 9000 and other standards. Retrieved December 2, 2009, from http://www.asq.org/learn-about-quality/iso-9000/overview/overview.html.

69. International Organization for Standardization. ISO 14000:2004 and SMEs. Retrieved December 2, 2009, from http://www.iso.org/iso/iso_catalogue/management_standards/iso_9000_iso_14000/iso_14001_2000_and_smes.htm.

70. American Society for Quality, Organization-wide approaches: ISO 9000 and other standards.

71. ISO9000Council.org. Welcome to ISO9000Council.org. Retrieved April 5, 2010, from http://www.iso9000council.org.

72. International Organization for Standardization. Quality management principles. Retrieved December 2, 2009, from http://www.iso.org/iso/iso_catalogue/management_standards/iso_9000_iso_14000/qmp.htm.

73. ISO9000Council.org, Welcome to ISO9000Council.org.

74. Ibid.

75. Minority Business Development Agency. ISO 14000 Standards. U.S. Department of Commerce. Retrieved December 2, 2009, from http://www.mbda.gov/?id=5&bucket_id=163&content_id=2478&well=entire_page.

76. Hanson, Arthur J.Global green standards. International Institute for Sustainable Development. Retrieved December 2, 2009, from http://www.iisd.org/greenstand/default.htm.

77. International Organization for Standardization. ISO 14000 essentials. Retrieved December 2, 2009, from http://www.iso.org/iso/iso_catalogue/management_standards/iso_9000_iso_14000/iso_14000_essentials.htm.

78. Hanson, Global green standards.

79. International Organization for Standardization. Certification. Retrieved December 2, 2009, from http://www.iso.org/iso/iso_catalogue/management_standards/certification.htm; Minority Business Development Agency, ISO 14000 Standards.

80. International Organization for Standardization. ISO 9000 essentials. Retrieved December 2, 2009, from http://www.iso.org/iso/iso_catalogue/management_standards/iso_9000_iso_14000/iso_9000_essentials.htm.

81. ISO9000Council.org, Welcome to ISO9000Council.org.

82. Baldrige National Quality Program. The Malcolm Baldrige National Quality Improvement Act of 1987—Public Law 100—107. National Institute of Standards and Technology. Retrieved December 2, 2009, from http://www.baldrige.nist.gov/Improvement_Act.htm.

83. Baldrige National Quality Program. Biography of Malcolm Baldrige. National Institute of Standards and Technology. Retrieved December 2, 2009, from http://www.baldrige.nist.gov/Biography.htm.

84. National Institute of Standards and Technology. Frequently asked questions about the Malcolm Baldrige National Quality Award. Retrieved December 2, 2009, from http://www.nist.gov/public_affairs/factsheet/baldfaqs.htm.

85. Turner, Sam. 2009. Baldrige criteria can help utility industry: How the Baldrige Criteria for Performance Excellence can help today's utility industry meet tomorrow's challenges. *Quality Digest* (November 12). Retrieved December 2, 2009, from http://www.qualitydigest.com/inside/quality-insider-article/baldrige-criteria-can-help-utility-industry.html.

86. National Institute of Standards and Technology, Frequently asked questions.

87. U. S. Government Office of Personnel Management. 2001. *Workforce compensation and performance service publication*, PMD-013(September). Retrieved from http://miha. ef. uni-lj. si/_ dokumenti3plus2/196128/Otley-1999-PM-aframeworkforMCSresearch. pdf.

88. Drucker, Peter F. 1954. *The practice of management*. New York: Harper &. Brothers.

89. Romani, Paul N. 1997. MBO by any other name is still MBO. *Supervision* 58(12):6—8.

90. Thomas, Gail Fann, Roxanne Zolin, and Jackie L. Hartman. 2009. The central role of communication in developing trust and its effect on employee involvement. *Journal of Business Communication* 46(3):291.

91. Kaplan, Robert S., and David P. Norton. 1996. *The Balanced Scorecard: Translating strategy into action*. Boston: Harvard Business School Press.

92. Goleman et al. *Primal leadership*; Frost, P., J. Dutton, M. Worline, and A. Wilson. 2000. Narratives of compassion in organizations. In *Emotion in organizations*, ed. S. Fineman. Thousand Oaks, CA: Sage Publications; Graen, G., and M. Uhl-Bien. 1995. Relationship-based approach to leadership development of leader-member exchange (LMX) theory of leadership over 25 years: Applying a multi-level, multi-domain perspective. *Leadership Quarterly* 6:219—47; Higgins, M. C., and K. E. Kram. 2001. Reconceptualizing mentoring at work: A developmental network perspective. *Academy of Management Review* 26(2):264—88; Kanov, J. M., S. Maitlis, M. C. Worline, J. E. Dutton, P. J. Frost, and J. M. Lilius. 2004. Compassion in organizational life. *American Behavioral Scientist* 47(6):808—27.

93. Kram, Kathy E. 1996. A relationship approach to career development. In *The career is dead—Long live the career*. San Francisco: Jossey-Bass.

94. McKee, A., and R. E. Boyatzis. 2008. *Becoming a resonant leader: Develop your emotional intelligence, renew your relationships, and sustain your effectiveness*. Boston: Harvard Business School Press.

95. Lewis, Kristi M. 2000. When leaders display emotion: How followers respond to negative emotional expression of male and female leaders. *Journal of Organizational Behavior* 21 (special issue):221—34.

96. Ibid.

97. Langer, Ellen. 1989. *Mindfulness*. Reading, MA: Addison-Wesley.

第 13 章

1. Mead, Margaret. 1953. *Cultural patterns and technical change*, 9—10. Deventer, Holland: UNESCO.

2. Hofstede, Geert. 1980/1984. *Culture's consequences: International differences in work-related values*, 14. Newbury Park, CA: Sage Publications.

3. Mead, R. 1994. *International management: Cross-cultural dimensions*. Oxford: Blackwell Business.

4. Hofstede, Geert. 1998. Attitudes, values, and organizational culture: Disentangling the concepts. *Organization Studies* 19(3): 477—92; Rokeach, Milton. 1972. *Beliefs, attitudes, and values*. San Francisco: Jossey-Bass.

5. Lagarde, Emmanuel, Catherine Enel, Karim Seck, Aïssatou, GueyeNdiaye, Jean-Pierre Piau, Gilles Pison, Valerie Delaunay, Ibrahima Ndoye, and Souleymane Mboup. 2000. Religion and protective behaviors towards AIDS in rural Senegal. *AIDS* 14:2027—33.

6. Finkelstein, S. 2002. The DaimlerChrysler merger. Business case no. 1-0071. Retrieved April 17, 2010, from http://mba. tuck. dartmouth. edu/pdf/2002-1-0071.pdf.

7. CSL Behring. About CSL Behring. Retrieved April 17, 2010, from http://www.cslbehring.com/about.

8. Unilever. Powered by people. Retrieved April 17, 2010, from http://www.unilever.com/careers; ExxonMobil. Country, regional business and brand sites. Retrieved April 17, 2010, from http://www.exxonmobil. com/corporate/about_where_countries. aspx; Nike. Careers. Retrieved November 18, 2009, from http://www.nikebiz.com/careers.

9. Teleos Leadership Institute. Who we are. Retrieved November 18, 2009, from http://www.teleosleaders. com/teleos_who_we_are.html.

10. Pfeffer, J. 1981. Management as symbolic action: The creation and maintenance of organizational paradigms. In *Research in organizational behavior*, vol. 3, ed. L. L. Cummings and B. M. Staw, 1—52. Greenwich, CT: JAI Press.

11. Schein, E. H. 1985. *Organizational culture and leadership*. San Francisco: Jossey-Bass.

12. Schein, *Organizational culture and leadership*; Likert, R. 1961. *New patterns of management*. New York: McGraw-Hill; Gregory, B. T., S. G. Stanley, A. A. Armenakis, and C. L. Shook. 2009. Organizational culture and effectiveness: A study of values, attitudes, and organizational outcomes. *Journal of Business Research* 62:673—79.

13. Hofstede, *Culture's consequences*; Hofstede, Geert. 1994. The business of international business is culture. *International Business Review* 3(1):1—14.

14. Hofstede, *Culture's consequences*.

15. Hofstede, Geert, and Michael H. Bond. 1988. The Confucius connection: From cultural roots to economic growth. *Organizational Dynamics* 16:5—21; Franke, Richard H., Geert Hofstede, and Michael H. Bond. 2002. National culture and economic growth. In *Handbook of cross-cultural management*, ed. Martin J. Gannon and Karen L. Newman, 5—15. Malden, MA: Blackwell Publishers.

16. Hofstede, Geert, Bram Neuijen, Denise D. Ohayv, and Saunders Geert. 1990. Measuring organizational cultures: A qualitative and quantitative study across twenty cases. *Administrative Science Quarterly* 35 (2):286—317; Chinese Culture Connection. 1987.

17. Ibid; Yeh, Ryh-Song, and John J. Lawrence. 1995. Individualism and Confucian dynamism: A note on Hofstede's cultural root to economic growth. *Journal of International Business Studies* 26(3):655—69; Hofstede and Bond, The Confucius connection; Chinese values and the search for culture-free dimensions of culture. *Journal of Cross-Cultural Psychology* 18:143—64.

18. House, Robert, Paul J. Hanges, Mansour Javidan, and Peter W. Dorfman, eds. 2004. *Culture, leadership, and organizations: The GLOBE study of 62 societies*. Thousand Oaks, CA: Sage Publications.

19. Ibid.

20. Javidan, M., and R. J. House. 2001. Cultural acumen for the global manager: Lessons from Project GLOBE. *Organizational Dynamics* (Spring):289—305.

21. *Baker v. Nelson*, 291 Minn. 310(1971).

22. Freedom to Marry.org. States. Retrieved August 11, 2009, from http://www.freedomtomarry.org/states.php.

23. Lewis, Gregory B. 2005. Same-sex marriage and the 2004 presidential election. *PS: Political Science and Politics* 38:195—99.

24. Yanow, Dvora. 2000. Seeing organizational learning: A cultural view. *Organization Articles* 7(2):247—68.

25. Cameron, Kim S., and Robert E. Quinn. 2006. *Diagnosing and changing organizational culture: Based on the competing values framework*. San Francisco: Jossey-Bass.

26. Quinn, R. E., and J. A. Rohrbaugh. 1983. A spatial model of effectiveness criteria: Towards a competing values approach to organizational analysis. *Management Science* 29:363—77; Quinn, R. E., and G. M. Spreitzer. 1991. The psychometrics of the competing values culture instrument and an analysis of the impact of organizational culture on quality of life. In *Research in organizational change and development*, vol. 5, ed. R. W. Woodman and W. A. Pasmore, 115—42. Greenwich, CT: JAI Press; Cameron, K. S., and S. J. Freeman. 1991. Cultural congruence, strength, and type: Relationships to effectiveness. In *Research in organizational change and development*, vol. 5, ed. R. W. Woodman and W. A. Pasmore, 23-58. Greenwich, CT: JAI Press.

27. Gregory et al., Organizational culture and effectiveness; Quinn, R. E. 1988. *Beyond rational management*. San Francisco: Jossey-Bass; Cameron, Kim S. 1984. Cultural congruence, strength, and type: Relationships to effectiveness. Working Paper No. 401b, Graduate School of Business Administration, University of Michigan; Denison, D. R., and G. M. Spreitzer. Organizational culture and organizational development: A competing values approach. In *Research in organizational change and development*, vol. 5, ed. R. W. Woodman and W. A. Pasmore, 1—21. Greenwich, CT: JAI Press; Cameron, K. S., R. E. Quinn, J. DeGraff, and A. V. Thakor. 2006. *Creating values in leadership*. Northampton, MA: Edward Elgar; Cameron, K. S., and R. E. Quinn. 1999. *Diagnosing and changing organizational cultures*. New York: Addison-Wesley.

28. Gregory et al., Organizational culture and effectiveness.

29. Ibid.; Quinn, R. E., *Beyond rational management*.

30. Kotter, J., and J. Heskett. 1992. *Corporate culture and performance*. New York: Free Press; O'Reilly, C. A., and J. A. Chatman. 1996. Culture as social control: Corporations, culture and commitment. In *Research in organizational behavior*, vol. 18, ed. B. M. Staw and L. L. Cummings, 157—200. Greenwich, CT: JAI Press.

31. Pascale, R. 1985. The paradox of "corporate culture": Reconciling ourselves to socialization. *California Management Review* 27: 26—41; Posner, B., J. Kouzes, and W. Schmidt. 1985. Shared values make a difference: An empirical test of corporate culture. *Human Resource Management* 24:293—309.

32. Sorenson, J. B. 2002. The strength of corporate culture and the reliability of firm performance. *Administrative Science Quarterly* 47:70—91. Denison, Daniel R. 1984. Bringing corporate culture to the bottom line. *Organizational Dynamics* 13(2):4—22; Denison, Daniel R. 1990. *Corporate culture and organizational effectiveness*. New York: Wiley; Gordon, G., and N. DiTomaso. 1992. Predicting corporate performance from organizational culture. *Journal of Management Studies* 29:783—98.

33. Collins, C., and J. Porras. 2002. *Built to last: Successful*

habits of visionary companies. New York: Harper-Collins; Schrodt, Paul. 2002. The relationship between organizational identification and organizational culture: Employee perceptions of culture and identification in a retail sales organization. *Communication Studies* 53:189—202.

34. Dakan, Myles. 2007. What is uchi, what is soto: The cultural implications of Japanese grammar. *Daily Gazette* (February 12). Retrieved September 12, 2009, from http://daily. swarthmore. edu/2007/2/12/what-is-uchi-what-is-soto-the-cultural-implications-of-japanese-grammar.

35. Byrne, John A., and Gary McWilliams. 1993. The alumni club to end all alumni clubs. *Businessweek* (September 20). Retrieved September 12, 2009, from http://www. businessweek. com/archives/1993/b333748.arc.htm.

36. Ibid.

37. Ibid.

38. Hirst, Clayton. 2002. The might of the McKinsey mob. *The Independent* (January 20). Retrieved April 23, 2010, from http://www. independent. co. uk/news/business/analysis-and-features/the-might-of-the-mckinsey-mob-664081.html.

39. Byrne, John A. 2002. Inside McKinsey. *BusinessWeek* (July 8). Retrieved September 12, 2009, from http://www. businessweek. com/magazine/content/02_27/b3790001.htm.

40. Vineyard Vines. Our story. Retrieved April 17, 2010, from http://www.vineyardvines.com/content_ourstory.

41. Murray, Shep, and Ian Murray. 2005. For the love of it. In *Chicken soup for the entrepreneur's soul: Advice and inspiration for fulfilling dreams*, ed. Jack Canfield, Mark V. Hansen, and Dahlynn McKowen, 162—66. Deerfield Beach, FL: Health Communications.

42. Manlow, Veronica. 2007. *Designer clothes: Culture and organization of the fashion industry*. New Brunswick, NJ: Transaction Publishers.

43. *Entrepreneur*'s hot 500. 2007. *Entrepreneur Magazine* (August). Retrieved March 6, 2010, from http://www. entrepreneur.com/hot500/industry/APPAREL.html.

44. Off the Cuff. 2009. Vineyard Vines: An American original(March 26). Retrieved March 6, 2010, from http://offthecuffdc. blogspot. com/2009/03/vineyard-vines-american-original-part-i.html.

45. Martin, Joanne, Peter J. Frost, and Olivia A. O'Neill. 2006. Organizational culture: Beyond struggles for intellectual dominance. In *The handbook of organisation studies*, 2d ed., ed. S.R. Clegg, C. Hardy, T.B. Lawrence, and W.R. Nord, 725—53. Newbury Park, CA: Sage Publications.

46. Shrivastava, P. 1985. Integrating strategy formulation with organizational culture. *Journal of Business Strategy* 5:103—11.

47. Sørensen, Jesper B. 2002. The strength of corporate culture and the reliability of firm performance. *Administrative Science Quarterly* 47(1):70—91.

48. Gordon, George G. 1991. Industry determinants of organizational culture. *Academy of Management Review* 16(2):396—415.

49. Michel, Alexandra, and Stanton Wortham. 2008. *Bullish on uncertainty: How organizational cultures transform participants*. New York: Cambridge University Press.

50. Schein, *Organizational culture and leadership*.

51. Ibid., 3—27.

52. Yanow, Dvora. 2000. Seeing organizational learning: A cultural view. *Organization Science* 7(2):247—68; Lytle, James H. 1996. The inquiring manager. *Phi Delta Kappan* 77(10):664—66.

53. Bowles, M.L. 1989. Myth, meaning, and work organization, *Organization Studies*, Vol. 10 No. 3, pp. 405—21.

54. Schein, E.H. 1983. The role of the founder in creating organizational culture. *Organization Dynamics* (Summer):13—28.

55. Schein, *Organizational culture and leadership*.

56. Rogers, William. 1969. *Think: A biography of the Watsons and IBM*. New York: Stein & Day.

57. Martin, Joanne, Martha S. Feldman, and Mary Jo Hatch. 1983. The uniqueness paradox in organizational stories. *Administrative Science Quarterly* 28(3):438—53.

58. Pettigrew, A.M. 1979. On studying organizational cultures. *Administrative Science Quarterly* 24:570—81.

59. Durkheim, E. 1965. *The elementary forms of religious life*. New York: Free Press.

60. Martin, Joanne. 1990. Deconstructing organizational taboos: The suppression of gender conflict in organizations. *Organization Science* 1(4):339—59.

61. Kallio, Tomy J. 2007. Taboos in corporate social responsibility discourse. *Journal of Business Ethics* 74:165—75.

62. Ibid.

63. LaTour, Kathryn, Michael S. LaTour, and George M. Zinkhand. 2009. Coke is it: How stories in childhood memories illuminate an icon. *Journal of Business Research* 63(3):328—36.

64. Barley, Stephen R. 1983. Semiotics and the study of occupational and organizational cultures. *Organizational Culture* 28 (3): 393—413; Eco, Umberto. 1986. *Semiotics and the philosophy of language*.

Bloomington, IN: Indiana University Press.

65. Military slang. Retrieved July 30, 2009, from http://www.spiritustemporis.com/military-slang/v.html.

66. Thomas, Chris Allen. 2008. Bridging the gap between theory and practice: Language policy in multilingual organizations. *Language Awareness* 17(4):307—25.

67. Kallio, Taboos in corporate social responsibility discourse.

68. Yanow, Seeing organizational learning; Reason, Peter. *Human inquiry in action: Developments in new paradigm research*. Thousand Oaks, CA: Sage; Schein, Edgar H. 2001. Clinical inquiry/research. In *Handbook of action research*, ed. Peter Reason and Hilary Bradbury, 228—237. Thousand Oaks, CA: Sage; Lytle, The inquiring manager.

69. Plato. 1908. *The republic of Plato*, ed. Benjamin Jowett, 517D. Oxford: Clarendon Press.

70. London, Anne(Annie McKee) and M. C. McMillen. 1993. Discovering social issues: Organization development in a multicultural community. *Journal of Applied Behavioral Sciences* 28(3):445—60.

71. Goleman, Daniel, Richard E.Boyatzis, and Annie McKee. 2002. *Primal leadership: Realizing the power of emotional intelligence*, 198—200. Boston: Harvard Business School Press.

72. Cooperrider, David L. 2004. Appreciative inquiry: New horizons in strength-based organization development. In *Sixth annual best of organizational development summit*, 79—107. Burlington, MA: Linkage Inc.; Cooperrider, D.L., and S.Srivasta. 1987. Appreciative inquiry in organizational life. In *Research in organizational change and development*, Vol. 1, ed. R. W. Woodman and W. A. Pasmore, 129—69. Greenwich, CT: JAI Press.

73. Gustavson, Bjørn. 2001. Theory and practice: The mediating discourse. In *Handbook of action research*, ed. Peter Reason and Hilary Bradbury, 17—26. Thousand Oaks, CA: Sage Publications; Hult, M., and S.Lennung. 1980. Towards a definition of action research: A note and bibliography. *Journal of Management Studies* 17(2):242—50.

74. Weick, Karl E., and Robert E.Quinn. 1999. Organizational change and development. *Annual Review of Psychology* 50:361—86.

75. Brown, S.L., and K.M.Eisenhardt. 1998. *Competing on the edge: Strategy as structured chaos*. Boston: Harvard Business School Press; O'Reilly, C. A., J. Chatman, and D.F.Caldwell. 1991. People and organizational culture: A profile comparison approach to assessing person-organization fit. *Academy of Management Journal* 14:487—516; Scott, S.G., and R.A.

Bruce. 1994. Determinants of innovative behavior: A path model of individual innovation in the workplace. *Academy of Management Journal* 37:580—607; Van de Ven, A., E.D.Polley, R.Garud, and S.Venkataraman. 1999. *The innovation journey*. New York: Oxford University Press.

76. Woodman, R. W., J. E. Sawyer, and R. W. Griffin. 1993. Toward a theory of organizational creativity. *Academy of Management Review* 18:293—321.

77. Chandler, G.N., C.Keller, and D.W.Lyon. 2000. Unraveling the determinants and consequences of an innovative-supportive organizational culture. *Entrepreneurship Theory and Practice*(Fall):59—76.

78. Kent, William E. 1990. Putting up the Ritz: Using culture to open a hotel. *Cornell Hotel and Restaurant Administration Quarterly* 31(3):16—24.

79. Enz, C.A., and J.A.Signaw. 2000. Best practices in service quality. *Cornell Hotel and Restaurant Administration Quarterly* 41:20—29.

80. Locander, W. B., F. Hamilton, D. Ladik, and J. Stewart. 2002. Developing a leadership-rich culture: The missing link to creating a market-focused organization. *Journal of Market-Focused Management* 5:149—63.

81. Catalyst. 2008. 2008 census of women corporate officers and top earners of the Fortune 500. *Catalyst Research Report*. Retrieved August 20, 2009, from http://www.catalyst.org/file/266/cote_ca_09.pdf.

82. Catalyst. 2001. *2001 Catalyst census of women board directors*. Retrieved August 20, 2009, from http://www.catalyst.org/file/77/2001%20catalyst%20wbd.pdf.

83. Toossi, Mitra. 2007. Employment outlook: 2006—2016. Labor force projections to 2016: More workers in their golden years. *Monthly Labor Review*(November). Washington, DC: Bureau of Labor Statistics. Retrieved August 20, 2009, from http://www.bls.gov/opub/mlr/2007/11/art3full.pdf.

84. Judy, Richard W., and Carol D'Amico. 1997. *Workforce 2020: Work and workers in the twenty-first century*. Indianapolis, IN: Hudson Institute.

85. Ibid.

86. Ely, R.J., and D.A.Thomas. 2001. Cultural diversity at work: The effects of diversity perspectives on work group processes and outcomes. *Administrative Science Quarterly* 46:229—73.

87. Diversity Inc. Why is Johnson & Johnson number one? Retrieved July 29, 2009, from http://www.diversityinc.com/public/5449.cfm; Diversity Inc. Announcing the ninth annual Diversity Inc. Top 50 companies for diversity. Retrieved July 29, 2009, from http://www.diversityinc.com/public/5530.cfm.

88. Diversity Inc., Announcing the ninth annual Diversity Inc. Top 50 companies for diversity.

89. Posner, B., J.Kouzes, and W.Schmidt. 1985. Shared values make a difference: An empirical test of corporate culture. *Human Resource Management* 24: 527—38.

90. Singhapakdi, Anusorn, and Scott J.Vitell. 2007. Institutionalization of ethics and its consequences: A survey of marketing professionals. *Journal of the Academy of Marketing Science* 35(2):284—94.

91. Vitell, S.J., and A.Singhapakdi. 2008. The role of ethics institutionalization in influencing organizational commitment, job satisfaction, and esprit de corps. *Journal of Business Ethics* 81:343—53.

92. Ramos, Luis. 2009. Outside-the-box ethics. *Leadership Excellence* 26:19.

93. Ibid.

94. Tse, Tomoeh M. 2009. Judge surprises Madoff deputy by denying bail. *Washington Post* (August 13). Retrieved August 13, 2009, from http://www.washingtonpost. com/wp-dyn/content/article/2009/08/12/AR2009081202970.html?hpid=sec-business.

95. Sevier, Laura. 2009. Cleaner Planet Plan: A green wash or greenwash? *The Ecologist* (August 18):Retrieved August 20, 2009, from http://www.theecologist. org/blogs_and_comments/commentators/other_comments/305015/cleaner_planet_plan_a_green_wash_or_greenwash.html.

96. Global 100. 2009. The Global 100 most sustainable corporations in the world. Retrieved August 20, 2009, from http://www.global100.org.

97. Campaign for Real Beauty. 2006. *Evolution: A Dove film.* Retrieved August 20, 2009, from http://www.dove.us/#/features/videos/default.aspx[cp-documentid=7049579].

98. Boyatzis, Richard, and Annie McKee. 2005 *Resonant leadership: Sustaining yourself and connecting with others through mindfulness, hope, and compassion.* Boston: Harvard Business School Press.

99. Pawar, B.S. 2008. Two approaches to workplace spirituality facilitation: A comparison and implications. *Leadership and Organization Development Journal* 29:544—67; Giacalone, R.A., and C.L. Jurkiewicz, eds. 2003. *Handbook of workplace spirituality and organizational performance.* New York: M.E.Sharpe.

100. Google search results for "workplace spirituality," August 13, 2009.

101. Pawar, Two approaches to workplace spirituality facilitation; Corner, P.D. 2009. Workplace spirituality and business ethics. *Journal of Business Ethics* 85:

377—89.

102. Duchon, Dennis, and Donde A.Plowman. 2005. Nurturing spirit at work: Impact on work unit performance. *Leadership Quarterly* 16:807—33.

103. Driscoll, Cathy, and Margaret McKee. 2007. Restorying a culture of ethical and spiritual values: A role for leader storytelling. *Journal of Business Ethics* 73: 205—17; Corner, Workplace spirituality and business ethics.

104. Konz, Gregory N.P., and Francis X.Ryan. 1999. Maintaining an organizational spirituality: No easy task. *Journal of Organizational Change Management* 12 (3):200—10.

105. Fry, Louis W. 2003. Toward a theory of spiritual leadership. *Leadership Quarterly* 14:693—727.

106. U.S. Equal Employment Opportunity Commission. 2002. Facts about sexual harassment(June 27). Retrieved April 6, 2010, from http://www.eeoc.gov/facts/fs-sex.html.

107. Ibid.

108. Ibid.

109. Dobbin, Frank, and Erin L.Kelly. 2007. How to stop harassment: Professional construction of legal compliance in organizations. *American Journal of Sociology* 112(4):1203—1243.

110. National Women's Law Center. Sexual harassment in the workplace. Retrieved April 17, 2010, from http://www.nwlc.org/details.cfm?id=459&section=employment; U.S. Equal Employment Opportunity Commission. 2009. Sexual harassment charges: EEOC and FEPAs combined: FY 1997—FY 2008. Retrieved April 17, 2010, from http://www.eeoc.gov/eeoc/statistics/enforcement/sexual_harassment.cfm; Texas Association Against Sexual Assault. 2008. Confronting sexual harassment brochure(October 1). Retrieved April 6, 2010, from http://www.taasa.org/member/pdfs/csh-eng.pdf.

111. U.S. Equal Employment Opportunity Commission. Sexual Harassment Charges.

112. U.S. Metric Systems Correction Board. 1994. Sexual harassment in the federal workplace: Trends, progress, continuing challenges. Retrieved April 6, 2010, from http://www.mspb.gov/netsearch/viewdocs.aspx?docnumber=253661&version=253948&application=ACROBAT.

113. Faley, Robert H., Deborah E.Knapp, Gary A. Kustis, Cathy L.Z.Dubois, Jill Young, and Brian Polin. 2006. Estimating the organizational costs of same-sex sexual harassment: The case of the U.S. Army. *International Journal of Intercultural Relations* 30(5):557—77.

114. Goleman et al., *Primal leadership*.

115. Boyatzis, Richard E. 1998. *Thematic analysis: Transforming qualitative information*. Thousand Oaks, CA: Sage.

116. Keyton, Joann. 2005. *Communication and organizational culture*. Thousand Oaks, CA: Sage.

117. Goleman, Daniel. 2006. *Social intelligence: The new science of human relationships*. New York: Bantam Books.

118. Earley, P. Christopher, and Elaine Masakowski. 2004. Cultural intelligence. *Harvard Business Review* (October): 139.

119. Earley, P. Christopher, and Ang Soon. 2003. *Cultural intelligence: Individual interactions across cultures*. Palo Alto, CA: Stanford University Press.

120. Brislin, Richard, Reginald Worthley, and Brent Macnab. 2006. Cultural intelligence: Understanding behaviors that serve people's goals. *Group and Organization Management* 31(1): 40—55.

121. Goleman et al., *Primal leadership*.

122. Ibid., 218—19.

123. Ibid., 219.

124. Ibid., 219—20.

第 14 章

1. Reich, Robert. 2007. *Supercapitalism*, 7. Knopf: New York.

2. Hoovers. McDonald's Corporation. Retrieved April 13, 2010, from http://www.hoovers.com/company/McDonalds_Corporation/rfskci-1.html.

3. Samuelson, Robert. 2008. A baffling global economy. *Washington Post* (July 16). Retrieved April 13, 2010, from http://www.washingtonpost.com/wp-dyn/content/article/2008/07/15/AR2008071502428.html.

4. BBC News. 2001. Globalisation: Good or bad? *Talking Point* (July 25). Retrieved February 8, 2010, from http://news.bbc.co.uk/2/hi/talking_point/1444930.stm.

5. Friedman, Thomas L. 2000. *The Lexus and the olive tree*. New York: Farrar, Straus and Giroux.

6. Della Porta, Donatella. 2006. *The global justice movement: Cross-national and transnational perspectives*. New York: Paradigm; Juris, Jeffrey S. 2008. *Networking futures: The movements against corporate globalization*. Durham, NC: Duke University Press.

7. Stiglitz, J. 2004. Economic, social, and cultural rights: The right to food. Report prepared for the United Nations Commission on Human Rights. Retrieved February 8, 2010, from http://www.unhchr.ch/Huridocda/Huridoca.nsf/0/34441bf9efe3a9e3c1256e6300510e24/$FILE/G0410777.pdf.

8. Stiglitz, J., and A. Charlton. 2005. *Fair trade for all: How trade can promote development*. New York: Oxford University Press.

9. Friedman, Thomas L. 2006. *The world is flat*, 422. New York: Farrar, Straus, and Giroux.

10. Zacharias, Pat. 1999. When bomb shelters were all the rage. *Detroit News* (April 1). Retrieved April 13, 2010, from http://apps.detnews.com/apps/history/index.php?id=48.

11. U.S. Department of Defense. Military casualty information. Retrieved April 27, 2010, from http://siadapp.dmdc.osd.mil/personnel/CASUALTY/vietnam.pdf.

12. Yeltsin, Boris. 1990. *Against the grain*, 255. New York: Summit Books.

13. World Trade Organization. World trade report 2008. Retrieved December 29, 2009, from http://www.wto.org/english/res_e/booksp_e/anpre_e/wtr08-2b_e.pdr.

14. Ruggerio, Renato. 1995. Growing complexity in international economic relations demands broadening and deepening of multilateral trading system. Paul-Henri Spaack Lecture at Harvard University (October 16). Retrieved December 29, 2009, from http://www.wto.org/english/news_e/pres95_e/pr025_e.htm.

15. Gale, Colin, and Jasbir Kaur. 2002. *The textile book*. New York: Berg.

16. Business.gov. Trade agreements. Retrieved December 10, 2009, from http://www.business.gov/expand/import-export/trade-agreements.

17. Business.gov. Import/export. Retrieved December 10, 2009, from http://www.business.gov/expand/import-export; Business.gov, Trade agreements.

18. Buffett, Warren E., and Carol J. Loomis. 2003. America's growing trade deficit is selling the nation out from under us. *Fortune* (November 10). Retrieved April 27, 2010, from http://money.cnn.com/magazines/fortune/fortune_archive/2003/11/10/352872/index.htm.

19. Samuelson, A baffling global economy.

20. Folta, Paul H. 2005. Cooperative joint ventures: Savvy foreign investors may wish to consider the benefits of this flexible investment structure. *China Business Review* (January—February): 18—23.

21. Beshel, Barbara. An introduction to franchising. International Franchise Association Educational Foundation. Retrieved December 15, 2009, from http://franchise.org/uploadedFiles/Franchise_Industry/Resources/Education_Foundation/Intro%20to%20Franchising%20Student%20Guide.pdf.

22. Reuer, Jeffrey J., Africa Ariño, and Antoni Valverde.

The perfect "prenup" to strategic alliances: A guide to contracts. Association of Strategic Alliance Professionals best practice bulletins. Retrieved December 16, 2009, from http://www. strategic-alliances. org/membership/memberresources/bestpracticebulletin.

23. Investor Glossary. Wholly-owned subsidiary. Retrieved December 16, 2009, from http://www. investorglossary. com/wholly-owned-subsidiary. htm.

24. Brown, Erika. 2004. The global startup. *Forbes.com* (November). Retrieved December 16, 2009, from http://www. forbes. com/forbes/2004/1129/150. html. Presutti, Manuela, Alberto Onetti, and Vincenza Odorici. Serial entrepreneurship and born-global new ventures: A case study. *Biblioteca. net*. Retrieved December 16, 2009, from http://amsacta. cib. unibo. it/2477/1/Serialentrepreneurshipbornglobal.pdf.

25. Sourcingmag. com. Outsourcing—What is outsourcing? Retrieved December 17, 2009, from http://www. sourcingmag.com/content/what_is_outsourcing.asp.

26. Huntington, S. P. 1993. The clash of civilizations? *Foreign Affairs* 72(3):22—49.

27. Pieterse, J. N. 2009. *Globalization and culture: Global mélange*. Lanham, MD: Rowman and Littlefield Publishers.

28. Ritzer, G. 1993. *The McDonaldization of society: An investigation into the changing character of contemporary social life*. Thousand Oaks, CA: Pine Forest Press.

29. Pieterse, *Globalization and culture*.

30. Export. gov. FAQ: Export basics. Retrieved December 10, 2009, from http://www. export. gov/faq/eg_main_017487.asp.

31. Spencer, Earl P. 1995. EuroDisney: What happened? What's next? *Journal of International Marketing* 3 (3). Retrieved January 7, 2010, from http://www. jstor.org/pss/25048611.

32. Blalock, Marty. 2005. Listen up: Why good communication is good business. *Wisconsin Business Alumni Update* (December). Retrieved January 7, 2010, from http://www. bus. wisc. edu/update/winter05/business_communication. asp; Recklies, Dagmar. EuroDisney—Case study I. *Themanager. org*. Retrieved January 7, 2010, from http://themanager.org/ME/Disney_1.htm.

33. Liddle, Alan. 1992. Guests walk a not-so-fine line at EuroDisney's attractions. *Nation's Restaurant News* (November 23). Retrieved January 7, 2010, from http://findarticles. com/p/articles/mi_m3190/is_n47_v26/ ai_12941855/?tag=content;col1.

34. *The Independent*. 2004. Less a Sleeping Beauty, more a rude awakening at EuroDisney. *The Independent* (August 8). Retrieved January 7, 2010, from http://

www. independent. co. uk/news/business/analysis-and-feature/less-a-sleeping-beauty-more-a-rude-awakening-at-euro-disney-555756.html; Blalock, Listen up.

35. *The Independent*, Less a Sleeping Beauty, more a rude awakening at EuroDisney.

36. Sylt, Christian, and Caroline Reid. 2009. The end of EuroDisney's whiteknuckle ride? *Spectator* (August 9). Retrieved January 8, 2010, from http://www. spectator. co. uk/business/880491/part_2/the-end-of-euro-disneys-whiteknuckle-ride. thtml.

37. Vodafone. About Vodafone. Retrieved April 13, 2010, from http://www. vodafone. com/start/about_vodafone. html.

38. Stanley, David. Tuna Canneries. Retrieved January 31, 2010, from http://www. americansamoa. south-pacific. org/americansamoa/canneries. html.

39. Furchtgott-Roth, Diana. 2009. Thousands lost jobs due to higher federal minimum wage. Reuters (May 14). Retrieved January 31, 2010, from http://blogs. reuters.com/great-debate/2009/05/14/thousands-lose-jobs-due-to-higher-federal-minimum-wage/.

40. *CIA world factbook 2009*. Retrieved February 10, 2010, from https://www. cia. gov/library/publications/the-world-factbook/rankorder/2178rank. html.

41. Bala-Gbogbo, Elisha. 2010. Shell to sell oil leases in Nigeria. *234Next.com* (February 5). Retrieved February 10, 2010, from http://234next. com/csp/cms/sites/Next/Money/Business/5522471-147/story.csp.

42. Woodyard, Chris. 2010. Toyota announces massive repair campaign to end sticky-pedal recall. *USA Today*. (February 1). Retrieved February 1, 2010, from http://content. usatoday. com/communities/driveon/post/2010/02/toyota-announces-massive-repair-campaign-to-end-sticky-pedal-recall/1; Valdes-Dapena, Peter. 2010. Toyota recalls top 5.3 million vehicles. CNNMoney. com (January 28). Retrieved April 27, 2010, from http://money. cnn. com/2010/01/27/autos/toyota_recall_expanded/index. htm; Valdes-Dapena, Peter. 2010. Toyota recalls total 8.1 million vehicles. CNNMoney. com (February 4). Retrieved May 19, 2010, from http://money. cnn. com/2010/02/04/autos/toyota_recall_total/index. htm.

43. Chubb, Daniel. 2010. Honda recall joined by Peugeot: Cars made with Toyota. Product Reviews News(January 10). Retrieved February 1, 2010, from http://www. product-reviews. net/2010/01/31/honda-recall-joined-by-peugeot-cars-made-with-toyota/.

44. Woodyard, C. 2010. Pontiac Vibe: Overlooked step-sister in Toyota recall? *USA Today* (February 1). Retrieved February 1, 2010, from http://content.usatoday.com/communities/driveon/post/2010/02/pontiac-vibe-over-

looked-step-sister-intoyota-recall/1? loc ＝ interstitial-skip.

45. U. S. Congressional Budget Office. 2004. What accounts for the decline in manufacturing employment? Retrieved February 7, 2010, from http://www.cbo.gov/ftpdocs/50xx/doc5078/02-18-ManufacturingEmployment.pdf.

46. Ibid.

47. Aspray, W., F.Mayadas, and M.Y.Vardi. 2006. *Globalization and offshoring of software: A report of the ACM Job Migration Task Force.* New York: Association for Computing Machinery.

48. Lynch, Doug E. 2005. Success versus value: What do we mean by the business of online education? GSE Publications. Retrieved February 7, 2010, from http://repository.upenn.edu/cgi/viewcontent.cgi? article ＝ 1035&context＝gse_pubs.

49. Elliott, Dominic. 2009. Fundamentals drive the "BRIC" rebound. *Wall Street Journal* (July 27). Retrieved April 13, 2010, from http://online.wsj.com/article/SB124864236547882043.html.

50. All data taken from *CIA World Factbook* online edition, except for details regarding media ownership. CIA values are based on 2008—2009 estimates and were obtained on January 26, 2010, via the following addresses:
   - United States: https://www.cia.gov/library/publications/the-world-factbook/geos/us.html.
   - Brazil: https://www.cia.gov/library/publications/the-world-factbook/geos/br.html.
   - Russia: https://www.cia.gov/library/publications/the-world-factbook/geos/rs.html.
   - India: https://www.cia.gov/library/publications/the-world-factbook/geos/in.html.
   - China: https://www.cia.gov/library/publications/the-world-factbook/geos/ch.html.

   Media ownership data taken from the BBC News' online country profiles. This information was obtained on January 26, 2010, via the following addresses:
   - United States: http://news.bbc.co.uk/2/hi/americas/country_profiles/1217752.stm♯media.
   - Brazil: http://news.bbc.co.uk/2/hi/americas/country_profiles/1227110.stm♯media.
   - Russia: http://news.bbc.co.uk/2/hi/europe/country_profiles/1102275.stm♯media.
   - India: http://news.bbc.co.uk/2/hi/south_asia/country_profiles/1154019.stm.
   - China: http://news.bbc.co.uk/2/hi/asia-pacific/country_profiles/1287798.stm♯media.

51. Watkins, Thayer. The economic history of Brazil: Booms and busts of Brazilian history. San Jose State University Department of Economics. Retrieved January 27, 2010, from http://www.sjsu.edu/faculty/watkins/brazil1.htm.

52. U. S. Department of State. 2009. Background note: Brazil. Retrieved January 29, 2010, from http://www.state.gov/r/pa/ei/bgn/35640.htm.

53. Federal Research Division, U.S. Library of Congress. 1997. *A country study: Brazil.* Retrieved January 29, 2010, from http://lcweb2.loc.gov/frd/cs/brtoc.html.

54. U. S. Department of State, Background note: Brazil.

55. Schemo, Diana Jean. 1999. Tense times on front line of Brazil's battle on hyperinflation. *New York Times* (January 20). Retrieved January 29, 2010, from http://www.nytimes.com/1999/01/20/world/tense-times-on-front-line-of-brazil-s-battle-on-hyperinflation-empty-shops.html?pagewanted＝1.

56. Hornbeck, J. F., 2006. *Brazilian trade policy and the United States.* CRS report for Congress(February 3). Retrieved January 29, 2010, from http://www.nationalaglawcenter.org/assets/crs/RL33258.pdf.

57. Schemo, Tense times on front line.

58. *Columbia Electronic Encyclopedia.* 2007. Brazil: History. Retrieved January 29, 2010, from http://www.infoplease.com/ce6/world/A0857011.html.

59. Embassy of Brazil—Ottawa. Economy. Retrieved January 27, 2010, from http://www.brasembottawa.org/en/brazil_in_brief/economy.html.

60. History World. The history of Brazil. Retrieved January 27, 2010, from http://www.historyworld.net/wrldhis/PlainTextHistories.asp? groupid ＝ 891&HistoryID＝aa88.

61. Brazilian economic performance since 1500: A comparative view. April 4, 2000. Paper presented at XIII Forum de Liberdade. Retrieved January 27, 2010, from http://www.ggdc.net/maddison/ARTICLES/Brazil_500.pdf.

62. History World, The history of Brazil.

63. Watkins, Thayer. The economic system of corporatism. San Jose State University Department of Economics. Retrieved January 28, 2010, from http://www.sjsu.edu/faculty/watkins/corporatism.htm.

64. Embassy of Brazil—Ottawa, Economy.

65. Watkins, The economic system of corporatism.

66. Vignogna, Mary E. 2000. The Brazilian economic crisis. Augusta State University. Retrieved January 27, 2010, from http://www.aug.edu/pkp/2000/conf-2000-vignogna.PDF; History World, The history of Brazil.

67. Brazilian economic performance since 1500.

68. Ibid.

69. U. S. Department of State, Background note: Brazil.

70. Ibid.

71. Ibid.
72. Embassy of Brazil—Ottawa, Economy.
73. Downie, Andrew. 2008. Brazil's counterattack on bio-fuels. *Time* (April 28). Retrieved February 1, 2010, from http://www. time. com/time/world/article/0, 8599,1735644,00.html.
74. Clendenning, Alan. 2008. Brazil's biofuel industry dries up. *Boston Globe* via Associated Press (November 23). Retrieved February 1, 2010, from http://www.boston. com/news/world/latinamerica/articles/2008/11/23/ brazils_biofuel_industry_dries_up/.
75. Embassy of Brazil—Ottawa. Natural resources. Retrieved February 1, 2010, from http://www. brasembottawa. org/en/brazil_in_brief/natural_resources.html.
76. Clendenning, Alan. 2007. Offshore discovery could make Brazil major oil exporter. *USA Today* via Associated Press (November 9). Retrieved February 1, 2010, from http://www. usatoday. com/money/in-dustries/energy/2007-11-09-brazil-oil_N.htm.
77. U.S. Department of State, Background note: Brazil.
78. Embassy of Brazil—Ottawa, Natural resources.
79. Phillips, Tom. 2008. The country of the future finally arrives. *The Guardian* (May 10). Retrieved February 1, 2010, from http://www. guardian. co. uk/world/ 2008/may/10/brazil.oil.
80. U.S. Department of State, Background note: Brazil.
81. Brookings Institution. 2009. Brazil in the global crisis: Still a rising economic superpower? (July 13). Washington, D.C.Retrieved April 13, 2010, from http:// www. brookings. edu/~/media/Files/events/2009/ 0713_brazil/20090713_brazil.pdf.
82. Ibid.; U.S. Department of State, Background note: Brazil.
83. Hornbeck, *Brazilian trade policy and the United States*.
84. U.S. Department of State, Background note: Brazil.
85. Brazil Institute. 2009. The evolving configuration of the October 2010 elections. Woodrow Wilson International Center for Scholars. (September 11). Retrieved February 1, 2010, from http:///brazilportal. word-press. com/2009/09/11/paulo-sotero-on-election-pos-sibilities-in-brazil/.
86. Ibid.; Valdes, Constanza. 2006. Brazil emerges as major force in global meat markets. *U.S. Department of Agriculture Amber Waves Magazine* (April). Retrieved February 1, 2010, from http://www.ers. usda.gov/AmberWaves/April06/Findings/Brazil. htm; U. S. Department of Agriculture. 2009. Countries/products eligible for export to the United States(December 11). Retrieved February 1, 2010, from http://www. fsis. usda. gov/pdf/Countries _ Products _ Eligible _ for _ Export.pdf.
87. Valdes, Brazil emerges as major force in global meat markets.
88. BBC News. 1999. Yeltsin's resignation speech. (December 31). Retrieved April 13, 2010, from http:// news. bbc. co. uk/2/hi/world/monitoring/584845. stm.
89. Rutland, Peter. 2005. Putin's economic record. In *Developments in Russian politics*, vol. 6, ed. S. White, Z.Y.Gitelman, and R.Sakwa. Durham, NC: Duke University Press.
90. Federal Research Division, U.S. Library of Congress. 1996. *A country study: Russia*. Retrieved May 28, 2010, from http://memory.loc.gov/frd/cs/rutoc.html.
91. Fishman, Mikhail. 2009. Who's the boss now? *Newsweek* (May 15). Retrieved January 26, 2010, from http://www.newsweek.com/id/197789.
92. Stack, Megan K. 2009. Medvedev talks like the anti-Putin. *Los Angeles Times* (November 13). Retrieved January 26, 2010, from http://articles. latimes. com/2009/nov/13/world/fg-russia-medvedev13.
93. Fishman, Who's the boss now?
94. Beyrle, John. 2009. Russia and America's shared e-conomic future. Address delivered April 29 at Higher School of Economics in Moscow, Russia. Retrieved January 30, 2010, from http://moscow.usembassy. gov/beyrlerem042909.html.
95. Ibid.
96. Brown, Peter. 2009. Do the math: Why Russia won't be a superpower anytime soon. *Wall Street Journal* (August 26). Retrieved May 27, 2010, from http://blogs. wsj. com/capitaljournal/2009/08/26/ do-the-math-why-russia-won%E2%80%99t-be-a-su-perpower-anytime-soon/.
97. *CIA World Factbook*. Russia. Retrieved January 28, 2010, from https://www. cia. gov/library/publica-tions/the-world-factbook/geos/rs.html.
98. Ibid.
99. Brown, Do the math.
100. Ibid.
101. Friedman, *The world is flat*.
102. Stelzer, Irwin. 2010. Investments will remain a gamble until rule of law comes to Russia. *Wall Street Journal* (January 4). Retrieved April 13, 2010, from http://online. wsj. com/article/SB10001424052748-704152804574627841894245048.html.
103. Pan, Philip. 2008. Financial crisis in Russia raises stakes for Putin. *Washington Post* (September 21). Retrieved January 27, 2010, from http://www. washingtonpost. com/wp-dyn/content/article/2008/09/ 20/AR2008092001858.html.
104. SandHill.com. 2006. Best practices: Offshoring and out-

sourcing.(February 20). Retrieved April 13, 2010, from http://www.sandhill.com/opinion/daily_blog.php?id=27&post=125.

105. Moser, Evelyn, and Nestmann, Thorsten. August 20, 2007. "Russia's Financial Sector: Financial Deepening Will Support Long-Term Growth," Deutsche Banks Research Report. Retrieved January 27, 2010, from "http://www.dbresearch.com/ PROD/DBR_INTERNET_EN-PROD/PROD0000000000214153. pdf" http://www.dbreasearch.com/PROD/DBR_INTERNET)EN-PROD/PROD0000000000214153.pdf.

106. BOFIT Weekly. 2010. Russia(January 8). Retrieved April 13, 2010, from http://www.bof.fi/NR/rdonlyres/4F59BA5D-D0E0-44E5-BD9F-F7B054E4E423/0/w201001.pdf.

107. Friedman, *The world is flat*.

108. Aron, Leon. 2002. Russia reinvents the rule of law. *AEI Russian Outlook* (Spring). Retrieved January 27, 2010, from http://siteresources. worldbank.org/INTLAWJUSTINST/Resources/aronRussiaJudicial Reform. pdf. Collins, James, and Anton Ivanov. 2009. Rule of law in Russia. Public dialogue sponsored by the Carnegie Endowment for International Peace(April 3). Retrieved January 27, 2010, from http://www.carnegieendowment.org/events/?fa=eventDetail&id=1314. Edwards, Lynda. 2009. Russia claws at the rule of law. *ABA Journal* (July 1). Retrieved January 27, 2010, from http://www.abajournal.com/magazine/article/russia_claws_at_the_rule_of_law/.

109. Cappelli, Peter, Harbir Singh, Jitendra Singh, and Michael Useem. 2010. *The India way: How India's top business leaders are revolutionizing management*. Boston: HBP; Spencer, Signe M., Tharuma Rajah, S. A. Naryayan, Seetharaman Lmohan, and Gaurav Lahiri, 2010. *The Indian CEO: A portrait of excellence*. Los Angeles: Response Business Books from Sage.

110. Columbia Electronic Encyclopedia, India: History.

111. U.S. Department of State, Background note: India.

112. *Columbia Electronic Encyclopedia*, India: History.

113. United Nations Population Division. 1999. The twenty most populous countries in 1950, 1999, and 2050. Retrieved February 2, 2010, from http://www. un. org/esa/population/pubsarchive/india/20most.htm.

114. *Columbia Electronic Encyclopedia*, India: History.

115. Singh, Manmohan. 2005. Of Oxford, economics, empire, and freedom. *The Hindu* (July 10). Retrieved February 2, 2010, from http://www.hindu.com/2005/07/10/stories/2005071002301000.htm.

116. British Broadcasting Corporation. 1998. India: The economy (December 3). Retrieved. February 3, 2010, from http://news. bbc. co. uk/2/hi/south_asia/55427.stm.

117. Ibid.

118. *Columbia Electronic Encyclopedia*. 2007. India: History. Retrieved February 2, 2010, from http://www.infoplease.com/ce6/world/A0858782.html.

119. U.S. Department of State, Background note: India.

120. *Columbia Electronic Encyclopedia*, India: History.

121. British Broadcasting Corporation, India: The economy.

122. Organization for Economic Cooperation and Development(OECD). 2007. *Policy brief: Economic survey of India* (October). Retrieved February 3, 2010, from http://www.oecd.org/dataoecd/17/52/39452196. pdf.

123. British Broadcasting Corporation, India: The economy; *CIA world factbook*. 2009. India. Retrieved February 3, 2010, from https://www.cia.gov/library/publications/the-world-factbook/geos/in.html.

124. OECD, *Policy brief*; Singh, Kulwindar. 2005. Foreign direct investment in India: A critical analysis of FDI from 1991—2005. Center for Civil Society, New Delhi. Retrieved February 3, 2010, from http://unpan1. un. org/intradoc/groups/public/documents/APCITY/UNPAN024036.pdf.

125. OECD, *Policy brief*.

126. *CIA world factbook*, India.

127. U.S. Department of State, Background note: India.

128. OECD, *Policy brief*.

129. Ministry of External Affairs. Why India? Government of India. Retrieved February 2, 2010, from http://www.indiainbusiness.nic.in/whyindia. thm.

130. Ministry of External Affairs. Economy: Potential for investment in India. Retrieved February 2, 2010, from http://www. indiainbusiness. nic. in/investment/potential_investment.htm.

131. Ibid.

132. *CIA world factbook*, India.

133. Bhargava, Rajat, Rajat Gupta, and Babar Khan. 2005. Unearthing India's mineral wealth. *McKinsey Quarterly* (September). Retrieved February 3, 2010, from http://www. mckinseyquarterly. com/Energy_Resources_ Materials/Strategy_Analysis/Unearthing_Indias_mineral_wealth_1657?gp=1.

134. OECD, *Policy brief*.

135. Ministry of External Affairs, Why India?

136. Joshi, Harsh. 2010. India's taste for inflation fight. *Wall Street Journal* (January 30). Retrieved February 2, 2010, from http://online.wsj.com/article/SB10001424052748703389000457503266351268957O.

html.

137. OECD, *Policy brief*.；Sircar，Subhadip. 2010. RBI：No early rate hikes if inflation within estimate. *Wall Street Journal* (February 1). Retrieved February 3，2010，from http：//online. wsj. com/article/SB10001424052748704107204575038893625795962. html?mod＝WSJ_latestheadlines.

138. Joshi，India's taste for inflation fight.

139. Friedman，*The world is flat*.

140. Cappelli，Singh，Singh，and Useem. The India way：How India's top business leaders are revolutionizing management.

141. OECD，*Policy brief*.

142. *CIA world factbook*，India.

143. British Broadcasting Corporation，India：The economy.

144. *CIA world factbook*，India.

145. Singh，Avantika. 2009. Growth of the middle class in India：Implications for domestic tourism (January 13). Retrieved February 3，2010，from http：//www.4hoteliers.com/4hots_fshw. php?mwi＝3690.

146. Ibid.

147. Nath，Kamal. 2010. India's road to progress. *Wall Street Journal* (January 26). Retrieved February 2，2010，from http：//online. wsj. com/article/SB10001424052748703808904575026043518922322. html.

148. Wikipedia.org. List of countries by English-speaking population. Retrieved February 3，2010，from http：//en. wikipedia. org/wiki/List_of_countries_by_English-speaking_population.

149. U.S. Department of State，Background note：India.

150. Majumder，Sanjoy. 2006. Furor reflects India's caste complexities. *BBC News* (May 20). Retrieved February 3，2010，from http：//news. bbc. co. uk/2/hi/south_asia/4998274.stm.

151. Seven Natural Wonders. Victoria Falls. Retrieved April 13，2010，from http：//sevennaturalwonders. org/the-original/victoria-falls.

152. ZambiaTourism.com. South Luangwa National Park. Retrieved April 13，2010，from http：//www.zambiatourism.com/travel/nationalparks/sluangwa.htm.

153. Kabalata，Mercy. Developing tourism through smart partnership. Retrieved March 18，2010，from http：//www.times. co. zm/news/viewnews. cgi?category＝8&id＝1219492976.

154. *CIA world factbook*. 2009. Zambia. Retrieved April 13，2010，from https：//www.cia.gov/library/publications/the-world-factbook/geos/za. html.

155. Ibid.

156. Ibid.

157. Permanent Mission of the Republic of Zambia to the United Nations. 2010. Note no. 56b/2010(March 9). Retrieved April 13，2010，from http：//unfccc. int/files/meetings/application/pdf/zambiacphaccord. pdf.

158. Balat，Jorge F.，and Guido G.Porto. 2005. Globalization and complementary policies：Poverty impacts in rural Zambia. In *Globalization and poverty*，ed. Ann E. Harrison，373—416. London：University of Chicago Press.

159. Ibid.，411.

160. World Trade Organization. Home page. Retrieved October 20，2009，from http：//www.wto.org/.

161. Europa. Economic activity and trade. Retrieved April 13，2010，from http：//europa. eu/abc/keyfigures/tradeandeconomy/index_en. htm.

162. Ibid.

163. Ibid.

164. Clark，Cynthia，and Elaine Turney. 2003. *Encyclopedia of tariffs and trade in U. S. history*，280. Westport，CT：Greenwood Press.

165. United States Senate. U. S. Senate roll call votes 103rd Congress，1st Session. Retrieved April 13，2010，from http：//www. senate. gov/legislative/LIS/roll_call_lists/roll_call_vote_cfm. cfm?congress＝103&session＝1&vote＝00395.

166. Posner，Gerald L. 1996. *Citizen Perot：His life and times*. New York：Random House.

167. Teslick，Lee Hudson. 2009. NAFTA's economic impact. Council on Foreign Relations (July 7). Retrieved April 13，2010，from http：//www. cfr. org/publication/15790/#p4.

168. Faux，Jeff，Carlos Salas，and Robert E.Scott. 2006. Revisiting NAFTA：Still not working for North American workers. Economic Policy Institute (September 28). Retrieved April 13，2010，from http：//www.epi.org/publications/entry/bp173/.

169. Ibid.

170. U.S. House of Representatives Resolution 3045. 2005. Retrieved April 13，2010，from http：//thomas.loc.gov/cgi-bin/bdquery/z?d109：HR03045：@@@R.

171. CAFTA Intelligence Center. Home page. Retrieved May 27，2010，from http：//www. caftaintelligence-center.com/.

172. World Trade Organization. DOHA development agenda. Retrieved April 13，2010，from http：//tcbdb. wto. org/trta _ project. aspx? prjCode ＝ 113-0439-03-B&benHostId＝116.

173. Bilaterals.org 2007. Two years of CAFTA：Deep impacts in Central America and the Dominican Republic (November). Retrieved April 13，2010，from http：//www. bilaterals. org/article. php3? id _ article ＝15272.

174. CAFTA Intelligence Center. What is CAFTA? Retrieved April 13, 2010, from http://www. caftaintelligence-center.com/subpages/What_is_ CAFTA.asp.

175. Goodman, Joshua. 2007. South American presidents agree to form Unasur bloc. *Bloomberg.com* (May 23). Retrieved April 13, 2010, from http://www. bloomberg. com/apps/news? pid = 20601087&sid = abWOMOeJUK7Y&refer=home.

176. Ibid.

177. UNASUR. Retrieved April 13, 2010, from http://www.comunidadandina.org/ingles/sudamerican.htm.

178. Association of Southeast Asian Nations. Overview. Retrieved April 13, 2010, from http://www. aseansec.org/about_ASEAN.html.

179. Ibid.

180. Association of Southeast Asian Nations. 2007. 13th ASEAN summit press statement (November 20). Retrieved April 13, 2010, from http://app.mti.gov. sg/data/article/11702/doc/AEC%20BLUEPRINT PressRelease%28final%29%28formatted%29.pdf.

181. Association of Southeast Asian Nations. The founding of ASEAN. Retrieved April 13, 2010, from http://www.aseansec.org/20024.htm.

182. Asia-Pacific Economic Cooperation. Achievements and benefits. Retrieved April 13, 2010, from http://www. apec. org/apec/about_apec/achievements_and_benefits. html.

183. Giles, Chris. 2009. G20 yet to deliver on early promise. *Financial Times* (November 8). Retrieved April 13, 2010, from http://www. ft. com/cms/s/ 8e834f02-cc63-11de-8e30-00144feabdc0, Authorised =false.html?_i_ location = http%3A%2F%2Fwww. ft. com% 2Fcms% 2Fs% 2F0% 2F8e834f02-cc63-11de-8e30-00144feabdc0. html&_i_referer=http%3A%2F% 2Fsearch. ft. com%2Fsearch% 3FqueryText %3DG20% 2BYet%2Bto% 2BDeliver% 2Bon% 2BEarly% 2BPromise%26aje% 3Dtrue% 26dse%3D% 26dsz%3D% 26x% 3D9%26y%3D7.

184. G-20. About G-20. Retrieved April 7, 2010, from http://www.g20.org/about_what_is_g20.aspx.

185. Ibid.

186. Ibid.

187. London Summit 2009. Explanatory guide to the communiqué. Retrieved April 7, 2010, from http:// www. londonsummit. gov. uk/en/summit-aims/communique-explanation/.

188. Ibid.

189. World Economic Forum. About the World Economic Forum: Entrepreneurship in the global public interest. Retrieved December 18, 2009, from http://www. weforum. org/en/about/index. htm.

190. World Economic Forum. Frequently asked questions. Retrieved December 18, 2009, from http://www. weforum. org/en/about/FAQs/index. htm.

191. World Economic Forum, Frequently asked questions.

192. World Economic Forum. History and achievements. Retrieved December 18, 2009, from http://www. weforum. org/en/about/History% 20and% 20Achievements/index. htm.

193. World Economic Forum. What is the role of business in advancing economic development and social progress? Retrieved December 18, 2009, from weforum. org/en/ initiatives/index. htm.

194. World Economic Forum, Frequently asked questions.

195. World Economic Forum. Our organization. Retrieved December 18, 2009, from http://www. weforum. org/en/about/Our%20Organization/index. htm.

196. New York Times. 2009. World Economic Forum (Davos). *New York Times* (January 26). Retrieved December 18, 2009, from http://topics. nytimes. com/topics/reference/timestopics/organizations/w/ world_economic_forum/index. html.

197. Lendman, Stephen. 2009. Competing ideologies: Davos v. Belem. *Global Research. ca.* (February 3). Retrieved December 18, 2009, from http://www. globalresearch. ca/index. php? context = va&aid = 12144.

198. United Nations Economic and Social Council. ECOSOC background information. Retrieved January 11, 2010, from http://www.un.org/ecosoc/about/.

199. Office of the Iraq Programme of the United Nations. About the programme. Retrieved January 11, 2010, from http://www. un. org/Depts/oip/background/ index. html.

200. United Nations Foundation. Frequently asked questions about the Oilfor-Food Program. Retrieved January 11, 2010, from http://www. oilforfoodfacts. org/faq.aspx.

201. Otterman, Sharon. 2005. Iraq: Oil for food scandal. Council on Foreign Relations (October 28). Retrieved January 11, 2010, from http://www.cfr. org/publication/7631/iraq.html.

202. United Nations Foundation, Frequently asked questions about the Oilfor-Food Program.

203. Gordon, Joy. 2004. UN Oil for Food "scandal." *The Nation* (November 18). Retrieved January 11, 2010, from http://www. thenation. com/doc/20041206/ gordon.

204. Zander, L. 2005. Communication and country clusters: A study of language and leadership preferences. *International Studies of Management and Organization* 35 (1): 83—103; Kogut, B., and U. Zander.

1992. Knowledge of the firm, combinative capabilities, and the replication of technology. *Organization Science* 3(3):383—97.

204. Harzing, A.-W., and A.J.Feely. 2008. The language barrier and its implications for HQ-subsidiary relationships. *Cross-Cultural Management* 15(1):49—61; Zander, Communication and country clusters.

205. Van Alstyne, Marshall W. 2005. Create colleagues, not competitors. *Harvard Business Review* 83(9):24—28.

206. Ibid.

207. IBM. 2009. Extreme blue. Retrieved September 12, 2009, from http://www-01.ibm.com/employment/us/extremeblue/index.html; IBM. Extreme blue frequently asked questions. Retrieved April 26, 2010, from http://www-01.ibm.com/employment/us/extremeblue/faq2.html.

208. IBM. 2003. Speed teams(June 23). Retrieved September 12, 2009, from http://www-01.ibm.com/employment/us/extremeblue/article/speed _ teams.html.

209. Hymowitz, Carol. 2008. IBM creates volunteer teams to cultivate emerging markets. *Wall Street Journal* (August 4). Retrieved September 12, 2009, from http://online.wsj.com/article/SB121779236200008095.html.

210. Ibid.

211. Ibid.

212. Teleos Leadership Institute. Executive coach development program: Core competencies. Retrieved April 7, 2010, from http://www.coachfederation.org/research-education/icf-credentials/core-competencies.

213. Sims, Ronald R. 2003. *Ethics and corporate social responsibility: Why giants fall*. Westport, CT: Greenwood Publishing.

214. Chippendale, Paul. 2001. *On values, ethics, morals, and principles*. Retrieved February 8, 2010, from http://www.minessence.net/AVI_Accred/pdfs/ValuesEthicsPrinciples.PDF.

215. Franke, J., and N.Nicholson. 2002. Who shall we send? Cultural and other influences on the rating of selection criteria for expatriate assignments. *International Journal of Cross Cultural Management* 2(1):21—36.

216. Zander, Communication and country clusters.

第 15 章

1. Interface. What is sustainability? Retrieved April 26, 2010, from http://www.interfaceglobal.com/Sustainability/What-is-Sustainability-.aspx.

2. United Nations. *Our common future, chapter 2: Towards sustainable development*. Retrieved April 26, 2010, from http://www.un-documents.net/ocf-02.htm.

3. Vasey, Daniel E. 1992. *An ecological history of agriculture, 10,000 B.C.—A.D. 10,000*. Ames: Iowa State University Press.

4. Kradin, Nikolay N. 2002. Nomadism, evolution, and world-systems: Pastoral societies in theories of historical development. *Journal of World-Systems Research* 8(3):368—88.

5. Dawkins, Richard. 2004. *The ancestor's tale: A pilgrimage to the dawn of evolution*. New York: Houghton-Mifflin Company.

6. Saitoti, Tepilit Ole, and Carol Beckwith. 1949. *Maasai*. New York: Abradale Press.

7. Maasai Association. Maasai ceremonies and rituals. Retrieved November 3, 2009, from http://www.maasai-association.org/ceremonies.html.

8. Berntsen, John L. 1976. The Maasai and their neighbors: Variables of interaction. *African Economic History* 2:1—11.

9. Anderson, David M. 1993. Cow power: Livestock and the pastoralist in Africa. *African Affairs* 92(366):121—33.

10. Maasai Association, Maasai ceremonies and rituals.

11. Fagan, Brian. 2000. *The little ice age: How climate made history, 1300—1850*. New York: Basic Books.

12. Twicken, Joe. 1999. Greenhouse effect. Retrieved April 29, 2010, from http://nova.stanford.edu/projects/mod-x/id-green.html.

13. National Aeronautics and Space Administration. 2010. GISS surface temperature analysis. Retrieved January 22, 2010, from http://data.giss.nasa.gov/gistemp/graphs.

14. Revkin, Andrew. 2009. Skeptics dispute climate worries and each other. *New York Times*(March 8). Retrieved April 26, 2010, from http://www.nytimes.com/2009/03/09/science/earth/09climate.html.

15. United Nations Intergovernmental Panel on Climate Change(IPCC). 2007. Summary for policymakers. In *Climate change 2007: The physical science basis. Contribution of Working Group I to the Fourth Assessment Report of the Intergovernmental Panel on Climate Change*, ed. S. Solomon, D. Qin, M. Manning, Z. Chen, M. Marquis, K. B. Averyt, M. Tignor, and H.L.Miller. Cambridge, UK: Cambridge University Press.

16. Pittock, I.B. 2007. The enhanced greenhouse effect: Threats to Australia's water resources. *Journal of the Australian Water Association*(August):36—38;

Morales, Pablo, Thomas Hickler, David P. Rowell, Benjamin Smith, and Martin T. Sykes. 2007. Changes in European ecosystem productivity and carbon balance driven by regional climate model output. *Global Change Biology* 13:108—22; Seidel, Dian J., Qiang Fu, William J. Randel, and Thomas J. Reichler. 2008. Widening of the tropical belt in a changing climate. *Nature Geoscience* 1:21—24. Retrieved January 23, 2010, from http://www. arl. noaa. gov/documents/JournalPDFs/SeidelEtAl.ngeo.2007.38.pdf.

17. Table adapted from United Nations Intergovernmental Panel on Climate Change(IPCC). 2007. Synthesis report. In *Climate change 2007: Contribution of Working Groups I, II, and III to the Fourth Assessment Report of the Intergovernmental Panel on Climate Change*, ed. R. K. Pachauri and A. Reisinger. Geneva: IPCC.

18. Shaw, Randy. 1999. *Reclaiming America: Nike, clean air, and the new national activism*. Berkeley: University of California Press.

19. FitzGerald, Niall. 2006. Why the investment climate for Africa deserves U. S. support: A response to the "CGD Note: The Investment Climate Facility for Africa: Does it deserve U. S. support?" Retrieved January 23, 2010, from http://www. cgdev. org/doc/commentary/ICFResponseCGDNote.pdf.

20. FitzGerald, Niall. 2009. Corporate responsibility in the twenty-first century. Tyburn Lecture, May 20, Tyburn Convent, London.

21. United Nations General Assembly. 2005. 2005 world summit outcome (Resolution A/60/1) (September 15). Retrieved November 2, 2009, from http://daccess-dds-ny. un. org/doc/UNDOC/GEN/N05/487/60/PDF/N0548760.pdf?OpenElement.

22. United Nations Millennium Development Goals. Goal 7: Ensure environmental sustainability. Retrieved April 26, 2010, from http://www. un. org/millenniumgoals/environ.shtml.

23. United Nations. Information management for social aspects of sustainable development training module. Retrieved April 26, 2010, from www. un. org/esa/sustdev/natlinfo/indicators/idsd/workshops/workshop10-27-31/02_TRAINING%20MODULE.doc.

24. United Nations Economic Commission for Africa. Transforming Africa's economies, 18. Retrieved April 26, 2010, from www. uneca. org/eca_resources/Publications/books/transforming_africas_economies/ECA_Overview_03.pdf.

25. United Nations Educational, Scientific, and Cultural Organization. 2007. The UN decade of education for sustainable development (DESD 2005—2014): The first two years. Paris: UNESCO. Retrieved April 26, 2010, from http://unesdoc. unesco. org/images/0015/001540/154093e.pdf.

26. United Nations. 2002. World Summit on Sustainable Development (August 26—September 4). Retrieved May 27, 2010, from http://www. un. org/events/wssd/summaries/envdevj8.htm.

27. Broughton, Edward. 2005. The Bhopal disaster and its aftermath. *Environmental Health* 4(6).

28. Ibid.

29. Ibid.; *Encyclopædia Britannica*. 2010. Bhopal disaster. Retrieved January 19, 2010, from http://www. britannica. com/EBchecked/topic/1257131/Bhopal-disaster.

30. Broughton, The Bhopal disaster and its aftermath.

31. Ibid., 3.

32. Kumar, S. 2004. Victims of gas leak in Bhopal seek redress on compensation. *British Medical Journal* 329(7462):366; Lahri, Tripti. "Three things for the Bhopal Panel to consider." *The Wall Street Journal* (June 16, 2010). Retrieved June 16, 2010, from http://blogs. wsj. com/indiarealtime/2010/06/16/three-things-for-the-bhopal-panel-to-consider/.

33. Bhopal Medical Appeal. Poisoned water: Corporate, municipal, and medical neglect condemn many to death. Retrieved January 19, 2010, from http://www.bhopal. org/index. php?id=111.

34. Power, M. 2004. The poison stream: Letter from Kerala. *Harper's* (August):51—61.

35. Carbide waste to go: HC. 2008. *Times of India* (December 16). Retrieved January 19, 2010, from http://timesofindia. indiatimes. com/India/Carbide_waste_to_go_HC/articleshow/3847412.cms.

36. Global 100. 2010 Global 100: The definitive corporate sustainability benchmark. Retrieved April 26, 2010, from http://www.global100.org.

37. Mills, Enos A. 1917. Your national parks. Cambridge, MA: HoughtonMifflin Company.

38. National Park Service. Frequently asked questions. Retrieved November 5, 2009, from http://www.nps. gov/faqs.htm.

39. Crandall, Robert W. 2008. Pollution controls. In *Concise encyclopedia of economics*. Library of Economics and Liberty. Retrieved August 31, 2009, from http://www. econlib. org/library/Enc/PollutionControls.html.

40. United States Environmental Protection Agency. 2009. Environmental progress. Retrieved January 24, 2010, from http://www. epa. gov/earthday/history. htm#1.

41. United States Environmental Protection Agency.

Timeline. Retrieved April 26, 2010, from http://www.epa.gov/history/timeline/index.htm.

42. United States Environmental Protection Agency. Laws that we administer. Retrieved May 22, 2010, from http://www. epa. gov/lawsregs/laws/index. html.

43. United Nations Framework Convention on Climate Change. Kyoto Protocol. Retrieved November 7, 2009, from http://unfccc.int/kyoto_ protocol/items/2830.php.

44. Carey, John. 2009. Obama's cap and trade plan. *Bloomberg Businessweek* (March 5). Retrieved April 26, 2010, from http://www. businessweek. com/magazine/content/09_11/b4123022554346.htm.

45. The White House. Energy and environment. Retrieved April 29, 2010, from http://www. whitehouse. gov/issues/energy-and-environment.

46. United Nations Framework Convention on Climate Change. Clean development mechanism. Retrieved November 7, 2009, http://unfccc. int/kyoto _ protocol/mechanisms/clean_development_mechanism/items/2718. php.

47. United Nations Framework Convention on Climate Change, Joint implementation. Retrieved November 7, 2009, from http://unfccc. int/kyoto _ protocol/mechanisms/joint_implementation/items/1674.php.

48. United Nations Framework Convention on Climate Change, Kyoto Protocol.

49. Lomborg, Bjørn. 2007. *Cool it: The skeptical environmentalist's guide to global warming*. New York: Alfred A.Knopf.

50. 105th Congress 1st Session. S. Res. 98. Retrieved April 26, 2010, from http://frwebgate. access. gpo. gov/cgi-bin/getdoc.cgi? dbname = 105 _ cong_bills&docid = f: sr98ats. txt. pdf.

51. Northrop, Michael, and David Sassoon. 2009. Ambitious actions by the states push U. S. toward climate goals. *Environment* 360 (December 8). Retrieved December 8, 2009, from http://www. e360. yale. edu/content/feature.msp?id=2219.

52. Xinhua News. 2009. Global efforts to fight climate change—from Rio de Janeiro to Copenhagen. *China. org.cn* (December 7). Retrieved January 19, 2010, from http://www. china. org. cn/environment/Copenhagen/2009-12/07/content_19019633. htm.

53. Aljazeera. China attacks rich states at summit. 2009. *Aljazeera.net* (December 9). Retrieved December 9, 2009, from http://english. aljazeera. net/news/europe/2009/12/2009128234918828775.html.

54. Talley, Ian. 2009. EPA declares greenhouse gases a danger. *Wall Street Journal* (December 8). Retrieved December 8, 2009, from http://online. wsj. com/article/SB20001424052748703558004574582190625776518. html; Dlouhy, Jennifer A., and Matthew Tresaugue. 2009. EPA declares greenhouse gases pose health risk. *San Francisco Chronicle* (December 8). Retrieved December 8, 2009, from http://www. sfgate. com/cgi-bin/article. cgi? f = /c/a/2009/12/08/MNDA1B0I89. DTL&type=health.

55. National Public Radio. 2009. UN climate chief urges avoiding blame over summit. (December 23). Retrieved January 19, 2010, from http://www. npr. org/templates/story/story. php? storyId = 120160589; Memmott, Mark. 2009. Obama in Copenhagen; climate talks in disarray; urges action over inaction. National Public Radio (December 18). Retrieved January 19, 2010, from http://www. npr. org/blogs/thetwo-way/2009/12/obama _ in _ copenhagen _ climate _ ch. html; IndoAsian News Service. 2009. Last day of Copenhagen summit, hope fizzling out. *IBN Live* (December 18). Retrieved January 19, 2010, from http://ibnlive. in. com/news/last-day-of-copenhagen-summit-hope-fizzling-out/107355-11.html.

56. Aljazeera. China attacks rich states at summit; Vidal, John. 2009. Copenhagen: Leaked draft deal widens rift between rich and poor nations. *Guardian* (December 9). Retrieved December 9, 2009, from http://www. guardian. co. uk/environment/2009/dec/09/copenhagen-summit-danish-text-leak.

57. United Nations Framework Convention on Climate Change. 2009. Draft decision -/CP. 15: Copenhagen Accord (December 18). Retrieved January 19, 2010, from http://unfccc. int/resource/docs/2009/cop15/eng/l07.pdf.

58. Schneider, Keith. 2009. Climate agreement not accepted, but Copenhagen conference makes it "operational." *Copenhagen Insider* (December 19). Retrieved January 19, 2010, from http://copenhagen. nationaljournal. com/2009/12/climate-agreement-not-accepted. php; Taylor, Paul. 2010. E.U. seeks to regain influence on response to climate change. *New York Times* (January 15). Retrieved January 19, 2009, from http://www. nytimes. com/2010/01/16/business/global/16iht-inside16.html.

59. *CIA world factbook 2009*. Country comparison: Oil consumption. Retrieved January 22, 2010, from https://www. cia. gov/library/publications/the-world-factbook/rankorder/2174rank.html.

60. Mouawad, Jad. 2008. Oil prices pass record set in '80s, but then recede. *New York Times* (March 3). Retrieved January 22, 2010, from http://www. ny-times. com/2008/03/03/business/worldbusiness/03cnd-

oil. html?_r=1&-hp.

61. Ibid.

62. Hubbert, M.K. 1956. *Nuclear energy and the fossil fuels*. Presented at the Spring Meeting of the Southern District, American Petroleum Institute, Plaza Hotel, San Antonio, Texas, March 7—9. Retrieved January 22, 2010, from http://www. hubbertpeak. com/hubbert/1956/1956.pdf; Brandt, Adam R. 2007. Testing Hubbert. *Energy Policy* 35:3074—88.

63. Salazar, Ken. 2009. Statement before the U.S. Senate Energy and Natural Resources Committee regarding energy development on the public lands and outer continental shelf (March 17). Retrieved October 15, 2009, from http://www. doi. gov/news/speeches/2009_03_17_speech.cfm.

64. McLean-Conner, Penni. 2009. Green-collar jobs. *Electric Light and Power* 87(3):10.

65. Giller, Chip. 2008. The future of green jobs. *NOW on PBS* (November 14). Retrieved April 26, 2010, from http://www.pbs.org/now/shows/445/green-jobs.html.

66. MacMillan, Douglas. 2008. Switching to green-collar jobs. *Bloomberg Businessweek* (January 10). Retrieved June 1, 2010, from http://www. businessweek. com/managing/content/jan2008/ca2008018 _ 005632.htm.

67. Organizing for America. New energy for America. Retrieved April 25, 2010, from http://my. barackobama. com/page/content/newenergy_more.

68. Discovery Impact. Our planet. Retrieved April 25, 2010, from http://impact.discovery.com/our-planet.

69. United States Environmental Protection Agency. Cleaning up the nation's hazardous waste sites. Retrieved April 11, 2010, from http://www. epa. gov/superfund/.

70. United States Environmental Protection Agency. Mid-Atlantic Superfund: Alphabetical list of Superfund sites. Retrieved April 11, 2010, from http://www. epa.gov/reg3hwmd/super/allnpl.htm.

71. Fairley, Peter. 2007. Nuclear wasteland. *IEEE Spectrum* (February). Retrieved January 24, 2010, from http://spectrum. ieee. org/energy/nuclear/nuclear-wasteland.

72. World Nuclear Association. Nuclear power in France. Retrieved April 25, 2010, from http://www. world-nuclear.org/info/inf40.html.

73. Ibid.

74. Ibid.

75. Ibid.

76. United States Senate Committee on Energy and Natural Resources. 1988. *Nuclear Waste Policy Amendments of 1987*. Washington, DC.

77. *Washington Post*. 2009. Editorial: Mountain of trouble: Mr. Obama defunds the nuclear repository at Yucca Mountain. Now what? (March 8). Retrieved January 24, 2010, from http://www. washingtonpost. com/wp-dyn/content/article/2009/03/07/AR2009030701666. html.

78. United States Fish and Wildlife Service. 2008. A history of the Endangered Species Act of 1973. Retrieved April 11, 2010, from http://www. fws. gov/Endangered/factsheets/history_ESA.pdf.

79. United States Fish and Wildlife Service. Species reports. Retrieved April 25, 2010, from http://www. fws.gov/ecos/ajax/tess_public/.

80. United States Fish and Wildlife Service. 2009. ESA basics. Retrieved November 9, 2009, from http://www. fws. gov/Endangered/factsheets/ESA_basics.pdf.

81. Pimm, Stuart L., and Peter Raven. 2000. Biodiversity: Extinction by numbers. *Nature* 403 (February 24): 843—45.

82. Ibid.

83. Ibid.; Walter, K.S., and H.J.Gillett. 1998. IUCN red list of threatened plants. Gland, Switzerland: International Union for Conservation of Nature; Collar, N.J., M.J.Crosby, and A.J.Stattersfield. 1994. *Birds to watch 2*. Washington, DC: Smithsonian Institution Press.

84. Sax, Dov F., and Steven D.Gaines. 2008. Species invasions and extinction: The future of native biodiversity on islands. *Proceedings of the National Academy of Sciences* 105(1):11490—97.

85. Ibid.

86. Baldwin, Paul H., Charles W.Schwartz, and Elizabeth R. Schwartz. 1952. Life history and economic status of the mongoose in Hawai'i. *Journal of Mammalogy* 33(3): 335—56.

87. Englund, R.A., D.J.Preston, A.E.Vorsino, S.Myers, and L.L. Englund. 2009. Results of the 2007—2008 alien species and wekiu bug (*Nysius wekiuicola*) surveys on the summit of Mauna Kea, Hawai'i Island. Final report prepared for Office of Mauna Kea Management, University of Hawaii at Hilo.

88. Johnson, Jim. 2009. Ford holds the line on enviro initiatives. *Waste and Recycling News* 15(8):15.

89. Toyota. Prius 10. Retrieved April 26, 2010, from http://www.toyota.com/prius-hybrid/.

90. MacDonald, Jay. 2005. Hummer tax break gets hammered. Bankrate. com (January 20). Retrieved April 26, 2010, from http://www. bankrate. com/brm/itax/biz_tips/20030403a1.asp.

91. United States Department of Transportation. 2009. DOT 133-09: Cash for Clunkers wraps up with nearly 700,000 car sales and increased fuel efficiency (August 26). Retrieved April 26, 2010, from http://www. cars. gov/files/official-information/August26PR.pdf.

92. Healey, James R. 2009. Q&A: How the "cash-for-clunker" plan would work." USA Today (June 10). Retrieved April 26, 2010, from http://www. usatoday. com/money/autos/2009-05-11-chrysler-gm-cash-clunkers_ N.htm.

93. United States Department of Transportation, DOT 133-09.

94. McKenzie, Stephen. 2004. Social sustainability: Towards some definitions. *Hawke Research Institute Working Paper Series* 27: 1—25. Retrieved September 11, 2009, from http://www. unisa. edu. au/hawkeinstitute/publications/downloads/wp27.pdf.

95. Ashoka. org. Ashoka facts. Retrieved April 26, 2010, from http://www.ashoka.org/facts.

96. Hindman, Hugh D. 2002. *Child labor: An American history*. New York: M.E.Sharpe.

97. Bureau of International Labor Affairs. 2009. *The Department of Labor's list of goods produced by child labor or forced labor*. Washington, DC: The United States Department of Labor.

98. Montero, David. 2006. Nike's dilemma: Is doing the right thing wrong?: A child labor dispute could eliminate 4,000 Pakistani jobs. *Christian Science Monitor* (December 22). Retrieved January 22, 2010, from http://www. csmonitor. com/2006/1222/p01s03-wosc. html?s=u.

99. Ibid.

100. Fair Trade Organization. 2009. Principles of the fair trade federation members. Retrieved January 22, 2010, from http://www.fairtradefederation. org/ht/d/sp/i/8447/pid/8447.

101. Knox, Robert. 2010. Fair trade importer says it's ripe for success. *Boston Globe* (January 4). Retrieved January 22, 2010, from http://www. boston. com/business/articles/2010/01/04/fair_trade_importer_says_its_ripe_ for_success/.

102. Quirk, Joel. 2008. *Unfinished business: A comparative survey of historical and contemporary slavery*. Paris: UNESCO. Retrieved January 18, 2009, from http://www. unesco. org/culture/pdf/UnfinishedBusinessReport2008.pdf.

103. Garlan, Yvon. 1988. *Slavery in ancient Greece*. Ithaca, NY: Cornell University Press.

104. Patterson, Orlando. 1982. *Slavery and social death: A comparative study*. Boston: Harvard University Press.

105. Ibid.

106. Archer, Leonie. 1988. *Slavery and other forms of unfree labor*. London: Routledge.

107. Dodson, Howard. 2005. Slavery in the 21st century. *UN Chronicles* 42(3). Retrieved January 18, 2009, from http://www. un. org/Pubs/chronicle/2005/issue3/0305p28. html; Klein, Herbert S. 2010. *The Atlantic slave trade*. New York: Cambridge University Press.

108. *Every child counts: New global estimates on child labour*. 2002. Geneva: International Labour Office.

109. Belser, P. 2005. *Forced labour and human trafficking: Estimating the profits*. Geneva: International Labour Office.

110. Bhatnagar, Rakesh. 2010. Stop sex tourism, Supreme Court tells govt. *DNA* (January 15). Retrieved January 22, 2010, from http://www.dnaindia. com/india/report_stop-sex-tourism-supreme-court-tells-govt_1335320.

111. Vieira, Meredith. 2007. MSNBC undercover: Sex slaves in America. *MSNBC* (December 3). Retrieved January 22, 2010, from http://www. msnbc. msn. com/id/22056066.

112. European Commission. 2001. Research based on case studies of victims of trafficking in human beings in three EU member states, i.e., Belgium, Italy, and the Netherlands. Commission on the European Communities, DG Justice and Home Affairs, Hippocrates JA/2001/HIP/023.

113. United States Department of Labor. 2009. The Department of Labor's list of goods produced by child labor or forced labor. Washington, DC. Retrieved January 22, 2010, from http://www. dol. gov/ilab/programs/ocft/pdf/2009TVPRA.pdf.

114. Ibid.

115. Ibid.

116. Stephens, Hugh W. 1997. *The Texas City disaster, 1947*. Austin: University of Texas Press.

117. Plant shut amid lead poisoning fear. 2009. *Press Association* (December 29). Retrieved January 22, 2010, from http://www. google. com/hostednews/ukpress/article/ALeqM5jND_CRpbPhlUdAP6KKN6VYywLww.

118. Symonds, Peter. 1997. *Industrial inferno: The story of the Thai toy factory fire*. Sydney: Labour Press Books.

119. Medvedev, Zhores. 1990. *The legacy of Chernobyl*. New York: W.W.Norton & Company.

120. Thousands protest reopening of Indorayon pulp plant. 2003. *Down to Earth* 56(February). Retrieved January 22, 2010, from http://dte. gn. apc. org/

56tpl.htm.

121. Occupational Safety and Health Administration. OSHA mission. Retrieved January 22, 2010, from http://www.osha.gov/oshinfo/mission.html.

122. Occupational Safety and Health Administration. Machine guarding. Retrieved April 26, 2010, from http://www.osha.gov/SLTC/machineguarding/index.html.

123. Occupational Safety and Health Administration. Permissible exposure limits. Retrieved April 26, 2010, from http://www.osha.gov/SLTC/pel/index.html.

124. Occupational Safety and Health Administration. Brownfields safety standards. Retrieved April 26, 2010, from http://www.osha.gov/SLTC/brownfields/standards.html.

125. Occupational Safety and Health Administration. Control of hazardous energy. Retrieved April 26, 2010, from http://www.osha.gov/SLTC/control-hazardousenergy/index.html.

126. Occupational Safety and Health Administration. Confined spaces. Retrieved April 26, 2010, from http://www.osha.gov/SLTC/confinedspaces/.

127. Occupational Safety and Health Administration. 1910.1200 (a). Retrieved April 26, 2010, from http://www.osha.gov/pls/oshaweb/owadisp.show_document?p_table=STANDARDS&p_id=10099.

128. Occupational Safety and Health Administration. Blood borne pathogens. Retrieved April 26, 2010, from http://www.osha.gov/SLTC/bloodborne-pathogens/index.html.

129. Occupational Safety and Health Administration. Confined spaces. Retrieved April 26, 2010, from http://www.osha.gov/pls/oshaweb/owadisp.show_document?p_table=DIRECTIVES&p_id=1659.

130. Occupational Safety and Health Administration. OSHA Instruction CPL 2.87. Retrieved April 26, 2010, from http://www.osha.gov/pls/oshaweb/owadisp.show_document?p_table=STANDARDS&p_id=9995.

131. Occupational Safety and Health Administration. OSHA regulations. Retrieved November 7, 2009, from http://www.osha.gov/pls/oshaweb/owasrch.search_form?p_doc_type=STANDARDS&p_toc_level=0&p_keyvalue=.

132. America's safest companies. 2009. EHS Today. Retrieved January 22, 2010, from http://ehstoday.com/safety/asc/.

133. United Nations General Assembly. 1987. Report of the World Commission on Environment and Development. Annex to document A/42/427—Development and International Co-operation: Environment (December 11). Geneva: United Nations Department of Economic and Social Affairs. Retrieved September 10, 2009, from http://www.un-documents.net/wced-ocf.htm.

134. Foy, George. 1990. Economic sustainability and the preservation of environmental assets. Environmental Management 12(6):771—78.

135. Does it add value? 2004. The Economist (November 13). Retrieved September 13, 2009, from http://www.highbeam.com/doc/1G1-124864188.html.

136. Oppenheim, Jeremy, and Lenny T. Mendoca. 2007. Investing in sustainability: An interview with Al Gore and David Blood. McKinsey Quarterly (May). Retrieved September 13, 2009, from http://www.mckinseyquarterly.com/Investing_in_sustainability_An_interview_with_Al_Gore_and_David_Blood_2005.

137. Ibid.

138. Ibid.

139. Unilever. 2009. India: Creating rural entrepreneurs. Retrieved September 12, 2009, from http://www.unilever.com/sustainability/casestudies/economic—development/creating-rural-entrepreneurs.aspx.

140. Aithal, Rajesh. 2009. Project Shakti going global. Marketing in India Blog (January 9). Retrieved January 24, 2010, from http://rajeshaithal.blogspot.com/2009/01/project-shakti-going-global.html.

141. Lydenberg, Steve, and Graham Sinclair. 2009. Mainstream or daydream? The future for responsible investing. Journal of Corporate Citizenship 33:47—67.

142. Ibid.

143. Oppenheim and Mendoca, Investing in sustainability.

144. Ibid.

145. Ibid.

146. Sonoco. Sustainability statement. Retrieved April 26, 2010, from http://www.sonoco.com/sonoco/Home/Sustainability/sus_sustainability_statement.htm.

147. Whole Soy Company. Sustainability statement. Retrieved April 26, 2010, from http://www.wholesoyco.com/sustainability_statement.html.

148. Gruppo Salinas. Salinas de Bolivar. Retrieved March 30, 2010, from http://www.salinerito.com/.

149. Told to Clint Releya in an interview with the City Council in Salinas and the Salernito Foundation. March and November, 2009.

150. Etymology Online. Philanthropy. Retrieved June 1, 2010, from http://www.etymonline.com/index.php?search=philanthropy&searchmode=none. March 2009/November 2009.

151. Grimm, Robert T. 2002. Notable American philan-

thropists: *Biographies of giving and volunteering*. Westport, CT: Greenwood Publishing Group.

152. Ibid.

153. Bill and Melinda Gates Foundation. 2009. Foundation fact sheet. Retrieved January 22, 2010, from http://www. gatesfoundation. org/about/Pages/foundation-fact-sheet.aspx.

154. National Constitution Center. 2007. 2007 Liberty Medal recipients. Retrieved January 24, 2010, from http://constitutioncenter. org/libertymedal/recipient_2007.html; Tyrangiel, Josh. 2002. Can Bono save the world? *Time*. Retrieved January 24, 2010, from http://www. time. com/time/covers/1101020304/story.html.

155. One Foundation. Retrieved January 24, 2010, from http://www. onefoundation. cn/html/en/beneficence _01.htm; Interview: Jet Li. 2009. *Alliance Magazine* (December 1). Retrieved January 24, 2010, from http://www. alliancemagazine. org/en/content/interview-jet-li.

156. McGee, Suzanne. 2009. The 25 best givers. *Barron's* (November 30). Retrieved January 24, 2010, from http://online. barrons. com/article/SB1259354665-29866955.html # articleTabs_panel_article%3D1.

157. Nilekani, Nandan. 2009. *Imagining India*: *The idea of a renewed nation*. London: Penguin.

158. McLean, Bethany, and Peter Elkind. 2003. *The smartest guys in the room*: *The amazing rise and scandalous fall of Enron*. London: Penguin.

159. Weeks, Edward. 2006. Why firms should embrace CSR. *Lawyer* (December 4):33.

160. Luo, Xueming, and C.B.Bhattacharya. 2006. Corporate social responsibility, customer satisfaction, and market value. *Journal of Marketing* 70(1):1—18.

161. Margolis, Joshua D., Hillary A. Elfenbein, and James P.Walsh. 2007. Does it pay to be good? A meta-analysis and redirection of research on the relationship between corporate social and financial performance. Working paper. Boston: Harvard Business School.

162. Garrett, Paul. 2003. Why it pays to be good. *Utility Week* 19(17):16.

163. McClenahen, John S. 2005. Defining social responsibility. *Industry Week* 254(3):64—65.

164. Johnson & Johnson. Our Credo. Retrieved April 11, 2010, from http://www.jnj.com/connect/about-jnj/jnj-credo/.

165. Williams, Nadia. 2008. CSR profession no longer the poor relation. *Personnel Today*, 47.

166. Barney, William L. 2006. A companion to 19th century America. Malden, MA: Blackwell Publishing, Ltd.

167. Interface. Toward a more sustainable way of business. Retrieved October 15, 2009, from http://www. interfaceglobal.com/Sustainability.aspx.

168. BarackObama. com. Investing in America's future: Barack Obama and Joe Biden's plan for science and innovation. Retrieved October 15, 2009, from http://www. barackobama. com/pdf/issues/FactSheetScience.pdf.

169. American Electronics Association. 2008. Telework in the information age: Building a more flexible workforce and a cleaner environment. *AeA Competitiveness Series*, vol. 21 (April). Retrieved April 29, 2010, from http:// www. aeanet. org/publications/AeA _ CS _ Telework.asp.

170. Abate, Tom. 2008. Group touts telecommuting's green benefits. *San Francisco Chronicle* (April 22). Retrieved September 24, 2009, from http://www. sfgate. com/cgi-bin/article. cgi? f/c/a/2008/04/22/BUEC1087U5.DTL.

171. Telework. 2000. Telework (telecommuting): The benefits—and some issues! *European Telework Online* (January 25). Retrieved September 14, 2009. http://www. eto. org. uk/faq/faq03.htm.

172. Abate, Group touts telecommuting's green benefits.

173. Telecommuting Safety and Health Benefits Institute. 1994. Ten advantages to telecommuting: In the areas of conserving energy, protecting the environment, promoting family values, and enhancing worker safety. Retrieved September 14, 2009, from http:// www. gilgordon. com/telecommutesafe/tele-benefits. html.

174. Coy, Peter, Michele Conlin, and Moira Herbst. 2010. The permanent temporary workforce. *Business Week* (January 18). Retrieved April 26, 2010, from http://www. businessweek. com/magazine/content/10_03/b4163032935448_page_4.htm.

175. Ibid.

176. eBay. Sustainability. Retrieved April 26, 2010, from http://pages. ebay. com/aboutebay/socialventures. html.

177. United Way of America. Eli Lilly and Company responds to U. S. economic challenges, donating millions of dollars, volunteer hours, and life-saving medicines. Retrieved October 15, 2009, from http://www. liveunited. org/NCL/upload/Master _ Release_FINAL.PDF.

178. Delivering on the promise. 2008. *Smart Business Cleveland* 20(5):48.

179. Allied Bank. Corporate and social responsibility statement. Retrieved June 1, 2010, from http://

www.abl.com/thebank/pdf/annual_report2005/corporate_social_responsibity_statement.pdf.

180. Greenleaf，Robert. 2002. *Servant leadership*. New York：Paulist Press.

181. Greenleaf，Robert K. 1977. *Servant leadership：A journey into the nature of legitimate power and greatness*. Mahwah, NJ：Paulist Press；Hesse, Herman. 1922/2002. *Siddhartha*，trans. Joachim Neugroschel and Ralph Freedman. New York：Penguin.

182. Jaramillo，Fernando，Douglas B.Grisaffe，Lawrence B.Chonko，and James A.Roberts. 2009. Examining the impact of servant leadership on sales force performance. *Journal of Personal Selling and Sales Management* 29(3)：257—75.

183. Greenleaf Center. 1999. *Servant-leadership*. Advanced American Communications，Inc. Retrieved August 21，2009，from http://www.trainingabc.com/xcart/product_files/P/ServantLeadershipLG.pdf.

第16章

1. Goleman，Daniel，Richard E.Boyatzis，and Annie McKee. 2002. *Primal leadership：Learning to lead with emotional intelligence*. Boston：Harvard Business School Press.

2. Meng's Little Space. Meng's Bio. Retrieved May 27，2010 from http://www.chademeng.com/meng_bio.html.

3. Ibid.

4. Ibid.

5. Ibid.

6. Lohr，Steve. 2007. Hey，who's he? With Gwyneth? The Google guy. *New York Times* (September 1). Retrieved May 27，2010，from http://www.nytimes.com/2007/09/01/technology/01google.html.

7. Hamel，Gary. 2009. Moon shots for management. *Harvard Business Review* 87(2)：91—98.

8. Ibid.

9. McKee，Annie，Richard Boyatzis，and Frances Johnston. 2008. *Becoming a resonant leader：Develop your emotional intelligence，renew your relationships，and sustain your effectiveness*. Boston：Harvard Business School Press.

图书在版编目(CIP)数据

　　管理学:聚焦领导力/(美)安妮·麦基著;赵伟
韬译.—上海:格致出版社:上海人民出版社,
2017.5
　　(工商管理经典教材译丛)
　　ISBN 978 - 7 - 5432 - 2718 - 7

　　Ⅰ.①管… Ⅱ.①安… ②赵… Ⅲ.①管理学-高等
学校-教材 Ⅳ.①C93

　　中国版本图书馆 CIP 数据核字(2017)第 018229 号

责任编辑　程　倩
封面装帧　人马艺术设计·储平

管理学:聚焦领导力

〔美〕安妮·麦基 著
赵伟韬 译

出　版	世纪出版股份有限公司　格致出版社	印　刷	浙江临安曙光印务有限公司
	世纪出版集团　上海人民出版社	开　本	787×1092　1/16
	(200001　上海福建中路 193 号　www.ewen.co)	印　张	37.5
		插　页	1
编辑部热线　021-63914988		字　数	947,000
市场部热线　021-63914081		版　次	2017 年 5 月第 1 版
www.hibooks.cn		印　次	2017 年 5 月第 1 次印刷
发　行	上海世纪出版股份有限公司发行中心		

ISBN 978 - 7 - 5432 - 2718 - 7/F · 1011　　　　　　　　　　　　　　　定价:118.00 元

工商管理经典教材译丛

管理学:聚焦领导力
[美]安妮·麦基/著

营销计划手册(第 5 版)(备有教学课件)
[美]玛丽安·伯克·伍德/著

营销管理(第 15 版)(备有教学课件)
[美]菲利普·科特勒 等/著

服务管理:零售业中的新范式
[美]杰伊·坎达姆普利/主编

整合营销传播:广告、媒体与促销(第 5 版·全球版)
[美]肯尼思·E.克洛 等/著

人力资源管理(第 6 版·全球版)(配有影印版)
[美]路易斯·R.戈麦斯-梅希亚 等/著

毅伟商学院精品案例
[加]魏小军 等/主编

战略营销
[美]托德·A.穆拉迪安 等/著

可持续营销
[美]戴安娜·马丁 等/著

财务会计:国际财务报告准则(第 8 版·全球版)(配有影印版)
[美]小沃尔特·哈里森 等/著

市场营销学(第 11 版)(备有教学课件,配有影印版)
[美]查尔斯·兰姆 等/著

市场营销学(第 11 版):案例与实践
[美]查尔斯·兰姆 等/著

创新经济学(备有教学课件)
[英]G.M.彼得·斯旺/著

公共卫生管理学精要(第二版)
[美]弗莱明·法伦 等/主编

管理控制引论:计划、监控和信息管理(第 12 版)
[德]于尔根·韦贝尔 等/著

战略管理:获得与保持竞争优势(第三版)(备有教学课件)
[美]杰伊·B.巴尼/著

组织行为学(第五版)(配有影印版)
[美]杰拉尔德·格林伯格/著

PEARSON

ALWAYS LEARNING

为了确保您及时有效地申请培生整体教学资源，请您务必完整填写如下表格，加盖学院的公章后传真给我们，我们将会在 2—3 个工作日内为您处理。

需要申请的资源（请在您需要的项目后划"✓"）：

☐ 教师手册、PPT、题库、试卷生成器等常规教辅资源

☐ MyLab 学科在线教学作业系统

☐ CourseConnect 整体教学方案解决平台

请填写所需教辅的开课信息：

采用教材				☐中文版　☐英文版　☐双语版
作　者		出版社		
版　次		ISBN		
课程时间	始于　　年　月　日	学生人数		
	止于　　年　月　日	学生年级		☐专科　　☐本科 1/2 年级 ☐研究生　☐本科 3/4 年级

请填写您的个人信息：

学　　校			
院系/专业			
姓　　名		职　称	☐助教　　☐讲师 ☐副教授　☐教授
通信地址/邮编			
手　　机		电　话	
传　　真			
Official E-mail（必填） （eg：XXX@ruc.edu.cn）		E-mail （eg：XXX@163.com）	
是否愿意接受我们定期的新书讯息通知：	☐是　　☐否		

系/院主任：_____（签字）

（系/院办公室章）

___年___月___日

100013　北京市东城区北三环东路 36 号环球贸易中心 D 座 1208 室

电话：(8610)5735 5169

传真：(8610)5825 7961

Please send this form to：Service.CN@pearson.com

Website：www.pearson.com

教师服务登记表

个 人 信 息	
姓名	职称 教授 □ 副教授 □ 讲师 □ 其他 _____
供职学校	所在院系
手机	email
通信地址及邮编	

教 学 信 息				
所授课程	学生层次		学生人数	现用教材
	本科 □ 研究生 □ MBA □ 其他 _____			出版社 _____ 作者 _____
	本科 □ 研究生 □ MBA □ 其他 _____			出版社 _____ 作者 _____

服 务 信 息	
您感兴趣的格致版教材	我们如何为您服务
书名 _____ 作者 _____	邮寄样书 □ 赠送课件 □
书名 _____ 作者 _____	邮寄样书 □ 赠送课件 □

为了让我们更好地为您服务，请教师将上表复印填好后传真或邮寄给我们。

地址：上海市福建中路 193 号 23 楼　　　电话：021 6391 4081　　　email：hibooks@hibooks.cn
邮编：200001　　　　　　　　　　　　　传真：021 6391 4081　　　官微：e.weibo.com/hibooks

格致出版社

受尊重的学术和高等教育出版社
www.hibooks.cn